Horizonte

11-13

Geschichte für die Sekundarstufe II

Rheinland-Pfalz

Herausgegeben von
Frank Bahr

Erarbeitet von
Frank Bahr
Adalbert Banzhaf
Ralph Erbar
Leonhard Rumpf
Wolfgang Woelk

Mit Beiträgen von
Stefan Wolle

westermann

Druck A^5 / Jahr 2016
Alle Drucke der Serie A sind inhaltlich unverändert.

Redaktion: Christoph Meyer, Andrea Schulz, Dorle Bennöhr
Herstellung: Udo Sauter
Druck und Bindung: westermann druck GmbH, Braunschweig

ISBN 978-3-14-**111083**-8

Inhalt

Einführung in die Grundfragen des Faches

Die Grundlagen der abendländischen Kultur in der Antike

Mensch und Gesellschaft im europäischen Mittelalter

Die geistige und politische Revolution

Inhalt

Inhalt

1. Einführung in die Geschichte

Das Bild zeigt das Forum Romanum, den „Marktplatz“ Roms, gleichsam das Herz des Römischen Reiches in der republikanischen Zeit. Dies war der Ort der Volksversammlung, hier tagte der Senat, hier wurden Gesetze und Staatsverträge archiviert, hier hüteten vornehme Jungfrauen das heilige Staatsfeuer, hier residierte der Pontifex maximus, der oberste Priester.

Im Mittelalter diente das Forum als Steinbruch, aber auch heute noch sind die zum Teil über 2000 Jahre alten Hinterlassenschaften der Römer beeindruckend.

Der gegenwärtige Zustand ist das Ergebnis von Ausgrabungen, die im Wesentlichen im 19. Jahrhundert durchgeführt wurden. Damals bedeckte eine über zehn Meter hohe Schicht aus Schutt und Trümmern das Gelände. Die Archäologen, die mit der systematischen Ausgrabung und Konservierung der Funde befasst waren, mussten sorgfältig Schicht für Schicht abtragen.

So wie die Archäologie in immer tiefere Schichten vordringt und damit in immer weiter zurückliegende Epochen der Menschheit, so versucht auch die Geschichtswissenschaft die Vergangenheit freizulegen. Wortgeschichtlich steckt in „Geschichte“ das Geschehen, aber man kann mit Geschichte auch die Vorstellung von Schichten verbinden. Die Gegenwart bildet – um im Bild zu bleiben – jeweils nur die letzte Schicht in der Kontinuität menschlichen Daseins. So wie im Bereich der technischen Zivilisation zum Beispiel die Gerätschaften (Werkzeuge, Instrumente, Maschinen) und Erkenntnisse (Erfindungen, Know-how) weitergereicht werden, so handelt jede neue Generation auf der Basis dessen, was vorangegangene Generationen politisch, kulturell, rechtlich und moralisch tradiert (übertragen) haben. Keine Generation kann die vorgefundenen Grundlagen ignorieren oder sich von ihnen gänzlich frei machen. Mit einer Tradition kann zweifellos gebrochen werden, aber auch der Traditionsbruch ist ein Teil der gesellschaftlichen Kontinuität, mit der sich die Historiker befassen.

Genauso wenig wie sich Individuen ihrer eigenen Biografie entledigen können, so wenig können Nationen ihre Geschichte verschwinden lassen.

Die historische Wissenschaft beschäftigt sich also immer mit der Vergangenheit. Ihr Gegenstand sind die Veränderungen im Kontinuum der Zeit. Und da diese Veränderungen alle Lebensbereiche umfassen, hat sich die moderne Geschichtswissenschaft in vielfacher Weise spezialisiert und kann sich zum Beispiel auf Staat, Gesellschaft, Wirtschaft, Recht, Technik, Kunst und Familie beziehen.

In der Vergangenheit ist dem historischen Prozess wiederholt eine Finalität (zielgerichtetes Geschehen) unterstellt worden, wobei die Perspektive vom „Gottesstaat“ bis zur „klassenlosen Gesellschaft“ reichte.

Dem ist entgegenzuhalten, dass die Geschichte keinen abgeschlossenen Vorgang bildet und eine Offenheit besitzt, solange die Menschheit eine Zukunft hat.

1.1 Zugänge zur Geschichte

Was ist Geschichte?

Soziales Gedächtnis

Es ist ein Merkmal aller menschlichen Kulturen, dass sie sich mit ihrer eigenen Vergangenheit beschäftigen. In dieser Hinsicht gleichen sie dem einzelnen Menschen. Offenkundig bedarf der Mensch einer Geschichte, weil er selbst eine hat. Was für den Einzelnen die Biografie, das ist für die Gesellschaft das soziale Gedächtnis. In der Aneignung ihrer Geschichte entwickeln soziale Gruppen, zum Beispiel Nationen, ihre Identität. „Wir sind, was wir geworden sind" – so formulierte es der Historiker Hagen Schulze.

Historische Sinnbildung

Die Aneignung der Geschichte folgt offensichtlich einem generationsübergreifenden Bedürfnis nach Selbstvergewisserung und Sinngebung. Mit historischer Sinnbildung ist ein Vorgang gemeint, mit dem im Rahmen der kollektiven Erinnerung dem Vergangenen eine bestimmte Deutung gegeben wird. Die Gesellschaft selbst ordnet das komplexe Geschehen der Vergangenheit: Sie gliedert Epochen, „vergisst" oder betont bestimmte Ereignisse – bis das Vergangene in einer strukturierten Weise wahrgenommen wird. Damit gibt jede Gesellschaft implizit eine Antwort auf die Frage: Was soll erinnert werden?

Funktionen des kollektiven Erinnerns

Als Ergebnis dieses Prozesses wird aus unzähligen Geschichten „die Geschichte":

- Die gemeinsame Geschichte stärkt das kollektive Zugehörigkeitsgefühl einer Gruppe.
- Sie stiftet nicht nur Identität, sondern sie ermöglicht es, die Gegenwart in einen Zusammenhang einzuordnen und besser zu verstehen. Geschichte ist immer Vor-Geschichte.
- Man hat bisweilen die Geschichte als „Lehrmeisterin des Lebens" bezeichnet. Ob und inwiefern man aus der Geschichte lernen kann, das bleibt umstritten. Entgegen einer weitläufig verbreiteten Meinung wiederholt sich die Geschichte nicht. Gleichwohl weisen politische Situationen strukturelle Ähnlichkeiten mit historischen Umständen auf, was Erkenntnis bringend genutzt werden kann. Die Geschichte Deutschlands nach 1945 und ihre „Aufarbeitung" lässt sich nur vor dem Hintergrund des Nationalsozialismus verstehen. Die Gegenwartspolitik spiegelt diese historische Erfahrung wider. Die Verstrickung vergangener Generationen in die Diktatur, in den Krieg und den Völkermord führte zu der Erkenntnis bei Überlebenden und Nachgeborenen, die Verantwortung zu übernehmen. Eine Wiederholung dieses Zivilisationsbruchs war zu verhindern und eine Versöhnung mit den Opfern anzustreben. Das „Nie wieder … !" kann geradezu als Gründungskonsens eines demokratischen und freiheitlichen Deutschlands begriffen werden. Die kollektive Erinnerung findet ihren Ausdruck in Form von Gedenktagen (zum Beispiel der 20. Juli 1944: Attentat auf Hitler, oder der 27. Januar 1945: Befreiung des KZ Auschwitz), Staatsakten, Feierstunden, Fernsehdokumentationen, Publikationen, Lehrplänen und Seminaren.

M 1 **Karikatur** von F. Behrendt, Frankfurter Allgemeine Zeitung, 1985

Geschichte als Rekonstruktion

Es gibt keinen direkten Zugang zur Geschichte. Der Historiker kann die Vergangenheit in ihrer hochkomplexen Form nie wirklich zum Leben erwecken. Die schier unerschöpfliche Fülle und Mehrdeutigkeit des historischen Materials zwingt ihn dazu, eine Auswahl zu treffen und das Vergangene zu rekonstruieren. Er muss das historische Material gliedern, Fakten einordnen, Wirkungszusammenhänge herstellen, sodass im optimalen Fall ein realitätsgerechtes Bild entsteht.

Die Arbeit des Spuren suchenden Historikers wird bereits dadurch beschränkt, dass in der Vergangenheit nicht jede soziale Gruppe gleichermaßen zu Worte kam beziehungsweise überhaupt Spuren hinterlassen konnte. Wir wissen heute zum Beispiel mehr über mittelalterliche Könige und Bischöfe als über den „Gemeinen Mann". Zu bestimmten Zeiten hatte der Klerus fast ein Informationsmonopol, sodass es nicht wundernehmen kann, dass wir Nachgeborenen viel über die geistig-religiösen Aspekte des Mittelalters wissen, hingegen wenig über den Alltag eines durchschnittlichen Landarbeiters.

„Das Normale macht keine Schlagzeilen." Das gilt heute, und das war auch früher so. Dokumentiert und damit überliefert wird nicht das Selbstverständliche, sondern das Aufsehenerregende beziehungsweise das, was man für wichtig hält. Sollten sich zum Beispiel künftige Generationen über unsere Gegenwart nur anhand von Boulevard-Zeitungen (durchaus eine wichtige Quelle!) informieren wollen, so bekämen sie mit Gewissheit ein völlig verzerrtes Bild von unserer Wirklichkeit.

Eine Chronik, die nur auflistet, was war, bringt dem Leser relativ wenig Erkenntnis. Geschichte, wie wir sie heute verstehen, stellt einen komplexen Rekonstruktionsversuch der Vergangenheit dar. Da das historische Material sich nicht von selbst erschließt, muss es erst „gelesen" werden. Vielfach fehlen auch Informationen, sodass historische Leerstellen auf plausible Weise überbrückt werden müssen. Das interpretierende Einwirken des Historikers wird auch deutlich in der Differenz zwischen der rein formalen kalendarischen Ordnung und der Periodisierung, die von inhaltlichen Aspekten ausgeht. So vertritt zum Beispiel der britische Historiker Eric J. Hobsbawm die These vom langen 19. und dem kurzen 20. Jahrhundert. Danach setzte das 19. Jahrhundert mit der Französischen Revolution (1789) ein und endete 1914 mit dem Ausbruch des Ersten Weltkrieges. Das 20. Jahrhundert hingegen fing mit dem Ersten Weltkrieg beziehungsweise 1917 an, dem Jahr der Oktoberrevolution in Russland, und endete mit dem Zusammenbruch der kommunistischen Ordnung in Osteuropa beziehungsweise der Auflösung der Sowjetunion (1989/91).

Die Geschichte ist nichts Totes. Neue Erkenntnisse oder auch politische Veränderungen können den Blick auf die Vergangenheit verändern und zu einer Neubewertung führen. Andererseits wirkt die Vergangenheit ständig auf die Gegenwart ein. Gerade im Zusammenhang mit den Nachwirkungen des Dritten Reiches ist des Öfteren von einer Vergangenheit die Rede, „die nicht vergehen will". Wer zum Beispiel eine Antwort auf die Frage sucht, warum nicht der 9. November – der Tag der Maueröffnung – zum Nationalfeiertag des wiedervereinigten Deutschlands erhoben wurde, der findet sie in der Geschichte:

9. Nov. 1989	Öffnung der Mauer
9. Nov. 1938	Pogrom gegen die Juden („Reichskristallnacht")
9. Nov. 1923	Hitler-Ludendorff-Putsch in München
9. Nov. 1918	Novemberrevolution

Erst die Freilegung der historischen Schichten macht deutlich, dass dieses Datum politisch vorbelastet ist. Gleichzeitig veranschaulicht dieses Beispiel den Satz: „Wir sind, was wir geworden sind."

Hermeneutik

Die Erkenntnis, dass im Umgang mit schriftlichen Zeugnissen der Vergangenheit naturwissenschaftliche Erkenntnismethoden nicht anwendbar sind, hat zur Ausformung einer eigenständigen geisteswissenschaftlichen Methode geführt. Diese historisch-philosophische Methode des Verstehens nennt man Hermeneutik. Die Hermeneutik grenzt sich zwangsläufig von den experimentell verfahrenden Wissenschaften ab, weil historische Tatsachen einzigartig und von ihrer Interpretation letztlich nicht zu trennen sind. So ist zum Beispiel der Reichstagsbrand vom 27. Februar 1933 eine Tatsache. Aber erst durch die Interpretation gewinnt das historische Faktum einen wirklichen Aussagewert. Wer hat den Brand gelegt? Wie wurde er politisch ausgenutzt? Welche Folgen hatte er?

Wissenschaftlichkeit

Historisches Material ist selten eindeutig. Die Individualität des Historikers, seine subjektive Wahrnehmung und seine politische Einstellung werden zwangsläufig die Deutung beeinflussen. Auch wenn Geschichtsschreibung stets ein Vorgang der Interpretation und Rekonstruktion des historischen Materials ist, so bedeutet das keineswegs Willkür und Beliebigkeit. Will der Historiker dem Anspruch auf Wissenschaftlichkeit gerecht werden, darf er weder wichtige Fakten ignorieren noch die Überprüfung seiner Deutung verwehren. Informationsquellen müssen von ihm offengelegt werden, und die gezogenen Schlussfolgerungen müssen zumindest plausibel sein.

Die Konkurrenz innerhalb der Fachwissenschaft und eine interessierte Öffentlichkeit sorgen im Übrigen in einer freiheitlichen Gesellschaft erfahrungsgemäß dafür, dass einseitige und falsche Darstellungen der Geschichte nicht unwidersprochen bleiben.

1.2 Die Arbeit des Historikers

Das natürliche Zeitempfinden der Menschen wurde und wird durch den Wechsel der Jahreszeiten geprägt. Die Regelmäßigkeit, mit der Sonne und Mond ihren Lauf verändern, setzte einen zeitlichen Rahmen, der interkulturell gültig war. Darüber hinaus stand die Zeitrechnung über Jahrtausende im Dienst des religiösen Lebens.

Chronologie

Menschen aller Kulturepochen versuchten schon immer, Zeit beziehungsweise Zeitabschnitte zu messen. Die Chronologie stellt ein vorrangiges Ordnungselement für Geschehnisse dar. Die Geschichtsschreibung kennt eine Reihe von unterschiedlichen Zeiteinteilungssystemen.

Während der frühdynastischen Zeit Ägyptens (etwa 3000 v. Chr.) wurde die Jahreszählung zum Beispiel nach kultischen oder einschneidenden politischen Ereignissen vorgenommen, später – ähnlich wie bei den Sumerern in Mesopotamien (etwa 3000 v. Chr.) – nach Königslisten.

Weder die griechische Welt der Antike noch das Römische Reich kannte ein allgemeingültiges und festes Datum, auf das sich alle Jahreszahlen bezogen. In Griechenland hatte fast jede Stadt und jedes Heiligtum eine eigene Chronologie. Im antiken Athen zählte man nach dem vierjährigen Zyklus der Olympiaden (beginnend 776 v. Chr.) und benannte die Jahre nach den Namen des ersten der neun Archonten, den von den Athenern jährlich neu gewählten höchsten Beamten. In Sparta gab es eine Liste der Könige. In diese Listen wurden gelegentlich auch wichtige historische Ereignisse, die zum Beispiel auf Kriege oder Plünderungen hinwiesen, aufgenommen. Es wurden auch Personen erwähnt, die in der Politik eine wichtige Rolle spielten.

Die Jahreszählung während der römischen Ära erfolgte mit Bezug auf die sagenhafte Gründung Roms im Jahre 753 v. Chr. und nach Konsulatsjahren.

Es dauerte lange, bis man die Jahre nach einem Fixpunkt vor- und rückwärts zählte. Das Datum der Geburt Christi ist ein fiktiver, erst nachträglich errechneter Zeitpunkt. Gleichwohl stellt es heute einen weithin akzeptierten Bezugspunkt der Geschichtsdatierung dar. Diese Zählung der Jahre ging auf den römischen Mönch Dionysius Exiguus zurück (525). Sie war bereits im 8. Jahrhundert auf königlichen und privaten Urkunden zu finden. Im hohen Mittelalter wurde sie die gebräuchlichste Form der Datierung, die sich in den folgenden Jahrhunderten als allgemeingültig durchsetzte.

Kalender

Die Aufstellung eines Kalenders im Sinne eines Verzeichnisses der Monate und Tage eines Jahres war an astronomische Beobachtungen gebunden. Die Grundlage der abendländischen Zeitrechnung ist der von G. Julius Caesar nach dem ägyptischen Vorbild erneuerte römische Kalender (1. Januar 45 v. Chr.). Da das julianische Kalenderjahr elf Minuten länger war als das Sonnenjahr (Umlaufzeit der Erde um die Sonne), musste es zu Abweichungen kommen, die nach einer Korrektur verlangten. Darum ordnete Papst Gregor XIII. eine Kalenderreform an (1582). Die notwendige Angleichung wurde unter anderem durch eine Auslassung von zehn Kalendertagen (zwischen dem 4. und dem 15. Oktober 1582) erreicht. Dieser gregorianische Kalender wurde in den römisch-katholischen Ländern über eine päpstliche Bulle sogleich eingeführt, während er sich in den protestantischen Ländern nur zögernd durchsetzte (nach 1700 in Deutschland, Schweden und Dänemark). Der julianische Kalender blieb im Bereich der griechisch-orthodoxen Kirche bis 1918 in Kraft. Hieraus resultieren auch viele Doppeldatierungen, so zum Beispiel für die russische Oktoberrevolution: 25./26.Oktober beziehungsweise 6./7. November 1917.

Der gregorianische Kalender hat sich mittlerweile weltweit durchgesetzt (Japan 1872, Griechenland 1923, Türkei 1927, Volksrepublik China 1949). Lediglich in der islamischen Welt hat sich die Zählung der Jahre nach der Flucht Mohammeds von Mekka nach Medina (622) erhalten.

Von einer anderen Datierung geht die alte jüdische Zählung aus. Diese heute noch im israelitischen Gottesdienst gebräuchliche Zählung beginnt 3761 v. Chr.

Unsere Monatsnamen von September (septem = sieben) bis Dezember (decem = zehn) zeigen noch, dass das Jahr ursprünglich am 1. März begann. Im Jahre 153 v. Chr. wurde bei einer der oft notwendigen Neuordnungen der Jahresanfang auf den 1. Januar gelegt. Trotz starker kirchlicher Bedenken (zum Beispiel wegen heidnischer Neujahrsbräuche) hat sich der Jahresanfang 1. Januar allmählich und seit dem 16. Jahrhundert allgemein in Deutschland durchgesetzt. Eine Datierung nach dem kirchlichen Festkalender (Ostern, Pfingsten, Heiligentage der katholischen Kirche) hielt sich zum Teil bis ins 17. Jahrhundert.

Chronik der Zeitmessung

14. Jahrhundert v. Chr.:	Die Uhren der Antike machen das Verinnen der Zeit am Stand der Sonne oder am sinkenden Wasserspiegel in einem Tongefäß sichtbar. Erstmals erscheint Zeit als objektive, messbare Größe.
12. Jahrhundert:	Mechanische Uhren erlauben die Feineinteilung des Tages, zuerst in den Klöstern: Mönche richten ihre Gebete nach dem Stundenschlag.
15. Jahrhundert:	Taschenuhren machen die Zeiterfassung allgegenwärtig und mit immer besserer Mechanik minutengenau.
19. Jahrhundert:	Im Zeitalter der Industrialisierung wachen Stempeluhren über die Arbeitermassen in den Fabriken: Die Zeit wird zum Maß für geleistete Arbeit.
1844:	Die Längengrade mit Nullpunkt Greenwich werden Bezugssystem für den Gang der Uhren weltweit: Die Erde wird auf Gleichtakt geeicht.
1949:	Die Atomuhr macht die Zeit auf milliardstel Sekunden genau messbar. Unterdessen hat Einsteins Relativitätstheorie die Vorstellung einer objektiven Zeit widerlegt.

Zit. nach: Der Spiegel 1/1998, S. 96–97.

Quellen

Der Zugang zur Geschichte erfolgt zwangsläufig über Zeugnisse menschlichen Handelns. Der Historiker betreibt Spurensuche, wobei alles Hinterlassene zweckdienlich sein kann:

- schriftliche Quellen: Texte,
- Sachquellen: Bilder, Bauwerke und Gegenstände aller Art,
- Bild- und Tonträger: Filme und Tonbänder.

Grundsätzlich unterscheidet man zudem zwischen Primärquellen und historischen Darstellungen. Primärquellen sind Zeugnisse aus erster Hand, die folglich eine große Nähe zum Geschichtsereignis aufweisen. Bei Geschichtsdarstellungen handelt es sich um Texte eines Historikers, die in der Regel auf der Grundlage von Quellen verfasst werden.

Die Unterscheidung zwischen Quelle und Darstellung ist allerdings nicht substanzieller Natur. Das wird insbesondere bei Darstellungen deutlich, die älteren Datums sind und die wie eine Quelle verwendet werden. Die „Geschichte des Peloponnesischen Kriegs" des griechischen Geschichtsschreibers Thukydides (ca. 460–400 v. Chr.) ist zum Beispiel streng genommen eine Darstellung, wird aber heutzutage als Quelle aufgefasst.

Eine weitere begriffliche Unterscheidung bezieht sich auf die Art der Quelle. Es gibt absichtliche Zeugnisse, die speziell für den Zweck der Information von Zeitgenossen und späteren Generationen angefertigt wurden, zum Beispiel Verträge, Urkunden, Gesetze und Testamente.

Allgemein gilt, dass die moderne Geschichtswissenschaft den Rahmen der „traditionellen" Quellen zusehends gesprengt hat. Aufschluss über die Vergangenheit erhofft man sich heute zum Beispiel auch aus der Auswertung von kirchlichen Bußregistern, Zollbüchern, Möbeln und Kleidungsstücken, von Skeletten und Abfallgruben. In diesem Zusammenhang spricht man von unabsichtlichen Quellen, denn sie werden zu einem Zweck genutzt, an den die Urheber nicht gedacht haben.

M 1 **a) Diese Goldmünze zeigt die Kaiserin Agrippina,** die die Tochter des Oberbefehlshabers der römischen Rheinarmee war. Sie hatte 49 n. Chr. den Kaiser Claudius geheiratet und ihn veranlasst, ihren Geburtsort zur Stadt zu erheben. Das war der Beginn der Stadt Köln, dem römischen Colonia Claudia Ara Agrippinensum.

M 1 **b) Das Siegel Heinrichs IV.** aus der zweiten Hälfte des 11. Jahrhunderts. Ein solches Siegel war an den Briefen aus der Kanzlei Heinrichs IV., dem König des Heiligen Römischen Reiches, befestigt. Es bestand aus Wachs oder Blei und sollte die Echtheit des königlichen Schreibens beweisen.

Quellen stehen dem forschenden Historiker nicht für alle Epochen in gleichem Maße zur Verfügung. Während insbesondere seit der Erfindung des Buchdrucks im 15. Jahrhundert eine ungeheure Vermehrung des schriftlichen Quellenmaterials festzustellen ist, nimmt die Quellendichte in Bezug auf weiter zurückliegende Zeiten deutlich ab. Kämpft der Historiker der Neuen Geschichte mit der Unüberschaubarkeit des Quellenmaterials, so leidet der Althistoriker an einem Quellenmangel. Für die frühesten Zeiten menschlicher Geschichte stehen sogar überhaupt keine schriftlichen Aufzeichnungen zur Verfügung. Für diese Zeit kommt naturgemäß den Sachquellen eine entscheidende Bedeutung bei der Spurensuche zu. Auf diesem Feld überschneidet sich die Arbeit des Historikers mit der des Archäologen (Archäologie = Altertumskunde). In den letzten Jahren wurden verschiedene archäologisch-historische Verfahren entwickelt, die eine unentbehrliche Ergänzung zur Analyse schriftlicher Quellen darstellen.

Moderne archäologisch-historische Methoden

Luftbildarchäologie: Mit ihrer Hilfe können oberirdisch nicht sichtbare Denkmäler aufgespürt werden, zum Beispiel Siedlungsreste, Wälle, Gräber.

M 2 Luftbildarchäologie
Aus der Luft noch heute erkennbar: Reste eines römischen Landhauses im Kreis Euskirchen in Nordrhein-Westfalen, erbaut Anfang des 3. Jahrhunderts nach Christus.

Altersbestimmung durch Radiokohlenstoff (C^{14}-Methode): Diese wissenschaftliche Datierungsmethode beruht auf dem physikalischen Tatbestand, dass aus dem Stickstoff der Luft winzige Mengen von natürlichem radioaktiven Kohlenstoff entstehen. Diese Kohlenstoffisotope bezeichnet man als C^{14}.. Sie zerfallen nach dem Prinzip der Halbwertzeit, das heißt, sie halbieren sich im Laufe von 5730 Jahren. Der C^{14}-Gehalt des historischen Materials lässt sich vergleichen mit demjenigen eines Materials aus der Gegenwart. Die Differenz ermöglicht dann eine annähernd genaue Altersbestimmung des Fundstücks. Je älter der Untersuchungsgegenstand ist, desto niedriger ist der Anteil an Radiokohlenstoff. Damit nimmt dann allerdings auch die Ungenauigkeit der Messung zu. Die C^{14}-Methode ist nur anwendbar bei biologischem Material, zum Beispiel Holz oder Lebensmittelresten.

M 3 Pollendiagramm vom Roten Moor in der Rhön
Die Pollen spiegeln die Vegetation der Zeit von 800 v. Chr. bis zum Beginn des 20. Jahrhunderts in der Umgebung des Moores. Die erste Spalte gibt die Tiefe der Moorhorizonte an. Die Spalte mit den Getreidepollen lässt eine starke Zunahme des Ackerbaus seit dem beginnenden 9. Jahrhundert und im 12. Jahrhundert sowie den tiefen Einbruch in der zweiten Hälfte des 14. und in der ersten Hälfte des 15. Jahrhunderts erkennen.

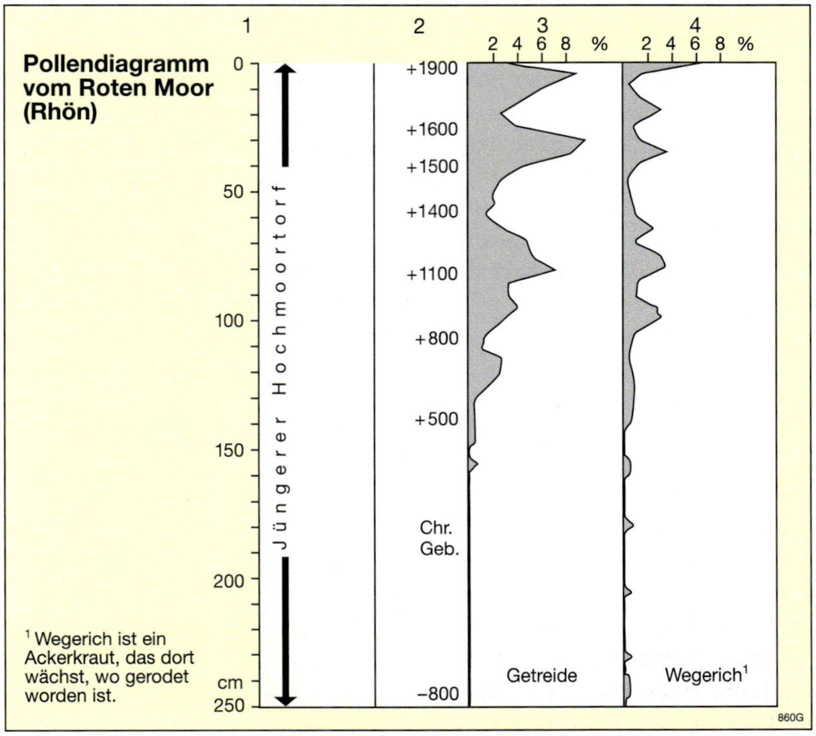

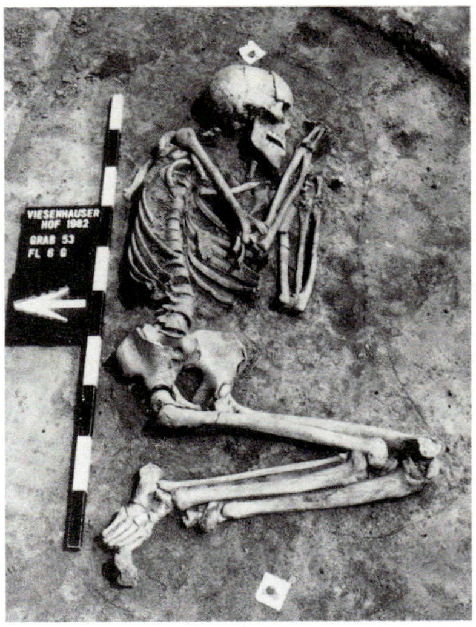

M 4 Eine Grabstätte der Bandkeramik vom „Viesenhäuser Hof" bei Stuttgart-Mühlhausen. Der Tote ist in Schlafstellung als „Hocker" bestattet und in gutem Erhaltungszustand. In modernen Gräbern ist das Knochenmaterial häufig bereits nach 20 Jahren brüchig, etwa 4000 v. Chr.

Pollenanalyse: Der Blütenstaub, der sich in luftdicht abgeschlossenen Schichten, zum Beispiel von Mooren, erhalten hat, ermöglicht Rückschlüsse auf das Klima und den Pflanzenbestand vergangener Zeiten. Auch uralte Kloakeninhalte sind für den Historiker von Interesse. Die Zählung von Parasiteneiern (Würmer, Egel) gibt Aufschlüsse zum Beispiel über die Durchseuchung einer Bevölkerung.

Dendrochronologie: Auf der Grundlage der Identifizierung von Jahresringen ermöglicht diese Methode die genaue Datierung von Holzfunden. Jahresringe stellen praktisch einen Kalender dar, den die Natur hinterlassen hat. Denn das Wachstum von Bäumen vollzieht sich nicht gleichmäßig, sondern unterliegt jährlichen klimabedingten Schwankungen. Mittlerweile stehen verschiedene Dendrochronologien mit Standardkurven für die verschiedenen Holzarten zur Verfügung, die mehrere Tausend Jahre zurückreichen.

Knochen- und Skelettanalyse: Vor allem Friedhöfe sind zu einem Fundort unentbehrlicher Quellen der Frühgeschichte geworden. Menschliche Skelette dienen der Bestimmung von Geschlecht, Alter und Körpergröße. Erkenntnisse über Krankheiten, Verletzungen, Todesursachen und Lebensweise sind ebenfalls möglich. Beispielsweise lässt der Zahnabrieb Rückschlüsse auf die Ernährungsgewohnheiten zu. Grabbeigaben, wie zum Beispiel Kleidung, Waffen, Keramik, Fibeln, geben unter anderem Aufschluss über Kulturniveau, Jenseitsvorstellungen, Handelsbeziehungen und soziale Zugehörigkeit der Bestatteten.

M 5 Geschichtsschreibung

Im Vorwort zu seiner „Geschichte des Peloponnesischen Krieges" erläutert der griechische Historiker Thukydides (ca. 460–400 v. Chr.) seine methodische Vorgehensweise:

Thukydides aus Athen hat den Krieg des Peloponnesischen Bundes und der Athener, so wie sie ihn gegeneinander geführt haben, aufgezeichnet. Er hat damit gleich bei seinem Ausbruch begonnen in der Erwartung, dass er [der Krieg] groß sein werde und denkwürdiger als alle vorausgegangenen. Dies schloss er aus der Tatsache, dass beide Teile, als sie in den Krieg zogen, mit aller Rüstung auf der Höhe ihrer Kraft standen, und aus der Beobachtung, dass das übrige Griechenland der einen oder der anderen Partei beitrat, und zwar zum Teil sofort in der Tat, zum Teil wenigstens in der Absicht. So ist dies denn wirklich die größte Erschütterung geworden nicht nur für die Hellenen, sondern auch für eine Gruppe der Barbaren, ja, man kann wohl sagen, für den größten Teil der Menschheit. [...]

Thukydides

Was die Reden betrifft, die die Einzelnen vor ihrem Eintritt in den Kampf oder bereits im Kriege gehalten haben, so war es schwierig, den genauen Wortlaut des Gesprochenen im Gedächtnis zu behalten, und zwar ebenso für mich, wo ich sie selbst gehört habe, wie für die Gewährsleute, die mir solche von irgendwo andersher berichteten. Wie ich mir habe vorstellen können, dass der Einzelne gesprochen haben würde, wenn er das jeweils Erforderliche am besten sagen wollte, wobei ich mich so eng als möglich an den ganzen Sinn des wirklich Gesagten hielt – so wird bei mir geredet. Was aber die Begebenheiten, die im Kriege ins Werk gesetzt wurden, angeht, so habe ich es nicht für meine Aufgabe gehalten, sie niederzuschreiben, wie ich sie auf gut Glück erfuhr, noch auch so, wie ich sie mir allenfalls zurechtlegen konnte, sondern indem ich sowohl den Dingen, bei denen ich selbst dabei war, als auch dem, was ich von anderen erfuhr, mit höchstmöglicher Gewissenhaftigkeit im Einzelnen bis aufs Letzte nachging. Das war ein mühsames Forschen, weil die Augenzeugen jeweils nicht dasselbe über dieselben Ereignisse aussagten, sondern so wie jede Partei in ihrem Gefühl oder ihrem Gedächtnis befangen war. Auf den Leser wird meine Darstellung bei ihrem Mangel an Fabelhaftem wenig unterhaltsam wirken. Wer aber wissen will, wie es wirklich gewesen ist und also, bei der Natur des Menschen, in Zukunft immer wieder so oder so ähnlich zugehen wird – wenn so einer das Buch nützlich findet, so soll mir das genügen. Zum dauernden Besitz der Menschheit, nicht für den augenblicklichen Erfolg bei den Lesern ist es verfasst worden. [...]

Zit. nach: W. Lautemann, M. Schlenke (Hg.), Geschichte in Quellen, Altertum, München 1965, S. 213 f.

M 6 Geschichte und Gesellschaft

Der Politikwissenschaftler Ekkehart Krippendorff unterscheidet vier Typen des historischen Verständnisses:

Während das Tier – von relativ minimalen Prozessen abgesehen – immer bei seiner Geburt wieder am Nullpunkt des Lernens einsetzt, beginnt das Kulturwesen Mensch immer mit dem Erbe gespeicherten Erfahrungswissens seiner Eltern und Vorfahren, das ihm mittels kodifizierter [hier: Regeln setzender] Informationen vermittelt wird: von den ungeschriebenen Verhaltensregeln seiner Kultur, über die Sprache [...] bis hin zu Bild und Schrift. Insofern ist Gesellschaft immer zugleich geschichtlich und ist Zeit bzw. Zeit-Bewusstsein die Bedingung der Möglichkeit von Gesellschaft überhaupt. [... es] lassen sich vier Typen historischen Verständnisses unterscheiden, die sehr grob auch den Phasen sozialer Evolution entsprechen.

Erstens finden wir das, was man als „magische Geschichte" bezeichnen kann: Religion als Erklärungshorizont der Zeitlichkeit, des Woher und des Wohin unter den Bedingungen eines hohen Maßes von Abhängigkeit und von relativer Ohnmacht gegenüber der Natur – der Mensch als Spielball willkürlicher Götter und ihrem Willen, ihren Gesetzen unterworfen. Der den Willen – die Verheißungen und Drohungen – der Götter interpretierende Priester ist „Historiker" im Sinne seiner Befähigung zur Sinngebung von Existenz.

Zweitens finden wir Geschichte als Legitimation von Herrschaft: Die göttliche Herkunft von Dynastien ebenso wie die ideologische Untermauerung von Herrschaftsansprüchen erscheint im Gewande von geschriebener Geschichte – im klassischen Rom als Bestandteil der Ausbildung der herrschenden Klasse in „Rhetorik", im Mittelalter finden wir die Hofchronisten.

Drittens dient Geschichte als säkularisierte [weltliche] Orientierungshilfe bzw. konkreter, als Lehre vom Fortschritt. In dieser Form erscheint sie – in Westeuropa zumindest – mit dem Ende des Mittelalters (die ersten Universitätslehrstühle für Geschichte werden im 17. Jahrhundert eingeführt), und zwar als Begleiterscheinung zur Auflösung der Feudalordnungen bzw. zu der vom Bürgertum getragenen kapitalistischen Revolution. [...] Geschichte wird nun als Wissenschaft möglich, und zwar im Kontext des präzedenzlosen [beispiellosen] Aufschwungs der Wissenschaften überhaupt, „und die Historiker, auf der Suche nach festen Regelmäßigkeiten, die sie zu [Gesetzen] erheben könnten, stießen sehr bald auf etwas, das von den Naturwissenschaften selbst nahegelegt wurde: das Gesetz menschlichen Fortschritts." [...]

Viertens schafft Geschichte sodann als Wissenschaft die Voraussetzungen für die Herausbildung einer Wissenschaft von der Gesellschaft, indem sie auf dem „Umweg" über die Erkenntnis, dass menschliche Evolution – der „Fortschritt" – nicht von Göttern, sondern von Menschen vollbracht wurde und wird und schließlich vorstößt zur Entdeckung der Gesetze sozialer Reproduktion. Der historische Prozess des Aufstiegs und Untergangs von Kulturen und der Konflikt zwischen diesen erscheint als Abfolge bzw. Konkurrenz unterschiedlicher Produktionsweisen, unterschiedlicher Formen, in denen Menschen sich reproduzieren [d. h. das Fortbestehen der Gesellschaft sichern].

E. Krippendorff, Internationale Politik, Geschichte und Theorie, Frankfurt/M./New York 1987, S. 49 ff.

M 7 Gesetzmäßigkeit der Geschichte?

Der Historiker Sebastian Haffner setzt sich mit der Frage auseinander, warum vom hegelianisch-marxistischen Geschichtsbild eine so große Faszination ausging:

Alle die großen Geschichtssystematiker und Geschichtspropheten fußen natürlich irgendwie auf Hegel, der als erster den Gedanken verkündete, dass die Geschichte eine Gesetzmäßigkeit, ein inneres System, einen Sinn habe, dass sich, in seinen Worten, der Weltgeist in der Geschichte verwirkliche. Auch dass er es mittels eines dialektischen Prozesses tue, glaubte der alte Hegel schon herausgefunden zu haben, allerdings war er vorsichtiger als seine Nachfolger: Er hütete sich vorm Prophezeien. Was der Weltgeist jeweils in der Geschichte vorgehabt hatte, das erfuhren wir bei Hegel immer erst hinterher. Solange Napoleon siegte, war er der Weltgeist zu Pferde, als er dann unterlag, hatte es sich der Weltgeist eben anders überlegt, und Napoleon hatte die Geschichte nicht mehr auf seiner Seite – sehr einfach.

[...] Der große unkorrigierbare Grundfehler nämlich, den alle Geschichtssystematiker und alle Geschichtsdeuter begehen, liegt meiner Meinung nach darin, dass sie die Geschichte als etwas objektiv Gegebenes ansehen, eine Summe jederzeit greifbarer und erforschbarer Realitäten wie die Natur. Besonders bei Marx wird das ganz explizit [ausgesprochen]. Der Grundgedanke des historischen und dialektischen Materialismus ist ja gerade, dass menschliche Geschichte einfach eine Fortsetzung des natürlichen Evolutionsgeschehens ist, und dass Geschichtsgesetze also sozusagen eine Fortschreibung der Naturgesetze sind. [...] Aber auch bei den anderen Geschichtssystematikern spürt man als Grundimpuls, ich möchte fast sagen, eine Art Neid auf die Naturwissenschaften.

Der große Erfolg der Naturwissenschaften hat den Wunsch nach einer Geschichtswissenschaft erzeugt. Wenn der Mensch als Naturwissenschaftler dem Schöpfer sozusagen seine Tricks abgucken und sich dadurch in die Lage versetzen konnte, selbst ein wenig Gott zu spielen, sollte er es dann nicht auch bei dem so viel interessanteren Gegenstand seiner eigenen Vergangenheit tun können? Der Gedanke hat unbedingt etwas Verführerisches, sogar Berauschendes. Der Mensch als Herr der Natur, schön und gut; aber nichts verglichen mit dem Menschen als Herrn der Geschichte.

Erst der Mensch, der seine eigene Vergangenheit so durchschaut und beherrscht, wie er die außermenschliche Natur zu durchschauen und zu beherrschen gelernt hat, erst der wird wirklich sein eigener Herr. Die Beherrschung seiner Vergangenheit nämlich macht ihn dann auch zum freien Gestalter seiner Zukunft. Das ist der berühmte Sprung aus dem Reich der Notwendigkeit in das Reich der Freiheit. Wie gesagt, ein höchst verführerischer Gedanke, aber einer von den Gedanken, die den Wunsch zum Vater haben. Mit dieser Art von Gedanken ist es bekanntlich meist nichts – und so auch mit diesem. Eine Geschichtswissenschaft, die mit der Naturwissenschaft vergleichbar wäre, gibt es nicht und kann es nicht geben, aus einem sehr einfachen Grunde: Die Natur ist Gegenwart, die Geschichte aber befasst sich mit Vergangenheit. Gegenwart ist real, konkret, erforschlich. Vergangenheit aber ist eben nicht mehr real, sie ist irreal geworden. Die Zeit hat sie uns entrückt, es gibt sie nicht mehr, daher kann man sie auch nicht mehr erforschen.

S. Haffner, Was ist eigentlich Geschichte?, in: dgl., Im Schatten der Geschichte, Stuttgart 1985, S. 13 ff.

M 8 Zyklisches Geschichtsdenken: Das Rad der Fortuna

Schicksalsdenken ist eine grundlegende Kategorie der menschlichen Lebensauffassung. Verblüffenderweise lebte im christlichen Mittelalter neben der Hoffnung auf göttliche Führung auch der antike Fortuna-Begriff, vereint mit der Aussage von der Unerforschlichkeit göttlicher Ratschläge, aus breiter Gedankentradition vermittelt durch das Bild vom Glücksrad in der Schrift „Vom Trost der Philosophie", die der todgeweihte Boethius 524 im Kerker Theoderichs verfasst hatte. Nach einer französischen Handschrift des 15. Jahrhunderts. Die Aussprüche lauten: Regno, ich regiere, bei der Figur oben; regnabo, ich werde regieren, bei der aufsteigenden Figur; Regnavi, sum sine Regno, ich habe regiert, ich bin ohne Reich, unter dem Rad. Das Rad der Geschichte, zu dem dieses Glücksrad durch den Bezug auf die Könige geworden ist, vermittelt übrigens auch eine technische Neuerung: Aus der Kurbel, die seit der Spätantike bekannt war, wurde in Räderwerken des 14. Jahrhunderts die Nockenwelle entwickelt.

Aus: F. Seibt, Glanz und Elend des Mittelalters, Berlin 1987, S. 394.

M 9 „Wir sind, was wir geworden sind."

Der Geschichtswissenschaftler Hagen Schulze geht der Frage nach, inwiefern sich historisches Wissen nutzen lässt:

Die Geschichte erteilt keine direkten Handlungsanweisungen. Keine historische Situation ist einer anderen Situation völlig gleich. [...]
Man kann aber auch, wie der Fall des Bonner Grundgesetzes zeigt, aus der Geschichte zu lernen suchen, indem man die Wiederholung komplexer historischer Konstellationen und Entwicklungen zu vermeiden trachtet. Nicht die Analogie, die Gleichheit von Entscheidungssituationen, wird hier angenommen, sondern die Ähnlichkeit längerer historischer Verläufe und Strukturen mit Gegenwärtigem. Hier befindet man sich auf festerem Boden. Es gibt die Geschichten der großen Tendenzen, der typischen Verlaufsformen, der charakteristischen Grundmuster, über die wir angesichts unserer historischen Erfahrung allgemeine Aussagen machen können. Das beginnt mit Sätzen über das übliche Verhalten von Menschen unter bestimmten Umständen, etwa: „Macht korrumpiert", oder: „In Zeiten wirtschaftlicher Schwierigkeiten nehmen politische Unruhen zu", oder: „Kein Regierungssystem hat auf die Dauer Bestand ohne einen Grundkonsens zwischen den direkt oder indirekt an der Machtausübung Beteiligten". Es gibt lang anhaltende Strukturen, die das Verhalten der Menschen beeinflussen, begrenzen und bestimmte Handlungs- und Reaktionsweisen wahrscheinlicher machen als andere. Staaten ohne ausreichende Ernährungsbasis für ihre Bevölkerung sind normalerweise anders organisiert und neigen zu anderen wirtschaftlichen Verhaltensweisen als Staaten, deren eigene Ressourcen die Bevölkerungsbedürfnisse hinreichend befriedigen. Die politischen Rahmenbedingungen eines Inselstaats sind wesentlich andere als die eines von vielen Nachbarn umgebenen Kontinentalstaats, und das hat typische Auswirkungen auf deren jeweilige Geschichte.
Das alles sind Regelmäßigkeiten, die wir historisch ableiten und zur Erklärung heutiger Ereignisse und Entwicklungen nutzen können. Weil es solche durch die Historie bewährten politischen, wirtschaftlichen und gesellschaftlichen Regelannahmen gibt, sind wir auch imstande, diese Regeln für die Zukunft zu ändern, indem wir einzelne ihrer Bedingungen ver-

ändern. Wenn die aus der Geschichte der Weimarer Republik gewonnene Regel lautet: „Falls eine Demokratie nicht durch Tradition fest verankert ist, neigt ein Volk in Krisenzeiten dazu, die Grundlagen dieser Demokratie mithilfe der demokratischen Regeln zu beseitigen“, dann liegt es nahe, für die Zukunft die demokratischen Regeln so zu gestalten, dass sie nicht mehr als Waffe gegen die Demokratie als solche verwendet werden können: Man merzt also plebiszitäre Elemente [Plebiszit = Volkentscheid] aus der Verfassung aus, erklärt einen Teil der Verfassung – den Grundrechtskatalog und das Föderalismusprinzip – für unabänderlich, begrenzt die Zahl der Parteien, erschwert den Regierungssturz und schwächt die Position des Staatspräsidenten. Diese Art, aus der Geschichte Nutzen zu ziehen, ist realistisch und führt im gegebenen Fall, bei der Formulierung des Bonner Grundgesetzes als Negativfolie der Weimarer Reichsverfassung, in der Tat zu dem gewünschten Erfolg – wobei sich allerdings darüber streiten lässt, ob dieser Erfolg nicht vielleicht eher in den günstigen wirtschaftlichen und außenpolitischen Verhältnissen der Bundesrepublik Deutschland begründet ist.

Wiederum ganz anders steht es mit unserem dritten Beispiel. Auch hier wird mit Geschichte politisch argumentiert, aber nicht, um Handlungsanleitung für einen Einzelfall zu gewinnen oder um unheilvolle Entwicklungen der Vergangenheit für die Zukunft zu verhindern. Nicht die Frage „Was sollen wir tun?“ spielt hier eine Rolle, sondern die Frage „Wer und was sind wir?“ Es geht darum, was der deutsche Nationalstaat ist, und die Antwort auf diese Frage kann sich nur aus der Geschichte ergeben: Nur weil es von 1871 bis 1945 einen bestimmten deutschen Nationalstaat gegeben hat, können wir heute sagen, was dieser deutsche Nationalstaat ist und was er nicht ist. Der Nutzen der Geschichte für die Gegenwart besteht in diesem Fall also darin, Klarheit über eine Identität zu schaffen. [...]

Unsere Identität ist erst dann zureichend geklärt, wenn unsere Geschichte bekannt ist; wir sind, was wir geworden sind.

Indem wir die Geschichte eines Individuums erzählen [...] sagen wir nicht nur, wer jemand ist, sondern erklären zugleich, warum er so und nicht anders ist. Wenn wir uns unsere Geschichte als deutsche Nation vergegenwärtigen, wissen wir also [...] wer wir heute sind und was im Einzelnen der Grund dafür ist, dass wir so und nicht anders sind. [...]

Und der Versuch, sich einer schwierigen, nicht durchweg zustimmungsfähigen Geschichte zu entledigen, indem man aus ihr aussteigt, sie anderen zuschiebt, ganz neu anfangen will, scheitert mit Notwendigkeit. Denn die Identität einer Gruppe lässt sich nicht nach Belieben abstreifen, wie jeder weiß, der als Deutscher längere Zeit im Ausland gelebt hat; wir haften auch für unsere Geschichte nicht im Sinne persönlicher Verantwortung, aber als Teilhaber an der Identität der deutschen Nation. Und schließlich können wir nicht für die Zukunft handeln, ohne von einer historisch gewordenen und begrenzten Gegenwart auszugehen: Niemand kann anfangen, sondern nur anknüpfen – was heißt, dass diejenigen, die glauben, völlig Neues zu tun, buchstäblich nicht wissen können, was sie tun.

H. Schulze, Wir sind, was wir geworden sind. Vom Nutzen der Geschichte für die deutsche Gegenwart, München 1987, S. 10ff.

Aufgaben

1. Erklären Sie, warum es keine absolute Objektivität bei der Aneignung der Vergangenheit geben kann.
   → Text
2. Begründen Sie, warum diktaktorische Herrschaftssysteme in aller Regel besonders stark versuchen, die Geschichte zu manipulieren.
   → Text
3. Der Grieche Thukydides gilt als Vater der modernen Geschichtsschreibung. Charakterisieren Sie seine Vorgehensweise bei der geschichtlichen Darstellung.
   → Text, M5
4. Unterscheiden und vergleichen Sie Typen und Formen des geschichtlichen Verständnisses. Erstellen Sie dazu ein Schaubild.
   → M5–M7
5. Wie beurteilen Sie den Gedanken, dass es eine historische Gesetzmäßigkeit gibt?
   → Text, M7
6. Beurteilen Sie die Aussage: „Wir sind, was wir geworden sind.“
   → Text, M9
7. Suchen Sie nach Beispielen in der Werbung, im Fernsehen und im Kino sowie in der Politik, wie Ereignisse aus der Vergangenheit für aktuelle Zwecke genutzt werden.

2. Griechenland

Leo von Klenze, Baumeister des bayerischen Königs Ludwig I., malte 1846 eine rekonstruierte Ansicht der Akropolis von Athen: Rechts der prachtvolle Tempel der Athena Parthenos (das Heiligtum der jungfräulichen Athena), in der Mitte die Propyläen (so bezeichnete man in der griechischen Architektur große Torbauten), dahinter erhebt sich die – nicht mehr erhaltene – Bronzestatue der Athena Promachos, der Vorkämpferin, mit Lanze und Schild, ein Werk des Phidias, des berühmtesten Bildhauers der griechischen Klassik des 5. Jahrhunderts vor Christus. Diese Statue war in Erinnerung an die erfolgreiche Abwehr der persischen Feldzüge aufgestellt worden. Im 5. Jahrhundert v. Chr. war Athen zum politisch führenden Stadtstaat (polis) und zum geistigen Zentrum Griechenlands aufgestiegen. Der Ausbau der Akropolis von Athen unter seinem bedeutendsten Staatsmann Perikles zeugt sowohl von der Religiosität als auch vom politischen Machtwillen des attischen Staates.

Eine Akropolis (Hochstadt) findet sich in den meisten griechischen Städten, zumindest dort, wo es die Topografie zuließ. Die ausgebaute Anhöhe diente als Ort der Zuflucht, der militärischen Verteidigung, aber auch als Kultstätte und Ziel religiöser Prozessionen.

Marathon, Salamis und Plataä sind geografische Bezeichnungen, aber mehr noch symbolisieren sie die Siege der Griechen über die traditionelle orientalische Monarchie der Perser. Erst diese Siege ebneten den Weg für die Entfaltung der griechischen Stadtkultur und damit einer Lebensform mit (für damalige Verhältnisse) außergewöhnlicher Freiheit und relativer Gleichheit. Jede Beschäftigung mit dem antiken Griechenland ist eine Zeitreise zu den Ursprüngen der europäischen Zivilisation. In Griechenland wurde vor etwa 2500 Jahren zum ersten Mal systematisch über die Organisation menschlichen Zusammenlebens nachgedacht, über die Frage, wie Bürgerkriege zu vermeiden seien, wie die hemmungslose Durchsetzung der politischen Macht des Stärkeren zu verhindern sei, kurzum: Die Griechen gelten als „Erfinder" der Demokratie und damit eines Politikmodells, zu dem sich heute die europäischen Staaten bekennen.

Aber nicht nur die Politik verbindet die Gegenwart mit der griechischen Antike. Auch „Logos" ist ein griechisches Wort und meint soviel wie das geordnete Denken, modern gesprochen: Vernunft und Verstand. Griechenland wurde auch darin zur Geburtsstätte des Abendlandes, weil hier Logik, Wissenschaft, Philosophie und Geschichtsschreibung ihren Ursprung haben. Auch Kunst und Ästhetik besitzen im Griechentum Bezugspunkte – was in besonderem Maße für die Literatur und das Theater gilt. Die Tragödie (griechisch „Gesang der Böcke") ist ebenfalls eine griechische „Erfindung" und hat ihren Ursprung in den Dionysien, also den alljährlichen Festen zu Ehren des Gottes Dionysos, des griechischen Gottes der Fruchtbarkeit. Und nicht zuletzt die modernen Olympischen Spiele besitzen – aller heutigen Kommerzialisierung zum Trotz – ihren Ursprung in den panhellenischen Spielen zu Ehren des griechischen Göttervaters Zeus.

2.1 Die Polis

Als Antike wird die geschichtliche Epoche des griechischen und römischen Altertums bezeichnet, die um 2500 v. Chr. mit der minoisch-kretischen beziehungsweise der mykenischen Kultur begann und bis zur Absetzung des letzten weströmischen Kaisers Romulus Augustulus durch die Germanen dauerte (476 n. Chr.). Sie umfasst die Gesamtheit der griechischen und römischen Kultur. Räumlich meint Antike den Mittelmeerraum und die angrenzenden Länder. Über die Jahrhunderte hin hat die griechische Antike auf nahezu alle Bereiche von Kultur, Wissenschaft und Politik ihren Einfluss ausgeübt.

Der geografische Raum

Die Ägäis bildet mit ihren unzähligen Inseln, die verstreut zwischen den Küsten Nordgriechenlands und Kretas, zwischen dem westlichen Europa und dem Orient liegen, das Herz der Geschichte und der Kultur Griechenlands.

In diesem Raum lebten, durch Berge oder das Meer voneinander getrennt, binnenländische Bauernvölker neben Seefahrer- und Handelsstaaten, die kaum Austausch miteinander pflegten. Die Entfaltung staatlichen Lebens war nur möglich, weil die meisten Städte neben Acker- und Weideland auch über Zugang zum Meer verfügten.

Vor dem Hintergrund dieser geografischen Zersplitterung, die zum Teil unterschiedliche Wirtschaftsweisen und soziale Verhältnisse bedingte, entstand der für Griechenland typische Stadtstaat, Polis genannt.

Während in Ägypten oder in Mesopotamien eine große Bevölkerung einem einzigen Herrscher unterworfen werden konnte, fehlte also im antiken Griechenland eine zentrale politische Verwaltungs- und Kontrollinstanz sowie eine territorial zusammenhängende einheitliche Wirtschaft.

Die Polis: Entstehung und Funktion

Im 8. und 7. Jahrhundert v. Chr. entstand aus noch nicht endgültig geklärten Ursachen eine Vielzahl von kleineren Staatsgebilden, wobei wohl auch die geografischen Gegebenheiten eine Rolle gespielt haben dürften. Es waren keine Staaten im Sinne eines Landes mit einer Hauptstadt und weiteren Städten und Dörfern, sondern im Wesentlichen Stadtstaaten oder Gemeindestaaten. Ein solcher Staat bestand aus einer Stadt mit ihrem Um- und Hinterland. Mit dem Begriff Polis meint man Stadtstaat und Bürgerschaft. Die einzelnen Poleis (Plural von Polis) waren außerordentlich verschieden nach Fläche, Bevölkerungszahl und politischen Institutionen. Neben diesen Stadtstaaten erhielten sich in West- und Mittelgriechenland aber auch einige Stammesstaaten, die sich um ein Kulturzentrum ohne städtischen Mittelpunkt verbanden. Die Polis war zugleich religiöse Kultgemeinde und politische Einheit. Das politische Ideal der Polis zielte auf Autarkie und Autonomie, das heißt in diesem Zusammenhang so viel wie politische und wirtschaftliche Unabhängigkeit.

In der griechischen Polis bildeten sich die Anfänge der europäischen Stadt. Sie war nicht Sitz eines absoluten Herrschers, eines Gottkönigs wie zum Beispiel der ägyptische Pharao, sondern hier kristallisierte sich zum ersten Mal in der Geschichte eine Organisationsform heraus, die man als „bürgerliche Gemeinde“ bezeichnen kann.

Allerdings ist die antike Stadt keine Gemeinde von Produzenten, z. B. Handwerkern, sondern von Kriegern. Der militärische Beitrag für die Wehrhaftigkeit blieb lange Zeit entscheidend für den Rang des Einzelnen. Außerdem war man nicht deshalb „Bürger“, weil man auf dem Gebiet der Polis lebte. Das Bürgerrecht erhielt man in der Regel durch Geburt. Die griechischen Stadtstaaten unterschieden strikt zwischen Inhabern des Bürgerrechts und Nichtbürgern. Große Teile der Einwohner – Frauen, Minderjährige, Sklaven und Einwanderer – besaßen einen minderen Status.

In der griechischen Polis entwickelte sich das Bewusstsein der Zugehörigkeit zu einer städtischen Gemeinschaft, wobei die Religion ein wesentliches Element der Stadtkultur ausmachte. Stadtgottheiten, Kulte und Zeremonien förderten den Zusammenhalt der Bevölkerung und bändigten die innerstädtischen Konflikte und Rivalitäten. Die Polis stellte also – im Unterschied zu den Städten der Gegenwart – eine politisch-juristisch-religiöse und militärische Einheit dar. Sie verkörperte für die folgenden Jahrhunderte das politische Griechenland.

Die Polis von Athen wurde zur Geburtsstätte der Versammlungsdemokratie. Man könnte sagen, „Demokratie“ wurde hier erfunden, denn die Athener konnten sich auf kein Vorbild berufen. Es gab kein Modell, an dem sie sich hätten orientieren können.

M 1

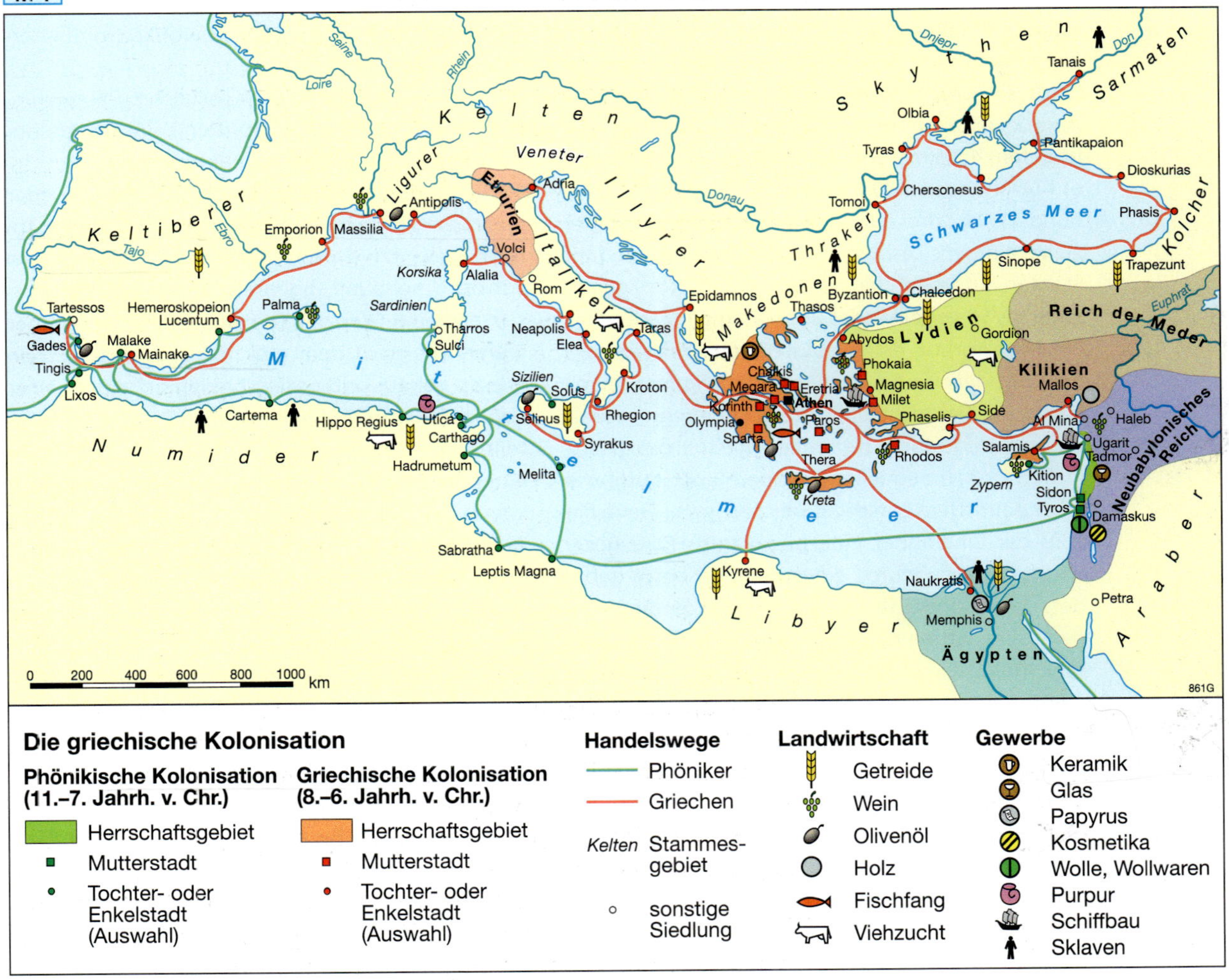

M 2 Die griechische Stadt

Der italienische Stadthistoriker Leonardo Benevolo beschreibt im Folgenden die Gestalt der griechischen Stadtstaaten:

Das Territorium einer Stadt wurde von den Bergen eingegrenzt und fast immer verfügte die Stadt auch über einen eigenen Hafen. Der Hafen befand sich zumeist weit außerhalb der Stadt, weil die Städte zum Schutz vor den Angriffen der Piraten nur selten direkt an der Küste lagen. Die Verbindungen zu anderen Städten und Ländern wurden vor allem auf dem Seeweg aufrechterhalten.

Dieses Territorium konnte durch Eroberungen oder durch Bündnisse mit benachbarten Städten vergrößert werden. Sparta gelang es, fast die Hälfte der gesamten Peloponnes zu beherrschen, ein Gebiet von insgesamt etwa 8400 km²; Athen besaß Attika und die Insel Salamis, d.h. insgesamt 2650 km². Zu Syrakus auf Sizilien gehörte ein Gebiet von 4700 km² bzw. 4300 km². Aber das waren Ausnahmen; das Gebiet der übrigen Städte war wesentlich kleiner, zum Teil sogar äußerst klein: Theben besaß ungefähr 1000 km² und Korinth 880 km². Auf den kleineren Inseln existierte jeweils nur eine einzige Stadt, so zum Beispiel auf der 85 km² großen Insel Aigina und auch auf Naxos und Samos mit jeweils ungefähr 450 km². Von den größeren Inseln gelang es nur Rhodos (1460 km²) gegen Ende des 5. Jahrhunderts, die drei auf der Insel befindlichen Städte zu vereinigen; Lesbos (1740 km²) war unter fünf Städten aufgeteilt und auf Kreta (8600 km²) gab es mehr als 50 voneinander unabhängige Städte.

Die Bevölkerung dieser Städte blieb – mit Ausnahme der Sklaven und der Ausländer – immer relativ klein; und dies nicht allein wegen der Begrenztheit der zur Verfügung stehenden Ressourcen [Hilfsmittel, Einnahmequellen], sondern auch aufgrund einer politischen Entscheidung: Jedesmal, wenn die Zahl der Einwohner eine bestimmte Höhe überschritten hatte, wurde ein Expeditionskorps gebildet, das in einem fernen Land eine Kolonie gründen sollte. Athen hatte zur Zeit des Perikles ungefähr 40000 Einwohner, und nur in drei weiteren Städten, nämlich in Syrakus, Agrigent und Argos, war die Einwohnerzahl größer als 20000. [...] Sparta hatte zur Zeit der Persischen Kriege etwa 8000 Einwohner. [...]

Man sah in diesen selbst auferlegten Maßnahmen, durch die die Bevölkerungszahlen bewusst niedrig gehalten wurden, eine notwendige Voraussetzung für die Entwicklung des sozialen Lebens. Die Bevölkerung musste groß genug sein, um im Kriegsfall ein Heer aufstellen zu können, aber sie durfte nicht zu groß sein, weil sonst die Funktionsfähigkeit der Bürgerversammlungen eingeschränkt worden wäre. Die Einwohner sollten sich untereinander kennen, um besser entscheiden zu können, welche Persönlichkeiten am ehesten befähigt waren, die Geschicke des Gemeinwesens zu bestimmen. Sank die Bevölkerungszahl zu sehr ab, drohte ein Mangel an menschlicher Arbeitskraft, stieg sie aber zu sehr an, so drohte das Gemeinwesen zu zerfallen und zu einer trägen Masse zu werden – unfähig, sich selbst zu regieren. [...]

Ihre gemeinsame Kultur war ihnen bewusst, aber sie strebten keine politische Vereinigung an, weil ihre Kraft und ihre Überlegenheit auf dem Konzept der Polis beruhten, das die kollektive Freiheit innerhalb der einzelnen Gemeinwesen ermöglichte (die individuelle Freiheit war in diesem Rahmen nicht ausgeschlossen, wurde aber nicht als unbedingt erforderlich angesehen). Der Begriff Vaterland wurde wörtlich genommen: Es galt als das Land eines einzigen Vorfahren, des eigenen Vaters. Die Vaterlandsliebe konnte deshalb ein so intensives Gefühl werden, weil ihr Objekt konkret und überschaubar war. [...]

Der neuartige Charakter des sozialen Zusammenlebens in den griechischen Städten zeigt sich besonders an den folgenden vier Faktoren:

1. Die Stadt bildete eine Einheit, in der es weder Sperrbezirke noch selbstständige Stadtteile gab. Nach außen hin waren einige Städte durch Mauern von der Umgebung abgegrenzt, aber im Innern existierten keine Grenzen. Die einzelnen Wohnhäuser waren alle nach dem gleichen architektonischen Prinzip gebaut und unterschieden sich nur in ihrer Größe. Sie waren über das ganze Stadtgebiet verteilt, und es existierten keine Stadtviertel, die nur einer bestimmten Klasse oder Kaste zugänglich waren.

An einigen, hierfür besonders eingerichteten Orten – der Agora oder dem Theater – konnte sich die gesamte Bürgerschaft oder zumindest ein großer Teil von ihr versammeln, sodass sich tatsächlich jeder unmittelbar als Teil einer einzigen zusammengehörenden Gemeinschaft fühlen konnte.

2. Das Stadtgebiet war in drei Bereiche aufgeteilt: den privaten Bereich mit den Wohnhäusern, den heiligen Bereich mit den Tempeln für die Götter und den öffentlichen Bereich für die politischen Versammlungen, den Handel, Theateraufführungen, sportliche Wettkämpfe usw. Der Staat als Verkörperung der allgemeinen Interessen der Gemeinschaft war für den öffentlichen Bereich direkt verant-

wortlich und an der Verwaltung des privaten und des heiligen Bereichs beteiligt. Die Unterschiede zwischen diesen drei Bereichen ergaben sich vor allem aus ihren unterschiedlichen Funktionen.

Die Tempel hoben sich deutlich vom übrigen Stadtbild ab, aber nicht so sehr wegen ihrer Größe, sondern vor allem aufgrund ihrer Lage und ihrer architektonischen Gestaltung. Sie waren in einiger Entfernung von den übrigen Gebäuden an Orten errichtet, die von weither sichtbar waren.

[...]

3. Die Stadt stellte in ihrer Gesamtheit ein künstliches Gebilde dar, das in die sie umgebende Landschaft eingefügt wurde. [...]

4. Das Gefüge der Stadt entwickelte sich im Laufe der Zeit weiter, aber an einem bestimmten Punkt erreichte es eine gewisse Stabilität, die die Bevölkerung nicht einmal mehr durch partielle Veränderungen stören wollte. Das Anwachsen der Bevölkerung führte nicht zu einer kontinuierlichen Ausdehnung der Stadt, sondern es wurde, sobald die Einwohnerzahl eine bestimmte Höhe überschritten hatte, in der unmittelbaren Umgebung eine ähnliche oder sogar größere Stadt neu erbaut.

L. Benevolo, Die Geschichte der Stadt, Frankfurt/M. 1983, S. 93 f.

M 4 Griechische Bürgersoldaten (Hopliten) ziehen in die Schlacht
Detail der sog. „Chigi-Kanne", ca. 650–640 v. Chr.

M 3 Loblied auf Athen

In seinem Drama „Die Schutzflehenden" hat Euripides 424 v. Chr. die Grundlagen der attischen Demokratie genannt:

Als der attische König Theseus vom Herold aus Theben gefragt wird, wem er die Botschaft des thebanischen Königs Kreon überbringen könne – „Wer ist hier der absolute König?" –, da setzt Theseus zu einem Loblied auf Athen an:

Nichts ist dem Volke so verhasst wie ein Tyrann.
Dort gelten nicht als Höchstes die gemeinsamen
Gesetze; einer schaltet als Gesetzesherr
Ganz unumschränkt, und das ist keine Gleichheit mehr.

Doch werden die Gesetze schriftlich festgelegt,
genießt der Arme wie der Reiche gleiches Recht;
die freie Rede steht dem Armen zu wie dem
vom Glück Gesegneten, wenn er beleidigt wird,
und hat er recht, besiegt der kleine Mann den großen.
So klingt der Ruf der Freiheit: „Wer will einen Rat,
der unsrem Staate nützt, vor die Versammlung bringen?"
Und wer es wünscht, der erntet Ruhm, wer nicht,
kann schweigen.
Wo gibt es größere Gleichheit noch in einem Staat?

zit. nach: H. Vorländer, Demokratie, München 2003, S. 13.

Aufgaben

1. Zeigen Sie auf, unter welchen Besonderheiten des geografischen Raumes sich die politische Kultur der Griechen entwickelte.
→ Text, M2–M2

2. Fassen Sie die Merkmale der griechischen Polis in einem Schaubild zusammen.
→ Text, M2

2.2 Aufstieg Athens zur griechischen Vormacht

Die Perserkriege

Die Kriege zwischen den Griechen des Mutterlandes und den Persern wurden durch einen Aufstand der in Kleinasien lebenden Griechen ausgelöst. Das Streben der Perserkönige nach Ausdehnung ihres Reiches nach Westen hatte dazu geführt, dass die ionischen Griechen, die bisher relativ frei lebten, von den durch die persischen Eroberer gestützten Stadttyrannen politisch und wirtschaftlich unterdrückt wurden. Nur Eretria (auf der Insel Euboia) und Athen, das seine Getreideversorgung aus dem Schwarzmeergebiet bedroht sah, kamen den bedrängten Griechen in Kleinasien zu Hilfe. Nach griechischen Anfangserfolgen brach der Aufstand zusammen. Der ionische Aufstand sollte eine Reihe kriegerischer Auseinandersetzungen zwischen Griechen und Persern auslösen, die erst mit den Feldzügen gegen die Perser unter Alexander dem Großen (334/330 v. Chr.) ihr Ende fanden.

Griechenlands Geschichte erinnert in manchen Aspekten an die Geschichte Europas, in der auch die einzelnen Staaten sich wechselseitig bekriegt und kooperiert haben. Die Griechen lebten politisch segmentiert in Kleinstaaten (Poleis) und blieben doch durch die gemeinsame Kultur, Religion und Sprache verbunden. Angesichts der Bedrängnis durch die Perser fanden sich aber die meisten griechischen Städte zur Abwehr bereit und legten ihre internen Konflikte bei.

Die Geschichte der Perserkriege ist die Geschichte eines völlig unerwarteten Sieges Davids über Goliath. Nach dem Sieg des athenischen Heeres über die Perser bei Marathon (490 v. Chr.) plante der persische Großkönig Xerxes, diese „Schmach“ wettzumachen. Die

M 1

antike Weltmacht der Perser setzte sich zehn Jahre danach mit einer Riesenstreitmacht in Bewegung. Damit schien das Ende eines politisch unabhängigen Griechenlands besiegelt zu sein.

Flottenbau

Die systematische Vorbereitung des neuen Feldzugs war den Griechen natürlich nicht verborgen geblieben. In ihrer Not befragten die Athener das Orakel von Delphi, das – angeblich – empfahl, sich mit einer „Mauer aus Holz" zu verteidigen. In einer scheinbar ausweglosen Situation brachte es der attische Staatsmann Themistokles (ca. 524–459 v. Chr.) fertig, diesen Spruch „richtig" zu interpretieren und den Bau einer Flotte zu veranlassen, der 483 v. Chr. begann.

Themistokles (ca. 524–459 v. Chr.)
Porträtbüste aus Marmor, Kopie eines zeitgenössischen Originals

Themistokles machte das überwiegend agrarisch orientierte Athen gegen die Opposition der Großgrundbesitzer zur Seemacht. Das Flottenbauprogramm (200 Kriegsschiffe) und die Verstärkung der Befestigungsanlagen belasteten die Stadt finanziell. So musste zum Beispiel auf die übliche Verteilung der Erträge der Silberminen von Laurion an die Bürger verzichtet werden. Eine wesentliche Bedingung für die Vormachtstellung Athens gegenüber den anderen hellenischen Stadtstaaten war eng verknüpft mit dem Besitz dieser reichsten Silberminen Griechenlands im Süden Attikas. Das von nahezu 30 000 Sklaven im Bergbau gewonnene Silber ermöglichte auch die Prägung der im „internationalen" Handel angesehenen Münzen, die erheblich zur wirtschaftlichen Blüte beitrugen.

Der Flottenbau sorgte aber auch für Dauerarbeitsplätze durch Wartung und Ausbesserung der Schiffe. Darüber hinaus entfaltete sich der Hafen auch zu einem wichtigen Zentrum der Handelsschifffahrt. Die Entscheidung zum Bau einer mächtigen Kriegsflotte sollte sich im Nachhinein als richtig erweisen, denn angesichts der persischen Übermacht blieb nur die Räumung der Stadt und des umliegenden Landes sowie die Flucht auf das Wasser.

Der Rückzug der Flotte zur (Athen vorgelagerten) Insel Salamis, der Seesieg der griechischen Flotte in der dortigen Meerenge (480 v. Chr.), zerstörte zunächst die persische Seemacht, was dann ein Jahr später seine Entsprechung in der Landschlacht von Plataä (479 v. Chr.) finden sollte.

Weltgeschichtliche Einordnung

Viele Historiker haben den Abwehrkampf der Griechen gegen die Perser als Kampf zweier Weltanschauungen interpretiert: hier die griechische Polis-Freiheit, dort der vorderasiatische Despotismus, hier Demokratie, dort Tyrannei. Unabhängig von der Problematik solcher klischeehafter (moderner) Zuordnungen kann aber festgehalten werden, dass die antike und damit letzten Endes auch die europäische Geschichte anders verlaufen wäre, wären die Griechen militärisch besiegt und ihre politische Kultur unterdrückt worden.

So gesehen war die Seeschlacht von Salamis eine jener „Sternstunden der Weltgeschichte", die die Weichen derselben gestellt haben. Denn vor allem die nachfolgende Epoche führte zur Entfaltung der griechischen Kultur, was sich für Europa insgesamt als grundlegend erweisen sollte.

Der Attisch-Delische Seebund

Die Griechen hatte den Kampf gegen die Perser mit einem gemeinsamen Heer unter Spartas Führung und einer Flotte, deren Hauptkontingent Athen stellte, geführt. Da Sparta sich nach den Siegen über die Perser

M 2 Attische Silbermünze aus dem 5. Jahrhundert v. Chr.
Die Eule, das Wappentier Athens, galt als Vogel der Klugheit. Auf diese Münze bezieht sich das weitverbreitete Sprichwort von den Eulen, die man nach Athen trägt, womit ein sinnloses Tun gemeint ist (weil es sie dort schon im Überfluss gibt).

auf die Peloponnes zurückzog, schied es als Schutzmacht griechischer Städte in Kleinasien aus. An seine Stelle trat nunmehr Athen, das zum Befreier Griechenlands geworden war. Die neue Führungsmacht leistete sich selbst in Zeiten drückender Finanznot eine riesige Flotte, zum Beispiel Mitte des 4. Jahrhunderts 349 Trieren (lat. Dreiruderer). Diese Seestreitmacht bildete das Instrument athenischer Großmachtpolitik.

Die Athener schlossen mit der überwiegenden Zahl der Insel- und Küstenstädte Einzelbündnisse ab und bauten so ihre Machtsphäre aus. Diese Entwicklung führte schließlich zu einem Gesamtbündnis, dem so genannten Attisch-Delischen Seebund (Delos, griechische Insel). Obwohl alle Mitglieder im Bundesrat gleiches Stimmrecht erhielten (mit Delos als Bundessitz), wurde schon bald Athen zur führenden Macht dieses mächtigen Flottenbündnisses. Im Laufe der Zeit wurde die Abstimmung im Bundesrat eingestellt, und die athenische Volksversammlung entschied über Gesetze, zog Gerichtsbefugnisse an sich und befand über die Abgaben, die früher von den Mitgliedsstaaten freiwillig geleistet wurden. Schließlich wurde die Bundeskasse von Delos gegen den Widerstand der anderen Bundesgenossen nach Athen gebracht (454 v. Chr.). Ein Großteil des Geldes floss zweckentfremdet in die athenische Staatskasse, unter anderem für die Beamtenbesoldung und den Ausbau der Akropolis.

Athen setzte den Kampf gegen die Perser fort und beendete schließlich die Kriege mit dem Frieden des Kallias (Name des Leiters der athenischen Friedensdelegation). In diesem Frieden wurde den griechischen Städten in Kleinasien eine gewisse Eigenständigkeit vom Perserkönig zugesichert und die Ägäis – Zeichen athenischer Dominanz – zum griechischen Meer erklärt. Aber als Reaktion auf das außenpolitische Vormachtstreben galt Athen vielen Zeitgenossen als neuer „Tyrann Griechenlands“.

Seekriegsführung

Im 5. und 4. Jahrhundert besaß Athen die größte Flotte unter den griechischen Staaten. Die Flotte hatte zeitweise einen höheren militärischen Stellenwert als das Heer. Ursprünglich hatten die Kriegsschiffe ein oben offenes Deck, auf dem sich die Ruderer auf einer Ebene mit

M 3 Moderner Nachbau einer klassischen Triere
Der wichtigste Typ des antiken Kriegsschiffes war der „Dreiruderer“ (Triere). Er konnte unter Segel gehen, aber auch, besonders im Gefecht, von Ruderern bewegt werden. Im Kampf kam es darauf an, in geschlossenem Stoß – ähnlich wie in der Hoplitenphalanx – die gegnerischen Schiffe mit dem im Bug befindlichen Rammsporn zu versenken oder ihre Ruderreihen zu zerstören. Dazu waren höchste Präzision und Abstimmung vonnöten. Die Ruderer rekrutierten sich aus den ärmeren Schichten. [H.-J. Gehrke]

den kämpfenden Soldaten befanden. Die Schiffstypen wurden nach der Anzahl der Ruderer benannt. Die Entwicklung der Triere revolutionierte die Seekriegsführung. Die Kampfstärke des neuen 40 bis 50 m langen und 5 m breiten Kriegsschiffes lag nicht mehr in der Anzahl der auf dem Schiff befindlichen Hopliten und Bogenschützen, sondern in der Leistung des Ruderwerks (Schnelligkeit, Reaktionsfähigkeit beim Manövrieren). Denn nunmehr zielte die Seekriegsführung darauf, das feindliche Schiff zu rammen und somit zu versenken. Für die in drei Reihen übereinander versetzt arbeitenden Ruderer benötigte man eine zahlreichere Rudermannschaft als vorher. Ungefähr 200 Mann, davon 170 Ruderer, gehörten zur Schiffsmannschaft.

Zur Zeit der Perserkriege bestand die athenische Flotte fast ausschließlich aus Trieren. Als Personal für den Ruderdienst verpflichteten die Athener die Theten, die zur untersten Vermögensklasse gehörten. Ruderdienst galt als militärischer Dienst. Da politische Rechte in einem engen Verhältnis zu den militärischen Funktionen der Bürger standen, schöpften die Theten aus ihrem militärischen Beitrag politisches Selbstbewusstsein. Dieser Umstand führte in der weiteren Entwicklung dazu, dass die bei Solon noch politisch diskriminierten Theten allmählich in die Gemeinschaft der vollberechtigten Bürger aufgenommen wurden. Später griff man auch auf Metöken (= Zugewanderte) und Sklaven zurück.

Chronologie

499 v. Chr.	Die ionischen Griechen erheben sich gegen die Herrschaft der Perser.
494 v. Chr.	Der ionische Aufstand bricht zusammen.
493 v. Chr.	Themistokles, gewählter Archon von Athen, beginnt den Hafen von Piräus zu befestigen.
490 v. Chr.	Dareios von Persien greift das griechische Festland an. Beginn der Perserkriege. In der Schlacht von Marathon werden die Perser zurückgeschlagen.
483 v. Chr.	Ein reicher Silberfund im Berg Laurion erschließt Athen die Geldmittel zum Ausbau seiner Flotte.
481 v. Chr.	Die griechischen Staaten treten unter der Führung Spartas zusammen, um ein gemeinsames Vorgehen gegen die Perser zu planen.
480 v. Chr.	Die Griechen werden bei den Thermopylen überwältigt und gewinnen danach die Schlacht bei Salamis.
479 v. Chr.	Die letzten größeren Schlachten des Krieges bei Plataä und Mykale enden mit einer Niederlage für die Perser.
478–477 v. Chr.	Unter der Führung Athens formiert sich der Attisch-Delische Seebund.
468 v. Chr.	Der Delische Bund zerstört die persische Flotte.
449 v. Chr.	Abschluss des Kalliasfriedens beendet die Epoche der Perserkriege.

Aufgaben

1. Fassen Sie Ursache, Verlauf und Ergebnis der Perserkriege in einer Tabelle zusammen. → Text
2. Begründen Sie, inwiefern der Ausbau der athenischen Kriegsflotte eine politische und soziale Umformung des Staatswesens in Athen mit sich brachte. → Text

2.3 Die attische Demokratie

Ein neues Modell der Politik

Wer entscheidet über das politische Leben? Je nachdem, wie diese Frage beantwortet wird, ergeben sich unterschiedliche politische Organisationsformen. Das Besondere an der Geschichte Athens ist dessen – relativ gut dokumentierte – Hervorbringung eines neuen Modells politischer Ordnung, das in der Selbstregulierung der Gemeinschaft seinen Kern besaß. Nach antiken Maßstäben war die Herrschaft im Stile eines traditionalen orientalischen Stadtkönigs der Normalfall. In der attischen Polis hingegen weitete sich die Mitsprache des Volkes immer mehr aus, bis sich die bürgerliche Solidargemeinschaft insgesamt als Gesetzgeber formierte. Feste Regeln, Gesetze, hielt man auf

M 1

dauerhaftem Material, zum Beispiel Stein, fest und statuierte ihre Verbindlichkeit für alle. Die Herrschaft des Gesetzes und die Herrschaft der gewählten Staatsmänner auf Zeit sind bis heute Teil des politischen Vermächtnisses der Griechen. Das Funktionieren eines solchen (alternativen) Politikmodells der Selbstverwaltung war an mehrere Voraussetzungen geknüpft:

- Die griechische Polis besaß eine überschaubare Größenordnung. Man schätzt die wehrfähige männliche Bevölkerung Athens auf zirka 30 000 zur Zeit der Perserkriege. Die Gesamtbevölkerung des athenischen Staates errechnet sich aus der Addition der Anzahl der Familienangehörigen (Frauen, Kinder, Alte), den fest ansässigen Fremden (Metöken) sowie den Sklaven. Schätzungen für das 5. Jahrhundert v. Chr. gehen von einer bürgerlichen Bevölkerung von 120 000 aus, von 30 000 Metöken und etwa 100 000 Sklaven. Die Gesamtzahl von einer Viertelmillion Bewohnern bezieht sich auf die Stadt Athen und das Umland Attika.
- Die männliche erwachsene Bevölkerung, die mit vollen politischen Rechten ausgestattet war, machte also nur einen Teil der Gesamtbevölkerung aus. Aber sie bildete den Kern der bürgerlichen Solidargemeinschaft. Ihre Identifikation mit der Polis schuf den Zusammenhalt. Die Funktionsfähigkeit der Selbstverwaltung war zweifellos an eine maximale Größe und Überschaubarkeit gekoppelt.
- Dass das Volk zum Souverän aufsteigen konnte, hing ganz wesentlich mit den militärischen Anstrengungen des Kleinstaates zusammen. Attische Demokratie und allgemeine Wehrpflicht müssen letztlich als zwei Seiten der gleichen Medaille betrachtet werden. Der Bürger, der seine Ausrüstung selbst stellte und als bewaffneter Infanterist (Hoplit) die Phalanx bildete, forderte zwangsläufig Mitsprache in den öffentlichen Angelegenheiten. Wehrfähigkeit und Vollbürgertum gehörten nach damaliger Anschauung aufs Engste zusammen.
- Wer mitregieren wollte, der musste dafür Zeit haben. Die direkte Demokratie setzt die Abkömmlichkeit der Teilnehmer voraus, was sicherlich für Wohlhabende im Kontext der Sklavenarbeit ein geringeres Problem darstellte. Um auch ärmeren Bürgern die Teilnahme an der Selbstverwaltung zu ermöglichen, wurden im Zuge der Demokratisierung Diäten gezahlt, also Aufwandsentschädigungen für die Teilnahme am Rat und an den Volksgerichten, später auch an den Volksversammlungen.

Kleisthenes: Neuordnung des athenischen Staates

Kleisthenes, ein reicher Adliger, setzte sich nach der Vertreibung der Tyrannen (Familie der Peisistratiden) im Kampf um die Macht in Athen gegen seine Widersacher erfolgreich durch. Er brachte die Mehrheit der einfachen Bevölkerung durch weitgehende Zugeständnisse, die auf eine radikale Verfassungsänderung abzielten, auf seine Seite. Der Kern der Reform (508/07 v. Chr.) bestand in einer Auflösung der herkömmlichen Phylenverbände. Phylen waren vom Adel beherrschte Sippenverbände. Die Phylenreform zielte darauf, traditionelle Sippenbindungen zu zerschlagen und die adligen Geschlechter von ihrer lokalen Anhängerschaft zu trennen.

Durch diese Umbildung wurde die Bevölkerung „gemischt", die Interessengegensätze weitgehend ausgeglichen und der kultisch-politische Einfluss der Aristokratie gebrochen. Die Exekutive blieb zunächst den vermögenden Schichten vorbehalten.

M 2 **Tyrannenmörder**
Harmodios und Aristogeiton im Augenblick der Tötung des Tyrannen Hipparchos (514 v. Chr.). Ein politisches Denkmal, das seinen Platz auf der Agora von Athen hatte und an den Durchbruch zur demokratischen Ordnung erinnern sollte. Die Statuen sind Teil einer Legendenbildung. Lediglich der Bruder des Tyrannen, Hippias, wurde Opfer eines Eifersuchtsdramas. Die Nacktheit des wohlgeformten männlichen Körpers ist ein Charakteristikum der griechischen Kunst. Vermutlich besteht ein Zusammenhang mit dem männlichen Sport, der ebenfalls nackt ausgeübt wurde, Replik einer Plastik aus dem Jahre 477/476 v. Chr.

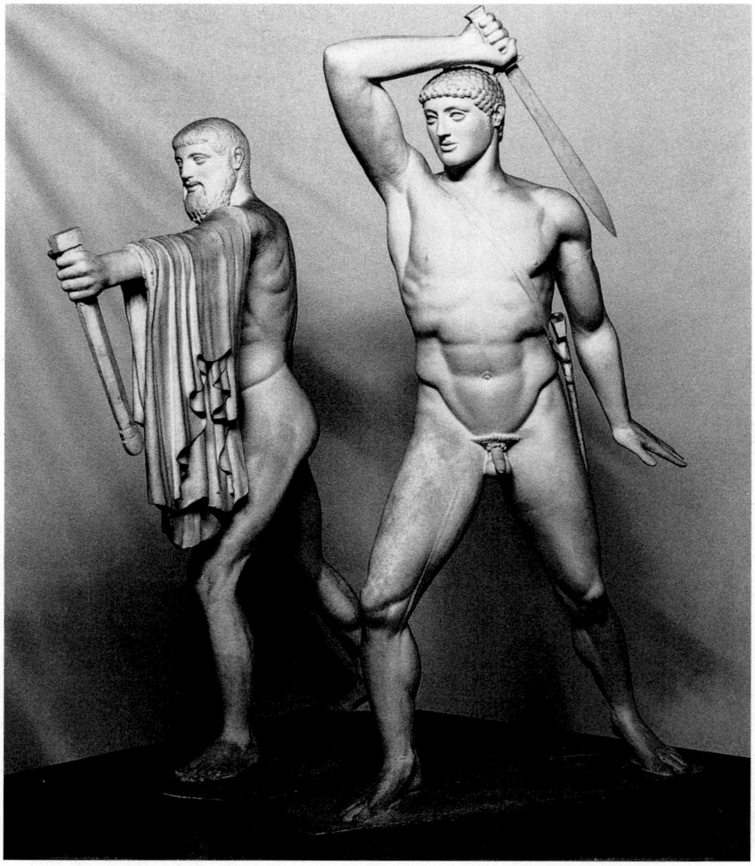

Isonomie

Nur die Volksversammlung erfuhr eine Aufwertung. In ihr wurde über alle wichtigen Angelegenheiten entschieden und das Gemeinwesen unter die Kontrolle durch die Allgemeinheit gebracht. In der Volksversammlung regierte das Volk sich selbst. Im Prinzip war die Kleisthenische Staatsordnung eine Oligarchie (= Herrschaft der Wenigen), die aber mit wesentlichen demokratischen Elementen erweitert war. Die Entwicklung der Demokratie in Athen wurde von staatstheoretischen Diskussionen über die Vorzüge und Nachteile monarchischer, oligarchischer und demokratischer Herrschaft begleitet. Insbesondere der Gedanke der Isonomie, der Gleichheit, spielte dabei eine entscheidende Rolle. Die grundsätzliche staatsbürgerliche Gleichheit konnte für Kleisthenes nur in die Tat umgesetzt werden, wenn sie sich in der Beteiligung breiter Schichten an der Politik, also durch Mitreden, Mitbestimmen und Kontrollieren, ausdrückte.

Unter Kleisthenes wurde die bis dahin übliche Wahl von Beamten teilweise durch das Losverfahren abgelöst. Man sah darin eine Verwirklichung der Isonomie. Zudem schloss es Wahlmanipulationen aus. Von dieser demokratischen Einrichtung des Auslosungsverfahrens waren nur das Strategenamt, einige Finanzbeamte und die Opferpriester ausgenommen. Dem Strategenamt kam eine besondere Bedeutung zu, weil mit diesem Amt auch eine politische Führungsrolle verknüpft war. Darum trachteten viele nach dem Amt des Strategen.

Seit Kleisthenes wurde jedes Jahr je ein Mann aus jeder der zehn Phylen als Stratege (Feldherr) bestimmt. Diese Männer hatten den Oberbefehl über das Heer und die Flotte. Täglich wechselten sie in der Befehlsführung miteinander ab. Aus militärischen Gründen führte später ein Stratege den Oberbefehl über die anderen neun.

Kleisthenes versuchte das Prinzip der Identität von Regierten und Regierenden zu verwirklichen. Er wurde somit zum eigentlichen Begründer der athenischen Demokratie.

Ostrakismos

Eine dem heutigen Betrachter seltsam erscheinende Einrichtung war das von Kleisthenes angeregte Scherbengericht (Ostrakismos). Durch das Scherbengericht in Art einer Volksabstimmung sollten Männer, die in Verdacht standen, nach Alleinherrschaft zu streben, ohne Gerichtsverfahren und ohne Verlust an Ansehen, Bürgerrechten und Vermögen für zehn Jahre aus Athen und Attika verbannt werden. Jedes Jahr wurde in einer Volksversammlung geprüft, ob eine Abstimmung gegen einen der Tyrannis Verdächtigen durchzuführen sei. Falls dies notwendig erschien, wurde in einer zweiten Befragung der betreffende Name ermittelt.

M 3 Tonscherbe
Sie ist mit dem Namen Themistokles beschriftet. Der Ostrakismos, ursprünglich eine Schutzvorkehrung gegen die Tyrannis, wurde im 5. Jahrhundert zu einem Instrument der politischen Auseinandersetzungen im Rahmen der attischen Demokratie.

Die Abstimmung erfolgte auf der Agora (Marktplatz) nach Phylen. Als Stimmzettel dienten Tonscherben (Ostraka), in die der Name des Betroffenen eingeritzt wurde. Eine Mindestbeteiligung von 6000 abgegebenen Stimmen war die Voraussetzung dafür, dass jemand verbannt werden konnte. Ostrakisiert wurde derjenige, auf den die Mehrheit der abgegebenen Stimmen entfiel. Ursprünglich zur Stabilisierung der Demokratie gedacht, wurde der Ostrakismos zunehmend aus egoistischen Erwägungen zum Machtmittel zwischen mehreren rivalisierenden Politikern.

Als einer der ersten hatte der Feldherr und Staatsmann Themistokles zur Zeit der Perserkriege (500–479 v. Chr.) die Waffe des Ostrakismos gegen seinen konservativen Widersacher Aristeides, der seine Flottenpolitik bekämpfte, erprobt. Aristeides wurde auf Veranlassung von Themistokles verbannt (482 v. Chr.). Ironischerweise wurde Themistokles, der Held der Perserkriege, selbst durch das Scherbengericht politisch entmachtet (471 v. Chr.). Die Gegner warfen ihm übermäßigen Stolz und Selbstgefälligkeit vor. Die Institution des Ostrakismos wurde 417 v. Chr. abgeschafft.

Die Herausbildung der radikalen attischen Demokratie

Mit Perikles (ca. 495–429 v. Chr.) betrat ein Staatsmann die politische Bühne Athens, mit dessen Namen die Glanzzeit in der Geschichte der Stadt verbunden ist. Die Zeit seiner Staatsführung (461–429 v. Chr.) heißt auch das Perikleische Zeitalter. Athen wurde in dieser Epoche nicht nur zur unbestrittenen ersten Staatsmacht in Griechenland, sondern vor allem durch die Initiative von Perikles zum kulturellen Zentrum.

Perikles, zunächst als Führer der demokratischen Partei ohne eigentliche politische Funktion, verdankte seine beherrschende Stellung zum einen dem Strategenamt, in das er von 443 v. Chr. Jahr um Jahr gewählt wurde, zum anderen seiner Autorität beim Volke.

Den Abschluss der demokratischen Entwicklung in Athen bildeten die von Ephialtes und – nach dessen Ermordung – von Perikles veranlassten Verfassungsreformen (von 462–461 v. Chr.). Danach wurden dem Areopag, der letzten aristokratischen Institution, die Oberaufsicht über die Staatsverwaltung entzogen und dem Rat der 500 übertragen. Die Geschworenenrichter, jetzt von allen vier Volksklassen (auch den Theten) gewählt, bekamen größere Machtbefugnisse. Darüber hinaus führte Perikles ein System von Diäten (Tagegeldern) für die Ratsmitglieder, die Beamten und ebenso für Geschworenenrichter ein. Dadurch sollte niemand aus wirtschaftlichen Gründen von einer politischen Betätigung ausgeschlossen sein. Auch für Theaterbesuche gab es „Schaugeld“, das heißt der Staat erstattete den bedürftigen Bürgern die Eintrittspreise.

Die Einführung der Diäten, die Verteilung von Lebensmitteln und Geld führten aber zum Teil dazu, dass viele Athener sich auf den staatlichen Unterhalt verließen. Wenn auch die Diäten nur das Existenzminimum deckten, so war zum einen die Summe bei der großen Zahl der Empfänger doch beträchtlich, zum anderen erzeugten die „fürsorgestaatlichen“ Maßnahmen (Vergünstigungs- und Versorgungsleistungen) bei den Bürgern eine Bindung an das Gemeinwesen.

Nachdem das passive Wahlrecht für das Archontenamt auch auf die dritte Volksklasse (die Zeugiten) erweitert worden war, wandelte sich der athenische Staat zur radikalen oder vollendeten Demokratie.

Allerdings schloss die Demokratisierung die Nichtvollbürger aus. Nach dem Bürgerrechtsgesetz von 451 v. Chr. blieben generell die Frauen und die Metöken (Zugewanderte), Freigelassene und Sklaven ohne staatsbürgerliche Rechte. Mit dem einschränkenden Bürgerrechtsgesetz sollte unter anderem die Zahl der Kostgänger der athenischen Polis beschränkt werden.

Möglichkeiten und Grenzen der attischen Demokratie

Die attische Polis ist die Wiege der demokratischen Verfassung. Sie wurde in Athen durch die Reformen des Kleisthenes (508/507 v. Chr.) begründet und später nur unwesentlich geändert. Es gab dafür keine Vorbilder. Der Begriff Demokratie setzt sich aus den griechischen Wörtern Demos (Volk) und Kratos (Macht) zusammen. Unter Demokratie versteht man im Idealfall die Beteiligung des ganzen Volkes an der Herrschaft.

Als die entscheidenden Grundelemente der attischen Demokratie zu Zeiten des Perikles sind festzuhalten: die direkte Mitwirkungsmöglichkeit bei jeder politischen Entscheidung, der Zugang zu fast allen politischen Ämtern für jeden über 30 Jahre alten Bürger und die Zuteilung zu diesen Funktionen durch das Los. Alle männlichen Vollbürger, Arme und Reiche, waren gleich(berechtigt). Jeder Bürger hatte das Rede-, Antrags- und Abstimmungsrecht in der Volksversammlung (Ekklesia).

Die Volksversammlung war das Herz der Demokratie. Regierende und Regierte wechselten sich im politischen Entscheidungsprozess ab. Die Qualifikation der Beamten, das heißt ihre Würdigkeit, konnte in öffentlichen Verfahren überprüft werden. Am Ende ihrer Amtszeit waren die Beamten zur Rechenschaft verpflichtet.

6000 Vollbürger, die ausgelost wurden, bildeten das Volksgericht. Für die Beteiligung an dem in Einzelgerichte aufgegliederten Volksgericht wurden Diäten gewährt. Später gab es auch für die Ratsmitglieder Aufwandsentschädigungen.

Einerseits kann man die Verfahrensweisen als folgerichtige Umsetzung eines radikalen Demokratieverständnisses begreifen, andererseits dürfen aber auch nicht die ernst zu nehmenden Schwächen übersehen werden.

Nur Vollbürger waren Inhaber aller bürgerlichen Rechte. Frauen, Metöken (Zugewanderte) und Sklaven waren von jeder politischen Mitwirkung ausgeschlossen. Da die politisch berechtigten Bürger nur einen Bruchteil der attischen Bevölkerung ausmachten, war die antike Demokratie eine Herrschaft einer Minderheit über die Mehrheit. Die

Mitglieder der vornehmen Geschlechter (Adel) hatten in der Volksversammlung zwar dieselben Rechte wie jeder andere Bürger, sie behielten aber wegen ihres Vermögens und ihrer politischen Erfahrung meist die Führung in der Volksversammlung. Der mangelhafte Bildungsstand der überwiegenden Zahl der Bürger ließ die Tüchtigen oft resignieren, wenn das Los Unfähige an die Macht brachte. Die Masse konnte leicht durch Demagogen verführt werden. Hinzu kam ein übertriebener Individualismus, der dazu führte, das gewährte Maß an Freiheit und Recht zu missbrauchen und die staatliche Fürsorge maßlos zu beanspruchen. Die attische Demokratie kannte keine Gewaltenteilung im modernen Sinne; es gab auch keine Berufsrichter. Da die Regierung jährlich wechselte, fehlte die Chance für eine kontinuierliche Politik.

Grundbesitz

Die Bürger mit Grundbesitz bestimmten das politische Leben in der griechischen Demokratie. Vermögenslosen Freien, Fremden und insbesondere Sklaven wurde die Wirtschaft überlassen. Die Stellung eines autarken (= unabhängigen) und freien Grundbesitzers galt als Ideal eines griechischen Bürgers, während fast alle anderen wirtschaftlichen Tätigkeiten, der Handel und vor allem die körperliche Arbeit, gering geachtet wurden. Insgesamt nahm die Arbeit bei den Griechen nie einen herausragenden inneren Wert ein. In dieser Hinsicht war es verständlich, dass die griechischen Bürger einen Großteil der eigenen Arbeit auf Sklaven abzuwälzen versuchten.

Sklaverei

Die Vorstellung, dass die Ursache für den Abstieg der griechischen Gesellschaft die Auseinandersetzung zwischen den Vollbürgern und den Sklaven gewesen sei, trifft nicht zu. Zum einen bildeten die Sklaven keine einheitliche soziale Klasse, und zum anderen waren sie an den politischen und sozialen Konflikten der besitzenden und nichtbesitzenden Bürger untereinander nicht beteiligt. Der Historiker Michael Austin schrieb dazu: „In Wirklichkeit war es die Sklaverei, die die Existenz dieser Gesellschaft erst ermöglichte, indem sie die Freiheit des Bürgers garantierte."

M 4 **Arbeiter in einer Tongrube**
Die Rohstoffgewinnung war hart und gefährlich, sodass in den Bergwerken überwiegend Sklaven eingesetzt wurden. Korinthisches Votivtäfelchen, um 550 v. Chr.

Versklavt wurden vor allem Nichtgriechen und traditionellerweise Kriegsgefangene. Sklaven finden wir in fast allen Berufen: Sie waren in der Landwirtschaft, in handwerklichen Betrieben und Bergwerken ebenso tätig wie als Erzieher oder Ärzte. Zur Zeit der am weitesten entwickelten Demokratie in Athen, als die Vollbürger ein Höchstmaß an politischen Rechten und Freiheit genossen, stand die Sklaverei in ihrem höchsten Stadium.

„Griechischer Sonderweg“

Trotz der Einschränkungen bleibt aus heutiger Perspektive die Erkenntnis eines „griechischen Sonderwegs“ – so formulierte es der Althistoriker Christian Meier. Abweichend von der sie umgebenden Welt bauten die Griechen eine politische Ordnung auf, die sich aus der Bürgerschaft heraus formte. Dass die prinzipiell gleichgestellten Bürger – ohne Rückgriff auf eine Monarchie – sich selbst verwalten, war alles andere als selbstverständlich. Die damalige Norm für Herrschaft verkörperte sich vielmehr in den persischen Königen und ägyptischen Pharaonen. Diese gottgegebenen beziehungsweise gottgleichen Herrscher verlangten kritiklose Unterwerfung. Erst vor diesem Hintergrund erhält das auf Selbstbestimmung zielende politische Denken der Griechen sein ureigenes Gewicht.

Nach dem Niedergang der attischen Polis lebte die Idee der Demokratie erst wieder in der Zeit der Aufklärung (18. Jahrhundert) auf. Damals wurde die Gleichheit der Menschen wieder zum Grundsatz erhoben (Jean-Jacques Rousseau, Gotthold Ephraim Lessing, Immanuel Kant). Im Zuge der Amerikanischen und der Französischen Revolution nahm schließlich die Idee der Gleichheit politische und verfassungsrechtliche Gestalt an.

Vor allem unter den Gründungsvätern der USA fand eine heftig geführte Diskussion über eine Verfassung statt, die den Machtmissbrauch verhindert. In diesem Zusammenhang wurde die unmittelbare Demokratie nach dem Vorbild Athens abgelehnt. Man erkannte hierin die Gefahr einer Tyrannei (Gewaltherrschaft), weil sich die Mehrheit über die Freiheitsrechte des Einzelnen hinwegsetzen könnte. Als Alternative zu den Volksversammlungen der attischen Demokratie zog man die indirekte Demokratie mit gewählten Abgeordneten vor. Dieses repräsentativ genannte Demokratiemodell wurde in der amerikanischen Verfassung durch ein ausgeklügeltes System der „checks and balances“ (wörtlich: Kontrollen und Ausgleich) ergänzt.

Chronologie

508/507 v. Chr.	Reformen des Kleisthenes
462–461 v. Chr.	Reformen des Perikles: Ausbildung der Demokratie in Athen
461–429 v. Chr.	Perikleisches Zeitalter in Athen
457 v. Chr.	Die Langen Mauern werden zum Schutze Athens gebaut.
454–453 v. Chr.	Der Schatz des Delischen Bundes wird von Delos nach Athen überführt, wodurch die Vorherrschaft Athens deutlich wird.
451 v. Chr.	Athen beschränkt die Vergabe des Bürgerrechts. Die Bezahlung der Geschworenen wird eingeführt.
ca. 448 v. Chr.	Athens Herrschaft erreicht ihre größte Ausdehnung.
447 v. Chr.	Mit der Niederlage der Athener bei Koroneia (gegen die Boioter) beginnt der Verfall des Reiches.
445 v. Chr.	Athen und Sparta unterzeichnen einen Friedensvertrag für die Dauer von 30 Jahren.

M 5

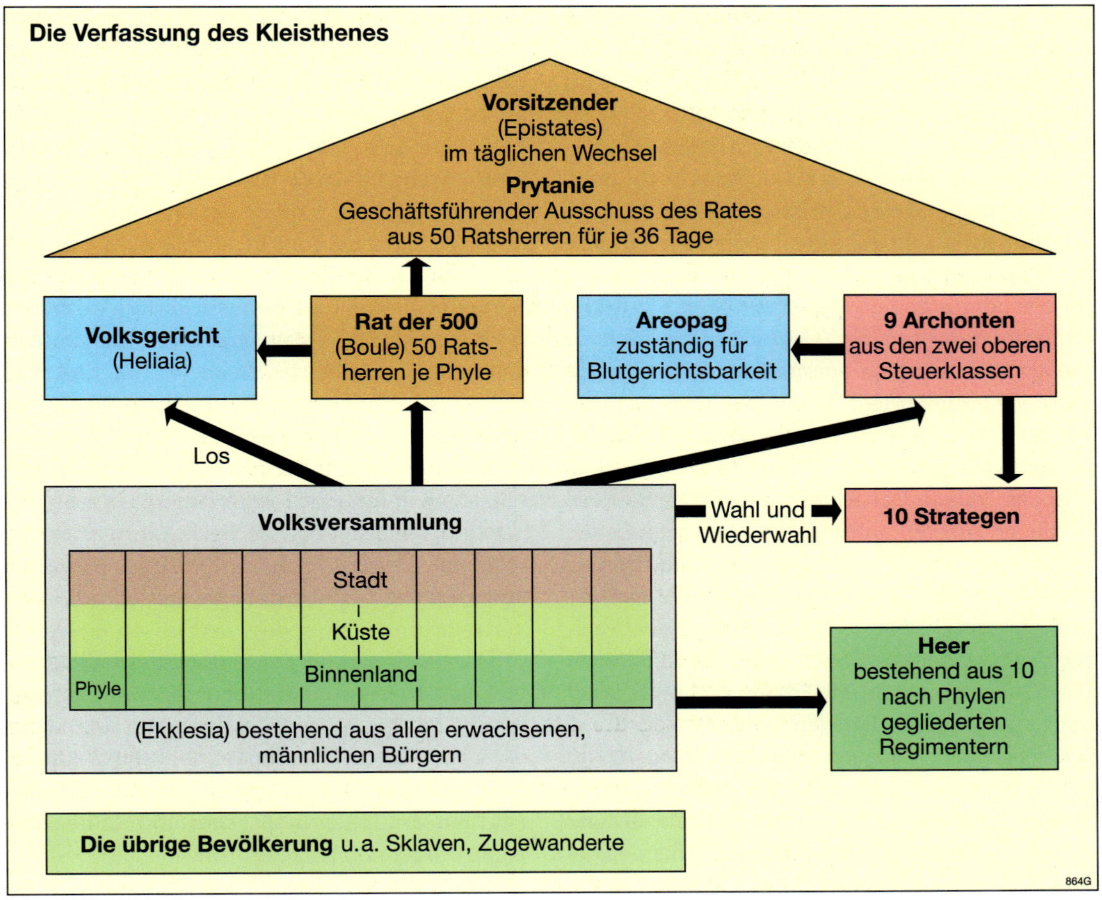

Phylen → auch Unterphylen

M 6 Die attische Volksversammlung

Den Verlauf von Volksversammlungen schildert der Altphilologe und Historiker Karl-Wilhelm Weeber:

Das Zentrum demokratischer Willensbildung war die Volksversammlung. Hier wurde über die Richtlinien der attischen Politik leidenschaftlich debattiert, hier lieferten sich die führenden Politiker packende Rededuelle und hier traf der souveräne Demos schließlich die Entscheidungen über das Wohl und Wehe des eigenen Staates.

Nicht Improvisation und hektische Geschäftigkeit bestimmten das Bild einer attischen Volksversammlung. Alles vollzog sich vielmehr nach festgelegten Grundsätzen. Zunächst trat die Boulé [Rat] in Aktion. Erinnern wir uns: Hierhin entsandten seit den Reformen des Kleisthenes alle zehn Phylen insgesamt 500 Bürger, die im Allgemeinen einen repräsentativen Querschnitt des ganzen Volkes darstellten. Jeweils 50 von ihnen hatten als Prytanie die Geschäftsführung für ein Zehntel des Jahres inne. Auf den Schreibtisch der Ratsmitglieder gelangten sämtliche Anträge, die in den nächsten Volksversammlungen zur Debatte gestellt werden sollten. Jeder Bürger hatte das Recht, solche Anträge zu stellen. Der Rat traf freilich die Entscheidung darüber, was tatsächlich auf die Tagesordnung kam. Offensichtlich unsinnige Anträge wanderten sofort in den Papierkorb. Es ist aber kein Fall bekannt, dass die Boulé eine politische Zensur ausgeübt hätte, die missliebige Begehren einzelner Bürger unterdrückte. Zu allen Tagesordnungspunkten bereitete der Rat eine Resolution vor, eine so genannte Proboúleuma. [...] Fünf Tage vor jeder Volksversammlung veranlasste der Rat die öffentliche Bekanntgabe der Sitzung. Zeit, Ort und Tagesordnung wurden genau angegeben, sodass sich jeder Bürger über die Themen informieren und sich darüber klar werden konnte, ob für ihn der Besuch der Volksversammlung lohnend sein werde.

Am Ende des 5. Jahrhunderts kam das Volk viermal in jeder Prytanie, also im Jahr insgesamt an 40 Tagen, zusammen. Dazuzurechnen sind noch die außerordentlichen Volksversammlungen, die einberufen wurden, wenn plötzliche politische Entwicklungen oder dringende Terminsachen eine aktuelle Entscheidung erforderten. In solchen Situationen zeigte sich, dass die Beschlussfassung blitzschnell vonstatten gehen konnte. Keine bürokratischen oder systembedingten Verzögerungen behinderten dann schnelle Entschlüsse.

Gewöhnlich aber ging alles seinen vorgeschriebenen Gang. Die erste ordentliche Ekklesia [Volksversammlung] jeder Prytanie hatte ein festes Programm. Zunächst stimmte man darüber ab, ob ein Beamter wegen irgendwelcher Verfehlungen unverzüglich aus dem Dienst zu entfernen sei. Dann folgte ein Referat des zuständigen Behördenleiters zum Stand der Getreideversorgung – ein untrügliches Indiz für die als sehr belastend empfundene Abhängigkeit von den Kornimporten! Der nächste Punkt war eine Art Bericht zur Lage der Nation. Besonders die Frage der Sicherheit des Staates interessierte die Besucher der Ekklesia. Danach bestand die Gelegenheit, Anklagen offiziell anzumelden, Vorwürfe wegen verfassungsfeindlicher Bestrebungen, Hochverrats und Spionagetätigkeit wurden erhoben, begründet und protokolliert. Schließlich teilte ein Beamter der versammelten Menge die Konfiskationen [Beschlagnahmungen] und Erbansprüche mit, die er in den vergangenen Wochen registriert hatte.

Die Versammlung begann am frühen Morgen. Wer sich einen guten Platz in der Nähe der Rednertribüne sichern wollte, musste zeitig aufstehen und den Weg zur Agorá oder zur Pnyx, einem Hügel gegenüber der Akropolis, wo die Volksversammlung gewöhnlich stattfand, antreten. Nur selten tagte man woanders; manchmal in Piräus, wenn es um Fragen der Flotte und des allgemeinen Seewesens ging. Von überall strömten die Athener zum Versammlungsplatz. Bestimmte Plätze gab es nicht; jeder stellte oder setzte sich dorthin, wo es ihm passte. Mitunter bildeten allerdings Grüppchen von Interessenvertretern eine Einheit, um so ihre Solidarität den anderen und sich selbst zu demonstrieren.

K.-W. Weeber, Athen, Düsseldorf 1979, S. 274 ff.

M 7 Was ist ein Bürger?

Aristoteles (384–322 v. Chr.) definiert den Staatsbürger in seiner „Politika" folgendermaßen:

Da nun aber der Staat (polis) zu den zusammengesetzten Dingen gehört, geradesogut wie jedes andere, das zwar ein Ganzes bildet, aber doch viele Teile in sich schließt, so ist klar, dass man erst nach dem Staatsbürger fragen muss, denn der Staat ist eben eine Vielheit von Staatsbürgern. Also das ist zunächst die Frage, wen man Staatsbürger zu nennen hat und wer ein Staatsbürger ist. Denn auch darüber ist man keineswegs einig, und keineswegs wird überall einer und derselbe als Staatsbürger anerkannt, vielmehr wer es in einer Demokratie ist, ist es damit noch vielfach nicht auch in einer Oligarchie. Diejenigen nun, welche auf irgendeine außerordentliche Weise zu dieser Bezeichnung gelangen, wie z. B. die mit dem Bürgerrecht Beschenkten, haben wir hierbei ganz aus dem Spiel zu lassen. Aber auch durch das Wohnen an einem Ort wird man noch nicht zum Bürger daselbst, denn auch Metoiken und Sklaven haben mit den Bürgern den Wohnort gemeinschaftlich, und auch noch nicht dadurch, dass man an der Gerichtsbarkeit eines Staates in der Weise Teil hat, dass man vor Gericht gezogen werden oder sich Recht verschaffen kann, denn das kommt auch denjenigen zu, die Kraft besonderer Verträge an einem Staat teilnehmen[1], sofern in solchen Verträgen auch dies mit eingeschlossen ist, – an vielen Orten ist freilich selbst den Metoiken vollständig nicht einmal dieses Recht eingeräumt – sondern sie müssen sich einen Vertreter bestellen, sodass sie also an dieser Art von Gemeinschaft nur unvollständig Anteil haben. Vielmehr steht es hiermit ähnlich, wie man auch schon die Bürgersöhne, die wegen ihres Alters noch nicht in die Bürgerliste eingetragen, und die Greise, die bereits von der Ausübung ihrer bürgerlichen Pflichten entbunden sind[2], auch noch in gewisser Weise Bürger nennen muss. [...]

Der Staatsbürger schlechthin lässt sich nun durch nichts anderes bestimmen als dadurch, dass er am Richten und an der Regierung teilnimmt.

1 bezieht sich auf den rechtlichen Schutz von Fremden

2 die keinen Kriegsdienst mehr leisten mussten

Zit. nach: M. Austin, P. Vidal-Naquet, Gesellschaft und Wirtschaft im alten Griechenland, München 1984, S. 233 f.

M 8 Perikles als Führer der Politik

Aus einer Biografie des Schriftstellers Plutarch (ca. 46–120 n. Chr.):

Schließlich aber musste Perikles den Kampf mit Thukydides[1] im Scherbengericht wagen, verdrängte seinen Gegner und löste den politischen Klub seines Gegners auf [443 v. Chr.]. So waren die politischen Zwistigkeiten behoben, Friede und Eintracht in der Stadt eingekehrt. Nun war die Zeit gekommen, da Perikles Athen und alles, was zu ihm gehörte, in seine Hände nahm: Einkünfte, Flotte und Heer, Kriegsschiffe, Inseln und Meer, das weite Reich im Lande der Griechen und im Lande der Barbaren, die ganze Herrschaft, die unter dem Schutz unterworfener Völker, befreundeter Könige, verbündeter Fürsten stand. Aber nun war er nicht mehr derselbe Mann, zeigte sich nicht mehr so gefällig gegen das Volk, nicht mehr so geneigt, dem Verlangen des großen Haufens zu folgen und nachzugeben wie ein Schiff dem Winde, sondern die bisherige schlaffe und oft nachgiebige, um Volksgunst buhlende Regierung kam ihm vor wie eine zärtliche und weichliche Melodie; so stimmte er sie um in eine aristokratische und königliche Herrschaft. Und da er seine Macht zum Besten des Staates untadelig und redlich gebrauchte, so ließ sich das Volk von ihm eigentlich immer gern durch die überredende und belehrende Kraft seines Wortes führen. Es gab freilich auch Zeiten, in denen es ihm grollte; dann zog er die Zügel an und zwang es mit seiner Stärke zu seinem eigenen Guten, wie ein Arzt, der bei einer langwierigen schweren Krankheit bald mit harmlosen Leckerbissen, bald mit scharfen Mitteln und bitteren Arzneien zu heilen versucht. [...]

1 Innenpolitischer Gegner des Perikles, nicht zu verwechseln mit dem berühmten Geschichtsschreiber des Peloponnesischen Kriegs

Zit. nach: W. Lautemann, M. Schlenke (Hg.), Geschichte in Quellen, Altertum, München 1965, S. 189.

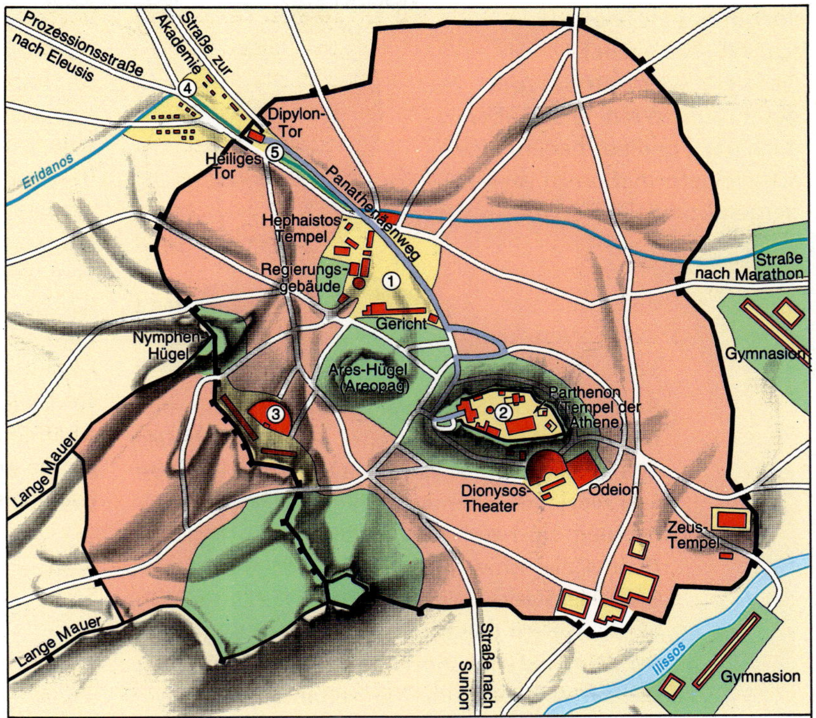

Athen in klassischer Zeit (5.-4. Jahrhundert v. Chr.)

Öffentliche Gebäude und Plätze
Wohngebiete
Grünanlagen, Freiflächen
Straßen
Mauern, Befestigungen

① Agora (Marktplatz)
② Akropolis (Tempelberg)
③ Pnyx (Versammlungsplatz)
④ Kerameikos (Friedhof)
⑤ Pompeion (Ausgangspunkt des Panathenäen-Umzugs)

0 500 m

M 9 Perikles: Rede auf die Gefallenen

Perikles (ca. 495–429 v. Chr.), oft als größter athenischer Staatsmann bezeichnet, hielt 431 v. Chr. eine Rede auf die ersten Gefallenen im Krieg zwischen Athen und Sparta. Der Text stammt vom griechischen Geschichtsschreiber Thukydides (ca. 455–396 v Chr.):

Das größte Wachstum des Staates aber haben wir selbst, wir Zeitgenossen von heute, und besonders wir, die wir jetzt gerade noch im besten Mannesalter stehen, zustande gebracht und ihn befähigt, den Anforderungen des Krieges wie des Friedens völlig zu genügen. Wie das alles durch Kriegstaten erworben worden ist und wie wir selbst oder unsere Väter in tapferer Abwehr gegen Barbaren und Hellenen es geschirmt haben, darüber mag ich unter Männern, die es selbst wissen, nicht lange reden. Wie aber und durch welche Bestrebungen wir so weit gekommen sind und durch welche Staatseinrichtungen und Grundsätze wir diese Größe erreicht haben, darüber will ich zuerst reden und dann zum Lobe dieser Toten übergehen. [...]

Wir besitzen eine Verfassung, die keine Nachbildung auswärtiger Gesetze ist; viel häufiger dienen wir selbst manchen als Vorbild, als dass wir andere nachahmen. Mit Recht heißt sie Demokratie, weil sie nicht auf wenigen, sondern auf der großen Menge beruht. In eigenen Sachen hat nämlich jeder gleiches Recht mit dem andern, und was die öffentlichen Würden betrifft, so wird nicht bevorzugt, wer einer besonderen Klasse angehört, sondern jeder, je nachdem er in irgendeiner Beziehung Wertschätzung genießt oder tüchtig ist. Der ärmste Bürger wird, wenn er nur dem Staat nützen kann, durch seinen unansehnlichen Stand nicht gehindert, zu Ehren und Würden zu gelangen. In freisinnigem Geiste handeln wir in unseren Staatsangelegenheiten und im täglichen Verkehr, der so leicht gegenseitiges Misstrauen erzeugt. Wir verdenken es dem Nachbarn nicht, wenn er seiner Lust einmal die Zügel schießen lässt und zeigen keinen Ärger, der, wenn er auch keine Strafe nach sich zieht, doch dem Auge wehe tut. Im täglichen Umgang bewegen wir uns also frei von lästiger Strenge und überschreiten doch dem Staate gegenüber die Vorschriften nie. [...]

Porträt des Perikles (ca. 495–429 v. Chr.)
Der Helm weist auf das Amt des Strategen hin, er soll aber auch dazu gedient haben, eine Schädeldeformation zu verbergen (römische Kopie).

Auch zahlreiche Erholungen von Mühe und Arbeit haben wir dem Geiste bereitet durch Kampfspiele und feierliche Opferfeste, die sich durch das ganze Jahr hinziehen, ebenso durch geschmackvolle Einrichtung des häuslichen Lebens, dessen täglicher Genuss die Schwermut verscheucht. Wegen der Größe der Stadt erfolgt eine beständige Einfuhr von allerlei Gütern dieses Lebens aus allen Gegenden der Welt, und wir können die Vorteile anderer Völker ebensogut als unser Eigentum genießen wie unsere eigenen Landesfrüchte. Wir unterscheiden uns aber auch in der Handhabung des Kriegswesens von unseren Gegnern darin, dass wir unsere Stadt einem jeden offen stehen lassen, und nie verwehren wir einem Fremden durch Ausweisung, Dinge zu erfahren und zu sehen, die, da sie nicht geheimgehalten werden, ein Feind bemerken, aus denen er Nutzen ziehen könnte; wir vertrauen weniger auf gewisse Pläne und Kniffe als auf unsere eigene Tatenlust und Tapferkeit. [...]
Wir lieben das Schöne, aber ohne Prunksucht; wir trachten nach geistiger Bildung, lassen uns aber dabei nicht verweichlichen. Reichtum gebrauchen wir als Mittel zum Zweck, nicht um mit ihm zu prahlen. Armut einzugestehen, ist bei uns nicht schimpflich; wohl aber ist es bedenklich, wenn jemand sich nicht aus ihr herauszuarbeiten vermag. Die gleichen Männer widmen sich bei uns persönlichen und öffentlichen Angelegenheiten, und obwohl sie sich verschiedenartig beschäftigen, sind sie doch der staatlichen Angelegenheiten nicht unkundig; denn wer an eben dieser gar keinen Anteil nimmt, den halten wir hier in Athen allein nicht für einen so genannten ruhigen Bürger, sondern für einen unnützen Menschen. [...] Wenn ich alles zusammenfassen soll, so sage ich, dass Athener überhaupt die Hochschule von Hellas und jeder Einzelne aus unserer Mitte am meisten befähigt ist, seine Persönlichkeit nach den verschiedensten Richtungen hin in anmutiger Leichtigkeit zur voll genügenden Ausbildung zu bringen. [...]
Wir brauchen dabei zum Lobredner keinen Homer noch irgendeinen Dichter, der mit seinen Gesängen zwar für den Augenblick ergötzt, dessen Betrachtungen der Dinge die Wirklichkeit aber bald Lügen strafen wird; vielmehr hat zu allem Land und Meer unsere Kühnheit sich den Weg gebahnt, wobei sie sich unvergängliche Denkmale im Guten und im Bösen stiftete. Für eine solche Stadt sind somit die hier im tapferen Kampfe gefallen, entschlossen, sich ihrer nicht berauben zu lassen, und von den Überlebenden ist jeder mit Recht bereit, ihretwegen Mühen und Gefahren zu erdulden.

Zit. nach: G. Guggenbühl (Hg.), a. a. O., S. 94 ff.

M 10 Von der Andersartigkeit griechischer Demokratie

Der Althistoriker Fritz Gschnitzer beschäftigt sich mit den Unterschieden zwischen attischer und moderner Demokratie:

Die demokratischen Staaten Griechenlands waren Klein- und Zwergstaaten:

Was bedeutet diese – für uns fast unvorstellbare – Kleinheit der griechischen Staaten, die Fremdartigkeit griechischer Demokratie? Zunächst einmal, dass alle Verhältnisse klein, bescheiden und überschaubar waren; den griechischen Staaten fehlt z. B. die Bürokratie. Dann, dass alle Bürger gesellschaftlich, vielfach geradezu persönlich aufs Engste miteinander verbunden waren; mit einiger Übertreibung kann man sagen, dass in einem griechischen Staat jeder jeden kennt, wie bei uns im Dorf oder in der Kleinstadt. Daraus ergibt sich ein in unseren heutigen Demokratien undenkbares Maß an Solidarität aller Bürger (im günstigsten Fall), aber auch an ganz persönlicher Zerstrittenheit und Verfilzung (im weniger günstigen Fall); das Phänomen der fast ständigen staseis (inneren Unruhen) gerade in den kleineren griechischen Staaten ist nur von hier aus zu verstehen. Die Kleinheit der griechischen Staaten bedeutet schließlich auch, dass es Politik in unserem Sinn eigentlich nicht gibt. Für uns Heutige ist Politik etwas ziemlich Abstraktes und Lebensfernes, wofür wir uns zwar gelegentlich ereifern und begeistern können – meistens stehen wir eher gleichgültig oder wie neugierige, aber innerlich unbeteiligte Zuschauer beiseite –, das aber unser tägliches Leben direkt kaum berührt (der schwerwiegenden indirekten Wirkungen sind wir uns nur selten bewusst). Ganz anders sieht Politik aus, wo sie sich im Rahmen einer einzigen (im Durchschnitt kleinen) Stadt oder weniger Nachbarstädte abspielt: Politik und täg-

liches Leben sind hier nicht mehr leicht zu trennen; die Politik wird Teil des täglichen Lebens, sie greift tief ins Privatleben ein. [...]
Die moderne Demokratie entfaltet sich vor allem im Frieden; Krieg wird auch heute, was die Befehls- und Führungsstrukturen betrifft, nicht viel anders geführt als in den Zeiten der absoluten Monarchie, und auch die zivile Regierungsgewalt wird im Krieg gestrafft und konzentriert, sie nimmt mehr oder weniger autoritäre Formen an. Und der einzelne Bürger hört, wenn er die Uniform anlegt, weitgehend auf, ein freier Bürger zu sein, er wird zum willenlosen Befehlsempfänger (nicht erst im Krieg!). Im Gegensatz dazu ist altgriechische Demokratie die Lebensordnung einer Kriegergesellschaft. Die grundsätzliche wie die praktische Bedeutung dieses kriegerischen Grundcharakters kann nicht leicht überschätzt werden. [...]

Der Willensbildungsprozess in der griechischen Demokratie:

Nun erst kommen wir auf Fragen der eigentlichen Verfassung zu sprechen. Auch hier gibt es einige ganz erhebliche Unterschiede zwischen der griechischen Demokratie und der unseren. Man pflegt die antike Demokratie als „unmittelbare" Demokratie der heutigen „repräsentativen" Demokratie gegenüberzustellen und meint damit, dass in jener die Bürgerschaft (als Volksversammlung) tatsächlich regiert, in dieser das Volk nur alle paar Jahre einmal das Parlament oder auch etwa den Präsidenten wählt und dadurch indirekt die großen Linien der Politik (nicht deren Einzelheiten) bestimmt. Ganz so groß ist der Unterschied in Wahrheit wohl nicht. Man kann nämlich die Dinge auch so sehen, dass der antiken Dreiheit Magistrate – Rat – Volksversammlung die moderne Dreiheit Regierung – Parlament – Wählervolk entspricht. Insoweit besteht also doch eine grundsätzliche Übereinstimmung; die Gewichte sind allerdings nicht gleich verteilt, und insbesondere hat das moderne Wählervolk eben doch viel weniger zu sagen als die antike Volksversammlung. Es kommt dazu, dass heute im Allgemeinen nur alle vier bis fünf Jahre gewählt wird, im Altertum wechseln die Magistrate alle Jahre, vielfach amtieren sie sogar nur 1/2 oder ein 1/4 Jahr. – Für uns sehr merkwürdig, wirklich fremdartig ist die große Bedeutung des Loses bei der Besetzung der Ämter und anderer öffentlicher Funktionen; dadurch wird zwar der Wählerwille ausgeschaltet, zugleich erhöhen sich die Chancen des kleinen Mannes, zu Amt und Würden zu kommen, beträchtlich, und es wird ferner zum Ausdruck gebracht, dass der Inhaber des Losamtes nur ein beliebiges, zufälliges, gewissermaßen unpersönliches Ausführungs- und Repräsentationsorgan der Bürgerschaft ist (bzw. des Rates, wenn um Funktionen im Rat unter dessen Mitgliedern gelost wird). Im Ganzen darf man wohl sagen, dass im antiken System der Schwerpunkt der Willensbildung weiter unten liegt als bei uns: Die Bürgerschaft ist viel stärker, der Rat etwa ebenso stark wie unser Parlament, aber viel schwächer gegenüber der Bürgerschaft und dafür viel stärker gegenüber den Amtsträgern (der Regierung); die antiken Magistrate sind viel schwächer als die moderne Regierung.

Der Freiheitsbegriff in der griechischen Demokratie:

Es gibt noch einen anderen grundsätzlichen Unterschied zwischen antiker und moderner Demokratie, von dem zum Mindesten in der Literatur viel Aufhebens gemacht wird: Die antike Freiheit sei etwas ganz anderes gewesen als das, was wir heute unter Freiheit verstehen. Man bezieht sich dabei auf einen Vortrag von Benjamin Constant [französischer Schriftsteller u. Politiker, 1767–1830] aus dem Jahre 1819. [...] („Das Ziel der Alten war die Aufteilung der Staatsgewalt unter alle Bürger eines Gemeinwesens: Das war es, was sie ‚Freiheit' nannten. Das Ziel der Neueren ist der ungestörte, sichere Genuss des Privatlebens; ‚Freiheit' nennen sie die institutionellen Garantien, die ihnen diesen Genuss gewährleisten. So traten der Begriff der politischen Freiheit und der der individuellen Freiheit einander gegenüber.")
An dieser Gegenüberstellung ist so viel richtig, dass wir Heutige, wenn wir von bürgerlicher Freiheit sprechen, in der Tat vor allem die Freiheit vom Staat, die freie Entfaltung des Privatlebens meinen; ohne diese können wir uns Freiheit gar nicht vorstellen; umgekehrt ist für die alten Griechen Freiheit zunächst einmal dort (und nur dort) gegeben, wo der Bürger in einem nach außen freien, also keinen Herrn unterworfenen Gemeinwesen an der Regierung (grundsätzlich) seinen Anteil hat wie jeder andere Bürger auch – gleichgültig, wie viel Freiheit der betreffende Staat seinen Bürgern in der Gestaltung ihres Privatlebens lässt. In diesem Sinn ist also der Spartiat (der Vollbürger Spartas) ebenso „frei" wie der Athener. Aber die Verfechter der griechischen Demokratie haben doch sehr bald erkannt, dass es eine zweite Art von Freiheit gibt, die nun eben als charakteristisch für die Demokratie gilt: die Freiheit, sein eigenes Leben nach Gutdünken zu gestalten. [...]
Wie das Prinzip der Freiheit, so ist auch das der Gleichheit der antiken und der modernen Demo-

kratie gemeinsam. Es muss allerdings hinzugefügt werden, dass die antike Demokratie die Gleichheit der Bürger meint, die moderne Demokratie mehr und mehr auf die Gleichheit der Menschen abzielt.

F. Gschnitzer, Von der Fremdartigkeit griechischer Demokratie, Karlsruhe 1985.

M 11 Rekonstruktion einer athenischen „Losmaschine" aus perikleischer Zeit

Das Losprinzip war einer der wichtigsten Grundsätze der attischen Demokratie. Der Gedanke der Gleichheit aller Bürger kommt darin sinnfällig zum Ausdruck. In den Gerichtsverfahren erfolgte die Auswahl der Richter und die tägliche Zuweisung an die einzelnen Gerichtshöfe nach einem höchst ausgeklügelten Losverfahren, das in Aristoteles' Schrift vom „Staat der Athener" minutiös beschrieben ist. Die Personen aus der 6000 Mann umfassenden Geschworenenliste steckten ihre Kennmarken in die Schlitze von „Losmaschinen". Mit dem Öffnen einer Röhre, in der weiße und schwarze Kugeln gemischt waren, wurde festgelegt, welche Reihe eingesetzt wurde (weiß bedeutete ja, schwarz bedeutete nein). Auf diese Weise sollte Bestechung verhindert und ein fairer Prozess ermöglicht werden. Angesichts der Bedeutung der Geschworenengerichte auch in politischen Fragen war dies ein wesentlicher Beitrag zur Gerechtigkeit im Sinne des demokratischen Selbstverständnisses.

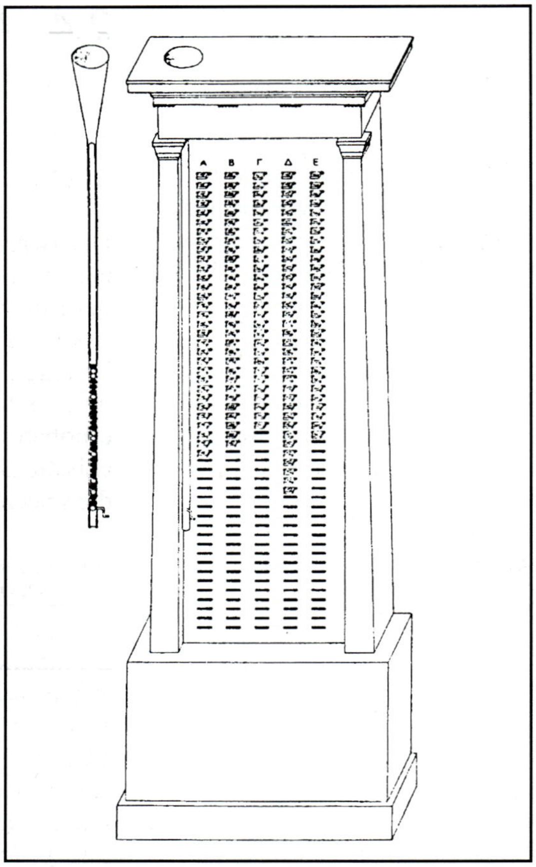

[oben die trompetenförmige Röhre für die schwarzen und weißen Kugeln].

H.-J. Gehrke, Kleine Geschichte der Antike, München 1999, S. 123.

Aufgaben

1. Beschreiben Sie die Organisation der Polis.
   → Text, M6
2. Untersuchen Sie die Rolle, die die Reformen des Kleisthenes für die Entstehung der athenischen Demokratie spielten.
   → Text, M5
3. Stellen Sie in einem Schaubild die Veränderungen dar, die sich nach der Verfassung des Kleisthenes in den einzelnen politischen Institutionen gegenüber der Solonischen Verfassung ergaben. → M6
4. Erklären Sie den Ostrakismos. Welche politischen Absichten lagen ihm zugrunde?
   → Text
5. Zeigen Sie auf, wie Aristoteles einen Staatsbürger definierte.
   → M7
6. a) Stellen Sie die grundlegenden Werte dar, die Perikles mit der Demokratie verband.
   b) Die Rede des Perikles wurde zwischen 1938 und 1944 in Deutschland in einer Auflage von über 45 000 Stück gedruckt. Diskutieren Sie die Gründe für diese hohe Auflagenzahl.
   → Text, M8, M9
7. Zeigen Sie anhand der Verfassungen von Solon, Kleisthenes und Perikles, wie sich die attische Polis demokratisiert hat.
8. Verfassen Sie einen Lexikonartikel, in dem Sie den Unterschied zwischen der antiken Demokratie und unserer modernen Staats- und Gesellschaftsordnung charakterisieren.
   → M10

2.4 Athen: kultureller Mittelpunkt

Das Perikleische Zeitalter

„Klassik“

Der Begriff des Klassischen kann sich einmal auf den Wert beziehen, zum anderen kann er einen Stil bezeichnen. Werke der Philosophie, der Kunst, der Literatur oder der Architektur einer so genannten klassischen Epoche gelten nach Form und Gehalt als vorbildhaft, vollkommen und allgemeingültig. Humanismus und Renaissance im 15. und 16. Jahrhundert, die Übergangszeit vom Mittelalter zur Neuzeit, erhoben die Antike in den Rang des Klassischen. Während die griechische Demokratie erst im 19. Jahrhundert entdeckt wurde, war also die griechische Kultur schon lange zuvor als Ideal gewürdigt worden.

Architektur

Im Rahmen der Entwicklung Athens wurde das 5. Jahrhundert v. Chr., das Zeitalter des Perikles, als Höhepunkt griechischer Kultur verstanden. Nach dem Sieg über die Perser begannen die Athener einmal aus Dankbarkeit gegenüber den Göttern, zum anderen aber auch um die Zerstörung durch den Krieg zu beseitigen, eine rege Bautätigkeit zu entfalten. Nachdem die Stadt bereits durch die so genannten Langen Mauern (mit Piräus und Phaleron verbunden) zu einer uneinnehmbaren Festung ausgebaut worden war (462–445 v. Chr.), folgten nun unter Perikles die Monumentalbauten auf der Burg (Akropolis = Hochstadt). Unmittelbar nach Beendigung des Perserkrieges (448 v. Chr.) ließ Perikles die zerstörten Heiligtümer auf der Akropolis wieder aufbauen. Zwischen 447 und 432 v. Chr. entstanden der Parthenon, der gewaltige Tempel der jungfräulichen (= Parthenos) Stadtgöttin Athene und die Propyläen, die Durchgangshallen am Eingang zur Akropolis. Es folgten später das Erechtheion (nach dem sagenhaften König Erechtheus benannt), das bedeutendste Heiligtum, und schließlich der Tempel der Athene Nike als Zeichen des endgültigen Sieges über die Perser.

Bildhauerei

Der Bildhauer Pheidias, ein Freund des Perikles, war für die künstlerische Gesamtgestaltung der Akropolis verantwortlich. Architekten, Bildhauer und Handwerker haben auf der Akropolis unvergleichliche Bauten von Ästhetik und Harmonie vollbracht, die uns heute noch in ihren Ruinen mit Staunen erfüllen.

Im 5. Jahrhundert überwanden die Bildhauer die starre, frontale und symmetrische Haltung der Statuen der archaischen Zeit (8.–6. Jahrhundert v. Chr.) durch die mustergültige Verwendung des Gegenspiels von Bewegung und Ruhe, von Spannung und Entspannung. Diese Darstellungsart verleiht den Skulpturen Eleganz und Natürlichkeit. Kennzeichnend für die klassische Großplastik war das Schönheitsideal der Hellenen, der nackte männliche Körper, der auch im Alltag eine große Rolle spielte (zum Beispiel wurden Gymnastik und sportliche Wettkämpfe stets nackt durchgeführt). Die Frau wurde bekleidet dargestellt; erst im 4. Jahrhundert v. Chr. stellte zum Beispiel Praxiteles die Göttin Aphrodite unbekleidet dar.

Pheidias (lat. Phidias, ca. 495 – ca. 430 v. Chr.) war nach Ansicht seiner Zeitgenossen der größte Bildhauer der Zeit. Als seine bedeu-

M 1 Akropolis von Athen
Modelldarstellung, wie die Akropolis zu Beginn des 4. Jahrhunderts v. Chr. ausgesehen haben könnte. Neben den großen Heiligtümern auf dem Gipfelplateau standen viele Schreine aus der Bronzezeit an den Seiten des Hügels. ① Propyläen; ② Bronzestandbild der Athene des Bildhauers Pheidias; ③ Parthenon: Tempel der Stadtgöttin Athene; ④ Erechtheion: Tempel des attischen Gottes Erechtheus; ⑤ Tempel der Athene Nike (der Siegreichen)

tendsten Skulpturen (aus Bronze, Marmor, Elfenbein) gelten das Standbild der Athene Promachos (Vorkämpferin) auf der Akropolis, die Athene Parthenos im Inneren des Parthenontempels und die Goldelfenbeinstatue des Zeus im Tempel zu Olympia, die später zu den Weltwundern zählte. Vor einigen Jahren wurde die Werkstätte des Pheidias in Olympia ausgegraben. Bedeutende Künstler neben Pheidias waren der Plastiker Polyklet und der Bronzegießer Myron.

Im 5. Jahrhundert entstanden große Wandgemälde, die der Nachwelt verloren gegangen sind. Die bemalte Keramik (rotfigurige Vasen) dieser Epoche vermittelt nur einen schwachen Abglanz der Malerei.

Theater

Die griechische Tragödie hat sich aus Volksbräuchen anlässlich des Dionysoskultes entwickelt (Dionysos = Gott der Fruchtbarkeit und des Weines). Alljährlich feierten die Athener zu Ehren des Dionysos ein freudiges Fest, die Dionysien. Nach einem Festzug wetteiferten – ursprünglich nur an einem Tag, später an drei aufeinanderfolgenden Tagen – Chöre, Tänzer und Dichter um ausgesetzte Preise.

Die Aufführungen fanden unter freiem Himmel in der runden Orchestra (dem Tanzplatz) statt, in deren Mitte der Dionysosaltar stand. Den Zuschauern wurden drei Tragödien und ein Satyrspiel eines jeweils anderen Dichters dargeboten, das den Stoff der vorangegangenen Tragödien heiter-ironisch umbildete (parodierte). Später wurden auch Komödien bei den Großen Dionysien aufgeführt.

Bronzemaske (um 450 v. Chr.)
Sie wurde von Schauspielern bei Aufführungen von Tragödien getragen. Alle Rollen wurden von Männern gespielt.

Die Festlichkeiten wurden vom Staat ausgerichtet, die Inszenierung der Spiele wurde von vermögenden Privatpersonen besorgt. Ihre Blütezeit erreichte die griechische Tragödie mit den Werken von Aischylos, Sophokles und Euripides. Die gemeinsam begangenen Festlichkeiten und Theateraufführungen stärkten das Zusammengehörigkeitsgefühl der städtischen Gemeinde.

Die Tragödie behandelte mythologische Vorgänge und gelegentlich historische Ereignisse. In ihr wird ein unüberbrückbarer Konflikt eines tragischen Helden mit einem unausweichlichen Schicksal gezeigt. Die Darstellungen sollten die Menschen veranlassen, sich den Göttern zu beugen und ihr Schicksal anzunehmen. Sinn der griechischen Tragödie war es, die Zuschauer zu erschüttern und sie durch die auf der Schaubühne dargestellten Leidenschaften, zum Beispiel Selbstherrlichkeit und Maßlosigkeit, zu läutern.

Von Aischylos (ca. 525–456 v. Chr.) sind uns 90 Titel von Tragödien beziehungsweise Satyrspielen bekannt. Erhalten geblieben sind sieben. Die bedeutendsten sind: Die Perser, Sieben gegen Theben, Der gefesselte Prometheus und die Orestie. Durch Sophokles (ca. 497–406 v. Chr.) erreichte die attische Tragödie ihre höchste Ausprägung. Von seinen 123 Dramen sind uns nur sieben vollständig erhalten: Aias, Antigone, Elektra, Oidipos tyrannos, Oidipos auf Kolonos, Trachinierinnen und Philoktet.

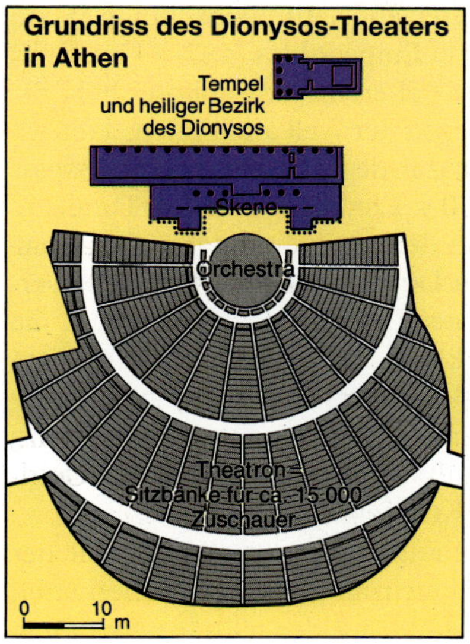

Grundriss des Dionysos-Theaters in Athen

Euripides (ca. 485–406 v. Chr.), der dritte der klassischen Tragiker in Athen, wich von seinen Vorgängern dadurch ab, dass er sich nicht streng an die Mythen hielt und Konflikte der Gegenwart wirklichkeitsnäher darstellte. Er schrieb 75 Dramen, von denen 19 erhalten sind. Seine wichtigsten sind: Alkestis, Medea, Hippolytos, Iphigeneia in Aulis und Iphigeneia in Tauris.

Die politischen und sozialen Bezüge, die in den Tragödien verdeckt enthalten sind, werden in den Komödien offen ausgesprochen. Aristophanes (ca. 455–388 v. Chr.), der geistreichste griechische Komödiendichter und Satiriker, verfasste 44 Stücke (elf davon sind erhalten), zumeist mit aktuellem Hintergrund, in denen er das Theater als politische Waffe benutzte, um alle gesellschaftlichen Bereiche zu kritisieren.

Die Entwicklung der Komödie war nur unter einer demokratischen Herrschaftsform möglich. Obwohl es für kurze Zeit eine Einschränkung der Offenheit der Sprache gegen persönliche Angriffe in der Komödie gab, bestand volle Freiheit der Kritik und der Beschimpfung. Die griechische Tragödie nahm hinsichtlich der politischen Kritik eine wichtige Funktion ein. Trotz mancher Abwandlungen hat die klassische Form des attischen Dramas den nachfolgenden Epochen der Weltliteratur als Vorbild gegolten.

Geschichtsschreibung

Das älteste vollständig erhaltene griechische Geschichtswerk stammt von Herodot aus Halikarnassos in Kleinasien (484–425 v. Chr.). Herodot stellte in seinem Werk die gesamte griechische Geschichte dar. Seine letzten drei Bücher sind der geschlossenen Darstellung der Perserkriege gewidmet. Neben der eigenen Erkundung und Deutung griff er auch auf die Aussagen älterer Autoren zurück. Herodot suchte die historische Wahrheit zu ermitteln, wodurch er im eigentlichen Sinne zum ersten Historiker geworden war. Der Römer Cicero bezeichnete ihn als den Vater der Geschichtsschreibung.

Thukydides (455–396 v. Chr.) schilderte in seinem acht Bücher umfassenden Werk die Geschichte des Peloponnesischen Krieges. Er selbst nahm am Kriege als athenischer Flottenkommandeur teil. Während in früheren Zeiten die Götter als Lenker der Geschichte angesehen wurden, beschränkte sich Thukydides in seiner Darstellung auf strenge Sachlichkeit, da für ihn die Wahrheit in den Tatsachen selbst begründet lag. Darüber hinaus suchte er aber auch das von ihm als wahr Erkannte zu deuten. Seine genaue Unterscheidung von Anlass und tatsächlichen Ursachen für ein Ereignis ist eine Grundkategorie der Geschichtswissenschaft geblieben.

Thukydides wird zum ersten Historiker Europas, der Geschichte kritisch wertet. Thukydides' Werk bricht im Jahre 422 v. Chr. ab. Hier knüpft Xenophon (430–355 v. Chr.), ein Schüler des Sokrates, an und stellt die griechische Geschichte über das Ende des Peloponnesischen Krieges bis zur Zeit der Hegemonie Spartas dar. Xenophon ist der einzige Geschichtsschreiber des 4. Jahrhunderts, dessen Werk erhalten geblieben ist.

Philosophie

Zu den ersten Philosophen gehörten Thales, Anaximandros und Anaximenes aus Milet (6. Jahrhundert v. Chr.). Ihre Spekulationen über die Urkraft, die das Universum bewegt, fußten auf Naturbeobachtungen und Deutung physikalischer Erscheinungen. Empedokles (483–444 v. Chr.) aus Sizilien versuchte den Streit dieser älteren Naturphilosophen, die jeweils einen Grundstoff für das Entstehen der Welt annahmen, dadurch zu lösen, dass er Feuer, Wasser, Luft und Erde als Elemente des Kosmos zugrunde legte. Mit Demokrit (460–370 v. Chr.) aus Abdera in Thrakien, einem der größten Universalgelehrten der Antike, erreichte die naturwissenschaftliche Philosophie ihre höchste Entwicklung und gewissermaßen auch ihren Abschluss. Nach der Lehre Demokrits besteht die Welt aus unendlich vielen, unendlich kleinen Substanzen, den Atomen, die sich in ständiger Bewegung befinden. Neben den Stoffatomen existieren noch die Seelenatome, die die Stoffe beleben. Demokrit forderte mit seiner Atomistik, in der Körper und Seele gleichwertig nebeneinander stehen, den Idealisten Platon zur Kritik heraus.

Sokrates (ca. 470–399 v. Chr.)

Neben der Naturphilosophie beschäftigte man sich auch mit der Ethik. Gesetze wurden nicht mehr allgemein als gottgegeben anerkannt, sie wurden diskutierbar. Der Mensch sollte aus der selbst gewonnenen Erkenntnis heraus tugendhaft handeln. Sokrates (ca. 470–399 v. Chr.) suchte nach dem Wahren, Schönen und Guten. Er entwickelte den Dialog, eine besondere Methode, mit der er seine Zuhörer befragte, um ihnen die Unzulänglichkeiten vieler ihrer Behauptungen bewusst zu machen. Solche Überlegungen führten zur Abkehr von mythologischen Vorstellungen über den Kosmos und zu Zweifeln am tradierten Glauben. Sehr oft wurden Lehrer und ihre Schüler ihres kritischen Hinterfragens wegen der Gotteslästerung bezichtigt. Auch Sokrates wurde wegen Gottesverachtung angeklagt und dazu verurteilt, den Schierlingsbecher (Gift) zu trinken.

Platon (427–347 v. Chr.)

Die Kenntnis über die Philosophie des Sokrates verdankt die Nachwelt den Aufzeichnungen von Platon. Platon (ca. 427–347 v. Chr.), der zum Schülerkreis des Sokrates gehörte, begründete eine eigene Philosophieschule. Er legte seine Vorstellungen über den Staat und dessen politische und kulturelle Aufgaben (Politeia = der (Ideal-)Staat und Nomoi = die Gesetze) in der Form sokratischer Dialoge dar.

Das Ziel der Sophisten (Weisheitslehrer) war es ursprünglich, durch ihren Unterricht der politischen und gesellschaftlichen Praxis der (vornehmlich reicheren) heranwachsenden Jugend gegen hohe Bezahlung zu dienen. Die Lehrgebiete umfassten Philosophie, Literatur, Kunst, Mathematik, Astronomie und Staatslehre. Darüber hinaus entwickelten die Sophisten auch eine eigene Lehre (Sophistik) und beeinflussten in hohem Maße das griechische Geistesleben. Namhafte Sophisten waren unter anderen Protagoras, Gorgias, Prodikos und Hippias. Die Sophistik verneinte eine allgemein gültige und objektive Wahrheit, wirkte aufklärerisch und richtete sich auch gegen die Religion. Platon wandte sich insbesondere gegen ein von vordergründiger Nützlichkeit geprägtes Denken, das in der Aussage von Protagoras, einem engen Vertrauten des Perikles, gipfelte, wonach der Mensch selbst das Maß aller Dinge sei. Diesem Lehrsatz stellte Platon seine Ideenlehre gegenüber, nach der das höchste Gut die Tugend (Weisheit, Gerechtigkeit, Besonnenheit, Tapferkeit) sei.

Aristoteles (384–322 v. Chr.), ein Schüler aus der Akademie des Platon, erweiterte die wissenschaftliche Forschung auf vielen Gebieten durch die mehr empirisch-naturwissenschaftliche Ausrichtung seiner Arbeit. Aristoteles gilt als der Begründer der wissenschaftlichen Logik (Begriffsbestimmung, Urteilsbildung, Schlussfolgerung). Sein Werk umfasste die Metaphysik, die Ethik und Abhandlungen über die Politik („Politika“ und „Staat der Athener“). Aristoteles gilt als der größte politische Theoretiker der Antike. Er wirkte unter anderem auch als Erzieher des späteren Alexander des Großen von Makedonien. Obwohl die Athener die große Bedeutung seiner philosophischen Leistung schon zu seinen Lebzeiten erkannten, wurde Aristoteles der Gottlosigkeit angeklagt und zum Verlassen der Stadt gezwungen.

Das Werk des Aristoteles kann in seiner Bedeutung für das abendländische Denken kaum hoch genug eingestuft werden. Im Unterschied zu seinem Lehrer Platon, der die erfahrbare Wirklichkeit als Scheinwelt gering schätzte, wandte sich Aristoteles auf analytisch-systematische Weise der Realität zu. Er ist somit zu einem Mitbegründer des modernen wissenschaftlichen Denkens geworden. Außerdem verdankt ihm die Nachwelt historisch bedeutsame Sammlungen von Gesetzen und von über 150 griechischen Verfassungen. Nach ihrer Übersetzung ins Lateinische wurden die Schriften des Aristoteles im Mittelalter sehr intensiv studiert. Sie bildeten ein Fundament für die Scholastik, jene philosophische Hauptströmung des Mittelalters, die die Harmonisierung von Wissen und Glauben anstrebte.

Rhetorik

Unter dem Einfluss der Sophisten entwickelte sich die die gesamte griechische Geisteskultur prägende Kunst der Beredsamkeit. Die stilvolle Rede als Kunst ausgebildet und die Kunst lehrbar gemacht zu haben, war insbesondere für die demokratische Betätigung in Athen von besonderer Bedeutung. Nach ihrer Bestimmung unterschied man die Volks- und Staatsrede, die Gerichtsrede und die Fest- und Prunkrede. Die Rhetoren nahmen darüber hinaus auch Einfluss auf die Jugenderziehung. Die bekanntesten waren Gorgias (485–375 v. Chr.) und sein Schüler Isokrates (436–338 v. Chr.) als Festredner, der Gerichtsredner Lysias (445–380 v. Chr.) und der berühmte Staatsredner Demosthenes (384–322 v. Chr.).

M 2 Die Philosophenversammlung in der Akademie von Athen

Das Mosaik wurde in einer Villa in Pompeji gefunden. Der griechische Philosoph Platon, der aus adeligem Geschlechte stammte, hatte im Jahre 387 v. Chr. die Akademie gegründet. Ursprünglich handelte es sich um einen dem Heros Akademos geweihten Hain bei Athen, zu dem auch Anlagen für gymnastische Übungen gehörten. Nach der Gründung der Akademie konnten diese zum Promenieren benutzt werden, wobei sicher diskutiert und Fachfragen erörtert wurden. Außerdem befanden sich dort Diskussions- und Aufenthaltsräume sowie Wohnungen für den Schulvorsteher und sogar für einen Teil der Schüler. Die Mittel hatte Platon anfänglich seinem Privatvermögen entnommen, später jedoch mussten die Beiträge wahrscheinlich von den Schülern selbst getragen werden. Platon und Aristoteles waren die Hauptvertreter der griechischen Philosophie. Die von ihnen gegründeten Schulen bestanden bis zum Ende der Antike.

Die Schüler des Aristoteles nennt man bis heute Peripatetiker, abgeleitet von Peripatos, der Wandelhalle im Apollonheiligtum in Athen, dem Ort, wo die Schule des Aristoteles lag.

Nach: H. Pleticha (Hg.), Im Schatten des Olymp, Gütersloh 1988, S. 246.

M 3 Klassische griechische Kunst

Die griechische Kunst der klassischen Zeit (5./4. Jahrhundert v. Chr.) brachte Neuerungen mit sich, die die europäische Zivilisation bis in die Gegenwart tief greifend beeinflusst haben. Was sich veränderte, wird an der Plastik am deutlichsten. Die Plastiken in der archaischen Zeit orientieren sich noch an orientalischen und ägyptischen Vorbildern und übernehmen deren schematische Körperdarstellung. Die Kunst der klassischen Zeit basiert dann auf einer anatomisch genauen Wahrnehmung und Gestaltung des unbekleideten menschlichen Körpers, Bewegung und Emotionen werden dargestellt. Die Künstler wollen ein Idealbild des Menschen zeigen, das durch Schönheit und Gleichmaß gekennzeichnet ist. Dahinter steht die Leitvorstellung der Ausgewogenheit von Körper und Geist, der Übereinstimmung von innerer moralischer Qualität, Bildung und äußerem Erscheinungsbild. Der diesseitige, selbstbewusste Mensch steht im Mittelpunkt: Das bildet sich darin ab, dass die Plastik zur Freifigur (aus Bronze oder Marmor) wird. Sie wird nicht mehr umgrenzt, wird von allen Seiten gleichmäßig wichtig genommen und gestaltet. Und vor allem ändert sich die Haltung, in der die menschliche Standfigur dargestellt wird. An die Stelle der Achsensymmetrie tritt der Kontrapost [die unterschiedliche Gestaltung der beiden Körperhälften]. Die Last des Körpers ruht auf einem Standbein, das Spielbein bleibt frei und beweglich. Dadurch ergibt sich ein Wechsel von Bewegung und Gegenbewegung.

Mit der Schrägstellung des Beckens (Standbeinseite höher) korrespondieren die entgegengesetzte Schrägstellung der Schultern und das leichte Anwinkeln des Kopfes zur Standbeinseite hin. Beim Doryphoros [Speerträger] kommt die Armhaltung hinzu:

Der Arm auf der Standbeinseite hängt frei, der andere, der ursprünglich den Speer hielt, ist angewinkelt und gespannt. Die gleichmäßige Gewichtsverteilung gibt ein lebendiges, harmonisches Bild des Menschen.

M. Sauer, Bilder im Geschichtsunterricht, Seelze-Velber 2000, S. 180 f.

M 4 Der Speerträger des Polyklet
Bronzestatue, um 440 v. Chr.

Aufgaben

1. Fassen Sie die wesentlichen kulturellen Leistungen der Griechen zusammen.
   → Text, M1
2. Erklären Sie die Ursprünge des europäischen Theaters.
   → Text
3. Halten Sie fest, welche wichtigen Ideen die Nachwelt der griechischen Philosophie verdankt.
   → Text, M2
4. Beschreiben Sie den Speerträger des Polyklet, und erläutern Sie die Ästhetik der griechischen Plastik.
   → Text, M3, M4

3. Rom

Das Bild von Giovanni Paolo Pannini „Roma Antica“ von 1757 zeigt eine Galerie mit Bildern von antiken Bauwerken in Rom. In Rom, der „ewigen Stadt“, wie sie auch respektvoll genannt wird, hatten viele antike Gebäude überdauert, zum Teil im Zustand der Ruine, zum Teil versunken im Schutt nachfolgender Jahrhunderte. Das Forum Romanum, der Kuppelbau des Pantheon, der Triumphbogen des Septimius Severus, das Colosseum, das Mausoleum des Kaisers Hadrian, Thermen, Tempel und Basiliken – das Ensemble dieser Baudenkmäler beeindruckt auch noch den heutigen Betrachter und zeugt von der Größe der römischen Kultur. Seit dem 19. Jahrhundert wurden für viele Romreisende die Ruinen des alten Rom geradezu zum Sinnbild für die historische Vergänglichkeit.

Noch im Mittelalter war die Achtung vor antiken Bauwerken gering. Diese dienten oft nur als Steinbruch. Daran änderten auch Renaissance und Humanismus und die „Wiederentdeckung“ der antiken Kultur wenig, wenn auch langsam der Respekt vor der antiken Architektur wuchs. Erst seit dem 19. Jahrhundert kann man von systematischen Ausgrabungen und Restaurierungen sprechen. Die sichtbaren Hinterlassenschaften der Römer sind aber keineswegs auf die ehemalige Hauptstadt des Römischen Weltreiches beschränkt, vielmehr ist die Welt der Römer im gesamten Herrschaftsbereich außerordentlich präsent. Überall lassen sich zivilisatorische und technische Leistungen finden, die das politische Leben des Römischen Reiches überdauert haben: Amphitheater, Thermen, Tempel, Straßen, Brücken und so weiter.

Neben der Architektur und der Bautechnik haben vor allem die militärische Organisation, die lateinische Sprache und die römische Rechtsauffassung Spuren hinterlassen. Darüber hinaus ist die Christianisierung des Abendlandes unzertrennlich mit dem Römischen Reich verbunden, denn erst die durch Kaiser Konstantin verkündete Religionsfreiheit (313) verhalf der christlichen Religion zum Durchbruch. Unter Kaiser Theodosius wurde das Christentum zur Staatsreligion (381).

Römische Geschichte erzählt vom Aufstieg und (Ver-)Fall eines Weltreiches, des Imperium Romanum, das die gewaltige Zeitspanne von etwa einem Jahrtausend umfasste. Es ist auch die Geschichte von einem Stadtstaat, der – faktisch durch eine Kette von Kriegen – zum Weltreich heranwuchs.

Die Ausstrahlung des Römischen Reiches und der Glanz, der vom römischen Kaisertum ausging, setzten Maßstäbe für die nachfolgenden Dynastien. Die Anknüpfung an das Römische Reich wurde im Streben mittelalterlicher Könige nach der Kaiserwürde sichtbar, die über Jahrhunderte nur in Rom (beim dortigen Bischof) zu erlangen war. Beginnend mit Karl dem Großen (800) und fortgesetzt durch die Ottonen und die nachfolgenden Dynastien etablierte sich der Romzug mit dem Ziel, die Würde eines römischen Kaisers zu erringen. Das Heilige Römische Reich – seit dem 15. Jahrhundert auch mit dem Zusatz „deutscher Nation“ versehen – hatte bis 1806 offiziellen Bestand.

3.1 Die römische Republik

Die Anfänge des römischen Staates

M 1

Auch aus heutiger Perspektive kann es noch faszinierend sein zu verfolgen, wie aus einer kleinen Siedlung in Mittelitalien das Zentrum eines Weltreiches wurde, das Mittel- und Westeuropa sowie den gesamten Mittelmeerraum umfasste.

Kein Staat der Antike hatte eine solche Ausdehnung erreicht und so tief greifende politische, zivilisatorische und kulturelle Spuren hinterlassen.

Das Römische Reich besaß gewaltige Ausmaße und hatte im 2. Jahrhundert seine größte Ausdehnung. Es erstreckte sich vom Atlantik bis zum Euphrat und von Britannien bis Nordafrika. Die Entwicklung dieses mächtigen Staates hatte sich langsam und schrittweise vom kleinen Stadtstaat in Mittelitalien (um 500 v. Chr.) über die Beherrschung ganz Italiens (um 270 v. Chr.) bis zum Weltreich vollzogen.

Die Geschichte der römischen Republik, die sich über den Zeitraum von 500 v. Chr. bis 30 v. Chr. erstreckte, wird gewöhnlich unter dem Gesichtspunkt der politischen und verfassungsrechtlichen Entwicklung in drei Phasen unterteilt:

- Die erste Phase der „frühen Republik" (500–287 v. Chr.) wurde insbesondere durch die Ständekämpfe geprägt. Dabei ging es um die Bestrebungen von wohlhabenden und ehrgeizigen Plebejern, gegen den Widerstand des traditionellen Adels ihren sozialen Aufstieg zu erwirken.
- In der zweiten Phase, der „klassischen Republik" (287–133 v. Chr.), wurde Rom zur Großmacht.
- Die dritte Phase, die „späte Republik" (133–30 v. Chr.), stand ganz im Zeichen von tief greifenden Veränderungen in der Wirtschaft und in der Gesellschaft. Diese wurde zunehmend durch soziale Spannungen polarisiert. Der Zusammenhalt der römischen Gesellschaft ging verloren, weil des Eigentum, insbesondere an bebaubarem Land, extrem ungleich verteilt war. Die Zustände führten zu gewalttätigen Ausbrüchen und ließen den Ruf nach einem „starken Mann" laut werden.

M 2 Die kapitolinische Wölfin
Die Bronzestatue der Wölfin stammt aus dem 5. Jahrhundert v. Chr., die Zwillinge wurden im 15. Jahrhundert ergänzt, nachdem sie von einem Blitz im Jahre 65 n. Chr. zerstört worden waren.

Die soziale Struktur der römischen Gesellschaft

Senat

Ein aus einem vornehmen Geschlecht stammender Stadtkönig (rex) regierte den Stadtstaat Rom. Dieser besaß die Aufgabe, die Verbindung mit den Göttern zu sichern und die militärische Führung auszuüben. Seine Macht (imperium) wurde durch die Volksversammlung und durch den Senat (senex = der Greis; Rat der Alten) eingeschränkt. Der Senat setzte sich aus Vertretern angesehener Familien zusammen. Die römische Gesellschaft kannte eine offizielle soziale Schichtung nach Standeszugehörigkeit. An der Spitze der römischen Gesellschaft standen in der Frühzeit der Republik die Patrizier. Diese setzten sich aus den vornehmen Familienoberhäuptern (patres) zusammen und schlossen sich völlig von der übrigen Bevölkerung ab. Dieser alte Adel bildete einen durch Tradition und gemeinsames Interesse einheitlichen Stand. Die Plebejer, die übrige nicht-adlige Bevölkerung, unterschieden sich durch scharfe wirtschaftliche und soziale Gegensätze. So konnten wohlhabende und ärmere Plebejer kaum ein einheitliches politisches Bewusstsein entwickeln. Nach den Ständekämpfen unterschied man Senatoren, Ritter (Equites) und Plebs. Darüber hinaus war die Bürgerschaft Roms in Verwaltungsbezirke (Tribus) eingeteilt und gleichzeitig verschiedenen Vermögensklassen zugewiesen.

Die Zuordnung zu den Vermögensklassen spiegelte die Rangordnung im Militär (Reiter, Schwer- und Leichtbewaffnete, militärische Hilfsdienste) wider. Das Wehr-, Bürger- und Wahlrecht war somit eng an die Zuordnung zur Vermögensklasse geknüpft. Darüber hinaus bestanden Vereinigungen und zunftähnliche Zusammenschlüsse von

M 3

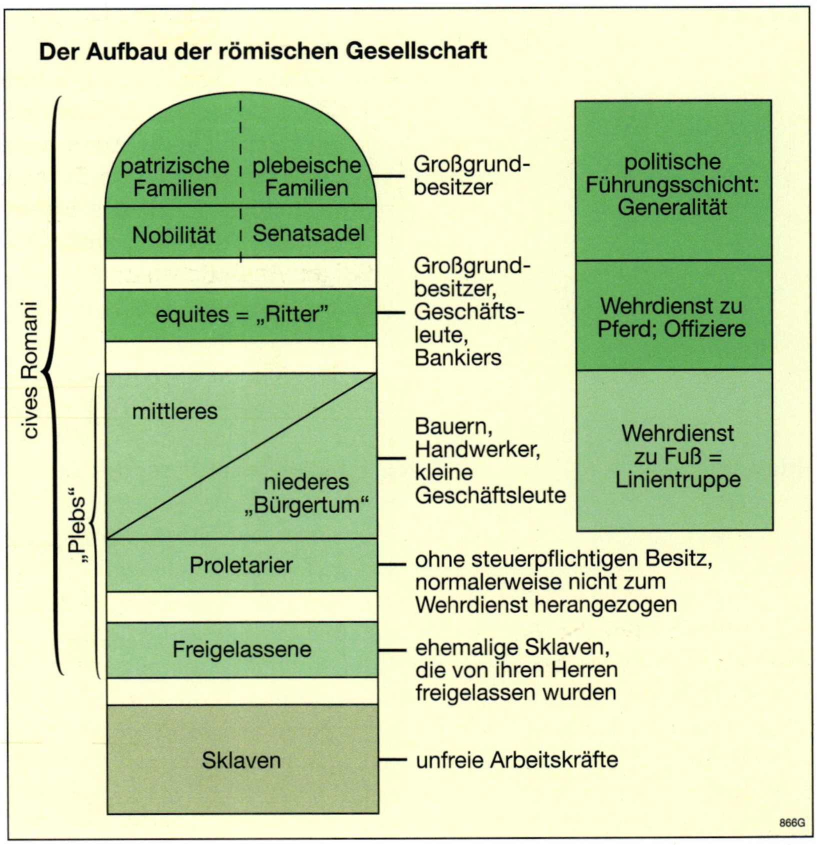

Handwerkern, denen weniger eine berufsständische als vielmehr eine religiös-kultische Bedeutung zukam.

Die soziale Grundstruktur wurde aber unabhängig von der ständischen Gliederung von einem Geflecht privater Absprachen und Bündnisse zwischen einzelnen Familien durchzogen, das sich im politischen Leben nachhaltig auswirkte, zum Beispiel bei Senatsentscheidungen und Volksabstimmungen oder bei Wahlen zu wichtigen Staatsämtern. Neben den Verbindungen von sozial und wirtschaftlich Gleichgestellten bestimmten Zusammenschlüsse zwischen ungleichen Personen das gesellschaftliche und politische Leben. Höhergestellte versuchten ihre Machtposition dadurch zu stärken, dass sie gesellschaftlich tiefergestellte oder Schutz suchende Personen (Klienten) um sich scharten. Die patrizischen (und ab dem 3. Jahrhundert auch die plebejischen) Senatoren bildeten die Gesellschaftsspitze, sie besetzten die hohen Staatsämter und die einflussreichen Priesterstellen. Ihre politische Macht wurzelte in der Familientradition, im Großgrundbesitz und in den zahlreichen Klienten.

Ritter

Unter den Senatoren standen die Ritter, die dank ihrer wirtschaftlichen Stärke indirekt das politische Leben maßgeblich beeinflussten. Unter Rittern verstand man in der römischen Geschichte die Gruppe der zu Reichtum gekommenen Kaufleute, Unternehmer und Bankiers. Dieser Gruppe, die ungefähr 20 000 Familien umfasste, gelang der gesellschaftliche Aufstieg nicht zuletzt deshalb, weil dem senatorischen Adel Geldgeschäfte verboten blieben. Im Verlauf der römischen Geschichte schoben sich die Ritter zwischen Senatoren und Volk und bildeten einen Verdienstadel.

Plebejer

Die unterste Stufe in der gesellschaftlichen Hierarchie nahmen die niedrig geborenen Plebejer ein, die Bürger ohne steuerpflichtigen Besitz. Die Plebejer stellten die Masse der römischen Bürger. Sie waren als Kleinbauern, Kaufleute und Handwerker tätig. Auch das Heer rekrutierte sich überwiegend aus dem Plebejerstand. Nachdem die Plebejer im Ständekampf schrittweise die gesellschaftspolitische Gleichstellung mit dem Patriziat erzwungen hatten, spalteten sie sich. Wenigen gelang der Aufstieg in politische Ämter. Während der späteren Republik sanken große Teile der Plebejer zu besitzlosen Proletariern ab.

Zur römischen Gesellschaft gehörten neben den Bürgern mit vollen beziehungsweise eingeschränkten Bürgerrechten noch die Gruppe der Freigelassenen, das heißt der ehemaligen Sklaven sowie die Masse der rechtlosen Sklaven als Arbeitskräfte.

Sklaverei

Die Sklaverei in Form des Besitzrechtes an der Person eines anderen reicht bis in die Frühzeit der Antike zurück. Die Versklavung von Menschen war fast immer das Ergebnis von Gewaltanwendung. Nach Kriegen wurden gefangene Soldaten oder auch die Bevölkerung ganzer Landstriche in die Sklaverei gezwungen. Auch Verschuldung, zum Beispiel gegenüber dem Grundherrn, konnte in die Sklaverei führen. Infolge der Eroberungen und der damit verbundenen Zunahme von Grundbesitz für die Aristokratie stieg der Bedarf an Sklaven als Arbeiter auf den großen Landgütern (Latifundien) rapide an. Jetzt bedienten sich die Römer nach griechischem Vorbild der Kaufsklaverei. Jagd auf Menschen und der organisierte Verkauf von Menschen als Ware auf Sklavenmärkten wurden üblich.

Inhumane Behandlungsweisen sind überall dort nachzuweisen, wo Sklaven in Massen auftraten, zum Beispiel auf großen landwirtschaftlichen Gütern oder im Bergbau. Andererseits wird aus zahlreichen Quellen deutlich, dass eine Art privater Fürsorge für Sklaven und Freigelassene oft auch üblich war. Das galt insbesondere für solche Sklaven, die in enger Gemeinschaft mit der Herrenfamilie lebten. Selbstverständlich war aber eine Teilnahme am politischen Leben ausgeschlossen. Obwohl sich die ethische Einstellung gegenüber der Sklaverei im 1. Jahrhundert n. Chr. wandelte und auch ein mäßigendes Einwirken des Christentums (grundsätzlich aber keine Ablehnung) festzustellen ist, blieb die Einrichtung der Sklaverei in der Antike trotz mancher Einwände unangefochten.

Sklavenaufstände

Unmut und Erbitterung der unterdrückten und entrechteten Sklaven entluden sich seit Beginn des 2. Jahrhunderts v. Chr. in gewalttätigen Aufständen. In den Jahren 135–132 v. Chr. fand in Sizilien ein regelrechter Krieg zwischen aufständischen Sklaven und regulären römischen Truppen statt. Die etwa 200 000 Sklaven blieben zunächst erfolgreich, eroberten einige Städte und gründeten einen eigenen Staat. Erst nach drei Jahren konnte Rom den Sklavenstaat in Sizilien unterwerfen. Zur gleichen Zeit erschütterten Sklavenerhebungen auch in vielen anderen Regionen das Römische Reich.

Während der Abwehrkämpfe gegen die einfallenden Kimbern und Teutonen (113–101 v. Chr.) waren es erneut sizilische Sklaven, die sich aus römischer Knechtschaft zu befreien suchten (105–101 v. Chr.). Erst nach vier Jahren entschieden die Römer den 2. Sizilischen Sklavenkrieg für sich.

Von 73 bis 71 v. Chr. stand der legendäre Sklave und Gladiator Spartacus an der Spitze eines nach Zehntausenden zählenden Sklavenheeres, hielt ganz Italien in Schach und bedrohte sogar die Hauptstadt Rom. Aber auch diese Revolte wurde niedergeschlagen. Nur unter großen Mühen konnte die römische Armee unter Pompeius und Crassus den für Rom gefährlichsten Sklavenkrieg beenden. Dieser Krieg wurde auf beiden Seiten mit größter Brutalität geführt. Allein 6 000 Sklaven ließen die siegreichen Römer an der Via Appia ans Kreuz schlagen.

M 4 Sklavenmarke
Die Inschrift lautet:
„Halte mich, wenn ich fliehe, und bring mich meinem Herrn Viventius auf den Landsitz des Callistus zurück."

Ständekämpfe

Die militärischen Lasten der vielen Kriege, die der Staat seinen Bürgern auferlegte, drückten insbesondere die wirtschaftlich schwächeren Plebejer. Die um die Wende vom 6. zum 5. Jahrhundert neue und viele Soldaten erfordernde Phalanxtaktik, bei der in eng geschlossenen und mehreren Reihen gekämpft wurde, ließ sich nur mithilfe der plebejischen Volksmassen bewerkstelligen. Die Plebs wurde sich des Missverhältnisses zwischen ihrer militärischen Leistung und ihrem niederen politischen und sozialen Rang innerhalb der römischen Gesellschaft immer bewusster. Die Forderungen der Plebejer nach politischer, militärischer und privatrechtlicher Gleichstellung mit den Patriziern führte zu einem annähernd 200 Jahre währenden Ringen um die innere Ordnung. Vor allem die zu Wohlstand gekommenen Plebejer fühlten sich durch ihren Ausschluss von der Mitarbeit in der Volksversammlung diskriminiert. Sie wollten politischen Einfluss und die Vormacht der Patrizier brechen.

Nach harten Auseinandersetzungen erzwangen die Plebejer zunächst ein eigenes plebejisches Amt, das Volkstribunat. Die Volkstribunen standen der Versammlung aller Plebejer vor. Sie waren durch ein religiöses Tabu, das jeden Angriff auf ihre Person zum Frevel werden ließ, als unantastbare Volksbeamte gegen den Zugriff der patrizischen Behörden abgesichert.

Im weiteren Verlauf der Ständekämpfe erzwang die Plebs die Aufzeichnung des geltenden Rechts (Zwölftafelgesetz 451 v. Chr.). Den ehemals minderberechtigten Plebejern gelang der soziale Aufstieg. Dies äußerte sich in der Gleichstellung mit den Patriziern durch die Aufhebung des Eheverbots zwischen Patriziern und Plebejern. Plebejer konnten nunmehr in die höchsten Staatsämter einrücken, zum Beispiel hatten sie Zugang zum Konsulat.

Das nach Q. Hortensius, damals Diktator, benannte Hortensische Gesetz von 287 v. Chr. beendete die Ständekämpfe. In diesem wurde festgehalten, dass alle in der plebejischen Volksversammlung beschlossenen Entscheidungen (plebis scitum) Gesetzeskraft erhielten. Das Patriziat bildete nunmehr zusammen mit den angesehenen plebejischen Familien die neue sozial privilegierte Adelsschicht, die Nobilität.

Frauen

Die römische Gesellschaft kannte keine Gleichheit der Geschlechter. Die soziale Bedeutung einer Frau lag innerhalb ihres jeweiligen Familienverbandes als Gattin, Mutter oder Tochter. Einfluss konnte sie als Vertraute oder Ratgeberin ihres Mannes ausüben, aber juristisch blieb sie in der Regel der Macht (potestas) des Vaters, Ehemannes oder eines Vormunds unterworfen. Ein rechtswirksames Handeln ohne deren Ermächtigung wurde ihr normalerweise verwehrt.

Im Unterschied zum antiken Griechenland waren Frauen in der römischen Öffentlichkeit zwar auf vielfache Weise präsent, hatten aber keinen Anteil an der politischen Entscheidungsgewalt. Die Volksversammlung war eine rein „männliche Veranstaltung".

Bürgerrecht

Als Hauptinstrument zur Herrschaftsausübung diente das Heer, bestehend aus den Kerntruppen des Bürgeraufgebots von Rom und den Soldaten der Bundesgenossen. Auch das Bürgerrecht setzten die Römer geschickt zur Herrschaftsausübung ein. Mit dem vollen Bürgerrecht waren zum einen politische Rechte verbunden, wie zum Beispiel das Wahlrecht in der Volksversammlung, die Bekleidung öffentlicher Ämter oder auch der Militärdienst. Zum anderen konnte der Vollbürger gegen Gerichtsurteile Berufung einlegen, rechtsgültige Geschäftsbeziehungen eingehen und über Grundeigentum verfügen. Außerdem war seit 167 v. Chr. mit dem römischen Bürgerrecht die Steuerfreiheit verbunden. Nur im Falle der Ächtung oder bei schweren Verbrechen konnte das Bürgerrecht entzogen werden.

Den besiegten Völkerschaften erkannte man zunächst ein eingeschränktes Bürgerrecht zu, das sie vom aktiven wie passiven Wahlbeziehungsweise Stimmrecht in der Volksversammlung ausschloss. Außerdem konnten sie verpflichtet werden, in den römischen Legionen zu dienen. Eine andere Praxis bestand darin, besiegten Gegnern die politische Selbstständigkeit zu belassen, sie aber zur Heeresfolge (unter eigenem Kommando) und zum Verzicht auf eine selbstständige Außenpolitik zu zwingen. Wenn möglich, vermieden die Römer bewaffnete Auseinandersetzungen. Sie versuchten vielmehr, ein Volk gegen das andere ausspielend, in ausgeklügelten Abmachungen die Völker an sich zu binden. Die Verträge waren somit einseitig und unauflöslich. Allmählich stiegen die rechtlosen, besiegten Feinde Roms zu gleichberechtigten römischen Mitbürgern auf. Aus der Wehrgemeinschaft entwickelte sich eine politische Rechtsgemeinschaft. Die Verleihung des römischen Bürgerrechts an die einzelnen Völker erwies sich als wichtiges Integrationsinstrument.

Insgesamt handelte es sich hierbei um eine Form der Herrschaftsorganisation, die die zentrale Funktion Roms wahrte und gleichzeitig den Abhängigen eigene Ordnungs- und Verwaltungsbefugnisse beließ. Diese indirekte Art der Machtausübung über die Bundesgenossen ergab sich aus dem Fehlen einer ausgebildeten Bürokratie und aus den ungeheuren Kosten, die eine direkte Verwaltung abverlangt hätte.

M 5

Die Republikanische Verfassung nach Abschluss der Ständekämpfe (2./3. Jahrhundert v. Chr.)

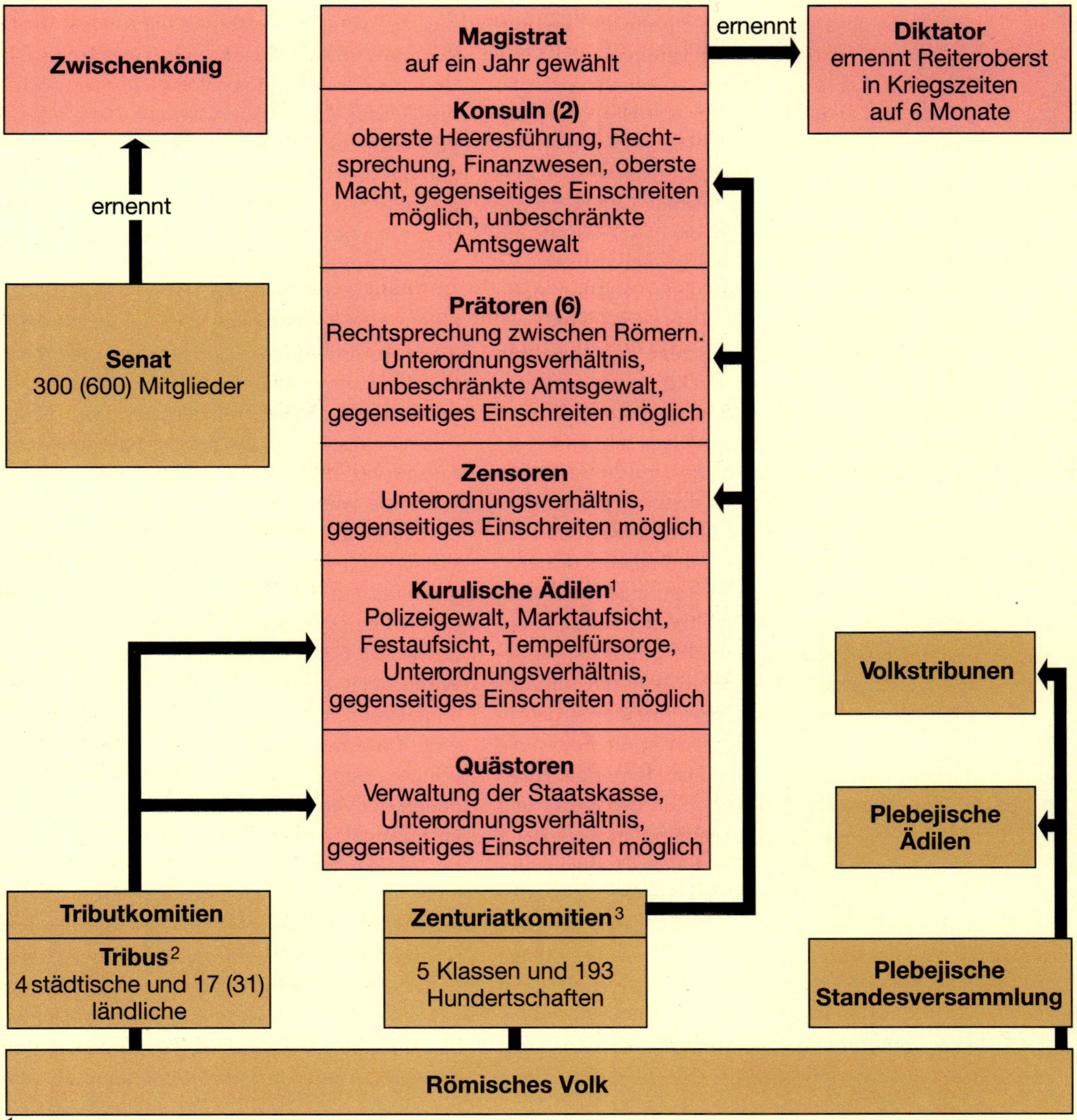

1 kurulisch = patrizisch
2 tribus = Verwaltungsbezirk, Organisationseinheit der römischen Bürgerschaft
3 Komitien = Versammlungen zur Abstimmung über Gesetze, Wahlvorschläge und Strafanklagen

865G

Ämterlaufbahn (im Magistrat): cursus honorum (der Weg der Ehre) ([illegible]: auch Voraussetzung für Aufnahme in den Senat)

M 6 **Die römische Verfassung im 2. Jahrhundert v. Chr.**

Der griechische Historiker Polybios (ca. 200–120 v. Chr.) sah eine Ursache für den politischen Erfolg Roms in dessen „idealer" Verfassung:

[...] Die meisten, die uns eine Verfassungslehre haben geben wollen, unterscheiden drei Verfassungsformen, die sie Königtum, Aristokratie und Demokratie nennen. Man kann aber [...] mit Recht an sie die Frage richten, ob sie uns diese als die einzigen oder vielmehr als die besten vorstellen. In jenem wie in diesem Falle sind sie meines Erachtens gleichermaßen im Irrtum. Denn es ist klar, dass als die beste Verfassung die anzusehen ist, die alle drei genannten Einzelverfassungen in sich vereinigt. [...]

Es gab [...] drei Teile, die im Staat Gewalt hatten. So gerecht und angemessen aber war alles geordnet, waren die Rollen verteilt und wurden in diesem Zusammenspiel die staatlichen Aufgaben gelöst, dass auch von den Einheimischen niemand mit Bestimmtheit hätte sagen können, ob die ganze Verfassung aristokratisch, demokratisch oder monarchisch war. Und so musste es jedem Betrachter ergehen. Denn wenn man seinen Blick auf die Machtvollkommenheit der Konsuln richtete, erschien die Staatsform vollkommen monarchisch und königlich, wenn auf die des Senats, wiederum aristokratisch, und wenn man auf die Befugnisse des Volkes sah, schien sie unzweifelhaft demokratisch. Die Bereiche des Staatslebens nun, in denen jedes dieser drei Elemente den bestimmenden Einfluss hatte, damals und auch jetzt noch mit geringen Ausnahmen, sind diese:

[...] Solange die Konsuln in Rom anwesend sind, das heißt, ehe sie ins Feld ziehen, haben sie in der Stadt die Entscheidung über alle staatlichen Angelegenheiten. Denn alle anderen Beamten, mit Ausnahme der Volkstribunen, sind ihnen untergeordnet und zum Gehorsam verpflichtet. Sie führen die Gesandtschaften in den Senat ein; ferner berichten sie über alle wichtigen Sachen an den Senat und befragen ihn nach seiner Meinung; in ihrer Hand liegt die Ausführung der Beschlüsse. In allen politischen Fragen, in denen die Entscheidung beim Volke liegt, haben sie das Notwendige zu veranlassen, die Volksversammlung einzuberufen, Vorschläge zu machen und Anträge einzubringen und für die Ausführung der Beschlüsse der Mehrheit zu sorgen. In der Vorbereitung und Rüstung für den Krieg und in der gesamten Führung der Operationen besitzen sie eine fast unumschränkte Gewalt. [...]

Der Senat sodann hat erstens die Finanzhoheit. Er verfügt über alle Einnahmen und ebenso über die Ausgaben. Denn unter keinem einzigen Titel können die Quaestoren Zahlungen leisten, ohne dass ein Senatsbeschluss dafür vorliegt, mit Ausnahme der Zahlungen an die Konsuln. Ebenso hat der Senat die Entscheidung über die bei weitem größten und wichtigsten Aufwendungen, die die Censoren alle vier Jahre für die öffentlichen Arbeiten, Reparaturen und Neubauten, machen; er muss ihnen das Geld bewilligen. Alle Verbrechen in Italien ferner, die eine staatliche Untersuchung notwendig machen, zum Beispiel Verrat, Verschwörungen, Giftmord, Meuchelmord, unterliegen der Jurisdiktion des Senats. [...]

In allen diesen Dingen hat das Volk nicht das Geringste zu sagen. Infolgedessen erscheint die Verfassung, wenn man während der Abwesenheit der Konsuln nach Rom kommt, als rein aristokratisch [...].

Und doch bleibt [dem Volke] immer noch ein Anteil, und ein äußerst wichtiger. Denn allein das Volk entscheidet über Ehrung und Bestrafung, hat also das Band in der Hand, das allein obrigkeitlich gelenkte wie konstitutionelle Staaten und überhaupt das gesamte menschliche Leben zusammen und in Ordnung hält. [...] Das Volk verhängt oft eine Geldstrafe, wenn dies der Schwere des Vergehens entspricht, vor allem auch gegen Männer, die die höchsten Ämter bekleidet haben. Das Todesurteil aber kann es allein aussprechen. [...]

Im Vorstehenden habe ich dargelegt, wie die staatlichen Kompetenzen auf die drei Faktoren der Verfassung verteilt sind. Nun will ich zeigen, in welcher Weise sie wiederum, wenn sie wollen, einander entgegenwirken oder sich gegenseitig unterstützen können. Wenn der Konsul im Besitz der geschilderten Machtvollkommenheit an der Spitze des Heeres ins Feld zieht, scheint er unumschränkte Gewalt zur Durchführung seiner Pläne zu haben, in Wirklichkeit aber bleibt er auf Volk und Senat angewiesen und ist ohne diese nicht in der Lage, seine Unternehmungen zu einem guten Ende zu bringen. Denn selbstverständlich bedarf das Heer dauernder Versorgung, ohne den Willen des Senats aber kann ihm weder Brotgetreide noch Kleidung noch Sold geliefert werden, sodass die Operationspläne der Feldherren undurchführbar werden, wenn der Senat sie vereiteln oder sabotieren will. Und auch das hängt vom Senate ab, ob der Befehlshaber seine Pläne und Unternehmungen vollenden kann. Denn in der Macht des Senates liegt es, wenn das Amtsjahr abgelaufen ist, ihm einen Nachfolger zu schicken oder ihm das Kommando zu verlängern. [...]

Die Triumphe [...], durch welche die Feldherrn den Bürgern den Ruhm ihrer Taten sinnfällig vor

Augen stellen, können diese nicht in würdiger Form begehen, ja manchmal überhaupt nicht durchführen, wenn der Senat sie nicht genehmigt und die Mittel dafür bewilligt. Vollends ist es für sie notwendig, die Gunst des Volkes zu gewinnen, auch wenn sie noch so weit von der Heimat entfernt sind. Denn das Volk hat, wie gesagt, alle Abkommen und Friedensverträge zu bestätigen oder abzulehnen. Vor allem aber muss der Konsul bei der Niederlegung seines Amtes vor dem Volk Rechenschaft über seine Handlungen ablegen. [...]
Der Senat wiederum, der doch so große Macht hat, ist erstens in allen politischen Angelegenheiten gezwungen, auf die Stimmung des Volkes zu achten und seine Wünsche zu berücksichtigen. Er kann die Untersuchung und Ahndung der schwersten Verbrechen gegen den Staat, auf die Todesstrafe steht, nicht durchführen, wenn das Volk nicht die Vorentscheidung des Senats bestätigt. [...]
Ebenso ist wiederum das Volk vom Senat abhängig und muss sich nach ihm richten, im staatlichen wie im privaten Leben. Für alle öffentlichen Arbeiten, die in ganz Italien von den Censoren vergeben werden zur Wiederherstellung oder Neuerrichtung von Bauten – es wäre nicht leicht, sie alle aufzuzählen –, für alle Pachtungen von Zöllen an Flüssen und Häfen, von Gärten, Bergwerken, Ländereien, kurz allem, was der römischen Herrschaft untersteht, für all dies kommen die Unternehmer aus der breiten Masse des Volkes auf, und sozusagen fast jeder Bürger ist an diesen Submissionen und Pachtungen beteiligt. [...] Die Entscheidung aber über all diese Dinge liegt beim Senat. Er kann Zahlungsaufschub bewilligen, bei einem Unglück Nachlass gewähren, oder wenn ein Hindernis die Ausführung der Arbeit gänzlich unmöglich macht, von den Verpflichtungen aus dem Werksvertrag ganz entbinden. So hat der Senat vielerlei Möglichkeiten und Gelegenheiten, den Unternehmern großen Schaden zuzufügen und bedeutende Vorteile zuzuwenden. [...]
Was aber die Hauptsache ist: aus den Reihen der Senatoren werden die Richter gewählt für fast alle öffentlichen und privaten Prozesse, soweit es sich um schwer wiegendere Fälle handelt. Da also alle Bürger sich der richterlichen Entscheidung der Senatoren anvertrauen müssen und angesichts der Ungewissheit des Ausgangs in Furcht leben, hüten sie sich wohl, den Wünschen des Senats Widerstand zu leisten und entgegenzuwirken. Ebenso finden sie sich nicht leicht bereit, den Plänen der Konsuln Hindernisse in den Weg zu legen, weil jeder Einzelne und alle insgesamt im Felde ihrer Befehlsgewalt unterstehen.
Obwohl jeder der drei Teile solche Macht hat, einander zu schaden oder zu helfen, so wirken sie doch in allen kritischen Situationen so einträchtig zusammen, dass man unmöglich ein besseres Verfassungssystem finden kann.

Zit. nach: W. Lautemann, M. Schlenke (Hg.), Geschichte in Quellen, Altertum, München 1965, S. 417 ff.

M 7 Die sozialen Schichten

Der Historiker Norbert Brockmeier untersucht die soziale Schichtung in Rom und die dazugehörigen Rechte:

Der Senatorenstand hob sich aus der Schicht der Ritter, dem ordo equester, heraus. Neben die militärische Bedeutung des Wortes trat bald die umfassendere, welche alle jene bezeichnete, die den entsprechenden Vermögenssatz, im 1. Jh. v. Chr. 400 000 Sesterzen, erfüllten. 225 v. Chr. gehörten dem Ritterstand, der zur wirtschaftlichen Führungsschicht Roms wurde, 22 000 Mann an. Vielfach zu Gesellschaften zusammengeschlossen, übernahmen die equites mehr und mehr die verschiedenen Zweige der Staatspacht, der Pachtung von Steuern und Zöllen in Italien und den neu erworbenen Provinzen, die Ausführung der staatlichen Bauvorhaben, Material- und Proviantlieferungen in Kriegszeiten usw. Je mehr Rom zur Weltmacht wurde, desto wichtiger, reicher und einflussreicher wurden diese Leute. Der Ritterstand stellte auch die Unternehmer der größeren Handelshäuser und Manufakturen, wie die Bankiers. Cicero teilte den ordo equester in drei wirtschaftliche Gruppen ein: Großgrundbesitzer, Bankiers und Staatspächter. [...]
Nur Angehörige der beiden oberen Stände konnten sich um die Staatsämter bewerben und Offiziersstellen im Heer bekleiden.
Man musste also mindestens den Rittercensus erfüllen, um sich aktiv am Staatsleben beteiligen zu können. Die breite Masse des Volkes war streng von den oberen Ständen geschieden und gliederte sich selbst in verschiedenste Gruppen. Die bäuerliche Bevölkerung nahm dabei trotz ihrer wirtschaftlichen Probleme sozial den ersten Rang ein, denn Landbesitz galt als die angesehenste Besitzform. Außerdem bildeten die Bauern das Rückgrat des Heeres. [...]
Unterhalb der Schicht der städtischen und ländlichen Gewerbetreibenden standen die proletarii[1], die zwar frei waren, aber auf Grund ihrer Armut im timokratischen[2] römischen Staat zu dieser Zeit kaum Einfluss besaßen. Ihre Zahl nahm durch den Zustrom verarmender Bauern ständig zu. Sie verdingten sich als Tagelöhner und Gelegenheitsarbeiter. [...]

Eine wesentlich wichtigere Rolle als in Griechenland spielten in Rom die Freigelassenen. Die manumissio wurde meist zum Lohn für treue Dienste hauptsächlich den Sklaven gewährt, die in persönlichem Kontakt zu ihrem Herrn standen. Außer den in Bergwerken und Landwirtschaft beschäftigten Sklaven konnte z. B. ein Kriegsgefangener hoffen, wenn er gut arbeitete und sein peculium [Vermögen] vermehrte, nach einigen Jahren entweder freigelassen zu werden oder sich freikaufen zu können. Wichtig ist, dass der libertinus im Unterschied zum griechischen Recht Anteil am römischen Bürgerrecht oder dem der entsprechenden Stadt erlangte. Seine Nachkommen waren den frei geborenen Bürgern im Wesentlichen gleichberechtigt, wenn auch ihr Wahlrecht, die Militärpflicht und das bürgerliche Eherecht umstritten waren. [...]

Das Institut der Sklaverei erfuhr wesentliche Veränderungen, als seit dem 4. Jh. v. Chr. die „Kaufsklaverei" auch in Italien zunahm. [...]

Allein in Rom lebten ca. 250 000 Sklaven, etwa 2/3 der Einwohner. [...]

Die Sklavenklasse war soziologisch nicht einheitlich, sondern in sich hierarchisch gegliedert. Ihre Spitze repräsentierten etwa die Leiter von Manufakturen oder Landwirtschaftsbetrieben, die teilweise selbst Sklaven besitzen konnten. Die Angehörigen der familia urbana [städtische Hausgenossenschaft] standen sich besser als die der familia rustica [ländliche Hausgenossenschaft]. Je näher und persönlicher der Kontakt zum Herrn, desto größer war das Ansehen eines Sklaven im Hause. In der Landwirtschaft gab es außer dem vilicus [Verwalter] noch die verschiedensten Aufseherposten, denen die Gutshandwerker und Spezialarbeiter folgten. Auf der untersten Stufe standen die einfachen Landarbeiter, die teilweise im Sklavengefängnis gehalten wurden. Aufstieg und Fall innerhalb dieser Kategorien waren je nach Leistung und Gunst durchaus möglich. Für Vergehen konnten die Sklaven ggf. noch tiefer fallen, indem sie in die Steinbrüche oder Bergwerke geschickt wurden oder ad bestias [zum Kampf mit wilden Tieren] verurteilt bzw. zu Gladiatoren ausgebildet wurden.

1 proletarius, von proles = Nachkommenschaft; freie, aber Bürger ohne Vermögen, von denen der Staat keine Steuern, sondern nur Nachkommen erwarten konnte.

2 Timokratie = Herrschaft der Vermögenden

N. Brockmeier, Sozialgeschichte der Antike, Stuttgart 1972, S. 81 ff.

Aufgaben

1. Fassen Sie die wichtigsten Etappen, die zur Ausweitung der römischen Herrschaft in Italien führten, in einem Zeitstrahl zusammen.
   → Text
2. Beschreiben Sie die gesellschaftliche Stellung und die ökonomische Lage der einzelnen sozialen Schichten in Rom.
   → Text, M3
3. Kennzeichnen Sie die soziale und politische Entwicklung des Patriziats und der Plebs von der frühen Republik bis zum Ende der Ständekämpfe.
   → Text
4. Stellen Sie Aufgaben und Stellung der einzelnen Institutionen der Römischen Republik (2./3. Jahrhundert v. Chr.) dar.
   → Text, M5–M7
5. Vergleichen Sie die römischen Staatsinstitutionen mit denen der Bundesrepublik Deutschland. Bewerten Sie die Unterschiede.
6. Worin sah Polybios die Besonderheit der römischen Verfassung und wodurch erhielt sie ihre Funktionsfähigkeit?
   → M6

3.2 Die römische Revolution

Nach Beendigung der Ständekämpfe (287 v. Chr.) und der politischen und militärischen Zusammenfassung der italienischen Festlandbewohner zu einer Wehrgemeinschaft, setzte Roms imperiale Expansionspolitik ein.

Folgen der Expansion

Der Übergang vom bäuerlichen Stadtstaat zum Weltreich wirkte sich in Rom einschneidend auf das Sozial- und Wirtschaftsgefüge aus. Die militärischen Erfolge brachten reiche Beute und Tribute aus den Provinzen. Die Römer verfügten über die Kornkammern der Mittelmeerwelt und erschlossen sich Sklavenmärkte.

Die Großgrundbesitzer und Kaufleute begrüßten die fortwährenden Kriege. Andererseits erlitten die freien Kleinbauern, wenn sie nach jahrelangem Kriegsdienst und der bäuerlichen Arbeit entwöhnt auf ihre verwahrlosten Höfe zurückkehrten, wirtschaftliche Einbußen durch die zunehmende Konkurrenz der Großbauern. Viele Kleinlandwirte gingen zugrunde, gaben gezwungenermaßen ihre Höfe auf, wurden zu Pächtern oder gerieten in Schuldknechtschaft. Viele zogen nach Rom und vermehrten dort die Masse der mittellosen Bürger (Proletarii). In der Stadt waren sie durch die ständige Ausdehnung der Sklavenarbeit zur Arbeitslosigkeit verurteilt.

Durch die ständig wachsende Zahl der Besitzlosen nahm die Zahl der Wehrpflichtigen ab, weil nach römischem Recht die Wehrpflicht an Besitz gebunden war. Es bereitete immer größere Schwierigkeiten, die Bürgersoldaten zu rekrutieren.

Das Agrarproblem in Verbindung mit der Heeresverfassung löste somit die grundlegende Krise der späten Republik aus.

Soziale Krise

Im Jahre 133 v. Chr. kam es zur ersten offenen Auseinandersetzung innerhalb der römischen Bürgerschaft. Tiberius Gracchus, der aus der römischen Oberschicht stammte, wurde als hoher Beamter auf seinen Reisen durch Italien und die spanische Provinz mit der bedrückenden Lage der armen Landbevölkerung und den weiten verödeten Landstrichen konfrontiert. Es wurde ihm dabei bewusst, dass den Bauern im Zuge einer Siedlungspolitik mehr Land zur Verfügung gestellt werden müsste.

Zum Volkstribun gewählt, setzte Tiberius Gracchus gegen den Widerstand des Senats, allein auf das Votum der Volksversammlung gestützt, eine Neuverteilung des Staatslandes durch, das sich überwiegend in den Händen der Großgrundbesitzer befand. Gegen dieses Vorhaben legte der Amtskollege ein Veto ein. Tiberius Gracchus ließ diesen durch die Volksversammlung abwählen. Dies war staatsrechtlich möglich, aber seit Jahrhunderten außer Übung gekommen.

Als Tiberius Gracchus versuchte, sich für ein weiteres Jahr zum Volkstribun wählen zu lassen, wurden er und zahlreiche seiner Anhänger umgebracht.

Sein Bruder Gaius Gracchus, 123 v. Chr. zum Volkstribun gewählt, nahm die Reformpolitik wieder auf und schlug ein weiter gehendes Wirtschafts- und Sozialprogramm vor. Neben der erneuten Forderung nach Neuverteilung des Staatslandes verlangte er ein Getreidegesetz, durch das die Plebs in der Stadt Rom mit verbilligtem Getreide versorgt werden sollte. Vor allem seine Forderungen, den Latinern das Vollbürgerrecht und allen italischen Bundesgenossen das eingeschränkte Bürgerrecht zu verleihen, brachten Senat und Bürgerschaft gegen ihn auf. Die niederen Volksschichten wollten ihre Privilegien keineswegs mit den Neubürgern teilen. Auch Gaius Gracchus und seine Anhänger wurden wegen ihrer Reformvorhaben umgebracht.

Optimaten und Popularen

Das Volkstribunat wurde während der Zeit der Gracchen zum wichtigsten politischen Instrument der Opposition gegen den Senat.

Die Anhänger der Gracchen griffen auf die mögliche unmittelbare Inanspruchnahme des Volkes bei der Gesetzgebung zurück. Diese politische Praxis war zwar legal, widersprach allerdings der Gepflogenheit, weitreichende Entscheidungen von der Zustimmung der Senatsmehrheit abhängig zu machen.

Die Vertreter einer solchen „popularen" Politik, deren Ziel es war, die Macht der an starren Traditionen festhaltenden Aristokratie zu überwinden, wurden als Popularen bezeichnet; ihre Gegner nannten sich Optimaten (die Besten). Sie bestanden auf der althergebrachten Autorität des Senats. Beide politische Interessengruppen stützten sich bei Abstimmungen weitgehend auf die gleichen Bevölkerungsgruppen; ihre maßgeblichen Führer gehörten überwiegend der Oberschicht an. Es wäre verfehlt, die Popularen etwa als Volkspartei zu bezeichnen (im Gegensatz etwa zur aristokratischen Senatspartei), da das Volk keine einheitliche politische Gefolgschaft darstellte. Ehrgeizige Politiker setzten vielmehr die Interessen der unteren Bevölkerungsschichten für sich ein.

Militärische Krise

Langwierige Kriege führten zu militärpolitischen Konsequenzen und verschärften die Polarisierung zwischen Optimaten und Popularen, da die Missstände in der Landwirtschaft nicht behoben werden konnten. Außerdem gelang es auch nicht, die Zahl der römischen Bürgersoldaten aufrechtzuerhalten.

Marius (156–86 v. Chr.), ein „Homo novus", also ein Mann ohne adlige Vorfahren, Führer der Popularen und erfolgreicher Feldherr, reformierte das Heer durch Aufnahme besitzloser Proletarier als lang dienende Berufssoldaten. Er brach folglich mit der Tradition eines Bürgerheeres. Die ungelöste Agrarfrage stellte sich jetzt erneut, da das Hauptziel der Soldaten darin bestand, nach dem Militärdienst mit Ackerland belohnt zu werden (Anrecht auf Versorgung nach 16-jähriger Dienstzeit). Gegen den Widerstand des Senats setzte er die Ansiedlung seiner Veteranen (ausgediente Soldaten) als freie Bauern durch.

Mit den Reformmaßnahmen des Marius wurde eine Politik eingeleitet, die in die spätere Auflösung der Republik führen sollte: Erfolgreiche Militärs, gestützt auf von ihnen abhängige Soldaten, griffen zunehmend in die Politik ein. Die persönliche Bindung gegenüber dem Feldherrn wurde stärker als die gegenüber dem Staat. Das ist der Grund dafür, dass nunmehr innere Konflikte in Bürgerkriegen mit regulären Armeen ausgetragen wurden.

Diktatur Sullas

Die eine Seite wurde von Sulla geführt, einem Patrizier und erfolgreichen Feldherrn, die Gegenseite von Marius. Sulla und die Senatspartei gingen aus dem Krieg als Sieger hervor.

M 1 **Lucius Cornelius Sulla (138–78 v. Chr.)** entstammte einem alten Patriziergeschlecht.
Er war Konsul im Jahr 88 v. Chr.

Nach Sullas Tod wurde der römische Staat für eine Reihe ehrgeiziger Männer, die über große Heere und starke Gefolgschaft bei den Volksmassen verfügten, zum Gegenstand der Ausbeutung. Aufgrund der innen- und außenpolitischen Bedrohungen übertrug der Senat Pompeius (106–48 v. Chr.), einem Günstling Sullas und erfolgreichen Militär, außerordentliche Befehlsgewalt. Pompeius bekämpfte die im Mittelmeer operierenden Seeräuber, erfocht militärische Siege im Osten des Reiches und schlug Aufstände in der spanischen Provinz nieder. Zur gleichen Zeit wurde Crassus wegen seiner militärischen Siege und als wohlhabender Geschäftsmann bekannt.

Pompeius und Crassus strebten als siegreiche Feldherrn nach dem Konsulat. Obwohl sie Rivalen waren und sich auf eigene Truppen stützen konnten, verfolgten sie ein gemeinsames Ziel. Sie versuchten, die Gesetze Sullas rückgängig zu machen und das Volkstribunat wiederherzustellen.

M 2 **Gnaeus Pompeius (106–48 v. Chr.) (links) und Marcus Licinius Crassus (115–53 v. Chr.) (rechts)**
Pompeius wurde als Feldherr populär durch die Ausrottung der Seeräuber, die die Lebensmittelversorgung Roms gefährdeten. Die Frisur soll an sein großes Vorbild Alexander den Großen erinnern.
Crassus, Konsul der Jahre 70 und 55, galt als reichster Mann Roms und war in der Lage, seine Privatarmee zu finanzieren. Er bezahlte auch die Wahlkämpfe Caesars.

Alleinherrschaft Caesars

Im Jahre 60 v. Chr. trat der plebsfreundliche Politiker Gaius Julius Caesar (100–44 v. Chr.) in den Blickpunkt des politischen Geschehens. Er entstammte einer alten patrizischen Familie (Geschlecht der Julier) und war ein Neffe des Popularen Marius.

Zusammen mit Pompeius und Crassus bildete er das 1. Triumvirat. Die Einrichtung eines Triumvirats, einer Kommission von drei Männern zur Erledigung politischer Angelegenheiten, wurde in Rom oft praktiziert. Demgegenüber war das 1. Triumvirat von Caesar, Pompeius und Crassus eine private Verabredung von nicht gewählten und nicht gesetzlich bestätigten Männern. Nach Ablauf seines Amtsjahres als Konsul (59 v. Chr.) erhielt Caesar als Prokonsul die Provinzen Gallia Cisalpina und Illyrien (von 58 bis 51 v. Chr. eroberte er schließlich ganz Gallien). Nach dem Tode von Crassus trat die Rivalität zwischen Caesar und Pompeius offen zutage. Pompeius war inzwischen auf die Seite der Optimaten getreten und konnte in Rom seine einflussreiche Stellung durch starke Anlehnung an den Senat ausbauen. Caesar versuchte in Abwesenheit sich für das Konsulat zu bewerben, scheiterte aber am entschiedenen Widerstand seines ehemaligen Verbündeten Pompeius, der Optimaten und des Senats (50/49 v. Chr.). Als auf Betreiben des Pompeius der Senat von Caesar die Auflösung seiner Legionen und die

M 3

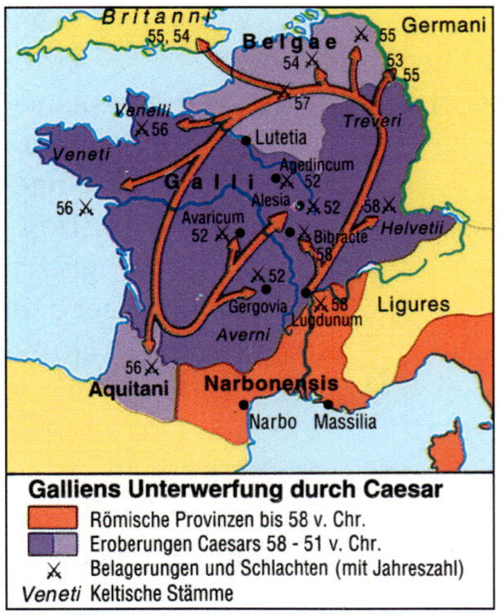

Niederlegung seines militärischen Kommandos verlangte, entschied sich Caesar für den Militärputsch: Er überschritt die Grenze zwischen Gallien und Italien (am Flüsschen Rubikon) und löste damit erneut einen Bürgerkrieg aus.

Caesar besetzte Rom, besiegte Pompeius und schlug dessen Generäle im Osten des Reiches, in Afrika und in Spanien. Er regierte nun formal nach der republikanischen Verfassung, praktisch aber unbeschränkt. Er vereinigte die höchsten Staatsämter in seiner Person: Konsul, Diktator, Tribun, Zensor und ständiger Oberbefehlshaber (Imperator). Seine Stellung als Diktator (zunächst auf zehn Jahre, zuletzt auf Lebenszeit) lief auf eine verschleierte Form der Monarchie hinaus. Die faktische Alleinherrschaft Caesars wurde durch eine Vielzahl von Ehrungen gefördert. Triumphe und Feste zu seinen Gunsten erwiderte Caesar mit „Geschenken" an das Volk in Form von Spielen, Prachtbauten und Speisungen. Schon zu Lebzeiten entwickelte sich ein Kult um seine Person, der auf eine Divinisierung (Vergöttlichung) hinauslief.

Die Missachtung der republikanischen Verfassung provozierte die traditionsbewusste Opposition unter den Senatoren und führte schließlich in einer Senatssitzung zu seiner Ermordung (44 v. Chr.).

Chronologie

133–121 v. Chr.	Versuche einer Land- und Sozialreform durch Tiberius Gracchus und Gaius Gracchus
104 v. Chr.	Heeresreform des Marius
88 v. Chr.	Ausbruch des Bürgerkrieges zwischen den Anhängern des Marius und Sulla (Popularen gegen Optimaten)
82–79 v. Chr.	Diktatur Sullas
60 v. Chr.	1. Triumvirat: Caesar, Pompeius und Crassus
59 v. Chr.	Caesar Konsul
58–51 v. Chr.	Eroberung Galliens durch Caesar
49–45 v. Chr.	Bürgerkrieg
46 v. Chr.	Caesar Diktator auf 10 Jahre
44 v. Chr.	Caesar Diktator auf Lebenszeit
	Ermordung Caesars (15. März)
43 v. Chr.	2. Triumvirat: Octavian, Antonius und Lepidus
31 v. Chr.	Sieg Octavians über Antonius und Kleopatra (bei Actium/Griechenland)

Aufgaben

1. Untersuchen Sie die Folgen der Expansion für das römische Sozial- und Wirtschaftsgefüge. → Text
2. Erstellen Sie eine Mind-Map, in der Sie die Krisen der römischen Republik und ihre Auswirkungen darstellen. → Text

3.3 Die römische Kaiserzeit

Principat

Nach dem Tode Caesars entbrannte ein Bürgerkrieg um die Nachfolge in der politischen Führung. Aus diesen Machtkämpfen ging schließlich Caesars Adoptivsohn Octavian als Sieger hervor. Der Übergang von der römischen Republik zur Monarchie verbindet sich mit seinem Namen. Er setzte der Selbstzerfleischung der politischen Eliten Roms ein Ende und wurde darum als Retter des Vaterlandes gefeiert. Seine Maßnahmen zielten darauf ab, den Ausbruch eines neuen Bürgerkrieges zu verhindern. Er suchte den Ausgleich mit dem Senat und gab ihm formell die Macht zurück. Sein Programm hieß: „res publica restituta" – also die Wiederherstellung der republikanischen Staatsordnung. Octavian erhielt den Titel „Augustus" (der Erhabene) als Ehrenbezeichnung vom Senat zugesprochen. Er übernahm nicht nur verschiedene republikanische Amtsgewalten auf Lebenszeit (u.a. das prokonsularische Imperium und das Volkstribunat), Augustus bekam auch die unmittelbare Herrschaft über nicht befriedete Provinzen (Gallien, Spanien, Syrien, Ägypten) zugesprochen. Die Verfügung über das Staatsvermögen sicherte die Herrschaft auch finanziell ab. Er führte den inoffiziellen Titel „Princeps", also erster Bürger, was seine Stellung in der von ihm geschaffenen neuen Ordnung nur unzureichend zur Geltung brachte. Seiner unzweifelhaften Autorität tat dies keinen Abbruch.

Der „Principat" bezeichnet jene Epoche der römischen Kaiserzeit, die zumindest teilweise geprägt war durch die Kooperation des Kaisers mit den führenden Familien des Reiches. Der Princeps stand keineswegs über dem Gesetz. Man kann von einer Monarchie mit rechtlicher Bindung sprechen beziehungsweise von einem „Senatskaisertum".

M 1 **Die zwei Meter hohe Statue des Augustus** wurde in der Villa seiner Frau Livia bei Prima Porta gefunden. Sie zeigt Augustus in der Pose des Siegers. Entstanden nach einem diplomatischen Sieg über die Parther, ein iranisches Reitervolk, zeigt das Relief auf dem Brustpanzer, wie der Partherkönig Phraates die 53 v. Chr. erbeuteten Feldzeichen zurückgibt.

Die tiefen Ursachen für den Übergang zur Monarchie lagen in einem strukturellen Missverhältnis. Aus den Anfängen des Stadtstaates war ein Imperium erwachsen, das unter anderem den gesamten Mittelmeerraum umfasste. Der Stadtstaat verfügte aber nicht über die angemessenen Institutionen, große Räume zu beherrschen. Die aristokratische Elite Roms allein vermochte nicht mehr die für das gesamte Reich notwendige Integration und Stabilität zu gewährleisten. Die Beherrschung eines Weltreiches verlangte den Aufbau umfänglicher Verwaltungen, die Romanisierung der Provinzen, die Konsolidierung der eroberten Gebiete und nicht zuletzt den Ausbau des kaiserlichen Hofes als integratives politisches Zentrum.

Adoptivkaisertum

Der Principat gewährleistete in den ersten beiden nachchristlichen Jahrhunderten eine stabile Ordnung. Allerdings trug der Principat in sich einen Keim des Scheiterns, weil es beim Tod des Kaisers keine verbindliche Nachfolgeregelung gab. Theoretisch sollte ein besonders befähigter Mann im Amt nachfolgen. Diese Idee spiegelt sich im Adoptivkaisertum wider. Also nicht eine verwandtschaftliche Beziehung sollte das Kaisertum begründen, sondern allein die Leistung. Insbesondere die Kaiser Nerva (96–98), Trajan (98–117), Hadrian (117–138) und Marc Aurel (161–180) gelten als gelungene Beispiele für das Adoptivkaisertum.

Die weitere Entwicklung des Römischen Reiches sollte allerdings zeigen, dass das Modell des Adoptivkaisertums unrealistisch war. Sofern Söhne vorhanden waren, haben römische Kaiser immer wieder versucht, eine Erbmonarchie zu errichten.

Ein immer größerer Einfluss wurde zudem vonseiten des Militärs ausgeübt. In letzter Konsequenz hat sich der Anspruch auf den Thron nicht gegen die Soldaten – insbesondere die Prätorianergarde in Rom – durchsetzen lassen.

Die weitere Entwicklung veränderte die Kaiseridee. Das römische Kaisertum geriet immer mehr unter hellenistisch-orientalischen Einfluss. Der Princeps entrückte der bürgerlich-weltlichen Sphäre und wurde mit einem besonderem Nimbus (Heiligkeit) versehen. Die Historiker sprechen in diesem Zusammenhang von einer Sakralisierung des Kaisertums. Caligula (37–41) gilt als der erste Kaiser, der absolutistische Züge annahm. Domitian (81–96) versuchte, den Principat in eine autokratische Herrschaft umzuwandeln. Er verlangte als erster die später übliche Anrede „dominus et deus" (Herr und Gott). Kaiser Commodus (180–192) bezeichnete sich als „lebenden Gott". Das Programm einer gemeinsamen Herrschaftsausübung des Kaisers mit den im Senat vertretenen altadligen Würdenträgern trat in den Hintergrund. Der Adelsrat verlor immer mehr seine politische Macht, behielt aber seine kultische Funktion bei, die vor allem für die Beschaffung der Legitimität wichtig blieb. Auch das höchst angesehene Amt des Konsulats blieb formal erhalten und wurde oft von den Kaisern selbst bekleidet.

Sakralisierung

Die Herrschaft Diocletians (284–305) gilt allgemein als Zäsur. Diocletian steigerte die Sakralisierung des Kaisertums, was sich in der nun üblichen Anrede „dominus et deus" verdichtete. Dem Ideal des Bürgerkaisers, wie es eigentlich dem Principat entsprach, stand nun das Gottkaisertum gegenüber. Seine Insignien bestanden im Purpurmantel, dem kaiserlichen Diadem (ursprünglich ein griechisches Siegeszeichen), Zepter und Globus (Symbol der Weltherrschaft). Den Untertanen wurde nunmehr ein Kniefall (griechisch Proskynese) abverlangt. Diese Form des römischen Kaisertums erhielt die Bezeichnung „Dominat". Der Glaube an einen göttlichen Herrschaftsauftrag entwickelte sich im 4. Jahrhundert analog zum Bild von Christus als Weltherrscher. Der Kaiser regierte nach damaliger Auffassung das irdische Reich und war für das Wohlwollen der jenseitigen Mächte verantwortlich. Diese Mittlerfunktion knüpfte an die altrömische Tradition des Pontifex maximus (oberster Priester) an.

Die Geschichtsschreibung des 19. Jahrhunderts definierte den Bruch mit der Tradition des Principats als Beginn der Spätantike.

Dominat

Diese Epoche des Dominats umfasst den Zeitraum zwischen dem Herrschaftsantritt Diocletians (284) und dem Tod Justinians (565). Die Spätantike wird primär unter dem Aspekt des Zerfalls des Imperium Romanum betrachtet. Aus einer anderen Perspektive ergibt sich eine Machtverschiebung zugunsten germanischer Staaten im Frühmittelalter sowie die Abtrennung Ostroms, das als Byzanz bis 1453 fortexistierte.

M 2 **Ara Pacis**

Die Ara Pacis in Rom, der Friedensaltar, wurde zwischen 13 und 9 v. Chr. auf Senatsbeschluss zu Ehren des Augustus errichtet. An den Außenseiten des den Altar umgebenden Bauwerks befindet sich ein umlaufendes Relief, das unter anderem die Weiheprozession der Mitglieder des kaiserlichen Hauses abbildet. Die Darstellung der Gottheit [links] – vermutlich handelt es sich um die Erdgöttin Tellus – suggeriert in einer volkstümlichen Bildsprache Harmonie, Frieden und Wohlstand. Dieser Altar war Teil einer Regierungspropaganda, die – nach Jahren des Bürgerkrieges – die gesellschaftliche Sehnsucht nach Frieden und Stabilität befriedigte.

M 3 **Tatenbericht des Kaisers Augustus**

Augustus (63 v. Chr.–14 n. Chr.) hatte verfügt, dass nach seinem Tode sein „Tatenbericht" an seinem Mausoleum auf Bronzetafeln veröffentlicht werden sollte. Alle Welt sollte von den Leistungen und Aufwendungen erfahren, die er für das römische Staatswesen erbracht hatte. Nach seinem Tode wurde der Text in Latein und Griechisch im ganzen Römischen Reich an öffentlichen Gebäuden angeschlagen. Eine vollständige Abschrift ist aus Ankara erhalten (Monumentum Ancyranum):

Von den Taten des Gott gewordenen Augustus, durch die er den Erdkreis der Befehlsgewalt des römischen Volkes unterworfen hat, und von den

Aufwendungen, die er für den Staat und das römische Volk gemacht hat, wie sie auf zwei ehernen in Rom aufgestellten Pfeilern eingegraben sind, [ist hier] eine Abschrift angefügt:

Im Alter von 19 Jahren [44. v. Chr.] brachte ich aus eigenem Entschluss mit eigenen Mitteln ein Heer auf, mit dessen Hilfe ich den Staat, der durch die Gewaltherrschaft [dominatio] einer Partei unterdrückt war, in die Freiheit zurückgeführt habe. Aus diesem Grunde nahm mich der Senat unter dem Konsulat des C. Pansa und A. Hirtius [43 v. Chr.] durch ehrenvolle Beschlüsse in seine Reihen auf, indem er mir für die Abstimmung den Rang eines gewesenen Konsuls gab, und gab mir die militärische Befehlsgewalt [imperium]. Dass der Staat keinen Schaden nehme [mit dieser Formulierung wurde in Rom der Ausnahmezustand verhängt], dafür hieß er mich als Propraetor [ehemaliger Konsul] zusammen mit den Konsuln Sorge tragen. Das Volk aber wählte mich im gleichen Jahre, da beide Konsuln im Kriege gefallen waren, zum Konsul und zum Triumvirn [Angehöriger des Triumvirats, der Dreimänner-Kommission] zur Ordnung des Staates. [...]

Kriege habe ich zu Wasser und zu Lande, gegen Bürger und auswärtige Gegner, auf dem ganzen Erdkreise oftmals geführt, und als Sieger habe ich alle Bürger, die um Gnade baten, verschont. Auswärtige Völkerschaften, denen man mit Sicherheit verzeihen konnte, habe ich lieber erhalten als ausrotten wollen. An römischen Bürgern haben unter meinem Fahneneide ungefähr 500 000 gestanden. Von ihnen habe ich ein gut Teil, mehr als 300 000, am Ende ihrer Dienstzeit in Siedlungsstädten [colonia] angesiedelt oder in ihre Gemeinden [municipium] entlassen und ihnen allen Äcker angewiesen oder Geld als Belohnung für den Kriegsdienst gegeben. [...]

Die Diktatur, die mir abwesend und anwesend sowohl vom Volk als auch vom Senat [...] angetragen wurde, habe ich nicht angenommen.

In meinem sechsten und siebten Konsulat [28 und 27 v. Chr.] habe ich, nachdem ich die Bürgerkriege ausgelöscht hatte, obwohl ich nach dem übereinstimmenden Wunsche aller in den Besitz der höchsten Gewalt gelangt war, den Staat aus meiner Amtsgewalt [potestas] dem Ermessen des Senats und des römischen Volkes überantwortet. Und für dieses mein Verdienst bin ich durch Senatsbeschluss „Augustus" [der Erhabene] genannt worden und mit Lorbeer sind die Türpfosten meines Hauses von Staats wegen geschmückt worden. [...] Nach dieser Zeit habe ich an persönlichem Einfluss [auctoritas] alle übertroffen, an Amtsgewalt [potestas] aber habe ich um nichts mehr gehabt als die Übrigen, die in dem jeweiligen Amte mir Kollegen gewesen sind.

Als ich zum dreizehnten Male das Konsulat innehatte [2 v. Chr.], hat der Senat und der Ritterstand und das römische Volk insgesamt mich „Vater des Vaterlandes" [pater patriae] genannt.

Zit. nach: W. Lautemann, H. Schlenke (Hg.), a. a. O., S. 581 f., 584.

M 4 Glanzzeit des Römischen Reiches

Für den Kenner der römischen Geschichte Karl Christ stellt die Kaiserzeit der ersten beiden Jahrhunderte die Glanzzeit des Römischen Reiches dar:

Die Gesellschaftsstruktur innerhalb des Imperium Romanum wurde von Augustus und dessen Nachfolgern nicht prinzipiell verändert, die einzelnen Stände und Gruppen dagegen bewusst dem Reichsganzen dienstbar gemacht. Nach der konsequenten Ausschaltung der inneren Opposition, die sich überwiegend aus der alten Aristokratie rekrutiert hatte, wurden Senatoren und Ritter in großem Ausmaß zur Reichsverwaltung herangezogen. Neben sie traten, speziell seit Claudius, Freigelassene des kaiserlichen Hausgesindes, erst später auch Berufssoldaten, die sich in der ritterlichen Laufbahn qualifizieren konnten. In den Provinzen stützte sich das System auf das stark romanisierte Großbürgertum, das künftig in größerer Zahl in den römischen Senat aufgenommen wurde. Die wichtigsten politischen, wirtschaftlichen und kulturellen Einheiten des Reiches aber waren während des 1. und 2. Jahrhunderts n. Chr. die Städte mit ihrer Selbstverwaltung. Im Bereich der Wirtschaft ging die Bedeutung der Sklaverei zurück. Die Einstellung der Eroberungskriege und die Verkehrssicherheit innerhalb des Reiches ließen die Ergänzung des Sklavenmarktes schrumpfen. Die deshalb schon aus Profitinteressen nahegelegte humanere Behandlung, Asylschutz und Beschwerderecht der Sklaven wie der Einfluss religiöser und geistiger Bewegungen führten dazu, dass sich die Sklaven weithin mit ihrem Los abfanden. Gegen die Sklavenflucht, die insbesondere durch Arbeitskräftemangel in der Landwirtschaft zu erklären ist, wurde seit dem 2. Jahrhundert n. Chr. die staatliche Aktivität verstärkt. Größere soziale Erhebungen sind für die hohe Kaiserzeit nicht bezeugt. Erst dank der Stabilisierung des Systems konnte das Imperium Romanum die positiven Möglichkeiten der Idee einer Vereinigung der gesamten Kulturmenschheit in einem Staat erfüllen. Es gelang, die politische und wirtschaftliche Führungsschicht der unterworfenen Provinzen und selbst große Teile des Kleinbürgertums bewusst in diese Staatsordnung zu integrieren, sie zum militärischen Schutz und zur Verwaltung des Reiches heranzuziehen. [...]

M 5

Für Rom und ganz Italien löste dieser Prozess freilich auch einschneidende Rückwirkungen aus. Schon zu Ende des 1. Jahrhunderts n. Chr. war die alte politische Führungsschicht der römischen Nobilität praktisch verschwunden. Die cives Romani [römische Bürger] der Kaiserzeit aber sind generell eine rechtlich privilegierte und überwiegend sozial höher stehende Schicht des Gesamtreiches. An die Stelle der alten, vertikalen, ständischen Gliederung innerhalb der Stadt Rom trat nun eine breite, horizontale Schichtung, die auf das gesamte Reich ausgedehnt war. [...] Selbst die politische Vorrangstellung der Stadt Rom ging schließlich verloren. Die an den Reichsgrenzen linear aufgereihten Legionen und Hilfstruppen zogen notwendig die Befehlsstellen und Versorgungsbasen an sich heran. Am Ende der Entwicklung, die mit der Errichtung der festen, peripheren [an den Grenzen des Römischen Reiches liegenden] Legionslager und mit dem Bau des Limes einsetzt, stehen zu Beginn der Spätantike die vier Hauptstädte der Tetrarchie [Vierkaiserherrschaft], Trier, Mailand, Sirmium und Nikomedia [in Kleinasien], als sichtbarster Ausdruck für die Verlagerung der Gewichte.

In dieser Gesamtstruktur hielt sich das – nach modernen Schätzungen zur Zeit seiner größten Ausdehnung ca. 3,5 Millionen km² und rund 80 Millionen Einwohner (darunter 48 n. Chr. ca. 5,9 Millionen männliche römische Bürger) umfassende – Römische Reich bis in die Zeit Marc Aurels (161–180 n. Chr.).

K. Christ, Römische Geschichte, Darmstadt 1980, S. 144, ff.

Aufgaben

1. Vergleichen Sie den Principat mit den späteren Formen des römischen Kaisertums.
   → Text
2. Untersuchen Sie das Bild- und Bauprogramm des Augustus. Welche Absichten verbergen sich dahinter?
   → Text, M1–M3
3. Stellen Sie die Principatszeit aus der Sicht des Augustus und aus der Sicht des Historikers Karl Christ in einer Tabelle gegenüber.
   → M3, M4

3.4 Kulturelle Leistungen des Römischen Reiches

Städte

Die römische Kultur beruhte wie die griechische auf einer städtischen Gesellschaft. Die Römer folgten bei der Anlage neuer Städte einem regelmäßigen Plan. Hervorstechendes Merkmal römischer Stadtgründungen war die von Ost nach West verlaufende Hauptstraße, die rechtwinklig von einer Nord-Süd-Achse geschnitten wurde. Die sich rechtwinklig schneidenden Straßen wurden von einer Stadtmauer umfasst. Den Mittelpunkt einer jeden römischen Stadt bildete das Forum. Hier spielte sich das politische, wirtschaftliche und religiöse Leben ab; hier wurde auch die Gerichtsbarkeit ausgeübt.

Oft schloss sich an das Forum die Basilika an, ein mehrschiffiger überdachter Hallenbau, in dem die öffentlichen Versammlungen stattfanden. Meist in einer Achse mit dem Forum errichtete man das Kapitol, den Haupttempel. Alle übrigen Bauten wie Theater oder Thermen wurden um das Forum errichtet. Ursprünglich war das einstöckige Einzelwohnhaus die Regel, später traten in den ärmeren Stadtvierteln mehrstöckige Mietshäuser hinzu.

Die Römer waren sich der sanitären Bedeutung einer ausreichenden kommunalen Wasserversorgung bewusst. Die meisten römischen Städte verfügten über eine funktionierende Wasserversorgung mit über- und unterirdischen Wasserleitungen. Heute noch kann man Technik und Konstruktion der brückenartigen Überlandleitungen, der sogenannten Aquädukte, bewundern. Eine drucklose Gefälleleitung führte das Wasser zum höchsten Punkt der Stadt. Wo Tiefgelände zu überqueren war, geschah dies mit Wasserbrücken. Ansonsten lief das Wasser in unterirdischen Kanälen, wo es im Sommer frisch, im Winter frostgeschützt war.

Die Abführung des Abwassers und die Aufnahme des Quell- und Regenwassers erfolgte in allen größeren Städten in einer ausgebauten unterirdischen Kanalisation. Am bekanntesten dürfte die Cloaca Maxima von Rom sein. Die Gewölbebogen dieser wohl ausgedehnte-

M 1 Porta Nigra
Die berühmte Porta Nigra, das Nordtor der alten Befestigungsanlagen Triers, entstand im 4. Jahrhundert n. Chr.

sten Entwässerungsanlage haben einen Durchmesser von fünf Metern. Die gepflasterten Hauptstraßen waren nachts beleuchtet. Straßenreinigung, Müllabfuhr und Feuerwehr gehörten zu jeder größeren römischen Stadt.

Die Vorliebe der Römer für die Annehmlichkeiten des Lebens dokumentieren die heute noch in gutem Zustand erhaltenen gewaltigen Thermen. Diese beheizten Badeanstalten waren nicht nur technisch hoch entwickelt bezüglich ihrer Bodenheizung, ihrer Versorgung mit kaltem und warmem Wasser und ihrer architektonischen Eleganz. Sie waren zum Teil mit Marmor, Mosaiken, Standbildern und Säulenhallen ausgestattet. In den Großthermen konnten Tausende täglich baden. Die Bäder bildeten auch einen gesellschaftlichen Mittelpunkt. In ihnen konnten Leseräume, Bibliotheken und Sportanlagen benutzt werden. Als technisch vollendete Leistungen der Antike gelten die großen Thermen der römischen Kaiserzeit wie die Caracallathermen in Rom und die Kaiserthermen in Trier.

Straßen

Die berühmte Via Appia von Rom nach Capua kann noch heute wegen ihres glatten Steinbelags bewundert werden. Alte römische Heeres- und Handelsstraßen werden heute noch zum Beispiel in Süd- und Westdeutschland indirekt benutzt. Ein dem Reichsinteresse dienendes planmäßiges System von Fernstraßen, die zunächst für strategische Zwecke angelegt wurden, überzog das riesige römische Weltreich. Wissenschaftler schätzen die Länge des römischen Straßennetzes auf über 100 000 km.

M 2 **Eine römische Landstraße bei Aleppo in Syrien**
Das Bild der Landstraße zeigt noch heute, dass die Römer Meister des Straßenbaus waren.

M 3

Handel und Verkehr

Die Gestaltung des Verkehrs- und Städtewesens während der Römerzeit prägt bis heute Städte wie Köln, Bonn, Mainz und Straßburg am Rhein, Regensburg und Wien an der Donau oder Augsburg und Kempten im Inneren der früheren Provinz Rätien. Die römischen Nie-

M 4

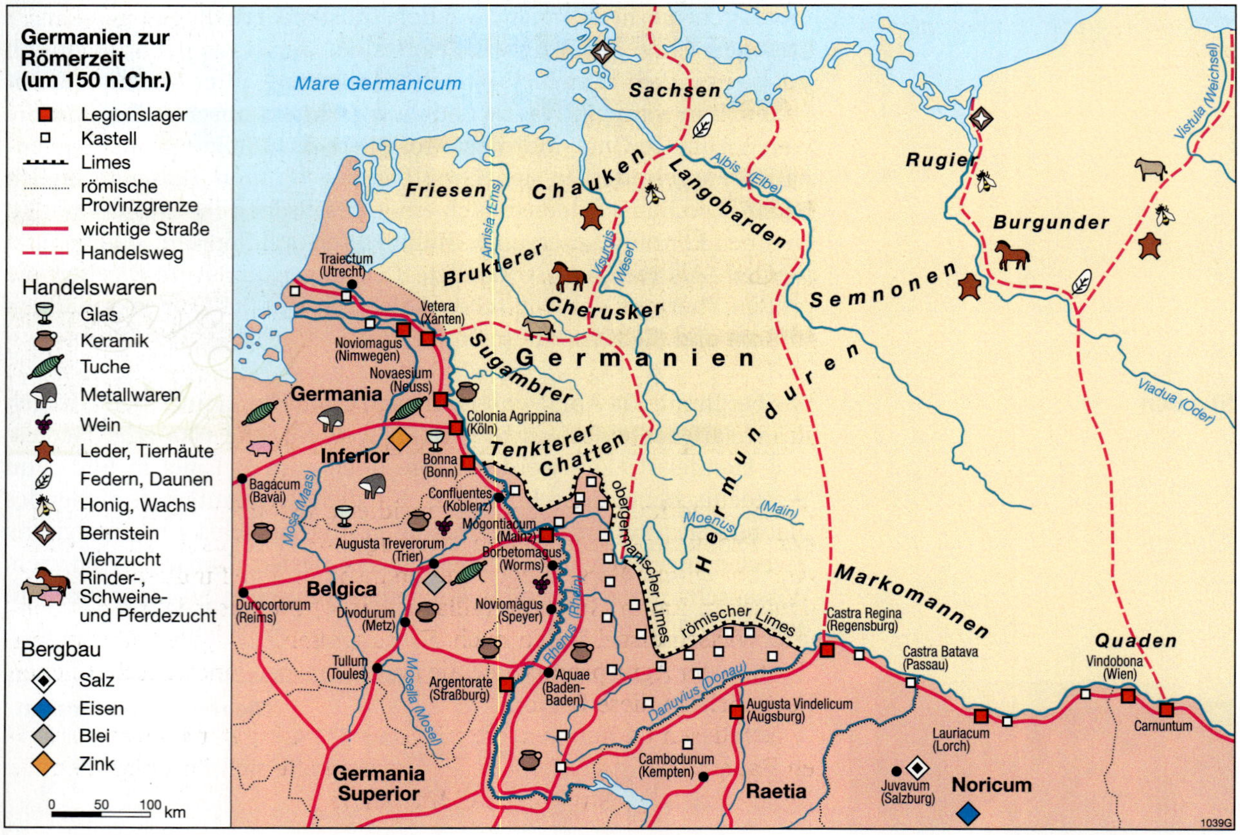

derlassungen befanden sich in alten Siedlungsgebieten am Mittelrhein und an der Mosel (Köln, Trier, Mainz) sowie am Oberrhein (Straßburg, Basel).

Von Römern geplante Städte (wie zum Beispiel Köln und Trier) sowie die aus Kaufmanns- und Handwerkersiedlungen in der Nähe von Legionslagern aufgestiegenen Städte (wie zum Beispiel Mainz und Neuss) trugen zur Verbreitung römischer Lebensformen aus dem Mittelmeergebiet bei. Römische Plangrundrisse sowie monumentale Ruinen wie Amphitheater, Thermen oder Verwaltungspaläste künden noch heute von der einstigen Pracht römischer Stadtkultur.

Die Römer bauten die zumeist schon vorhandenen Wege zu guten Straßen aus, die nicht nur den militärischen Transporten dienten, sondern auch dem zivilen Handel. Ausgrabungen dokumentieren einen umfangreichen Güteraustausch zwischen den Mittelmeerregionen und den Gebieten nördlich der Alpen. So fanden zum Beispiel Öl, Datteln, Feigen, Gewürze und Wein den Weg ins Rheinland. Die Germanen jenseits der Grenzen bezogen Schmuck, Glasprodukte und Keramik von den zivilisatorisch überlegenen Römern und lieferten ihrerseits landwirtschaftliche Produkte, Vieh, Felle und Honig.

Das Gebiet des heutigen deutschen Südwestens gehörte den beiden römischen Provinzen Rätien und Obergermanien an. Der obergerma-

M 5 **Der römische Aquädukt von Segovia in Spanien**
Er leitete das Wasser einer 16 km entfernten Quelle in die Stadt und überbrückte ihr Zentrum mit 128 Bögen. Seine Höhe beträgt 30 m.

nische Stadthalter (procurator) residierte in Mainz (Mogontiacum), der Prokurator von Rätien in Augsburg (Augusta Vindelicum). Archäologische Forschungen weisen insbesondere für diesen südwestdeutschen Raum Gutshöfe (villae rusticae) mit ausgedehnten Wohn- und Wirtschaftsgebäuden nach. Diese großen Landgüter bildeten die Zentren der Agrarproduktion. Sie brachten einen landwirtschaftlichen Fortschritt in diese Region.

Auf diesen Latifundien, die mit Sklaven und später auch mit unfreien Bauern bewirtschaftet wurden, entwickelte sich im Folgenden die Agrar- und Sozialstruktur des Mittelalters.

M 6 **Villa rustica in Mehring**
1986 rekonstruierter Eckturm des römischen Gutshofs (3./4. Jh. n. Chr.) in Mehring an der Mosel, Foto von 2009

M 7 **Das neue Rom des Augustus (31 v. Chr.–14 n. Chr.)**

Den Ausbau der städtischen Infrastruktur schildert die Historikerin Marion Giebel:

„Die Hauptstadt, die nicht der Würde des Reiches entsprechend ausgebaut war und oft durch Hochwasser und Großfeuer Schaden nahm, verschönerte Augustus in solchem Maße, dass er sich zu Recht rühmen durfte, er hinterlasse eine Stadt aus Marmor an Stelle der aus Ziegeln, die er vorgefunden habe. Für die Sicherheit Roms aber sorgte er, soweit es nach menschlicher Voraussicht möglich war, sogar bis in die Zukunft hinein." (Sueton, ca. 70–140 n. Chr., röm. Gelehrter). Die städtebaulichen Vorhaben bildeten ein gewaltiges Investitionsprogramm für fast zwei Jahrzehnte. Für die Bauten wurden die Marmorbrüche von Carrara erschlossen. [...] Weniger spektakulär, aber vielleicht noch wichtiger waren die groß angelegten Urbanisierungsmaßnahmen. Sie kamen den einfachen Bürgern zugute, die nachts nicht ruhig schlafen konnten, weil sie Feuer, Hochwasser oder den Einsturz ihrer bis in schwindelnde Höhen gebauten Quartiere fürchteten. Ganz Rom wurde in einzelne Distrikte eingeteilt, denen Freigelassene als Bezirksvorsteher vorstanden. Die zahlenmäßig große, aber gering geschätzte Klasse der Freigelassenen erfuhr damit eine Aufwertung. [...] Die Bezirksaufseher waren für die Aufrechterhaltung der öffentlichen Ordnung und Sicherheit verantwortlich.
Polizeistreifen patrouillierten des Nachts, um Überfälle zu verhindern und Brände im Aufflackern zu ersticken, bei Tag hatten sie unter anderem Neubauten zu überwachen, damit die erlaubte Geschosshöhe der Mietshäuser von 20 Metern nicht überschritten und kein minderwertiges Baumaterial verwendet wurde. Wasserinspektoren sorgten für die Verbreiterung und die Reinhaltung des Tiberbettes. Das Abwassernetz der Cloaca Maxima wurde erneuert und ausgebaut. Die Verbesserung der Trinkwasserversorgung war das Werk des großen Baumeisters Agrippa. Er ließ eine Wasserleitung aus der Gegend von Tivoli bis nach Rom legen, die Aqua Vergine, die noch heute die berühmten Brunnen Roms speist, darunter die Fontana dei Trevi. Dank Agrippa gab es in Rom eine so großzügige Wasserversorgung auch für Privathaus-

M 8 **Ein Modell der Stadt Rom im 4. Jahrhundert nach Chr.**
von Italo Gismondi (Museo della Civiltà Romana)

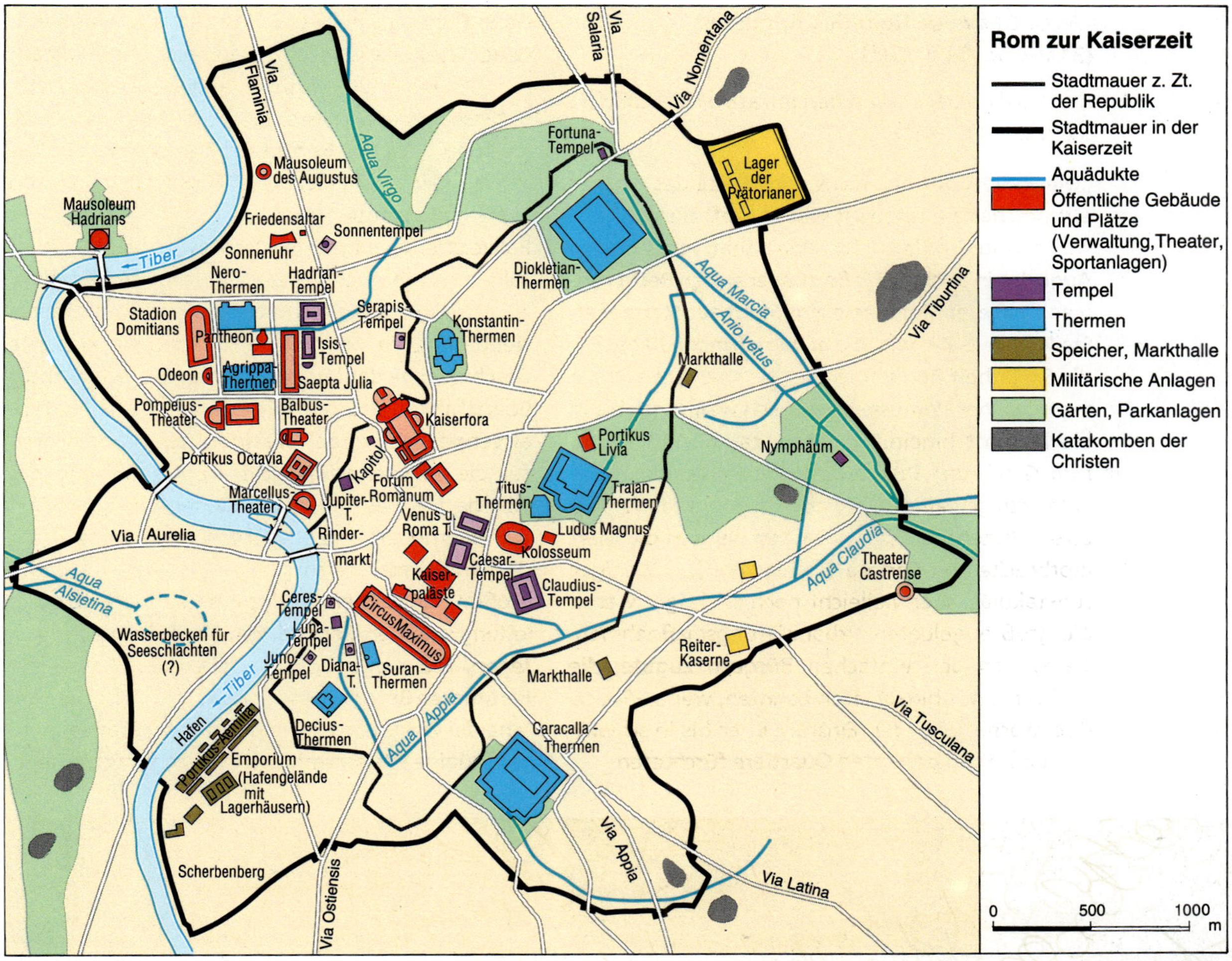

M 9

halte, wie sie erst wieder in unserer Zeit erreicht wurde. Die Arbeiten wurden unter der Leitung des bedeutenden Architekten und Wasserbau-Ingenieurs Vitruv [Autor der berühmten „zehn Bücher über die Baukunst"] ausgeführt.

Für die Instandhaltung der weit verzweigten Systeme bedurfte es einer Wasseraufsichtsbehörde, und um Beschädigungen und Verunreinigungen zu verhindern, mussten Verordnungen und Gesetze erlassen werden, wie sie uns aus dem Werk des Frontinus [Schriftsteller und Direktor der Wasserversorgungsbetriebe] über die Wasserleitungen Roms überliefert sind.

An diesen vorbildlichen und zukunftsweisenden Urbanisierungsmaßnahmen ist eine Entwicklung abzulesen, die nicht nur für Rom typisch ist. Soziale Maßnahmen erfordern einen immer stärkeren Ausbau des staatlichen Verwaltungsapparates samt einer Flut von Gesetzen und einengenden Regelungen aller Art: je mehr Wohlfahrt, desto mehr Staat. Allzuviel Luxus und Bequemlichkeit aber führen zu Überdrusserscheinungen. [...] Die Römer aber, die in engen, stickigen Mietwohnungen hausten, sehnten sich nicht „zurück zur Natur". Sie waren dankbare Benutzer der Thermen, die Agrippa für sie erbaute. Mit ihnen begann die einzigartige römische Badekultur, die sich bald bis in die äußersten Provinzen des Reiches ausbreitete.

M. Giebel, Augustus, Hamburg 1985, S. 92 ff.

Aufgaben

1. Stellen Sie die zivilisatorischen Leistungen der römischen Ingenieure, Architekten und Städteplaner in einer Übersicht dar.
   → Text, M1–M9
2. Bestimmen Sie mithilfe der Karten die wichtigsten Gebäude Roms.
   → M7–M9
3. Halten Sie fest, inwiefern die Errungenschaften der Römer in der europäischen Kultur weiterwirkten. Suchen Sie nach Beispielen in Ihrer Umgebung.
   → Text, M1–M9

4. Das Mittelalter

Der Mensch des Mittelalters verstand sich als Christ. Und als solcher war sein Leben auf den entscheidenden Augenblick ausgerichtet: den Jüngsten Tag. Dieses Motiv wurde in unzähligen Werken der mittelalterlichen Kunst aufgegriffen. Das Bild stammt von einer Gedenktafel aus dem Jahre 1470, und bildet den Stifter (als Skelett) angesichts des Jüngsten Gerichts ab. Solche Bilder hatten in früheren Jahrhunderten die Funktion, die Nachgeborenen zu warnen und zur Fürbitte zu Gunsten des Toten zu veranlassen.

Das Bild ist typisch für die mittelalterliche Ikonografie mit ihrer dualistischen Ausrichtung. Das irdische Dasein wird als Übergangsstadium gedeutet, es folgt die Auferstehung der Toten, die ewiges Leben oder auch Verdammnis erwartet. Engel und Dämonen (außerhalb des Bildausschnittes) weisen die Wege, wobei oft auch die Päpste der Hölle nicht entgehen, was wohl nach heutigen Maßstäben eine Form der politischen Kritik bedeutet.

Im Leben selbst erscheint der Mensch als Spielball im Kampf der (guten und bösen) Mächte, wobei – trotz der Existenz des Satans – kein Zweifel daran gelassen wird, dass die Schöpfung als solche göttlichen Ursprungs ist. Jesus, Gottes Sohn, steht im Mittelpunkt.

Im Unterschied zu unserer Gegenwart, in der – im Zeichen von Pluralismus und Individualismus – viele verschiedene Lebensentwürfe und Ideen nebeneinander existieren und miteinander konkurrieren, muss man in Bezug auf das Mittelalter von einem ziemlich einheitlichen christlichen Menschenbild ausgehen.

Diese Epoche war durchdrungen von Religiosität und kirchlich vermittelter Heilserwartung. Es gab keinen Bereich des gesellschaftlichen Lebens, der nicht von christlichen Vorstellungen durchdrungen war.

Das Mittelalter war und ist immer einer starken Wertung ausgesetzt gewesen. „Mittelalterlich" ist heute gleichbedeutend mit „rückständig". Das lässt sich durch die Begriffsgeschichte erklären. Der Ursprung des Begriffs „Mittelalter" liegt in der Renaissance (um 1500), als man die Zeit zwischen der Antike und der damaligen Gegenwart als „kulturlos" und „barbarisch" abwerten wollte. Später hat der Begriff seine weitere Prägung erhalten im bürgerlich-aufklärerischen Kampf gegen die Herrschaft von Adel und Kirche. Die Aufklärer bewerteten dabei das 18. Jahrhundert als das „Zeitalter des Lichts", um es umso deutlicher vom „finsteren Mittelalter" abzugrenzen.

Die Romantiker des 18. und 19. Jahrhunderts neigten hingegen dazu, das Mittelalter aufzuwerten. Sie idealisierten es vielfach als Höhepunkt der deutschen Kultur und des Deutschen Reiches. Eine ähnliche Verklärung des Mittelalters ließ sich später im Rahmen der nationalsozialistischen Ideologie feststellen.

Die Datierung des Mittelalters ist umstritten. Im Allgemeinen bezeichnet man mit dem Begriff das Jahrtausend von etwa 500 bis 1500 n. Chr., wobei ein dreigliedriges Periodisierungsschema zugrunde gelegt wird: Altertum – Mittelalter – Neuzeit.

4.1 Raum, Zeit und Lebensgefühl

Mensch und Raum

Es gilt heute als eine ziemlich gesicherte Erkenntnis, dass vom 8. bis zum 12. Jahrhundert in Mitteleuropa ein mildes Klima herrschte, das den Ackerbau begünstigte. Die damit einhergehende Zunahme der agrarischen Produktivität stellte die Basis für ein stärkeres Bevölkerungswachstum dar. Da es für die damalige Zeit keine Statistiken gibt, lässt sich die Bevölkerungszahl nur grob schätzen.

Mit dem Bevölkerungswachstum änderte sich auch der Raum. Die Landschaft erhielt ein anderes Aussehen. Eine rege Rodungs- und Siedlungstätigkeit drängte die Wälder zurück. Mit diesem Landesausbau war das Anlegen von Wegen sowie die Zunahme des Verkehrs verbunden. Dennoch blieb das Reisen noch auf lange Zeit beschwerlich und risikoreich.

Mentalität und Lebensgefühl

Vermutlich kann man das Mittelalter nicht begreifen, wenn man seine religiösen Grundlagen nicht berücksichtigt. Alle Ideen und Handlungen waren auf die eine oder andere Weise mit der christlichen Religion verknüpft. Kunst und Architektur zeugen noch heute davon.

Wir müssen uns den mittelalterlichen Menschen als jemanden vorstellen, dessen Existenz durch das Gefühl der Unsicherheit geprägt wurde. Die Willkür der Natur, das Fehlen einer staatlichen Ordnungsmacht, die dauerhaften Schutz vermitteln konnte, ließen eine Grundstimmung kollektiver Angst entstehen.

In einer Gesellschaft, die von der Überzeugung der Existenz Gottes sowie der Unsterblichkeit der Seele geleitet wurde, stellte folglich die Kirche die wichtigste Institution dar. Nur sie konnte mit ihrer Autorität dem Menschen jene Geborgenheit und jene Sicherheit geben, deren er so dringend bedurfte.

Das mittelalterliche Weltbild war stark dualistisch geprägt: Gott und Teufel, Himmel und Erde, Seele und Körper standen sich gegenüber. Die Macht des Bösen war für den mittelalterlichen Menschen eine Realität. Der Teufel stand dem Seelenheil im Weg. Das irdische Leben wurde folglich als derjenige Ort gedeutet, an dem der Kampf um die Seelen stattfand. Auf der einen Seite stand der Satan; auf der anderen die Kirche, die den Gnadenschatz verwaltete, der sich vom Opfertod Christi herleitet. Außerhalb der Kirche gab es kein Seelenheil. Die Kirche rückte somit in das Zentrum des Lebens.

Gerade Notzeiten wie Kriege und Naturkatastrophen steigerten die Abhängigkeit der Menschen des Mittelalters von der „Mutter Kirche". Sie bildete den Rahmen für die verschiedenen Formen religiöser Hingabe, wie zum Beispiel Gelöbnisse, Opfer, Fastenübungen, Ablässe und Totenmessen. Die Kirche war die Heilsanstalt, denn nur über ihre Vermittlung war die für den mittelalterlichen Menschen so wichtige Nähe zu Gott zu erreichen.

Priester, Reliquien, aber auch die Fürbitte von Heiligen vermittelten den Weg zur Erlösung am Tage des Jüngsten Gerichts. Das irdische Leben hatte unter diesen Voraussetzungen keinen Eigenwert. Es wurde nur als Durchgangsstation begriffen. So wie das irdische Leben in seiner Bedeutung als zweitrangig erschien, so erfuhr das Körperlich-

Materielle eine Abwertung, weil es das Schlechte, Unreine und Lasterhafte repräsentierte. Die konsequenteste Ausformung erhielt diese Weltsicht im Ideal des mönchischen Lebens mit der Enthaltsamkeit (Askese) und der Absage an die äußere, materiell geprägte Welt.

Zeit- und Geschichtsbewusstsein

Weil das Christentum das gesamte mittelalterliche Leben durchdrang, beeinflusste es auch nachhaltig das Zeitbewusstsein. Die Zeit erschien dem mittelalterlichen Menschen als von Gott geschaffen: Sündenfall, die Kreuzigung Christi sowie das Jüngste Gericht stellten die Marksteine der christlich-mittelalterlichen Geschichtsauffassung dar. Dem lag die Vorstellung zugrunde, dass die Weltgeschichte nach einem festen Plan verlaufe, an dessen Ende der Weltuntergang und das Jüngste Gericht ständen. Viele mittelalterliche Generationen wähnten sich diesem Ende nahe. Das Gefühl, in einer Endzeit zu leben, war weit verbreitet. Insbesondere soll um das Jahr 1000 eine Untergangsstimmung um sich gegriffen haben.

Das Bewusstsein von der Endlichkeit der irdischen Welt und die Erwartung des Jüngsten Gerichts veranlassten die Menschen immer wieder darüber zu spekulieren, wann der Zeitpunkt des großen Zusammenbruchs kommen werde. Die Angst vor dem Reich des Antichrists, das – in der Version der alttestamentarischen Apokalypse – der endgültigen Erlösung vorausgehen werde, beschäftigte und belastete die Gläubigen. Das hinderte die Menschen aber andererseits nicht, sich dem Problem der alltäglichen Zeitmessung auf pragmatische Weise zu nähern. Da es zum damaligen Zeitpunkt noch keine standardisierte Zeitmessung gegeben hatte, konnte es „Zeit" als gemeinsame menschliche Erfahrung nur regional geben. Bis zum 14. Jahrhundert waren Uhren sehr selten. Die Tage wurden noch nicht in gleiche Stunden aufgeteilt. Vielmehr begriff man die Stunden ursprünglich als ungleich in ihrer Länge. Tag und Nacht wurden in jeweils zwölf Stunden unterteilt, sodass im Sommer die Tagesstunden länger, im Winter kürzer waren. Der Rhythmus der Natur, die Jahreszeiten und der Wechsel von Helligkeit und Dunkelheit bestimmten in einem agrarisch geprägten Leben das Zeitbewusstsein. Erst die Verbreitung mechanischer Uhren führte langsam zur Messung von immer gleich langen Stunden.

M 1 **„Von der Verlierung der Zeit"**, Holzschnitt des Petrarca-Meisters, Augsburg 1520. Im illustrierten Text nichts über Uhren, nur über die Kürze der Lebenszeit. Die Sanduhr auf dem Tisch läuft ab. Die Zeiger beider Räderuhren, der Turmuhr rechts und der Wanduhr hinten, zeigen unterschiedliche Zeiten an. Dass die Zeit zu Ende geht, verrät auch das angezeigte Tierkreiszeichen der Fische, das letzte im Jahr.

Bevölkerungsentwicklung in ausgewählten Gebieten (in Mio)					
Gebiet	**in den Jahren**				
	300	600	1000	1340	1440
Iberische Halbinsel	4	3.6	7	9	7
Frankreich	5	3	6	19	12
Italien	4	2.4	5	9.3	7.5
Britische Inseln	0.3	0.8	1.7	5	3
Deutsches Reich und Skandinavien	3.5	2.1	4	11.6	7.5
Insgesamt	16.8	11.9	23.7	53.9	37.0

Nach: J. C. Russell, Die Bevölkerung Europas 500 – 1500, in: C. M. Cipolla / K. Borchardt (Hg), Europäische Wirtschaftsentwicklung Bd. 1, Mittelalter, Stuttgart, New York 1983, S. 21

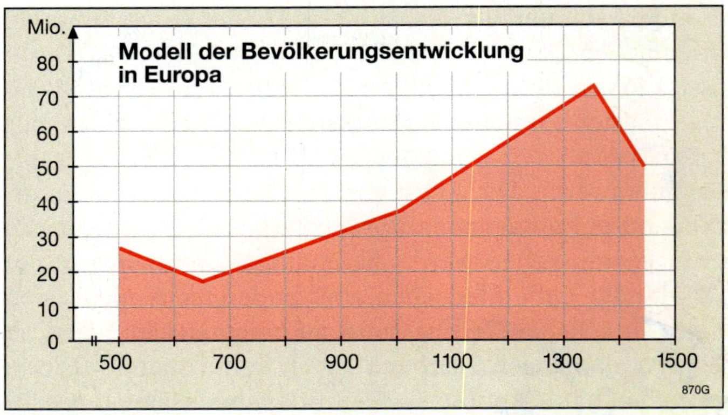

M 2 **Bevölkerungsentwicklung in Europa (Schätzungen)**

M 3 Mittelalterliche Lebenswelt

Der französische Historiker Georges Duby versucht seine Leser mit dem Wahrnehmungshorizont damaliger Menschen vertraut zu machen:

Die Zahl der damals lebenden Menschen ist verschwindend gering; zehn-, zwanzigmal niedriger als heute vielleicht – eine Bevölkerungsdichte, wie man sie gegenwärtig etwa in Mittelafrika verzeichnet. Die Wildnis herrscht hartnäckig vor. Sie verdichtet sich mit zunehmender Entfernung von den Mittelmeerküsten, nach Überquerung der Alpen, des Rheines, der Nordsee. Sie erstickt schließlich alles. Ab und zu finden sich Lichtungen, Bauernhütten und von Gärten umgebene Dörfer, die den Großteil der Nahrung liefern, Felder, deren Ertrag jedoch trotz langer Brache sehr dürftig ist und gleich wieder ein endloses Gebiet, das der Jagd, dem Beeren- und Kräutersammeln oder als freies Weideland dient.
Hier und da liegt eine Stadt. Meist handelt es sich um die Reste einer Römersiedlung, mit notdürftig ausgebesserten antiken Bauten, die zu Kirchen, zu Festungen geworden sind. Ihre Bewohner sind Priester, Krieger und deren Bedienstete, die für Waffen, Münzen, Schmuck und guten Wein zu sorgen haben, für all diese unerlässlichen Symbole und Werkzeuge der Macht. Allenthalben herrscht reges Treiben: Pilger und Hausierer, Abenteurer, Wanderarbeiter, Landstreicher – die Beweglichkeit eines so mittellosen Volkes ist erstaunlich.
Es hat Hunger. Jedes ausgesäte Getreidekorn ergibt nicht mehr als drei, vier Körner, in einem wirklich guten Jahr. Dazu die quälende Angst: den Winter zu überstehen, bis zum Frühjahr durchzuhalten, bis zu dem Augenblick, in dem man die Sümpfe durchstreifen und sich seine Nahrung aus der freien Natur beschaffen kann, Fallen stellen, Netze auswerfen, Beeren, Kräuter und Wurzeln sammeln, seinen Hunger betäuben. Diese Welt scheint menschenleer; in Wirklichkeit ist sie überbevölkert. Seit drei Jahrhunderten, seit die schweren Pestepidemien abgeflaut sind, die im frühen Mittelalter die westliche Welt heimgesucht hatten, ist die Bevölkerungszahl ständig gestiegen. Sie hat in dem Maße zugenommen, in dem die Sklaverei, die wahre Sklaverei der Antike, verschwand. Unfreie Menschen gibt es noch immer – Männer und Frauen, deren Körper anderen gehört, die man verkauft, verschenkt und die bedingungslos gehorchen müssen; aber man pfercht sie nicht mehr ein wie Sträflinge. Ihre Herren lassen zu, dass sie sich ein Stückchen Land anlegen – damit sie sich fortpflanzen. Sie leben in Familien zusammen. Um ihre Kinder zu ernähren, müssen sie das bisherige Land urbar machen, erweitern und inmitten der Einöde neues schaffen. Die Eroberung hat begonnen. Noch ist sie zaghaft: Die Geräte sind unzulänglich, und es bleibt eine Art Respekt vor der unberührten Natur, der an einem zu heftigen Vorgehen hindert. Die unerschöpfliche Energie der fließenden Gewässer, die unendliche Fruchtbarkeit der guten tiefen Erde – frei seit Jahrhunderten, seit dem Ende der landwirtschaftlichen Kolonisierung durch die Römer –, alles ist bereitet. Die Welt lädt ein zum Zugreifen.

G. Duby, Europa im Mittelalter, Stuttgart 1986, S. 9 ff.

M 4 Straßen, Entfernungen und Nachrichtenübermittlungen

Der französische Historiker Marc Bloch (1886–1944) veranschaulicht in seinem Standardwerk die Relativität von Geschwindigkeiten:

Innerhalb der zerstreuten Menschengruppen litten die Verbindungen unter großen Schwierigkeiten. Der Niedergang des Karolingerreiches (im 9. Jh.) hatte gerade die letzte Macht zerstört, die einsichtig genug war, um sich um öffentliche Arbeiten zu kümmern, die mächtig genug war, um zumindest

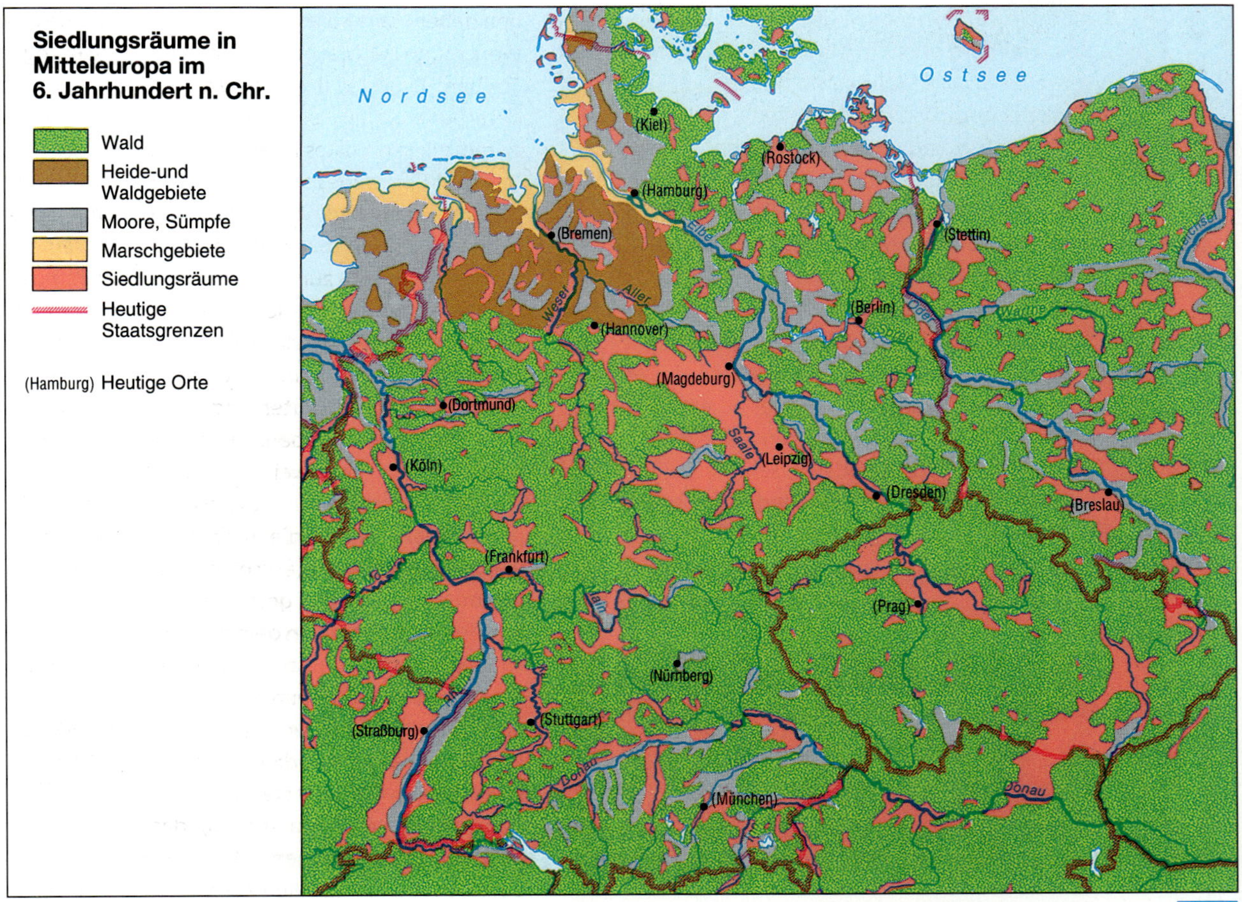

Siedlungsräume in Mitteleuropa im 6. Jahrhundert n. Chr.

M 5

einige von ihnen ausführen zu lassen. Selbst die alten Römerstraßen, die weniger solide gebaut waren als man sich mitunter vorgestellt hat, gingen wegen mangelnder Unterhaltung zugrunde. Vor allem litten die Brücken, die man nicht mehr reparierte, unter dem geringen Verkehr. Hinzu kommt die Unsicherheit, die durch die Entvölkerung gewachsen war und zu der sie ihrerseits zum Teil beigetragen hatte. Welche Überraschung herrschte 841 am Hof Karls des Kahlen, als dieser Fürst in Troyes die Boten erblickte, die ihm den königlichen Schmuck aus Aquitanien brachten. Einer so kleinen Schar von Männern, beladen mit so kostbarer Last, war es gelungen, so weite, in allen Teilen von Räuberei geplagte Gebiete unbehelligt zu durchqueren! Weitaus weniger überrascht zeigt sich die angelsächsische Chronik, als sie berichtet, wie 1061 einer der großen Herren Englands, Earl Tostig, vor den Toren Roms von einer Handvoll Banditen gefangen genommen und wegen Lösegeld festgehalten worden ist.

Verglichen mit dem, was wir in der Gegenwart erleben, erscheint uns die Geschwindigkeit, mit der Menschen in jener Zeit den Ort wechselten, unbedeutend. Doch war sie nicht spürbar schwächer, als sie bis zum Ende des Mittelalters, ja bis zur Schwelle des 18. Jahrhunderts blieb. Im Unterschied zu dem, was wir heute kennen, war aber die Reisegeschwindigkeit auf dem Meer bei Weitem größer als auf dem Land. 100 bis 150 Kilometer bildeten für ein Schiff an einem Tag keine herausragende Höchstleistung, wenn nur, was sich von selbst versteht, die Winde nicht zu ungünstig wehten. Auf Landstraßen betrug anscheinend die durchschnittliche Tagesstrecke im Mittel 30 bis 40 Kilometer, wohlgemerkt, für einen Reisenden ohne Eile, wie eine Händlerkarawane, einen großen Herrn, der von Burg zu Burg oder von Kloster zu Kloster zog und mit seinem Gepäck ausgerüstet war. Ein Eilbote, eine Handvoll entschlossener Leute konnte bei Aufbietung ihrer Kräfte das Doppelte oder mehr erreichen. Ein von Gregor VII. am 8. Dezember 1075 in Rom geschriebener Brief erreichte Goslar am Fuß des Harzes am darauffolgenden 1. Januar.
Sein Überbringer hatte nach Art des Vogelfluges ungefähr 47 Kilometer am Tag zurückgelegt, in Wahrheit natürlich viel mehr. Um ohne große Beschwerden und Verzögerung zu reisen, musste

man beritten sein oder über einen Wagen verfügen: Ein Pferd oder ein Maultier geht nicht nur viel schneller als ein Mensch, sie passen sich auch den Schlaglöchern besser an. Deshalb erklärt sich die jahreszeitlich bedingte Unterbrechung vieler Verbindungen weniger aufgrund des schlechten Wetters als aus Futtermangel. Die karolingischen missi (Königsboten) waren bestrebt, ihre Rundreise nicht eher, als das Gras wuchs, zu beginnen. Doch glückte es, wie heutzutage in Afrika, einem geübten Läufer erstaunlich weite Entfernungen in wenigen Tagen zurückzulegen, und bestimmte Hindernisse überwand er zweifellos schneller als ein Reiter. Als Karl der Kahle seinen zweiten Italienzug unternahm, war er darauf bedacht, seine Verbindungen mit Gallien quer über die Alpen durch Schnellläufer zu sichern.

M. Bloch, Die Feudalgesellschaft, Frankfurt/M.–Berlin 1982, S. 84 f.

M 6 Das Wägen der Seelen

Das Wägen der Seelen – gute Taten gegen schlechte, Schutzengel gegen den Teufel – wird sehr häufig in der bildenden Kunst dargestellt. Der Erzengel Michael fungiert als Führer beim Jüngsten Gericht. Er passt auf, dass der Teufel nicht in betrügerischer Absicht die Waage hinunterzieht. Eine gerettete Seele fand anschließend den Weg ins Paradies, Szene auf dem Altar einer Kirche in Katalonien aus dem 13. Jahrhundert.

M 7 Welt- und Menschenbild

Die folgende Erzählung „Vom Lebenslauf des Menschen" stammt aus den Gesta Romanorum (Taten der Römer), einer Sammlung von lateinischen Kurzgeschichten aus der Zeit um 1300:

Man liest von einem König, der wollte vor allem die Natur des Menschen kennenlernen. In seinem Reich war ein sehr scharfsinniger Philosoph, nach dessen Rat handelten viele. Als der König von ihm hörte, sandte er ihm einen Boten, er solle unverzüglich zu ihm kommen. Der Philosoph vernahm den Willen des Königs und kam. Der König sprach zu ihm: „Meister, ich will von dir Weisheitslehre hören. Sag mir zuerst: Wie geht es dem Menschen?" Jener sprach: „Der Mensch ist elend die ganze Zeit seines Lebens. Betrachte deinen Anfang, deine Mitte und dein Ende, und du wirst finden, dass du voller Elend bist. Darum sagt Hiob (14, 1): Der Mensch ist vom Weibe geboren usw. Wenn du den Anfang betrachtest, wirst du finden, dass du armselig und hilflos warst. Wenn du die Mitte betrachtest, wirst du finden, dass die Welt dich ängstigt und vielleicht deine Seele verdammt. Wenn du das Ende betrachtest, wirst du finden, dass dich die Erde aufnehmen wird. Und darum, mein Herr König, richte dein Sinnen nicht auf Hochmut!" Der König sagte: „Meister, nun stelle ich dir vier Fragen; wenn du sie gut löst, will ich dich zu Würde und Reichtum erheben. Die erste Frage lautet: Was ist der Mensch? Die zweite: Wem gleicht er? Die dritte: Wo befindet er sich? Die vierte: Mit welchen Gefährten lebt er?"

Der Philosoph sprach: „Herr, ich will auf die erste Frage antworten. Wenn du fragst, was der Mensch ist, sage ich: Er ist ein Knecht des Todes, ein Gast im Raum, ein Wanderer unterwegs. Ein Knecht heißt er, weil er dem Zugriff des Todes nicht entrinnen kann; weil ihm der Tod alle Arbeiten und Tage wegnimmt; weil er nach Verdienst Lohn oder Marter erhalten wird. Ferner ist der Mensch ein Gast im Raum, weil er dem Vergessen überliefert wird. Ferner ist er ein Wanderer unterwegs; ob er schläft oder wacht, isst oder trinkt oder etwas anderes tut, immer eilt er dem Tode zu. Deshalb müssen wir uns für die Reise mit Lebensmitteln versorgen, nämlich mit guten Eigenschaften. – Die zweite Frage lautet: Wem gleicht der Mensch? Er gleicht dem Eis, weil er sich bei Wärme rasch auflöst. So löst sich der Mensch, der aus Erde und Elementen zusammengefügt ist, in der Hitze der Krankheit rasch auf und verdirbt. Ferner gleicht er einem jungen Apfel. Der junge Apfel, der am Baum hängt, soll das gehörige

Wachstum erreichen; indessen wird er von einem geringen Wurm im Innern zernagt, fällt plötzlich herunter und ist wertlos. Ebenso wächst der Mensch in seiner Kindheit heran, und plötzlich entsteht drinnen Krankheit, die Seele entweicht und der Leib verdirbt. Warum also ist der Mensch hochmütig? – Die dritte Frage heißt: Wo befindet sich der Mensch? Ich sage: Im vielfachen Krieg, nämlich gegen Welt, Teufel und Fleisch. – Die vierte: Mit welchen Gefährten lebt der Mensch? Ich antworte: Mit sieben, die ihn ständig bedrängen. Das sind Hunger, Durst, Hitze, Kälte, Müdigkeit, Krankheit und Tod."

Zit. nach: A. Borst, Lebensformen des Mittelalters, Frankfurt/M. – Berlin 1979, S. 29 f.

M 8 **Das Jüngste Gericht**

Das Jüngste Gericht vom Fürstenportal des Bamberger Doms aus dem 13. Jahrhundert zeigt auf der rechten Seite die Verdammten: Papst, König und Bischof als Vertreter der Stände, Typen, die zum Teil auch auf der Seite der Seligen Platz nehmen. Zwischen dem zur Hölle verdammten Papst und dem König lugt jedoch eine Person hervor, deren Platz unmöglich unter den Geretteten zu finden wäre: ein Wucherer, mit einem von runden Geldstücken prallen Geldsack bewehrt, den er auf der Kette des Teufels absetzt [13. Jahrhundert].

Aus: H. Fuhrmann, Überall ist Mittelalter, München 1996, S. 137.

Im Weltbild der Menschen im Mittelalter nahm das Jüngste Gericht einen zentralen Platz ein. Christus als Weltenrichter trennt die Erlösten von den Verdammten.

Die Vorstellung vom Weltgericht am Ende der Zeiten gehörte zum Inbegriff christlichen Menschseins. Ihre bildliche Darstellung fehlte in kaum einer Kirche.

M 9 **Heilsgeschichte und Alltagszeit**

Der russische Historiker Aaron J. Gurjewitsch stellt zwei zeitliche Orientierungen des mittelalterlichen Menschen gegenüber:

[Die historische Zeit teilt sich] streng in zwei Hauptepochen: vor Christi Geburt und nach Christi Geburt. Die Geschichte bewegt sich vom Akt der göttlichen Schöpfung bis zum Jüngsten Gericht. Im Mittelpunkt der Geschichte befindet sich die entscheidende sakramentale Tatsache, die ihren Lauf bestimmt und ihr einen neuen Sinn verleiht so wie ihre gesamte folgende Entwicklung im Voraus entscheidet – die Ankunft und der Tod Christi. Die alttestamentarische Geschichte erweist sich als eine Epoche der Vorbereitung auf die Ankunft Christi, die folgende Geschichte – als das Resultat seiner Menschwerdung und Leiden. Dieses Ereignis ist einmalig und einzigartig in seiner Bedeutung.

[...] Die christliche Zeitorientierung unterscheidet sich sowohl von der antiken Orientierung auf die

Vergangenheit allein als auch von der prophetischen Orientierung auf den Messias der Zukunft, die für die jüdisch-alttestamentarische Zeitkonzeption charakteristisch ist. [...]

Die Tage wurden nicht in gleiche Stunden eingeteilt, sondern in Tages- und Nachtstunden; erstere wurden von Sonnenaufgang bis Sonnenuntergang, letztere von Sonnenuntergang bis Sonnenaufgang gerechnet. Daher waren im Sommer die Tagesstunden länger als die Nachtstunden, im Winter dagegen umgekehrt. Bis zum 13. und 14. Jahrhundert waren Uhren eine Seltenheit, ein Luxusgegenstand. Sogar bei Gelehrten waren sie nicht immer vorhanden. Der Engländer Walcherius, welcher die Bewegung der Himmelskörper studierte, beklagte sich darüber, dass die Genauigkeit seiner Beobachtungen der Mondfinsternis im Jahre 1091 dadurch beeinträchtigt wurde, dass ihm eine Uhr fehlte. Die im mittelalterlichen Europa üblichen Uhren waren die Sonnenuhr, die Sanduhr oder die Klepsydra, die Wasseruhr. Doch die Sonnenuhr war nur bei klarem Wetter zu verwenden, die Klepsydren blieben eine Seltenheit und waren eher ein Spielzeug oder Luxusgegenstand als ein Instrument zur Zeitmessung. War die Zeit nicht nach dem Stand der Sonne festzustellen, bestimmte man sie nach der Brenndauer eines Spans, einer Kerze oder des Öls in einem Heiligenlämpchen. Wie langsam sich der Fortschritt in der Zeitbestimmung vollzog, ist daraus ersichtlich, dass die Verwendung von Kerzen zu diesem Zweck, die für das Ende des 9. Jahrhunderts unter dem englischen König Alfred belegt ist (bei Reisen durch das Land nahm er Kerzen gleicher Länge mit und befahl, eine nach der anderen anzuzünden), in Frankreich noch im 13. Jahrhundert unter Ludwig IX. wie auch im 14. Jahrhundert unter Karl V. üblich war. Die Mönche orientierten sich nach der Anzahl der Seiten, die sie in heiligen Büchern gelesen hatten, oder nach der Zahl der Psalmen, die sie zwischen zwei Himmelsbeobachtungen zu sprechen vermochten. Für jede Tages- und Nachtstunde gab es gesonderte Gebete und Beschwörungen. Für die breite Masse der Bevölkerung war der Hauptanhaltspunkt für die Tageseinteilung das Läuten der Kirchenglocken, die regelmäßig ertönten, um zur Frühmesse und zu anderen Gottesdiensten zu rufen. Der Tag wurde in eine Reihe von Abschnitten geteilt: in kanonische Stunden – gewöhnlich waren es sieben –, die durch die Kirchenglocken eingeläutet wurden. So kontrollierte die Geistlichkeit den Zeitablauf. Eine im Geiste des Mittelalters fantastische, aber in ihrer Art bezeichnende Etymologie [Herkunft] des Wortes cam-pana [Glocke] gab John of Garland Anfang des 13. Jahrhunderts: „Glocken (campanae) werden sie nach den Bauern, d. h. nach den Landbewohnern [campus = Land] genannt, die die Stunden nur am Glockengeläut erkennen können." Die mittelalterlichen Menschen erfuhren die Zeit nicht vorwiegend visuell, sondern durch den Klang.

A. J. Gurjewitsch, Das Weltbild des mittelalterlichen Menschen, München 1982, 114 f. und 109 f.

Aufgaben

1. Beschreiben Sie das Verhältnis von Mensch und Natur im Mittelalter.
   → Text, M3, M4
2. Erläutern Sie die Probleme, die bei der Überwindung von Entfernungen auftraten.
   → M3, M5
3. Aus welcher Zeit-Perspektive betrachtete der mittelalterliche Mensch das zeitliche Geschehen?
   → Text, M1, M9
4. Begründen Sie, warum die Einstellung „Zeit ist Geld" dem mittelalterlichen Menschen fremd sein musste.
5. Kennzeichnen Sie das Weltbild des mittelalterlichen Menschen. Verfassen Sie hierzu einen Kurzvortrag.
   → Text, M6–M8
6. Erklären Sie die Seelennot des mittelalterlichen Menschen.
   → M6–M8
7. Der Pfarrer Helmold schrieb im 12. Jahrhundert: „Wer weiß nicht, dass die Kriege, die Stürme, die Pest, all das Leid, was fürwahr über das Menschengeschlecht herniedergeht, durch die Tätigkeit von Dämonen geschieht?" – Welcher Unterschied zur wissenschaftlichen Weltsicht des modernen Menschen kommt zum Ausdruck?
8. Beurteilen Sie die mittelalterliche Religiosität im Vergleich zu den religiösen Einstellungen in der Gegenwart.
   → Text

4.2 Grundherrschaft und Feudalismus

Grundherrschaft

Der Begriff der Grundherrschaft, der nicht mittelalterlichen Ursprungs ist, sondern erst aus dem 18. Jahrhundert stammt, bezieht sich auf die wirtschaftliche Grundlage der mittelalterlichen Herrschaftsordnung. Damit ist eine Herrschaft gemeint, die auf der Verfügungsgewalt über Grund und Boden mit den darauf lebenden Menschen beruhte. In einer fast ausschließlich agrarisch geprägten Gesellschaft war die Verfügung über den Boden zwangsläufig die entscheidende Machtquelle.

Hörigkeit

Die Wurzeln dieser Herrschaftsform liegen zum einen im römischen Großgrundbesitz, der mithilfe von Sklaven und Kolonen (halbfreie Pächter) bewirtschaftet wurde. Die andere Wurzel ist in einem personalen Abhängigkeits- und Schutzverhältnis zu erkennen, das germanischen Ursprungs ist, woraus sich die sogenannte Leibherrschaft entwickelte. Während sich noch für das frühe Mittelalter die römische Tradition der Sklaverei nachweisen lässt, vollzog sich im Laufe des Mittelalters eine rechtliche Angleichung der Bauern in der Weise, dass zwar ehemalige Sklaven ihre rechtliche Stellung verbessern konnten, aber andererseits freie Bauern in den Stand der Abhängigkeit herabgedrückt wurden. Man geht heute davon aus, dass seit dem 11. Jahrhundert der Mehrzahl der Bauern der Rechtsstatus der Hörigkeit anhaftete, das heißt sie waren halbfreie Grundholden, die an den Boden gebunden waren und unter dem Schutz eines Herrn standen; folglich hatten sie weder politische noch militärische Macht. Zu Beginn des Hochmittelalters gab es nur noch Reste eines freien Bauerntums. Wegen fehlender Statistiken ist es umstritten, bis zu welchem Anteil an der Gesellschaft die Schicht der freien Bauern geschrumpft war.

Verschiedene Gründe haben die Menschen veranlasst, sich in die Schutzgewalt eines Mächtigen zu begeben. Persönliche Not, zum Beispiel nach Ernteausfällen, Verschuldung und Armut haben die Schutzsuche ebenso gefördert wie die Bedrückung von oben oder die Nichterfüllung militärischer Pflichten.

Das besondere Merkmal der Grundherrschaft bestand darin, dass mit der Verfügung über den Boden weitere Formen der Herrschaft verknüpft waren; neben die persönliche Abhängigkeit zum Leibherrn traten zum Beispiel noch die Kirchen- und Gerichtsherrschaft, wobei die auf dem Bauern lastenden Herrschaftsrechte zersplittet oder auch in einer Hand sein konnten. Da jede Herrschaft ihre Anerkennung forderte, kann davon ausgegangen werden, dass angesichts der Häufung die Gesamtbelastung der Bauern ziemlich hoch war. Verlässliche Angaben beziehungsweise allgemeingültige Bestimmungen über die Abgabenhöhe gibt es nicht. Der jeweilige Rechtsstatus des Bauern hatte beträchtlichen Einfluss auf die Höhe der Belastungen. So konnte zum Beispiel die Fron (Dienst- und Arbeitsverpflichtung) zwischen wenigen Tagen im Jahr und drei Tagen pro Woche schwanken.

Im Verband der Grundherrschaft gab es zwei Gruppen von Unfreien: Erstens die schollengebundenen Hufenbauern (Hufe = Sammelbezeichnung für die Hofgröße eines Vollbauern), die selbstständig ein Stück geliehenes Land bewirtschafteten und dafür eine bestimmte festgelegte Fron erbringen mussten. Zweitens die sogenannten servi in domo (Knechte am Hof), die Gesindedienst leisten mussten und einen minderen Status als die Hufenbauern innehatten.

„familia“

Beide Gruppen bildeten zusammen die „familia“ des Grundherrn. Dabei handelte es sich um eine für das Mittelalter typische soziale Erscheinung. Das Individuum und dessen Wert zu entdecken, blieb nämlich späteren Generationen vorbehalten. Der Mensch des Mittelalters zählte hingegen nur als Angehöriger einer sozialen Gruppe. Er wurde in bestimmte Bindungen hineingeboren, beziehungsweise er begab sich in sie. Als „familia“ in diesem Sinne verstand man nicht nur den Hörigenverband im Rahmen der Grundherrschaft, sondern auch Verwandtschaftsverbände oder Klostergemeinschaften. Das gleiche soziale Strukturprinzip lässt sich auch später beim Zusammenschluss von Kaufleuten und Handwerkern zu Gilden beziehungsweise Zünften erkennen.

Die Grundherrschaft stellte das wirtschaftliche Fundament dar, auf dem die mittelalterlichen Führungsschichten der Krieger und Betenden lebten. Mit der Grundherrschaft entwickelte sich eine Agrarstruktur, die bis in die Neuzeit hineinwirkte. In den Gebieten östlich der Elbe konservierte sich die bäuerliche Abhängigkeit in Form der Gutsuntertänigkeit beziehungsweise Schollenbindung der Bauern faktisch bis weit ins 19. Jahrhundert. Erst nach der Bauernbefreiung (Frankreich 1789; Preußen nach 1811) wurde der „Grundherr“ endgültig zum modernen Grundeigentümer.

Feudalismus

Im heutigen Sprachgebrauch taucht das Wort „feudal“ oft im Sinne von „vornehm, adlig“, aber auch mit der Bedeutung von „unzeitgemäß, überkommen“ auf. In der Gegenwart bezeichnet man mit „feudal“ eine Gesellschaft, in der eine kleine Schicht von (adligen) Großgrundbesitzern politisch und gesellschaftlich tonangebend ist.

Der Begriff „Feudalismus“ selbst stammte aus dem Umfeld der Französischen Revolution und bezog sich dort auf die vorrevolutionäre Gesellschaft des Ancien Régime (alte, absolutistische Herrschaft), die es in den Augen der Revolutionäre zu überwinden galt. So ist auch der Beschluss der französischen Nationalversammlung vom 11. August 1789 zu verstehen, der die Abschaffung des Feudalismus beinhaltete.

Grundlegend für den mittelalterlichen Feudalismus war ein persönlicher Vertrag, den zwei Freie eingingen, die nicht auf gleicher Stufe standen. Dabei unterwarf sich der Lehnsmann und verpflichtete sich zu Rat und Hilfe, worunter in erster Linie militärischer Beistand zu verstehen war. Der Lehnsherr seinerseits verpflichtete sich zu Schutz und Unterhalt. In der Regel überließ dieser dem Lehnsmann leihweise (daher Leihe beziehungsweise Lehen) Land. Ein solches Lehen (lat. feudum) konnte aber auch aus Zoll- oder Münzrechten, Gerichtsbarkeiten, später sogar aus Soldzahlungen bestehen.

Ein Lehen bedeutete also die zeitweilige Übertragung von Rechten und unterschied sich vom Eigentum formal dadurch, dass es auch wieder eingezogen werden konnte. Das Lehnswesen entstand vor allem als ein militärisches Organisationsprinzip, das der Bereitstellung einer Zahl von gepanzerten Reitern diente. Mithilfe eines Lehens wurde der Lehnsmann in die Lage versetzt, die extrem kostspieligen Rüstungen zu finanzieren und Bewaffnete bereitzustellen.

Im Mittelalter war es durchweg üblich, der „Vasall" (wörtlich: Knecht) oder „Mann" eines anderen zu sein. Das Lehnsverhältnis durchzog die Gesellschaft auf allen oberen Rangstufen. Es entstand folglich eine Lehnshierarchie, die die Lehnsfähigen umfasste und die Führungsschicht des Mittelalters darstellte.

M 1

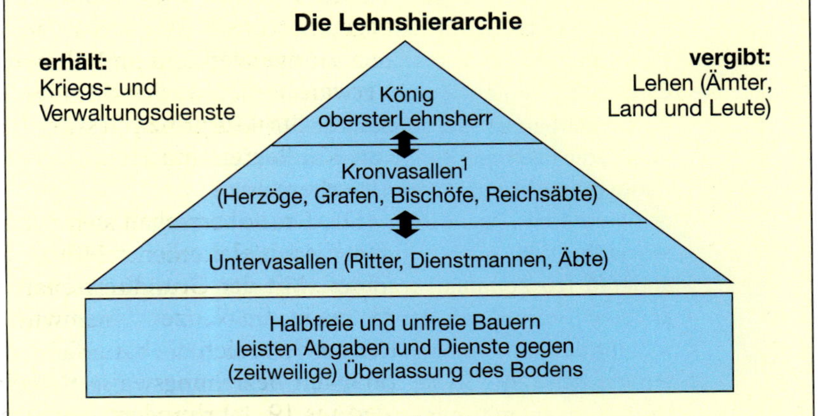

[1] Kronvasallen (wörtl. Knechte der Krone) sind Lehnsmänner des Königs. Wenn sie ihre Lehen (teilweise) weitergeben, erscheinen sie den Empfängern gegenüber als Lehnsherrn.

Während die Grundherrschaft auf der Basis eines personenrechtlichen Herrschaftsverhältnisses beruhte, handelte es sich beim Lehnsverhältnis um einen gegenseitigen Vertrag. Der Grundherr (König, Kirche oder Adelige) besaß hoheitliche Rechte über die Menschen, die auf seinem Land wohnten und arbeiteten. Die Herrschaft über Land und Leute schloss auch Polizei- und Gerichtsgewalt ein. Ein Lehnsverhältnis konnte hingegen nur zwischen zwei Freien eingegangen werden und endete, da es personenbezogen war, mit dem Tod oder (zum Beispiel bei Vertragsverletzung) mit der Aufkündigung des Vertrags.

In einer Gesellschaft, die, gemessen am Maßstab moderner Wirtschaftsformen, noch unterentwickelt war, stellte das Lehnswesen ein System dar, eine großräumige Herrschaft einzurichten. Denn angesichts der nur mangelhaft ausgebildeten Geldwirtschaft war es noch unmöglich, ein stehendes Heer sowie einen fest bestallten Beamtenapparat zu besolden.

Der Versuch der Könige als oberste Lehnsherrn, einen Lehnstaat zu errichten, traf aber auch auf vielfache Hindernisse. Die Vasallen ihrerseits versuchten alles, um die Erblichkeit von Lehen durchzusetzen, was ihnen im Wesentlichen auch im 12. Jahrhundert gelang. Die zentrifugalen Kräfte, die auf eine Schwächung der Königsgewalt hinausliefen, ergaben sich letztlich aus dem Autonomiestreben der Vasallen. Machtzersplitterung war eine Konsequenz dieser Entwicklung, wenn ihr nicht durch ein kraftvolles Königtum Einhalt geboten werden konnte. In England und Frankreich gelang es den Königen, eine starke Zentralgewalt durchzusetzen. In Deutschland hingegen war die weitere Entwicklung bis ins 19. Jahrhundert von Machtzersplitterung und territorialer Vielfalt bestimmt.

M 2 „Wer sich in die Knechtschaft ergibt"

Aus einem westfränkischen Urkundenformular (um 700):

An meinen Herrn soundso [ich] der soundso. Da, veranlasst, durch das Drängen meines Prozessgegners, meine Unfähigkeit [zu bezahlen] immer größer wurde, und ich in große Schwierigkeiten geriet [...] habt Ihr in Eurer Barmherzigkeit mich [...] mit Eurem Gelde losgekauft. [...]
Ich besitze nun kein Vermögen [mehr], womit ich Eure Wohltaten vergelten könnte; deshalb habe ich beschlossen, dafür den Stand meiner Freiheit Euch unterwürfig zu machen, derart, dass ich von diesem Tage an aus Eurem Dienst mich durchaus nicht begeben werde, sondern gelobe, auf Euren und Eurer Beamten Befehl alles zu tun, was Eure übrigen Knechte tun. Wenn ich dies nicht tun werde oder mich in irgendeiner Absicht Eurem Dienste entziehen will, oder unter die Herrschaft eines anderen [zu kommen] trachten will, oder eines anderen [Herrn] Geschäften mich unterziehen will, sollt Ihr das Recht haben, mich nach Eurem Ermessen mit beliebiger Strafe zu belegen oder zu verkaufen oder mit mir zu tun, was Ihr sonst beschließen wollt. Nach vollzogener Verknechtung am Tage [...].

Zit. nach: G. Franz (Hg.), Quellen zur Geschichte des deutschen Bauernstandes im Mittelalter, Ausgewählte Quellen zur deutschen Geschichte des Mittelalters, Bd. XXXI, Darmstadt 1967, S. 17.

M 3 Bericht Karls des Großen

Auf dem Hoftag des Jahres 811 n. Chr. über die Gründe, derentwegen die Bauern sich der Heeresfolge zu entziehen pflegen:

[...]

2. Die Armen [Bauern] klagen, sie würden aus ihrem Eigentum vertrieben; und diese Klage erheben sie gleichermaßen gegen die Bischöfe, Äbte und deren Vögte wie gegen die Grafen und deren Centenare.[1]

3. Sie sagen auch: Wenn jemand sein Eigen dem Amtmann oder Centenar nicht geben will, suchen sie Gelegenheiten, diesen Armen zu verurteilen und ihn immer wieder gegen den Feind ziehen zu lassen, bis er, verarmt, sein Eigentum wohl oder übel übergibt oder verkauft; andere aber, die es schon übergeben haben, bleiben ohne Belästigung durch irgend jemand zu Hause.

1 Centenar = wörtl. Vorsteher einer Hundertschaft; hier: Beamter des Grafen

Zit. nach: G. Franz (Hg.), Quellen zur Geschichte des deutschen Bauernstandes im Mittelalter, Darmstadt 1967, S. 7.

M 4 Eintritt in die Grundherrschaft

Die Chronik des aargauischen Klosters Muri schildert, wie freie Bauern ihre Selbstständigkeit aufgegeben haben (1040):

Im Wohlen[1] lebte einst ein sehr mächtiger Laie [hier: weltlicher Herr] namens Guntran, dort und andernorts mit vielen Besitzungen begabt und gierig auf seiner Nachbarn Eigen [Eigentum]. Einige Freie nun, die in diesem Dorfe wohnten, übergaben ihm in der Meinung, er sei gütig und milde, ihr Land gegen den üblichen Zins [hier: Abgabe] mit der Bedingung, dass sie unter seinem Schutz und Schirm sicher sein könnten. Jener verlegte sich übermütig und voller Arglist sogleich darauf, diese Leute zu unterdrücken, begann zunächst, sie mit bittweisen Forderungen anzugehen, machte dann von seiner uneingeschränkten Machtfülle Gebrauch und befahl ihnen, fast als wären sie seine Grundhörigen, ihm Dienst zu leisten, und zwar in seiner Landwirtschaft, beim Schneiden und Einbringen des Heus, und bedrückte sie bei jeder Gelegenheit, wo es ihm passte. [...]
Jene, unfähig sich zu widersetzen, taten unter Zwang, was er befahl. Unterdessen kam der König zur Burg Solothurn; da zogen die Bauern dorthin und begannen wegen ihrer ungerechten Bedrückung Klage zu erheben. Doch unter einer so großen Zahl von Fürsten und wegen der unbeholfenen Rede ihrer Wortführer gelangte ihre Klage nicht vor den König. Waren sie in übler Lage gekommen, so zogen sie in noch schlimmerer wieder nach Hause. So verfuhr dieser Edle mit ihnen bis zu seinem Tode und hinterließ seiner Tochter Euphemia, diese wiederum ihrem Sohne Rudolf, das auf so ungerechte Weise erworbene Erbe.

1 Wohlen in Aargau (in der heutigen Schweiz)

G. Franz, Quellen zur Geschichte des deutschen Bauernstandes im Mittelalter, Darmstadt 1967, S. 135 f.

M 5 Der Fronhofsverband

Ausstattung und Verwaltung eines Fronhofs beschreibt der Historiker Hans-Werner Goetz:

Wurde ursprünglich der größte Teil des Besitzes von den Leibeigenen in Eigenwirtschaft bearbeitet, so ließen Streubesitz und Traditionen freier Bauern, die ihren Hof behielten, bald die „klassische", nämlich zweigeteilte Form der Grundherrschaft entstehen, die in zwei verschiedene Wirtschaftsbereiche zerfiel: das Salland oder Herrenland, das sich um den Herrenhof gruppierte, wurde im Eigenbetrieb mithilfe der Unfreien am Hof und der zu Frondiensten

M 6

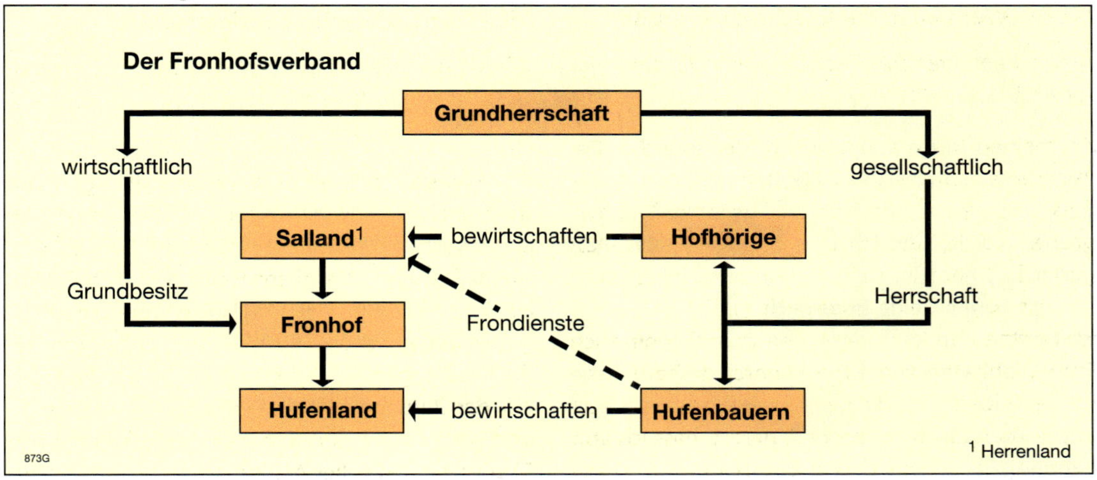

verpflichteten Hufenbauern bewirtschaftet; das Leihe- oder Hufenland (sogenannt, weil es in Hufen eingeteilt war), war an abhängige Bauern ausgegeben und wurde gegen festgesetzte Leistungen von diesen bearbeitet. Im Allgemeinen überwog das Hufenland, wobei der Sallandanteil an der Gesamtfläche stark variierte. Es gab aber auch Grundherrschaften ohne Sallandbetrieb oder ohne Leiheland. Ein Teil des Gutes, oft ganze Hofverbände, war darüber hinaus als Lehen an Adlige und Ministerialen ausgegeben.

Den Mittelpunkt eines solchen Verbandes bildete die curtis, der Herren-, Sal- oder Fronhof. Über seine Gestalt informiert am besten das Inventar des Königshofes in Annappes (bei Lille), das vielleicht anlässlich eines Besuches Karls des Großen im Jahre 800 angefertigt wurde. Im Zentrum stand ein Königshaus aus Stein – in dieser Zeit noch eine Ausnahme – mit dem „Königssaal" und drei Zimmern, 11 Kammern, einem Keller und zwei Vorhallen. Innerhalb der umzäunten curtis befanden sich 17 weitere, einräumige Holzhäuser, ein Stall, eine Küche, ein Backhaus, zwei Scheuern und drei Geflügelställe. Den Eingang bildete ein Steintor mit Söller [Balkon], von dem aus die Anweisungen gegeben wurden. Im Königshaus eines anderen Hofes befand sich eine Holzkapelle. Auch die Ausstattung an Tuchen (in der Regel je ein Betttuch, Tischtuch und Handtuch), Geräten (2 Bronzeschüsseln, 2 Trinkbecher, 2 Bronze- und ein Eisenkessel, 1 Pfanne, 1 Kesselhaken, 1 Feuerbock, 1 Kienkorb) und Werkzeug (Beile, Barte [breite Axt], Bohrer, Messer, Axt, Hobel, Sensen, Sicheln und genügend Holzwerkzeug) wurde genau aufgelistet. Die Höfe waren somit auf den Empfang des Königs und anfallende Arbeiten eingerichtet. Zum Inventar gehörte auch Vieh. […] Fronhof, Salland und Hufen bildeten eine Wirtschaftseinheit, die sich auf einen Ort konzentrieren, aber auch über das Umland erstrecken konnte. [..]

In kleineren Grundherrschaften war der Salhof zugleich Wohnsitz des Herrn; größere Grundherrschaften verfügten dagegen über eine ganze Reihe solcher Fronhofsverbände, die jeweils von Amtsträgern, dem maior (Meier) oder villicus, verwaltet wurden.

H.-W. Goetz, Leben im Mittelalter, München 1986, S. 118 ff.

M 7 Abgaben und Belastungen

In seinem Buch „Bauern im Mittelalter" beschreibt Werner Rösener die bäuerlichen Abgaben im Rahmen der Grundherrschaft:

Noch weit vielfältiger als die Fronen war die Reihe der Abgaben, die die Bauern aus ihrer Betätigung in Ackerbau, Viehzucht und Hauswirtschaft zu entrichten hatten. […] Als Rechtsgrundlagen für die bäuerlichen Abgaben innerhalb des älteren Grundherrschaftssystems sind vor allem drei anzuführen, soweit sie überhaupt genauer auseinander zu halten sind: Erstens die eigentlich grundherrlichen Zins- und Pachtabgaben; ihre Leistung lag darin begründet, dass der Grundherr seinen Bauern Land und Hofstellen zur Nutzung überließ. Zweitens Personalabgaben, welche einen leib- und schutzherrlichen Ursprung hatten. Solche Leib- und Kopfzinsen wurden manchmal neben den dinglich begründeten Leistungen bezahlt, doch im Allgemeinen nur von solchen Leibeigenen, welche kein Bauerngut innehatten. Drittens empfingen die Grundherren auch manche Abgaben öffentlichen Ursprungs, wie Heersteuern oder kirchliche Zehnten. Zu diesen drei Hauptarten treten noch andere Abgabeformen hinzu, wie Abgaben als Entgeld für besonders gewährte Nutzungen und Rechte, z. B. Leistungen

für die Benutzung herrschaftlicher Waldungen oder bäuerliche Ehrengaben für den Grundherrn bei bestimmten Festgelegenheiten. Im Laufe des Hochmittelalters vermehrten sich vor allem die bäuerlichen Zahlungen für grundherrliche Bannrechte [Gewerberechte] und die Abgaben an die Gerichts- und Territorialherren; insbesondere wiesen die Vogteilasten[1], Beden [Zahlungen an den Landesherrn] und Steuern eine steigende Tendenz auf. Aufgrund der schwierigen Berechnung der Frondienste und des fehlenden Wertmaßstabes für zahlreiche Naturalabgaben lassen sich über die Gesamtlastquote der Bauern im Fronhofsystem im Allgemeinen keine exakten Angaben machen. Die Höhe der bäuerlichen Belastung schwankte zudem von Region zu Region und von Grundherrschaft zu Grundherrschaft. Bei freier Pacht war die Forderung der Hälfte, eines Drittels oder eines Viertels des Bodenertrages üblich. Bei den verliehenen Gütern waren die Grundzinsen dagegen in der Regel fixiert, ohne einen bestimmten Teil des bäuerlichen Einkommens auszumachen.

Neben den regelmäßigen Abgaben wurden auch zahlreiche Leistungen bei besonderen Anlässen eingefordert. Am drückendsten war für viele Bauern zweifellos der sogenannte Todfall, der Anspruch des Herrn auf den Nachlass des Leibeigenen. Rechtlich hatte der Herr zwar mancherorts die Möglichkeit, das gesamte bewegliche Vermögen eines verstorbenen Unfreien einzuziehen, doch empfahl sich dies zumeist nicht, weil sonst die Fortführung des Bauernbetriebes durch den Erben überaus erschwert worden wäre. Am häufigsten stoßen wir daher auf den Anspruch des Herrn auf einen Teil des Nachlasses oder nur ein Stück Vieh (Besthaupt) oder das beste Gewand beim Tode der Frau (Bestkleid). Eine andere außerordentliche Leistung des Hörigen war fällig, wenn die Heiratserlaubnis des Herrn bei unfreier Rechtsstellung eingeholt werden musste. Bei dieser Gelegenheit waren dem Leibherrn Geschenke zu übergeben, die dann später als Heiratsgebühren von bestimmter Höhe festgesetzt wurden.

1 Vogt = Verwalter, Inhaber der niederen Gerichtsbarkeit

W. Rösener, Bauern im Mittelalter, München 1985, S. 221 f.

M 8 Bäuerliche Abgaben im Sachsenspiegel

Das erste Bild soll an den Lämmerzehnt erinnern, der zu Walpurgis (1. Mai) fällig wird. Mit dem grünen Baum ist hier wohl ein Maibaum gemeint, der nach weit verbreiteter Sitte zu Walpurgis an Haus und Hof aufgepflanzt wurde.
Zu St. Urban (25. Mai) hat der Nutzungsberechtigte die Früchte von Obst- und Weingarten „verdient“, weil zu diesem Zeitpunkt die Frühjahrspflege beendet ist. Das Ende dieser Arbeit zeigt rechts der leere rote Arbeitskittel an.
Es folgt der Termin für den Fleischzehnt, der am Johannistag (24. Juni) fällig ist und im Bild durch ein Rind, ein Kalb, eine Ziege und einen Hahn dargestellt wird. Das Gebilde rechts ist vermutlich eine Johanniskrone.
Am St. Margarethentag (13. Juli) ist der Kornzehnt fällig. Wie in ihrer Legende fesselt die Heilige hier den Teufel. Hinter ihr liegt das Korn, „das vorher in Garben gesetzt ist“, wofür der Zehnt deshalb auch schon vorher als verdient gilt.
Kräuter- und Wurzelbündel auf dem nächsten Bild symbolisieren die Wurzmesse (15. August), den Fälligkeitstermin für den Gänsezehnt.

Aus: W. Koschorreck, Der Sachsenspiegel in Bildern, Frankfurt/M. 1976, S. 118 f.

M 9 **Mannschaftsleistung**

a) Aus einem Formelbuch (Tours, um 750):

An den großmütigen Herrn […], ich […] Da es allen wohl bekannt ist, dass es mir an Nahrung und an Kleidung fehlt, habe ich mich bittend an Euer Erbarmen gewandt und habe frei beschlossen, mich in Eure Munt [Schutz] zu begeben oder zu kommendieren[1]. Und das habe ich getan; es soll so sein, dass Ihr mir mit Speise und Kleidung helft und mich unterhaltet, und zwar in dem Maße, wie ich Euch dienen und mir damit Eure Hilfe verdienen kann. Bis zu meinem Tode muss ich Euch dienen und gehorchen, so wie ich es als freier Mann vermag, und Zeit meines Lebens werde ich mich Eurer Gewalt oder Munt nicht entziehen können, sondern ich werde, solange ich lebe, unter Eurer Gewalt und Eurem Schutz bleiben. Und so kamen wir überein, dass der von uns beiden, der sich diesen Abmachungen entziehen wollte, seinem Vertragspartner soundsoviel Solidi zahlen muss und dass die Vereinbarung selber in Kraft bleibt.
Daher schien es angebracht, dass die Parteien zwei Urkunden gleichen Inhalts verfassten und bestätigten. Und so taten sie.

1 von lateinisch se commendare = sich unter die Gewalt eines anderen begeben

Zit. nach: F. L. Ganshof, Was ist das Lehnswesen?, Darmstadt 1961, S. 5 f.

b) Bericht Galberts von Brügge, wie der Graf von Flandern seine Vasallen empfing:

Zuerst leisteten sie ihm auf folgende Weise Mannschaft: Der Graf fragte den zukünftigen Vasallen, ob er ohne Vorbehalt sein Mann werden wolle, und dieser antwortete: „Ich will es.“ Alsdann umschloss der Graf die zusammengelegten Hände des anderen mit seinen Händen, und sie besiegelten den Bund durch einen Kuss. Zweitens gab derjenige, der Mannschaft geleistet hatte, dem „Vorsprecher“ des Grafens mit folgenden Worten sein Treueversprechen: „Ich verspreche bei meiner Treue, von nun an dem Grafen Wilhelm treu zu sein, und ihm gegen alle anderen meine Mannschaft unwandelbar zu erhalten, aufrichtig und ohne Trug.“ Drittens bekräftigte er sein Versprechen durch einen Eid, den er auf die Reliquien der Heiligen leistete.

Zit. nach: F. L. Ganshof, a. a. O., S. 73 f.

M 10 **Darstellungen aus dem „Sachsenspiegel“ der Heidelberger Bilderhandschrift**
Zwei Fürsten bieten einem Vasallen die Belehnung an. Der Vasall nimmt sie von demjenigen entgegen, der selber ein Fahnlehen hat. Da sein Lehnsherr sitzt, leistet er nach strenger Observanz [hier: Recht] kniend „Mannschaft“ und legt dazu seine gefalteten Hände zwischen die des Herrn, Anfang des 13. Jahrhunderts.

Aus: W. Koschorreck, a.a.O., S. 40/41.

Aufgaben

1. Beschreiben Sie den Aufbau einer Grundherrschaft. → Text, M4–M9
2. Welche Bedrängnisse führten die ehemals freien Bauern in die Abhängigkeit? → Text, M2–M4
3. Erläutern Sie die einzelnen Elemente des Lehnsverhältnisses. Stellen Sie die Szene (M10) nach und erklären Sie die Wirkung auf die Beteiligten und die Betrachter. → Text, M8–M10
4. Erklären Sie den Unterschied zwischen der Grundherrschaft und dem Lehnsverhältnis. → Text
5. Vergleichen Sie den auf dem Lehnsverhältnis aufbauenden mittelalterlichen Staat („Feudalstaat“) mit dem neuzeitlichen Staat.

4.3 Die Gesellschaft des Hochmittelalters

Agrartechnik

Zwischen dem 7. und 10. Jahrhundert wurden mehrere agrartechnische Neuerungen eingeführt, die in ihrem Zusammenspiel den Begriff einer landwirtschaftlichen Revolution rechtfertigen. Trotz unsicherer Quellenlage geht man davon aus, dass sich die agrarische Produktivität in dieser Zeit verdoppelte, was wiederum die Voraussetzung darstellte für eine gesamtwirtschaftliche Aufschwungsphase, die bis ins 14. Jahrhundert andauerte.

In der Zeit des 11. bis 13. Jahrhunderts wurde – gefördert von einem stetigen Bevölkerungswachstum – die Erschließung Europas vorangetrieben.

Eine intensive Rodungstätigkeit, die Kultivierung von Sumpfflächen, die Ostkolonisation, die Ausweitung der Anbauflächen für Getreide markieren eine beschleunigte Wirtschaftsentwicklung, die die Grundlage für das Wachstum der Städte bildete.

Obgleich in dieser Zeit die agrarische Produktion ausgeweitet wurde, so blieb doch der Hunger – wegen der unzureichenden Vorratsbildung – eine ständige Bedrohung für den mittelalterlichen Menschen. Denn wegen der ungenügenden Vorratsbildung hatten Naturkatastrophen, wie zum Beispiel Dürren oder Überschwemmungen, eine verheerende Auswirkung, zumal wenn in zwei aufeinander folgenden Jahren die Ernte gering ausfiel.

Bauern

Die Masse der mittelalterlichen Bevölkerung, das heißt etwa 90 Prozent, war in der Landwirtschaft tätig. Grundherrschaft und Unfreiheit blieben zwar der Rahmen des mittelalterlichen Bauerntums, aber zwischen dem 11. und 13. Jahrhundert gelang es den Bauern doch, ihre gesellschaftliche Position zu verbessern. Mehrere Faktoren spielten dabei eine Rolle:

- Die Auflösung des Fronhofverbandes und die Entstehung von Dörfern.
- Damit hingen sowohl die Einschränkung von Frondiensten als auch verbesserte Besitzrechte zusammen.
- Im Zuge der sich durchsetzenden Geldwirtschaft konnten die Frondienste durch Geldzahlungen abgelöst werden.
- Die Schollenpflichtigkeit lockerte sich.
- Die fortschreitende Verschriftlichung der Gesellschaft fand ihren Niederschlag in sogenannten Weistümern, die die Verpflichtungen der Bauern festhielten; dadurch wurde aber auch die Willkür der Grundherrn eingeschränkt.
- Größere Freiräume eröffneten sich für die Bauern im Zusammenhang mit der Binnen- und Ostkolonisation. Die „Rodungsfreiheit“ stellte dabei für den Bauern einen besonders günstigen Rechtsstatus dar.
- Nicht zuletzt die wachsenden Städte mit ihrem ständigen Bedarf an Zuwanderern boten dem Bauern eine mögliche Zuflucht, falls die Bedrückung zu groß geworden war.

M 1 Bäuerin und Bauer schlagen mit Dreschflegeln die Körner aus dem Getreide, Miniatur, 14. Jahrhundert

Gleichzeitig mit dieser Besserstellung der Bauern (im Vergleich zum frühen Mittelalter) sowie ihrer rechtlichen Angleichung verschärfte sich die Spaltung der Gesellschaft in die Krieg führende Schicht der Ritter und in die der Bauern; letzteren entzog man nach Möglichkeit die Waffen, womit man ihnen die Instrumente politischer Machtausübung nahm. Zwischen 1250 und 1400 verfestigte sich die Aufteilung der Gesellschaft so sehr, dass man von Ständen spricht, die sich voneinander abschließen. Obgleich die produktive Arbeit der Bauern die Voraussetzung für das höfische Leben der Ritter beziehungsweise das klösterliche der Mönche gewesen war, wuchsen sie zu einem Rechtsstand minderen Rechts zusammen. Ihr Wohnort, das Dorf, „steht außerhalb der Weltgeschichte".

Mönche

In einer von tiefer Religiosität geprägten Lebenswelt spiegelte sich in der mönchischen Lebensweise das Bestreben wider, Gott nahe zu sein. Der Rückzug aus der Welt in die Gemeinschaft der Mönche war Ausdruck von tiefer Frömmigkeit. Die Ordensregel verlangte von der mönchischen Existenz Armut, Keuschheit und Gehorsam. Eigentumslosigkeit, geschlechtliche Enthaltsamkeit und bedingungslose Unterordnung unter die Oberen bedeuteten in vollkommener Weise die Unterwerfung unter Gott. Das Dasein als solches verstand der Mönch als Gottesdienst, zu dem er sich durch ein Gelübde lebenslänglich verpflichtete. Das Kloster war der Ort, wo sich die Gemeinschaft der Mönche verwirklichte. Das mönchische Leben war eine genau geregelte Lebensweise, die nach den Grundsätzen der Strenge und Askese (Entsagung, Buße) gestaltet war.

M 2 **Guthlac, späterer englischer Heiliger, erhält in Repton Abbey von der Hand seines Bischofs die Tonsur:** Hinter dem Bischof der Schreiber mit einem Buch, rechts eine Äbtissin mit zwei Nonnen. Kahlscheren des Kopfes (lat. tondere = scheren) war in Rom das Zeichen des Sklaven. Aus dem antiken Brauch wurde in der westlichen Kirche des 7. Jh. eine eigene, die Aufnahme des Söhnleins ins Kloster markierende Zeremonie, Zeichnung aus der „Guthlac Roll" vom Ende des 12. Jh.

Aus: O. Borst, Alltagsleben im Mittelalter, Frankfurt/M. 1983, S. 163.

Mönchsorden

Aufgrund der unterschiedlichen Regeln lässt sich eine Vielzahl von Mönchsorden unterscheiden. Benedikt von Nursia (ca. 480–560) gilt allgemein als der Vater des europäischen Klosterlebens.

Im 6. Jahrhundert gründete er südlich von Rom auf dem Montecassino eine „Schule, in der man dem Herrn dient". Von ihm stammt das zum geflügelten Wort gewordene „ora et labora" (bete und arbeite). Im Wesentlichen beinhaltet seine Regel eine Dreiteilung des Tagesablaufs in Gottesdienst, Arbeit und Studium. Arbeit, sowohl als Handarbeit als auch als geistige Arbeit verstanden, bildet einen zentralen Aspekt der benediktinischen Ordensregel. „Müßiggang ist der Feind der Seele", schrieb Benedikt. Durch die Verpflichtung für die Mönche, lesen zu lernen, entstanden mit den Klöstern Bildungsinseln in einem noch

M 3 **Größte Kirche der Christenheit,** die Kirche des Klosters Cluny war 187 m lang, Rekonstruktion

ganz überwiegend analphabetischen Umfeld. Bibliotheken, Schulen und Skriptorien gehörten regelmäßig zu den Einrichtungen der Klöster. Es ist daher nicht verwunderlich, dass ein erheblicher Teil des Wissens, das wir heute vom frühen Mittelalter besitzen, von Mönchen stammt.

Novizen, die neu in ein Kloster eintraten, verpflichteten sich zur gemeinschaftlichen Lebensführung, zur Beständigkeit des Ortes (im Unterschied zu Wandermönchen) und zu Gehorsam gegenüber den Ordensoberen. Die benediktinische Regel wurde zur wichtigsten Richtschnur und zum Vorbild für das gesamte abendländische Mönchstum.

Im 10. und 11. Jahrhundert war das burgundische Kloster Cluny Ausgangspunkt einer kirchlichen Reformbewegung, die ganz Europa erfasste. Diese zielte unter anderem darauf, die Kirche aus der Vormundschaft von weltlichen Herrschern zu befreien. Die Cluniazenser – ein vom Adel geprägter Orden – verkörperten die reiche und herrschende Kirche. Im Mittelpunkt der mönchischen Tätigkeit standen Gottesdienst, Gebet und Gesang.

Gegen diesen Ordenstyp regte sich Widerstand, der seinen Anfang ebenfalls in Burgund, und zwar im Kloster Cîteaux, nahm (um 1100). Der Zisterzienserorden, wie er sich nach dem Urspungskloster nannte, stellte die Rückkehr zum einfachen Leben in den Mittelpunkt der mönchischen Regel. Betont wurde die körperliche Arbeit der Mönche. Folglich wurde auf die Zwangsarbeit (Fron) von unfreien Bauern verzichtet. Die Zisterzienser gründeten ihre Klöster mit Vorliebe in einsamer Wildnis. Nach Rodungs- beziehungsweise Entwässerungstätigkeiten entstanden schon sehr bald landwirtschaftliche Musterbetriebe. Die Kombination von mönchischer Askese (einfacher Lebensweise) und hoher Produktivität machte den Orden – gewissermaßen gegen seinen Willen – wohlhabend. Schon bald überstieg die Produktion das für die Selbstversorgung Notwendige. Der Erfolg der Zisterzienser zeigte sich auch darin, dass es in der zweiten Hälfte des 13. Jahrhunderts etwa 670 Klöster dieses Ordens in Europa gab.

Anfang des 13. Jahrhunderts erhielten zwei ganz neue Orden die päpstliche Bestätigung: Franziskaner und Dominikaner. Die Mitglieder dieser sogenannten Bettelorden lebten nicht in weltabgeschiedenen Klöstern, sondern in Städten. Die Mönche sahen in der Predigt ihre Hauptaufgabe. Ihnen kam eine zentrale Funktion bei der Bekämpfung der sogenannten Ketzerbewegung zu.

Klöster

Die Bedeutung der Klöster für die wirtschaftliche und kulturelle Erschließung Europas im Mittelalter ist kaum zu überschätzen. Im frühen Mittelalter bildeten die Klöster den Ausgangspunkt für die Christianisierung, die eine gemeinsame europäische Kulturgrundlage schuf. Die Klöster machten einen wesentlichen Teil der Grundherrschaft aus, das heißt, die Arbeit von bäuerlichen Untertanen bildete in der Regel ihr soziales Fundament. In einer Zeit, in der die Gesellschaft noch einen weitgehend analphabetischen Charakter trug, stellten die Klöster geistige Zentren dar. In ihnen gab es Schreibstätten und Bibliotheken; hier wurden Urkunden und Chroniken verfasst. Mönche waren in den Kanzleien der Herrschenden tätig. In Klöstern pflegte man die Kunst, zum Beispiel die Buchmalerei; Heilkunde und Armenpflege spielten ebenfalls eine bedeutende Rolle.

Thomas von Aquin

M 4 **Thomas von Aquin**
Gemälde von Justus van Gent, um 1476

Thomas von Aquin (um 1225–1274) gilt als der größte kirchliche Lehrer des Mittelalters. Er war Begründer eines Gedankengebäudes, mit dem er das zeitgenössische Wissen mit dem christlichen Offenbarungsglauben in Einklang zu bringen suchte. Der Dominikanermönch nahm die sehr diesseitigen Gedanken des Aristoteles auf und überwand somit eine rein spirituelle Weltsicht. Grundlage dieser Weltanschauung war die Unsterblichkeit der Seele und die von einem Schöpfergott erschaffene Welt. Davon ausgehend begründete Thomas von Aquin eine Hierarchie des Seins, die von der bewusstlosen Materie bis zum vollkommenen Sein (Gott) reichte. In seiner Sicht standen die wissenschaftlich-rationalen Erkenntnisse der christlichen Offenbarung nicht im Weg. Leib und Seele stellten für ihn keinen absoluten Gegensatz dar. Damit verstieß er gegen eine zur damaligen Zeit weit verbreitete Glaubensüberzeugung. Auch der Staat wurde von ihm anerkannt, gleichwohl aber in einer dienenden Funktion für die Kirche.

Thomas von Aquin repräsentierte als „Scholastiker“ die für das Mittelalter so typische Einheit von Theologie und Philosophie. Der Begriff „Scholastik“ leitet sich von Dom- bzw. Klosterschulen ab, an denen die Lehrer „scholastici“ hießen. Die Scholastik ist der Oberbegriff für eine philosophische Richtung, die die kirchlich anerkannten Glaubenslehren möglichst widerspruchsfrei mit Vernunft und Wissenschaft versöhnen will.

Hildegard von Bingen

Die wohl bedeutendste Nonne des 12. Jahrhunderts war Hildegard von Bingen (1098–1179). Als Tochter einer adligen Familie wurde sie bereits mit acht Jahren in ein Kloster gegeben. Mit 42 Jahren trat sie aus dem Kloster in die Welt und machte sich einen Namen als Seherin, die über visionäre Kräfte verfügte. Ihre Visionen verdichteten sich zu einem Weltbild, in dem sich die Erlösungsbedürftigkeit des Menschen und dessen Heilsgewinnung widerspiegeln. Die Benediktinerin Hildegard von Bingen galt bereits ihren Zeitgenossen als Prophetin und Heilige. Sie repräsentiert einen Frömmigkeitstypus, der Religiosität als mystische

M 5 **Hildegard von Bingen als Visionärin**
Bildpostkarte, um 1910.
„Scivias“ – Wisse die Wege – so lautet der Titel ihres Hauptwerkes.

Vereinigung mit der Gottheit lebt. Ihre auf individuellen Vorstellungen beruhenden Predigten wurden von den kirchlichen Autoritäten mit Argwohn wahrgenommen. Zum Konflikt mit der männlich dominierten Amtskirche führte ihr Wille, ein Frauenkloster zu errichten – damals ein geradezu revolutionäres Unterfangen. Nach etlichen Auseinandersetzungen mit der Amtskirche erhielt sie aber die Erlaubnis, ein Kloster für Schwestern auf dem Rupertsberg bei Bingen am Rhein zu gründen.

Ritter

Die Ursprünge des Rittertums lagen im Kriegswesen. Zwei Erfindungen (Steigbügel und genageltes Hufeisen) leisteten einer militärisch-technischen Entwicklung Vorschub, die dem gepanzerten Reiter eine Überlegenheit über den bäuerlichen Fußkämpfer gab. Die Bedeutung des Wortes „riter“ (Reiter) änderte sich in dem Maße, als eine kleine Elite von Berufskriegern, die mit Pferd und Rüstung (zum Beispiel Helm, Kettenhemd) ausgestattet war, sich vom Rest der Gesellschaft abgrenzte. Waffendienst galt als besonders ehrenvoll und wertete den Mann auf. Aus dem „Reiter“ wurde der „Ritter“, dem eine spezielle Würde zu eigen war. Dieser Prozess war um 1200 abgeschlossen, als der Abstand zu den nicht „Ritterbürtigen“ sich im Grundsatz ausdrückte, dass nur derjenige zum Ritter geschlagen werden konnte, der seinerseits ein Nachfahre von Rittern war. Diese Verfestigung zu einem Geburtsstand, den es in dieser Form im frühen Mittelalter nicht gegeben hatte, zeigte sich in der Durchsetzung der Primogenitur (Erbrecht des ältesten Sohnes) sowie der Bildung von familiären Traditionen, die im Namen und Wappen Ausdruck fanden.

Dieser sich allmählich (im 11. Jahrhundert) abschließende Geburtsstand der Ritter bildete sich in Deutschland aus der Verschmelzung von zwei unterschiedlichen Gruppen. Grundlegend war dabei, dass es der Gruppe der Ministerialen (Dienstmannen) gelang, in die Schicht der Adligen aufzusteigen. Ministerialen waren ursprünglich Hörige, also Unfreie, die aber aufgrund von wichtigen Verwaltungs- und Kriegsdiensten mit einem Dienstlehen ausgestattet worden waren. Ihr Versuch, die leibherrlichen Bindungen abzustreifen, die unfreie Herkunft vergessen zu machen und sich im Hinblick auf Lebensgewohnheiten den Adligen anzupassen, war erfolgreich. Ministerialen vermochten sich an unterster Stufe in die Lehnshierarchie einzuordnen. Sie bildeten den Kern der Ritterschaft beziehungsweise des niederen Adels.

Adel und Ritterschaft waren also zunächst nicht identisch. Die Ursprünge des Adels liegen im Dunkeln und sind quellenmäßig nicht eindeutig belegt. Zwar gab es auch im frühen Mittelalter schon bevorrechtigte Familien, aber im 11. und 12. Jahrhundert bildete sich ein neuer Adel, der seinen Vorrang durch das Geblütsrecht legitimierte.

Ständelehre

„Stand“ als ein Begriff der Soziologie (Wissenschaft von der Gesellschaft) meint eine nach rechtlichen Gesichtspunkten vorgenommene Gliederung der Gesellschaft. Die Geburt erscheint dabei als entscheidend für die Verteilung von Lebenschancen. Die Ungleichheit, zum Beispiel vor Gericht, bei der Kleidung oder beim Waffentragen, ist Ausdruck der Hierarchie. Der Möglichkeit, der Zugehörigkeit eines Standes zu entkommen, sind enge Grenzen gesetzt.

Die mittelalterliche Ständelehre vermittelte das Bild einer gottgewollten Daseinsweise, in der das Prinzip der Rangstufung fest verankert war. Ein Ausbrechen aus dieser hierarchischen Ordnung aus Klerus, Adel und Bauern bedeutete folglich eine Verletzung der von Gott gesetzten Ordnung. Während die Dreiständelehre den Vorrang des Priesters – wegen seiner Nähe zu Gott – festschrieb, wurde dem Bauern der unterste Rang zugewiesen. Dabei stand die Vorstellung Pate, dass die Arbeit ein Fluch sei, der mit der Vertreibung aus dem Paradies zusammenhinge. Für das gesamte Mittelalter galt, dass das Prestige von Arbeit in dem Maße abnahm, als der Anteil körperlicher Tätigkeit wuchs. Die Ständelehre suggerierte eine Einheitlichkeit der einzelnen Stände, die es zu keinem Zeitpunkt gegeben hatte. Trotz rechtlicher Angleichung der ehemals freien, un- oder halbfreien Bauern differenzierte sich der Bauernstand zum Beispiel entsprechend der Hofgröße. Der Klerus seinerseits unterschied sich in eine niedere und eine hohe Geistlichkeit, wobei letztere sich zumeist aus adligen Familien rekrutierte. Der Adel selbst umfasste sowohl den König als auch den Ritter des niederen Adels, dem es unter Umständen ökonomisch schlechter ging als einem wohlhabenden Bauern. Schließlich schob sich der zu Reichtum gekommene Stadtbürger wie ein Fremdkörper in diese ständische Gesellschaft. Wie schon hinsichtlich der Geistlichkeit so traten nunmehr berufsständische Aspekte gesellschaftlicher Gliederung neben jene der Geburt. Die Stände, so wie sie sich zwischen dem 11. und 13. Jahrhundert herauskristallisierten, waren zu keinem Zeitpunkt gänzlich voneinander abgeschottet.

M 6 Die drei Stände
Der Albtraum des englischen Königs Heinrich I.: Er sieht sich durch Bauern, Ritter, Bischöfe und Äbte bedroht, Chronik des John of Worchester, Ende des 12. Jahrhunderts [Bildausschnitt].

M 7 Ständelehren

a) Dreifache Einheit

Bischof Adalbero von Laon beschreibt einen harmonischen gesellschaftlichen Organismus (um 1020):

Die Gesellschaft der Gläubigen bildet nur einen Leib; der Staat aber umfasst drei. Denn das andere Gesetz, das Gesetz der Menschen, unterscheidet noch zwei weitere Klassen: Adlige und Hörige unterstehen nicht demselben Gesetz. [...] Die einen sind die Krieger, die Beschützer der Kirchen; sie sind die Verteidiger des Volkes, der Großen wie der Kleinen, kurzum aller, so wie sie gleichzeitig für ihre eigene Sicherheit sorgen. Die andere Klasse ist die der Hörigen. Diese armen Tröpfe besitzen nur, was sie sich um den Preis der Mühsal erwerben. Wer könnte, das Rechenbrett in der Hand, all ihre Plagen, ihre langen Märsche, ihre harten Arbeiten zusammenzählen? Geld, Kleidung, Nahrung, all das beschaffen die Hörigen für alle Welt; kein freier Mann könnte ohne die Hörigen sein Leben fristen. Gibt es eine Arbeit zu verrichten? Will man Aufwand treiben? Wir sehen Könige und Prälaten [geistliche Würdenträger] sich zu Hörigen ihrer Hörigen machen; der Herr wird vom Hörigen ernährt, er, der vorgibt, ihn zu ernähren. Und der Tränen und Seufzer des Hörigen ist kein Ende abzusehen. Das Haus Gottes, das man für eins hält, ist also in drei geteilt: Die einen beten, die anderen kämpfen, die dritten schließlich arbeiten. Diese drei Teile, die miteinander leben, dürfen nicht auseinandergerissen werden; die Dienste des einen sind die Voraussetzung für die Werke der anderen beiden. Jeder verpflichtet sich für sein Teil, das Los der Gesamtheit zu erleichtern. So ist diese dreifache Einheit darum doch nicht weniger einheitlich, und so hat das Gesetz obsiegen und die Welt sich des Friedens erfreuen können.

Zit. nach: J. Le Goff, Kultur des europäischen Mittelalters, München 1970, S. 425 f.

b) Allegorie

Von Eadmer von Canterbury, einem Mönch des 11. Jahrhunderts, stammt die folgende Fabel:

Beispiel von den Schafen, den Ochsen und den Hunden. Die Schafe sind da, um Milch und Wolle zu geben; die Ochsen, um die Erde zu pflügen; die Hunde, um die Schafe und die Ochsen gegen die Wölfe zu verteidigen. Erfüllt jede dieser Tiergattungen ihre Aufgabe, so beschützt Gott sie [...]. Ebenso erhält er die Stände, denen er die verschiedenen Ämter dieser Welt übertragen hat. Die einen – die Geistlichen und die Mönche – hat er bestellt, auf dass sie für die anderen beten, sie voller Sanftmut, wie die Schafe, mit der Milch der Verkündigung tränken und ihnen durch die Wolle des guten Beispiels eine glühende Liebe zu Gott einflößen. Die Bauern hat er bestellt, auf dass sie – wie die Ochsen durch ihre Arbeit – für den Lebensunterhalt ihrer selbst und der anderen Sorge tragen. Andere schließlich – die Krieger – hat er bestellt, auf dass sie im Maß des Notwendigen Macht zur Schau tragen und diejenigen, die beten, sowie diejenigen, welche die Erde bearbeiten, vor Feinden wie vor Wölfen schützen.

Zit. nach: J. Le Goff, a. a. O., S. 426.

c) Ständebild

Die gesellschaftlichen Stände in mittelalterlicher Sicht. Der auf dem Regenbogen sitzende Christus segnet die drei gottgegebenen Stände „Lehrstand, Wehrstand, Nährstand", das heißt Geistliche, Ritter, Bauern. Die ursprüngliche Zweiteilung in Kirche und Welt, in Geistlichkeit und Laienschaft, ist nach dem 9. Jahrhundert von einer Dreiteilung verdrängt worden: die Laienwelt wurde gestuft in die höhere Ritterwelt und in die niedere Sklaven-und Bauernwelt. Oberhalb des Bildes ist angegeben, dass der Heiland zu Papst, Kaiser und Bauern als den Repräsentanten der Stände spricht. Das Deutungsschema, das sich an trinitarische Gedanken anlehnt, hielt sich bis zum Ausgang des Mittelalters trotz handgreiflicher Unzulänglichkeiten, denn wo zum Beispiel waren der Kaufmann und der Bürger? Die Anweisungen Christi, zugleich Beischriften im Bild, fügen sich zu einem reimenden Hexameter:

„Tu supplex ora, tu protege, tuque labora" (Du verrichte Gebete, du schütze und du bestelle den Acker). – Aus dem einflussreichen astrologischen Werk „Pronosticatio in latino" des Johannes Lichtenberger von 1488, das bis 1499 in 14 verschiedenen Ausgaben erschienen ist, hier ein Holzschnitt der Ausgabe des Jacob Meydenbach (Mainz 1492) der – in Übereinstimmung zur Überschrift – an der Spitze der Geistlichkeit den Papst, an der Spitze der Laienschar den Kaiser und einen König zeigt.

H. Fuhrmann, Einladung ins Mittelalter, München 1987, zu S. 255.

d) Ungleichheit

Bischof Burchard von Worms über Herren und Knechte (um 1010):

Wegen der Sünde des ersten Menschen ist dem Menschengeschlecht durch göttliche Fügung die Strafe der Knechtschaft auferlegt worden, sodass [Gott] denen, für die, wie er sieht, die Freiheit nicht passt, in großer Barmherzigkeit die Knechtschaft auferlegt. Und obgleich die Erbsünde durch die Gnade in der Taufe allen Gläubigen genommen ist, hat der gerechte Gott das Leben der Menschen so unterschieden, indem er die einen zu Knechten, die anderen zu Herren einsetzte, damit die Möglichkeit zu freveln für die Knechte durch die Macht der Herren eingeschränkt würde.

Quellen zur Geschichte des deutschen Bauernstandes im Mittelalter, Ausgewählte Quellen zur deutschen Geschichte des Mittelalters, Bd. XXXI, 2. Auflage, Darmstadt 1974, S. 122.

M 8 Das Kloster

Ferdinand Seibt, Professor für mittelalterliche Geschichte, versteht das Kloster als utopischen Ort:

Wie viel auch immer das Christentum beitrug zur Formierung Europas, das östliche, durch die Türkenherrschaft gestörte, als auch das westliche, das sich in seiner Entwicklung unbehindert entfalten konnte: Hier wie dort beruhten seine Verbreitung, Stabilisierung, Kontinuität auf dem Mönchtum. Noch die Reformation des westlichen Christentums ging bekanntlich von Mönchen aus, vom Augustinereremiten Luther und von nicht wenigen seiner Ordensbrüder. Das hing mit den Klöstern zusammen. Hinter Klostermauern – und Kloster heißt *claustrum*, das Abgeschlossene – verbarg sich eine andere Welt. Eine Welt aus Stein, ein Gebäudekomplex mit Wohn-, Bet-, Arbeitsräumen, die ein Menschendasein ausfüllen können, eine Welt, in der man „alles Nötige finde, auch Wasser, Mühle, Werkstätten, Garten, denn es ist nicht zuträglich für die Seele der Mönche, ihr Kloster zu verlassen". So heißt es in der Ordensregel des Benedikt von Nursia (487–556), des Patriarchen allen abendländischen Mönchtums, auch er ein Mann aus römischer Oberschicht, den die Krise seiner Zeit zunächst zur Flucht in die Einsamkeit veranlasst hatte, dann aber zur umsichtigen Konzeption einer gegenweltlichen, einer eigentlich utopischen Lebensform. Im Kloster war ein Leben in strenger, aber liebender,

M 9

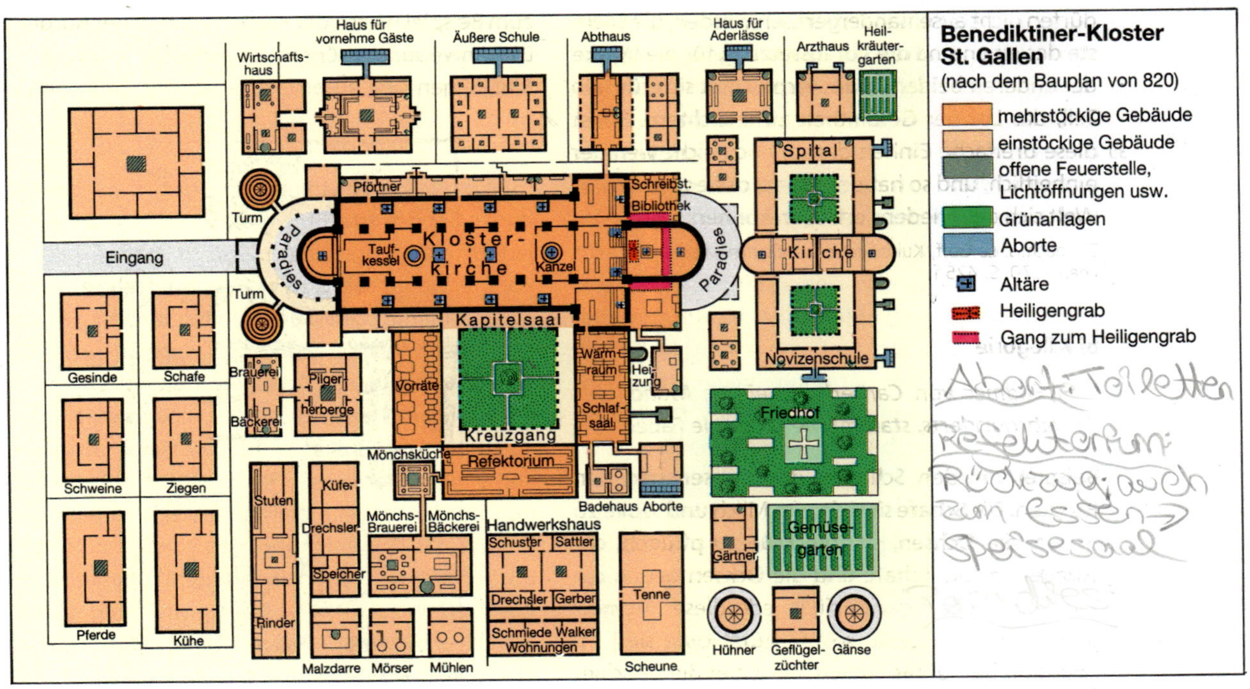

dienstbereiter Gemeinschaft zu finden, patriarchalisch unter der Leitung eines von allen gewählten Vorgesetzten, der den Titel „Vater" führte, nach Gebetsstunden geregelt von Morgen bis Abend, dem Chorgesang und dem Gebet hingegeben, aber auch der Arbeit zur Erhaltung der Gemeinschaft, in der alle ohne eigenen Besitz zusammenlebten. […] Für alles sorgt die Gemeinschaft selbst, in strenger Askese und immer wieder erhoben „in der trunkenen Nüchternheit des Geistes", wie es im benediktinischen Morgengebet heißt.

F. Seibt, Die Begründung Europas, Frankfurt/M. 2002, S. 310.

M 10 Thomas von Aquin: Die heilige Wissenschaft hat den Charakter wahrer Wissenschaft

Der nachfolgende Textauszug zeigt beispielhaft die dialektische Vorgehensweise, bei der jeder Glaubenssatz erörtert wird:

a) Dass die heilige Wissenschaft wahrhaft Wissenschaft sei, scheint aus zwei Gründen geleugnet werden zu müssen.

I. Dem Wissen als solchem ist es wesentlich eigen, vom Bekannteren zum Unbekannteren vorzuschreiten; und daraus folgt, dass schließlich jeglicher wahren Wissenschaft Prinzipien zugrunde liegen müssen, welche durch und aus sich allein anerkannt sind, nämlich keinerlei weiteren Beweises bedürfen, also als allgemein bekannt vorausgesetzt werden; wie z. B. ‚das Ganze ist größer als einer von seinen Teilen' oder ‚ein und dasselbe kann nicht zugleich tatsächlich bestehen und nicht bestehen'. Die heilige Wissenschaft aber geht von den Glaubensartikeln als ihren Prinzipien aus, die nicht aus und durch sich selbst klar, also nicht allgemein bekannt sind; denn ‚nicht alle haben den Glauben'. […]

II. Dem Wissen ist es ferner wesentlich eigen, dass es sich nicht auf das Einzelne, sondern auf das Allgemeine richtet. Nicht z. B. ist der einzelne Mensch Petrus an und für sich Gegenstand des Wissens, sondern der einzelne Mensch ist es aufgrund der allgemeinen Gattung ‚Mensch'; soweit der Einzelne nämlich an dieser Gattung teilnimmt und in ihr den formalen Grund seines Seins hat. Die heilige Wissenschaft aber behandelt einzelne Tatsachen als einzelne und nicht unter dem Gesichtspunkte der Allgemeinheit; wie z. B. die Handlungen Abrahams, Isaaks und Jakobs und ähnliche. Also scheint ihr der Charakter wahrer Wissenschaft nicht zuzukommen.

Auf der anderen Seite sagt jedoch Augustin[1] […]: ‚Dieser Wissenschaft kommt alles jenes zu, wodurch der im höchsten Grade heilbringende Glaube erzeugt, genährt, verteidigt, gestärkt wird.' Das kommt aber keiner anderen Wissenschaft zu als eben der heiligen. Nach Augustin also und ebenso gemäß dem Grunde, den er anführt, muss die heilige Wissenschaft den Charakter wahren Wissens haben.

b) Ich antworte, dass die heilige Wissenschaft wirklich eine Wissenschaft ist. Es muss dabei bemerkt werden, dass es eine doppelte Art von Wissenschaften gibt. Denn die einen, wie die Arithmetik, Geometrie und ähnliche, gehen von Prinzipien aus, welche durch und aus sich klar und somit für das natürliche Licht der Vernunft annehmbar sind. Andere Wissenschaften aber gehen von Prinzipien aus, die nur kraft des Lichtes einer höheren Wissenschaft an und durch sich bekannt, d. h. evident [offenkundig] sind. […]

1 bedeutender Kirchenlehrer (354–430)

Zit. nach: K. Vorländer, Philosophie des Mittelalters, Reinbek bei Hamburg 1964, S. 221.

M 11 Ritterliche Ethik

Johann von Salisbury (um 1115–1180), Bischof, versuchte dem Rittertum eine religiöse Weihe zu geben (a). Der Historiker Marc Bloch (b) und der Soziologe Norbert Elias (c) ergänzen und korrigieren das Bild:

a) Zu welchem Zweck ist das Rittertum geschaffen? Die Kirche zu schützen, den Unglauben zu bekämpfen, dem Priestertum Ehrfurcht zu erweisen, den Armen zu helfen, den Frieden zu wahren, das eigene Blut zu opfern und, wenn nötig, das Leben hinzugeben für die Brüder.

Zit. nach: R. W. Southern, Geistes- und Sozialgeschichte des Mittelalters, Stuttgart 1960, S. 101.

b) Wie stark auch immer die Rechte waren, die durch Geburt erlangt worden sind, so waren sie jedoch nicht derart, dass man sie nicht verlieren konnte, wenn man ganz bestimmten Beschäftigungen nachging, die als unvereinbar mit der herausgehobenen Würde angesehen wurden. Sicherlich war der Begriff des Adelsverlustes noch nicht in allen Einzelheiten entwickelt. Das Verbot, Handel zu treiben, scheint dem Adel zunächst vor allem von einigen städtischen Rechtssätzen aufgezwungen worden zu sein, die damit viel eher im Auge hatten, das Quasimonopol des handeltreibenden Bürgertums zu schützen als dem gegnerischen Kastenstolz zu dienen. Aber einstimmig galten die Feldarbeiten als unvereinbar mit der Ehre des Waffentragens. Selbst mit seinem eigenen Einverständnis, so entschied das Pariser Parlament, dürfe ein Ritter nicht, wenn er ein abhängiges Bauerngut habe, die ländlichen Hand- und Spanndienste ausführen. „Pflügen, hacken, Holz oder Mist auf dem Rücken eines Esels transportieren", das sind Handlungen, die nach einer provenzalischen Verordnung sofort die Aberkennung der ritterlichen Vorrechte zur Folge haben. In der Provence war es auch, wo man eine adlige Dame folgendermaßen charakterisierte: „Sie steht weder am Herd, noch geht sie ins Waschhaus oder zur Mühle." Der Adel definierte sich nicht mehr länger nach seiner Funktion, bewaffneter Gefolgsmann zu sein, er verstand sich auch nicht mehr als eine Klasse von Geweihten, er blieb jedoch immer eine Klasse mit einem bestimmten Lebensstil und sollte das auch weiterhin bleiben.

M. Bloch, Die Feudalgesellschaft, Frankfurt/M., Wien, Berlin 1982, S. 396.

c) Das Leben in der mittelalterlichen Gesellschaft drängte in die entgegengesetzte Richtung. Raub, Kampf, Jagd auf Menschen und Tiere, das alles gehörte hier unmittelbar zu den Lebensnotwendigkeiten, die dem Aufbau der Gesellschaft entsprechend offen zutage lagen. Und es gehörte demgemäß auch für die Mächtigen und Starken zu den Freuden des Lebens. [...] Krieg, das ist nach der Erklärung eines der „Chansons de geste" [Lieder von Heldentaten]: als Stärkerer über den Feind kommen, seine Weinstöcke abhauen, seine Bäume ausreißen, sein Land verwüsten, seine Burgen im Sturm nehmen, seine Brunnen verschütten, seine Leute fangen und töten. Es ist eine besondere Lust, Gefangene zu verstümmeln: [...] Man verstümmelte gewöhnlich nur die Ärmeren und Niedrigerstehenden, für die kein beträchtliches Lösegeld zu erwarten war, und verschonte die Ritter, für die man ein Lösegeld zu erhalten hoffte. Aber auch die Chroniken, die unmittelbaren Dokumente des gesellschaftlichen Lebens selbst, sind voll von ähnlichen Zügen. [...]

Das Gros der weltlichen Oberschicht des Mittelalters führte das Leben von Bandenführern. [...] Der Krieger liebte den Kampf nicht nur, er lebte darin. Er verbrachte seine Jugend damit, sich auf Kämpfe vorzubereiten. Wenn er mündig war, schlug man ihn zum Ritter, und er führte so lange Krieg, als es seine Kräfte nur irgend erlaubten, bis ins Greisenalter hinein. Sein Leben hatte keine andere Funktion. Sein Wohnhaus war eine Wache, eine Festung, Angriffs- und Verteidigungswaffe zugleich. Wenn er zufälligerweise, wenn er ausnahmsweise im Frieden lebte, brauchte er wenigstens noch die Illusion des Krieges. Er schlug sich in Turnieren, und diese Turniere unterschieden sich oft von wirklichen Kämpfen nur wenig. [...]

Die chronische Form, die der Krieg anzunehmen pflegte, [...] nährte ein Gefühl allgemeiner Unsicherheit.

N. Elias, Über den Prozess der Zivilisation, Bd. 1, Frankfurt/M. 1977, S. 20.

M 12 **Kampf und Sieg im ritterlichen Turnier,** Buchmalerei aus der Manessischen Liederhandschrift, Anfang 14. Jahrhundert

Aufgaben

1. Erklären Sie die Gliederung der Stände und erläutern Sie, wie diese gerechtfertigt wurde.
   → Text, M6, M7
2. Geben Sie die wesentlichen Aspekte der benediktinischen Glaubensregel wieder.
   → Text, M8
3. Erläutern Sie die Rolle, die die Mönche im Mittelalter spielten. Halten Sie die Funktionen der Klöster fest.
   → Text, M2, M3, M8, M9
4. Bestimmen Sie das Verhältnis von Glauben und Wissen, wie es Thomas von Aquin entwickelt hat.
   → Text, M4, M10
5. Beschreiben Sie das Ideal des Rittertums und den Lebensstil des Ritters.
   → Text, M11, M12
6. Vergleichen Sie die Ständegesellschaft des Mittelalters mit der Gesellschaft der Gegenwart. Halten Sie die Unterschiede fest.
   → Text, M7

4.4 Der Investiturstreit

Kirchenreform

Das 10. Jahrhundert stand im Zeichen einer innerkirchlichen Reformbewegung, die ihren Ausgang von den Klöstern Gorze bei Metz (gegründet 748) und Cluny in Burgund (910) genommen hatte. Es handelte sich dabei zunächst um den Ausdruck einer neuen Frömmigkeit, die sich gegen die reiche und in die weltliche Herrschaft verstrickte Kirche wandte. Den Reformern ging es sowohl um die Beseitigung der Simonie (Kauf geistlicher Ämter) als auch um die Durchsetzung des Zölibates (priesterliche Ehelosigkeit). Aber die cluniazensische Reformbewegung wurde noch in einer weiteren Hinsicht Ausgangspunkt einer neuen Kirchenpolitik, wie der Kampf gegen das sogenannte Eigenkirchenwesen zeigte. Die Kirchen des frühen Mittelalters wurden nämlich als Eigentum (und Einkommensquelle) derjenigen Adligen angesehen, auf deren Grund sie standen beziehungsweise die sie gestiftet hatten. Mit der Parole „Freiheit der Kirche" strebte ein Teil der Geistlichkeit danach, herrschaftliche Bindungen abzustreifen und zu einer von weltlich-politischen Einflüssen unabhängigen Organisation zu werden. Die cluniazensischen Ideen, die im 11. und 12. Jahrhundert durch über 1400 Klöster in Europa Verbreitung fanden, mündeten im sogenannten Investiturstreit, das heißt im Konflikt darüber, wer berechtigt ist, Bischöfe und Äbte in ihre Ämter einzusetzen.

M 1 **Papst Gregor VII.** (1021–1085), Miniatur, 1. Hälfte des 12. Jahrhunderts

Laieninvestitur: Menschen, die keine Ahnung haben besetzen Ämter (Bischöfe, Äbte)

Papst Gregor VII., ein glühender Verfechter der reformkirchlichen Ideen, repräsentierte wie kein zweiter den Widerstand gegen die Laieninvestitur, das heißt gegen die Besetzung kirchlicher Ämter durch Laien im Allgemeinen beziehungsweise von Bistümern durch den König im Besonderen.

Der Streit um die Investitur entwickelte sich zum wichtigsten politischen Konflikt des Hochmittelalters. Es handelte sich um einen Grundsatzstreit über das Verhältnis von geistlicher und weltlicher Macht. In letzter Konsequenz ging es um die Frage, wem in Europa der Vorrang gehört: der kirchlichen Macht (personifiziert von Papst Gregor VII.) oder der weltlichen Macht (personifiziert von dessen Gegenspieler König Heinrich IV.)?

Reichskirchensystem

Äbte einflussreich da: Klöster hatten Ländereien, König will etwas davon

Das im 11. Jahrhundert gültige ottonisch-salische Reichskirchensystem sah das unbestrittene Recht des Königs vor, die Bischöfe auszuwählen sowie entscheidenden Einfluss auf die Papstwahl zu nehmen. Modern gesprochen handelte es sich um eine Staatskirche. Die Kirche diente den karolingischen und ottonischen Herrschern als Gegengewicht gegen die Stammesherzöge beziehungsweise weltlichen Fürsten, deren Unabhängigkeitsstreben es aus königlicher Sicht zu bändigen galt. Otto I. übertrug bevorzugt Reichsgut leihweise an Bischöfe und Äbte und machte die Kirche so zu einem wichtigen Verwaltungsinstrument. Angesichts einer fehlenden öffentlichen Gewalt lag es aus der Perspektive des Herrschers nahe, sich der Organisation der Kirche mit ihrer entwickelten Schriftkultur zu bedienen. Ein weiterer Aspekt betraf die Reichslehen selbst. Um den Zugriff auf diese nicht zu verlieren, empfahl es sich, Lehen an Kirchenleute zu vergeben. Da diese keine erbberechtigten Nachfolger hatten, musste der König keine Umwandlung in einen erblichen Familienbesitz befürchten. Entsprechend ihrer Stellung im Reich nahmen die geistlichen Fürsten (mit den Erzbischöfen von Mainz, Trier und Köln an der Spitze) seit dem 11. Jahrhundert an der Königswahl teil.

Die Forderung der Kirche nach kanonischer Wahl der Bischöfe, das heißt einer Wahl nur durch Geistliche, bedeutete für den König den Verlust der Kirchenherrschaft. Da die Bischöfe den wichtigsten Pfeiler der Reichsverwaltung bildeten, wurde mit der Verselbstständigung der Kirche dem Königtum ein Teil seiner Machtgrundlage entzogen. Der Widerstand der weltlichen Macht gegen die „Freiheit der Kirche“ wird so verständlich. Während der Regierungszeit Heinrichs IV. spitzte sich der Konflikt zwischen der weltlichen und der kirchlichen Gewalt zu. Papst Gregor VII. verbot die Laieninvestitur. Demzufolge durfte die Einsetzung zum Beispiel von Bischöfen und Reichsäbten nicht mehr durch Nichtkleriker erfolgen. Gleichzeitig beanspruchte Gregor VII. die päpstliche Obergewalt über alle weltlichen Herrscher. Diese sollten zu Lehnsmännern des Papstes herabgestuft werden.

Gregor ließ König Heinrich mit dem Kirchenbann belegen. Damit wurden alle Christen von ihrem Eid gegenüber Heinrich IV. entbunden. Diesen Konflikt zwischen König und Papst nutzten die deutschen Fürsten aus, die auf ihre Unabhängigkeit bedacht waren. Sie beschlossen ihrerseits, einen neuen König zu wählen, falls Heinrich IV. nicht die Aufhebung der Kirchenstrafe erreichte. Um dem geplanten Gerichtstag der Fürsten zuvorzukommen, zog Heinrich nach Italien. Im Januar 1077 erschien er im Büßergewand vor der Burg Canossa am Nordhang des Apennin, wo sich Papst Gregor aufhielt. Nach mehrmaliger Abweisung musste ihn Gregor vom Bann lossprechen, wenn er nicht gegen seine Priesterpflicht verstoßen wollte. Der „Gang nach Canossa“ ist bis heute eine bildhafte Formulierung für einen erniedrigenden Bittgang geblieben.

M 2 **Der Gang nach Canossa 1077**
Heinrich IV. kniet vor der Markgräfin Mathilde von Tuszien mit Bitte um Vermittlung im Konflikt mit dem Papst. Links von ihr Abt Hugo von Cluny aus dem Gefolge Gregors VII., aus einer Handschrift der Vita Mathildis von Donizo, entstanden um 1115.

Urban II von Gegenpapst abgesetzt, musste ins Exil
Nachfolger krönte Heinrich IV. zum Kaiser

Mit dem Zusammentreffen in Canossa war der Konflikt zwischen dem Papst und dem römisch-deutschen König keineswegs beendet. Der Investiturstreit beschäftigte auch noch die Amtsnachfolger. Erst das Wormser Konkordat setzte 1122 einen vorläufigen Schlusspunkt unter den Investiturstreit. Der Vertrag brachte keine dauerhafte Lösung, vielmehr glich er einem Waffenstillstand. Die Wahl der Bischöfe sollte kanonisch erfolgen, aber in Anwesenheit des Königs. Dieser sollte die Ausstattung mit den weltlichen Gütern (Regalien) vornehmen. Somit besaß der König indirekt ein Mitspracherecht.

Einschränkung der päpstlichen Macht

Im Gegensatz zum byzantinisch-osteuropäischen Herrschaftsmodell gelang in Westeuropa niemandem die Vereinigung der beiden Gewalten, des weltlichen und des geistlichen Schwerts, in einer Hand. Aus diesem wichtigsten Konflikt der Epoche gingen letztlich sowohl die kirchliche als auch die weltliche Spitze geschwächt hervor. Im Reich waren es die Fürsten, die von diesem Konflikt profitierten, genauso wie auf europäischer Ebene die Könige Englands und Frankreichs.

Die römisch-deutschen Könige versuchten verstärkt, ihre eigene Autorität direkt von Gott abzuleiten und den päpstlichen Vermittlungsanspruch zu ignorieren. Dieser Prozess mündete in der nüchternen Feststellung der deutschen Kurfürsten (1338), dass die Zustim-

M 3 Papst Bonifaz VIII. (1294–1303) mit der Tiara
Die Tiara mit Stirndiadem und zwei Kronreifen sollte den päpstlichen Vorrang vor jeder weltlichen Macht symbolisieren.

mung des Papstes für einen deutschen König nicht erforderlich sei. Friedrich III. wurde als letzter Kaiser in Rom gekrönt (1452). Die endgültig letzte Kaiserkrönung durch einen Papst fand 1530 statt (Karl V.).

Der Investiturstreit stellte nur eine Episode des mittelalterlichen Grundkonflikts zwischen „Staat" und „Kirche" dar. Die Rivalität dieser beiden Gewalten, die in der Theorie die Einheit der abendländischen Christenheit repräsentieren sollten, blieb auch in den folgenden Jahrhunderten erhalten.

Es hat nicht an spektakulären Versuchen der Päpste gemangelt, neben dem geistlichen auch das weltliche Schwert in ihre Hände zu bekommen. So formulierte Bonifaz VIII. mit der Bulle „Unam sanctam" (1302) ein Dokument päpstlichen Machtanspruchs.

1305 siedelte Papst Clemens V. nach Avignon um, womit jene bis 1377 andauernde „babylonische Gefangenschaft der Kirche" begann. Im Anschluss teilte das Große Schisma (Spaltung) das Abendland. Von 1378 bis 1417 residierten gleichzeitig Päpste in Rom und Avignon. Teilweise gab es sogar drei konkurrierende Päpste. Das Schisma markierte definitiv das Ende der mittelalterlichen Herrschaft der Päpste. In dieser Zeit der Orientierungslosigkeit äußerte sich der Wunsch nach Glaubenseinheit in der Konzilsbewegung, also einer kirchlichen Strömung, die in der allgemeinen Versammlung der kirchlichen Würdenträger den Weg sah, dem sinkenden Ansehen der Kirche entgegenzuwirken. Das hieß, die Kirchenspaltung zu überwinden und eine Reform „an Haupt und Gliedern" durchzuführen. Diesen Zielen diente vor allem das Konzil von Konstanz (1414–17). Auf ihm konnte das Schisma durch die Wahl von Papst Martin V. beendet werden, der nunmehr Rom wieder zur alleinigen Residenz der Päpste machte. In den folgenden Jahrzehnten ging es nun vor allem um die Frage, ob dem Konzil oder dem Papst die höchste innerkirchliche Autorität zukomme.

Chronologie eines Konflikts: Der Investiturstreit

1075 Papst Gregor VII. verbietet die Laieninvestitur und reagiert mit dem Dictatus Papae.

1076 Das deutsche Episkopat (Gesamtheit der Bischöfe) stellt sich hinter Heinrich IV. und setzt den Papst ab. Papst Gregor VII. lässt Heinrich IV. mit dem Bann belegen. Diese Situation wird von deutschen Fürsten ausgenutzt, die auf ihre Unabhängigkeit bedacht sind. Sie beschließen, einen neuen König zu wählen, falls Heinrich IV. nicht die Aufhebung der Kirchenstrafe erreicht.

1077 Im Januar erscheint Heinrich IV. im Büßergewand vor der Burg Canossa, wo sich Papst Gregor aufhält. Nach mehrmaliger Abweisung muss ihn Gregor vom Bann lossprechen.

1077 Trotz der geleisteten Buße wählen deutsche Fürsten Rudolf von Rheinfelden (Herzog von Schwaben) zum Gegenkönig.

1080 Heinrich IV. behält militärisch die Oberhand. Mit Billigung Heinrichs wählt eine Synode deutsch-italienischer Bischöfe Clemens III. zum Gegenpapst. Gregor wird nach Einnahme Roms durch königliche Truppen entmachtet.

1084 Kaiserkrönung Heinrichs IV. durch Clemens III.

1085 Gregor stirbt nach seiner Flucht im normannischen Asyl.

1122 Wormser Konkordat: Einigung

M 4 **Dictatus Papae**

Erlass des Papstes Gregor VII. (1075):

2. […] Nur der römische Papst trägt zu Recht den Titel des universalen Papstes.
3. Er ganz allein kann Bischöfe absetzen und auch wieder einsetzen.
4. Sein Legat [Gesandter], auch wenn er einen geringeren Grad bekleidet, führt auf jedem Konzil den Vorsitz vor den Bischöfen; er kann diese absetzen. […]
8. Nur er verfügt über die kaiserlichen Insignien.
9. Alle Fürsten haben die Füße einzig und allein des Papstes zu küssen. […]
12. Der Papst kann Kaiser absetzen. […]
17. Gegen seine Autorität kann kein Kapitel und kein Buch als kanonisch gelten.
18. Sein Entscheid kann von niemandem aufgehoben werden, er selbst aber kann Urteile aller anderen Instanzen aufheben.
19. Über ihn besitzt niemand richterliche Gewalt. […]
22. Die römische Kirche hat nie geirrt und wird nach dem Zeugnis der heiligen Schrift auch in Ewigkeit nicht irren. […]
27. Er kann Untertanen vom Treueid gegen unbillige [Herrscher] entbinden.

Zit. nach: W. Lautemann, M. Schlenke (Hg.), a. a. O., S. 291 f.

M 5 **Gregor VII. exkommuniziert Heinrich IV. (Februar 1076)**

Hierauf fest vertrauend untersage ich zur Ehre und zur Verteidigung deiner Kirche im Namen des allmächtigen Gottes, des Vaters, des Sohnes und des heiligen Geistes durch deine Gewalt und Autorität dem König Heinrich, dem Sohne des Kaisers Heinrich, der sich gegen deine Kirche in unerhörtem Stolze erhoben hat, die Herrschaft über das ganze Reich der Deutschen und über Italien, und ich löse alle Christen von den Banden des Eides, den sie ihm geschworen haben oder noch schwören werden, und ich verbiete, dass ihm irgendjemand wie seinem König dient.

Zit. nach: W. Lautemann, M. Schlenke (Hg.), a. a. O., S. 300.

M 6 **Heinrich IV. lädt zum Fürstentag ein (April 1076)**

Aber nicht länger wollen wir dich über den Namen des Mannes im Zweifel lassen, den wir meinen: Höre, es ist Hildebrand, nur dem Gewande nach Mönch, nur dem Titel nach Papst, der nicht als sorgender Hirte, sondern als gewalttätiger Eindringling auf dem apostolischen Stuhl sitzt, und der, vom Sitze des Friedens aus, das Band des einigen katholischen Friedens zerrissen hat, wie du es dir wohl gleich denken kannst. Von all seinen Untaten wollen wir nur wenige erwähnen: Er hat sich gleichzeitig die weltliche und die geistliche Herrschaft angemaßt, obgleich Gott doch von so etwas nichts weiß. Also verachtet er Gottes gütige Ordnung, welche wollte, dass nicht auf einer, sondern auf zwei Stützen beides, Königtum und Priestertum, hauptsächlich beruhen sollte […].Selbst mich, den Gott zum Königtum berief, […] gedachte er [Gregor VII.] der Herrschaft mit der Drohung zu berauben, er, der mir nicht das eine, ebenso wenig aber das andere gegeben hat, wollte mir Reich und Leben nehmen, weil er sah, dass ich Herrscher sein wollte nicht von seinen, sondern von Gottes Gnaden.

Zit. nach: W. Lautemann, M. Schlenke (Hg.), a. a. O., S. 302 f.

M 7 **Das Wormser Konkordat (1122)**

Einigung zwischen Kaiser Heinrich V. und Papst Kalixt II. über die Investiturfrage:

a) Kaiserliche Urkunde

Im Namen der heiligen und ungeteilten Dreifaltigkeit. Ich, Heinrich, von Gottes Gnaden erhabener Römischer Kaiser, – aus Liebe zu Gott, zur heiligen Römischen Kirche und zum Herrn Papst Kalixt sowie zum Heil meiner Seele – überlasse Gott, Gottes heiligen Aposteln Petrus und Paulus und der heiligen katholischen Kirche jegliche Investitur mit Ring und Stab, und ich erlaube, dass in allen Kirchen, die es in meinem König- und Kaiserreich gibt, kanonische Wahlen und freie Weihen stattfinden. Die Besitzungen und Regalien des heiligen Petrus, die seit Beginn dieses Streits bis zum heutigen Tag – zur Zeit meines Vaters oder auch zu meiner Zeit – weggenommen wurden, werde ich, soweit ich sie besitze, der heiligen Römischen Kirche zurückerstatten, soweit ich sie aber nicht besitze, werde ich getreulich helfen, dass sie zurückerstattet werden. […]

b) Päpstliche Urkunde

Ich, Bischof Kalixt, Knecht der Knechte Gottes, verleihe Dir, meinem geliebten Sohn Heinrich, von Gottes Gnaden Römischer Kaiser, Mehrer des Reiches, dass die Wahlen der Bischöfe und Äbte des Deutschen Königreiches, soweit sie dem Reich zugehören, in Deiner Gegenwart stattfinden, aber ohne Simonie [Kauf geistlicher Ämter] und irgendwelche Gewalt: Wenn daher zwischen den Parteien Streit entsteht, so mögest Du nach Rat und Urteil des Metropoliten [Erzbischofs] und der Mitbischöfe

dieser Kirchenprovinz dann der verständigeren Partei Zustimmung und Hilfe zukommen lassen. Der Erwählte aber soll von Dir durch das Zepter die Regalien erhalten, und er soll das leisten, was er Dir aufgrund dessen rechtens schuldet.
Und was er daraus Dir rechtlich schuldet, soll er leisten.

Zit. nach: E. Pitz, Europa im Früh- und Hochmittelalter, Stuttgart 1982 (Anhang).

M 8 Bulle „Unam Sanctam“

In einer feierlichen Urkunde bekräftigte Papst Bonifaz VIII. seinen Herrschaftsanspruch (1302):

Eine Heilige Katholische Apostolische Kirche müssen wir im Gehorsam des Glaubens annehmen und festhalten. Und wir glauben diese fest und bekennen sie schlicht, und außer ihr gibt es kein Heil und keine Vergebung der Sünden. In ihr ist Ein Herr, Ein Glaube, Eine Taufe. Zurzeit der Sintflut gab es Eine Arche Noahs, und diese deutete im Voraus hin auf die Eine Kirche. Alles, was nicht in ihr war, wurde vernichtet. [...] Beide Schwerter hat die Kirche in ihrer Gewalt, das geistliche und das weltliche. Dieses aber ist für die Kirche zu führen, jenes von ihr. Jenes gehört dem Priester; dieses ist zu führen von der Hand der Könige und Ritter, aber nur wenn und solange der Priester es will. Ein Schwert aber muss dem andern untergeordnet sein; die weltliche Macht muss sich der geistlichen fügen. Denn der Apostel [Paulus] sagt. „Es ist keine Obrigkeit außer von Gott; wo aber Obrigkeit besteht, ist sie von Gott verordnet.“ Sie wäre aber nicht geordnet, wenn nicht ein Schwert unter dem andern stände und gleichsam als das niedere von der Hand eines andern nach oben gezogen würde. Dass aber die geistliche Macht an Würde und Adel jede weltliche überragt, müssen wir umso freier bekennen, als überhaupt das Geistliche mehr wert ist denn das Weltliche. Das ersehen wir auch deutlich aus dem Regiment in der Welt. Denn in Wahrheit: Die geistliche Macht hat die weltliche einzusetzen und ist Richterin über sie, wenn sie nicht gut ist. [...]
Wenn also die weltliche Macht in die Irre geht, so wird sie von der geistlichen gerichtet werden; irrt die geistliche auf einer niederen Stufe, so wird sie gerichtet werden von der, die über ihr steht; irrt aber die höchste, so wird sie allein von Gott gerichtet werden können. [...]

Zit. nach: G. Guggenbühl, O. Weiss (Hg.), Quellen zur Allgemeinen Geschichte des Mittelalters, Zürich 1946, S. 197 f.

M 9 Idealbild der mittelalterlichen Weltordnung

Der Dualismus von Papst und Kaiser entsprach der Zwei-Schwerter-Lehre und der Idee des Reiches. Beide Gewalten waren aufeinander bezogen und standen doch in einem Spannungsverhältnis zueinander. Der Holzschnitt aus der Schedelschen Weltchronik (1493) zeigt Papst Pius II. (1458–1464) und Kaiser Friedrich III. (1440–1493).

Aufgaben

1. Fassen Sie die Argumente und Methoden zusammen, mit denen der Konflikt zwischen weltlicher und kirchlicher Macht ausgetragen wurde.
→ Text, M4–M8
2. Nennen und analysieren Sie die Begründungen für den Herrschaftsanspruch der Kirche.
→ Text, M4, M8, M9
3. Geben Sie den Inhalt des Wormser Konkordats wieder und erläutern Sie seinen Charakter.
→ M7
4. Beschreiben Sie das Idealbild des Verhältnisses von Kirche und Staat.
→ M9

4.5 Die Kreuzzüge

Die Menschen im mittelalterlichen Europa waren von tiefer Religiosität durchdrungen. Der christliche Glaube beherrschte ihr Leben, und Jerusalem besaß in ihrer Fantasie die Aura gesteigerter Himmelsnähe. Vielleicht ist es so zu erklären, dass die Initiative zur Eroberung dieser für die Christen heiligen Stätte eine so große Resonanz fand.

Den Kreuzzügen des 11.–13. Jahrhunderts, die zunächst auf die Inbesitznahme der heiligen Stätten in Palästina ausgerichtet waren, lag eine das Europa des Hochmittelalters zusammenschließende Idee zugrunde, die in einer Weise zündete, dass die größten Heere der mittelalterlichen Geschichte mobilisiert werden konnten. Diese Dimensionen müssen umso mehr beeindrucken, wenn man die unentwickelte Infrastruktur, zum Beispiel im Hinblick auf die Transportmöglichkeiten, ins Auge fasst. Obgleich mittelalterliche Zahlenangaben in den Quellen in aller Regel überhöht und unrealistisch sind, so kann man doch davon ausgehen, dass Hunderttausende bewegt worden sind.

Wie oft in der Geschichte so gilt es auch hier, zwischen Anlass und Ursache zu unterscheiden. Der Anlass und damit der Beginn der Kreuzzugsbewegung lag in einer Ansprache von Papst Urban II., die dieser 1095 in Clermont gehalten hatte und in der er zum Heiligen Krieg gegen die Heiden aufrief. Der erste Kreuzzug war ganz sein Werk. Diese Rede liegt im Original nicht vor; jedoch gibt es mehrere Berichte, die sich teilweise unterscheiden. Gewiss ist hingegen die Reaktion: Von Massenbegeisterung ist die Rede; „Gott will es" war das Echo, und so lautete auch später der Schlachtruf der Kreuzfahrer. Der Boden war offensichtlich für den päpstlichen Appell vorbereitet gewesen: Die Anreize für den mittelalterlichen Zeitgenossen müssen nicht gering gewesen sein. Jerusalem, die Stadt, die es zu erobern galt, war ein Ort mit mehr symbolischem als realem Wert. Mit dieser Stadt verband sich eine Heilserwartung, sozusagen der Zugang zum Paradies. Allein schon mit dem Namen waren Sehnsüchte verknüpft, die dadurch noch intensiviert wurden, dass der Papst einen Ablass für alle Kreuzzugsteilnehmer versprach. Der Kampf gegen die Heiden galt als verdienstvoll, als ein Werk, das mit Gott versöhnte.

M 1 Urban II.: Aufruf zum Kreuzzug (1095)
Auf einer Kirchenversammlung im französischen Clermont verkündet Papst Urban II. am 27. November 1095 seinen Entschluss zum ersten Kreuzzug, Holzschnitt von 1482.

Die bewaffnete Pilgerfahrt musste nicht nur aus ideell-geistlichen Motiven heraus als wünschenswert erscheinen. Denn am Ende des 11. Jahrhunderts befand sich Europa in einer Entwicklungsphase, in der sich die relative Überbevölkerung bemerkbar machte. Zur Knappheit des erschlossenen Landes gesellten sich schlechte Ernten, sodass viele – vor allem nicht-erbberechtigte Söhne von Feudalherrn – den Verlockungen von reicher Beute und schnellem Reichtum erlegen sein mochten. Plünderungen waren regelmäßig Bestandteil des Kampfes gegen Andersgläubige. Der Papst wollte dem zunehmenden Fehdewesen der Ritter Einhalt gebieten und diese aggressiven Energien auf ein äußeres Ziel lenken.

Letztlich muss der päpstliche Aufruf zum Kreuzzug im Zusammenhang mit dem Investiturstreit gesehen werden: Es ging im Kern um die Führung des christlichen Abendlandes.

Eroberung Palästinas

Im Zusammenhang mit den Kreuzzügen fand eine Entwicklung statt, die man als „Christianisierung der Ritter" bezeichnen kann. Das Rittertum wurde, indem es formal in den Dienst für den Herrn überführt wurde, der Kirche und dem Papst dienstbar gemacht. Tatsächlich vollzog sich die Eroberung Palästinas unter Umständen, die auf ein Übergewicht materieller Motive schließen lassen. Während Tausende von Entwurzelten und wirtschaftlich Bedrängten, die parallel zum Ritterheer aufgebrochen waren, nie den Nahen Osten erreichten, gelang den Ritterheeren letztlich die Eroberung Jerusalems (1099).

In der Folge bildeten sich vier Kreuzfahrerstaaten: das Königreich Jerusalem, die Grafschaft Tripolis, das Fürstentum Antiochia und die Grafschaft Edessa. Die Kreuzfahrer konnten sich aber nur knapp 200 Jahre im Vorderen Orient halten. Mit dem Fall von Akkon (1291) mussten die letzten christlichen Kreuzfahrer das Feld dem Islam räumen. Dennoch sind von den Kreuzzügen gegen den Islam Impulse ausgegangen, die noch lange nachgewirkt haben:

- Der Fernhandel erfuhr eine Belebung, die vor allem Italien zugute kam. Den italienischen Handels- und Seestädten gelang es, den Zwischenhandel zu monopolisieren.
- Der Bau von Flotten war durch die Kreuzzüge angeregt worden.
- Europa kam nicht nur in Berührung mit der griechisch-arabischen Wissenschaft, sondern auch mit neuen Produkten (Papier, Seide), Früchten (zum Beispiel Zitronen), Gewürzen, Farbstoffen.
- Verschiedene Ritterorden (Johanniter, Templer, Deutscher Orden) waren gegründet worden, damit sie für Schutz und Pflege der Pilger sorgten. Der Deutsche Orden spielte im 14. Jahrhundert eine führende Rolle bei der Ostkolonisation beziehungsweise bei der Unterwerfung der Pruzzen (Preußen).
- Die Kreuzzüge fanden in Europa selbst ihre Fortsetzung im Kampf der Kirche gegen solche religiösen Lehrmeinungen, die von der offiziellen abwichen. Die Kreuzzugsidee wurde zu einem Instrument zur Durchsetzung des kirchlichen Machtanspruchs.

M 2 Die Kreuzzüge

Chronologie: Die Kreuzzüge

1. Kreuzzug (1096–1099)	unter Robert von der Normandie, Gottfried von Bouillon und anderen: Eroberung Jerusalems, 1099 Gründung des Königreichs Jerusalem unter Gottfried von Bouillon (bestand bis 1187) mit den Lehnsstaaten Antiochia, Edessa, Tripolis; Schwächung durch ständige Kämpfe.
1096 und 1099	kam es zu furchtbaren Judenverfolgungen in Nordfrankreich, im Reich und in Jerusalem.
2. Kreuzzug (1147–1149)	unter Konrad III. und Ludwig VII. von Frankreich nach Einfluss Bernhards von Clairvaux, nachdem der Emir von Mossul Edessa erobert hatte. Jerusalem wurde erreicht, aber die Erfolge blieben aus, da die Teilnehmer gegeneinander Bündnisse schlossen: 1187 nahm Sultan Saladin Jerusalem ein, die Christen unterlagen in der Schlacht von Hattin.
3. Kreuzzug (1189–1192)	unter Friedrich I. Barbarossa, der 1190 im Saleph ertrank, mit seinem Sohn, Herzog Friedrich von Schwaben, Richard (Löwenherz) von England und Philipp II. August von Frankreich; Gewinn des Küstenstrichs zwischen Jaffa und Tyrus und der Erlaubnis zu Pilgerbesuchen nach Jerusalem.
Kreuzzug (1197)	unter Heinrich VI.; Ziel: Gewinnung des Heiligen Landes und Eroberung des Byzantinischen Reiches. Durch den plötzlichen Tod Heinrichs wurde nur ein Küstenstrich bei Antiochia erobert.
4. Kreuzzug (1202–1204)	Ziel: Ägypten, doch unter Einfluss Venedigs wurde Konstantinopel 1204 geplündert. Die reiche Beute und die nachhaltige Schwächung Byzanz' trugen wesentlich zu dem jetzt erst richtig erfolgenden Aufstieg Venedigs bei. Außerdem muss man die Eroberung Konstantinopels 1204 mit dem Untergang der Stadt 1453 in Zusammenhang bringen; denn die Eroberung durch die Türken war nicht zuletzt eine Folge der Schwächung Konstantinopels durch die Christen aus dem Westen.
Kinderkreuzzug (1212)	Tausende von Kindern wurden von Marseille aus von Betrügern nach Alexandria verschifft und als Sklaven verkauft.
5. Kreuzzug (1228–1229)	unter dem gebannten Kaiser Friedrich II.: Gewinnung Jerusalems, Bethlehems und Nazareths durch Vertrag mit Sultan Elkamil von Ägypten.
6. Kreuzzug (1248–1254)	Ludwig IX. von Frankreich (der Heilige) wollte Ägypten angreifen, wurde geschlagen, gegen hohes Lösegeld freigelassen; Befestigung Akkons.
7. Kreuzzug (1270)	Ludwig IX. kam mit einem großen Teil des Heeres in Tunis um. 1291 wurde Akkon als letztes christliches Bollwerk von den Mameluken (Herrschern Ägyptens) erobert, Tyrus, Beirut und Sidon wurden geräumt.

E. Büssem, M. Neher (Hg.), Arbeitsbuch Geschichte, Mittelalter Repetitorium, München 1983, S. 126 f.

M 3 **Christus an der Spitze der Kreuzfahrer**

Selbstverständnis der Kreuzritter: Sie fühlen sich als Streiter für die Sache Gottes. Christus trägt die Heilige Schrift in der Hand. Vom Himmel segnet der Herrgott die Ausreitenden, Abbildung aus dem 14. Jahrhundert.

M 4 **Aufruf zum Kreuzzug**

Brief Bernhards von Clairvaux an die Deutschen (um 1146):

Seht denn, Ihr Brüder, die willkommene Zeit, die heilerfüllten Tage sind da. Erschüttert wurden die Lande und erbebten, weil Gott im Himmel sein Land zu verlieren begann. Sein Land sage ich; dort sah man ihn das Wort seines Vaters lehren, dort wandelte er über dreißig Jahre als Mensch unter Menschen. Sein Land, das er mit Wundern erleuchtet, das er mit dem eignen Blute geweiht hat, darin die ersten Blüten der Auferstehung erschienen. Jetzt schaffen es unsere Sünden, dass dort die Feinde des Kreuzes ihr verruchtes Haupt erhoben haben; mit der Schärfe ihres Schwertes verheeren sie das Land der Verheißung. Schon ist es nicht fern – wenn kein Verteidiger sich findet – und sie brechen ein in die Stadt des lebendigen Gottes selbst, sie zerstören die Stätten unserer Erlösung und besudeln die heiligen Orte, wo das fleckenlose Lamm sein purpurnes Blut ließ. […] Weil Euer Land an tapferen Männern fruchtbar ist und kräftig durch die Fülle seiner Jugend – wie denn durch alle Welt Euer Preis geht und der Ruhm Eures Heldentums die ganze Erde erfüllt hat – so gürtet auch ihr Euch mannhaft und ergreift die glücklichen Waffen im Eifer für Christi Namen. Enden möge jene Ritterart, nein, Ritterunart von ehedem, nach der Ihr einander zu werfen, einander zu verderben pflegt und einer den andern umbringt. […] Du tapferer Ritter, Du Mann des Krieges, jetzt hast Du eine Fehde ohne Gefahr, wo der Sieg Ruhm bringt und der Tod Gewinn. Bist Du ein kluger Kaufmann, ein Mann des Erwerbs in dieser Welt – einen großen Markt sage ich Dir an; sieh zu, dass er Dir nicht entgeht. Nimm das Kreuzeszeichen, und für alles, was Du reuigen Herzens beichtest, wirst Du auf einmal Ablass erlangen. Die Ware ist billig, wenn man sie kauft; und wenn man fromm für sie bezahlt, ist sie ohne Zweifel das Reich Gottes wert. Gut haben also die gehandelt, die das himmlische Zeichen schon genommen haben; gut handeln auch die Übrigen und nicht vergebens, wenn sie eilen, selbst das zu ergreifen, was ihnen zum Heile gereiche.

Zit. nach: G. Guggenbühl, O. Weiss (Hg.), a. a. O., S. 126 f.

M 5 **Bernhard von Clairvaux predigt Gehorsam**

Bernhard von Clairvaux (1090–1153) entstammte dem burgundischen Hochadel. Mit dreißig Edelleuten trat er in das Kloster Citeaux ein und brachte es zu hoher Blüte. Er selbst gründete Clairvaux, das zur bedeutendsten Abtei des Zisterzienserordens wurde. Durch seine Beredsamkeit, durch die Hochherzigkeit seiner Gesinnung und das Feuer seiner Begeisterung gewann er einen gewaltigen Einfluss auf seine Zeitgenossen aller Stände. Ein unermüdlicher Apostel des Friedens, wurde er in seinen Predigten und Briefen auch zum Hauptförderer des Zweiten Kreuzzuges, Buchmalerei aus der Benediktinerabtei Liesborn, um 1180.

Zit. nach: G. Guggenbühl, O. Weiss (Hg.), a. a. O., S. 126 f.

M 6 **Europa auf dem Kreuzzug**

Der französische Historiker Jacques Le Goff erklärt die Kreuzzüge aus europäischer Perspektive:

Ein Aufsehen erregendes Phänomen, welches das christliche Europa vom 11. bis zum 13. Jahrhundert erschütterte, nimmt noch heute einen auserwählten Platz in den Handbüchern für Geschichte ein: die Kreuzzüge. Im Mittelalter oft mit Begriffen der Pilgerschaft umschrieben, [...] bezeichnet der Ausdruck militärische Feldzüge der Christen nach Palästina, um den Muslimen das Heilige Grab Christi in Jerusalem und jene Gebiete zu entreißen, die als ursprünglicher Besitz der Christenheit galten. Aus der Sicht der mittelalterlichen Christen waren die Kreuzzüge eine Rückeroberung im gleichen Sinne wie die spanische Reconquista. Tatsächlich war Jerusalem von der römischen Herrschaft unter die byzantinische – die einzige, die einen christlichen Charakter besaß – und dann unter muslimische Herrschaft gefallen. [...]

Die religiöse und ideologische Begründung der Kreuzzüge ergab sich aus dem Zusammentreffen zweier langwieriger Entwicklungen.

Die erste, die sicher größere Bedeutung hat, bestand in der Bekehrung des Christentums zum Krieg. Das dem Evangelium gemäße Christentum, friedliebend wie Jesus selbst, stand dem Krieg zutiefst feindlich gegenüber. [...]

Die Haltung der Christen begann sich zu ändern, als das Reich gegen Ende des 4. Jahrhunderts christlich wurde. Von da an wurden seine Untertanen, die bald alle Christen waren, zur Verteidigung des Christenreichs gerufen. Doch das Misstrauen gegen den Krieg blieb noch lange erhalten. Trotz der sich ändernden Einstellung gegenüber der Kriegführung wurde den Bischöfen und dem Klerus allgemein das Tragen von Waffen und das Blutvergießen verboten. [...]

Doch am wichtigsten war der Entwurf einer Theorie des gerechten Krieges, deren wesentliche Elemente von Augustinus stammten. Gerecht war ein Krieg, der nicht von einer Einzelperson beschlossen und geführt wurde, sondern von einem mit höchster Autorität begabten Oberhaupt, wie der christliche Kaiser es gewesen war und die Fürsten oder Könige des Mittelalters es werden sollten. Im Übrigen durfte der Krieg kein Angriff sein. Das Christentum hat Präventivkriege immer abgelehnt. Krieg musste eine Antwort auf einen Überfall oder eine Ungerechtigkeit sein, er durfte weder im Geist der Eroberung geführt werden noch um der Beute willen, und er musste das Leben der Waffenlosen – Frauen, Kinder, Mönche, Kaufleute usw. – respektieren. Für besonders legitim hielten die Christen den Krieg gegen die Heiden und die mit Heiden gleichgesetzten Muslime. [...]

Das Papsttum förderte also das Aufkommen einer Form des heiligen Krieges, dessen Symbol das Stoffkreuz auf der Brust der Kreuzfahrer war. So hat das christliche Europa den Islam eingeholt, der von Anfang an, seit es den Koran gab, den heiligen Krieg, den Djihad, als eine der ersten Pflichten der Gläubigen bezeichnet hatte.

J. Le Goff, Die Geburt Europas im Mittelalter, München 2004, S. 131 ff.

Aufgaben

1. Erklären Sie die Massenwirksamkeit des Briefes von Bernhard von Clairvaux.
   → Text, M4, M5
2. Interpretieren Sie die Abbildung in Bezug auf das Selbstverständnis, das in ihr zum Ausdruck kommt.
   → M3
3. Rekapitulieren Sie die Abfolge der Kreuzzüge sowie deren Auswirkungen (auch auf Europa).
   → Text, M2
4. Analysieren Sie die ideologischen Hintergründe, die den „Heiligen Krieg" aus christlicher Sicht möglich machten.
   → M6
5. Diskutieren Sie die Frage, in welchem Verhältnis die Kreuzzüge der Christen zum Djihad der Muslime stehen.

4.6 Bürgertum und Stadtentwicklung

Nach dem Untergang des Römischen Reiches war die städtische Tradition der Antike nahezu zum Erliegen gekommen. Aber seit dem 10. Jahrhundert zeichnete sich eine Wiedergeburt der Stadtkultur ab. Eine verbesserte landwirtschaftliche Produktivität, Bevölkerungswachstum und zunehmende Handelsaktivitäten sorgten für einen Aufschwung, der im 13. Jahrhundert seinen Höhepunkt erreichte.

Zunächst muss man sich die Städte im Mittelalter als Fremdkörper in einer Agrargesellschaft vorstellen. Dennoch gab es bereits im hochmittelalterlichen Europa Zentren von Handel und Gewerbe, wo der urbane Anteil an der Gesamtbevölkerung bis zu einem Drittel ausmachte (zum Beispiel in Flandern, Ober- und Mittelitalien). In Deutschland vollzog sich diese Entwicklung erheblich später. Im 12.–15. Jahrhundert überstieg hier der Anteil der Stadtbevölkerung kaum die Zehn-Prozent-Marke. Von den etwa 3000 Städten des späten Mittelalters hatten 2800 unter 1000 Einwohner. Nur maximal 25 Städte besaßen im Spätmittelalter mehr als 10000 Einwohner, darunter Köln, Lübeck, Straßburg und Ulm.

M 1 Nürnberg
Nürnberg – eine der größten und bedeutendsten Städte im Reich, Aufbewahrungsort der Reichsinsignien und Tagungsort vieler Reichstage, kolorierter Holzschnitt aus der Weltchronik des Hartmann Schedel von 1493

Die mittelalterliche Stadt entwickelte sich aus einem im Einzelfall unterschiedlichen Geflecht von Faktoren. Die wichtigsten stadtbildenden Elemente waren:

- Wiederbelebung der alten Römerstädte, zumal dann, wenn in ihnen ein Bischof residierte,
- Klöster, vor allem als Mittelpunkt einer Grundherrschaft,
- Burgen, Herrensitze und Pfalzen,
- Wike (Handels- und Stapelplätze) beziehungsweise Kaufmannssiedlungen; Märkte genossen einen besonderen Schutz,
- die günstige geografische Lage (zum Beispiel Brücke oder Furt),
- Landflucht der Bauern, die der rechtlichen und ökonomischen Abhängigkeit entkommen wollten,

- die sich langsam durchsetzende Geldwirtschaft; sie zwang die Bauern auf den städtischen Markt, wenn sie ihre Abgaben in Geldform entrichten mussten,
- Konzentration der gewerblichen Produktion innerhalb der Stadtmauern.

M 2 **Der Roland in Bremen (1404)**
In vielen Städten Norddeutschlands stehen Rolandssäulen, die die städtische Freiheit symbolisieren. Auf dem Schild steht: „Freiheit mache ich euch bekannt, wie sie Karl und viele Fürsten in Wahrheit dieser Stadt gegeben haben. Dafür dankt Gott, so ist mein Rat."

Ursprünglich hatte jede Stadt einen Stadtherrn (Bischof, König oder andere adlige Machthaber), auf dessen Boden die Stadt lag. Die Feudalherren erkannten zusehends den finanziellen, politischen und militärischen Nutzen von Städten, was systematischen Stadtgründungen Vorschub leistete. Die Stadtherren profitierten dabei nicht nur von Markt, Zoll, Wegen und Münzen, sie bauten mithilfe der Städte ihr Territorium aus und sicherten es militärisch ab. Die hoheitlichen Interessen der Stadtherren stießen allerdings oft mit den Bestrebungen der Stadtbewohner zusammen, die ihrerseits Schwurgemeinschaften bildeten, um Selbstverwaltung zu gewinnen.

Die Stadt – dieser Begriff setzte sich erst im Laufe des 12. Jahrhunderts gegen „Burg" (daher: Bürger) durch – hob sich durch rechtliche Selbstständigkeit vom Umland ab. Prinzipielle rechtliche Gleichheit, Arbeitsfreiheit als auch das Verbot von Fehden waren die Kennzeichen eines neuen „bürgerlichen Rechts". Die Anziehungskraft, die von der Stadt ausging, begünstigte die Landflucht von bäuerlichen Hörigen, denn die Städte förderten – zumindest in ihrer Wachstumsphase – den Zuzug von Fremden, nicht zuletzt, um die hohe Sterblichkeit zu kompensieren. Unter diesen Umständen war auch der berühmte Rechtsgrundsatz entstanden: „Stadtluft macht frei nach Jahr und Tag." Es gab aber auch davon abweichende Regelungen. Der Streit der Städte mit den umliegenden Grundherrschaften um die Freiheit zugewanderter Unfreier war damit vorgezeichnet.

Mit dem Wachstum von Handel und Gewerbe ging zwangsläufig auch eine gesteigerte politische Macht einher. Einzelnen Städten gelang es, zu freien Reichsstädten aufzusteigen. Formal nur dem König unterworfen, tatsächlich aber in ihrer Politik unabhängig, konnten sie selbst in Einzelfällen Territorien bilden. Nürnberg ist dafür ein Beispiel. Am Ende der Stauferzeit vermochten es die Städte, durch die Gründung von Bünden politische Geltung zu gewinnen. Obgleich sich die Städte – bezogen auf die weitere Entwicklung des Reiches – als relativ bedeutungslos erwiesen, verdient die mittelalterliche Stadt eine Würdigung. Aus der Rückschau wird erkennbar, dass sie die Keimzelle einer neuen Gesellschaft gewesen war. „Die Wurzeln aller späteren Entwicklung, einschließlich der Industriellen Revolution und ihrer Ergebnisse, lassen sich auf die Entwicklung der Stadt im Mittelalter zurückführen", so formulierte es der Sozialhistoriker Cipolla.

Der Bürger schob sich zwischen den führenden Adel und die abhängigen Bauern und wurde zum Wegbereiter des modernen Staates. In den mittelalterlichen Städten lagen die Anfänge der modernen Verwaltung (vom Steuersystem bis zur Armenfürsorge). Die besondere zivilisatorische Leistung offenbarte sich auch in der Durchsetzung von Rechtsgleichheit und einer neuen Wertordnung. Diese unterschied sich letztlich durch die Betonung der Arbeitsproduktivität anstelle der ritterlichen Kriegsmentalität. Nicht zuletzt dank der systematischen Förderung des Schulwesens verlagerten sich im Laufe des Mittelalters die kulturellen Zentren von den Klöstern in die Städte.

Soziale Schichtung in der Stadt

Wenn man von „den Bürgern“ oder „der Gemeinde“ einer mittelalterlichen Stadt liest, so wird unwillkürlich der Eindruck erweckt, als sei die Stadtbevölkerung relativ einheitlich strukturiert gewesen. Tatsächlich aber wies die Gesamtheit der städtischen Bevölkerung eine deutlich ausgeprägte Hierarchie auf, wobei sowohl rechtliche als auch berufliche und Vermögensgesichtspunkte darüber entschieden, welche Position der Einzelne einnahm. Der Begriff „Hierarchie“ stammt aus dem Griechischen und bedeutete ursprünglich „heilige Herrschaft“. Er bezog sich zunächst auf das kirchliche Ordnungsgefüge. Auf die weltliche Sphäre übertragen bezeichnet Hierarchie die abgestufte Gliederung der Gesellschaft.

An der Spitze standen die Patrizier beziehungsweise „Besseren“ oder „Ehrenwerteren“, wie sie auch genannt wurden. Dabei konnte es sich um Ministerialen, Fernhandelskaufleute oder freie Grundbesitzer handeln. Sie allein galten zunächst als „ratsfähig“, das heißt zur politischen Führung der Stadt berufen. Sozialstatus und Amtsfähigkeit waren also aufs Engste verknüpft. Im Allgemeinen galt die Regel, dass wirtschaftlicher Reichtum auch einen sozialen und politischen Vorrang bedingte. Die selbstständigen Handwerker, die in Zünften zusammengeschlossen waren, bildeten den Kern der Mittelschicht. Sie verfügten zumindest über ein gewisses Vermögen sowie volles Bürgerrecht.

Die Unterschichten setzten sich aus Gruppen zusammen, die entweder nur ein geringes Einkommen hatten oder die nur wenig soziales Ansehen genossen. Zu den letzteren zählten bestimmte unehrliche Berufe: zum Beispiel Henker, Totengräber, Abdecker, Bader. Außerdem rechnete man Tagelöhner, Dienstboten, Mägde, Bettler, Kranke, Behinderte und Dirnen zur Unterschicht. „Normale“ Armut und fehlende „Ehre“ begründeten also eine gesellschaftliche Verachtung.

Ferner gab es noch sogenannte nebenständische Gruppen, das heißt Nichtbürger, die einem Sondergericht unterstanden. Hierzu wurden Geistliche und Juden gezählt, die teilweise einen beträchtlichen Anteil an der Bevölkerung ausmachten. So zählte man zum Beispiel um 1450 in Nürnberg bei einer Wohnbevölkerung von 20 000 Menschen 446 Geistliche und 150 Juden.

Neben den finanziellen waren rechtliche Aspekte entscheidend für den sozialen Status. So unterschied man zwischen Vollbürgern mit entsprechenden Rechten (zum Beispiel politische Beteiligung) und Pflichten (Steuern, Wach- und Wehrdienst) und minderberechtigten Einwohnern. Angehörige der Unterschicht besaßen im Allgemeinen nicht das Bürgerrecht. Armut galt – gemäß dem mittelalterlichen Denken – als Folge von Sünde beziehungsweise als Strafe für persönliche Verfehlung. Folglich konnte der Arme im günstigsten Falle auf Mitleid hoffen. Oft genug wurde er mit Verachtung gestraft. Die Mildtätigkeit galt aber als Gott wohlgefällig, denn der Arme wurde als natürlicher Teil der göttlichen Ordnung angesehen. Über das Ausmaß der Armut in der mittelalterlichen Stadt gibt es wissenschaftliche Kontroversen. Das hängt mit der Quellenlage zusammen, die keine repräsentativen Aussagen zulässt. Unvollständige Angaben über Löhne, Kaufkraft, Mietkosten verhindern eine genaue Erfassung des Lebensstandards der Unterschichten. Die Steuerlisten, eine der wichtigsten Quellen zur Bestimmung der Sozialstruktur, erfassen die wirklich Armen nicht, da diese keine Steuern zahlten.

M 3 Das Bild einer mittelalterlichen Stadt

Rothenburg ob der Tauber [aus südlicher Richtung]. Der älteste Teil von Rothenburg ist die 1142 in staufische Hand gelangte Burg, die im Jahre 1356 durch ein Erdbeben zerstört wurde. Erhalten blieb nur die links [vorne] sichtbare Kapelle. Die in der zweiten Hälfte des 12. Jahrhunderts gegründete Stadt wurde an zwei Seiten durch das steil abfallende Gelände und im Übrigen durch eine Mauer begrenzt, vor deren Linie die heutigen Straßen Alter Stadtgraben und Judengasse entlangführen. Diese ältere Befestigungslinie begann im Süden mit dem Spital des Johanniter-Ordens, dessen Kirche in der Bildmitte sichtbar ist. Daran schlossen sich die beiden erwähnten Straßen an, die an ihrer gerundeten Führung gut zu erkennen sind [...] und an zwei Toren dieser älteren Befestigung vorbeiführen. Im Norden führte die ältere Befestigungslinie südlich an dem großen Schrannenplatz entlang, der heute von der jüngeren Stadtmauer noch umschlossen ist. Ganz im Westen wird die Stelle der alten Befestigung von dem schräg hinter der Stadtpfarrkirche sichtbaren Dominikanerinnenkloster bezeichnet, das innerhalb der Stadtmauer, aber an deren Rande lag, ganz ähnlich wie das Franziskanerkloster weiter südlich. Im 14. Jahrhundert wurden die Vorstädte ummauert. Es entstand nun eine Erweiterung in Gestalt eines sich nach Osten und teilweise nach Süden ausdehnenden halben Ringes, der sich als jünger auch darin erweist, dass sich in ihm keine Kirchen befinden. Ab 1400 wurde dann das neue Spital im Süden in den Mauerring einbezogen, sodass noch einmal ein Stück Stadtbefestigung – wiederum mit einem Stadttorturm – ins Stadtinnere geriet. Ab 1430 folgte dann die Befestigung des Rothenburger Umlandes durch eine Landwehr.

Aus: H. Boockmann, Die Stadt im späten Mittelalter, München 1986, S. 30.

M 4 Freiburger Gründungsurkunde

Der Stadtherr verlieh der künftigen Stadt jene Freiheiten und Rechte, die als sogenannte Handfeste den Kern des Stadtrechts ausmachten (1120):

Kundgetan sei allen den zukünftig und den gegenwärtig Lebenden, dass ich, Konrad, an dem Ort, der mein Eigengut ist, nämlich Freiburg, einen Markt gegründet habe im Jahre des Herrn 1120. Nachdem also von überall her angesehene [oder: freie] Kaufleute zusammengerufen worden sind, habe ich auf der Grundlage einer Schwurvereinigung verfügt, diesen Markt einzurichten und auszubauen.
Darauf habe ich einem jeden Kaufmann in dem gegründeten Markt ein Grundstück zugeteilt, damit Häuser – als Eigentum – errichtet werden; und ich habe festgesetzt, dass von jedem Grund-

stück ein Solidus[1] geltender Währung mir und meinen Nachkommen jährlich als Zins gezahlt werden soll, am Fest des hl. Martin.

Nun also sei allen kundgetan, dass ich auf Bitten jener und ihren Wünschen gemäß die nun folgenden Privilegien eingeräumt habe. Und mir erscheint der Rat vernünftig, sie in Form eines Chirographs[2] schriftlich niederzulegen, damit sie lange Zeit im Gedächtnis gehalten werden, auf dass meine Kaufleute und ihre Nachkommen dieses Privileg von mir und meinen Nachkommen in alle Ewigkeit besitzen mögen.

1. Allen, die meinen Markt besuchen, verspreche ich Frieden und sicheres Geleit innerhalb meines Besitzes und Herrschaftsbereichs. Wenn einer von ihnen in diesem Gebiet beraubt werden sollte, so will ich – sofern er den Räuber nennt – die Rückerstattung des geraubten Gutes veranlassen oder selbst dafür zahlen.

2. Wenn einer meiner Bürger stirbt, so soll seine Frau mit ihren Kindern alles besitzen und ohne jegliche Einschränkung behalten, was auch immer ihr Mann hinterlassen hat.

3. Ich setze fest – soweit ich es vermag –, dass alle, die Besitz am Markt haben, teilhaben sollen an den Vergünstigungen meiner Leute und auch der aus der Umgebung, nämlich dass sie ohne Strafe Weideland, Gewässer, Gehölze und Wälder nutzen dürfen.

4. Allen Kaufleuten erlasse ich den Zoll. […]

5. Niemals werde ich meinen Bürgern einen Vogt [Richter], niemals ihnen einen Priester ohne Wahl vorsetzen, sondern wen auch immer sie zu diesem Amt gewählt haben, den sollen sie mit meiner Bestätigung haben. […]

6. Wenn sich unter meinen Bürgern Uneinigkeit oder eine Streitfrage erheben sollten, so ist nicht nach meinem Ermessen oder dem ihres Vorstandes zu entscheiden, sondern ich beschließe, dass nach dem gebräuchlichen und anerkannten Recht aller Kaufleute, insbesondere aber dem der Kölner, geurteilt werden soll.

7. Wenn jemand vom Mangel am Allernötigsten bedrückt wird, so mag er seinen Besitz verkaufen, wem er will. Der Käufer aber zahle für die Hofstätte den festgesetzten Zins.

Damit meine Bürger den oben aufgeführten Versprechungen nicht weniger Vertrauen entgegenbringen, habe ich durch einen Schwur mit meinen 12 angesehensten Ministerialen[3] auf die Reliquien der Heiligen Sicherheit geleistet, dass ich und meine Nachkommen das Aufgeführte immer erfüllen werden.

Und darauf hin, dass ich diesen Eid nicht aus irgendeiner Notwendigkeit breche, habe ich die Bekräftigung durch meine rechte Hand dem freien Mann und den Geschworenen des Marktes unverbrüchlich gegeben. Amen.

1 ursprünglich oströmische Goldmünze; im Mittelalter auch Rechnungseinheit für Silber (Schilling)

2 handgeschriebene (Teil-)urkunde, in der ein Wort zwischen die Urkunden geschrieben und das Pergament durch dieses Wort zerschnitten wurde.

3 Dienstleute; modern gesprochen Beamte

Zit. nach: H. Schadek, K. Schmid (Hg.), Die Zähringer, Anstoß und Wirkung, Sigmaringen 1986, S. 447 f.

M 5

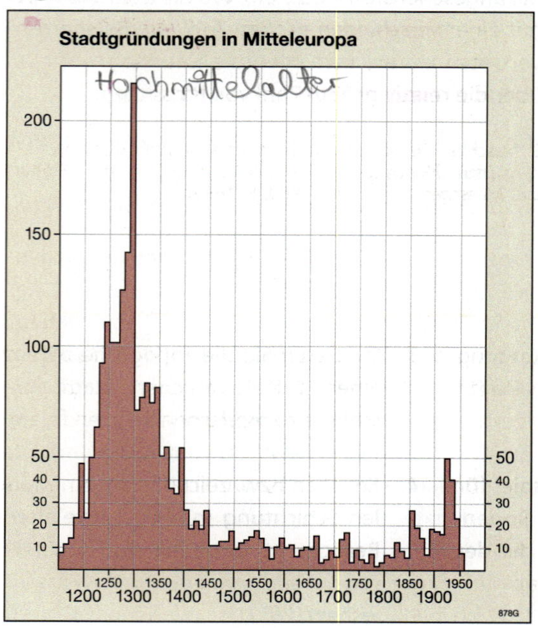

M 6 Soziale Schichtung

Der Historiker Erich Maschke hat die soziale Schichtung vieler Städte miteinander verglichen:

Anders als in der Adelsgesellschaft, galt in der erwerbsorientierten bürgerlichen Gesellschaft des Mittelalters der „Reichtum", d. h. die Vermögensgröße als dominanter Wertmaßstab. Dazu kam die Ehre, die als „Ehrbarkeit" auch den Zünften zugeschrieben war, den darunter liegenden Schichten aber nur zum Teil bis hin zur ausdrücklichen Aberkennung bei den „unehrlichen" Berufen, dem Henker, dem Schinder, den Dirnen, besonders in Norddeutschland auch den Leinewebern. Auch unehelich Geborene galten als unehrlich. […]

In Wismar, München und anderen Städten war die Entfaltung eines gewissen Prunks bei einer Hochzeit nur erlaubt, wenn die Mitgift eine festgelegte Mindesthöhe erreichte. Diese Schichtgrenze wirkte sich in der Verfassung aus, wenn in Bremen ein Mindestvermögen nachgewiesen werden musste, um Ratsherr werden zu können.

Ehrbarkeit

Neben dem Vermögen bildete aber auch die „Ehrbarkeit" ein Kriterium für die Schichtzugehörigkeit, das sich in den Statussymbolen ausdrückte. Um den Unterschied zwischen „ehrlichen" und „unehrlichen wandelbaren Frauen" in der Öffentlichkeit sichtbar zu machen, verbot das Hamburger Stadtrecht von 1497 den Dirnen, Korallenschnüre und anderen Schmuck zu tragen, „den fromme Frauen gewöhnt sind zu tragen". Die Grenze zwischen „ehrbar" bzw. „ehrlich" und ihrem Gegensatz wirkte sich, wie die Vermögenshöhe, in der Verfassung aus, wenn in Augsburg 1368 die Zünfte, die „also groz und erbar" waren, zwei Ratssitze erhielten, die übrigen nur einen, und wenn andererseits in Köln im 15. Jahrhundert den als unehrlich geltenden Bartscherern und Leinewebern das passive Wahlrecht genommen war, sodass sie nicht in den Rat gewählt werden konnten, obgleich sie eine Zunft bildeten. Vermögenshöhe und Ehrbarkeit als soziale Wertmaßstäbe bestimmten in diesen Fällen das Verfassungsrecht. Die Statussymbole der Kleidung und der Zulassung zum Tanz hoben nach oben und unten die Schichtgrenzen hervor, die sich freilich zum Teil mit Standesgrenzen deckten. Den Patriziern standen wertvolle Kleidung und Schmuck zu, die den Handwerksmeistern und erst recht den Gesellen vorenthalten waren. […]

Soziale Stufenfolge

Die Verteilung der Statussymbole macht drei Schichten sichtbar:
Eine Elitegruppe, die durch das Patriziat repräsentiert ist, eine Mittelschicht und eine Unterschicht. Sie sind durch die „Lagemerkmale" näher gekennzeichnet. Im Durchschnitt weist das Patriziat die größten Vermögen auf, die Mittelschicht hat durchschnittlich mittlere bis kleine Vermögen, während die Unterschicht im Ganzen vermögenslos ist, sodass ein großer Teil derselben als „arm" bezeichnet werden muss. Patriziat und Mittelschicht haben das Bürgerrecht, sodass es in dieser rechtlichen Beziehung keinen Unterschied gibt, doch die Angehörigen der Unterschicht besitzen es mit wenigen Ausnahmen nicht, sodass sie als unterbürgerliche Schicht zu bezeichnen sind. Weitere „Lagemerkmale" sind Berufsausbildung und berufliche Selbstständigkeit. Sie gelten für patrizische und nicht patrizische (zünftige) Kaufleute, die Mitglieder der Handwerkerzünfte und der nichthandwerklichen Zünfte, Ärzte, Notare und Stadtschreiber, die letzteren freilich nicht oder nur zum Teil in selbstständiger Stellung. Die Handwerksgesellen befinden sich zwar auch in der Berufsausbildung, doch sind sie, wie auch andere Lohnarbeiter, unselbstständig, sodass hier der Unterschied zwischen Ober- und Mittelschicht einerseits, Unterschicht andererseits sehr betont hervortritt.
Zur Oberschicht gehören Kaufleute und Rentenbezieher, zur Unterschicht Gesellen und andere Lohnempfänger, Arme und Bettler, Unehrliche und zahlreiche unverheiratete Frauen. In der breiten Mittelschicht bilden die Zunftgenossen die weitaus größere Gruppe. Trotz weitgehender Homogenität in der Abgrenzung nach oben und unten und in den Lagemerkmalen war die soziale Stufenfolge der Zünfte innerhalb der Mittelschicht nach den Wertmaßstäben, die im Ganzen als allgemein gültig anerkannt wurden, sehr differenziert. An der Spitze standen in allen Städten die kommerziellen Zünfte, wenn auch mit Schwankungen in der Einordnung der Kleinhändler. Die Kaufleute wiesen die größten Durchschnittsvermögen auf. Nach der Ratssitzordnung, in Zeugenlisten und anderen Aufzählungen sowie in den Prozessionen nahmen sie die angesehensten Plätze ein. Wo die Zünfte im Rat mit einer verschieden großen Zahl von Ratsherren vertreten waren, verfügten die Kaufmannszünfte über die relativ größte Zahl von Ratsitzen.

E. Maschke, Die Schichtung der mittelalterlichen Stadtbevölkerung Deutschlands als Problem der Forschung, in: dgl., Städte und Menschen, Wiesbaden 1980, S. 163 ff.

Aufgaben

1. Listen Sie die Faktoren auf, die bei der Gründung und beim Wachstum der mittelalterlichen Städte eine Rolle spielten.
   → Text, M4
2. Freiburg im Breisgau gilt als ältestes Beispiel für eine Gründungsstadt auf deutschem Boden. Arbeiten Sie die Zusicherungen heraus, die der spätere Herzog Konrad in der Urkunde gab.
   → M4
3. Studieren Sie die Topografie bzw. das Aussehen einer mittelalterlichen Stadt. Welche Unterschiede zu modernen Städten fallen Ihnen auf?
   → M1, M3
4. Erstellen bzw. zeichnen Sie ein Modell der sozialen Schichtung in einer mittelalterlichen Stadt. Berücksichtigen Sie dabei finanzielle, berufliche, rechtliche und politische Aspekte.
   → Text, M6

5. Frühe Neuzeit

Ein der Frühen Neuzeit nachempfundener Holzschnitt aus dem 19. Jahrhundert macht deutlich, wie der Mensch den bis dahin vorgegebenen Rahmen durchstößt, in neue Welten vordringt und seinen Horizont erweitert. Obgleich dem Menschen in seinem Wesenskern der Vorstoß ins Unbekannte eigen ist, wurde in der Zeit um 1500 der Aufbruch mit einer Intensität betrieben, wie sie bis dahin von den Historikern nicht verzeichnet worden war. Der Wissensdurst erwies sich stärker als die Ängste vor dem Neuen und vor dem Verlust der althergebrachten mittelalterlichen Gewissheiten. Oft findet sich im Zusammenhang mit der Jahrhundertwende von 1500 die Formulierung von der „Erfindung des Menschen". Gemeint ist damit der moderne Mensch, dessen Nachfolger 500 Jahre später ebenfalls ständig seinen Horizont erweitert: jetzt im außerirdischen und mikroskopischen Bereich. Damals eröffneten Seefahrer, Kaufleute, Astronomen und Künstler neue Räume und Perspektiven. Zum einen wurde der Mensch selbst – in seiner natürlichen Leiblichkeit – zum Gegenstand von Entdeckungen. Der anatomische Blick war bislang nur auf das Tier erlaubt gewesen. Es musste erst ein uraltes Tabu durchbrochen werden, damit die Anatomie im 15. Jahrhundert das antike medizinische Wissen erweitern konnte.

Mit der Entdeckung fremder Kontinente dehnte sich – aus europäischer Perspektive – das Weltbild aus. Um 1500 begann damit die Vernetzung der Weltteile, die als Beginn jener Globalisierung angesehen werden kann, die 500 Jahre später – auf der Grundlage neuer Transport- und Informationstechniken – zum vorläufigen Abschluss gelangte. Die Revolutionierung des Weltbildes verbindet sich mit den Namen von sechs Personen:

- Johannes Gutenberg (um 1400–1468) entwickelte den Buchdruck mit beweglichen Lettern.
- Christoph Kolumbus (1451–1506) erweiterte mit der Entdeckung Amerikas den geografischen Horizont.
- Niccolò Machiavelli (1469–1527) formulierte ein neues Staats- und Politikverständnis.
- Erasmus von Rotterdam (1466–1536) verkörperte wie kein anderer die humanistische Wissenschaft.
- Nikolaus Kopernikus (1473–1543) beschrieb die Kreisbewegung der Himmelskörper im Rahmen des heliozentrischen Weltbildes.
- Martin Luther (1483–1546) revolutionierte den Glauben, und mit seiner Reformation zerbrach die christlich-mittelalterliche Einheit.

Die Eroberung Konstantinopels durch die Osmanen (1453) bedeutete das Ende des Oströmischen Reiches. Technische Fortschritte (zum Beispiel im Schiffbau, der Navigation, im Festungsbau und bei der Artillerie) waren die Voraussetzung für die globale Vorherrschaft der europäischen Zivilisation in den folgenden Jahrhunderten.

Die große Mehrzahl der Historiker sieht in der Zeit um 1500 die entscheidende Zäsur zwischen Mittelalter und Neuzeit, wobei im Allgemeinen der Zeitraum vom 16. bis zum 18. Jahrhundert (bis zur Französischen Revolution) als Frühe Neuzeit bezeichnet wird.

5.1 Die Welt im Umbruch

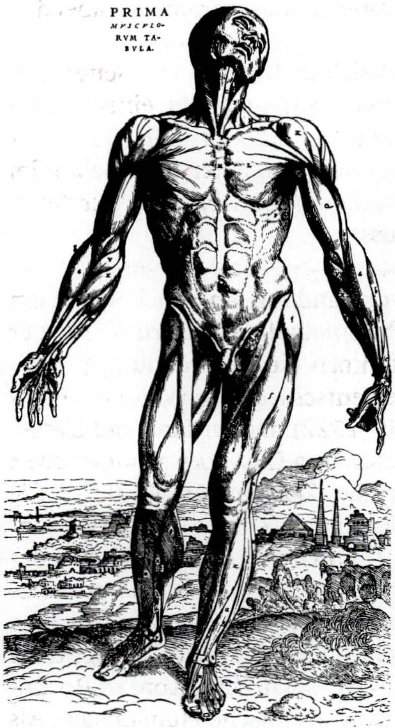

M 1 Der „Muskelmann" vor toskanischer Landschaft
Grundlegung der empirischen Anatomie der Neuzeit (1543). Aus einem Buch von Andreas Vesalius, Professor für Anatomie in Padua und Leibarzt von Kaiser Karl V.

Renaissance

Renaissance ist eine Epochenbezeichnung der europäischen Geschichte, die ihren Namen der Wiederentdeckung der Leistungen von Griechen und Römern verdankt und die sich seit dem 19. Jahrhundert eingebürgert hat.

Das Italien des 15. und 16. Jahrhunderts war Schauplatz eines geistigen Aufbruchs, der die Überwindung des mittelalterlichen Menschen- und Weltbildes herbeiführte. Der Geist der Renaissance fand dabei einen mehrdimensionalen künstlerischen, naturwissenschaftlichen und technischen Ausdruck: In der Literatur unter anderem durch Petrarca (1304–1374) und Boccaccio (1313–1375); in der Malerei durch Leonardo da Vinci (1452–1519), Michelangelo (1475–1564), Raffael (1483–1520) und Tizian (1489–1576). Michelangelo war zum Beispiel nicht nur Maler, sondern auch Bildhauer, Dichter und Architekt. Die fruchtbare Fantasie Leonardo da Vincis produzierte Entwürfe für Befestigungsanlagen, Wasserpumpen, Flugapparate, Unterwasserschiffe und anderes mehr. Brunelleschi (1377–1446), dem ersten Architekten der Renaissance, verdankt die Nachwelt die riesige Kuppel der Kirche Santa Maria del Fiore in Florenz. Donatello (1386–1466) wirkte viele Jahre in derselben Stadt und schuf Standbilder und Statuen nach antiken Vorbildern. Er gilt als bedeutendster Bildhauer der frühen Renaissance. Die Blüte der Kunst – zum Beispiel in Florenz – war an das Vorhandensein von Mäzenen gebunden. Im Unterschied zu Deutschland war der italienische Adel stadtsässig, was eine wesentliche ökonomische Voraussetzung für die Entfaltung eines neuen Künstlertums ohne Zunftbindung war.

Die Renaissance schuf einen neuen künstlerischen Ausdruck, der die Entfaltung des Individuums spiegelte. Der Mensch wurde in seiner lebendigen Körperlichkeit – also plastisch – gesehen. Dazu bedurfte es neuer Techniken der perspektivischen Darstellung. Das Studium der Anatomie des menschlichen Körpers machte nicht mehr vor dem Tabu der Sezierung von Leichen halt.

Der gewachsene Wert der Individualität äußerte sich auch darin, dass das Porträt unverwechselbare Züge gewann. Der Künstler der Renaissance verschwieg seinen Namen nicht mehr, wie das noch im Mittelalter weitgehend der Fall war.

Humanismus

Renaissance und Humanismus sind eng miteinander verknüpft, wobei der Humanismus als nordeuropäische Form der Renaissance bezeichnet werden kann. Der Humanismus, der in der zweiten Hälfte des 15. Jahrhunderts einsetzte, war vor allem eine literarische Bewegung, die im Wesentlichen auf eine kleine Schicht von Intellektuellen beschränkt blieb. Im Mittelpunkt stand das philologisch-historische Interesse „Ad fontes" („Zurück zu den Quellen!") – so lautete ein wegweisendes Motto

M 2 **Idealbild des Humanisten**
Erasmus von Rotterdam: Der große Humanist bei der Arbeit am Schreibpult, Gemälde von Hans Holbein, 1523

der Humanisten. Darum beschäftigte man sich mit der Literatur des Altertums und stieß zu den griechischen und hebräischen Quellen vor.

Buchdruck und Humanismus gehören zusammen. Die Verbreitung antiker Schriften, die Kommunikation innerhalb der Gelehrtenkreise, der Aufbau von großen Bibliotheken, allgemein: die Ausbreitung neuen Wissens hätte ohne das gedruckte und damit billigere Buch nicht stattfinden können. Die Kostbarkeit von Büchern vor Gutenbergs Erfindung des Drucks mit beweglichen Lettern um 1450 wird deutlich, wenn man sich vor Augen führt, dass eine handgeschriebene Bibel den Wert eines Bauerngutes besaß.

Die humanistische Bewegung verlieh der Bildung ein neues und großes Prestige. Lokalisiert in Städten, getragen von einer neuen Schicht gebildeter Bürger, dokumentiert der Humanismus die Auflösung des glaubensgeprägten Weltbildes des Mittelalters. Der schon im Mittelalter einsetzende Prozess der Ersetzung der Mönchskultur durch eine Laienkultur fand seinen Abschluss.

Der Anspruch der Humanisten auf geistige Selbstständigkeit, ihr Interesse am Abstreifen geistiger Bevormundung fand im Konflikt um die „Dunkelmänner" in Köln einen beispielhaften Ausdruck. Als der Kölner Dominikaner Johannes Pfefferkorn die Verbrennung hebräischer Schriften betrieb, stieß er auf den entschiedenen Widerstand des Humanisten Johannes Reuchlin (1455–1522). Dieser fand viel Unterstützung im Kampf gegen den wissenschaftsfeindlichen mönchischen Dogmatismus. 1515/1517 erschienen die „Dunkelmännerbriefe", die in Form von Parodie und Satire die Unbildung der Mönche entlarvten.

Ulrich von Hutten (1488–1523), Dichter und nationaler Streiter gegen das römische Papsttum, der auch an den „Dunkelmännerbriefen" mitgewirkt hatte, benutzte die lateinische und deutsche Sprache als politische Waffe. Conrad Celtis (1459–1508), Jakob Wimpheling (1450–1528), Willibald Pirckheimer (1470–1530) und Konrad Peutinger (1465–1547) waren weitere bedeutende deutsche Humanisten. Als ungekröntes Oberhaupt des europäischen Humanismus galt Erasmus von Rotterdam (1466–1536), ein unabhängiger Geist und Verfasser viel gelesener Bücher, der von den Einnahmen aus seinen Büchern leben konnte. Er tat sich als scharfsinniger Kritiker der Papstkirche und des Pfaffentums hervor. Obgleich er diesbezüglich mit Luther übereinstimmte, konnte er sich zu einer Unterstützung der Reformation nicht entschließen. Dennoch hat seine Publikationstätigkeit viel dazu beigetragen, den Boden für die Reformation vorzubereiten.

Politische Theorie

Niccolò Machiavellis zweifelhafter Ruhm als Staatstheoretiker verbindet sich mit seinem Buch „Der Fürst" (geschrieben 1513). Machiavelli (1469–1527) gibt in ihm eine Anleitung für politisches Handeln. Im Zusammenhang mit dieser Schrift hat die Nachwelt immer wieder das Verhältnis von Politik und Moral diskutiert. Der „Machiavellismus" ist dabei zu einem Grundbegriff der Politik geworden. Dieser bezeichnet ein machtpolitisches Handeln ohne sittliche Norm, bei dem der Zweck der Machterhaltung die Mittel heiligt.

Naturwissenschaften

Nicht nur in Bezug auf die bildenden Künste, Literatur und Philologie, sondern auch naturwissenschaftlich-technisch brachte das Zeitalter der Renaissance eine Durchbrechung traditioneller Vorstellungen. Das mittelalterliche Wissenschaftsverständnis stützte sich auf Überlieferungen, das heißt zur Lösung von Problemen zog man die maßgeblichen Schriften heran, zum Beispiel die Heilige Schrift und das Werk des Aristoteles.

In der Frühen Neuzeit hingegen breitete sich die Suche nach neuem Wissen aus. Erfahrung und Experiment traten an die Stelle des Glaubens, und es wurde zunehmend auf Gott und Engel als Erklärung von physikalischen Phänomenen verzichtet. Die Einheit von Religion und Wissen zerbrach. Die Entzauberung des Himmels fand ihren epochenspezifischen Ausdruck in der „kopernikanischen Wende". Nikolaus Kopernikus (1473–1543) revolutionierte das nach Aristoteles (384–322 v. Chr.) und Ptolemäus (2. Jahrhundert n. Chr.) konstruierte Weltbild, nach dem die Erde Mittelpunkt sei und der Himmel sich um diese drehe. Die Ablösung dieses überkommenen Bildes durch das heliozentrische Weltbild wirkte sich nachhaltig aber erst im 17. Jahrhundert aus, nachdem Johannes Kepler (1571–1630), Tycho Brahe (1546–1601) und Galileo Galilei (1564–1642) die Bewegungsgesetze der Gestirne herausgefunden und damit dem wissenschaftlichen Weltbild zu fortschreitender Anerkennung verholfen hatten.

Die Entmystifizierung der Welt spiegelte den Wandel der westeuropäischen Gesellschaft wider, die zunehmend von ökonomischer Konkurrenz, Handelsverflechtung, Unternehmungsgeist und Gewinnstreben geprägt wurde. Zeit und Raum wurden immer genauer gemessen. Ab 1550 gab es bereits Uhren mit Sekundenzeigern. Der Aufschwung der Kartografie ging einher mit den geografischen Entdeckungen und der Ausdehnung des Handels.

M 3 Die Öffnung des Leibes
Auch die Anatomie erweitert den menschlichen Horizont, Miniatur, Ende des 15. Jahrhunderts.

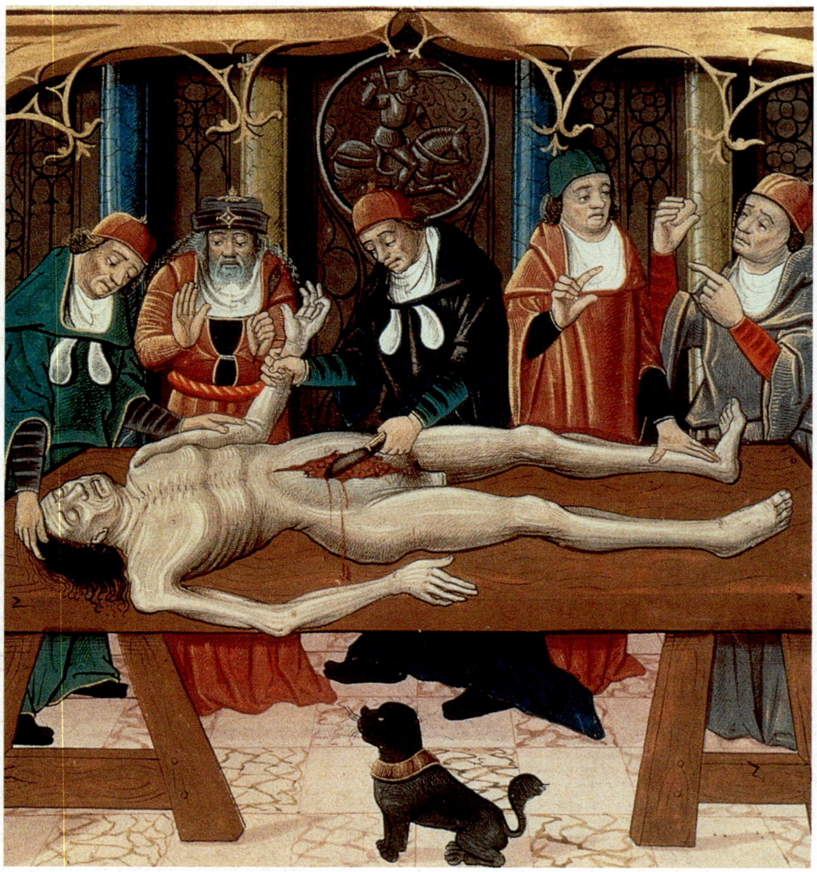

Fortschritte im Bergbau, in der Hüttenkunde und im Maschinenbau zeugen von einem weltbezogenen erfinderischen Denken. Fragen des ökonomischen beziehungsweise militärischen Nutzens (wie bei der Artillerie) traten in den Vordergrund.

Im 16. Jahrhundert wurden die Weichen für die Entwicklung des modernen und realistischen Weltbildes gestellt.

Entdeckungen

Um 1500 wurden innerhalb von wenigen Jahrzehnten die entscheidenden Entdeckungen gemacht, die das Bild von der Welt veränderten und bekannte Horizonte sprengten. Das Ausgreifen Europas nach Übersee leitete eine Entwicklung ein, die zu einer Jahrhunderte fortdauernden europäischen Dominanz führte.

Während vorher die Grenzen des Bekannten nur gelegentlich durchbrochen wurden, so zum Beispiel durch die historisch umstrittene Chinareise Marco Polos im 13. Jahrhundert, begann sich Portugal im 15. Jahrhundert langsam, aber gezielt entlang der afrikanischen Küste nach Süden vorzutasten. Angetrieben durch Heinrich den Seefahrer (1394–1460), unternahmen die Portugiesen maritime Anstrengungen, die mit der Umsegelung des Kaps der Guten Hoffnung (Bartolomeu Diaz; 1487) erfolgreich waren. Es folgten Vasco da Gamas Fahrt nach Indien (1497/98) und Fernando Magellans Weltumsegelung (1519–1522), mit der jeglichem Zweifel an der Kugelgestalt der Erde der Boden entzogen wurde.

M 4

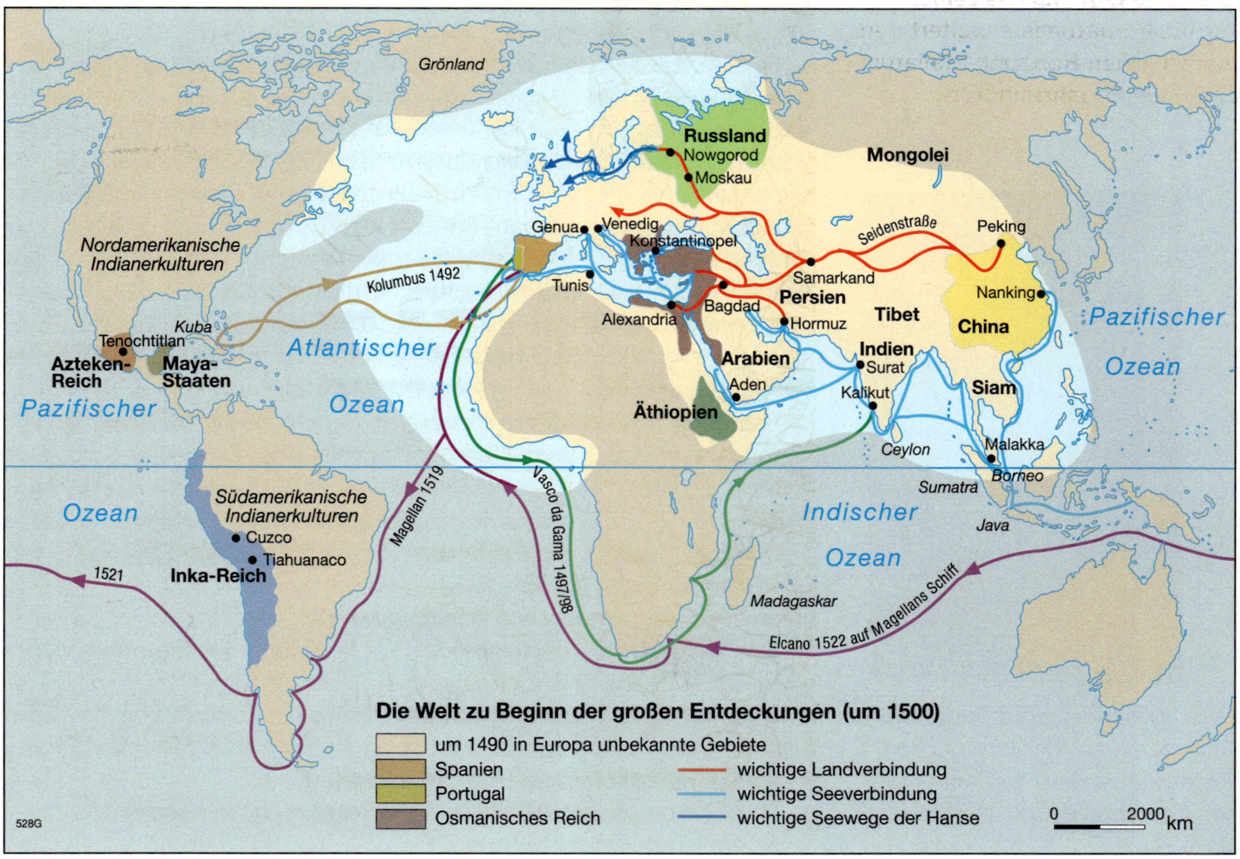

M 5 **Christoph Kolumbus (um 1451–1506)**
Gemälde von Domenico Ghirlandaio, um 1490

Konquistadoren:
- Eroberer, die gleichzeitig den christl. Glauben verbreiten

Dezimierung:
- um 110-faches verkleinert → Verluste

M 6 **Das Flaggschiff Santa Maria**
Illustration aus der lateinischen Erstausgabe: Brief des Kolumbus über die Entdeckung Amerikas, Rom 1493

Ehe es zu diesen Entdeckungsfahrten kommen konnte, bedurfte es nicht nur der Zurückdrängung von mythischen Vorstellungen, zum Beispiel der Existenz von Seeungeheuern, sondern auch der Entwicklung maritimer Techniken, die ein Segeln ohne Sichtkontakt mit der Küste erlaubten. Nicht Fernweh, sondern handelspolitische Interessen waren es, die Seefahrer und deren Geldgeber bewogen, Expeditionen mit den winzigen Karavellen (Länge: 20 Meter) auszurüsten beziehungsweise anzutreten. Im Kern ging es um die Erschließung eines Seeweges nach Indien, mit dessen Hilfe das arabische Monopol am gewinnträchtigen Gewürzhandel gebrochen werden sollte. Dank der militärisch-technischen Überlegenheit der mit Kanonen bestückten Schiffe gelang den Portugiesen die Ausschaltung der außereuropäischen Konkurrenz. Sie errichteten befestigte Stützpunkte (zum Beispiel Calicut, Malakka, Ceylon), über die der Handel abgewickelt wurde. Wie einträglich der Handel war, wird unter anderem daraus ersichtlich, dass noch große Gewinne erzielt werden konnten, obgleich von 625 portugiesischen Indienfahrern zwischen 1497 und 1572 nur 315 zurückkehrten.

Christoph Kolumbus (1451–1506) betrieb sein Projekt, Indien auf dem Weg nach Westen zu erreichen, über viele Jahre. Er erhielt etliche Absagen, bevor er von der spanischen Krone gefördert wurde. Die berühmte Entdeckung Amerikas (1492) war kein Zufall, denn da Portugal die Strecke um Afrika besetzt hielt, musste die verspätete spanische Konkurrenz einen anderen Weg nach Indien finden, wenn sie am überseeischen Handel teilhaben wollte. Angesichts des sich abzeichnenden Konflikts zwischen Portugal und Spanien um die Besitzrechte an den entdeckten Gebieten wurde der Papst als Schiedsrichter angerufen. In mehreren Verträgen nahmen die Beteiligten eine Abgrenzung der Interessensphären vor.

Der Zusammenstoß der europäischen Eroberer mit den eingeborenen Völkern Mittel- und Südamerikas endete mit deren weitgehender Vernichtung und der Zerstörung vorhandener Kulturen. Getragen von der Überzeugung eigener kultureller Überlegenheit und beflügelt von missionarischem Eifer wurde das sogenannte herrenlose Land in Besitz genommen und die einheimische Bevölkerung versklavt. Der fehlende christliche Glaube der Indianer diente dabei oft der Legitimation für dieses Vorgehen. Gegen die Dezimierung der Indianer erhob der Dominikaner Bartholomé de Las Casas (1484–1566) Einspruch, vermochte aber trotz offizieller Verbote der Sklaverei kaum etwas auszurichten.

Die Nachwelt hat sich wiederholt mit der Frage beschäftigt, wie es eine Handvoll Konquistadoren zuwege brachte, große Reiche zu erobern. Cortés (1485–1547) standen zur Eroberung des Aztekenreichs (1519–1521) maximal 1300 Europäer zur Verfügung. Pizarro (1470–1541) gelang die Eroberung des peruanischen Inkareichs mit etwa 100 Soldaten (1531–1533).
Folgende Faktoren spielten dabei eine Rolle:

- Die technische Unterlegenheit der Indianer: Sie kannten weder Eisen noch das Rad.
- Die technische Überlegenheit der Europäer: Sie verfügten über Panzerung und Feuerwaffen. Von ihren Pferden und Bluthunden ging zudem eine schreckenerregende Wirkung aus.
- Das Sendungsbewusstsein und die körperliche Überlegenheit der Konquistadoren.

Sendungsbewusstsein: Bewusstsein den christl. Glauben zu verbreiten

- Mikroparasiten kamen den Europäern „zur Hilfe“: Die Indianer wurden Opfer verschiedener Seuchen (unter anderem Pocken, Masern, Typhus).
- Beide Seiten interpretierten das oft plötzliche Massensterben als göttliche Strafe; scheinbare Bestätigung beflügelte die Eroberer, und Verzweiflung lähmte die Indianer.
- Dem Widerstand der Einheimischen wurde außerdem durch religiöse Prophezeiungen die Kraft geraubt: Man erblickte in den Europäern zunächst weiße Götter.
- Die Gesellschaftsstruktur sowohl des Inka- als auch des Aztekenreiches war extrem hierarchisch. Die Spanier konnten die vorhandene Opposition ausnutzen und später selbst an die Stelle der alten Führungsschicht treten. Aus der Sicht des durchschnittlichen Eingeborenen fand daher nur ein Austausch der Führung statt.

Schon bald nach der Eroberung Amerikas setzte die Einwanderung und die Errichtung einer spanischen Feudalordnung auf der Grundlage von Sklavenarbeit ein. Vor allem auf den westindischen Inseln wurde eine wirtschaftliche Transformation vorgenommen, in deren Verlauf Monokulturen mit Zuckerrohr, Tabak und Baumwolle geschaffen wurden. Das 16. Jahrhundert war mithin die Geburtsstunde des modernen Weltmarktes unter dem Vorzeichen europäischer Vorherrschaft. Die gewaltsame Einbeziehung außereuropäischer Völker in das europazentrierte Weltsystem wird anhand des Sklavenhandels besonders ersichtlich. Der Dreieckshandel, der im 17. und 18. Jahrhundert von England perfektioniert wurde, kombinierte dabei den Transport afrikanischer Sklaven von Afrikas Westküste nach Amerika mit dem Import von Produkten amerikanischer Plantagenwirtschaft nach Europa sowie dem Export verarbeiteter englischer Waren, wie zum Beispiel Textilien oder Waffen, nach Afrika.

Die Suche nach Edelmetallen war eine wichtige Triebfeder für den Vorstoß in unbekannte Gebiete gewesen. Nach anfänglicher Enttäuschung konnten Mitte des 16. Jahrhunderts die Silberminen von Potosí (Bolivien) und Zacatecas (Mexiko) erschlossen werden. Seitdem ergoss sich ein immenser Strom von Edelmetallen von Amerika nach Europa, der die allerdings nur vorübergehende imperiale Stellung der spanischen Krone begründete. Das Silber sorgte für eine Zunahme des Geldverkehrs und die Aufstockung des europäischen Handelskapitals. Wissenschaftlich umstritten ist, inwieweit das amerikanische Silber die als Preisrevolution des 16. Jahrhunderts bezeichnete Inflation verursachte.

Chronologie

1450	Erfindung des Buchdruckes mit beweglichen Lettern
1492	Entdeckung Amerikas
1498	Vasco da Gama erreicht Indien.
1517	Luthers Thesen über den Ablass
1519	Wahl Karls V. zum Kaiser
1519–21	Eroberung Mexikos (Cortés)
1519–22	Erste Weltumsegelung (Magellan)
1525	Bauernkrieg
1531–33	Eroberung Perus (Pizarro)

M 7 Ein neuer Geist

Jean Fernel, Arzt des Königs von Frankreich, über den geistigen Aufbruch (1530):

Was aber, wenn unsere Altvordern und diejenigen, die ihnen vorangegangen sind, einfach den gleichen Weg beschritten hätten wie die vor ihnen? [...] Nein, im Gegenteil scheint es gut zu sein für die Philosophen, sich auf neuen Wegen und in neuen Systemen zu bewegen, es scheint gut für sie zu sein, weder der Stimme des Verleumders noch dem Gewicht der alten Kultur oder dem Gewicht der Autoritäten zu gestatten, jene zu hindern, die ihre eigenen Ansichten zum Ausdruck bringen. Auf diese Art und Weise bringt jedes Zeitalter seine eigene Ernte an neuen Autoren und neuen Künsten hervor. Unser Zeitalter sieht Kunst und Wissenschaft nach zwölf Jahrhunderten der Ohnmacht wieder erstehen, Kunst und Wissenschaft haben jetzt ihren alten Glanz erreicht oder sogar übertroffen. Unser Zeitalter braucht sich in keiner Beziehung zu schämen und sich nach dem Wissen der Antike zu sehnen. [...] Unser Zeitalter vollbringt Dinge, von denen die Antike sich nichts träumen ließ. [...] Der Heldenmut unserer Seeleute ließ sie den Ozean überqueren und neue Inseln finden. Die fernen Geheimnisse Indiens liegen jetzt offen vor uns. Der Kontinent im Westen, die sogenannte Neue Welt, unseren Vorvätern noch unbekannt, ist uns zum größten Teil bekannt. In all diesen Dingen und in den Gebieten, die zur Astronomie gehören, hatten Plato, Aristoteles und die alten Philosophen Fortschritte erzielt, denen Ptolemäus viele hinzugefügt hatte. Würde jedoch einer von ihnen heute zurückkehren, so fände er die Geografie so verändert, dass er sie nicht wiedererkennen würde. Ein neuer Erdball ist uns von den Seefahrern unserer Zeit gegeben worden.

Zit. nach: J. D. Bernal, Wissenschaft, Bd. 2, Reinbek 1970, S. 380 f.

M 8 Machiavelli: Der Fürst (1513)

Machiavelli (1469–1527) gilt als der bedeutendste politische Theoretiker des 16. Jahrhunderts:

Von den Eigenschaften, die den Menschen und insbesondere den Fürsten Lob oder Tadel eintragen.

Es bleibt uns noch zu betrachten, wie ein Fürst sich gegenüber seinen Untertanen oder seinen Freunden verhalten soll. [...] Denn zwischen dem Leben, wie es ist und wie es sein sollte, ist ein so gewaltiger Unterschied, dass, wer das, was man tut, aufgibt für das, was man tun sollte, eher seinen Untergang als seine Erhaltung bewirkt; ein Mensch, der immer nur das Gute tun wollte, muss zugrunde gehen unter so vielen, die nicht gut sind. Daher muss ein Fürst, der sich behaupten will, auch imstande sein, nicht gut zu handeln und das Gute zu tun und zu lassen, wie es die Umstände erfordern. [...]

Inwieweit die Fürsten ihr Wort halten sollen

Wie rühmlich es für einen Fürsten ist, die Treue zu halten, und redlich, ohne Falsch, zu leben, sieht jeder ein. Nichtsdestoweniger lehrt die Erfahrung, dass gerade in unseren Tagen die Fürsten Großes ausgerichtet haben, die es mit der Treue nicht genau nahmen und es verstanden, durch List die Menschen zu umgarnen; und schließlich haben sie die Oberhand gewonnen über die, welche es mit der Rechtlichkeit hielten. Man muss nämlich wissen, dass es zweierlei Waffen gibt: die des Rechtes und die der Gewalt. Jene sind dem Menschen eigentümlich, diese den Tieren. Aber da die ersten oft nicht ausreichen, muss man gelegentlich zu den andern greifen. Deshalb muss ein Fürst verstehen, gleicherweise die Rolle des Tieres und des Menschen durchzuführen. [...]

Ein kluger Fürst kann und darf demnach sein Wort nicht halten, wenn er dadurch sich selbst schaden würde, oder wenn die Gründe weggefallen sind, die ihn bestimmten, es zu geben. Wenn alle Menschen gut wären, wäre diese Vorschrift nicht gut; da

M 9

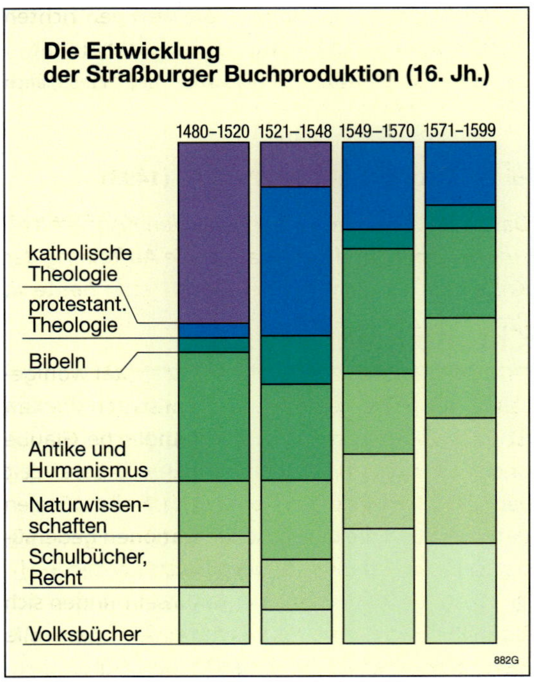

sie aber schlecht sind und dir die Treue nicht halten würden, brauchst du sie ihnen auch nicht zu halten. Auch hat es einem Fürsten noch nie an rechtsmäßigen Gründen gefehlt, um seinen Wortbruch zu beschönigen. Man könnte hierzu unzählige Beispiele aus neuerer Zeit anführen und zeigen, wie viele Friedensverträge und Versprechungen eitel und nichtig geworden sind durch die Treulosigkeit der Fürsten; und wer am besten verstanden hat, den Fuchs zu spielen, ist am besten weggekommen. Man muss nur verstehen, der Fuchsnatur ein gutes Ansehen zu geben, und ein Meister sein in Heuchelei und Verstellung: Denn die Menschen sind so einfältig und gehorchen so leicht dem Zwang des Augenblicks, dass ein Betrüger stets einen finden wird, der sich betrügen lässt. [...] So muss der Fürst Milde, Treue, Menschlichkeit, Redlichkeit und Frömmigkeit zur Schau tragen und besitzen, aber wenn es nötig ist, imstande sein, sie in ihr Gegenteil zu verkehren. [...]

Jeder sieht, was der Fürst zu sein scheint, nur wenige können mit Händen greifen, was er ist, und diese wenigen wagen nicht, der Meinung der Menge entgegenzutreten, die obendrein die Majestät des Staates auf ihrer Seite hat. Zudem beurteilt man die Taten der meisten Menschen, und insbesondere der Fürsten, die keinen Richter über sich haben, nach dem Erfolg. Ein Fürst braucht nur zu siegen und seine Herrschaft zu behaupten, so werden die Mittel dazu stets für ehrenvoll gelten und von jedem gepriesen werden. Denn der Pöbel lässt sich durch den Augenschein und den Erfolg bestechen, und in der Welt gibt es nur Pöbel – die wenigen richten nichts aus, wenn die Menge einen Rückhalt hat.

Zit. nach: K.-H. Neubig, Renaissance und Reformation 1350–1648, Ebenhausen 1962, S. 22 ff.

M 10 Teilungsedikt des Papstes (1493)

Das päpstliche Urteil schlichtete den Konflikt zwischen Spanien und Portugal um die Aufteilung der Kolonien. Als Folge davon spricht man heute in Brasilien portugiesisch:

Unter den anderen der göttlichen Majestät wohlgefälligen und Unserem Herzen erwünschten Werken ist es das Wichtigste, dass der katholische Glaube und die christliche Religion gerade in Unserer Zeit verherrlicht und überall verbreitet, das Heil der Seelen gefördert und die barbarischen Nationen gedemütigt und zum Glauben zurückgeführt werden. [...]

(§ 3.) Auf den schon entdeckten Inseln finden sich Gold, Gewürze und zahlreiche andere wertvolle Naturprodukte verschiedener Art und Güte.

(§ 4.) Nachdem Ihr alles und namentlich, wie es katholischen Königen und Fürsten geziemt, das Interesse der Verherrlichung und Verbreitung des katholischen Glaubens gewissenhaft nach der Art Eurer Vorfahren glorreichen Angedenkens erwogen hattet, habt Ihr Euch vorgenommen, die genannten Inseln und Festländer samt ihren Bewohnern mit Gottes Hilfe Euch zu unterwerfen und zum katholischen Glauben zurückzuführen. [...]

(§ 6.) Das Gebiet, das Wir Euch aus bloßer Freigebigkeit, in voller Kenntnis und Apostolischer Machtvollkommenheit, aus eigenem Antrieb, nicht etwa aus Veranlassung einer Bitte von Eurer Seite[1] übergeben, umfasst alle Inseln und Festländer, ob schon bekannt oder noch zu entdecken, in westlicher und südlicher Richtung, sobald sie von Euren Abgesandten und Kapitänen erreicht werden; dazu ziehen Wir eine Linie vom arktischen Pol zum antarktischen Pol, also von Norden nach Süden, gleich ob nun die Festländer und Inseln auf dem Wege nach Indien oder nach einer anderen Weltgegend entdeckt wurden oder entdeckt werden[2]. Diese Linie soll hundert Meilen westlich von den Inseln, die als Azoren und Kapverden bekannt sind, nach Süden verlaufen, sodass Euch alle westlich dieser Linie gelegenen Inseln und Festländer, ob schon bekannt oder noch zu entdecken, zufallen, sofern sie sich bis zum letztvergangenen Weihnachtstag, mit dem das gegenwärtige Jahr 1493 begonnen hat, nicht im tatsächlichen Besitz eines anderen christlichen Königs oder Fürsten befunden haben.

1 Eine formelhafte Wendung, die nur dazu diente, dem Empfänger der Urkunde Gebührenfreiheit zu verschaffen. In Wirklichkeit war sie natürlich von Spanien beantragt.

2 Vertrag von Tordesillas (1494), 370 Meilen westlich der Kapverdischen Inseln

Zit. nach: W. Lautemann, M. Schlenke (Hg.), Geschichte in Quellen, Renaissance, Glaubenskämpfe, Absolutismus, München 1983, S. 57 ff.

M 11 Europa und die Öffnung der Welt

Der Historiker Hermann J. Hiery geht in einem Aufsatz von 2008 der Frage nach, warum die „Öffnung der Welt" von Europa ausging:

Das, was wir heute als Globalisierung bezeichnen, war historisch eine durch Europäer hervorgerufene Entwicklung. [...] Was prädestinierte die Europäer eher als andere dazu, aufzubrechen und die Grenzen ihrer vertrauten Umgebung zu verlassen? Meiner Meinung nach war es nicht eine spezifisch europäische Rationalität, die ich – jedenfalls für das 15. Jahrhundert – nicht erkennen kann. Der Beginn der europäischen Expansion ist vorreformatorisch, und die wichtigsten Repräsentanten der europä-

M 12 **Das neue Bild der Erde**

Die frühen Kartenzeichner standen vor dem Problem, die Kugelgestalt der Erde auf eine Fläche zu projizieren. Auf der abgebildeten Karte, die auf Francesco Rosselli (ca. 1508) zurückgeführt wird, wurden die Breitengrade geradlinig gezeichnet. Die ovale Darstellung des Globus stellt aber eine kartografische Neuerung dar.

ischen Ausbreitung nach Übersee sind bis zum Ende des 16. Jahrhunderts katholisch. Auch kann ich nicht sehen, dass die geografische Lage Europas im Vergleich etwa mit Süd- oder Ostasien für eine maritime Expansion günstiger gewesen wäre. Im Gegenteil, außerhalb des mare nostrum der Italiener und der Baltischen Binnensee und jenseits der britisch-irischen Inseln lag westwärts nur das weite Meer – ohne die für Ostasien nach Süden und Osten typischen vorgelagerten Inseln, die ein – zumindest theoretisch denkbares – Island-hopping ermöglicht hätten. [...] Meines Erachtens sind es im Kern sechs europäische Besonderheiten, deren Zusammenwirken die Potenz wie die Potenzialität der Europäer erhöhten, sich anders zu verhalten und verhalten zu können als andere Ethnien.

Der erste Punkt: Es gab Europäer, aber es gab keine Asiaten, keine Afrikaner, erst recht keine Amerikaner. Zwar war die Geschichte Europas voll von kriegerischen Auseinandersetzungen, aber es existierte doch ein besonderes Bewusstsein einer gemeinsamen Identität, das in allen anderen Kontinenten nicht vorhanden war. Es gab die Vorstellung des christlichen Abendlandes – noch einmal: der Beginn der europäischen Expansion ist vorreformatorisch –, es gab eine gemeinsame Sprache der intellektuellen Elite, es gab – jedenfalls 1492 noch – ein gemeinsames religiöses Zentrum. Vor allem aber gab es einen stetigen Austausch unter- und miteinander. Das enge Zusammenleben verschiedener Ethnien und Kulturen [...] führte zu einer permanenten Konkurrenzsituation, die Europa zu einem idealen Experimentierfeld machte und ein systematisches voneinander Lernen ermöglichte. [...] Anders ausgedrückt: Die Europäer waren einander hinreichend ähnlich, um solche Unternehmungen nicht von vornherein als singuläre oder zufällige Erscheinungen enden zu lassen. Andererseits waren sie doch wieder untereinander so unterschiedlich, dass ein stetiger Konkurrenzdruck unumgänglich notwendige Innovationen begünstigen konnte.

Zweitens: Fremderfahrung war in Europa ein zwar nicht alltägliches, aber doch regelmäßiges, immer wieder vorkommendes, ein vertrautes Phänomen. In China, selbst in großen Teilen Indiens, waren die Gelegenheiten, fremde Kulturen und Ethnien wahrzunehmen, eher die Ausnahme; in Europa waren sie die Regel. Das gilt zuvorderst für die politische Elite. Seit den Griechen und Römern begünstigte die Heiratspolitik der europäischen Elite Eheschließungen mit Fremden zum Zwecke politischer

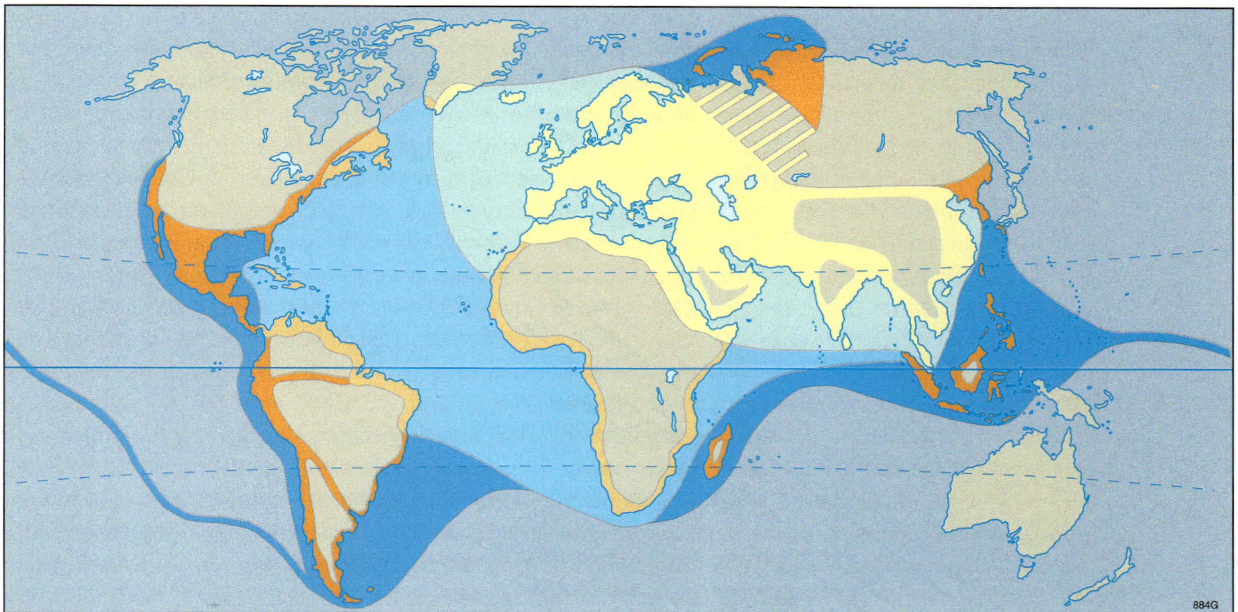

Der in Europa bekannte Teil der Erde	um 1400	um 1500	um 1550
bekannte Landoberfläche	ca. 31 Mio. km² - 21%	ca. 37 Mio. km² -25%	ca. 48 Mio. km² - 32%
bekannte Wasseroberfläche	ca. 26 Mio. km² - 7%	ca. 75 Mio. km² -20%	ca. 120 Mio. km² - 33%
bekannte Erdoberfläche	ca. 57 Mio. km² - 11%	ca. 112 Mio. km² -22%	ca. 168 Mio. km² - 32,5%

M 13

Bündnisse. Dies ist keine europäische Erfindung. [...] Dazu kommt, dass auch die scheinbar abgelegensten Regionen Europas keine völlig isolierten Landschaften darstellten, die sich dem Austausch hätten verweigern können. [...] Fremderfahrung wie Konkurrenzdenken war also in Europa normal. Sicherlich gab es auch hier Fremdenfeindlichkeit, aber vielleicht war die Angst vor dem Fremden – als Sache und als Person – hier weniger stark ausgeprägt als anderswo.

Drittens: Europa verfügte über ein moderates Klima, wichtiger noch: Das Leben des Alltags war von den sich ändernden Jahreszeiten, von dem Bewusstsein der sich ändernden Jahreszeiten geprägt. Vorratshaltung war notwendig, um überleben zu können. Im Gegensatz etwa zu tropischen Gesellschaften führte die Vorratshaltung zu einer über Jahrhunderte angelegten Begünstigung langfristiger Planung im Leben des Einzelnen, der Familie, des Dorfes oder der Stadt. Diese durch das Klima begünstigte Entwicklung einer besonderen Verhaltensweise, eben jener positiven Grundhaltung gegenüber einer längerfristigen Planung, mag ein Ausgangspunkt für die Entwicklung hin zur heute charakteristischen europäischen Überbetonung der Vernunft gegenüber emotional-sinnlichen Fähigkeiten gewesen sein.

Viertens: Europa und die Europäer waren, wie immer wieder bemerkt worden ist, mehr als andere durch einen ausgeprägten Individualismus gekennzeichnet. Privatbesitz war in allen europäischen Ländern und unter allen europäischen Ethnien weit verbreitet. Besitz konnte akkumuliert werden und den Status des Einzelnen in der Gesellschaft positiv beeinflussen. Anreize zur Vermehrung von Individualbesitz waren vorhanden. Zudem war abweichendes Verhalten nicht von vornherein und prinzipiell negativ besetzt. Es war an Erfolg geknüpft. [...] Abweichendes Verhalten scheint in individualisierten Gesellschaften eher möglich zu sein als in stärker gemeingesellschaftlich ausgerichteten. Dass sich die Vorstellungen von Außenseitern durchsetzen können – wenn auch bezeichnenderweise häufig eben nicht der Außenseiter als Person – dafür scheint mir eine individualisierte Gesellschaft eine Conditio sine qua non [hier: notwendige Bedingung] zu sein. Und die Geschichte Europas ist nicht zuletzt auch eine Geschichte von Außenseitern. [...]

Fünftens: Europa ist eine an landwirtschaftlichen Ressourcen eher arme Region. [...] Zu wenig fruchtbare Ackerböden machten die Europäer abhängig vom Handel, machten sie prinzipiell aufgeschlossen gegenüber Kontakt, gegenüber dem Austausch von

Produkten und Ideen, gegenüber Neuerungen, die eine Verbesserung ihrer Lebenssituation versprachen. Über Jahrhunderte war Europa weniger der Kontinent der Erfindungen, sondern das Eldorado der Aneignung, der Imitation, der Nachahmung, der Verbesserung fremder, nichteuropäischer Erfindungen. Die aus meiner Sicht ebenfalls typisch europäische Überbetonung utilitaristischen Denkens mag ebenso aus einer gewissen Notwendigkeit, sich in einer Umwelt, in der Milch und Honig eben nicht flossen, behaupten zu müssen, gespeist sein. Dieser europäische Utilitarismus hat – bei allen negativen Folgen, die wir heute nur zu deutlich sehen – zweifellos die Europäisierung der Welt befördert. Die Hoffnung auf bessere Lebensumstände trieb aber nicht nur einzelne „Entdecker" über See, sondern Hungersnöte, Pauperisierung, generell soziale und ökonomische Missstände, waren Grundlagen einer europäischen Massenexpansion, die bis zur Mitte des 20. Jahrhunderts beispiellos dasteht. [...]

Schließlich sechstens: die Bedeutung des Christentums, der europäischen Religion oder, besser gesagt, der Religion der Europäer. [...] Das Christentum war und ist eine Religion, in der der Glaube an den einen Erlöser die Angst vor dem übernatürlich Bösen überwindet, zumindest überwinden kann. Die Furcht vor dem übernatürlich Bösen, dem man außerhalb der bekannten Umwelt überall schutzlos ausgesetzt ist, war vielleicht nicht bei allen, aber doch bei vielen nichteuropäischen Ethnien – so sehr sich auch diese ansonsten voneinander unterschieden haben mögen – als gemeinsames Weltbild anzutreffen und konstitutiv für eine mangelnde Bereitschaft, sich dem Unbekannten auszusetzen. Wer generell durch Angst vor der Fremde und dem Fremden gekennzeichnet ist, neigt wenig dazu, dieses Unbekannte dann aufzusuchen und zu „entdecken". [...] Erst durch die Freiheit des christlichen Glaubens konnte sich die menschliche Neugierde, die bislang von der Furcht des Aberglaubens in Schranken gehalten wurde, ungehemmt entwickeln bis hin zu einer regelrechten Wissbegierde. Voraussetzung für das Inangriffnehmen (und Weiterführen) der Expedition war [...] keineswegs, dass die Europäer von Angst frei gewesen wären. Das war sicherlich nicht der Fall. Auch wird hier nicht behauptet, es habe unter Europäern, gerade auch den christianisierten, keinen Aberglauben gegeben. Entscheidend war, dass der Anführer des Unternehmens seine eigenen Ängste mit Gottvertrauen überwinden und diese göttliche Zuversicht seinen Männern weitergeben konnte.

Hermann Hiery, Europa und die Öffnung der Welt, in: Geschichte für heute 1/2008, S. 42–48.

Aufgaben

1. Beschreiben Sie in Form eines Lexikonartikels das humanistische Bildungsideal beziehungsweise die neue geistige Einstellung.
   → Text, M1–M3, M6, M7
2. Erläutern Sie die Bedeutung, die dem Buchdruck bei der Überwindung des Mittelalters zukam. Wodurch hatte der Buchdruck wesentliche Impulse erhalten?
   → Text, M7, M9
3. Erklären Sie die politische Moral, die der Begriff „Machiavellismus" umfasst. Recherchieren Sie, in welchen Kontexten der Begriff mittlerweile überall Verwendung findet, und diskutieren Sie diese Verwendungsarten.
   → Text, M8
4. Stellen Sie in einer Tabelle die Voraussetzungen dar, die für das Ausgreifen Europas nach Übersee notwendig waren.
   → Text, M4, M11–M13
5. Charakterisieren Sie die Motive für die Eroberung überseeischer Gebiete, die der päpstliche Erlass von 1493 offenbart.
   → M10
6. Inwiefern wurden im 16. Jahrhundert die Grundlagen für einen Prozess gelegt, den man aus heutiger Sicht als Beginn der Globalisierung bezeichnet?
   → Text, M11–M13

5.2 Kaiser und Reich

Reichsreform

Das Heilige Römische Reich Deutscher Nation existierte in der Gestalt eines lockeren Gefüges von relativ selbstständigen Territorien. Die aus dem Mittelalter ererbte Schwäche des Fehlens einer durchgreifenden Zentralgewalt ließ im 15. Jahrhundert den Ruf nach einer Reform des Reiches immer lauter werden.

Die „Reformatio Sigismundi“ (1439) von einem unbekannten Verfasser sowie die Denkschrift eines der größten Gelehrten des Spätmittelalters, Nikolaus von Kues (1401–1464), brachten den volkstümlichen Wunsch nach Schaffung einer Gewalt, die über den einzelnen Territorien steht, zum Ausdruck.

Das Reich wurde politisch geprägt durch den Dualismus von Kaiser und den Reichsständen (Kurfürsten, Fürsten und Städte), die über ein abgestuftes Mitwirkungsrecht verfügten. Die „Goldene Bulle“ von 1356, eine Urkunde mit verfassungsmäßigem Rang, hatte das Wahlkönigtum beziehungsweise Mitkönigtum der Kurfürsten festgeschrieben. Der König (Kaiser) konnte aus eigener Machtvollkommenheit in Reichsangelegenheiten nicht tätig werden. Er besaß keine konkreten Zwangsmittel, und es fehlten sowohl die finanzielle Basis (Steuern) als auch Reichsheer und Beamtenapparat. Für Steuerbewilligung, Kriegserklärungen und Gesetzgebung war der Reichstag als höchstes Reichsorgan zuständig. Diese Einrichtung erwies sich in ihrer Arbeitsweise als schwerfällig. Praktisch waren Mehrheitsentscheidungen gegen den Willen starker Reichsfürsten nicht durchsetzbar. Zudem achteten die Reichsstände argwöhnisch darauf, dass der Kaiser nicht zu viel Macht in seinen Händen konzentrierte. Reale Macht besaß der Kaiser also nur

M 1 Die Ordnung der Reichsstände
Das „Heilige Römische Reich mit seinen Gliedern“, Holzschnitt von Hans Burgkmair d. Ä., 1511. Idealisierte Darstellung des Reichsaufbaus: Das Kruzifix mit dem doppelköpfigen Reichsadler versinnbildlicht den christlichen Charakter des Reiches. Am Gefieder befinden sich die Wappen der Reichsstände.

in den Gebieten, in denen er selbst Landesherr war. Folglich hat man das Reich treffend als eine „Aristokratie mit monarchischer Spitze“ bezeichnet.

Eine Folge der Zersplitterung des Reiches in den vielzitierten „Flickenteppich“ war die Unregierbarkeit sowohl nach innen als auch nach außen. Nach innen spitzte sich die Situation dadurch kritisch zu, dass die Zahl der Fehden und damit einhergehend die Rechtsunsicherheit im Reich immer mehr zunahmen. Unter außenpolitischen Vorzeichen bewirkte das Fehlen einer echten Zentralgewalt einen Machtverlust auf europäischer Ebene.

Während der Regierungszeit Maximilians I. (1486–1519) verstärkte sich der Reformdruck. Auf Initiative des Mainzer Erzbischofs Berthold von Henneberg (1441–1504) wurden, vor allem auf dem Reichstag zu Worms (1495), mehrere Beschlüsse gefasst, mit denen die Auseinanderentwicklung des Reiches gebremst werden sollte:

- Die Verkündigung eines „Ewigen Landfriedens“ zielte auf die Aufhebung des Fehderechts ohne zeitliche Begrenzung.
- Die Einrichtung eines Reichskammergerichts war mithin notwendig, um Rechtsstreitigkeiten in geordnete rechtsförmige Bahnen zu lenken. Allerdings haben Geldnot und mehrfacher Ortswechsel die Wirksamkeit des Gerichts eingeschränkt.
- Ein „Gemeiner Pfennig“ als Reichssteuer sollte dem Reich eine eigene Finanzquelle erschließen. Diese Reformmaßnahme erwies sich unter anderem deshalb als wenig erfolgreich, weil das Reich nicht über einen eigenen Verwaltungsapparat verfügte, der die Steuer hätte einziehen können.
- Als neue organisatorische Einheiten wurden sogenannte Reichskreise geschaffen, denen die Aufgabe zukam, das Fehdeverbot durchzusetzen, Steuern einzuziehen und Truppenkontingente zu stellen. Die Reichskreise konnten sich als feste Einrichtung nicht behaupten.

M 2

- Ein Kernstück der Reichsreform stellte das Reichsregiment dar, eine neue Reichsgewalt. Dem Regierungskollegium, das unter dem Vorsitz des Königs tagte, gehörten Kurfürsten und Vertreter der Reichskreise an. Auch diesem Organ war keine Dauerhaftigkeit beschert; Maximilian I. nutzte die erste Gelegenheit, um diese Reform rückgängig zu machen.

Scheitern der Reichsreform

Die Versuche, das Reich auf eine organisatorisch solidere Grundlage zu stellen, scheiterten. Weder der König noch die Stände vermochten sich durchzusetzen. So blieb es beim „Dualismus" von Kaiser und Reichsständen. Die politische Schwäche des Reiches wurde nicht überwunden. Eine frühmoderne Staatsbildung in Form des Nationalstaates kam nicht zu Stande.

Während zum Beispiel in England, Frankreich und Spanien Staat und Nation zusammenwuchsen, blieb das Reich in Territorialstaaten zerteilt. Die Reformation vertiefte diese Spaltung. Nunmehr entfiel auch das einheitliche Christentum als geistige Klammer. Vor allem im Zeitalter der Konfessionalisierung (16. und 17. Jahrhundert) standen sich protestantische und katholische Reichsstände feindlich gegenüber. Das Reich vermochte seinen übernationalen beziehungsweise vorstaatlichen Charakter nicht zu überwinden. Es verlor als europäische Macht zunehmend an Bedeutung. Seine geografische Lage im Zentrum Europas im Verein mit seiner militärischen Schwäche machten es zum Schauplatz militärischer Konflikte. Das sollte sich zum Beispiel im Dreißigjährigen Krieg zeigen, als die deutschen Territorien zum Austragungsort eines europäischen Krieges wurden. Die dadurch verursachten Verwüstungen warfen die deutschen Staaten in ihrer Entwicklung um Jahrzehnte zurück. Der anschließende Friede zu Münster und Osnabrück (1648) beglaubigte dann nur noch einen Zustand, bei dem von einer Reichseinheit keine Rede mehr sein konnte. Der Staats- und Völkerrechtler Samuel Pufendorf bezeichnete 1667 das Reich als einen „einem Monstrum gleichenden Staatskörper".

M 3 **Kaiser Karl V.**
Mit Reichsadler und Wappenschild von Kastilien, Aragon, Österreich und Burgund. Die beiden Säulen (Säulen des Herkules) symbolisieren die Felsen von Gibraltar und damit das Ende der Welt. Karl V. trägt das Goldenes Vlies des burgundischen Ritterordens. Der Granatapfel steht als Symbol für die Jungfrau Maria, Holzschnitt von Hans Weiditz, 1519.

Die neuzeitliche Staatlichkeit bildete sich nicht im Reich, sondern in den Territorien. Eine Nationalstaatsbildung sollte erst im 19. Jahrhundert gelingen. Deutschland war eine „verspätete Nation".

1519 starb Kaiser Maximilian I. Um seine Nachfolge als Träger der deutschen Krone entbrannte ein Kampf zwischen dem Enkel Maximilians, Karl, und seinem Konkurrenten, dem französischen König Franz I. Mithilfe von riesigen Bestechungssummen an die deutschen Kurfürsten, die in erster Linie von den Fuggern aufgebracht worden waren, gelang es Karl, die Wahl zu seinen Gunsten zu entscheiden und als Karl V. römisch-deutscher König zu werden.

Mit Karl V. hatte der Vertreter der mächtigsten europäischen Dynastie, der Habsburger, gewonnen. Diesem Herrscherhaus war es vor allem durch geschickte Heiratspolitik sowie Erbschaften gelungen, innerhalb von wenigen Jahrzehnten Burgund mit den Niederlanden, Spanien und Ungarn-Böhmen dem österreichischen Stammland hinzuzufügen. Durch den Erwerb der deutschen Krone nahm das Habsburgerreich eine Dimension an, die den Anspruch auf ein Weltkaisertum auf den ersten Blick als gerechtfertigt erscheinen ließ. Von Karls „christlichem Universalreich" hieß es in Anspielung auf die außereuropäischen Besitzungen, dass in ihm die Sonne nicht untergehe.

Das mächtige französische Königtum sah sich durch die Niederlage im Kampf um die deutsche Krone eingekreist und herausgefordert. In den folgenden Jahrzehnten war Europa und insbesondere Italien Schauplatz eines Kampfes um die Vormacht, den weder der französische König noch das Haus Habsburg für sich entscheiden konnte. Das 16. Jahrhundert offenbarte aber bereits, dass die Zukunft dem souveränen Nationalstaat gehörte. Denn das Reich der Habsburger bildete keine territoriale Einheit, bestand vielmehr aus ganz verschiedenartigen Ländern, die nur durch das Erbrecht zusammengehalten wurden. Die Sonderinteressen der Reichsteile gewannen die Oberhand, und noch zu Lebzeiten Karls V. wurde die Teilung des Reiches der Habsburger vollzogen: in eine spanische Linie mit seinem Sohn Philipp II. als König und eine österreichische mit dem Bruder Ferdinand (ab 1556 als römisch-deutscher Kaiser) an der Spitze.

Von der Landesherrschaft zum Territorialstaat

Gleichsam als Gegenbewegung zum Machtverlust des Reiches vollzog sich im 16. Jahrhundert der Aufstieg der Territorialmächte. Begünstigt durch die Schwäche des Reiches sowie durch wesentliche Zugeständnisse und Privilegien („Goldene Bulle") erhoben sich aus der territorialen Vielfalt des Reiches mittelgroße Mächte, denen eine Festigung der Staatsgewalt gelang. Das Reich umfasste (um 1500) etwa 350 Territorien verschiedenster Art sowie über 1 000 Reichsritter. Die meisten dieser politischen Einheiten waren viel zu klein, um aus eigener Kraft eine verwaltungsmäßige Durchdringung und territoriale Abrundung der Herrschaft zu bewerkstelligen. Lediglich die mittelgroßen Mächte Österreich, Bayern, Kursachsen, Brandenburg sowie Württemberg und in geringerem Maße die Kurpfalz im Südwesten vermochten eine frühneuzeitliche Staatsbildung einzuleiten. Was den westeuropäischen Monarchien auf nationaler Ebene gelang, nämlich die Bildung des modernen Staates, das vollzog sich im Reich auf der Ebene der Territorien. Das Wirken der Territorialmächte richtete sich zum einen gegen die kaiserliche Reichsgewalt, zum anderen aber auch gegen die niederen Adelsgeschlechter und Städte, die sich der frühmoderne Staat einzuverleiben trachtete.

Die fürstlichen Obrigkeiten versuchten allenthalben, ein zusammenhängendes, einheitliches Territorium zu schaffen. Weit auseinander liegende Gebiete und sich bisweilen überlappende Herrschaftsansprüche hatten zuvor die Verwaltung erschwert. Auch ein geschlossener Untertanenverband hatte sich auf dieser Basis nicht herstellen lassen.

Die Kämpfe mit den selbstständigen kleinen Herrschaften gingen im Einzelnen unterschiedlich aus, aber im Wesentlichen konnte sich die Fürstengewalt durchsetzen und den Absolutismus des 17. und 18. Jahrhunderts begründen. Viele Ritter und Herrn verloren darum ihre Reichsunmittelbarkeit beziehungsweise Unabhängigkeit. Der Dualismus von Kaiser und Reich setzte sich auf territorialer Ebene als Dualismus von Landesherr und Landständen fort.

Landstände

Gerade in der Anfangsphase des modernen Staates war der Landesherr noch kein absolut regierender Herrscher, vielmehr war er auf die Zustimmung und Dienste der Großen im Land angewiesen. Diese organisierten sich in Vertretungskörperschaften, wobei die Landtage sich im Allgemeinen aus drei Kurien zusammensetzten: Prälaten (hohe Geistlichkeit), Ritterschaft (Adel) und Städte; ausnahmsweise besaßen auch Bauern die sogenannten Landstandschaften, zum Beispiel in Dithmarschen, Friesland und Tirol.

Die Landstände wurden vom Landesherrn vorzugsweise dann herangezogen, wenn fürstliche Verschuldung ein finanzielles Entgegenkommen der Stände notwendig machte. Solche Bedingungen führten auch zur Entstehung von landständischen Verfassungen, denn die Stände versuchten die Zustimmung zu ihrer finanziellen Belastung an bestimmte Mitwirkungsrechte zu knüpfen. So entstand das für den frühmodernen Staat so charakteristische Wechselspiel zwischen dem Landesherrn und den Ständen, wobei sich im 17. Jahrhundert in den meisten Territorien die Gewichte zugunsten des Landesherrn verschoben. In dem Maße, wie der Einfluss der Stände zurückgedrängt wurde, setzte sich die Tendenz zum fürstlichen Absolutismus durch, wie zum Beispiel in Bayern und Brandenburg, während etwa in Württemberg die Stände nie völlig ausgeschaltet werden konnten.

Im Unterschied zum Nordosten und Süden des Reiches blieben im Südwesten viele kleine reichsunmittelbare Herrschaften erhalten: Reichsstädte (zum Beispiel Ulm, Esslingen, Rottweil, Konstanz, Reutlingen), Reichsritter, Grafen und Herrn (zum Beispiel Hohenlohe, Löwenstein, Fürstenberg, Hohenzollern, Waldburg) und geistliche Gebiete (zum Beispiel Speyer, Weingarten, St. Blasien). Ansätze zu einer Territorialherrschaft und somit zu einer Aufhebung der für den Südwesten so typischen Zersplitterung zeigten sich lediglich in Bezug auf den habsburgischen Breisgau sowie die Kurpfalz, die Markgrafschaft Baden und am deutlichsten in Bezug auf Württemberg, das seit 1495 Herzogtum war. Den württembergischen Landesherrn war es gelungen, durch Zukauf, Krieg, Öffnung von Burgen sowie Durchsetzung der Primogenitur eine territoriale Geschlossenheit und eine Verbreiterung der Besitzbasis herzustellen.

M 4 Der „Königsstuhl" bei Rhens
Hier trafen sich „nach altem Herkommen" die vier rheinischen Kurfürsten. Hier wählten sie 1346 Karl, 1400 Ruprecht zum römisch-deutschen König. 1376 trug Kaiser Karl IV. dem Treffpunkt durch Errichtung eines achteckigen steinernen „Gestühls" Rechnung, das bis zum Anfang des 16. Jahrhunderts den Einfluss des obersten Reichsstandes gegenüber dem König deutlich machte. […] Heute oberhalb der ursprünglichen Lage wieder aufgebaut, ist der „Königsstuhl" ein Denkmal fürstlicher Mitbestimmung.

M 5 Wahlkapitulation Karls V. (1519)

Zusage des gewählten Königs an die Kurfürsten:

Dieweil uns die Kurfürsten zu einem Römischen König erwählt, so haben wir uns gegen sie und das heilige Reich verschrieben: Dass wir die Römische Kirche, den Stuhl zu Rom und das Heilige Römische Reich treulich schützen und schirmen sollen und wollen. Dass wir die Kurfürsten bei ihren Freiheiten und innehabenden Gütern bleiben lassen und ihnen die konfirmieren sollen. Dass wir die Goldene Bulle und andere Ordnung, durch Kurfürsten und Stände des Reichs auf gehaltenen Reichstagen aufgerichtet, halten, handhaben und vollziehen sollen und wollen und sie, wo nötig, mit den Ständen des Reichs helfen bessern. Dass wir Frieden und Recht im Reiche handhaben und halten wollen. Dass wir auch dem Recht und was geurteilt ist seinen gestreckten Lauf lassen und nichts dawider ausgehen lassen sollen. Dass wir die Ämter an unserm Hof und im Reich mit Deutschen, die von Adel, und mit Leuten, die fromm, redlich und von gutem Herkommen sind, besetzen sollen und wollen. Dass wir uns gegen die deutsche Nation keiner andern Sprache denn Deutsch oder Latein zu schreiben gebrauchen wollen. Dass wir nichts vom Heiligen Reich ohne der Kurfürsten Rat und Bewilligung versetzen oder hingeben sollen. Dass wir, was vom Reich genommen, nach unserm Vermögen wieder zum Reich bringen wollen. Dass wir Dienstgeld und Leihungen, so auf des Reichs Renten verschrieben sind, abschaffen wollen, dass sie dem Reich ledig fallen. Dass wir ohne der Kurfürsten und Stände des Reichs Bewilligung keinen Anschlag oder gemeinen Pfennig aufs Reich schlagen oder anlegen wollen. Dass wir ohne der Kurfürsten Rat und Einwilligung keinen neuen Zoll geben noch die alten steigern sollen. Dass wir keinen Fürsten des Reichs strafen sollen, er sei denn zuvor mit Recht in die Strafe erkannt. Dass wir ohne unserer Kurfürsten Miterkenntnis keinen Fürsten in die Acht tun wollen. Dass wir uns so förderlich wie möglich in die deutsche Nation erheben, die römische königliche Krone empfangen und den ersten Hof zu Nürnberg halten sollen, auch zur Erlangung der kaiserlichen Krone möglichen Fleiß anwenden wollen. Dass wir auch, so viel möglich, unsern Aufenthalt und Hof den mehrern Teil des Jahres in deutscher Nation haben und halten wollen. Dass wir bei dem Stuhl zu Rom darauf dringen, dass die Konkordate[1] wieder ins Wesen kommen, dazu uns die Kurfürsten helfen sollen. Dass wir keine Versammlung im Reich erfordern und ausschreiben, auch kein Kriegsvolk sammeln sollen, ohne der Kurfürsten Rat, Wissen und Einwilligung. […]

1 Vereinbarung zwischen dem Hl. Stuhl und einem Staat

Zit. nach: R. Stuppenrich, Die Reformation in Deutschland, Gütersloh 1980, S. 174 f.

M 6 Das Kaisertum Karls V.

Auffassung des kaiserlichen Kanzlers Gattinara (1521):

Sire! Da Gott, der Schöpfer, Euch die Gnade erwiesen hat, Eure Würde über alle christlichen Könige und Fürsten zu erhöhen, indem Er Euch zum größten Kaiser und König seit der Teilung des Reiches Karls des Großen, Eures Vorgängers, machte und Euch auf den Weg der rechtmäßigen Weltherrschaft [Monarchie] verwies, um den ganzen Erdkreis unter einem Hirten zu vereinigen, ist es recht und billig, dass Eure Kaiserliche Majestät sich vor der Sünde des Undanks hüte und den Schöpfer, den wahren Geber aller Güter, erkenne. […]
Bittet Gott ohne Unterlass, von ganzem Herzen und mit Ehrfurcht, dass Er Euch mit seiner Gnade erfüllen und solcher Art erleuchten und lenken möge, dass Ihr das Euch verliehene Amt wohl verwalten und darüber Rechenschaft geben könntet, zum Dienst Seiner Göttlichen Majestät, zur Erhöhung Seines heiligen katholischen Glaubens und zur Förderung der gesamten Christenheit, auf dass ihr mithilfe und Beistand des heiligen Apostolischen Stuhles das Gut des allgemeinen Friedens erlangen möget, der nicht anders als durch die Kaiserliche Herrschaft erreicht werden kann.

Zit. nach: W. Lautemann, M. Schlenke (Hg.), Geschichte in Quellen, Renaissance, Glaubenskämpfe, Absolutismus, München 1982, S. 212.

Aufgaben

1. Beschreiben Sie den Aufbau des Reiches und analysieren Sie die sich daraus ergebenden politischen Probleme. → Text, M1–3
2. Nennen Sie die Zugeständnisse, die Karl V. in seiner Wahlkapitulation an die Kurfürsten machte, und erläutern Sie, wie sich diese Zusagen bezüglich der Entwicklung des Reiches auswirken mussten. → M5
3. Charakterisieren Sie das Verständnis, das Karl V. von seiner eigenen Herrschaft besaß. → M3, M6

5.3 Glaubensspaltung und die Konfessionalisierung der Politik

Luther: Ablassstreit und eine neue Theologie

Thesenanschlag

Nach einer Überlieferung hat Martin Luther am 31. Oktober 1517 seine 95 Thesen gegen den Ablasshandel an die Tür der Schlosskirche zu Wittenberg geschlagen. Dieses Datum gilt heute als der historische Beginn der Reformation.

Martin Luther (1483–1546), Sohn eines Bergmanns, war 1505 dem Augustinerorden beigetreten und seit 1512 Doktor der Theologie. Mit dem Thesenanschlag trat er zum ersten Mal an die Öffentlichkeit. Was zunächst als ein kirchlicher Diskussionsbeitrag unter Gelehrten gemeint war, wurde zum Anlass einer christlichen Erneuerungsbewegung, die sehr schnell den rein theologischen Rahmen sprengte und mächtige politische Auswirkungen hatte.

M 1 **Martin Luther (1483–1546)**
Gemälde von Lucas Cranach d. Ä.

Weder Luther noch seine Anhänger dachten zunächst an eine Spaltung der Kirche. Erst ein spezielles Zusammenwirken von zeitgeschichtlichen Umständen, tatkräftigen Personen und wirkungsvollen Handlungen verlieh diesem Thesenanschlag ein solches Gewicht, dass dieser Vorgang in der Gründung einer neuen Kirche und im Zerfall der kirchlichen Einheit Europas mündete.

Der Erwerb von Ablässen war seit dem Mittelalter durchaus nichts Unübliches, aber das Ablasswesen nahm im Zuge des steigenden Finanzbedarfs der Kirche mehr und mehr zu. Seit 1476 konnten Ablässe auch für Verstorbene erstanden werden. Ursprünglich war der Ablass nur als Nachlass von Kirchenstrafen beziehungsweise Bußleistungen gedacht. Es wurde aber der Eindruck erweckt, als würde er vor Fegefeuer und Höllenpein verschonen. Die Lösung von der Sünde und das Seelenheil schienen somit zumindest nach landläufiger Auffassung käuflich zu sein.

Heilsgewinnung

Ausgehend von der Kritik an der Ablasspraxis entwickelte Luther in den folgenden Jahren einen anderen Weg der Heilsgewinnung, den er unter anderem in seinen drei großen Programmschriften aus dem Jahr 1520 darstellte („An den christlichen Adel deutscher Nation“; „Von der babylonischen Gefangenschaft der Kirche“; „Von der Freiheit eines Christenmenschen“).

M 2 **Ein Spottbild auf die Mönche**
Während die Hochmut, die Ausschweifung und die Habgier den Mönch am Gängelband halten, stopft ihm ein Bauer die Bibel in den Mund. Die Armut droht mit der Faust, Holzschnitt von 1521.

M 3 **Ohne Ablass von Rom kann man wohl selig werden**
Kritik am Handel mit Ablasszetteln. Unter dem Kreuz steht die Ablasskiste. Der Mönch verliest die päpstliche Ablassbulle, Titelholzschnitt einer anonymen Schrift gegen den Ablasshandel, 1518.

Luthers Ausgangspunkt war die Sündhaftigkeit des Menschen. Göttliche Gnade sei nicht durch sogenannte gute Werke (Wallfahrten, Fasten, wohltätige Stiftungen), Reliquien, Rituale, sondern nur durch den Glauben (sola fide) zu erreichen. Luther betonte, der Ablass sei kein Ersatz für ganz persönliche Buße. Er bezichtigte die Kirche falscher Versprechungen; eine „Bestechung“ Gottes sei nicht möglich; Gnade sei nicht käuflich (sola gratia). Priester und Papst hätten nicht das Recht der Sündenvergebung; Erlösung werde allein durch das Opfer Christi ermöglicht (solus Christus). Luther berief sich bei seiner Theologie nicht auf die kirchliche Tradition, sondern auf die Autorität der Bibel, die für ihn entscheidend war (sola scriptura).

Das Revolutionäre dieser theologischen Konzeption bestand darin, dass die katholische Kirche als Heilsanstalt in Frage gestellt wurde. Der Vorrang der Kirche basierte ja auf der Verwaltung der Gnadenmittel. Da Luther den Glauben verinnerlichte, ihn von allen äußeren Formen der sichtbaren und messbaren Frömmigkeit befreite, machte er ihn gleichsam zu einer Privatsache zwischen dem einzelnen Gläubigen und Gott. Die Kirche als Institution zumindest in der bestehenden Form war somit nicht mehr notwendig. Mit der fehlenden Notwendigkeit einer Vermittlung beziehungsweise eines Fürsprechers verlor sie ihre Existenzberechtigung.

Die Autorität der Kirche wurde auch dadurch besonders erschüttert, dass Martin Luther ausdrücklich die Fehlbarkeit von Päpsten und Konzilien behauptete.

Die Mündigkeit des einzelnen Gläubigen äußerte sich in einem neuen Begriff der „christlichen Gemeinde“. Die versammelten Gläubigen sollten grundsätzlich gleichrangig sein. Der Zugang zur Bibel sollte fortan kein priesterliches Privileg mehr sein. Wenn aber der Gläubige selbst die Bibel lesen und verstehen konnte, dann wurde die hierarchisch gegliederte katholische Kirche auch von dieser Seite angegriffen.

Reformation im Reich: Konfessionalisierung der Reichsstände

Die Thesen von Wittenberg fanden eine rasante Verbreitung. Es heißt, dass sie in 14 Tagen in ganz Deutschland bekannt gewesen seien. Im Zusammenhang mit der Reformation fand gleichsam eine Explosion hinsichtlich der Anzahl und der Auflage von Druckwerken statt. Dies hat Historiker zu der These veranlasst, dass die Reformation ohne die vorangegangene Erfindung des modernen Buchdruckes nicht denkbar gewesen wäre. Die Reformation war der erste politische Konflikt, der nicht zuletzt mithilfe der gedruckten Medien wie Flugschriften und Karikaturen volksnah ausgetragen wurde. Der Gebrauch der deutschen Sprache verhinderte die Beschränkung der Diskussion auf einen kleinen Zirkel von Gelehrten. Die Druckerschwärze sorgte nicht nur für die rasche Verbreitung reformatorischen Gedankenguts, sondern sie erschwerte auch eine Unterdrückung durch die Obrigkeit.

Wormser Edikt

Die Auseinandersetzung begann damit, dass Erzbischof Albrecht von Mainz gegen Luther Anzeige in Rom erstattete. Allerdings kam der Konflikt zunächst nicht offen zum Ausbruch, weil Papst Leo X. und

M 4 Reichstag zu Worms 1521
Historiengemälde von Anton von Werner (1843–1915)

Luthers Gönner, Kurfürst Friedrich von Sachsen, politische Verbündete waren, die gleichermaßen die Wahl Karls V. zum Kaiser zu hintertreiben suchten. Aber nach erfolgter Krönung (1519) drang die Kurie verstärkt auf Auslieferung Luthers. Diese erste Phase der Reformation endete mit der Verhängung des Kirchenbanns durch den Papst und der Reichsacht durch den Kaiser Karl V. Zuvor hatte Luther auf dem Reichstag zu Worms (1521) den Widerruf verweigert. Mit dem sogenannten Wormser Edikt, mit dem die Reichsacht gegen Luther und seine Anhänger ausgesprochen wurde, war die Reformation endgültig zu einer reichsrechtlichen Angelegenheit geworden. Auf der Rückkehr von Worms wurde Luther auf Anordnung des sächsischen Kurfürsten „überfallen" und zur eigenen Sicherheit auf die Wartburg gebracht, wo er bis 1522 anonym lebte. In dieser Zeit fertigte Luther die deutsche Übersetzung des Neuen Testaments an; die gesamte Bibelübersetzung war 1534 beendet. Luthers Arbeit gilt als grundlegend für die neuhochdeutsche Schriftsprache.

Pseudonym Luthers Junker Jörg

Spaltung des Reiches

Gemäß dem Wormser Edikt war theoretisch jeder Stand verpflichtet, Luther an den Kaiser auszuliefern und seinen Anhängern den Prozess zu machen. Die vielfache Unterstützung, die Luther gefunden hatte, verhinderte aber den Vollzug des Edikts. Nicht nur die Mehrheit der Reichsstädte, sondern auch viele Fürsten hatten sich der reformatorischen Bewegung angeschlossen. Zu Luthers Beschützer, dem sächsischen Kurfürsten Friedrich dem Weisen, kamen hinzu der Herzog Albrecht von Preußen, der Landgraf Philipp von Hessen, die Herzöge von Schleswig und Braunschweig sowie der Graf von Mansfeld. Später wechselten Pommern, Brandenburg, das Herzogtum Sachsen sowie Württemberg ins protestantische Lager.

„Protestantismus" bezeichnet alle religiösen Strömungen, die aus der Reformation hervorgegangen sind. Der Begriff selbst lässt sich auf den Reichstag von Speyer (1529) zurückführen, auf dem die Minderheit der evangelischen Reichsstände erfolglos gegen die Aufrechterhaltung des Wormser Ediktes „protestierte".

Kaiser Karl V. verlor zeit seines Regierens das Ziel nicht aus den Augen, die Spaltung des Reiches in Territorien mit unterschiedlicher Konfession rückgängig zu machen. Mehrere Faktoren durchkreuzten allerdings seine politische Absicht:

- Seine längere Abwesenheit; so hielt sich Karl V. zum Beispiel zwischen 1521 und 1530 überhaupt nicht im Reich auf.
- Die Rivalität mit dem französischen König Franz I.
- Der Vormarsch der Türken (1529 vor Wien) nötigte ihn, die militärische Unterstützung auch der protestantischen Stände zu suchen.
- Letztlich fehlte auch die Bereitschaft der katholischen Stände, gegen die protestantischen zu kämpfen.
- Ein Teil der protestantischen Stände organisierte sich in einem Verteidigungsbündnis (Schmalkaldischer Bund, 1531).

Im Schmalkaldischen Krieg (1546/47) siegten die kaiserlichen Soldaten über die Truppen des Schmalkaldischen Bundes. Aber dieser militärische Sieg entpuppte sich sehr schnell als politische Niederlage. Zwar standen sich Reichsstände mit unterschiedlichem Glaubensbekenntnis gegenüber, aber sie hatten auch gemeinsame Interessen, wenn es um die Abwehr einer erstarkten monarchischen Gewalt ging. Karls V. wichtigster Verbündeter im Krieg, Moritz von Sachsen, wechselte die Seite, wurde Vorreiter für „fürstliche Libertät", das heißt Autonomie. Mit Unterstützung Frankreichs fand unter seiner Führung ein erfolgreicher Fürstenaufstand gegen Karl V. statt. Damit war die Beendigung der Glaubensspaltung mit Waffengewalt endgültig gescheitert. Ein allgemeines Bedürfnis nach Frieden und Sicherheit ebnete nunmehr den Weg zum „Augsburger Religionsfrieden" (1555). Dieser bestätigte, was praktisch ohnehin schon eingetreten war: die Koexistenz unterschiedlicher Konfessionen. Die Landesherrn gingen gestärkt aus diesem Konflikt hervor: Die Religionshoheit lag bei den Reichsständen. Man hat später die Augsburger Regelungen auf den einfachen und griffigen Nenner gebracht: „cuius regio, eius religio" (Wer das Land besitzt, der bestimmt die Religion).

Karl V. hatte letztlich verloren und zog sich aus der Politik zurück. Sein Bruder Ferdinand wurde (seit 1556 als Kaiser) Oberhaupt des Heiligen Römischen Reiches; sein Sohn Philipp wurde Karls Nachfolger als König von Spanien.

Chronologie

1517	Luthers Thesenanschlag in Wittenberg
1521	Reichstag zu Worms: Luther verweigert den Widerruf. Wormser Edikt: Reichsacht über Luther und seine Anhänger
1526	1. Reichstag zu Speyer: Aufschiebung des Vollzugs des Wormser Edikts; jeder Reichsstand kann in Religionsangelegenheiten eigenverantwortlich verfahren.
1529	2. Reichstag zu Speyer: Erneuerung des Wormser Edikts: evangelische Reichsstände protestieren (Protestanten).
1530	Reichstag zu Augsburg: Der Versuch einer Einigung auf der Grundlage von Melanchthons „Confessio Augustana" scheitert; Erneuerung des Wormser Edikts.
1531	Gründung des Schmalkaldischen Bundes
1546/47	Schmalkaldischer Krieg
1551/52	Fürstenrebellion gegen Karl V.
1555	Augsburger Religionsfriede

M 5 **Luther: 95 Thesen gegen den Ablass**

Mit diesen Thesen löste Martin Luther die Reformation aus (31. Okt. 1517):

Aus Liebe zur Wahrheit und dem Eifer, sie zu ermitteln, soll über das Nachstehende in Wittenberg disputiert werden. […]

21. Daher irren all die Ablassprediger, welche erklären, dass der Mensch durch den Ablass des Papstes von jeder Strafe los und frei werde. […]

24. Folglich wird der größte Teil des Volkes betrogen, wenn man ihm schlankweg mit hohen Worten verspricht, es sei die Strafe los.

27. Man predigt Menschenlehre, wenn man sagt: Sobald das Geld im Kasten klingt, entflieht die Seele [dem Fegefeuer].

28. Das ist gewiss, dass Gewinn und Habgier zunehmen können, wenn das Geld im Kasten klingt; ob die Kirche mit ihrer Fürbitte Erfolg hat, steht dagegen bei Gott. […]

32. Wer glaubt, durch Ablassbriefe seines Heils sicher zu sein, wird auf ewig mit seinen Lehrmeistern verdammt werden. […]

36. Jeder Christ, der wahrhaft Reue empfindet, hat einen Anspruch auf vollkommenen Erlass von Strafe und Schuld, auch ohne Ablassbrief. […]

45. Man soll die Christen lehren: Wer einen Bedürftigen sieht und ihm nicht hilft, und stattdessen sein Geld für Ablass gibt, der hat sich nicht des Papstes Ablass, sondern Gottes Zorn erworben. […]

67. Den Ablass, den die Ablassprediger als „größte Gnade" ausschreien, kann man insofern tatsächlich dafür ansehen, als er ein großes Geschäft bedeutet.

Zit. nach: E. Büssem, M. Neher (Hg.), Arbeitsbuch Geschichte, Neuzeit 1, Quellen, München 1977, S. 163 ff.

M 6 **Kritik am Papsttum**

Luthers Sichtweise des Papstes entzweite die Christenheit (1520):

Zum Ersten ist's greulich und erschrecklich anzusehen, dass der Oberste in der Christenheit, der sich Christi Vikar [Stellvertreter] und St. Peters Nachfolger zu sein rühmet, so weltlich und prächtig fährt, dass ihn darin kein König, kein Kaiser mag erlangen und ihm gleich werden, und in dem, der allerheiligst und geistlichst sich lässet nennen, weltlicher Wesen ist, denn die Welt selber ist. Er trägt eine dreifältige Krone, während die höchsten Könige nur eine Krone tragen: gleicht sich das mit dem armen Christo und St. Peter, so ist's ein neu Gleichen. Man plärret, es sei ketzerisch, wo man dawiderredet; man will aber auch nicht hören, wie unchristlich und ungöttlich solch Wesen sei. Ich halte aber dafür, wenn er beten sollte mit Tränen vor Gott, er müsste stets solche Krone ablegen, dieweil unser Gott keine Hochfahrt [Hochmut] mag leiden. Nun sollte sein Amt nichts anderes sein, denn täglich weinen und beten für die Christenheit und ein Exempel aller Demut vortragen.

M. Luther, An den christlichen Adel deutscher Nation, zit. nach: I. Schmieder, a. a. O., S. 39.

M 7 **Bildpropaganda**

a) „Des Teufels Dudelsack", Zeichnung von Erhard Schoen, um 1525

b) Der Papstesel, Holzschnitt von Lucas Cranach d. Ä., 1523

M 8 **Ein Propagandaflugblatt**

„Unterschied zwischen der waren Religion Christi und falschen Abgöttischen lehr des Antichrists in den fürnemsten stücken" ist die Überschrift dieses kolorierten Holzschnitts aus der Zeit um 1544 – ein Propagandaflugblatt der Lutheraner. Auf der linken Hälfte ist die protestantische Taufe und Kommunion dargestellt. Luther legt die Lehre von der Erlösung durch das Opfer Christi aus, die durch symbolische Darstellungen (Opferlamm, Christus mit Dornenkrone) verdeutlicht wird; unter seinen Hörern ist auch Kurfürst Johann Friedrich von Sachsen, der ein Kreuz auf seiner Schulter trägt.
Auf der rechten Seite schauen Gott im Himmel und der heilige Franziskus voller Entsetzen auf die Erde herab, denn dort sammeln die Mönche in schändlicher Weise Geld für die Kirche in Rom. Der Prediger auf der Kanzel erklärt, dass es viele mühelose Wege gäbe, um erlöst zu werden, Wege, die alle der katholischen Kirche zur Verfügung stünden; was er sagt, wird ihm jedoch vom Teufel eingegeben, der ihm mit einem Blasebalg in die Ohren bläst. Rechts sieht man den Papst, wie er Ablässe feilbietet. Im Hintergrund werden katholische Zeremonien und Sakramente (besonders das Besprengen mit Weihwasser) verspottet.

Aus: D. Hay, Die Renaissance, München/Zürich 1968, S. 200, 203.

M 9 **Augsburger Religionsfriede (1555)**

In Form eines Reichsabschieds wurde die Beilegung der Religionskämpfe verkündet:

§ 15. Und damit solcher Fried auch der spaltigen [gespaltenen] Religion halben, wie [...] die hohe Nothdurft [Notwendigkeit] des H. Reichs Teutscher Nation erfordert, [...] so sollen die Kayserl. Maj., Wir, auch Churfürsten, Fürsten und Stände des H. Reichs keinen Stand des Reichs wegen der Augspurgischen Confession und derselbigen Lehr, Religion und Glaubens halb mit der That gewaltiger Weiß [mit Gewalt] überziehen, beschädigen, vergewaltigen oder in andere Wege wider sein.
[...] und soll die streitige Religion nicht anders dann durch Christliche, freundliche, friedliche Mittel und Wege zu einhelligem, Christlichem Verstand und Vergleichung gebracht werden, alles bey Kayserl. und Königl. Würden, Fürstl. Ehren, wahren Worten und Pön [Strafe] des Land-Friedens.
§ 17. Doch sollen alle andere, so obgemelten beeden [oben genannten beiden] Religionen nicht anhängig, in diesem Frieden nicht gemeynt, sondern gäntzlich ausgeschlossen seyn.[1]
§ 24. Wo aber Unsere, auch der Churfürsten, Fürsten und Stände Unterthanen der alten Religion oder Augspurgischen Confession anhängig, von solcher

ihrer Religion wegen [...] mit ihren Weib und Kindern an andere Orte ziehen und sich nieder thun wollten, denen soll solcher Ab- und Zuzug, [...] unverhindert zugelassen und bewilligt [...] seyn.

§ 27. Nachdem aber in vielen Frey- und Reichs-Städten die beede Religionen, nemlich Unsere alte Religion und der Augspurg. Confession-Verwandten Religion ein zeithero im Gang und Gebrauch gewesen, so sollen dieselbigen hinführo auch also bleiben und in denselben Städten gehalten werden und derselben Frey- und Reichs-Städt Bürger und andere Einwohner, geistlichs und weltlichs Stands, friedlich und ruhig bey- und neben einander wohnen und kein Theil des andern Religion, Kirchengebräuch oder Ceremonien abzuthun. [...]

1 Gemäß § 17 galt der Religionsfriede nicht für Täufer und andere Sekten.

Nach: A. Buschmann, Kaiser und Reich, Baden-Baden 1994, S. 224 ff.

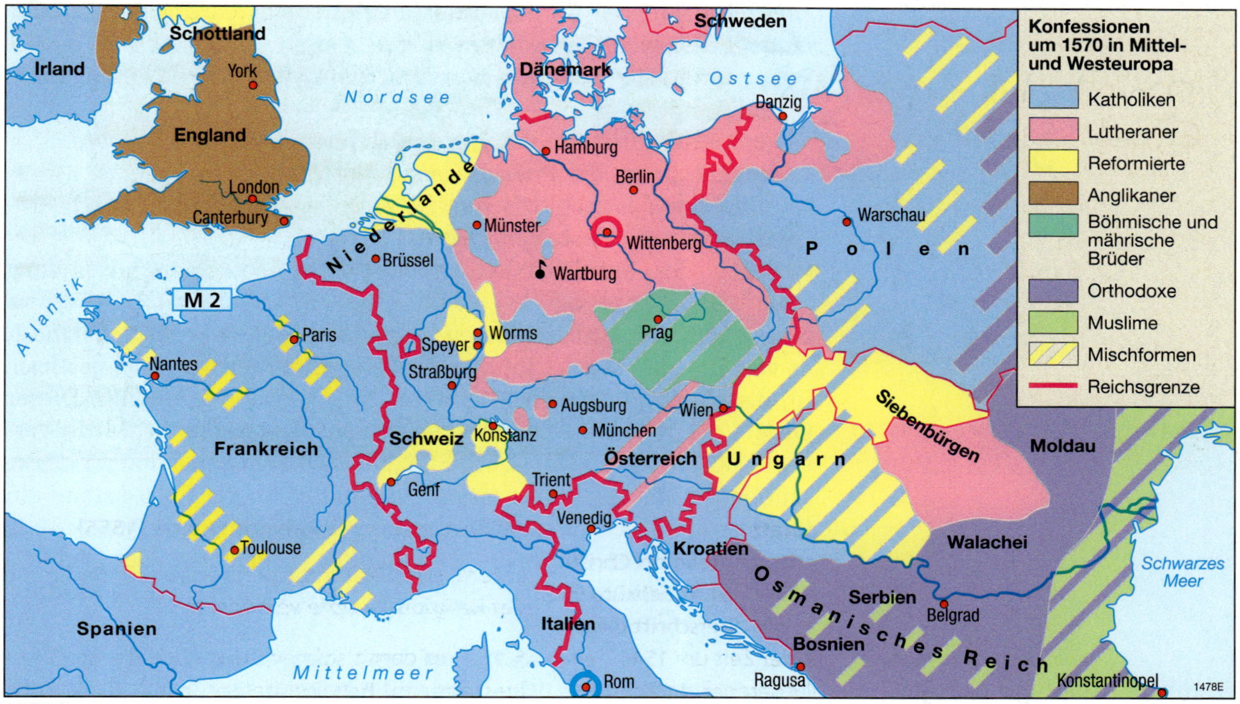

M 10

Aufgaben

1. Arbeiten Sie die Kritik heraus, die Luther am Ablasswesen übte.
→ Text, M2, M3, M5
2. Wie begründete Luther seine These, dass dem Papst kein standesmäßiger Vorrang zukomme?
→ Text, M6
3. Erläutern Sie, inwiefern Luthers Lehre fast zwangsläufig die Grundfesten des geistlichen Lebens erschüttern musste.
→ Text
4. Analysieren Sie die bildnerischen Mittel, die der Verunglimpfung des religiösen Gegners dienten, und erläutern Sie die Rolle, die die Massenmedien im Zeitalter der Reformation spielten.
→ Text, M2, M7
5. Beurteilen Sie die Bestimmungen des Augsburger Religionsfriedens vor dem Hintergrund jahrzehntelanger kriegerischer Konflikte.
→ Text, M9, M10
6. Halten Sie die Unterschiede zwischen protestantischem und katholischem Gottesdienst fest. Erläutern Sie die politisch-religiöse Perspektive des Künstlers.
→ M8

5.4 Glaubenskämpfe in Europa

Gegenreformation

Durch den Vormarsch der Reformation in Europa wuchs auch innerhalb der katholischen Kirche die Einsicht in ihre Reformbedürftigkeit. Der notwendigen Erneuerung sollte das Tridentinische Konzil – so benannt nach dem oberitalienischen Tagungsort Trient – dienen, das von 1545 mit Unterbrechungen bis 1563 dauerte.

Das Konzil reagierte auf die reformatorische Herausforderung mit einer Festigung des Katholizismus und einer Abgrenzung von Luthers Lehre. Es wurden folgende Beschlüsse gefasst:

Pfründenhäufung: Erwerbsgebiete

- Die kirchliche Tradition wurde betont. Nicht nur die Bibel sollte Richtschnur sein,
- Verbot der Pfründenhäufung und Residenzpflicht der Bischöfe,
- das Sakrament der Priesterweihe wurde bekräftigt,
- Anhebung des theologischen Niveaus der Geistlichkeit durch Einrichtung von Priesterseminaren,
- Ausbau des päpstlichen Behördenapparates (Inquisition, Ausbreitung des Glaubens).

Neben den Konzilsbeschlüssen erwies sich der vom Basken Ignatius von Loyola (1491–1556) gegründete Jesuitenorden (Societas Jesu, SJ) als ein wirkungsvolles Instrument der Gegenreformation. Dieser Orden, der 1540 offiziell durch Papst Paul III. anerkannt wurde, verstand sich als eine kämpfende Elite, die sich zum besonderen Gehorsam dem Papst gegenüber verpflichtet hatte. An der Spitze stand ein Ordensgeneral. Die eigene Tätigkeit der Bewahrung und Ausbreitung des Katholizismus wurde als „Kriegsdienst" bezeichnet. Der Jesuitenorden blieb immer ziemlich klein, war aber einflussreich. Er wirkte vor allem im Erziehungswesen.

Glaubenskämpfe in Europa

In der zweiten Hälfte des 16. Jahrhunderts verlagerte sich das politische Gewicht ins westliche Europa. Das katholische Spanien unter König Philipp II. (1555–1598) stieg – gestützt auf die koloniale Silberausbeute – zur politischen Vormacht Europas auf.

Den Kriegen in dieser Epoche haftete außer dem machtpolitischen Kalkül auch eine religiöse Komponente an. Das galt zum Beispiel auch für den Aufstand der Niederländer gegen die spanische Herrschaft, als Philipp II. versuchte, das Land zur Ausgangsbasis der Gegenreformation zu machen (1566). Den Vereinigten Provinzen des Nordens – stark geprägt vom Calvinismus – gelang die Durchsetzung ihrer Unabhängigkeit (1581), die aber erst nach dem Dreißigjährigen Krieg völkerrechtlich anerkannt wurde (1648). Der südliche Teil (das heutige Belgien) blieb als Spanische Niederlande bestehen.

Auch der Konflikt zwischen Spanien und England fand unter konfessionellen Vorzeichen statt. In England hatte sich nach dem Bruch Heinrichs VIII. mit dem Papst (1534) die Anglikanische Staatskirche etabliert. Mit ihr nahm der englische König selbst die Rechte des Papstes über die Kirche in Anspruch. Die europäische Gegenreformation setzte sich zum Ziel, das protestantisch geprägte England zu erobern. Der spanische Versuch einer Invasion scheiterte aber, weil die überlegene spanische Flotte (Armada) in drei Seeschlachten besiegt wurde (1588). Spanien hatte damit seinen machtpolitischen Zenit überschritten.

Der Dreißigjährige Krieg

Die Bezeichnung „Dreißigjähriger Krieg“ dient als Oberbegriff für eine Kette von Kriegen, die zwischen 1618 und 1648 auf deutschem Boden ausgetragen wurden. Die Historiker sprechen vom 16. und 17. Jahrhundert als dem „Konfessionellen Zeitalter“. Gleichwohl waren die religiösen Gesichtspunkte nur *ein* verursachender Faktor im Ringen der deutschen und europäischen Mächte. Von Beginn an und verstärkt noch gegen Ende des Krieges traten rein machtpolitische Zielsetzungen in den Vordergrund.

Der Augsburger Religionsfriede von 1555 hatte keine tatsächliche Konfliktlösung zwischen Katholiken und Protestanten gebracht. In einer Zeit, in der der religiöse Absolutheitsanspruch aufrechterhalten wurde, blieben folglich auch die Spannungen bestehen. Die Handlungsunfähigkeit des Reiches offenbarte sich, als die konfessionelle Spaltung zur Gründung von zwei Bündnissen führte: der protestantischen Union unter Führung des pfälzischen Kurfürsten Friedrich IV. (1608) sowie der katholischen Liga unter Führung des Herzogs Maximilian I. von Bayern (1609).

Böhmisch-Pfälzischer Krieg

Vor dem Hintergrund einer politisch-konfessionellen Spaltung des Reiches erhoben sich 1618 die ganz überwiegend protestantischen böhmischen Stände gegen die Monarchie der katholischen Habsburger. Der Aufstand gipfelte in der Wahl des pfälzischen Kurfürsten Friedrich V. (1596–1632) zum böhmischen König (1619). Der habsburgische Kaiser Ferdinand II. (1576–1637) wurde bei der Niederschlagung des Aufstands von der katholischen Liga unterstützt. Herzog Maximilian I. von Bayern (1573–1651) spekulierte in diesem Zusammenhang – erfolgreich, wie es sich später zeigen sollte – auf die pfälzische Kurwürde. Dieser erste Abschnitt des Dreißigjährigen Krieges wird der Böhmisch-Pfälzische Krieg genannt (1618–1623). Aus diesem Krieg gingen die kaiserlich-katholischen Truppen als Sieger hervor.

M 1 **Plündernde Soldaten,** Kupferstich aus dem 17. Jahrhundert

Niedersächsisch-Dänischer Krieg

Gegen den anschließend in das deutsche Geschehen eingreifenden dänischen König Christian IV. gelang es dem Kaiser in den folgenden Jahren im Niedersächsisch-Dänischen Krieg (1625–1629), die Macht über den Norden Deutschlands zu erringen.

Nach dem ersten Kriegsjahrzehnt hatte der Kaiser eine einzigartige Machtposition inne, die weit über die habsburgischen Erblande hinausreichte. Kaiser Ferdinand II. verdankte seine politischen Erfolge nicht zuletzt den militärischen Siegen seiner Feldherrn Tilly (1559–1632) und Wallenstein (1583–1634). Letzterer verkörperte wie kein anderer Heerführer ein modernes Kriegsunternehmertum. Wirkungsvoll und erfolgreich betrieb Wallenstein das Kriegsgeschäft im Dienste des Kaisers, aber auch auf eigene Rechnung. Er führte nicht Krieg, um konfessionellen Bestrebungen zum Durchbruch zu verhelfen, vielmehr betrieb er seine eigene politische Karriere.

Schwedischer Krieg

Die Ausdehnung der kaiserlich-katholischen Macht veranlasste den Kaiser, die Gegenreformation energisch voranzutreiben. Ein Reichsgesetz sah die Rückgabe geistlicher Güter an die katholische Kirche vor (1629). In Österreich selbst wurde der Protestantismus beseitigt. Daraufhin verhärtete sich der Widerstand der protestantischen Reichsstände. Zudem erschien mit Schweden eine neue Macht auf dem Plan. In dieser dritten Phase des Dreißigjährigen Krieges, im Schwedischen Krieg (1630–1635), verstärkte sich die Internationalisierung des Geschehens. Gleichzeitig wurde die Doppeldeutigkeit im Handeln der Krieg führenden Parteien immer offensichtlicher. Einerseits legitimierten die Schweden ihr Eingreifen, indem sie die konfessionelle Solidarität mit den bedrängten deutschen Glaubensgenossen beschworen, andererseits handelte der schwedische König Gustav II. Adolf (1594–1632) aus politischem Kalkül heraus. Denn das Vordringen der kaiserlich-katholischen Truppen in Norddeutschland führte zum Konflikt mit den schwedischen Hegemonialinteressen im Ostseeraum. 1630 griff Schweden mit Billigung und finanzieller Unterstützung durch Frankreich erfolgreich ins Kriegsgeschehen ein.

Schwedisch-Französischer Krieg

Die Endphase des Dreißigjährigen Krieges, der Schwedisch-Französische Krieg (1635–1648), wurde dann geprägt durch das direkte Eingreifen Frankreichs. Nunmehr zeigte sich ganz unverstellt die europäische Dimension des Dreißigjährigen Krieges. Denn das katholische Frankreich, das im eigenen Lande die protestantischen Hugenotten verfolgte, kämpfte auf Seiten der protestantischen deutschen Stände. Deutschland war zum Schlachtfeld der europäischen Auseinandersetzung zwischen Habsburgern und der französischen Bourbonen-Dynastie geworden. Dieser Konflikt reichte bis zum ausgehenden Mittelalter zurück.

Frankreichs Kriegseintritt erklärt sich daraus, dass es die dynastische Verbindung zwischen Österreich, Spanien, Burgund und den spanischen Niederlanden als Umklammerung und Bedrohung empfand. Kardinal Richelieu (1585–1642), der erste Minister der französischen Krone, blieb allzeit bestrebt, die habsburgische Position zu schwächen. Er förderte die Zersplittung und die damit einhergehende Handlungsunfähigkeit des Reiches. Ferner zielte die französische Politik darauf, die linksrheinischen Gebiete dem französischen Staatsgebiet einzuverleiben.

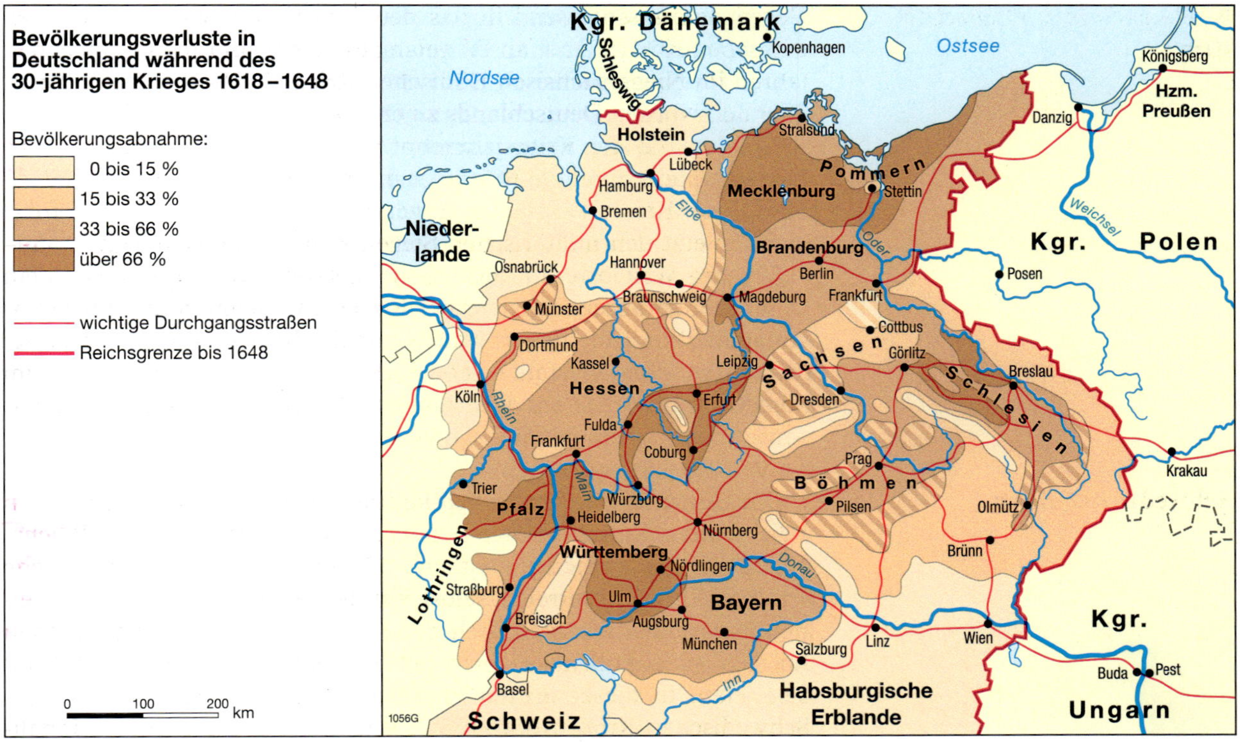

Bevölkerungsverluste in Deutschland während des 30-jährigen Krieges 1618–1648

M 2

Die anti-kaiserliche Koalition – bestehend aus Frankreich, Schweden, den niederländischen Generalstaaten und den protestantischen deutschen Bundesgenossen – besaß in den letzten Kriegsjahren ein deutliches militärisches Übergewicht. Die kaiserlich-katholischen Truppen wurden zusehends in die Defensive gedrängt. Allenthalben verbreitete Kriegsmüdigkeit kam hinzu, sodass der Krieg nach 30 Jahren beendet wurde.

Er hinterließ ein erschöpftes, ausgeblutetes Land. Die umherziehenden Heere hatten allgemein nach dem Grundsatz gehandelt, dass der Krieg sich selbst ernähren müsse, und das hieß in der Praxis: Raub, Plünderungen, Mord und Totschlag. In 30 Kriegsjahren hatte Deutschland – wenn auch regional sehr unterschiedlich ausgeprägt – enorme Bevölkerungsverluste erleiden müssen. Ungefähr ein Drittel der Menschen war entweder Opfer von unmittelbaren Kriegseinwirkungen oder von Seuchen, Hunger und Heimatverlust geworden.

Westfälischer Friede

Seinen Abschluss fand der Dreißigjährige Krieg im Westfälischen Frieden von Münster und Osnabrück (1648). Die vertragschließenden Parteien kamen überein, die Religionskonflikte zwischen den deutschen Reichsständen beizulegen. Der Augsburger Religionsfriede von 1555 wurde bestätigt. Die Vertragspartner garantierten die Freiheit der Religionsausübung. Gleichzeitig schrieben sie die konfessionelle Besitzverteilung auf der Grundlage des Jahres 1624 fest (Ausnahme: die habsburgischen Erblande und die Oberpfalz). In einem für die Bevölkerung wesentlichen Punkt revidierte man aber den Augsburger Religionsfrieden. Die Klausel „Cuius regio, eius religio“ (Wer das Land beherrscht, der bestimmt auch die Religion) wurde außer Kraft gesetzt. Nach 1648 gab es keine erzwungenen Glaubenswechsel ganzer Bevölkerungen mehr, wenn ein Herrscher seine Religion wechselte. Der Westfälische Friede fixierte staatsrechtlich gesehen den Sieg der Reichsstände über das monarchische Prinzip. Er offenbarte aufs Neue die sich seit dem ausgehenden Mittelalter abzeichnende Schwäche des Reiches.

Die Friedensschlüsse von Münster und Osnabrück regelten zum einen die völkerrechtlichen Beziehungen in Europa, zum anderen bestimmten sie die Verfassungsentwicklung in den deutschen Ländern. Sie stellten praktisch eine Art Grundgesetz des Alten Reiches dar. Diese Verträge wurden möglich, weil die beteiligten Mächte die zerstörerische Kraft konfessioneller Kriege erkannt hatten.

Die Berufung auf ein vermeintliches göttliches Recht rückte im 17. Jahrhundert zusehends in den Hintergrund. Nicht mehr die Konfessionalität stand im Vordergrund, sondern der sich immer mehr als säkular (weltlich) verstehende Staat. Folgerichtig wurde auch die religiöse Wahrheitsfrage aus den Friedensverhandlungen ausgeklammert. Statt auf den theologischen Wahrheitsanspruch konzentrierten sich die Vertragsparteien auf eine religiös neutrale Friedensordnung.

Dem Kaiser blieben auch außenpolitisch die Hände gebunden. Alle wesentlichen Entscheidungen, zum Beispiel Kriegserklärungen und Bündnisse, bedurften der Zustimmung durch den Reichstag. Der Einfluss Frankreichs förderte die Souveränität der Landesfürsten, die nunmehr eine außenpolitische Selbstständigkeit erhielten. Allerdings durften sich außenpolitische Verträge deutscher Territorialherren nicht gegen das Reich selbst richten. Auch die Beschlüsse hinsichtlich einer europäischen Friedensordnung lassen die Handschrift der Sieger erkennen. Eine Schwächung des Reiches drückte sich in der Ausgliederung der Schweizer Eidgenossenschaft und der protestantischen Niederlande aus dem Reichsverband aus. Schweden erhielt Vorpommern, Rügen sowie die Bistümer Bremen und Verden zugesprochen. Frankreich vermochte nicht nur erfolgreich die Territorialisierung des Reiches zu stabilisieren, sondern schob sein Staatsgebiet bis an den Rhein vor. Die Einverleibung des Elsass, des Sundgaus (Oberelsass) und der Bistümer Verdun, Toul und Metz wurde im Westfälischen Frieden bestätigt. Frankreich ging als kontinentale Vormacht aus dem Dreißigjährigen Krieg hervor.

Flucht und Vertreibung

Das Zeitalter der Konfessionalisierung und Glaubenskämpfe bildete den Hintergrund für religiös verursachte Wanderungsbewegungen, die sich in Form von Flucht und Vertreibung abspielten. Der Augsburger Religionsfriede von 1555 sprach die Religionshoheit den Reichsständen zu. Dies bedeutete, dass der Landesherr bestimmen konnte, was der Untertan zu glauben hatte. Ein Recht auf freie Wahl seiner Religion besaß der Einzelne nicht. Die Untertanen mussten also in der Regel dem Bekenntnis des Landesherrn folgen oder das Land verlassen. Dieses Emigrationsrecht (mit Eigentum) wurde im Religionsfrieden ausdrücklich zugesichert.

Es lag im Ermessen des Landesherrn, in welchem Maße er religiöse Toleranz übte. Aber alle damaligen Staats- und Gesellschaftsvorstellungen blieben von religiöser Geschlossenheit geprägt. Das konfessionelle Nebeneinander galt nur für die Territorien als solche, nicht aber innerhalb von diesen.

Der Frieden von Münster und Osnabrück (1648) bedeutete einen Schritt in Richtung religiöser Neutralisierung des Staates. Gleichwohl gab es auch in der Folgezeit noch religiös bedingte Wanderungsbewegungen. 1685 hob der französische König Ludwig XIV. das Toleranzedikt von Nantes auf, was die Flucht bzw. Vertreibung von ungefähr 200 000 Protestanten (Hugenotten) zur Folge hatte. Ein Zehntel von ihnen – 20 000 – fanden in brandenburgisch-preußischen Landen eine neue Heimat. Noch 1732 wurden die im Erzbistum Salzburg lebenden Protestanten ausgewiesen, weil sie nicht bereit waren, zum katholischen Glauben überzutreten. Die meisten von ihnen zogen auf Einladung des preußischen Königs Friedrich Wilhelm I. nach Ostpreußen, wo sie auf königlichem Land angesiedelt wurden.

M 3 Abbildung des unbarmherzigen, abscheulichen, grausamen und gräulichen Tiers

Groß tappt ein wolfsköpfiges Monstrum – teils Löwe, teils Pferd, teils Mensch – durch die vom Krieg verwüstete Landschaft. Unter seinen Füßen tritt es die Früchte bäuerlicher Arbeit, Korn und Wein, ebenso wie den Soldaten, der sich ihm in den Weg gestellt hat. Das Maul fasst Geldsäcke, die Löwenpranke hält Kirchengerät, die Menschenfaust Spieß und Fackeln. Hungersnot und Pestilenz folgen seinen Spuren (linker Mittelgrund). „Wie nennet man dann dieses Thier?", fragt der Text, und er gibt sogleich die Antwort: „Es wird Krieg genannt." Die Verheerungen des Dreißigjährigen Krieges sind in das sinnfällige Bild des übergroßen, wilden, gierigen Zerstörers gefasst. Doch wird der somit personifizierte Krieg im begleitenden Text nicht als ein schicksalhaftes, unabwehrbar apokalyptisches Ereignis angesehen. Vielmehr ist das Monstrum Krieg, an „vnsr allr Bruest gesogn" und durch das Fehlverhalten aller Stände „aufferzogen" worden. Nur gottgefälliges Handeln aller Menschen würde das Untier auch zu Tode bringen, 2. Viertel des 17. Jahrhunderts.

Aus: G. Langemeyer u. a. (Hg.), Bild als Waffe, München 1984, S. 253.

Aufgaben

1. Erläutern Sie den Begriff „Gegenreformation".
   → Text
2. Zeichnen Sie den Verlauf und die Ergebnisse des Dreißigjährigen Krieges in einem Schaubild nach.
   → Text, M2, M3
3. Diskutieren Sie die These, wonach der Dreißigjährige Krieg als erster Weltkrieg bezeichnet werden kann.

6. Das Zeitalter des Absolutismus

Das berühmte Porträt Ludwigs XIV. von Hyacinthe Rigaud (um 1700) ist ein Beispiel für staatliche Auftragskunst. Ludwig XIV. (1638–1715) verkörperte wie kein anderer Herrscher seiner Zeit den Absolutismus. Er regierte 72 Jahre, davon 54 als Alleinherrscher. Das Bild war Teil einer planmäßig in Szene gesetzten Regierungspropaganda, galt als Staatsporträt und besaß die Qualität einer Ikone, eines quasi heiligen Bildes. Es repräsentierte die Majestät und wurde im Thronsaal von Versailles aufgestellt, wenn der König nicht anwesend war. Das Bild musste mit dem gleichen Respekt behandelt werden wie die Person des Königs selbst, zum Beispiel war es nicht statthaft, ihm den Rücken zuzukehren. Das Bildnis des Königs folgt den Gesetzen der Idealisierung. Es zeigt ihn in der Pose der Macht mit lilienbesticktem und hermelinbesetztem Königsmantel und ausgestattet mit den Herrschaftssymbolen Krone, Zepter und Schwert. Am Sockel der Säule im Hintergrund befindet sich eine Justitiafigur. Hohe Absätze machten Ludwig größer, als er in Wirklichkeit war; und die Perücke verdeckte seinen Haarausfall.

Bilder waren Teil einer umfassenden Inszenierung, die den Ruhm des Herrschers vermehren sollte. Sie fügten sich ein in ein Ensemble von Festen, Theateraufführungen, öffentlichen Mahlzeiten, repräsentativer Kleidung und kostspieliger Architektur. Zur Steigerung königlicher Ausstrahlung stand zudem ein beträchtlicher Medienapparat zur Verfügung. Auf Bildern, Münzen, Gobelins, durch Denkmäler, literarische und musikalische Werke wurde das Charisma produziert, das für die Aufrechterhaltung der absolutistischen Herrschaft notwendig war.

Im Ergebnis führte das zur Identifikation des Königs mit dem Staat an sich (französisch: „L'Etat c'est moi.") und zur Gleichsetzung des Königs mit der lebensspendenden Sonne („roi soleil"). Die Salbung mit dem heiligen Öl während des Krönungsrituals verlieh den französischen Königen – in mittelalterlicher Tradition – eine heilende Kraft. Ihnen wurde die Fähigkeit zugeschrieben, durch königliches Handauflegen Skrofel zu heilen, eine damals verbreitete Hautkrankheit. Historiker schätzen, dass Ludwig XIV. während seiner langen Regierungszeit etwa 350 000 Mal dieses Ritual vollzogen hat.

Hinsichtlich des Absolutismus ist zwischen dem Idealbild, das die Herrscher verbreiteten, und der Wirklichkeit zu unterscheiden. Der Staat im Zeitalter des Absolutismus war in der Praxis weit davon entfernt, die Gesellschaft so zu durchdringen, wie er sich das selbst zum Ziel setzte. Vielfach blieben die sogenannten mittleren Gewalten des Adels, der Rittergutsbesitzer, des städtischen Patriziats intakt. In vielen Territorialstaaten ließen sich auch die Stände nicht gänzlich ausschalten. Die Fürsten konnten nur sehr bedingt in eigener Machtvollkommenheit handeln. Die Verfügungsgewalt über das Heer und die Bürokratie war zwar gegeben, aber die chronischen Finanzierungsschwierigkeiten des absolutistischen Staats setzten der Machtvollkommenheit der regierenden Fürsten Grenzen, zum Beispiel durch die Kreditgeber.

6.1 Absolutismus als Herrschaftsform

Der Begriff „Absolutismus“ weist zwei unterschiedliche Bedeutungen auf. Zum einen kann er als Epochenbezeichnung dienen, dann bezieht er sich auf die Zeitspanne von 1648 (dem Ende des Dreißigjährigen Krieges) bis 1789 (dem Beginn der Französischen Revolution). Zum anderen wird mit „Absolutismus“ auch eine bestimmte Herrschaftsform bezeichnet, bei der der Inhaber der Staatsgewalt eine Macht ausübt, die nicht durch Stände, Zünfte, Adlige oder Städte beschränkt wird. Der Herrscher (Souverän) verfügt über die richterliche, gesetzgebende und ausführende Macht in seinem Staat. Als Monarch ist er oberster Gerichtsherr, entscheidet über Krieg und Frieden in der Außenpolitik und bestimmt über Finanzen und Verwaltung.

„Staatsräson“

Die besonderen Interessen zum Beispiel des Adels mussten sich der „Staatsräson“, also dem übergeordneten Nutzen des Staates und der Krone, fügen. Der Monarch, der den Staat durch Amt und Person verkörperte, durfte aber nach der Auffassung der Zeit keine Willkürherrschaft ausüben, sondern sollte die Grundsätze des göttlichen und natürlichen Rechts beachten.

Zeitlich gesehen entstand der Absolutismus im Übergang vom späten Mittelalter zur Frühen Neuzeit. Vor allem im westlichen, mittleren

M 1

und nördlichen Europa (zum Beispiel Spanien, Frankreich, Schweden, Brandenburg-Preußen) war er eine wesentliche Triebkraft für die Herausbildung des modernen europäischen Staatensystems zwischen dem 15. und 17. Jahrhundert. Im absolutistischen Staat liefen beim Fürsten beziehungsweise Territorialherrscher zunehmend die Hoheitsfunktionen (zum Beispiel die Verwaltung) zusammen, die in der feudalen und ständischen Ordnung des Mittelalters auf die verschiedenen bevorrechtigten Träger (Adel, Kirche, Stadtgemeinden) verteilt waren. Vor allem in Frankreich prägten sich die Strukturen des Absolutismus besonders deutlich aus. Hier hatte er einen entscheidenden Anteil beim Aufstieg des Landes zur europäischen Großmacht.

Die geschichtlichen Errungenschaften des Absolutismus zeigten sich in den verschiedenen Bereichen von Wirtschaft, Gesellschaft und Staat:

- Die staatliche Verwaltung (Bürokratie) wurde ausgebaut. Zu den wichtigsten Aufgaben zählten Einziehung der Steuern, die Organisation der Polizei, Gerichtsbarkeit, das Militärwesen und der Landesausbau (zum Beispiel durch Verkehrswege). Der Konzentration der Macht beim Monarchen entsprach ein zentraler und hierarchischer Aufbau der Behörden. Im Auftrag des Königs arbeitete eine abhängige, weisungsgebundene Beamtenschaft. Die Spitzen der Verwaltung, beispielsweise die Intendanten in Frankreich, waren direkt dem König gegenüber verantwortlich, der sie berief und entließ. Nicht nur der Adel, sondern auch mehr und mehr das Bürgertum stellte die Fachleute zur Verfügung, die der bürokratische Obrigkeitsstaat brauchte.
- Als eine der wichtigsten Stützen der Macht wurden stehende Heere aufgebaut. Ein Großteil der Staatsausgaben floss damit in die Rüstung. Große und disziplinierte Heere waren für die Monarchen unerlässliche Werkzeuge im wirtschaftlichen, diplomatischen und militärischen Konkurrenzkampf mit den anderen Mächten. Unter Ludwig XIV. betrug zum Beispiel die durchschnittliche Heeresstärke 100 000 Mann.
- Die wachsenden Aufgaben des Staates, die zahlreichen Kriege um Territorien und Vormacht und nicht zuletzt eine verschwenderische Hofhaltung erzeugten einen großen Geldbedarf, der den Ausbau des staatlichen Finanz- und Steuerwesens notwendig machte. Die neuen wirtschaftspolitischen Methoden des Merkantilismus versprachen eine Steigerung staatlicher Macht durch wirtschaftliche Expansion.

Besonders konfliktreich war das Verhältnis des absoluten Königtums zu den alten feudal-ständischen Gewalten. Einerseits schränkte die erstarkende Zentralgewalt zwangsläufig die Macht der Stände beziehungsweise des Adels ein. Andererseits verkörperte der Monarch nach wie vor die Spitze einer traditionellen aristokratischen Ordnung. Die gesellschaftlich hervorgehobene Stellung des Adels wurde also nicht grundsätzlich angetastet.

Adel

Der Adel verfügte traditionell über eine Reihe von gesellschaftlichen, wirtschaftlichen und steuerlichen Privilegien. Hohe Posten in Verwaltung, Justiz, Armee und Diplomatie waren von Adligen besetzt. Als Grundbesitzer zogen die Adligen die Feudalabgaben von den Bauern ein. Außerdem genossen sie eine weitgehende Steuerbefreiung. Seit dem 16. Jahrhundert nutzten Angehörige des Bürgertums verstärkt die Möglichkeit, durch Ämterkauf in den Adel aufzusteigen. Der Ämterkauf, der ein erhebliches Geldvermögen voraussetzte, diente der Krone zur Deckung ihres chronischen Finanzbedarfs. Durch die Aristokratisierung von Teilen des Bürgertums entstand neben dem alten Schwertadel (noblesse d'épée) der Amtsadel (noblesse de robe). Unter der absoluten Monarchie gelang es dem Amtsadel, mehr und mehr in wichtige Posten im Verwaltungs- und Justizapparat aufzurücken. Das Königtum stützte sich also zunehmend auf die aufsteigende bürgerliche Dienstklasse.

Die theoretische Begründung des Absolutismus

Bodin

Der Franzose Jean Bodin (1529 oder 1530–1596) entwarf mit seiner Staatstheorie in den „Six livres de la République" (Sechs Bücher über die Republik, 1576) eine schon zu seiner Zeit einflussreiche Begründung der absoluten Monarchie. Für Bodin war der Staat die übergreifende Ordnung des menschlichen Zusammenlebens. Seine Mitglieder waren nicht Bürger, sondern Untertanen. Zur Verwaltung des Gemeinwesens sei eine souveräne Macht nötig. Die zentrale Vorstellung in Bodins Lehre war die Idee der Souveränität, nach der der Fürst (Monarch) die Quelle aller Herrschaft sei. Dieser könne im Rahmen der Gerechtigkeit und der „natürlichen" und göttlichen Gesetze Verordnungen und Gesetze erlassen. In der Monarchie sah Bodin den vollkommensten Ausdruck dieses Souveränitätsprinzips.

M 2 **„Leviathan"**
Titelkupfer der Erstausgabe des „Leviathan" von Thomas Hobbes. Mit dem Ausdruck „Leviathan" bezieht sich Hobbes auf ein im Alten Testament (Buch Hiob) erwähntes mythisches Ungeheuer, London, 1651.

Der Philosoph und Staatstheoretiker Thomas Hobbes (1588–1679) entwickelte seine Auffassung von der Funktion des Staates unter dem Eindruck des Bürgerkrieges in England. Sein Hauptwerk „Leviathan" (1651) hatte einen großen Einfluss auf die politische Theorie der Neuzeit.

Hobbes' Ausgangspunkt war dabei der Konflikt zwischen dem englischen König Karl I. und dem Parlament. Die blutigen Wirren des Bürgerkrieges prägten seine politische Lehre vom Naturzustand des Menschen: In einer Welt knapper Güter (modern: Ressourcen) führten Konkurrenzkampf und Selbsterhaltungstrieb zum grausamen Krieg aller gegen alle (lateinisch „bellum omnium contra omnes"). Der Naturzustand des Menschen wird also als ein kriegerischer verstanden. Um diesen permanenten Kriegszustand, der das Überleben aller gefährde, zu überwinden, erfänden die Menschen den staatlichen Souverän. Mittels eines fiktiven Gesellschaftsvertrages übertrügen sie ihm die uneingeschränkte Gewalt (Unterwerfungsvertrag). Die neue Zwangsgewalt des Staates sei allein imstande, den inneren Frieden und eine stabile Ordnung zu schaffen. Die Friedenssicherung durch den Souverän korreliert also mit der Gehorsamspflicht der einzelnen Bürger. Die Macht des Staates muss größer sein als die aller Bürgerkriegsparteien zusammen. Der Grundsatz des staatlichen Gewaltmonopols, der auch für die moderne Demokratie gilt, hat in der Lehre von Thomas Hobbes seinen Ursprung. Zwar war es der Schrecken des englischen Bürgerkriegs, der Hobbes zu seiner politischen Theorie inspirierte, aber die große Resonanz, die seine Staatsidee fand, war auch eine Folge des Dreißigjährigen Krieges.

M 3 **Über die Souveränität**

Jean Bodin (1530–1596) begründete die Lehre von der fürstlichen Souveränität:

Souveränität ist die absolute und dauernde Macht eines Staates, die die Lateiner „majestas" nennen [...], und bedeutet so viel wie „höchste Befehlsgewalt". [...] Es gehört notwendig zum Begriff der Souveränität, dass ihre Inhaber auf keine Weise den Befehlen eines anderen unterworfen sind, dass sie den Untertanen Gesetze geben, überholte Gesetze kassieren und aufheben und neue dafür erlassen können: Das kann keiner, der selber den Gesetzen oder anderen, die Befehlsgewalt über ihn haben, untersteht. Dies ist gemeint, wenn das Gesetz sagt, der Fürst sei von der Gewalt der Gesetze befreit. [...]

Nur den göttlichen und natürlichen Gesetzen sind alle Herrscher der Welt unterworfen, und es liegt nicht in ihrem Ermessen, dagegen zu verstoßen, wenn sie nicht des Verbrechens der Beleidigung der göttlichen Majestät schuldig werden und sich gegen Gott auflehnen wollen [...]. Daher bleibt unser Grundsatz bestehen: Der Fürst ist weder seinen Gesetzen noch denen seiner Vorgänger unterworfen, wohl aber den von ihm eingegangenen rechtmäßigen und billigen Abmachungen, an deren Innehaltung die Untertanen allgemein oder auch teilweise interessiert sind.

Bodin, Les six livres de la république, 1576. Zit. nach: E. Büssem, M. Neher (Hg.), Arbeitsbuch Geschichte Neuzeit 1 (Quellen), München 1977, S. 205 ff.

M 4 **Hobbes über den „Leviathan"**

Mit diesem Buch begründet Thomas Hobbes die moderne Staatstheorie:

Der alleinige Weg zur Errichtung einer solchen allgemeinen Gewalt, die in der Lage ist, die Menschen vor dem Angriff Fremder und vor gegenseitigen Übergriffen zu schützen und ihnen dadurch eine solche Sicherheit zu verschaffen, dass sie sich durch eigenen Fleiß und von den Früchten der Erde ernähren und zufrieden leben können, liegt in der Übertragung ihrer gesamten Macht und Stärke auf einen Menschen oder eine Versammlung von Menschen, die ihre Einzelwillen durch Stimmenmehrheit auf einen Willen reduzieren können. Das heißt so viel wie einen Menschen bestimmen und bedeutet, dass jedermann alles als eigen anerkennt, was derjenige [...] verkörpert [...].

Dies ist mehr als Zustimmung oder Übereinstimmung: Es ist eine wirkliche Einheit aller in ein und derselben Person, die durch Vertrag eines jeden mit jedem zustande kam, als hätte jeder zu jedem gesagt: Ich autorisiere diesen Menschen oder diese Versammlung von Menschen und übertrage ihnen mein Recht, mich zu regieren, unter der Bedingung, dass du ihnen ebenso dein Recht überträgst und alle ihre Handlungen autorisierst. Ist dies geschehen, so nennt man diese zu einer Person vereinte Menge Staat, auf lateinisch civitas. Dies ist die Erzeugung jenes großen Leviathan oder besser, um es ehrerbietiger auszudrücken, jenes sterblichen Gottes, dem wir unter dem unsterblichen Gott unseren Frieden und Schutz verdanken. Denn durch diese ihm von jedem Einzelnen im Staate verliehene Autorität steht ihm so viel Macht und Stärke zur Verfügung, die auf ihn übertragen worden sind, dass er durch den dadurch erzeugten Schrecken in die Lage versetzt wird, den Willen aller auf den innerstaatlichen Frieden und auf gegenseitige Hilfe gegen auswärtige Feinde hinzulenken. Hierin liegt das Wesen des Staates, der, um eine Definition zu geben, eine Person ist, bei der sich jeder Einzelne einer großen Menge durch gegenseitigen Vertrag eines jeden mit jedem zum Autor ihrer Handlungen gemacht hat, zu dem Zweck, dass sie die Stärke und Hilfsmittel aller so, wie sie es für zweckmäßig hält, für den Frieden und die gemeinsame Verteidigung einsetzt. Wer diese Person verkörpert, wird Souverän genannt und besitzt, wie man sagt, höchste Gewalt, und jeder andere daneben ist sein Untertan. [...]

Thomas Hobbes, Leviathan, zit. nach: N. Hoerster (Hg.), Klassische Texte der Staatsphilosophie, München 1976, S. 125 f.

Aufgaben

1. Formulieren Sie in Thesen die gesellschaftlichen und wirtschaftlichen Entwicklungen, die zur Herausbildung des Absolutismus führten. → Text
2. Nennen Sie die Merkmale, mit denen Bodin die souveräne Herrschaft bestimmte. → M3
3. Erläutern Sie, warum es nach Hobbes notwendig ist, dem Staat das Gewaltmonopol zu übertragen. Erörtern Sie, welche Probleme und Gefahren sich aus einer autoritären Staatsauffassung ergeben können. → M2, M4
4. Informieren Sie sich über den Begriff „Absolutismus" und beurteilen Sie seine Tauglichkeit als Epochenbezeichnung.

6.2 Wege zum modernen Staat: Preußen und England

M 1 **Friedrich der Große und Voltaire,** der Philosoph als Gast am Hofe des Königs, Kupferstich von Pierre Charles Baquoy (1759–1829)

Aufgeklärter Absolutismus

Um die Mitte des 18. Jahrhunderts hatte sich in Ländern wie Preußen, Österreich und einigen kleineren deutschen Territorialstaaten die Bereitschaft der Regierenden durchgesetzt, sich aufklärerischer Ideen zu bedienen. Dies führte zu einer Herrschaftsform, die man auch als „aufgeklärten Absolutismus" bezeichnet hat. Von den fortschrittlichen Gedanken der Aufklärung versprachen sich die Herrscher eine Beschleunigung der gerade unter außenpolitischen Zwängen notwendigen politischen und gesellschaftlichen Reformen. Vor allem im Bereich der Religionspolitik, der Justizreform und der Förderung der Wissenschaften zeigte sich ein wachsender Einfluss der Aufklärung.

Die Abschaffung der Folter, die Herstellung von Rechtsgleichheit und Rechtssicherheit und religiöse Toleranz gehörten zum typischen Programm des aufgeklärten Absolutismus. So verfügte Friedrich II. als eine seiner ersten Maßnahmen nach Machtantritt die Einschränkung beziehungsweise Abschaffung der Folter (1740).

Religiöse Toleranz

Die Proklamierung religiöser Toleranz geschah in Preußen zu einem Zeitpunkt, als das in Europa noch nicht selbstverständlich war. Friedrich II. handelte auch aus dem Geist der Aufklärung, wenn er forderte: „... denn hier muss ein jeder nach seiner Façon selig werden ...", aber die Staatsräson spielte eine ebenso große Rolle. Mit der praktizierten Toleranz in religiösen Angelegenheiten bewegte er sich in der Tradition seiner Vorgänger. Schon der Große Kurfürst Friedrich Wilhelm (1640–1688) hatte die französischen Hugenotten aufgenommen, die nach der Aufhebung des Edikts von Nantes (1685) aus Frankreich fliehen mussten. Später folgte unter Friedrich Wilhelm I. die Einwanderung Salzburger Protestanten. Der preußische Staat versprach sich von den Einwanderern Impulse für die wirtschaftliche Entwicklung. Als Steuerzahler waren die Einwanderer allemal willkommen. In einem begrenzten Umfang wurde auch die Niederlassung von Juden toleriert, die im Geld- und Warenhandel eine größere Rolle spielten, jedoch rechtlich nicht gleichgestellt waren.

Förderung der Wissenschaften

Dem aufgeklärten Selbstverständnis Friedrichs II. entsprach es auch, dass er die Wissenschaften, zum Beispiel durch die Preußische Akademie der Wissenschaften, förderte, deren Veröffentlichungen von der Zensur ausgenommen waren. Mit dem französischen Aufklärer Voltaire pflegte der Monarch einen intensiven Umgang. Eine rege Korrespondenz, die über 36 Jahre andauerte, verband den König mit dem Philosophen, was ihm auch den Titel „Philosophen-König" einbrachte.

Legitimation der Herrschaft

Die „aufgeklärten Monarchen" beriefen sich nicht mehr auf eine Legitimation ihrer Herrschaft „von Gottes Gnaden", sondern auf ihre Verpflichtung gegenüber den Untertanen, im Interesse des Gemeinwohls zu regieren. Im Sinne dieser neuen Herrschaftsauffassung verstand sich beispielsweise Friedrich II. (der Große) als „erster Diener des Staates".

Gesellschaftsstruktur

Jedoch wurden auch unter dem aufgeklärten Absolutismus die überkommenen gesellschaftlichen Strukturen nicht angetastet. Nach wie vor besetzte der Adel Offiziersstellen im Heer, in der Verwaltung und am Hof. Unter Friedrich II. wurden fast ausschließlich Adlige zu Ministern ernannt. Auf dem Lande verfügten die adligen Gutsherren (auch Junker genannt) über die Polizeigewalt und über die einfache Gerichtsbarkeit. Zudem lag die Aufsicht über die Schulen in ihren Händen. Das vom Adel getragene Offizierskorps gehörte zu den wesentlichen Elementen des preußischen Militärstaates. In der ständischen Gliederung Preußens waren Bürger und Bauern immer noch scharf vom Adel abgegrenzt. Die Bauern, die etwa vier Fünftel der Bevölkerung ausmachten, stellten die Masse der Soldaten, die häufig durch Zwangsmaßnahmen rekrutiert wurden. Im Rahmen des guts- und grundherrschaftlichen Systems stützte sich die Herrschaft des Adels auf die verschiedenen Dienste und Abgaben der Bauern. Neben den Bauern waren die Bürger die zweite große Gruppe der Steuerzahler im Staate.

Englands Weg zur konstitutionellen Monarchie

Magna Charta

Mit Spanien und Frankreich zählte England seit dem Mittelalter zu den großen Monarchien Westeuropas. Im Unterschied zu den beiden Mächten des Kontinents konnte sich jedoch in England der Absolutismus nie wirklich vollständig durchsetzen. Manche Historiker haben deshalb auch von dem „Sonderfall England" gesprochen. In harten, jahrhundertelangen und oft gewaltsamen Kämpfen errangen und festigten die „Untertanen" ihre Rechte gegen die Krone. Bereits mit der „Magna Charta" (1215) setzten Adel und Kirche ihre Interessen gegen den König durch: Steuern bedurften ihrer Zustimmung, und der Schutz vor willkürlicher Verhaftung musste gewährt sein. In der Curia regis traten seit dem 12. Jahrhundert mehrmals jährlich die Adligen und Ritter zu einer Art Parlament zusammen. Diese Versammlung diente dazu, den König zu beraten, ihm Gelder zu bewilligen und Recht zu sprechen.

Im 14. Jahrhundert trennte sich das Parlament in ein House of Commons (Unterhaus) und ein House of Lords (Oberhaus). Im House of Lords saßen der hohe Adel und die hohe Geistlichkeit. Adlige aus den Grafschaften und Vertreter der Städte bildeten das House of Commons. Seine Mitglieder wurden in den Grafschaften und in den Stadtgemeinden gewählt, sodass damit schon eine Art Repräsentation entstand. Allerdings war das Wahlrecht auf eine kleine vermögende Minderheit beschränkt. Bauernaufstände, der Hundertjährige Krieg mit Frankreich (1339–1453) und die Machtkämpfe des Adels in den so genannten Rosenkriegen (15. Jahrhundert) schwächten das Königtum. Erst unter den Tudor-Königen des 16. Jahrhunderts (Heinrich VIII. und Elisabeth I.) konnte sich die Monarchie wieder vorläufig festigen.

Konflikt zwischen König und Parlament

Im 17. Jahrhundert verschärfte sich die Auseinandersetzung zwischen Krone und Parlament. Unter Jakob I. (1603–1625) und Karl I. (1625–1649) traten die absolutistischen Neigungen der Könige wieder stärker hervor, als sie versuchten, die Rechte des Parlaments weitgehend zu beschneiden. Mehrmals löste Karl I. die verschiedenen Parlamente auf und regierte insgesamt elf Jahre ohne ihre Mitwirkung.

M 2 **„Abscheulichste unerhörte Exekution** an weyland dem Durchleutig und Großmächtigsten Carl Stuart, König in Großbritannien, Frankreich und Irland etc. Vorgegangen in London vor der Residentz Whitehall dienstag den 30. janua Anno 1649. Nachmittag zwischen 2 und 3 uhren" steht über diesen Kupferstich von 1649 geschrieben.
Das Medaillon des Königs wird von denen seiner Gegner, General Fairfax und Generalleutnant Cromwell, umrahmt. In der Wolke zwei Engel mit Palmwedel und Lorbeerkrone, den Siegeszeichen über den Tod. Auf dem Podest der Leichnam des Königs, der Henker mit einem Gehilfen, zwei Offiziere und der Bischof von London als geistlicher Beistand.

Als er führende Abgeordnete aus dem Unterhaus des neuen „Langen Parlaments" verhaften lassen wollte, wurde dieser Rechtsbruch zum Anlass für einen blutigen Bürgerkrieg (1642–49). Auf der Seite des Parlaments kämpften vor allem die bürgerlichen Kräfte und die (protestantischen) Puritaner unter der Führung von Oliver Cromwell. Große Teile des Adels, die Katholiken und die Anhänger der (anglikanischen) Staatskirche unterstützten den König. Damit war der politische Konflikt wesentlich von religiösen Auseinandersetzungen bestimmt und überlagert. Das schlagkräftige und disziplinierte Heer Cromwells siegte schließlich über die Armee des Königs. Auf Beschluss des Unterhauses, in dem nur noch Anhänger Cromwells saßen, wurde Karl I. angeklagt, verurteilt und schließlich 1649 öffentlich hingerichtet. Ein unerhörter Vorgang zu einer Zeit, in der Person und Amt des Königs noch als unantastbar galten.

Unter der Herrschaft Cromwells wurden zunächst die aufständischen (katholischen) Iren mit harter Hand unterworfen. Der irische Grundbesitz ging in englische Hände über. Die Navigationsakte (1651) bestimmte, dass einzuführende ausländische Waren nur von englischen Schiffen befördert werden durften. Die damit bezweckte Ausschaltung der konkurrierenden holländischen Handelsschifffahrt kam den Interessen des Handel treibenden Bürgertums in den Städten entgegen. Andere Erfolge in der Kolonial- und Außenpolitik stärkten unter Cromwell Englands Bedeutung im Kreis der führenden Seemächte. Den religiösen Gruppen wurde – mit Ausnahme der Katholiken – weitgehende Toleranz gewährt. Unter Cromwell war England formell zur Republik geworden, in Wirklichkeit glich es eher einem Militärregime. Nach Cromwells Tod kam es durch einen Parlamentsbeschluss zur Restauration des Stuart-Königtums unter Karl II. (1660–1685) und Jakob II. (1685–1688).

M 3 Zeitgenössische Herrscherpropaganda: Cromwell als Retter Englands
Die Abbildung zeigt Cromwell, 1653–1658 Lord-Protektor von England, Schottland und Irland, als erfolgreichen Kriegsherrn und Friedensstifter, der mit religiösem Sendungsbewusstsein dem Volk Wohlstand, Freiheit und Glück in Aussicht stellt. Die Säule links preist zum Beispiel Herrschertugenden wie Stetigkeit, Tapferkeit und die Verpflichtung auf das Volkswohl und verweist auf die Magna Charta.

„Glorious Revolution“

Gegen den Versuch Jakobs II., das Land zu rekatholisieren und den Absolutismus erneut durchzusetzen, erhob sich der Widerstand des Parlaments. Dieses trug Wilhelm III. von Oranien, dem mit den Stuarts weitläufig verwandten Erbstatthalter der Niederlande, die englische Krone an. Er landete im November 1688 mit einem kleinen protestantischen Heer unter dem Motto: „Für die protestantische Religion und ein freies Parlament.“ Nach der Flucht Jakobs II. in das französische Exil trat Wilhelm III. 1689 die Thronfolge an. Dieser unblutig verlaufene Thronwechsel („Glorious Revolution“) bedeutete die Versöhnung von Monarchie und Parlament. Der neue englische König erkannte in der „Bill of Rights“ (1689) die Rechte des Parlaments, der Kirche und der Bürger an. Dieser Vorgang war von größter politischer Bedeutung, weil er den Absolutismus in England beendete und das Tor zur parlamentarischen Monarchie öffnete. Die Souveränität verschob sich von der Krone auf das Parlament. Fortan sprach man vom „King in Parliament“. Das Parlament regelte die monarchische Erbfolge, beschränkte die Prärogative (politischen Vorrechte) des Königs und ließ sich das Budgetrecht nicht mehr nehmen. Der König konnte keine Gesetze mehr außer Kraft setzen. Zudem stand ihm in Friedenszeiten auch kein Heer mehr zur Verfügung.

Die „Glorious Revolution“ etablierte neue Spielregeln der Politik, die England zum freiesten Land in Europa machten. Auch wenn von einer Demokratie im heutigen Sinne nicht die Rede sein konnte – zumal nur fünf Prozent der Bevölkerung wahlberechtigt waren –, so galten fortan Grundsätze, die eine relative Rechtsstaatlichkeit verbürgten: zum Beispiel die Meinungsfreiheit, der Schutz der Persönlichkeit, die Gleichheit vor dem Gesetz und die Unschuldsvermutung vor Gericht.

Ihre theoretische Rechtfertigung erfuhr die „Glorious Revolution“ durch John Locke, der in seinem Buch „Two Treatises of Government“ (1690) die Grundsätze des liberalen Parlamentarismus niedergelegt hat.

Möglich wurde diese Zäsur in der englischen Politik durch eine Gesellschaft, die sich in wesentlichen Aspekten von der kontinentalen unterschied. Hier waren die Standesgrenzen durchlässiger als anderswo, zum Beispiel zwischen dem wohlhabenden Bürgertum und dem niederen Adel (engl. gentry). Auch galt es im Unterschied zu den konservativen Gesellschaften des Kontinents nicht als sittenwidrig, wenn sich Adlige in Geldgeschäften betätigten. Das englische Handelskapital verteilte sich also über die Standesgrenzen hinweg. Die relativ moderne Sozialstruktur des Landes zeigte sich auch im Agrarbereich, wo die Bauern entweder frei auf Eigenland oder als Pächter tätig waren.

M 4 Der englische Souverän. Das Bild zeigt das Parlament im Jahre 1641. Die Sitzordnung im traditionsbewussten England hat sich bis in die Gegenwart nicht geändert.

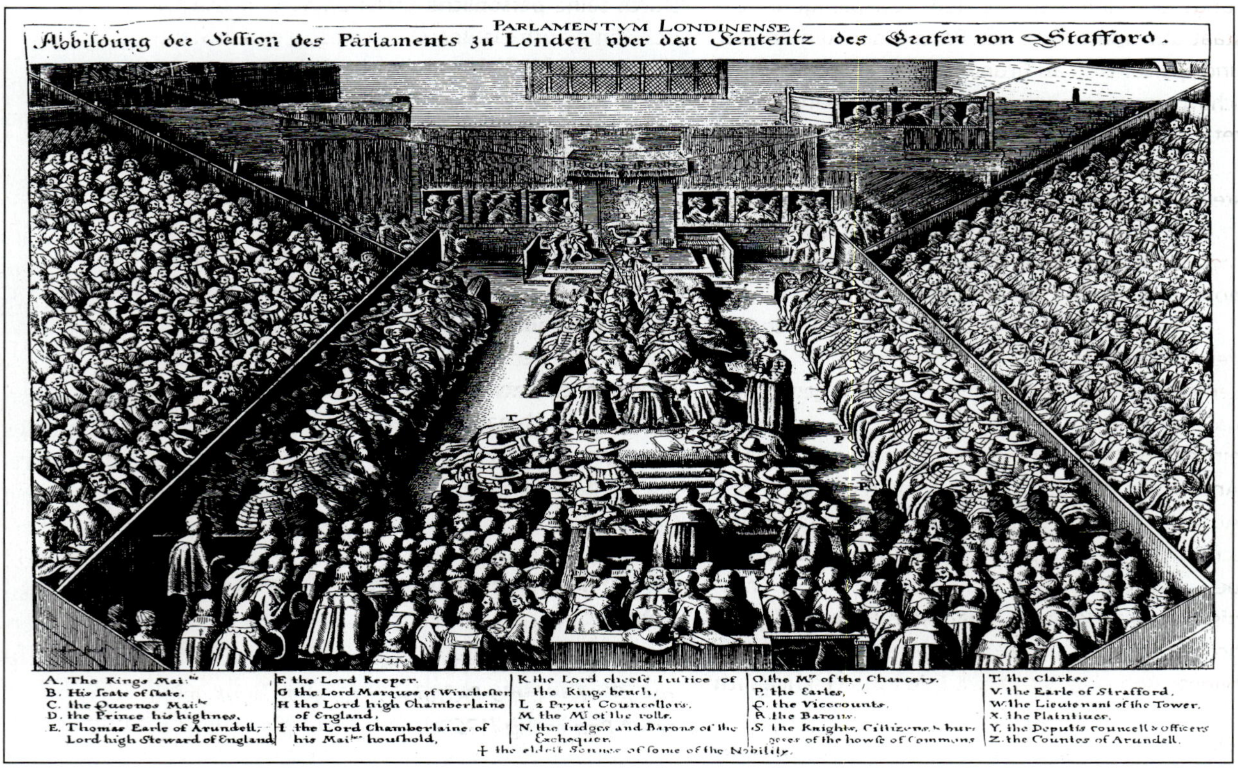

Chronologie

1649	Hinrichtung des englischen Königs Karl I.
1688	„Glorious Revolution“
1740–1786	Friedrich II., preußischer König

M 5 Absolutismus in Preußen

Der Historiker Ernst Walter Zeeden stellt die Errichtung und den Aufstieg des preußischen Staates dar:

Der kräftigste Mittelstaat war Brandenburg. Seine Kurfürsten hatten gelernt, ihre Länder von Ostpreußen bis zum Rhein administrativ zusammenzuhalten und wirtschaftlich aufeinander abzustimmen. Obwohl im europäischen Kräftespiel nur eine geringe Potenz, konnte sich Brandenburg in seiner auswärtigen Politik etwas freier bewegen als seine territorialen Nachbarn. Kurfürst Friedrich III. (1688–1713) erhob mit kaiserlicher Zustimmung sein dem Reich nicht zugehöriges souveränes Herzogtum Preußen zum Königreich und krönte sich selbst im Dom von Königsberg zum König (18.1.1701). König Friedrich I. und seine Gattin Sophie Charlotte suchten ihre Residenz kulturell dem Stand der vergleichbaren Höfe von Dresden und München anzunähern. […]

Friedrich Wilhelm I. (1713–1740) löste bei der Regierungsübernahme sofort den kostspieligen Hofstaat auf und führte das Prinzip der Rentabilität und Sparsamkeit als Grundregel ein. In seiner Wirtschafts- und Handels-, Finanz- und Heerespolitik setzte er die Vorarbeiten des Großen Kurfürsten fort und trieb den Absolutismus auf die Spitze. Er stellte […] erstmalig einen Staatsetat auf und führte, um ihn zu kontrollieren, die Oberrechenkammer ein, die Vorläuferin der heutigen Rechnungshöfe. In seinen 27 Regierungsjahren vermehrte er das Heer von 38000 auf 80000 Mann. Einen Teil der Mannschaften rekrutierte er aus aller Herren Länder; den größten Teil stellte das eigene Land nach dem Kantonreglement (1733), wonach die einzelnen ländlichen Regionen für eine bestimmte Anzahl von Rekruten aufzukommen hatten, deren Auswahl ihnen überlassen blieb. Um der Landwirtschaft die benötigten Arbeitskräfte zu erhalten, bekamen die ausgehobenen bäuerlichen Kantonisten während ihrer 20-jährigen Dienstzeit jährlich bis zu 10 Monate Urlaub. Die Offiziersschicht bildete und ergänzte der König fast ausschließlich aus dem Adel seiner Länder. […]

Als merkantilistischer Wirtschafts- und Handelspolitiker sann er unermüdlich auf Mittel, die Produktion zu beleben und das Land für seine Bedürfnisse selbst aufkommen zu lassen. Er baute Manufakturen und Siedlungen, nahm Einwanderer auf, um das Land zu „peuplieren", und spornte die Gewerbetreibenden an, ihren Umsatz zu steigern; ihr Mehrgewinn kam über die indirekte Steuer (die Akzise) der Staatskasse unmittelbar zugute. […]

Durch umfassende Verwaltungsreformen machte der König aus den verschiedenen preußischen Territorien ein einheitliches Staatswesen. […]

Friedrich Wilhelm organisierte nicht nur das Heer und die Verwaltung, sondern zog auch die Leute heran, die beides trugen: den Offizier und den Beamten. Dem König gelang es, den Adel für die Monarchie zu gewinnen und ihm ein neues, am Staat und Heer orientiertes Standes- und Berufsethos einzupflanzen. Er brachte dem Adel ein Bewusstsein dafür bei, dass seine spezifische Ehre darin bestünde, dem preußischen König mit seinem Gut und Blut zu dienen. Der König selbst trug Uniform. Er reihte sich für seine Person dem Offiziersstand ein und hob dadurch dessen Ansehen nicht wenig. Erstaunlicherweise zeigte sich die Aristokratie gewillt, in das ihr neu abgesteckte Aufgabenfeld einzutreten. Sie entwickelte sich, unter den direkten Antrieben des Königs, zu einem aufbauenden Element und zur staatstragenden Schicht. Der König beließ ihr dafür ihre sozialen Privilegien. Durch seine persönliche Erziehungsarbeit machte der König auch die Beamtenschaft zu einem Stand mit eigener Ehre, der pünktlich, unbestechlich und gegen kargen Lohn hart zu arbeiten wusste. Wohl nirgends in Deutschland wurden Gehorsam und Subordination [Untertänigkeit] in solchem Maße gefordert. Aber mit eben diesen Mitteln machte der König auch Zuverlässigkeit, Pflichtgefühl und Sparsamkeit zu sprichwörtlich „preußischen" Eigenschaften. Dadurch, dass er seine Anforderungen an Unbestechlichkeit, Fleiß und Anspruchslosigkeit durchzudrücken und ein spezifisches Ehrgefühl des Beamten zu entwickeln verstand, wirkte er weit über den Tod hinaus auf nachfolgende Generationen typen- und gesinnungsbildend.

Aus: R. Elze, K. Repgen, Studienbuch Geschichte, Stuttgart 1974, S. 628 ff.

M 6 Friedrich der Große: Grundsätze der Politik

In einem politischen Testament formulierte der preußische König Richtlinien für eine „gut geleitete" Regierung (1752):

[…] Eine gut geleitete Regierung muss ein ebenso festgefügtes System haben, wie es ein System der Philosophie geben könnte, dass alle genommenen Maße gut durchdacht und die Finanzen, die Politik und das Militär auf dasselbe Ziel zulaufen, was die Befestigung des Staats und das Anwachsen seiner Macht bedeutet. Aber ein System kann nur aus einem Kopf entspringen; also muss es aus dem des

Herrschers hervorgehen. Die Trägheit, die Wollust oder die Dummheit sind die Ursachen, die die Fürsten daran hindern, an dem edlen Beruf zu arbeiten und das Glück ihrer Völker zu bewirken. Diese Art Souveräne verhalten sich so verächtlich, dass sie zum Gespött und zum Gelächter ihrer Zeitgenossen werden, dass in der Geschichte ihre Namen nur zur Zeitbestimmung einer Epoche dienen; sie vegetieren auf dem Thron, unfähig, ihn zu besitzen, nur damit in Anspruch genommen, sich selbst zu befriedigen. Ihre Fahrlässigkeit gegenüber ihren Völkern ist geradezu strafbar. Ein Souverän ist nicht in diesen hohen Rang erhoben, man hat ihm nicht die größte Macht anvertraut, damit er in Verweichlichung lebt, damit er sich aus der Substanz des Volkes mästet und damit er glücklich sei, während alle Welt leidet. Der Souverän ist der erste Diener des Staates. Er wird gut bezahlt, damit er die Würde seiner Stellung aufrechterhalte; aber man fordert von ihm, dass er wirksam für das Wohl des Staates arbeite und dass er wenigstens die Hauptgeschäfte mit Aufmerksamkeit leite. […]

Selbst Recht zu sprechen, ist ein Dienst, mit dem sich kein Herrscher belasten kann und ein König von Preußen noch weniger als ein anderer. Die zahllosen Einzelheiten eines jeden Falles würden die Zeit aufzehren, die er vornehmlich für die anderen Geschäfte der Regierung braucht. Aber wenn der Fürst auch nicht selbst Recht spricht, so folgt daraus nicht, dass er die Rechtsprechung überhaupt vernachlässigen darf. […]

Ich bin entschlossen, niemals den Ablauf der Prozessführung zu stören: In den Gerichtshöfen müssen die Gesetze sprechen und der Souverän hat zu schweigen; aber von Zeit zu Zeit hat mich dieses Schweigen doch nicht gehindert, die Augen offen zu halten und über die Führung der Richter zu wachen. […]

Die Katholiken, die Lutheraner, die Reformierten, die Juden und eine Anzahl anderer christlicher Sekten wohnen in diesem Staat und leben dort in Frieden: Wenn der Souverän aus falschem Eifer auf den Gedanken käme, sich für eine dieser Religionen zu erklären, würden sich Parteien bilden, Dispute sich erhitzen, die Verfolgungen anfangen und nach und nach die verfolgte Religion ihre Heimat verlassen und Tausende von Untertanen durch ihre Zahl und ihren Fleiß unsere Nachbarn bereichern. […]

Die militärische Disziplin bringt die Truppen zu blindem Gehorsam. Diese Unterordnung unterwirft den Soldaten dem Offizier, den Offizier dem Kommandeur, den Obersten dem General und sämtliche Generäle dem, der die Armee führt. Ein Soldat, der gegen den Unteroffizier murrt oder den Säbel zieht, um sich zu wehren, ein Offizier, der den Degen gegen seinen Kommandeur erhebt und so weiter – gegen alle diese wird die Todesstrafe verhängt. Ihnen gegenüber darf der Herrscher keine Gnade walten lassen; das Beispiel wäre zu gefährlich: Die geringste Lockerung würde die Verwilderung nach sich ziehen, diese den Geist der Aufsässigkeit, und endlich wären die Kommandeure nicht mehr Meister ihrer Untergebenen, sondern sähen sich gezwungen, ihnen zu gehorchen. […]

Aus allem, was ich hier des Langen und Breiten über den Stand der Finanzen gesagt habe, geht hervor, dass der Fürst noch weit mehr seine Einnahmen erhöhen kann, nicht indem er das Volk bedrückt und ihm neue Steuern auferlegt, sondern indem er seinen Untertanen Erleichterungen verschafft und sich einer löblichen Industrie bedient, um sich in einen besseren Stand zu versetzen. Was die allgemeinen Kassen angeht, so ist die Hauptsache, dass die Steuern vom Volk und die Pacht von den Pächtern pünktlich bezahlt werden, damit das Militär, die Richter, die Finanzbeamten, die Apanage [Zuwendungen, Einkünfte] des Fürstenhauses und alle Staatsausgaben regelmäßig bezahlt werden können, ohne die Einkünfte der verschiedenen Kassen zu vermengen oder in Unordnung zu bringen, ohne jemals die gesamten Einnahmen eines Jahres auszugeben, damit durch Überschüsse der Staatsschatz stets hinreichend gefüllt ist, um einen Krieg wenigstens vier Jahre lang aushalten zu können und allen Notlagen, in die der Staat geraten kann, gewachsen zu sein, die Finanzbeamten aufs Beste auszuwählen und unter militärischer Disziplin zu halten und wenigstens darauf bedacht zu sein, dass neue Anordnungen auf das Sorgfältigste befolgt werden. […]

Zit. nach: R. Dietrich (Hg.), Politische Testamente der Hohenzollern, München 1981, S. 132 ff.

M 7 Bill of Rights (1689)

Die „Bill of Rights“ hat die Bedeutung eines Grundgesetzes für den englischen Staat:

Die in Westminster versammelten geistlichen und weltlichen Lords und Gemeinen, die gesetzmäßige, vollständige und freie Vertretung aller Stände des Volkes in diesem Königreich, legten am 13. Tag im Februar im Jahr unseres Herrn 1689 Ihren Majestäten, zu der Zeit genannt und bekannt unter dem Namen und Titel Wilhelm und Maria, Prinz und Prinzessin von Oranien, die in eigener Person anwesend waren, eine gewisse geschriebene Erklärung vor, welche von oben angeführten Lords und Gemeinden in folgenden Worten ausgestellt wurde. [...]

Die angemaßte Befugnis, Gesetze oder die Ausführung von Gesetzen durch königliche Autorität ohne Zustimmung des Parlaments aufzuheben, ist gesetzwidrig.

Die angemaßte Befugnis, Gesetze oder die Ausführung von Gesetzen durch königliche Autorität zu dispensieren, wie sie kürzlich beansprucht und ausgeübt wurde, ist gesetzwidrig.

Die Errichtung des früheren außerordentlichen Gerichtshofes für kirchliche Rechtsfälle sowie alle anderen Kommissionen und Gerichtshöfe ähnlicher Natur sind gesetzwidrig und gefährlich.

Steuern für die Krone oder zum Gebrauch der Krone unter dem Vorwand eines Prärogativs [Vorrecht] ohne Erlaubnis des Parlaments für längere Zeit oder in anderer Weise, als erlaubt und bewilligt wurde, zu erheben, ist gesetzwidrig.

Es ist das Recht des Untertans, dem König Bittschriften einzureichen, und jede Untersuchungshaft sowie Verfolgung wegen solch einer Petition ist gesetzwidrig.

Es ist gegen das Gesetz, es sei denn mit Zustimmung des Parlaments, eine stehende Armee im Königreich in Friedenszeiten aufzustellen oder zu halten.

Den protestantischen Untertanen ist es erlaubt, Waffen zu ihrer Verteidigung gemäß ihrer Stellung und wie es das Gesetz gestattet zu führen.

Die Wahl von Parlamentsmitgliedern soll frei sein.

Die Freiheit der Rede und der Debatten und Verhandlungen im Parlament darf von keinem Gerichtshof oder sonstwie außerhalb des Parlaments angefochten oder infrage gestellt werden.

Eine allzu hohe Bürgschaft darf nicht gefordert werden. Auch dürfen keine übermäßigen Geldstrafen auferlegt oder grausame und ungewohnte Strafen vollzogen werden. [...]

Um allen Beschwerden abzuhelfen sowie zur Besserung, Stärkung und Erhaltung der Gesetze sollen Parlamentssitzungen häufig gehalten werden. [...]

Im vollen Vertrauen, dass Seine Hoheit der Prinz von Oranien seine diesbezügliche Erklärung erfüllen und sie gegen Verletzung ihrer hiermit zugesicherten Rechte sowie gegen alle sonstigen Angriffe auf ihre Religion, Rechte und Freiheiten schützen wird, beschließen die zu Westminster versammelten geistlichen und weltlichen Lords und Gemeinen, dass Wilhelm und Maria, Prinz und Prinzessin von Oranien, König und Königin von England sein und als solche erklärt werden sollen. [...]

Zit. nach: W. Lautemann, M. Schlenke (Hg.), a. a. O. München 1982, S. 495.

Aufgaben

1. Erklären Sie den Begriff „aufgeklärter Absolutismus".
   → Text
2. Beschreiben Sie das Herrschafts- bzw. Regierungssystem im „friderizianischen Staat".
   → Text, M1, M5, M6
3. Untersuchen Sie die Grundlinien der Politik, die Friedrich der Große in seinem „Politischen Testament" entwickelte. Welche Grundsätze sind eher dem herkömmlichen Absolutismus zuzuordnen, und welche Auffassungen entsprechen dem „aufgeklärten Absolutismus"?
   → Text, M6
4. Diskutieren Sie, ob Friedrich II. das Attribut „der Große" verdient hat.
   → Text, M1, M5, M6
5. Erklären Sie die sozialen Voraussetzungen der Englischen Revolution. Wer waren ihre Träger?
   → Text
6. Zeigen Sie, an welchen Bestimmungen der „Bill of Rights" die Verschiebung der Souveränität auf das Parlament sichtbar wird.
   → M7
7. In welcher Weise unterschieden sich die Wege zum modernen Staat? Vergleichen Sie die Entwicklungen in Preußen und England.
   → Text, M1–M7

6.3 Ideen des Parlamentarismus und der Aufklärung

Aufklärung

Im 17. und 18. Jahrhundert entfaltete sich zunächst in Holland und England, später in Frankreich und Deutschland die Bewegung der Aufklärung. In ihr liefen die seit der Renaissance und dem Humanismus sichtbar gewordenen Tendenzen der Säkularisierung (Verweltlichung) und Verwissenschaftlichung des Denkens zusammen.

Die Aufklärung wollte alle Verhältnisse in der Gesellschaft und im Staat dem Urteil der Vernunft unterwerfen. Durch kritisches Denken, geistige Freiheit und religiöse Toleranz sollten vernunftfeindliche Traditionen, ständische Vorurteile und kirchlich-religiöse Herrschaftsansprüche überwunden werden. Ein optimistischer Fortschrittsglaube machte die Abschaffung aller geistigen, sozialen und politischen Beschränkungen notwendig, die der Selbstbestimmung des Einzelnen und der Verbesserung der überkommenen Gesellschaftsordnung im Wege standen. Im Zusammenhang des neuen Weltbildes der Aufklärung wurden auch die fortschrittlichen Prinzipien der modernen Staatstheorien formuliert:

- Nach der von dem Holländer Hugo Grotius (1583–1645) weiterentwickelten Naturrechtslehre kommen dem Menschen angeborene und nicht aufhebbare Rechte zu, die der Staat zu respektieren und zu schützen habe. Diese „natürlichen Rechte“ des Menschen stellen auch die Grundlage der allgemeinen Menschenrechte dar.
- Die religiöse Legitimation des Staates wurde durch eine rationale Herleitung staatlicher Herrschaft abgelöst: Der Staat basiere auf einem Vertrag beziehungsweise einer Vereinbarung der Menschen. Die Lehre vom Gottesgnadentum war damit durch die Theorie vom Staatsvertrag überwunden. Im Anschluss an Hobbes begründete der deutsche Rechtslehrer Samuel Pufendorf (1632–1694) die Notwendigkeit des Staates aus der Gewährleistung des inneren Friedens und der öffentlichen Sicherheit.
- Die Souveränitätsrechte verschoben sich vom Herrscher (Monarchen) auf das Volk.
- Die Funktionen des Staates wurden neu definiert: Der Zweck des Staates liege nicht mehr in der Machtentfaltung des Souveräns. Die staatliche Herrschaft solle vielmehr auf die Förderung des allgemeinen und individuellen Wohls zielen, dem Regierung, Verwaltung und Gesetzgebung zu dienen hätten. In abgeschwächter Form gingen diese Auffassungen auch in die Regierungspraxis des aufgeklärten Absolutismus ein.

John Locke

Ein Schlüsselwerk der modernen Staatsrechtslehre stammt aus der Feder von John Locke (1632–1704). In seinen „Two Treatises on Government“ (Abhandlungen über die Regierung, 1690) entwickelte John Locke die staatstheoretische Begründung für die konstitutionelle Monarchie. Vor dem Hintergrund der Glorious Revolution erregten seine Gedanken großes Aufsehen und machten ihn mit einem Schlag berühmt. Locke selbst war in die politische Opposition gegen die Stuart-Könige verwickelt und verbrachte mehrere Jahre im holländischen Exil.

Locke knüpfte an die Idee des Gesellschaftsvertrags an, die 40 Jahre zuvor zum ersten Mal von Thomas Hobbes formuliert worden war. Im Unterschied zu Hobbes ging Locke von der Freiheit des Menschen als Naturrecht aus. Nicht die Unterwerfung der Gesellschaft unter einen Souverän ist bei ihm die Schlussfolgerung, sondern die widerrufbare Einsetzung des Herrschers durch die Gesellschaft. Damit brachte Locke die Grundsätze des liberalen Parlamentarismus zu Papier, die bis in die Gegenwart nichts von ihrer Bedeutung eingebüßt haben:

- die Legitimation von Herrschaft durch die Beherrschten,
- die Machtübertragung auf Zeit (Prinzip der Abberufbarkeit),
- das Widerstandsrecht gegen absolutistische (totalitäre) Machtansprüche,
- die Teilung der Gewalten.

Montesquieu

Jahrzehnte später wurde in Frankreich durch Montesquieu (1689–1755) Lockes Lehre von der Teilung der Gewalten in Legislative, Föderative (mit dem Recht der Außenpolitik) und Exekutive wieder aufgenommen und ausgebaut. Ähnlich wie Lockes Schriften traf sein Hauptwerk „De l'Esprit des Lois" (Vom Geist der Gesetze, 1748) im absolutistischen Frankreich auf eine große Resonanz. Montesquieu, der selbst ein Angehöriger des Amtsadels war, ordnete die Exekutive dem Monarchen zu. Nach dem Vorbild des englischen Ober- und Unterhauses sollte die Legislative zwei Kammern umfassen, in denen sowohl der Adel als auch die bürgerlichen Kräfte ihre Interessen vertreten konnten. Gegen den Missbrauch staatlicher Macht setzte Montesquieu eine unabhängige richterliche Gewalt zum Schutz politischer Freiheiten der Bürger.

Lockes Betonung der Rechte und Freiheiten der Bürger (Liberalismus) und Montesquieus Lehre von der Gewaltenteilung gingen über die Unabhängigkeitserklärung (1776), die amerikanische Verfassung (1798) und die französische Revolutionsverfassung (1791) in die Verfassungen aller modernen Demokratien ein.

Aufklärung in Frankreich

M 1 **Denis Diderot (1713–1784)**
Gemälde von Jean-Honoré Fragonard, 1770

Die größte Breitenwirkung hatte die Aufklärung in Frankreich. Hier verkörperte Voltaire (1694–1778) den Typus des freidenkerischen Aufklärungsschriftstellers. Sein literarischer und publizistischer Kampf richtete sich gegen religiöse Intoleranz, die Machtansprüche der Kirche und die Missstände des spätabsolutistischen Herrschaftssystems. An der von Diderot und D'Alembert herausgegebenen „Encyclopédie" (1751–1772), die den gesamten Bestand des zeitgenössischen Wissens aus aufklärerischer Perspektive darstellen wollte, arbeiteten die bekanntesten französischen Gelehrten und Schriftsteller mit, darunter Voltaire, Montesquieu und Rousseau. Die Enzyklopädie als Dokument des geistigen und gesellschaftlichen Fortschritts der Epoche enthielt in verständlicher Darstellung Artikel zu allen Wissensgebieten.

Jean-Jacques Rousseau (1712–1778) kritisierte die ungleiche Verteilung des Privateigentums und die dadurch bedingte Ungleichheit der politischen Rechte. In seiner einflussreichen Schrift „Du Contrat social" (Vom Gesellschaftsvertrag, 1762) verfocht er den Grundsatz der Volkssouveränität, indem er den Staat aus einem allgemeinen Willen des Volkes („volonté générale“) hervorgehen ließ. Seine revolutionäre Idee, eine demokratische Republik auf der Grundlage von gesellschaftlicher und politischer Freiheit zu errichten, stand in einem scharfen Gegensatz zur herrschenden Monarchie. So war Rousseau mit Montesquieu und Voltaire einer der geistigen Wegbereiter der Französischen Revolution.

M 2 **Immanuel Kant (1724–1804)**
Gemälde von Johann Gottlieb Becker, um 1775

Aufklärung in Deutschland

In Deutschland wurde die Aufklärung durch Universitätsprofessoren und Gelehrte wie Gottfried Wilhelm Leibniz, Christian Thomasius und Christian Wolff und Schriftsteller wie Gotthold Ephraim Lessing (1729–1781) vertreten.

Lessing versuchte in seinem literarischen Werk die Ideen der Aufklärung auf die Bühne zu bringen. Seinem Humanitätsideal verlieh er mit der Figur des Nathan (der Weise) in dem gleichnamigen Theaterstück zeitlosen Ausdruck. Im „Nathan" machte sich Lessing zum Anwalt der Toleranzidee und damit der Überwindung des Konfessionalismus. Humanität sollte sich demzufolge nicht an abstrakten Glaubensinhalten messen lassen, sondern am praktischen Handeln eines Menschen. Dahinter stand auch die optimistische Idee von einer Verbesserung der Gesellschaft durch vorbildhaftes Verhalten.

Der Philosoph Immanuel Kant (1724–1804) hatte das Ziel der Aufklärung so definiert: „Aufklärung ist der Ausgang des Menschen aus seiner selbstverschuldeten Unmündigkeit.“ Nach Kant sollte die Politik die individuelle Freiheit sichern, die (rechtliche) Gleichheit der Menschen fördern und den Bürgern das Recht auf politische Mitwirkung gewähren. Im Hinblick auf die Beziehungen der Staaten untereinander hielt er die Schaffung einer völkerrechtlich abgesicherten Friedensordnung für ein Gebot der Vernunft. Diese Forderung schloss eine Kritik an der Kriegs- und Expansionspolitik der absolutistischen Staaten (zum Beispiel Preußens) ein. Kant verfolgte mit Interesse und Sympathie die Ereignisse der Französischen Revolution. Gleichwohl sah er in Reformen (und nicht in gewaltsamen Revolutionen) das geeignete Mittel, die herrschende Staatsordnung zu verbessern.

M 3 **„Toleranz“**
Radierung von Daniel Chodowiecki, 1791

Im Wesentlichen blieb die Aufklärung trotz ihres universalen Anspruchs eine Angelegenheit einer gebildeten intellektuellen Elite. Zu ihren Trägern gehörten neben fortschrittlichen Teilen des Adels insbesondere Angehörige einer bürgerlichen Oberschicht von Kaufleuten, Gelehrten, Wissenschaftlern, Schriftstellern und Philosophen, die den Charakter der Aufklärung als einer bürgerlichen Emanzipationsbewegung bestimmten. Ihre breitere Wirkung hing entscheidend von der Herausbildung einer politisch und kulturell interessierten Öffentlichkeit ab. Eine wachsende Buch- und Zeitschriftenproduktion kam dem Informations- und Diskussionsbedürfnis des Lesepublikums entgegen.

Die Aufklärungsliteratur verstand sich demnach als kulturelles Medium eines sozialen und politischen Bewusstseinswandels. Die weithin übliche Praxis staatlicher Zensur stellte allerdings eine Beschränkung des freien, öffentlichen Austauschs der Gedanken dar. Von daher erklärte sich auch die aufklärerisch-liberale Forderung nach Freiheit der Meinung.

M 4 John Locke: Naturzustand und Gesellschaftsvertrag

Mit seinen „Zwei Abhandlungen über die Regierung" (1690) rechtfertigte Locke die „Glorious Revolution":

Um politische Gewalt richtig zu verstehen und sie von ihrem Ursprung abzuleiten, müssen wir erwägen, in welchem Zustand sich die Menschen von Natur aus befinden. Es ist ein Zustand vollkommener Freiheit innerhalb der Grenzen des Gesetzes der Natur, ihre Handlungen zu regeln und über ihren Besitz und ihre Persönlichkeit so zu verfügen, wie es ihnen am besten scheint. [...]

John Locke, Kupferstich aus dem Jahre 1734

Es ist darüber hinaus ein Zustand der Gleichheit, in dem alle Macht und Rechtsprechung wechselseitig sind, da niemand mehr besitzt als ein anderer: Nichts ist einleuchtender, als dass Geschöpfe von gleicher Gattung und von gleichem Rang, die ohne Unterschied zum Genuss derselben Vorteile der Natur und zum Gebrauch derselben Fähigkeiten geboren sind, ohne Unterordnung und Unterwerfung einander gleichgestellt leben sollen, es sei denn ihr Herr und Meister würde durch eine deutliche Willensäußerung den einen über den anderen stellen und ihm durch eine überzeugende, klare Ernennung ein unzweifelhaftes Recht auf Herrschaft und Souveränität verleihen. [...]

Jeder Mensch, der mit einem anderen übereinkommt, einen einzigen politischen Körper unter einer Regierung zu bilden, verpflichtet sich gegenüber jedem Einzelnen dieser Gesellschaft, sich dem Beschluss der Mehrheit zu unterwerfen und sich ihm zu fügen. Denn sonst würde dieser ursprüngliche Vertrag, durch den er sich mit anderen zu einer Gesellschaft vereinigt, keinerlei Bedeutung haben und kein Vertrag sein, wenn der Einzelne weiter frei bliebe und unter keiner anderen Verpflichtung stände als vorher im Naturzustand. Damit nun alle Menschen davon abgehalten werden, die Rechte anderer zu beeinträchtigen und sich einander zu benachteiligen, und damit das Gesetz der Natur, das den Frieden und die Erhaltung der ganzen Menschheit verlangt, beobachtet werde, so ist in jenem Zustand die Vollstreckung des natürlichen Gesetzes in jedermanns Hände gelegt. Somit ist ein jeder berechtigt, die Übertreter dieses Gesetzes in einem Maße zu bestrafen, wie es notwendig ist, um eine erneute Verletzung zu verhindern. [...]

Wenn der Mensch im Naturzustand so frei ist, wie gesagt worden ist, wenn er der absolute Herr seiner eigenen Person und seiner Besitztümer ist, dem Größten gleich und niemandem untertan, warum soll er auf seine Freiheit verzichten? Warum soll er seine Selbstständigkeit aufgeben und sich der Herrschaft und dem Zwang einer anderen Gewalt unterwerfen? Die Antwort darauf liegt auf der Hand: Obwohl er nämlich im Naturzustand ein solches Recht hat, so ist doch die Freude an diesem Recht eher ungewiss, da er fortwährend den Übergriffen anderer ausgesetzt ist. Denn da jeder in gleichem Maße König ist wie er, da alle Menschen gleich sind und der größere Teil von ihnen nicht genau die Billigkeit und Gerechtigkeit beachtet, so ist die Freude an seinem Eigentum, das er in diesem Zustand besitzt, sehr ungewiss und sehr unsicher. Das lässt ihn bereitwillig einen Zustand aufgeben, der bei aller Freiheit voll von Furcht und ständiger Gefahr ist. Und nicht grundlos trachtet er danach und ist dazu bereit, sich mit anderen zu einer Gesellschaft zu verbinden, die bereits vereinigt sind oder doch die Absicht hegen, sich zu vereinigen zum gegenseitigen Schutz ihres Lebens, ihrer Freiheiten und ihres Vermögens, was ich unter der allgemeinen Bezeichnung Eigentum zusammenfasse. [...]

Das große Ziel, das Menschen, die in eine Gesellschaft eintreten, vor Augen haben, liegt im friedlichen und sichern Genuss ihres Eigentums, und das große Werkzeug und Mittel dazu sind die Gesetze, die in dieser Gesellschaft erlassen worden sind. So ist das erste und grundlegende positive Gesetz aller Staaten die Begründung der legislativen Gewalt, so wie das erste und grundlegende natürliche Gesetz, das sogar über der legislativen Gewalt gelten muss, die Erhaltung der Gesellschaft und (soweit es mit dem öffentlichen Wohl vereinbar ist) jeder einzelnen Person in ihr ist. Diese Legislative ist nicht nur die höchste Gewalt des Staates, sondern sie liegt auch geheiligt und unabänderlich in den Händen, in welche die Gesellschaft sie einmal gelegt hat. [...]

J. Locke, Zwei Abhandlungen über die Regierung, zit. nach: N. Hoerster (Hg.), Klassische Texte der Staatsphilosophie, München 1976, S. 133 ff.

M 5 Montesquieu: Über Gewaltenteilung

Der französische Staatstheoretiker musste sein Hauptwerk „Vom Geist der Gesetze" 1748 anonym veröffentlichen:

In der Tat scheint das Volk in den Demokratien zu tun, was es will. Aber die politische Freiheit besteht nicht darin, zu tun, was man will. In einem Staat, das heißt in einer Gesellschaft, in der es Gesetze gibt, kann die Freiheit nur darin bestehen, das tun zu können, was man wollen darf, und nicht gezwungen zu sein, zu tun, was man nicht wollen darf.

Man muss sich gegenwärtig halten, was Unabhängigkeit und was Freiheit ist. Freiheit ist das Recht, alles zu tun, was die Gesetze erlauben. Wenn ein Bürger tun könnte, was die Gesetze verbieten, so hätte er keine Freiheit mehr, weil die anderen ebenfalls diese Macht hätten. [...]

Es bedarf keiner sonderlichen Mühe, um die politische Freiheit in der Verfassung zu entdecken. Wenn man sie dort sehen kann, wo sie ist, wenn man sie dort gefunden hat, wozu sie noch weiter suchen?

In jedem Staat gibt es drei Arten von Gewalt: die gesetzgebende Gewalt, die vollziehende Gewalt in Ansehung der Angelegenheiten, die vom Völkerrecht abhängen, und die vollziehende Gewalt hinsichtlich der Angelegenheiten, die vom bürgerlichen Recht abhängen.

Vermöge der ersten gibt der Fürst oder Magistrat Gesetze auf Zeit oder für immer, verbessert er die bestehenden oder hebt sie auf. Vermöge der zweiten schließt er Frieden oder führt Krieg, schickt oder empfängt Gesandtschaften, befestigt die Sicherheit, kommt Invasionen zuvor. Vermöge der dritten straft er Verbrechen oder spricht das Urteil in Streitigkeiten der Privatpersonen. Ich werde diese letzte die richterliche Gewalt und die anderen schlechthin die vollziehende Gewalt des Staates nennen. [...]

Wenn in derselben Person oder der gleichen obrigkeitlichen Körperschaft die gesetzgebende Gewalt mit der vollziehenden vereinigt ist, gibt es keine Freiheit; denn es steht zu befürchten, dass derselbe Monarch oder derselbe Senat tyrannische Gesetze macht, um sie tyrannisch zu vollziehen.

Es gibt ferner keine Freiheit, wenn die richterliche Gewalt nicht von der gesetzgebenden und vollziehenden getrennt ist. Ist sie mit der gesetzgebenden Gewalt verbunden, so wäre die Macht über Leben und Freiheit der Bürger willkürlich, weil der Richter Gesetzgeber wäre. Wäre sie mit der vollziehenden Gewalt verknüpft, so würde der Richter die Macht eines Unterdrückers haben.

Alles wäre verloren, wenn derselbe Mensch oder die gleiche Körperschaft der Großen, des Adels oder des Volkes diese drei Gewalten ausüben würde: die Macht, Gesetze zu geben, die öffentlichen Beschlüsse zu vollstrecken und die Verbrechen oder die Streitsachen der Einzelnen zu richten. [...]

Montesquieu, Vom Geist der Gesetze, zit. nach N. Hoerster, a. a. O., S. 180 ff.

M 6 Rousseau: Grundlagen der Gesellschaft

Im „Contrat social" (1762) entwickelte der Philosoph und Schriftsteller Jean-Jacques Rousseau einflussreiche Gedanken zum Gesellschaftsvertrag:

Der Mensch wird frei geboren, und überall ist er in Ketten. [...]

Die gesellschaftliche Ordnung ist ein geheiligtes Recht, das die Grundlage aller übrigen bildet. Dieses Recht entspringt jedoch keineswegs der Natur; es beruht also auf Verträgen. Es kommt deshalb darauf an, über diese Verträge Klarheit zu schaffen. Der Stärkste ist nie stark genug, um immer der Herr zu sein, wenn er nicht seine Gewalt in Recht umwandelt und den Gehorsam in Pflicht. [...]

Wir sind uns also darüber einig, dass Gewalt kein Recht schafft und dass man zum Gehorsam nur gegenüber den gesetzmäßigen Gewalten verpflichtet ist.

Da kein Mensch eine natürliche Macht über seinesgleichen besitzt und da die Gewalt kein Recht schafft, so bleiben also die Verträge als die Grundlage jeder gesetzmäßigen Macht unter den Menschen. [...]

Es geht darum, eine Gesellschaftsform zu finden, die mit der ganzen gemeinsamen Kraft die Person und die Güter jedes Gesellschaftsmitgliedes verteidigt und schützt und durch welche jeder Einzelne, obwohl er sich mit allen verbindet, dennoch nur sich selbst gehorcht und so frei bleibt wie zuvor. Dies ist das Grundproblem, dessen Lösung der „Gesellschaftsvertrag" bietet. [...]

Trennt man also von dem Gesellschaftsvertrag alles das ab, was nicht zu seinem Wesen gehört, so findet man, dass er sich folgendermaßen begrenzen lässt: Jeder von uns stellt gemeinschaftlich seine Person und seine ganze Kraft unter die oberste Leitung des allgemeinen Willens, und wir nehmen jedes Mitglied als unteilbaren Teil des Ganzen auf. [...]

Damit der Gesellschaftsvertrag keine leere Form bleibt, enthält er stillschweigend jene Verpflichtung, die allein den übrigen Kraft zu verleihen vermag, nämlich die Verpflichtung, dass, wer auch immer sich weigert, dem allgemeinen Willen zu gehorchen, von der ganzen Gemeinschaft hierzu gezwungen wird. Das bedeutet nichts anderes, als dass man ihn dazu zwingen wird, frei zu sein. Denn dies ist die Bedingung, die jedem Bürger, dadurch dass sie ihn dem Vaterlande einverleibt, Schutz gegen jede persönliche Abhängigkeit verleiht.

Zit. nach: P. Hartig, Die Französische Revolution, Stuttgart 1972, S. 6 ff.

M 7 Kant: Über den ewigen Frieden unter den Staaten (1795)

Die Gedanken des größten deutschen Philosophen der Aufklärung Immanuel Kant (1724–1804) haben auch nach 200 Jahren nichts von ihrer Aktualität eingebüßt:

1. „Es soll kein Friedensschluss für einen solchen gelten, der mit dem geheimen Vorbehalt des Stoffs zu einem künftigen Kriege gemacht worden."

2. „Es soll kein für sich bestehender Staat (klein oder groß, das gilt hier gleichviel) von einem andern Staate durch Erbung, Tausch, Kauf oder Schenkung erworben werden können."

[...] Auch die Verdingungen der Truppen eines Staats an einen andern, gegen einen nicht gemeinschaftlichen Feind, ist dahin zu zählen; denn die Untertanen werden dabei als nach Belieben zu handhabende Sachen gebraucht und verbraucht.

3. „Stehende Heere sollen mit der Zeit ganz aufhören."

Denn sie bedrohen andere Staaten unaufhörlich mit Krieg, durch die Bereitschaft, immer dazu gerüstet zu erscheinen; reizen diese an, sich einander in Menge der Gerüsteten, die keine Grenzen kennt, zu übertreffen, und, indem durch die darauf verwandten Kosten der Friede endlich noch drückender wird als kurzer Krieg, so sind sie selbst Ursache von Angriffskriegen, um diese Last loszuwerden; wozu kommt, dass zum Töten oder getötet zu werden in Sold genommen zu sein, einen Gebrauch von Menschen als bloßen Maschinen und Werkzeugen in der Hand eines andern [des Staats] zu enthalten scheint. [...]

4. „Es sollen keine Staatsschulden in Beziehungen auf äußere Staatshändel gemacht werden."

[...] Diese Leichtigkeit, Krieg zu führen, mit der Neigung der Machthabenden dazu, welche der menschlichen Natur eingeartet zu sein scheint, verbunden, ist also ein großes Hindernis des ewigen Friedens. [...]

5. „Kein Staat soll sich in die Verfassung und Regierung eines andern Staats gewalttätig einmischen."

6. „Es soll sich kein Staat im Kriege mit einem andern solche Feindseligkeiten erlauben, welche das wechselseitige Zutrauen im künftigen Frieden unmöglich machen müssen: als da sind, Anstellung der Meuchelmörder, Giftmischer, Brechung der Kapitulation, Anstiftung des Verrats in dem bekriegten Staat etc."

Die bürgerliche Verfassung in jedem Staate soll republikanisch sein.

Die erstlich nach Prinzipien der Freiheit der Glieder einer Gesellschaft [als Menschen]; zweitens nach Grundsätzen der Abhängigkeit aller von einer einzigen gemeinsamen Gesetzgebung [als Untertanen]; und drittens, die nach dem Gesetz der Gleichheit derselben [als Staatsbürger] gestiftete Verfassung – die einzige, welche aus der Idee des ursprünglichen Vertrags hervorgeht, auf der alle rechtliche Gesetzgebung eines Volks gegründet sein muss – ist die republikanische!

I. Kant, Zum ewigen Frieden, in: Kant, Werke (Bd. 9), Wiesbaden 1964, S. 196 ff.

Aufgaben

1. Erläutern Sie, inwiefern die Politik durch die Ideen der Aufklärung verändert wurde.
   → Text
2. Erklären Sie, wie John Locke die Notwendigkeit eines Vertrags zwischen Volk und Regierung begründete. → Text, M4
3. Analysieren Sie, warum Montesquieu eine Teilung der Gewalten unbedingt für erforderlich hielt.
   →Text, M5
4. Arbeiten Sie die Argumente heraus, die Jean-Jacques Rousseau bei seinem Plädoyer für einen Gesellschaftsvertrag gebrauchte.
   → M6
5. Erläutern Sie, in welcher Hinsicht Kants Forderungen geschichtlich über den Absolutismus hinausweisen. Diskutieren Sie die Aktualität der von Kant genannten Bedingungen für einen Frieden zwischen den Staaten.
   → M7

7. Die Französische Revolution

Am 14. Juli 1789 erstürmte eine aufgebrachte Volksmenge die Bastille, jene als uneinnehmbar geltende Festung im Herzen von Paris. Mit ihren 25 Meter hohen Mauern galt diese spätmittelalterliche Festung als Symbol des verhassten Despotismus. Der Bau diente als Staatsgefängnis und hatte die Ängste und Fantasien der Einwohner schon immer angeregt. In ihm saßen diejenigen ein, die aufgrund eines „lettre de cachet" (gesiegelten Briefes), das heißt eines königlichen Befehls, verhaftet worden waren.

Die Legende will das Geschehen vom 14. Juli 1789 zur großen Befreiungsaktion für die politischen Gefangenen stilisieren. Doch die Fakten sind nüchterner. Die Bastille wurde nicht militärisch erstürmt, sondern – nach kurzer Schießerei und Öffnung der Tore von innen – vom Kommandanten übergeben. Es wurden auch keine politischen Gefangenen befreit, sondern unter den sieben Häftlingen befanden sich fünf Schwerverbrecher und zwei Geisteskranke. Bei der Belagerung der Festung kamen knapp 100 Angreifer ums Leben und nach der Übergabe tötete die aufgeputschte Masse viele Verteidiger, einschließlich des Kommandanten. In den Jahren der Revolution genossen die Belagerer große Popularität und wurden zu nationalen Helden erhoben.

Der Fall der Bastille und der anschließende Abzug der königlichen Truppen aus Paris markierte den Sieg der Revolution. Die Festung wurde kurz darauf geschleift, was symbolhaft die Vernichtung des Absolutismus bedeuten sollte.

Man hat das Geschehen im Nachhinein heroisiert und zum Gründungsmythos des modernen Frankreich gemacht. Unter Mythen versteht man Geschichten, die ein menschliches Grundbedürfnis nach Identität bedienen. Ihr Wahrheitsgehalt ist dabei offensichtlich zweitrangig. Jede Gesellschaft – die archaische wie die moderne – kennt solche Erzählungen, die in der Regel einer dualen Anordnung folgen, zumeist dem Gut-Böse-Schema. So wird am Ende des 18. Jahrhunderts der Finsternis von Unkenntnis und Unterdrückung das Licht der Aufklärung und Freiheit gegenübergestellt. Gründungsmythen legitimieren mithin die Französische Revolution und die auf ihr bauende neue Ordnung. Der 14. Juli wird bis heute als Nationalfeiertag festlich begangen. Diesem Datum wird durchweg „historische Bedeutung" beigemessen. Die Nachwelt hat sich darauf geeinigt, die Eroberung der Bastille als Wendepunkt in der europäischen Geschichte zu betrachten. Durch die Französische Revolution wurde die absolutistische Monarchie zerstört, die Vorherrschaft des Adels gebrochen und das „bürgerliche Zeitalter" geboren.

Nachdem die Französische Revolution am Anfang von den aufgeklärten Menschen in Europa mit großer Sympathie verfolgt worden war, schlug die Stimmung später um. War es zunächst der Terror der Jakobiner, der die Idee der „Freiheit, Gleichheit und Brüderlichkeit" entstellte, so setzte später Napoleons Griff nach Europa Widerstandskräfte frei.

7.1 Ursachen und Verlauf (1789–1799)

Überblick

Die Französische Revolution markiert einen entscheidenden Wendepunkt in der modernen Geschichte. Durch ihren Anspruch auf die Befreiung der Menschheit, auf die Verwirklichung der Menschenrechte und die Durchsetzung des bürgerlich-demokratischen Verfassungsstaates beeinflusste sie tief greifend das politische Denken und Handeln bis in das 20. Jahrhundert hinein.

Die äußere Machtentfaltung der absolutistischen Monarchie in Frankreich (seit Ludwig XIV.) überdeckte eine Reihe innerer Schwächen und Krisenherde.

Die französische Beteiligung am Siebenjährigen Krieg (1756–1763) und am amerikanischen Unabhängigkeitskrieg (1775–1783) und eine verschwenderische Hofhaltung der Monarchie verschärften in den Jahren vor der Revolution die Finanzkrise des Staates. Reformversuche von Finanzpolitikern wie Turgot, Necker und Calonne scheiterten am Widerstand der Krone und einflussreicher Teile des Adels, der auf seine politischen, sozialen und wirtschaftlichen Privilegien nicht verzichten wollte. Das aufsteigende Bürgertum konnte seine wachsende wirtschaftliche Bedeutung nicht in einen entsprechenden politischen Einfluss umsetzen. Die Unterdrückung der Freiheit, die Privilegierung der adligen Führungselite, die zahlreichen Missstände in Verwaltung und Kirche, die vor allem die unteren Volksschichten belasteten, sorgten für sozialen und politischen Zündstoff.

Die Oppositionsbewegung gegen den monarchischen Absolutismus orientierte sich an den Ideen der Aufklärung. Gegen die alte untergehende Gesellschaft setzten die Vertreter der Aufklärung die Vorstellung einer neuen vernunftgemäßen Gesellschaft auf der Grundlage der Freiheit, der Gleichheit und der Brüderlichkeit aller Menschen.

Die Französische Revolution wird oft nur mit einem einzigen spektakulären Ereignis in Verbindung gebracht, nämlich der Erstürmung der Bastille am 14. Juli 1789. Dabei wird leicht übersehen, dass die Französische Revolution keineswegs ein punktuelles historisches Ereignis war. Vielmehr bezeichnet der Begriff das komplexe historische Geschehen während des Zeitraums von zehn Jahren zwischen 1789 und 1799.

Langfristige strukturelle Ursachen

Finanzkrise

Der absolutistische Staat litt unter permanenter Finanznot, die sich 1788 zum Staatsbankrott zu verschärfen drohte. Maßgeblich verursacht durch teure Kriege und eine kostspielige Hofhaltung vergrößerte sich die Schere zwischen Staatseinnahmen und -ausgaben mit der Folge, dass etwa 50 Prozent der Einnahmen allein für den Schuldendienst ausgegeben werden mussten. Neben den überzogenen Ausgaben spielten aber auch die begrenzten Staatseinnahmen eine gewichtige Rolle. Im Widerspruch zur Theorie des absolutistischen Staates verfügte dieser noch nicht über eine eigene, funktionierende Finanzverwaltung, wie sie in heutigen modernen Staaten existiert. Im Zuge der Ämterkäuflichkeit wurde das Recht zur Einziehung von Steuern an so genannte Steuerpächter verkauft, die ihrerseits einen erheblichen Anteil der Einnahmen für sich selbst beanspruchten. Nur ein Teil der von den Bürgern und Bauern gezahlten Steuern erreichten daher tatsächlich die Staatskasse.

Die Privilegierten

Die Finanzkrise des Staates hatte eine weitere strukturelle Ursache im Steuerprivileg von Adel und Klerus, das die beiden Stände von der Steuerpflicht weitgehend befreite. Weil König Ludwig XVI. versuchte, neue Finanzquellen durch Besteuerung der Privilegierten zu erschließen, verschärfte sich der Konflikt zwischen diesen und der Monarchie. Der Adel blockierte die Finanzreform in den Parlamenten, den adeligen Gerichtshöfen. Das Parlament von Paris besaß eine Veto-Macht insofern, als königliche Dekrete von ihm registriert werden mussten, um in Kraft treten zu können.

Die Bürger

Das Bürgertum in den Städten Frankreichs, insbesondere in Paris, hatte in der zweiten Hälfte des 18. Jahrhunderts an wirtschaftlicher Bedeutung und politischem Selbstbewusstsein zugenommen. In den Cafés, Lese- und Diskussionszirkeln, in Freimaurerlogen und politischen Clubs hatten sich die Ideen der Aufklärung verbreitet. Es war eine politisierte Öffentlichkeit herangereift. Die Überwindung der Ständegesellschaft galt vielen – nachhaltig beeinflusst durch die Lehren Rousseaus – als überfällig. Aber auch die Vorstellungen der amerikanischen Unabhängigkeitsbewegung fanden ihre Verbreitung. So mancher französische Freiwillige, der im Krieg auf der Seite der Amerikaner gekämpft hatte, war mit der „Erklärung der Menschenrechte" im Gepäck heimgekehrt. Umso mehr musste die Verdrängung von Bürgerlichen aus den höheren Positionen der Verwaltung, Justiz, Armee und Kirche den Widerwillen gegen die feudalistische Gesellschaftsform steigern.

Die Bauern

Das Frankreich der Französischen Revolution war noch ein Agrarland. 85 Prozent der Bevölkerung von etwa 26 Millionen lebten auf dem Land. Die Bauern – rechtlich gesehen ganz überwiegend freie Menschen –

M 1 **„Das wird nicht ewig dauern."** Karikatur aus dem Jahre 1789 gegen den Ausbeutungscharakter des „Ancien régime"; der Bauer trägt eine Laterne – hier ein Symbol der Aufklärung.

blieben weitgehend ohne Einfluss auf das öffentliche Leben. Ihre Belastungen durch Steuern, Kirchenzehnt und grundherrliche Abgaben summierten sich auf bis zu zwei Drittel des Ertrags. Das anhaltende Bevölkerungswachstum verschärfte die Bodenknappheit, zumal Grund und Boden ungleich verteilt waren (etwa zwei Prozent der Bevölkerung verfügte über ein Drittel der landwirtschaftlichen Nutzfläche). Eine Verelendung von Teilen der Landbevölkerung war die Folge.

Aktuelle kurzfristige Ursachen

Die Forschungsliteratur vermittelt ein höchst widersprüchliches Bild, wenn es um die Frage geht, wie reich oder wie verelendet das damalige Frankreich gewesen ist. Paradoxerweise ist beides richtig. Die Französische Revolution war keine reine Armutsrevolution. Die französische Gesellschaft des 18. Jahrhunderts hatte eine dynamische Entwicklung durchgemacht, die ein wohlhabendes Bürgertum von Bankiers, Händlern und Manufakturbesitzern begründet hatte.

Allerdings zerstörten zwei Missernten vor 1789 die Einnahmequellen breiter bäuerlicher Schichten. In der Folge stieg der Preis für Brot, was die städtischen Unterschichten in besonderem Maße belastete, denn Brot war für sie das wichtigste Nahrungsmittel. Sinkende Nachfrage nach Gütern, wachsende Arbeitslosigkeit und eine Teuerung der Lebensmittel bei sinkendem Lohnniveau führten dazu, dass sich die Schere zwischen den Einnahmen und den Kosten der Lebenshaltung immer weiter öffnete. Auch ein Teil der städtischen Bevölkerung lebte am Rande des Existenzminimums beziehungsweise litt unter Hunger.

Generalstände

Ausgelöst durch die Verschuldungskrise des absolutistischen Staates berief König Ludwig XVI. die Generalstände ein, die seit 1614 im Zeichen der Selbstherrschaft der Könige nicht mehr getagt hatten. In der Ständeversammlung verlagerte sich der Konflikt, der bisher zwischen Adel und Krone ausgetragen worden war, auf eine neue Front. Nunmehr ging es dem selbstbewusst auftretenden Dritten Stand, der zuvor schon eine Verdoppelung der Sitze (auf die gleiche Anzahl wie die ersten beiden Stände zusammen) durchgesetzt hatte, um den Modus der Abstimmung. Eine getrennt nach Ständen erfolgende Abstimmung hätte seine Einflussmöglichkeiten auf ein Minimum reduziert. Seine Forderung lautete daher: Abstimmung nach Köpfen.

Nationalversammlung

König Ludwig XVI. war nicht bereit, diese Forderung zu erfüllen. So entwickelte die Ständeversammlung in der Folgezeit eine eigene Dynamik, wobei die Mehrheit – bestehend aus den bürgerlichen Ständevertretern im Verein mit aufgeklärten Adeligen und Sympathisanten aus dem Klerus – die Umformung der Ständeversammlung in eine Nationalversammlung proklamierte (17. Juni 1789). Drei Tage später versammelten sich die Mitglieder der Nationalversammlung zum Ballhausschwur, durch den sie verkündeten, „niemals auseinander zu gehen und sich überall zu versammeln, wo es die Umstände gebieten, so lange, bis die Verfassung des Königreichs ausgearbeitet ist und auf festen Grundlagen ruht." Diese sogenannte Verfassungsrevolution zielte auf eine Transformation der absoluten Monarchie in ein verfassungsgemäß gebundenes (konstitutionelles) Königtum.

M 2 Der Ballhausschwur vom 20. Juni 1789
Das Gemälde entstand nach einer Zeichnung von Jacques-Louis David und ist ein Beispiel für revolutionäre Auftragskunst. Es war ursprünglich für den Sitzungssaal der Nationalversammlung vorgesehen.
Im Mittelpunkt steht der Astronom Bailly (auf dem Tisch), seine Schwurhand ragt aus der begeisterten Menge. Vor dem Tisch sieht man eine fiktive Verbrüderungsszene zwischen einem Ordensgeistlichen, Weltgeistlichen und einem evangelischen Pfarrer.

Ludwig XVI. erklärte alle Beschlüsse der Nationalversammlung für ungültig und reagierte mit dem Plan, die Nationalversammlung mit Waffengewalt auseinanderjagen zu lassen. Die Verwirklichung dieser Absicht wurde letztlich dadurch vereitelt, dass neue revolutionäre Akteure auf dem Plan erschienen. Die Pariser Volksbewegung, in der sich vor allem Handwerker und Kleinhändler, Gesellen und Tagelöhner organisierten, stürmte die Bastille, ein nur mäßig bewachtes Gefängnis, das vielen als Symbol für das Zwangssystem des Absolutismus galt.

Parallel dazu gingen Bauern plündernd gegen den Großgrundbesitz vor. Schlösser wurden gebrandschatzt, und mit ihnen gingen viele Urkundenbestände in Flammen auf.

Drei Revolutionen (1789)

Die Französische Revolution gilt als das Muster der „bürgerlichen" Revolution. Diese Bezeichnung wird der Vielgestaltigkeit des Geschehens nur teilweise gerecht, denn bei genauer Betrachtung zeigt sich, dass verschiedene revolutionäre Tendenzen miteinander verwoben waren. Manche Historiker sprechen sogar von drei Revolutionen. Sie erkennen drei revolutionäre Akteure: das gehobene Bürgertum und den mit ihm verbundenen liberalen Adel, die städtischen Unterschichten (insbesondere von Paris) sowie die Bauern. Jede gesellschaftliche Gruppierung handelte dabei aus anderen Motiven. Das Bürgertum, das gewissermaßen den absolutistischen Staat entscheidend mitfinanzierte, forderte – geleitet von den Ideen der Aufklärung – seinen Anteil an der politischen Macht. Bei den städtischen Unterschichten speiste sich die revolutionäre Energie zum Teil aus wirtschaftlichen Notlagen, während die Bauern die Abschaffung der Feudalordnung auf dem Land anstrebten, das heißt bestimmter feudaler Abgaben, die über die übliche Pacht hinausgingen.

Der Erfolg der Revolution von 1789 erklärt sich dadurch, dass sich drei revolutionäre Handlungsstränge verschränkten, was letztlich zu einer Verstärkung des revolutionären Drucks führte:

- Die Ausrufung der Nationalversammlung durch den Dritten Stand und den mit diesem verbundenen Reformadel (Verfassungsrevolution).
- Diese Verfassungsrevolution wurde vorangetrieben durch die Politisierung der städtischen Massen in Paris. Die städtische Revolutionsbewegung belagerte die Bastille, das Herrschaftssymbol des Absolutismus.
- Auf dem Land verbreiteten sich Unruhen und Anarchie. Kleinbesitzer, Landlose und Tagelöhner griffen den Großgrundbesitz an, was die Abschaffung des Feudalsystems durch die Nationalversammlung beschleunigte.

Trotz dieser unterschiedlichen politischen Akteure blieb die Nationalversammlung in der ersten Phase der Revolution eher großbürgerlich ausgerichtet.

Begleitet wurde das revolutionäre Geschehen im Sommer des Jahres 1789 im ländlichen Frankreich durch die „Große Angst" (franz. la grande peur). Die Versorgungskrise, der Zusammenbruch der Staatsautorität, die Zunahme der Kriminalität und die Flucht von Adligen bildeten den Nährboden, auf dem das Gefühl des Bedrohtseins allgemein wuchs. Teile der französischen Gesellschaft befanden sich in einem Zustand der kollektiven Panik, wodurch einer Vielzahl von Gerüchten Glauben geschenkt wurde. Von aristokratischen Verschwörungen war die Rede, von angeblichen „Hungerpakten" der örtlichen Behörden und von Räuberbanden, die angeblich von Aristokraten angeheuert worden waren, um die Ernte zu vernichten.

Die Konstitutionelle Monarchie (1789–1792)

Mit der Umwandlung der Generalstände in eine (verfassunggebende) Nationalversammlung (17. Juni 1789) und dem Sturm auf die Bastille (14. Juli 1789) wurde in Frankreich der Untergang der absoluten Monarchie eingeleitet. Das Reformwerk der Nationalversammlung hatte eine grundlegende Umwälzung der alten Staats- und Gesellschaftsordnung zur Folge. Unter dem Druck schwerer Bauernunruhen beschloss die Nationalversammlung in einer dramatischen Nachtsitzung vom 4. auf den 5. August 1789 die Abschaffung des Feudalsystems. Die privilegierten Stände (Adel und Klerus) mussten auf ihre zahlreichen Sonderrechte wie Frondienste, Jagdrechte und Abgaben der Bauern verzichten.

Die Nationalversammlung verabschiedete am 26. August 1789 eine „Erklärung der Menschen- und Bürgerrechte".

Die von ihr ausgearbeitete Verfassung von 1791 verwandelte Frankreich in eine konstitutionelle Monarchie. Im Rahmen der nunmehr gewaltenteiligen Ordnung blieb dem König die Funktion der Exekutive vorbehalten. Die Gesetzesmacht lag bei der Nationalversammlung, die von Aktivbürgern gewählt wurde. Das Wahlrecht war an Steuerzahlungen gebunden (Zensuswahlrecht); etwa 60 Prozent der Männer über 25 Jahren konnten teilnehmen. Ohne Wahlrecht blieben Männer unter 25 Jahren, Nicht-Steuerzahler sowie Frauen. Die Nationalver-

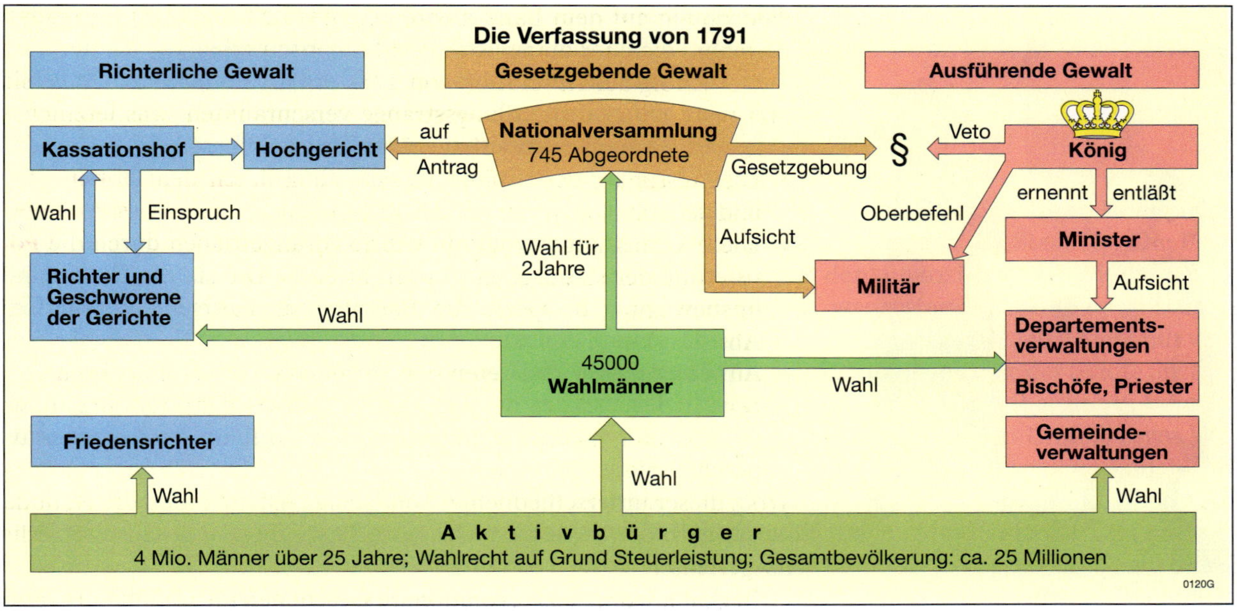

M 3

sammlung beschloss unter anderem die Verstaatlichung der Kirchengüter, um den finanziellen Bankrott des Staates zu verhindern und die alten Machtpositionen des Klerus zu zerschlagen. Die Priester sollten durch den Eid auf die neue Verfassung verpflichtet werden, was allerdings zu massiver Eidesverweigerung führte.

Diese erste Phase der Französischen Revolution mündete in einer Entmachtung des Königs, der Abschaffung des Feudalsystems sowie in der Erklärung der Menschen- und Bürgerrechte, die auch in der Verfassung von 1791 Eingang fand. Dies entsprach im Wesentlichen den Bedürfnissen des gehobenen Bürgertums, was sich im Zensuswahlrecht widerspiegelte. Verfassungsmäßig war Frankreich eine konstitutionelle Monarchie geworden.

Hinrichtung Ludwig XVI.

Der Sturm auf die Tuilerien (10. August 1792) läutete den Sturz der Monarchie ein. Auf dem Hintergrund der sich verschärfenden inneren Krise kam es im September 1792 zu Massakern („Septembermorde") an revolutionsfeindlichen Kräften, darunter auch Priester, die den Eid auf die Verfassung verweigerten. Der Nationalkonvent beschloss nun die endgültige Abschaffung des Königtums Ludwigs XVI. (21. September 1792).

Mit einer knappen Mehrheit stimmte der Konvent der Enthauptung des Königs zu. Die Hinrichtung Ludwigs XVI. am 21. Januar 1793 bedeutete einen Tabu-Bruch von großer Tragweite. Die Schleusen der Gewalt öffneten sich danach noch weiter.

Seit Mitte 1792 hatte sich der Charakter der Revolution erkennbar verändert. Das Heft des Handelns gelangte immer mehr in die Hände von radikalen bürgerlichen Konventsabgeordneten der Bergpartei (den Jakobinern), die ein Bündnis mit den Sansculotten eingingen. Vor allem in Paris hatte sich ein neuer Typus des Revolutionärs herausgebildet, dessen Name sich aus dem Fehlen der für den Adel typischen Kniebundhose ergab. Der Sansculotte rekrutierte sich vorrangig aus dem Milieu der Kleinbürger – Handwerker, Gesellen, kleine Ladenbesitzer –, dazu kamen Arbeiter, Tagelöhner und Wohnsitzlose. Mit ihnen erschien ein radikalisierendes Element im Revolutionsprozess. Die Sansculotten lehnten nicht nur die Monarchie ab, sondern sie sahen auch im liberalen Bürgertum ihren Feind. Durch ihr Bündnis mit den Jakobinern entschieden sie den Machtkampf zwischen Girondisten und Jakobinern zu Gunsten der Letzteren.

Diese Phase der Revolution ist aufs Engste mit dem Namen des Jakobiners Robespierre verbunden. Unter seiner Führung organisierte der sogenannte Wohlfahrtsausschuss eine Gewaltherrschaft, die auch als „Schreckensherrschaft" (französisch: la terreur) in die Geschichte eingegangen ist. Beim Wohlfahrtsausschuss handelte es sich zwar formell nur um einen Ausschuss des Konvents, tatsächlich fungierte er aber in dieser Zeit als provisorische Regierung.

Schließlich gelang es der Opposition, am 27. Juli 1794 (nach der Zählung des Revolutionskalenders der 9. Thermidor) der Schreckensherrschaft ein Ende zu setzen. Robespierre und zahlreiche seiner Anhänger wurden hingerichtet. Nach dem Zusammenbruch der revolutionären Diktatur konnte das gemäßigte (thermidorianische) Bürgertum erneut seine Herrschaft etablieren. Damit war nach langen inneren Machtkämpfen zwischen den gemäßigten Gruppierungen (Girondisten) und den radikaleren Befürwortern der Revolution (Jakobiner) der Gipfel der Revolution überschritten.

M 4 Die Sansculotten lehnten die aristokratische Kniehose ab und drückten dadurch ihre republikanische Gesinnung aus.

Napoleon: Vollender und Überwinder der Revolution

Da sich Frankreich seit 1792 fast ununterbrochen im Kriegszustand befunden hatte, führte das zwangsläufig zur Unterordnung der gesamten Gesellschaft unter die militärischen Erfordernisse. Der Kriegsdienst ermöglichte schnelle Karrieren. Ein Mann, der diese Chance genutzt hatte und schnell zum General aufgestiegen war, dessen Ehrgeiz aber durch seine militärischen Siege nicht gestillt war, konnte in dieser Situation an die Macht gelangen.

Napoleon hatte seinen Aufstieg zur Macht durch militärische Erfolge sowie durch seine charismatische Persönlichkeit bewerkstelligt. Es gelang ihm als Erster Konsul, die Errungenschaften der Revolution zu festigen und das Chaos des Revolutionsjahrzehnts zu beenden. Sein poltisches Handeln entsprach somit dem Bedürfnis des Bürgertums nach Stabilität. Die Anhänger des Ancien Régime, also die Königstreuen, als auch die radikalen Jakobiner wurden an den Rand des politischen Geschehens gedrängt. Abgesegnet durch einen Volksentscheid, machte sich Napoleon fünf Jahre nach dem Staatsstreich zum Kaiser (1804). Das napoleonische Kaisertum war eine moderne Monarchie, die mit der durch die Revolution erkämpften bürgerlichen Ordnung eine neue Einheit einging.
Wesentliche Marksteine der Herrschaft Napoleons waren:

- die Zentralisierung der Verwaltung,
- die Aussöhnung mit der Kirche (Konkordat mit dem Papst 1801),
- der Code civil, der die Beseitigung der Feudalordnung festschrieb (Gleichheit vor dem Gesetz, bürgerliche Eigentumsordnung, Gewerbefreiheit, Freiheitsrechte des Individuums und anderes).

Der Code civil ist – trotz mancher Änderungen – bis heute die Grundlage der französischen Rechtsordnung. Viele Historiker sehen in den neuen Gesetzbüchern – und nicht in den militärischen Erfolgen – die größte geschichtliche Leistung Napoleons.

M 5 Flugblatt gegen die Jakobinerdiktatur (1794)
Auf der Grabespyramide steht: „Hier ruht ganz Frankreich". Robespierre richtet, nachdem er alle Franzosen hat guillotinieren lassen, mit eigener Hand den Henker hin. Jede Guillotine erinnert an eine Kategorie seiner Opfer: z. B. Jakobiner, Girondisten oder Adel und Geistlichkeit.

Die Auswirkungen der napoleonischen Herrschaft auf Deutschland

Die Französische Revolution fand in den deutschen Ländern ein lebhaftes Echo. Die geistige Elite der Deutschen – darunter Studenten, Schriftsteller, Philosophen und aufgeklärte Bürger – hat die Revolution überwiegend begrüßt oder sogar enthusiastisch gefeiert. Das änderte sich aber tendenziell mit der Radikalisierung, der Schreckensherrschaft der Jakobiner und der Hinrichtung Ludwigs XVI.

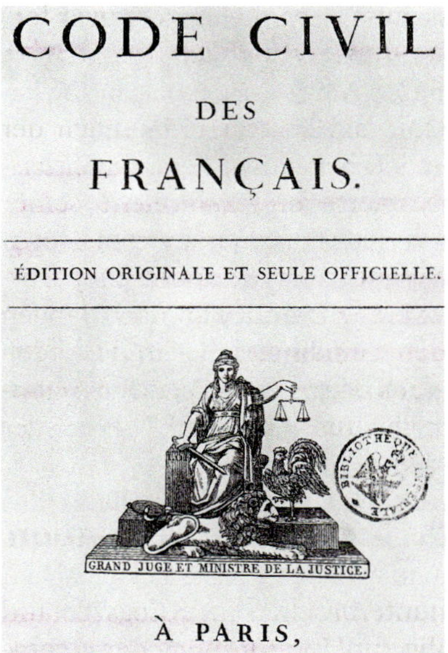

M 6 **Erstausgabe des „Code civil"**

Die Französische Revolution hat in Deutschland keine Nachahmung ausgelöst. Dazu waren auch die Verhältnisse in den einzelnen Territorien zu unterschiedlich. Zwar gab es Bauernunruhen, zum Beispiel in Sachsen, Hessen, am Oberrhein, aber diese blieben lokal begrenzt wie die Revolten in verschiedenen Städten. Allgemein ermutigte die Französische Revolution diejenigen politischen Kräfte, die nach Reformen strebten. Die politische Publizistik erfuhr einen Auftrieb, und die Politisierung der Bevölkerung nahm allgemein zu. Aber die große Mehrheit der deutschen Elite sah eher in England – und nicht in Frankreich – das Vorbild für die weitere Entwicklung. Nicht Revolution, sondern Reform des Staates durch Gewaltenteilung und konstitutionelle Sicherung der Freiheiten – so lautete das politische Programm dieser liberal eingestellten Mehrheit.

Die Politik Napoleons schuf die Voraussetzung für umfassende, alle Gesellschaftsbereiche berührende Veränderungen. Vor allem in Süd- und Westdeutschland wurden Reformen eingeleitet, die den Übergang vom feudalen Ständestaat zum bürgerlich-liberalen Staat beschleunigten. Die Reformen der napoleonischen Ära bedeuteten also einen gewaltigen Anschub für die Modernisierung der Gesellschaft. Im französischen Machtbereich wurde 1804 der „Code civil" (auch Code Napoleon genannt) eingeführt. Auch viele Rheinbundstaaten übernahmen den Code civil oder doch zumindest Teile davon.

Das neue französische Gesetzbuch brachte rechtliche Fortschritte in Ländern, die bis dahin noch halbabsolutistisch regiert worden waren. Dazu gehörten Freiheitsrechte (wie zum Beispiel die Eigentums- und Gewerbefreiheit), Rechtsgleichheit (auch für Juden), Zivilehe, öffentliche Gerichtsverfahren, unabhängige Richter, die Beseitigung von Steuerprivilegien ebenso wie der Zugang zu hohen Staatsämtern auch für Nichtadlige.

Reichsdeputationshauptschluss

Nach dem Friedensschluss zwischen Frankreich und Preußen in Basel (1795) stimmte Österreich im Frieden von Campo Formio (1797) der Abtretung der linksrheinischen Gebiete an Frankreich zu. Die dadurch beeinträchtigten Fürsten sollten in Deutschland entschädigt werden. Der Friedensschluss von Lunéville (1801) bestätigte die Annexion der linksrheinischen Gebiete durch Frankreich und erlaubte es, die territoriale Neuordnung auf deutschem Gebiet nach den Bedürfnissen der französischen Politik zu bestimmen.

Das strategische Ziel der französischen Politik bestand darin, ein Gegengewicht zu Österreich aufzubauen und damit dessen Macht zurückzudrängen. Diesem Zweck sollte sowohl ein vergrößertes Preußen als auch die Stärkung der süddeutschen Staaten dienen. Unter dem Druck Frankreichs und verschiedener deutscher Staaten verabschiedete der Reichstag in Regensburg 1803 den sogenannten Reichsdeputationshauptschluss. Hinter diesem Wortungetüm verbirgt sich der Beschluss eines Ausschusses des Reichstages (Reichsdeputation). Dieser sah eine territoriale Flurbereinigung im großen Stil vor. Zwei Begriffe bildeten dafür die Grundlage: Säkularisation und Mediatisierung.

Die Entschädigung deutscher Fürsten für ihre linksrheinischen Gebiete war nicht möglich ohne die Auflösung geistlicher Staaten. Die Säkularisation (Verweltlichung) von geistlichen Fürstentümern, Bistümern und Abteien bedeutete deren Beseitigung in Form von Enteignung und Eingliederung in den weltlichen Territorialstaat.

Reichsstände, die im Alten Reich eine Reichsunmittelbarkeit besaßen, also rechtlich direkt dem Kaiser unterstanden, nannte man „im-mediat“, also unmittelbar. Die Mediatisierung brachte den Verlust dieser Reichsunmittelbarkeit. Das betraf kleine Herrschaften, die nunmehr einem Landesherrn unterstellt wurden. Alle Reichsstädte wurden mediatisiert, nur Hamburg, Bremen und Lübeck sowie Augsburg, Frankfurt am Main und Nürnberg blieben autonom. Preußen erhielt für seine neutrale Haltung und als Entschädigung für seine verlorenen niederrheinischen Herzogtümer ein fünffach größeres Territorium, und Bayern und Württemberg gewannen damals annähernd ihre heutige Ausdehnung. Allein die kleine Markgrafschaft Baden mit vielen zerstreut liegenden Gebieten wuchs um das Vierfache. Im Unterschied zur Säkularisation blieben bei der Mediatisierung die materiellen Besitzrechte erhalten.

Der Reichsdeputationshauptschluss kam einem Todesstoß für das Alte Reich gleich, denn es handelte sich um eine territoriale Revolution. Deren Ausmaße werden deutlich, wenn man bedenkt, dass im deutschen Südwesten aus 350 Territorien nur zwei Mittelstaaten, nämlich das Großherzogtum Baden und das Königreich Württemberg, hervorgingen, sieht man von zwei kleinen hohenzollerischen Fürstentümern ab.

Insgesamt verschwanden 112 Reichsstände und etwa drei Millionen Menschen wechselten ihre Staatsangehörigkeit. Die territoriale Neugestaltung räumte mit der Kleinstaaterei auf und ebnete durch die

M 7

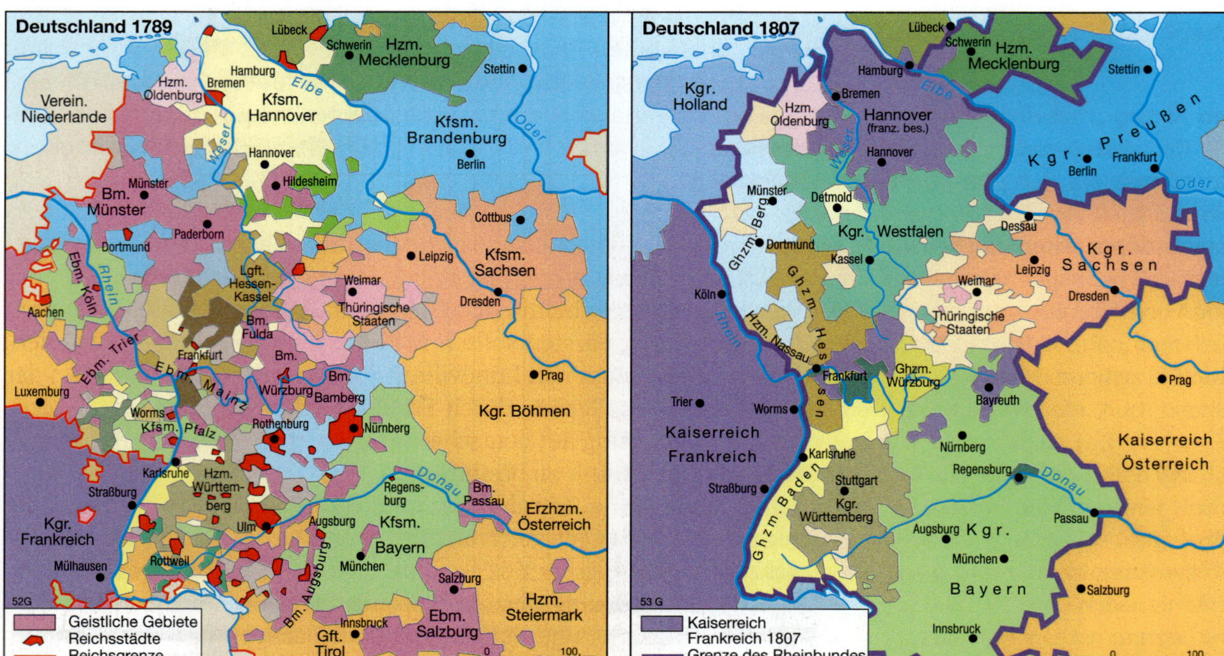

Bildung von lebensfähigen Mittelstaaten den Weg für die Modernisierung Deutschlands.

Rheinbund

Napoleons Strategie lief darauf hinaus, Mittelstaaten zu schaffen und diese an Frankreich zu binden. Diese Staaten sollten leistungsfähig genug sein, um Frankreich militärisch zu dienen, aber nicht stark genug, um es zu gefährden. Als Folge davon wurde 1806 der Rheinbund gegründet.

Er bedeutete eine grundlegende Umwälzung der alten Reichsordnung. Sechzehn süddeutsche Staaten schieden zunächst aus dem alten Reichsverband aus („Reichsverräter") und konstituierten sich unter der Schutzherrschaft Napoleons zum Rheinbund. Ihnen folgten bis 1811 sämtliche deutsche Fürsten außer den Herrschern von Österreich, Preußen, Braunschweig und Kurhessen. Bayern, Württemberg und Sachsen wurden zu Königreichen erhoben, Baden, Hessen-Darmstadt und Berg zu Großherzogtümern beziehungsweise Nassau zum Herzogtum. Die Rheinbundstaaten verpflichteten sich als Gegenleistung zu einem militärischen Bündnis mit Frankreich, das die Bereitstellung von Truppenkontingenten für die Kriege Napoleons vorsah. Darum wurde zum Beispiel auch der Feldzug Napoleons gegen Russland zu einem erheblichen Teil mit deutschsprachigen Soldaten durchgeführt. Nach der Völkerschlacht bei Leipzig traten die Rheinbundstaaten auf die Seite der Koalition über.

Das Ende des Alten Reiches

Auf Druck Napoleons legte der Kaiser Franz II. am 6. August 1806 die römisch-deutsche Kaiserwürde nieder. Damit endeten auch formell das Heilige Römische Reich Deutscher Nation und eine Reichsgeschichte, die 962 mit der Kaiserkrönung Ottos I. begonnen hatte.

Unter den Nachwirkungen der Französischen Revolution wandelte sich auch in Deutschland das Kräfteverhältnis zwischen der alten feudalen und der neuen bürgerlichen Ordnung. Diese Veränderungen stärkten auch die Idee des Nationalstaates.

M 8 Huldigung
Die Rheinbundfürsten vor Kaiser Napoleon 1806, zeitgenössischer Stich

M 9 Die Revolution in der Sprache der Bilder (1789)

„Hoffentlich hat dieses Spiel bald ein Ende"

„Es lebe der König, es lebe die Nation"

M 10 Aus den Beschwerdeheften

Im Zusammenhang mit der Einberufung der Generalstände wurden die Wähler aufgefordert, ihren Vertretern Beschwerdeschriften (franz. Cahiers de doléances) mitzugeben. In diesen Beschwerdeheften spiegeln sich Missstände, aber auch Wünsche und Erwartungen der Menschen wider. Historiker haben später von der größten Volksbefragung Alteuropas gesprochen. Ein Dorf in der Champagne schrieb an den König:

In Ew. Majestät Namen verlangt man von uns fortwährend Geld. Man machte uns Hoffnung, dass das ein Ende nehmen werde, aber es wurde von Jahr zu Jahr ärger. Wir lieben Sie so sehr, dass wir uns nicht an Sie wendeten, sondern an Ihre Vertreter, die jedenfalls besser für sich sorgen als für Sie. Wir glaubten, dass sie Sie hintergehen und sagten uns in unserem Kummer: „Wenn der gute König es wüsste!" […] Wir sind mit Steuern aller Art überhäuft; wir haben Ihnen bisher einen Teil unsres Brotes gegeben, und wenn es so fortgeht, werden wir bald gar keines mehr haben […]. Wenn Sie die armseligen Hütten, die wir bewohnen, und die armselige Nahrung, die wir einnehmen, sähen, wären Sie davon gerührt; das würde Ihnen besser als unsre Worte sagen, dass wir nicht weiter können, und dass eine Erleichterung eintreten muss. […] Es schmerzt uns sehr, dass die Reichsten am wenigsten zahlen. Wir entrichten Taillen[1] und alle möglichen Auflagen, während die die schönsten Güter besitzenden Geistlichen und Adligen nichts zahlen. Warum sollen die Wohlhabenden am wenigsten, die Armen dagegen am meisten zahlen? Sollte nicht jedermann nach Maßgabe seiner Verhältnisse besteuert werden? Wir verlangen, dass dem so werde; denn es wäre gerecht. […] Wir würden gern einige Weinstöcke pflanzen, wagen es aber nicht; denn wir werden von den Beamten der Verzehrsteuer so malträtiert[2], dass wir noch eher daran denken würden, die schon vorhandenen Stöcke auszureißen. Der ganze Wein, den wir erzeugen würden, wäre nur für sie; uns würde nur die Mühe bleiben. Die ganze Steuereintreibung ist eine Schinderei, und um sich ihr zu entziehen, lässt man den Boden lieber brachliegen […]. Entledigen Sie uns der Steuersammler und der Salzmänner[3], von denen wir so viel leiden. Solange wir sie nicht los sind, werden wir nie glücklich sein; es ist Zeit, die Sache abzuändern. Wir und alle ihre Untertanen bitten Ew. Majestät darum, wir sind sehr ermattet. Wir würden Sie noch um manches andere bitten, aber Sie können nicht alles auf einmal machen.

1 Einkommensteuern

2 schlecht behandelt

3 mit Bezug auf die Besteuerung des Salzes

Zit. nach: H. Taine, Die Entstehung des modernen Frankreich, Meersburg o. J., S. 262.

M 11 Emmanuel Sieyès: Was ist der Dritte Stand?

Auszug aus einer der wichtigsten Propagandaschriften der Revolutionszeit (1789):

Der Plan dieser Schrift ist ganz einfach. Wir haben uns drei Fragen vorzulegen.

1. Was ist der Dritte Stand? Alles.
2. Was ist er bis jetzt in der staatlichen Ordnung gewesen? Nichts.

3. Was verlangt er? Etwas darin zu werden.

Man wird sehen, ob die Antworten richtig sind.

Erstes Kapitel: Der Dritte Stand ist eine vollständige Nation.

Was ist nötig, damit eine Nation bestehen kann und gedeiht? Arbeiten im Privatinteresse und öffentliche Dienste. [...]

Es wäre überflüssig, [...] zu zeigen, dass der Dritte Stand auf allen diesen Gebieten [Landwirtschaft, Gewerbe, Handel, Dienstleistungen] neunzehn Zwanzigstel leistet, nur dass er mit allen wirklich beschwerlichen Arbeiten belastet wird, die der privilegierte Stand zu übernehmen sich weigert. Nur die einträglichsten und ehrenvollsten Stellen sind von den Mitgliedern des privilegierten Standes besetzt [...].

Wer könnte also die Behauptung wagen, der Dritte Stand umfasse nicht alles, was zur Bildung einer vollständigen Nation nötig ist? [...] Wenn man den privilegierten Stand entfernte, wäre die Nation nicht etwas weniger, sondern etwas mehr. Ebensowenig gehört der Adelsstand wegen seiner bürgerlichen und politischen Privilegien in unsere Mitte [...]. Der Dritte Stand umfasst also alles, was zur Nation gehört. Und alles, was nicht der Dritte Stand ist, kann sich nicht als Bestandteil der Nation betrachten. Was ist also der Dritte Stand? Alles.

Zweites Kapitel: Was ist der Dritte Stand bis jetzt gewesen? Nichts. [...]

Drittes Kapitel: Was verlangt der Dritte Stand? Etwas zu werden.

Es [das Volk] will echte Vertreter in den Generalständen haben, das heißt, Abgeordnete, die aus seinem Stand kommen, seine Wünsche vorbringen und seine Interessen verteidigen [...]. Daher steht es fest, dass der Dritte Stand nur dann in den Generalständen vertreten sein kann und seine Stimme abgeben kann, wenn er wenigstens den gleichen Einfluss wie die Privilegierten bekommt. Er verlangt daher ebenso viele Vertreter wie die beiden anderen Stände zusammen. Die Zahlengleichheit der Vertreter wäre aber vollkommen illusorisch, wenn jede Kammer nur eine Stimme hätte. Der Dritte Stand verlangt daher, dass nach Köpfen, und nicht nach Ständen abgestimmt wird [...]. Die eigentliche Absicht des Dritten Standes ist es, in den Generalständen den gleichen Einfluss zu besitzen wie die Privilegierten. Noch einmal: Kann er weniger verlangen? Kann man hoffen, dass er aus seiner politischen Bedeutungslosigkeit heraustritt und etwas wird, wenn er nicht gleichberechtigt ist?

Zit. nach: W. Grab (Hg.), Die Französische Revolution. Eine Dokumentation, München 1973, S. 24 ff.

M 12 Die Abschaffung der Feudalität

Beschluss der Nationalversammlung vom 11. August 1789:

Art. 1. Die Nationalversammlung vernichtet das Feudalwesen völlig. Sie dekretiert, dass von den Feudal- wie Grundzinsrechten und -pflichten sowohl jene, die sich aus unveräußerlichem Besitz an Sachen und Menschen und aus persönlicher Leibeigenschaft herleiten, als auch jene, die an ihre Stelle getreten sind, entschädigungslos aufgehoben werden; alle übrigen Lasten werden für ablösbar erklärt, die Summe sowie die Art und Weise der Ablösung wird die Nationalversammlung festlegen.

[...]

Art. 10. Da eine nationale Verfassung und die öffentliche Freiheit den Provinzen mehr Vorteile bringt als die Privilegien, die einige bisher genossen, und da deren Opfer zu einer engen Verbindung aller Teile des Staates unumgänglich ist, werden alle besonderen Privilegien von Provinzen, Fürstentümern, Ländern, Bezirken, Städten und Siedlungen, seien sie finanzieller oder sonstiger Art, für unwiderruflich abgeschafft und in dem für alle Franzosen gleichen gemeinsamen Recht aufgegangen erklärt.

Art. 11. Alle Bürger sollen, ohne Unterschied ihrer Geburt, freien Zugang zu allen kirchlichen, zivilen und militärischen Ämtern und Würden haben; niemand, der einem Erwerbsberuf nachgeht, soll dadurch seines Adelsprädikats verlustig gehen. [...]

Art. 17. Die Nationalversammlung erklärt König Ludwig XVI. feierlich zum Wiederhersteller der französischen Freiheit.

W. Grab (Hg.), a. a. O., S. 33 ff.

M 13 Der patriotische Taumel

Die dritte Teilrevolution im Sommer 1789 schlug sich nieder in der „Abschaffung der Feudalität" durch die Nationalversammlung am 4. August 1789:

Dieser Stich gehört zu einer Reihe ähnlicher Flugblätter, die revolutionäre Maßnahmen oder Beschlüsse gegen die Missstände des Ancien régime als einmütige, befreiende, symbolische Zerstörungshandlung des „Volkes" verbildlichen: vom „despotischen Drachen der Bastille" über die „Steuern" bis zum „Adel". Hier zerschlagen vier Bauern – teils barfuß, teils in Holzschuhen – mit ihren Dreschflegeln die Insignien, Standes- und Amtszeichen der alten Feudalherren, also sowohl des Adels (Rüstungen, Wappen, Degen, Orden des hl. Ludwig) wie der Geistlichkeit (Beffchen, Bischofsstab und -hut), die zu den Großgrundbesitzern zählte und deren Zehnter für die Bauern den Feudalabgaben glich. Der latent kritische Ausdruck „délire" in der Beischrift, der auch „Fieberwahn" oder „Raserei" bedeutet, bezieht sich zum einen auf die wohlinszenierte Nachtsitzung der Nationalversammlung, bei der Adel und Klerus ihre Feudalrechte in einer Art Opfertaumel auf dem „Altar des Vaterlandes" darbrachten, zum anderen auf den illusionären Freudentaumel, den diese Nachricht im bäuerlichen Frankreich auslöste.

R. Reichardt (Hg.), Die Französische Revolution, Würzburg 1988, S. 80.

„Die Nacht vom 4. auf den 5. August 1789 oder Der Patriotische Taumel", zeitgenössische Abbildung

M 14 Erklärung der Menschen- und Bürgerrechte vom 26. August 1789

Das Dokument – abgefasst nach dem amerikanischen Vorbild – ist bahnbrechend für die europäische Rechtsgeschichte. In ihm kommen in verdichteter Form die Prinzipien des liberalen Rechtsstaates zum Ausdruck:

Da die Vertreter des französischen Volkes, als Nationalversammlung eingesetzt, erwogen haben, dass die Unkenntnis, das Vergessen oder die Verachtung der Menschenrechte die einzigen Ursachen des öffentlichen Unglücks und der Verderbtheit der Regierungen sind, haben sie beschlossen, die natürlichen, unveräußerlichen und heiligen Rechte der Menschen in einer feierlichen Erklärung darzulegen. […]

Art. 1. Die Menschen sind und bleiben von Geburt frei und gleich an Rechten. Soziale Unterschiede dürfen nur im gemeinen Nutzen begründet sein.

Art. 2. Das Ziel jeder politischen Vereinigung ist die Erhaltung der natürlichen und unveräußerlichen Menschenrechte. Diese Rechte sind Freiheit, Eigentum, Sicherheit und Widerstand gegen Unterdrückung.

Art. 3. Der Ursprung jeder Souveränität ruht letztlich in der Nation. Keine Körperschaften, kein Individuum können eine Gewalt ausüben, die nicht ausdrücklich von ihr ausgeht.

Art. 4. Die Freiheit besteht darin, alles tun zu können, was einem anderen nicht schadet. So hat die Ausübung der natürlichen Rechte eines jeden Menschen nur die Grenzen, die den anderen Gliedern der Gesellschaft den Genuss der gleichen Rechte sichern. Diese Grenzen können allein durch Gesetz festgelegt werden.

Art. 5. Nur das Gesetz hat das Recht, Handlungen, die der Gesellschaft schädlich sind, zu verbieten. Alles, was nicht durch Gesetz verboten ist, kann nicht verhindert werden, und niemand kann gezwungen werden zu tun, was es nicht befiehlt.

Art. 6. Das Gesetz ist der Ausdruck des allgemeinen Willens. Alle Bürger haben das Recht, persönlich oder durch ihre Vertreter an seiner Formung mitzuwirken. Es soll für alle gleich sein, mag es beschützen, mag es bestrafen.

Da alle Bürger in seinen Augen gleich sind, sind sie gleicherweise zu allen Würden, Stellungen und Beamtungen nach ihrer Fähigkeit zugelassen ohne einen anderen Unterschied als den ihrer Tugenden und ihrer Talente.

Art. 7. Jeder Mensch kann nur in den durch das Gesetz bestimmten Fällen und in den Formen, die es vorschreibt, angeklagt, verhaftet und gefangengehalten werden. Diejenigen, die willkürliche Befehle betreiben, ausfertigen, ausführen oder ausführen lassen, sollen bestraft werden. Doch jeder Bürger, der aufgrund des Gesetzes vorgeladen oder ergriffen wird, muss sofort gehorchen. […]

Art. 8. Das Gesetz soll nur solche Strafen festsetzen, die offenbar unbedingt notwendig sind. Und niemand kann aufgrund eines Gesetzes bestraft werden, das nicht vor Begehung der Tat erlassen, verkündet und gesetzlich angewandt worden ist.

Art. 9. Da jeder Mensch so lange für unschuldig gehalten wird, bis er für schuldig erklärt worden ist, soll, wenn seine Verhaftung für unumgänglich erachtet wird, jede Härte, die nicht notwendig ist, um sich seiner Person zu versichern, durch Gesetz streng vermieden sein.

Art. 10. Niemand soll wegen seiner Meinungen, selbst religiöser Art, beunruhigt werden, solange ihre Äußerungen nicht die durch das Gesetz festgelegte öffentliche Ordnung stören. […]

Art. 17. Da das Eigentum ein unverletzliches und heiliges Recht ist, kann es niemandem genommen werden, wenn es nicht die gesetzlich festgelegte, öffentliche Notwendigkeit augenscheinlich erfordert und unter der Bedingung einer gerechten und vorherigen Entschädigung.

Zit. nach: Grab (Hg.). a. a. O., S. 37 ff.

Gemälde zur „Erklärung der Menschen- und Bürgerrechte", 1790

M 15 Republikanischer Dekalog

Nach dem Vorbild der Zehn Gebote wurde 1793/94 ein Schmuckplakat mit folgendem Text verbreitet:

Du sollst allein dem Volke heiligen Gehorsam schwören.

Du sollst die von ihm bestätigten Gesetze treu einhalten.

Du sollst jedem König auf ewig Hass und Krieg schwören.

Du sollst bis zu deinem letzten Atemzug deine Freiheit bewahren.

Du sollst die Gleichheit ehren, indem du beständig nach ihr handelst.

Du sollst nicht eigensüchtig sein, weder unabsichtlich noch vorsätzlich.

Du sollst nicht nach Positionen trachten, die du nicht würdig ausfüllen kannst.

Du sollst allein auf die Vernunft hören, dich künftig nur von ihr leiten lassen.

Du sollst als Republikaner leben, damit du selig sterben kannst.

Du sollst bis zum Frieden revolutionär handeln.

Du sollst alle Verdächtigen einsperren, ohne die geringste Nachsicht zu üben.

Du sollst die Priester unverzüglich von deinem Grund und Boden vertreiben.

Du sollst jeden Emigranten, der zurückkehrt, unverzüglich einen Kopf kürzer machen. […]

Du sollst den wucherhaften Hamsterer verfolgen, wie auch den Gauner. […]

Du sollst täglich zu deinem Club gehen, um dich gründlich zu unterrichten.

Zit. nach: R. Reichardt (Hg.), a. a. O., S. 58 f.

Aufgaben

1. Fertigen Sie eine Übersicht zu den Ursachen der Revolution an. → Text, M10
2. Stellen Sie die gesellschaftliche Schichtung des Ancien Régime dar. Zeigen Sie die Konflikte bzw. sozialen Spannungen auf.
   → Text, M1, M9
3. Bestimmen Sie die Gründe, mit denen Sieyès den politischen Machtanspruch des Dritten Standes untermauert. Halten Sie die Forderungen fest.
   → M11
4. Erklären Sie den Ablauf der drei „Teilrevolutionen" des Sommers 1789. → Text, M2, M13
5. Interpretieren Sie das Gemälde „Der Ballhausschwur" und bestimmen Sie den Standpunkt des Künstlers.
   → M2
6. Formulieren Sie die Begründung, mit der die Nationalversammlung die Feudalität abschafft.
   → M12
7. Stellen Sie die wichtigsten Bestimmungen der Verfassung von 1791 dar. Inwiefern spiegeln sich in ihr die Interessen des Bürgertums wider?
   → Text, M3
8. Analysieren Sie den „Republikanischen Dekalog" im Hinblick auf seinen terroristischen Inhalt. → M15

ALLGEMEINE
ELEKTRICITÄTS-GESELLSCHA
BERLIN.

8. Industrielle Revolution und Soziale Frage

Das Werbeplakat der Allgemeinen Elektricitäts-Gesellschaft Berlin (AEG) aus dem Jahre 1888 vermittelt etwas vom Pathos und Fortschrittsoptimismus, die den Prozess der Industrialisierung begleitet haben. Technische Errungenschaften wurden vielfach in überschwänglicher, bisweilen in feierlicher Form begrüßt. Im Zentrum des Bildes steht die Göttin des Lichts, die über der Weltkugel auf einem geflügelten Rad thront – in der rechten Hand eine erstrahlende Glühlampe wie eine Fackel haltend.

Während der ersten Phase der Industriellen Revolution standen Montanindustrie, Eisenbahnbau und Textilindustrie im Vordergrund. Am Ende des 19. Jahrhunderts setzte eine zweite Phase ein. Diese stand ganz im Zeichen der modernen Elektrotechnik sowie der Chemie. Eine neue Form der Energie trat ihren Siegeszug an: Elektrische Kraftmaschinen, Glühlampen und die elektrisch betriebenen Eisenbahnen zeugen bis heute davon.

Der Durchbruch der Industrie markiert aus universalgeschichtlicher Perspektive einen Einschnitt, der vergleichbar ist mit der sogenannten Neolithischen Revolution. In der Jungsteinzeit (Neolithikum) – beginnend vor etwa 10000 Jahren – setzte die Menschheit dazu an, sich eine völlig neue wirtschaftliche Grundlage zu geben. Ein für damalige Verhältnisse beschleunigter Wandel führte zu Sesshaftigkeit und gesteigerter agrarischer Produktivität. Aus Jägern und Sammlern wurden Ackerbauern und Viehzüchter. Zentren der neuen Wirtschaftsform waren zunächst die Flussoasen an Euphrat, Tigris, Indus und Nil.

Die Überwindung der Subsistenzwirtschaft schuf die materielle Voraussetzung für die Entstehung von Hochkulturen. Die Nahrungsmittelüberschüsse eröffneten die Möglichkeit, Teile der Bevölkerung von der unmittelbaren Agrarproduktion freizustellen. Erst in der Folge konnte eine arbeitsteilig differenzierte Gesellschaft entstehen.

Die im 18. Jahrhundert einsetzende Industrialisierung kennzeichnet einen zweiten Einschnitt in der Entwicklung der Menschheit. Sie leitete den Übergang von der agrarisch geprägten Gesellschaft zur Industriegesellschaft ein. Dieser Vorgang, der von Europa seinen Ausgang nahm, war ein globaler, auch wenn die einzelnen Weltregionen in unterschiedlicher Weise von ihm erfasst wurden.

Am Ende des 20. Jahrhunderts kündigte sich bereits das Ende der typischen Industriegesellschaft an: Die klassische Massenproduktion mittels Fließbänder (Fordismus) hat ausgedient. Der Einsatz neuartiger Informationstechnologien hat zu einem fundamentalen Wandel der Arbeitswelt geführt.

Computerisierung und Informationstechnologien haben die Rahmenbedingungen der globalen Wirtschaft von Grund auf geändert. Gegenüber den traditionellen Produktionsfaktoren Kapital, Arbeit und Rohstoffen kommt nunmehr dem Wissen eine abermals gesteigerte Bedeutung zu. Die ehemaligen Industriegesellschaften haben sich zu Informations- beziehungsweise Dienstleistungsgesellschaften gewandelt.

8.1 Die Industrielle Revolution

Die Industrielle Revolution, beginnend in der zweiten Hälfte des 18. Jahrhunderts, veränderte innerhalb weniger Jahrzehnte alle Bereiche der Gesellschaft. Die technischen, wirtschaftlichen und gesellschaftlichen Auswirkungen dieses weltgeschichtlich einzigartigen Prozesses schufen die Grundlagen der modernen Zivilisation. Die Industrielle Revolution nahm ihren Ausgang in England als der „Werkstatt der Welt“. Seit dem 19. Jahrhundert gerieten dann weltweit mehr und mehr Länder in den Sog einer dynamischen und umwälzenden Industrialisierung.

Merkmale

Folgende Merkmale kennzeichnen die Industrielle Revolution des 19. Jahrhunderts:

- Typisch für die Industrielle Revolution ist, dass die vorwiegend auf Handarbeit beruhende Produktion von der maschinellen Arbeit abgelöst wurde. Ein Beispiel: Der Handwebstuhl wurde durch den mechanischen Webstuhl ersetzt.
- Die zunehmende Anwendung von Maschinen in der Produktion, wie etwa beim mechanischen Antrieb der Dampfmaschine, erhöhte sprunghaft die Produktivität der menschlichen Arbeit, das heißt

M 1

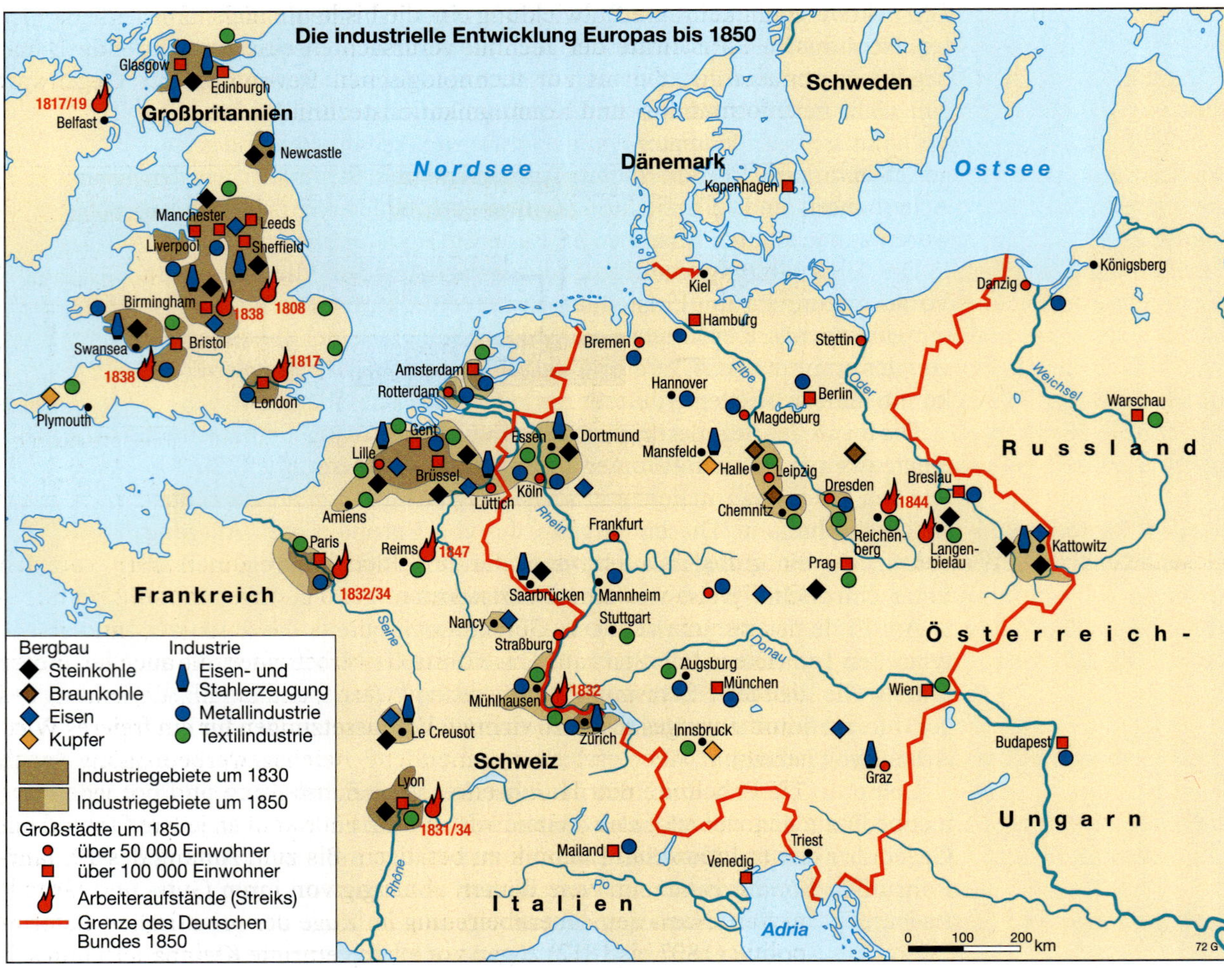

mit der gleichen Zahl von Arbeitern ließ sich in der gleichen Zeit mehr herstellen.

- Dadurch wurde erst die Massenproduktion von Gütern für einen sich erweiternden Markt möglich.
- Der Anteil der in der Landwirtschaft beschäftigten Menschen sank.
- Dagegen stieg die Zahl der in der Industrie und später in den verschiedenen Dienstleistungsbereichen tätigen Menschen.
- Eine Reihe von Erfindungen und Neuerungen wie Eisenbahn und Dampfschiff revolutionierte das Verkehrswesen und die technischen Grundlagen aller wichtigen Produktionszweige.
- Große Mengen an Kapital (Geld, Maschinen usw.) häuften sich in den Händen einer reichen und mächtigen Unternehmerschicht an.
- Ein ständiges – wenn auch von Krisen unterbrochenes – Wachstum der Wirtschaft setzte die Investition (Neuanlage) des Kapitals voraus.
- Gleichzeitig entstand mit der Nachfrage nach Arbeitskräften eine zahlenmäßig bedeutende, neue gesellschaftliche Schicht: die Arbeiterschaft.
- Die Bevölkerungszahl nahm stark zu.

Die im 18. Jahrhundert einsetzende Industrialisierung bedeutete also einen weiteren geschichtlichen Wendepunkt: Sie zertrümmerte in Jahrhunderten gewachsene Strukturen, modernisierte die menschlichen Lebensbedingungen und bewirkte einen grundlegenden Wandel in allen sozialen Bereichen. Der Industrialisierungsprozess leitete eine unumkehrbare Entwicklung ein, die bis heute nicht abgeschlossen ist. Die Fortschritte der Technik verursachten eine fortwährende Dynamisierung, die bis zur technologischen Revolution der Gegenwart (Informations- und Kommunikationstechnik) führt.

M 2

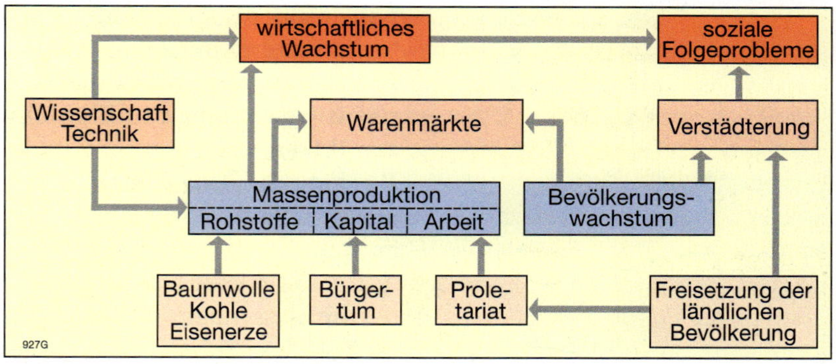

Gesellschaftlicher Wandel

Schroffe Trennung der Stände, Abhängigkeit der Bauern von den Großgrundbesitzern, Zunftschranken und geringe Mobilität charakterisierten die deutsche Gesellschaft zu Beginn des 19. Jahrhunderts.

Die in Preußen 1807 eingeführte Gewerbefreiheit, die auch für andere deutsche Staaten richtungsweisend wurde, und die Einschränkung des Zunftzwanges schufen wichtige Voraussetzungen für ein freieres Wirtschaften. Aber erst eine einheitliche Reichsgewerbeordnung (nach 1871) befreite den Handwerker vom Zunftzwang und bot jedem die Möglichkeit, sich als Handwerker oder Fabrikant an jedem Ort und mit jeder Produktionstechnik zu betätigen. Bis zum Anfang des 19. Jahrhunderts blieben viele Bauern abhängig von ihren Guts- und Grundherren. Nach der Bauernbefreiung im Zuge der preußischen Reformpolitik (1807 bis 1812) zogen vor allem verarmte Kleinbauern und saisonabhängige Landarbeiter in die Industriezentren und stellten dort den Großteil der Fabrikarbeiterschaft. Zusammen mit kleinen Handwerksmeistern, die der Konkurrenz erlagen, Handwerksgesellen ohne Aufstiegschancen und ehemaligen Tagelöhnern bildeten sie allmählich einen neuen sozialen Stand, das Industrieproletariat („vierter Stand").

Der Prozess der Industrialisierung war begleitet von neuen Formen der Arbeitsorganisation in den Fabriken, der Machtentfaltung im Wirtschaftsbereich und der Kultur (Bildungsbürgertum). Das Bürgertum trat neben die bislang alleine führende Aristokratie. Den Grundstock der Gesellschaftspyramide bildete die Masse der Industriearbeiterschaft, die aus ihrer Abhängigkeit heraus ein eigenes Klassenbewusstsein entwickelte. Die alte, relativ immobile Ständegesellschaft wurde von der sogenannten Klassengesellschaft abgelöst. Geburt und Abstammung entschieden nicht mehr allein über die gesellschaftliche Position, sondern Leistung und die private Verfügung über Geld und Produktionsmittel. In der Industriegesellschaft war sozialer Aufstieg in größerem Maße möglich als in der Ständegesellschaft, aber auch sozialer Abstieg.

M 3 **Die erste Eisenbahn in Deutschland**
verband die beiden Städte Nürnberg und Fürth. Anlässlich der Eröffnungsfahrt 1835 wurde diese Münze geprägt. Sie zeigt die allegorische Frauengestalt „Industrie," auf dem Flügelrad lehnend.

Gleichzeitig setzte ein explosives Wachstum der Städte ein. An den Rändern der alten Stadtkerne entstanden Fabrikquartiere. Die soziale Schichtung spiegelte sich in den Wohnvierteln: Während Handwerker und Gewerbetreibende mit Großfamilie und Gesinde weiter im alten Stadtkern lebten, siedelten die Arbeiter so nahe wie möglich an der Fabrik. Gleichzeitig wuchsen die neuen Villenvororte, in denen die wohlhabenden Bürger residierten.

Revolutionäre Veränderungen in der Landwirtschaft ließen die Erträge um ein Vielfaches steigen. Die Dreifelderwirtschaft wurde durch die Fruchtwechselwirtschaft abgelöst, die eine ununterbrochene Nutzung des Bodens zuließ. Ein damit einsetzender, planmäßig betriebener Futtermittelanbau erweiterte die Tierhaltung. Der zunehmende Einsatz moderner maschineller Ackergeräte und schließlich die erfolgreiche Gewinnung von Kunstdünger (Justus von Liebig 1824) führten zur Produktionssteigerung und verbesserten die Ernährungslage der Bevölkerung. Das Prinzip der weitgehenden wirtschaftlichen Selbstgenügsamkeit wurde von der Erzeugung vermarktbarer Überschüsse ersetzt.

Der allgemeine landwirtschaftliche Modernisierungsprozess bewirkte eine massenhafte Abwanderung in die Städte (Landflucht).

Trotz der Veränderungen in der Landwirtschaft und einer fortschreitenden Industrialisierung blieb Deutschland bis zur Mitte des 19. Jahrhunderts noch überwiegend ein Agrarland. Neben der Verbesserung der Ernährungslage trugen insbesondere Fortschritte in der Medizin (Pockenimpfung), der persönlichen Hygiene und die weitgehende Aufhebung der Heiratsbeschränkung (zum Beispiel für Gesellen oder Dienstboten) zur starken Bevölkerungszunahme bei.

Technik als Produktivkraft

Die Industrielle Revolution beruhte auf dem ständigen Fortschritt der Naturwissenschaften und der Technik. Die Konkurrenzverhältnisse auf den Märkten zwangen die Unternehmer zu einer rentableren Massenproduktion von Gütern. Diese Ausweitung der Produktion wurde ermöglicht durch den Einsatz von Maschinen, das heißt die Anwendung wissenschaftlicher Erkenntnisse und einer entwickelten industriellen Technik auf die Produktion. In einem bisher unbekannten Aus-

<table>
<tr><th colspan="5">Stadien der Technologie</th><th colspan="4">Innovationen</th></tr>
<tr><td colspan="3">Erste technologische Revolution
Entdeckung und Verwendung des Rades ①</td><td colspan="2">Zweite technologische Revolution
Entdeckung von Methoden zum Schmelzen von Erzen sowie zur Herstellung von Legierungen und geschmiedeten Werkzeugen und Waffen ②</td><td>Dampfkraft, Textil- und Eisenindustrie ③</td><td>Eisenbahn und Dampfschiffe ④</td><td>Automobil- und chemische Industrie, Elektrotechnik ⑤</td><td>Mikroelektronik, Bio- und Gentechnologie ⑥</td></tr>
<tr><td rowspan="2">Handwerkszeug aus Stoßzähnen, Horn und Knochen
926G_1</td><td rowspan="2">Allzweckfaustkeile aus Stein und Holz</td><td rowspan="2">Spezialhandwerkszeug aus Stein und Holz</td><td colspan="2">Handwerkszeug aus Metall, die nötige Arbeitskraft liefern Mensch und Tier</td><td rowspan="2">ab 1800</td><td rowspan="2">ab erste Hälfte des 19. Jahrhunderts</td><td rowspan="2">ab Ende des 19. Jahrhunderts</td><td rowspan="2">ab Ende des 20. Jahrhunderts</td></tr>
<tr><td>Bronzezeit</td><td>Eisenzeit</td></tr>
</table>

M 4

maß erhöhten Technik und Maschinen, die „eisernen Engel“ des Industriezeitalters, die Produktivität der menschlichen Arbeit.

Hauptträger des Mitte des 19. Jahrhunderts einsetzenden wirtschaftlichen Aufschwungs in Deutschland waren die Schwerindustrie und der Eisenbahnbau. Das Schienennetz verzeichnete einen sprunghaften Anstieg: von 3280 km im Jahre 1845 über 11 633 km 1860 zu 19 575 km im Jahre 1870.

Der Eisenbahnbau war der Motor des Wirtschaftswachstums. Kohlebergbau, Eisenerzeugung, Maschinenbau und das Baugewerbe erhielten von dem neuen Verkehrsmittel Wachstumsimpulse, die ihrerseits Anschlussinvestitionen auslösten. Darüber hinaus spielte die Eisenbahn auch eine wichtige Rolle als Beschäftigungsfaktor. Die Eisenbahn veränderte nicht nur die alltäglichen Lebensformen durch eine verbesserte Kommunikation (Verkürzung von Reisezeit und Briefverkehr), sondern leitete langfristig auch einen politischen Umgestaltungsprozess ein. Die modernen Kommunikationstechniken, wie Eisenbahn und Telegrafie, trugen zum Zusammenwachsen der deutschen Mittel- und Kleinstaaten bei. Die Technik bildete somit ein wesentliches Element zur Entstehung moderner Nationalstaaten. Während die bürgerlichen Unternehmer und später auch das Militär den Eisenbahnbau befürworteten, sahen Fuhrleute, Fahrposten zur Brief- beziehungsweise Personenbeförderung und die Schifffahrt in dem rapide wachsenden Schienennetz vor allem eine Konkurrenz.

M 5 In den Berliner Werken der AEG (1898–1913)

Die zweite Industrialisierungsphase

Während noch Mitte des 19. Jahrhunderts der Bergbau, die Eisen- und Stahlindustrie sowie Maschinenbau und Textilindustrie als Leitsektoren den Industrialisierungsvorgang prägten, traten gegen Ende des Jahrhunderts weitere Sektoren hinzu: die chemische und die elektrotechnische Industrie sowie der Automobilbau.

Insbesondere die technische Nutzung der Elektrizität veränderte das gesamte Leben und führte zu einem sichtbaren Modernisierungsschub in Form von elektrischer Beleuchtung, Kühlanlagen, elektrischen Straßen- und Eisenbahnen. Die modernen Kommunikationsmedien wie Telefon und drahtlose Nachrichtenübermittlung traten ihren Siegeszug an. In den Zwanzigerjahren des 20. Jahrhunderts begann in Deutschland der Rundfunksendebetrieb; ein Jahrzehnt später befand sich auch das Medium Fernsehen bereits in einer Experimentierphase. Fortlaufende Innovationen führten zu einer nicht enden wollenden Dynamisierung des Wandels. Nach der Entwicklung des Verbrennungsmotors setzte bereits Ende des 19. Jahrhunderts die industrielle Fertigung des Automobils ein.Wenngleich die Massenproduktion zunächst noch auf die USA beschränkt blieb, so trat doch auch in Deutschland nach dem Ersten Weltkrieg der Automobilbau in eine neue Phase. Der PKW-Bestand wuchs in Deutschland zwischen 1913 und 1929 um das Fünffache.

M 6 **Ford-Werke**
Detroit, 1923

Die massenhafte Herstellung neuer Produkte machte eine entsprechende Organisation der Produktionsabläufe erforderlich. Das Ziel bestand darin, große Stückzahlen beschleunigt und damit kostengünstig herzustellen. Die Antwort auf diese technische Herausforderung lag in der sogenannten Taylorisierung der Arbeit. Der amerikanische Arbeitswissenschaftler Frederick Winslow Taylor (1856–1915), der seine Erfahrungen in der Stahlindustrie gesammelt hatte, publizierte 1911 die Schrift: „Grundsätze wissenschaftlicher Betriebsführung". In ihr stellte er dar, wie der Arbeitsprozess zu optimieren sei. Er sezierte die einzelnen Arbeitsabläufe und zerteilte sie in kleinste Abschnitte. Dabei wurden Zeit und Bewegung genau gemessen. Im Ergebnis bewirkten diese Maßnahmen eine neue Form der Produktion: die Fließbandarbeit. Gleichförmige Handgriffe der Beschäftigten reduzierten die Fehler, beschleunigten die Abläufe, führten aber auch zu einer sehr einseitigen körperlichen und geistigen Belastung.

Die Rationalisierung der Arbeit im Verbund mit der zunehmenden maschinellen Ausstattung des einzelnen Arbeitsplatzes sorgte dafür, dass mit immer weniger Personal immer mehr produziert werden konnte. Ihr vorläufiges Ende fand diese zweite Phase der Industrialisierung mit der zunehmenden Automatisierung des Produktionsprozesses. Im Ergebnis führte dieser Strukturwandel zu einer Transformation der Erwerbstätigkeit. In modernen Gesellschaften entstehen folglich neue Arbeitsplätze nicht mehr im produzierenden Gewerbe, sondern im Dienstleistungsbereich.

Als zunächst letzte – und damit dritte – Phase der industriellen Modernisierung kann man den informationstechnologischen Strukturwandel bezeichnen, der im letzten Drittel des 20. Jahrhunderts eingesetzt hat. Vorangetrieben durch das Zusammenwirken von Wissenschaft und Technik wurde nunmehr das Zeitalter der Mikroelektronik und des Computers eingeläutet.

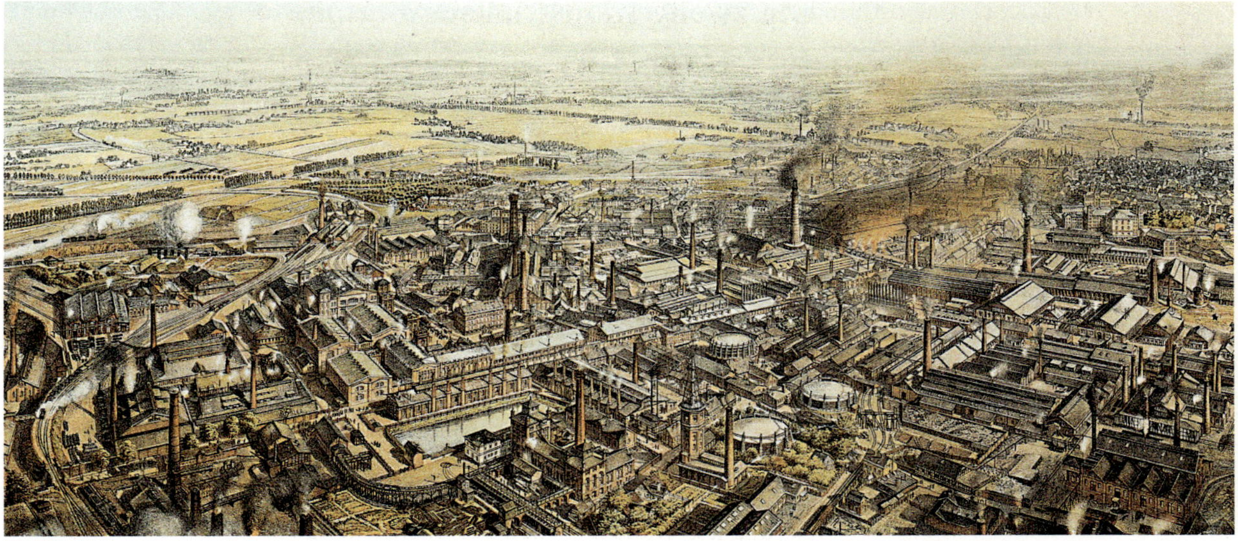

M 7 Panorama-Ansicht der Gussstahlfabrik Friedrich Krupp in Essen (1884)

Die Gussstahlfabrik in Essen bildete den Kern des im 19. Jahrhundert stetig wachsenden und sich verzweigenden Unternehmens Krupp, dessen Beschäftigungszahl von 74 im Jahre 1848 auf 20 200 im Jahre 1887 und 77 400 vor dem Ersten Weltkrieg anstieg. Die beiden wesentlichen Produktionsbereiche bildeten Eisenbahnmaterial (Schienen, Achsen, Radbandagen) und Geschütze; später kamen die Produktion von Panzerplatten für den Kriegsschiffbau und schließlich eine eigene Werft (Germania AG in Kiel) hinzu (1902). Alfred Krupp (1812–1887), mit dessen Namen sich der Aufstieg der Firma verbindet, und seine Nachfolger unternahmen große Anstrengungen, das Werk zu einem geschlossenen Arbeits- und Lebenszusammenhang zu runden. Arbeiterwohnsiedlungen, Pensionskasse und werkseigene Konsumanstalt sollten einen festen Stamm von Facharbeitern an das Unternehmen binden; andererseits wurden der gewerkschaftlichen oder gar politischen Betätigung der Beschäftigten weitestgehende Beschränkungen auferlegt.

Aus: Hauptstadt: Zentren, Residenzen, Metropolen in der deutschen Geschichte, Köln 1989, S. 256 f.

M 8 Vergleichende Daten zur Wirtschaftsentwicklung

	Länge des Eisenbahnnetzes (in engl. Meilen)	Kohlenförderung oder -verbrauch (in Tausend t)	Dampfkraftkapazität (in Tausend PS)	Roheisenproduktion (in Tausend t)	Rohbaumwollverbrauch (in Tausend t)
Deutschland					
1850	3 639	5 100	250	212	17,1
1869	10 834	26 774	2 480	1 413	64,1
1873	14 842	36 392	–	2 241	117,8
Frankreich					
1850	1 869	7 225	370	406	59,3
1869	10 518	21 432	1 850	1 381	93,7
1873	11 500	24 702	–	1 382	55,4
Großbritannien					
1850	6 621	37 500	1 290	2 249	226,8
1869	15 145	97 066	4 040	5 446	425,8
1873	16 082	112 604	–	6 566	565,1
Belgien					
1850	531	3 481	70	145	10,0
1869	1 800	7 822	350	535	16,3
1873	2 335	10 219	–	607	18,0

D. S. Landes, Der entfesselte Prometheus, Köln 1973, S. 187.

M 9 Universalgeschichtliche Aspekte der Industriellen Revolution

Der Historiker Imanuel Geiss erläutert die Industrielle Revolution in ihren globalen Zusammenhängen:

„Industrielle Revolution" als historische Kategorie bezeichnet also die Gesamtheit der universalhistorischen Rahmenbedingungen, unter denen sich seit rund 200 Jahren die Entwicklung der Menschheit vollzieht, unter denen aber auch die einzelnen, meist national begrenzten modernen Revolutionen ablaufen – die Französische von 1789 mit den Folgerevolutionen im 19. Jahrhundert innerhalb wie außerhalb Frankreichs, die Russische von 1917, die Chinesische von 1949, die Kubanische von 1959, um nur die wichtigsten und folgenreichsten hier zu nennen.
Wesentliche Voraussetzung der „Industriellen Revolution" waren die vorausgegangene „ursprüngliche Akkumulation" (Marx) von Kapital, das in England aus den verschiedensten internen und externen Quellen zusammenfloss und – aus historischen Gründen hier zuerst – zum Ausbau der modernen Industrie investiert wurde, und die revolutionsähnlichen Prozesse in den Niederlanden, England und Nordamerika zwischen dem Ende des 16. und des 18. Jahrhunderts. Historische Voraussetzung zur „ursprünglichen Akkumulation" wiederum war die Expansion Westeuropas (von Portugal bis Dänemark und Schweden) in Übersee seit dem Zeitalter der sogenannten Entdeckungen, für diese wiederum die vorausgegangene Kumulierung von technisch-naturwissenschaftlichem Wissen und seine praktische Anwendung, das über die Jahrhunderte im Wesentlichen aus dem lange Zeit zivilisatorisch fortgeschrittenen Orient in das ursprünglich unterentwickelte Europa eingefiltert war.
Die beginnende koloniale Eroberung vor allem Indiens um die Mitte des 18. Jahrhunderts besiegelte den ökonomisch-politischen Abstieg des alten Orients und den rasanten Aufstieg des westlichen Europa und nördlichen Amerika zur faktischen Weltherrschaft. Nicht nur gab die Ausplünderung des sagenhaft reichen Indien durch die englische Ostindien-Kompanie und ihre führenden Repräsentanten in Indien der ursprünglichen Akkumulation in England neuen Antrieb. Von noch langfristigerer Bedeutung erwies sich ein im Allgemeinen wenig beachteter wirtschaftshistorischer Vorgang mit einschneidenden Konsequenzen – die systematische Zerstörung der bis dahin blühenden Textilproduktion auf der Grundlage von Baumwolle, vor allem in Bengalen, durch die siegreiche englische Kolonialmacht, die anschließend bewusst die Baumwollverarbeitung nach Lancashire verlegte.
Die Textilindustrie – namentlich auf der Grundlage der Baumwolle – aber brachte den ersten großen Durchbruch des industriellen Prinzips, erst recht nach der Erfindung der „cotton gin", einer Maschine zum Entkernen der Baumwollfrucht, in den USA 1794. Erst die „cotton gin" ermöglichte die rapide Expansion des Anbaus von Baumwolle in den USA, die territoriale Expansion der USA selbst nach

M 10

Die Veränderung der Sozialstruktur Preußens im Verlauf des 19. Jahrhunderts

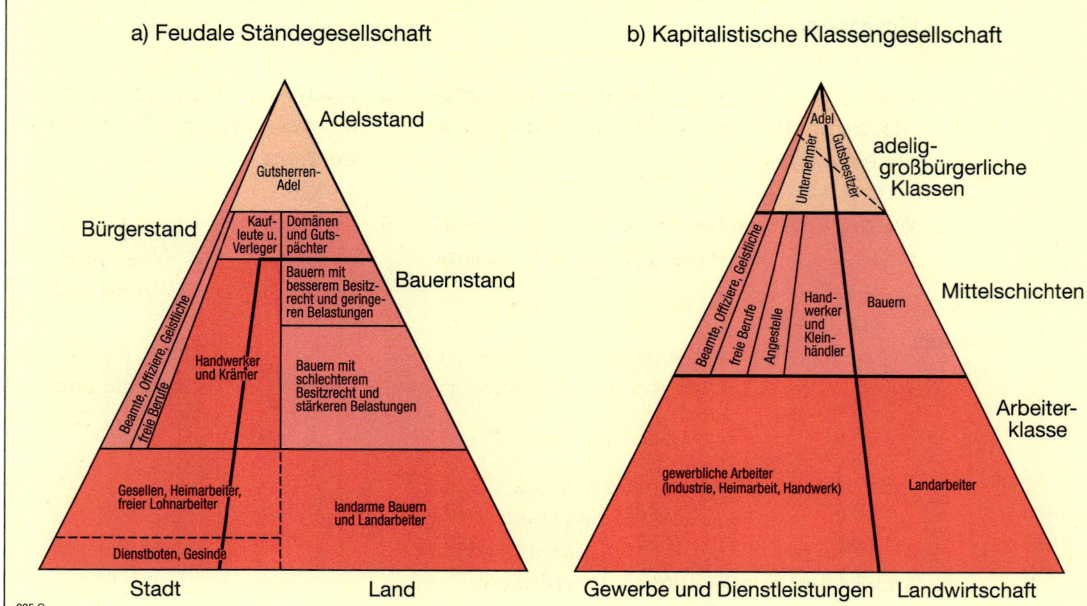

Süden und Südwesten und die damit einhergehende Expansion der Sklaverei in den USA. „King Cotton", auf der Basis von Baumwoll- und Sklavenplantagen des Südens, trat in der Republik der USA für über ein halbes Jahrhundert seine absolute Herrschaft an.

Alle späteren Industrien und Transportzweige entwickelten sich im Grunde genommen zunächst nur als direkte oder indirekte Hilfsfunktionen für den weiteren Ausbau der Baumwolltextilproduktion: Die Eisen- und Stahlindustrie diente zum Bau von immer neuen Textilmaschinen für rascheres Spinnen und Weben und zum Bau von Dampfmaschinen, die die Maschinen in Gang hielten, wozu immer mehr Energie in Form von Kohle notwendig wurde. Die Dampfmaschine wiederum diente ursprünglich zum Entwässern der in immer größerer Tiefe vorgetriebenen Kohleschächte. Die Eisenbahn, zunächst zum Transport der Kohle unter Tage entwickelt, verkehrte über Tage zum ersten Mal 1825 zwischen Manchester, dem Zentrum der modernen Textilproduktion auf Baumwollbasis in Lancashire, und seinem neuen Ausfuhrhafen Liverpool. Damit schließt sich der Ring, in dem sich historisch ursprüngliche Akkumulation, Industrialisierung, bürgerliche Revolutionen und bürgerliche Demokratie bewegen.

Nach dem Durchbruch der industriellen Revolution in England seit der zweiten Hälfte des 18. Jahrhunderts und seit dem endgültigen Durchbruch der modernen politischen Revolution in Frankreich 1789 mussten alle Gesellschaften auf die „industrielle Revolution" reagieren, auf ihre ökonomisch-technische Seite, zunächst führend repräsentiert von England, im 20. Jahrhundert von den USA, ebenso wie auf ihre politische Seite, in ihrer bürgerlich-kapitalistischen Phase geprägt zunächst von der Französischen, in ihrer proletarisch-kommunistischen Phase zunächst von der Russischen Revolution.

I. Geiss, Bürgerliche und proletarische Revolution, in: Apuz, Nr. 42/1975, S. 18 ff.

M 11

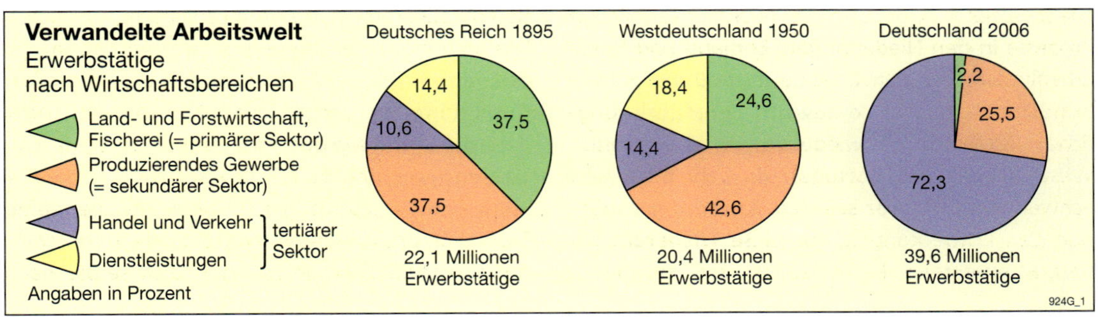

Aufgaben

1. Erläutern Sie, welche Faktoren sich beim Industrialisierungsprozess verzahnen. Vollziehen Sie diesen Vorgang nach.
   → Text, M2, M9
2. Welche Rolle spielte die Technik in der wirtschaftlichen und gesellschaftlichen Entwicklung?
   → Text, M4
3. Beschreiben Sie das Fabriksystem und vergleichen Sie es mit vergangenen und gegenwärtigen Produktionsverfahren.
   → Text, M5–M7
4. Warum konnte man England lange als die „Werkstatt der Welt" bezeichnen? Vergleichen Sie in diesem Zusammenhang die industrielle Entwicklung in den europäischen Ländern.
   → Text, M8
5. Analysieren Sie, wie sich der Aufbau der Gesellschaft im Verlaufe der Industrialisierung verändert hat.
   → M10
6. Inwiefern hat sich die Industrielle Revolution auf die gesamte Welt ausgewirkt und die globalen Machtverhältnisse berührt?
   → M9
7. „Keine politische Revolution hat das Leben der Menschen so nachhaltig und umfassend verändert wie die Industrielle Revolution." Erörtern Sie diese These.
   → Text, M9–M11

8.2 Die Soziale Frage und der Marxismus

Die Soziale Frage

Unter dem Begriff „Soziale Frage“ werden alle jene Probleme zusammengefasst, die als negative Begleiterscheinungen der Industriellen Revolution anzusehen sind.

Entgegen einer weitverbreiteten Ansicht hat die Industrielle Revolution die Verelendung als solche nicht hervorgebracht. Sie existierte bereits in erheblichem Umfang am Ende der vorindustriellen Epoche, als die Landwirtschaft sich immer weniger in der Lage sah, der wachsenden Bevölkerung Arbeitsplätze zu sichern.

Insbesondere in der frühen Phase der Industrialisierung überwog die Schattenseite, der sogenannte Pauperismus, das heißt die bedrückende Armut der unteren Schichten der Gesellschaft.

Wohnverhältnisse

Die Soziale Frage machte sich auf unterschiedliche Weise bemerkbar. Neben der Knappheit an Lebensmitteln bestimmten die Wohnbedingungen die Lebensumstände. Das rasante Wachstum der Städte hatte zur Folge, dass Angebot und Nachfrage in Bezug auf Wohnräume auseinander drifteten. Der Wohnstandard der unteren Bevölkerungsschichten war ganz überwiegend katastrophal: Lichtmangel, schlechte Luft, Feuchtigkeit, Schimmel, Ungeziefer und unzureichende sanitäre Anlagen gingen mit der Überbelegung einher. Erschwerend kam hinzu, dass die ärmeren Bevölkerungsschichten einen proportional größeren Anteil der ohnehin niedrigen Einkommen für die Miete ausgeben mussten. Eine Cholera-Epidemie in Hamburg 1892 belegte den offenkundigen Zusammenhang von Wohnbedingungen und Krankheiten: neben Cholera vor allem Tuberkulose und Rachitis. Weiteren Ausdruck fand die soziale Not in seelischer Zerrüttung, familiärer Gewalttätigkeit, Prostitution und vor allem im weitverbreiteten Alkoholismus.

M 1 **Hinterhof eines Hamburger Arbeiterquartiers,** um 1880

Da die Löhne – zumindest bis gegen Ende des 19. Jahrhunderts – oft am Rande des Existenzminimums lagen, konnte auf keine mithelfende Hand in der Familie verzichtet werden. Frauen- und auch Kinderarbeit bildeten einen Bestandteil des Arbeitermilieus. Frauen, die Kleinkinder zu versorgen hatten, versuchten die Haushaltskasse durch schlecht bezahlte Heimarbeit aufzubessern. Auch die täglichen Normalarbeitszeiten von zunächst zwölf und später zehn Stunden hatten schwächende beziehungsweise krank machende Auswirkungen.

Arbeitslosigkeit

Die Nöte der Arbeiterexistenz sollten aber den Blick nicht dafür verstellen, dass Arbeiter noch über ein gewisses Mindestmaß an sozialer Sicherheit verfügten. Die wirkliche, das Leben unmittelbar bedrohende Armut verband sich mit Arbeitslosigkeit, die oftmals mit Krankheit und Invalidität einherging. Im Unterschied zur Gegenwart verfügten die Menschen über keine materiellen Reserven, auf die sie in der Not zeitweilig zurückgreifen konnten. Da ein Sozialstaat moderner Prägung fehlte, brachte vor allem die Arbeitslosigkeit das höchste Maß an Verelendung mit sich, die in Form des Hungers, der Obdachlosigkeit und des Selbstmordes zu Tage treten konnte.

Der Marxismus

M 2 Karikatur von Roland Beier
Januar 1990

Von allen Antworten auf die Soziale Frage des 19. Jahrhunderts war die von Karl Marx (1818–1883) und Friedrich Engels (1820–1895) die folgenreichste. Die später allgemein als „Marxismus“ bezeichnete Wirtschafts-, Gesellschafts- und Staatstheorie wurde erst am Ende des 19. Jahrhunderts wirksam, als sich immer mehr sozialistische Arbeiterparteien auf Marx beriefen.

Die politische Kraft, die sich mit dem Namen Marx' verband, bekam eine neue Dimension, als die von Lenin vorangetriebene Revolution der Bolschewiki in Russland erfolgreich war (1917). Im 20. Jahrhundert wurde die Ideologie des Kommunismus – in der Form des Marxismus-Leninismus sowjetischer Prägung – zur Weltmacht.

Durch Lenin, Stalin, Mao Zedong und andere kommunistische Führer wurden Marx'schen Ideen aufgegriffen und – oft in stark veränderter Form – zu einem ideologischen Dogma gemacht. Das heißt, aus einem Gedankensystem wurde eine Glaubenslehre, die den Zweck hatte, die führende Rolle der leninistischen Partei zu legitimieren (Legitimationsideologie). In der Dritten Welt fand der Marxismus-Leninismus zudem viel Anklang, weil er als Heilslehre auftrat und die Befreiung von Ausbeutung und Armut versprach.

Nach dem Zusammenbruch der Sowjetunion und damit des kommunistischen Weltsystems hat sich Ernüchterung breit gemacht. Deutlicher als zuvor zeigte sich, dass der Kommunismus überall, wo er die Macht erobert hatte, Unfreiheit und gesellschaftliche Lähmung gebracht hat. Der Abschied vom Marxismus als Heilslehre hat ein ideologisches Vakuum hinterlassen, das nunmehr von nationalistischen und religiös-fundamentalistischen Ideologien gefüllt wird.

Geschichtsauffassung

Zentrales Thema der Marx'schen Philosophie war die materialistische Geschichtsauffassung. Karl Marx ging davon aus, dass die Geschichte nicht, wie der Philosoph Friedrich Hegel behauptet hatte, durch eine göttliche Kraft gestaltet werde, sondern durch die Auseinandersetzung des Menschen mit der Natur. Wie Hegel war Marx davon überzeugt, dass sich die Geschichte dialektisch auf ein bestimmtes Ziel hin bewege. Dabei unterliege der Geschichtsablauf Gesetzen, die für den Menschen erkennbar seien.

Einer solchen Geschichtsauffassung haftet ein deterministischer Zug an, das heißt die historische Entwicklung wird als kausal vorherbestimmt angesehen. Marx richtete dabei sein Geschichtsmodell auf die zu erwartende Weltrevolution und die darauf folgende klassenlose Gesellschaft aus. Insofern besitzt diese Geschichte den Charakter einer Prophetie.

Marxistisch geschulte Parteifunktionäre haben die Kenntnis der „objektiven Gesetze der Geschichte“ regelmäßig für sich beansprucht. Sie wähnten die kommunistische Partei im Besitz des „Schlüssels zur Weltgeschichte“. Die kommunistischen Parteiführungen formulierten eine „Parteilinie“, zu der Widerspruch nicht geduldet und als „Abweichung“ gebrandmarkt wurde. Während der Herrschaft Stalins in der Sowjetunion kam dem Etikett „Abweichler“ oft die Bedeutung eines Todesurteils zu.

M 3 Marx und Engels
Das noch aus der DDR-Zeit stammende Marx-Engels-Denkmal vor dem ehemaligen „Palast der Republik“ und dem Dom in Berlin, Foto, um 2004.

M 4 **Lebensverhältnisse in der Mitte des 19. Jahrhunderts**

Julius Vahlteich (1839–1915) – ein führender sozialistischer Politiker – schildert in seinen Lebenserinnerungen den Alltag von Arbeitern und Gesellen:

Es war nur ein sehr kleiner Teil der Arbeiter, welcher die allernotwendigsten Lebensbedürfnisse einigermaßen befriedigen konnte, die ungeheure Mehrzahl war tatsächlich auf das Niveau der Arbeitstiere herabgedrückt. In den Fabriken wurde in der Regel von früh sechs bis abends acht Uhr gearbeitet. Es gab eine Mittagspause von einer halben Stunde und halbstündige Pausen für Frühstück und Vesper. Der Lohn reichte für den geschicktesten, bestbezahlten Arbeiter nicht aus, um, sofern er unverheiratet war, ein eigenes Zimmer zu mieten. Die Gesellen schliefen in Bodenkammern unmittelbar unter dem Dach. Mochten sie bei ihrem Meister „wohnen" oder in irgendeiner armen Familie für wenige Pfennige eine „Schlafstelle" innehaben, sie waren überall im Weg. [...] Die Lage der Verheirateten war natürlich noch schlechter als die der Ledigen. Frau und Kinder mussten arbeiten, um nur die kümmerliche Existenz zu sichern. Männliche Fabrikarbeiter waren wenig geachtet, weibliche unterlagen einer vorurteilsvollen Verachtung, womit nicht gesagt sein soll, dass sich die Handwerksgesellen einer besonderen Wertschätzung erfreut hätten. Gesetzgebung, Gerichte und Polizei behandelten die Gesellen als ein notwendiges Übel, einen Gemeinschaden, ein Versuchsobjekt, kurzum als ein Geschöpf ohne Rechte, das man nach Belieben reglementieren konnte. Die Arbeiter befanden sich, wie die Dienstboten, durchaus unter einer Ausnahmegesetzgebung. Die Pflege des Körpers wurde genauso vernachlässigt wie die des Geistes. Die Nahrung war schlecht. Der Genuss von vielem trockenen Brot verursachte außer anderen Übelständen besonders Sodbrennen, das man durch Kreideessen bekämpfte. Zur Reinlichkeit fehlte jede Gelegenheit; es waren keine 25 Pfennig wöchentlich übrig, um regelmäßig ein Bad zu nehmen. Es war vielfach Gebrauch, zu zweien in einem Bett zu schlafen.

Zit. nach: W. Lautemann, M. Schlenke (Hg.), Das bürgerliche Zeitalter 1815–1914, München 1980, S. 767.

M 5

Jahresverdienst von Arbeitnehmern (Industrie, Handel)

Jahr	Jahresverdienst / nominal (in Mark)	Jahresverdienst / real (Preise von 1895)
1871	493	466
1880	545	524
1890	650	636
1900	784	737
1913	1083	834

M. Stürmer, Das ruhelose Reich, Deutschland 1866–1918, Berlin 1983, S. 41.

M 6

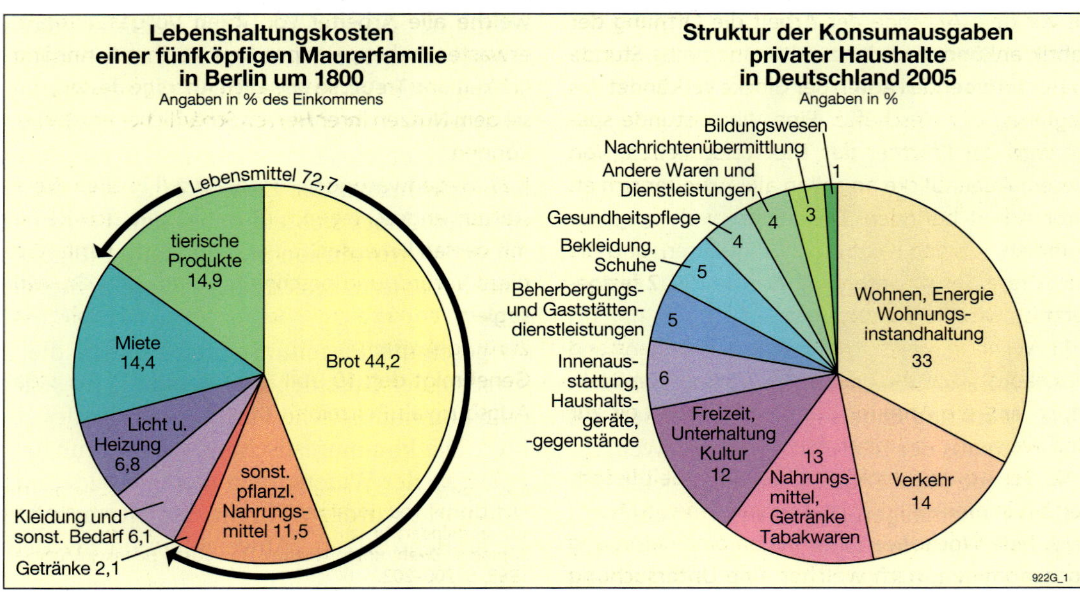

M 7 Eine Fabrikordnung

Fabrikordnung der Mechanischen Baumwoll-Spinnerei und Weberei Augsburg (1840):

§ 1. Jeder Arbeiter, welcher in der Fabrik aufgenommen wird, ist nach einer Probezeit von 14 Tagen, binnen welcher ihm der Austritt freisteht, verpflichtet, sechs Monate, vom Tage seiner Ankunft an gerechnet, in der Fabrik zu arbeiten. Diese Verpflichtung erneuert sich von selbst auf weitere sechs Monate, wenn der Arbeiter nicht einen Monat vorher auf der Schreibstube bei dem Geranten [Geschäftsführer] aufgekündet hat. Dagegen bleibt es dem Fabrikherrn unbenommen, den Arbeiter wegen schlechter Aufführung oder wegen jeder sonstigen Ursache jederzeit zu verabschieden. Beim Austritt ohne vorhergegangener vorschriftsmäßiger Aufkündigung verliert der Arbeiter den Lohn, welchen er ebenfalls gut hat.

§ 2. Außer an den Sonntagen und hohen Festtagen wird alle Tage gearbeitet. Jede Abwesenheit an einem anderen Tage, sogar unter dem Vorwande der Unpäßlichkeit, wenn solche nicht erwiesen werden kann, wird mit einer Geldbuße bestraft, welche das Doppelte des Lohnes beträgt, der während der Zeit der Abwesenheit verdient worden wäre.

§ 3. Die Arbeitsstunden werden durch einen Anschlagzettel bestimmt. Sollte aber Störung am Getrieb [Antrieb] oder jede andere Ursache es nöthig machen, die Nacht durch zu arbeiten, so unterwirft sich diesem jeder Arbeiter mit der Bedingung, dass er ohne seine Einwilligung nicht mehr als eine Nacht in der Woche zur Arbeit genöthiget werden kann.

§ 4. Eine Glocke wird des Morgens eine halbe Stunde vor dem Anfange der Arbeit die Öffnung der Fabrik ankündigen; das zweite eine halbe Stunde später erfolgende Läuten der Glocke verkündet das Beginnen der Geschäfte. Eine Viertelstunde später wird der Pförtner das Thor verschließen. Von diesem Augenblicke an sollen alle Arbeiter sich an ihrer Arbeit befinden. Diejenigen, welche später kommen, werden nicht mehr eingelassen, und die Geldstrafe der Abwesenheit, welche in § 2 festgesetzt ist, wird ihnen auferlegt. [...]

§ 11. Wenn in einem Arbeitssaale ein Gegenstand beschädigt wird und der Thäter nicht auszumitteln ist, so sind die Arbeiter des ganzen Saales bis zur Nachweisung des Thäters haftend.

§ 12. Der Arbeiter, welcher schlechte Arbeit liefert, verfällt in eine dem Fehler angemessene Strafe.

§ 13. Jede Woche wird eine allgemeine Reinigung vorgenommen, nach welcher eine Untersuchung gemacht und denjenigen, deren Maschinen nicht rein befunden worden, ein oder mehrere Taglöhne Strafe auferlegt werden wird. [...]

§ 21. Die Werkmeister und der Pförtner sind befugt, alle Arbeiter beim Ausgange aus der Fabrik zu untersuchen, und zwar so oft sie es für gut finden; jeder muss sich diesem unterwerfen, sowohl im Interesse der Herren als auch in dem der ehrlichen Arbeiter, auf die man falschen Verdacht haben könnte.

§ 22. Derjenige Arbeiter, welcher ertappt wird, Baumwolle oder Abgang in den Abtritt oder sonst irgendwohin geworfen zu haben, verfällt in eine Strafe von zwei Taglöhnen zu Gunsten dessen, der ihn auf der Schreibstube angiebt. Überhaupt erhält derjenige, welcher eine durch einen anderen begangene Untreue entdeckt und auf der Schreibstube angiebt, wenn der Thäter überführt wird, eine der Wichtigkeit des Falls angemessene Belohnung, und sein Name solle verschwiegen bleiben.

§ 23. Es ist bei drei Gulden Strafe verboten, im Umfange der Fabrik durch einen anderen Weg als die Thüre aus- und einzugehen.

[...]

§ 25. Jeder Ungehorsam vonseiten der Arbeiter gegen ihre Vorgesetzten oder gegen die von Letzteren dazu verordneten Personen soll nach Verhätnis des Fehlers mit einer Strafe von einem bis fünf Taglöhnen belegt werden.

§ 26. Für den Schutz und die väterliche Sorgfalt, welche alle Arbeiter von ihren Vorgesetzten zu erwarten haben, versprechen sie ihnen Anhänglichkeit und Treue, so wie auch Anzeige dessen, was sie dem Nutzen ihrer Herren Schädliches entdecken können.

§ 27. Gegenwärtige Verordnung soll in allen Werkstätten angeschlagen werden, damit sich keiner mit dessen Unwissenheit entschuldigen kann. Wer diese Verordnung beschmutzt oder zerreißt, wird sogleich entlassen und der ihm schuldige Lohn ihm zurückgehalten.

Genehmigt den 10. Juli 1840. Magistrat der Stadt Augsburg als Polizeibehörde.

Aus: Aufbruch ins Industriezeitalter, Band 3: Quellen zur Wirtschafts- und Sozialgeschichte Bayerns vom ausgehenden 18. Jahrhundert bis zur Mitte des 19. Jahrhunderts, hrsg. von Konrad v. Zwehl unter Mitarbeit von Susan Boenke, München 1985, S. 200–202.

M 8 Plakat von Käthe Kollwitz (1867–1945)

Die Deutsche Heimarbeit-Ausstellung von 1906 konfrontierte eine breitere Öffentlichkeit erstmals mit dem verborgenen sozialen Elend in dieser Branche. Auch Käthe Kollwitz klagte mit ihrem Plakat das schwere Los der Hausindustriellen an. Der Anblick der abgearbeiteten, verhärmten Frau störte Kaiserin Auguste Viktoria so sehr, dass sie sich weigerte, die Ausstellung zu besuchen, bis das Plakat auf allen Litfasssäulen in der Reichshauptstadt überklebt wurde.

M 9 Arbeitende Frauen

Die Historikerin Rosemarie Beier fasst die Situation berufstätiger Frauen im Berlin der Jahrhundertwende zusammen:

Trotz einer täglichen Arbeitszeit von durchschnittlich zehn bis zwölf Stunden verdiente eine Heimarbeiterin kaum mehr als fünf bis sieben Mark in der Woche – also nicht einmal ein Viertel des in Berlin üblichen Lohnes für männliche Arbeiter. Aber da der Arbeitskräfteandrang enorm war, konnten die Unternehmer die Löhne ständig senken und fanden trotzdem noch genügend Frauen, die bereit waren, für den geringsten Lohn zu arbeiten. […]

Für alle Frauen gehörte die Hausarbeit zu den unabdingbaren Pflichten. Das Leben in der Mietskaserne prägte die einzelnen Tätigkeiten: Die „große Wäsche" beispielsweise wurde zur neuen Mühsal. Gewaschen wurde in der Waschküche bzw. auf dem Waschboden oder, wenn der dürftige Textilvorrat nicht für einen Waschtag reichte, in der Wohnung. Zu der Plackerei des Waschens (das Einweichen, Rühren, Schrubben, Wringen, Spülen und Stärken musste ja mit der Hand gemacht werden) kam der beschwerliche Weg zum Trockenboden und zurück. Wurde in der Küche gewaschen, war die Wohnung mit heißem Dampf beschlagen, der die Wände durchfeuchtete. Auch der Einkauf wurde zur neuen, großstädtisch geprägten Arbeit von Frauen. Er bedeutete ein Mehr an Wegen und an Schlepperei, und er erforderte neues Wissen. Hatten auf dem Land Gemüse und Obst aus dem eigenen Kleingarten so genommen werden müssen, wie die Natur sie wachsen ließ, wurde es jetzt für die Hausfrau wichtig, darauf zu achten, was sie für ihr Geld bekam. Überdies wurden nun neue Anforderungen an die Hausfrau gestellt, die auf dem Land, woher ja der überwiegende Teil der Berliner Bevölkerung stammte, unbekannt gewesen waren. Auch die Arbeiterfrau sollte jetzt die „Hüterin des Hauses" sein, das sie – so die Vorstellungen von Wohnungsbauplanern, Medizinern und Hygienikern – volksgesundheitlichen Vorgaben entsprechend reinhalten und pflegen sollte. Die Wohnung wurde das „Feld der Frau", wie der Titel einer Broschüre des Groß-Berliner Vereins für Kleinwohnungswesen (um 1912) lautete.

Nicht nur für Arbeiterfrauen und -mädchen, sondern zunehmend auch für die Töchter aus dem Bürgertum war eine Erwerbstätigkeit finanziell notwendig. Berufstätigkeit bedeutete für sie zugleich die Möglichkeit, häuslicher Enge zu entfliehen. Die Entwicklung wurde insbesondere von der organisierten Frauenbewegung als Chance gesehen, „soziale Mütterlichkeit", d. h. die spezifischen weiblichen Sozialeigenschaften, in Beruf und Gesellschaft zu tragen. […]

Die Tätigkeit im Büro erlangte auch und gerade in Berlin für erwerbstätige Frauen zunehmend Bedeutung. In der Phase der Hochindustrialisierung wurde im Handel, in der Industrie und in der öffentlichen Verwaltung eine arbeitsteilige Zerlegung der anfallenden Büroarbeiten notwendig, eine Entwicklung, die in Berlin als bedeutender Industrie- und Handelsstadt sowie Reichshauptstadt besonders ausgeprägt war. Gesucht wurden jetzt kostengünstige Arbeitskräfte, die wenig spezialisierte Anlerntätigkeiten übernahmen. Das waren zunehmend Frauen, die bis dahin überhaupt nicht in den Büros anzutreffen waren. Zugleich verschlechterte sich die Berufssituation der männlichen Bürodiener. Die traditionellen Qualifikationen der Schreiber und Kopisten waren immer weniger gefragt, denn nicht mehr die sorgfältige Handschrift, sondern die fehlerfreie Maschinenschrift wurde zur Visitenkarte erfolgreicher Unternehmen – der Beruf der Maschinenschreiberin, der Typistin, entstand.

In: G. Korff, R. Rürup, Berlin, Berlin, Die Ausstellung zur Geschichte der Stadt, Berlin 1987, S. 335 f.

M 10 **Manifest der Kommunistischen Partei**

Karl Marx und Friedrich Engels veröffentlichten 1848 ihre berühmteste Schrift:

Die Geschichte aller bisherigen Gesellschaft ist die Geschichte von Klassenkämpfen.
Freier und Sklave, Patrizier und Plebejer, Baron und Leibeigener, Zunftbürger und Gesell, kurz, Unterdrücker und Unterdrückte standen in stetem Gegensatz zueinander, führten einen ununterbrochenen, bald versteckten, bald offenen Kampf, einen Kampf, der jedesmal mit einer revolutionären Umgestaltung der ganzen Gesellschaft endete oder mit dem gemeinsamen Untergang der kämpfenden Klassen. In den frühen Epochen der Geschichte finden wir fast überall eine vollständige Gliederung der Gesellschaft in verschiedene Stände, eine mannigfaltige Abstufung der gesellschaftlichen Stellungen. Im alten Rom haben wir Patrizier, Ritter, Plebejer, Sklaven; im Mittelalter Feudalherren, Vasallen, Zunftbürger, Gesellen, Leibeigene, und noch dazu in fast jeder dieser Klassen wieder besondere Abstufungen.
Die aus dem Untergang der feudalen Gesellschaft hervorgegangene moderne bürgerliche Gesellschaft hat die Klassengegensätze nicht aufgehoben. Sie hat nur neue Klassen, neue Bedingungen der Unterdrückung, neue Gestaltungen des Kampfes an die Stelle der alten gesetzt.
Unsere Epoche, die Epoche der Bourgeoisie, zeichnet sich jedoch dadurch aus, dass sie die Klassengegensätze vereinfacht hat. Die ganze Gesellschaft spaltet sich mehr und mehr in zwei große feindliche Lager, in zwei große, einander direkt gegenüberstehende Klassen: Bourgeoisie und Proletariat. [...]
Die große Industrie hat den Weltmarkt hergestellt, den die Entdeckung Amerikas vorbereitete. Der Weltmarkt hat dem Handel, der Schifffahrt, den Landkommunikationen eine unermessliche Entwicklung gegeben. Diese hat wieder auf die Ausdehnung der Industrie zurückgewirkt, und in demselben Maße, worin Industrie, Handel, Schifffahrt, Eisenbahnen sich ausdehnten, in demselben Maße entwickelte sich die Bourgeoisie, vermehrte sie ihre Kapitalien, drängte sie alle vom Mittelalter her überlieferten Klassen in den Hintergrund. [...]
Die Bourgeoisie kann nicht existieren, ohne die Produktionsinstrumente, also die Produktionsverhältnisse, also sämtliche gesellschaftlichen Verhältnisse fortwährend zu revolutionieren. Unveränderte Beibehaltung der alten Produktionsweise war dagegen die erste Existenzbedingung aller früheren industriellen Klassen. Die fortwährende Umwälzung der Produktion, die ununterbrochene Erschütterung aller gesellschaftlichen Zustände, die ewige Unsicherheit und Bewegung zeichnet die Bourgeois-Epoche vor allen früheren aus. Alle festen eingerosteten Verhältnisse mit ihrem Gefolge von altehrwürdigen Vorstellungen und Anschauungen werden aufgelöst, alle neu gebildeten veralten, ehe sie verknöchern können. Alles Ständische und Stehende verdampft, alles Heilige wird entweiht [...]. Das Bedürfnis nach einem stets ausgedehnteren Absatz für ihre Produkte jagt die Bourgeoisie über die ganze Erdkugel. Überall muss sie sich einnisten, überall anbauen, überall Verbindungen herstellen.

Zit. nach: I. Fetscher (Hg.), Marx – Engels III, Geschichte und Politik 1, Frankfurt/M., 1966, S. 59 ff.

Aufgaben

1. Erläutern Sie, in welcher Weise sich die Lebensverhältnisse der arbeitenden Bevölkerung durch die Industrialisierung verändert haben.
   → Text, M1, M4–M6
2. Erklären Sie die Auswirkungen, die die Fabrikarbeit auf die Arbeiter hatte.
   → Text, M7
3. Inwiefern kann man von den „Widersprüchen des Fortschritts" sprechen? Erarbeiten Sie eine Gegenüberstellung von positiven und negativen Auswirkungen der Industriellen Revolution.
   → Text, M5, M6
4. Beschreiben Sie die besonderen Belastungen von arbeitenden Frauen.
   → M8, M9
5. Erläutern Sie die These von Marx und Engels, nach der die menschliche Entwicklung einen immerwährenden Kampf um das Eigentum an Produktionsmitteln darstellt.
   → Text, M3, M10
6. Erklären Sie die Grundzüge des Historischen und Dialektischen Materialismus.
   → Text, M10
7. Vergleichen Sie die marxistischen Theorien und Voraussagen mit der tatsächlichen wirtschaftlichen und gesellschaftlichen Entwicklung.
   → Text, M2, M5, M6, M10

8.3 Lösungsversuche der Sozialen Frage

Die sozialistische Arbeiterbewegung

Die organisierte Arbeiterbewegung entstand im 19. Jahrhundert als Ergebnis langer und mühsamer Kämpfe um die politische Solidarisierung und Emanzipation der arbeitenden Bevölkerung.

1847 wurde in London der „Bund der Kommunisten" als Vereinigung der deutschen Handwerkergesellen im Ausland gegründet. Marx und Engels entwarfen als Programmschrift das „Kommunistische Manifest" (1848), das die politische Notwendigkeit des proletarischen Klassenkampfes propagierte.

1848 schlossen sich im Jahr der deutschen Revolution Handwerker und Facharbeiter zu einer „Arbeiterverbrüderung" zusammen. Sie war die erste politische Arbeiterorganisation in Deutschland. Ihre wichtigsten Ziele waren ein zehnstündiger Arbeitstag und soziale Hilfen für kranke Arbeiter.

Manifest

der

Kommunistischen Partei.

Veröffentlicht im Februar 1848.

Proletarier aller Länder vereinigt euch.

London.

Gedruckt in der Office der „Bildungs-Gesellschaft für Arbeiter" von J. E. Burghard.

46, Liverpool Street, Bishopsgate.

M 1 Manifest der Kommunistischen Partei
Titelseite der Publikation von Karl Marx, veröffentlicht in London, 1848

1863 gründete Ferdinand Lassalle (1825–1864) den „Allgemeinen Deutschen Arbeiterverein" (ADAV). Lassalle wollte durch Reformen und staatliche Hilfen für Arbeitergenossenschaften auf friedlichem Wege die Verelendung des Proletariats aufheben. Politisch forderten die Anhänger Lassalles ein allgemeines und gleiches Wahlrecht als Mittel der Demokratisierung des Staates. Die Gründung des ADAV bedeutete einen wichtigen Schritt auf dem Wege zu einer selbstständigen politischen Partei der Arbeiterschaft.

1864 entwarf eine „Internationale Arbeiter-Assoziation" die erste europäische Plattform für die Arbeiterbewegung. Unter dem Einfluss von Marx ging die „Erste Internationale" davon aus, dass eine wirkliche Verbesserung der sozialen Lage des Proletariats nur als Folge der Überwindung der bürgerlichen Klassenherrschaft möglich sei. Fernziel war die Abschaffung des Staates und eine allgemeine Selbstverwaltung in allen gesellschaftlichen Bereichen.

1869 gründeten in Eisenach (Thüringen) August Bebel (1840–1913) und Wilhelm Liebknecht (1826–1900) eine stark marxistisch ausgerichtete „Sozialdemokratische Arbeiterpartei". Diese forderte soziale Strukturreformen und eine Demokratisierung von Staat und Gesellschaft. Neben dem Ziel der politischen Machtgewinnung stand das der Selbstverwaltung auf sozialistischer Grundlage.

M 2 Das Traditionsbanner der SPD
mit dem Handschlag, dem alten Symbol der Arbeiterverbrüderung

1875 schlossen sich die bisher getrennten politischen Organisationen der Arbeiterklasse („Lassalleaner" und „Eisenacher") trotz politischer Differenzen auf einem Parteitag in Gotha zur „Sozialistischen Arbeiterpartei Deutschlands" (SAPD) zusammen. Die politischen Ziele der Sozialistischen Arbeiterpartei brachten diese zwangsläufig in einen Gegensatz zum autoritären Obrigkeitsstaat des Kaiserreichs. Mit dem „Sozialistengesetz" (1878–1890) drängte Bismarck die Partei in die Illegalität. Die gesamte sozialdemokratische Parteiorganisation und ihre Publikationen wurden für „gemeingefährlich" erklärt und verboten. Nur die Teilnahme an den Reichstagswahlen und einzelnen Landtagswahlen war von der Kriminalisierung durch dieses Ausnahmegesetz nicht betroffen.

Trotz der politischen Knebelung wuchs schon vor der Aufhebung des Sozialistengesetzes der Einfluss der Sozialdemokratie. Bei den

Reichstagswahlen 1912 erreichte sie 34,8 Prozent der Stimmen (4,3 Millionen) bei einer Mitgliederzahl von etwa einer Million und wurde damit stärkste Fraktion im Reichstag.

Das auf dem Erfurter Parteitag (1891) beschlossene neue Programm war in seinen theoretischen Grundlagen marxistisch, in seinem praktischen Teil aber eher sozialreformerisch-demokratisch ausgerichtet. Es spiegelte den für die politische Praxis der Sozialdemokratischen Partei Deutschlands kennzeichnenden Widerspruch zwischen einer revolutionären Theorie und einer gemäßigten, reformistischen Tagespolitik wider, die auf eine Demokratisierung des Staates und einen Ausbau der Sozialgesetzgebung zielte.

Der stürmische Aufschwung der Industrie, die langsam steigenden Reallöhne, das Anwachsen der Partei (Wahlerfolge) und der Gewerkschaften begünstigten die Herausbildung des Revisionismus als neuer politischer Strömung in der Partei. Sein bedeutendster Theoretiker Eduard Bernstein (1850–1932) bestritt die marxistische Annahme vom Zusammenhang der Krise des Kapitalismus mit dem politischen Klassenkampf. In der Auseinandersetzung mit den marxistisch-orthodoxen Auffassungen forderte er neben einer Demokratisierung des Staates eine soziale Reformpolitik.

Gegen den Widerstand des linken Flügels der Sozialdemokratie, zu dem zum Beispiel Rosa Luxemburg (1871–1919) gehörte, setzte sich der Revisionismus in der Partei durch und wurde zur Grundlage der sozialdemokratischen Politik (Reformsozialismus). Im letzten Viertel des 19. Jahrhunderts entwickelte sich die deutsche Sozialdemokratie unter der Führung von August Bebel und Wilhelm Liebknecht zu einem der wichtigsten Pfeiler der internationalen Arbeiterbewegung.

M 3 Verbrüderung der Arbeiter
Maifestzeitung von 1896: Die Forderung nach der internationalen Einheit der Arbeiterbewegung greift auch auf die Parole der Französischen Revolution zurück, Bild von Otto Marcus.

Gewerkschaften

Für die Entstehung der Gewerkschaften war die Erfahrung entscheidend, dass nur durch eine Solidarisierung der Arbeiterschaft ein wirksames Gegengewicht zur Macht der Unternehmer aufgebaut werden konnte. In ihren Anfängen waren die Gewerkschaften Organisationen zur Selbsthilfe und gegenseitigen Unterstützung der arbeitenden Bevölkerung, zum Beispiel bei Krankheiten oder Arbeitslosigkeit.

Der gewerkschaftliche Kampf richtete sich – gegen den Widerstand der Unternehmer und des Staates – auf höhere Löhne, Verbesserung der Arbeitsbedingungen, Verkürzung der Arbeitszeit, also auf die rechtliche, soziale und ökonomische Absicherung der lohnabhängigen Arbeiter.

Die Einführung der Koalitionsfreiheit (1861 in Sachsen, 1869 im Norddeutschen Bund) stellte die notwendige rechtliche Voraussetzung für die Bildung der Gewerkschaften dar. Vor ihrer – wenn auch eingeschränkten – Legalisierung wurden die Zusammenschlüsse („Koalitionen") der Handwerker und Lohnarbeiter unterdrückt. Verabredungen über höhere Löhne waren verboten, und Streiks wurden als „Gesellenunfug" oder Aufruhr gegen die Obrigkeit unter harte Strafen gestellt.

Trotz politischer Differenzen, zum Beispiel über die politische Rolle des Massenstreiks als Kampfmittel, bestanden zwischen den sozialistisch ausgerichteten Freien Gewerkschaften und der Sozialdemokratie enge politische und personelle Verbindungen. Die Gewerkschaftsführung stand dem revisionistischen Flügel in der Partei nahe. Im Jahre 1890 schlossen sich die Freien Gewerkschaften zur „Generalkommission der Gewerkschaften Deutschlands" unter dem Vorsitz von Carl Legien zusammen. Ihre Mitgliederzahl stieg von etwa 90 000 (1888) auf über 2,5 Millionen (1914) an. In zahlreichen Streiks drückte sich das wachsende kollektive Selbstbewusstsein der Arbeiterschaft aus.

M 4 Der Streik
Konfrontation des Unternehmers mit den Arbeitern, Gemälde von Robert Koehler, 1886

Als Konkurrenz zu den sozialistischen Gewerkschaften entstanden eine christliche Gewerkschaftsbewegung und die zahlenmäßig weniger bedeutsamen liberal-sozialen Hirsch-Duncker'schen Gewerkvereine.

Die kirchliche Sozialbewegung

Auch auf kirchlicher Seite entwickelte sich langsam das Verständnis für die sozialen Probleme der Arbeiterschaft. Einzelne Persönlichkeiten wie der Mainzer Bischof von Ketteler (1811–1877) erkannten die Unsicherheit und Rechtlosigkeit des Arbeiterdaseins. Hilfsmaßnahmen des

Staates, der Kirchen und christlich orientierter Einzelner sollten nach seiner Auffassung dazu beitragen, die Soziale Frage zu lösen. Die konkreten Forderungen von Kettelers waren höhere Löhne, kürzere Arbeitszeiten, Gewährung von Ruhetagen und Abschaffung von Frauen- und Kinderarbeit. Diese Verbesserungen sollten aus dem Geist christlicher Nächstenliebe erfolgen.

Ebenfalls von katholischer Seite griff der Priester Adolf Kolping (1813–1865) die sozialen Missstände der Arbeiterschaft auf. Er arbeitete in katholischen Vereinen und Häusern für Not leidende Handwerksgesellen. Die Enzyklika „Rerum Novarum" des Papstes Leo XIII. (1891), in der zur Grundlegung einer katholischen Soziallehre die Haltung der Kirche zur Sozialen Frage und zur Eigentumsordnung zusammengefasst wurde, diente der christlich-sozialen Bewegung als Richtschnur.

Von der evangelischen Kirche gründete der Pfarrer Johann Hinrich Wichern (1808–1881) Heime zur Unterbringung und Ausbildung armer und verwaister Kinder.

Betriebliche Sozialpolitik

Zu den Unternehmern, die ihre Verantwortung gegenüber der Sozialen Frage erkannten, gehörten einzelne Persönlichkeiten wie Ernst Abbe (in Jena), Alfred Krupp (in Essen) und der Stuttgarter Fabrikant Robert Bosch. Sie gründeten einzelne betriebsbezogene Fürsorge- und Wohlfahrtseinrichtungen in einer Zeit, als staatliche Maßnahmen zur Sozialpolitik noch weitgehend unbekannt waren.

Ernst Abbe (1840–1905), der Begründer der bedeutenden „Carl-Zeiss-Stiftung", führte zum Beispiel als soziale Maßnahmen den bezahlten Urlaub, Gewinnbeteiligungen und Pensionsansprüche für Arbeiter und ab 1900 den Achtstundentag ein.

Der Großindustrielle Alfred Krupp (1812–1887) richtete für seine Beschäftigten Betriebskrankenkassen und Pensionskassen ein. Für Arbeiter wurden auch Werkswohnungen gebaut.

Als Gegenleistung der Arbeiter verlangten die Unternehmer Gehorsam und Unterordnung unter die Betriebsleitung. Die betrieblichen Sozialleistungen sollten dazu beitragen, das „treue Zusammenhalten der Arbeiter mit ihrem Arbeitgeber" (Alfred Krupp) zu fördern.

Die private Sozialpolitik blieb insgesamt gesehen nur auf wenige Unternehmen beschränkt. Dennoch gingen von ihr einige wichtige Anstöße für die später einsetzende staatliche Sozialpolitik aus.

Staatliche Sozialpolitik

Als Reflex auf die stürmische Industrialisierung des Deutschen Reiches und das Erstarken der Arbeiterbewegung entstand im Laufe der 80er Jahre des 19. Jahrhunderts das ausgebaute System einer staatlichen Sozialversicherung. Die Sozialgesetzgebung, durch die der Staat ein Mindestmaß an sozialer Verantwortung für die Arbeiterschaft übernahm, umfasste:

- die Krankenversicherung (1883),
- die Unfallversicherung (1884),
- die Invaliditäts- und Altersversicherung (1889).

Die politische Funktion der von Bismarck veranlassten Sozialgesetzgebung lag darin, die Arbeitermassen der Sozialdemokratie abspenstig zu machen. Bismarcks doppelte Strategie, einerseits die sozialistische Bewegung (durch die „Peitsche" der Sozialistengesetze) zu unterdrücken und andererseits (durch das „Zuckerbrot" der Sozialpolitik) in den monarchisch-autoritären Obrigkeitsstaat zu integrieren, erwies sich als nur begrenzt erfolgreich.

M 5 Ferdinand Lassalle – der Kämpfer gegen die Macht des Kapitals
Das Bild enthält eine Anspielung auf das Alte Testament, auf die Zerstörung des Goldenen Kalbes durch Moses, anonymer Künstler, Ende 19. Jh.

M 6 „Der Arbeiter, sein eigener Unternehmer"

Ferdinand Lassalle (1825–1864), Arbeiterführer und Gründer des Allgemeinen Deutschen Arbeitervereins, strebte eine Verbesserung der Lage der Arbeiter an (1863):

Wie also? Sollte das Prinzip der freien individuellen Assoziation [Vereinigung] der Arbeiter nicht vermögen, die Verbesserung der Lage des Arbeiterstandes zu bewirken?

Allerdings vermag es das – aber nur durch seine Anwendung und Ausdehnung auf die fabrikmäßige Großproduktion. Den Arbeiterstand zu seinem eigenen Unternehmer machen – das ist das Mittel, durch welches – und durch welches allein –, wie Sie jetzt sofort selbst sehen, jenes eherne und grausame Gesetz beseitigt sein würde, das den Arbeitslohn bestimmt![1]

Wenn der Arbeiterstand sein eigener Unternehmer ist, so fällt jene Scheidung zwischen Arbeitslohn und Unternehmergewinn und mit ihr der bloße Arbeitslohn überhaupt fort, und an seine Stelle tritt als Vergeltung der Arbeit: der Arbeitsertrag!

Die Aufhebung des Unternehmergewinns in der friedlichsten, legalsten und einfachsten Weise, indem sich der Arbeiterstand durch freiwillige Assoziationen [Vereinigungen] als sein eigener Unternehmer organisiert, die hiermit allein gegebene Aufhebung jenes Gesetzes, welches unter der heutigen Produktion von dem Produktionsertrag das eben zur Lebensfristung Erforderliche auf die Arbeiter als Lohn und den gesamten Überschuss auf den Unternehmer verteilt, das ist die einzige wahrhafte, die einzige seinen gerechten Ansprüchen entsprechende, die einzige nicht illusionäre Verbesserung der Lage des Arbeiterstandes. […]

1 Das „eherne Lohngesetz" ist die Bezeichnung für Lassalles Lohntheorie, nach der der Arbeitslohn um das Existenzminimum schwankt.

F. Lassalle, Aus seinen Reden und Schriften, Wien 1964, S. 118.

M 7 Das Gothaer Programm der Sozialistischen Arbeiterpartei Deutschlands

Im Mai 1875 erfolgte in Gotha der Zusammenschluss der Lassalleaner mit der von Marx und Bebel beeinflussten Arbeiterpartei. Die neue Partei („Sozialistische Arbeiterpartei Deutschlands") stellte folgende Forderungen auf:

Die Sozialistische Arbeiterpartei Deutschlands, obgleich zunächst im nationalen Rahmen wirkend, ist sich des internationalen Charakters der Arbeiterbewegung bewusst und entschlossen, alle Pflichten, welche diesselbe den Arbeitern auferlegt, zu erfüllen, um die Verbrüderung aller Menschen zur Wahrheit zu machen.

Fabriken, die von Arbeitern selbst verwaltet werden sollen

Die Sozialistische Arbeiterpartei Deutschlands fordert, um die Lösung der Sozialen Frage anzubahnen, die Errichtung von sozialistischen Produktivgenossenschaften mit Staatshilfe unter der demokratischen Kontrolle des arbeitenden Volkes. Die Produktivgenossenschaften sind für Industrie und Ackerbau in solchem Umfange ins Leben zu rufen, dass aus ihnen die sozialistische Organisation der Gesamtarbeit entsteht.

1. Allgemeines, gleiches, direktes Wahl- und Stimmrecht, mit geheimer und obligatorischer Stimmabgabe aller Staatsangehörigen vom zwanzigsten Lebensjahre an für alle Wahlen und Abstimmungen in Staat und Gemeinde. Der Wahl- und Abstimmungstag muss ein Sonntag oder Feiertag sein.
2. Direkte Gesetzgebung durch das Volk. Entscheidung über Krieg und Frieden durch das Volk.
3. Allgemeine Wehrhaftigkeit. Volkswehr an Stelle der stehenden Heere.
4. Abschaffung aller Ausnahmegesetze, namentlich der Press-, Vereins- und Versammlungsgesetze; überhaupt aller Gesetze, welche die freie Meinungsäußerung, das freie Forschen und Denken beschränken.
5. Rechtsprechung durch das Volk. Unentgeltliche Rechtspflege.
6. Allgemeine und gleiche Volkserziehung durch den Staat. Allgemeine Schulpflicht. Unentgeltlicher Unterricht in allen Bildungsanstalten. Erklärung der Religion zur Privatsache.

Die Sozialistische Arbeiterpartei Deutschlands fordert innerhalb der heutigen Gesellschaft:

1. Möglichste Ausdehnung der politischen Rechte und Freiheiten im Sinne der obigen Forderungen.
2. Eine einzige progressive Einkommensteuer für Staat und Gemeinde anstatt aller bestehenden, insbesondere der das Volk belastenden indirekten Steuern.
3. Unbeschränktes Koalitionsrecht.
4. Einen den Gesellschaftsbedürfnissen entsprechenden Normalarbeitstag. Verbot der Sonntagsarbeit.
5. Verbot der Kinderarbeit und aller die Gesundheit und Sittlichkeit schädigenden Frauenarbeit.
6. Schutzgesetze für Leben und Gesundheit der Arbeiter. Sanitäre Kontrolle der Arbeiterwohnungen. Überwachung der Bergwerke, der Fabrik-, Werkstatt- und Hausindustrie durch von Arbeitern gewählte Beamte. Ein wirksames Haftpflichtgesetz.
7. Regelung der Gefängnisarbeit.
8. Volle Selbstverwaltung für alle Arbeiterhilfs- und Unterstützungskassen. […]

Zit. nach: W. Lautemann, M. Schlenke (Hg.), Das bürgerliche Zeitalter 1815–1914, München 1980, S. 878 f.

M 8 **Das Sozialistengesetz (1878–1890)**

Mithilfe des Sozialistengesetzes versuchte Bismarck, die Sozialdemokratie politisch zu zerschlagen. Es erlaubte die Ausrufung des „kleinen Belagerungszustands", verbunden mit einem Aufenthaltsverbot für Sozialdemokraten. August Bebel, Führer der deutschen Sozialdemokratie, erinnert sich:

[…] Während wir so in voller Tätigkeit waren, aus den Trümmern, die das Sozialistengesetz uns bis dahin geschaffen hatte, zu retten, was zu retten möglich war, wurden wir am 29. November mit der Nachricht überrascht, dass am Abend zuvor der „Reichsanzeiger" eine Proklamation des Ministeriums veröffentlichte, wonach der kleine Belagerungszustand über Berlin verhängt wurde. Dieser Hiobspost folgte am nächsten Tage die Mitteilung, dass 67 unserer bekanntesten Parteigenossen […], bis auf einen sämtlich Familienväter, ausgewiesen worden seien. Einige mussten binnen 24 Stunden die Stadt verlassen, die meisten anderen binnen 48 Stunden, einigen wenigen räumte man eine Frist von drei Tagen ein […]. Für uns in Leipzig war durch die Berliner Massenausweisung die Situation sehr verbösert worden. Jetzt galt es aufs Neue, für die brot- und existenzlos gewordenen Genossen Stellung und für sie und ihre Familien während ihrer Existenzlosigkeit Mittel zum Unterhalt zu beschaffen […]. Eine kleine Zahl der ausgewiesenen Genossen schwamm über den „großen Teich" nach den Vereinigten Staaten, die Mehrzahl kam nach Leipzig […] und Hamburg […].

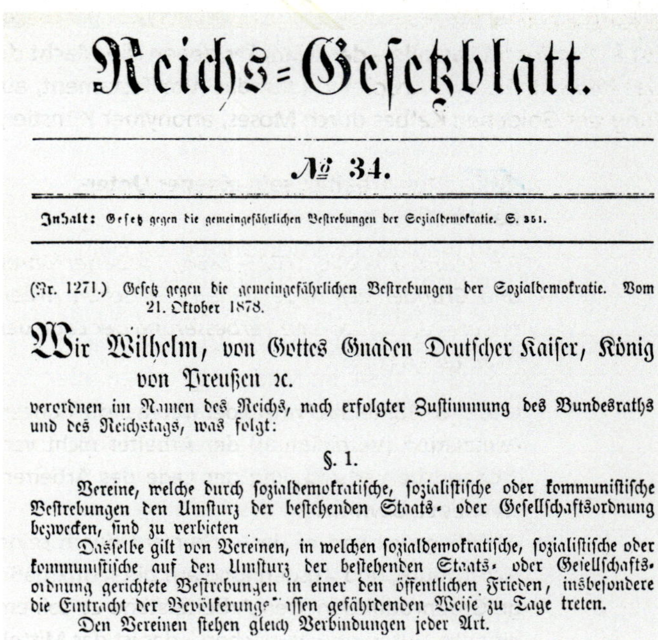

Reichs-Gesetzblatt.

№ 34.

Inhalt: Gesetz gegen die gemeingefährlichen Bestrebungen der Sozialdemokratie. S. 351.

(Nr. 1271.) Gesetz gegen die gemeingefährlichen Bestrebungen der Sozialdemokratie. Vom 21. Oktober 1878.

Wir Wilhelm, von Gottes Gnaden Deutscher Kaiser, König von Preußen rc.

verordnen im Namen des Reichs, nach erfolgter Zustimmung des Bundesraths und des Reichstags, was folgt:

§. 1.

Vereine, welche durch sozialdemokratische, sozialistische oder kommunistische Bestrebungen den Umsturz der bestehenden Staats- oder Gesellschaftsordnung bezwecken, sind zu verbieten.

Dasselbe gilt von Vereinen, in welchen sozialdemokratische, sozialistische oder kommunistische auf den Umsturz der bestehenden Staats- oder Gesellschaftsordnung gerichtete Bestrebungen in einer den öffentlichen Frieden, insbesondere die Eintracht der Bevölkerungsklassen gefährdenden Weise zu Tage treten.

Den Vereinen stehen gleich Verbindungen jeder Art.

Die Unterbringung der Ausgewiesenen in einer Arbeitsstelle wurde uns [...] sehr schwer gemacht. Die wirtschaftliche Krise befand sich noch auf voller Höhe. Ein Überangebot an Arbeitskräften war in fast allen Branchen vorhanden. Und war es einem Ausgewiesenen geglückt, eine Stelle zu erhalten, flugs erschien die Polizei und denunzierte den armen Teufel seinem Arbeitgeber, der oft widerwillig den eben erst angenommenen Arbeiter entließ. Der musste jetzt sein Ränzel aufs Neue schnüren und zum Wanderstab greifen. Für Männer in vorgeschrittenen Jahren ein hartes Los.
Die fortgesetzten Ausweisungen und die Schikanierung der Ausgewiesenen durch die Polizei hatten aber einen Erfolg, den unsere Staatsretter nicht vorausgesehen. Durch die Verfolgungen aufs Äußerste verbittert, zogen sie von Stadt zu Stadt, suchten überall die Parteigenossen auf, die sie mit offenen Armen aufnahmen, und übertrugen jetzt ihren Zorn und ihre Verbitterung auf ihre Gastgeber, die sie zum Zusammenschluss und zum Handeln anfeuerten. Dadurch wurde eine Menge örtlicher geheimer Verbindungen geschaffen, die ohne die Agitation der Ausgewiesenen kaum entstanden wären. Der Vorgang erinnerte an die Verfolgung der Christen in den ersten Jahrhunderten unserer Zeitrechnung [...].

A. Bebel, Aus meinem Leben, 3. Teil, Stuttgart 1914, S. 24 ff.

M 9 **Sozialistengesetz**

„Nun mein Kind, drückt Dich denn Dein Korb nicht sehr?" Sozialdemokratie: „O nein – wie Sie sehen, bin ich groß und stark dabei geworden." Karikatur im „Kladderadatsch" vom 23.11.1884. Im März 1884 waren über 50 000 Wahlstimmen für sozialdemokratische Reichstagskandidaten abgegeben worden, 1887 wurden es 763 000 Stimmen und 1890 – nach der Aufhebung des Sozialistengesetzes – 1,4 Millionen; seit 1912 stellte die 1890 neu gegründete SPD die stärkste Reichstagsfraktion.

Aus: Deutsche Geschichte, Wiesbaden 1977, S. 158.

M 10 **Die Arbeiterfrage und das Christentum**

Der Mainzer Bischof Wilhelm Emanuel Freiherr von Ketteler (1811–1877) schrieb 1864:

So hat [das Christentum] auch die alte Sklaverei lediglich dadurch abgeschafft, dass es den Menschen seine göttlichen Ideen und den Geist der Liebe mitteilte. [...] So ist es auch mit der Lösung der Sozialen Frage in unserer Zeit. Die von uns bisher besprochenen Ursachen der damaligen Lage der Arbeiter sowie die Bösartigkeit der aus diesen Ursachen hervorgegangenen Wirkungen und Folgen haben ihren wesentlichen und tiefsten Grund in dem Abfall vom Geist des Christentums, der in den letzten Jahrhunderten stattgefunden hat.
[...] Das vierte Hilfsmittel des Christentums zur Verbesserung der materiellen Lage des Arbeiterstandes besteht in den sozialen Kräften desselben [...].
Mag der Zweck noch so verschieden sein, der viele zu einer Genossenschaft zusammenführt; mögen sich die Arbeiter verbinden, um sich durch gegenseitige Hilfe in ihrer materialen Not zu unterstützen; mögen sich andere zu geselligen, zu wissenschaftlichen Zwecken zusammenfinden; sobald sie als Christen zusammentreten und im Geist des Christentums, ist neben diesem Zweck ein höheres, ein geistigeres, ein heiligeres Band vorhanden, das die Glieder umfasst und sie unvermerkt wie eine Seelenkraft, die in ihnen wirkt, aus einer bloßen Genossenschaft zu einer inneren lebendigen Körperschaft umgestaltet. [...]
Als fünftes Hilfsmittel, dem Arbeiterstande durch das Christentum zu helfen, nennen wir endlich die Förderung der Produktiv-Assoziationen durch die besonderen Mittel, die eben nur dem Christentum zu Gebote stehen.
Das Wesen der Produktiv-Assoziationen haben wir in der Teilnahme der Arbeiter am Geschäftsbetrieb selbst erkannt. Der Arbeiter ist ihnen zugleich

Geschäftsunternehmer und Arbeiter und hat daher einen doppelten Anteil an dem Einkommen, den Arbeiterlohn und seinen Anteil an dem eigentlichen Geschäftsgewinn.

Zit. nach: A. Brusatti, W. Haas, W. Pollak (Hg.), Geschichte der Sozialpolitik mit Dokumenten, Wien, Linz, München 1962, o. S.

M 11 Enzyklika „Rerum Novarum"

Papst Leo XIII. äußerte sich 1891 in einem päpstlichen Rundschreiben zur Arbeiterfrage und deren Lösung:

Ein Grundfehler in der Behandlung der Sozialen Frage ist sodann auch der, dass man das gegenseitige Verhältnis zwischen der besitzenden und der unvermögenden, arbeitenden Klasse so darstellt, als ob zwischen ihnen von Natur ein unversöhnlicher Gegensatz Platz griffe, der sie zum Kampf aufrufe. Ganz das Gegenteil ist wahr. Die Natur hat vielmehr alles zur Eintracht, zu gegenseitiger Harmonie hingeordnet; und so wie im menschlichen Leibe bei aller Verschiedenheit der Glieder im wechselseitigen Verhältnis Einklang und Gleichmaß vorhanden ist, so hat auch die Natur gewollt, dass im Körper der Gesellschaft jene beiden Klassen in einträchtiger Beziehung zueinander stehen und ein gewisses Gleichgewicht darstellen. Die eine hat die andere durchaus notwendig. Der Besitz ist auf die Arbeit angewiesen und die Arbeit auf den Besitz. Eintracht ist überall die unerlässliche Vorbedingung von Schönheit und Ordnung; ein fortgesetzter Kampf dagegen erzeugt Verwilderung und Verwirrung. Zur Beseitigung des Kampfes aber und selbst zur Ausrottung seiner Ursachen besitzt das Christentum wunderbare und vielgestaltige Kräfte. Die Kirche, als Vertreterin und Wahrerin der Religion, hat zunächst in den religiösen Wahrheiten und Gesetzen ein mächtiges Mittel, die Reichen und die Armen zu versöhnen und einander nahe zu bringen; ihre Lehren und Gebote führen beide Klassen zu ihren Pflichten gegeneinander und namentlich zur Befolgung der Vorschriften der Gerechtigkeit. Von diesen Pflichten berühren folgende die arbeitenden Stände: vollständig und treu die Arbeitsleistung zu verrichten, zu welcher sie sich frei und mit gerechtem Vertrage verbunden haben; den Arbeitgebern weder an der Habe noch an der Person Schaden zuzufügen; in der Wahrung ihrer Interessen sich der Gewalttätigkeit zu enthalten und in keinem Falle Auflehnung zu stiften; nicht Verbindung zu unterhalten mit Übelgesinnten, die ihnen trügerische Hoffnungen vorspiegeln und nur bittere Enttäuschung von Ruin zurücklassen. Die Pflichten, die hinwieder die Besitzenden und Arbeitgeber angehen, sind die nachstehenden: Die Arbeiter dürfen nicht wie Sklaven angesehen und behandelt werden; ihre persönliche Würde, welche geadelt ist durch ihre Würde als Christen, werde stets heilig gehalten; Arbeit und Erwerbssorgen erniedrigen sie nicht, vielmehr muss, wer vernünftig und christlich denkt, es ihnen als Ehre anrechnen, dass sie selbstständig ihr Leben unter Mühe und Anstrengung erhalten; unehrenvoll dagegen und unwürdig ist es, Menschen bloß zu eigenem Gewinne auszubeuten und sie nur so hoch anzuschlagen, als ihre Arbeitskräfte reichen. Eine weitere Vorschrift schärft ein: Habet auch die gebührende Rücksicht auf das geistige Wohl und die religiösen Bedürfnisse der Besitzlosen; ihr Herren seid verpflichtet, ihnen Zeit zu lassen für ihre gottesdienstlichen Übungen; ihr dürft sie nicht der Verführung und sittlichen Gefahren bei ihrer Verwendung aussetzen; den Sinn für Häuslichkeit und Sparsamkeit dürft ihr in ihnen nicht ersticken; es ist ungerecht, sie mit mehr Arbeit zu beschweren, als ihre Kräfte tragen können, oder Leistungen von ihnen zu fordern, die mit ihrem Alter oder Geschlecht in Widerspruch stehen.

Zit. nach: Katholische Arbeiterbewegung (Hg.), Texte zur Katholischen Soziallehre, o. O., 1975, S. 41.

Aufgaben

1. Nennen Sie in einer Tabelle die unterschiedlichen Ansätze zur Lösung der Sozialen Frage.
   → Text
2. Erläutern Sie die Vorschläge, die Lassalle zur Lösung der „Arbeiterfrage" machte.
   → M6
3. Stellen Sie in einer Übersicht die Ziele der Sozialistischen Arbeiterpartei Deutschlands zusammen
   → M7
4. Untersuchen Sie die politische Bedeutung des „Sozialistengesetzes" für die Arbeiterbewegung.
   → M8, M9
5. Fassen Sie die Ursachen der „Arbeiterfrage", die der Mainzer Bischof von Ketteler benennt, zusammen und erläutern Sie die von ihm und in der Enzyklika vorgeschlagenen Lösungen.
   → M10, M11

Landung in Algier d. 14. Juni.
Einzug des Herzog von Orleans als General-Verweser v. Frankreich in d. Stadthaus, d. 31. Juli.
Abreise Karl X. v. Rambouillet den 3. Aug.
Die denkwürdigsten Tage des Jahres 1830.
GEDÄCHTNISSTAFEL
in 12. Tableaux.
Nürnberg in der J. A. Endterschen Handlung.
Aufstandt in Brüssel den 28. Septem.
Vertheidigung des Parks in Brüssel, den 23.–27. Sept.
Aufstandt in Leipzig d. 4. Septemb.
Zerstörung d. Polizeyhauses in Dresden d. 10. Sep.
Ruinen d. Schlosses v. Braunschweig d. 8. Sep.
Scene in der grofsen Woche in Paris den 29. Juli.
Demolirung d. Licentamts in Hanau d. 24. Sept.
Bombardement von Antwerpen, den 27. October.
Aufstand in Warschau, den 29. November.

9. Restauration und Vormärz

Der Nürnberger Bilderbogen von 1830 illustriert die Wirkungen der Pariser Juli-Revolution aus dem gleichen Jahr, mit der die Phase der Restauration durchbrochen wurde.

Die deutsche Geschichte des 19. Jahrhunderts stand zunächst ganz im Zeichen der Nachwirkungen, die von der Französischen Revolution und der nachfolgenden Vorherrschaft Napoleons über Europa ausgingen. Nach der Niederwerfung Napoleons waren die gekrönten Häupter Europas und ihre konservativen Diplomaten bestrebt, eine Wiederholung solcher Ereignisse zu verhindern. Zu diesem Zweck wurde der Wiener Kongress einberufen, auf dem die Grundlagen für die Wiederherstellung („Restauration") der alten vorrevolutionären Ordnung geschaffen werden sollten. Aber es zeigte sich umgehend, dass das Rad der Geschichte nicht ohne Weiteres zurückzudrehen war. Die Idee der Einheit von Staat und Nation besaß in ganz Europa eine enorme Anziehungskraft. Überdies blieben auch die weiteren Ideale der Französischen Revolution („Freiheit und Gleichheit") allgegenwärtig. Daher standen die folgenden Jahrzehnte ganz im Zeichen des Konflikts zwischen fürstlichen Herrschaftsansprüchen und einer wachsenden national-liberalen Bewegung.

In Frankreich war der Versuch, die Bourbonen-Monarchie zu restaurieren, mittelfristig zum Scheitern verurteilt. Nur fünfzehn Jahre nach dem Ende Napoleons war Paris wieder Schauplatz einer Revolution, die auf ganz Europa wirkte. Nach einem Volksaufstand wurde Karl X. zur Abdankung gezwungen (2. August 1830), und an seine Stelle trat Louis Philippe, der Herzog von Orléans. Was zunächst nur wie ein Wechsel der monarchischen Spitze aussah, hatte tief greifende politische Konsequenzen. Denn die Monarchie des Bürgerkönigs war revolutionären Ursprungs und besaß keine Legitimität im Sinne der Restauration. Nicht von „Gottes Gnaden" hatte der König sein Amt erhalten, sondern aus den Händen des dominanten französischen Bürgertums. Folgerichtig leistete Louis Philippe auch den Eid auf die Verfassung. Frankreich besaß damit eine neue Staatsform: die parlamentarische Monarchie.

Die epochale Bedeutung der Juli-Revolution von 1830 wird oft verkannt, weil sie – von den zwei großen Revolutionen von 1789 und 1848 eingerahmt – von diesen überschattet wird. Gleichwohl erfuhr danach die liberale und nationale Bewegung in ganz Europa einen enormen Aufschwung. In Deutschland zeigte sich die Stärkung der bürgerlichen Opposition gegen den Spätabsolutismus in der Gründung von „Press- und Vaterlandsvereinen", im Aufschwung der Verfassungsbewegung, in politischen Demonstrationen, wie zum Beispiel dem Hambacher Fest von 1832, und in der Unterstützung des Freiheitskampfes der Polen gegen den russischen Zaren.

Der Zeitraum zwischen 1830 und 1848 wird üblicherweise als „Vormärz" bezeichnet. Damit wird deutlich, dass die Historiker das politische Geschehen ab 1830 im Lichte der nachfolgenden Revolution sehen, die im März 1848 in Deutschland ausbrach.

9.1 Restauration der alten Ordnung

Der Wiener Kongress

Klemens Wenzel Fürst von Metternich (1773–1859)
Diplomat, österreichischer Staatskanzler, Architekt der restaurativen Ordnung nach 1815

1814 trafen sich die führenden Staatsmänner Europas in Wien, um eine revolutionäre Erschütterung der traditionellen Ordnung für die Zukunft auszuschließen. Zwei Kaiser, sechs Könige sowie einige hundert Diplomaten mit einem Tross von Zuarbeitern und Interessenvertretern kamen auf Monate in der ehrwürdigen Kaiserstadt zusammen. Die Verhandlungen wurden durch den russischen Zaren Alexander I. (1777–1825), den preußischen Staatskanzler Karl August Fürst von Hardenberg (1750–1822), den britischen Außenminister Lord Castlereagh (1769–1822) sowie den österreichischen Staatskanzler Klemens Fürst von Metternich (1773–1859) beherrscht. Die französischen Interessen nahm Außenminister Talleyrand (1754–1838) wahr, dem es auf geschickte Weise gelang, das unterlegene Frankreich wieder in den Kreis der europäischen Großmächte zu lancieren. Seine wichtigste Persönlichkeit besaß der Wiener Kongress in Metternich. Als Diplomat und Architekt der nachrevolutionären alten Ordnung führte er bei den ungemein komplizierten Verhandlungen Regie. Die neue Ordnung für Europa, die dem Kontinent mehrere Jahrzehnte ohne große Kriege bescherte, war auch sein Verdienst und das seines wichtigsten Mitarbeiters Friedrich von Gentz (1764–1832).

Antirevolutionäre Prinzipien

Der Kongress ließ sich bei seinen Beratungen von drei Prinzipien leiten: Restauration, Legitimität und Solidarität. Mit Restauration war die Wiederherstellung des vorrevolutionären Regimes gemeint, also jene politische und soziale Ordnung, die durch die Französische Revolution infrage gestellt und teilweise beseitigt worden war.

Das Legitimitätsprinzip bezog sich auf die monarchisch-dynastische Staatsordnung. Die Herrschaftsbefugnis leitete sich – gemäß dieser Überzeugung – aus der Tradition der fürstlichen Familie und dem Gottesgnadentum ab.

Das Solidaritätsprinzip meinte in diesem Zusammenhang den gemeinsamen Kampf der Fürsten gegen revolutionäre Bestrebungen, wo immer sie in Europa in Erscheinung treten würden. Der Wiener Kongress stellte also den Versuch dar, die Grundsätze der Französischen Revolution – nationale Einheit und politische Freiheit – abzuwehren und eine Konsolidierung im Sinne der Fürstenherrschaft vorzunehmen. Diesem Zweck diente auch die Wiedereinsetzung der alten Herrschaftsfamilie der Bourbonen in Frankreich – in der Person Ludwigs XVIII.

Territoriale Neuordnung

In Wien wurde die Landkarte Europas im Sinne eines Ausgleichs zwischen den fünf Großmächten („Pentarchie") verändert. Frankreich blieb als Großmacht in den Grenzen von 1792 erhalten. Die Rheinbundfürsten ließen sich ihren durch Napoleon vergrößerten Besitzstand garantieren. Das betraf insbesondere Bayern, Württemberg und Baden. Sachsen, ein Bundesgenosse Frankreichs, blieb gegen den preußischen Willen erhalten, musste aber den nördlichen Teil an

Preußen abgeben. Preußen wurde zudem durch die Rheinprovinzen und das polnische Posen vergrößert. Russland erhielt das Herzogtum Warschau (Kongress-Polen genannt). Österreich gab seine Besitzungen im deutschen Südwesten auf. Die Lombardei und Venedig fielen an Österreich.

Heilige Allianz

Im Anschluss an den Wiener Kongress unterzeichneten am 26. September 1815 der russische Zar Alexander I., der österreichische Kaiser Franz I. und der preußische König Friedrich Wilhelm III. in Paris die Heilige Allianz. Inspiriert von christlich-romantischen Ideen sollte das Bündnis dynastische Traditionen wahren, das Legitimitätsprinzip sichern und der Festigung der Bindung von Thron und Altar dienen. Der Beistandspakt sah ein Interventionsrecht bei revolutionären Bedrohungen von innen oder außen vor. Nur Großbritannien und der Heilige Stuhl lehnten es ab, diesem Bund beizutreten.

heiliger Stuhl
→ päpstl. Gewalt

M 1 **„Die Heilige Allianz“**
Gemälde von Heinrich Olivier, 1815

Der Deutsche Bund

Die Hoffnung vieler deutscher Patrioten, dass in Wien auch ein deutscher Nationalstaat aus der Taufe gehoben werden würde, erfüllte sich nicht. Entscheidend dafür waren zunächst die Interessen der Fürsten selbst. Jede Zentralisierung der Macht wäre mit Souveränitätsein-

M 2

bußen von ihrer Seite verbunden gewesen. Und überdies zeichnete sich bereits die Konkurrenz zweier Großmächte ab, nämlich Österreich und Preußen, wenn es um die Vormachtstellung im Zentrum Europas ging. Dass die Zersplitterung Deutschlands auf dem Wiener Kongress nicht überwunden wurde, hing aber auch mit der gesamt-europäischen Mächtekonstellation zusammen.

Jede Zentralstaatsbildung in Mitteleuropa hätte die Wahrung des Gleichgewichts gefährdet. Darum einigten sich die Staatsmänner in Wien auf die Gründung des Deutschen Bundes. Dieser relativ lockere Staatenbund von zunächst 34 Fürsten und vier Freien Städten besaß kein Oberhaupt. In seinem einzigen Organ, dem Bundestag, hatte Österreich den Vorsitz inne. Die Souveränität der Einzelstaaten blieb erhalten.

Der Deutsche Bund war also in gezielter Verneinung des Nationalstaatsprinzips gegründet worden. Ihm gehörten auch die Könige von Dänemark, England und der Niederlande als Landesherrn von Schleswig, Hannover und Luxemburg an.

Frühkonstitutionalismus

Auch die Forderung nach einer Verfassung blieb nach Abschluss des Wiener Kongresses weitgehend unerfüllt. In Artikel 13 der Bundesakte findet sich lediglich die vage Formulierung: „In allen Bundesstaaten wird eine Landständische Verfassung stattfinden." Im Kern bedeutete dies die Ablehnung einer Repräsentativverfassung nach französischem Vorbild. Gemeint waren vielmehr die traditionellen Mitwirkungsrechte des Adels. Dennoch eröffnete diese Formulierung das Tor zum deutschen Frühkonstitutionalismus, indem die neuen Verfassungen Elemente des liberalen Repräsentativsystems enthielten. So konnten auf deutschem Boden zum ersten Mal Parlamente (Kammern) zusammentreten, die von der gesamten wahlberechtigten Bevölkerung gewählt wurden. Die ersten Verfassungen wurden in Nassau (1814), Sachsen-Weimar (1816), Bayern (1818), Baden (1818), Württemberg (1819) und Hessen-Darmstadt (1820) erlassen. Vor allem in den süddeutschen Staaten spielten herrschaftssichernde Aspekte eine Rolle, denn die Rheinbundstaaten hatten dank des durch Napoleon errungenen Besitzes ihre Territorien beträchtlich vergrößert. Die Verfassungen und Repräsentativsysteme dienten nun auch dazu, die neuen Territorien mit ihren Bewohnern zu integrieren und das Land zu vereinheitlichen. Die beiden größten Bundesstaaten, Österreich und Preußen, wurden weiter obrigkeitsstaatlich ohne Verfassung regiert. Ein bekannter Historiker hat den Deutschen Bund als eine „Versicherungsgesellschaft der Kronen gegen ihre Völker" bezeichnet. In dieser Aussage deutet sich an, wie zwiespältig die Ergebnisse des Wiener Kongresses waren. Zwar gelang unter der Leitung Metternichs die Errichtung und Stabilisierung einer europäischen Friedensordnung im konservativen Sinn, aber die Idee der Volkssouveränität und die revolutionäre Verbindung von Staat und Nation stellten von Beginn an eine Herausforderung für die restaurative Ordnung dar. Und die Frage des Dichters Ernst Moritz Arndt: „Was ist des Deutschen Vaterland?" blieb bis auf weiteres unbeantwortet.

Burschenschaft und Turnbewegung

Die Beschlüsse des Wiener Kongresses hatten bei Teilen der Bevölkerung, insbesondere des Bildungsbürgertums, zu Enttäuschung und Erbitterung geführt, weil wesentliche Anliegen unerfüllt geblieben waren. So sammelten sich Gruppen von Professoren, Studenten, Publizisten und Schriftstellern im Umfeld von Universitäten, um den Widerstand gegen das restaurative Fürstenbündnis zu betreiben. Die Erinnerungen an die Befreiungskriege – an den „Geist von 1813" – ließen sich nicht einfach auslöschen. Auch waren die Verfassungsversprechungen des preußischen Königs noch in Erinnerung.

1815 wurde in Jena die erste Burschenschaft gegründet, deren Ziel der Kampf für die politische Freiheit und nationale Einheit Deutschlands war („Ehre, Freiheit, Vaterland!"). Die Burschenschaften knüpften an das Lützowsche Korps aus den anti-napoleonischen Befreiungskriegen an und übernahmen dessen Farben: schwarz – rot – gold. Daraus wurden im Vormärz die Farben der deutschen Nationalbewegung.

Unabhängig davon hatte Friedrich Ludwig Jahn (1778–1852) – ein militant-liberaler Professor – in Berlin eine Turngesellschaft gegründet. Seine Turnbewegung verknüpfte körperliche Ertüchtigung mit einer romantischen, nationalistischen und antifranzösischen Ideologie.

M 3 **Beim Wartburgfest** verbrennen Studenten u. a. die Wiener Bundesakte und den Schnürleib einer preußischen Ulanenuniform, zeitgenössischer Stich.

Wartburgfest

Aus Anlass der 300-Jahr-Feier der Reformation und des vierten Jahrestages der Völkerschlacht bei Leipzig versammelten sich am 18. Oktober 1817 etwa 500 Studenten aus dem Gebiet des Deutschen Bundes auf der Wartburg in Thüringen und legten ein Bekenntnis zum deutschen Nationalstaat ab. Der Landesherr, der liberale Großherzog von Weimar, Carl August, hatte den Ort für die Feier zur Verfügung gestellt. Der österreichische Staatskanzler Metternich sah in diesen Vorgängen eine systembedrohende Verschwörung und forderte die Landesherrn zu einer strengeren Überwachung politischer Aktivitäten auf.

Die Ermordung von Kotzebue

Am 23. März 1819 wurde der deutsche Schriftsteller und russische Staatsrat August von Kotzebue in Mannheim vom Burschenschaftler Karl Ludwig Sand ermordet. Kotzebue galt als Feind liberaler Ideen und Berichterstatter („Spion") des russischen Zaren. Sand wurde zum Tode verurteilt und in Mannheim öffentlich hingerichtet. Diese Tat eines Einzelgängers aktivierte bei den Herrschenden die Furcht vor dem Umsturz. Der Mord an Kotzebue sollte weit reichende Folgen haben, lieferte er doch Metternich den Anlass dafür, den Deutschen Bund auf Unterdrückungsmaßnahmen gegen alle tatsächlichen oder vermeintlichen umstürzlerischen Kräfte festzulegen.

Karlsbader Beschlüsse

Im September 1819 wurden auf Druck der Großmächte hin die Karlsbader Beschlüsse verabschiedet, die in der Folge zu einer massiven Unterdrückung sämtlicher liberaler und demokratischer Bestrebungen führten. In besonderem Maße waren davon die Universitäten und ihre Lehrer sowie Studenten betroffen. Darüber hinaus wurden Burschenschaften und Turnvereine verboten, Presse und Bücher einer Zensur unterworfen. Es begann die Zeit der „Demagogenverfolgung" – ein politisch-propagandistischer Begriff, der von der Obrigkeit in Umlauf gebracht wurde, um die Oppositionellen als „Volksverhetzer" zu diffamieren.

Zum Zwecke der Koordinierung der Bundesmaßnahmen wurde in Mainz eine Zentraluntersuchungs-Kommission eingerichtet, deren Aufgabe es war, bei „revolutionären Umtrieben und demagogischen Verbindungen" zu ermitteln.

Die Karlsbader Beschlüsse blieben bis 1848 in Kraft und bildeten die gesetzlichen Grundlagen für die Repression der nationalen und liberalen Bewegung in Deutschland.

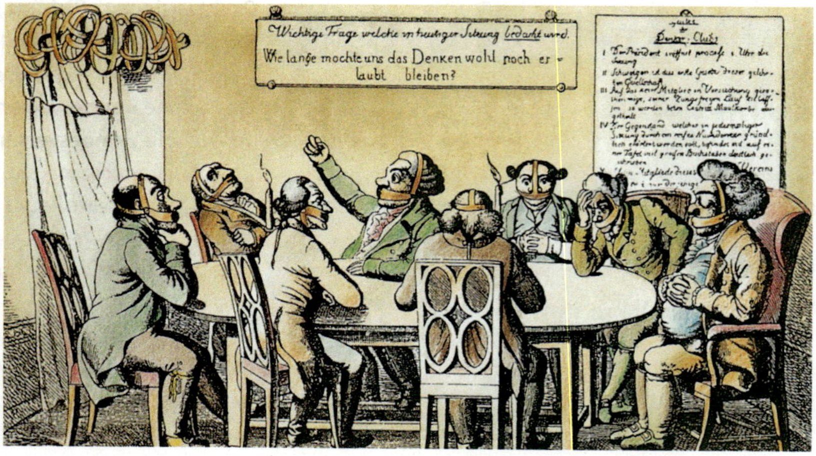

M 4 Der Denker-Club: Auch eine deutsche Gesellschaft
Anonymes Spottblatt auf die Zensur und das Spitzelunwesen in Deutschland zur Zeit Metternichs, um 1820. An der Wand die „Gesetze des Denker-Clubs":
I. Der Präsident eröffnet präzise 8 Uhr die Sitzung
II. Schweigen ist das erste Gesetz dieser gelehrten Gesellschaft
III. Auf dass kein Mitglied in Versuchung geraten möge, seiner Zunge freien Lauf zu lassen, werden beim Eintritt Maulkörbe ausgeteilt…

Mit den Karlsbader Beschlüssen von 1819 versuchte das Ancien régime die Entwicklung zur bürgerlich-liberalen Gesellschaft aufzuhalten. Sein Leitbild blieb der Untertan. „Ruhe und Ordnung" galt es aus der Sicht der Obrigkeiten unter allen Umständen zu bewahren.

M 5 **Der Wiener Kongress 1814/15**

Das Gemälde von Jean Baptiste Isabey aus dem Jahr 1819 zeigt die wichtigsten Delegationsteilnehmer des Wiener Kongresses. Von links: vorne sitzend Hardenberg (Preußen), hinter ihm stehend Wellington (England), stehend vor dem Stuhl Metternich (Österreich) daneben sitzend Palmella (Portugal) und, mit übergeschlagenen Beinen, Castlereagh (England). Rechts am Tisch sitzend Talleyrand (Frankreich), neben ihm im Vordergrund sitzend Stackelberg (Russland); schräg hinter Talleyrand stehend Wilhelm von Humboldt (Preußen), links daneben mit leicht vorgeneigtem Kopf Hofrat von Gentz.

M 6 Neuordnung Deutschlands

Auszug aus der Gründungsurkunde des Deutschen Bundes, der Deutschen Bundesakte, vom 8. Juni 1815:

[…] Art. 1. Die souveränen Fürsten und freien Städte Deutschlands mit Einschluss ihrer Majestäten des Kaisers von Österreich und der Könige von Preußen, von Dänemark und der Niederlande, und zwar: Der Kaiser von Österreich, der König von Preußen, beide für ihre gesamten vormals zum deutschen Reich gehörigen Besitzungen, der König von Dänemark für Holstein, der König der Niederlande für das Großherzogtum Luxemburg, vereinigen sich zu einem beständigen Bunde, welcher der deutsche Bund heißen soll.

Art. 2. Der Zweck desselben ist Erhaltung der äußeren und inneren Sicherheit Deutschlands und der Unabhängigkeit und Unverletzbarkeit der einzelnen deutschen Staaten.

Art. 3. Alle Bundesglieder haben als solche gleiche Rechte; sie verpflichten sich alle gleichmäßig, die Bundesakte unverbrüchlich zu halten. […]

Art. 4. Die Angelegenheiten des Bundes werden durch eine Bundesversammlung besorgt […].

Art. 9. Die Bundesversammlung hat ihren Sitz zu Frankfurt am Main […].

Art. 11. Alle Mitglieder des Bundes versprechen, sowohl ganz Deutschland als jeden einzelnen Bundesstaat gegen jeden Angriff in Schutz zu nehmen und garantieren sich gegenseitig ihre sämtlichen unter dem Bunde begriffenen Besitzungen.

Bei einmal erklärtem Bundeskrieg darf kein Mitglied einseitige Unterhandlungen mit dem Feinde eingehen, noch einseitig Waffenstillstand oder Frieden schließen. Die Bundesglieder behalten zwar das Recht der Bündnisse aller Art, verpflichten sich jedoch, in keine Verbindungen einzugehen, welche gegen die Sicherheit des Bundes oder einzelner Bundesstaaten gerichtet wären.

Die Bundesglieder machen sich ebenfalls verbindlich, einander unter keinerlei Vorwand zu bekriegen, noch ihre Streitigkeiten mit Gewalt zu verfolgen, sondern sie bei der Bundesversammlung anzubringen. […]

Art. 13. In allen Bundesstaaten wird eine landständische Verfassung stattfinden[1] […].

Art. 18. Die verbündeten Fürsten und freien Städte kommen überein, den Untertanen der deutschen Bundesstaaten folgende Rechte zuzusichern:

a) Grundeigentum außerhalb des Staates, den sie bewohnen, zu erwerben und zu besitzen, ohne deshalb in dem fremden Staate mehreren Abgaben und Lasten unterworfen zu sein, als dessen eigene Untertanen.

b) Die Befugnis

1. des freien Wegziehens aus einem deutschen Bundesstaat in den andern, der erweislich sie zu Untertanen annehmen will, auch

2. in Zivil- und Militärdienste desselben zu treten, beides jedoch nur insofern keine Verbindlichkeit zu Militärdiensten gegen das bisherige Vaterland im Wege stehe […].

d) Die Bundesversammlung wird sich bei ihrer ersten Zusammenkunft mit Abfassung gleichförmiger Verfügungen über die Pressefreiheit und die Sicherstellung der Rechte der Schriftsteller und Verleger gegen den Nachdruck beschäftigen […].

1 In der Wiener Schlussakte vom 15. Mai 1820 wird der Art. 13 der Bundesakte folgendermaßen ausgelegt:

Art. 57. Da der Deutsche Bund, mit Ausnahme der freien Städte, aus souveränen Fürsten besteht, so muss dem hierdurch gegebenen Grundbegriffe zufolge die gesamte Staatsgewalt in dem Oberhaupte des Staates vereinigt bleiben, und der Souverän kann durch eine landständische Verfassung nur in der Ausübung bestimmter Rechte an die Mitwirkung der Stände gebunden werden.

Art. 58. Die im Bunde vereinigten souveränen Fürsten dürfen durch keine landständische Verfassung in der Erfüllung ihrer bundesmäßigen Verpflichtungen gehin-dert oder beschränkt werden.

Zit. nach: W. Lautemann, M. Schlenke (Hg.) Geschichte in Quellen, Das bürgerliche Zeitalter 1815–1914, München 1980, S. 23 ff.

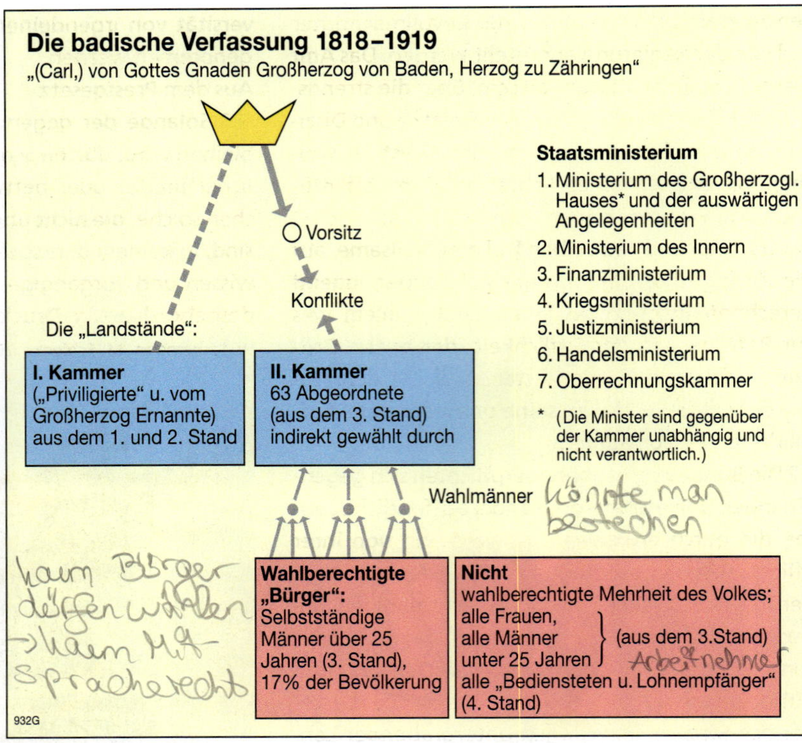

M 7 Die badische Verfassung 1818–1918

§ 8 Alle Badener tragen ohne Unterschied zu allen öffentlichen Lasten bei […].

§ 13 Eigentum und persönliche Freiheit der Badener stehen für alle auf gleicher Weise unter dem Schutz der Verfassung.

§ 42 Der Großherzog ruft die Stände zusammen, vertagt sie und kann sie auflösen. […]

§ 46 Alle zwei Jahre muss eine Ständeversammlung stattfinden. […]

§ 53 Ohne Zustimmung der Stände kann keine Auflage[1] ausgeschrieben und erhoben werden. […]

§ 65 Kein Gesetz, das die Verfassungsurkunde ergänzt, erläutert oder abändert, darf ohne Zustimmung einer Mehrheit von 2/3 der anwesenden Ständemitgliedern einer jeden der beiden Kammern gegeben werden.

1 Auferlegung einer Verpflichtung

Nach: F. X. Vollmer, Vormärz und Revolution 1948/49 in Baden, Frankfurt 1979, S. 30 ff.

M 8 Die Karlsbader Beschlüsse (1819)

Auf einer Regierungskonferenz in Karlsbad wurden jene Gesetzesentwürfe ausgearbeitet, die am 20. September 1819 vom Bundestag verabschiedet wurden:

Aus dem Universitätsgesetz

§ 1 Es soll bei jeder Universität ein mit zweckmäßigen Instruktionen und ausgedehnten Befugnissen versehener, […] landesherrlicher Bevollmächtigter […] von der Regierung angestellt werden. Das Amt dieses Bevollmächtigten soll sein, über die strengste Vollziehung der bestehenden Gesetze und Disziplinarvorschriften zu wachen, den Geist, in welchem die akademischen Lehrer bei ihren öffentlichen und Privatvorträgen verfahren, sorgfältig zu beobachten und demselben […] eine heilsame, auf die künftige Bestimmung der studierenden Jugend berechnete Richtung zu geben, endlich allem, was zur Beförderung der Sittlichkeit, der guten Ordnung und des äußeren Anstandes unter den Studierenden dienen kann, seine unausgesetzte Aufmerksamkeit zu widmen.

§ 2 Die Bundesregierungen verpflichten sich gegeneinander, Universitäts- oder andere öffentliche Lehrer, die durch erweisliche Abweichung von ihrer Pflicht oder Überschreitung der Grenzen ihres Berufes, durch Missbrauch ihres rechtmäßigen Einflusses auf die Gemüter der Jugend, durch Verbreitung verderblicher, der öffentlichen Ordnung und Ruhe feindseliger oder die Grundlagen der bestehenden Staatseinrichtungen untergrabender Lehren, ihre Unfähigkeit zur Verwaltung des ihnen anvertrauten wichtigen Amtes unverkennbar an den Tag gelegt haben, von den Universitäten und sonstigen Lehranstalten zu entfernen, ohne dass ihnen hierbei […] irgendein Hindernis im Wege stehen könne. […]

Ein auf solche Weise ausgeschlossener Lehrer darf in keinem anderen Bundesstaate bei irgendeinem öffentlichen Lehrinstitute wieder angestellt werden.

§ 3 Die seit langer Zeit bestehenden Gesetze gegen geheime oder nicht autorisierte Verbindungen auf den Universitäten sollen in ihrer ganzen Kraft und Strenge aufrechterhalten, und insbesondere auf den seit einigen Jahren gestifteten, unter dem Namen der allgemeinen Burschenschaft bekannten Verein […] ausgedehnt werden. […] Den Regierungsbevollmächtigten soll in Ansehung dieses Punktes eine vorzügliche Wachsamkeit zur Pflicht gemacht werden.

Die Regierungen vereinigen sich darüber, dass Individuen, die nach Bekanntmachung des gegenwärtigen Beschlusses erweislich in geheimen oder nicht autorisierten Verbindungen geblieben oder in solche getreten sind, bei keinem öffentlichen Amte zugelassen werden sollen.

§ 4 Kein Studierender, der […] von einer Universität verwiesen worden ist, […] soll auf einer anderen Universität zugelassen, auch überhaupt kein Studierender ohne ein befriedigendes Zeugnis seines Wohlverhaltens auf der von ihm verlassenen Universität von irgendeiner anderen Universität aufgenommen werden.

Aus dem Pressgesetz

§ 3 Solange der gegenwärtige Beschluss in Kraft bleiben wird, dürfen Schriften, die in der Form täglicher Blätter oder heftweise erscheinen, desgleichen solche, die nicht über 20 Bogen im Druck stark sind, in keinem deutschen Bundesstaate ohne Vorwissen und vorgängige Genehmhaltung der Landesbehörden zum Druck befördert werden. […]

W. Lautemann, M. Schlenke (Hg.), a. a. O., S. 86 f.

M 9 Der „Zeitgeist"
Rote Fahne, Morgenstern, Dolch und Forderung der Pressefreiheit: Schreckgespenst des Teufels für alle reaktionären Kräfte. Auf der roten Fahne steht: XIIIe Artikel. Universitäten, Pressfreiheit, Stich von J. M. Voltz, 1819.

M 10 Grundsatzprogramm Wartburgfest (1817)

Am 18. und 19. Oktober 1817 trafen sich rund 500 Burschenschaftler auf der Wartburg, um vor allem der Völkerschlacht bei Leipzig 1813 zu gedenken:

Die Grundsätze und Beschlüsse des achtzehnten Oktobers, gemeinsam beraten, reiflich erwogen, einmütig bekannt und den studierenden Brüdern auf andern Hochschulen zur Annahme, dem gesamten Vaterlande aber zur Würdigung vorgelegt von den Studierenden zu Jena.

II. Grundsätze

[…] 19. Freiheit und Gleichheit ist das Höchste, wonach wir zu streben haben, und wonach zu streben kein frommer und ehrlicher deutscher Mann jemals aufhören kann. Aber es gibt keine Freiheit als in dem Gesetz und durch das Gesetz und keine Gleichheit als mit dem Gesetz und vor dem Gesetz. Wo kein Gesetz ist, da ist keine Freiheit, sondern Herrschaft, Willkür, Despotismus. Wo kein Gesetz ist, da ist keine Gleichheit, sondern Gewalttat, Unterwerfung, Sklaverei.

[…] 24. der 13te Artikel der Urkunde des Deutschen Bundes: „In allen Bundesstaaten wird eine landständische Verfassung stattfinden" enthält die feierliche Bestimmung, dass in keinem deutschen Staate die Willkür herrschen soll, sondern das Gesetz. Der 13te Artikel kann keinen andern Sinn haben, als dass das deutsche Volk durch frei gewählte, und aus seiner Mitte frei gewählte Vertreter unter der Sanktion [Zustimmung] der deutschen Fürsten seine Verhältnisse ordnen, die Gesetze beschließen, die Abgaben bewilligen soll. […]

25. […]1. Jeder, von welchem der Staat Bürgerpflichten fordert, muss auch Bürgerrechte haben. Wer dem Feinde gegenüber als Mann stehen, bluten und sterben soll, der darf auch in der Versammlung der Bürger als Mann stehen, gelten, sprechen. […]

28. Das erste und heiligste Menschenrecht, unverlierbar und unveräußerlich, ist die persönliche Freiheit. Die Leibeigenschaft ist das Ungerechteste und Verabscheuungswürdigste, ein Gräuel vor Gott und jedem guten Menschen. […]

31. Das Recht, in freier Rede und Schrift seine Meinung über öffentliche Angelegenheiten zu äußern, ist ein unveräußerliches Recht jedes Staatsbürgers, das ihm unter allen Umständen zustehen muss. Dieses Recht muss das Wahlrecht des Bürgers ergänzen, wenn er die reelle Freiheit behalten soll. Wo Rede und Schrift nicht frei sind, da ist überhaupt keine Freiheit, da herrscht nicht das Gesetz, sondern die Willkür. […]

H. J. Franz, Grundrechte in Deutschland, Ulm 1973, S. 41 f.

M 11 Reaktion auf die Studentenbewegung

Der Historiker Peter Brandt fasst die Repressionsmaßnahmen gegen „Demagogen" zusammen:

Die dem Deutschen Bund von Österreich und Preußen praktisch oktroyierten „Karlsbader Beschlüsse" […] unterwarfen die Universitäten einer strengen staatlichen Aufsicht, verboten die Burschenschaften und das organisierte Turnen und ordneten eine strenge Zensur, insbesondere für Zeitungen und Zeitschriften, an. Preußen betrieb die „Demagogen"-Verfolgung besonders unerbittlich. Es handelte sich – dem preußischen Polizeidirektor Kamptz zufolge – um den Kampf gegen die „Vergiftung der Jugend und den uns drohenden Terrorismus", wie ihn ein „Haufen verwildeter Professoren und verführter Studenten" vertrete. Von den Verfolgungsmaßnahmen waren namentlich die Professoren Arndt, Welcker und Schleiermacher betroffen; Görres flüchtete nach Straßburg[1]. Am härtesten unter den Repräsentanten des „Geistes von 1813" wurde der „Turnvater" Jahn verfolgt, der bis 1825 als „Demagoge" in Haft saß und danach noch jahrelang unter Polizeiaufsicht stand. Eine zweite Repressionswelle folgte auf die breitere und stärker demokratisch ausgerichtete Massenbewegung von 1830 bis 1833. In den folgenden Jahren bis 1836 wurden in Preußen 204 Studenten gerichtlich verurteilt, davon 39 zum Tode (sie wurden dann zu […] Haft begnadigt).

1 Ernst Moritz Arndt, Dichter; Karl Theodor Welcker, Staatsrechtslehrer; Friedrich Schleiermacher, Theologe; Joseph Görres, Publizist

P. Brandt, Preußen – Zur Sozialgeschichte eines Staates, in: Berliner Preußen-Ausstellung, Bd. 3, Reinbek 1981, S. 98.

Aufgaben

1. Nennen Sie die Ziele, die der Wiener Kongress verfolgte. Analysieren Sie die Vorstellungen, die dem Deutschen Bund und der Heiligen Allianz zugrunde lagen.
   → Text, M1, M2, M6
2. Beurteilen Sie den Erfolg bürgerlicher Emanzipationsbestrebungen vor dem Hintergrund des Wiener Kongresses, der Deutschen Bundesakte und der Heiligen Allianz.
   → M1, M2, M6
3. Überprüfen Sie, inwieweit die badische Verfassung demokratischen Ansprüchen genügt.
   → M7
4. Im Anschluss an das Wartburgfest veröffentlichten Jenaer Studenten ein Grundsatzprogramm. Arbeiten Sie die Gedanken heraus, die diese Schrift enthält. Welche Ideen haben über die Zeit von 1848 hinaus gewirkt?
   → M10
5. Stellen Sie die wichtigsten Maßnahmen gegen „demagogische Umtriebe" nach den Karlsbader Beschlüssen zusammen. Untersuchen Sie die Auswirkungen, die die Karlsbader Beschlüsse auf das politische Leben hatten.
   → Text, M8, M11
6. Aus welchem Geist heraus formte sich der Widerstand gegen den Deutschen Bund und die Karlsbader Beschlüsse?
   → Text, M3, M4, M9, M10

9.2 Die Zeit des Vormärz

Mit „Vormärz“ bezeichnet die Geschichtswissenschaft die Zeit zwischen dem Wiener Kongress (1815) und der Märzrevolution von 1848 – im engeren Sinne aber nur die Zeitspanne zwischen der Juli-Revolution in Paris (1830) und 1848. Dieser Zeitabschnitt war gekennzeichnet durch zahlreiche Oppositionsbewegungen gegen das auf Legitimität, Restauration und Solidarität der Fürsten gegründete System des Deutschen Bundes.

Die Idee eines Nationalstaates auf parlamentarischer Grundlage beflügelte zu dieser Zeit alle unterdrückten und geteilten Völker Europas beziehungsweise Mittel- und Südamerikas im Widerstand gegen die monarchistischen Mächte, die eine nationale Souveränität gewaltsam zu verhindern versuchten. Nationale und liberale Bestrebungen in Spanien, Portugal und Italien (1820–1823), die Befreiungskriege der spanischen Kolonien in Süd- und Mittelamerika (1810–1825) und besonders der griechische Befreiungskampf gegen die Türkenherrschaft (1821–1829) führten zu einer Solidarisierung mit den national-revolutionären Bewegungen. Die in dieser Zeit gegründeten Polen- und Griechenvereine in Deutschland waren zugleich auch ein Zeichen der Opposition gegen die „reaktionären“ Verhältnisse in Deutschland.

Juli-Revolution in Frankreich

Als König Karl X. aus der traditionellen Dynastie der Bourbonen die verfassungsmäßig verbriefte Pressefreiheit aufhob, die Abgeordnetenkammer auflöste und das Wahlrecht einseitig zu Gunsten des Adels abänderte, brach im Juli 1830 in Frankreich eine Revolution aus.

In der Auseinandersetzung um das künftige Regime siegte das finanzstarke Bürgertum gegen die Mehrheit der Volksmassen, vor allem aber gegen die Arbeiterschaft, deren politisches Ziel die Errichtung einer Republik war. Mit der Einsetzung des liberalen Herzogs Louis Philippe von Orléans zum König (1830–1848) wurde eine neue Form der Monarchie geschaffen.

Der König war an die Verfassung und den Mehrheitsbeschluss der Volksvertretung gebunden. Diesem „Bürgerkönig“ fehlte also die Legitimität, wie sie vom Wiener Kongress verlangt worden war. Durch die geänderte Verfassung konnte das Bürgertum den Adel aus entscheidenden politischen Positionen verdrängen.

Die Pariser Juli-Revolution hatte tief greifende Folgen für das übrige Europa. Die revolutionäre Gründung des belgischen Staates und dessen Unabhängigkeit von den Niederlanden (1830) gehörte ebenso dazu wie der nationale polnische Freiheitskampf gegen den russischen Zaren. Nach der Niederschlagung des Aufstandes (1830/31) gliederte sich Russland das 1815 geschaffene Kongress-Polen als Protektorat ein.

Emigranten aus Polen, geflohene polnische Soldaten und Offiziere wurden von den Liberalen in Deutschland und Westeuropa als Patrioten enthusiastisch empfangen, weil Russland als Hort der absolutistischen Reaktion angesehen wurde.

Auch in Deutschland beflügelte die Pariser Revolution die nationale beziehungsweise liberale Oppositionsbewegung. Die Politisierung der

Bevölkerung wuchs: In Sachsen, Hessen-Kassel, Hessen-Darmstadt, Hannover und Braunschweig kam es zu Unruhen und Aufständen mit teilweise sozialrevolutionären Tendenzen. In einigen Ländern sahen sich die Regierenden genötigt, Verfassungen zu bewilligen, so zum Beispiel in Hessen-Kassel, Sachsen, Braunschweig und Hannover, was – trotz unterschiedlicher Ausgestaltung – einem wichtigen Teilerfolg der liberalen Bewegung gleichkam.

Hambacher Fest (1832)

Insbesondere der deutsche Südwesten wurde von der Juli-Revolution inspiriert. Die Rheinpfalz, die durch den Wiener Kongress an Bayern gefallen war, entwickelte sich zum Zentrum oppositioneller Unternehmungen. Dieses Gebiet war für mehr als ein Jahrzehnt integrierter Bestandteil der Französischen Republik gewesen. Man hatte daher das neue gesellschaftliche Gefüge freier und gleichberechtigter Staatsbürger anstelle des Privilegienwesens der Feudalzeit genossen. Eine bedeutende Rolle spielte hierbei der von den Journalisten Wirth und Siebenpfeiffer begründete „Press- und Vaterlandsverein". Bayern verbot diesen Verein, seine Mitglieder wurden angeklagt und verurteilt, vielen blieb nur das Exil. Da die Zeitungen nun einer strengen Zensur unterworfen waren, versuchte man über die Herausgabe von Flugblättern Kritik zu äußern. Darüber hinaus bildeten Volksfeste den Deckmantel für sonst nicht zugelassene politische Veranstaltungen. Im April 1832 erging in mehreren Blättern eine Einladung zu einer Verfassungsfeier auf dem Hambacher Schloss. Da die Mitglieder des „Press- und Vaterlandsvereins" eine ihre Rechte unterdrückende Verfassung nicht feiern wollten, luden sie zu einem Fest „Der Deutsche Mai" am darauf folgenden Tag. Die Gegenveranstaltung wurde zunächst wegen der Angst vor Aufruhr und Tumulten verboten, schließlich jedoch nach gerichtlichen Auseinandersetzungen gestattet.

Mehr als 30 000 liberale Bürger, Arbeiter und Bauern versammelten sich am 27. Mai 1832 zur größten politischen Kundgebung des Vormärz. Es war die erste politische Massendemonstration in Deutschland. Die grundlegende Forderung, die in den Ansprachen und Diskussionen erhoben wurde, lautete: Gründung eines deutschen

M 1 Das Hambacher Fest war mit etwa 30 000 Teilnehmern die bedeutendste politische Veranstaltung der liberalen Bewegung im Vormärz, Collage für einen Buchtitel zum 175. Jahrestag des Hambacher Festes nach einem kolorierten Stahlstich von 1832.

Nationalstaates auf der Grundlage einer Verfassung unter Anerkennung der Souveränität des Volkes.

Nach dem Hambacher Fest waren die Politiker und Anhänger des konservativen Systems aufs Höchste beunruhigt. Der österreichische Staatskanzler Metternich hing zutiefst der Überzeugung an, dass Volksrepräsentation, Pressefreiheit und die Zulassung von politischen Vereinen den Staat und die Gesellschaft zugrunde richten würden. Eine Verschärfung der Repressionsmaßnahmen durch den Deutschen Bund war die Folge: Verbot politischer Vereine, Verbot öffentlicher Reden mit politischem Inhalt, Verbot kritischer Zeitungen, Verschärfung der Zensur. Die schwarz-rot-goldene Fahne, das Symbol der deutschen Nationalbewegung, durfte nicht mehr gezeigt werden. Dazu kamen Verhaftungen und Prozesse.

Gegen die Organisatoren des Hambacher Festes, Johann Georg August Wirth und Philipp Jakob Siebenpfeiffer und weitere Redner, wurden von den bayerischen Behörden Hochverratsverfahren angestrengt, die jedoch aufgrund der pfälzischen Geschworenengerichtsbarkeit mit Freisprüchen endeten. Während sich Siebenpfeiffer durch Flucht in die Schweiz entzog, folgte gegen Wirth ein Beleidigungsprozess (ohne Geschworene), in dem eine zweijährige Freiheitsstrafe ausgesprochen wurde.

Vormärzliche Opposition in Frankfurt und Hannover

Als ein Beispiel für die radikale Richtung der vormärzlichen Opposition darf der Frankfurter Wachensturm (1833) gelten. Eine Gruppe von Bewaffneten (überwiegend Studenten) wollte die Hauptwache der Frankfurter Polizei stürmen und anschließend das Gebäude des Deutschen Bundestages besetzen. Von dort wollten die Aufständischen die deutsche Republik ausrufen, wobei sie mit der Unterstützung der Bevölkerung rechneten. Das war eine naive und unzutreffende Erwartung. Dieser Putschversuch schlug fehl, gab aber den Behörden die Handhabe für eine Intensivierung der Repression. Eine neue Welle von Verfolgungen trieb viele in die Emigration nach Frankreich und in die Schweiz.

-Huldigungseid: Treueversprechen, Dienstpflichtversprechen

Eine nachhaltige politische Wirkung für die liberale Opposition hatte auch der Protest von sieben Göttinger Professoren (1837) gegen die selbstherrliche Aufhebung der relativ liberalen Verfassung von 1833 durch den König von Hannover. Sie ließen ihren König wissen, dass sie sich mit ihrem Eid an die Verfassung gebunden fühlten und verweigerten den Huldigungseid für den Monarchen. Alle Professoren wurden ihrer Ämter enthoben. Vier von ihnen mussten sogar das Land umgehend verlassen.

Literatur und Öffentlichkeit

M 2 **Anzahl der Buchhandlungen in einigen großen Städten des Deutschen Bundes**

Stadt	1831	1855
Berlin	80	195
Wien	43	34
Leipzig	79	156
Stuttgart	17	55

Aus: H. Lutz, Zwischen Habsburg und Preußen, Berlin 1985, S. 156.

Im Jahr 1770 konnten etwa 15 Prozent der erwachsenen Deutschen lesen und schreiben. 1840 waren es etwa 50 Prozent. Druckerzeugnisse in Form von Zeitungen, Flugblättern, Broschüren und Büchern erreichten also ein immer größeres Lesepublikum, und mit ihm wuchs auch die Macht der öffentlichen Meinung. Diese ging Mitte des 19. Jahrhunderts nicht mehr nur aus einer dünnen Intelligenzschicht hervor, sondern es bildete sich eine immer breitere Basis der bürgerlichen Öffentlichkeit. Sie formierte sich in Lesegesellschaften, Kaffeehäusern, Theatern, Logen und Klubs verschiedener Art. Die Zahl der Verlage und Druckereien nahm zu und mit ihnen die Anzahl der Presseerzeugnisse. Diese Entwicklung verlieh der Forderung nach politischer Partizipation und wirtschaftlicher Freiheit bedeutend mehr Nachdruck. Politik wurde damit verstärkt aus der Privatsphäre beziehungsweise dem Privatbereich der halbabsolutistisch regierenden Fürsten herausgeholt und zur öffentlichen Angelegenheit gemacht.

Das „Junge Deutschland“

Die Zeit des Vormärz war auch die Zeit einer Literatur, die – gegenwartsbezogen und in kritischer Absicht – für möglichst breite Schichten des Lesepublikums zugänglich sein wollte. „Junges Deutschland“

M 3 Lesekabinett
In der ersten Hälfte des 19. Jahrhunderts fand eine Leserevolution statt. Der Anteil der Lese- und Schreibkundigen nahm kontinuierlich zu, Gemälde von L. Arnoto, um 1840.

- Zensur durch Zensoren, die es prüfen ↔ Veröffentlichungsverbot

- Deutschland verfassungsfeindliche Texte auf Anzeige → Strafverfahren, menschenverachtende Schriften verboten

literarische Bewegung:
- Heinrich Heine
- Ludwig Börne
- Georg Büchner
ohne Lebensdaten

Heinrich Heine (1797–1856)

stellt die Sammelbezeichnung für eine Reihe von zeitkritischen Schriftstellern dar. Der Name selbst stand im Beschluss des Frankfurter Bundestages (1835), in dem eine kleine Gruppe von politisch unbequemen Literaten ein Publikationsverbot erhielt. Zu den bekanntesten Vertretern dieser literarischen Richtung zählen Heinrich Heine (1797–1856), Ludwig Börne (1786–1837) und Karl Gutzkow (1811–1878). Auf die Kritik an den bestehenden Verhältnissen reagierten die Behörden mit verschärfter Zensur. Die Schriftsteller wählten daher oft Spott, Ironie und Satire als literarische Ausdrucksmittel. Denn Ideen, die den Obrigkeiten nicht genehm sein konnten, mussten getarnt werden.

Aus der Sicht der oppositionellen Literaten und Publizisten galt es, die Behörden zu überlisten. Sie konnten zum Beispiel durch räumliche oder zeitliche Distanzierung der Handlung die Zensoren über die tatsächliche Aussageabsicht täuschen. Sie konnten aber auch die deutsche Kleinstaaterei zu ihren Gunsten nutzen, denn die einzelnen Landesregierungen gewährten sehr unterschiedliche Spielräume für die Verbreitung politischer Ideen.

Die politische Dichtung wurde zum Ventil für einen unterschwellig gewachsenen revolutionären Druck. Sie wurde zum Medium liberaler und demokratisch gesinnter Kreise, denen eine andere Möglichkeit der Artikulation genommen war. Schriftsteller des „Jungen Deutschland“ prangerten aus dem Ausland die deutschen Zustände an. Georg Büchner

M 4 **„Die gute Presse"**
Anonyme Karikatur zur Zensur, die seit 1819 alle Druckerzeugnisse unter 20 Bogen (320 Seiten) erfasste, um 1840.

Georg Büchner (1813–1837)

(1813–1837) verfasste eine Kampfschrift für die Unterprivilegierten („Der Hessische Landbote, 1834). Auch die Schriften von Georg Herwegh, Ferdinand Freiligrath, Moses Hess und vielen anderen Literaten und Journalisten trugen wesentlich zur Veränderung des öffentlichen Bewusstseins und Verschärfung der revolutionären Stimmung bei.

Der Deutsche Zollverein

Die Beschäftigung mit der Vereinigung der deutschen Staaten zu einem Nationalstaat war zunächst eine Angelegenheit einer relativ dünnen Schicht von Intellektuellen. Im Laufe des 19. Jahrhunderts wuchs zwar das Bildungsbürgertum, aber – aufgrund der Industrialisierung – auch das Wirtschaftsbürgertum. Das Interesse an nationaler Einheit war fortan nicht mehr nur die Sache von Studenten, Hochschullehrern, Juristen und Staatsbeamten, sondern auch von Kaufleuten, Bankiers und industriellen Unternehmern. Zu den ideellen Interessen gesellten sich nun auch materielle Interessen, denn aus der Sicht von Handel und Industrie war der Abbau überholter Handelsschranken, die Bildung eines größeren Binnenmarktes und die Erhebung einheitlicher Außenzölle ein Gebot wirtschaftlicher Vernunft.

Bereits 1819 hatte der Nationalökonom Friedrich List in Frankfurt einen „Deutschen Handels- und Gewerbeverein" gegründet, der die Aufhebung der Binnenzölle und einen gemäßigten Schutzzoll forderte. Aber erst der ausländische Wirtschaftsdruck erzwang eine allmähliche Wirtschaftseinheit. Während die europäischen Nachbarstaaten durch Schutzzölle ausländische Waren von ihren Märkten fern hielten, überschwemmten fremde Produkte (zum Beispiel englische Waren) den deutschen Markt und hinderten die beginnende Industrialisierung in Deutschland in ihrer Entwicklung

Aus diesem Grunde wünschte das Bürgertum für die Entfaltung von Handel und Industrie die Beseitigung der ökonomischen Zersplitte-

M 5 **„Gränzverlegenheit"**
Karikatur von 1848 auf die deutschen Zollgebräuche vor Gründung des Zollvereins
„Sie sehen, Herr Gränzwächter, dass ich nix zu verzolle hab', denn was hinte auf'm Wagen ist, hat die Lippische Gränz noch nit überschritten, in der Mitt' ist nix, und was vorn drauf is, ist schon wieder über der Lippischen Gränze drüben."

rung Deutschlands. Diese hatte Zollschranken sowie ein uneinheitliches Münz-, Maß- und Gewichtssystem zur Folge gehabt. Der Deutsche Zollverein von 1834, der Preußen und die süddeutschen Staaten umfasste, bildete einen wesentlichen Anstoß für die später folgende deutsche Einheit. Preußen hatte sich an die Spitze der wirtschaftsliberalen Bewegung in Deutschland gestellt. Zwar sind Wirtschaft und Politik nicht identisch, aber im Nachhinein muss im Zollverein eine Weichenstellung erblickt werden, die den Gang der deutschen Geschichte mit der Reichsgründung unter Ausschluss Österreichs nicht unwesentlich beeinflusste.

Zur politischen Ideengeschichte des Vormärz

Konservatismus

Der Konservatismus als politische Ideologie bildete sich in Deutschland erst in der Auseinandersetzung mit den Ideen der Französischen Revolution. Seinem Selbstverständnis nach waren Volkssouveränität und Nationalstaatsgedanke abzulehnen. Als Antithese dazu wurde ein Staats- und Gesellschaftsmodell entwickelt, in dessen Zentrum die christliche – von Gott legitimierte – Herrschaft des Fürsten stand. Der Konservatismus lehnte die Gleichheit – auch die Gleichberechtigung – der Menschen mit dem Hinweis auf die gottgegebene Ordnung ab. Seiner Vorstellung entsprach die Hierarchie der ständischen Gesellschaft mit ihren abgestuften Rechten. Die Konservativen betonten das religiöse Fundament der Gesellschaft, und überhaupt galt ihnen die Religion als Mittel der gesellschaftlichen Integration.

Als die wichtigsten konservativen Staatsrechtslehrer in der Zeit vor 1848 gelten: Adam Müller (1779–1829), Carl Ludwig von Haller (1768–1854) und Friedrich Julius Stahl (1802–1861).

Liberalismus

Der Liberalismus bildete die stärkste ideologische Kraft im deutschen Vormärz. Erwachsen aus der Aufklärung des 18. Jahrhunderts sah er in der Entfaltung des Individuums den Kern jeder politischen Emanzipation. Nicht die Autorität des Staates, sondern die bürgerlichen Freiheiten standen im Mittelpunkt des liberalen Staats- und Gesellschaftsverständnisses. Der Schutz des Bürgers vor staatlichen Ein- und Übergriffen sollte dem Liberalismus zufolge durch verfassungsmäßig verbriefte Freiheitsrechte gewährleistet werden.

M 6

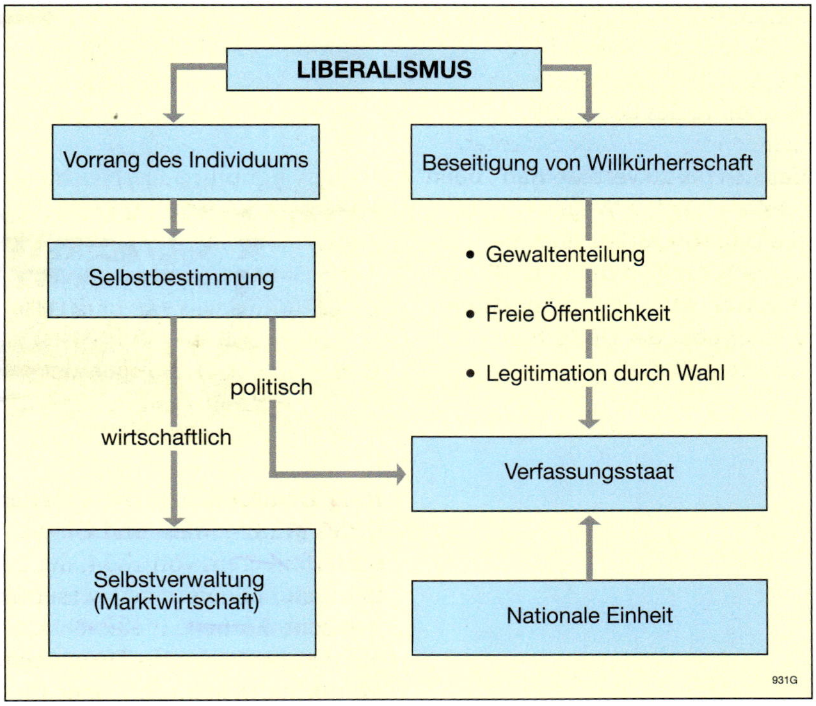

Die Mehrheit der Liberalen des 19. Jahrhunderts stellte die Monarchie nicht infrage. Gerade in der kritischen Auseinandersetzung mit der Radikalisierung der Französischen Revolution und deren Auswüchsen in Form des jakobinischen Terrors erhielt das Modell einer konstitutionellen Monarchie seine Konturen. Der Liberalismus lehnte mehrheitlich die Revolution ab und strebte einen Kompromiss mit der Fürstenherrschaft an – auf der Grundlage von Gewaltenteilung und Rechtsstaatlichkeit.

Die Träger des liberalen Gedankengutes – das Besitz- und Bildungsbürgertum – unterschieden zwischen politischer und rechtlicher Gleichheit. Rechtsgleichheit blieb ein Postulat des Liberalismus, aber zur politischen Teilhabe war nach liberaler Anschauung nur derjenige qualifiziert, der sich durch Besitz, Bildung beziehungsweise als Steuerzahler auswies.

Die Widersprüche, die dem Liberalismus im Hinblick auf das Gleichheitsprinzip innewohnten, führten dazu, dass sich ein Teil seiner Anhänger radikalisierte und die Volkssouveränität sowie die soziale Gleichheit forderte. In der Revolution von 1848 wurden dann die Differenzen zwischen der Mehrheit des gemäßigten Liberalismus und dem demokratischen Linksliberalismus deutlich.

Die bedeutendsten Vertreter des Frühliberalismus waren Karl von Rotteck (1775–1840), Karl-Theodor Welcker (1790–1869) und Robert Mohl (1799–1875).

Nationalismus

Eine zentrale Idee, die von der Französischen Revolution in ganz Europa verbreitet worden war, hieß: Staat und Nation sollten eine Einheit bilden. Diese Idee musste wie ein Sprengsatz in einem Europa wirken, das in weiten Teilen multinational strukturiert und von den Kronen zusammengehalten wurde. Im 19. Jahrhundert entwickelte sich auf der Grundlage von Sprache, Kultur und Geschichte ein Nationalgefühl, das auf die Bildung von Nationalstaaten hinwirkte. Der Selbstbestimmungsanspruch der Völker, der im 20. Jahrhundert ein anerkanntes völkerrechtliches Prinzip wurde, hatte im 19. Jahrhundert seine Geburtsstunde.

Ein Lied mit Geschichte

In allen modernen Gesellschaften stellen Flagge, Hymne und Wappen wichtige Integrationssymbole dar. Sie befriedigen ein offenkundiges Bedürfnis nach nationaler und kultureller Identität.

Die nationalen Symbole der Bundesrepublik Deutschland – Flagge und Hymne – wurzeln in der Zeit des Vormärz. Das Schwarz, Rot und Gold verweist auf die deutschen Burschenschaften, die diese Farben wiederum den Uniformen der Lützowschen Jäger – ein Freikorps zur Zeit der Befreiungskriege gegen Napoleon – entnommen hatten.

Die deutsche Nationalhymne geht auf ein Gedicht von Hoffmann von Fallersleben zurück, der wegen seiner liberalen und nationalen Anschauungen seine Professur in Breslau verloren hatte. Er schrieb 1841 das „Lied der Deutschen" – eines von unzähligen patriotischen Liedern zu jener Zeit. Vor allem die erste Strophe wurde vielfach verkannt und missdeutet, insofern als das „über alles" nicht als imperialistischer Anspruch zu verstehen ist, sondern vielmehr als eine Aufforderung, die deutsche Kleinstaaterei zu überwinden. Die dritte Strophe enthält das liberale und nationale Programm der politischen Bewegung des Vormärz, das bereits in Hambach (1832) proklamiert worden war.

Erst 1922 wurde durch Reichspräsident Friedrich Ebert in einer Rückbesinnung auf die verschüttete demokratische Tradition der Revolution von 1848 das „Lied der Deutschen" zur offiziellen Nationalhymne erklärt.

Die Nationalsozialisten missbrauchten die Hymne der Weimarer Republik, wobei sie insbesondere die erste Strophe als propagandistisches Kampflied für das deutsche Vormachtstreben benutzten. Die Frage nach Einführung einer Nationalhymne blieb nach 1949 lange umstritten. Erst 1952 wurde in einem Briefwechsel zwischen Bundespräsident Theodor Heuss und Bundeskanzler Konrad Adenauer das „Lied der Deutschen" von Hoffmann von Fallersleben nach der Melodie von Joseph Haydn als Nationalhymne wieder eingeführt, allerdings mit dem Zusatz, dass bei staatlichen Veranstaltungen nur die dritte Strophe zu singen ist.

Chronologie

1814/15	Wiener Kongress
1815	Gründung des Deutschen Bundes; Manifest der Heiligen Allianz; Gründung der Allgemeinen Deutschen Burschenschaft
1817	Wartburgfest
1818	Ermordung des Schriftstellers Kotzebue durch den Burschenschaftler Sand
1819	Karlsbader Beschlüsse
1830	Juli-Revolution in Paris
1832	Hambacher Fest
1833	Frankfurter Wachensturm;
1837	Amtsenthebung der „Göttinger Sieben"

M 7 „Deutschlands Pflichten"

Flugblatt des Hauptorganisators des Hambacher Festes Johann Georg August Wirth (3. Februar 1832):

Die Könige haben unter sich einen Bund geschlossen. Der Bund gilt der Unterdrückung der Völker. Die Mittel sind, dass der Wille des Königs mithilfe der Gewalt als oberstes Gesetz geltend gemacht, alle Wünsche und Anträge des Volkes zur Beförderung der gesellschaftlichen Zwecke schnöde zurückgewiesen und die Verteidigung der Volksrechte durch Vernichtung der freien Presse und durch Terrorismus gegen deren unabhängige Organe unmöglich gemacht wird. Die Früchte des Bundes sind: Verarmung der Völker und Entweihung der menschlichen Würde durch Kriecherei und Sklaventum. Dieser Bund, welcher wie eine drückende eherne Kette ganz Europa umschlingt und den Segen der Natur in Calamität [Schwierigkeit] verwandelt, hat seine Hauptstütze in Deutschland. Die zwei mächtigsten deutschen Könige beobachten sorgfältig die Stimmung der Völker. Sobald sie eine Regung der besseren Natur bemerken und das geringste Streben nach Freiheit wahrnehmen, verbünden sie sich mit dem Selbstherrscher der Reußen [veraltet für Russen], d. h. aller Barbaren, um dem Geiste der Zivilisation entgegen zu wirken. Ihre Politik besteht dabei darin, die Kraft des deutschen Volkes durch Auseinanderreißen des Landes, Zerstörung des deutschen National-Charakters, Unterdrückung der Triebe nach Wiedervereinigung und endlich durch die grausamste Beschränkung der Gedanken-Mitteilung auf immer zu brechen, hiernächst aber die Freiheit des französischen Volkes zu untergraben, indem man die Umtriebe dessen Königs unterstützt und zugleich die deutsche Nation gegen Frankreich aufzuhetzen versucht. In der Erkenntnis der Politik des Bundes liegen zugleich die Mittel zur Vernichtung desselben. Sollen die Völker endlich die Freiheit erlangen, soll der Verarmung und dem Elende Europas ein Ende gesetzt werden, so muss Russland von Preußen und Österreich durch ein demokratisch organisiertes Polen getrennt, das Übergewicht des preußischen und österreichischen Königs durch Organisation eines deutschen Reiches, mit demokratischer Verfassung, aufgehoben, und eine europäische Staatengesellschaft durch ein treues Bündnis des französischen, deutschen und polnischen Volkes vorbereitet werden. Die Wiederherstellung Polens kann nur durch Deutschland geschehen. Unsere Nation ist hierzu moralisch und rechtlich verbunden, um die schwere Sünde der Vernichtung Polens zu sühnen: Unser Volk muss die Wiederherstellung Polens aber auch wegen der eigenen Interessen zu seiner wichtigsten und dringendsten Aufgabe machen. Da es aber zurzeit noch keine deutsche Nation gibt, so würde vor allem ihre Wiedererweckung notwendig sein. Wie aber dies möglich wäre, wird niemand einsehen wollen: Denn man weiß ja, dass die deutschen Könige ihre Interessen von jenen des gemeinsamen Vaterlandes geschieden haben, man weiß, dass sie mithilfe der nämlichen Gewalt, welche das Vaterland ihnen gibt, also mit unserem Gelde und unsern Kindern, der Wiedergeburt einer deutschen Nation aus allen Kräften sich widersetzen und überhaupt alles zu zerstören, was zum Heile des Gesamtvolkes dienen kann. Dies ungeachtet gibt es gleichwohl ein völlig erlaubtes und völlig gesetzmäßiges Mittel, um den feindseligen und hartnäckigen Widerstand der Könige gegen die Interessen des Vaterlandes zu überwinden. Auch der größte Despot hat nur Gewalt über den Körper: Über den Geist gebietet keine andere Macht als die moralische. Wenn nun auch unsere Körper der Gewalt der Tyrannen unterworfen sind, so bleibt doch der Geist frei; und dadurch ist uns die Macht gegeben, die Wiedervereinigung Deutschlands im Geiste herzustellen. Die vereinigte Gewalt der Könige ist nicht hinreichend, um das Bündnis der Geister zu verhindern. Aus dem geistigen Bündnisse entspringt aber die Macht der öffentlichen Meinung, und da diese schwerer in die Waagschale der Gewalten fällt als alle Macht der Fürsten, so führt die Wiedergeburt Deutschlands, im Geiste, von selbst auch auf die materielle Vereinigung.

Zit. nach: J. Kermann (Hg.), Texte zur Landesgeschichte – Das Hambacher Fest, Speyer 1981.

M 8 Reaktion auf das Hambacher Fest

Gutachten des preußischen Staatsministeriums vom 8. Juni 1832:

Den Unterzeichneten ist der Befehl Seiner Majestät gegeben worden: sich gutachtlich darüber zu äußern, welche Maßregeln in Folge des Festes zu Hambach jetzt zu ergreifen sein möchten, und zwar 1. in Beziehung auf das Äußere, 2. in Beziehung auf das Innere, 3. in militärischer Hinsicht.

Es wurde zuvörderst allgemein anerkannt, dass die Begebenheiten dieses Festes von solcher Natur seien, dass sie die ernstesten und nachdrücklichsten Maßregeln nicht nur rechtfertigten, sondern notwendig machten; indem sie nur als vollständige Revolution bezeichnet werden können, und zwar nicht bloß gegen Bayern, in dessen Gebiet sie sich zugetragen, sondern gegen alle Staaten des Deutschen Bundes, dass aus diesem Grunde die zu ergreifenden Maßregeln bundesgemäß und streng gesetzlich sein und sich vorerst vornehmlich darauf beschränken müssten: 1. der Rädelsführer des Hambacher Festes und der außerdem dabei besonders graviert [belastet] erscheinenden Personen habhaft zu werden und gerichtlich bestrafen zu lassen: 2. Ferneren ähnlichen Versammlungen verhindernd entgegenzutreten, und dadurch sowohl, als 3., durch ernste Bekämpfung des Press-Unfugs, der revolutionären Partei ihre beiden Hauptwaffen zu nehmen. Hiernach erscheinen folgende Mittel als die angemessensten: [...] [In Beziehung auf das Innere] wird vorgeschlagen, die Beobachtung verdächtiger Personen im Inland zu verdoppeln und so viel wie möglich auf das Ausland auszudehnen. Ferner, bekannt zu machen, dass alle am Hambacher Fest tätigen Anteil genommen habenden Preußen als Hochverräter verfolgt werden sollen. Alle auf den Universitäten Heidelberg und Freiburg studierenden Preußen zurückzurufen, und beide Universitäten auf unbestimmte Zeit den Inländern zu verbieten. Endlich das Verbot gegen ausländische Zeitungen auszudehnen und auf alle Blätter von entschieden revolutionärer Farbe auszudehnen; auch alle preußischen Buchhändler zu verpflichten, wenn sie ausländische Flugschriften verbreiten wollen, dieselben einer Re-Zensur zu unterwerfen. Wenn auch diese letzteren Mittel nicht radikal sind, so werden sie doch die Verbreitung solcher Blätter und Schriften in Maßen steuern.

Zit. nach: V. Valentin, Das Hambacher Nationalfest, Frankfurt/M. 1982, S. 162 ff.

M 9 **Die „Göttinger Sieben"**

Über die Bedeutung der „Göttinger Sieben" urteilte der Historiker Theodor Schieder: „Ihre Wirkung war indessen eminent politisch: Für die liberale Opposition war der Schlag gegen die Verfassung in Hannover und gegen die Professoren in Göttingen ein Fanal. Zudem wurde, wie [Heinrich von] Treitschke zuerst bemerkt hat, durch das Göttinger Ereignis die politische Autorität des deutschen Professorentums begründet und damit eine wichtige Voraussetzung für die Bewegung von 1848 geschaffen."

Oben (v. l. n. r.): Georg Gottfried Gervinius (1805–1871), Wilhelm Albrecht (1800–1876),
Mitte (v. l. n. r.): Heinrich Edwald (1803–1875), Friedrich Christoph Dahlmann (1785–1860), Wilhelm Weber (1804–1891),
Unten (v. l. n. r.): Wilhelm Grimm (1786–1859), Jacob Grimm (1785–1863).

Aus: H. Scharf, Historische Stätten (Hermes Handlexikon, Düsseldorf 1983, S. 171.

M 10 **Der deutsche Michel (1843)**

Die Aufhebung der Bilderzensur 1842 in Preußen löste eine Flut von Karikaturen aus, die sich vor allem mit den Themen Zensur, Pressefreiheit, Verfassung, deutsche Einheit und Metternich befassten. Die Figur des Michel, Synonym für den dummen, schwerfälligen und einfältigen Deutschen, wurde im Vormärz durch frech kommentierte Karikaturen populär. 1843 erschien in Leipzig in der Renger'schen Buchhandlung eine Flugschrift über die Karikatur von R. Sabatky, die den Michel darstellt: eingeschläfert vom Zaren, ausgeraubt von der britischen Bulldogge, von Metternich zur Ader gelassen, vom Papst mit einem Mundschloss zum Schweigen gebracht. „Dem blöden Volk" erklärt der Autor Michels Träume von Vergangenheit und Zukunft, und er fordert Michel auf: „vergiss, dass du das Pulver und die Presse erfunden hast […]".

Nach: Chr. Stölzl (Hg.), Deutsche Geschichte in Bildern, a. a. O., S. 375.

M 11 **Ständegesellschaft**

Am Beispiel der Residenzstadt Hannover wird der Aufbau der Gesellschaft im Vormärz gezeigt:

Die Gesellschaftsgruppe, die aufgrund ihrer Herkunft [Geburt], ihres Besitzes sowie ihres Berufes, ihrer Bildung oder ihrer politischen Verdienste zusammengehörte, bezeichnete man im absoluten Staat als Stand. Seit dem Mittelalter waren der grundbesitzende Adel, die Prälaten als Inhaber hoher kirchlicher Posten, und das Patriziat, das die Vertreter der obersten Stadtverwaltung stellte, Mitglieder der ständischen Ordnung. Sie stimmten z. B. auf den Landtagen über die vom Kurfürsten beantragten Steuerbewilligungen ab. Die Bewohner von Städten mit Hausbesitz, das waren die „Bürger", sowie die Bauern waren Stände minderen Ranges ohne Stimmrecht. Die städtischen Mietbewohner und die nichtbäuerlichen Landbewohner standen unterhalb und damit außerhalb der altständischen Ordnung. Politisch bildete sich zudem ein Beamten- und Offiziersstand heraus. In Hannover gewannen der Adel und die oberen Chargen [Ränge] der Verwaltung und des Militärs beherrschende Stellungen, weil der Kurfürst von 1714–1837 als König von Großbritannien im fernen London residierte. Die so genannten „hübschen" Familien [=höfisch, ein Staatspatriziat] waren eine schmale bürgerliche Schicht von sozialen Aufsteigern, die in Hannover neben dem regierenden und dem Hofadel einen neuen, einflussreichen Stand bildeten; sie konnten aber nur, wenn sie ein Amt erhielten oder geadelt wurden, direkt an der Macht und den gesellschaftlichen Zirkeln des ersten Standes teilhaben. Innerhalb der Stadt Hannover unterschied man, etwa in der Kleiderordnung von 1689, sechs Stände und noch darunter standen die Armen. Den Magistrat wählten die Kaufleute, Angehörige der Ämter [Zünfte] und der Meinheit [Brauhausbesitzer]. […] Im eigentlichen Bürgerstand in der Stadt wurde dem Kaufmann der 1. Rang zugebilligt. Ihm folgte der Handwerkerstand, der z. T. ebenfalls städtische Ehrenämter übernahm. Als geringere Bürger, als „Spießbürger" wurde 1847 in Hannover die Mehrheit derjenigen mit niederem Einkommen angesehen, und dazu gehörten inzwischen auch viele Handwerksmeister und -gesellen, die als gleichgültig, uninformiert und ohne politische oder öffentliche Teilhabe beschrieben wurden. Zur dienenden Klasse zählten die Kammerdiener, Bedienten in Livree [Uniform] und Dienstboten. Nicht vergessen waren im Reiseführer 1847 die Prostituierten, kon-

trollierte und nicht kontrollierte – aber unerwähnt blieben die ungelernten Arbeitskräfte, Tagelöhner, Bettler und Vagabunden, die sich in zeitgenössischen Karikaturen und Polizeiberichten finden. [...]
Die Sitzordnung in der Kirche und im Theater, nach Klassen getrennt, war alter Brauch und wurde selten aufgehoben. Eisenbahnreisende konnten je nach Geldbörse zwischen drei Klassen wählen. [...] Die 3. Klasse fuhr offen; das Vieh wurde in geschlossenen Waggons befördert.

A. v. Rohr, Ständegesellschaft, in: Historisches Museum Hannover, Biedermeier und Revolution Hannover 1848, Hannover 1998, S. 21 ff.

M 12 Liberalismus

Paul Achatius Pfizer (1801–1867), Jurist und Politiker, war bis 1838 Führer der liberalen Opposition in der Zweiten Kammer des württembergischen Landtags. 1848 wirkte er als Mitglied der Frankfurter Nationalversammlung. Er schrieb über die Gleichheit:

Dass unter dem gleichen Rechte und der gleichen Freiheit aller, welche der Liberalismus fordert, nicht die äußerliche Gleichheit von Besitz und Macht gemeint sein könne, indem Rechtsgleichheit himmelweit verschieden ist von materieller Gleichheit des Besitzes, und die bleibende Durchführung der letzteren ohne einen die Freiheit des Verkehrs, des Eigentums und der Verträge vernichtenden Despotismus gar nicht denkbar wäre – dies wird zwar allmählich von den Gegnern des Liberalismus ebenso gut als von den Liberalen selbst eingesehen. [...]
Der Liberalismus behauptet zwar, dass bei der Entscheidung gemeinsamer Angelegenheiten dem Willen der Mehrzahl von Rechts wegen der Vorzug vor dem Willen der Minderzahl gebühre; aber sein oberstes Rechtsprinzip ist nicht unbedingte, willkürliche Herrschaft der Majorität, sondern die möglichst größte Freiheit aller. Für ungerecht erklärt er insbesondere jede Mehrheitsentscheidung, welche die Minderheit gegen ihren Willen nach einem anderen Gesetz behandelt als nach demjenigen, welches die Mehrheit auch für sich als bindend aufstellt, und für unbedingt verwerflich gilt ihm jeder Majoritätsbeschluss, der dem Moralgesetz zuwiderläuft. Denn Vernunft und Gewissen werden ewig die Gleichheit der Menschen oder die gleiche Achtung der fremden Persönlichkeit, welche man für die eigene anspricht, predigen; und eben dieses Prinzip stimmt auch mit den Geboten der allgemeinen Sittenlehre sowohl als insbesondere mit dem christlichen Moralgebot [...] innig überein.
Indessen ist nicht zu leugnen, dass es Liberale gibt, die von keinem andern Staatszweck als dem Rechtsschutz und der Sorge für die Sicherheit und die Bequemlichkeit des äußeren Daseins wissen, die sittlichen, religiösen und intellektuellen Interessen aber ganz sich selbst überlassen wollen. Allein das oft hervorgetretene Bestreben, die Wirksamkeit des Staates einseitig auf den möglichst engen Umkreis zu beschränken, hat seinen Ursprung nur darin, dass statt des wirklichen Gemeinwohls allzu häufig die selbstsüchtigen Zwecke und Interessen oder die Lieblingsideen und individuellen Ansichten der Gewalthaber verfolgt werden.

Zit. nach: W. Mommsen, Deutsche Parteiprogramme. München 1960, S. 105 ff.

M 13 Konservatismus

Der preußische Staatsrechtslehrer Friedrich Julius Stahl (1802–1861) über das konservative Staatsprinzip:

Die Monarchie hat darum vor Allem den Vorzug der Einheitlichkeit und Persönlichkeit der Herrschaft,
dass sich in Einem Manne koncentrirt, der beständig zu handeln im Stande ist, und nicht in sich selbst zerfallen kann, dadurch die Übereinstimmung und Aufeinanderberechnung in der Anordnung, die Energie in der Ausführung.
Sie hat aber den noch viel bedeutenderen Vorzug der Ursprünglichkeit und Erhabenheit der Herrschaft,
dass der Herrschende in keiner Hinsicht Unterthan oder von den Unterthanen abhängig, sondern immer und überall über ihnen ist,
dass seine Gewalt nicht von den Unterthanen kommt, sondern von sich selbst besteht, dadurch die Unbedingtheit des Ansehens und der Ehrfurcht und die Freiheit von den Interessen, welche die Unterthanen zertheilen und befangen.
Die Gewalt des Königs ist „von Gottes Gnaden", ist ein „göttliches Recht". Das gilt schon von aller Staatsgewalt, auch in der Republik. Aber das göttliche Ansehen und die Majestät der Staatsgewalt stellt sich bei einem persönlichen Träger derselben, der in keiner Beziehung Unterthan ist, sichtbarer und lebendiger heraus, und es kommt in der Erbmonarchie noch das hinzu,
dass der Inhaber der Staatsgewalt ohne menschliches Zuthun in ihrem Besitz ist durch göttliche Fügung, welcher sich die Menschen in Ehrfurcht unterwerfen sollen. Hier ruht also das Ansehen des Herrschers nicht bloß auf einem allgemeinen Gebot

und Ordnung Gottes, wie bei aller Obrigkeit, sondern zugleich auch noch auf einer speciellen (wiewohl keineswegs einer unmittelbar persönlichen, die Natur durchbrechenden) Veranstaltung Gottes. Dies ist das Princip der Legitimität, wie es der Erbmonarchie eigenthümlich ist.

Fassen wir nun Alles noch einmal zusammen, so beruht das monarchische Princip darauf,

dass der Fürst allein die Abfassung der Gesetze (Initiative) hat, die Stände nur Zustimmung und Petition,

dass er allein die Administration hat, dass nicht administrative Anordnungen, noch weniger administrative Verfügungen (private bills) als Gesetze gelten und der ständischen Zustimmung unterliegen,

dass er sowohl sein eigenes fürstliches Einkommen als auch die Mittel des Staatshaushalts unabhängig von ständischer Willkür mit Sicherheit besitzt, nur für fakultative Ausgaben oder für Erhöhungen oder beziehungsweise für Abänderungen im bisherigen traditionellen System des Staatshaushalts der Stände bedarf, endlich,

dass er alle diese Rechte wirklich und nicht scheinbar übt, und zu diesem Ende [Zweck] die Kontrasignatur [Gegenzeichnung] und Verantwortung der Minister oder sonstige Schutzmittel der Stände sich nicht weiter erstrecken als auf Einhaltung der Verfassung.

Zit. nach: O. H. von der Gablentz, a. a. O., S. 133 ff.

M 14 **Das Lied der Deutschen**

August Heinrich Hoffmann von Fallersleben (1798–1874) dichtete das „Lied der Deutschen" 1841:

Deutschland, Deutschland über alles,
über alles in der Welt,
Wenn es stets zu Schutz und Trutze
brüderlich zusammenhält.
Von der Maas bis an die Memel,
von der Etsch bis an den Belt
Deutschland, Deutschland über alles,
über alles in der Welt.

Deutsche Frauen, deutsche Treue,
deutscher Wein und deutscher Sang
Sollen in der Welt behalten,
ihren alten schönen Klang.
Uns zu edler Tat begeistern,
unser ganzes Leben lang –
Deutsche Frauen, deutsche Treue,
deutscher Wein und deutscher Sang!

Einigkeit und Recht und Freiheit,
für das deutsche Vaterland!
Danach lasst uns alle streben,
brüderlich mit Herz und Hand!
Einigkeit und Recht und Freiheit,
sind des Glückes Unterpfand –
Blüh' im Glanze dieses Glückes,
blühe deutsches Vaterland!

Aufgaben

1. Formulieren Sie jene politischen Ideen und Forderungen, die sich in der deutschen Geschichte mit den Begriffen „Vormärz" und „Junges Deutschland" verbinden.
   → Text, M1, M4, M10
2. Welche Rolle spielte die zunehmende Alphabetisierung im Zusammenhang mit dem Liberalismus?
   → Text, M2, M3
3. Analysieren Sie die Art und Weise, in der die Obrigkeit auf den politischen Liberalismus reagierte.
   → Text, M4, M8, M9
4. Welche programmatischen Aussagen machte Wirth in seinem Flugblatt?
   → M7
5. Beurteilen Sie die Forderungen von Hambach aus der Sicht der Regierenden. Überprüfen Sie, inwieweit die Forderungen von 1832 ihren Niederschlag im Grundgesetz der Bundesrepublik Deutschland gefunden haben.
   → Text, M7
6. Welche Absichten verfolgte Preußen mit seiner Forderung, dass sich die übrigen deutschen Staaten dem preußischen Zollverein anschließen sollten?
   → Text, M5
7. Stellen Sie die Hierarchie im Rahmen der ständischen Gesellschaftsordnung dar.
   → M11
8. Definieren Sie die Begriffe „Konservatismus", „Liberalismus" und „Nationalismus" im Kontext des 19. Jahrhunderts.
   → Text, M6, M12–M13
9. Diskutieren Sie die Argumente, die für beziehungsweise gegen die Wiedereinführung des Deutschlandliedes als Nationalhymne der Bundesrepublik Deutschland sprachen. Wie beurteilen Sie den gefundenen Kompromiss?
   → Text, M14

10. Die Revolution von 1848/49

Am 30. März 1848 trafen sich die Delegierten zum Frankfurter Vorparlament, um die ersten gesamtdeutschen Wahlen vorzubereiten und Frankfurt am Main zum Tagungsort zu bestimmen. Wenige Wochen später, am 18. Mai 1848, zogen als Ergebnis freier Wahlen die Repräsentanten aus 38 Staaten, Kleinstaaten und Städten in die Paulskirche ein, um sich hier als deutsche Nationalversammlung zu konstituieren. Unter Glockengeläut, vorbei am Ehrenspalier von Turnern und Frankfurter Bürgerwehren, legten die Abgeordneten den kurzen Weg vom Kaisersaal im Römer zum Tagungsort zurück.

Frankfurt am Main war nicht nur wegen seiner zentralen Lage zum Tagungsort gewählt werden. Die Stadt empfahl sich auch aufgrund ihres historischen Fundaments. Als „Freie Reichsstadt" konnte sie auf eine bürgerliche Tradition verweisen. Kaiser Karl IV. hatte die Stadt im 14. Jahrhundert zum Ort der Königwahlen erhoben. Seit dem 16. Jahrhundert wurden auch die meisten römisch-deutschen Könige im dortigen Dom gekrönt. Auf dem Wiener Kongress (1815) bestimmte man Frankfurt zum Sitz des Bundestages: Die Vertretung der 38 Einzelstaaten nahm im Frankfurter Palais Thurn und Taxis seinen Sitz. In Anknüpfung an diese Tradition machte es durchaus Sinn, die Paulskirche in Frankfurt zum Tagungsort der deutschen Nationalversammlung zu bestimmen.

Vorausgegangen war ein nationaler Aufbruch in den deutschen Ländern, der – begleitet von Agrarunruhen, Demonstrationen, Barrikadenkämpfen, Volksaufständen – die Herrschenden gelähmt und den Weg für ein nationales Parlament geebnet hatte. Die Frankfurter Paulskirche, eigentlich eine 1833 fertig gestellte evangelische Kirche, wurde so zum Symbol der deutschen Demokratie. Hier nahm zum ersten Mal in der deutschen Geschichte die Vision eines freiheitlichen Nationalstaates konkrete Gestalt an. Auch wenn die von der Paulskirche verabschiedete demokratische Verfassung nie in Kraft trat, so beeinflusste sie auf vielerlei Weise den Parlamentarischen Rat, der 1948/49 das Grundgesetz der Bundesrepublik Deutschland beschloss. Der Grundrechtskatalog und der föderale Staatsaufbau des heutigen Deutschlands stehen in der Kontinuität der Paulskirchenverfassung. Insofern stellt die Frankfurter Paulskirche einen Kontrapunkt zu den Katastrophen der deutschen Geschichte dar, die vor allem mit dem Dritten Reich verknüpft sind.

Der Versuch der Revolution von 1848/49, nationale Einheit und politische Freiheit miteinander zu verzahnen, scheiterte. Der Ablauf der Geschichte lässt sich nicht nachträglich ändern, aber die Bildung einer historischen Tradition unterliegt einer bewussten Entscheidung. Das Deutschland der Gegenwart sieht in der Paulskirche ein Erbe im Rahmen der demokratischen Traditionsbildung.

Die im Zweiten Weltkrieg zerstörte Paulskirche wurde unmittelbar nach dem Krieg für die Feier des 100. Jahrestags der Revolution (18. Mai 1948) wieder errichtet. Heute dient sie als Gedenkstätte und Ort für verschiedene Feierlichkeiten.

10.1 Träger der Revolution – Forderungen und politisches Handeln

Europäische Dimension

Märzrevolution
1848

Die Revolution von 1848/49 war ein gesamteuropäisches Ereignis. Der euphorisch so bezeichnete „Völkerfrühling“ erfasste nicht nur Frankreich und Deutschland, sondern auch in Österreich, Ungarn, Böhmen, Italien und Polen befanden sich Zentren revolutionärer Aktionen. Europa rückte zum ersten Mal in seiner Geschichte wirklich zusammen. Dank der modernen Telegrafie verbreiteten sich die Nachrichten mit größter Geschwindigkeit. Neue Zeitungen, Briefe, Flugblätter, Petitionen spiegelten die gewachsene Politisierung der Bevölkerung.

Die Revolution von 1848/49 stellt einen vielschichtigen Vorgang dar, bei dem sich die revolutionären Geschehnisse um drei Hauptprobleme der Zeit drehten: die soziale, die politische und die nationale Frage.

Soziale Not

Die neuere Revolutionsforschung hat im sozialen Protest von Arbeitern, Gesellen, unselbstständigen Handwerkern und abhängigen Bauern eine entscheidende Kraft im Revolutionsprozess ausgemacht. In der Revolution von 1848 überlagerten sich der Protest einer bürgerlich-

M 1

liberalen Öffentlichkeit gegen den verfassungspolitischen Stillstand sowie der Protest unterbürgerlicher Schichten gegen den Pauperismus (Armut) und gegen soziale Abhängigkeit. 1846 und 1847 waren Not- und Hungerjahre – insbesondere auch für die ländliche Bevölkerung – gewesen. Eine gesamteuropäische Wirtschaftskrise und Missernten führten zu Teuerung, Lohnverfall und Arbeitslosigkeit. Dadurch verschärften sich die sozialen und politischen Spannungen um die Jahreswende 1847/48.

In den Vierzigerjahren des 19. Jahrhunderts hatte der Strukturwandel von der Agrar- zur sich industrialisierenden Gesellschaft voll eingesetzt: mit den Begleiterscheinungen von Massenarmut und sozialer Verelendung. Der Aufstand der schlesischen Weber (1844) signalisierte eine neue Etappe im Arbeiterprotest.

1848 organisierte sich mit der „Arbeiterverbrüderung" des Stephan Born zum ersten Mal eine Arbeiterbewegung in Deutschland. Im gleichen Jahr erschien auch die berühmte Kampfschrift von Karl Marx und Friedrich Engels: „Das Kommunistische Manifest".

Die Februarrevolution

Seit den Tagen der Französischen Revolution besaß Frankreich eine Vorreiterrolle im Kampf des Bürgertums gegen Absolutismus, Adel und Bürokratie. Ein Aufstand gegen den Bürgerkönig Louis Philippe im Februar 1848, in dem sozialrevolutionäre Töne einer frühen Arbeiterbewegung nicht zu überhören waren, endete mit der Absetzung des Königs und der Ausrufung der Zweiten Republik. Das „Krähen des gallischen Hahnes" (so eine zeitgenössische Formulierung) wirkte als Initialzündung für die Märzrevolution östlich des Rheins.

Märzbewegung

Die Nachricht von den Pariser Ereignissen verbreitete sich in Windeseile in den deutschen Ländern und traf dort auf eine Gesellschaft, die aus unterschiedlichen Motiven zum Handeln bereit war. Agrarunruhen – gerichtet gegen bäuerliche Abhängigkeiten – gingen einher mit bürgerlich-parlamentarischen Initiativen zu Gunsten von Freiheit, nationaler Einheit und sozialer Gerechtigkeit. Die Revolution im Frühjahr 1848 hatte viele Schauplätze. In Wien wurde nach schweren Zusammenstößen demonstrierender Bürger, Studenten und Arbeiter mit dem Militär der österreichische Staatskanzler Metternich gestürzt. Metternich personifizierte wie kein zweiter das politische System der Restaurationszeit. Sein Rücktritt am 15. März 1848 wirkte wie ein Signal für die anderen deutschen Länder.

Auch in Berlin zog der preußische König Friedrich Wilhelm IV. nach blutigen Straßenkämpfen seine Truppen zurück. Er huldigte unter dem Druck des Volkes den über 230 „Märzgefallenen" und versprach die Einberufung einer verfassunggebenden Versammlung für Preußen. Die Märzbewegung war zunächst überall erfolgreich. Die konservativen Kräfte wurden offensichtlich durch die Wucht der Ereignisse überwältigt und wirkten wie gelähmt.

Der Revolutionsverlauf ähnelte sich auf den verschiedenen Schauplätzen: Auf Volks- beziehungsweise Bürgerversammlungen erhoben die Teilnehmer Forderungen nach Freiheitsrechten und nationaler Einheit, die an die zuständigen Landtage oder Regierungen gerichtet wurden. Die herrschenden Gewalten beriefen neue liberale Regierungen, so genannte Märzministerien. Begleitet wurde dieser Prozess durch die Aufhebung der Zensur sowie durch eine so befreite Öffentlichkeit, die

M 2 Deutsche Nationalkokarde
Kokarden, Bandschleifen, welche am Hut oder an der Mütze getragen wurden, kamen zuerst als Erkennungszeichen politischer Parteien in der Französischen Revolution auf.

sich durch Zeitungen, Vereine, Bürgerwehren und Diskussionsforen manifestierte. Aufgrund der engen Anbindung des deutschen Südwestens an Frankreich sprang der revolutionäre Funken zuerst auf diese Region über.

Der Rhein-Neckar-Raum spielte in der Revolutionszeit 1848/49 eine besondere Rolle. Der in Mannheim am 27. Februar verabschiedete Forderungskatalog besaß eine vorbildhafte Wirkung für ganz Deutschland. Führende Persönlichkeiten der bürgerlichen Bewegung stammten von hier: zum Beispiel Friedrich Daniel Bassermann (Verleger), Lorenz Brentano (Rechtsanwalt), Heinrich von Gagern (Gutsbesitzer), Georg Gottfried Gervinus (Historiker), Ludwig Häusser (Historiker), Friedrich Hecker (Rechtsanwalt), Karl Mathy (Journalist) und Gustav Struve (Rechtsanwalt).

Spaltung der revolutionären Bewegung

Einig war sich die revolutionäre Bewegung in der Ablehnung von Absolutismus, Adelsprivilegierung und obrigkeitsstaatlicher Reglementierung. Aber das Neue, das aus der Revolution hervorgehen sollte, blieb umstritten. Das Volk sollte souverän(er) sein, aber in welcher Form? Sollten die Kronen mit „demokratischem Öl gesalbt“ werden? Oder sollten sie im Sinne der Republik ganz abgeschafft werden?

Auf der einen Seite stand im deutschen Südwesten die bürgerlich-liberale Mehrheit der „Konstitutionellen“. Ihre führenden Persönlichkeiten – Friedrich Bassermann und Karl Mathy – beabsichtigten die Beseitigung des monarchischen Absolutismus und des „Systems Metternich“ sowie die Lösung der nationalen Frage.

Auf der anderen Seite neigte eine Minderheit zum demokratischen Radikalismus. Dessen Anhänger nannten sich die „Entschiedenen“. Das Konzept der sozialen, demokratischen Republik wurde von den Mannheimer Rechtsanwälten Friedrich Hecker und Gustav Struve personifiziert. Sie setzten auf ein Bündnis von Bürgern und Arbeitern beziehungsweise unterbürgerlichen Schichten. Ihre revolutionären Versuche, eine „Deutsche Republik“ zu etablieren (durch den populären Hecker im April 1848 in Konstanz beziehungsweise durch

M 3 Wie soll die neue Freiheit aussehen?
Satire auf den Streit zwischen Republikanern und konstitutionellen Monarchisten, 1848

Struve im September 1848 in Lörrach) scheiterten. Es fehlte ihnen die Unterstützung durch die Bevölkerung.

Parallel dazu fand das Streben nach Einheit seinen Ausdruck in den Wahlen zu einer verfassunggebenden Nationalversammlung, die sich am 18. Mai 1848 in der Frankfurter Paulskirche konstituierte.

Konterrevolution

Im Herbst 1848 zeichnete sich eine Machtverlagerung zu Gunsten der fürstlichen Gewalten ab. Die konservativen Kräfte, die monatelang erstarrt schienen, besannen sich darauf, dass die Stützen der Macht – insbesondere das Militär – weiterhin der Weisung durch die Fürsten unterstellt waren. Zunächst siegte die Konterrevolution in Österreich.

Vor dem Hintergrund einer möglichen Abspaltung Ungarns vom Kaiserreich fanden dynastische und militärische Interessen zueinander. Konservative Kräfte waren entschlossen, Österreich als Vielvölkerstaat zu erhalten und ein Aufgehen des Landes in einem deutschen Reich zu verhindern. Nach einer Revolte in Wien verließ der kaiserliche Hof die Stadt und organisierte vom böhmischen Olmütz aus die gewaltsame Rückeroberung. Der Angriff der kaiserlichen Truppen erfolgte am 28. Oktober. Nach vier Tagen des Kampfes musste sich das revolutionäre Wien den Truppen des Feldmarschalls Windischgrätz ergeben (31. Oktober 1848). Den folgenden Hinrichtungen fiel auch das Mitglied der Frankfurter Nationalversammlung, Robert Blum, zum Opfer.

Robert Blum (1807–1848)
Wortführer der Linksliberalen und Verfechter der Volkssouveränität im Frankfurter Parlament, wurde nach dem Sieg der Gegenrevolution in Wien standrechtlich erschossen, Ölportrait von August Hunger, um 1845.

In Berlin marschierten die Truppen des Generals von Wrangel ein und entwaffneten, ohne auf Widerstand zu stoßen, die Bürgerwehren (10. November 1848). Kurze Zeit danach – am 5. Dezember – löste König Friedrich Wilhelm IV. die preußische Nationalversammlung auf. Gleichzeitig erließ er eine so genannte oktroyierte (aufgezwungene) Verfassung. Diese Verfassung sah ein nach dem Dreiklassen-Wahlrecht gewähltes Abgeordnetenhaus vor und blieb in einer revidierten Fassung bis 1918 in Preußen in Kraft.

In Anbetracht des Aufkommens einer radikaldemokratischen, teilweise sozialistisch ausgerichteten Bewegung, die auch eine Veränderung der Eigentumsordnung anstrebte, erschien einer großen Mehrheit des liberalen Bürgertums der Kompromiss mit den Fürsten und der Adelsgesellschaft angezeigt. Das sollte den weiteren Verlauf der Revolution mitbestimmen.

Chronologie 1848

22.–24. Februar	Revolution in Paris
13.–15. März	Revolution in Wien; Rücktritt des österreichischen Staatskanzlers Metternich
18./19. März	Revolution in Berlin
31. März–3. April	Vorparlament in Frankfurt/M.
12. April	Hecker ruft in Konstanz die Republik aus.
18. Mai	Eröffnung der Nationalversammlung in Frankfurt/M.
21. September	Struve proklamiert die Deutsche Republik in Lörrach.
6. Oktober	Volksaufstand in Wien
31. Oktober	Eroberung Wiens durch kaiserliche Truppen
9. November	Der Paulskirchen-Abgeordnete R. Blum wird in Wien erschossen.
10. November	Der preußische General von Wrangel besetzt Berlin.
5. Dezember	Friedrich Wilhelm IV. löst die preußische Nationalversammlung auf.

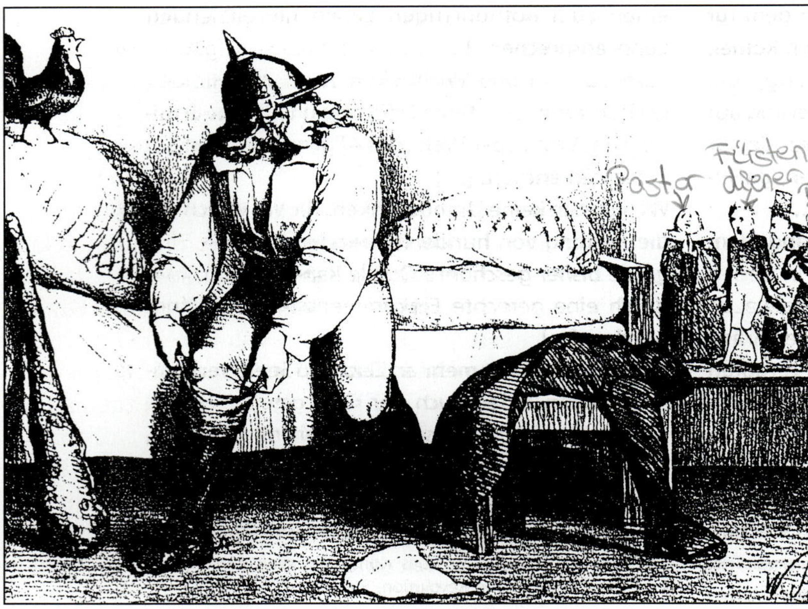

M 4 **„Wie der deutsche Michel die Nachtmütze wegwirft und sich vornimmt, ins Freie zu gehen!"**

Karikatur von Wilhelm Storck, um 1847.

Der deutsche Michel ist aufgewacht. Der gallische Hahn, der auf seinem Kopfkissen steht, hat ihn geweckt. Es ist höchste Zeit, sonst verschläft Michel auch diese günstige Gelegenheit! Weg mit der Nachtmütze, die Sturmhaube aufgesetzt, und schnell die Stiefel an! Die Keule steht am Kopfende des Bettes bereit. Gleich geht es hinaus ins Freie, und dann wird aufgeräumt mit den draußen unter dem Eindruck der Pariser Revolutionsnachricht zitternden und zeternden Herrschaften, dem Pastor, dem Fürstendiener, den beiden Bürgern und selbst dem Bürgergardisten. Gegen den jugendlich-kraftvollen Michel mit seiner Keule haben weder die Vertreter der alten Strukturen noch das Besitzbürgertum eine Chance, sie alle sind vom Schreck gelähmt.

F. X. Vollmer, Der Traum von der Freiheit, Stuttgart 1983, S. 34.

M 5 Die Mannheimer Petition

Der folgende Forderungskatalog wurde von einer Mannheimer Volksversammlung am 27. Februar 1848 verabschiedet und als Petition an die Zweite Kammer des badischen Landtags gerichtet:

Hohe zweite Kammer

Petition vieler Bürger und Einwohner der Stadt Mannheim, betreffend die endliche Erfüllung der gerechten Forderungen des Volkes.

Eine ungeheure Revolution hat Frankreich umgestaltet. Vielleicht in wenigen Tagen stehen französische Heere an unseren Grenzmarken, während Russland die seinen im Norden zusammenzieht. Ein Gedanke durchzuckt Europa. Das alte System wankt und zerfällt in Trümmer. Aller Orten haben die Völker mit kräftiger Hand die Rechte sich selbst genommen, welche ihre Machthaber ihnen vorenthielten. Deutschland darf nicht länger zusehen, wie es mit Füßen getreten wird. Das deutsche Volk hat das Recht zu verlangen: Wohlstand, Bildung und Freiheit für alle Klassen der Gesellschaft, ohne Unterschied der Geburt und des Standes. Die Zeit ist vorüber, die Mittel zu diesen Zwecken lange zu beraten. Was das Volk will, hat es durch seine gesetzlichen Vertreter, durch die Presse und durch Petitionen deutlich genug ausgesprochen. Aus der großen Zahl von Maßregeln, durch deren Ergreifen allein das deutsche Volk gerettet werden kann, heben wir hervor:

1. Volksbewaffnung mit freier Wahl der Offiziere.
2. Unbedingte Pressfreiheit.
3. Schwurgerichte nach dem Vorbilde Englands.
4. Sofortige Herstellung eines deutschen Parlaments.

Diese vier Forderungen sind so dringend, dass mit deren Erfüllung nicht länger gezögert werden kann und darf.

Vertreter des Volkes! Wir verlangen von Euch, dass Ihr diese Forderungen zu ungesäumter Erfüllung bringet. Wir stehen für dieselben mit Gut und Blut ein und mit uns, davon sind wir durchdrungen, das ganze deutsche Volk.

Mannheim, den 27. Februar 1848.

Nach: Arbeitskreis der Archive im Rhein-Neckar-Dreieck (Hg.), Der Rhein-Neckar-Raum und die Revolution von 1848/49, Ubstadt – Weiher 1998, S. 11.

M 6 Gaildorfer Erklärung

Die Erklärung im württembergischen Gaildorf wurde vom dortigen Glasfabrikanten Gottlieb Rau verfasst. Gleichwohl spiegeln sich in ihr auch die ländlichen Bedürfnisse (12. März 1848):

Die am 12. März zu Gaildorf abgehaltene Volksversammlung berathet und nimmt an folgende Erklärung, deren Verbreitung zugleich beschlossen wird: Wir schließen uns dem, allerwärts in Deutschland sich erhebenden Streben nach deutscher Einheit von ganzem Herzen an. Wir erblicken in dem für unser Land jetzt bestehenden Ministerium Römer, Pfizer etc. [württembergische Regierung] die Garantie für das Eingehen der Staatsregierung auf eine neue volksthümliche Bahn, die Garantie für Wahrung und Ausbildung der materiellen, geistigen und politischen Rechte des Volkes. [...]

Noch Ein Fehljahr, und der Jammer von Irland, Flandern, Schlesien und Galizien [Regionen, in denen Hungersnöte herrschten] bricht unaufhaltsam auch über uns herein mit all seiner haarsträubenden Grässlichkeit. Wir weisen einfach hin auf die Vorboten solcher Zeiten, die in erschreckendem Maaß wachsende Zahl der Gantfälle [Konkurse] von Woche zu Woche, wir machen aufmerksam auf die gänzliche Stockung in Gewerben und Handel, die uns bei der Ungunst unserer geografischen Lage noch viel härter drücken wird als andere Völker, wir erinnern an die Größe des Geldmangels, an die Möglichkeit einer abermaligen Misserndte des Hauptnahrungsmittels unseres Volkes, der Kartoffel-Pflanze, wir machen aufmerksam auf die Möglichkeit eines europäischen Völkerkampfs, und fra-gen einfach: ist es denkbar, diesen furchtbar wachsenden Größen von Noth, Elend und Gefahr erfolgreich mit Pressfreiheit, Schwurgerichten, Volksbewaffnung, deutschem Parlament und ähnlichen Maaßregeln allein entgegenzutreten? [...] Mit innerster Überzeugung sagen wir: Nein! – Jene großen Verbesserungen allein sind nicht im Stande, den tiefen Krebsschaden der geistigen und materiellen Verkümmerung des Volks aus dem Staatskörper herauszutreiben, er hat zu tief gefressen, es ist zu spät! [...]

In Ansehung des ersten Grundpfeilers der Existenz unseres Volks, des Ackerbaues, halten wir es für ein Gebot der Wahrheit, der Ehre und der Religion, auszusprechen: alle Grund- und Feudallasten, alle Zehenten und Gefälle [an den Boden gebundene Abgabe], sie mögen Namen haben, welche sie wollen, müssen an Einem Tage ohne Entschädigung fallen! [...]

Anlangend das andere große Leiden des Volks an seinem Grundpfeiler, den Gewerben, so glauben wir im Anblick der traurigen Verwahrlosung derselben zu dem Ausruf uns berechtigt und verpflichtet: der Staat, die Gesammtheit, das ganze Volk muss ins Mittel treten.

Die Ansicht, dass die Regierung für das Wohl des Ganzen, also für jeden Einzelnen zu sorgen habe, ist in dem Höchsten, was wir haben, in der Religion begründet. [...] Es ist deshalb eine furchtbare Verirrung, wenn man von Communismus spricht, da, wo die ärmeren Klassen Sicherung der Arbeit und einen zum nothdürftigen Leben hinreichenden Lohn ansprechen. [...] Das sind Staats-Aufgaben, deren Dasein und Wichtigkeit Jeder mit Händen greifen kann, und deren Erfüllung oder Nicht-Erfüllung das Wohl oder Wehe des Allgemeinen und des Einzelnen enthält. [...]

Wir kennen keine Unmöglichkeit, da, wo es sich um die Rettung von hunderttausenden handelt. Eine große bisher geschonte Quelle kann für den Staat durch eine gerechte Einkommenssteuer eröffnet werden. [...]

Keiner soll hinfort mehr an Leib und Seele verkümmern, denn Jeder, auch der Geringsten Einer, ist Gottes Ebenbild. Wir schließen mit den Worten: Wahrheit, Bildung, Bruderliebe.

(Folgen 738 Unterschriften, denen sich noch etwa 1500 vom Bezirk Gaildorf anreihen werden.)

Zit. nach: J. Cramer u. a., Das Königreich Württemberg zwischen Restauration und Revolution, Stuttgart 1983, M 74.

M 7 Die Märzrevolution in Wien

Der sächsische Diplomat Vitzthum von Eckstädt beobachtete die Geschehnisse vom 13. März 1848. Aus einem Brief an seine Mutter:

Montag, 13. März

8 Uhr. — Großer Zug der Studenten nach dem Ständehaus. Massen wohlgekleideter Menschen wogen in den Straßen.

10 Uhr. — Die Stände begeben sich in das Landhaus, zahlreicher denn je. Das Handbillet wird als ungenügend verworfen, ein Petitionsantrag aufgesetzt. Studentendeputation von zwölf Mitgliedern zerreißt Handbillet und Petition der Stände.

11 Uhr. — Die Masse der Studenten im Hofe versammelt, durch Redner angefeuert, dringt in den Sitzungssaal. Diese Sitzung wird aufgehoben. Wünsche des Volkes: 1. Pressfreiheit, 2. Lehrfreiheit, 3. Assoziationsrecht [Vereinigungsfreiheit], 4. allgemeine Stände, verantwortliche Minister, 5. Öffentlichkeit, Mündlichkeit, Schwurgerichte.

12 Uhr. — Großer Zug. Montecuccoli [Vorsitzender der Landstände] an der Spitze der Studenten zieht in die Burg mit der ständischen Deputation. Zugleich gewinnt eine Bürgerdeputation Zutritt in die Burg. Unterdessen nehmen die Straßen ein bedrohliches Aussehen an. Volksredner gruppieren das Volk um sich. Die Läden sind teilweise geschlossen: Graben, Herrengasse, Schauflergasse. Vier Bataillone stehen an den Türen der Burg. Kanonen werden aufgefahren und geladen. Die Staatskanzlei mit Truppen umgeben. Der Schrei „Nieder Metternich!" wird allgemein und Losungswort.

M 8 **Barrikadenkampf auf dem Berliner Alexanderplatz**
in der Nacht vom 18. zum 19. März 1848, zeitgenössische Lithographie von Anton Klaus

1 Uhr. — Truppenbewegung auf der Freiung und dem Michaeler-Platz. Alle Läden schließen sich. Die Tore der Stadt werden für die Wagen geschlossen, niemand hereingelassen. Die Bewegung greift um sich. Endlich wird ein ungarisches Bataillon, nach der Herrengasse geschickt, von Studenten und Volk angegriffen. Ein Haufen zieht vor die Staatskanzlei und verlangt Fürst Metternichs Entlassung. Ein anderer dringt in das Landhaus und zerbricht dort Fenster und Mobilien. [...]

3 Uhr. — Keine Nachricht von der Deputation. Ratlosigkeit in der Burg und in der Staatskanzlei. Die Erzherzoge Albrecht und Wilhelm durchschreiten die Straßen. Die Bewegung wird allgemein. Bajonett-Attacken. Mehrere Opfer. Man spricht von fünfzig Toten.

4 Uhr. — Man sagt, die Nachricht vom Empfang der Deputation solle um fünf Uhr kommen. Der Straßenkampf entbrennt heftiger. Die in den Judenplatz einmündenden Straßen in der Nähe des Zeughauses werden mit Barrikaden versehen. Das Volk wird zurückgeworfen. Das Zeughaus gerettet. Schotten- und Stubentor werden von den Vorstädtern erstürmt.

5 Uhr. — Die Bürgergarde schlägt Alarm und greift zu den Waffen. Eine Deputation von zehn Offizieren begibt sich nach der Burg. Es kommt eine Art von Waffenstillstand zu Stande. Die Bürgeroffiziere verlangen 1. sofortige Entfernung des Militärs aus der Stadt, 2. Bewaffnung der Studenten, 3. Rücktritt des Fürsten Metternich, und zwar, was Punkt zwei und drei betrifft, bis abends neun Uhr. Sie übernehmen dafür, die Ruhe der Stadt zu garantieren, mit der Drohung, dass wenn die Punkte 2 und 3 bis neun Uhr nicht gewährt werden, die Bürgergarde sich an die Spitze der Bewegung stellen würde. Beratung in der Burg; Stände und Bürger nehmen daran teil. Der Polizeiminister Sedlnitzky vollkommen paralysiert.

6 Uhr. — In den Straßen Pöbelexzesse [Ausschreitungen]. Die Schilderhäuser werden zertrümmert. Die Fenster werden erleuchtet, die nicht erleuchteten zerschlagen. Patrouillen von Bürgergarden und Studenten durchziehen die Straßen. Graben, Kohlmarkt und Michaeler-Platz sind besonders gedrängt.

7 Uhr. — Das Polizeigebäude am Hof von einem Insurgentenhaufen [Aufständische] bedroht. Drei Polizeisoldaten schießen aus den Fenstern. Drei Bürgergardisten fallen. Große Erbitterung. Exzesse in den Vorstädten.

8 Uhr. — Der Pöbel durchzieht in dichten Massen die Straßen. In den Vorstädten werden die kaiserlichen

Marstallgebäude angegriffen und von den ungarischen Grenadieren verteidigt. Großes Gemetzel. In der Burg fortdauernde Ratlosigkeit. Man will sich zu keinen Konzessionen verstehen.
9 Uhr. — Erzherzog Johann macht darauf aufmerksam, dass man nur noch eine halbe Stunde habe. Der Rücktritt des Fürsten Metternich beschlossen. Graf Breuner und Erzherzog Johann übernehmen es, ihm die Eröffnung zu machen. Fürst Metternich gibt seine Entlassung [bekannt].
9 Uhr. — Die Kunde durchläuft die Straßen. Einzelne Patrouillen sagen sie in jedem Hause förmlich an.

Zit. nach: W. Lautemann, M. Schlenke (Hg.), Geschichte in Quellen, Das bürgerliche Zeitalter 1815–1914, München 1980, S. 157 f.

M 9 **Flugblatt Friedrich Heckers**

Hecker, Anführer der republikanischen Linken in Baden und Mitglied des Vorparlaments, war nach seinem gescheiterten Aufstandsversuch vom April 1848 in die Schweiz geflohen, von wo er diesen Appell Anfang Juni an die Frankfurter Nationalversammlung richtete. Er wanderte im September 1848 in die Vereinigten Staaten aus:

Und ihr in Frankfurt Versammelten, wisst ihr, fasst ihr die Hoheit und Allmacht des Ausdrucks, der euch gebietet, im Namen des souveränen Volkes aufzutreten? Wisst ihr, was es heißt, der Vertreter von Fünfzigtausend zu sein? Begreift ihr, was es heißt, im Namen des souveränen, des mächtigen, unverantwortlichen, gewaltigen Volkes von vierzig Millionen! zu sprechen und in seinem Namen kraft aller der in ihm liegenden Kraftfülle, Hoheit, Tapferkeit und Energie handeln zu sollen? Volksrepräsentanten, begreift ihr, dass ein Volk nicht zu unterhandeln braucht, wo es handeln muss? Volksrepräsentanten zu Frankfurt a. M., zerreißt das Papier der Unterhandlung mit der Monarchie und werdet selbst die lebendige Volkstat! Rufet dem Volke, das euch gesendet hat, zu: Hannibal steht vor den Toren! ruft ihm zu, dass es gilt: ein Volk oder Knecht. Erhebt euch, Bürgerrepräsentanten, zu dem Stolz und der Vollkraft, die in jedem wohnen muss, der reden und handeln soll für Fünfzigtausende, für vierzig Millionen! Sprecht es aus, das große Wort: Deutsche Republik, deutscher Volksstaat! [...]

Zit. nach: W. Grab (Hg.), Die Revolution von 1848/49, München 1980, S. 120.

M 10 **„Verfassungspillen"**
Die absoluten Könige werden gezwungen, die bittere Pille der Verfassung zu schlucken, französische Karikatur vom 24. März 1848.
Von links nach rechts erkennt man: Ferdinand I. von Österreich, Ernst August II. von Hannover, Friedrich August II. von Sachsen und Friedrich Wilhelm IV. von Preußen.

Aufgaben

1. Fassen Sie in einer Rede die Bedeutung der Revolution von 1848/49 zusammen, die sie im Kontext der deutschen Geschichte besitzt.
   → Text
2. Analysieren Sie die Ursachen, die für den Ausbruch der Revolution maßgeblich waren.
   → Text, M6
3. Stellen Sie die Forderungen dar, die im Einzelnen erhoben wurden. Welche gesellschaftlichen Gruppen standen hinter ihnen? Inwiefern lässt sich von einer Spaltung der revolutionären Bewegung sprechen?
   → Text, M2, M3, M5, M6, M9
4. Erläutern Sie, wie die herrschenden Gewalten auf die Revolution reagierten.
   → Text, M7, M8, M10
5. Erkundigen Sie sich über die Rolle, die Friedrich Wilhelm IV. in der Revolution eingenommen hat, und diskutieren Sie seine Handlungsoptionen.

10.2 Frankfurter Nationalversammlung und das Scheitern der Revolution

Anfang März 1848 versammelten sich 51 liberale Wortführer aus süd- und südwestdeutschen Ländern in Heidelberg (5.3.1848), um die einzelnen Länderregierungen aufzufordern, Wahlen zu einer verfassunggebenden Nationalversammlung auszuschreiben. Dieses unmittelbar aus der revolutionären Bewegung entstandene Vorparlament trat in Frankfurt zusammen (30.3.1848). Es beschloss Empfehlungen für die künftige deutsche Verfassung und legte das Wahlrecht (allgemein und unmittelbar) fest, wobei die Durchführung den einzelnen deutschen Ländern überlassen blieb.

Anfang Mai 1848 fanden die Wahlen zur Nationalversammlung nach dem Prinzip der Mehrheitswahl statt. Das Wahlrecht (nur für Männer) war allgemein und gleich, wobei der Gleichheitsgrundsatz an die Voraussetzung der Selbstständigkeit geknüpft war, was von Land zu Land unterschiedlich ausgelegt wurde. Als Voraussetzung für das Wahlrecht galten zum Beispiel Einkommen, Vermögen und Bildungsstand. In den meisten Ländern wurde nur indirekt über Wahlmänner gewählt. Da es noch keine politischen Parteien gab, stellten Wahlkomitees oder örtliche Honoratioren die Kandidaten auf.

Am 18. Mai 1848 wurde die Nationalversammlung in der Paulskirche zu Frankfurt eröffnet.

Hier hatte sich eine bürgerliche Elite versammelt, die durch Besitz und Bildung ausgezeichnet war. Die beiden Hauptaufgaben der Nationalversammlung bestanden darin, die Einzelstaatlichkeit zu überwinden, das heißt eine zentrale Regierungsgewalt einzusetzen, sowie eine gesamtdeutsche Verfassung auszuarbeiten.

Verfassung

Eine moderne Verfassung spiegelt die Grundwerte und Grundrechte einer Gesellschaft wider. Sie regelt außerdem die Arbeitsweise und das Zusammenwirken der Staatsorgane. Verfassungsfragen sind Machtfragen, bei denen es Verlierer und Gewinner gibt. Eine deutsche Zentralgewalt hätte in jedem Fall die teilweise Entmachtung der einzelstaatlichen Regierungen bedeutet. Auch so wird der Widerstand verständlich, auf den die Forderung nach einer Verfassung traf. Der Kampf um Verfassungen stand im Mittelpunkt der innergesellschaftlichen Konflikte in fast allen europäischen Staaten des 19. Jahrhunderts. Das Bürgertum verlangte die Begrenzung der Staatsgewalt und deren Kontrolle. Der Schutz vor Übergriffen durch eine spät-absolutistische Staatsgewalt war ein Motiv des Bürgertums, ein anderes die Teilnahme an der staatlichen Willensbildung. Selbstherrliche Machtausübung wurde nicht länger akzeptiert. Die moderne Staatsgewalt bedarf der Legitimation durch die Zustimmung der Betroffenen. Und diese sollte verfassungsgemäß durch freie Wahlen gegeben werden.

Die Abgeordneten wählten den liberalen hessischen „Märzminister" Heinrich von Gagern zum Präsidenten und beriefen den österreichischen Erzherzog Johann zum „Reichsverweser", das heißt zum provisorischen Inhaber der Zentralgewalt. Tatsächlich erwies sich die neue Reichsregierung als machtlos, weil insbesondere die Großmächte nicht bereit waren, sich ihr zu unterwerfen.

Parteienbildung

Den meisten Abgeordneten fehlte es an parlamentarischer Erfahrung. Oft wurden die Beratungen und Beschlüsse durch hunderte von Wortmeldungen und eine Flut von Anträgen blockiert. Erst allmählich, gefördert durch die parlamentarische Arbeit, schlossen sich die Abgeordneten mit ähnlicher Gesinnung zu festeren Gruppen zusammen. Zwar herrschte eine starke Fluktuation, aber mit der Zeit schälten sich Fraktionen heraus, die – in Ermangelung von Parteinamen – sich nach den Lokalen nannten, in denen sie sich zu treffen pflegten. 1848 ist das Geburtsjahr der Parteien in Deutschland.

M 1

Die Fraktionen der Frankfurter Nationalversammlung

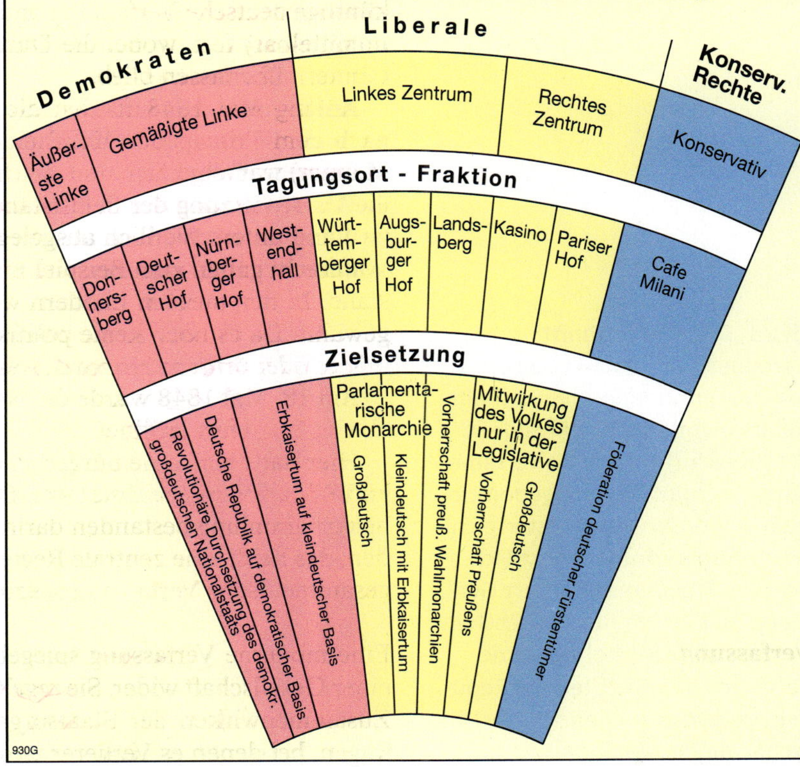

Die Mehrheit der Paulskirchenversammlung war konstitutionell-monarchisch eingestellt, das heißt man sprach sich für die Beibehaltung des Monarchen als formellen Träger der Staatsgewalt aus. Der Monarch sollte aber in der Machtausübung an die Verfassung und an die ihm gegenüber verantwortlichen Minister gebunden sein. Weitere Forderungen lauteten: Gewaltenteilung mit einer mehr oder weniger starken Zentralgewalt und Wahrung der Grundrechte. Die Anhänger der parlamentarischen Monarchie akzentuierten die Volkssouveränität und rückten die Volksvertretung ins Zentrum der Staatsgewalt. Die Regierung bedürfte des Vertrauens des Parlaments. Der Fürst hatte demzufolge nur noch ein formelles Ernennungsrecht. Die radikale demokratische Linke orientierte sich an der republikanischen Staatsform und verband diese mit sozialen Forderungen. Ungefähr 15 Prozent der Abgeordneten zählten sich zu dieser Richtung. Die liberal-konservative Rechte der Nationalversammlung betonte vor allem die Rechte der Einzelstaaten im Rahmen der neu zu schaffenden Einheit (etwa zehn Prozent der Abgeordneten).

Probleme und Widerstände

Die Errichtung eines deutschen Nationalstaates stieß auf enorme Hindernisse und Schwierigkeiten:

- Welches Gebiet sollte der neue deutsche Staat umfassen? Insbesondere der Konflikt, der mit dem Etikett „großdeutsch oder kleindeutsch?" versehen wurde, erwies sich als kaum zu bewältigen. Österreich forderte, mit dem gesamten Staatsverband in das Reich einzutreten. Weil dazu auch die nichtdeutsche Bevölkerung gehörte, hätte das aber eine schwerwiegende Verletzung des Nationalitätsprinzips bedeutet. Die Sprengkraft der Nationalitätenfrage zeigte sich bereits darin, dass preußische Polen und österreichische Tschechen und Slowenen die deutsche Nationalversammlung boykottierten.
- Wem sollte die Führungsrolle im neuen deutschen Staat zukommen? Der traditionellen Vormacht des Deutschen Bundes – Österreich – oder dem aufstrebenden Preußen?
- Auch die Staatsform blieb umstritten: Erbmonarchie, Wahlmonarchie oder Republik?
- Würden die deutschen Fürsten ihre Entmachtung ohne Widerstand hinnehmen? Würden sie die Befehlsgewalt über das Militär an die neue Reichsgewalt abtreten?

M 2 „Der Kaiserschnitt"
Germania wird vom Erzherzog Johann entbunden. Geburtshelfer Heinrich von Gagern, Präsident der Frankfurter Nationalversammlung, übergibt das Neugeborene dem erzkonservativen österreichischen Abgeordneten Fürst Lichnowsky. Preußen ermuntert Germania mit einem Riechfläschchen. Der deutsche Michel als Vater hatte sich eine Tochter, die Republik, gewünscht; Friedrich Hecker, rechts außen, als Demokrat mit Vollbart, ballt die Faust, Lithografie, 1848.

Text nach: Historisches Museum Hannover, Biedermeier und Revolution – Hannover 1848, Hannover 1998, S. 98.

Die Bedeutung der Militärfrage war der Nationalversammlung im September 1848 bewusst geworden, als ein Konflikt mit Dänemark, in dem es um die Einverleibung Schleswigs in den dänischen Staatsverband ging, mit dem Waffenstillstand von Malmö endete, was einer Niederlage gleichkam. Preußen hatte seine Truppen auf internationalen Druck hin zurückziehen müssen. Der Protest der Paulskirche blieb wirkungslos, und die neue Zentralgewalt macht die schmerzhafte Erfahrung, über keine eigenen Machtmittel zu verfügen.

Scheitern

Die im März 1849 verabschiedete Verfassung wurde von 28 Staaten anerkannt, aber die alles entscheidenden Großmächte verweigerten ihre Zustimmung. Vor allem in Wien, Berlin, München und Hannover widersetzte man sich der Vereidigung des Militärs auf die neue Verfassung. Eine relative Mehrheit der Nationalversammlung entschied sich zugunsten der kleindeutschen Lösung mit dem preußischen König als neuem Kaiser. Friedrich Wilhelm IV. lehnte aber die ihm angetragene Kaiserkrone ab, an der „der Ludergeruch der Revolution" hinge. Nach der Abberufung der preußischen und österreichischen Abgeordneten zog sich der linke Flügel der Paulskirchenversammlung, überwiegend Anhänger der Republik, nach Stuttgart zurück. Sie bildeten dort vorübergehend das so genannte Rumpfparlament, das am 18. Juni 1849 auf preußischen Druck hin aufgelöst wurde.

Im österreichischen Staat wurden die revolutionären Ungarn mit tatkräftiger Hilfe durch den russischen Zaren Nikolaus I. im Juni 1849 besiegt.

Der polnische General Ludwik Mieroslawski (1814–1878) kämpfte in der preußischen Provinz Posen für die polnische Unabhängigkeit. 1849 führte er die Revolutionstruppen in Baden, Holzstich, Juni 1849.

Den Schlusspunkt der revolutionären Ereignisse 1848/49 setzten die Aufstände in Sachsen, in der bayerischen Pfalz und in Baden. Insbesondere in Baden nahmen die Handlungen dramatische Formen an, weil große Teile des badischen Militärs meuterten, um sich mit den Revolutionskämpfern zu verbünden. Auf Ersuchen der großherzoglichen Regierung intervenierten preußische Truppen und warfen in wochenlangen Kämpfen den Aufstand nieder. Am 23. Juli 1849 endete dieses letzte Kapitel der Revolution mit der Kapitulation der in der Festung Rastatt eingeschlossenen Aufständischen. Im Anschluss daran wurden 50 Freiheitskämpfer erschossen und einige hundert mit Kerkerstrafen belegt. Vielen war zuvor die Flucht in die nahe Schweiz gelungen.

Wegen dieser Ereignisse hat der damalige Bundespräsident Gustav Heinemann 1974 im Rastatter Schloss die „Erinnerungsstätte für die Freiheitsbewegungen in der deutschen Geschichte" einrichten lassen.

Die Revolution von 1848 scheiterte letztlich an ihrer fehlenden Machtbasis und der Entschlossenheit der preußischen und österreichischen Führung, ihre Machtmittel – das Militär – nicht einer neuen Zentralgewalt zu unterstellen. Die beiden Großmächte, auf die es ankam, waren seit dem Spätherbst 1848 entschlossen gewesen, die März-Bewegung nicht länger gewähren zu lassen. Auch das konterrevolutionäre Einwirken Russlands spielte – insbesondere bei der Niederschlagung des ungarischen Aufstands – eine wichtige Rolle.

Die Spaltung der revolutionären Bewegung in Liberale und Demokraten, Monarchisten und Republikaner, Großdeutsche und Kleindeutsche verhinderte ein zügiges und entschlossenes Handeln. Die große liberale Mehrheit der Achtundvierziger schreckte vor Gewaltanwendung zurück. Ihr Ziel bestand letztlich darin, auf friedlichem Weg eine Reformierung der Gesellschaft im bürgerlichen Sinne zu erreichen. Sie arrangierte sich mit Adelsmacht und Krone.

Chronologie 1849

28. März	Verabschiedung der Reichsverfassung durch die Frankfurter Nationalversammlung
3. April	Der preußische König lehnt die ihm angetragene Kaiserkrone ab.
4.–9. Mai	Sächsischer Aufstand
11. Mai	Beginn des Aufstands in Baden
18. Juni	Auflösung des so genannten Rumpfparlaments in Stuttgart
23. Juli	Kapitulation der letzten aufständischen Truppen in Rastatt

M 3 Das „Innenleben" der Paulskirche

Fotografisch genau zeigt eine zeitgenössische Lithographie das Innenleben des Paulskirchenparlamentes dieser Tage: Unter der mit grünem Tuch verhüllten Orgel, einem romantisch-naiven Gemälde der „Germania" und einem doppelköpfigen Reichsadler sitzt das Präsidium der Versammlung. Dahinter, von einem Säulenrund abgetrennt, sind Plätze für die Journaille [Journalisten], das Diplomatische Corps, und – voneinander getrennt – für die Damen und Herren der gehobenen Schichten reserviert. Die Logenplätze nimmt das gemeine Volk ein; auf der in halber Höhe umlaufenden Galerie haben über 2000 Schaulustige die gerade 1200 Plätze besetzt. Vor dem erhöhten Präsidiumstisch ragt, etwas niedriger, das kanzelähnliche Rednerpult auf. Zu Füßen der Redner hat man schlichte Tische gestellt, an denen seitlich Sekretäre, vorn die Stenografen ihrer aufreibenden Arbeit nachgehen: Ihre Protokolle werden später fünfzehn dickleibige Bände füllen. Davor, halbkreisförmig angeordnet, die fünfzehn Bankreihen der Parlamentarier selbst; die Sitzordnung prägt die politische Sprachregelung: Von nun an wird in deutschen Parlamenten von „der Rechten", „der Mitte" (oder auch „dem Zentrum") und von „der Linken" die Rede sein.

B. Eichmann, Einigkeit! Und Recht! Und Freiheit?, Das Parlament, Nr. 10/1991.

M 4

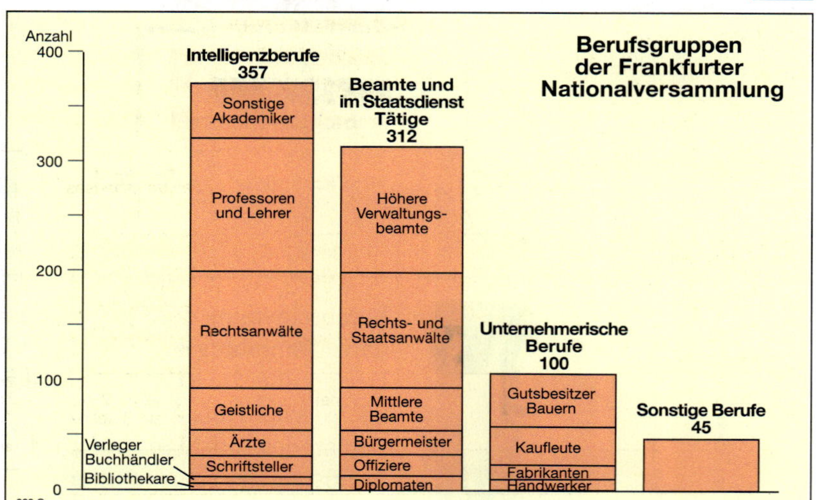

M 5 Die Grundrechte des deutschen Volkes

Die von der Frankfurter Nationalversammlung verabschiedete Verfassung war die erste in Deutschland, die einen Grundrechtskatalog enthielt:

§ 130 Dem deutschen Volke sollen die nachstehenden Grundrechte gewährleistet sein. Sie sollen den Verfassungen der deutschen Einzelstaaten zur Norm dienen, und keine Verfassung oder Gesetzgebung eines deutschen Einzelstaates soll dieselben je aufheben oder beschränken können.

§ 133 Jeder Deutsche hat das Recht, an jedem Orte des Reichsgebiets seinen Aufenthalt und Wohnsitz zu nehmen, Liegenschaften jeder Art zu erwerben und darüber zu verfügen, jeden Nahrungszweig zu betreiben, das Gemeindebürgerrecht zu gewinnen. […]

§ 137 Vor dem Gesetz gilt kein Unterschied der Stände. Der Adel als Stand ist aufgehoben. […] Die öffentlichen Ämter sind für alle Befähigten gleich zugänglich.

Die Wehrpflicht ist für alle gleich; Stellvertretung bei derselben findet nicht statt.

§ 138 Die Freiheit der Person ist unverletzlich. […] Die Polizeibehörde muss jeden, den sie in Verwahrung genommen hat, im Laufe des folgenden Tages entweder frei lassen oder der richterlichen Behörde übergeben. […]

§ 140 Die Wohnung ist unverletzlich. […]

§ 143 Jeder Deutsche hat das Recht, durch Wort, Schrift, Druck und bildliche Darstellung seine Meinung frei zu äußern.

§ 144 Jeder Deutsche hat volle Glaubens- und Gewissensfreiheit. […]

§ 152 Die Wissenschaft und ihre Lehre ist frei.

§ 153 Das Unterrichts- und Erziehungswesen steht unter der Oberaufsicht des Staates und ist, abgesehen vom Religionsunterricht, der Beaufsichtigung der Geistlichkeit als solcher enthoben. […]

§ 158 Es steht einem jeden frei, seinen Beruf zu wählen und sich für denselben auszubilden, wie und wo er will.

§ 159 Jeder Deutsche hat das Recht, sich mit Bitten und Beschwerden schriftlich an die Behörden, an die Volksvertretungen und an den Reichstag zu wenden. […]

§ 161 Die Deutschen haben das Recht, sich friedlich und ohne Waffen zu versammeln; einer besonderen Erlaubnis dazu bedarf es nicht.

§ 162 Die Deutschen haben das Recht, Vereine zu bilden. […]

§ 164 Das Eigentum ist unverletzlich. Eine Enteignung kann nur aus Rücksichten des gemeinen Besten, nur aufgrund eines Gesetzes und gegen gerechte Entschädigung vorgenommen werden. […]

§ 174 Alle Gerichtsbarkeit geht vom Staate aus. Es sollen keine Patrimonialgerichte[1] bestehen.

§ 175 Die richterliche Gewalt wird selbstständig von den Gerichten geübt. Kabinetts- und Ministerialjustiz ist unstatthaft. Niemand darf seinem gesetzlichen Richter entzogen werden. Ausnahmegerichte sollen nie stattfinden.

1 niedere Gerichtsbarkeit der Gutsbesitzer

Nach: H. Hildebrandt, Die deutschen Verfassungen des 19. und 20. Jahrhunderts, Paderborn 1950, S. 19 ff.

M 6

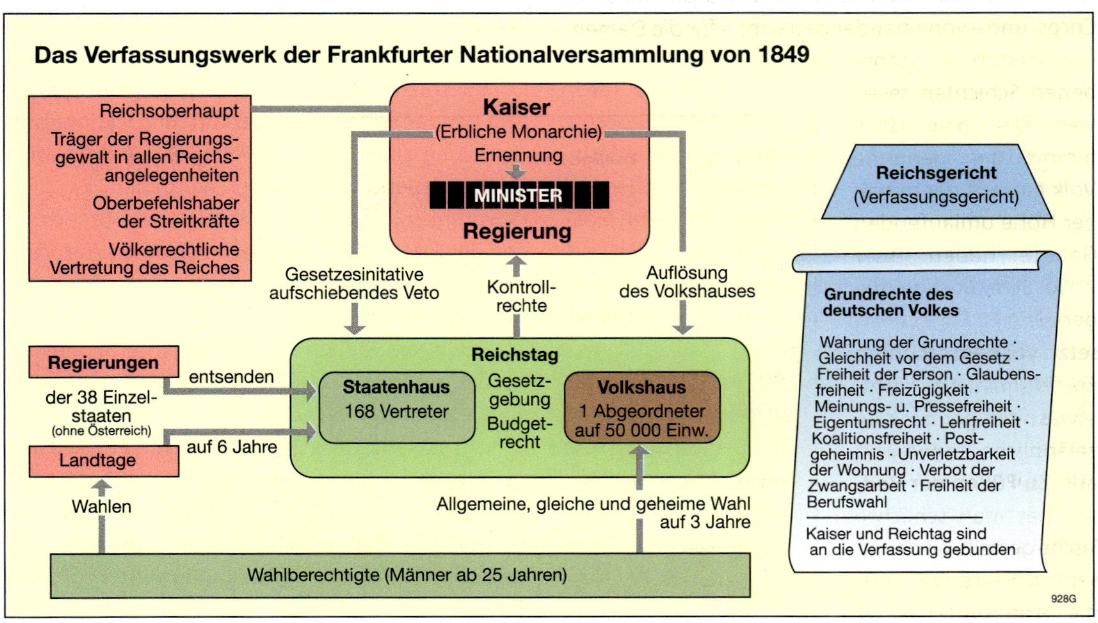

Das Verfassungswerk der Frankfurter Nationalversammlung von 1849

M 7 Ablehnung der Kaiserkrone

Borussia fragt v. Gagern: „Wat heulst'n, kleener Hampelmann?" – „Ick habe Ihr'n Kleenen 'ne Krone geschnitzt, nu will er se nich!" Im Hintergrund König Friedrich Wilhelm IV. mit dem Berliner Bären, Karikatur, 1849.

M 8 Die Ablehnung der Kaiserkrone durch Preußen

Der preußische König scheute vor einem Konflikt mit Österreich zurück. In einem privaten Brief begründete Friedrich Wilhelm IV. die Ablehnung der Kaiserkrone (1849):

[…] Die Krone, die ein Hohenzoller nehmen dürfte, wenn die Umstände es möglich machen könnten, ist […] eine, die den Stempel Gottes trägt, die den, dem sie aufgesetzt wird nach der heiligen Oelung, „von Gottes Gnaden" macht, weil und wie sie mehr denn 34 Fürsten zu Königen der Deutschen von Gottes Gnaden gemacht und den Letzten immer der alten Reihe gesellt. Die Krone, die die Ottonen, die Hohenstaufen, die Habsburger getragen, kann natürlich ein Hohenzoller tragen, sie ehrt ihn überschwänglich mit tausendjährigem Glanze. Die aber, die Sie leider meinen, verunehrt überschwänglich mit ihrem Ludergeruch der Revolution von 1848, der albernsten, dümmsten, schlechtesten, wenn auch, Gottlob, nicht bösesten dieses Jahrhunderts. Einen solchen imaginären Reif, aus Dreck und Letten [Lehm] gebacken, soll ein legitimer König von Gottes Gnaden und nun gar der König von Preußen sich geben lassen, der den Segen hat, wenn auch nicht die älteste, doch die edelste Krone, die Niemand gestohlen worden ist, zu tragen?

Ich sage es Ihnen rund heraus: Soll die tausendjährige Krone deutscher Nation, die 42 Jahr geruht hat, wieder einmal vergeben werden, so bin ich es, und meines Gleichen, die sie vergeben werden. Und wehe dem, der sich anmaßt, was ihm nicht zukommt!

Aus: L. von Ranke: Aus dem Briefwechsel Friedrich Wilhelms IV. mit Bunsen, Leipzig 1873, S. 233 f.

M 9 Frauen in der Revolution

Die Rolle von Frauen in der Revolution stellt der folgende Zeitungsartikel dar (1998):

Die Revolutionen 1848/49 in Europa waren nicht nur Männersache. „Wo sie das Volk meinen, da zählen die Frauen nicht mit", protestierte Louise Otto[1] aus Sachsen 1849 in der von ihr gegründeten Frauen-Zeitung, waren doch staatsbürgerliche Rechte in den Revolutionen 1848/49 auf Männer beschränkt. Die Empörung darüber teilten Frauen europaweit: „Es wäre falsch, das Stimmrecht allgemein zu nennen, wenn von dessen Ausübung wenigstens die Hälfte der Untertanen ausgeschlossen ist", hieß es in Wien. „Wir sind Menschen, wir haben Verstand, wir dürfen nicht so tief unter dem Manne stehen", mit dieser Parole versuchten Frauen in Prag und Frankreich als Kandidatinnen für die Wahl zur Nationalversammlung zugelassen zu werden. Doch das war verboten. […]

„1848" gilt als Versuch, Freiheit und Gleichheit als politische Prinzipien zu institutionalisieren, allerdings handelte es sich dabei um ein männliches Projekt. Frauen wurden per Geschlecht aus dem politischen Vereinswesen ebenso wie vom Wahlrecht zu den neu gegründeten Parlamenten in der Frankfurter Paulskirche, dem Wiener Reichsrat oder der preußischen Nationalversammlung in Berlin ausgeschlossen.

Das richtete sich gegen die politisch Interessierten, doch nicht alle ließen sich davon abschrecken. Heimlich in der Kanzel versteckt, verfolgten einige Frankfurterinnen bereits die Debatten im Vorparlament. „Es sei recht schmerzlich", resumierte eine der Wagemutigen, die Kaufmannsgattin Clothilde Koch-Gontard, „nur eine Frau sein zu müssen, die das Zusehen hat und doch mit Gefühl und Tatkraft im Leben ausgestattet zu sein". Proteste bewirkten, dass bei der Eröffnung der Deutschen Nationalversammlung zumindest 200 Plätze auf den Galerien für Zuschauerinnen reserviert wurden. […]

Es waren einige, meist Angehörige des Bürgertums und des Adels, die sich im revolutionären Aufbruch als politische Individuen begriffen. […] „Demokratische Frauenvereine" wurden gegründet. […]

Vor allem die Frauen in den deutschen Freischärlerzügen nutzten eine andere Möglichkeit, um in die Kampfverbände zu gelangen: Sie begleiteten schlicht ihre Männer. Beispiele dafür sind Mathilde Franziska Anneke, Emma Herwegh oder Amalie Struve. Für dieses Engagement in den badischen Freiheitskämpfen wurde Amalie Struve mit 205 Tagen Einzelhaft im Freiburger Turm bestraft. Die Niederlagen der 1848-er waren nicht nur für die

Helden der Bewegung mit Tod, Verfolgung, Gefängnis, Verbannung oder Emigration verbunden, sondern auch für deren Gefährtinnen oder allein stehende Frauen.

1 Luise Otto-Peters (1819–1895), Vorkämpferin der Frauenbewegung in Deutschland, gründete 1865 den „Allgemeinen Deutschen Frauenverein".

G. Hauch, Frauen zielen auch auf Männer, in: Sonderbeilage „1848" der Frankfurter Rundschau vom 18.5.1998.

M 10 Die Revolution 1848/49 und ihre Folgen

Der Historiker Imanuel Geiss nimmt eine Einordnung der Revolution in das gesellschaftliche Schichten- bzw. Klassengefüge vor:

Die meisten Revolutionsbewegungen wollten – entsprechend den sozialen und politischen Zuständen in ihren Gesellschaften – erst einmal die Ergebnisse der Französischen Revolution von 1789 nachholen. Sie wurden sämtlich entweder sofort militärisch niedergeworfen oder blieben nach ersten Anfangserfolgen stecken, arrangierten sich mit Krone und Aristokratie oder wurden dann doch noch militärisch erstickt. Als [eherner Fels] der Gegenrevolution erwies sich das zaristische Russland [...]. In Frankreich dagegen, seit 1789 Europa in diesem Punkt stets während des 19. Jahrhunderts um einen Schritt voraus, setzte sich die 1830 erstmals sichtbar gewordene Tendenz fort: Das Industrieproletariat, vor allem in Paris, war bereits so stark geworden, dass es in den ersten Monaten Miene machte, sich diesmal die Erfolge der im Wesentlichen abermals von ihm getragenen Revolution nicht wieder aus der Hand winden zu lassen. Das Bürgertum, verbündet mit den Resten der alten Aristokratie, suchte daher von sich aus die militärische Entscheidung und warf in einer dreitägigen Straßenschlacht im Juni 1848 das bewaffnete Pariser Proletariat nieder. [...]

Die Entscheidung in Paris war von weitreichender Signalwirkung, weil nunmehr das Mittel- und Großbürgertum in anderen revolutionierten Gesellschaften mehr oder weniger Anschluss an die Aristokratie suchte, um Schutz gegen das Industrieproletariat zu finden, gleichgültig, ob dieses schon ein nennenswerter Faktor war oder nicht. [...] In Frankreich konsolidierte das Bürgertum seine Macht. [...]

In Deutschland, vor allem in Preußen, ließen sich Ruhe und Ordnung nur um den Preis einer komplizierten – und sich mit der von nun an erst stürmisch einsetzenden Industrialisierung immer weiter komplizierenden – Kompromisslösung herstellen: Die politische Macht, repräsentiert in der Krone, blieb weiterhin bei der Aristokratie, aber das Bürgertum erhielt freie Bahn für ökonomische Aktivitäten, die auf die Dauer auch politische Konsequenzen haben sollten.

I. Geiss, Bürgerliche und proletarische Revolution, in: APuZ, Nr. 42/1975, S. 28 f.

Aufgaben

1. Untersuchen Sie, welche Funktionen eine Verfassung in einem modernen Staat hat.
   → Text, M5, M6
2. Informieren Sie sich über die Zusammensetzung und die politischen Gruppierungen der Frankfurter Nationalversammlung. Welches Bild ergibt sich?
   → Text, M1, M3, M4
3. Vergleichen Sie die Grundrechte von 1848 mit denen des Grundgesetzes der Bundesrepublik Deutschland. → Text, M5
4. Vor welche Zentralprobleme sah sich die Nationalversammlung gestellt? Erläutern Sie die strittigen Fragen der Einheitsidee, des Staatsgebietes, der Staatsform und des Staatsoberhaupts.
   → Text, M2, M6
5. Vergleichen Sie die geplante Verfassung mit dem Grundgesetz. Welche Unterschiede und Gemeinsamkeiten können Sie feststellen?
   → M6
6. Analysieren Sie die Einstellung Friedrich Wilhelms IV. Welcher prinzipielle Konflikt wird in diesem Brief deutlich?
   → M8
7. Untersuchen Sie, welche Rolle die Frauen im Revolutionsgeschehen spielten.
   → M9
8. Erläutern Sie die Gründe für das Scheitern der Revolution von 1848/49.
   → Text, M7, M8, M10
9. Untersuchen Sie die Auswirkungen der Revolution. Welche Fragen und Probleme ergaben sich aus dem Scheitern für die weitere Entwicklung des deutschen Bürgertums?
   → Text, M10
10. Diskutieren Sie, ob es einen Zusammenhang zwischen dem Scheitern der Revolution und der deutschen Katastrophe im 20. Jahrhundert gibt.

1870
1871.

11. Das Deutsche Kaiserreich

Das Deutsche Kaiserreich, dessen Gründungsakt am 18. Januar 1871 auf französischem Boden stattfand, war entscheidend mit dem politischen Wirken Otto von Bismarcks verbunden. Bismarck hatte – modern gesprochen – die Fäden gezogen, die politische Strategie entworfen, Monarchen bekniet und Druck ausgeübt, bis es im Anschluss an den siegreichen Frankreich-Feldzug zu jener denkwürdigen Zeremonie im Spiegelsaal des Schlosses von Versailles kommen konnte, wo der preußische König zum Kaiser Wilhelm I. proklamiert wurde.

Bismarck war der überragende deutsche Staatsmann in seiner Epoche und vielfach ist vom Bismarckreich die Rede, wenn man von Deutschland in der Zeit von 1871 bis 1890, dem Jahr seiner Entlassung durch Kaiser Wilhelm II., spricht.

Das Bild von Ludwig Rudow aus dem Jahr 1890 ist Teil einer Bismarck-Verherrlichung, die erst nach Bismarcks Sturz vehement einsetzte und nach seinem Tod 1898 ihre Fortsetzung fand.

„Der Kanzler in Kürassieruniform ist bereits zu Lebzeiten sein eigenes Denkmal, bekränzt von der Siegesgöttin; daneben die geharnischte Germania, gekrönt mit der Reichskrone, die zwar in der zeitgenössischen Symbolik allenthalben auftauchte, aber nur als Holzmodell existierte. Links sitzt Clio, die Muse der Geschichte, die das Kapitel von 1870/71 aufgeschlagen hat. Im Vordergrund jubelndes Volk, dabei ein Korpsstudent; die Studentenschaft sollte in den nächsten Jahren die stärkste Stütze des gegen Wilhelm II. gerichteten Bismarck-Kults werden, Erbauerin hunderter Bismarck-Türme im gesamten Reich."(Hagen Schulze, Kleine deutsche Geschichte, München 1996, S. 142)

Die Reichsgründung war vordergründig das Ergebnis der waffenmäßigen Überlegenheit Preußens in den so genannten Einigungskriegen. Die Euphorie als Folge des schnellen Sieges über Frankreich hatte eine Dynamik in das Einheitsbestreben gebracht, der sich auch die süddeutschen Staaten nicht entziehen wollten.

1848/49 war der bürgerliche Versuch gescheitert, die nationale Einheit auf demokratischer Basis zu bewerkstelligen. Sie war gegen den Widerstand der beiden Großmächte Preußen und Österreich nicht durchzusetzen. 1870/71 gelang sie zwar, aber unter gänzlich anderen Vorzeichen.

Staatsrechtlich gesehen war das Deutsche Reich aus einem Bündnis der Fürsten (und dreier Stadtstaaten) hervorgegangen. Bei der Proklamation in Versailles wird man das Volk oder dessen Repräsentanten vergeblich suchen.

Gleichwohl fand dieser Akt die Zustimmung breiter bürgerlicher Schichten beziehungsweise der deutschen Nationalbewegung, die es in allen Ländern gab. Wirtschaftliche Interessen und der grenzüberschreitende Handel im Zollverein, der schon seit 1834 Preußen mit den süddeutschen Staaten verknüpfte (unter Ausschluss Österreichs), und nicht zuletzt die Intensivierung der Verkehrsströme durch die Eisenbahnen waren ganz wesentliche Voraussetzungen für das Zusammenwachsen der verschiedenen deutschen Staaten.

11.1 Reichsgründung: Der Weg zur nationalen Einigung

„Verspätete Nation“

Gemessen an der nationalstaatlichen Einigung Englands und Frankreichs musste Deutschland als eine „verspätete Nation“ gelten. Nachdem in der Revolution von 1848/49 der Versuch gescheitert war, die nationale Einheit auf demokratischer Grundlage – gleichsam „von unten“ – zu schaffen, bestand der Zustand der Zersplitterung weiter fort. Deutschland existierte nur indirekt in Form des Deutschen Bundes, das heißt als Bündnis souveräner Einzelstaaten. Unter diesen ragten Österreich und Preußen als Großmächte heraus. Beide Staaten konkurrierten nach 1848 um die Vormacht in Deutschland.

Otto von Bismarck (1815–1898)

Otto von Bismarck, der als Stifter der deutschen Einheit in die Geschichte eingegangen ist, sah in diesem Dualismus der beiden Großmächte ein entscheidendes Hindernis auf dem Weg zur nationalen Einigung. Dieses Spannungsverhältnis aufzulösen, war das Ziel seiner Politik, nachdem er 1862 von Wilhelm I. als preußischer Ministerpräsident berufen worden war.

Otto von Bismarck vor der Berufung zum preußischen Ministerpräsidenten, 1862

Die Persönlichkeit Bismarcks stand und steht im Mittelpunkt außerordentlich vieler Betrachtungen. Die Beurteilungen gehen weit auseinander und reichen von vorbehaltloser Verherrlichung bis zu entschiedener Ablehnung.

Bismarcks politischer Charakter kann als eine Mischung von verschiedenen Komponenten begriffen werden. Bismarck war

- monarchistisch in Bezug auf die Verpflichtung gegenüber „seinem“ (preußischen) Monarchen,
- konservativ in seinem Kampf für die Macht der Krone und gegen die Sozialdemokratie,
- realistisch in seiner Einschätzung der Machtverhältnisse,
- unorthodox, wenn er zum Beispiel den König von Hannover absetzte und somit gegen den Legitimitätsbeschluss des Wiener Kongresses verstieß,
- skrupellos, zum Beispiel beim Gebrauch militärischer Macht und bei der Verleumdung politischer Gegner,
- weitsichtig, wenn er im Gegner von heute den Verbündeten von morgen sah,
- fortschrittlich, wenn er durch die Sozialgesetzgebung den Grundstein des Sozialstaats legte.

Der preußische König Friedrich Wilhelm IV. hatte bereits 1848 über Bismarck notiert: „Nur zu brauchen, wo das Bajonett schrankenlos waltet.“ Nicht zuletzt der Ruf seines bedingungslosen Einsatzes für die Krone war es wohl auch, der Wilhelm I. 1862 – in einer schier ausweglosen Situation – bewogen hatte, Bismarck in das Amt des preußischen Ministerpräsidenten zu berufen.

Heereskonflikt

Der preußische König stand in einem Konflikt mit der Volksvertretung, dem preußischen Abgeordnetenhaus. In diesem so genannten Heereskonflikt ging es um eine von der Regierung geforderte Erhöhung des Militäretats sowie um die Verlängerung der Dienstzeit der Soldaten und die Verstärkung der direkt dem König unterstellten Linientruppen.

Die liberale Fortschrittspartei, die eine große Mehrheit im Parlament hatte, weigerte sich, dem Verlangen der Regierung zu entsprechen und die erforderlichen Geldmittel zu bewilligen. Diesem Konflikt zwischen Parlament und Krone kam über den aktuellen Anlass hinaus grundsätzliche Bedeutung zu. Im Kern ging es um die Machtverteilung im preußischen Staat. Würde es dem liberalen Bürgertum gelingen, den bürgerlichen Verfassungsstaat gegen den Widerstand der Krone und der konservativen Junker (adelige Großgrundbesitzer) durchzusetzen? Es ging um die Macht der Legislative, um ihr Budgetrecht und um die Kontrolle der bewaffneten Macht. Bismarck „löste" den Konflikt auf seine Weise: mit Verfassungsbruch. In den folgenden Jahren regierte er ohne verfassungsgemäß verabschiedeten Haushalt. Widerstand wurde mit obrigkeitsstaatlichen Maßnahmen (Beamtenentlassungen und Pressezensur) gebrochen. Bismarcks Karriere begann also mit der Niederlage des Parlamentarismus und der Demokratie.

Gleichwohl war Bismarck zu klug, um nicht zu erkennen, dass dieses Vorgehen kein Dauerzustand sein konnte. Er suchte den außenpolitischen Erfolg, um die innenpolitischen Wogen zu glätten beziehungsweise die liberale Bewegung zu versöhnen. Diese Strategie war letztendlich nach militärischen Siegen auch erfolgreich. Vier Jahre später (1866) stimmte das preußische Abgeordnetenhaus mehrheitlich für eine Indemnitätsvorlage (Indemnität = Entlastung, Straflosigkeit), mit der nachträglich die Staatsausgaben gebilligt wurden und Bismarck Straflosigkeit bescheinigt wurde. Nicht zuletzt über die Bewertung des Bismarck'schen Vorgehens spaltete sich die liberale Bewegung in Deutschland: in einen Fortschritts-Liberalismus, der nach wie vor gegen Bismarck und dessen autoritär-monarchistische Praxis opponierte, und den Nationalliberalismus, der der Indemnitätsvorlage zugestimmt hatte und im Folgenden zu einer Stütze von Bismarcks Politik wurde.

Preußen gewinnt die Vorherrschaft

Bedingt durch die Vorgehensweise Bismarcks gegen das Parlament sank das Ansehen Preußens in den anderen deutschen Staaten. Preußen wurde vor allem in Süddeutschland als ein militarisierter Obrigkeitsstaat abgelehnt. Dennoch hoffte Bismarck, durch eine Politik, die die Lösung der nationalen Frage herbeiführte, die Sympathien des national gesinnten und an großen Wirtschaftsräumen interessierten (Wirtschafts-)Bürgertums zu erringen.

Im Dualismus zweier deutscher Großmächte sah Bismarck das entscheidende Hindernis auf dem Weg zum Nationalstaat. Zielstrebig leitete er eine anti-österreichische Politik in die Wege, wobei er – durchaus in der Tradition seiner Zeit stehend – den Krieg als eine „Fortsetzung der Politik mit anderen Mitteln" sah.

Einen ersten außenpolitischen Schritt unternahm Bismarck, als Dänemark entgegen gültigen Verträgen seine Verfassung auf Schleswig ausdehnte. Bismarck veranlasste die Eroberung Schleswig-Holsteins durch preußische und österreichische Truppen (1864). Nach dem Erfolg der deutschen Truppen, insbesondere nach dem Sieg der preußischen Truppen bei den Düppeler Schanzen, stieg das Prestige Preußens beträchtlich. Man kam später überein, Schleswig unter

M 1 Deutschlands Zukunft aus österreichischer Perspektive
Kommt es [Deutschland] unter eine Haube? Ich glaube, 's kommt eher unter eine Pickelhaube, Wien 1870.

preußische und Holstein unter österreichische Verwaltung zu stellen. Die eigentliche Entscheidung über die Vorherrschaft in Deutschland fiel zwei Jahre später im von Bismarck herbeigeführten so genannten Deutschen Krieg (1866).

Nach der Besetzung Holsteins durch preußische Truppen mobilisierte der Deutsche Bund unter der Führung Österreichs seine Armeen. Obgleich der Krieg aus preußischer Perspektive als außerordentlich riskant betrachtet werden musste, kam es zu einem raschen Sieg Preußens. Zuerst waren Hannover, Sachsen und Kurhessen besetzt worden, kurz darauf erfolgte die Entscheidungsschlacht zwischen Preußen und Österreich bei Königgrätz in Böhmen. Die österreichische Niederlage wurde aufgrund der heftigen Gegenwehr Bismarcks nicht zu einem Marsch auf Wien genutzt. Im Gegenteil: Der anschließende Friede zu Prag war maßvoll und milde. Gegen den vehementen Druck des Königs und der Militärs setzte Bismarck eine Friedensregelung durch, die im Nachhinein als eine diplomatische Meisterleistung betrachtet werden muss. Bismarck sah offensichtlich im Verlierer von Königgrätz schon einen Verbündeten von morgen. Gleichzeitig wurden auch die süddeutschen Mittelstaaten geschont.

Das Ergebnis des Krieges war die Teilung Deutschlands an der Mainlinie:

- Der Deutsche Bund wurde aufgelöst.
- Schleswig-Holstein, Hannover, Kurhessen, Nassau und Frankfurt wurden annektiert. Somit fand die territoriale Streulage Preußens ein Ende.
- Preußen schloss mit den süddeutschen Staaten Bayern, Württemberg und Baden ein militärisches Defensivbündnis gegen Frankreich ab (Geheimes Schutz- und Trutzbündnis).

Norddeutscher Bund

1867 schlossen sich auf Initiative Preußens die restlichen norddeutschen Staaten mit Preußen zum Norddeutschen Bund zusammen. Es folgte eine Politik des Werbens um die Gunst der deutschen Nationalbewegung. Dazu zählte die Beilegung des Konflikts Bismarcks mit dem preußischen Abgeordnetenhaus, die Stärkung des Zollvereins und die Verfassung des Norddeutschen Bundes, die mit ihrem gleichen Wahlrecht ein Lockmittel für die süddeutschen Liberalen darstellte. Dennoch gelang es Preußen vorerst nicht, die Sympathien des Südens auf sich zu ziehen.

Deutsch-Französischer Krieg (1870–1871)

Prestigeeinbuße: Ansehensverlust

Die Entscheidung über den deutschen Dualismus war auf dem Schlachtfeld gefallen. Der Einheit Deutschlands beziehungsweise der Reichsgründung sollte ein weiterer Krieg vorausgehen. Nach dem für alle Beobachter überraschend schnellen Sieg der preußischen Waffen hatte sich Bismarck entschieden geweigert, die französische Neutralität zu belohnen. Die Spekulation des französischen Kaisers Napoleon III., als „lachender Dritter" Vorteile aus dem Konflikt der deutschen Staaten zu gewinnen, zum Beispiel das linke Rheinufer, erfüllte sich daher nicht. Das wurde in Frankreich als schwere Prestigeeinbuße empfunden. Der latente Konflikt spitzte sich zu, als Spanien Leopold v. Hohenzollern aus der süddeutschen Linie des preußischen Herrscherhauses die spanische Krone anbot. Frankreich forderte heftig die Zurücknahme der Thronkandidatur, weil es im Kriegsfalle die Bedrohung von zwei Fronten befürchtete.

Anlass für die französische Kriegserklärung und somit für den Deutsch-Französischen Krieg von 1870/71 war die so genannte Emser Depesche. Dabei handelte es sich um ein von Bismarck redaktionell gekürztes Schriftstück, das für den heutigen Betrachter in keiner Weise als rechtfertigender Anlass für einen Krieg erscheint. Als der Konflikt durch die Absage des Hohenzollern praktisch beigelegt war, verweigerte der preußische König lediglich die Zusage, für alle Zukunft auf eine Thronkandidatur seines Hauses zu verzichten. Aber in der Atmosphäre hochgeputschter nationaler Leidenschaften wurde der schroffe Ton des von Bismarck an die Öffentlichkeit gebrachten Schriftstücks in Frankreich als diplomatische Demütigung empfunden.

Auf beiden Seiten des Rheins schlugen die Wellen des Patriotismus hoch. Der Krieg wurde offensichtlich als eine nationale Erfüllung angesehen. Das Defensivbündnis Preußens mit den süddeutschen Staaten trat in Kraft. Die deutschen Truppen mobilisierten schneller und drangen in Frankreich ein. Die Schlacht bei Sedan (1. Sept. 1870) besiegelte die Niederlage Frankreichs und führte zur Gefangennahme Napoleons III.

Noch während der Kampfhandlungen um Paris wurde am 18. Januar 1871 im Spiegelsaal des Schlosses von Versailles das Deutsche Reich proklamiert. Der Ort der Proklamation war ursprünglich nicht ausgewählt worden, um Frankreich zu demütigen. Seine Wahl ergab sich vielmehr aus Nützlichkeitserwägungen. Der Krieg war zwar zu diesem Zeitpunkt militärisch entschieden, aber noch nicht beendet. Paris wurde belagert, und das deutsche Hauptquartier befand sich in Versailles –

M 2

M 3 **Der 2. September, der „Sedanstag“,** war im Deutschen Kaiserreich der Nationalfeiertag. Festschmuck zum 25. Jahrestag der Schlacht bei Sedan 1895.

M 4 **„Preußen kettet das Elsass an sich“,** Französische Karikatur von Cham, 1871

etwas außerhalb der Kampfzone. Allerdings empfand man in Frankreich die Wahl des Ortes als eine Verletzung des Nationalstolzes.

Der Proklamation waren intensive diplomatische Aktivitäten Bismarcks vorausgegangen. Bismarck war sich immer sehr bewusst gewesen, dass die Vereinigung des Norddeutschen Bundes mit den süddeutschen Staaten nur in einem Augenblick des nationalen Enthusiasmus gelingen konnte. Dennoch hatte er erhebliche Widerstände zu überwinden. In den Verhandlungen musste er den süddeutschen Staaten Zugeständnisse machen. Insbesondere Bayern behielt Sonderrechte, zum Beispiel die eigene Armee und den eigenen diplomatischen Dienst. Zudem musste die Zustimmung des bayerischen Königs Ludwig II. mit beträchtlichen Finanzmitteln erkauft werden. Aber auch der preußische König, dem zuvor von einer Delegation die Kaiserwürde angetragen worden war, zeigte sich alles andere als begeistert. Die Aussicht, die Verpflichtung als „Deutscher Kaiser“ zu übernehmen, machte ihn äußerst unglücklich. Wilhelm I. meinte, dass der Kaisertitel den preußischen Königstitel „verdunkeln“ würde. Erst nachdem er von Bismarck unter Druck gesetzt worden war, stimmte er der „Reichsgründung“ zu. Wie durch Augenzeugen der Proklamation hinreichend belegt ist, kam bei der Zeremonie selbst keine nennenswerte Euphorie auf.

Im Frieden zu Frankfurt (1871), der den Krieg beendete, wurde Frankreich gezwungen, Elsass-Lothringen abzutreten und eine Kriegsentschädigung in Höhe von fünf Milliarden Francs zu zahlen.

Chronologie

1862	Berufung Bismarcks zum preußischen Ministerpräsidenten durch König Wilhelm I.
1864	Deutsch-Dänischer Krieg
1866	Deutscher Krieg
1867	Gründung des Norddeutschen Bundes
1870/71	Deutsch-Französischer Krieg
18. Januar 1871	Gründung des Deutschen Reiches

M 5 **Bismarck über den deutschen Dualismus**

Bismarck, von 1851–59 Gesandter Preußens beim Bundestag in Frankfurt am Main, schrieb in einem Bericht an den preußischen Ministerpräsidenten Manteuffel (1856):

[...] Nach der Wiener Politik ist einmal Deutschland zu eng für uns beide; solange ein ehrliches Arrangement über den Einfluss eines jeden in Deutschland nicht getroffen und ausgeführt ist, pflügen wir beide denselben streitigen Acker, und so lange bleibt Österreich der einzige Staat, an den wir nachhaltig verlieren und von dem wir nachhaltig gewinnen können. [...] Wir haben eine große Anzahl streitender Interessen, die keiner von uns aufgeben kann, ohne auf die Mission, an die er für sich glaubt, zu verzichten. [...] Selbst der schwerste Druck von außen, die dringendste Gefahr der Existenz beider, vermochte 1813 und 1849 das Eisen nicht zu schmieden. Der deutsche Dualismus hat seit tausend Jahren gelegentlich, seit Karl V. [Römisch-deutscher Kaiser von 1519–1556] in jedem Jahrhundert regelmäßig in einem größeren inneren Krieg seine gegenseitigen Beziehungen reguliert, und auch in diesem Jahrhundert wird kein anderes als dieses Mittel die Uhr der Entwicklung auf ihre richtige Stunde stellen können. Ich beabsichtige mit diesem Raisonnement [Überlegung] keineswegs zu dem Schlusse zu gelangen, dass wir jetzt unsere Politik darauf richten sollen, die Entscheidung zwischen uns und Österreich unter möglichst günstigen Umständen herbeizuführen. Ich will nur meine Überzeugung aussprechen, dass wir in nicht zu langer Zeit für unsere Existenz gegen Österreich werden fechten müssen.

Zit. nach: H.-J. Schoeps, Preußen – Geschichte eines Staates, Frankfurt/M. u. Berlin 1966, S. 373 f.

M 6 **Bismarck: Eisen und Blut**

Bismarck sprach aus, wie er sich (1863) die Lösung des deutschen Dualismus vorstellte:

In den ersten Tagen des Oktobers fuhr ich dem Könige, der sich am 30. September, dem Geburtstage seiner Gemahlin, nach Baden-Baden begeben hatte, bis Jüterbog entgegen und erwartete ihn in dem noch unfertigen, von Reisenden dritter Klasse und Handwerkern gefüllten Bahnhofe, im Dunkeln auf einer umgestürzten Schiebekarre sitzend. Meine Absicht, indem ich die Gelegenheit zu einer Unterredung suchte, war, Se. Majestät über eine Aufsehn erregende Äußerung zu beruhigen, welche ich am 30. September in der Budgetkommission getan hatte und die zwar nicht stenografiert, aber in den Zeitungen ziemlich getreu wiedergegeben war.

Ich hatte [...] deutlich genug gesagt, wo ich hinaus wollte, Preußen könne – das war der Sinn meiner Rede – wie schon ein Blick auf die Karte zeige, mit seinem schmalen lang gestreckten Leibe die Rüstung, deren Deutschland zu seiner Sicherheit bedürfe, allein nicht länger tragen; diese müsse sich auf alle Deutschen gleichmäßig verteilen. Dem Ziele würden wir nicht durch Reden, Vereine, Majoritätsbeschlüsse näher kommen, sondern es werde ein ernster Kampf nicht zu vermeiden sein, ein Kampf, der nur durch Eisen und Blut erledigt werden könne. Um uns darin Erfolg zu sichern, müssten die Abgeordneten das möglichst große Gewicht von Eisen und Blut in die Hand des Königs von Preußen legen, damit er es nach seinem Ermessen in die eine oder andere Waagschale werfen könne. [...]

O. von Bismarck, Gedanken und Erinnerungen, Stuttgart u. Berlin 1928, S. 258 f.

M 7 **Schlacht bei Königgrätz 1866:** In der Bildmitte (rechts) sieht man den preußischen König Wilhelm, Gemälde von Christian Sell.

M 8 **Die Kaiserproklamation am 18. Januar 1871 in Versailles,** Gemälde von Anton von Werner, 1885

M 9 **Eine Stimme zur Reichsgründung**

Aus dem Tagebuch der Baronin Spitzemberg, der Frau des württembergischen Gesandten in Berlin, einer aufmerksamen Beobachterin der Berliner Gesellschaft:

3. März [1871] [...] Und was für ein Friede für uns Deutsche! Herrlicher und glorreicher als wir je einen geschlossen! Vereint zu einem Reiche, dem größten, mächtigsten, gefürchtetsten in Europa, groß durch seine physische Macht nicht allein, größer noch durch seine Bildung und den Geist, der das Volk durchdringt! Jedes deutsche Herz hatte das erhofft, keines geahnt, dass seine Träume sich in dieser Weise, so bald und so herrlich erfüllen würden. Glücklich sind wir, dass wir nicht nur den Stern deutscher Größe und Herrlichkeit aufgehen sahen, sondern dass wir noch jung genug sind, um uns unter seinen Strahlen zu wärmen, um die, so Gott will, recht reichen und segensvollen Früchte zu genießen, die aus dieser unter Blut und Tränen gesäten Saat hervorgehen. [...]

Zit. nach: H. Böhme (Hg.), Die Reichsgründung, München 1967, S. 273.

Aufgaben

1. Erläutern Sie Bismarcks politische Strategie im Hinblick auf die deutsche Einheit. Rekapitulieren Sie die Schritte, die zu diesem Ziel hinführten.
   → Text, M2, M5, M6
2. Kommentieren Sie die unterschiedlichen Betrachtungsweisen der preußischen Einigungspolitik.
   → M1, M3, M4, M9
3. Beurteilen Sie den Politiker Otto von Bismarck als „Staatsgründer". Ziehen Sie dazu auch das Gemälde auf Seite 252 heran.
   → Text, M5, M6
4. Interpretieren Sie das Gemälde der Kaiserproklamation im Hinblick auf den Charakter des neu gegründeten Reiches. → M8

11.2 Die Verfassung des Deutschen Reiches

M 1 Bismarck als Schmied der deutschen Einheit, Holzstich nach einem Gemälde von G. Schmitt, um 1895

Der preußenfreundliche Historiker Heinrich von Sybel wird mit den Worten zitiert: „Wodurch hat man die Gnade Gottes verdient, so große und mächtige Dinge erleben zu dürfen?" Der Enthusiasmus, der aus diesen Worten spricht, gilt der Ausrufung des preußischen Königs Wilhelm I. zum „Deutschen Kaiser". Die damit verknüpfte Gründung des Deutschen Reiches war das Ergebnis von Verhandlungen zwischen den einzelnen Monarchen beziehungsweise Regierungen. Die Reichsgründung wurde also gleichsam „von oben" vollzogen. Die Proklamation im Spiegelsaal von Versailles stand folglich im Gegensatz zur Paulskirche 1848/49. Dieser historische Ort in Frankfurt am Main symbolisiert den ersten – allerdings gescheiterten – Versuch, einen deutschen Nationalstaat zu gründen. Hier sollte eine demokratisch legitimierte Nationalversammlung das Fundament des neuen Staates bilden. Folglich prägten bürgerliche Abgeordnete das Bild der Paulskirchenversammlung. Auf den Bildern von der Kaiserproklamation in Versailles hingegen dominieren Uniformträger. Bismarck hatte einen gänzlich anderen Weg eingeschlagen als die Liberalen von 1848. Zwar erkannte auch er in der deutschen Nationalbewegung eine politische Kraft, die der Staatsmann auf Dauer nicht ignorieren durfte, aber er lehnte das Prinzip der Volkssouveranität von ganzem Herzen ab. Die Machtstellung der traditionellen Gewalten – der Fürsten und des Adels – sollte nicht ungebührlich beschnitten werden. Folglich war das neu gegründete Reich von 1871 auch keine Demokratie. Die Souveränität lag bei den 25 Einzelstaaten (22 Monarchien und drei freie Städte), die Teile ihrer Hoheitsgewalt auf das Reich übertrugen. Dies musste den Charakter der Verfassung prägen.

Die Verfassung des Deutschen Reiches war nach dem Vorbild derjenigen des Norddeutschen Bundes konzipiert, die unter der unmittelbaren Anleitung Bismarcks verfasst worden war. Sie bestand aus einem komplizierten Gefüge von zentralistischen und föderalistischen Komponenten und stellte den Versuch Bismarcks dar, liberal-bürgerliche und dynastische Interessen auszubalancieren.

Die bundesstaatliche Ausrichtung des Reiches schlug sich im Organ des Bundesrates nieder. Das (zentralistische) Gegengewicht zu den Dynastien war der Reichstag, der nach dem allgemeinen, gleichen Wahlrecht (Männer ab 25 Jahren) gewählt wurde, was Bismarck von konservativer Seite den Vorwurf einbrachte, das „Wahlrecht der Revolution" eingeführt zu haben. Dem Reichstag waren jedoch hinsichtlich seiner Kompetenzen erhebliche Beschränkungen auferlegt. Gesetze bedurften der Zustimmung des Bundesrates. Die Regierung, der Reichskanzler, war dem Reichstag nicht verantwortlich. Das Recht zur Ernennung des Reichskanzlers lag in den Händen des Kaisers.

Bismarcks Position

Bismarck sicherte sich in dieser Verfassung maßgeblichen Einfluss. Dieser ergab sich insbesondere aus seiner Doppelrolle als Reichskanzler und preußischer Ministerpräsident beziehungsweise Außenminister. Er führte den Vorsitz im Bundesrat. Alle Regierungsakte bedurften neben der Unterschrift des Kaisers seiner Gegenzeichnung.

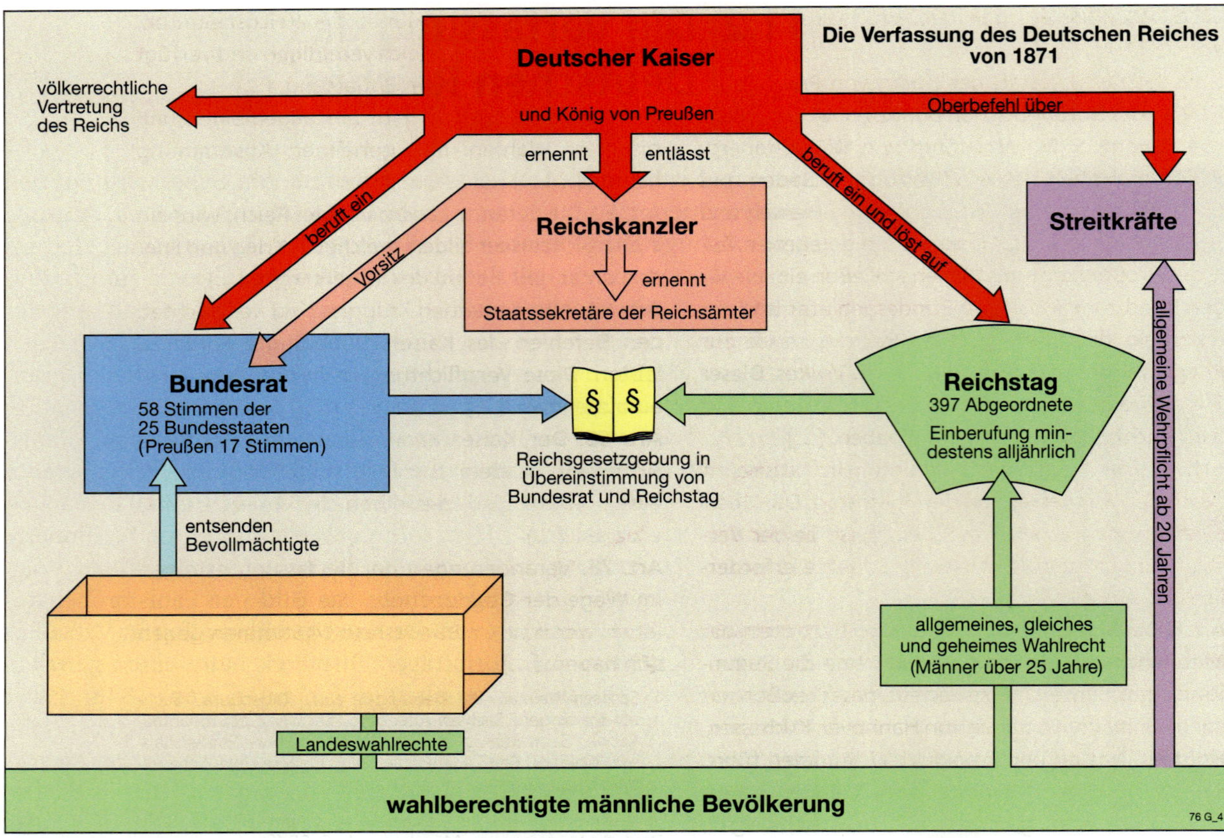

M 2

Einen Grundrechtskatalog, wie ihn die Verfassung von 1848 noch vorgesehen hatte, enthielt die Verfassung von 1871 nicht.

Zwei Parlamenten kam im Deutschen Reich herausragende Bedeutung zu: dem Reichstag, der nach einem allgemeinen, gleichen, geheimen und direkten Wahlrecht gewählt wurde, und dem preußischen Landtag.

Preußischer Landtag

Der preußische Landtag verdient daher Beachtung, weil Preußen mit Abstand das größte Einzelland im Reich war und maßgeblichen Einfluss auf die gesamte Reichspolitik hatte. Die Zusammensetzung des preußischen Landtags bestimmte sich aufgrund des Dreiklassen-Wahlrechts, so wie es auch in den meisten anderen Ländern zumindest abgestufte Wahlrechtsvorschriften gab. Im Dreiklassen-Wahlrecht, das bis 1918 zäh verteidigt wurde, manifestierte sich politisch die konservativ-agrarische Vormacht.

Die Urwähler wurden entsprechend ihrem Steueraufkommen in drei Klassen eingeteilt, denen jeweils das gleiche politische Gewicht gegeben wurde. Die Wirkungen des preußischen Wahlrechts lassen sich daran erkennen, dass die SPD erst 1908 im Landtag vertreten war. Sie erreichte damals mit 23,8 Prozent der Urwähler-Stimmen nur einen Sitz, während zum Beispiel die Konservativen bei der gleichen Wahl mit 14,1 Prozent der Urwähler-Stimmen 152 Abgeordnete stellten. Im Unterschied zur Reichstagswahl war die Stimmenabgabe zum preußischen Landtag öffentlich. Für beide Parlamente galt das so genannte Mehrheitswahlrecht; das heißt derjenige Kandidat war gewählt, der in einem Wahlkreis die Mehrheit der Stimmen erringen konnte.

M 3 Auszüge aus der Reichsverfassung von 1871

S. M. [Seine Majestät] der König von Preußen im Namen des Norddeutschen Bundes, S. M. der König von Bayern, S. M. der König von Württemberg, S. Königl. Hoheit der Großherzog von Baden und S. Königl. Hoheit der Großherzog von Hessen und bei Rhein für die südlich vom Main gelegenen Teile des Großherzogtums Hessen schließen einen ewigen Bund zum Schutz des Bundesgebietes und des innerhalb desselben gültigen Rechtes sowie zur Pflege der Wohlfahrt des Deutschen Volkes. Dieser Bund wird den Namen Deutsches Reich führen und wird nachfolgende Verfassung haben. [...]

Art. 5. Die Reichsgesetzgebung wird ausgeübt durch den Bundesrat und den Reichstag. Die Übereinstimmung der Mehrheitsbeschlüsse beider Versammlungen ist zu einem Reichsgesetze erforderlich und ausreichend. [...]

Art. 6. Der Bundesrat besteht aus den Vertretern der Mitglieder des Bundes, unter welchen die Stimmführung sich in der Weise verteilt, dass Preußen mit den ehemaligen Stimmen von Hannover, Kurhessen, Holstein, Nassau und Frankfurt 17 Stimmen führt, Bayern 6, Sachsen 4, Württemberg 4, Baden 3, Hessen 3, Mecklenburg-Schwerin 2, Braunschweig 2, die übrigen[1] je 1, zusammen 58 Stimmen. [...]

Art. 7. Der Bundesrat beschließt: 1. über die dem Reichstage zu machenden Vorlagen, und die von demselben gefassten Beschlüsse; 2. über die zur Ausführung der Reichsgesetze erforderlichen allgemeinen Verwaltungsvorschriften und Einrichtungen. [...] Die Beschlussfassung erfolgt [...] mit einfacher Mehrheit.

Art. 11. Das Präsidium des Bundes steht dem Könige von Preußen zu, welcher den Namen Deutscher Kaiser führt. Der Kaiser hat das Reich völkerrechtlich zu vertreten, im Namen des Reichs Krieg zu erklären und Frieden zu schließen, Bündnisse und andere Verträge mit fremden Staaten einzugehen, Gesandte zu beglaubigen und zu empfangen. Zur Erklärung des Krieges im Namen des Reichs ist die Zustimmung des Bundesrates erforderlich, es sei denn, dass ein Angriff auf das Reichsgebiet oder dessen Küsten erfolgt. [...]

Art. 12. Dem Kaiser steht es zu, den Bundesrat und den Reichstag zu berufen, zu eröffnen, zu vertagen und zu schließen.

Art. 14. Die Berufung des Bundesrates muss erfolgen, sobald sie von einem Drittel der Stimmenzahl verlangt wird.

Art. 15. Der Vorsitz im Bundesrate und die Leitung der Geschäfte steht dem Reichskanzler zu, welcher vom Kaiser zu ernennen ist. [...]

Art. 18. Der Kaiser ernennt die Reichsbeamten, lässt dieselben für das Reich vereidigen und verfügt erforderlichenfalls deren Entlassung. [...]

Art. 20. Der Reichstag geht aus allgemeinen und direkten Wahlen mit geheimer Abstimmung hervor. [...]

Art. 63. Die gesamte Landmacht des Reichs wird ein einheitliches Heer bilden, welches in Krieg und Frieden unter dem Befehl des Kaisers steht. [...]

Art. 64. Alle deutschen Truppen sind verpflichtet, den Befehlen des Kaisers unbedingte Folge zu leisten. Diese Verpflichtung ist in den Fahneneid aufzunehmen. [...]

Art. 68. Der Kaiser kann, wenn die öffentliche Sicherheit in dem Bundesgebiete bedroht ist, einen jeden Teil desselben in Kriegszustand erklären. [...]

Art. 78. Veränderungen der Verfassung erfolgen im Wege der Gesetzgebung. Sie gelten als abgelehnt, wenn sie im Bundesrate 14 Stimmen gegen sich haben. [...]

1 Sachsen-Weimar, Mecklenburg-Strelitz, Oldenburg, Sachsen-Meiningen, Sachsen-Altenburg, Sachsen-Coburg-Gotha, Anhalt, Schwarzburg-Rudolstadt, Schwarzburg-Sondershausen, Waldeck, Reuß ältere Linie, Reuß jüngere Linie, Schaumburg-Lippe, Lübeck, Bremen, Hamburg.

Verfassung des Deutschen Reiches vom 16. April 1871, zit. nach: Deutsche Verfassungen, München o. J., S. 55 ff.

M 4 Verfassung und Nationalstaat

Der Historiker Eberhard Jäckel schreibt über die gesellschaftlichen Interessen des Bürgertums:

Das neue Reich war ein Nationalstaat ohne Nation. Deswegen wies die Verfassung dem Reichstag die Aufgabe zu, die noch sehr unterschiedlichen Teile der deutschen Gesellschaft zu integrieren, und hinderte ihn zugleich daran, diese Aufgabe zu erfüllen. Es ist oft gesagt worden, dieser Widerspruch sei taktischen Überlegungen Bismarcks entsprungen, der sich die Verfassung auf den Leib geschrieben habe, um seine eigene Machtstellung zu sichern. In Wirklichkeit jedoch war dieser Widerspruch nicht künstlich erzeugt worden. Er entsprach vielmehr zutiefst der politischen und sozialen Struktur des neuen deutschen Nationalstaates. Seine Einigung war der Wunsch der liberalen Bourgeoisie, aber das Werk der feudalen Oberschicht gewesen. Seit ihrem Beginn am Ende der napoleonischen Zeit war die deutsche Einheitsbewegung in erster Linie immer vom Bürgertum getragen worden. Das ist leicht erklärlich, denn die Einheit entsprach seinen Interessen mehr als denjenigen irgendeiner anderen Gesellschaftsschicht. Das Bürgertum, tätig in Industrie, Handel, Handwerk und Gewerbe, benötigte ein größeres Wirtschaftsgebiet und stieß sich an den zahllosen Zollgrenzen und anderen Schranken, die seiner ökonomischen Expansion im Wege standen. Die fürstlichen Obrigkeiten der deutschen Einzelstaaten dagegen und die sie tragenden politischen Kräfte im Heer, in der Beamtenschaft und im Großgrundbesitz waren an einer Einigung Deutschlands viel weniger interessiert, und auch das ist leicht erklärlich. Die Einheit musste zwangsläufig ihre überlieferte Machtstellung schmälern. [...]

E. Jäckel, Einleitung zu A. Kuhn (Hg.), Deutsche Parlamentsdebatten, Bd. 1, Frankfurt/M. 1970, S. 16 f.

M 5 Preußisches Dreiklassen-Wahlrecht

Der bekannte SPD-Politiker Eduard Bernstein beklagte vor dem Reichstag die Ungerechtigkeit des preußischen Wahlrechts (1906):

Dieses Wahlsystem war geradezu ausgeklügelt, den Wählern ihr Wahlrecht zu verekeln. Alle Ungeheuerlichkeiten sind in dieses preußische Dreiklassenwahlsystem hineingelegt: die Einteilung nach drei Wählerklassen und die Ungleichheit der Stimmen, zweitens die offene Stimmabgabe, d. h. die Abhängigkeit der Wähler, und drittens der Wahlakt mit der großen Inanspruchnahme der Zeit des Wählers. Wie all dies in der späteren Reaktionszeit gewirkt hat und noch heute wirkt, können Sie an der Statistik der letzten Landtagswahlen verfolgen. Alle abhängigen Beamten, wie sie auch im Innern denken, wählen, wenn sie nicht fern bleiben können, mit der Regierungspartei; sie dürfen es nicht wagen, eine oppositionelle Stimme abzugeben. Kurz, das ganze System ist darauf berechnet, den Ausdruck des Willens der Wählerschaft zu fälschen.

Meine Herren, eine kleine Minderheit der Bevölkerung, 2 1/2 Prozent, bildet die erste Klasse, etwa 11 bis 12 Prozent die zweite, und mehr als 85 Prozent die dritte. Im Jahre 1903 hatten wir in Preußen 239 000 Wähler erster Klasse, 856 000 Wähler zweiter Klasse und 6 Millionen Wähler dritter Klasse. (Hört! hört! bei den Sozialdemokraten.)

In der Regel haben in Preußen denn auch nicht mehr als 20 Prozent der Wähler bei der Landtagswahl ihr Wahlrecht ausgeübt, in den meisten Fällen sind noch nicht 16 Prozent der Wähler zur Urne gegangen, und selten ist die Beteiligung über 20 Prozent hinausgegangen, niemals über 35 Prozent, niemals hat in Preußen die Hälfte der Stimmberechtigten bei der Landtagswahl ihr Wahlrecht ausgeübt. Das ist kein Zufall, das liegt am Wahlsystem. Dass selbst in politisch bewegten Zeiten, wo eine große geistige Erregung durch das Volk geht, die große Masse den Wahlen fern bleibt, dadurch ist das Wahlsystem von vornherein verurteilt. [...]

Die jetzige Wahlkreiseinteilung in Preußen datiert noch immer aus der Zeit [...] der sechziger Jahre [1860]. Seitdem hat sich jedoch nicht nur in Deutschland, sondern in allen Kulturländern eine Umwälzung, eine vollständige wirtschaftliche Revolution vollzogen. Die Bevölkerungsklassen haben sich verschoben, die Verteilung der Bevölkerung hat gleichfalls die allergrößten Veränderungen erfahren. Trotzdem ist weder am Dreiklassenwahlsystem noch an der Wahlkreiseinteilung das geringste geändert worden. So ist es jetzt dahin gekommen in Preußen, dass die zurückgebliebensten Bezirke des Landes die fortgeschrittensten beherrschen und je nachdem ausbeuten. Wir haben in Preußen Landtagswahlkreise, wo auf einen Abgeordneten 370 000, 340 000 usw. Einwohner entfallen, und andererseits Wahlkreise, wo auf einen Abgeordneten noch nicht 40 000 Einwohner entfallen. Auch hier die größte Ungerechtigkeit, auch hier nicht die entfernteste Spur einer Gleichartigkeit, sondern wie der Zufall es einmal geschaffen, so soll es bleiben, und so ist es nach dem Willen der maßgebenden Partei in Preußen geblieben.

Zit. nach: G. A. Ritter (Hg.), Das Deutsche Kaiserreich 1871–1914, Göttingen 1975, S. 120 f.

M 6 Ein konservativer Wahlkreis

Hellmut von Gerlach (1866–1935), Journalist und linksdemokratischer Politiker, stammte aus einer Junker-Familie und kannte die Verhältnisse aus eigener Erfahrung:

Der Wahlkreis Wohlau-Guhrau-Steinau [Niederschlesien], in dem ich aufgewachsen bin, hieß der Goldene Wahlkreis der Konservativen, weil er der deutsch-konservativen Partei pupillarisch[1] sicher war. Bei den Landtagswahlen wurde nicht einmal ein Gegenkandidat aufgestellt. Ein einziges Mal hatte ein jüngerer Pastor die Frechheit, sich unter der Firma[2] Freikonservativ auf eigene Faust um ein Mandat zu bewerben. Gegen ihn erließ der konservative Führer von Seydlitz eine Erklärung im „Wohlauer Kreisblatt", in der er es als eine Anmaßung bezeichnete, wenn jemand, der einst als Hauslehrer bei ihm in Lohn und Brot gestanden habe, sich nun herausnehme, gegen seinen, des Herrn von Seydlitz, Willen in den Landtag gelangen zu wollen. Mit dieser Erklärung war der tollkühne Pastor zur Strecke gebracht. Die Wahlen waren damals in den meisten ostelbischen Wahlkreisen die Angelegenheit einer kleinen Adelsclique. Wenn der Wahltag herannahte, versammelte der älteste Landrat unseres Wahlkreises die führenden Junker bei sich. Ein paar bürgerliche Konzessionsschulzen von erprobter Junkerfrommheit wurden gütigst als Statisten zugezogen; so etwa ein Superintendent, ein Kreisphysikus, ein Gymnasialdirektor. En petit comité [im kleinen Kreis] einigte man sich über den Kandidaten, der entweder von Kessel, von Ravenstein oder von Nitzschwitz oder Graf Carmer hieß, aber jedenfalls adlig war. Der Erkorene hielt in den drei Kreisstädten seine Kandidatenrede vor einem geladenen Publikum von Honoratioren. Öffentliche Wahlversammlungen galten als unberechtigte Konzessionen an den Zeitgeist. Natürlich dachte die verdammte freisinnige Opposition – Sozialdemokraten gab es in diesem Junkerparadies noch nicht – an keinen Verzicht auf Wahlversammlungen. Da setzte nun die Wahltätigkeit der Konservativen ein. Nicht etwa, dass sie den Freisinnigen in ihren Versammlungen entgegentraten. Viel wirkungsvoller war es, wenn sie ihnen die Versammlungen unmöglich machten.

Das ging sehr leicht. Versammlungen unter freiem Himmel waren nach dem alten preußischen Vereinsgesetz ohne Weiteres zu verbieten. Die Versammlungslokale aber wurden einfach „abgetrieben". Amtsvorsteher war immer ein Großgrundbesitzer. Der ließ die Wirte seines Bezirks wissen, dass es ihm „unerwünscht" sei, wenn sie ihre Räume für Versammlungen hergäben. Sie wussten, was das zu bedeuten hatte. Handelten sie den Wünschen des Herrn Amtsvorstehers zuwider, so gab es auf Jahre hinaus keine Tanzerlaubnis, so wurde keine Holzversteigerung oder sonst ein öffentlicher Termin bei ihnen angesetzt, so schlich der Gendarm immer gegen 10 Uhr abends bei ihnen herum, ob nicht die Polizeistunde um fünf Minuten überschritten wurde. Sie waren der Willkür ausgeliefert. Nur in vereinzelten großen Bauerndörfern ohne Rittergut waren Wahlversammlungen zustande zu bringen. Dort blühte denn auch der Weizen des Freisinns oder des Zentrums. Aber das waren nur kleine Oasen in der großen konservativen Wüste. […]

Am besten, außer mit sich selber, kamen die konservativen Großgrundbesitzer mit ihren Landarbeitern aus. Die Landarbeiter parierten damals noch willenlos, waren Stimmvieh in des Wortes verwegenster Bedeutung. Dass bei der öffentlichen Landtagswahl keine einzige ihrer Stimmen danebenging, ist selbstverständlich. Aber auch bei den Reichstagswahlen klappte es tadellos. Da saß der gnädige Herr als Wahlvorsteher obenan, und in der Mittagpause wurden die Arbeiter, direkt vom Felde weg, vom Inspektor und Vogt in das Wahllokal geführt. Draußen bekam jeder seinen „richtigen" Wahlzettel in die rechte Hand gedrückt. Keiner traute sich, ihn unter der Kontrolle des gnädigen Herrn und seiner Adjutanten gegen einen anderen umzutauschen.

Nur einmal ist die Sache in Mönchmotschelwitz schief gegangen. Aus irgendeinem Grund hatte mein Vater zum Wahltag nach Berlin reisen müssen. Ganz aufgeregt kam er am Tage darauf zu mir: „Denk dir nur, bei uns ist die Wahl ganz schlecht ausgefallen. Unsere Knechte scheinen freisinnig gewählt zu haben. Die Kerls sind zu dumm. Ist man einmal nicht da, fallen sie auf irgendeinen Schwätzer herein. Aber das soll mir eine Lehre sein. Nie fehle ich wieder am Wahltag!" Der gute Papa ahnte nicht, dass die Knechte zum ersten Mal in ihrem Leben politisch nicht hereingefallen waren.

1 veraltet: das Mündel betreffend; hier: absolut

2 hier: ironisch für Partei

H. von Gerlach, Von Rechts nach Links, Zürich 1937, S. 32 ff.

Aufgaben

1. Halten Sie die wesentlichen Bestimmungen der Reichsverfassung von 1871 in einer Tabelle fest.
   → Text, M2–M4
2. Beurteilen Sie die Rolle Bismarcks in diesem Verfassungsgefüge.
   → Text, M1–M4
3. Inwiefern spiegeln sich in der Verfassung die unterschiedlichen sozialen und politischen Interessen wider?
   → M4
4. Bewerten Sie das Wahlrecht für den Reichstag und den preußischen Landtag.
   → Text, M5, M6

11.3 Innenpolitische Entwicklung bis 1890

Die deutsche Einheit bedeutete noch lange nicht die Einheit der Deutschen. Insbesondere nachdem die nationale Begeisterung von 1870/71 verblasst war und die Wirtschaftskrise von 1873 eingesetzt hatte, fürchtete Bismarck um den inneren Zusammenhalt des neuen Reiches.

Bismarcks Konzept, das die Lebensfähigkeit des Reiches auch in der Zukunft gewährleisten sollte, lässt sich unter zwei Gesichtspunkten sehen:

- außenpolitisch: Zügelung von Machtansprüchen und Errichtung einer europäischen Friedensordnung,
- innenpolitisch: eine auf Bismarcks Bedürfnisse zugeschnittene Verfassung, die seinen Vorrang institutionell absicherte.

Bismarck verstand sich selbst zu keinem Zeitpunkt als Parteipolitiker: Während seiner Reichskanzlerschaft suchte und fand er unterschiedliche Mehrheiten im Reichstag zur Abstützung seiner obrigkeitsstaatlichen Politik. Um sein Lebenswerk zu sichern, scheute er keineswegs davor zurück, mithilfe von Feindbildern den inneren Zusammenhalt des Reiches zu festigen. So machte Bismarck nicht nur die Sozialdemokratie, sondern auch den Katholizismus zu „Reichsfeinden".

Kulturkampf

Der irreführende Begriff „Kulturkampf" bezeichnet den Konflikt zwischen der katholischen Kirche und dem preußischen Staat. Politisch wurde der Katholizismus durch die Zentrumspartei repräsentiert, die 1870 von Ludwig Windthorst und den Brüdern August und Peter Reichensperger gegründet worden war.

M 1 **Pontifex: Nun, bitte genieren Sie sich nicht! Kanzler: Bitte, gleichfalls!** Papst Pius IX.; im Hintergrund Ludwig Windthorst, Führer der Zentrum-Partei und Gegenspieler Bismarcks im Kulturkampf, aus der satirischen Zeitschrift Kladderadatsch, 1878

Der Kulturkampf, der im Mittelpunkt der preußischen Innenpolitik der Siebzigerjahre stand und endgültig erst 1887 beigelegt wurde, kann als typisch für die Bismarck'sche Regierungstechnik bezeichnet werden. Das Zentrum wurde als Partei der Reichsfeinde verleumdet und als „ultramontan", das heißt hier als papsthörig, abqualifiziert. Da auch nationale Minderheiten in Deutschland (zum Beispiel Polen und Elsässer) überwiegend katholisch waren, erleichterte das den Vorwurf der „nationalen Unzuverlässigkeit". Im Kulturkampf konnte Bismarck auf die Unterstützung durch die Liberalen bauen, weil der Liberalismus die Trennung von Kirche und Staat forderte und den kirchlichen Anspruch auf Einfluss im Unterrichtswesen zurückwies.

Im Zuge des Kulturkampfes wurden etliche Gesetze erlassen: Diese beseitigten die geistliche Schulaufsicht, führten die Zivilehe ein, erleichterten den Austritt aus der Kirche, untersagten die politische Betätigung von Geistlichen im Amt (so genannter Kanzelparagraph) und verboten den Jesuitenorden.

Entsprechend der Reichsverfassung von 1871 erhielt der Reichskanzler (Bismarck) seinen Regierungsauftrag vom Kaiser beziehungsweise König von Preußen. Bismarck selbst gehörte keiner Partei an. Politisch stand er zwischen dem Monarchen und der Volksvertretung, denn er musste, um Gesetze ordnungsgemäß verabschieden zu lassen, Mehrheiten im Reichstag gewinnen.

Kurswechsel 1878

Die Jahre 1878/79 markierten einen Einschnitt in der politischen Entwicklung des Deutschen Reiches, den man wegen seiner langfristigen

Bedeutung auch als die „Zweite Reichsgründung" bezeichnet. In den Siebzigerjahren erwiesen sich sowohl die deutsche Landwirtschaft als auch die Schwerindustrie als nicht konkurrenzfähig auf dem Weltmarkt. Auf dieser Grundlage kam es zu einer Verständigung zwischen „Roggen und Eisen", das heißt zwischen junkerlichen Großagrariern und schwerindustriellem Großbürgertum unter dem Vorzeichen gemeinsamer Schutzzollinteressen.

Bismarck reagierte auf den Druck der Interessengruppen, zum Beispiel des 1876 gegründeten Zentralverbandes Deutscher Industrieller. Aber er handelte auch, indem er mithilfe der Schutzzoll-Allianz „sein" Reich auf eine neue Grundlage stellte.

Die Änderung der Wirtschaftspolitik setzte den Protektionismus an die Stelle des Freihandels. Politisch zerbrach damit auch Bismarcks Bündnis mit den Nationalliberalen, die ihm im Kulturkampf zur Seite gestanden hatten.

Man hat den Kurswechsel von 1878 vielfach auch als innere Abkehr Bismarcks vom Parlamentarismus gedeutet. Für den Liberalismus war dieser Parlamentarismus konstitutiv, das heißt die Bindung der Regierung an die Parlamentsmehrheit und die damit einhergehende Verantwortlichkeit der Minister gegenüber dem Parlament.

Bismarck sah in der aufkommenden Sozialdemokratie die wichtigste Herausforderung des nationalen Obrigkeitsstaates. Darum zählte er ihre Eindämmung zu seinen politischen Hauptaufgaben. Geschickt nutzte Bismarck zwei Attentate auf Kaiser Wilhelm I. aus, um in der angeheizten Krisenstimmung die Angst vor dem Umsturz zu schüren und den Reichstag aufzulösen. Die Neuwahlen stärkten die katholische Zentrumspartei sowie die Konservativen. Der politische Liberalismus sowie die Sozialdemokratie gingen geschwächt aus der Wahl hervor. Damit war mittelfristig der Weg für eine Neuorientierung Bismarck'scher Politik frei. Der neu gewählte Reichstag verabschiedete 1878 auf Bismarcks Drängen hin das Gesetz „wider die gemeingefährlichen Bestrebungen der Sozialdemokratie". Nach mehrmaliger Verlängerung galt es bis 1890. Mithilfe des Sozialistengesetzes setzte ein verschärfter Kampf gegen die Sozialdemokratie ein. Parallel dazu musste die Freihandelspolitik, die ein Anliegen der Liberalen gewesen war, der Schutzzollpolitik weichen. Die Abkehr Bismarcks von den Nationalliberalen ging einher mit dem Auslaufen des so genannten Kulturkampfes. Das Zentrum stützte danach die Bismarck'sche Politik im Reichstag. Die Personal- und Schulpolitik erhielten in den folgenden Jahren eine betont konservative Ausrichtung. Der Kurswechsel von 1878 war grundlegend für die Innenpolitik des Reiches.

Bismarcks Entlassung

Dreikaiserjahr

Das Amt des Reichskanzlers war geknüpft an das Vertrauen des Kaisers. 1888 kündigte sich das Ende der Bismarck-Ära an. Als Wilhelm I. im gleichen Jahr starb, übernahm sein Sohn Friedrich das Amt.

Friedrich III., auf dem die Hoffnungen der Liberalen in Deutschland ruhten, starb aber nach nur 99 Tagen an Krebs. Ihm folgte 1888 sein ältester Sohn Wilhelm auf den Thron. Daher spricht man vom Dreikaiserjahr. Wilhelm II. war keineswegs bereit, eine politische Statistenrolle zu übernehmen. Bismarck, der die politische Bühne seit 1862 beherrscht hatte, wurde entlassen (1890). In der Reaktion der Bevölkerung überwog die Erleichterung. Mit zunehmender Dauer seiner Amtsführung hatten Launenhaftigkeit und autokratisches Verhalten zugenommen. Vieles deutete darauf hin, dass er angesichts des Wahlerfolgs der Sozialdemokraten (1890) Staatsstreichpläne hegte.

Im Gegensatz zur Innenpolitik konnte Bismarck hinsichtlich der Außenpolitik des Deutschen Reiches als erfolgreicher Politiker gelten. Nach der äußerst riskanten Außenpolitik, die in der Reichsgründung gemündet hatte, konsolidierte er nach 1871 das Reich im europäischen Großmachtsystem. Durch eine maßvolle Außenpolitik vermittelte er die Überzeugung, dass Deutschland nunmehr, das heißt nach den so genannten Einigungskriegen, „saturiert" (gesättigt) sei. Es gelang Bismarck, eine Zweifronten-Bedrohung Deutschlands zu vermeiden, Krisen zu bewältigen und somit Kriege zu verhindern.

Die Bilanz der Politik Bismarcks ist durchaus zwiespältig. Seine diplomatische Kunstfertigkeit wird heute weitgehend gewürdigt. In Bezug auf die Innenpolitik erkennt man den Ausbau des Reiches zu einer Wirtschafts- und Rechtseinheit an. Aber der Aufstieg des Deutschen Reiches zu einer Wirtschaftsmacht ging nicht einher mit einer angemessenen politischen Modernisierung. Dies zeigte sich zum Beispiel dadurch, dass Bismarck die Arbeiterbewegung unterdrücken ließ. Sein Staatsverständnis war letztlich auch gegen Liberalismus und Demokratie gerichtet. Zwar setzte er das gleiche Wahlrecht (für Männer) bei Reichstagswahlen durch, aber das war ein strategischer Schachzug und geschah lediglich zur Festigung der Reichseinheit. Der Parlamentarismus blieb ihm immer nur ein notwendiges Übel.

Eugen Richter (1838–1906), linksliberaler Führer der Deutsch-Freisinnigen Partei, kam nach Bismarcks Tod (1898) zu dem deprimierenden Ergebnis: „Die Volksvertretung wurde stets in der rücksichtslosesten Weise behandelt und in ihrem Ansehen herabgewürdigt, so oft sie dem Kanzler nicht zu Gefallen stimmte."

Bismarck repräsentiert heute den deutschen Obrigkeitsstaat. Historische Größe wird man ihm kaum absprechen können, aber im Hinblick auf die Bildung einer demokratischen Tradition in Deutschland ist sein Wirken eher ein Unglück gewesen.

M 2 „Dropping the Pilot"
Englische Karikatur von John Tenniel im „Punch", 29. März 1890

M 3 Das Bismarck-Denkmal in Hamburg St. Pauli
Der „eiserne Kanzler" ist nach seinem Tod (1898) zu einer Legende geworden, die in zahlreichen Denkmälern versteinert worden ist. Das Bismarck-Denkmal in Hamburg wurde zwischen 1901 und 1906 ausgeführt. Das Preisgericht entschied sich für den Entwurf des Architekten Emil Schaudt und des Bildhauers Hugo Lederer mit der Begründung, in ihrem Denkmal sei „die sich im Volksbewusstsein allmählich vollziehende Steigerung der Gestalt Bismarcks ins Heldenhafte" voll ausgeprägt.
(Hermes Handlexikon: Historische Stätten)

M 4 Bismarcks Regierungstechnik

Der Historiker Hans-Ulrich Wehler analysiert die Regierungstechnik des Reichskanzlers Otto von Bismarck:

[Bismarck entwickelte] eine Herrschaftstechnik, die man auf den Begriff der „negativen Integration" gebracht hat. Er machte sich den uralten sozialpsychologischen Gegensatz von „in-group" und „out-group" zu Nutze und stilisierte innere Konflikte derart um, dass er eine Mehrheit von „reichstreuen" Elementen gegen eine Minderheit von „Reichsfeinden" führen konnte, die zwar als „ernsthafte Gefahr" erscheinen mussten, das Gesamtsystem aber doch nicht wirklich infrage zu stellen vermochten. Vorwiegend durch Feindschaft gegen gemeinsame Gegner, daher unter negativem Vorzeichen, wurden diese Koalitionen der Reichsfreunde zusammengehalten. Welfen, Großdeutsche, Elsass-Lothringer, Dänen und Polen waren für die Kategorie der „Reichsfeinde" ohnehin prädestiniert, konnten aber je für sich schwerlich die Vorbedingungen einer gravierenden Bedrohung erfüllen. Daher wurden der politische Katholizismus, der parlamentarische Liberalismus, die Sozialdemokratie, die freisinnigen Juden als die eigentlichen „Reichsfeinde" aufgebaut.

H.-U. Wehler, Das Deutsche Kaiserreich 1871–1918, Göttingen 1973, S. 96 f.

M 5 Katholizismus als „Reichsfeind"

Die Hintergründe des „Kulturkampfes" untersucht der Historiker Peter Brandt:

Seinen Höhepunkt erreichte der Konflikt zwischen dem preußischen Staat und dem Katholizismus indessen im „Kulturkampf", der die Innenpolitik Preußens und des neu gegründeten Reiches in den 1870er Jahren schwer belastete. Zwar wurden die staatlichen Repräsentanten aus dem Lager des politischen Liberalismus unterstützt und vorwärts gedrängt – es war die Zeit, in der Bismarck seine Politik durch das Bündnis mit den Nationalliberalen absicherte; im Kern handelte es sich jedoch um eine Auseinandersetzung zwischen zwei konservativen Mächten, deren Ansprüche in Widerspruch zueinander getreten waren. Dem vom Vatikanischen Konzil am 18. Juli 1870 verkündeten Dogma von der Unfehlbarkeit des Papstes stand die Forderung des Staates nach Unabhängigkeit von jedem geistlichen Einfluss gegenüber. In der zweiten Phase verschmolz diese Auseinandersetzung mit den Versuchen Bismarcks, die von ihm zu den „Reichsfeinden" gezählte katholische Zentrumspartei zurückzudrängen, wenn nicht zu zerschlagen.

Der „Kulturkampf" begann mit der Weigerung einer Gruppe katholischer Theologen, Religionslehrer und Feldgeistlicher, der „Altkatholiken", sich dem Unfehlbarkeitsdogma des Vatikanischen Konzils unterzuordnen. Da sie auch staatliche Beamte waren, fühlte sich der Staat durch die von Seiten des Episkopats[1] erhobene Forderung, diese Altkatholiken zu entlassen, herausgefordert.
Mit den 1874 verabschiedeten Strafgesetzen sollte der katholische Widerstand gegen die obligatorische Zivilehe, die Einrichtung der Standesämter, die staatliche Aufsicht über kirchliche Schulen und anderes mehr gebrochen werden. Aufgrund der Strafgesetze waren 1876 alle katholischen Bischöfe Preußens verhaftet oder ausgewiesen und fast ein Viertel der Priesterstellen unbesetzt.

1 Gesamtheit der Bischöfe eines Landes

P. Brandt, Preußen, Zur Sozialgeschichte eines Staates, Katalog zur Ausstellung „Preußen – Versuch einer Bilanz", Bd. 3, Reinbeck 1981, S. 157 f.

M 6 Parteienspektrum

Der amerikanische Historiker Gordon Craig gibt einen Überblick über die wichtigsten Parteiströmungen des Kaiserreiches:

Die Parlamentarier [...] verteilten sich auf sechs große Parteigruppierungen sowie auf eine Anzahl Splittergruppen, welche die polnische Bevölkerung Posens, die Dänen von Nordschleswig und das eroberte Elsass-Lothringen repräsentierten. Auf der äußersten Rechten befand sich die Deutsche Konservative Partei, Partei des Preußentums, der Aristokratie und des Großgrundbesitzes mit starkem Rückhalt vor allem in den ostelbischen Gebieten. Zu jener Zeit desorganisiert und ohne wirkliche Führungspersönlichkeiten, stellte sie im Reichstag von 1871 keine starke Kraft dar, wenngleich ihre Schwäche nur eine scheinbare war, weil sie ihre eigentliche Hochburg immer im preußischen Abgeordnetenhaus hatte. Ein Ableger dieser Partei war die so genannte Reichspartei (in Preußen die „Freikonservativen" genannt), die, mit einer aus landwirtschaftlichem Grundeigentum und industriellem Unternehmertum zusammengesetzten Mitgliederschaft, nicht so ausschließlich auf den agrarischen Standpunkt festgelegt war und in den ersten Friedensjahren Bismarck weniger kritisch gegenüberstand als die Konservativen. Die Freikonservativen wurden in der Tat sogar die Bismarckpartei sans phrase [ohne Umschweife] genannt, da sie seine nationale Politik vorbehaltlos unterstützen und aus ihren Reihen viele Beamte für seine Ministerien kamen.

Stärker als diese beiden Parteien und in seinem politischen Einzugsbereich breiter war das katholische Zentrum, eine erklärtermaßen konfessionelle Partei, die 1870 mit dem Ziel gegründet worden war, die Rechte der Katholiken in einem überwiegend protestantischen Land zu wahren. Dessen ungeachtet schloss das Zentrum immer auch Personen und Gruppen unterschiedlicher politischer und sozialer Färbung ein – mit der Folge, dass es, wenn nicht gerade die Selbstständigkeit der katholischen Kirche, die Freiheit der religiösen Erziehung oder das bundesstaatliche Prinzip auf dem Spiel standen, in der Regel eine größere Handlungsfreiheit als andere Parteien an den Tag legen konnten und sich entsprechend oft dem Vorwurf des Opportunismus ausgesetzt sah. Aber die Politik des Zentrums wies eine innere Folgerichtigkeit auf. Einerseits war sie vorwiegend konservativ in Bezug auf die Bewahrung der Tradition, auf die Vorrechte der Krone und auf die hierarchische Struktur der Gesellschaft; ebenso auch in Bezug auf alle Fragen der gesellschaftlichen Moral. Andererseits stand sie politischen Reformen wohlwollend gegenüber – solange diese nicht zu stärkerer Zentralisierung beitrugen – und neigte in der Frage sozialer Reformen der fortschrittlichen katholischen Soziallehre zu, die in den 40er Jahren von Adolf Kolping begründet und von Bischof Wilhelm Emmanuel von Ketteler weitergeführt worden war. Bischof Ketteler predigte von 1850 bis zu seinem Tod 1877 die Notwendigkeit, durch die Gründung von Arbeitergenossenschaften und christlichen Gewerkschaften sowie durch andere Maßnahmen die Auswüchse des Kapitalismus zu bekämpfen und den Lebensstandard der Armen zu heben. Das größte Wählerpotenzial besaß die Partei in Süddeutschland, im Rheinland, in Schlesien und in den polnischen Gebieten Preußens.

Es gab zwei liberale Parteien. Die Nationalliberalen stellten einen Zusammenschluss dar zwischen dem Gros der preußischen Fortschrittspartei, die im Verfassungskonflikt gegen Bismarck gefochten, sich 1866 dann allerdings der Unterstützung seiner Außenpolitik verschrieben hatte, und einer in eben diesem Jahr von Rudolf von Bennigsen in Hannover gegründeten nationalliberalen Partei. Als politische Vertreter des mittleren Bildungs- und Besitzbürgertums und der gehobenen Beamtenschaft wiesen die Nationalliberalen, wie bereits angedeutet, viele Ähnlichkeiten mit den liberalen Parteien anderer Länder auf: Sie traten für Zentralisierung, für eine Wirtschaftspolitik des laisser-faire, für die Säkularisierung des öffentlichen Lebens ein. Ihre stärksten Bastionen hatten sie in Sachsen, Hannover, Baden und dem rheinischen Industrierevier. Die unverbesserlichen Linksliberalen von 1866 bildeten den Kern der Fortschrittspartei, die die meisten

M 7

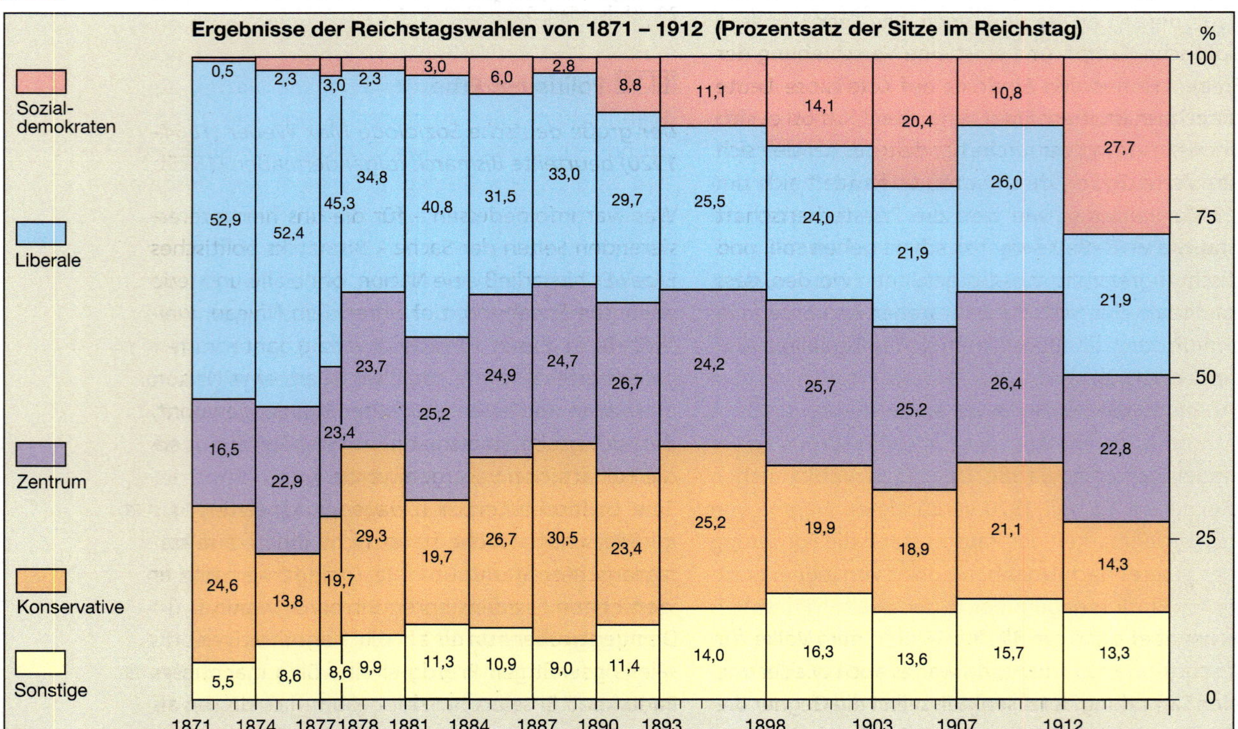

wirtschaftspolitischen Prinzipien der Nationalliberalen teilte, jedoch sehr viel entschiedener für die Ausweitung der Rechte des Parlaments eintrat, der Politik der Regierung ganz allgemein kritischer gegenüberstand und – getreu der Tradition der Konfliktzeit – die Militärausgaben und die Heerespersonalpolitik mit Misstrauen verfolgte.
Und schließlich gab es noch – gerade erst am Beginn jener bemerkenswerten Entwicklung stehend, die sie bis 1914 zur größten einzelnen politischen Kraft Deutschlands werden lassen sollte – die Sozialdemokratische Partei. [...]

G. A. Craig, Deutsche Geschichte 1866–1945, München 1980, S. 66 f.

M 8 Kulturkampf

In einer Rede im preußischen Herrenhaus nahm Bismarck, der ja auch preußischer Ministerpräsident war, Stellung zur katholischen Kirche (1873):

Es ist meines Erachtens eine Fälschung der Politik und der Geschichte, wenn man Seine Heiligkeit den Papst ganz ausschließlich als den Hohepriester einer Konfession oder die katholische Kirche als Vertreter des Kirchentums überhaupt betrachtet. Das Papsttum ist eine politische Macht jederzeit gewesen, die mit der größten Entschiedenheit und dem größten Erfolge in die Verhältnisse dieser Welt eingegriffen hat, die diese Eingriffe erstrebt und zu ihrem Programm gemacht hat. [...] Dieser Machtstreit unterliegt denselben Bedingungen wie jeder andere politische Kampf, und es ist eine Verschiebung der Frage, die auf den Eindruck auf urteilslose Leute berechnet ist, wenn man sie darstellt, als ob es sich um Bedrückung der Kirche handelte. Es handelt sich um Verteidigung des Staates, es handelt sich um die Abgrenzung, wie weit die Priesterherrschaft und wie weit die Königsherrschaft gehen soll, und diese Abgrenzung muss so gefunden werden, dass der Staat seinerseits dabei bestehen kann. Denn in dem Reiche dieser Welt hat er das Regiment und den Vortritt. [...]

Zit. nach: W. Kampmann, Bismarck, Paderborn 1967, S. 82.

M 9 Bismarcks Größe

Der viel gelesene Publizist Theodor Ziegler kam 1916 zu folgender Einschätzung des Politikers Otto von Bismarck:

Als er aber dann am 30. Juli 1898 seinem Volke für immer entrissen wurde, da war es auch wieder wie eine Sammlung. Jetzt senkten selbst die Gegner die Waffen und erkannten seine Größe an. In andächtiger Ehrfurcht und tiefem Schmerz richteten sich die Blicke seines Volkes auf den Stillegewordenen, der nach einem Leben voll Kampf und Arbeit, voll Sieg und Erfolg unter den deutschen Eichen seines schönen Waldes zur Ruhe gebracht wurde. Die Grabschrift, die er sich selbst gewünscht: „Fürst Bismarck, ein treuer deutscher Diener Kaiser Wilhelms I." verstand man als die Summe seines Lebens und als den scharfen Trennungsstrich zwischen zwei Generationen. Aber sie sagte doch nur die Hälfte. Uns war er mehr, war er die Verkörperung des deutschen Wesens selbst in seiner Kraft und Stärke, in seiner Männlichkeit und seinem frohen Kampfesmut. Noch einmal, neben Luther war er deshalb der größte Deutsche, weil er so ganz deutsch war. Darum steht er – dagegen kommt aller Hass nicht auf – er, der harte, eiserne Reichskanzler, dem Herzen seines Volkes so nahe und hat sich vor allem das Herz der deutschen Jugend im Sturme erobert: Er ist geliebt worden, heiß wie seit 400 Jahren keiner mehr geliebt worden ist. Umso schmerzlicher, dass auch diesmal wieder der Riss durch unser deutsches Volk ging und auch diesem besten und größten seiner Söhne ein starker Bruchteil verständnislos und zornerfüllt den Rücken kehrte. Aber das hängt nun einmal notwendig zusammen mit der Kampfstellung, die solche gewaltige Willensmenschen für sich selber einnehmen und anderen aufzwingen: Das ist das Los und das Schicksal der Größe.

Th. Ziegler, Die geistigen und sozialen Strömungen im 19. und 20. Jahrhundert, Berlin 1921, S. 464 f.

M 10 Politisches Erbe

Der große deutsche Soziologe Max Weber (1864–1920) beurteilte Bismarck folgendermaßen (1895):

Was war infolgedessen – für die uns hier interessierenden Seiten der Sache – Bismarcks politisches Erbe? Er hinterließ eine Nation, ohne alle und jede politische Erziehung, tief unter dem Niveau, welches sie in dieser Hinsicht zwanzig Jahre vorher bereits erreicht hatte. Und vor allem eine Nation ohne allen und jeden politischen Willen, gewohnt, dass der große Staatsmann an ihrer Spitze für sie die Politik schon besorgen werde. [...]
Eine politische Tradition dagegen hinterließ der große Staatsmann überhaupt nicht. Innerlich selbstständige Köpfe und vollends Charaktere hatte er weder herangezogen, noch auch nur ertragen. [...]
Demgegenüber nun als ein rein negatives Ergebnis seines gewaltigen Prestiges: ein völlig machtloses Parlament. Er selbst hat sich bekanntlich dessen als eines Fehlers angeklagt, als er nicht mehr im Amte

war und die Konsequenzen an seinem eigenen Schicksal erfahren hatte. Jene Machtlosigkeit bedeutete aber zugleich: ein Parlament mit tief herabgedrücktem geistigen Niveau.

Max Weber, zit. nach: G. A. Ritter, J. Kocka (Hg.), Deutsche Sozialgeschichte 1870–1914, München 1982, S. 262.

M 11 **Bismarck-Barometer** (unten)

Karikatur von Wilhelm Scholz aus dem Jahr 1881. Nachdem Scholz zunächst den damals noch preußischen Minister durch die direkt auf die Glatze gepflanzte Spitze der preußischen Pickelhaube charakterisiert hatte, kam er 1863 auf die Idee, den spärlichen Haarwuchs durch drei einzelne, prononciert auf die Mitte des Schädels gesetzte Haare aufzubessern. Die „drei Haare" – auch in den begleitenden satirischen Texten ist oft von ihnen die Rede – werden zum Kennzeichen Bismarcks und erlauben es, ihn in der absonderlichsten Gestalt wiederzuerkennen. Sie vertreten als Pars pro toto die Person [ein Teil steht für das Ganze]. Die hier ausgestellten Beispiele verwenden zudem eine weitere Methode der Karikatur, die Phasenverschiebung: In den einzelnen Bildsequenzen verändern sich markante Details – die „drei Haare" – und bringen die sich wandelnde Stimmung zum Ausdruck. Die drei Schönwetter-Locken nehmen die Form der Spitze auf der preußischen Pickelhaube an. [...]

G. Langemeyer u. a. (Hg.), Mittel und Motive der Karikatur in fünf Jahrhunderten, München 1984, S. 127.

Aufgaben

1. Untersuchen Sie die Methoden, mit denen Bismarck das heterogene Deutsche Reich zu regieren versuchte.
   → Text, M4
2. Rekapitulieren Sie, wie und warum der Kurswechsel von 1878 zustande kam.
   → Text
3. Erläutern Sie die Ursachen und Ergebnisse des sogenannten Kulturkampfes.
   → Text, M1, M5, M8
4. Analysieren Sie die Gründe für Bismarcks Kampf gegen den Katholizismus.
   → M8
5. Charakterisieren Sie die Parteien in Bezug auf Programmatik und Wahlergebnisse.
   → M6, M7
6. Die Beurteilungen der Innenpolitik Bismarcks fallen sehr unterschiedlich aus. In welcher Weise wird Bismarck zu einem Mythos stilisiert?
   → M9
7. Nehmen Sie zu der Kritik Stellung, die an der politischen Hinterlassenschaft Bismarcks geübt wurde. → M10
8. Suchen Sie nach weiteren politischen Karikaturen, die das Motiv „Dropping the Pilot" aufgreifen, und stellen Sie diese im Kurs vor.

11.4 Politik und Gesellschaft im Zeitalter Wilhelms II.

Wilhelm II.

Mit der Entlassung Bismarcks begann in Deutschland die Epoche des Wilhelminismus. Sie wurde geprägt durch das „persönliche Regiment" Wilhelms II. Die Nachwelt hat über ihn zum Teil sehr kritisch geurteilt. Im Zeitalter einer sich in rasantem Tempo vollziehenden Industrialisierung und wachsender demokratischer Bestrebungen blieb er vom eigenen Gottesgnadentum überzeugt und zeigte für demokratische Einrichtungen wenig mehr als Verachtung.

Er soll sich gerühmt haben, die Verfassung niemals gelesen zu haben. Die Berichte, die der Nachwelt überliefert wurden, ergeben in der Zusammenfassung ein höchst problematisches Bild von Wilhelms Persönlichkeit. Charmant, wie er sein konnte, blendete er seine Gesprächspartner, imponierte durch Faktenwissen, um andererseits launisch, aufbrausend und prahlerisch aufzutreten. Theatralisches Verhalten ging mit einer Vernachlässigung der Regierungsarbeit einher.

Eine Kluft öffnete sich zwischen fortschreitender industrieller Modernisierung auf der einen und dem Rückfall in ein mittelalterlich anmutendes romantisches Kaisertum auf der anderen Seite.

Wegen seines selbstherrlichen Auftretens wurde Wilhelm II. wiederholt als gemütskrank charakterisiert. Seine Hassausbrüche riefen immer wieder Befremden – vor allem außerhalb Deutschlands – hervor. Das vielzitierte „persönliche Regiment" bedeutete in der Praxis, dass die politische Richtlinienkompetenz vom Reichskanzler auf den Kaiser überging. Nur wer das „Allerhöchste Vertrauen" besaß, konnte regieren. Mit der unumschränkten Kommandogewalt stand dem Kaiser zudem ein politisches Instrument zur Verfügung, das sich der demokratischen Kontrolle entzog. Darum konnte der Einfluss einer kleinen Hofclique aus Militärs und persönlichen Freunden wachsen. Politische Entscheidungen wurden zusehends ohne Kontrolle durch den Reichstag getroffen. Trotz beziehungsweise wegen seiner schillernden Persönlichkeit und seines zweifelhaften Auftretens gilt Wilhelm II. als Repräsentant der Epoche. Mit den Regeln einer konstitutionellen Monarchie war es kaum zu vereinbaren, wenn ein Monarch noch 1891 hervorhob, dass er im „Auftrage eines Höheren (...) berufen" sei.

Nach der Thronbesteigung Wilhelms II. (1888) taten sich schon bald persönliche und sachliche Differenzen zwischen dem jungen 29-jährigen Kaiser und dem greisen Reichskanzler auf.

Der ehrgeizige Monarch wollte das politische Ruder selbst in die Hand nehmen. Dabei stand ihm der politisch erfahrene Bismarck im Wege. Dessen Entlassung bedeutete zweifellos einen Einschnitt. Nachfolger Bismarcks im Amt des Reichskanzlers waren:

1890–1894	General Leo von Caprivi,
1894–1900	Chlodwig zu Hohenlohe-Schillingsfürst,
1900–1909	Bernhard von Bülow,
1909–1917	Theobald von Bethmann Hollweg.
1917	Georg Michaelis
1917–1918	Georg von Hertling
1918	Max von Baden

Die Regierungszeit Wilhelms II. brachte – zumindest bis 1914 – eine kontinuierliche Verbesserung des Lebensstandards breiter Bevölkerungsschichten. Der wirtschaftliche Aufstieg des Reiches war beeindruckend. Aber hinter einer imponierenden Machtentfaltung entdeckten aufmerksame Beobachter manches Krisenzeichen.

Das politische Kräftefeld wurde geprägt durch gegensätzliche Entwicklungsrichtungen. Während die monarchisch-adlige Führung an einem überlebten politischen System festhielt, das in vielen Aspekten den Zuschnitt einer vor-industriellen Gesellschaft aufwies, formierte sich eine breite demokratische und zum Teil auch republikanische Bewegung. Seit 1890 erzielten Zentrum, Linksliberale und Sozialdemokraten deutliche Mehrheiten. Gleichwohl blieb ihr Einfluss auf die Regierung aufgrund der halb-absolutistischen Regierungsform gering. Folgerichtig nahm das Drängen auf eine Parlamentarisierung zu, die die jeweilige Regierung von der Parlamentsmehrheit abhängig machen würde. Das wiederum wurde von den herrschenden Schichten als eine Bedrohung ihrer Vorrangstellung empfunden.

Exekutive und Legislative blockierten sich nach der Lage der Dinge gegenseitig. Zudem engten Finanzprobleme den politischen Spielraum der Reichsregierung ein. Das Reich verfügte nur über begrenzte eigene Einnahmequellen und war im Übrigen auf die Beiträge der Länder angewiesen. Als wegen wachsender Rüstungsausgaben und ansteigender Sozialleistungen der Haushalt des Reiches immer mehr belastet wurde, stellte sich eine finanzielle Dauerkrise ein.

Flottenbau

Um die Jahrhundertwende schien das Deutsche Reich bestrebt, nicht nur über ein mächtiges Heer zu verfügen, sondern auch eine maritime Großmacht zu werden. Die Durchsetzung von zwei Flottenbaugesetzen (1898 und 1900) war heftig umstritten, und es bedurfte massiver Beeinflussung des Reichstags, damit die dafür notwendigen Haushaltsmittel bewilligt wurden. Die Realisierung des Flottenbauprogramms war verknüpft mit dem Namen des Admirals Alfred von Tirpitz, der 1897 Staatssekretär des Reichsmarineamts wurde und den Flottenverein mitbegründete.

M 1 Deutschland zur See
Popularisierung des Flottenbaus durch Plakate, Ansichtskarten und Sammelbildchen

Der Flottenverein war die erste Massenorganisation, die alle Merkmale des modernen Lobbyismus aufwies. Unterstützt durch Schwerindustrie, Banken, Küstenstädte und Zeitungen wurde unter Anwendung von Methoden moderner Propaganda ein öffentliches Klima erzeugt, das dem Flottenbau förderlich war. Der Flottenverein umfasste mehr als eine Million Mitglieder und war damit die größte – überdies betont kaisertreue – Organisation des Kaiserreichs.

Anhand des Flottenbauprogramms lässt sich das Ineinandergreifen innen- und außenpolitischer Faktoren nachweisen. Interessen der Schwerindustrie spielten zum Beispiel eine Rolle, aber auch Weltmacht-Prestige und das Ringen um internationalen Einfluss.

Nachdem Deutschland durch die Annäherung von Frankreich und Russland (1892) in eine prekäre außenpolitische Lage gekommen war, fühlten sich viele Deutsche bedroht und glaubten, durch eine starke Flotte ihre Sicherheit erhöhen zu können. Allerdings musste der Flottenbau zwangsläufig das Misstrauen Englands, der größten Seemacht, hervorrufen. Der Konflikt mit England war somit vorprogrammiert.

Ähnlich wie in anderen europäischen Ländern erhielt in der Endphase des 19. Jahrhunderts das Nationalgefühl der Deutschen immer aggressivere Züge. Eine oft unkritische Verherrlichung staatlicher Autorität ging einher mit einer expansiven Orientierung.

Antisemitismus

Nicht nur beim überaus mächtigen Bund der Landwirte (BdL) sowie beim Deutschen Handlungsgehülfenverband fiel der Antisemitismus auf fruchtbaren Boden. Antisemitische Parteien wurden gegründet, so zum Beispiel durch den Hofprediger der Hohenzollern Adolf Stoecker die Christlich-Soziale-Partei (1878). Der rassische Antisemitismus fand – zumeist verknüpft mit einem militanten Nationalismus – Eingang in akademische Kreise und Mittelschichten.

Diese neuen ideologischen Tendenzen fanden ihre Verkörperung beziehungsweise Organisierung im 1891 entstandenen Alldeutschen Verband, dessen Vorsitzender Heinrich Claß zu den volkstümlichsten Vertretern dieser politischen Richtung gehörte. Im kleinen, aber einflussreichen Alldeutschen Verband artikulierten sich – nach unserem heutigen Verständnis – rechtsradikale Tendenzen, die in ihrer Bedeutung weit über den Zusammenbruch des Kaiserreichs (1918) hinaus reichten. Die Ideologie der Alldeutschen war eine der Wurzeln des Nationalsozialismus.

M 2

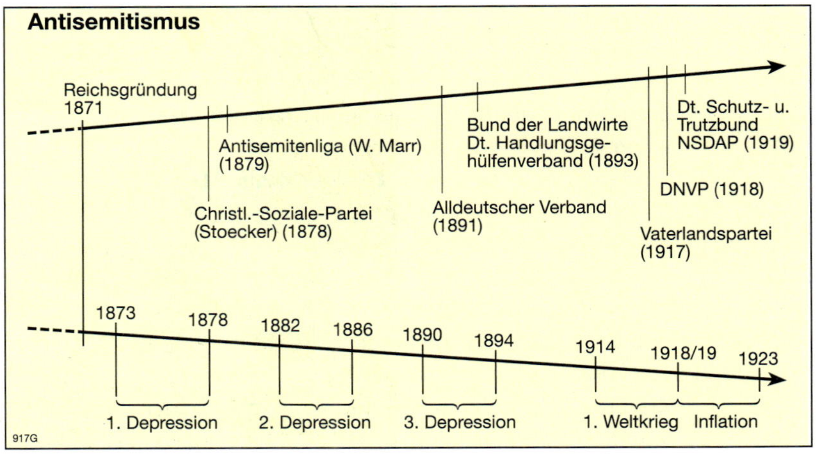

M 3 Die Verhältnisse am Hof

Der Sohn des Reichskanzlers Chlodwig zu Hohenlohe-Schillingsfürst (1819–1901) kritisiert den Kaiser und dessen Umgebung:

Wohl waren nicht alle in Deutschland blind für seine Fehler und Mängel, und, wie ich schon erwähnte, es gab Männer, die nicht unbesorgt wegen der Gefahren seiner Persönlichkeit waren. Aber es offen auszusprechen, dazu fehlte fast allen der Mut, oder sie schwiegen aus Respekt vor der monarchischen Tradition, aus angestammter Treue zum Herrscherhaus oder – und zu diesen gehörte auch mein Vater, mit dem ich mehr als einmal die Frage erörtert habe – aus der Überzeugung, dass es im Interesse des Reiches nützlicher sei, angesichts des Auslandes die Autorität des deutschen Kaiserthrones nicht durch eine zu offene Kritik des Monarchen zu mindern. Dies hatte aber zur Folge, dass das Gefühl der Gottähnlichkeit immer stärker in ihm wurde und dass er, beim Anblick der Kriecherei und Schmeichelei, die ihn umgab und die mehr und mehr zunahm (wurde es doch zuletzt in der Armee zum Brauche, dass selbst manche ältere Generäle und Offiziere ihm die Hand küssten!), eine Menschenverachtung und zugleich ein Selbstbewusstsein bekam, das ins Grenzenlose ging.

Prinz A. v. Hohenlohe, zit. n.: R. Eckart (Hg.), Gründerjahre und Weltkrieg 1871–1918, Ebenhausen bei München 1966, S. 83 f.

M 4 Wilhelm II.: Herrscher von Gottes Gnaden

Ein Publizist fasst das Leben und Wirken des letzten deutschen Kaiser aus heutiger Sicht zusammen:

Wilhelm II. wurde am 27. Januar 1859 als ältester Sohn des preußischen Prinzen Friedrich Wilhelm, des späteren Kaiser Friedrich III., und der englischen Prinzessin Victoria, der Tochter der Queen Victoria, in Potsdam geboren. Er wuchs in der Zeit heran, in welcher Preußen mit der Begründung des preußisch-deutschen Kaiserreiches zur europäischen Großmacht aufstieg. In den Jahren 1888 bis 1918 stand er als deutscher Kaiser an der Spitze dieses neuen Reiches. Nach der Ausrufung der Republik im November 1918 ging er nach Holland ins Exil, wo er am 4. Juni 1941 verstarb. Sein Leben umfasste nahezu die gesamte Spanne des Aufstiegs und Zerfalls der kleindeutschen Reichsgründung von 1871, einen Zeitraum, dessen Analyse zur Klärung unserer eigenen historisch-politischen Situation beitragen kann.

Waren die ersten beiden Jahrzehnte des neuen Kaiserreiches untrennbar mit dem Namen des Reichskanzlers Fürst Otto von Bismarck verbunden, so vollzog sich unter Wilhelm II. eine Machtverlagerung vom Reichskanzleramt zur Krone. Bismarcks Nachfolger vermochten die Machtgefühle des Amtes weder zu wahren noch gar zu steigern. Indem man vom „Zeitalter Wilhelms II." oder vom „Wilhelminismus" spricht, charakterisiert man nicht nur dessen Selbstwertgefühl, sondern entspricht auch dem Empfinden der Zeitgenossen: „Es gibt im gegenwärtigen Deutschland keine stärkere Macht als das Kaisertum. Gerade die Klagen der nicht-kaiserlich gesinnten Demokraten […] beruhen auf der immer erneuten Beobachtung, wie alle Politik, äußere und innere, vom Wollen und Reden des Kaisers abhängt. Kein Monarch der absoluten Monarchie hat so viel wirklichen Einfluss gehabt wie heute der Kaiser. […] Dieses Jahrhundert, dessen Mitte vom Traume der deutschen Republik widerhallte, endete mit einer Kaisermacht, die kein Barbarossa[1] besaß." (Friedrich Naumann)[2]. In zahllosen Reden, Trinksprüchen und Ansprachen erhob Wilhelm II. nach Bismarcks Entlassung den Anspruch, den Kurs der Politik selbst zu bestimmen. Dieser Anspruch entsprang der tief verwurzelten Anschauung, dass den Hohenzollern die Herrschaft von Gottes Gnaden verliehen sei. Aus diesem Gottesgnadentum speiste sich seine antikonstitutionelle Haltung, die aus der Eintragung „suprema lex regis voluntas"[3] in das Goldene Buch der Stadt München spricht oder aus der Behauptung im Kreise seiner Mitarbeiter, „Ich kenne keine Verfassung. Ich kenne nur das, was Ich will." deutlich wird.

1 Friedrich I., gen. Barbarossa, vermutlich 1122–1190

2 nationalliberaler Politiker, 1860–1919

3 Der Wille des Königs ist das höchste Gesetz.

W. Ludwigs, in: Das Parlament, Nr. 22/1981.

M 5 Wilhelm II.: Ansprache an Rekruten (1891)

So sprach der Kaiser nach dem „Breslauer Lokalanzeiger" vom 8. Dezember 1891:

Rekruten Meiner Garderegimenter!
Ihr seid hier aus allen Teilen Meines Reiches zusammengezogen, um eurer Militärpflicht zu genügen, und habt eben an heiliger Stätte euerm Kaiser Treue geschworen bis zum letzten Atemzuge. Ihr seid noch zu jung, um das alles zu verstehen, ihr werdet aber nach und nach damit bekannt gemacht werden. Stellt euch dies alles nicht zu schwer vor und vertraut auf Gott, betet auch

manchmal ein Vaterunser, das hat schon manchem Krieger wieder frischen Mut gemacht. Kinder Meiner Garde, mit dem heutigen Tage seid ihr Meiner Armee einverleibt worden, steht jetzt unter Meinem Befehl und habt das Vorrecht, Meinen Rock tragen zu dürfen. Tragt ihn in Ehren. Denket an unsere ruhmreiche vaterländische Geschichte; denket daran, dass die deutsche Armee gerüstet sein muss gegen den inneren Feind sowohl als gegen den äußeren. Mehr denn je hebt der Unglaube und Missmut sein Haupt im Vaterlande empor, und es kann vorkommen, dass ihr eure eignen Verwandten und Brüder niederschießen oder -stechen müsst. Dann besiegelt die Treue mit Aufopferung eures Herzblutes. Und nun geht nach Hause und erfüllet eure Pflichten.

Nach der „Neißer Zeitung" hatte die Rede folgenden Wortlaut:

Rekruten!
Ihr habt jetzt vor dem geweihten Diener Gottes und angesichts dieses Altars Mir Treue geschworen. Ihr seid noch zu jung, um die wahre Bedeutung des eben Gesprochenen zu verstehen; aber befleißigt euch zunächst, dass ihr die gegebenen Vorschriften und Lehren immer befolgt. Ihr habt Mir Treue geschworen, das – Kinder meiner Garde – heißt, ihr seid jetzt meine Soldaten, ihr habt euch Mir mit Leib und Seele ergeben; es gibt für euch nur einen Feind, und der ist Mein Feind. Bei den jetzigen socialistischen Umtrieben kann es vorkommen, dass Ich euch befehle, eure eignen Verwandten, Brüder, ja Eltern niederzuschießen – was ja Gott verhüten möge – aber auch dann müsst ihr Meine Befehle ohne Murren befolgen.

Zit. nach: E. Johann (Hg.), Reden des Kaisers, München 1966, S. 55 f. [Die Textunterschiede sind dem Umstand geschuldet, dass es noch keine Tonbandaufzeichnungen gab].

M 6 Wilhelm II. aus zwei Perspektiven
Gemälde von Max Kroner, 1890 und Karikatur von H. Paul in: „Le Cri de Paris, 1900.
Wilhem II. sagte am 27.07.1900 anlässlich der Verabschiedung eines Expeditionskorps nach China: „Pardon wird nicht gegeben, Gefangene werden nicht gemacht".

M 7 Deutsche Flottenpolitik

Alfred von Tirpitz (1849–1930), Staatssekretär im Reichsmarineamt, gilt als der „Vater" der deutschen Schlachtflotte:

1895: Zwei Gedankengänge bildeten sich damals heraus: die taktische Notwendigkeit einer Schlachtflotte, wenn wir überhaupt auf Seegeltung losstrebten und mit Zweck und Nutzen Schiffe bauen wollten, und die politische Notwendigkeit, für die unaufhaltsam und reißend anwachsenden deutschen Seeinteressen eine sie schützende Flotte zu schaffen. Die Flotte erschien mir niemals als Selbstzweck, sondern stets als eine Funktion der Seeinteressen. Ohne Seemacht blieb die deutsche Weltgeltung wie ein Weichtier ohne Schale. Dem Handel musste die Flagge folgen, wie das andere, ältere Nationalstaaten längst begriffen hatten, als es bei uns erst zu dämmern begann. [...] Der Flottengedanke wurde im Volk noch vielfach mit Misstrauen aufgenommen. Die Deutschen spürten, verwöhnt von dem Glück, in das die Bismarcksche Reichsschöpfung und das plötzliche Umsichgreifen unserer so lange zurückgestauten wirtschaftlichen Tüchtigkeit uns versetzt hatte, noch nicht genügend, dass unsere Entfaltung auf dem breiten Rücken des britischen Freihandels sich auf Widerruf vollzog. Dem Wachstum unsrer Industrie verdankten wir das Wachstum unsrer physischen und materiellen Stärke. Wir nahmen jährlich fast um eine Million Menschen zu, das heißt, gewannen auf dem unveränderlich engen Spielraum der heimischen Scholle alljährlich etwas, das

M 8 **Patriotisches Militärehrenblatt**

dem Zuwachs einer Provinz gleichkam, und dies alles beruhte auf der Aufrechterhaltung unsres Ausfuhrhandels, der mangels eigener Seemacht ausschließlich vom Belieben der Fremden, das heißt der Konkurrenten, abhing. Wir mussten nach Bismarck „entweder Waren ausführen oder Menschen", und es handelte sich bei dem Entschluss, eine Seemacht zu bilden, letzten Endes um nichts anderes als um den Versuch, eine sich nicht in eigenen Siedelungskolonien, sondern in heimischen Werkstätten vermehrende Bevölkerung deutsch zu erhalten.

Zit. nach: Geschichtliche Quellen, Das Zeitalter des Imperialismus 1890–1918, Frankfurt/M. 1974, S. 35 f.

M 9 Angst vor der Demokratie

Der Rittergutsbesitzer und Politiker Elard von Oldenburg-Januschau stellte die konservative Sicht der Dinge dar:

Mit dem Abgang Bismarcks stellte es sich heraus, dass das Reich auf die Dauer nicht mehr so zu regieren war wie bisher. Hatte Bismarck selbst noch den von ihm geschaffenen Reichstag bezwungen, so war das unter seinen Nachfolgern nicht mehr der Fall. Darunter litt die Straffheit der politischen Führung. Es entstand eine gewisse Reichsverdrossenheit, die über manchen Deutschen Gewalt gewann. Dies machte sich vor allem die Sozialdemokratie zu Nutze. Dabei verstand sie es, an der richtigen Stelle anzupacken. Denn das Reich stand auf den Säulen einer gesunden Landwirtschaft und eines starken Heeres. Gelang es, beides zu erschüttern, so musste die Sozialdemokratie ihr Ziel, die Zerstörung der Staatsautorität, erreichen. Deshalb begrüßte sie im Stillen das Tempo der industriellen Entwicklung, die mangelnden Zölle und die schlechten Handelsverträge. Sie rechnete damit, dass mit der mangelnden wirtschaftlichen Ertragsfähigkeit die politische Spannkraft der deutschen Landwirtschaft nachlassen würde. Gleichzeitig griff die Sozialdemokratie das Heer an, ereiferte sich über belanglose Misshelligkeiten, verallgemeinerte sie und forderte schließlich offen die Abschaffung der kaiserlichen Kommandogewalt. Der Reichstag, der verfassungsmäßig nur eines unter den vielen Regierungsorganen darstellte, verfiel dem Schicksal der meisten Parlamente. Er trat wie ein reißender Fluss über seine Ufer und riss alle Macht im Staat an sich. Das Gift der Demokratie, der mangelnden Ein- und Unterordnung vernebelte wie kein zweites Verstand und Herz der Menschen.

E. v. Oldenburg-Januschau, Erinnerungen, Leipzig 1936, S. 63.

M 10 Wilhelm II. begibt sich mit seinen Söhnen zur Neujahrsparade, 1914.

Aufgaben

1. Charakterisieren Sie die Persönlichkeit Wilhelms II. und sein Herrschaftsverständnis. Vergleichen Sie dazu auch das Gemälde von Max Kroner (M6) mit dem Gemälde auf Seite 150.
   → Text, M3–M6
2. Wie beurteilen Sie die politischen Auswirkungen des wilhelminischen Kaisertums?
   → Text, M1, M4, M7
3. Interpretieren Sie die politisch-psychologische Situation der herrschenden Schichten.
   → M3, M9
4. Verdeutlichen Sie die Ursachen und Funktionen des Antisemitismus anhand der Darstellung.
   → Text, M2
5. Welche Interessen organisierten sich im Flottenverein?
   → Text, M1, M7
6. Beschreiben Sie die Selbstdarstellung des Kaiserreiches und seiner Repräsentanten anhand des Militärehrenblatts. Analysieren und interpretieren Sie die Bildelemente in Bezug auf ihren historischen und ideologischen Gehalt.
   → M8

DEUTSCHLAND — AUGUST * 1914

12. Der Erste Weltkrieg

Die Gestalt der Germania leitet sich aus der römischen Bezeichnung für Deutschland her. Im 19. Jahrhundert wurde sie zur populären Allegorie. Die Figur versinnbildlichte – zuerst als Schlachtenjungfrau dargestellt – das nationale Einigungsbestreben der Deutschen.

Das Gemälde von Friedrich August von Kaulbach trägt den Titel „Deutschland – August 1914“ und stammt aus dem gleichen Jahr. Im Vordergrund ist eine junge Frau zu sehen, aus derem zornigen Blick tatkräftige Entschlossenheit spricht. Ihre aufrechte Statur, der weibliche Brustpanzer, Schild und Schwert unterstreichen den Ausdruck der Wehrhaftigkeit. Die Krone auf dem Kopf ist der mittelalterlichen Reichsinsignie nachgebildet. Die langen Haare der Frau fallen wehend herab und berühren sich mit der flammend-roten Hintergrundmalerei.

In diesem Bild drückt sich ein Gefühl der Stärke und Willenskraft aus, das die Haltung der meisten Deutschen zum Kriegsbeginn 1914 prägte.

Auch heute noch vermag dieses Bild etwas vom nationalen Pathos zu vermitteln, das 1914 die politische Atmosphäre – nicht nur in Deutschland – durchdrang. Wenn heute in Großbritannien oder Frankreich vom „Großen Krieg“ die Rede ist, dann meint man dort den Ersten Weltkrieg. In Deutschland ist dieser Erste Weltkrieg von der NS-Diktatur und dem mit ihr unlösbar verknüpften Zweiten Weltkrieg in den Hintergrund gedrängt worden.

Gleichwohl ist der Erste Weltkrieg die „Urkatastrophe“ des 20. Jahrhunderts, wie es ein amerikanischer Historiker formuliert hat. Dieser Erste Weltkrieg leitete eine neue Epoche der Weltgeschichte ein. Der Erste Weltkrieg brachte einen zuvor unvorstellbaren Ausbruch kriegerisch-destruktiver Gewalt mit sich. Zwischen 1914 und 1918 wurden die Weichen gestellt für sämtliche (Fehl-)entwicklungen des 20. Jahrhunderts. Das kommunistische Russland erlebte seine Geburtsstunde 1917. Und auch der Aufstieg Hitlers und seiner Bewegung war auf vielfältige Weise mit dem Ersten Weltkrieg verkettet. Manche Historiker sehen heute im Zweiten Weltkrieg eine Art Fortsetzung des Ersten Weltkrieges – lediglich unterbrochen durch einen Waffenstillstand (auch Zwischenkriegszeit genannt).

Wie einschneidend der Erste Weltkrieg historisch gewirkt hat, lässt sich auch daraus ermessen, dass vier Monarchien zerbrachen (Russland, Österreich-Ungarn, Deutschland und das Osmanische Reich). Diese und andere dramatische Änderungen lassen es angezeigt sein, im Ersten Weltkrieg die entscheidende Zäsur des 20. Jahrhunderts zu sehen.

Die neuere Geschichtsschreibung ist deshalb dazu übergangen, vom „langen 19. Jahrhundert“ und vom „kurzen 20. Jahrhundert“ zu sprechen. Gemeint ist damit ein 19. Jahrhundert, das mit der Französischen Revolution (1789) begann und 1914/18 endete, und ein 20. Jahrhundert, das mit dem Ersten Weltkrieg einsetzte und das durch die mittelosteuropäischen Revolutionen (1989/90) beziehungsweise durch das Ende der Sowjetunion (1991) zum Abschluss gekommen ist.

12.1 Vorgeschichte: Europäische Politik zwischen 1871 und 1914

Bismarcks Außenpolitik

Nach der Reichsgründung galten Bismarcks außenpolitische Bestrebungen der Wahrung des deutschen Besitzstandes. Aufgrund der deutsch-französischen „Erbfeindschaft", die eine Folge des Krieges von 1870/71 war, fürchtete Bismarck mächtige, gegen Deutschland gerichtete Koalitionen. Als überragender Staatsmann auf der diplomatischen Bühne Europas war Bismarck bemüht, Frankreich zu isolieren – isoliert konnte Frankreich für Deutschland keine Gefahr darstellen. Zu diesem Zweck errichtete Bismarck ein kompliziertes Vertragssystem. Die Grundlage seiner Außenpolitik bildete das enge Bündnis zwischen Deutschland und Österreich-Ungarn. Bismarck gelang es mithilfe einer geschickten Diplomatie, eine Annäherung zwischen Frankreich und Russland zu verhindern. Dazu diente auch der geheime Rückversicherungsvertrag, der 1887 zwischen dem Deutschen Reich und Russland abgeschlossen wurde. Der Vertrag verpflichtete Russland zur Neutralität, falls Frankreich das Deutsche Reich unprovoziert angreifen sollte.

Die außenpolitische Konzeption Bismarcks ruhte also auf folgenden Pfeilern:

- Besitzstandswahrung: Bismarck ließ wiederholt verlauten, das Reich sei „saturiert" (gesättigt). Es sollten keine weiteren Eroberungen gemacht werden.
- Isolierung Frankreichs: Frankreich allein sollte nicht stark genug sein, um das Deutsche Reich zu gefährden.
- Verhinderung eines Zweifrontenkrieges: Durch eine freundliche Haltung gegenüber Russland sollte eine Annäherung zwischen Frankreich und Russland vermieden werden.
- Festes Bündnis zwischen Deutschland und Österreich-Ungarn: So glaubte Bismarck die Nachteile der geostrategischen Mittellage tendenziell ausgleichen zu können, zumal die fünfte Großmacht – Großbritannien – nur begrenzte kontinentale Interessen besaß.

Bismarcks Nachfolger waren nach dessen Ablösung als Reichskanzler (1890) nicht mehr so erfolgreich. Schon zwei Jahre nach Bismarck kam es zu einer französisch-russischen Militärkonvention. Das Jahr 1890 bedeutet also auf den ersten Blick einen fundamentalen Einschnitt in der europäischen Politik. Den Politikern unter Wilhelm II. wird der Vorwurf gemacht, dass sie sich von den bewährten Grundlagen Bismarck'scher Politik entfernt hätten. Allerdings waren die Keime für eine deutsch-russische Entzweiung bereits in der Bismarck-Zeit vorhanden. Sie datieren zurück auf den Berliner Kongress (1878). In seiner Rolle als „ehrlicher Makler" hatte Bismarck damals die führenden Staatsmänner Europas nach Berlin geladen, um die verwickelten Probleme auf dem Balkan diplomatisch zu lösen. Die Ergebnisse des Berliner Kongresses gingen zu Lasten Russlands, dessen Expansionsstreben, insbesondere zum Bosporus, eingedämmt wurde. Obgleich Russland der militärische Sieger in einem Krieg mit der Türkei gewesen war, schied es von dieser diplomatischen Bühne als Verlierer. Hingegen konnte Österreich-Ungarn seine Macht auf dem Balkan erweitern (Besetzung Bosniens und Herzegowinas). In Russland machte man letztendlich Bismarck beziehungsweise Deutschland für diese diplomatische Niederlage verantwortlich. Als parallel dazu die deutsche Reichsregierung den Import des billigeren russischen Getreides durch Einfuhrzölle erschwerte, entwickelte sich bei führenden russischen Politikern eine Deutschfeindlichkeit. Die Beziehungen verschlechterten sich abermals, als 1887 das Deutsche Reich ein so genanntes Lombardverbot für russische Wertpapiere verhängte. Das bedeutete, dass russische Staatspapiere nicht mehr als Sicherheit für Kredite akzeptiert wurden. Um aber das Kapital für die ehrgeizigen Industrialisierungsanstrengungen zu beschaffen, wandte sich Russland nun verstärkt dem französischen Kapitalmarkt zu.

Zunehmende Spannungen

Als der 1887 geschlossene deutsch-russische Rückversicherungsvertrag 1890 von Bismarcks Nachfolger Leo von Caprivi nicht verlängert wurde, resultierte daraus eine umfassende französisch-russische Verständigung (1892/94).

Die Zeit nach 1890 wurde gekennzeichnet durch eine verstärkte Bedrohung jenes europäischen Gleichgewichts, das Bismarck aufrecht zu erhalten suchte. Die sich bereits abzeichnende Entfremdung zwischen Deutschland und Russland schlug sich nieder im Bündnis zwischen Russland und Frankreich. Damit hatte Frankreich seine Isolierung durchbrochen.

Im Westen blieb der deutsch-französische Gegensatz eine Konstante im europäischen Konfliktfeld. Er erhielt sogar neue Nahrung, als imperiale Interessen Deutschlands und Frankreichs in Marokko aufeinander stießen (1905/11).

Die Lage auf dem Balkan wurde gleichfalls immer brisanter. Dauerhafte Konfliktregelungen waren misslungen. Das russische Expansionsstreben war nach wie vor auf den Zugang zum Mittelmeer gerichtet (Meerengenfrage). Die nationale Unabhängigkeitsbewegung der Balkanvölker regte sich, bedrohte den „kranken Mann am Bosporus", das Osmanische Reich. Aber auch der österreichisch-ungarische Vielvölkerstaat musste um seinen inneren Zusammenhalt fürchten. Während Russland sich die panslawistische Bewegung zunutze machte, war die österreichische Balkanpolitik abhängig vom deutschen Schutz.

In den unversöhnlichen Interessengegensatz zwischen Österreich-Ungarn und Russland war folglich auch Deutschland verstrickt. Die Spannungen zwischen Deutschland und Russland nahmen zu, als Deutschland zum einen die österreichische Annexion Bosniens und Herzegowinas deckte (1908) und zum anderen immer mehr zur Schutzmacht des von Russland bedrängten Osmanischen Reiches wurde. Deutschland stärkte die türkische Armee und Flotte und engagierte sich bei der wirtschaftlichen Durchdringung des Osmanischen Reiches, zum Beispiel mit dem Bau der Bagdad-Bahn.

M 1 **„Der kochende Kessel"**
Englische „Punch"-Karikatur zur Balkankrise, 1908

Wettrüsten

Damit bahnte sich eine Entwicklung an, die jene Mächtekonstellation herbeiführte, wie sie zu Beginn des Ersten Weltkrieges existierte. Nachdem eine Allianz zwischen Deutschland und England aufgrund des Flottenbaus und der imperialistischen Konkurrenz gescheitert war, kristallisierten sich zwei Machtblöcke heraus: die so genannte Entente (Frankreich, Russland und England) und die Mittelmächte (Deutschland, Österreich-Ungarn). Seit 1905 war in Europa die Kriegsgefahr ständig gestiegen. In allen großen Ländern

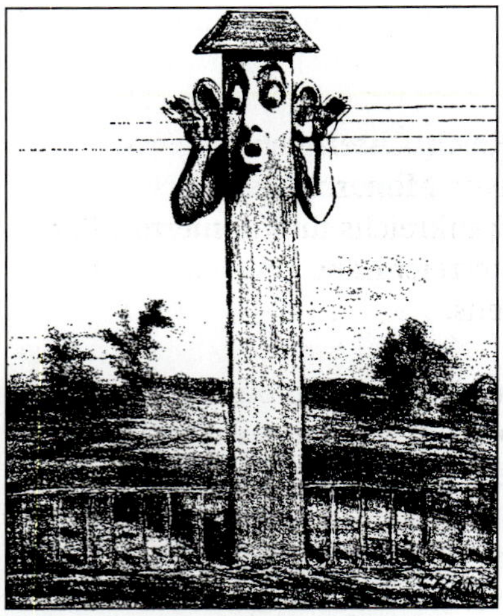

M 2 **Der Telegraf: hellhörig**
Der Telegraf: Krieg ... Krieg ... nichts als Krieg ... , französische Karikatur von Cham aus der französischen Zeitschrift „Charivari"

gab es so genannte Kriegsparteien, das heißt politische Gruppen, die zum Krieg drängten. In Deutschland propagierten Alldeutscher Verband und Wehrverein (gegründet 1912) nachdrücklich jede Aufrüstung. Während sich Massenhysterien breitmachten (in Deutschland beispielsweise die Russenangst), fehlte ein erfolgreiches diplomatisches Krisenmanagement. Jede neue Krise schürte Ängste und stärkte Bedrohungsvorstellungen. Das Sicherheitsbedürfnis artikulierte sich in der Forderung nach vermehrter Rüstung: Es begann ein Rüstungswettlauf.

In Deutschland stieg die Furcht vor einer Einkreisung, zu der man selbst nicht unerheblich beigetragen hatte. Die Kriegsplanung wurde vorangetrieben, und eine nicht zuletzt auch technisch bedingte Präventivkriegsbereitschaft (Schlieffenplan) gewann innerhalb der deutschen Reichsführung an Boden.

Alle Versuche, den Mechanismus steigender Kriegsbereitschaft zu durchbrechen, misslangen.

Es gab vor 1914 neben der militaristischen Grundströmung aber auch eine pazifistische Bewegung, die sowohl aus dem Bürgertum als auch von der Arbeiterschaft unterstützt wurde. Für die Pazifisten standen die entschiedene Ablehnung von Gewaltanwendung und die Bewahrung des Friedens an oberster Stelle. Die bedeutendste deutsche Persönlichkeit des Vorkriegspazifismus war Bertha von Suttner (1843–1914), die den Antikriegsroman „Die Waffen nieder!" verfasste. Sie wurde 1905 mit dem Friedensnobelpreis ausgezeichnet. Der internationale Pazifismus vermochte sich zwar Gehör zu verschaffen, konnte sich politisch aber nicht durchsetzen. Durchweg übertönte der aggressive Nationalismus die antimilitaristischen Appelle und Demonstrationen, zum Beispiel der europäischen Arbeiterbewegung.

M 3 **„Europäischer Dreschplatz"**
Postkarte von 1914 zur Mobilisierung der Soldaten

1873	Dreikaiser-Abkommen (Deutsches Reich, Österreich-Ungarn, Russland): Bund der drei konservativen Monarchien; Bismarcks Strategie der Isolierung Frankreichs funktionierte, allerdings beeinträchtigte die russisch-österreichische Rivalität auf dem Balkan den Wert des Übereinkommens.
1878	Berliner Kongress: Bismarcks Versuch, die Balkankrisen zu lösen; diplomatische Niederlage Russlands; russischer Zugang zum Bosporus wurde verhindert; Besetzung Bosniens und Herzegowinas durch Österreich-Ungarn.
1879	Zweibund zwischen Deutschland und Österreich-Ungarn; 1882 mit Italien zum Dreibund erweitert; der Bund wird belastet durch italienisch-österreichische Gebietskonflikte (Trentino, Triest).
1887	Dreikaiser-Bündnis wird nicht verlängert. Geheimer Rückversichungsvertrag zwischen Russland und Deutschland; Russland verhält sich neutral bei französischem Angriff auf Deutschland; Deutschland ist seinerseits neutral bei österreichischem Angriff auf Russland, ein Zusatzprotokoll sieht wohlwollende deutsche Neutralität vor in Bezug auf den russischen Anspruch auf den Bosporus (Widerspruch zum Zweibund).
1888	Wilhelm II. wird Kaiser.
1890	Entlassung Bismarcks; Rückversicherungsvertrag wird nicht erneuert.
1892	Russisch-französische Militärkonvention: Verpflichtung zum gegenseitigen militärischen Beistand im Falle eines Angriffs durch einen Dreibundstaat.
1904	Verständigung zwischen England und Frankreich (Entente Cordiale): Abgrenzung kolonialer Interessen; Verständigung, aber kein formelles Bündnis.
1905/06	1. Marokkokrise zwischen Deutschland und Frankreich: Die anschließende Konferenz von Algeciras (Spanien) führt zur diplomatischen Isolierung Deutschlands.
1907	Britisch-russisches Abkommen über die Abgrenzung der Einflusssphären in Mittelasien.
1908/09	Bosnische Annexionskrise: Gegen den Widerstand Serbiens und Russlands annektiert Österreich-Ungarn Bosnien und Herzegowina.
1911	2. Marokkokrise: Deutschland erhebt Einspruch gegen den französischen Anspruch auf Marokko. Das deutsche Kanonenboot „Panther“ wird nach Agadir (Südmarokko) entsendet. Zwar kommt es zu einem Ausgleich, aber als Folge davon rücken Frankreich und Großbritannien politisch enger zusammen.
1912	1. Balkankrieg: Balkanstaaten (Bulgarien, Serbien und Griechenland) besiegen mit russischer Unterstützung die Türkei; damit wird der europäische Teil der Türkei praktisch aufgelöst.
1912	Britisch-französische Verständigung: Zusage britischer Hilfe für Frankreich im Falle eines Krieges mit Deutschland.
1913	2. Balkankrieg: Krieg der Sieger untereinander; Serbien geht als Gewinner hervor.

M 4 Bismarck über die strategische Lage

In einer Rede vor dem Reichstag am 6. Februar 1888 beschrieb der Reichskanzler die schwierige sicherheitspolitische Lage, nachdem Gerüchte über ein Bündnis zwischen Russland und Frankreich nicht verstummen wollten:

Wir müssen in diesen Zeiten so stark sein, wie wir irgend können, und wir haben die Möglichkeit, stärker zu sein als irgendeine Nation von gleicher Kopfstärke in der Welt – ich komme darauf noch zurück –, es wäre ein Vergehen, wenn wir sie nicht benutzten. Sollten wir unsere Wehrkraft nicht brauchen, so brauchen wir sie ja nicht zu rufen.
Wenn ich sage, wir müssen dauernd bestrebt sein, allen Eventualitäten gewachsen zu sein, so erhebe ich damit den Anspruch, dass wir noch größere Anstrengungen machen müssen als andere Mächte zu gleichem Zwecke, wegen unserer geografischen Lage. Wir liegen mitten in Europa. Wir haben mindestens drei Angriffsfronten. Frankreich hat nur seine östliche Grenze, Russland nur seine westliche Grenze, auf der es angegriffen werden kann. Wir sind außerdem der Gefahr der Koalition nach der ganzen Entwicklung der Weltgeschichte, nach unserer geografischen Lage und nach dem vielleicht minderen Zusammenhang, den die deutsche Nation bisher in sich gehabt hat im Vergleiche mit anderen, mehr ausgesetzt als irgendein anderes Volk. Die Hechte im europäischen Karpfenteich hindern uns, Karpfen zu werden, indem sie uns ihre Stacheln in unsern beiden Flanken fühlen lassen. Gott hat uns in eine Situation gesetzt, in welcher wir durch unsere Nachbarn daran verhindert werden, irgendwie in Trägheit oder Versumpfung zu geraten. Er hat uns die kriegerischste und unruhigste Nation, die Franzosen, an die Seite gesetzt, und er hat in Russland kriegerische Neigungen groß werden lassen, die in früheren Jahrhunderten nicht in dem Maße vorhanden waren. So bekommen wir gewissermaßen von beiden Seiten die Sporen und werden zu einer Anstrengung gezwungen, die wir vielleicht sonst nicht machen würden.

Zit. nach: W. Wulf, Nationalismus und Demokratie im Werden 1850–1890 (Geschichtliche Quellenhefte 9), Frankfurt/M. 1971, S. 103.

M 6 Abkehr von Bismarck

Der Historiker und Publizist Sebastian Haffner setzt sich kritisch mit der Politik von Bismarcks Nachfolgern auseinander:

Auf dem Kontinent sollte Deutschland nicht mehr einer unter gleichen sein, sondern Führungs- und Ordnungsmacht. Auf den Weltmeeren aber und in der überseeischen Welt sollte England nicht mehr Hegemonialmacht sein, sondern nur noch einer unter gleichen. Das alte europäische Gleichgewichtssystem – so die Theorie, die von den besten akademischen und publizistischen Köpfen des damaligen Deutschland seit den späten neunziger Jahren in immer neuen Variationen bestechend vorgetragen wurde – musste jetzt, im Zeitalter des Imperialismus, zu einem Weltgleichgewichtssystem ausgeweitet werden, und dieses neue Weltgleich-

M 5

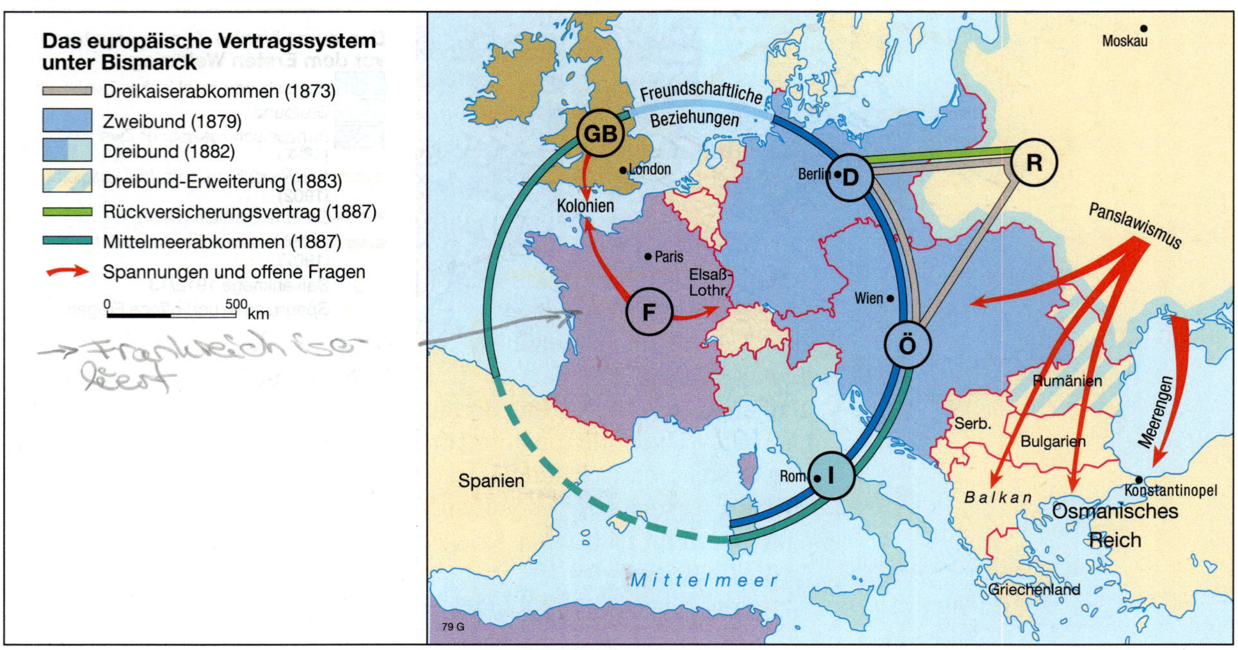

gewicht musste England abgerungen werden, so wie vor Jahrhunderten das europäische Gleichgewicht früheren kontinentalen Führungsmächten – Spanien, Frankreich – abgerungen worden war. „Wir wollen niemanden in den Schatten stellen, aber wir wollen auch einen Platz an der Sonne“ – und zwar nicht nur, wie bisher, von Englands Gnaden. Daher die große Kriegsflotte, die Deutschland nun plötzlich nötig zu haben glaubte und zu bauen anfing. „Unsere Zukunft liegt auf dem Wasser“. [...] Zwar war das französisch-russische Bündnis, das Bismarck zwölf Jahre lang zu verhindern gewusst hatte, bald nach seinem Abgang zu Stande gekommen. Aber zwischen Russland/Frankreich und Deutschland/Österreich herrschte Gleichgewicht; vielleicht sogar ein leichtes Übergewicht zu Gunsten Deutschlands, denn Deutschland wurde ganz von selbst immer noch stärker, Russland (allerdings auch Österreich) durch innere Krisen eher schwächer. Angriffslustig war der russisch-französische Zweierbund jedenfalls nicht.

Aber er konnte es natürlich werden, wenn Deutschland sich mit einem neuen Gegner, England, anlegte. Beides zusammen, ein Weltkonflikt mit England um den „Platz an der Sonne“ und ein europäischer Konflikt mit Frankreich und Russland um die kontinentale Vorherrschaft, war zweifellos zuviel für Deutschland; auch für das ungeheuer starke Deutschland von 1900. [...]

Die Führungs- und Vorherrschaftsstellung auf dem Kontinent, die es [Deutschland] zum Weltkampf mit England brauchte, glaubte es schon halb und halb in der Tasche zu haben. Außerdem verließ es sich darauf, dass England mit Frankreich und nun gar mit Russland nie zusammenkommen könnte: Die Gegensätze schienen so groß. Die deutschen Staatslenker von 1900 saßen auf einem sehr hohen Ross. Und die deutsche öffentliche Meinung mit ihnen.

Das rächte sich. Die Opfer gegenüber Frankreich und Russland, die Deutschland nicht nötig zu haben glaubte, um aus Gegnern Bundesgenossen zu machen: England brachte sie. 1904 legte es, unter Opfern, seine Kolonialkonflikte mit Frankreich bei, 1907 mit Russland. Damit war Deutschland „eingekreist“. Es ist nicht unfair zu sagen: Es hatte sich selbst eingekreist.

[...] Der entscheidende erste Fehler, den Deutschland – lange vor Kriegsausbruch – gemacht hat, war seine Abkehr von Bismarck. Bismarck sah mit der Reichsgründung Deutschlands Optimalposition erreicht. Er erklärte noch 1887: „Wir gehören zu den saturierten Staaten, wir haben keine Bedürfnisse, die wir durch das Schwert erkämpfen könnten.“ Und seine Politik seit 1871 beweist, dass er meinte, was er sagte.

Die allgemeine Stimmung der folgenden deutschen Generation drückte dagegen Max Weber aus, als er 1916 schrieb: „Wollten wir diesen Krieg nicht riskieren, dann hätten wir die Reichsgründung unterlassen können.“ Für diese Generation – die Bismarck als „Eisernen Kanzler“ heroisierte, aber zugleich als veraltet abtat – war die Reichsgründung nicht Endziel und Abschluss, sondern

M 7

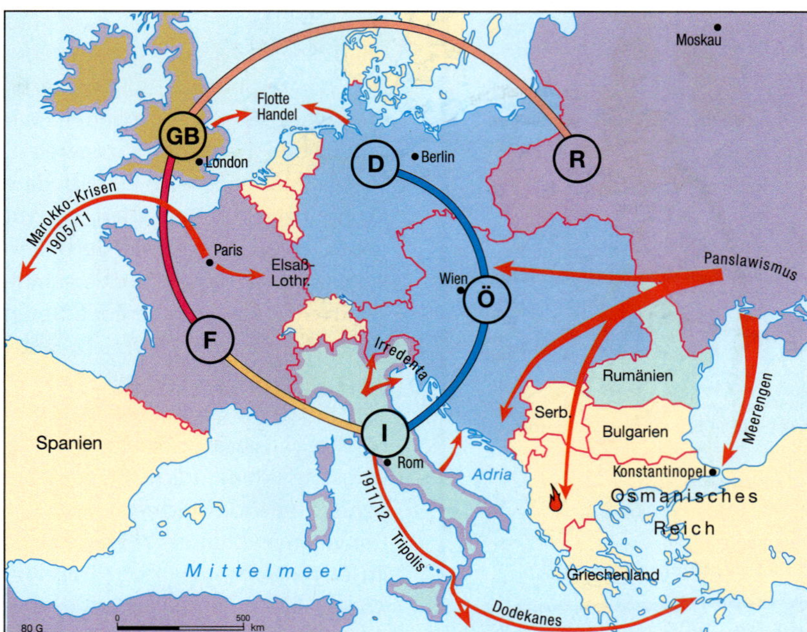

Das europäische Vertragssystem vor dem Ersten Weltkrieg

- deutsch-österreichischer Zweibund
- Dreibund
- französisch-russischer Zweibund (1894)
- französisch-italienischer Ausgleich (1902)
- Entente cordiale (1904) → nahestehendes Abkommen
- britisch-russischer Ausgleich (1907)
- Balkankriege 1912/13
- Spannungen und offene Fragen

→ Deutschland/Österreich isoliert

Aufmarsch zum Durchbruch. Sie wollte heraus aus der mitteleuropäischen Enge, sie wollte Weltmacht und europäische Vormacht werden, und sie wollte beides zugleich: die Nachfolge des Napoleonischen Frankreich in Europa und die Nachfolge Englands in der Welt. Sie sah „herrlichen Zeiten entgegen": Das 20. Jahrhundert sollte das deutsche Jahrhundert werden, so wie das 19. das englische und das 18. das französische gewesen war. Sie berauschte sich an ihren großen Zielen, ihren großen Visionen, am eigenen Wesen und an der eigenen Kraft.

S. Haffner, Die sieben Todsünden des Deutschen Reiches, Hamburg 1965, S. 14 ff.

M 8 **Sozialdemokratisches Wahlflugblatt,** 1912

M 9 Präventivkriegserwägungen

Besprechung der Spitzen von Armee und Marine[1] *bei Kaiser Wilhelm II. (8.12.1912):*

8. Dezember. – 11 Uhr zum Kaiser ins Schloss befohlen, mit Tirpitz[2] und den Chefs des Generalstabes und Admiralstabes zusammen. Der Kaiser erzählt aus einem telegrafischen Bericht des neuen Botschafters in London, Fürsten Lichnowsky, über die politische Lage. Haldane[3] habe als Sprachrohr Greys[4] dem Fürsten erklärt, dass England, wenn wir Frankreich angriffen, unbedingt Frankreich beispringen würde, denn England könne nicht dulden, dass die balance of power in Europa gestört würde. Se. Majestät begrüsste diese Mitteilung als erwünschte Klärung der Lage denjenigen gegenüber, die sich durch englische Pressefreundlichkeiten der letzten Zeit Englands sicher glaubten. Se. Majestät habe sich folgendes Bild gemacht:

Österreich müsse den auswärtigen Slawen (Serben) gegenüber kraftvoll auftreten, sonst verliere es die Macht über die Serben der österreichisch-ungarischen Monarchie. Wenn Russland die Serben stütze (Sassonoffs[5] Erklärung, Russland würde sofort in Galizien einrücken, wenn Österreich in Serbien einrücke), wäre der Krieg für uns unvermeidlich. Wir könnten aber hoffen, Bulgarien und Rumänien, auch Albanien und vielleicht auch die Türkei auf unserer Seite zu haben. Ein Bündnisangebot Bulgariens an die Türkei sei schon ergangen. Wir hätten den Türken sehr zugeredet. Se. Majestät habe auch kürzlich dem Kronprinzen von Rumänien, der auf der Durchreise von Brüssel durch Berlin gekommen sei, sehr zur Verständigung mit Bulgarien zugeredet. Treten diese Mächte auf Österreichs Seite, dann seien wir soweit frei, dass wir den Krieg mit ganzer Macht gegen Frankreich führen könnten. Die Flotte müsste sich natürlich auf den Krieg gegen England einrichten.

Der von dem Chef des Admiralstabes im letzten Vortrag erörterte Fall eines Krieges mit Russland allein werde nach der Haldaneschen Erklärung außer

Betracht bleiben. Also gleich Unterseebootskrieg gegen englische Truppentransporte etc. nach Dünkirchen, Minenkrieg an der Themse. An Tirpitz gerichtet: Schleunige Mehrbauten von U-Booten usw. – Empfehlung einer Konferenz aller Marinestellen. General v. Moltke[6]: „Ich halte einen Krieg für unvermeidlich und: je eher, desto besser." Wir sollten aber durch die Presse die Volkstümlichkeit eines Krieges gegen Russland im Sinne der Kaiserlichen Ausführungen besser vorbereiten. Seine Majestät bestätigt dies und fordert Staatssekretär von Tirpitz auf, auch mit seinen Pressemitteln nach dieser Richtung zu wirken.

Tirpitz macht darauf aufmerksam, dass die Marine gern das Hinausschieben des großen Kampfes um 1½ Jahre sehen würde.[7] Moltke erwiderte: Die Marine würde auch dann nicht fertig sein, und die Armee käme in immer ungünstigere Lage, denn die Gegner rüsten stärker als wir, die wir mit dem Gelde sehr gebunden seien.

1 Es wirft ein bezeichnendes Licht auf die Machtverteilung im Deutschen Reich, dass die politische Führung nicht geladen war. Reichskanzler Bethmann Hollweg blieb vom militärischen Entscheidungsprozess ausgeschlossen, ist aber über den Inhalt der Konferenz informiert worden.

2 Staatssekretär des Reichsmarineamtes

3 englischer Kriegsminister

4 englischer Außenminister

5 russischer Außenminister

6 Chef des Generalstabes

7 Im Juli 1914 sollten die Erweitungsarbeiten am Nord-Ostsee-Kanal beendet sein.

Der Kaiser ..., Aufzeichnungen des Chefs des Marinekabinetts Admiral Georg Alexander v. Müller, hrsg. von W. Görlitz, Göttingen 1965, S. 124 f.

M 10

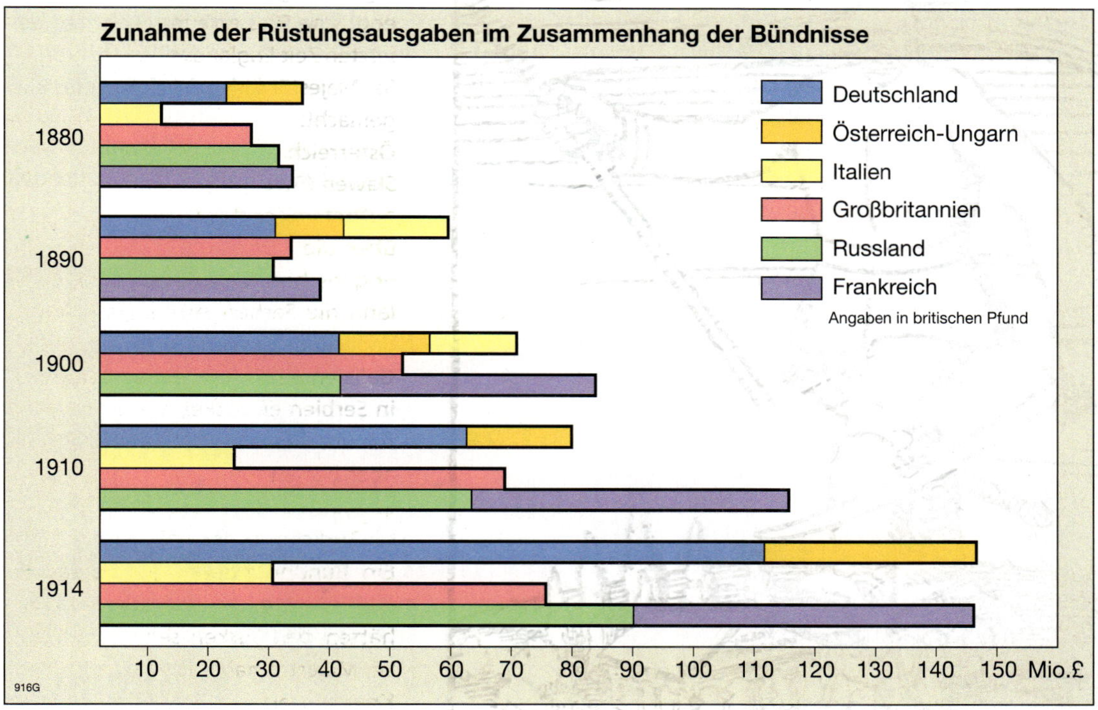

Aufgaben

1. Stellen Sie Bismarcks außenpolitische Konzeption dar.
   → Text, M4, M5, M7
2. Erläutern Sie den Prozess der „Selbsteinkreisung" Deutschlands.
   → Text, M5, M6, M7
3. Listen Sie diejenigen Faktoren auf, die den 1. Weltkrieg ermöglichten bzw. zu ihm hinführten.
   → Text, M1–M7, M9, M10
4. Analysieren Sie jene Erwägungen und Planungen, die in Deutschland die Bereitschaft zu einem Präventivkrieg erhöhten.
   → M9
5. Diskutieren Sie, warum sich die Sozialdemokratie mit ihrer Friedenspolitik nicht durchsetzen konnte.
   → Text, M8

12.2 Ausbruch und Verlauf des Krieges

Kriegsbereitschaft

- Schulterschluss Verbrüderung, gemeinsam

Es hat in den Tagen vor dem Ersten Weltkrieg auch Friedens- beziehungsweise Antikriegsdemonstrationen gegeben – zumeist organisiert von der europäischen Arbeiterbewegung. Der Hauptstrom der Ereignisse spiegelte aber Enthusiasmus, Aufbruchsstimmung und eine Bereitschaft zum Krieg wider. Ein erheblicher Teil – nicht nur der deutschen Bevölkerung – empfand den Krieg offenkundig als notwendige Selbstverteidigung und Akt der Befreiung.

Nicht nur in Berlin, sondern auch in Paris, London und St. Petersburg kam es zum Schulterschluss der Regierungen mit den nationalistisch aufgewühlten Massen. Innenpolitische Konflikte wurden von einer Woge des Patriotismus überdeckt, die auch diejenigen erfasste, die bislang dem Staat distanziert gegenübergestanden hatten. Die Worte Kaiser Wilhelms II.: „Ich kenne keine Parteien mehr, ich kenne nur noch Deutsche", waren berechnet auf die Integration der Sozialdemokraten, die bis dahin als „vaterlandslose Gesellen" diffamiert worden waren. In Deutschland wurde der innenpolitische Burgfrieden geschlossen, in Frankreich auch „union sacrée" genannt. Die Bewilligung von Kriegkrediten und die Mobilmachung verlief in allen Ländern reibungslos. Auch die SPD-Opposition stimmte im Reichstag den Kriegskrediten zu.

M 1

Vom kommenden Krieg hatten wahrscheinlich nur die wenigsten ein realistisches Bild. Weitverbreitet war die Vorstellung eines kurzen Waffenganges. Man hoffte, spätestens bis Weihnachten zurück zu sein. Die einrückenden Soldaten des August 1914 dachten kaum an Tanks, Gas, Maschinengewehre und die Entbehrungen eines jahrelangen Stellungskrieges.

Einige Politiker hatten eine Ahnung davon, dass nach diesem Krieg die Welt nicht mehr die gleiche sein würde. So ist zum Beispiel vom britischen Außenminister Edward Grey das geflügelte Wort überliefert: „In diesem Augenblick gehen in ganz Europa die Lichter aus …"

Kriegsursachen

Im Hinblick auf die Kriegsursachen lassen sich langfristige und kurzfristige Wirkungsmechanismen unterscheiden. Zu den langfristigen Ursachen zählen die folgenden Aspekte, die damit gleichsam die Rahmenbedingungen für das Handeln der Politiker im Sommer 1914 bildeten:

- die Bündnissituation im europäischen Staatensystem,
- das europäische Wettrüsten,
- die imperialistische Konkurrenz der Großmächte,
- der Versuch des Deutschen Reiches, Weltpolitik zu betreiben (auch mit dem Bau einer Schlachtflotte),
- der Nationalismus als vorherrschende Ideologie,
- die sozialen Spannungen im Innern der europäischen Gesellschaften (Transformation von der Agrar- zur Industriegesellschaft).

Und dennoch erklären diese Faktoren keineswegs, warum das Attentat auf den österreichischen Thronfolger, verübt von serbischen Nationalisten, zum sprichwörtlichen Funken werden konnte, der das europäische Pulverfass zur Detonation brachte. An diplomatischen Bemühungen, den Konflikt auf dem Balkan einzudämmen, hat es nicht gefehlt. So bleibt die Frage: Warum konnte sich ein Regionalkonflikt (zwischen Wien und Belgrad) zum großen europäischen Krieg ausweiten? Oder anders formuliert: Wie konnte es passieren, dass ein Attentat im bosnischen Sarajewo letztlich dazu führte, dass ein paar Wochen später deutsche Soldaten in das neutrale Belgien einmarschierten?

Juli-Krise 1914

Blankoscheck – kein Limit, aber Unterschrift → Besitzer kann ausfüllen was er will

Österreich-Ungarn beabsichtigte in der Folge des Mordes am Thronfolger Franz Ferdinand und seiner Frau eine Strafaktion gegen Serbien. Dazu bedurfte er aber der Rückendeckung durch Deutschland, denn Serbien wurde seinerseits durch Russland geschützt. Das Deutsche Reich gab eine Unterstützungsgarantie in Form des so genannten Blankoschecks, und führende politische und militärische Kreise in Berlin (einschließlich Kaiser Wilhelms) drängten auf eine gewaltsame Lösung des Konflikts.

Österreich-Ungarn stellte am 23. Juli 1914 ein Ultimatum an Serbien, das absichtlich unannehmbar formuliert und auf 48 Stunden befristet worden war. Es enthielt – demütigend in Form und Ton – den nicht unberechtigten Vorwurf an die serbische Regierung, den Terrorismus geduldet zu haben. Durch verschiedene Forderungen wurde die Souveränität des serbischen Staates infrage gestellt. Nachdem die österreichisch-ungarische Regierung eine Fristverlängerung abgelehnt hatte, begann Serbien am 25. Juli 1914 mit der Mobilmachung. Damit begann jene Kette von Kriegsvorbereitungen, die letztlich in der deutschen Kriegserklärung an Frankreich (3. August 1914) mündete.

Auch wenn man am Ende in Berlin zurückschreckte, so war die deutsche Politik risikoreich und auf Krieg angelegt. Denn der europäische Bündnismechanismus musste zu einer Kettenreaktion führen. Hinter Serbien stand Russland, das seinerseits mit Frankreich militärisch verbündet war. Frankreich wiederum besaß eine britische Zusage, die einem militärischen Bündnis nahe kam.

Die Reichsleitung mit Reichskanzler Bethmann Hollweg an der Spitze hatte einen Ostkrieg gegen den Zarismus im Auge und erhoffte sich dabei auch die Unterstützung durch die deutsche Sozialdemokratie. Ihr Kalkül: Deutschland verhält sich gegenüber Frankreich defensiv, sodass Großbritannien in einer neutralen Haltung verbleiben würde.

Schlieffenplan

Die Kriegsplanung des Generalstabes sah hingegen völlig anders aus. Es gab keine separaten Ostaufmarschpläne, die mit den Absichten der politischen Führung im Einklang standen. Es gab nur den so genannten Schlieffenplan, der auf den Zweifronten-Krieg zugeschnitten war und den Durchmarsch der deutschen Hauptstreitmacht durch das neutrale Belgien vorsah. Dieser Schlieffenplan versuchte der geostrategischen Mittellage Deutschlands gerecht zu werden, aber die Verletzung der belgischen Neutralität musste zwangsläufig ein noch zögerndes Großbritannien an die Seite Frankreichs ziehen. Aus einem Balkankonflikt wurde so ein Krieg im Westen.

Präventivkriegsbereitschaft

-fatalistisch man kann nichts ändern ↔ Schicksal kommt so wie es kommt ↔ vorherbestimmt (Verhängnis)

Gefördert wurde diese verantwortungslose Risikopolitik des Deutschen Reiches durch eine fatalistische Haltung, die in Bethmann Hollwegs Worten: „Der Krieg kommt sowieso." zum Ausdruck kommt. In der Reichsführung bestand die nicht unbegründete Furcht vor einer zunehmenden Überlegenheit der kontinentalen Rivalen. Es existierte eine Einkreisungsfurcht, auf die man mit einer Präventivkriegsbereitschaft reagierte. Nicht nur in Militärkreisen war man von der Unausweichlichkeit eines Krieges überzeugt. Im Endeffekt trat auch die politische Führung die „Flucht nach vorn" an und proklamierte vor der Öffentlichkeit den nationalen Verteidigungskrieg.

Kriegsverlauf

Die deutschen Hoffnungen auf einen „Blitzkrieg" beziehungsweise einen schnellen Sieg über Frankreich zerschlugen sich schon nach vier Wochen durch die Schlacht an der Marne (5.–12. September 1914). Militärisch gesehen war der Krieg danach kaum noch zu gewinnen, zumal die Front auf der ganzen Linie erstarrte und der Krieg im Westen zum Stellungskrieg wurde. Durchbruchversuche, die das militärische Patt sprengen sollten, scheiterten unter riesigen Verlusten (zum Beispiel in Verdun 1916). Zur See errichtete die überlegene britische Flotte einen Blockadering um die Mittelmächte, sodass diese von jeglichem überseeischen Nachschub abgeschnitten wurden.

Im Osten agierten die deutschen Armeen trotz zahlenmäßiger Unterlegenheit erfolgreicher. Oberbefehlshaber Paul von Hindenburg und sein Generalstabschef Erich Ludendorff begründeten hier ihren militärischen Ruhm, der sie an die Spitze der Obersten Heeresleitung (OHL) brachte (1916).

M 2 **Besprechung der Kriegslage im Großen Hauptquartier**
Kaiser Wilhelm II. (Mitte), Generalfeldmarschall von Hindenburg (links) und der 1. Generalquartiermeister, General der Infanterie Ludendorff

Das Eingreifen der USA auf Seiten der Entente (1917) erfolgte aus verschiedenen politischen, diplomatischen und ökonomischen Gründen. Der unbeschränkte U-Boot-Krieg, mit dem Deutschland die britische Güterversorgung unterbinden wollte, spielte dabei auch eine wesentliche Rolle. Mit der Kriegserklärung der USA war der Erste Weltkrieg militärisch entschieden, weil dieses Land nunmehr sein riesiges wirtschaftliches und militärisches Potenzial auf Seiten der Westmächte einbringen konnte. Daran änderte auch die Oktoberrevolution (1917) nichts. Die Machtergreifung Lenins, der mithilfe der OHL aus seinem Schweizer Exil zurückgekehrt war, ermöglichte den Frieden von Brest-Litowsk (3. März 1918). Aber die amerikanischen Truppen, die fortan Woche für Woche den Atlantik überquerten, verschoben das Kräfteverhältnis an der Westfront kontinuierlich zugunsten der Entente.

Chronologie

1914	**28. Juni**	Ermordung des österreichischen Thronfolgers durch serbische Nationalisten
	5. Juli	deutsche Unterstützung für österreichisch-ungarisches Vorgehen gegen Serbien (Blankovollmacht)
	23. Juli	praktisch unannehmbares österreichisch-ungarisches Ultimatum an Serbien (befristet auf 48 Stunden)
	25. Juli	Serbien akzeptiert das Ultimatum weitgehend. Russland erklärt seine Unterstützung für Serbien.
	28. Juli	Kriegserklärung Österreich-Ungarns an Serbien; Teilmobilmachung Russlands; große Friedensdemonstration der Sozialdemokratie in Berlin
	30. Juli	allgemeine russische Mobilmachung
	31. Juli	allgemeine österreichisch-ungarische Mobilmachung; deutsche Ultimaten an Russland (Einstellung der Mobilisierung) und Frankreich (Neutralität, Herausgabe von Festungen)
	1. Aug.	Verkündung der deutschen und französischen Mobilmachung; deutsche Kriegserklärung an Russland
	3. Aug.	deutsche Kriegserklärung an Frankreich; Einmarsch deutscher Truppen in das neutrale Belgien
	4. Aug.	Nach Bruch der belgischen Neutralität folgt die englische Kriegserklärung an Deutschland.
	12. Sept.	Die deutsche Offensive im Westen scheitert. Die Fronten erstarren zum Stellungskrieg.
1915	**23. Mai**	Kriegseintritt Italiens auf Seiten der Alliierten
1916	**Feb.–Sept.**	Schlacht von Verdun
	29. Aug.	neue Oberste Heeresleitung (OHL), gebildet durch Hindenburg und Ludendorff
1917	**ab 1. Feb.**	unbeschränkter U-Boot-Krieg
	15. März	Nach der Februar-Revolution in Russland folgt die Abdankung des Zaren.
	6. April	Kriegserklärung der USA an Deutschland
	6. Nov.	Bolschewistische Machtergreifung in Russland (Oktoberrevolution)
	5. Dez.	deutsch-russischer Waffenstillstand
1918	**3. März**	Friede von Brest-Litowsk
	ab Juli	Offensive der Alliierten im Westen
	28. Sept.	Waffenstillstandsgesuch durch Ludendorff
	11. Nov.	Waffenstillstand von Compiègne

M 3 Auf dem Weg zur Westfront 1914:
„Auf in den Kampf - mir juckt die Säbelspitze."

M 4 Rücktransport der Toten bei Vimy-Arras, 1917

M 5 Juli-Krise 1914

Der Historiker Wolfgang J. Mommsen untersucht die Präventivkriegsbereitschaft der deutschen Führung:

[...] Bereits am 3. Juli kommentierte Wilhelm II. einen Bericht Tschirschkys[1] in höchst impulsiver Weise: „Jetzt oder nie [...]. Mit den Serben muss aufgeräumt werden, und zwar bald." In der Tat war man in Berlin inzwischen zu der Ansicht gekommen, dass man sich einer österreichisch-ungarischen militärischen Aktion gegen Serbien nicht in den Weg stellen solle, auch auf die Gefahr hin, dass dies zu einer allgemeinen europäischen Konflagration [Brand] führe. Nicht „Nibelungentreue" und noch weniger dynastische Solidarität waren die entscheidenden Motive für diese folgenschwere Entscheidung, sondern höchst komplizierte Erwägungen hinsichtlich der allgemeinen politischen und militärischen Situation der Mittelmächte. Bethmann Hollweg[2] hielt diese für äußerst kritisch; die eigene Bündnisgruppe werde immer schwächer, jene der Gegner immer stärker. Eine ausschlaggebende Rolle spielte dabei die Furcht vor dem erstarkenden Russland. Zwar teilten Bethmann Hollweg und seine Berater nicht die Ansicht der Militärs, dass für 1916 oder 1917 mit einem russischen Angriffskrieg gerechnet werden müsse, doch auch sie waren beunruhigt über die wachsende Macht Russlands, wie eine – freilich erst Ende Juli 1914 gefallene Äußerung des Kanzlers zeigt, welche Riezler[3] seinem Tagebuch anvertraute: „Russlands gewaltige Ansprüche und gewaltige Sprengkraft. In wenigen Jahren nicht mehr abzuwehren, zumal wenn die jetzige europäische Konstellation bleibt." Die Militärs hingegen waren noch zusätzlich besorgt darüber, dass mit dem Fortschreiten der russischen Rüstungen und des Ausbaues der russischen Westbahnen die Voraussetzungen des Schlieffenplans mehr und mehr untergraben würden. Ihr Argument, dass man den Krieg gegen Russland und Frankreich, wenn überhaupt, dann möglichst bald führen müsse, gewann in einem Augenblick, in dem man überall in Europa das Herannahen eines großen europäischen Krieges zu spüren vermeinte, vermehrtes Gewicht. Bethmann Hollwegs Hoffnung, dem gesteigerten Druck Russlands und Frankreichs auf die Mittelmächte durch eine Politik der Annäherung an England entgegenzuwirken, aber hatte gerade eben einen schweren Stoß erhalten. Wie die englisch-russischen Flottenverhandlungen zeigten, war England im Begriff, definitiv ins Lager der gegnerischen Gruppe überzuwechseln.

Unter diesen Umständen mehrten sich in Berlin die Argumente zu Gunsten eines Präventivkrieges, zumal der Generalstab zuversichtlich erklärte, zum gegebenen Zeitpunkt einen großen europäischen Krieg noch siegreich bestehen zu können. Bethmann Hollweg war ein entschiedener Gegner des Präventivkrieges; er wollte einen großen Krieg nicht ohne äußerste Not führen. Aber er konnte in der gegebenen Situation nicht mehr wagen, gerade das Gegenteil zu tun und Österreich-Ungarn,

koste es was es wolle, von seinem gefährlichen serbischen Abenteuer zurückzuhalten. […]
In diesem Sinne gab Wilhelm II. am 5. Juli 1914 der österreichisch-ungarischen Regierung die Zusicherung deutscher Unterstützung auch für den Fall, dass sich aus einem österreichisch-serbischen Krieg weitere Verwicklungen ergäben. Der Donaumonarchie wollte man die Entscheidung hinsichtlich der serbischen Aktion selbst überlassen; doch sollte sie, wenn überhaupt, dann möglichst bald zuschlagen, um die durch das Attentat von Sarajewo geschaffene günstige psychologische Situation auszunutzen. Sollte Russland die österreichische „Strafexpedition" gegen Serbien zum Anlass nehmen, einen großen europäischen Krieg auszulösen, so wollte man in Berlin den Dingen ihren Lauf lassen, im Bewusstsein, einen solchen Krieg jetzt noch gewinnen zu können. Freilich nahm man in der deutschen Hauptstadt ziemlich zuversichtlich an, dass Russland ebenso wie 1908 schließlich doch zurückweichen werden, zumal seine Rüstungen noch nicht abgeschlossen waren, sofern sich Deutschland nur rücksichtslos hinter Österreich-Ungarn stellte. Bestand Russland gleichwohl auf einer militärischen Intervention zu Gunsten seines Schützlings Serbien, so war zu erwarten, dass sowohl Frankreich wie England, die beide an den Balkanfragen nur ein untergeordnetes Interesse hatten, sich diesem Vorgehen nicht anschließen würden.

1 deutscher Botschafter in Wien

2 deutscher Reichskanzler (1909–1917)

3 enger Vertrauter und Berater des Reichskanzlers Bethmann Hollweg

W. J. Mommsen, Das Zeitalter des Imperialismus, Frankfurt 1969, S. 276 f.

M 6 Kriegsgedicht

Der bekannte Lyriker Richard Dehmel schrieb 1914 sein „Lied an alle":

Sei gesegnet, ernste Stunde,
die uns endlich stählern eint;
Frieden war in aller Munde,
Argwohn lähmte Freund und Feind –
Jetzt kommt der Krieg,
der ehrliche Krieg!

Dumpfe Gier mit stumpfer Kralle
feilschte um Genuss und Pracht;
jetzt auf einmal ahnen alle,
was uns einzig selig macht –
Jetzt kommt die Not,
die heilige Not!

Feurig wird nun Klarheit schweben
über Staub und Pulverdampf;
nicht ums Leben, nicht ums Leben
führt der Mensch den Lebenskampf –
Stets kommt der Tod,
der göttliche Tod!

Gläubig greifen wir zur Wehre,
für den Geist in unserm Blut;
Volk, tritt ein für deine Ehre,
Mensch, dein Glück heißt Opfermut –
Dann kommt der Sieg,
der herrliche Sieg!

Erstdruck in der „Frankfurter Zeitung" vom 4. August 1914, zit. nach: Chr. Graf von Krockow, Von deutschen Mythen, Stuttgart 1995, S. 16 f. (Insgesamt sollen 1,5 Mio. Kriegsgedichte im 1. Weltkrieg verfasst worden sein).

M 7 Nationale Erhebung

Der Historiker Friedrich Meinecke erinnert sich an den August 1914:

Noch einmal schien ein guter Geist das deutsche Volk auf seine Wege zurückführen zu können, als der Erste Weltkrieg ausbrach. Die Erhebung der Augusttage 1914 gehört für alle, die sie miterlebt haben, zu den unverlierbaren Erinnerungswerten höchster Art, – trotz ihres ephemeren [vergänglichen] Charakters. Alle Risse, die im deutschen Menschentum sowohl innerhalb des Bürgertums wie zwischen Bürgertum und Arbeiterschaft bisher bestanden hatten, überwölbten sich plötzlich durch die gemeinsame Gefahr, die über uns gekommen war und uns aus der bisher genossenen Sekurität materiellen Gedeihens herausriss. Und mehr als das, man spürte dabei wohl in allen Lagern, dass es mit der bloßen Einigkeit eines Zweckverbandes nicht getan sei, dass eine innerliche Erneuerung für das Ganze von Staat und Kultur Not tue. Man glaubte sogar vielfach, dass sie jetzt schon begonnen habe und weitergehen werde in dem gemeinsamen Erlebnis des Krieges, den man als einen Abwehr- und Veteidigungskrieg empfand

F. Meinecke, Die deutsche Katastrophe, Wiesbaden 1946, S. 43.

M 8 An das deutsche Volk

Aufruf Kaiser Willhelms II. am 6. August 1914:

An das deutsche Volk!
Seit der Reichsgründung ist es durch 43 Jahre Mein und Meiner Vorfahren heißes Bemühen gewesen, der Welt den Frieden zu erhalten und in Frieden unsere kraftvolle Entwicklung zu fördern. Aber die Gegner neiden uns den Erfolg unserer Arbeit. Eine

offenkundige und heimliche Feindschaft von Ost und West, von jenseits der See haben wir zu ertragen im Bewusstsein unserer Verantwortung und Kraft. Nun aber will man uns demütigen. Man verlangt, dass wir mit verschränkten Armen zusehen, wie unsere Feinde sich zu tückischem Überfall rüsten. Man will nicht dulden, dass wir in entschlossener Treue zu unserem Bundesgenossen stehen, der um sein Ansehen als Großmacht kämpft und mit dessen Erniedrigung auch unsere Macht und Ehre verloren ist. So muss denn das Schwert entscheiden. Mitten im Frieden überfällt uns der Feind. Darum auf zu den Waffen! Jedes Schwanken, jedes Zögern wäre Verrat am Vaterlande. Um Sein oder Nichtsein unseres Reiches handelt es sich, das unsere Väter sich neu gründeten. Um Sein oder Nichtsein deutscher Macht und deutschen Wesens. Wir werden uns wehren bis zum letzten Hauch von Mann und Ross, und wir werden diesen Kampf bestehen auch gegen eine Welt von Feinden. Noch nie ward Deutschland überwunden, wenn es einig war. Vorwärts mit Gott, der mit uns sein wird, wie er mit den Vätern war.

Zit. nach: E. Johann, (Hg.), Reden des Kaisers, Frankfurt/M. 1966.

M 9 Erklärung der Sozialdemokratischen Reichstagsfraktion

Rede des SPD-Vorsitzenden Hugo Haase am 4. August 1914:

Meine Herren, im Auftrage meiner Fraktion habe ich folgende Erklärung abzugeben.

Wir stehen vor einer Schicksalsstunde. Die Folgen der imperialistischen Politik, durch die eine Ära des Wettrüstens herbeigeführt wurde und die Gegensätze unter den Völkern sich verschärften, sind wie eine Sturmflut über Europa hereingebrochen. Die Verantwortung hierfür fällt den Trägern dieser Politik zu; wir lehnen sie ab.

Die Sozialdemokratie hat diese verhängnisvolle Entwicklung mit allen Kräften bekämpft, und noch bis in die letzten Stunden hinein hat sie durch machtvolle Kundgebungen in allen Ländern, namentlich in innigem Einvernehmen mit den französischen Brüdern, für die Aufrechterhaltung des Friedens gewirkt. Ihre Anstrengungen sind vergeblich gewesen.

Jetzt stehen wir vor der ehernen Tatsache des Krieges. Uns drohen die Schrecknisse feindlicher Invasionen. […] Für unser Volk und seine freiheitliche Zukunft steht bei einem Sieg des russischen Despotismus, der sich mit dem Blut der Besten des eigenen Volkes befleckt hat, viel, wenn nicht alles, auf dem Spiel. Es gilt, diese Gefahr abzuwehren, die Kultur und Unabhängigkeit unseres eigenen Landes sicherzustellen. Da machen wir wahr, was wir immer betont haben: Wir lassen in der Stunde der Gefahr das eigene Vaterland nicht im Stich. Wir fühlen uns dabei im Einklang mit der Internationale, die das Recht jedes Volkes auf nationale Selbstständigkeit und Selbstverteidigung jederzeit anerkannt hat, wie wir in Übereinstimmung mit ihr jeden Eroberungskrieg verurteilen.

Wir fordern, dass dem Kriege, sobald das Ziel der Sicherung erreicht ist und die Gegner zum Frieden geneigt sind, ein Ende gemacht wird durch einen Frieden, der die Freundschaft mit den Nachbarvölkern ermöglicht. Wir fordern dies nicht nur im Interesse der von uns stets verfochtenen internationalen Solidarität, sondern auch im Interesse des deutschen Volkes. Wir hoffen, dass die grausame Schule der Kriegsleiden in neuen Millionen den Abscheu vor dem Krieg wecken und sie für das Ideal des Sozialismus und des Völkerfriedens gewinnen wird.

Von diesen Grundsätzen geleitet, bewilligen wir die geforderten Kredite.

Zit. nach: H. Potthoff, Die Sozialdemokratie von den Anfängen bis 1945, Bonn 1978, S. 189 f.

M 10 Erklärung der Hochschullehrer des Deutschen Reiches

Dieses Dokument vom 16. Oktober 1914 trug die Unterschriften von 3016 Hochschullehrern:

Wir Lehrer an Deutschlands Universitäten und Hochschulen dienen der Wissenschaft und treiben ein Werk des Friedens. Aber es erfüllt uns mit Entrüstung, dass die Feinde Deutschlands, England an der Spitze, angeblich zu unsern Gunsten einen Gegensatz machen wollen zwischen dem Geiste der deutschen Wissenschaft und dem, was sie den preußischen Militarismus nennen. In dem deutschen Heere ist kein anderer Geist als in dem deutschen Volke, denn beide sind eins, und wir gehören auch dazu. Unser Heer pflegt auch die Wissenschaft und dankt ihr nicht zum wenigsten seine Leistungen. Der Dienst im Heere macht unsere Jugend tüchtig auch für alle Werte des Friedens, auch für die Wissenschaft. Denn er erzieht sie zu selbstentsagender Pflichttreue und verleiht ihr das Selbstbewusstsein und das Ehrgefühl des wahrhaft freien Mannes, der sich willig dem Ganzen unterordnet. Dieser Geist lebt nicht nur in Preußen, sondern ist derselbe in allen Landen des Deutschen

Reiches. Er ist der gleiche in Krieg und Frieden. Jetzt steht unser Heer im Kampfe für Deutschlands Freiheit und damit für alle Güter des Friedens und der Gesittung nicht nur in Deutschland. Unser Glaube ist, dass für die ganze Kultur Europas das Heil an dem Siege hängt, den der Deutsche „Militarismus" erkämpfen wird. Die Manneszucht, die Treue, der Opfermut des einträchtigen freien deutschen Volkes.

Zit. nach: G. Richter u. a. (Redaktion), Unser Jahrhundert im Bild, Gütersloh 1964, S. 193.

M 11 Schlieffenplan

Darstellung und Problematisierung der Denkschrift von Alfred Graf von Schlieffen (1833–1913):

1914 lag dem deutschen Aufmarsch und den strategischen Absichten der sogenannte Schlieffenplan zugrunde. Graf Schlieffen, der Vorgänger des seit 1906 amtierenden deutschen Generalstabchefs Graf Moltke, hatte ihn 1905 in einer weltpolitischen Situation konzipiert, die einer Ausnahmesituation gleichkam: Russland war damals durch die äußere Niederlage gegen Japan und die folgende Revolution militärisch so gründlich geschwächt, dass es auf Jahre hinaus als Großmacht faktisch ausschied. Daher sollten nach Schlieffens Plan zunächst sieben deutsche Armeen mit voller Wucht im Westen vorgehen, während im Osten nur eine Armee, zusammen mit dem Feldheer des verbündeten Österreich-Ungarn, hinhaltenden Widerstand leisten sollte. Für die Westoffensive war vorgesehen, die starke französische Festungslinie in Lothringen nördlich zu umgehen, womit immerhin die Verletzung der Neutralität von drei Staaten – davon zwei mit international garantierter Neutralität – von vornherein „eingeplant" wurde: von Luxemburg, Belgien und den Niederlanden. Innerhalb von sechs Wochen sollte alsdann der Sieg über Frankreich errungen werden, anschließend, nach Überführung der deutschen Armeen an die Ostfront, der Sieg über Russland in der gleichen Zeit. Ganz abgesehen von moralisch-völkerrechtlichen Bedenken, die in den eingeweihten militärischen und politischen Führungskreisen offenbar nie aufkamen, beruhte das angeblich unfehlbare Siegesrezept Schlieffens auf einer Reihe von politischen und militärischen Fehlkalkulationen:

1. Die Verletzung der belgischen, gar noch der niederländischen Neutralität musste unfehlbar England in den Krieg gegen Deutschland bringen.
2. Russland würde sich von seinem Tiefpunkt 1905 früher oder später wieder erholen, sodass die Strategie einer deutschen „Dampfwalze" erst im Westen, anschließend im Osten einem doppelten Vabanque-Spiel gleichkam, denn Russland war 1914 viel stärker als unmittelbar nach 1905, und die deutsche Westoffensive konnte stecken bleiben, was ja tatsächlich auch an der Marne geschah.
3. Um die politischen Konsequenzen des vorgesehenen Neutralitätsbruchs ein wenig zu verringern, beschloss Schlieffens Nachfolger, zumindest die Niederlande aus dem deutschen Offensivbereich herauszunehmen. Dadurch musste sich nun der rechte Schwenkungsflügel im südlichen Belgien durch unübersichtliche Natur- und Industrielandschaften hindurchquälen.
4. Weder 1905 noch 1914 verfügte die deutsche Armee über die für den Schlieffenplan erforderliche numerische Stärke. Der Plan war also auf einem ureigensten Gebiet – militärischer und strategischer Planung – hoffnungslos unrealistisch.

I. Geiss, Das Deutsche Reich und der Erste Weltkrieg, München 1978, S. 47 f.

M 12 Industrieller/technologischer Vergleich der Bündnisse

	Deutschl./ Österr.-Ungarn	Frankr./Russl.	+	Großbr.	=	Summe	ab 1917 GB/USA/F
Prozent der Welt-Industrieproduktion (1913)	19,2 %	14,3%	+	13,6%	=	27,9%	51,7 %
Energieverbrauch (1913) Mio. Tonnen Kohleäquivalent	236,4	116,8	+	195,0	=	311,8	798,8
Stahlproduktion (1913) in Mio. Tonnen	20,2	9,4	+	7,7	=	17,1	44,1
Gesamtes Industriepotenzial (GB im Jahr 1900 = 100)	178,4	133,9	+	127,2	=	261,1	472,6

Aus: P. Kennedy, Aufstieg und Fall der großen Mächte, Frankfurt/M. 1989, S 392 u. 411.

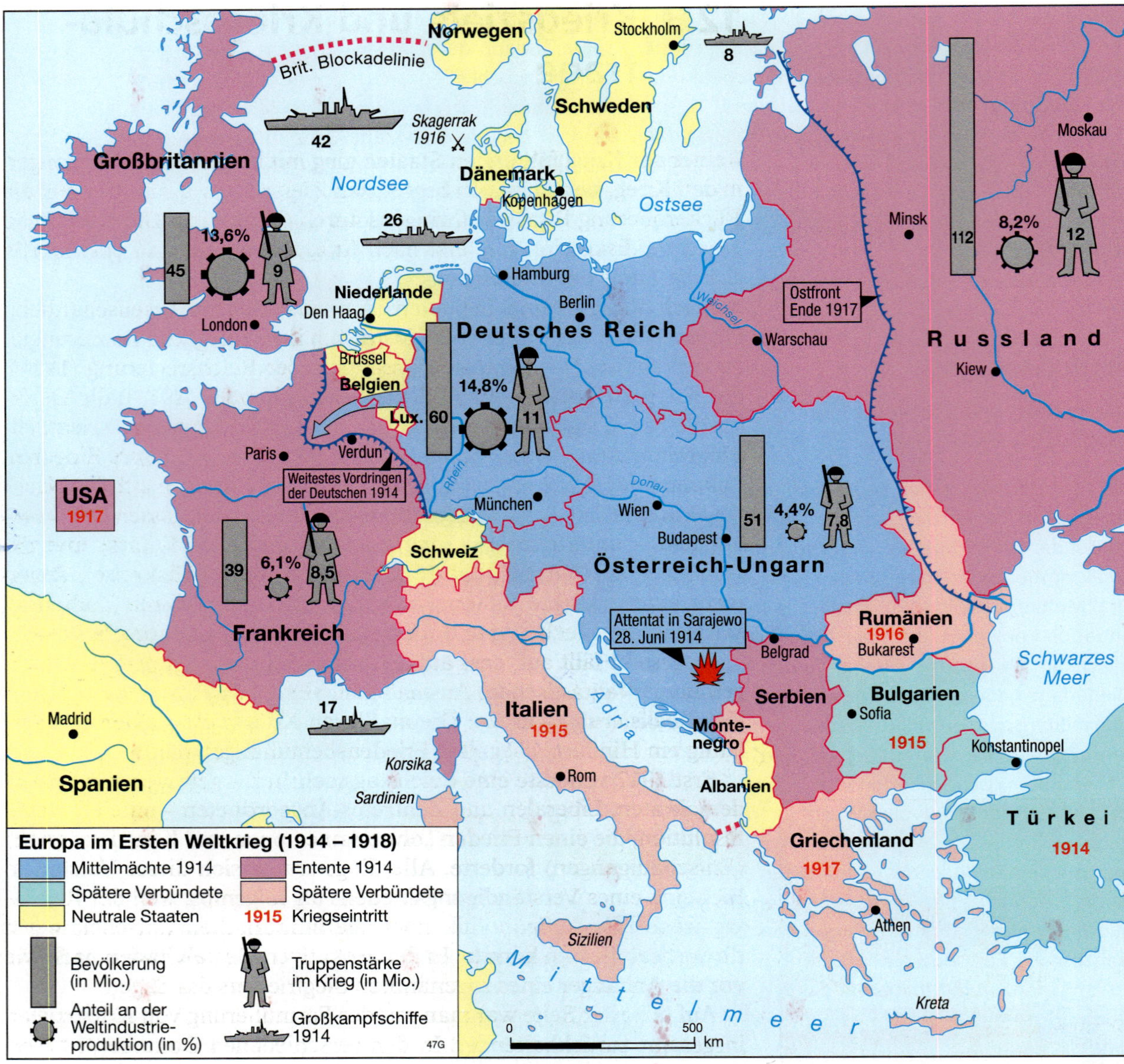

M 13

Aufgaben

1. Erläutern Sie den Vorgang, wie aus einem Konflikt zwischen Österreich-Ungarn und Serbien der deutsche Einmarsch in das neutrale Belgien resultierte.
   → Text, M5, M11
2. Inwiefern war der Rückgriff auf den Schlieffenplan verhängnisvoll? Welche Mächtekonstellation ergab sich nicht zuletzt aus dieser militärischen Aktion?
   → Text, M11
3. In der Juli-Krise von 1914 ist der Anlass, nicht aber die Ursache des Krieges zu sehen. Erläutern Sie diese Aussage.
   → Text, M5
4. Beschreiben Sie die Reaktion in Deutschland auf die Kriegserklärungen.
   → Text, M1, M3, M6–M10
5. Versuchen Sie die weitverbreitete Kriegsbereitschaft zu erklären.
   → Text, M3, M7, M10
6. Rekapitulieren Sie den Verlauf des 1. Weltkriegs.
   → Text, M13
7. Erklären Sie, worin die politisch-historische Bedeutung des Jahres 1917 liegt.
   → Text
8. Vergleichen Sie das Industriepotenzial der Kriegskoalitionen.
   → M12, M13

12.3 Kriegsziele und Kriegsschuldfrage

M 1

Der Friede von Brest-Litowsk
- Grenze Russlands 1914
- Mittelmächte und Verbündete
- Frontverlauf 1918
- Russische Verluste im Frieden von Brest-Litowsk (3.3.1918)
- 3.11.1918 Unabhängigkeitserklärungen
- Russische Sozialistische Föderative Sowjetrepublik (seit 1917)

Keiner der Krieg führenden Staaten ging mit klaren Zielvorstellungen in den Krieg, sieht man von begrenzten Zielen ab, wie zum Beispiel die Rückeroberung Elsass-Lothringens durch Frankreich. Die eigentliche Kriegszieldiskussion fing erst nach Kriegsbeginn an und entwickelte sich im Laufe des Waffenganges.

Nach Kriegsbeginn meldeten sich verschiedene gesellschaftliche Gruppen und Institutionen zu Wort, um ihre Kriegsziel-Forderungen zu verkünden. Das Septemberprogramm der Reichsregierung (1914), der Kriegszielkatalog des Alldeutschen Verbandes (1914), die Denkschrift der Wirtschaftsverbände (1915), das Kreuznacher Kriegszielprogramm der Obersten Heeresleitung (1917) sowie andere Eingaben dokumentieren die Freisetzung hegemonialer Energien auf das Nachdrücklichste. Die Befürworter ehrgeiziger Kriegsziele lassen sich – vereinfacht – unterteilen in Annexionisten (zumeist Militärs) und die Anhänger der Mitteleuropa-Idee (zumeist Wirtschaftskreise), denen mehr eine indirekte Beherrschung des Kontinents durch Zollunion, Wirtschaftsverflechtung und finanzielle Abhängigkeit vorschwebte.

Insgesamt fällt auf, dass auf deutscher Seite die Kriegs-Zielsetzungen immer fantastischere Ausmaße annahmen, je unwahrscheinlicher ihre Realisierung wurden. Die maßlosen Kriegsziele stellten zwangsläufig ein Hindernis bei allen Friedensbemühungen dar.

Erst 1917 verfasste eine Reichstagsmehrheit – getragen von Sozialdemokraten, Liberalen und Zentrums-Abgeordneten – eine Friedensresolution, die einen Frieden „ohne Annexionen und Kontributionen" (Entschädigungen) forderte. Allerdings erwies sich dieser Vorstoß in Richtung eines Verständigungsfriedens als folgenlos, weil der Reichstag weder die Außenpolitik noch die militärischen Entscheidungen direkt beeinflussen konnte. In der exekutiven Gewalt hatten nach wie vor die Anhänger eines sogenannten Siegfriedens das Sagen.

Auf alliierter Seite war man mit der Formulierung von Kriegszielen insgesamt zurückhaltender. In den verschiedenen Dokumenten werden unter anderem notiert: politisch-wirtschaftliche Schwächung Deutschlands sowohl auf dem Kontinent als auch als Konkurrent Englands auf dem Weltmarkt; Rückgliederung Elsass-Lothringens an Frankreich; Wiederherstellung der belgischen Souveränität; der Rhein als mögliche französische Ostgrenze; Zurückdrängung der türkischen Herrschaft auf den türkischen Kernraum.

Die Dauer und die Härte des Krieges trieben die Erwartungen auf die „Kriegsbeute" in die Höhe. Die Maßlosigkeit zeigte sich zum Beispiel in den harten Bestimmungen, die Russland im Friedensvertrag von Brest-Litowsk (1918) von deutscher Seite auferlegt worden waren.

Auch der Versailler Vertrag von 1919 wird das Deutsche Reich nach seiner Niederlage mit extremen Kompensationsforderungen konfrontieren, die das riesige Ausmaß des Sterbens, der Verwüstungen der Länder und der Zerrüttung des Wirtschaftslebens reflektieren.

Die „14 Punkte" des amerikanischen Präsidenten Woodrow Wilson stellten den Versuch dar, gemeinsame Prinzipien für die Errichtung einer Nachkriegsordnung zu etablieren. Wilson verstand sich als

Gegenspieler zu Lenin, dem Kopf der russischen Kommunisten. Zum Zeitpunkt des Kriegsendes hatte die Partei Lenins ihre Herrschaft in Zentralrussland mit Zwangsgewalt gefestigt. Ursprünglich war Lenin davon ausgegangen, dass es gelingen würde, den Krieg der Völker in einen Krieg der Klassen („Klassenkampf") zu verwandeln.

Die Politik des US-Präsidenten Wilson war strategisch darauf angelegt, eine Sowjetisierung der Welt zu verhindern. Sein Programm wurde von der Vorstellung einer demokratischen Weltrevolution inspiriert. Unter dem Motto „The world must be made safe for democracy." beabsichtigte er die Neugestaltung Europas auf der Grundlage des Selbstbestimmungsrechts der Völker, der Wahrung der Menschenrechte sowie einer kollektiven Friedensordnung. Der Erste Weltkrieg sollte zum Ausgangspunkt für eine neue globale Rechtsordnung werden. Auf Wilsons Initiative ging die Errichtung des Völkerbundes – des Vorläufers der heutigen Vereinten Nationen (UNO) – zurück.

Kriegsschuld-Kontroverse

Nach dem Weltkrieg musste Deutschland in Art. 231 des Versailler Friedensvertrages anerkennen, dass es allein (mit seinen Verbündeten) für den Krieg verantwortlich sei. Daraus hat sich eine heftige Kriegsschuld-Kontroverse ergeben, die bis in die Gegenwart reicht und die keineswegs auf die Geschichtswissenschaft beschränkt blieb. Zwei Positionen bildeten in diesem Streit die Eckpfeiler: zum einen die These des englischen Premierministers Lloyd George: „Wir sind alle hineingeschlittert."; und zum anderen die These von der deutschen Alleinschuld. Viele Wissenschaftler kamen bei ihren Untersuchungen auch zu Ergebnissen, die zwischen diesen beiden Positionen anzusiedeln sind.

Die deutsch-französischen Schulbuchempfehlungen kamen zu folgendem Schluss: „Die Dokumente erlauben es nicht, im Jahre 1914 irgendeiner Regierung oder einem Volk den bewussten Willen zu einem europäischen Krieg zuzuschreiben." Allerdings sind seitdem neue Dokumente gefunden worden, die diese These als fragwürdig erscheinen lassen. Vor allem bei der militärischen Führung des Deutschen Reiches lässt sich eine Präventivkriegsbereitschaft erkennen, die dann in der Juli-Krise 1914 konkret wurde.

Während die Alleinschuldthese des Versailler Vertrags in erster Linie eine politisch-juristische Bedeutung hatte, denn nur sie konnte die harten Friedensbedingungen legitimieren, fand eine seriöse wissenschaftliche Diskussion zur Schuldfrage erst in den sechziger Jahren statt. Ausgelöst wurde sie durch den Hamburger Historiker Fritz Fischer und dessen Buch „Griff nach der Weltmacht" (1961).

Er vertrat darin die These, dass auch schon der Erste Weltkrieg (und nicht nur der Zweite) als Eroberungskrieg anzusehen sei, und er akzentuierte die aggressiven Seiten der deutschen „Weltpolitik". Diese Thesen sprengten schnell den Rahmen der historischen Seminare und wurden von der Publizistik aufgegriffen. Über 300 Rezensionen und Aufsätze zeugen von der Intensität dieser Debatte.

Aufgrund der höchst komplexen Zusammenhänge, die sich 1914 beim Ausbruch des Ersten Weltkriegs „verknoteten", fällt es auch heute noch schwer, ein eindeutiges Urteil zur Schuldfrage zu sprechen. Wer der deutschen Regierung den überwiegenden Anteil an der historischen Schuld beziehungsweise Verantwortung gibt, der kann dafür gute Argumente ins Feld führen. Der Erste Weltkrieg ist noch schwerer zu verstehen als andere Kriege.

M 2 Folgen der Kriegsziel-Bewegung

Der deutsch-amerikanische Historiker Fritz Stern erörtert die Kriegsziele unter gesamteuropäischen und innenpolitischen Gesichtspunkten:

Die Festlegung von Kriegszielen erwies sich als Anlass zu Zwistigkeiten unter den und innerhalb der Nationen. Die französischen Forderungen täuschten Vernunft vor: Sie forderten die Rückgliederung von Elsass-Lothringen – was nur ein geschlagenes Deutschland hergeben würde; die Briten suchten den preußischen Militarismus zu zerstören und der deutschen Bedrohung des europäischen Gleichgewichts ein Ende zu setzen. Ganz nebenbei würde es Gewinne in den Kolonien geben. Deutschland hegte die ehrgeizigsten Kriegsziele. Dadurch hätte es sich tatsächlich als Vormacht in Europa und folglich als Weltmacht anstelle Englands durchgesetzt. Der Kern der deutschen Programme – bei den verschiedenen Gruppen bestanden natürlich auch verschiedene Spielarten der Habgier – war die Errichtung eines mitteleuropäischen Bundes unter der Vorherrschaft des siegreichen Reiches. Viele Deutsche glaubten, durch diese neue Ordnung im zwanzigsten Jahrhundert als Ersatz für die alte Pax [Friede] Britannica eine Pax Germanica durchzusetzen. Ob von übersteigerter Leidenschaft oder von scheinbarer Vernunft getragen, die Kriegsziele der Krieg führenden Staaten schlossen einen Kompromissfrieden aus, wie ihn der Papst oder Präsident Wilson zu vermitteln hofften. Der Appetit wuchs beim Essen – oder, in diesem Fall, mit der Zahl der Gefallenen.

Die Eskalation der Kriegsziele hatte politische Ursprünge und Folgen. Im Großen und Ganzen verfolgte die traditionelle Rechte in Europa harte Kriegsziele, in der Hoffnung, dass sichtbare, nationale Gewinne der Oberschicht zum Vorteil gereichen, ihr Ansehen mehren würden. Deutsche Industrielle waren besonders vehemente Exemplare dieser Vermengung von Habgier und Furcht. Die europäische Linke war in Kriegszielfragen weitaus zurückhaltender, und eine ständig wachsende Minderheit aktiver Sozialisten forderte einen Frieden ohne Annexionen und Entschädigungen, um diesen „imperialistischen Krieg“ zu beenden. Der Verdacht, dass der Krieg nur aus Klasseninteresse fortgesetzt werde, verbreitete sich unter Radikalen und Gruppen der Arbeiterklasse, besonders in Russland und Deutschland – gerade in jenen Ländern, in denen die Unterschicht die Hauptlast der steigenden Nöte zu tragen hatte, wie etwa die Inflation bei Löhnen, die weit hinter dem Preisanstieg zurückblieben, die Unterernährung und die schlimmste Form des Krieges zwischen den Klassen: der Kampf um

M 3 Hinter der Front

1915 erschien das Buch „Das Volk steht auf ... Deutsche Verse mit Bildern für deutsche Kinder“ und mit Zeichnungen von Paul Simmel, der nach 1918 seine berühmten Karikaturen in der „Berliner Illustrierten“ veröffentliche. Es ist nur eines von zahllosen Beispielen der damals üblichen Hetzpropaganda.

Brot. Dieser Verdacht und die täglich erfahrene Ungleichheit brachten einen neuen sozialistischen Kampfgeist hervor, der in Deutschland zum Beispiel zur Spaltung der sozialistischen Bewegung und zur Gründung der Unabhängigen Sozialisten führte, einer radikalen Antikriegs-Partei. Auf internationaler Ebene, in der neutralen Schweiz, gelobten im Exil lebende Russen unter der Führung Lenins sowie radikale Sozialisten anderer Länder, den imperialistischen Krieg in einen revolutionären Kampf umzuwandeln, den Krieg zu beenden, indem zunächst der kapitalistischen Unterdrückung ein Ende gesetzt werde, wie sie es ausdrückten. Sozialisten mit anderer Ansicht, sei es aus Patriotismus oder aus einem Gefühl für Pragmatismus [hier: praktische Erfordernisse] wurden schnell als „Sozialchauvinisten" verleumdet. Die Leidenschaft für nationale Einigkeit, die 1914 ganz Europa überschwemmte, war 1916 erschüttert; 1917 brach diese Einigkeit in einem Lande völlig zusammen und war in allen übrigen auf eine sehr harte Probe gestellt.

F. Stern, Das Scheitern illiberaler Politik, Berlin 1974, S. 156f.

M 4 Die „14 Punkte" des amerikanischen Präsidenten Woodrow Wilson

Der amerikanische Politiker (US-Präsident von 1913 bis 1921) veröffentlichte am 8. Januar 1918 seine Vorstellungen zur Neuordnung der Welt nach dem Krieg:

I. […] Die Diplomatie [soll] stets offen gehandhabt werden und vor aller Öffentlichkeit sich abspielen.

II. Absolute Freiheit der Schifffahrt auf den Meeren […].

III. Soweit als möglich die Aufhebung sämtlicher wirtschaftlicher Schranken und die Festsetzung gleichmäßiger Handelsbedingungen zwischen allen Nationen, die dem Frieden zustimmen und sich zu seiner Aufrechterhaltung vereinigen.

IV. Ausreichende Garantien, gegeben und genommen, dass die nationalen Rüstungen auf den niedrigsten Grad, der mit der inneren Sicherheit vereinbar ist, herabgesetzt werden.

V. Eine freie, aufgeschlossene und absolut unparteiische Neuordnung aller kolonialen Ansprüche, gegründet auf strenge Beachtung des Grundsatzes, dass bei Entscheidung aller derartigen Fragen der Souveränität die Interessen der betroffenen Bevölkerung das gleiche Gewicht haben müssen wie die berechtigten Ansprüche der Regierung, deren Rechtstitel festgestellt werden sollen.

VI. Die Räumung des gesamten russischen Gebietes. […]

VII. Belgien […] muss […] geräumt und wiederhergestellt werden. […]

VIII. Das gesamte französische Gebiet müsste befreit und die eroberten Teile zurückgegeben werden. Ebenso müsste das Frankreich durch Preußen 1871 hinsichtlich Elsass-Lothringens angetane Unrecht […] wieder gut gemacht werden. […]

IX. Eine Berichtigung der Grenzen Italiens sollte gemäß den klar erkennbaren Nationalitätenlinien bewirkt werden.

X. Den Völkern Österreich-Ungarns, deren Platz unter den Nationen wir gesichert und anerkannt zu sehen wünschen, sollte die freieste Möglichkeit autonomer Entwicklung gewährt werden.

XI. Rumänien, Serbien und Montenegro sollten geräumt werden, besetzte Gebiete wiederhergestellt, Serbien freier und gesicherter Zugang zum Meere gewährt und die Beziehungen der verschiedenen Balkanstaaten zueinander aufgrund freundschaftlicher Beratung gemäß den historisch begründeten Grundsätzen der Treuepflicht und der Nationalität festgelegt werden. Es sollten internationale Garantien für die politische und wirtschaftliche Unabhängigkeit und die territoriale Integrität der verschiedenen Balkanstaaten vereinbart werden.

XII. Den türkischen Teilen des gegenwärtigen ottomanischen Reiches sollte eine gesicherte Souveränität gewährleistet werden, aber den anderen Nationalitäten, die sich jetzt unter türkischer Herrschaft befinden, sollte eine unzweifelhafte Sicherheit des Lebens und eine absolut ungestörte Möglichkeit der autonomen Entwicklung verbürgt werden. Die Dardanellen sollten dauernd als freier Durchgang für die Schiffe und den Handel aller Nationen unter internationalen Garantien geöffnet werden.

XIII. Ein unabhängiger polnischer Staat sollte errichtet werden. […]

XIV. Ein allgemeiner Verband der Nationen muss aufgrund besonderer Verträge gebildet werden zum Zweck der Gewährung gegenseitiger Garantien für politische Unabhängigkeit und territoriale Integrität in gleicher Weise für die großen und kleinen Staaten. In Bezug auf diese Berichtigung von Unrecht und Sicherung des Rechts betrachten wir uns als intime Genossen sämtlicher Regierungen und Völker, die sich gegen die Imperialisten zusammengeschlossen haben.

Zit. nach: W. J. Mommsen, Imperialismus, Seine geistigen, politischen und wirtschaftlichen Grundlagen, Hamburg 1977, S. 262 ff.

M 5 **Das „Septemberprogramm" von Reichskanzler Bethmann Hollweg**

Diese Denkschrift stammte von Reichskanzler Bethmann Hollweg (1909–1917) und seinem Mitarbeiter Kurt Riezler. Sie fasste die Ideen der Wirtschaft, des Militärs und der Politik zusammen. Später hat sich Bethmann Hollweg von einer extremen Politik der Annexion distanziert (1914):

Sicherung des Reiches nach West und Ost auf erdenkliche Zeit. Zu diesem Zweck muss Frankreich so geschwächt werden, dass es als Großmacht nicht neu erstehen kann, Russland von der deutschen Grenze nach Möglichkeit abgedrängt und seine Herrschaft über die nichtrussischen Vasallenvölker gebrochen werden. [...]

1. Frankreich: Von den militärischen Stellen zu beurteilen, ob die Abtretung von Belfort, des Westabhangs der Vogesen, die Schleifung der Festungen und die Abtretung des Küstenstrichs von Dünkirchen bis Boulogne zu fordern ist.

In jedem Falle abzutreten, weil für die Erzgewinnung unserer Industrie nötig, das Erzbecken von Briey [Lothringen].

Ferner eine in Raten zahlbare Kriegsentschädigung; sie muss so hoch sein, dass Frankreich nicht imstande ist, in den nächsten achtzehn bis zwanzig Jahren erhebliche Mittel für Rüstung aufzuwenden.

Des Weiteren: ein Handelsvertrag, der Frankreich in wirtschaftliche Abhängigkeit von Deutschland bringt, es zu unserem Exportland macht und es ermöglicht, den englischen Handel in Frankreich auszuschalten. Dieser Handelsvertrag muss uns finanzielle und industrielle Bewegungsfreiheit in Frankreich schaffen – so, dass deutsche Unternehmungen nicht mehr anders als französische behandelt werden können.

2. Belgien: Angliederung von Lüttich und Verviers an Preußen, eines Grenzstriches der Provinz Luxemburg an Luxemburg.

Zweifelhaft bleibt, ob Antwerpen mit einer Verbindung nach Lüttich gleichenfalls zu annektieren ist. Gleichviel, jedenfalls muss Belgien, wenn es auch als Staat äußerlich bestehen bleibt, zu einem Vasallenstaat herabsinken, in etwa militärisch wichtigen Hafenplätzen ein Besatzungsrecht zugestehen, seine Küste militärisch zur Verfügung stellen, wirtschaftlich zu einer deutschen Provinz werden.

3. Luxemburg: Wird deutscher Bundesstaat und erhält einen Streifen aus der jetzt belgischen Provinz Luxemburg und eventuell die Ecke von Longwy.

4. Es ist zu erreichen die Gründung eines mitteleuropäischen Wirtschaftsverbandes durch gemeinsame Zollabmachungen, unter Einschluss von Frankreich, Belgien, Holland, Dänemark, Österreich-Ungarn, Polen und eventuell Italien, Schweden und Norwegen. Dieser Verband, wohl ohne gemeinsame konstitutionelle Spitze, unter äußerlicher Gleichberechtigung seiner Mitglieder, aber tatsächlich unter deutscher Führung, muss die wirtschaftliche Vorherrschaft Deutschlands über Mitteleuropa stabilisieren.

5. Die Frage der kolonialen Erwerbungen, unter denen in erster Linie die Schaffung eines zusammenhängenden mittelafrikanischen Kolonialreichs anzustreben ist, desgleichen die Russland gegenüber zu erreichenden Ziele werden später geprüft. [...]

6. Holland: Dies engere Verhältnis müsste [...] Holland also äußerlich unabhängig belassen, innerlich aber in Abhängigkeit von uns bringen. Vielleicht ein die Kolonien einschließendes Schutz- und Trutzbündnis, jedenfalls enger Zollanschluss [...] wäre zu erwägen.

Zit. nach: F. Fischer, Griff nach der Weltmacht, Düsseldorf 1967, S. 93 f.

M 6 **Niemand hat den Frieden ernsthaft gewollt**

Der Kieler Historiker Karl Dietrich Erdmann betont eine Mitschuld der anderen europäischen Mächte am Ersten Weltkrieg:

Das Problem [der Kriegsschuld] gewinnt eine andere Dimension, wenn man – angenommen, keine der Regierungen habe es auf einen allgemeinen Krieg angelegt – die Frage umgekehrt stellt, ob sie denn den Frieden gewollt haben. Auch auf diese Frage muss die Antwort für alle Beteiligten Nein lauten. Denn wie deutlich auch bei einigen Staaten der Wunsch und die Bereitschaft sichtbar wurden, den Frieden zu vermitteln, keiner hat es zuwege gebracht, das Entscheidende zu tun, nämlich sich aus den bestehenden Bündnissen und Verpflichtungen herauszureißen und auf die Verfolgung bestimmter politischer Ziele zu verzichten. Diese Ziele waren keine willkürlichen Setzungen, sondern tief in der Geschichte und der besonderen politischen Lage der Staaten begründet. In dem österreichisch-serbischen Konflikt prallten die übervölkische und die nationale Staatsidee gegeneinander. Ebensowenig wie sich Serbien selbst preisgab, konnte Österreich darauf verzichten, den serbischen Nationalismus auszuschalten. Deutschland war auf seinen letzten Bundesgenossen angewiesen. Es unterstützte Österreich, in der ersten Phase der

M 7 **Kaiser Wilhelm II.**
Wilhelm II. war als Konfliktmanager absolut ungeeignet. Zunächst heizte er die Stimmung durch forsche Parolen an („Jetzt oder nie!"); später mäßigte er seine Reden, aber da war es zu spät, Postkarte, 1914.

Krise und gab sich der Hoffnung hin, dass durch schnelles und energisches Handeln die notwendige Aktion auf Serbien lokalisiert werden könne. Und in der zweiten Phase der Krise, als ein europäischer Krieg sich aus dem österreichisch-serbischen Konflikt zu entwickeln drohte, konnte Deutschland zwar versuchen, Österreich zurückzuhalten, aber es konnte nicht das unzweideutige Mittel anwenden, den Bündnisfall als nicht gegeben zu erklären, wenn es nicht in einem auf die Dauer für unvermeidlich gehaltenen Zweifrontenkrieg allein stehen wollte. Die russische Regierung war aus äußeren wie inneren Gründen an den Erfolg ihrer Balkanpolitik gebunden. Sie war in ihrer Entscheidungsfreiheit gelähmt durch die Furcht vor der Alternative Krieg oder Revolution. Frankreich war auf das Bündnis mit Russland angewiesen wie Deutschland auf das Bündnis mit Österreich. Dem Bündnis mit Russland verdankte es seine nach zwei Jahrzehnten politischer Isolierung allmählich zurückgewonnene europäische Machtstellung. Deshalb unterstützte es die russische Politik durch die Zusage seiner Bündnistreue. England besaß die relativ größte Freiheit des Handelns in der Krise. Aber für den Fall eines Krieges war seine Stellung durch die Flottenrivalität mit Deutschland, der potenziellen europäischen Hegemonialmacht, festgelegt.

Von diesen sehr verständlichen, nicht zufälligen Interessen waren also die verantwortlichen Staatsmänner der europäischen Mächte in der Krise geleitet. Keiner von ihnen wollte eigentlich den Weltkrieg. Alle sahen im Verlauf der Krise früher oder später das Risiko eines allgemeinen Krieges. Einige unternahmen Schritte, die einen mehr oder weniger starken Wunsch nach Vermeidung eines allgemeinen Krieges erkennen lassen: so Wilhelms II. und Bethmanns Versuche, Österreich zurückzuhalten, Greys[1] Vermittlungen, Poincarés[2] Warnung an Russland, Deutschland nicht zu provozieren. Aber niemand wollte den Preis für den Frieden bezahlen. Wenn man den Frieden auch wünschte, so hat ihn doch niemand ernsthaft gewollt.

1 britischer Außenminister von 1905–1916

2 franz. Politiker, u. a. von 1913–1920 Staatspräsident

K. D. Erdmann, Der Erste Weltkrieg; Gebhardt, Handbuch der deutschen Geschichte, Bd. 18. München 1980, S. 92 f.

M 8 Deutschlands Schuld am Ausbruch des Ersten Weltkrieges

Der Historiker Fritz Fischer sieht im Ersten Weltkrieg den deutschen „Griff nach der Weltmacht":

Diese Behauptung Erdmanns ist die wissenschaftliche Variation der These Lloyd Georges, dass alle Mächte in den Krieg hineingeschlittert seien. Sie hält der Konfrontation mit den Dokumenten nicht stand. Nicht jede der europäischen Mächte konnte den Krieg verhindern, verhindern konnte den Krieg nur die Macht, die ihn wollte – sie hätte auf den Krieg verzichten müssen.

Ich selbst habe noch auf dem Historikertag in Berlin im Oktober 1964 die Ansicht vertreten, Deutschland habe im Juli 1914 bewusst das Risiko eines großen europäischen Krieges auf sich genommen, weil ihm die Situation so günstig wie nie zuvor erschien. In Verschärfung meiner damaligen Ausführungen stelle ich heute fest, gestützt auf allgemein zugängliches wie auch auf unveröffentlichtlichtes Material: Deutschland hat im Juli 1914 nicht nur das Risiko eines eventuell über den österreichisch-serbischen Krieg ausbrechenden großen Krieges bejaht, sondern die deutsche Reichsleitung hat diesen großen Krieg gewollt, dementsprechend vorbereitet und herbeigeführt.

Die sich zunehmend verschärfende ungünstige außenpolitische Lage Deutschlands, die immer deutlicher werdende Unfähigkeit Deutschlands, seine expansiven wirtschaftlichen, politischen und militärischen Ziele durch eine bloße Kriegsdrohung durchzusetzen, die von verschiedenen Direktoren der deutschen Großbanken in übereinstimmenden Gutachten vom Frühjahr 1914 konstatierte handelspolitische und konjunkturelle Krise, die von den herrschenden Kräften als immer bedrohlicher empfundene innenpolitische Situation und schließlich die als entscheidende Bedrohung des deutschen Weltmachtstrebens angesehene Möglichkeit, dass Österreich-Ungarn sich dem härter werdenden Zugriff des „Bundesgenossen" entziehen könnte – all diese Faktoren bestimmten die deutsche Reichsleitung, den „Durchbruch nach vorn" zu wagen

und durch einen Hegemonialkrieg Deutschlands Weltmachtstellung nach außen zu begründen, nach innen das konservative antiparlamentarische und antidemokratische System zu konservieren. [...] Der Mord an dem österreichisch-ungarischen Thronfolger, Erzherzog Franz Ferdinand, aber bot den idealen Anlass zur Herbeiführung des Krieges. Denn Österreich, dessen militärischer Macht Deutschland so dringend für den geplanten Krieg bedurfte, musste mitgehen, und die deutsche Reichsleitung konnte vor der Welt und der eigenen Nation eine Bedrohung Österreichs durch das von Russland protegierte Serbien behaupten. Damit wurde der durch den Fürstenmord aufs Äußerste erbitterte deutsche Kaiser auf einen harten Kurs festgelegt und die Sozialdemokratie für den Kampf gegen die russische Tyrannei gewonnen. [...]
Das österreichische Ultimatum an Serbien, dessen Hauptinhalt in Berlin lange vor Überreichung bekannt war, hatte im deutschen Kalkül nur eine Funktion: Es sollte eine den Krieg herbeiführende Provokation gegen Russland sein. Nur insofern zeigte die deutsche Reichsleitung Interesse am Inhalt des Ultimatums, nur in diese Richtung liefen die ständigen Anfragen und das deutsche Drängen in Wien. [...]
Nach der Anbahnung der direkten österreichisch-russischen Gespräche verbürgte selbst die inzwischen beschlossene, am 31. Juli bekannt gegebene russische Gesamtmobilmachung nicht mehr den Krieg. Deshalb beschloss die deutsche Reichsleitung, an Frankreich wie an Russland Ultimaten zu schicken, in denen von Russland nicht nur die Einstellung aller Mobilmachungsmaßnahmen gegen Deutschland, sondern auch gegen das selbstmobilisierte Österreich-Ungarn und von Frankreich als Pfand für sein Wohlverhalten im Falle eines isolierten russisch-deutschen Krieges die Herausgabe der Festungen Toul und Verdun verlangt wurden.
Die russische Antwort vom 1. August auf das auf 12 Stunden befristete Ultimatum war – wie von der Reichsleitung erwartet – ablehnend; aber Sazonov[1] betonte ausdrücklich, dass Russland sich, solange die Gespräche fortdauerten, aller kriegerischen Maßnahmen enthalten werde. Pourtalès, der deutsche Botschafter in Petersburg, überreicht dem russischen Außenminister daraufhin die deutsche Kriegserklärung.
Auch Frankreich antwortet auf das auf 18 Stunden befristete Ultimatum – wie erhofft – ablehnend, ließ sich indes auch nach der deutschen Kriegserklärung an Russland nicht zu kriegerischen Maßnahmen gegen Deutschland verleiten. Daher behauptete die deutsche Reichsleitung Grenzverletzungen und Bombenabwürfe von französischer Seite und nahm diese Propagandalügen zum Anlass für die Kriegserklärung.
Am 4. August, nach einer deutschen Kriegserklärung an Russland, einer deutschen Kriegserklärung an Frankreich, einem deutschen Durchmarsch durch das neutrale Belgien, konnte Grey[2] das gespaltete und zögernde England einigen – zu einem sofortigen Kriegseintritt gegen Deutschland, gegen die Macht, die das europäische Gleichgewicht zerstört hatte.
Es gibt nicht ein einziges Dokument in der Welt, das die zentrale Wahrheit entkräften könnte, dass im Juli 1914 ein Kriegswille einzig und allein auf deutscher Seite bestand und dass alle Verabredungen auf Seiten der Entente nur der defensiven Sicherung ihrer Allianz dienten.

1 russischer Außenminister

2 britischer Außenminister

F. Fischer, Vom Zaun gebrochen – nicht hineingeschlittert; Deutschlands Schuld am Ausbruch des 1. Weltkriegs, aus: Die Zeit, 3. Sept. 1965.

Aufgaben

1. Nennen Sie die Komponenten, aus denen sich das deutsche Kriegszielprogramm zusammensetzte.
   → Text, M1, M2, M5
2. Welche innen- und außenpolitischen Auswirkungen hatte die Proklamierung von übersteigerten Kriegszielen?
   → Text, M2
3. Der amerikanische Präsident W. Wilson versuchte die Grundlage für eine neue und dauerhafte Friedensordnung zu schaffen. Analysieren Sie die Prinzipien, auf denen sie beruhen sollte.
   → M4
4. Erarbeiten Sie die Gründe für den Ausbruch des Ersten Weltkriegs. Führen Sie anschließend eine Podiumsdiskussion zur Frage der Verantwortung durch.
   → Text, M6, M8

12.4 Ergebnisse und Folgen des Ersten Weltkrieges

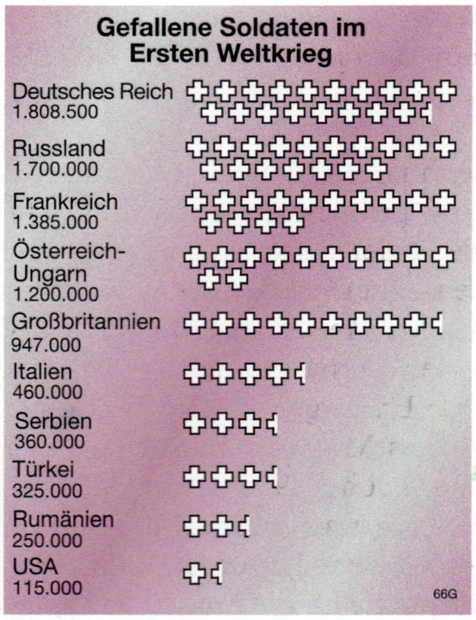

M 1

Der Erste Weltkrieg kann als der erste totale Krieg der Weltgeschichte bezeichnet werden. Er hatte nicht nur nachhaltige Rückwirkungen auf die Zivilbevölkerung, sondern er veränderte die gesamte Gesellschaft. Blockaden schnürten das Land ab, beeinträchtigten die Versorgung, die Wirtschaft wurde nach den Anforderungen des Krieges umstrukturiert und einer Militarisierung unterworfen. Die Macht verlagerte sich von den traditionellen Institutionen (Kaiser, Regierung, Parlament) auf die Oberste Heeresleitung (OHL). Deutschland erhielt zusehends den Charakter einer Militärdiktatur. Das galt insbesondere ab 1916, nachdem die damaligen Volkshelden Hindenburg und Ludendorff die OHL übernommen hatten. Mit zunehmender Kriegsdauer schwand die anfängliche Kriegsbegeisterung, und der allgemeine Burgfriede, der ab August 1914 zwischen den politischen Kräften im Reich herrschte, wurde brüchig. Die Spannungen führten zu einer politischen Polarisierung. Auf der einen Seite sammelten sich jene Kräfte, die einen Verständigungsfrieden anstrebten beziehungsweise einen Frieden ohne Annexionen und Kontributionen (Entschädigungen). Diese politischen Kräfte (Sozialdemokratie, Fortschrittsliberale und Zentrum) strebten zugleich die Abschaffung des Dreiklassen-Wahlrechts in Preußen und die Parlamentarisierung des politischen Systems an.

M 2

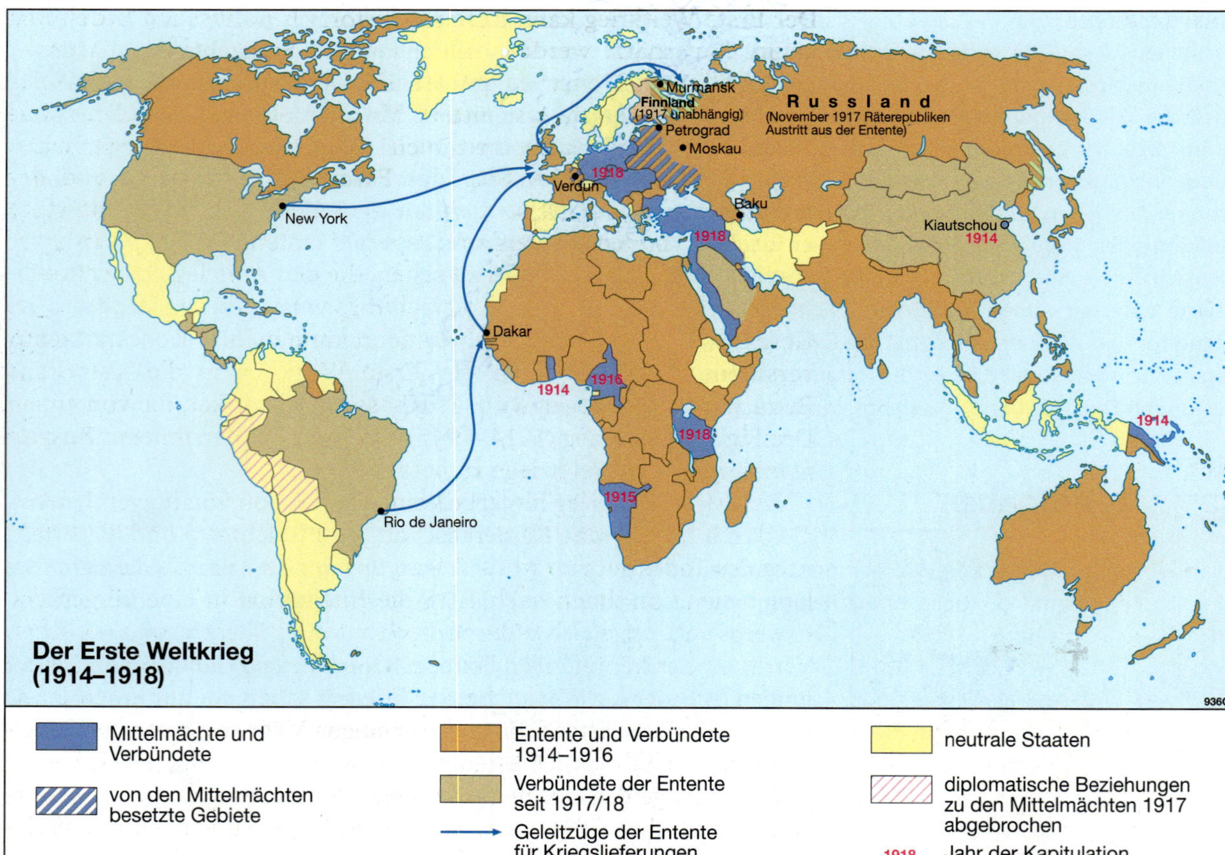

Auf Seiten der Konservativen propagierte man die entschlossene Fortführung des Krieges bis zum Sieg (Siegfrieden). In der Gründung der Deutschen Vaterlandspartei zeigte sich der Versuch der herrschenden Gesellschaftsschichten, die eigenen Machtpositionen kompromisslos zu verteidigen und sich dem verstärkten inneren Reformdruck entgegenzustellen. Man klammerte sich auch darum verzweifelt an den „Siegfrieden“, weil man die soziale Revolution als Folge der militärischen Niederlage befürchtete.

Parlamentarisierung

Die sich im Herbst 1918 deutlich abzeichnende Niederlage veranlasste die OHL (Ludendorff/Hindenburg), die politische Verantwortung in die Hände von Zivilisten zu legen. Die Regierung wurde überdies von der OHL ersucht, ein sofortiges Waffenstillstandsangebot zu machen. Es wurden daraufhin auch Vertreter der Mehrheitsparteien in die Regierung berufen. Unter anderen traten Gustav Bauer und Philipp Scheidemann von der SPD und Matthias Erzberger von der Zentrumspartei in das Kabinett des Reichskanzlers Max von Baden ein. Das Ergebnis war die Parlamentarisierung im Oktober 1918. Dadurch wurde Deutschland verfassungsmäßig zu einer parlamentarischen Monarchie. Diese Verfassungsänderung entzog dem Kaiser die politische Macht. Nunmehr benötigte der Reichskanzler für die Amtsführung das Vertrauen des Reichstags. Auch der Vorrang des Kaisers hinsichtlich der Armee entfiel. Diese Demokratisierung der politischen Ordnung konnte angesichts des Zusammenbruchs und der Novemberrevolution keine Wirksamkeit mehr entfalten. Sie kam zu spät.

Auswirkungen

Der Erste Weltkrieg kann in seiner historisch-politischen Bedeutung kaum überschätzt werden. Allein auf den Schlachtfeldern wurden zehn Millionen Menschen getötet. Die politische Ordnung Europas wurde aufs Schwerste erschüttert. Mit dem Sieg des Bolschewismus in Russland, dem Zusammenbruch der österreichisch-ungarischen Doppelmonarchie, dem Sieg des Faschismus in Italien und der Novemberrevolution in Deutschland veränderte sich das Machtgefüge in Europa. Vor dem Hintergrund massiver materieller und psychischer Verelendung sind die Krisen zu sehen, die den Aufstieg des Nationalsozialismus begünstigten beziehungsweise ermöglichten. Die Geschichte Europas im 20. Jahrhundert kann in ihrer Kontinuität nur verstanden werden, wenn der Erste Weltkrieg in die historische Betrachtung einbezogen wird. Es gibt sogar Historiker, die von einem Dreißigjährigen Krieg (1914–1945) sprechen, um den inneren Zusammenhang beider Weltkriege zu betonen.

Der Erste Weltkrieg hinterließ eine Generation von jungen Leuten, die durch militärische Kameradschaft, Fronterlebnisse und die Erfahrung des Todes geprägt worden war. Entfremdet vom Zivilleben misslang vielen von ihnen nach 1918 die Integration in eine bürgerliche Erwerbswelt. Angetrieben durch die Erbitterung über einen angeblichen Verrat an der kämpfenden Truppe (Dolchstoßlegende), sannen diese jungen Männer auf Revanche. Im Frieden sahen sie nur einen einstweiligen Waffenstillstand. Einer dieser jungen Männer, die von der Kriegserfahrung nachdrücklich beeinflusst worden waren, hieß Adolf Hitler.

In der Folge des Ersten Weltkrieges zerbrachen vier große Monarchien (Deutschland, Russland, Österreich-Ungarn und das Osmanische Reich). Insbesondere durch die Auflösung der österreichisch-ungari-

M 3

Der Zerfall Österreich-Ungarns

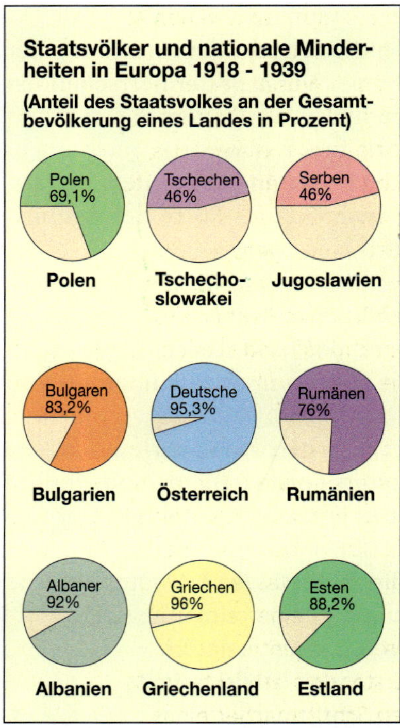

M 4

schen Doppelmonarchie entstanden in Osteuropa – gemäß dem Prinzip der nationalen Selbstbestimmung – neue Staaten, die aber selbst wieder nationale Minderheiten beherbergten. Die neuen territorialen Regelungen, die durch US-Präsident Wilson inspiriert worden waren, bargen ein enormes Konfliktpotenzial in sich. Die Instabilität der ost- beziehungsweise südosteuropäischen Staaten sollte sich im Laufe des 20. Jahrhunderts noch mehrfach erweisen.

Darüber hinaus stellte der Erste Weltkrieg die „historischen Weichen“ für folgende weitere Entwicklungen:

- Die Vorrangstellung Europas war verloren gegangen.
- Die USA stiegen zur Weltmacht auf.
- Die anti-kolonialistischen Befreiungsbewegungen wurden gestärkt. Der Höhepunkt des Kolonialismus war überschritten.
- Die Sozialstrukturen, wie sie sich im Laufe des 19. Jahrhunderts entwickelt hatten, wurden erschüttert.
- Die Russische Revolution bildete die Grundlage für die Entwicklung der Sowjetunion. Sie stellte eine Herausforderung für die westlichen Staaten dar.
- In den bürgerlichen Demokratien erweiterte sich das politische Spektrum durch kommunistische und prä-faschistische Parteien.
- Die Novemberrevolution sowie die Gründung der Weimarer Republik in Deutschland resultierten aus der militärischen Niederlage.

Chronologie

11. April 1917	Gründung der Unabhängigen Sozialdemokratischen Partei (USPD); die SPD hatte sich gespalten aufgrund der Bewilligung der Kriegskredite.
14. Juli 1917	Nach dem Sturz Bethmann Hollwegs durch die OHL wird Georg Michaelis neuer Reichskanzler.
19. Juli 1917	Friedensresolution des Reichstags: Der Reichstag erstrebt einen Frieden der Verständigung und der dauernden Versöhnung der Völker.
2. Sept. 1917	Gründung der Deutschen Vaterlandspartei durch Alfred v. Tirpitz und Wolfgang Kapp; das Programm ist antidemokratisch, hegemonial, monarchistisch und antisemitisch.
1. Nov. 1917	Graf Hertling wird neuer Reichskanzler.
Januar 1918	Streikbewegung in vielen deutschen Städten (insgesamt etwa eine Million Streikende): Vor dem Hintergrund der Kriegsmüdigkeit und allgemeiner Unzufriedenheit fordert die Streikleitung einen Frieden ohne Annexionen und Reparationen sowie die Demokratisierung der innenpolitischen Verhältnisse.
29. Sept. 1918	Die OHL fordert die Regierung auf, ein Waffenstillstandsangebot zu machen.
3. Okt. 1918	Max v. Baden wird Reichskanzler an der Spitze einer Regierung, die von Zentrum, SPD und Fortschrittlicher Volkspartei gebildet wird.
28. Okt. 1918	„Parlamentarisierung“: Verabschiedung verfassungsändernder Gesetze, mit denen im Deutschen Reich das parlamentarische Regierungssystem eingeführt wird.
28. Okt. 1918	Beginn der Meuterei der deutschen Hochseeflotte in Kiel; Bildung von Arbeiter- und Soldatenräten.
9. Nov. 1918	Reichskanzler Max v. Baden verkündet die Abdankung des Kaisers. Philipp Scheidemann (SPD) ruft die Republik aus.

M 5 Europa nach dem Ersten Weltkrieg

Der Politikwissenschaftler und Historiker Karl Dietrich Bracher verweist auf drei weltgeschichtlich bedeutende Ideologien als Antworten auf den Ersten Weltkrieg:

Die meisten Antworten auf den Ersten Weltkrieg, um welche sich die europäische Politik in der Folge bemüht hat, führten zu einer Unterminierung [Untergrabung] und Infragestellung dessen, was das Zeitalter Europas emporgebracht hatte. Ihre Wurzeln sind in der geistigen und materiellen Welt des 19. Jahrhunderts verankert, obgleich die politische Umsetzung dann als eine unmittelbare Folge des Weltkrieges erscheint. Es sind vorrangig drei welthistorische Antworten zu nennen: Marxismus – Kommunismus; liberale Demokratie; Faschismus – Nationalsozialismus. Sie verkörpern das Neue und doch längst Angebahnte, sie sind die Antworten auf die Herausforderung nicht nur des Krieges, sondern auch auf industrielle Revolution, Modernisierung, Nationalismus und Imperialismus – jene Kräfte also, die sich im Krieg entluden. In diesen Antworten liegen Kriterien für die Deutung des Zeitalters, die dem Verfasser angemessener erscheinen als die gängige Vorstellung einer globalen Konfrontation von Revolution und Konterrevolution, wie sie damals und heute insbesondere die linke Polemik beherrscht. In allen drei Fällen bewirkte der Krieg ganz unmittelbar die Transformation von Ideen des 19. Jahrhunderts in politische Herrschaftsformen der Nachkriegszeit. Erstens: Der Marxismus wurde zur Staatsdoktrin in der Revolution Lenins, die eher Staatsstreich zu nennen ist – jedenfalls eine direkte Frucht der militärischen Niederlage des alten Regimes sowie der Unfähigkeit der demokratischen Revolution in Russland, den Krieg zu beenden und eine parlamentarische Republik zu organisieren. Zweitens: Die parlamentarische Demokratie galt als der eigentliche Sieger des Krieges. Ihre Ausbreitung in die alten und neuen Staaten Europas erscheint nicht zuletzt als Verwirklichung der Ideen Wilsons, mithin der entscheidenden Interventionsmacht der USA. Drittens: Faschismus und Nationalsozialismus waren das Ergebnis einer nationalen und autoritären Welle, die sich in den vom Krieg frustrierten Ländern, zumal in Italien und Deutschland, gegen jene scheinbar siegreiche Demokratie wandten. Für sie ging der Kampf weiter: Ihre Allianz im Zeichen des Revisionismus [Rückgängigmachung] und schließlich der Expansion sollte die Friedensordnung zu Fall bringen.

Diese drei Antworten auf den Ersten Weltkrieg zogen jede auf ihre Art ein Fazit der wesentlichen Strömungen, die der Krieg emporgetragen hatte: Sozialismus, Demokratie und Nationalismus. Aber sie repräsentierten auch die drei Missverständnisse des Krieges, wenn sie diesen einer einseitigen oder einlinigen Interpretation unterwarfen. Das kollektivistische Missverständnis erblickte im Krieg den unwiderstehlichen Schrittmacher eines künftigen Weltsozialismus; das autonomistische den endgültigen Sieg der Selbstbestimmungs- und Menschenrechte; das nationalistische den Wiederaufstieg oder die Vollendung des autarken [wirtschaftlich unabhängigen] integralen Machtstaates. Den Missverständnissen folgten die Enttäuschungen und die Fehlreaktionen: für die Sozialisten die Enttäuschung, dass die internationale Revolution ausblieb oder von der Bevölkerung nicht akzeptiert wurde, für die Demokraten, dass die nationalstaatliche Selbstbestimmung nicht funktionierte, vielmehr neue Probleme schuf, sofern sie alte löste; für die Nationalisten die grandiose Fehlrechnung, mit einem zweiten Akt des Weltkrieges doch die ausgebliebenen Machtgewinne zu erreichen.

K. D. Bracher, Die Krise Europas 1917–1975, Frankfurt/M. 1982, S. 20 f.

Aufgaben

1. Stellen Sie die Auswirkungen dar, die der Erste Weltkrieg auf die innere Situation in Deutschland hatte.
   → Text, M1, M2, M5
2. In welcher Weise veränderte der Erste Weltkrieg auch die gesamte internationale Ordnung?
   → Text, M2–M5
3. Der Erste Weltkrieg muss im Rückblick als ein Schlüsselereignis des 20. Jahrhunderts angesehen werden. Nennen und erläutern Sie die politischen Strömungen, die durch ihn emporgetragen wurden.
   → Text, M5
4. Analysieren Sie die Gründe für das Scheitern einer stabilen Friedensordnung nach 1918.
   → M4, M5

Wer hat im **Weltkrieg** dem deutschen Heere den Dolchstoß versetzt? Wer ist schuld daran, daß unser Volk und Vaterland so tief ins Unglück sinken mußte? Der Parteisekretär der Sozialdemokraten **Vater** sagt es nach der Revolution 1918 in Magdeburg:

> „Wir haben unsere Leute, die an die Front gingen, zur Fahnenflucht veranlaßt. Die Fahnenflüchtigen haben wir organisiert, mit falschen Papieren ausgestattet, mit Geld und unterschriftslosen Flugblättern versehen. Wir haben diese Leute nach allen Himmelsrichtungen, hauptsächlich wieder an die Front geschickt, damit sie die Frontsoldaten bearbeiten und die Front zermürben sollten. Diese haben die Soldaten bestimmt, überzulaufen, und so hat sich der Verfall allmählich, aber sicher vollzogen."

Wer hat die **Sozialdemokratie** hierbei **unterstützt**? Die **Demokraten** und die **Leute um Erzberger**. Jetzt, am 7. Dezember, soll das Deutsche Volk den

zweiten Dolchstoß

erhalten. **Sozialdemokraten** in Gemeinschaft mit den **Demokraten** wollen uns

zu Sklaven der Entente machen,

wollen uns für immer zugrunde richten.

Wollt ihr das nicht,

dann

Wählt deutschnational!

13. Die Weimarer Republik

Das Plakat der Deutschnationalen Volkspartei (DNVP) stammt aus dem Jahr 1924. Es illustriert auf sinnfällige Weise eine Vorstellung, die aus dem ideologischen Arsenal rechtskonservativer, antidemokratischer Kreise stammte und als Dolchstoßlegende in die Geschichte eingegangen ist. Sie besagt, dass die Niederlage im Weltkrieg auf das Wirken der demokratischen Politiker zurückzuführen sei, die dem kämpfenden und unbesiegten Feldheer in den Rücken gefallen seien. Im Kern war die Dolchstoßlegende gegen die Existenz der Weimarer Republik gerichtet. Sie diente dazu, die Republik ideologisch auszuhebeln und sie ihrer Legitimität zu berauben.

Nicht genug damit, dass in den Augen vieler Zeitgenossen die Weimarer Republik mit dem Makel der Niederlage behaftet war, nun wurde durch die propagandistische Verbreitung solcher Plakate der Eindruck erweckt, als hätte die Niederlage Ende 1918 vermieden werden können, wenn nicht Verrat im Spiele gewesen wäre. Und anknüpfend an diese emotionale Einstimmung suggeriert das Plakat von 1924 nun noch einen zweiten Dolchstoß durch diejenigen, die bereit waren, mit den Siegermächten zu kooperieren. Für sie wurde der diffamierende Ausdruck „Erfüllungspolitiker“ in Umlauf gebracht.

Den Humus, auf dem die Dolchstoßlegende gedeihen konnte, bildete eine desorientierte Bevölkerung, die von der Plötzlichkeit des Zusammenbruchs im Herbst 1918 zutiefst überrascht wurde. Deutsche Soldaten standen zu diesem Zeitpunkt im Osten und im Westen außerhalb der deutschen Grenzen. Manipuliert durch eine zensierte Presse, war die Öffentlichkeit auf eine Niederlage mental nicht vorbereitet. Nur so konnte der Verdacht auf Verrat und Verschwörung aufkeimen.

Die historischen Ursprünge der Dolchstoßlegende liegen bei Ludendorff und Hindenburg. Zusammen bildeten sie seit 1916 die Oberste Heeresleitung (OHL) und somit das eigentliche Machtzentrum des Deutschen Reiches im Krieg. Ludendorff gelang es – taktisch geschickt – angesichts des drohenden Endes die Vertreter eines Verständigungsfriedens in die Regierung berufen zu lassen. Damit entzog sich die OHL ihrer eigenen Verantwortung.

Faktisch war bereits Mitte 1918 der Krieg verloren. Die strategische Situation des Deutschen Reiches verschlechterte sich fortlaufend aufgrund des massiven Auftretens der USA auf dem Kriegsschauplatz in Frankreich. Die USA veränderten mithilfe frischer Truppen (1,2 Millionen Soldaten) das relative Gleichgewicht an der Westfront, sodass es nur eine Frage der Zeit war, bis den Westalliierten ein Durchbruch im großen Stil gelingen würde. Rohstoff- und Versorgungsmängel, Demoralisierung und Kriegsmüdigkeit taten ein Übriges dafür, die Kampfbereitschaft der deutschen Soldaten zu mindern. Der Krieg war faktisch verloren.

Die Dolchstoßlegende trug mit dazu bei, dass die Weimarer Republik letzten Endes nicht die Zustimmung ihrer Bürger erhielt – eine „belagerte Republik“ wurde.

13.1 Die Novemberrevolution

Politische, soziale und militärische Voraussetzungen

Der Beginn des Ersten Weltkrieges im August 1914 war von weiten Teilen der deutschen Bevölkerung begeistert begrüßt worden, da allgemein die Vorstellung eines kurzen Waffenganges verbreitet gewesen war. Als diese Hoffnung sich nicht erfüllte und der deutsche Vorstoß nach Westen zu einem Stellungskrieg erstarrte, veränderten sich unter dem Einfluss des Krieges die deutsche Gesellschaft und die politischen Verhältnisse. Mit der Fortdauer des Krieges sowie der Unterordnung der gesamten Gesellschaft unter militärische Erfordernisse verlagerte sich die politische Macht zusehends an die militärische Spitze der Obersten Heeresleitung (OHL). Diese lag ab 1916 in den Händen von Hindenburg und Ludendorff, die in die Rolle von heimlichen Militärdiktatoren hineinwuchsen.

1914 waren die wesentlichen politischen Kräfte bereit gewesen, ihre Interessen zurückzustellen, um so die innenpolitischen Voraussetzungen für einen deutschen Sieg zu schaffen. Diese Politik des Burgfriedens zerbrach, und der politische Konsens wich einer zunehmenden Polarisierung. Auf der einen Seite standen die Mehrheitsparteien im Reichstag (SPD, Fortschrittspartei, Zentrum). Sie drängten auf einen Kompromissfrieden ohne Annexionen, Abschaffung des preußischen Dreiklassenwahlrechts sowie Demokratisierung der autoritär-obrigkeitsstaatlichen Gesellschaft. Ihnen gegenüber standen die konservativen Anhänger eines Siegfriedens, die ab 1917 in der Vaterlandspartei organisiert waren.

M 1 „November 1918"
Titelblatt des Simplicissimus, 3. Dezember 1918

Als im Herbst des Jahres 1918 die militärische Niederlage zur Gewissheit wurde, drängte die OHL auf eine Parlamentarisierung. Diese wurde vollzogen und brachte unter anderem die parlamentarische Verantwortlichkeit des Reichskanzlers sowie eine allgemeine politische Aufwertung des Reichstags. Durch diese Reform – bisweilen auch als „Revolution von oben" bezeichnet – war fast unter Ausschluss der Öffentlichkeit aus dem monarchistischen Obrigkeitsstaat eine parlamentarisch-demokratische Monarchie geworden.

Das deutsche Volk hatte unter dem Krieg außerordentlich zu leiden. Hunger und Entbehrungen waren ab 1917 weit verbreitet. Die Blockade der Alliierten verschlechterte die Versorgung mit lebensnotwendigen Gütern. Kriegsmüdigkeit und Friedenssehnsucht wuchsen ständig, als der wiederholt angekündigte Sieg ausblieb. Die ungleiche Verteilung der Kriegslasten („Kriegsgewinnler") stärkte die Protestbereitschaft.

Das Eingeständnis der militärischen Niederlage musste wie ein Schock wirken, da eine systematische Zensur den Einblick der Öffentlichkeit in die tatsächliche Lage bis dahin verhindert hatte. Überspannte Hoffnungen auf den großen Sieg brachen unversehens zusammen.

Meuterei der Matrosen

In dieser Situation beschloss die deutsche Seekriegsleitung die Ausfahrt der Hochseeflotte in Richtung England. Diese Flotte, die bei Kriegsbeginn 1914 eine wesentliche Ursache für die deutsch-britische Feindschaft gewesen war, hatte aufgrund der britischen Überlegenheit die vergangenen Kriegsjahre fast ausschließlich in den schützenden Heimathäfen verbringen müssen.

Weigerung Hochseeflotte auslaufen

Die große Mehrheit der Matrosen teilte nicht die bei hohen Marineoffizieren verbreitete Idee eines ruhmvollen Untergangs. Im Gegenteil: Die Matrosen empfanden dieses Vorhaben als einen sinnlosen Opfergang. Ihre Weigerung mündete in einer spontanen und unorganisierten Bewegung, die kaum auf Widerstand stieß. Die Stützen der alten Ordnung schienen erstarrt zu sein. In dieses Machtvakuum hinein bildeten sich erst Soldatenräte, dann Arbeiter- und Soldatenräte, und übernahmen – vorwiegend in den Städten – die Macht.

Die Bildung der Provisorischen Regierung

Friedrich Ebert (1871–1925)
Parteivorsitzender der SPD, erster Präsident der Weimarer Republik von 1919 bis 1925, war kein Revolutionär. Er strebte eine Demokratie nach westlichem Vorbild an. Am Ende seiner Amtszeit wurde er das Opfer einer maßlosen politischen Hetze der politischen Rechten.

Im Unterschied zur Oktoberrevolution 1917 in Russland war die Novemberrevolution in Deutschland nicht das Ergebnis des ziel- und machtbewussten Vorgehens einer revolutionären Partei wie die der Bolschewiki in Russland. Der mit ihnen sympathisierende Spartakusbund spielte zu diesem Zeitpunkt noch eine politisch untergeordnete Rolle. Der Umsturz im November 1918 geschah spontan in der Atmosphäre eines politischen Machtvakuums. Angesichts der militärischen Niederlage blieben die „kaiserlichen Gewalten“ wie gelähmt und wichen handlungsunfähig zurück. Die eigentliche Politisierung beziehungsweise Radikalisierung der linken und rechten Strömungen vollzog sich erst zu einem späteren Zeitpunkt: während des Bürgerkrieges 1919.

„Wir können nicht sagen, wir haben die Revolution ‚gemacht‘, aber wir sind nicht ihre Gegner gewesen.“ Dieser Ausspruch des SPD-Politikers Wels zeigt das zwiespältige Verhältnis der SPD zu der neuen politischen Massenbewegung. Die SPD machte sich viele Forderungen erst nachträglich zu eigen, nicht zuletzt um die spontane Bewegung unter Kontrolle zu bringen. Das galt auch in Bezug auf die Kaiserfrage. Ihre Forderung nach Absetzung des Monarchen und Umwandlung Deutschlands in eine Republik spiegelte die allgemeine Radikalisierung wider.

Als der amtierende Reichskanzler Max von Baden erkannte, dass der Kaiser aus außenpolitischen (Druck von Seiten der USA) und innenpolitischen Gründen nicht zu halten war, veröffentliche er ein nicht-autorisiertes Abdankungstelegramm Wilhelms II. Daraufhin übergab er eigenmächtig die Regierungsgeschäfte dem SPD-Vorsitzenden Friedrich Ebert (9. November 1918).

Am gleichen Tag noch rief der SPD-Politiker Philipp Scheidemann vom Balkon des Reichstages die demokratische Republik aus, während (sein Gegenspieler) Karl Liebknecht vom Spartakusbund fast zeit-

M 2

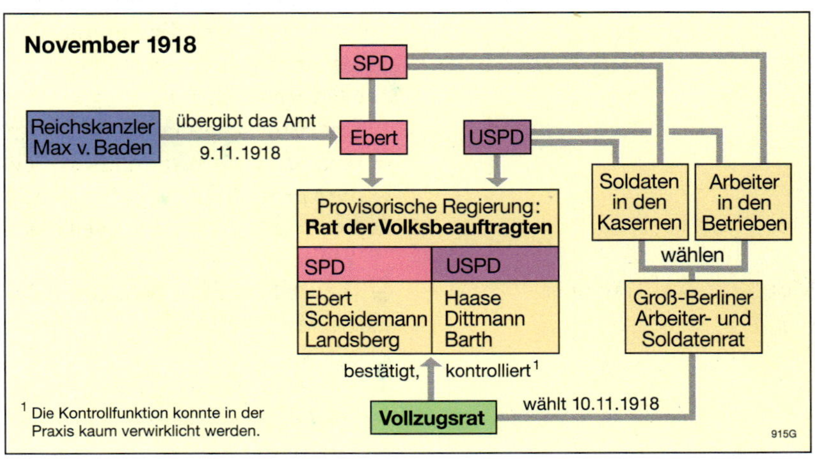

gleich die sozialistische Republik proklamierte. Die SPD sowie die linkssozialistische Unabhängige Sozialdemokratische Partei (USPD) einigten sich auf eine neue provisorische Regierung und bildeten den „Rat der Volksbeauftragten". Ebert versicherte sich der militärischen Unterstützung. Er und General Groener von der OHL vereinbarten eine künftige Zusammenarbeit.

Durch die halblegale Machtübertragung aus den Händen seines Vorgängers verkörperte Ebert als Reichskanzler die Kontinuität des Amtes. Gleichzeitig besaß er als Vorsitzender im Rat der Volksbeauftragten eine revolutionäre Legitimität.

Rätesystem oder parlamentarische Demokratie?

Parallel zum Rat der Volksbeauftragten bildete sich in Berlin der Groß-Berliner Arbeiter- und Soldatenrat, der sich als revolutionäres Organ verstand und daher Kontrollbefugnisse über die provisorische Regierung beanspruchte. Es entstand ein Konkurrenzverhältnis zwischen der Regierung und den Räten. In diesem Konflikt konnte sich die Regierung sowohl auf das Militär als auch auf die traditionelle Verwaltung stützen.

Die Räte verstanden sich als Organe, deren Aufgabe es war, die Revolution gegen die „alten Mächte" – Militär, Industrie, Bürokratie – zu sichern. Spartakisten und Teile der USPD befürworteten eine radikale Form der Revolution. Auf der Basis einer sozialisierten Industrie strebten sie die politische Ordnung eines Rätesystems an und orientierten sich dabei weitgehend am Vorbild des bolschewistischen Russland.

Die Hauptströmung der gesellschaftlichen Erneuerung Ende 1918 repräsentierte die Mehrheitssozialdemokratie im Bündnis mit den Liberalen und der katholischen Zentrumspartei. Sie strebte eine parlamentarische Demokratie nach westeuropäischem Muster an. Dazu gehörte die Abschaffung des preußischen Dreiklassen-Wahlrechts, die Einführung des allgemeinen Wahlrechts auch für Frauen und die Einrichtung einer parlamentarisch-verantwortlichen Regierung, das bedeutete in diesem Zusammenhang die Abhängigkeit der Regierungsausübung von einer Mehrheit im Reichstag.

Die Wahlen zum Reichsrätekongress offenbarten das Kräfteverhältnis innerhalb der Arbeiterbewegung. Die Räte waren in ihrer erdrückenden Mehrheit keineswegs kommunistisch oder bolschewistisch orientiert. Von den etwa 500 Delegierten vertraten etwa 300 die SPD und knapp 100 die USPD; nur 10 Delegierte gehörten dem Spartakusbund an. Der Rest war parteilos oder bürgerlich-demokratisch eingestellt. Einer der Konflikte, die den Kongress im Dezember 1918 spalteten, entzündete sich an der Frage, ob Wahlen zu einer Nationalversammlung abgehalten werden sollten. Der Rätekongress beschloss mit großer Mehrheit diese Wahlen und stellte damit die Weichen für die Einführung eines parlamentarischen Systems.

Der Reichsrätekongress zeigte, dass die Voraussetzungen für die Einführung eines revolutionären Rätesystems fehlten. Eine solche Neuordnung wurde selbstverständlich nicht nur von den (abwartenden) bürgerlich-konservativen Kräften abgelehnt, sondern selbst innerhalb der Arbeiterbewegung war dieser Weg nicht mehrheitsfähig. Die tonangebende sozialdemokratische Führung unter Ebert und Scheidemann war antirevolutionär eingestellt und sah in der Räteherrschaft eine Form der Diktatur, die es auch mit Blick auf das bolschewistische Russland zu verhindern galt.

Sitzverteilung in der Nationalversammlung am 19.1.1919

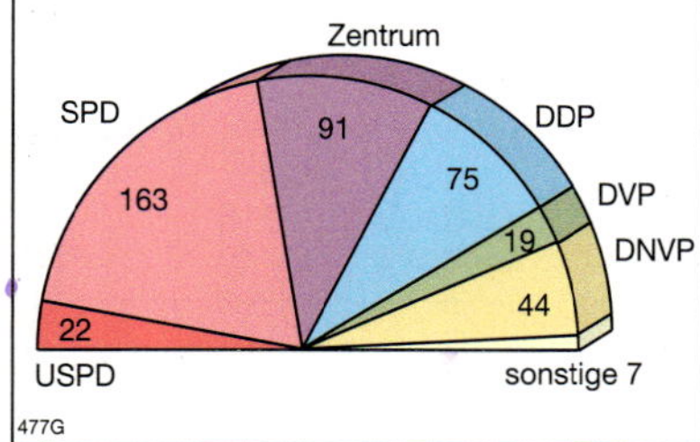

Die Wahl zur Nationalversammlung am 19. Januar 1919 fand nach einem neuen Verfahren statt, das durch die Begriffe Verhältniswahl, Frauenwahlrecht und Senkung des Wahlalters auf 20 Jahre gekennzeichnet war. Ihr Ergebnis verhieß eine solide Basis für die neue republikanische Ordnung. Zwar erfüllten sich nicht die Erwartungen der SPD auf eine absolute Mehrheit, aber die „Weimarer Koalition“, bestehend aus SPD, Zentrum und DDP (Deutsche Demokratische Partei), errang einen überwältigenden Wahlsieg.

Diese parlamentarische Mehrheit bildete das Fundament für die Verabschiedung der Weimarer Reichsverfassung, die im Wesentlichen vom liberalen Staatsrechtler Hugo Preuß entworfen wurde. Sie trat am 11. August 1919 in Kraft.

Die Novemberrevolution 1918/19 – Versuch einer Einordnung

Die Novemberrevolution hat bis heute in der historischen Forschung keine einhellige Beurteilung gefunden.

Einigkeit herrscht unter den Historikern in Bezug darauf, dass die Novemberrevolution das Produkt der militärischen Niederlage Deutschlands im Ersten Weltkrieg gewesen sei. Aber bereits bei der Frage, wie groß die Handlungsspielräume der damaligen Politiker für einen radikalen Neubeginn gewesen seien, scheiden sich die Geister.

Politisch war eine einschneidende Änderung durch die Parlamentarisierung vom 28. Oktober 1918 bereits erreicht worden. Die Parlamentarisierung hatte dem Kaiser die Macht entzogen und die politische Rechte des Reichstages gestärkt. Die Reichsregierung bedurfte nunmehr des Vertrauens der Volksvertretung. Dieser Verfassungsänderung, die formal eine parlamentarische Monarchie begründete, folgte wenig später der Sturz der Monarchen und Fürsten in Deutschland. Diese politische Revolution, aus der die Republik hervorging, wurde aber nicht von wirtschaftlichen und personellen Umschichtungen flankiert. Die Umwälzung von 1918 bedeutete keine soziale Revolution. Wichtige politische Kräfte in Verwaltung, Armee, Justiz und Wirtschaft vermochten ihre Machtpositionen vom Kaiserreich in die Republik hinüberzuretten.

Chronologie

29. Sept. 1918	Die OHL fordert die Reichsregierung auf, ein Waffenstillstandsangebot an die Westmächte herauszugeben sowie die Regierung umzubilden.
4. Okt. 1918	Waffenstillstandsersuchen an den amerikanischen Präsidenten Wilson
24. Okt. 1918	Abschaffung des preußischen Dreiklassenwahlrechts
28. Okt. 1918	Beginn der Meuterei von Teilen der Hochseeflotte
28. Okt. 1918	Änderung der Verfassung (Parlamentarisierung)
4. Nov. 1918	Bildung des Kieler Arbeiter- und Soldatenrats
8. Nov. 1918	Kurt Eisner (USPD) ruft die bayerische Räterepublik aus, die sich unabhängig von der Kieler Matrosenbewegung gebildet hat.
9. Nov. 1918	Ausrufung der Republik: Philipp Scheidemann (SPD) und Karl Liebknecht (Spartakus)
10. Nov. 1918	Bildung des Rats der Volksbeauftragten
11. Nov. 1918	Unterzeichnung des Waffenstillstands
16. Dez. 1918	Beginn des Reichskongresses der Arbeiter- und Soldatenräte in Berlin
19. Jan. 1919	Wahlen zur Nationalversammlung

M 3 Deutsches Reich: Kriegsrationen und Friedensverbrauch

Während des Krieges waren die Lebensmittel rationiert. Die folgende Statistik spiegelt die relative Lebensmittelversorgung wider:

(Friedensverbrauch = 100)	Juli 1916 bis Juni 1917	Juli 1917 bis Juni 1918	Juli 1918 bis Dez. 1918
Fleisch	31	20	12
Fisch	51	–	5
Eier	18	13	13
Schmalz	14	11	7
Butter	22	21	28
Käse	3	4	15
Reis	4	–	–
Hülsenfrüchte	14	1	7
Zucker	49	56–67	80
Pflanzliche Fette	39	41	17
Kartoffeln	71	94	94
Mehl	53	47	48

Zit. nach: G. Hardach, Der Erste Weltkrieg, München 1973, S. 130.

M 4 Anzahl der Streiks (1914–1918)

	Jan.–Aug. 1914	Aug. 1914	Sept. bis Dez 1914	1915	1916	1917	1918
Streiks	1199	0	24	141	240	562	773
Streikende	94014	0	1126	12866	124188	651461	1304248

Zit. nach: J. Berlin (Hg.), Die deutsche Revolution 1918/19, Quellen und Dokumente, Köln 1979, S. 39.

M 5 Eingeständnis der militärischen Niederlage

General Ludendorff (1865–1937) hatte zusammen mit Hindenburg die militärische Gesamtleitung im Krieg inne. Ende September 1918 sagte er vor Vertrauten:

Er [Ludendorff] sagte ungefähr Folgendes: Er sei verpflichtet, uns zu sagen, dass unsere militärische Lage furchtbar ernst sei. Täglich könne unsere Westfront durchbrochen werden. Er habe darüber in den letzten Tagen Sr. M. [Seiner Majestät] zu berichten gehabt. Zum 1. Mal sei der O.H.L. von Sr. M. bzw. vom Reichskanzler die Frage vorgelegt worden, was sie und das Heer noch zu leisten imstande seien. Er habe im Einvernehmen mit dem Generalfeldmarschall geantwortet: „Die O.H.L. und das deutsche Heer seien am Ende; der Krieg sei nicht nur nicht mehr zu gewinnen, vielmehr stehe die endgültige Niederlage wohl unvermeidlich bevor. Bulgarien sei abgefallen. Österreich und die Türkei am Ende ihrer Kräfte würden wohl bald folgen. Unsere eigene Armee sei leider schon schwer verseucht durch das Gift spartakistisch-sozialistischer Ideen. Auf die Truppen sei kein Verlass mehr. Seit dem 8.8. sei es rapide abwärts gegangen. Fortgesetzt erwiesen Truppenteile sich so unzuverlässig, dass sie beschleunigt aus der Front gezogen werden müssten. Würden sie von noch kampfwilligen Truppen abgelöst, so würden diese mit dem Rufe „Streikbrecher" empfangen und aufgefordert, nicht mehr zu kämpfen. Er könne nicht mit Divisionen operieren, auf die kein Verlass mehr sei. So sei vorauszusehen, dass dem Feinde schon in nächster Zeit mithilfe der kampffreudigen Amerikaner ein großer Sieg, ein Durchbruch in ganz großem Stile gelingen werde, dann werde dieses Westheer den letzten Halt verlieren und in voller Auflösung zurückfluten über den Rhein und werde die Revolution nach Deutschland tragen.
Diese Katastrophe müsse unbedingt vermieden werden. Aus den angeführten Gründen dürfe man sich nun nicht mehr schlagen lassen. Deshalb habe die O.H.L. von Sr. M. und dem Kanzler gefordert, dass ohne jeden Verzug der Antrag auf Herbeiführung eines Waffenstillstandes gestellt würde bei dem Präsidenten Wilson von Amerika zwecks Herbeiführung eines Friedens auf der Grundlage seiner 14 Punkte.

Aus den Tagebuchblättern des Obersten von Thaer vom 1. Oktober 1918, zit. nach: G. A. Ritter, S. Miller, Die deutsche Revolution 1918–1919, Frankfurt 1968, S 23.

M 6 **Forderungen der Kieler Matrosen**

Nach dem erfolgreichen Matrosenaufstand formulierte der Soldatenrat die folgenden Forderungen (4. November 1918):

1. Freilassung sämtlicher Inhaftierten und politischen Gefangenen.
2. Vollständige Rede- und Pressefreiheit.
3. Aufhebung der Briefzensur.
4. Sachgemäße Behandlung der Mannschaften durch Vorgesetzte.
5. Straffreie Rückkehr sämtlicher Kameraden an Bord und in die Kasernen.
6. Die Ausfahrt der Flotte hat unter allen Umständen zu unterbleiben.
7. Jegliche Schutzmaßnahmen mit Blutvergießen haben zu unterbleiben.
8. Zurückziehung sämtlicher nicht zur Garnison gehöriger Truppen.
9. Alle Maßnahmen zum Schutze des Privateigentums werden sofort vom Soldatenrat festgesetzt.
10. Es gibt außer Dienst keine Vorgesetzte mehr.
11. Unbeschränkte persönliche Freiheit jedes Mannes von Beendigung des Dienstes bis zum Beginn des nächsten Dienstes.
12. Offiziere, die sich mit den Maßnahmen des jetzt bestehenden Soldatenrates einverstanden erklären, begrüßen wir in unserer Mitte. Alles Übrige hat ohne Anspruch auf Versorgung den Dienst zu quittieren.
13. Jeder Angehörige des Soldatenrates ist von jeglichem Dienste zu befreien.
14. Sämtliche in Zukunft zu treffenden Maßnahmen sind nur mit Zustimmung des Soldatenrates zu treffen.

Diese Forderungen sind für jede Militärperson Befehle des Soldatenrates.

Der Soldatenrat.

Zit. nach: G. A. Ritter, S. Miller, a. a. O., S. 44.

M 8

M 7 **„Matrosen, Soldaten und Arbeiter verbrüdern sich"**

Zeitungsbericht vom 7.11.1918 über die revolutionären Ereignisse am 6. November 1918 in Hamburg:

Das gellende Signal von Kiel hat auch die Hamburger Arbeiter und die Matrosen und Soldaten aufgerufen. Am Mittwoch morgen wurde auf den Werften und sehr vielen anderen Betrieben die Arbeit niedergelegt. Auf den im Hafen liegenden Kriegsfahrzeugen wurde die rote Flagge gehisst als Zeichen, dass auch hier die Matrosen dem Beispiel ihrer Kieler Kameraden gefolgt sind.

Die Straßen zeigen ein verändertes Bild. Überall sah man bewaffnete Gruppen mit roten Schleifen geschmückter Matrosen und Soldaten. Jeder Offizier wurde verhaftet und nach Abnahme seiner Waffen einige Stunden im Gewerkschaftshaus festgehalten.

Gegen 12 Uhr hatten sich in langen Zügen die Proletarier Hamburgs, durchsetzt mit großen Massen bewaffneter Matrosen und Soldaten, auf dem Heiliggeistfeld eingefunden – insgesamt zirka 40000 Mann. [...] Das Generalkommando hatte uns zum Heiligengeistfelde einen Hauptmann gesandt, der uns mitteilte, dass [General] v. Falk bereit sei, eine Abordnung zu empfangen.

[...] Genosse Wolffheim bedeutete dem Offizier, dass wir jetzt Wichtigeres zu tun hätten, als mit von Falk zu verhandeln, dass er es aber schon bemerken würde, wenn die Demonstranten dort wären. Inzwischen war uns gemeldet, dass das Generalkommando sehr stark mit Maschinengewehren und Truppen besetzt sei. Um unnötiges Blutvergießen zu vermeiden, begaben sich die Genossen Düwell und Wolffheim 20 Minuten vor dem Eintreffen des Zuges in das Gebäude, um den General zu fragen, wie er sich gegenüber den Demonstranten zu verhalten gedenke. Zu unserer maßlosen

M 9 Übergabe der Garde-Ulanen-Kaserne in Berlin an die Mitglieder des Arbeiter- und Soldatenrates, November 1918

Überraschung war der Falke ausgeflogen und niemand wusste, wohin er seinen – gar nicht stolzen – Flug genommen hatte! Nur ein Registrator befand sich noch im Gebäude, die Maschinengewehre und Truppen waren entfernt worden. Von Falk […] hatte sich feige zurückgezogen. […]

Dies war uns der Beweis, dass wir die Stadt in den Händen hatten. Was jetzt noch zu geschehen hatte, vollzog sich mit relativer Leichtigkeit. Die Bahnhöfe wurden besetzt, die Kasernen übernommen. Die Bezirkskommandos aufgehoben. Der gesamte Verkehr ging in die Hände des Soldatenrates über, der im Gewerkschaftshause seine Bureaus etabliert hatte und mit bewunderungswürdiger Zielsicherheit und Entschlossenheit seine Weisungen erteilte, die von den freien Proletariern im Waffenrock mit peinlichster Sorgfalt durchgeführt wurden. […]

Eine Vertretung des Arbeiter- und Soldatenrats begab sich am Mittwoch, abends 6 1/2 Uhr, ins Rathaus, um mit dem Senat über die folgenden Forderungen zu verhandeln:

Abberufung des Generals Falk.

Anerkennung des Soldatenrats durch das Generalkommando.

Festsetzung der Zeit einer Verhandlung zwischen Generalkommando und Soldatenrat.

Übergabe des öffentlichen Verkehrs an den Soldatenrat.

Unterstellung der Lebensmittelversorgung unter die Kontrolle des Arbeiterrats.

Sicherung der Papierversorgung für die Zwecke der Bekanntmachungen des Arbeiter- und Soldatenrats. […]

Der Soldatenrat übernahm die Verpflichtung, für Aufrechterhalt der öffentlichen Ruhe und Sicherheit zu sorgen.

Die Arbeiter und Soldaten haben die politische Macht in die Hand genommen, sie werden zeigen, dass sie reif sind, von dieser Macht den richtigen Gebrauch zu machen. Gegen den Mob und sonstige unlautere Elemente wird rücksichtslos eingeschritten werden.

Zit. nach: G. A. Ritter, S. Miller, a. a. O., S. 52 ff.

M 10 Der Rat der Volksbeauftragten: Aufruf vom 12. November 1918

Die neue Regierung, die sich „Rat der Volksbeauftragten" nannte, betonte ihren revolutionären Ursprung. Sie verkündete:

An das deutsche Volk!

Die aus der Revolution hervorgegangene Regierung, deren politische Leitung rein sozialistisch ist, setzt sich die Aufgabe, das sozialistische Programm zu verwirklichen. Sie verkündet schon jetzt mit Gesetzeskraft Folgendes:

1. Der Belagerungszustand wird aufgehoben.
2. Das Vereins- und Versammlungsrecht unterliegt keiner Beschränkung, auch nicht für Beamte und Staatsarbeiter.
3. Eine Zensur findet nicht statt.
4. Meinungsäußerung in Wort und Schrift ist frei.
5. Die Freiheit der Religionsausübung wird gewährleistet. Niemand darf zu einer religiösen Handlung gezwungen werden.
6. Für alle politischen Straftaten wird Amnestie gewährt. Die wegen solcher Straftaten anhängigen Verfahren werden niedergeschlagen.
7. Das Gesetz über den vaterländischen Hilfsdienst wird aufgehoben, mit Ausnahme der sich auf die Schlichtung von Streitigkeiten beziehenden Bestimmungen.
8. Die Gesindeordnungen werden außer Kraft gesetzt; ebenso die Ausnahmegesetze gegen die Landarbeiter.
9. Die bei Beginn des Krieges aufgehobenen Arbeiterschutzbestimmungen werden hiermit wieder in Kraft gesetzt.

Weitere sozialpolitische Verordnungen werden binnen kurzem veröffentlicht werden, spätestens am 1. Januar 1919 wird der achtstündige Maximalarbeitstag in Kraft treten. […] Die Regierung wird die geordnete Produktion aufrecht erhalten, das

Eigentum gegen Eingriffe Privater sowie die Freiheit und Sicherheit der Person schützen.

Alle Wahlen zu öffentlichen Körperschaften sind fortan nach dem gleichen, geheimen, direkten, allgemeinen Wahlrecht auf Grund des proporzionellen Wahlsystems für alle mindestens 20 Jahre alten männlichen und weiblichen Personen zu vollziehen. Auch für die konstituierende Versammlung, über die nähere Bestimmung noch erfolgen wird, gilt dieses Wahlrecht.

Berlin, den 12. November 1918.

Ebert, Haase, Scheidemann, Landsberg, Dittmann, Barth

Zit. nach: E. Forsthoff, Deutsche Geschichte seit 1918 in Dokumenten, Stuttgart 1938, S. 10.

M 12 **Demonstration für das Rätesystem in Berlin,** Dezember 1918

M 11 Rätekongress in Berlin (16.–20. Dezember 1918)

a) Rede des Vollzugsratsmitglieds Max Cohen-Reuss (SPD) am 19.12.1918:

Wie man auch über die Arbeiter- und Soldatenräte denken mag – ich denke ziemlich günstig über sie und werde darauf noch zurückkommen –, in jedem Falle drücken die Arbeiter- und Soldatenräte nur einen Teilwillen, niemals aber den Willen des ganzen deutschen Volkes aus. Diesen festzustellen, darauf kommt es an.

[...] Um nun auf das zu kommen, was mich und meine Freunde von den Genossen der U.S.P. und wahrscheinlich auch von dem Koreferenten, dem Genossen Däumig, trennt, möchte ich Folgendes hervorheben. Die Genossen sagen: Wenn eine baldige Nationalversammlung zusammentritt, bekommen wir keine sozialistische Mehrheit, wir müssen deshalb die Sozialisierung vorher so schnell wie möglich beschließen. Parteigenossen, ich bin direkt der gegenteiligen Auffassung. (Sehr richtig!) Wenn wir eine sozialistische Mehrheit bekommen wollen, müssen wir die Nationalversammlung so schnell wie möglich einberufen. [...] Wenn die Genossen der U.S.P., die an eine solche Mehrheit nicht glauben, sich mit der alten Partei [der SPD] für die Wahlen zusammentun, was mein sehnlichster Wunsch wäre, dann wird hier eine feste Reihe entstehen, die alle bürgerlichen Parteien schlagen wird und schlagen muss. (Beifall bei der Mehrheit.)

[...] Wenn es aber innerhalb der Arbeiterschaft eine Gruppe geben sollte – und leider ist das die Spartakusgruppe, die dieses gemeinsame Vorgehen nicht will, dann mag sie sich zur Wahl stellen, dann wollen wir sehen, wer hinter ihr steht. Parteigenossen! Lassen Sie mich bei dieser Gelegenheit noch eines sagen! Es ist selbstverständlich, dass wir alle so viel Sozialismus wollen, wie durchführbar ist. Aber persönlich habe ich die Überzeugung, es wird nicht mehr Sozialismus durchführbar sein, als die Mehrheit des Volkes will. Denn ein Sozialismus, der vorher durchgeführt wäre, hätte sehr geringen Bestand, wenn die Mehrheit des Volkes anderer Meinung wäre.

[...] Parteigenossen, schätzen Sie wirklich bei ganz ruhiger, nüchterner Überlegung den Widerstand der bürgerlichen Kreise und der Intelligenz so gering ein, das wir, wenn wir sie politisch entrechten, gegen ihren Willen die Wirtschaft führen können? [...]

Nun noch ein paar Worte über die Arbeiter- und Soldatenräte [...]. Man wird zu der Erkenntnis kommen, dass ohne die Arbeiter- und Soldatenräte in den ersten Tagen wahrscheinlich schon die Katastrophe hereingebrochen wäre. (Sehr richtig!) Nur die Arbeiter- und Soldatenräte sind es gewesen, die die Ordnung aufrecht erhalten konnten und die soviel Autorität besaßen, dass nicht alles drunter und drüber ging; und ebenso, wie man zugeben muss, dass sie manche Geldmittel verschwendet haben – aber wie wäre das in so ungeordneten Zuständen auch anders möglich! –, so haben die Arbeiter- und Soldatenräte auch Milliarden von deutschem Volksvermögen gerettet. (Sehr richtig!) Ich meine also, die Arbeiter- und Soldatenräte hatten ihre Berechtigung und werden ihre Berechtigung auch weiter haben. Nur, glaube ich, müssen sie an der Zentralstelle, die die Verfassung des Deutschen Reiches schaffen wird, der Nationalversammlung Platz machen.

Zit. nach: G. A. Ritter, S. Miller, a. a. O., S. 300 ff.

b) Rede des Vollzugsratmitglieds Ernst Däumig (USPD) am 19.12.1918:

Wenn die Geschichte dieser Revolutionswochen in Deutschland geschrieben wird, dann wird man sich lächelnd fragen: Waren denn die Leute so blind, dass sie nicht sahen, dass sie sich selbst den Strick um den Hals legten? Denn das muss doch jedem klar Denkenden einleuchten, dass die jubelnde Zustimmung zur Nationalversammlung gleichbedeutend ist mit einem Todesurteil für das System, dem Sie jetzt angehören, für das Rätesystem. (Sehr richtig – Unruhe.) Und wenn Sie die Leidenschaft haben, einen politischen Selbstmörderklub darzustellen, ich lasse ihnen das Vergnügen, ich für meinen Teil danke dafür. (Lebhafter Beifall, Zurufe!) [...]
Was soll denn dieses Rätesystem neben einem sich so breitspurig einnistenden parlamentarisch-demokratisch-bürgerlichen System, wie es die Nationalversammlung einmal im Gefolge hat! Eine leere Staffage, eine Marionette! Im Wirtschaftsleben werden mithilfe der Nationalversammlung und des Bürgertums die Gewerkschaften alten Stils natürlich die Arbeiterräte aus den Betrieben ganz schnell herausgedrängt haben. (Zuruf.) – Das machen sie heute schon und haben es schon gemacht.
[...] Lassen Sie sich nicht durch die Missgriffe und Fehler der ersten Wochen irremachen. Überall sind die Arbeiterräte impulsiv auf einmal aus der Erde geschossen ohne gegenseitige Verständigung, so dass manche Reibungen und Missverständnisse und auch manche Missgriffe haben vorkommen müssen. Aber das sind Kinderkrankheiten, die überwunden werden können und müssen. Das ist aber nur möglich, wenn wir dieses System anerkennen. Dann werden viele Klagen, die im Laufe der ersten Zeit laut geworden sind, verstummen. Denn was jetzt ist, ist doch nur ein Kompromiss zwischen Revolution und altem System, (Sehr wahr!) aus dem natürlich nichts Gutes herauskommen konnte. Die alte Staatsmaschine mit all den Leuten, die bisher an ihren verschiedenen Stellen gearbeitet haben, ist ja noch beibehalten, und der Vollzugsrat, der hier in Berlin gewirkt hat, hatte ebenso wie die Arbeiter- und Soldatenräte in der Provinz nur ein Kontrollrecht.

Zit. nach: G. A. Ritter, S. Miller, a. a. O., S. 306 ff.

M 13 Kennzeichnung von Räten

Räte (russisch Sowjets) bildeten sich zum ersten Mal in der Russischen Revolution von 1905. Der Politikwissenschaftler Peter von Oertzen erläutert den Rätebegriff:

Alle „Räte“ richten sich gegen etwas, gegen eine bestimmte politische oder wirtschaftliche Ordnung, gegen eine bestimmte gesellschaftliche Ordnung, gegen eine bestimmte gesellschaftliche Machtverteilung. Der Grundzug der Räte kommt zum Ausdruck: 1. in den sozialen Schichten, die sie – in der Regel – vertreten, 2. in der Form ihres Wirkens, 3. in der Art ihrer Entstehung.
Zu 1: Gemeine Soldaten, Bauern und Kleinbürger, Arbeiter, Angestellte oder unterdrückte Volksmassen schlechthin waren in verschiedenen geschichtlichen Situationen und mit verschiedenem Gewicht die Träger von Rätebewegungen. Allen diesen Klassen bzw. Schichten ist gemeinsam, dass sie – sozial, wirtschaftlich, politisch – unterdrückt oder entrechtet oder zumindest abhängig sind, d. h., sich gegenüber bestimmten herrschenden Schichten in einer gesellschaftlich unterprivilegierten Position befinden. Sie sind – sei es durch die politische Verfassung (z. B. durch Wahlrechtsbeschränkung), sei es durch die Eigentumsordnung (z. B. als Lohnarbeiter) – von den entscheidenden gesellschaftlichen Machtstellungen: Offizierkorps, hohe Bürokratie, Parlament, Wirtschaftsleitung, weitgehend ausgeschlossen und haben auf deren Ausnutzung nur einen geringen oder gar keinen Einfluss.
Zu 2: Gegen die politischen, sozialen und rechtlichen Organisationsformen oder Institutionen, in deren Rahmen und mit deren Hilfe die herrschenden Schichten ihre Macht ausüben, richtet sich die politische Form der Rätebewegung: eine radikale direkte Demokratie. Durch sie wollen die bislang unterprivilegierten Schichten unmittelbar einen maßgebenden, wenn nicht überwiegenden Einfluss auf die Besetzung und Tätigkeit der leitenden Positionen in der Gesellschaft ausüben. [...]
Zu 3: Entsprechend der gegen die jeweils bestehende gesellschaftliche Ordnung gerichteten, der „revolutionären“ Tendenz der Räte entstehen sie in der Regel aus revolutionären Situationen, und das spontane Handeln von Massen prägt ihre Entwicklung. Infolgedessen haftet den Räten weitgehend, wenn auch nicht durchweg, der Charakter von Revolutionsorganen an.

P. v. Oertzen, Betriebsräte in der Novemberrevolution, Berlin, Bonn-Bad Godesberg 1976, S. 9 f.

M 14 Vergleich von Grundprinzipien der parlamentarischen Demokratie mit dem Rätemodell

Merkmale	Parlamentarische Demokratie	Rätemodell
Wählerschaft und Willensbildung	Gesellschaftsmitglieder in der Rolle des *einzelnen „Staatsbürgers“*; individuelle Meinungsbildung; oft durch Parteien unterstützt; Wahl der „freien“ Repräsentanten	Basiseinheiten (Arbeiter eines Betriebes, Wohneinheiten; aber auch „Senioren“) in allen gesellschaftlichen Bereichen. Permanente öffentliche Diskussion (herrschaftsfreier Dialog); dabei einheitliche Willensbildung des *Kollektivs*
Repräsentation	*Abgeordnete* auf mehreren Ebenen von Parteien nominiert, unter Einfluss von (organisierten) Interessen; von Wahlberechtigten für bestimmte Perioden gewählt	*Räte* als System von Delegationskörperschaften („Pyramide“) gewählt von den jeweils nachgeordneten Ebenen; keine Parteien, keine Verbände; alle öffentlichen Ämter durch Wahl besetzt
Mandat	*freies Mandat* (nur Gewissen unterworfen), mit faktischen Einengungen (Fraktions- und Parteidisziplin)	*imperatives Mandat;* jeder kann jederzeit abberufen werden (recall); Beschlüsse der entsendenden Einheiten sind zu vertreten (Rückkoppelung); Ämterrotation
Gewaltenteilung	*zentrales Prinzip,* insbesondere Regierung/Opposition (mit Minderheitenschutz); unabhängige Gerichte	*unnötig* (nach Aufhebung der Klassenherrschaft); Räte übernehmen exekutive, legislative und judikative Funktionen gleichzeitig.
Menschenbild	Mensch mit begrenzten Fähigkeiten und Möglichkeiten: jeder kann nicht alles machen. Persönliches Machtstreben begrenzen. Geringes Maß an sozialer Gleichartigkeit; Vielfalt der Interessen und Ideen	„Neuer Mensch“ mit umfassenden analytischen, theoretischen und praktischen Fähigkeiten; kann verschiedenste Funktionen wahrnehmen; kein persönliches Machtstreben; hohes Maß an sozialer Gleichartigkeit

C. Böhret u. a., Innenpolitik und politische Theorie, Opladen 1979, S. 431.

M 15 Die Novemberrevolution im Urteil der Historiker

a) Zusammenbruch oder Revolution? Der Historiker Golo Mann bezeichnet die Novemberrevolution als „unecht“:

Echte Revolutionen, sagten wir, sind nichts Gutes. [...] Macht man dagegen eine unechte Revolution, das ist eine solche, welche nur die politische Struktur umwirft, die gesellschaftliche aber unangetastet lässt, so wird das neue Gebäude auf unsicherem Boden stehen; es wäre dann besser gewesen, das alte bestehen zu lassen und nur, vorsichtig, ein wenig anders einzurichten, so wie Max von Baden es im Oktober 1918 versucht hatte. Mit den Sozialdemokraten versucht hatte. Das war es ja eben, die Ereignisse des Novembers waren nicht gemacht worden, am wenigsten von jenen, die sich dann wohl oder übel an die Spitze stellten und sie übernahmen. Sie waren ein Zusammenbruch, unvorhergesehen und unerwünscht, keine gemachte, schöpferisch geleitete Revolution. Folglich blieb der ganze Herrschafts- und Geistesapparat des Kaiserreichs erhalten: Verwaltung, Justiz, Universität, Kirchen, Wirtschaft, Generalität. Folglich war die politische Macht schwach; sie arbeitete mit Bürokraten, Richtern, Lehrern, die wohl oder übel ihren Beruf weiter ausübten, ohne an die Republik zu glauben.

G. Mann, Deutsche Geschichte des 19. und 20. Jahrhunderts, Frankfurt 1958, S. 689 f.

b) Warum scheitert die proletarische Revolution? Der Historiker Imanuel Geiss betont die Unterschiede zwischen Deutschland und Russland:

Im Gegensatz zu Russland war Deutschland bereits ein hochindustrielles Land. [...]

1. Nur ein Teil der Arbeiterschaft identifizierte sich mit der proletarischen Revolution, weil der übrige Teil, vermutlich die Mehrheit, sich bereits so weit in die Gesellschaft integriert fühlte, dass er – politisch bei den Konservativen, dem Zentrum, der MSPD (MSPD = Mehrheitssozialdemokratische Partei Deutschlands = SPD) gebunden – eine proletarische Revolution ablehnte.

2. Das Bürgertum war quantitativ sehr viel stärker als in Russland und verfügte, wie schon erwähnt, bereits über so viele Machtpositionen, dass es sich 1918/19 nicht einfach beiseite schieben ließ. Teile des Bürgertums, vor allem des Kleinbürgertums und der Angestellten, lieferten daher auch eine städtische Massenbasis für konservative, ja reaktionäre Politik.

3. Die Bauern waren, nachdem 1848 die letzten feudalen Lasten im Wesentlichen gefallen waren, 1918 insgesamt überwiegend konservativ eingestellt, auf keinen Fall revolutionär, und gaben im Allgemeinen die ländliche Massenbasis für konservative bis reaktionäre Politik ab.

4. Ein proletarisch revolutioniertes Deutschland wäre dem militärischen Eingriff der bürgerlichen, gerade eben siegreichen Großmächte des Westens so gut wie schutzlos ausgeliefert gewesen. Aus geografischen wie strukturellen Gründen hätte sich eine proletarische Revolution in Deutschland 1918/19 gegenüber einer militärischen Intervention, wie sie im weiter abgelegenen Russland ja auch versucht wurde, kaum halten können. Schon die stärkere Verletzbarkeit der höher entwickelten, damit aber auch anfälligeren Wirtschaftsstrukturen mit einer einen höheren Lebensstandard gewöhnten Bevölkerung durch einen Bürgerkriegs-Kommunismus hätte eine siegreiche proletarische Revolution in Deutschland nicht verkraften können. Hinzu kam die Abhängigkeit von außen für Lebensmittel und Rohstoffe, dramatisch unterstrichen und verstärkt durch die alliierte Seeblockade.

I. Geiss, Bürgerliche und proletarische Revolution, in: Aus Politik und Zeitgeschichte, Nr. 42/1975, S. 40 f.

Aufgaben

1. Die Dolchstoßlegende war das Instrument der politischen Rechten und hatte die Funktion einer Schuldzuweisung. Konfrontieren Sie die Legende mit den historischen Fakten.
   → Text, M5
2. Erläutern Sie die Auswirkungen des Krieges auf die sozialen Verhältnisse in Deutschland.
   → Text, M3, M4
3. Erklären Sie, aus welchem Kalkül heraus die OHL (Ludendorff) auf ein Waffenstillstandsgesuch drängte.
   → Text, M5
4. Überprüfen Sie, ob den 14 Punkten der Kieler Matrosen ein politisches Programm für die Neuordnung Deutschlands zugrunde lag.
   → M6
5. Wie erfolgte die Machtübernahme durch die Arbeiter- und Soldatenräte? Warum konnte sich die Matrosenbewegung so schnell ausbreiten?
   → Text, M7–M9
6. Stellen Sie die Argumente der beiden Redner für beziehungsweise gegen eine Nationalversammlung gegenüber.
   → Text, M11
7. Erläutern Sie, wie die politische Ordnung nach dem Sturz des Kaisers aussehen sollte.
   → Text, M10
8. Rekapitulieren Sie die Merkmale der Räteherrschaft und erörtern Sie, ob ein solches politisches System auch realisierbar ist.
   → M11, M13, M14
9. In welchen Situationen entstehen Räte und welche Aufgaben nehmen sie wahr?
   → Text, M13
10. Diskutieren Sie, ob Räte eine Alternative zum Parlamentarismus darstellen können.
    → M14
11. Inwiefern haftete der Revolution von 1918/19 eine Kompromissstruktur an?
    → Text, M15
12. Vergleichen Sie die revolutionären Ausgangsbedingungen in Russland (1917) und Deutschland (1918).
    → Text, M15

13.2 Politische Parteien und die Weimarer Verfassung

Die Wahlen zur Nationalversammlung am 19. Januar 1919 erbrachten eine überwältigende Mehrheit für die staatstragenden demokratischen Parteien. Die Aufgabe der Nationalversammlung bestand in erster Linie darin, eine neue Verfassung auszuarbeiten. Zu diesem Zweck trat sie in Weimar zusammen, weil Anfang 1919 in Berlin heftige Kämpfe tobten, die als „Spartakusaufstand“ in die Geschichte eingegangen sind. Das mit der deutschen Klassik unauflösbar verbundene Weimar gab der neuen Republik ihren Namen. Die Konstituante verabschiedete eine Verfassung, die – beruhend auf Entwürfen des liberalen Staatsrechtlers Hugo Preuß – geprägt wurde durch die Furcht vor einer zu großen Parlamentsmacht. Vor diesem Hintergrund ist die verfassungsmäßig starke Position des Reichspräsidenten zu sehen, den man als eine Art „Ersatzkaiser“ ansehen konnte. Er war Oberbefehlshaber der Streitkräfte; er ernannte und entließ die Regierung; er konnte das Parlament auflösen (Art. 25 WRV); und mit dem Artikel 48 stand ihm das Recht zu, Notverordnungen zu erlassen.

Die Weimarer Reichsverfassung integrierte mehrere Strukturmerkmale der europäischen Verfassungstradition:

- das Präsidialprinzip in der Institution des Reichspräsidenten,
- das Prinzip der repräsentativen Demokratie in der Institution des Reichstags,
- das Prinzip der plebiszitären Demokratie in der Einrichtung des Volksentscheids.

Die Weimarer Verfassung war auf dreifache Weise an den Grundsatz der Volkssouveränität gebunden:

- durch die Direktwahl des Reichspräsidenten,
- durch die Reichstagswahlen und
- durch unmittelbare Volksabstimmungen.

M 1

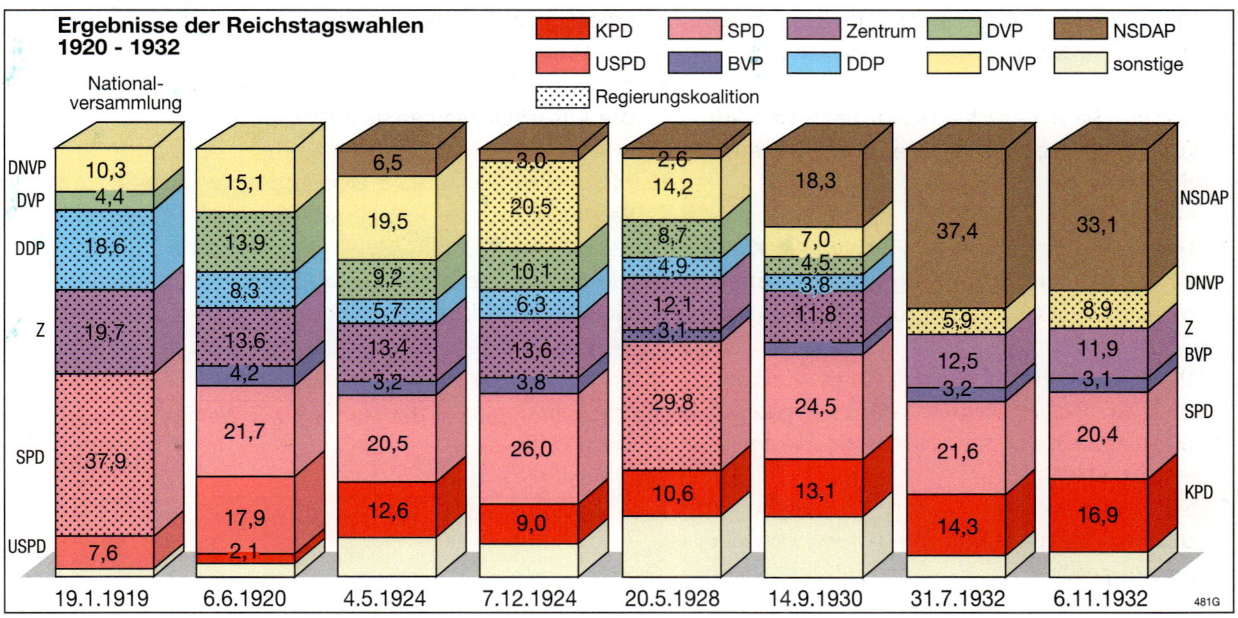

Im Unterschied zur Reichsverfassung von 1871 enthielt die Weimarer Verfassung einen Grundrechtskatalog, in dem die herkömmlichen Freiheits- und Gleichheitsrechte fixiert wurden: zum Beispiel Meinungs- und Versammlungsfreiheit, Vereinsfreiheit, Freiheit der Person, Unverletzlichkeit der Wohnung, Postgeheimnis, Recht auf Eigentum.

Wahlberechtigt waren Männer und Frauen ab 20 Jahren. Die Weimarer Verfassung schrieb zudem das reine Verhältniswahlrecht fest und kannte mithin keine 5-Prozent-Klausel wie das Wahlgesetz der Bundesrepublik. Dies hatte eine gewisse Zersplitterung der politisch-parlamentarischen Kräfte zur Folge.

Charakterisierung der wichtigsten Parteien der Weimarer Republik

- Kommunistische Partei Deutschlands (KPD): Revolutionäre Arbeiterpartei, die aus dem Spartakusbund hervorgegangen war; bekämpfte die Weimarer Republik und geriet im Laufe der zwanziger Jahre immer stärker in die Abhängigkeit von der Sowjetunion.
- Unabhängige Sozialdemokratische Partei Deutschlands (USPD): Abspaltung des linken beziehungsweise pazifistischen Flügels der SPD; konnte sich nicht auf Dauer etablieren und existierte als bedeutsame politische Kraft nur von 1917 bis 1922; ein Großteil ihrer Mitglieder ging zur KPD.
- Sozialdemokratische Partei Deutschlands (SPD): Gemäßigt-sozialistische (Arbeiter-)partei; trotz mancher revolutionärer Rhetorik in der Praxis für Reformen; strebte eine Zusammenarbeit mit den bürgerlichen Parteien an.
- Zentrum (Z): Bürgerlich-katholische Volkspartei; eine Stütze der Weimarer Republik; war bis 1932 an allen Regierungen beteiligt.
- Bayerische Volkspartei (BVP): Konservative Schwesterpartei des Zentrums.
- Deutsche Demokratische Partei (DDP): Linksliberale Partei insbesondere des städtischen Bürgertums; forderte eine Privatwirtschaft mit sozialer Bindung; bildete zusammen mit der SPD und dem Zentrum die Weimarer Koalition; ab 1930 Deutsche Staatspartei.
- Deutsche Volkspartei (DVP): Rechtsliberale bürgerliche Partei; vertrat die Interessen der Wirtschaft, vor allem der Großindustrie; hatte zur Weimarer Republik ein zwiespältiges Verhältnis.
- Deutschnationale Volkspartei (DNVP): Konservativ-monarchistische Partei, die ihre Anhänger in der alten Elite des Kaiserreichs besaß; vertrat auch die Interessen der Großagrarier; wurde in der Endphase der Weimarer Republik zum Verbündeten Hitlers.
- Nationalsozialistische Deutsche Arbeiterpartei (NSDAP): Antidemokratische, nationalistische Partei, aufgebaut nach dem Führerprinzip; zielte auf die Zerschlagung der Weimarer Republik im Sinne einer Revolution von rechts; bis 1923 nur als bayerische Regionalpartei von Bedeutung; erwirkte ihren landesweiten politischen Durchbruch erst nach dem Beginn der Weltwirtschaftskrise.

M 2

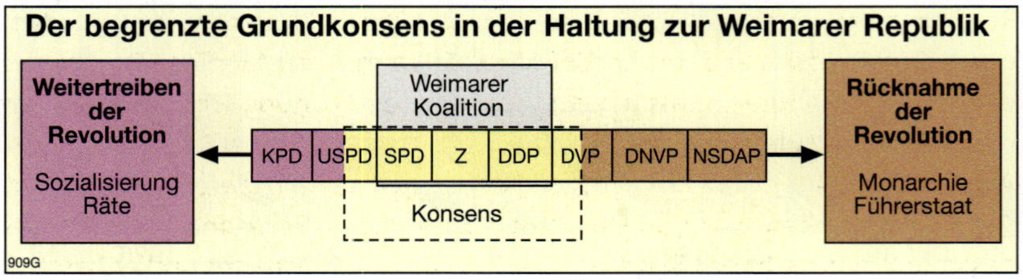

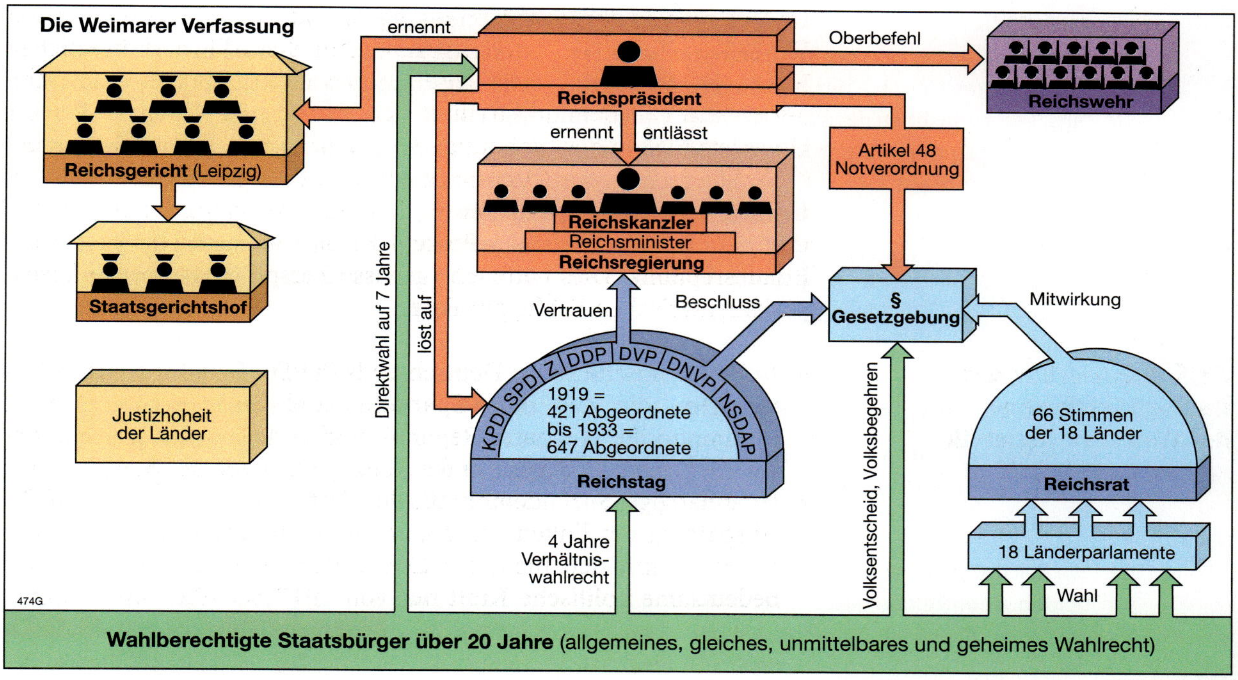

M 3

M 4 Auszug aus der Weimarer Verfassung

Artikel 25.

(1) Der Reichspräsident kann den Reichstag auflösen, jedoch nur einmal aus dem gleichen Anlass.

(2) Die Neuwahl findet spätestens am sechzigsten Tage nach der Auflösung statt.

Artikel 43.

(1) Das Amt des Reichspräsidenten dauert sieben Jahre. Wiederwahl ist zulässig.

Artikel 44.

Der Reichspräsident kann nicht zugleich Mitglied des Reichstags sein.

Artikel 45.

(1) Der Reichspräsident vertritt das Reich völkerrechtlich. Er schließt im Namen des Reichs Bündnisse und andere Verträge mit auswärtigen Mächten. Er beglaubigt und empfängt die Gesandten.

(2) Kriegserklärung und Friedensschluss erfolgen durch Reichsgesetz.

(3) Bündnisse und Verträge mit fremden Staaten, die sich auf Gegenstände der Reichsgesetzgebung beziehen, bedürfen der Zustimmung des Reichstags.

Artikel 46.

Der Reichspräsident ernennt und entlässt die Reichsbeamten und die Offiziere, soweit nicht durch Gesetz etwas anderes bestimmt ist. Er kann das Ernennungs- und Entlassungsrecht durch andere Behörden ausüben lassen.

Artikel 47.

Der Reichspräsident hat den Oberbefehl über die gesamte Wehrmacht des Reichs.

Artikel 48.

(1) Wenn ein Land die ihm nach der Reichsverfassung oder den Reichsgesetzen obliegenden Pflichten nicht erfüllt, kann der Reichspräsident es dazu mithilfe der bewaffneten Macht anhalten.

(2) Der Reichspräsident kann, wenn im Deutschen Reiche die öffentliche Sicherheit und Ordnung erheblich gestört oder gefährdet wird, die zur Wiederherstellung der öffentlichen Sicherheit und Ordnung nötigen Maßnahmen treffen, erforderlichenfalls mithilfe der bewaffneten Macht einschreiten. Zu diesem Zwecke darf er vorübergehend die in den Artikeln 114, 115, 117, 118, 123, 124 und 153 festgesetzten Grundrechte ganz oder zum Teil außer Kraft setzen.[1]

(3) Von allen gemäß Abs. 1 oder Abs. 2 dieses Artikels getroffenen Maßnahmen hat der Reichspräsident unverzüglich dem Reichstag Kenntnis zu geben. Die Maßnahmen sind auf Verlangen des Reichstags außer Kraft zu setzen.

Artikel 50.

Alle Anordnungen und Verfügungen des Reichspräsidenten, auch solche auf dem Gebiete der Wehrmacht, bedürfen zu ihrer Gültigkeit der Gegenzeichnung durch den Reichskanzler oder den zuständigen Reichsminister. Durch die Gegenzeichnung wird die Verantwortung übernommen.

Artikel 53.

Der Reichskanzler und auf seinen Vorschlag die Reichsminister werden vom Reichspräsidenten ernannt und entlassen.

Artikel 54.
Der Reichskanzler und die Reichsminister bedürfen zu ihrer Amtsführung des Vertrauens des Reichstags. Jeder von ihnen muss zurücktreten, wenn ihm der Reichstag durch ausdrücklichen Beschluss sein Vertrauen entzieht.

1 Diese Artikel beziehen sich auf die klassischen Grundrechte: Freiheit der Person, Unverletzlichkeit der Woh-nung; Postgeheimnis, Meinungsfreiheit, Versammlungsfreiheit, Vereinigungsfreiheit und Eigentumsfreiheit.

Zit. nach: H.-J. Winkler, Die Weimarer Demokratie, Berlin 1963, S. 67, 70 f.

M 5 Regierung, Volk und Präsident

Im folgenden Text wird eine verfassungsrechtliche Analyse der wichtigen Artikel 48, 53 und 54 vorgenommen:

Die Reichsregierung war wie eine „Brücke" auf die beiden unmittelbar gewählten Organe aufgelagert. Die Stützpfeiler bildeten auf der einen Seite der Art. 53 „Der Reichskanzler und auf seinen Vorschlag die Reichsminister werden vom Reichspräsidenten ernannt und entlassen." und auf der anderen Seite der Art. 54 „Der Reichskanzler und die Reichsminister bedürfen zu ihrer Amtsführung des Vertrauens des Reichstages. Jeder von ihnen muss zurücktreten, wenn ihm der Reichstag durch ausdrücklichen Beschluss sein Vertrauen entzieht."
Aber diese Konstruktion war insofern asymmetrisch, als der Pfeiler Reichstag sich der Last der Stützung entledigen konnte, ohne dass die Brücke sofort zusammenbrach. Der Reichstag war nicht gezwungen, von sich aus zu regierungsfähigen Mehrheiten zu kommen. Er konnte sich dieser Verantwortung entziehen. Bei der Gesetzgebung traten als Konkurrenten (neben der Rolle, die der Reichsrat spielte) gleich zwei außerordentliche Gesetzgeber auf: Die Wählerschaft durch den Volksentscheid und der Reichspräsident aufgrund von Art. 48.
Dem Volksentscheid, zu dem die Initiative aus der Wählerschaft kam, musste ein Volksbegehren vorangehen. [...] Nur zweimal ist es also wirklich zu einem Volksentscheid gekommen. Der jeweils vorgelegte Gesetzentwurf ist in keinem der beiden Fälle angenommen worden. Es war vor allem die Agitation der Rechtsparteien und der wirtschaftlichen und militärischen Verbände im Verein mit der NSDAP vor dem Volksentscheid im Jahre 1929, die das Referendum bei vielen in Verruf gebracht hat.
In der politischen Praxis wurde der Art. 48 das bei weitem wichtigere Instrument der beiden Möglichkeiten. In den dreizehn Jahren der Weimarer Republik ist insgesamt 250 Mal von ihm Gebrauch gemacht worden. Sein entscheidender Absatz in diesem Zusammenhang lautet: „Der Reichspräsident kann, wenn im Deutschen Reich die öffentliche Sicherheit und Ordnung erheblich gestört oder gefährdet wird, die zur Wiederherstellung der öffentlichen Sicherung und Ordnung nötigen Maßnahmen treffen, erforderlichenfalls mithilfe der bewaffneten Macht einschreiten. Zu diesem Zweck darf er vorübergehend [...] Grundrechte ganz oder zum Teil außer Kraft setzen."
Der Reichspräsident musste dem Reichstag von allen Maßnahmen unverzüglich Kenntnis geben und sie auf dessen Verlangen außer Kraft setzen.
Der Artikel 48 gewann aber seine volle Bedeutung für die Überlegenheit des Reichspräsidenten erst zusammen mit seinen Befugnissen, die Reichsregierung zu ernennen und den Reichstag aufzulösen.

Aus: Informationen zur politischen Bildung, Nr. 133, S. 14 f.

Aufgaben

1. Inwiefern war die Macht des Parlaments in der Weimarer Republik verfassungsmäßig durchbrochen?
   → Text, M3–M5
2. Welche Unterschiede zwischen dem Grundgesetz der Bundesrepublik Deutschland und der Weimarer Verfassung fallen Ihnen auf?
   → Text, M3–M5
3. Linke Kritiker der Verfassung befürchteten eine monarchische Restauration bzw. eine präsidiale Diktatur. Worauf stützte sich diese Ansicht?
   → Text, M3–M5
4. Rekapitulieren Sie das Parteienspektrum der Weimarer Republik. Welche grundlegende Problematik in Bezug auf die politische Orientierung können Sie erkennen?
   → Text, M2
5. Inwiefern hat sich das Kräfteverhältnis der Parteien zwischen 1919 und 1933 geändert?
   → M1
6. Vergleichen Sie das Parteienspektrum der Bundesrepublik Deutschland mit der Parteienentwicklung vor 1933.
   → Text

13.3 Zwischen Konsolidierung und Gefährdung (1919–1923)

Bürgerkrieg 1919

Während der Herbst 1918 mehr durch einen Zusammenbruch der kaiserstaatlichen Autoritäten geprägt war, radikalisierte sich die Arbeiterbewegung unter der politischen Führung der KPD und des linken Flügels der USPD. Sie rief offen zum Sturz der Regierung auf und forderte die Machtübernahme durch die Arbeiter- und Soldatenräte. Mit Blick auf die Oktoberrevolution in Russland 1917 verlangten die Revolutionäre die Bewaffnung der Arbeiterschaft, die Diktatur des Proletariats, die Sozialisierung der Industrie und die Enteignung größerer landwirtschaftlicher Betriebe. Wie die Wahlen zur Nationalversammlung zeigten, besaß diese politische Strömung allerdings keine Mehrheit in der Gesamtbevölkerung.

Im Januar 1919 mündeten Massendemonstrationen gegen die Entlassung des Berliner Polizeipräsidenten Eichhorn (USPD) in einem gewaltsamen Umsturzversuch durch den Spartakusbund. Der SPD-Volksbeauftragte Noske ließ diesen Aufstand mithilfe von Freikorpstruppen unter der Führung von General v. Lüttwitz niederschlagen. Dabei handelte es sich um militärische Verbände, die noch nicht demobilisiert waren und in denen eine nationalistische, antidemokratische Einstellung vorherrschte. Die Spartakus-Führer Rosa Luxemburg und Karl Liebknecht wurden von den Regierungstruppen ermordet (15. Januar 1919). Die Brutalität, mit der die Truppen vorgingen, bewirkte eine Verbitterung bei der politischen Linken, die die Arbeiterbewegung gänzlich entzweite.

In den Wochen nach dem Januar-Aufstand wurden die Räterepubliken in Bayern, Bremen und Braunschweig militärisch besetzt, ebenso wie das Ruhrgebiet und das sächsische Industriegebiet. Arbeiterräte wurden von den Freikorpstruppen aufgelöst oder entmachtet.

M 1 Plakat der Antibolschewistischen Liga
In Bremen war am 9. Januar 1919 eine Räterepublik ausgerufen worden, Bremen 1918/19.

Versailler Vertrag

Die Weimarer Republik und die sie tragenden politischen Parteien mussten nach der Niederlage 1918 ungewollt die Rolle eines Konkursverwalters des alten Regimes übernehmen. Der Krieg hinterließ eine enorme Reichsschuld, die zum Ausgangspunkt einer Inflation wurde. Hinzu kamen die Versailler Friedensbedingungen, die von allen Deutschen als außerordentlich hart empfunden wurden. Ihre Annahme, die durch ein Ultimatum der Sieger erwirkt wurde, spaltete die deutschen Parteien. Obgleich von der Opposition (DDP, DVP, DNVP) die „vaterländische Gesinnung“ der Mehrheit in der Nationalversammlung ausdrücklich bestätigt wurde, begann kurz nach der Unterzeichnung am 28. Juni 1919 eine Hetze von rechts gegen sogenannte Erfüllungspolitiker. Die Republik erschien mit dem Makel der Niederlage behaftet. Im Zuge der sich steigernden Radikalisierung fand der politische Mord seine Fortsetzung.

Eine weitere Belastung ergab sich aus den Friedensbedingungen des Versailler Vertrages. Der Artikel 231 sprach dem Deutschen Reich die Verantwortung für den Ausbruch des Ersten Weltkrieg zu, was eine juristische Voraussetzung für die umfangreichen Reparationsbestimmungen war. Der Versailler Vertrag wurde von den meisten Deutschen als Diktat angesehen. Tatsächlich hat es praktisch keine Verhandlungen gegeben. Und eine Verweigerung der Unterzeichnung scheiterte

M 2 **„Rachsucht des Weibes!"** Am 10. Januar 1920 war der Versailler Vertrag in Kraft getreten, Karikatur aus dem Berliner Wochenblatt „Kladderadatsch" vom 22. Februar 1920 zum deutsch-französischen Verhältnis.

am Fehlen einer politischen Alternative. Eine Wiederaufnahme des Krieges war aussichtslos.

Die wichtigsten Bestimmungen des Versailler Vertrages waren:

- Weitgehende militärische Entwaffnung: Begrenzung des Heeres auf 100 000 Mann und der Marine auf 15 000,
- Verbot schwerer Waffen (Panzer, Kampfflugzeuge, U-Boote, Großkampfschiffe),
- Besetzung des linken Rheinufers durch Truppen der Entente,
- Entmilitarisierte Zone 50 km rechts des Rheins,
- Gebietsabtretungen (unter anderem Elsass-Lothringen, Westpreußen, Posen, Teile Oberschlesiens, Nordschleswig),
- das Saarland wurde für 15 Jahre – mit französischer Verwaltung – dem Völkerbund unterstellt. Anschließend sollte eine Volksabstimmung über die weitere Zugehörigkeit des Landes entscheiden,
- Verlust aller Kolonien,
- Vereinigungsverbot des Deutschen Reiches mit Deutsch-Österreich,
- Reparationsleistungen in noch unbestimmter Höhe (Enteignung des deutschen Auslandsbesitzes, Abgabe von Schiffen, Eisenbahnmaterial, Lieferung von Kohle, Barzahlungen).

Der Versailler Vertrag einte und spaltete die deutsche Gesellschaft zugleich. Einig war man sich über alle Parteigrenzen hinweg in den Gefühlen der Demütigung und Empörung. Die innenpolitische Explosivkraft entzündete sich an der Frage, wie die deutsche Politik zu reagieren habe: Fortsetzung des Krieges, Verweigerung oder Kooperation mit dem Ziel einer Lastenminderung?

Kapp-Lüttwitz-Putsch

Die Schwächung der Republik durch Streiks, Aufruhr, politische Attentate und wirtschaftliche Not ließ bei der politischen Rechten den Ruf nach einer Diktatur immer lauter werden. Wie zerbrechlich die neue demokratische Ordnung war, zeigte sich bereits 1920 im Zuge des Kapp-Lüttwitz-Putsches.

Am 13. März 1920 rückte die Freikorpsbrigade Ehrhardt ins Berliner Regierungsviertel ein, um die Regierung zu stürzen. Nachdem die sozialdemokratisch geführte Regierung sich vergeblich um den Schutz durch die Reichswehr bemüht hatte, floh sie nach Stuttgart, nicht ohne vorher zum Generalstreik aufgerufen zu haben. Sowohl der einhellig befolgte Generalstreik als auch die Widerstände in Teilen der Ministerialbürokratie ließen den Putsch nach vier Tagen zusammenbrechen. In der Nachfolge des Generalstreiks gewannen linke revolutionäre Bestrebungen einen erneuten Aufschwung. Im Ruhrgebiet formierte sich eine Arbeiterarmee, die in den folgenden Wochen zum Teil von den gleichen Truppen besiegt wurde, die am Kapp-Lüttwitz-Putsch beteiligt gewesen waren. Der Putschgeneral v. Lüttwitz wurde mit Pensionsberechtigung aus der Armee verabschiedet.

Der Kapp-Lüttwitz-Putsch machte auf eindringliche Weise deutlich, dass die Weimarer Republik in ihrer Existenz gefährdet war. Die Putschisten repräsentierten jene Teile der Gesellschaft, die nicht bereit waren, sich mit der demokratischen Republik anzufreunden. Die Demokratie war für die gesamte politische Rechte mit dem Makel der Niederlage von 1918 und dem außenpolitischen Machtverlust verbunden. Jetzt rächte es sich, dass die demokratischen Parteien – allen voran die Sozialdemokraten – es versäumt hatten, die Reichswehr auf die Ideale der Demokratie zu verpflichten.

Stattdessen hatte man das in der Kaiserzeit geprägte Offizierskorps übernommen. Dies war eine Voraussetzung dafür, dass die zwar kleine, aber innenpolitisch entscheidende Reichswehr die unglückselige Rolle eines „Staates im Staate“ spielen konnte.

Ähnliche Vorbehalte wie die Offiziere hatten auch die Richter gegen die Weimarer Republik. Geprägt durch den kaiserlichen Obrigkeitsstaat vor 1919, standen sie in ihrer Mehrheit rechts. Viele von ihnen sympathisierten mit den Putschisten, was sich auch in der politischen Rechtsprechung ausdrückte.

Die Tendenz zur politischen Polarisierung spiegelte sich auch in den Reichstagswahlen von 1920 wider: Wahlsieger waren die USPD und die DNVP. Damit zeichnete sich bereits die Auszehrung der politischen Mitte ab.

Insgesamt 300 politische Morde wurden in der Anfangsphase der Weimarer Republik registriert. Die prominentesten Opfer waren der USPD-Führer und bayerische Ministerpräsident Kurt Eisner (21. Feb. 1919), der USPD-Vorsitzende Hugo Haase (7. Nov. 1919), der Zentrum-Politiker, Reichsfinanzminister und Mitunterzeichner des Waffenstillstands Matthias Erzberger (26. Aug. 1921) und der DDP-Politiker und Reichsaußenminister Walther Rathenau (24. Juni 1922).

M 3

Die Reichstagswahl vom 6.6.1920
(Sitzverteilung)

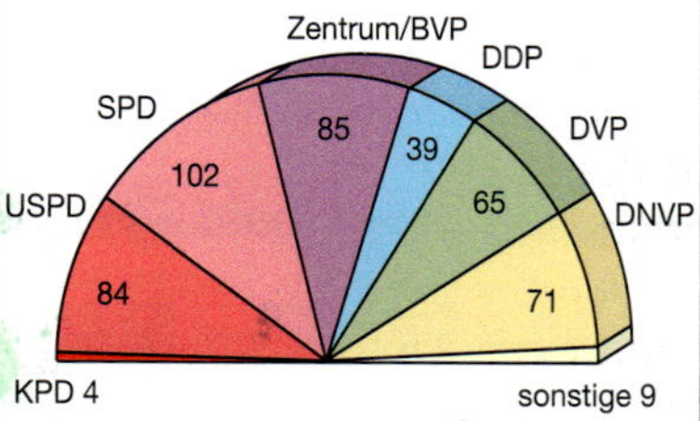

Inflation

Die destabilisierenden Ereignisse fanden ihren vorläufigen Höhepunkt im Krisenjahr 1923. In diesem Jahr war die Existenz der Weimarer Republik aufs Äußerste bedroht.

Der Weimarer Staat war hoch verschuldet. Die Kriegskosten – Kredite, mit denen der Krieg überwiegend finanziert worden war – belasteten die Staatsfinanzen. Weitere Kriegsfolgelasten ergaben sich aus den Reparationsleistungen, der Kriegsopferversorgung und der Integration von Flüchtlingen. Der Währungsverfall spitzte sich 1923 zu, als französische und belgische Truppen das Ruhrgebiet besetzten, um die pünktliche Ablieferung von Reparationen (Kohle) zu erzwingen. Die Finanzierung des Widerstands verschlang zusätzliche Finanzmittel, über die das Reich nicht verfügte. Die Notenpresse wurde in Bewegung gesetzt. Ab Mitte 1923 verwandelte sich die galoppierende Inflation in einen Geldwertverfall astronomischen Ausmaßes. Die psychologischen und materiellen Auswirkungen dieser Inflation sind nicht zu überschätzen. Sie beraubte den deutschen Mittelstand seiner Erspar-

M 4 **„Notgeld“**
Da die staatlichen Druckereien dem Bedarf an Bargeld nicht mehr nachkommen konnten, gaben Gemeinden, die Deutsche Reichsbahn und selbst Betriebe „Notgeld“ aus.

nisse und hat wesentlich dazu beigetragen, dass diese Schichten der Republik entfremdet wurden. Die Inflation konnte erst im November 1923 durch die Ausgabe der so genannten Rentenmark (eine Rentenmark entsprach einer Billion Papiermark) unter Kontrolle gebracht werden.

Das Krisenjahr 1923

1923 häuften sich die Krisenerscheinungen in der noch jungen Weimarer Republik. Die Bedrohung des Staates äußerte sich durch folgende politische Vorkommnisse:

- Ein kommunistischer Aufstand in Hamburg wurde von der Polizei niedergeschlagen.
- Auf Druck der Reichswehr ließ Reichspräsident Ebert eine Reichsexekution gegen die von linken Sozialdemokraten und Kommunisten regierten Länder Sachsen und Thüringen durchführen und die Regierungen absetzen.
- In Bayern planten völkisch-nationalistische Kreise offen die Errichtung einer Diktatur. Analog zum faschistischen Vorbild in Italien (Mussolinis Marsch auf Rom 1922) sollte ein Marsch auf Berlin die demokratisch gewählte Regierung beseitigen.
- Die bayerische Reichswehrführung (General v. Lossow) verweigerte der Heeresleitung in Berlin den Gehorsam und unterstellte sich der bayerischen Regierung. Dieser Akt der Meuterei und des Hochverrats blieb ungeahndet. Der Chef der Heeresleitung (v. Seeckt) spielte selbst mehrfach mit dem Gedanken an eine Diktatur.
- Ein Putschversuch Hitlers in München scheiterte, obgleich sich Hitler zunächst im Einklang mit den bayerischen Rechtskreisen befand (9. Nov. 1923).

Das Jahr 1923 setzte den Schlusspunkt unter jene erste Phase der Weimarer Republik. Die Jahre zwischen 1919 und 1923 waren durch zwei Tendenzen geprägt gewesen: zum einen durch den Versuch, die Republik in die Richtung einer sozialistischen Entwicklung weiterzutreiben; zum anderen durch die Bestrebungen, die demokratisch-republikanischen Grundlagen zugunsten einer nationalen Diktatur zu verlassen. Beide politischen Bewegungen scheiterten vorerst.

Ab 1924 trat die Weimarer Republik in ihre zweite Phase ein. Dieser Abschnitt, der bis zum Einbruch der Weltwirtschaftskrise (1929) andauerte, war durch eine relative Stabilität der Republik charakterisiert. Man sprach schon bald von den „Goldenen Zwanzigerjahren".

Chronologie

29. Dez. 1918	Austritt der USPD-Mitglieder aus dem Rat der Volksbeauftragten u. a. wegen der Zusammenarbeit der SPD mit der militärischen Führung
31. Dez. 1918	Gründung der Kommunistischen Partei Deutschlands (KPD), aus dem Spartakusbund hervorgehend
5. Jan. 1919	Beginn des Spartakusaufstandes
15. Jan. 1919	Ermordung von Rosa Luxemburg und Karl Liebknecht in Berlin
31. April 1919	Beseitigung der bayerischen Räterepublik
13. März 1920	Kapp-Lüttwitz-Putsch
9. Nov. 1923	Putsch Hitlers und Ludendorffs in München
Ende Nov. 1923	Höhepunkt der Inflation

M 5 **Strategie der Obersten Heeresleitung**

General Groener über sein Bündnis mit Ebert vom 10. November 1918:

Das Offizierskorps konnte aber nur mit einer Regierung zusammengehen, die den Kampf gegen den Radikalismus und Bolschewismus aufnahm. Dazu war Ebert bereit, aber er hielt sich nur mühsam am Steuer und war nahe daran, von den Unabhängigen und der Liebknechtgruppe über den Haufen gerannt zu werden. Was war demnach näher liegend, als Ebert, den ich als anständigen, zuverlässigen Charakter und unter der Schar seiner Parteigenossen als den staatspolitisch weitsichtigsten Kopf kennen gelernt hatte, die Unterstützung des Heeres und des Offizierskorps anzubieten?

[...] Am Abend [des 10. November] rief ich die Reichskanzlei an und teilte Ebert mit, dass das Heer sich seiner Regierung zur Verfügung stelle, dass dafür der Feldmarschall und das Offizierskorps von der Regierung Unterstützung erwarteten bei der Aufrechterhaltung der Ordnung und Disziplin im Heer. Das Offizierkorps verlange von der Regierung die Bekämpfung des Bolschewismus und sei dafür zum Einsatz bereit. Ebert ging auf meinen Bündnisvorschlag ein. Von da ab besprachen wir uns täglich abends auf einer geheimen Leitung zwischen der Reichskanzlei und der Heeresleitung über die notwendigen Maßnahmen. Das Bündnis hat sich bewährt. [...] Wir [die Offiziere der OHL] hofften, durch unsere Tätigkeit einen Teil der Macht im neuen Staat an Heer und Offizierskorps zu bringen, gelang das, so war der Revolution zum Trotz das beste und stärkste Element des alten Preußentums in das neue Deutschland hinübergerettet.

Zunächst galt es freilich Zugeständnisse zu machen, denn die Entwicklung im Heer und in der Heimat war solche Wege gegangen, dass es sich vorerst nicht um rücksichtsloses Befehlen von Seiten der OHL handeln konnte, sondern um Auffangen und Unschädlichmachen der revolutionären Strömungen.

Zit. nach: G. A. Ritter, S. Miller, a. a. O., S. 91 f.

M 6 **Spartakus-Aufstand**

Der marxistische Historiker Arthur Rosenberg (1889–1943) hat die Januar-Ereignisse von 1919 kritisch untersucht:

Die Besetzung der Zeitungen am 5. Januar war ein durchaus sinnloses Unternehmen. Entweder die Revolutionäre hatten die Macht in Berlin, oder sie hatten sie nicht. Wenn man die Macht hatte, dann musste man vor allem die Regierungsgebäude in der Wilhelmstraße besetzen, und dann konnte man die unbequemen Zeitungen mit einer einzigen Verordnung unterdrücken. Beherrschte man aber Berlin nicht, dann nützte auch die Besetzung des Vorwärtshauses [„Vorwärts": Parteizeitung der SPD] nichts. Aber, wie schon oben betont wurde, das Vorwärtsgebäude hatte für die utopisch-radikalen Arbeiter den Wert eines politischen Symbols. [...] So führte der utopische Fanatismus der Spartakusbesatzungen dazu, dass der Kampf bis aufs Äußerste weiter ging.

Die Regierung der Volksbeauftragten, die am 5. Januar in Berlin so gut wie wehrlos gewesen war, entschloss sich jetzt, eine schlagkräftige Truppe in aller Eile zu bilden. Der Volksbeauftragte Noske erhielt den Oberbefehl über die neu zu bildenden Regierungstruppen, die den Berliner Aufstand niederwerfen sollten. Als Noske den Auftrag erhielt, sagte er, einer müsse der Bluthund sein, und er wolle die Verantwortung übernehmen. Man konnte von der Regierung nicht verlangen, dass sie, ausgestattet mit dem Vertrauen der großen Volksmehrheit, vor ein paar tausend Bewaffneten kapitulierte. [...] Das Verhängnis für die deutsche Republik kam nicht dadurch, dass Noske Gewalt anwandte, sondern mit welchen Truppen er Gewalt anwandte. Aber Noske legte das Hauptgewicht [...] auf [...] Truppenteile, die in der Nähe von Berlin von Offizieren der alten Armee gebildet wurden. Die Oberste Heeresleitung und die Generäle hatten von Anfang an die Situation herbeigesehnt, in der sie im Auftrage von Ebert die radikale Arbeiterschaft niederschlagen konnten. [...] Ausgestattet mit den Mitteln und der Autorität der republikanischen Regierung, begann eine Reihe von Offizieren der alten Armee mit der Werbung von Freiwilligen. Sie stellten Freikorps auf, die ihren Führern unbedingt gehorchen sollten und deren Geist die Offiziere bestimmten. Die Freiwilligen setzten sich aus Arbeitslosen zusammen oder überhaupt aus kampf- und abenteuerlustigen jungen Leuten. Sie fühlten sich als die Erben der alten, vorrevolutionären Armee und entwickelten bald einen starken Korpsgeist. Die Offiziere der Freikorps waren von einem leidenschaftlichen Hass gegen die Revolution erfüllt, die das alte Heer und das alte Kaiserreich zerschlagen hatte. Wenn sie vorläufig noch den Mehrheitssozialisten dienen mussten, so rechneten sie um so lieber mit dem Spartakismus ab. Darunter verstand man die Summe aller radikalen und aufrührerischen Erscheinungen.

A. Rosenberg, Geschichte der Weimarer Republik, Frankfurt 1961, S. 58 ff.

M 7 Plakat der Bayerischen Volkspartei zur Landtagswahl am 12.1.1919

Der Bolschewik richtet – von Berlin aus – seine Brandfackel auf München. In Wirklichkeit war die Räterepublik vom April 1919 eine bayerische Sonderentwicklung.

M 8 Kriegsfolgen und Versailler Vertrag

Der Wirtschaftshistoriker Gerd Hardach bilanziert die wirtschaftlichen und finanziellen Belastungen der Weimarer Republik:

Trotz der fieberhaften Aktivität in einigen rüstungswirtschaftlichen Bereichen betrug die Industrieproduktion insgesamt 1918 nur noch etwa 57 Prozent des Niveaus von 1913. Die Landwirtschaft konnte sich trotz der Verluste an Arbeitskräften und des Rückgangs der Futtermittel- und Düngereinfuhr anscheinend etwas besser halten, man schätzt, dass bis 1918 die Produktion an Getreide und Hackfrüchten um 30 Prozent und die Viehproduktion um 25 Prozent zurückging. Die Millionen von Kriegstoten und Kriegsverletzten bedeuteten nicht nur menschliches Leid, sondern auch eine Einschränkung des wirtschaftlichen Entwicklungspotenzials. Die Konzentration der industriellen Kapazität auf die Rüstungsindustrie bedeutete, dass die normale Akkumulation von industriellem und landwirtschaftlichem Produktionskapital für einige Jahre ausgesetzt war. Der drastische Rückgang des Lebensstandards und die Zerrüttung der Staatsfinanzen als Folge der […] Kriegsfinanzpolitik waren weithin sichtbare Zeichen des wirtschaftlichen Niedergangs.

Der Friedensvertrag brachte zusätzliche Belastungen. Die Gebietsabtretungen einschließlich des Saargebietes reduzierten vor allem die Produktionskapazität der Landwirtschaft, des Steinkohle-, Eisenerz- und Kalibergbaus, der Eisen- und Stahlindustrie und der Textilindustrie. Das Reich verlor alle Kolonien, das im Ausland investierte Kapital, den größten Teil der Handelsflotte und wurde auf Jahre hinaus mit beträchtlichen Reparationen belastet. […] In den abgetretenen Gebieten waren nach dem Vorkriegsstand 10 Prozent der Reichsbevölkerung, 15 Prozent der landwirtschaftlichen Nutzfläche, und, um nur einige wichtige Rohstoffe zu nennen, 80 Prozent der Eisenerzförderung, 60 Prozent der Zinkerzförderung, 26 Prozent der Steinkohleförderung. Man kann also sagen, dass die eigene Lebensmittel- und Rohstoffbasis der deutschen Bevölkerung und Industrie durch die Gebietsveränderungen relativ kleiner wurde. Man kann aber nicht sagen, dass die Leistungsfähigkeit der Wirtschaft darunter litt. […]

Im Versailler Vertrag wurde die deutsche Kriegsschuld festgehalten und daraus eine Entschädigungspflicht in zunächst unbestimmter Höhe abgeleitet. Nach langen Beratungen setzten die Alliierten die Reparationsschuld auf 132 Mrd. Goldmark fest und zwangen die deutsche Regierung mit dem Londoner Ultimatum vom Mai 1921, diese Schuldsumme anzuerkennen. 1924 wurde im Dawes-Plan ein Zahlungsplan festgelegt, der bis auf Weiteres eine Höchstbelastung von 2,5 Mrd. Goldmark [pro Jahr] vorsah. Der Dawes-Plan sagte nichts über die Gesamtverpflichtung und die Zahlungsdauer; formal blieben die 132 Mrd. Goldmark von 1921 bestehen, faktisch waren die Reparationen erheblich reduziert. […]

Der Young-Plan von 1929 sah 59 Jahreszahlungen mit einer durchschnittlichen Höhe von 2 Mrd. RM vor, die einen Barwert von 37 Mrd. RM repräsentierten (eine Reichsmark entsprach der früheren Verrechnungseinheit Goldmark). Mit dem Hoover-Moratorium von 1931 wurden die Reparationen, zunächst für ein Jahr, ausgesetzt. Auf der Konferenz von Lausanne von 1932 wurden die Reparationen […] gegen eine einmalige Abfindung von 3 Mrd. RM eingestellt; diese Abfindung wurde nicht mehr bezahlt.

G. Hardach, Zur politischen Ökonomie der Weimarer Republik, in: R. Kühnl (Hg.), Die Zerstörung der Weimarer Republik, Köln 1977, S. 15 ff.

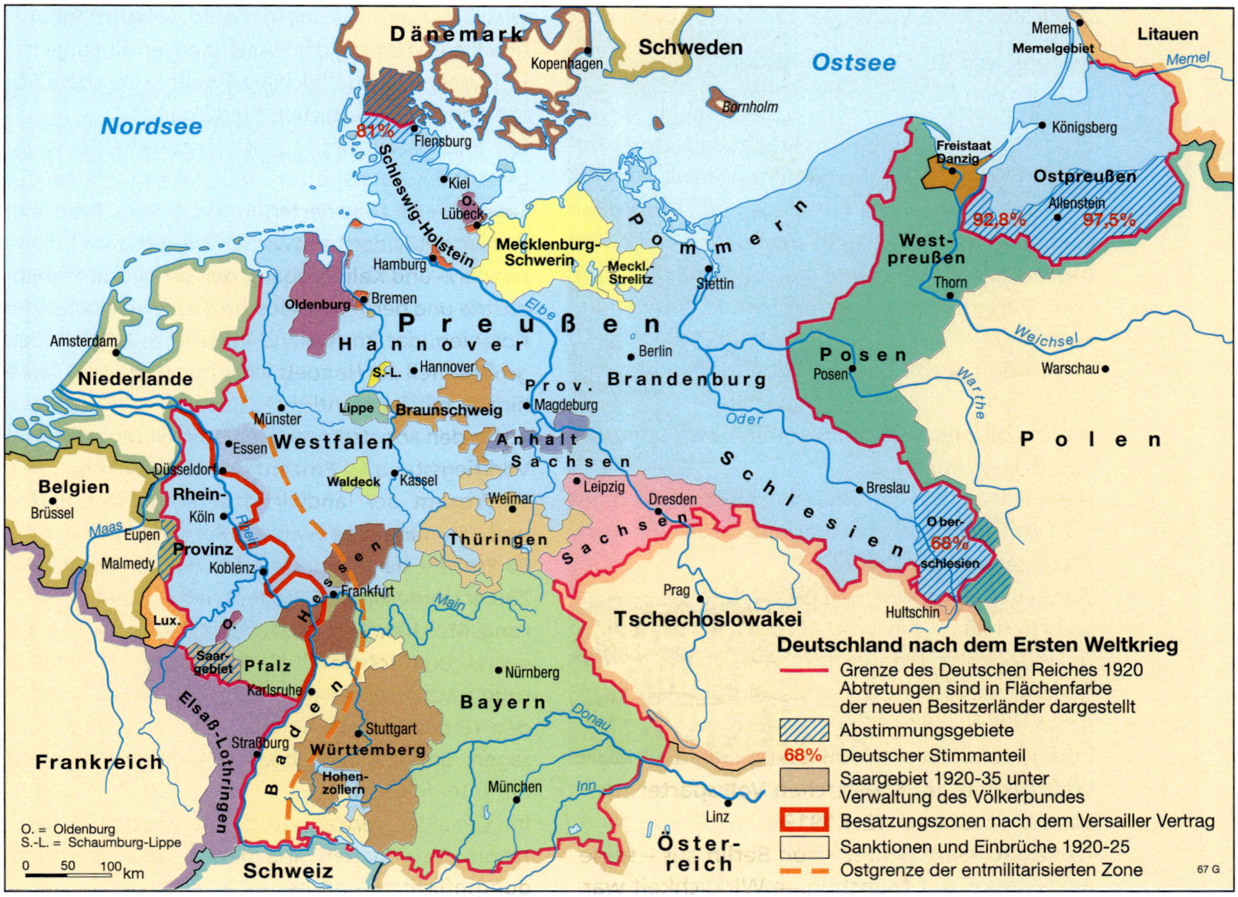

M 9

M 10 „Marsch auf Berlin" (1920)

Über die Hintergründe des Kapp-Lüttwitz-Putsches berichtet der Historiker Walter Tormin:

Die Spannungen innerhalb der Reichswehr [...] wurden dadurch verschärft, dass die Alliierten auf eine Verminderung des Heeresstärke gemäß den Versailler Bestimmungen [auf 100 000 Mann] drängten. Mehrere hunderttausend Soldaten, über 20 000 aktive Offiziere mussten entlassen werden. Dabei waren soziale Härten unvermeidlich. Aus wirtschaftlichen, aber auch aus politischen Gründen wehrten sich die Freikorps gegen ihre Auflösung. Dabei fanden sie Unterstützung durch Politiker, besonders der Deutschnationalen Partei. [...] Schließlich bildete sich eine Verschwörung unter der politischen Leitung des Generallandschaftsdirektors (höherer Beamter in der Provinzialverwaltung von Ostpreußen) Kapp und der militärischen des Generals von Lüttwitz. Am 10. März erschien Lüttwitz beim Reichspräsidenten [Friedrich Ebert] – auch Noske [sozialdemokratischer Reichswehrminister] war anwesend – und forderte: Auflösung der Nationalversammlung und Neuwahl des Reichstages, Wahl des Reichspräsidenten durch das Volk, Ablösung der Politiker in der Regierung durch Fachminister, Ablösung des Generals Reinhardt [republiktreuer Chef der Heeresleitung, 1920 zurückgetreten], keine weitere Truppenverminderung, insbesondere keine Auflösung der Marinebrigade Ehrhardt, deren Mitglieder zum größten Teil im Baltikum gekämpft hatten und die jetzt in Döberitz bei Berlin lag. Ebert antwortete, dass die politischen Forderungen bereits von den Deutschnationalen in der Nationalversammlung gestellt und von dieser abgelehnt seien. Noske wies den General scharf zurecht: Er habe überhaupt keine Forderungen zu stellen, sondern Befehle zu befolgen. Am nächsten Tag verfügte Noske die Entlassung des Generals von Lüttwitz und ersuchte die Polizei um Verhaftung der übrigen Verschwörer. Die Polizei versagte. Die Verschwörer waren gewarnt und entschlossen sich, zuzuschlagen.
In der Nacht vom 12. zum 13. März erhielt Noske die Meldung, dass die Marinebrigade auf Berlin marschiere.

G. Prüfer, W. Tormin, Die Entstehung und Entwicklung der Weimarer Republik bis zu Eberts Tod, in: W. Tormin (Hg.), Die Weimarer Republik, Hannover 1962, S. 105.

M 11 Politische Vorstellungen der Putschisten

General von Lüttwitz schrieb am 1. September 1919 an den Reichswehrminister:

Zwei Dinge tun uns not: Arbeit und Ordnung! Beide können wir haben, aber nicht mit Worten. Die Versuche, das Volk mit Milde und Zureden zur Annahme von Arbeit zu bewegen, sind vergeblich gewesen. Nur Zwang wird das Volk zur Arbeit bringen. Daraus ergeben sich folgende Notwendigkeiten:

1. Vernünftiger Abbau der Arbeitslosenunterstützung [...].
2. Unbedingtes Verbot aller politischen und wirtschaftlichen Streiks.

Hand in Hand mit vorstehenden Maßnahmen muss die Frage der Arbeitsbeschaffung großzügig in die Hand genommen werden.

Wie aber wird die Regierung mit solchen im wahrsten Sinne des Wortes sozialen Maßnahmen durchdringen, wenn ihr Elemente ungestraft entgegentreten dürfen, deren einziges Streben darauf gerichtet ist, auf den Trümmern unserer staatlichen und wirtschaftlichen Ordnung ihre nur aus Ehrgeiz und Egoismus, im besten Falle aus utopischen Ideen erstrebte Herrschaft zu errichten? Diese Schädlinge müssen rücksichtslos vernichtet werden. Kampf bis aufs Messer gilt es diesen staatsfeindlichen Elementen gegenüber. Rigorose Unterdrückung ihrer Presse und ihrer führenden Persönlichkeiten ist das einzig wirksame Mittel.

Auch heute ist die Armee Fundament der Staatsgewalt.

Zit. nach: G. Prüfer, W. Tormin, in. W. Tormin (Hg.), a. a. O., S. 103 f.

M 12 Haltung der Reichswehr: „Truppe schießt nicht auf Truppe ..."

Der Chef der Obersten Heeresleitung General von Seeckt in der Lagebesprechung beim Reichswehrminister in der Nacht vom 12. zum 13. März 1920:

„Es kann doch keine Rede davon sein, dass man Reichswehr gegen Reichswehr kämpfen lässt, Truppe schießt nicht auf Truppe. Haben Sie, Herr Minister, etwa die Absicht, eine Schlacht vor dem Brandenburger Tor zu dulden zwischen Truppen, die vor 1 1/2 Jahren Schulter an Schulter gegen den Feind gefochten haben?"

Noske warf erregt ein, Seeckt wolle also die Aufrührer schützen, worauf dieser antwortete: „Keineswegs, aber ich weiß die tragischen Folgen – und vielleicht weiß ich es allein –, die der Kampf mit der Waffe haben würde. Wenn Reichswehr Reichswehr niederschlägt, dann ist alle Kameradschaft im Offizierskorps hin. Wenn das aber einträte, dann wäre die wahre Katastrophe, die mit so unendlicher Mühe am 9. November 1918 vermieden worden ist, erst richtig da [...]."

Zit. nach: R. Wohlfeil, H. Dollinger, Die deutsche Reichswehr, Wiesbaden 1977, S. 193.

M 13

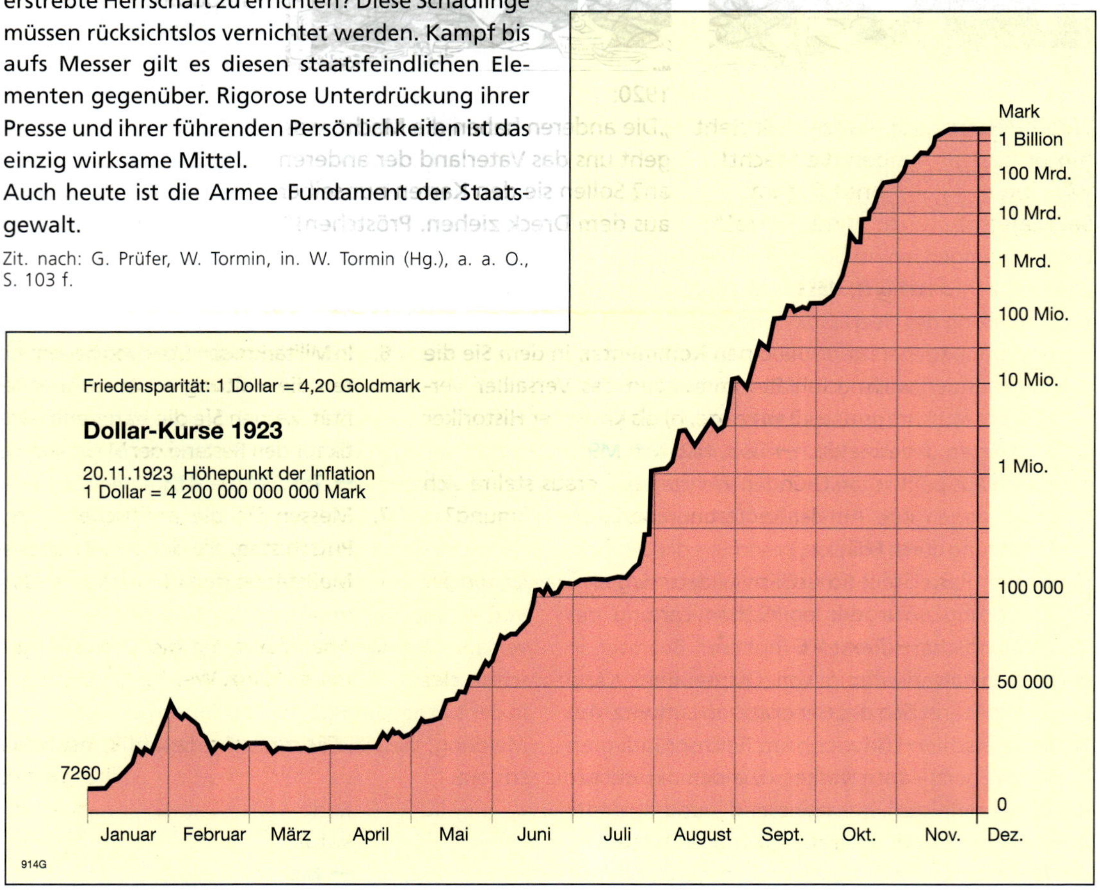

M 14 **Politische Justiz der Republik (1918–1922)**

Emil Julius Gumbel (1891–1966), Pazifist jüdischer Abstammung, 1933 von den Nationalsozialisten ausgebürgert, analysierte die Haltung der Justiz zu politischen Morden:

	Politische Morde begangen		
	von Linksstehenden	**von Rechtsstehenden**	**Gesamtzahl**
Gesamtzahl der Morde	22	354	376
davon ungesühnt	4	326	330
teilweise gesühnt	1	27	28
gesühnt	17	1	18
Zahl der Verurteilungen	38	24	
Geständige Täter freigesprochen	–	23	
Geständige Täter befördert	–	3	
Dauer der Einsperrung je Mord	15 Jahre	4 Monate	
Zahl der Hinrichtungen	10	–	
Geldstrafe je Mord	–	2 Papiermark	

Zusammenstellung von J. Gumbel, zit. nach: H. Pross, Die Zerstörung der deutschen Politik, Frankfurt/M. 1959, S. 139.

M 15 **„Deutschland, Deutschland über alles!"**

Karl Arnold (1883–1953), einer der prägenden Köpfe der satirischen Zeitschrift „Simplicissimus", karikierte den Zustand der Weimarer Republik.

1914:
„Meine Herren, das ganze Volk steht hinter uns! Wir haben die Macht! Wir sind das Vaterland! Darum: Se. Majestät, hurra, hurra, hurra!"

1920:
„Die anderen haben die Macht, was geht uns das Vaterland der anderen an? Sollen sie den Karren nur selber aus dem Dreck ziehen. Pröstchen!"

Aufgaben

1. Verfassen Sie einen Kommentar, in dem Sie die wichtigsten Bestimmungen des Versailler Vertrags a) als Zeitzeuge, b) als kritischer Historiker bewerten. → Text, M2, M8, M9
2. Aus welchen Überlegungen heraus stellte sich die OHL der Regierung Ebert zur Verfügung? → M5
3. Stellen Sie die politischen Ergebnisse dar, die der Bürgerkrieg 1919 brachte. → Text, M6
4. Fassen Sie die Kritik an der Militärpolitik der Sozialdemokratie zusammen. → M6
5. Untersuchen Sie die wirtschaftlichen, politischen und ideologischen Hypotheken, die die Weimarer Republik belasteten. → Text, M1–M4, M8, M9, M13
6. In Militärkreisen überwog gegenüber den Putschisten die Haltung einer wohlwollenden Neutralität. Zeigen Sie die darin enthaltene Problematik für den Bestand der Weimarer Demokratie auf. → Text, M10–M12
7. Messen Sie die politischen Vorstellungen der Putschisten, die der DNVP nahestanden, an den Maßstäben demokratischer Gesinnung. → M11
8. Analysieren Sie die Urteilsfindungen der Weimarer Justiz. Welche Rückschlüsse lassen sie zu? → M14
9. „Die deutsche Republik, insofern sie eine sozialdemokratische sein sollte, war schon 1920 am Ende (Golo Mann)." Interpretieren Sie die Karikatur. → M3, M15

13.4 Die Auflösung der Republik

Weltwirtschaftskrise und der Übergang zu den Präsidialkabinetten

M 1 **Plakat der NSDAP zu den Reichstagswahlen am 25. Mai 1928**

Am 25. Oktober 1929 stürzten die Aktienkurse an der New Yorker Börse. Dieser Tag, der als „Schwarzer Freitag" in die Geschichte eingegangen ist, markierte den Beginn einer weltweiten Wirtschaftkrise, die insbesondere in den USA und in Deutschland verheerende Ausmaße annahm. Die deutsche Wirtschaft, die aufgrund der Reparationslasten in beträchtlichem Umfang mit amerikanischem Kapital arbeitete, wurde durch den plötzlichen Abzug von Kapital schwer getroffen. Der Zusammenbruch von Banken, Produktionsrückgang und Arbeitslosigkeit stellten die unmittelbaren und mittelbaren Folgen dieses Ereignisses da. Die Arbeitslosigkeit stieg bis 1932 auf über sechs Millionen offiziell registrierte Menschen an. Von ihr waren die Industriearbeiter am schwersten betroffen. 1933 waren 40 Prozent aller männlichen Industriearbeiter arbeitslos, aber beispielsweise nur 13 Prozent der Angestellten.

Mit der Weltwirtschaftskrise begann auch der endgültige politische Niedergang der Weimarer Republik. Die von Hermann Müller (SPD) geführte Große Koalition (SPD, Zentrum, BVP, DDP, DVP) zerbrach im Frühjahr 1930, weil es zwischen der industrienahen DVP und der SPD zu keiner Einigung über die Beitragshöhe der Arbeitslosenversicherung kam. Angesichts der Arbeitslosigkeit stemmte sich die SPD gegen den Abbau der Sozialleistungen, der vom Reichsverband der deutschen Industrie wiederholt gefordert worden war.

Die Auflösung der Großen Koalition hatte eine parlamentarische Situation zur Folge, die eine mehrheitsgestützte Regierung nicht mehr zuließ. Denn der wirtschaftliche Verfall ging einher mit einer politischen Radikalisierung, die in letzter Konsequenz politisch handlungsfähige Mehrheiten im Reichstag unmöglich machte. Dieses Machtvakuum war die Ausgangslage für die Umformung der parlamentarischen Demokratie in ein Präsidialsystem auf der Grundlage des Notverordnungsrechts. Da die Parteien des Reichstages von sich aus nicht mehr in der Lage waren, regierungsfähige Koalitionen zu bilden, hatten sie indirekt die Macht dem Reichspräsidenten und dessen Vertrauensleuten überlassen.

Dieser „selbstmörderische Entschluss der demokratischen Parteien" (Bracher) leitete eine Entmachtung des Reichstages zugunsten des Reichspräsidenten und seiner Berater ein. Verordnungen nach Art. 48 WRV traten an die Stelle von im Reichstag verabschiedeten Gesetzen.

Die Konzeption der präsidialen Kabinette, die unabhängig von der parlamentarischen Mehrheit regierten, war gezielt von Teilen der Großindustrie und national-konservativen Großagrariern sowie von der Reichswehr angestrebt worden.

Mit der Berufung des Zentrumpolitikers Heinrich Brüning zum Reichskanzler durch Hindenburg, der seit 1925 das Amt des Reichspräsidenten innehatte, begann die stufenweise Durchbrechung des Weimarer Verfassungssystems.

Opposition gegen die Republik

Der Volksentscheid über den Young-Plan (1929) wurde zum Kristallisationskern eines Bündnisses konservativ-nationalistischer Kräfte. Zwar scheiterte der Volksentscheid, aber die im Kampf gegen die Republik zusammengehaltene „Nationale Opposition“ formierte sich im Oktober 1931 zur „Harzburger Front“. Sie umfasste alle Gegner der Weimarer Republik mit Ausnahme der Kommunisten. Ihr Programm lautete auf eine Formel gebracht: „Ordnung und Diktatur statt Novemberverbrecher!“ Man forderte den Rücktritt der Regierung Brüning sowie der Regierung Braun (SPD) in Preußen. Neben der NSDAP nahm die von Hugenberg geführte DNVP an dem Treffen in Harzburg teil. Hugenberg, der gleichzeitig Beherrscher eines großen Pressekonzerns war, benutzte diesen zur gezielten Verbreitung antidemokratischer Ideologien. In der Nachfolge des Treffens nahm die finanzielle Unterstützung der NSDAP durch Kreise der Wirtschaft beträchtlich zu.

Zu den beiden Parteien stieß der „Stahlhelm“, der Bund der Frontsoldaten. Er hatte eine offen republikfeindliche Haltung, die durch einen militanten Nationalismus geprägt wurde.

Neben die außenparlamentarische Opposition des „Stahlhelm“ trat die SA (Sturmabteilung) der NSDAP, die offen die Gewalt als ein Mittel zur Durchsetzung politischer Ziele propagierte und anwendete.

Die Ablehnung der Republik durch die politische Rechte wurde ergänzt durch die Ablehnung von Seiten der KPD. Aber obwohl den Kommunisten in der durch Radikalisierung geprägten Weimarer Endphase Stimmengewinne zuwuchsen, waren sie im Unterschied zu den Rechtsparteien politisch isoliert und ohne Einfluss auf die Machtsäulen des Staates: Regierung, Bürokratie, Polizei und Reichswehr.

Die Endphase der Weimarer Republik (1932/33)

Reichspräsidentenwahl

Hindenburg war ein monarchisch gesinnter Generalfeldmarschall und im Ersten Weltkrieg „Sieger von Tannenberg“ in Ostpreußen, wo 1914 mit unterlegenen Kräften der Vormarsch der russischen Armeen abgewehrt worden war. Er wurde 1932 erneut zum Reichspräsidenten gewählt. Um eine Präsidentschaft Hitlers zu verhindern, hatten ihn diesmal die demokratischen Parteien unterstützt.

Altersschwach wie er war (86 Jahre alt), geriet er nunmehr noch stärker als zuvor unter den Einfluss seiner engsten Umgebung. Sein Sohn Oskar, von dem es hieß, er sei in der Verfassung nicht vorgesehen, Hindenburgs Staatssekretär Meißner und von Schleicher (General und Chef des Ministeramts im Reichswehrministerium) wurden seine entscheidenden Ratgeber und Drahtzieher. Die Politik hatte sich aus der Öffentlichkeit des Parlaments hinter die Kulissen des Reichspräsidentenpalais verlagert. Da jede Regierung abhängig war vom Vertrauen, das Hindenburg ihr schenkte, wurde er zur Anlaufstelle der Intriganten.

Die Endphase der Weimarer Republik begann im Mai 1932 mit der Ablösung Brünings als Reichskanzler. Ein Bündnis aus Nationalsozialisten, Deutschnationalen und Generälen brachte ihn zu Fall. Hindenburg entzog ihm sein Vertrauen, wobei die Arbeitslosigkeit und das Verbot der SA eine Rolle gespielt hatten. An die Stelle Brünings trat der konservative, aus dem Zentrum ausgeschlossene Politiker Franz von Papen.

M 2 Reichspräsidentenwahlen

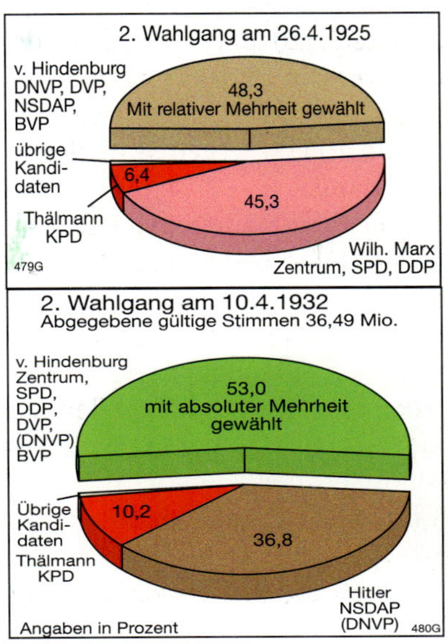

M 3 **Plakat der NSDAP zu den Reichstagswahlen 1932**

Der Weimarer Staat wurde in immer größerer Intensität durch die Existenz von „Privatarmeen" herausgefordert. Die Sturmabteilung (SA) als Parteimiliz der NSDAP, der Stahlhelm (DNVP-nahestehend), der Rotfrontkämpferbund (RFB) als militärischer Arm der KPD und das Reichsbanner Schwarz-Rot-Gold (Kampfverband von Sozialdemokraten und Gewerkschaftern) lieferten sich blutige Straßenschlachten. Der Staat vermochte sein Gewaltmonopol nicht erfolgreich zu verteidigen. Der Verfall der Autorität war offenkundig.

Das neue Kabinett des betont antiparlamentarischen von Papen („Kabinett der Barone") hob das SA-Verbot auf, was eine gewaltige Zunahme des politischen Terrors zur Folge hatte. Innerhalb von nur zwei Monaten forderten die Straßenkämpfe zwischen den rivalisierenden Privatarmeen 300 Tote und 1200 Verletzte. Durch einen Staatsstreich gegen Preußen am 20. Juli 1932 („Preußenschlag") wurde die Sozialdemokratie in ihrer letzten Bastion in Deutschland entmachtet. Renten, Arbeitslosen- und Wohlfahrtsunterstützungen wurden gekürzt. Die Regierung Papen blieb politisch isoliert. Im Dezember 1932 wurde von Schleicher, Hindenburgs Ratgeber, selbst neuer Reichskanzler. Der „soziale General" bemühte sich um eine neue Basis aus Gewerkschaften und dem linken Flügel der NSDAP, verlor aber dabei sehr schnell das Vertrauen Hindenburgs. Unter dem Einfluss von Papens und seines Sohnes Oskar gab Hindenburg seine Widerstände gegen Hitler auf, den er nicht zuletzt wegen seines niedrigen Dienstgrades (Gefreiter) abgelehnt hatte.

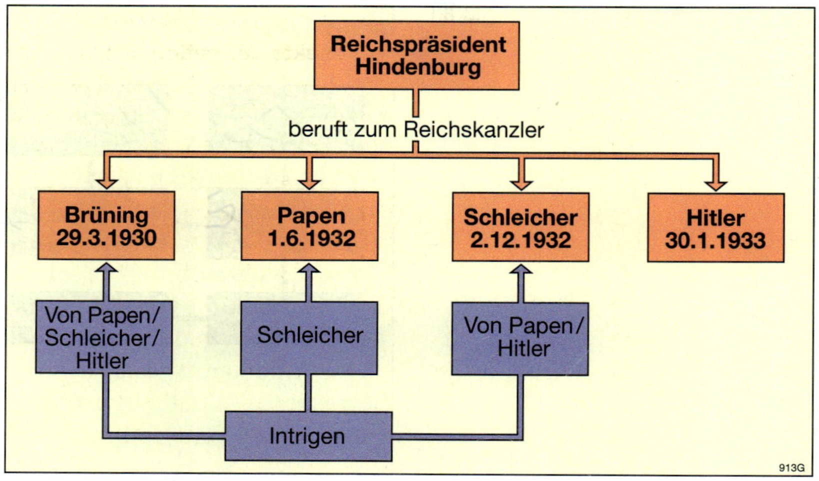

M 4

Am 30. Januar 1933 wurde Hitler zum Reichskanzler eines Kabinetts ernannt, das aus drei Nationalsozialisten und acht Konservativen bestand. Hitlers Ernennung zum Reichskanzler, die aufgrund der Beeinflussung Hindenburgs zustande kam, wäre nicht möglich gewesen ohne den Rückhalt durch eine politische Massenbewegung.

Begünstigt wurde die „Machtergreifung" Hitlers durch die Spaltung der Arbeiterschaft in Kommunisten und Sozialdemokraten. Die KPD diffamierte – entsprechend den Beschlüssen der Kommunistischen Internationale (Komintern) – die SPD als „sozialfaschistisch" und als Hauptstütze des Klassenfeindes. Die SPD ihrerseits hatte als demokratische Partei keinerlei Sympathien für das bolschewistische Herrschaftssystem der Sowjetunion.

M 5 **Plakat der SPD zu den Reichstagswahlen 1930**

schlecht machen ⟵
⇔ jmd. ins Negative herabwürdigen, verleugnen

Den Nationalsozialisten gelang es, soziale und nationale Regungen gleichermaßen zu mobilisieren. Die Gefühle des existenziellen Bedrohtseins richteten sich auf Hitler als „Retter in der Not“. Die historische Wahlforschung hat gezeigt, dass der Aufstieg der NSDAP auf zwei Faktoren zurückgeführt werden kann:

- die Radikalisierung von Mittelschichtwählern, insbesondere beim „alten“ Mittelstand (Geschäftsleute, Handwerker, Bauern),
- die Mobilisierung von Erst(Jung-)wählern und Nichtwählern.

Im protestantischen Milieu war die Partei erfolgreicher als im katholischen. Auch wenn Arbeiter sich als nicht so anfällig für die NS-Ideologie erwiesen, so kann man doch die NSDAP als „Volkspartei des Protestes“ (J. W. Falter) bezeichnen.

M 6

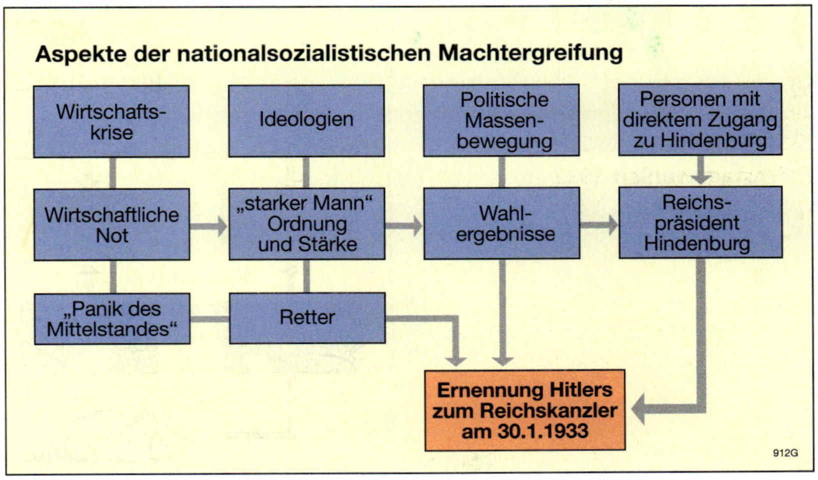

Chronologie

25. Okt. 1929	Börsenkrach in New York
22. Dez. 1929	Volksentscheid gegen den Young-Plan scheitert.
27. März 1930	Rücktritt der Regierung Müller (SPD) und damit Ende der Großen Koalition
29. März 1930	Ernennung Heinrich Brünings zum Reichskanzler
14. Sept. 1930	Wahlen zum Reichstag bringen hohe Gewinne für die NSDAP.
11. Okt. 1931	Formierung der „Harzburger Front“
10. April 1932	Wiederwahl Hindenburgs zum Reichspräsidenten
13. April 1932	SA-Verbot
30. Mai 1932	Entlassung Brünings durch Hindenburg
1. Juni 1932	Franz von Papen wird neuer Reichskanzler.
14. Juni 1932	Aufhebung des SA-Verbots
20. Juli 1932	Staatsstreich gegen die sozialdemokratisch geführte Regierung in Preußen
31. Juli 1932	Aus den Reichstagswahlen geht die NSDAP als stärkste Partei hervor.
6. Nov. 1932	Die Reichstagswahl bringt der NSDAP Stimmenverluste.
2. Dez. 1932	Nach dem Rücktritt der Regierung Papen wird General von Schleicher zum neuen Reichskanzler ernannt.
28. Jan. 1933	Rücktritt Schleichers
30. Jan. 1933	Hindenburg beruft Hitler zum Reichskanzler.

M 7 Aktionsprogramm der KPD

Der Zentralausschuss der KPD beschloss ein Aktionsprogramm, das eine Diktatur nach sowjetischem Muster vorsah (11. Januar 1925):

Eine solche Regierung kann sich […] nicht auf das bürgerliche Parlament, nicht auf den korrupten, reaktionären Verwaltungsapparat stützen, sondern sie muss sich stützen auf proletarische Massenorgane, die den bürgerlichen Staatsapparat zerschlagen, die illegale und die legale Reichswehr entwaffnen und das Proletariat so organisieren, dass es die Regierungsbeschlüsse selbst durchführen oder ihre Durchführung kontrollieren kann. Nur eine solche Regierung kann die Produktion den Händen der Bourgeoisie entreißen und sie der Leitung und Kontrolle der arbeitenden Massen unterstellen. Eine solche Regierung ist nichts anderes als die Diktatur der Arbeiter- und Bauernräte. […] Die Bolschewisierung der Partei ist die notwendige Voraussetzung für die Durchführung aller dieser Aufgaben. Nur bei der größten Klarheit und Festigkeit in den Reihen der Partei, bei der schärfsten politischen Abgrenzung gegen alle Schattierungen des Menschewismus [russische Sozialdemokratie] kann die Partei auch in den schwierigsten Situationen die enge Verbindung mit den Massen behalten, ohne sich den reformistischen Illusionen anzupassen und dadurch zum Anhängsel der Bourgeoisie zu werden. Engste Verbindung mit den Massen in den Betrieben und in den Gewerkschaften, aber nicht als Anhängsel dieser Massen, ihren wechselnden Stimmungen nachgebend, sondern als die klare, feste, unerschütterliche Führerin der ganzen Masse der Ausgebeuteten und Unterdrückten – das ist der Sinn der Bolschewisierung der Partei.

Zit. nach: J. Flemming u. a. (Hg.). Die Republik von Weimar, Bd. 1, Königstein/Ts. 1979, S. 146 f.

M 8 **Wahlplakat der KPD zu den Reichstagswahlen 1924**

M 9 Zielprojektionen aus dem rechten Flügel der DNVP

Hans Schlange-Schöningen, Rittergutsbesitzer und Mitglied des Reichstages schrieb 1924:

Eines Tages wird diese Macht in Deutschland imstande sein, alles durchzusetzen, querweg über das Geschrei aller Parlamente. Die Diktatur, von der man möglichst nur wenig sprechen soll, die man aber wollen muss, kann und muss nach Lage der Dinge in Deutschland nur kommen vom Preußischen Ministerium des Inneren in Verbindung mit der Reichswehr. Die Reichswehr wird nach allen Erfahrungen nie von sich allein aus wollen, sondern erst dann, wenn der rücksichtslose Wille dazu in der anderen Machtstelle in Deutschland besteht, nämlich im Preußischen Ministerium des Inneren: Diese Machtstellung mit einem Mann unserer Richtung zu besetzen, muss daher meiner Meinung nach das Ziel unserer politischen Richtung sein, zu erstreben mit allen uns zur Verfügung stehenden Mitteln! Und dann? Wenn die Diktatur da ist? Ich halte nicht viel von langfristigen Programmen, da die Bilder in unserer schnelllebigen Zeit zu oft wechseln. Aber

M 10 **Plakat der DNVP 1932**

ein Leitsatz lässt sich wohl aufstellen: Schaffung einer außenpolitischen Ruhezeit, um den inneren Aufbau der Staatsmacht und der Wehrhaftigkeit zu ermöglichen. Ich sehe die Möglichkeit der äußeren Ruhe nur darin, dass wir kaltherzig den Franzosen Rhein und Ruhr zeitweise opfern, um Deutschland aufzubauen und die verlorenen Gebiete eines Tages wieder zu erobern.

Zit. nach: J. Flemming u. a. (Hg.), Die Republik von Weimar, Bd. 1. Königstein/Ts. 1979, S. 135 f.

M 11 Aus einem Aufruf des „Stahlhelm"

Der Stahlhelm, Bund der Frontsoldaten, neigte den Rechtsparteien zu. Aus einem Aufruf des Landesverbandes Brandenburg (1928):

Wir hassen mit ganzer Seele den augenblicklichen Staatsaufbau, seine Form und seinen Inhalt, sein Werden und sein Wesen [...], weil er uns die Aussicht versperrt, unser geknechtetes Vaterland zu befreien und das deutsche Volk von der verlogenen Kriegsschuld zu reinigen, den notwendigen Lebensraum im Osten zu gewinnen, das deutsche Volk wieder wehrhaft zu machen.

Zit. nach: W. Michalka, G. Niedhart (Hg.), a. a. O., S. 251 f.

M 12 Arbeitslosigkeit

Der Historiker Heinrich Potthoff beschreibt die sozialen Verhältnisse in der Wirtschaftskrise:

Nach stundenlangem Schlangestehen erhielten die unverschuldet in Not geratenen Menschen schließlich gegen einen Stempel auf dem Arbeitslosenausweis ihre Unterstützung ausgezahlt. Bis Juni 1932 war sie noch so bemessen, dass sie halbwegs für das Existenzminimum ausreichte. Dann aber kürzte das Kabinett des Barons von Papen [...] die Summe auf einen Satz, der zum Leben nicht mehr ausreichte. So erhielt beispielsweise eine Familie mit zwei Erwachsenen und einem Kind monatlich 51 RM Unterstützung, von denen allein 32,50 RM für Miete, Heizung und Beleuchtung ausgegeben werden mussten. Für Nahrungsmittel blieben ganze 18,50 RM. Das heißt bei den damaligen Preisen eine Ration pro Kopf der Familie von einem halben Brot, einem Pfund Kartoffeln, 100 g Kohl und 50 g Margarine. Dreimal im Monat konnte man sich noch einen billigen Hering kaufen und für das Kind sogar einen Extra-Hering sowie täglich einen halben Liter Milch.
Vergleichsweise ging es dieser Familie noch besser als vielen anderen; denn die Arbeitslosenunterstützung [...] wurde längstens bis zu einem Jahr gewährt. Im Februar 1932 erhielten 12,6 Prozent der Erwerbslosen überhaupt keine Unterstützung. 29,9 Prozent = 1,833 Millionen, denen kein Arbeitslosengeld mehr gezahlt oder die wie viele Arme und Alte, Jugendliche und ehemalige Freiberufliche nie Mitglied der Sozialversicherung geworden waren, blieben auf die örtliche Wohlfahrtsunterstützung angewiesen. Sie reichte an vielen Orten nicht einmal dazu aus, um sich etwas zum Essen zu kaufen, geschweige denn eine Wohnung zu bezahlen. Im Freien, in Wartesälen und Obdachlosenasylen vegetierten die Menschen dahin [...].

H. Potthoff, Die Sozialdemokratie von den Anfängen bis 1945, Bonn 1974, S. 111.

M 13

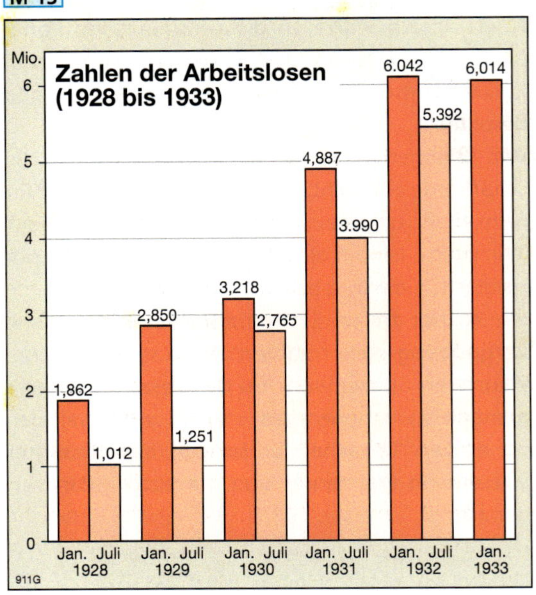

M 14

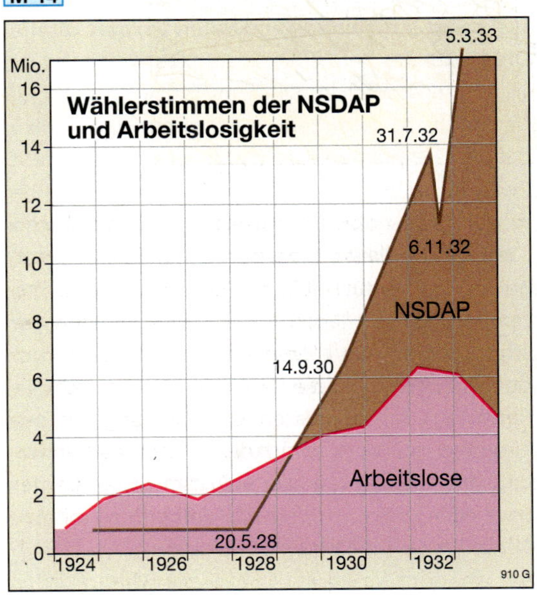

M 15

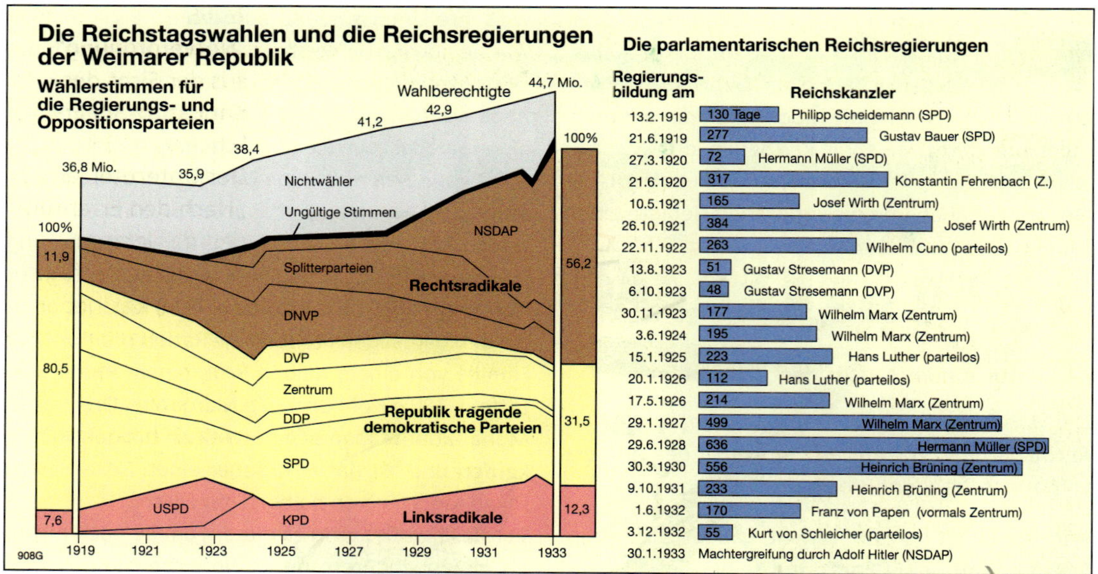

M 16 Präsidialkabinette

Der Politikwissenschaftler Hans-Joachim Winkler analysiert die Schwäche des Parlaments und zeigt auf, wie das parlamentarische Regierungssystem immer mehr unter den Einfluss des Reichspräsidenten geriet:

[…] Mit zunehmender Schwäche und Zersplitterung des Parlaments durch den Radikalismus wuchs die Macht des Präsidenten, bis schließlich am 30. März 1930 mit der Ernennung Brünings ohne Bindung an eine Reichstagskoalition die Ära der Präsidialkabinette ohne Rückhalt bei der Reichstagsmehrheit begann, die mit Hitler endete. Die Reichstagsmehrheit musste die vom Präsidenten vorgeschlagenen Kandidaten tolerieren, weil sie sich selbst auf keinen Kandidaten einigen konnte. Die Waffe des Reichstages, das Misstrauensvotum, war stumpf, weil der Reichspräsident nach Art. 25 den Reichstag daraufhin auflösen konnte, ein Risiko, das kein Parlament freiwillig einzugehen liebt. Zweimal hat die Reichstagsmehrheit ihr Misstrauen wegen unsozialer Notverordnungen ausgesprochen. Beide Male wurde der Reichstag sofort aufgelöst, am 16. Juli 1930 von Brüning, am 12. September 1932 von Papen. Nachdem die Regierungen schon vorher in einer Zwangslage standen zwischen dem Reichspräsidenten, der sie berief, und dem Reichstag, der sie stürzen konnte, waren sie nun eigentlich nur noch vom Reichspräsidenten abhängig. Die Führung lag also beim Reichspräsidenten bzw. den unkontrollierten, unkontrollierbaren Rechtskreisen, die hinter ihm standen.

H.-J. Winkler, Die Weimarer Demokratie, Berlin 1963, S. 47.

M 17 Goebbels' Vorstellung von „Legalität"

Die Ausnutzung der Demokratie schildert der NS-Gauleiter von Berlin und spätere Propagandaminister Joseph Goebbels 1928:

Wir gehen in den Reichstag hinein, um uns im Waffenarsenal der Demokratie mit deren eigenen Waffen zu versorgen. Wir werden Reichstagsabgeordnete, um die Weimarer Gesinnung mit ihrer eigenen Unterstützung lahm zu legen. Wenn die Demokratie so dumm ist, uns für diesen Bärendienst Freifahrkarten und Diäten zu geben, so ist das ihre eigene Sache. […]

Uns ist jedes gesetzliche Mittel recht, den Zustand von heute zu revolutionieren. Wenn es uns gelingt, bei diesen Wahlen [1928] sechzig bis siebzig Agitatoren unserer Partei in die verschiedenen Parlamente hineinzustecken, so wird der Staat selbst in Zukunft unseren Kampfapparat ausstatten und besolden. […]

Wir kommen als Feinde! Wie der Wolf in die Schafherde einbricht, so kommen wir. Jetzt seid ihr nicht mehr unter euch! Ich bin kein Mitglied des Reichstags. Ich bin ein IdI. Ein IdF. Ein Inhaber der Immunität, ein Inhaber der Freifahrkarte. […]

Ein IdI hat freien Eintritt zum Reichstag, ohne Vergnügungssteuer zahlen zu müssen. Er kann, wenn Herr Stresemann von Genf erzählt, unsachgemäße Zwischenfragen stellen, zum Beispiel, ob es den Tatsachen entspricht, dass besagter Stresemann Freimaurer und mit einer Jüdin verheiratet ist.

Aus: „Der Angriff" (30.4.1928), zit. nach: W. Michalka, G. Niedhardt (Hg.), a.a.O., München 1980, S. 251.

M 18

„Notverordnung" aus der Sicht des Karikaturisten Erich Schilling, 1931. Der Untertitel lautet: „Nach den Erfahrungen der letzten Wochen ist verfügt worden, dass jeder Demonstrationszug seinen eigenen Leichenwagen mitzuführen hat."

M 19 **Sozialstruktur der NSDAP (1930)**

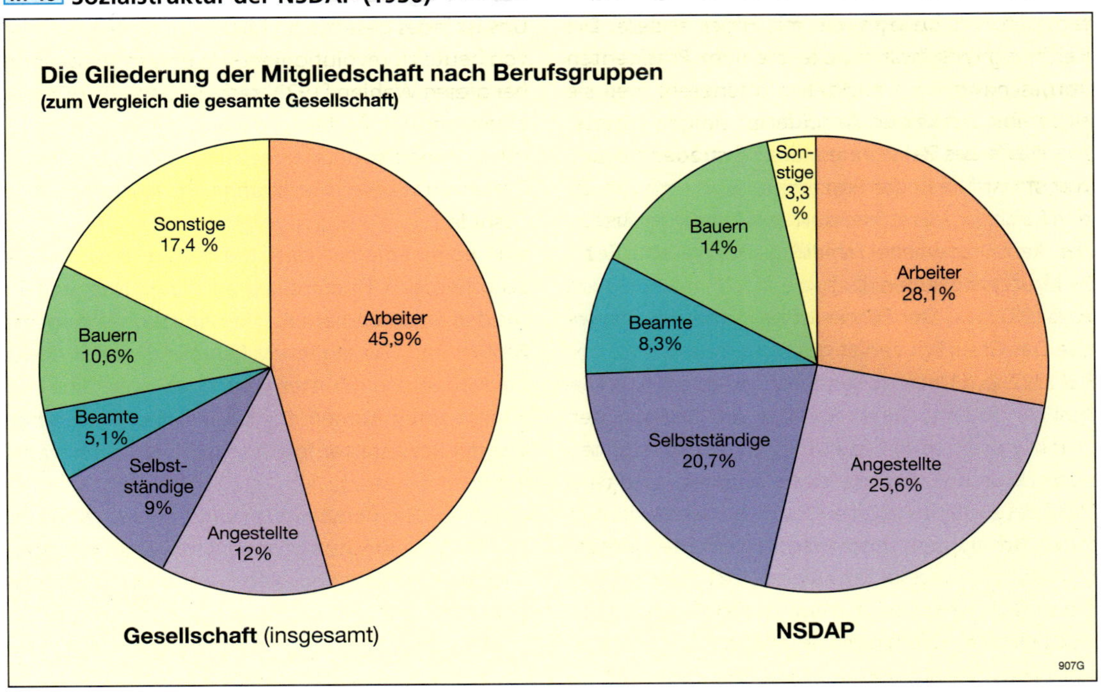

M 20 Der Sturz der Regierung Brüning

Die Tagebücher von Joseph Goebbels (NSDAP) geben Aufschluss darüber, wie hinter den Kulissen intrigiert und die politische Krise verschärft wurde:

14.4.1932: [...] Nachmittags um 5 Uhr kommt das SA-Verbot. Es wird für das ganze Reich erlassen. Das ist Groeners Geschoss. Vielleicht aber wird er darüber zu Fall gebracht. Uns wird mitgeteilt, dass Schleicher seinen Kurs nicht billigt.[...]

16.4.1932: [...] Der Reichspräsident schreibt einen Brief an Groener [Reichswehrminister, gewährleistet das SA-Verbot], in dem er sich über Material gegen das Reichsbanner [politischer Kampfverband, der die Weimarer Republik verteidigte] beschwert und fordert, dass dem hoch- und landesverräterischen Treiben dieser Organisation ein wachsames Augenmerk seitens der Regierung zuteil werde. Das ist eine schwere moralische Niederlage für die Regierung. [...]

26.4.1932: [...] Graf Helldorf [SA-Führer in Berlin-Brandenburg] war bei Schleicher. Der will eine Kursänderung vollziehen. [...]

28.4.1932: [...] Der Führer ist bei Schleicher gewesen. Das Gespräch verlief gut.

3.5.1932: [...] Unterwegs kaufen wir Zeitungen. Die Berliner Juden schimpfen über die Intrigen der „Offizierskamarilla“ [einflussreiche Günstlinge] gegen Brüning und Groener. Es fängt also schon an. Man hat so seine richtige Freude daran. Nun muss in der Partei eisern geschwiegen werden. Wir müssen die Desinteressierten spielen. [...]

4.5.1932: [...] Von Berlin kommt die Meldung, dass Hitlers Minen zu springen beginnen. [...] Als erster muss Groener und nach ihm Brüning fallen. [...]

6.5.1932: [...] Die Bombe ist geplatzt. Der Reichswirtschaftsminister [Warmbold] hat seinen Rücktritt erbeten. Groener und Brüning wackeln. [...]

8.5.1932: [...] Der Führer hat eine entscheidende Unterredung mit General Schleicher; einige Herren aus der nächsten Umgebung des Reichspräsidenten sind dabei. Alles geht gut. Der Führer hat überzeugend zu ihnen geredet. Brüning soll in den nächsten Tagen schon fallen. Der Reichspräsident wird ihm sein Vertrauen entziehen. Der Plan geht dahin, ein Präsidialkabinett zu installieren; der Reichstag wird aufgelöst, alle Zwangsgesetze sollen fallen, wir bekommen Agitationsfreiheit und liefern dann ein Meisterstück an Propaganda. [...] Beglückend das Gefühl, dass noch kein Mensch etwas ahnt, am wenigsten Brüning selbst. [...]

11.5.1932: Der Reichstag plätschert weiter. Groeners Stellung ist erschüttert, die Armee will ihn nicht mehr. Selbst seine eigene Umgebung drängt auf seinen Sturz. So muss es anfangen; wenn einer erst fällt, dann kommt das ganze Kabinett und mit ihm das System ins Purzeln. Brüning sucht zu retten, was zu retten ist. Er redet im Reichstag und zieht sich klugerweise auf die Außenpolitik zurück. Dort wird er sehr aggressiv. Er wähnt sich 100 Meter vor dem Ziel. Von Groener sagt er kein Wort. Er gibt ihn also auf. [...]

12.5.1932: [...] Abends kommt die längst erwartete Meldung: Groener ist als Wehrminister zurückgetreten. [...]

13.5.1932: Wir bekommen Nachricht von General Schleicher: Die Krise geht programmgemäß weiter. [...]

18.5.1932: [...] Brüning wird von unserer Presse und Propaganda auf das Schärfste attackiert. Er muss fallen, koste es, was es wolle.

Die geheime Aktion gegen ihn geht unentwegt weiter. Er ist bereits vollkommen isoliert. [...]

24.5.1932: [...] Am Sonnabend schon soll Brüning auffliegen. Staatssekretär Meißner reist nach Neudeck [wo sich Hindenburg aufhielt]. Nun wollen wir den Daumen halten. Die Ministerliste steht im Großen und Ganzen fest: v. Papen, Reichskanzler, v. Neurath, Außenminister, dazu noch eine Reihe von unbekannten Namen. Für uns ist die Hauptsache, dass der Reichstag aufgelöst wird. Das Weitere wird sich dann finden. [...]

30.5.1932: Die Bombe ist geplatzt. Brüning hat um 12 Uhr dem Reichspräsidenten die Gesamtdemission [Rücktritt] des Kabinetts überreicht. Das System befindet sich im Fall. [...]

Zit. nach: W. Michalka und G. Niedhart (Hg.), a. a. O., S. 326.

M 21 „Zum 30. August 1932“ Fotomontage des Antifaschisten und KPD-Mitglieds John Heartfield (1891–1968), erschienen in: „Arbeiter-Illustrierte-Zeitung“ Nr. 36, 1932

M 22 Hitler wird Reichskanzler (30. Januar 1933)

Der Historiker Andreas Hillgruber beschreibt, wie konservative Kräfte versuchten, Hitler „einzurahmen":

Das Kabinett der „Einrahmung", das noch am 29. Januar abends zusammengestellt wurde, sah oberflächlich nach einem Duumvirat [Herrschaft von zwei Männern] Hitler–Papen aus. Letzterer war nicht nur als Vizekanzler mit dem Recht, bei jedem Vortrag Hitlers beim Reichspräsidenten anwesend zu sein, sondern auch als Reichskommissar für Preußen vorgesehen. Überhaupt standen den drei Nationalsozialisten im Kabinett, Hitler als Reichskanzler, Frick als Reichsinnenminister und Göring als Reichsminister ohne Geschäftsbereich, acht konservative Minister gegenüber, von denen der DNVP-Vorsitzende Hugenberg als „Wirtschaftsdiktator" eine Schlüsselposition einzunehmen schien. Demgegenüber verfügte nun allerdings Göring, weniger als Minister ohne Geschäftsbereich, aber als stellvertretender Reichskommissar für Preußen und preußischer Innenminister, ebenso wie Frick als Reichsinnenminister, über ein Machtzentrum, das für eine volle „Machtübernahme" im nationalsozialistischen Sinne die geeignete Ausgangsstellung bot. Allen kritischen Warnern gegenüber behauptete hingegen Papen: Sie irren, wir haben ihn [Hitler] uns engagiert. [...] Was wollen Sie denn. Ich habe das Vertrauen Hindenburgs. In zwei Monaten haben wir Hitler in die Ecke gedrückt, dass er quietscht.

A. Hillgruber, in: W. Tormin (Hg.), a. a. O., S. 247.

M 23 „Das Verhängnis"
Zeichnung von A. Paul Weber, 1932

Aufgaben

1. Analysieren Sie, mit welchen Zielvorstellungen KPD, DNVP und der Stahlhelm ihre Opposition gegen die Republik betrieben.
→ M7–M11
2. Welche Rolle spielte der Reichspräsident bei der Auflösung der Weimarer Republik?
→ Text, M4, M10, M16, M20
3. In den Wahlergebnissen dokumentieren sich die Verschiebungen der politischen Gewichte. Bestimmen und erläutern Sie anhand dieser Wahlergebnisse die Phasen der Weimarer Republik. Berücksichtigen Sie auch die Reichspräsidentenwahlen von 1925 und 1932.
→ Text, M2, M15
4. Inwiefern leitete die Wahl von 1930 eine gewaltige Veränderung der parlamentarischen Machtverhältnisse ein?
→ M2, M15
5. Erläutern Sie die Funktionsweise der präsidialen Kabinette unter Berücksichtigung der Art. 48, 25 und 53 der Weimarer Verfassung.
→ Text, M16, M20, M21
6. Im Ulmer Reichswehrprozess (1930) erklärte Hitler, auf legalem Wege an die Macht gelangen zu wollen. Stellen Sie eine Beziehung zur Aussage von Goebbels her.
→ M17
7. Vergleichen Sie die Konzeption der „Einrahmung Hitlers" mit dem tatsächlichen Verlauf der Geschichte.
→ Text, M22
8. Welche sozialen Schichten waren in der NSDAP überrepräsentiert?
→ M19
9. Fassen Sie zusammen: Welche Faktoren spielten bei der „Machtergreifung" Hitlers eine Rolle?
→ Text, M1, M3, M6, M12–M15, M20, M22

14. Der Nationalsozialismus

Der Historiker Hans-Ulrich Thamer hat sein Werk über das Dritte Reich mit dem Untertitel „Verführung und Gewalt“ versehen. In der Tat führten die nationalsozialistischen Machthaber auf meisterhafte Weise Regie, wenn es um Selbstdarstellung und Propaganda ging.

Das Bild von der Totenehrung auf dem Nürnberger Reichsparteitag (1934) vermittelt einen anschaulichen Eindruck von der Inszenierung der Macht: Menschenmassen, zu monolithischen Blöcken gegossen, geometrisch angeordnet, bilden ein Spalier für den „Führer“. Das Volk erscheint als – im doppelten Wortsinn – uniformiert. Im Abschreiten der überdimensionierten Fronten fand der Führerstaat seinen sinnfälligen Ausdruck: Hitler vorneweg, in gebührendem Abstand hinter ihm Himmler (Reichsführer SS) und Lutze (Stabschef der SA). Die pseudoreligiöse Prozession endete vor einer Art Altar mit stillem Gedenken. Kultische Handlungen stellten ein wesentliches Element in der Selbstdarstellung des Dritten Reiches dar. So gehörten Totenfeiern, wie zum Beispiel das Gedenken an die „Gefallenen der Bewegung“ (9. November) und die „Fahnenweihe“, zu den jährlich wiederholten Ritualen. Dabei wurden neue Parteifahnen von Hitler selbst mit der sogenannten Blutfahne (vom missglückten Putsch am 9. November 1923) in Berührung gebracht.

Warnung
Ernst Niekisch (1889–1967), Vertreter einer national-bolschewistischen Tendenz, 1939 wegen „literarischen Hochverrats“ verurteilt, nach dem Krieg Mitglied der KPD und SED, verließ die DDR nach dem 17. Juni 1953.

Die Demonstrationen von Macht und Geschlossenheit, die das NS-Regime inszenierte, stachen augenfällig ab von der Un-Ordnung des Jahres 1932, als Deutschland im Bürgerkrieg zu versinken drohte. Die Zeitgenossen hatten noch das Chaos aus den letzten Monaten der Weimarer Republik im Kopf. Auch darum blieben sehr viele Menschen nicht unbeeindruckt vom Bild dieser kraftvollen, aber gebändigten Menschenmassen. Und viele wurden verführt mitzumachen.

Hinter der Bühne, auf der sich das Regime darstellte, setzte unmittelbar nach der Machtergreifung eine ungehemmte Gewalttätigkeit ein. Diese begann mit der von staatlicher Seite weitgehend unkontrollierten Jagd der SA auf den politischen Gegner und setzte sich fort in der planmäßigen Errichtung von Konzentrationslagern.

14.1 Der Prozess der „Machtergreifung"

„Machtergreifung" ist ein nationalsozialistischer Propagandabegriff, der von Joseph Goebbels unermüdlich verbreitet wurde. Staatsrechtlich betrachtet handelte es sich bei den Ereignissen vom 30. Januar 1933 um eine Machtübertragung. Nach seiner Ernennung zum Reichskanzler stand Hitler einem sogenannten Kabinett der nationalen Erhebung vor, in dem zunächst nur drei Nationalsozialisten gegen neun andere (konservative) Minister standen. Der Nationalsozialist Frick hatte das Innenministerium inne, Göring war Minister ohne Geschäftsbereich und zugleich kommissarischer preußischer Innenminister. Aus dieser Position heraus begann die im Laufe von nur wenigen Monaten herbeigeführte Umwandlung der Weimarer Republik zum Einparteien- und Führerstaat.

Der Reichstagsbrand (27. Februar 1933) wurde von der neuen Regierung zum Anlass genommen, mithilfe einer Verordnung des Reichspräsidenten Hindenburg die Grundrechte außer Kraft zu setzen. Mit der Ausrufung eines angeblichen Staatsnotstandes begann die Verfolgung politischer Gegner, insbesondere von Kommunisten. Die SA wurde dabei als Hilfspolizei eingesetzt.

Das verfassungsändernde Ermächtigungsgesetz (23. März 1933) fand nur bei Kommunisten und Sozialdemokraten entschiedenen Widerstand. Die anderen im Reichstag vertretenen Parteien stimmten ihm teils freiwillig, teils unter Druck zu. Die erforderliche Zweidrittel-Mehrheit kam so zustande. Die kommunistischen Reichstagsabgeordneten befanden sich zum Zeitpunkt der Reichstagssitzung entweder auf der Flucht oder bereits im Konzentrationslager (KZ). In der Folgezeit wurde die Politik der Gleichschaltung systematisch weitergetrieben. Parteien und Verbände lösten sich selbst auf, oder sie wurden gewaltsam zerschlagen. Die Menschen organisierte man in teils neuen, teils bereits vorhandenen NS-Organisationen.

Die Auflösung der Länder zentralisierte die Macht in Berlin. Damit war jede Form der Gewaltenteilung aufgehoben.

M 1 Postkarte aus dem Jahr 1933
Friedrich II. der Große, Otto von Bismarck, Paul von Hindenburg und Adolf Hitler

M 2 **Häftlinge beim Zählappell im Konzentrationslager Sachsenhausen**
Die Zahl der politischen Gefangenen war nach der Machtergreifung Hitlers im Januar 1933 weit höher, als der arrangierte Jubel auf den Straßen und Plätzen erkennen ließ. Man weiß von 26 000 „Polizeigefangenen" bis Mitte Oktober. Weitaus mehr Fälle aber gab es, wo die Inhaftierten ohne Verfahren in eines der rasch entstehenden, metastasenhaft sich über das ganze Land ausbreitenden Konzentrationslager eingeliefert wurden. Ein regelrechtes Verfahren bekamen, wie die Statistik besagt, in den ersten sechs Jahren der nationalsozialistischen Herrschaft 225 000 Personen.

Text aus: J. Fest, Staatsstreich, Der lange Weg zum 20. Juli, Berlin 1994, S. 27.

Die neuen Machthaber „säuberten" den Staatsapparat von – im Sinne der Nationalsozialisten – politisch unzuverlässigen sowie jüdischen Mitarbeitern.

Das Ende der freien Gewerkschaften

Nicht untypisch für die Gleichschaltungspolitik der Nationalsozialisten war die Vorgehensweise bei der Zerschlagung der Gewerkschaften. Nachdem Hitler den 1. Mai 1933 zum „Tag der nationalen Arbeit" erklärt und damit einer alten Forderung der Arbeiterbewegung entsprochen hatte, schöpften viele Gewerkschaftsfunktionäre Hoffnung und glaubten, sich vielleicht doch mit den neuen Machthabern arrangieren zu können. Der Irrtum wurde schon am nächsten Tag offenkundig, als im ganzen Reich die Gewerkschaftsbüros von SA- und SS-Leuten besetzt wurden. Viele Gewerkschaftsfunktionäre wurden misshandelt, verhaftet und in Lager verschleppt. Der widerstandslosen Auflösung der als so mächtig angesehenen Gewerkschaften folgte die Überführung der Arbeitnehmer in die nationalsozialistische Deutsche Arbeitsfront (DAF).

Der Vorgang der gewaltsamen Gleichschaltung darf aber nicht darüber hinwegtäuschen, dass teilweise ein bruchloser Übergang von der Weimarer Republik zum Dritten Reich stattfand. So wurde beispielsweise der gesamte Polizei- und Justizapparat übernommen, in dem bereits eine konservative und zum Teil republikfeindliche Gesinnung vorherrschend gewesen war. Von den 122 Reichsrichtern wurde nur einer – ein Sozialdemokrat – entlassen!

Oberbefehl über die Reichswehr

Im Rückblick muss es nachgerade verwundern, mit welcher Geschwindigkeit die Gleichschaltung von Staat und Gesellschaft vollzogen wurde. Die Rechnung konservativer Politiker, Hitler als „Trommler" zu instrumentalisieren, war nicht aufgegangen.

Schon wenige Wochen nach dem unheilvollen 30. Januar 1933 schien Hitlers Machtposition ungefährdet. Nur noch zwei Institutionen standen seinem absoluten Herrschaftswillen im Weg, der Reichspräsident und die Reichswehr. Hindenburg – der einst so mächtige Reichspräsident der Weimarer Republik – zog sich schon bald aufs Altenteil zurück und spielte keine politische Rolle mehr. Er verstarb am 2. August 1934. Hitler nutzte die Gunst des Augenblicks, um sich die Funktion des Reichspräsidenten anzueignen und damit den Oberbefehl über die Reichswehr. Kurz darauf ließ Hitler die Reichswehr nicht auf eine Verfassung, sondern auf sich persönlich vereidigen.

Der sogenannte Röhmputsch (30. Juni 1934)

Nach der Ausschaltung der innenpolitischen Gegner des Nationalsozialismus zeichneten sich im Laufe des Jahres 1934 drei Konflikte ab: Erstens konkurrierten Hitler und der SA-Führer Ernst Röhm um die Führung der bewaffneten SA; zweitens ging es um die Frage, ob die Reichswehr der „alleinige Waffenträger der Nation“ sein sollte; und drittens versuchte die Schutzstaffel (SS) sich von der SA zu lösen und eine unabhängige Organisation zu werden.

In dieser Situation sicherte Hitler die Herrschaft auf seine Weise. Er ließ mithilfe der SS und mit Duldung der Reichswehr die SA-Führung ermorden. In dieser „Nacht der langen Messer“ rechnete die SS auch gleichzeitig mit anderen Gegnern ab. Man schätzt die Zahl der Toten auf 150 bis 200. Der Staatsrechtler Carl Schmitt rechtfertigte dieses Vorgehen mit dem Satz: „Der Führer schützt das Recht“.

Der sogenannte Röhmputsch bildete zusammen mit der nach Hindenburgs Tod erfolgten Vereidigung der Reichswehr auf Hitler den Abschluss der Gleichschaltung. Mitte 1934 war Hitlers Macht unzweifelhaft gefestigt. Es gab nun keinen innenpolitischen Gegner mehr, der ihm hätte gefährlich werden können. Die vom linken Flügel der NSDAP und der SA geforderte Fortsetzung der „nationalen Revolution“ in eine sozialistische Richtung war endgültig unterbunden.

Der Begriff „Röhmputsch“ als solcher ist irreführend und spiegelt die Sprache des politischen Siegers wider. Der Begriff suggeriert, dass Hitler in Staatsnotwehr gehandelt habe. Mit dieser Formulierung sollten die Morde gerechtfertigt werden. Nach der Erlangung des Oberbefehls über die Reichswehr und nach der Liquidierung der innerparteilichen Widersacher hielt der Diktator ab Mitte 1934 die uneingeschränkte Macht in seinen Händen. In nur 18 Monaten war es Hitler gelungen, die Institutionen der Weimarer Republik gänzlich aufzulösen. An die Stelle der pluralistischen Demokratie war der gleichgeschaltete Führerstaat getreten.

Chronologie

30. Januar 1933	Hindenburg beruft Hitler zum Reichskanzler eines konservativen Kabinetts, in dem die Nationalsozialisten noch in der Minderheit sind.
28. Februar 1933	Verordnung zum Schutz von Volk und Staat
5. März 1933	Letzte, nur noch bedingt freie Reichstagswahl; Stimmenanteil der NSDAP: 44 %
23. März 1933	Ermächtigungsgesetz
2. Mai 1933	Zerschlagung der Freien Gewerkschaften
22. Juni 1933	Verbot der SPD
30. Juni 1934	Hitler lässt die SA-Führung ermorden (sogenannter Röhmputsch).
2. August 1934	Nach Hindenburgs Tod lässt Hitler die Reichswehr auf sich persönlich vereidigen.

M 3 Verfolgung und KZ im Spiegel der gleichgeschalteten Presse

Die Bildfolge stammt aus dem satirischen Blatt „Kladderadatsch“ und wurde unter der Überschrift „Der Edelkommunist im Konzentrationslager“ 1933 publiziert.

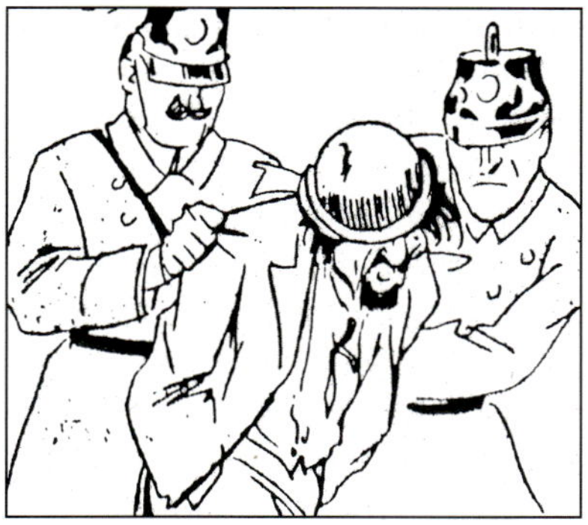

Verhaftung

Reinigung

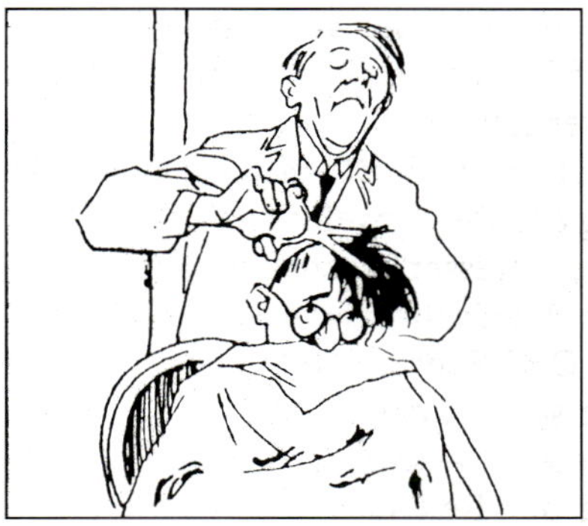

Beschneidung (Haare und Bart)

Auslüftung

Fotografie

Romanisches Café[1]

Als nach 6 Wochen seine Fotografie im Café Größenwahn[1] eintrifft: „Entsetzlich! Was muss der Ärmste durchgemacht haben!“

1 bekannter Treffpunkt von Schriftstellern und Intellektuellen in Berlin

M 4 Verordnung des Reichspräsidenten zum Schutz von Volk und Staat vom 28. Februar 1933

Aufgrund des Artikels 48 Absatz 2 der Reichsverfassung wird zur Abwehr kommunistischer staatsgefährdender Gewaltakte folgendes verordnet:

§ 1 Die Artikel 114, 115, 117, 118, 123, 124 und 153 der Verfassung des Deutschen Reiches werden bis auf Weiteres außer Kraft gesetzt. Es sind daher Beschränkungen der persönlichen Freiheit, des Rechtes der freien Meinungsäußerung, einschließlich der Pressefreiheit, des Vereins- und Versammlungsrechts, Eingriffe in das Brief-, Post-, Telegrafen- und Fernsprechgeheimnis, Anordnungen von Haussuchungen und von Beschlagnahme sowie Beschränkungen des Eigentums auch außerhalb der sonst hierfür bestimmten Grenzen zulässig.

Zit. nach: W. Conze, Der Nationalsozialismus, Teil I, Stuttgart 1972, S. 62 f.

M 5 Gesetz zur Behebung der Not von Volk und Reich (Ermächtigungsgesetz) vom 23. März 1933

[...] Artikel 1. Reichsgesetze können außer in dem in der Reichsverfassung vorgesehenen Verfahren auch durch die Reichsregierung beschlossen werden. [...]

Artikel 2. Die von der Reichsregierung beschlossenen Reichsgesetze können von der Reichsverfassung abweichen, soweit sie nicht die Einrichtung des Reichstags und des Reichsrats als solche zum Gegenstand haben. Die Rechte des Reichspräsidenten bleiben unberührt.

Zit. nach: W. Conze, a. a. O., S. 65 f.

M 6 Verabschiedung des Ermächtigungsgesetzes

Der SPD-Abgeordnete Wilhelm Hoegner[1] erinnert sich an die Umstände der Reichtstagssitzung vom 23. März 1933:

Als wir uns daraufhin in kleinen Gruppen zur Krolloper[2] begaben, fanden wir den weiten Platz davor, die Moltkestraße und Zeltenallee mit schwarzen Menschenhaufen bedeckt. Wilde Sprechchöre empfingen und begleiteten uns: „Wir wollen das Ermächtigungsgesetz, sonst gibt es Feuer!"
Junge Burschen, Hakenkreuzabzeichen an der Brust, musterten uns frech, versperrten uns schier den Weg und riefen uns Schimpfworte wie „Zentrumsschwein!"oder „Marxistensau!" zu. Es war ein richtiges Spießrutenlaufen. [...]
In der Krolloper wimmelte es von SA und SS. Wir erfuhren in der Garderobe, dass Severing[3] beim Eintritt in das Gebäude verhaftet worden war. Im Laufe der Sitzung wurde er dann allerdings wieder freigelassen. Der Sitzungssaal war mit riesigen Hakenkreuzfahnen und ähnlichem Zierat ausgeschmückt. Diplomatenlogen und Zuhörerränge waren überfüllt. Unsere Plätze befanden sich, da kommunistische Abgeordnete nicht anwesend waren, auf der äußersten Linken. Als wir sie eingenommen hatten, stellten sich SA- und SS-Leute an den Eingängen und Wänden hinter uns im Halbkreis auf. Ihre Mienen ließen nichts Gutes erwarten.

1 1887–1980; Reichstagsabgeordneter der SPD von 1930 bis 1933; nach dem Krieg Ministerpräsident in Bayern

2 Tagungsort des Reichstags nach dem Reichstagsbrand

3 1875–1952; Reichstagsabgeordneter der SPD; Innenminis-ter in Preußen von 1920–1932 (mit Unterbrechungen)

W. Hoegner, Flucht vor Hitler, Frankfurt 1979, S. 98.

M 7 Aus der Anordnung von Innenminister Frick über das Verbot der SPD vom 22. Juni 1933

Die Sozialdemokratische Partei Deutschlands ist namentlich nach ihrer Betätigung in den letzten Tagen und Wochen als staats- und volksfeindliche Organisation anzusehen. Ich ordne daher Folgendes an:
Sämtliche Mitglieder der Sozialdemokratischen Partei Deutschlands, die heute noch den Volksvertretungen und Gemeindevertretungen angehören, sind sofort von der weiteren Ausübung ihrer Mandate auszuschließen, weil ihre Weiterbetätigung eine Gefährdung der öffentlichen Sicherheit darstellt.

Zit. nach: H. Brüdigam, Das Jahr 1933, Der Terrorismus an der Macht, Frankfurt 1978, S. 104.

M 8 Gesetz gegen die Neubildung von Parteien vom 14. Juli 1933

Die Reichsregierung hat das folgende Gesetz beschlossen, das hiermit verkündet wird:
§ 1 In Deutschland besteht als einzige Partei die Nationalsozialistische Deutsche Arbeiterpartei.
§ 2 Wer es unternimmt, den organisatorischen Zusammenhalt einer anderen politischen Partei aufrechtzuerhalten oder eine neue politische Partei zu bilden, wird, sofern nicht die Tat nach anderen Vorschriften mit einer höheren Strafe bedroht ist, mit Zuchthaus bis zu drei Jahren oder mit Gefängnis von sechs Monaten bis zu drei Jahren bestraft.
Berlin, den 14. Juli 1933
Der Reichskanzler: Adolf Hitler
Der Reichsminister des Innern: Frick
Der Reichsminister der Justiz: Dr. Gürtner

Zit. nach: W. Hofer, Der Nationalsozialismus, Dokumente 1933–1945, Frankfurt/M. 1957, S. 61.

M 9 Zerschlagung der Gewerkschaften

Die sorgfältige Planung des Unternehmens geht aus einer Tagebuchnotiz von J. Goebbels[1] vom 17. April 1933 hervor:

Hier oben habe ich mit dem Führer die schwebenden Fragen eingehend durchgesprochen. Den 1. Mai werden wir zu einer grandiosen Demonstration deutschen Volkswillens gestalten. Am 2. Mai werden dann die Gewerkschaftshäuser besetzt. Gleichschaltung auch auf diesem Gebiet. Es wird vielleicht ein paar Tage Krach geben, aber dann gehören sie uns. Man darf hier keine Rücksicht mehr kennen. Wir tun dem Arbeiter nur einen Dienst, wenn wir ihn von der parasitären Führung befreien, die ihm bisher nur das Leben sauer gemacht hat.
Sind die Gewerkschaften in unserer Hand, dann werden sich auch die anderen Parteien und Organisationen nicht mehr lange halten können. Jedenfalls ist der Entschluss gestern auf dem Obersalzberg [Hitlers Wohnsitz] gefasst worden. Ein Zurück gibt es nicht mehr. Man muss den Dingen nur ihren Lauf lassen. In einem Jahr wird ganz Deutschland in unserer Hand sein.

1 Reichsminister für Volksaufklärung und Propaganda

Zit. nach: W. Conze, a. a. O., S. 67.

M 10 „Gesetz zur Wiederherstellung des Berufsbeamtentums“ (7. April 1933)

§ 2 (1) Beamte, die seit dem 9. November 1918 in das Beamtenverhältnis eingetreten sind, ohne die für ihre Laufbahn vorgeschriebene oder übliche Vorbildung oder sonstige Eignung zu besitzen, sind aus dem Dienste zu entlassen. [...]

§ 3 (1) Beamte, die nicht-arischer Abstammung sind, sind in den Ruhestand zu versetzen. Soweit es sich um Ehrenbeamte handelt, sind sie aus dem Amtsverhältnis zu entlassen. [...]

§ 4 Beamte, die nach ihrer bisherigen politischen Betätigung nicht die Gewähr dafür bieten, dass sie jederzeit rückhaltlos für den nationalen Staat eintreten, können aus dem Dienst entlassen werden. [...]

Zit. nach: W. Lautemann, M. Schlenke (Hg.), Geschichte in Quellen, Bd. 5, München 1961, S. 299.

M 11 Bücherverbrennung in Berlin am 10. Mai 1933

Heinrich Heine: „Wo man Bücher verbrennt, dort verbrennt man am Ende auch Menschen“.

M 12 Scheiterhaufen[1]

Anlässlich der Bücherverbrennung am 10. Mai 1933 auf dem Opernplatz in Berlin riefen Studenten in braunen Uniformen:

1. Rufer: „Gegen Klassenkampf und Materialismus, für Volksgemeinschaft und idealistische Lebenshaltung! Ich übergebe dem Feuer die Schriften von Marx und Kautsky.“

2. Rufer: „Gegen Dekadenz und moralischen Verfall! Für Zucht und Sitte in Familie und Staat! Ich übergebe dem Feuer die Schriften von Heinrich Mann, Ernst Glaeser und Erich Kästner.“

3. Rufer: „Gegen Gesinnungslumperei und politischen Verrat, für Hingabe an Volk und Staat! Ich übergebe dem Feuer die Schriften von Friedrich Wilhelm Foerster.“

4. Rufer: „Gegen seelenzerfasernde Überschätzung des Trieblebens, für den Adel der menschlichen Seele! Ich übergebe dem Feuer die Schriften des Sigmund Freud.“

5. Rufer: „Gegen Verfälschung unserer Geschichte und Herabwürdigung ihrer großen Gestalten, für Ehrfurcht vor unserer Vergangenheit! Ich übergebe dem Feuer die Schriften von Emil Ludwig und Werner Hegemann.“

6. Rufer: „Gegen volksfremden Journalismus demokratisch-jüdischer Prägung, für verantwortungsvolle Mitarbeit am Werk des nationalen Aufbaus! Ich übergebe dem Feuer die Schriften von Theodor Wolff und Georg Bernhard.“

7. Rufer: „Gegen literarischen Verrat am Soldaten des Weltkrieges, für Erziehung des Volkes im Geist der Wehrhaftigkeit! Ich übergebe dem Feuer die Schriften von Erich Maria Remarque.“

8. Rufer: „Gegen dünkelhafte Verhunzung der deutschen Sprache, für Pflege des kostbarsten Gutes unseres Volkes! Ich übergebe dem Feuer die Schriften von Alfred Kerr.“

9. Rufer: „Gegen Frechheit und Anmaßung, für Achtung und Ehrfurcht vor dem unsterblichen

deutschen Volksgeist! Verschlinge, Flamme, auch die Schriften der Tucholsky und Ossietzky!"

1 Die Bücherverbrennungen waren Teil einer Kampagne „wider den undeutschen Geist", die von der Nationalsozialistischen Deutschen Studentenschaft mit Unterstützung durch Goebbels organisiert wurde. Bücherverbrennungen fanden in ca. 30 Universitätsstädten statt.

Zit. nach: Chr. Graf von Krockow, Scheiterhaufen, Größe und Elend des deutschen Geistes, Berlin 1983, S. 11 f.

M 13 Machtkämpfe

Der Zeithistoriker Klaus Hildebrand beleuchtet die Hintergründe des sogenannten Röhmputsches:

Nachdem Hitler und Frick[1] bei verschiedenen Gelegenheiten vom Juli 1933 an die Revolution für beendet erklärt hatten, musste der „Führer" endlich noch mit einem ihn herausfordernden Machtfaktor im Lager seiner eigenen „Bewegung" fertig werden. Es stellte sich nämlich immer drängender die Frage, was mit jener „Sturmabteilung" (SA) werden sollte, die als eine ihrem „Führer" ergebene Bürgerkriegstruppe erheblich dabei mitgeholfen hatte, die Weimarer Republik zu zerstören, politische Gegner auf den Straßen zu bekämpfen und die „Machtergreifung" zu ermöglichen. Jetzt verlangte sie ihren Tribut, und dumpf drang aus den Reihen der SA-Männer der Ruf nach einer zweiten, einer sozialen Revolution, der, so unartikuliert er sich auch ausnahm, insgesamt doch an die Tradition jener 1930 aus der NSDAP ausgetretenen bzw. aus ihr entfernten „linken" Nationalsozialisten erinnerte. Die Führer der SA, vor allem ihr Stabschef Ernst Röhm, forderten den Oberbefehl über eine aus revolutionärer SA und konservativem Heer zu bildenden Volksmiliz. Dabei sollte der „graue Fels" der Reichswehr in der „braunen Flut" der Parteitruppe untergehen. Diesem Verlangen stand das Offizierskorps unter von Blomberg selbstverständlich misstrauisch und ablehnend gegenüber. Im Hinblick auf die angestrebte möglichst frühzeitige Kriegsbereitschaft des Deutschen Reiches entschied sich Hitler für die Zusammenarbeit mit den konservativen Offizieren und gegen die sozialromantischen Ideen der SA. Angebliche Putschpläne Röhms wurden zum Vorwand genommen, um die Führung der SA unter Mithilfe und Begünstigung durch die Reichswehr zu beseitigen, Hitlers Macht zu festigen, der konservativen Forderung vom Ende der Revolution nachzukommen, dem Militär die Sorge vor einem lästigen Konkurrenten zu nehmen und den Aufstieg der „Schutzstaffel" (SS) einzuleiten. Sie wurde nicht nur Hitlers Prätorianergarde[2], sondern mehr und mehr auch ideologische Vorhut und weltanschaulicher Orden für die nationalsozialistische Rassenpolitik.

1 W. Frick (1877–1946), Nationalsozialist, u. a. Reichsinnenminister von 1933–1943, 1946 in Nürnberg zum Tod verurteilt und hingerichtet.

2 Leibgarde

K. Hildebrand, Das Dritte Reich, München, Wien 1979, S. 14.

Aufgaben

1. Fassen Sie als ausländischer Beobachter in Berlin die Ergebnisse in Form eines Tagebucheintrags zum 1. März 1933, 3. Mai 1933 und 3. August 1934 zusammen. → Text
2. Analysieren Sie den Zweck, den die neuen Machthaber mit der Postkarte 1933 verfolgten. → M1
3. Formell wurde die Weimarer Verfassung nie außer Kraft gesetzt. Die Nationalsozialisten legalisierten ihre politischen Maßnahmen unter Bezug auf die Verordnung vom 28. Februar 1933 beziehungsweise auf das Ermächtigungsgesetz. Inwiefern wurde damit die Grundlage für die Diktatur geschaffen? → Text, M4, M5
4. Erläutern Sie, was Gleichschaltung in der politischen Praxis bedeutete. Welche Methoden wurden im Einzelnen angewandt, um die Gleichschaltung durchzusetzen? → Text, M3–M13
5. Erklären Sie, warum die NS-Diktatur keine freien Gewerkschaften dulden konnte. → Text, M9
6. Welche Absichten wurden mit einer Darstellung wie derjenigen im „Kladderadatsch" verfolgt? → M3
7. Analysieren Sie die Sprache im Zusammenhang mit der kulturellen Gleichschaltung. Wer waren die „verbrannten" Schriftsteller? → M11, M12
8. Bewerten Sie die Gründe für die Entmachtung der SA durch Hitler. → Text, M13
9. Fassen Sie das politische Ergebnis des sogenannten Röhmputsches zusammen. → Text, M13

14.2 Nationalsozialistische Ideologie

Ideologie ist ein mehrdeutiger Begriff. Er bezeichnet unter anderem Ideen und Wertvorstellungen, die als Richtschnur für das Handeln politischer Gruppen dienen (können) beziehungsweise einen Herrschaftsanspruch rechtfertigen. In einer Ideologie können Interessen zum Ausdruck gebracht oder auch verschleiert werden. Oftmals erhält sie einen wissenschaftlichen Anstrich, der sie unangreifbar machen soll.

Ideen werden zur politischen Macht, wenn sie sich in den Köpfen der Menschen festsetzen und damit zur „materiellen Gewalt“ werden. Auch wenn es dem Nationalsozialismus in freien Wahlen nicht gelungen war, eine Mehrheit der Wähler für sich zu gewinnen, so ist doch unstrittig, dass er am Ende der Weimarer Republik die stärkste politische Kraft darstellte. Dieser relative Erfolg ist darauf zurückzuführen, dass die „Hitler-Bewegung“ offenkundig verschiedene Sehnsüchte der Bevölkerung zu befriedigen vermochte. In pseudoreligiöser Weise wurde einem Volk, das durch Kriegsniederlage, Inflation und Wirtschaftszusammenbruch in eine schwere Orientierungskrise geraten war, Mut und Zuversicht vermittelt. Dies unterschied sich in elementarer Weise vom sachlich-kühlen Politikstil der Weimarer Republik.

Mit der geschickten Propagierung eines dritten Weges zwischen Kapitalismus und Kommunismus verknüpfte man das Leitbild von der Volksgemeinschaft, die dem kommunistischen Ideal der klassenlosen Gesellschaft entgegengesetzt wurde. Die nationalsozialistische Propaganda antwortete auf die Niedergeschlagenheit breiter Bevölkerungskreise mit dem unbedingten Willen zum nationalen Wiederaufstieg. „Befreiung von den Fesseln von Versailles“ – so lautete eine der Parolen, was für manchen gedemütigten Deutschen eine Stärkung seines Selbstwertgefühls bedeuten mochte.

Führerkult

Ein weiteres zentrales Element der NS-Ideologie war der Führerkult. Führer sind ein durchaus gängiges Erscheinungsbild der politischen Geschichte. Ihre Macht beruht darauf, dass sie bestimmten weit verbreiteten Idealen entsprechen und ein Identifikationsangebot für die Massen darstellen. Hitler repräsentierte im Zusammenhang der NS-Ideologie den Erlöser, der von der „Vorsehung“ berufen sei, die zu Unrecht mit dem Makel der Kriegsniederlage belastete Nation zu befreien. Versehen mit einer quasi religiösen Ausstrahlung versprach er, Nation und Rasse zu vereinigen, was auf die demoralisierten Massen als ein Angebot zur Überwindung der Krise wirkte. Führer legitimieren sich in

M 1

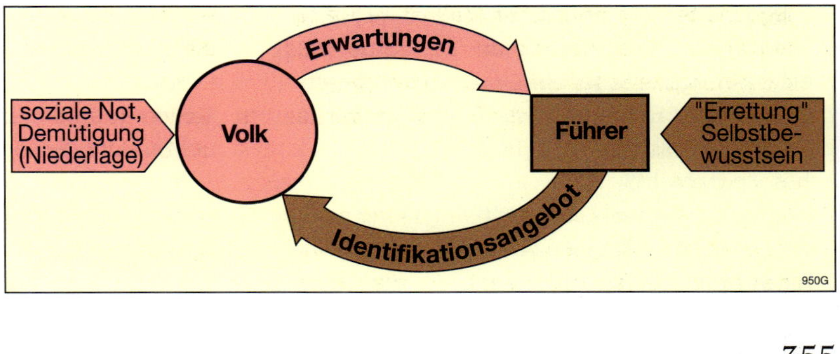

der Regel nicht durch freie und demokratische Wahlen, sondern durch ihr Charisma, das heißt ihre Ausstrahlung. Sie berufen sich auf eine höhere Instanz („Vorsehung") beziehungsweise ihre eigene Auserwähltheit. Mit dem modernen Führerkult des 20. Jahrhunderts verbindet sich zumeist auch eine hierarchisierte und militarisierte Gesellschaft.

Sozialdarwinismus

Die NS-Ideologie wurde am populärsten von Hitler in „Mein Kampf" (1925) formuliert. Er machte sich eine Denkrichtung zu eigen, die sich auf den englischen Naturforscher Charles Darwin (1809–1882) bezieht. Darwin hatte eine Theorie zur Ausbildung der Lebewesen formuliert, derzufolge Entwicklung als „natürliche Auslese" verstanden wird. Dasjenige Lebewesen, das der Umwelt besser angepasst beziehungsweise lebenstüchtiger ist, setze sich durch. Die Sozialdarwinisten übertrugen diese Theorie auf den Menschen und verstanden die Gesellschaft als biologischen Organismus. Ergänzt wurde diese kriegerische Weltsicht durch einen Dualismus, der die Menschheit in Gut und Böse aufspaltete. Aus rassischer Perspektive richtete sich die Hasspropaganda gegen die Juden als der Verkörperung des Bösen – schuld am Unglück der Deutschen („jüdisch-bolschewistische Weltverschwörung"). Auf politischer Ebene wurde die Negativrolle in erster Linie dem internationalen Kommunismus zugewiesen.

Antisemitismus

Nach der Volkszählung von 1933 gab es im Deutschen Reich nur 499 000 Juden, das waren 0,8 Prozent der Gesamtbevölkerung. Dennoch hatte die nationalsozialistische Propagandamaschinerie erfolgreich versucht, die Weimarer Republik als „Judenrepublik" zu verleumden. Obgleich diese Einschätzung einer sachlichen Prüfung nicht standhält (so waren zum Beispiel von 250 Ministern der Weimarer Republik nur sechs Juden gewesen), wurde sie doch in breiten Bevölkerungskreisen für bare Münze genommen. Dies kann man durch die Existenz von antisemitischen Vorurteilen erklären, die – nicht nur in Deutschland – eine lange Tradition haben. Der Antisemitismus lässt sich bis ins Mittelalter zurückverfolgen, wobei es zurzeit des ersten Kreuzzuges (um 1100), aber auch im Zusammenhang mit dem Auftreten der Pest (um 1350) zu blutigen Pogromen (Verfolgungen) gekommen war. Die Juden wurden damals als „Christus-Mörder" und „Brunnenvergifter" gebrandmarkt. Als wehrlose Minderheit mussten sie immer wieder die Rolle von gesellschaftlichen Sündenböcken spielen. Ihre wirtschaftliche Bedeutung als Händler und Bankiers begünstigte zusätzlich das Entstehen von Gefühlen der Abneigung.

Das 19. Jahrhundert markiert dann das Entstehen eines Antisemitismus auf rassischer Grundlage. Wegbereiter dieser Entwicklung waren unter anderen Joseph Arthur Graf von Gobineau (1816–1882) und Houston Stewart Chamberlain (1855–1927). Der Antisemitismus war also keineswegs eine Erfindung Hitlers, vielmehr konnte dieser an eine lange – zeitweilig schlummernde, zeitweilig offene – Tradition anknüpfen. Antisemitismus ist kein speziell deutsches Phänomen. Pogrome gegen Juden haben insbesondere in Osteuropa eine lange Vorgeschichte. Die Besonderheit des nationalsozialistischen Antisemitismus liegt in seiner biologistischen Ausprägung. Juden wurden von den NS-Rassefanatikern mit Krankheitskeimen gleichgesetzt („Rassentuberkulose"), wodurch die Vernichtungskonsequenz auch sprachlich zum Ausdruck kam.

M 2 Aus einem Kinderbuch
Die Bildüberschrift lautet: „Dies ist der Jud, das sieht man gleich, der gößte Schuft im ganzen Reich! Er meint, dass er der schönste sei, und ist so hässlich doch dabei!"
Aus dem Kinderbuch „Der Giftpilz", erschienen 1938 im Verlag „Der Stürmer".

M 3 Sozialdarwinismus und Krieg

Hitler sprach vor Offizieren der Wehrmacht (22. Juni 1944):

Die Natur lehrt uns bei jedem Blick in ihr Walten, dass [...] das Prinzip der Auslese sie beherrscht, dass der Stärkere Sieger bleibt und der Schwächere unterliegt. Sie lehrt uns, dass das, was dem Menschen dabei oft als Grausamkeit erscheint, weil er selbst betroffen ist oder weil er durch seine Erziehung sich von den Gesetzen der Natur abgewandt hat, im Grunde doch notwendig ist, um eine Höherentwicklung der Lebewesen herbeizuführen. [...] [Die Natur] kennt vor allem nicht den Begriff der Humanität, der besagt, dass der Schwächere unter allen Umständen zu fördern und zu erhalten sei, selbst auf Kosten der Existenz des Stärkeren. [...]
Die Natur kennt in der Schwäche keinen Milderungsgrund, [...] im Gegenteil, die Schwäche ist der Grund zur Verurteilung. [...]
Der Krieg ist also das unabänderliche Gesetz des ganzen Lebens, die Voraussetzung für die natürliche Auslese des Stärkeren und zugleich der Vorgang der Beseitigung des Schwächeren. Das, was dem Menschen dabei als grausam erscheint, ist vom Standpunkt der Natur aus selbstverständlich weise. Ein Volk, das sich nicht zu behaupten vermag, muss gehen und ein anderes an seine Stelle treten. Ein Wesen auf dieser Erde wie der Mensch kann sich nicht dem Gesetz entziehen, das für alle anderen Wesen auch gültig ist. [...] Seit es Wesen auf dieser Erde gibt, ist der Kampf das Unvermeidliche.

Zit. nach: H. Krausnick, Judenverfolgung, in: Broszat u. a., Anatomie des SS-Staates Bd. 2, München 1967, S. 246.

M 4 Außenpolitische Zielsetzung

Hitler schrieb in „Mein Kampf":

Demgegenüber müssen wir Nationalsozialisten unverrückbar an unserem außenpolitischen Ziele festhalten, nämlich dem deutschen Volk den ihm gebührenden Grund und Boden auf dieser Erde zu sichern. [...] Der Grund und Boden, auf dem dereinst deutsche Bauerngeschlechter kraftvolle Söhne zeugen können, wird die Billigung des Einsatzes der Söhne von heute zulassen, die verantwortlichen Staatsmänner aber, wenn auch von der Gegenwart verfolgt, dereinst freisprechen von Blutschuld und Volksopferung. [...]
Staatsgrenzen werden durch Menschen geschaffen und durch Menschen geändert. [...]
Deutschland wird entweder Weltmacht oder überhaupt nicht sein. [...]

A. Hitler, Mein Kampf, München 1942, S. 739 ff.

M 5 Wiederaufstieg

Hitler schrieb 1927 in einer geheimen Broschüre für Industrielle:

Die neue Bewegung lehnt kategorisch jede Standes- und Klassenteilung ab und proklamiert an deren Stelle eine zusammenfassende deutsche Einstellung. [...]
Die nationalsozialistische Bewegung erkennt weiter als wesentlichste Voraussetzung zur Lösung dieser Aufgabe und für die Bildung eines einheitlichen Nationalkörpers die restlose Eingliederung des sogenannten vierten Standes in die Volksgemeinschaft. Sie sieht darin nicht ein theoretisches Problem, sondern die Lebensvoraussetzung für unser Volk. Sie wünscht, dass diese Millionenmasse unseres Volksgutes aus den Händen ihrer derzeitigen internationalen, meist undeutschen Verführer und Leiter genommen wird und ihre volle Eingliederung in den Rahmen der Nation und des Staates findet.

Zit. nach: R. Kühnl, Der deutsche Faschismus in Quellen und Dokumenten, Köln 1975, S. 118 f.

M 6 Der Aufbau der NS-Organisation

Hitler beschrieb in seinem Buch „Mein Kampf" den Aufbau seiner Bewegung:

Die Bewegung vertritt im Kleinsten wie im Größten den Grundsatz der unbedingten Führerautorität, gepaart mit höchster Verantwortung.
Die praktischen Folgen dieses Grundsatzes in der Bewegung sind nachstehende: Der erste Vorsitzende einer Ortsgruppe wird durch den nächsthöheren Führer eingesetzt. [...] Sämtliche Ausschüsse unterstehen ihm und nicht er umgekehrt einem Ausschuss. [...] Der gleiche Grundsatz gilt für die nächsthöhere Organisation, den Bezirk, den Kreis oder den Gau. Immer wird der Führer von oben eingesetzt und gleichzeitig mit unbeschränkter Vollmacht und Autorität bekleidet. [...]
Der Fortschritt und die Kultur der Menschheit sind nicht ein Produkt der Majorität, sondern beruhen ausschließlich auf der Genialität und der Tatkraft der Persönlichkeit. [...]
Damit ist die Bewegung aber antiparlamentarisch, und selbst ihre Beteiligung an einer parlamentarischen Institution kann nur den Sinn einer Tätigkeit zu deren Zertrümmerung besitzen, zur Beseitigung einer Einrichtung, in der wir eine der schwersten Verfallserscheinungen der Menschheit zu erblicken haben.

A. Hitler, Mein Kampf, a. a. O., S. 378 f.

M 7 Erziehung des Volkes

Hitler sprach am 15. März 1933 vor dem Generalrat der Wirtschaft:

Man muss ein Volk dazu erziehen, dass es durch dick und dünn mit seiner Regierung marschiert und dass es sich mit seiner Regierung absolut verbunden fühlt, ein Volk, in das man die ganzen Momente psychologischer Art sofort hineingeben kann, das man aufputschen kann, das man begeistern kann und das man mitreißen kann. Wenn das nicht möglich ist, sind alle Maßnahmen vergeblich, muss man kapitulieren.

Zit. nach: T. W. Mason, Sozialpolitik im Dritten Reich, Opladen 1977, S. 208.

M 8 Hitler als Vaterfigur

Aus einem Malbuch für Kinder

M 9 Glaube und Politik

Aus einem „Schulungsbrief" der NSDAP, IV. Jahrgang, 4. Folge 1937:

Adolf Hitler!
Dir sind wir allein verbunden! Wir wollen in dieser Stunde das Gelöbnis erneuern:
Wir glauben auf dieser Erde allein an Adolf Hitler.
Wir glauben, dass der Nationalsozialismus der allein seligmachende Glaube für unser Volk ist.
Wir glauben, dass es einen Herrgott im Himmel gibt, der uns geschaffen hat, der uns führt, der uns lenkt und der uns sichtbarlich segnet.
Und wir glauben, dass dieser Herrgott uns Adolf Hitler gesandt hat, damit Deutschland für alle Ewigkeit ein Fundament werde.
Reichsleiter Dr. Robert Ley am 10. Februar 1937[1]

1 R. Ley (1890–1945), u. a. Leiter der Deutschen Arbeitsfront (DAF); Selbstmord in Nürnberg

Zit. nach: Neue Gesellschaft für Bildende Kunst und Kunstamt Kreuzberg (Hg.), Faschismus, Berlin 1976, S. 85.

M 10 Antisemitische Propaganda

Schreiben der Firma W.G. in Kehl an die Stadtverwaltung Kornwestheim vom 30. Oktober 1936:

Im Kampf gegen das Judentum, die treibende Kraft des Weltfeindes 1, den Bolschewismus, habe ich mit Genehmigung des Zentralverlages der NSDAP, Franz Eher Nachfolger GmbH München, für das Deutsche Reichsgebiet den Alleinvertrieb antisemitischer Spruchtafeln, Zitate aus Adolf Hitlers „Mein Kampf", übernommen. Es handelt sich hier um eine antisemitische Propaganda, die sehr wohl geeignet erscheint, zur weltanschaulichen Schulung unseres Volkes wesentlich beizutragen. Ferner stellen diese Spruchtafeln noch eine vorbildliche und würdige Ausschmückung von Dienst- und Verkehrsräumen von Partei und Staat dar. Namentlich empfiehlt sich der Aushang dieser Spruchtafeln in Räumen, wo ein reger Publikumsverkehr herrscht [...].
Die Spruchtafeln [...] werden zu einem Preise von RM 2,60 pro Stück an Behörden und Verwaltungsdienststellen abgegeben. [...]
Heil Hitler! W. G.
Der Jude ist und bleibt der typische Parasit, ein Schmarotzer, der wie ein schädlicher Bazillus sich immer mehr ausbreitet, sowie nur ein günstiger Nährboden dazu einlädt.
Hitler „Mein Kampf", Seite 334
Nr. 51 – Adolf Hitler
Der Jude, nur scheinbar darauf ausgehend, die Lage des Arbeiters zu verbessern, in Wahrheit aber die Versklavung und damit die Vernichtung aller nichtjüdischer Völker beabsichtigend.
Hitler „Mein Kampf" Seite 351
Nr. 52 – Adolf Hitler
Der Jude lauert stundenlang, satanische Freude in seinem Gesicht, auf das ahnungslose Mädchen, das er mit seinem Blute schändet und damit seinem, des Mädchens, Volke raubt.
Hitler „Mein Kampf", Seite 357
Nr. 59 – Adolf Hitler

Zit. nach: Dokumente über die Verfolgung der jüdischen Bürger in Baden-Württemberg durch das Nationalsozialistische Regime 1933–1945, Bd. 1, hrsg. von der Archivdirektion Stuttgart, bearbeitet von P. Sauer, Stuttgart 1966, S. 86 f.

Der Vampyr

Vom Teufel in die Welt gesetzt er stets die Völker quält und hetzt

Schlangenbrut

Der Jud führt nicht umsonst den Wurm als Zeichen
Was er erreichen will, das sucht er zu erschleichen

M 11 Antisemitische Propaganda

Die Abbildungen stammen aus dem antisemitischen Wochenblatt „Der Stürmer", 1934.

M 12 NS-Rassenprogramm

Der Zeithistoriker Wolfgang Scheffler fasst das NS-Rassenprogramm zusammen:

Unter Missachtung und Missdeutung aller wissenschaftlichen Ergebnisse wurden aus verschiedenen Bereichen der Wissenschaft jene Bausteine zusammengetragen, die zusammengesetzt das Wunschbild einer angeblich reinen Rasse ergeben sollten. Dieser reinen Rasse schrieb man dank der „Tatsache", dass sich bei ihr nur die guten Eigenschaften vererbten, alle Kulturschöpfungen der Geschichte zu. Alle anderen, angeblich mehr oder minder untereinander vermischten Rassen wurden als minderwertig betrachtet. Die „Artreinheit" ist eine der Grundlagen für den Anspruch des Nationalsozialismus auf die Gewinnung von „Lebensraum" im Osten, mit dessen Hilfe die „arische Herrenrasse" Europa beherrschen sollte. Der Gegenpol des Herrenmenschen ist nach der nationalsozialistischen Ideologie der Jude, der den Herrschaftsanspruch des „arischen" Menschen bedroht und den es zu bekämpfen gilt. Die angeblich minderwertigen Mischrassen, wie z. B. die slawischen Völker, die als willige Hilfsorgane der „jüdischen Weltmacht" angesehen wurden, sollten als zukünftige Sklaven im Großgermanischen Reich Verwendung finden, und ihrer biologischen Fortpflanzung wollte man Beschränkung auferlegen.

W. Scheffler, Judenverfolgung im Dritten Reich, Berlin 1964, S. 13.

M 13 Rasse und Gesäß

Abbildung aus einem „Ostara"-Heft – eine Schriftenreihe, die auch von Hitler gelesen wurde.

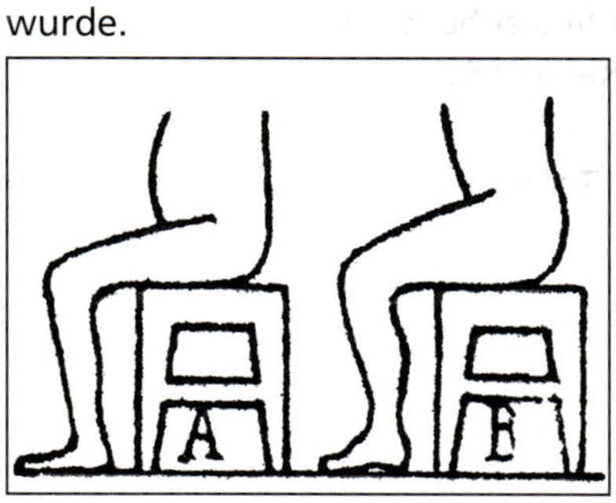

Gesäßformen: **A** der niederen, **B** der höheren Rasse

M 14 Judenfeindschaft

Der Psychoanalytiker Rudolph M. Loewenstein untersucht, wie Feindbild und Aggressionslenkung zusammenhängen:

Die wahnähnlichen Überzeugungen der Antisemiten reflektierten die Furcht und die deutlichen Hassregungen gegenüber den Juden. „Der Jude" gilt im Mittelalter als Hexer, Zauberer, Mörder, Kannibale und Feind der Menschheit. Er wird schließlich nicht mehr als menschliches Wesen angesehen. […] Jetzt klagt man sie an, sie nähmen den armen „Ariern" die Substanz, zerre sie in Kriege hinein, die vorher von Juden vom Zaun gebrochen worden seien, und sie seien die Anstifter teuflischer Verschwörungen zur Zerstörung und Versklavung der „arischen" Welt. […]

Aggressionskräfte einer Gruppe wachsen bekanntlich in Zeiten von Not, Unheil, von Zwietracht und Gefahr. Die Juden sind aus vielen Anlässen oft Ziel-

scheiben und Opfer dieser Aggressionen geworden, die sich dann in einem systematischen und allgemeinen Antisemitismus organisiert haben. [...] Der Antisemitismus verdankt seine besondere Stoßkraft der Verschiebung der Aggressionskräfte, die bei den Massen durch reale soziale Probleme freigesetzt werden. [...]
Nun boten sich die Juden, eine schwache Minderheit, der man eine „finstere und furchtbare Macht" zuschrieb, den Naziführern als der gesuchte Prügelknabe an. Auf sie lenkten sie nun die im Herzen der Nation freigesetzten Aggressionskräfte und besänftigten dadurch die gewaltigen Konflikte, die das deutsche Volk zerspalteten. Das Manöver war simpel und hatte doppelten Effekt: Die Juden wurden für die Niederlage verantwortlich. Die Naziführer schrieben ihnen die Nöte der Nachkriegszeit zu und übertrugen auf sie die den Deutschen eigenen Schwächen. Der Deutsche war niemals im Unrecht, dem jüdischen Einfluss war alles zu verdanken. Hervor trat das deutsche Volk, der Schande, der Verantwortungen und der Gewissensbisse ledig.

R. M. Loewenstein, Psychoanalyse des Antisemitismus, Frankfurt/M. 1967, S. 39, 45 f., 50 f.

M 15 **Vertreibung der Juden**
Aus dem Kinderbuch von E. Bauer, „Trau Keinem Fuchs auf grüner Heid und Keinem Jud bei seinem Eid" von 1936. Die Bildinschrift lautet: Einbahnstraße; tempo, tempo; Die Juden sind unser Unglück!

Aufgaben

1. Fassen Sie zusammen, wie Hitler seine Sichtweise der Gesellschaft begründete.
   → Text, M3
2. Analysieren Sie die außenpolitischen Konsequenzen dieser Ideologie.
   → M3, M4
3. Kann man im Hinblick auf Hitlers Programm von einer „natürlichen Auslese" (Darwin) sprechen?
   → Text, M3, M4
4. Inwiefern stellen Sozialdarwinismus und Volksgemeinschaftsideologie – trotz scheinbarer Gegensätzlichkeit – zwei Seiten der gleichen Medaille dar?
   → M5
5. Geben Sie die Begründung Hitlers für das Führerprinzip wieder. Wie sah er das Volk?
   → Text, M6
6. Beschreiben und erläutern Sie die Formen der Unterwerfung, wie sie in M8 und M9 zum Ausdruck kommen.
   → Text, M8, M9
7. Welche Verführung ging für viele Menschen der Weimarer Republik von einem Führer aus bzw. welchen Bedürfnissen entsprach er?
   → Text, M1, M7–M9
8. Untersuchen Sie die Rolle, die die Juden im nationalsozialistischen Weltbild einnahmen.
   → Text, M2, M10–M15
9. Inwiefern kann der Antisemitismus als eine Herrschaftstechnik bezeichnet werden? Diskutieren Sie den Mechanismus der Aggressionsverschiebung.
   → M14

14.3 „Gleichschaltung“ von Staat und Gesellschaft

Die Nationalsozialisten waren wegen ihrer antidemokratischen Einstellung zu keinem Zeitpunkt bereit, sich durch freie Wahlen wieder von der Machtausübung abberufen zu lassen. Sie arbeiteten folglich nach der Machtübernahme planmäßig darauf hin, ihre Herrschaft lückenlos zu festigen. Die zu diesem Zweck ergriffenen Maßnahmen bezeichnet man als Herrschaftstechnik.

Die gesamte literarische Produktion wurde überwacht. Schwarze Listen dienten der „Säuberung“ von Bibliotheken. Die Aufgabe der Reichsschrifttumskammer bestand darin, das – wie es hieß – „deutsche Kulturleben von allem schädlichen und unerwünschten Schrifttum rein zu halten.“ Diese Politik mündete augenfällig in den Bücherverbrennungen vom 10. Mai 1933. Die kulturelle „Gleichschaltung“ verursachte die Emigration der führenden deutschen Schriftsteller. Ungefähr ein Drittel aller Hochschullehrer wurde aus dem Dienst entlassen oder ging ins Ausland. Das deutsche Geistesleben im Allgemeinen und die deutsche Wissenschaft im Besonderen haben einen Aderlass ohnegleichen erfahren.

M 1

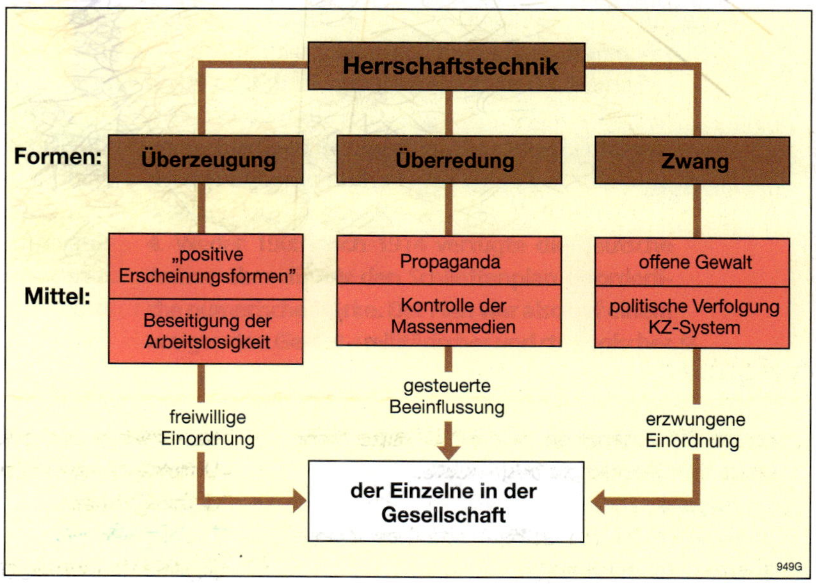

Propaganda

„In Deutschland gibt es keine Privatsache mehr.“ Diese Worte des Leiters der Deutschen Arbeitsfront Robert Ley machen den Anspruch auf totale Durchdringung von Staat, Gesellschaft und Individuum deutlich. Bei der Lenkung jedes Einzelnen kam den Massenmedien eine zentrale Aufgabe zu. Joseph Goebbels als Reichsminister für Volksaufklärung und Propaganda sorgte dafür, dass die von den Nationalsozialisten abweichenden Stimmen schnell verstummten. Reichskulturkammer (22. Sept. 1933) und Schriftleitergesetz (4. Okt. 1933) legalisierten eine massive Personalpolitik. Rundfunk („Volksempfänger“), Presse, Film und Literatur wurden einer strengen Zensur unterworfen und zügig zu Instrumenten nationalsozialistischer Indoktrination umfunktioniert.

Jugend und Schule

Die nationalsozialistische Führung war sich der Tatsache bewusst, dass die Jugend der Schlüssel für die Zukunft ist. Folglich setzte die totalitäre Vereinnahmung des Einzelnen durch den Staat bereits beim Kind an. Ab 1939 war die Mitgliederschaft in der Hitlerjugend (HJ) Pflicht. Die verschiedenen Organisationen waren entsprechend der NS-Ideologie hierarchisch nach dem Führerprinzip aufgebaut. Auch die Schule blieb von Eingriffen nicht verschont. Diese dokumentierten sich zum Beispiel durch:

- Entlassung, Umerziehung und Kontrolle von Lehrern,
- Zusammenfassung der Lehrer im Nationalsozialistischen Lehrerbund (NSLB),
- neue Lehrpläne und Lehrbücher,
- Beseitigung von pädagogischen Freiräumen.

Parallel zu den staatlichen Schulen entstanden neue Schultypen: zum einen die „Nationalpolitischen Erziehungsanstalten" (NAPOLA) und zum anderen die „Adolf-Hitler-Schulen". Es handelte sich dabei um Internatsschulen, in denen rassische, ideologische und vormilitärische Gesichtspunkte eine Rolle spielten. Die „Adolf-Hitler-Schulen" unterstanden nicht dem an sich zuständigen Schulministerium, sondern dem Reichsjugendführer Baldur von Schirach. Sie dienten der Heranbildung des Führernachwuchses für die Partei.

M 2 **Der „Bund deutscher Mädel"** (BdM) organisierte die weibliche Jugend zwischen 14 und 18 Jahren, Plakat, 1936.

Frauen

„Der Mann als Kämpfer, die Frau als Mutter … Der Mann, der in der Öffentlichkeit wirkt oder an der Front, und die Frau als Hüterin von Haus und Familie …" In dieses schematische Denken passt es, dass im (entmachteten) Reichstag auch keine Frau mehr vertreten war. Frauen sollten eben nur als Mütter öffentlich Anerkennung genießen. Dieses Bild von den unterschiedlichen Aufgaben der Geschlechter blieb erstaunlich lange unverrückbar. Selbst als während des Krieges der Arbeitskräftemangel offenkundig wurde, weigerte sich Hitler, im großen Stil die Zwangsverpflichtung von deutschen Frauen für die Rüstungswirtschaft anzuordnen. Dies war auch ein Grund dafür, dass ab 1942 in großem Umfang Arbeitskräfte aus den besetzten Ländern zur Zwangsarbeit nach Deutschland geholt wurden.

M 3 **Der Weg des „gleichgeschalteten" Staatsbürgers**
„Und sie werden nicht mehr frei, ihr ganzes Leben." (Hitler)

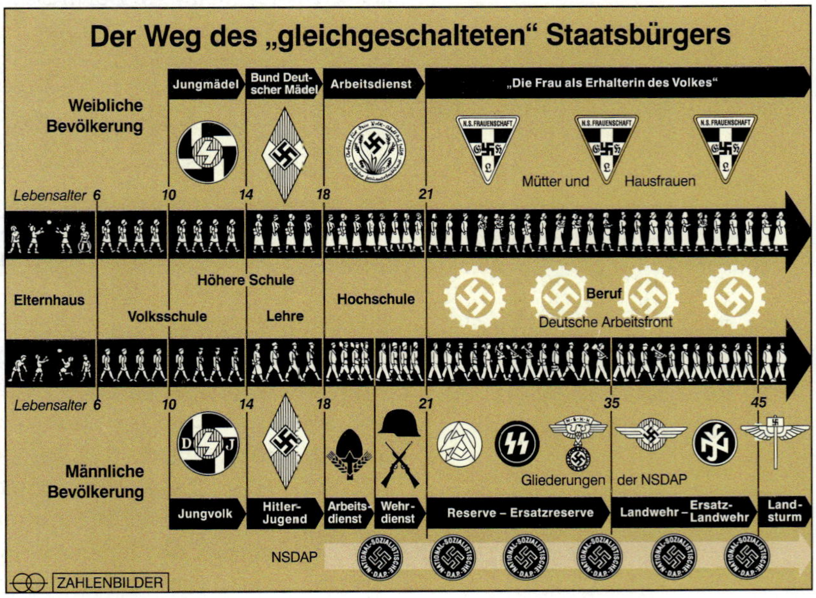

Justiz

Ein typisches Merkmal einer jeden Diktatur ist die Abschaffung der gewaltenteiligen Ordnung. Mit dem Führer als dem alleinigen Träger der Staatsgewalt ging die Abschaffung der unabhängigen Dritten Gewalt einher. Der unabhängige Richter, der einen Grundpfeiler des liberalen Rechtsstaates darstellt, wurde in seiner Amtsführung immer weiter eingeengt.

Sondergerichte, zum Beispiel der Volksgerichtshof für Hoch- und Landesverrat, machten die Politisierung der Justiz augenfällig. Zudem waren die Partei (NSDAP) sowie SA und SS der ordentlichen Gerichtsbarkeit entzogen. Das galt natürlich in besonderem Maße für den Führer selbst.

Wirtschaft

Der Nationalsozialismus kam nicht zuletzt wegen der hohen Arbeitslosigkeit und des damit verbundenen Elends an die Macht. Seine Popularität gewann er zwar auch aufgrund der außenpolitischen Erfolge, aber für weite Teile der Öffentlichkeit war der Rückgang der Arbeitslosigkeit von entscheidender Bedeutung. Allerdings wurde die Überwindung der Massenarbeitslosigkeit mit zweifelhaften Methoden erreicht:

- Die Ankurbelung der Rüstungsproduktion diente der Kriegsvorbereitung.
- Auch der Autobahnbau, der schon während der Weimarer Republik begonnen hatte, wurde unter strategischen Gesichtspunkten vorangetrieben.
- Bedingt durch das Finanzierungssystem musste der sichtbare Aufschwung mit einer rasanten Inflation beziehungsweise im Bankrott oder im Krieg enden.
- Mithilfe von Lohnstopps wurde das Konsumniveau breiter Bevölkerungsschichten niedrig gehalten.
- Die Arbeitslosenstatistiken wurden durch Einschränkung der Frauenarbeit, Einberufung zum Reichsarbeitsdienst (RAD) sowie durch die Einführung der allgemeinen Wehrpflicht (1935) geschönt.

Die Wirtschaftspolitik des Dritten Reiches entsprach in vielerlei Hinsicht dem Modell der sogenannten Zentralverwaltungswirtschaft. Der Staat plante, machte Vorgaben, kontrollierte – vor allem im Hinblick auf die kriegsbedingte Bewirtschaftung, ohne jedoch grundsätzlich die private Verfügungsgewalt über das Eigentum abzuschaffen.

Die nationalsozialistische Führung erklärte die gesellschaftlichen Klassen für aufgehoben. An deren Stelle setzte sie die angeblich konfliktlose Volksgemeinschaft. Die Gewerkschaften wurden durch die Deutsche Arbeitsfront (DAF) ersetzt, die schon bald die Mehrheit der Arbeitnehmer organisierte – oft in Form einer Zwangsmitgliedschaft. Populärste Gliederung der DAF war die NS-Gemeinschaft „Kraft durch Freude“ (KdF), die unter anderem Freizeit- und Urlaubsveranstaltungen ausrichtete.

Der Umbau der Zivil- in eine Kriegswirtschaft wurde von der nationalsozialistischen Führung zunächst nur zögerlich in Angriff genommen. Die strategischen Reserven waren mithin nur so gering, dass wirtschaftlich gesehen nur Blitzkriege erfolgreich geführt werden konnten. Erst ab 1942 unter der Leitung des neu ernannten Rüstungsministers Albert Speer erfolgte der Übergang zur totalen Kriegswirtschaft. Zentralisierung und Reorganisation im europäischen Maßstab führten zu einer massiven Erhöhung der Rüstungsproduktion, die trotz der alliierten Bombardements 1944 ihren Höhepunkt erreichte.

M 4

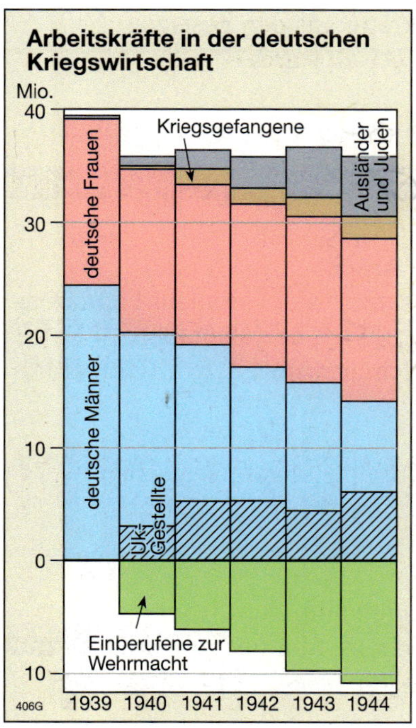

Zwangsarbeit

Das hohe Produktionsniveau der deutschen Wirtschaft konnte nur aufgrund von Zwangsarbeit erreicht werden. Da Millionen von wehrfähigen deutschen Männern als Arbeitskräfte nicht zur Verfügung standen und da die industrielle Tätigkeit mit dem Frauenbild des Nationalsozialismus nicht im Einklang stand, mussten die Lücken anders geschlossen werden. Die nationalsozialistische Führung griff im Laufe des Krieges immer mehr auf Zwangsarbeiter zurück. Zu diesem Zweck wurden Menschen willkürlich aus den besetzten Ländern deportiert. Diese Arbeitskräfte waren zwar offiziell keine Gefangenen, aber ihre Behandlung war oft demütigend und ihre Versorgung blieb unzureichend. Außerdem nutzte der Staat in großem Umfang die Arbeitskraft von Kriegsgefangenen und KZ-Häftlingen. Man geht heute davon aus, dass im Jahre 1944 etwa 7,5 Millionen Zwangsarbeiter im Deutschen Reich tätig gewesen waren.

M 5 **KZ-Zwangsarbeiter** des Lagers Mittelbau-Dora bei der V2-Raketenproduktion, 1944

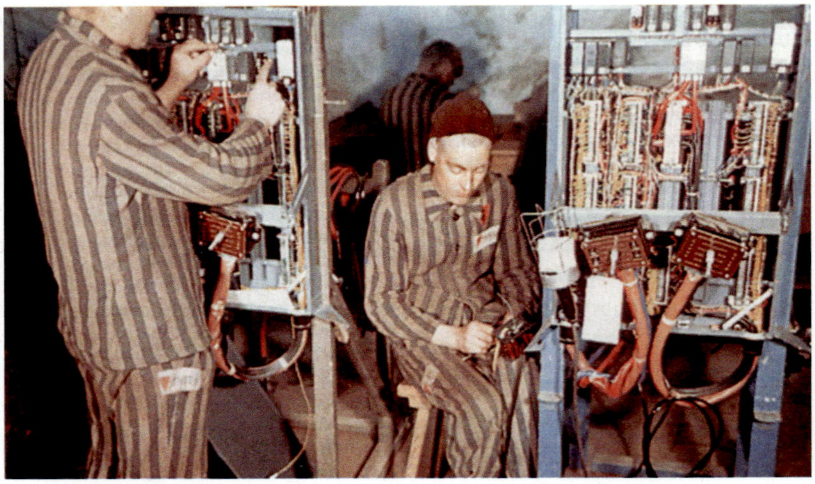

Chronologie

1. Mai 1933	1. Mai als Feiertag
2. Mai	Zerschlagung der Gewerkschaften; Aufhebung der Tarifautonomie
10. Mai	Gründung der Deutschen Arbeitsfront (DAF)
19. Mai	„Treuhänder der Arbeit“ werden eingesetzt, um Löhne und Arbeitsbedingungen festzulegen.
20. Januar 1934	„Gesetz zur Ordnung der nationalen Arbeit“
15. Mai	„Gesetz zur Regelung des Arbeitseinsatzes“ soll vor allem Landarbeiter zwingen, die Arbeit auf den Bauernhöfen beizubehalten.
4. Dezember	Kapitalgesellschaften werden gesetzlich gezwungen, den Reingewinn eines Jahres an das Reich abzutreten.
26. Februar 1935	Einführung eines Arbeitsbuches
26. Juni	Einführung der Arbeitsdienstpflicht für alle jungen Deutschen
9. September 1936	Ankündigung des Vierjahresplanes für die deutsche Wirtschaft (Autarkie)
22. Juli 1938	Einführung der Arbeitsverpflichtung
27. Januar 1943	Verordnung des „Generalbevollmächtigten für den Arbeitseinsatz“ (Sauckel) zur Führung des totalen Krieges; Männer zwischen 16 und 65 sowie Frauen zwischen 17 und 45 Jahren müssen sich zum Arbeitseinsatz zur Verfügung stellen.

M 6 **Massenpsychologie**

Hitler notierte in „Mein Kampf" dazu (1925):

Die Psyche der breiten Masse ist nicht empfänglich für das Halbe und Schwache. Gleich dem Weibe, dessen seelisches Empfinden weniger durch Gründe abstrakter Vernunft bestimmt wird, als durch solche einer undefinierbaren, gefühlsmäßigen Kraft, und das sich deshalb lieber dem Starken beugt, als den Schwächling beherrscht, liebt auch die Masse den Herrscher mehr als den Bittenden, und fühlt sich im Innern mehr befriedigt durch eine Lehre, die keine andere neben sich duldet, als durch die Genehmigung liberaler Freiheit; sie weiß mit ihr auch meist nur wenig anzufangen und fühlt sich sogar leicht verlassen. Die Unverschämtheit ihrer geistigen Terrorisierung kommt ihr ebensowenig zum Bewusstsein wie die empörende Misshandlung ihrer menschlichen Freiheit, ahnt sie doch den inneren Irrsinn in keiner Weise. So sieht sie nur die rücksichtslose Kraft und Brutalität ihrer zielbewussten Äußerungen, der sie sich endlich immer beugt.

A. Hitler, Mein Kampf, München 1936, S. 44.

M 7 **Überredungsstrategie**

Hitler sprach am 10. November 1938 vor Vertretern der deutschen Presse. Er offenbarte dabei die Planmäßigkeit seiner Vorgehensweise:

Der Zwang war die Ursache, warum ich jahrelang nur vom Frieden redete. Es war nunmehr notwendig, das deutsche Volk psychologisch allmählich umzustellen und ihm langsam klar zu machen, dass es Dinge gibt, die, wenn sie nicht mit friedlichen Mitteln durchgesetzt werden können, mit Mitteln der Gewalt durchgesetzt werden müssen. Dazu war es aber notwendig, nicht etwa nun die Gewalt als solche zu propagieren, sondern es war notwendig, dem deutschen Volk bestimmte außenpolitische Vorgänge so zu beleuchten, dass die innere Stimme des Volkes selbst langsam nach der Gewalt zu schreien begann. Das heißt also, bestimmte Vorgänge so zu beleuchten, dass im Gehirn der breiten Masse ganz automatisch allmählich die Überzeugung ausgelöst wurde: Wenn man das eben nicht im Guten abstellen kann, dann muss man es mit Gewalt abstellen; so kann es aber auf keinen Fall weitergehen. Diese Arbeit hat Monate erfordert, sie wurde planmäßig begonnen, planmäßig fortgeführt, verstärkt. Viele haben sie nicht begriffen, meine Herren; viele waren der Meinung, das sei doch alles etwas übertrieben. Das sind jene überzüchteten Intellektuellen, die keine Ahnung haben, wie man ein Volk letzten Endes zu der Bereitschaft bringt, gerade zu stehen, auch wenn es zu blitzen und zu donnern beginnt. [...]

Zit. nach: H. A. Jacobsen,: 1939–1945, Der Zweite Weltkrieg in Bildern und Dokumenten, Darmstadt 1959, S. 91 f.

M 8 **Sprachregelung**

Auf diesen Konferenzen gab Goebbels seine Anweisungen an die Verantwortlichen der Massenmedien:

4. Januar 1943:
Es sei notwendig, einige feststehende Grundsätze laufend und unaufhörlich bei jeder Gelegenheit herauszustellen und sie in das Gewissen des Volkes einzuhämmern. Als solche führte er u. a. an:
1. Der Krieg ist dem deutschen Volke aufgezwungen worden;
2. Es gehe in diesem Kriege um Leben oder Sterben;
3. Es gehe um die totale Kriegführung.

12. Februar 1943:
Von nun an müsse jeder Rundfunkvortrag, jede Meldung, jede Rede und jede Wochenparole mit der stereotypen Wendung schließen, dass der Kampf gegen den Bolschewismus unsere große Aufgabe sei.

W. A. Boelcke, Wollt ihr den totalen Krieg? Die geheimen Goebbels-Konferenzen 1939–1943, München 1969, S. 415 und 440.

M 9 **Gesetz über die Hitlerjugend (1. Dezember 1936)**

Von der Jugend hängt die Zukunft des deutschen Volkes ab. Die gesamte deutsche Jugend muss deshalb auf ihre künftigen Pflichten vorbereitet werden. Die Reichsregierung hat daher das folgende Gesetz beschlossen, das hiermit verkündet wird:

§ 1 Die gesamte deutsche Jugend innerhalb des Reichsgebietes ist in der Hitlerjugend zusammengefasst.

§ 2 Die gesamte deutsche Jugend ist außer in Elternhaus und Schule in der Hitlerjugend körperlich, geistig und sittlich im Geiste des Nationalsozialismus zum Dienst am Volk und zur Volksgemeinschaft zu erziehen.

Nach: W. Conze, Der Nationalsozialismus, Stuttgart 1972, S. 21.

M 10 **Hitler über die Jugend**

Hitler hielt diese Rede am 2. Dezember 1938. Der Text war im „Völkischen Beobachter" vom 4. Dezember 1938 nachzulesen:

Diese Jugend, die lernt ja nichts anderes als deutsch denken, deutsch handeln. Und wenn nun dieser Knabe und dieses Mädchen mit ihren zehn Jahren

M 11 Kinder unter dem Nationalsozialismus

Links: Kind in SA-Uniform, gestellte Aufnahme vom Reichsjugendtag, 1934

Rechts: Kind bei einer von den Nazis durchgeführten Razzia in Warschau, 1943

in unsere Organisationen hineinkommen und dort nun so oft zum ersten Mal überhaupt eine frische Luft bekommen und fühlen, dann kommen sie vier Jahre später vom Jungvolk in die Hitlerjugend, und dort behalten wir sie wieder vier Jahre, und dann geben wir sie erst recht nicht zurück in die Hände unserer alten Klassen- und Standeserzeuger, sondern dann nehmen wir sie sofort in die Partei oder in die Arbeitsfront, in die SA oder in die SS, in das NSKK [NS-Kraftfahrerkorps] und so weiter. Und wenn sie dort zwei Jahre oder anderthalb Jahre sind und noch nicht ganze Nationalsozialisten geworden sein sollten, dann kommen sie in den Arbeitsdienst und werden dort wieder sechs und sieben Monate geschliffen, alle mit einem Symbol, dem deutschen Spaten. Und was dann nach sechs oder sieben Monaten noch an Klassenbewusstsein oder Standesdünkel da oder da noch vorhanden sein sollte, das übernimmt dann die Wehrmacht zur weiteren Behandlung auf zwei Jahre. Und wenn sie dann nach zwei oder drei oder vier Jahren zurückkehren, dann nehmen wir sie, damit sie auf keinen Fall rückfällig werden, sofort wieder in SA, SS und so weiter. Und sie werden nicht mehr frei, ihr ganzes Leben.

Zit. nach: K.-J. Flessau, Schule der Diktatur, München 1977, S. 26.

M 13 Der NS-Lehrerbund

Aus einem Organisationshandbuch der NSDAP:

Das Hauptamt für Erzieher betreut den Nationalsozialistischen Lehrerbund e.V. Der NS-Lehrerbund ist ein der NSDAP angeschlossener Verband. […]
Für amtliche Zwecke, wie Anstellung, Ernennungen und Beförderungen hat es [das Hauptamt] die politisch-weltanschauliche Beurteilung der Erzieher und Erzieherinnen aller Schulgattungen vorzunehmen. Die Beurteilungen werden im engsten Einvernehmen mit den zuständigen Kreisleitungen der NSDAP erstellt und in Form von Gutachten den zuständigen Regierungsstellen zugeleitet.

M 12 Uniformierte Hitlerjugend

Gleichzeitig wahrt das Amt für Erzieher in Zusammenarbeit mit den staatlichen Anstellungsbehörden die Belange der NSDAP bei Schulstellenbesetzungen, insbesondere bei der Besetzung leitender Stellen (Schulleiter, Amtsleiter, Schulratsstellen usw.) [...] Der NS-Lehrerbund ist für die Durchführung der politisch-weltanschaulichen Ausrichtung aller Lehrer im Sinne des Nationalsozialismus verantwortlich. [Ergebnisse einer Erhebung aus dem Jahre 1936: Mitglieder des NSLB: 97 Prozent der gesamten Erzieherschaft, davon 32 Prozent Parteigenossen.]

Zit. nach: H. Focke, U. Reimer, Alltag unterm Hakenkreuz, Reinbek 1979, S. 80 f.

M 14 Die Aufgabe des Lehrers

Aus dem Buch „Feierstunden der deutschen Schule" (1941):

Die Deutsche Schule ist keine Anstalt zur einseitigen Wissensvermittlung, sie ist nicht tote Organisationsform, sie ist Lebensform. Der Lehrer ist nicht nur Wissensvermittler, Unterrichter. Er ist mehr. Auch er ist Soldat in der kulturpolitischen Front des Nationalsozialismus. Wohl ist der Kampf an dieser Front anders als sonst, wohl wird er mit anderen Waffen geführt, aber er ist nicht minder hart und nicht minder wichtig, denn der Kampf geht um die Seele des Volkes. Es hätte wahrlich keinen Sinn, den politischen Kampf zu gewinnen und den kulturpolitischen zu verlieren.

H. Klaus, zit. nach: G. L. Mosse, Der nationalsozialistische Alltag, Königstein/Ts. 1978, S. 159.

M 16 Schulbuchaufgabe

Aus einem Rechenbuch für Mittelschulen (1936):

Der jährliche Aufwand des Staates für einen Geisteskranken beträgt im Durchschnitt 766 RM; ein Tauber oder Blinder kostet 615 RM, ein Krüppel 600 RM. In geschlossenen Anstalten werden auf Staatskosten versorgt: 167 000 Geisteskranke, 8 300 Taube und Blinde, 20 600 Krüppel. Wie viel Mill. RM kosten diese Gebrechlichen jährlich? Wie viel erbgesunde Familien könnten bei 60 RM durchschnittlicher Monatsmiete für diese Summe untergebracht werden [...]?

Zit. nach: K.-J. Flessau, a. a. O., S. 147.

M 17 Frau und Politik

Aus einem Buch mit dem Titel „Das ist Nationalsozialismus" (1933):

Für die politische Frau ist in der Ideenwelt des Nationalsozialismus kein Platz. [...]
Die geistige Einstellung der Bewegung zu diesem Thema geht gegen die politische Frau. Sie weist die Frau in ihren naturgegebenen Kreis der Familie und in ihre Aufgaben als Gattin und Mutter zurück. Die politisierende Frau, diese Nachkriegserscheinung, die in parlamentarischen Wortgefechten nur selten „gute Figur" machte, bedeutet eine Entwürdigung der Frau.
Die deutsche Erhebung ist ein männliches Erzeugnis.

Zit. nach: G. L. Mosse, a. a. O., S. 71.

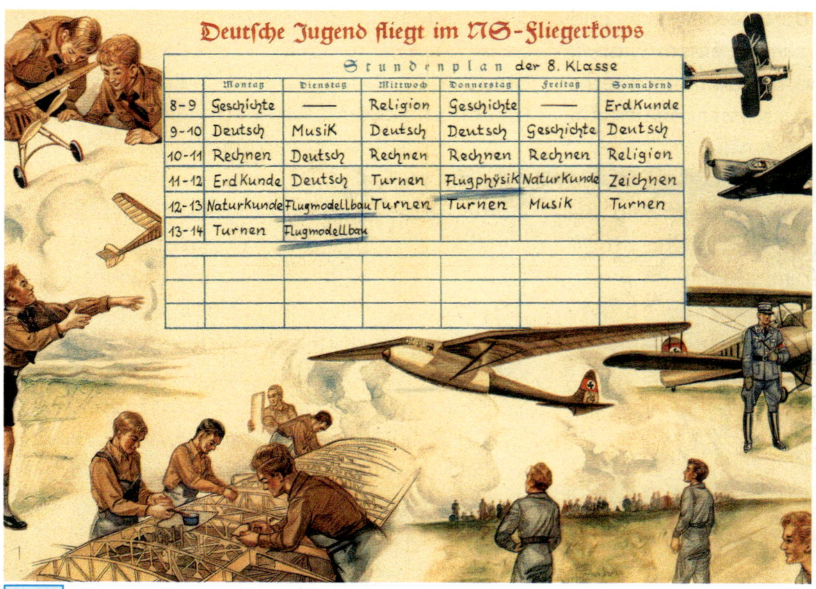

M 15 Stundenplan einer achten Klasse aus dem Jahr 1940
Drei Stunden in der Woche gab es „Flugmodellbau" und „Flugphysik" – die Deutschen sollten ein Volk der Flieger werden.

M 18 Die Vogelfrau

Der spätere Propagandaministers J. Goebbels in seinem Roman „Michael" (1929):

Die Frau hat die Aufgabe, schön zu sein und Kinder zur Welt zu bringen. Das ist gar nicht so roh und unmodern, wie sich das anhört. Die Vogelfrau putzt sich für den Mann und brütet für ihn die Eier aus. Dafür sorgt der Mann für die Nahrung. Sonst steht er auf der Wacht und wehrt den Feind ab.

Zit. nach: G. L. Mosse, a. a. O., S. 66.

M 19 **Die NSDAP belohnte den Kinderreichtum mit Mutterkreuzen und Ehrenkarten.**

M 20 Der Richter im nationalsozialistischen Staat

Leitsätze des Reichsministers Hans Frank[1] (1936):

1. Der Richter ist nicht als Hoheitsträger des Staates über den Staatsbürger gesetzt, sondern er steht als Glied in der lebendigen Gemeinschaft des deutschen Volkes. Es ist nicht seine Aufgabe, einer über der Volksgemeinschaft stehenden Rechtsordnung zur Anwendung zu verhelfen oder allgemeine Wertvorstellungen durchzusetzen, vielmehr hat er die konkrete völkische Gemeinschaftsordnung zu wahren, Schädlinge auszumerzen, gemeinschaftswidriges Verhalten zu ahnden und Streit unter Gemeinschaftsgliedern zu schlichten.
2. Grundlage der Auslegung aller Rechtsquellen ist die nationalsozialistische Weltanschauung, wie sie insbesondere in dem Parteiprogramm und den Äußerungen unseres Führers ihren Ausdruck findet.
3. Gegenüber Führerentscheidungen, die in die Form eines Gesetzes oder einer Verordnung gekleidet sind, steht dem Richter kein Prüfungsrecht zu. Auch an sonstige Entscheidungen des Führers ist der Richter gebunden, sofern in ihnen der Wille, Recht zu setzen, unzweideutig zum Ausdruck kommt.

1 Hans Frank (1900–1946), Jurist ab 1939 Generalgouverneur im besetzten Polen, 1946 im Nürnberger Prozess verurteilt und anschließend hingerichtet.

Zit. nach: W. Hofer, Der Nationalsozialismus. Dokumente 1933–1945, Frankfurt 1957, S. 101 f.

M 21 a) Ein Gerichtsurteil: „Im Namen des Deutschen Volkes"

In der Strafsache gegen den Landwirt Ignatz Kaczmarek aus Halemba II, Halembaerstraße 15, geboren am 31. Juli 1881 zu Hindenburg, verheiratet, Angehöriger der Abteilung 4 der Deutschen Volksliste, polizeilich festgenommen am 19. April 1943, z.Zt. in der Haftanstalt in Beuthen O. S. [Oberschlesien], wegen Vorbereitung zum Hochverrat, Rundfunkverbrechen und Wehrkraftzersetzung hat der 1. Strafsenat des Oberlandesgerichts Kattowitz in Beuthen O. S. in der Sitzung vom 27. Juni 1944 […] für Recht erkannt:

Der Angeklagte wird wegen wehrkraftzersetzender Äußerungen zum Tode verurteilt.

Die Ehrenrechte werden ihm auf Lebenszeit aberkannt.

Die Kosten des Verfahrens werden dem Angeklagten auferlegt.

Begründung:

Über die Kriegsursachen hat er sich dahin ausgelassen, dass niemand den Krieg gewünscht, Deutschland ihn aber angefangen und Russland überfallen habe. […]

Weiter hat der Angeklagte erklärt, Adolf Hitler sei nur dadurch an die Macht gelangt, dass er viele deutsche Persönlichkeiten habe erschießen lassen, jetzt habe das Volk kein Vertrauen mehr zu ihm, er müsse sich auf die 10-jährigen Hitlerjungen stützen; wie schlimm es stehe, ersehe man daraus, dass die Frauen und Mädchen zur Arbeit herangezogen würden. Der Führer möchte jetzt zwar gern Frieden schließen, er müsse aber weiter kämpfen und werde den Krieg doch verlieren. […]

Erläuterung der Rechtslage:

Die Verhängung der Todesstrafe erfolgte wegen Wehrkraftzersetzung, und zwar gem. § 5 der Kriegssonderstrafrechtsverordnung vom 17. August 1938 (RGBl. I, S. 1455). Dort heißt es:

„Wegen Zersetzung der Wehrkraft wird mit dem Tode bestraft:
Ziff. 1 Wer öffentlich dazu auffordert oder anreizt, die Erfüllung der Dienstpflicht in der deutschen oder einer verbündeten Wehrmacht zu verweigern, oder sonst öffentlich den Willen des deutschen oder verbündeten Volkes zur wehrhaften Selbstbehauptung zu lähmen oder zu zersetzen sucht." [...]
Das Gericht nimmt ein öffentliches Handeln an, obgleich der Angeklagte die beanstandeten Äußerungen nur gegenüber einer einzigen Person getan hat. Zudem wird die Todesstrafe verhängt, obgleich die Kriegssonderstrafrechtsverordnung die Todesstrafe nicht zwingend vorsah [...].

Zit. nach: I. Staff (Hg.), Justiz im Dritten Reich. Eine Dokumentation, Frankfurt/M. 1978, S. 170, 172, 174 f.

b) Reichsanwaltschaft beim Volksgerichtshof

Geschäftsnummer 4J777/44 (Staatsanwaltschaft)
Kostenrechnung
in der Strafsache gegen Erich Knauf
Gebühr gem. §§ 49, 52 SGKG für
Todesstrafe 300,00
Postgebühren gem. § 72, 1 SGKG 1,84
Gebühr gem. § 72,6 für den als
Pflichtverteidiger bestellt
gewesenen Rechtsanwalt [...]
Berlin-Lichterfelde-Ost,
Gärtnerstraße 10a 81,60
für die Strafhaft vom 6.4.44 bis 2.5.44 44,00
Kosten für Strafvollstreckung:
Vollstreckung des Urteils 158,18
hinzu Porto für Übersendung
der Kostenrechnung 0,12
zusammen: 585,74
Zahlungspflichtig: Die Erben des Erich Knauf, z. Hd. von Frau Erna Knauf, Berlin-Tempelhof, Manfred-von-Richthofen-Str. 13, bei Fa. Gilbert, Mach.

Zit. nach: I. Bayer, Ehe alles Legende wird, Baden-Baden 1979, S. 95.

M 22 Autarkie

Der Sozialhistoriker Helmut Böhme stellt den Zusammenhang von Wirtschaftspolitik und Kriegsvorbereitung her:

Nun, Landwirtschaft und Industrie taten alles, um diesen Beweis zu erbringen; die landwirtschaftliche Produktion stieg an; bis zu 80 Prozent konnte sich Deutschland selbst versorgen. Die deutsche industrielle Rüstungsproduktion erarbeitete Rekorde; Menge und Qualität der Ersatzstoffe konnten – trotz beträchtlicher Gestehungskosten – erheblich gesteigert werden. Unter dem Druck der diktierten Selbstversorgung errang Deutschlands Industrie eine Führung in technischen Forschungsleistungen; Kunstseide, Azetat, künstliches Gummi und Treibstoff ersetzten die natürlichen, wohl viel billigeren, aber eben vom Ausland bezogenen Rohstoffe und erlaubten, die Aufrüstung trotz den Engpässen und Einschränkungen, die die fortschreitende wirtschaftliche Isolierung mit sich brachte, fortzuführen.
Eine Autarkie indes war nicht zu erreichen – Deutschland blieb in seinem Fett- und Fleischbedarf vom Ausland abhängig, ebenso in seinem Bedarf an Eisenerz, Kupfer, Zink, Mangan, Chrom, Wolfram, Nickel, Textilrohstoffen, Häuten, Benzin und Mineralölen. Statt zur Wirtschaftsautarkie kam es zur Verarmung: denn die unproduktive Rüstungswirtschaft garantierte zwar Vollbeschäftigung, aber sie zehrte auch am Wohlstand. Hinter dem Schein „eines ständig steigenden Volkseinkommens" verbarg „sich faktisch eine fortschreitende Verarmung" (F. Lütge).
So fing 1939, nachdem die zur Einlösung anstehenden Mefo-Wechsel[1] auf Reichsschuldverschreibungen „verwiesen" wurden – was nach den Worten H. Schachts[2] „etwas Ungeheuerliches" war –, die Notenpresse wieder an, zu rotieren. Der Zeitpunkt der Einlösung der nationalsozialistischen Versprechungen war gekommen. Das „Raumproblem" als Problem der „Industrie- und Lebensversorgung" glaubte die Führung nur auf dem Weg eines Krieges, eines neuerlichen Griffes nach der Weltmacht, lösen zu können.

1 Mefo-Wechsel (von Metall-Forschungs-GmbH): Finanzierungsinstrument; Schuldpapiere, die durch eine Einlösungsverpflichtung durch die Reichsbank gesichert schienen.

2 Hjalmar Schacht (1877–1970), u. a. Reichsbankpräsident von 1933–39

H. Böhme, Prolegomena zu einer Sozial- und Wirtschaftsgeschichte. Deutschland im 19. und 20. Jahrhundert, Frankfurt/M. 1968, S. 128 f.

M 23 Aus dem „Gesetz zur Ordnung der nationalen Arbeit" (1934)

Führer des Betriebes und Vertrauensrat
§ 1 Im Betriebe arbeiten der Unternehmer als Führer des Betriebes, die Angestellten und Arbeiter als Gefolgschaft gemeinsam zur Förderung der Betriebszwecke und zum gemeinsamen Nutzen von Volk und Staat.
§ 2 (1) Der Führer des Betriebes entscheidet der Gefolgschaft gegenüber in allen betrieblichen Angelegenheiten, soweit sie durch dieses Gesetz geregelt werden. [...]

Zit. nach: W. Conze, a. a. O., Teil I, Stuttgart 1972, S. 75.

M 24 **„Hurrah, die Butter ist alle!“**
Dieses Bild durfte in Deutschland nicht gezeigt werden, Fotomontage von John Heartfield, 19. Dezember 1935.

M 25 **Selbstversorgung**

Aus einer Denkschrift Hitlers (1936):

Kurz zusammengefasst: Ich halte es für notwendig, dass nunmehr mit eiserner Entschlossenheit auf all den Gebieten eine 100%ige Selbstversorgung eintritt, auf denen diese möglich ist, und dass dadurch nicht nur die nationale Versorgung mit diesen wichtigsten Rohstoffen vom Ausland unabhängig wird, sondern dadurch auch jene Devisen eingespart werden, die wir im Frieden für die Einfuhr unserer Nahrungsmittel benötigen. […]

Zit. nach: W. Conze, a. a. O., Teil II, Stuttgart 1972, S. 32.

M 26

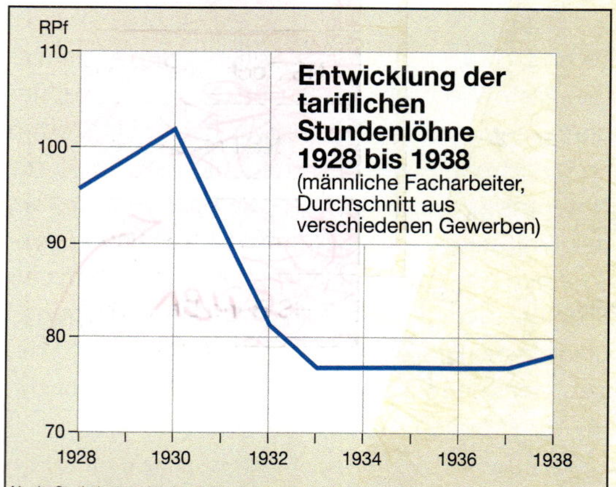

Nach: Statistisches Jahrbuch für das Deutsche Reich 1939/40.

M 27

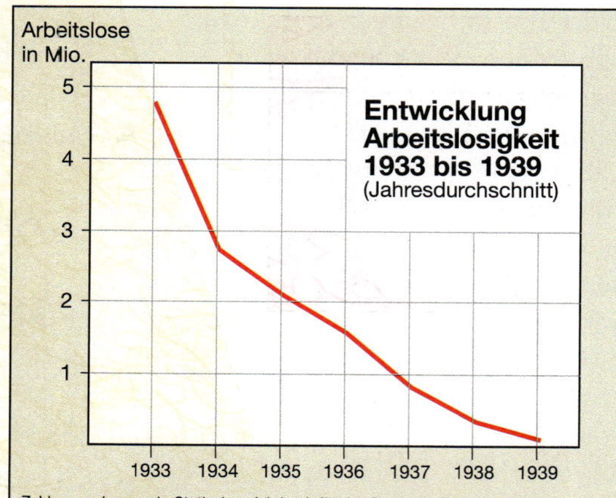

Zahlenangaben nach: Statisches Jahrbuch für das Deutsche Reich 1939/40

M 28

Rüstungsausgaben des Deutschen Reiches
(1928–1943)

Zeit	Rüstung (Wehrmacht) [in Mio. RM]	Anteil der Rüstung am Volkseinkommen in v. H.[1]
1928	827	1,1
1932	620	1,4
1933	720	1,6
1934	3300	6,3
1935	5150	8,7
1936	9000	13,7
1937	10850	14,7
1938	15500	18,9
1939	32300	23
1940	58100	40
1941	75600	52
1942	96900	64
1943	117900	70

1 ab 1939 Bruttosozialprodukt

D. Petzina u. a., Sozialgeschichtliches Arbeitsbuch III, Materialien zur Statistik des Deutschen Reiches 1914 bis 1945, München 1978, S. 149.

M 29

Index der Industriellen Produktion

(1938 = 100)

Jahr	Industrie insgesamt	Verbrauchsgüter	Rüstung
1938	100	100	100
1939	106	100	125
1940	102	95	220
1941	105	96	220
1942	106	87	320
1943	119	91	500
1944	117	87	425

G. Stolper u. a., Deutsche Wirtschaft seit 1870, Tübingen 1964, S. 187.

M 30

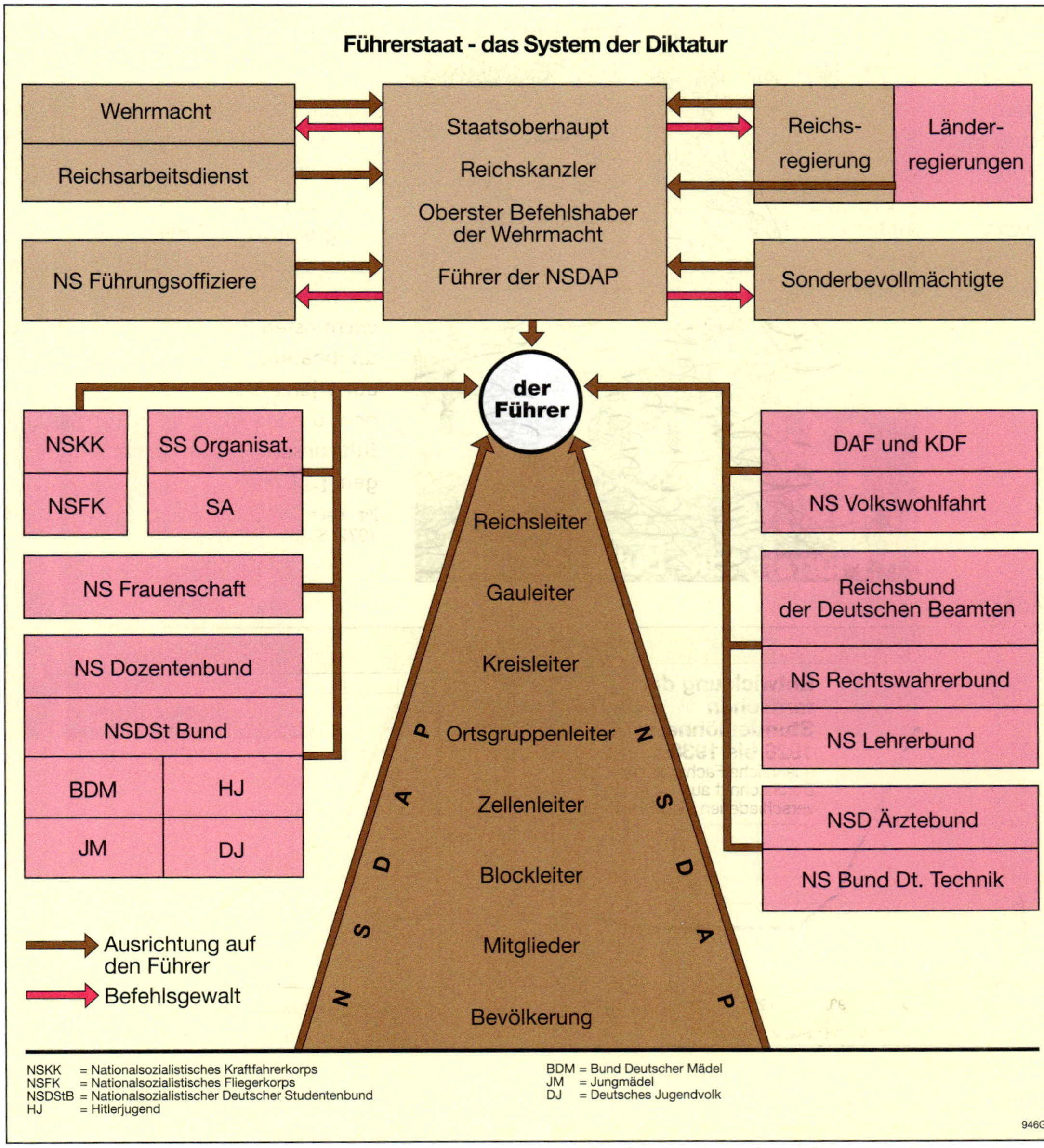

M 31 Führerdiktatur

Beschluss des Großdeutschen Reichstags (1942):

„Es kann keinem Zweifel unterliegen, dass der Führer in der gegenwärtigen Zeit des Krieges, in der das deutsche Volk in einem Kampf um Sein oder Nichtsein steht, das von ihm in Anspruch genommene Recht besitzen muss, alles zu tun, was zur Erringung des Sieges dient oder dazu beiträgt. Der Führer muss daher – ohne an bestehende Rechtsvorschriften gebunden zu sein – in seiner Eigenschaft als Führer der Nation, als Oberster Befehlshaber der Wehrmacht, als Regierungschef und oberster Inhaber der vollziehenden Gewalt, als oberster Gerichtsherr und als Führer der Partei jederzeit in der Lage sein, nötigenfalls jeden Deutschen – sei er einfacher Soldat oder Offizier, niedriger oder hoher Beamter oder Richter, leitender oder dienender Funktionär der Partei, Arbeiter oder Angestellter – mit allen ihm geeignet erscheinenden Mitteln zur Erfüllung seiner Pflichten anzuhalten und bei Verletzung dieser Pflichten nach gewissenhafter Prüfung ohne Rücksicht auf sogenannte wohl erworbene Rechte mit der ihm gebührenden Sühne zu belegen, ihn im Besonderen ohne Einleitung vorgeschriebener Verfahren aus seinem Amte, aus seinem Rang und seiner Stellung zu entfernen."
Im Auftrage des Führers wird dieser Beschluss hiermit verkündet.

Zit. nach: K. Kroeschell, Deutsche Rechtsgeschichte, Bd. 3, Opladen 1989, S. 277 f.

M 32 **Hitler vor dem Reichstag am 1. September 1939** anlässlich des deutschen Einmarsches in Polen.

Aufgaben

1. Erklären Sie den Begriff „Herrschaftstechnik".
   → Text, M1
2. Charakterisieren Sie das Menschenbild, das der NS-Propaganda zugrunde lag.
   → M6
3. Beschreiben Sie die Methoden, derer sich die Propagandamaschinerie bediente.
   → Text, M7, M8
4. Vergleichen Sie die Funktion der Massenmedien in einer Demokratie und in einer Diktatur.
5. Mit welcher Zielsetzung wurde die Jugend im Nationalsozialismus organisiert?
   → Text, M2, M3, M9, M10–M12
6. Kennzeichnen Sie das Frauenbild des Nationalsozialismus.
   → Text, M17–M19
7. Beurteilen Sie die Rollenverteilung zwischen Männern und Frauen.
8. Welcher Methoden bedienten sich die Nationalsozialisten bei der Durchdringung des Schulwesens? Vergleichen Sie die Aufgaben und Ziele der Schule im Dritten Reich mit den Wertvorstellungen einer demokratischen Erziehung.
   → Text, M13–M16
9. Zählen Sie die Kernelemente der NS-Rechtsauffassung auf.
   → Text, M20, M21
10. Vergleichen Sie dieses Rechtsverständnis mit dem eines demokratischen Rechtsstaates.
11. Erläutern Sie die Zielsetzung der NS-Wirtschaftspolitik.
    → Text, M22–M25
12. Analysieren Sie die Entwicklung der deutschen Wirtschaft nach 1933.
    → M24–M29
13. Arbeiten Sie die Auswirkungen der NS-Wirtschaftspolitik auf die Arbeitnehmer heraus.
    → M23–M27
14. Beurteilen Sie die Rolle Hitlers im Rahmen des Führerstaates.
    → M30–M32
15. Diskutieren Sie die Gründe, die für und gegen die Neuveröffentlichung von Hitlers Buch „Mein Kampf" sprechen.

14.4 Kriegspolitik

„Hitler bedeutet Krieg." – So war es von den politischen Gegnern des Nationalsozialismus bereits zu Zeiten der Weimarer Republik lautstark zu vernehmen. Sie hatten offenkundig Hitlers Buch „Mein Kampf" aufmerksam gelesen.

Die gesamte Außenpolitik der Nationalsozialisten stand unter dem Imperativ der Kriegsvorbereitung und der Kriegsführung. Krieg war Hitlers ureigenstes Ziel, und er zögerte nicht, ihn zum nächstmöglichen Zeitpunkt zu beginnen. Im Unterschied zu den komplexen Ursachen des Ersten Weltkrieges, bei dem man zumeist vom „Kriegsausbruch" (1914) spricht, bietet sich für den Zweiten Weltkrieg (1939) der Ausdruck „Entfesselung" als angemessen an. Es gibt keine Kriegsschuldfrage. In der Anfangsphase der NS-Herrschaft erweckte Hitler absichtlich den Eindruck, dass er mit seiner Außenpolitik friedliche Absichten verfolge – im Sinne einer ausschließlichen Revision des Versailler Vertrags.

Appeasementpolitik

Es schien, als wolle Hitler lediglich eine für Deutschland angemessene internationale Geltung wiedererlangen. Großbritannien unterstützte dies zuerst mittels seiner Appeasement(Beschwichtigungs)politik. So wurde unter anderem die Einführung der allgemeinen Wehrpflicht (1935) als auch die Besetzung des entmilitarisierten Rheinlands toleriert.

Die deutsche Bevölkerung billigte in ihrer überwältigenden Mehrheit die nationalsozialistische Außenpolitik. Obgleich in Hitlers „Mein Kampf" deutlichst entworfen, nahm man zumeist nicht wahr, dass die außenpolitische Strategie auf Eroberung von „Lebensraum im Osten" ausgerichtet war. Dabei wurde seitens der nationalsozialistischen Führung der Krieg als Mittel der Politik angesehen.

In dem Maße, wie die Aufrüstung Fortschritte machte, wurden die Ansprüche immer aggressiver. Das Jahr 1938 stellte dabei den Übergang von einer nicht-militärischen Revision des Versailler Vertrags zur gewaltsamen Machtausdehnung dar. In diesem Jahr erfolgte die Besetzung und Eingliederung Österreichs. Auf der Münchener Konferenz (29. Sept. 1938), an der Chamberlain (Großbritannien), Daladier (Frankreich), Mussolini (Italien) und Hitler teilnahmen, wurde ein Abkommen geschlossen, das die Abtrennung des Sudetenlandes von der Tschechoslowakei vorsah. Als dann im März 1939 deutsche Truppen in die Rest-Tschechoslowakei einmarschierten, war für jedermann erkennbar, dass der NS-Staat seine Herrschaft auch über nichtdeutsche Siedlungsgebiete ausdehnte. Der imperialistische Charakter des NS-Staates war fortan nicht mehr zu übersehen. Die Appeasementpolitik zur Friedenserhaltung war durch diese Aktion endgültig gescheitert. England und Frankreich sahen sich nunmehr genötigt, sich auf einen europäischen Krieg vorzubereiten. Das vom nationalsozialistischen Deutschland bedrohte Polen erhielt eine Schutzgarantie.

Hitler-Stalin-Abkommen

Kurz vor dem Angriff auf Polen am 1. September 1939 gelang der deutschen Diplomatie – mittels des sogenannten Hitler-Stalin-Abkommens – ein taktischer Schachzug, mit dem Hitler einen Zweifrontenkrieg vermeiden konnte. Diese von den Zeitgenossen als sensationell

M 1

empfundene Übereinkunft sah in einem geheimen Zusatzprotokoll die Teilung Polens sowie die Abgrenzung der Interessensphären in Osteuropa vor. Das Abkommen stieß die gesamte kommunistische Bewegung außerhalb der Sowjetunion in eine tiefe Glaubenskrise, denn von einem Tag zum anderen war aus dem nationalsozialistischen Erzfeind eine befreundete Nation geworden.

Eine Woche später marschierten deutsche Truppen – vorbereitet durch ein propagandistisches Trommelfeuer und einen von der SS vorgetäuschten „polnischen Angriff" auf den Rundfunksender Gleiwitz – in Polen ein. Damit hatte der Zweite Weltkrieg begonnen. England und Frankreich bestätigten ihre für Polen eingegangenen Verpflichtungen und erklärten Deutschland den Krieg. Der nach der Niederwerfung Polens gegen England und Frankreich geführte Krieg hatte Hitlers eigentliche Perspektive nicht verändert. Letztlich ging es ihm um die Erringung von sogenanntem Lebensraum im Osten. Einen entsprechenden Befehl zur Vorbereitung erhielt die Reichswehr bereits Mitte 1940. Der Überfall auf die Sowjetunion begann dann am 22. Juni 1941.

Vernichtungskrieg

Der Krieg gegen die Sowjetunion war der „eigentliche" Krieg, den Hitler führen wollte und der seiner ideologischen Programmatik entsprach. Hitler war die treibende Kraft. Schon in der Vorbereitung des Unternehmens „Barbarossa" – so lautete das Code-Wort für den Angriff – ließ Hitler nicht den geringsten Zweifel daran, dass in diesem Ostkrieg die Regeln des Kriegsvölkerrechts nicht gelten würden. Vom März 1941 datiert eine Anordnung Hitlers, die als Kommissarbefehl in die Kriegsgeschichte eingegangen ist. Dieser verlangte die Liquidierung (Tötung) von politischen Kommissaren bzw. Parteifunktionären. Der völkerrechtswidrige Befehl stieß nachweislich nur bei einer Minderheit von Wehrmachtsoffizieren auf Widerspruch. An der Ostfront und hinter den Linien kam es von Seiten der Soldaten zu Übergriffen, die im Westen undenkbar gewesen wären. In einem „Erlass über die Ausübung der Kriegsgerichtsbarkeit“ vom Mai 1941 wurde es den Vorgesetzten freigestellt, begangene Kriegsverbrechen zu verfolgen. Der Krieg im Osten war von Beginn an als rassenideologischer Vernichtungskrieg konzipiert. Er hatte die „Ausrottung“ der Juden und die Versklavung der Ostvölker zum Ziel. Folglich sollte auf die Zivilbevölkerung keine Rücksicht genommen werden. Die Besatzungspolitik bezweckte die gnadenlose Ausbeutung der vorhandenen Ressourcen.

Eine „saubere Wehrmacht“ hat es nicht gegeben und konnte es unter der kriminellen politischen Führung nicht geben. Eine barbarische Kriegsführung, das Sterben von 3,3 Millionen russischen Kriegsgefangenen sowie die Verstrickungen in den Völkermord an den Juden sprechen dagegen.

Der auch nach Osten hin geplante schnelle Feldzug („Blitzkrieg“) scheiterte im Winter 1941/42 vor den Toren Moskaus. Die Niederlage in der Schlacht von Stalingrad ein Jahr später wird in der Retrospektive als Wendepunkt des Zweiten Weltkrieges angesehen. Trotz der enormen Steigerungen der Rüstungsproduktion ab 1942 war der Krieg des nationalsozialistischen Deutschlands verloren. Denn mit dem Kriegseintritt der USA trat eine Macht auf den Plan, die innerhalb kürzester Zeit ein militärisches Potenzial entfalten konnte, das ausreichte, um auf zwei weit auseinanderliegenden Schauplätzen – in Europa und in Asien – siegreich präsent zu sein.

Das nationalsozialistische Deutschland hatte seine Kräfte überspannt. Es folgten „Frontbegradigungen“, opferreiche Rückzüge, verheerende Bombardierungen deutscher Städte und schließlich die Mobilisierung des „Volkssturms“ – das letzte Aufgebot der Jugendlichen und Alten.

M 2

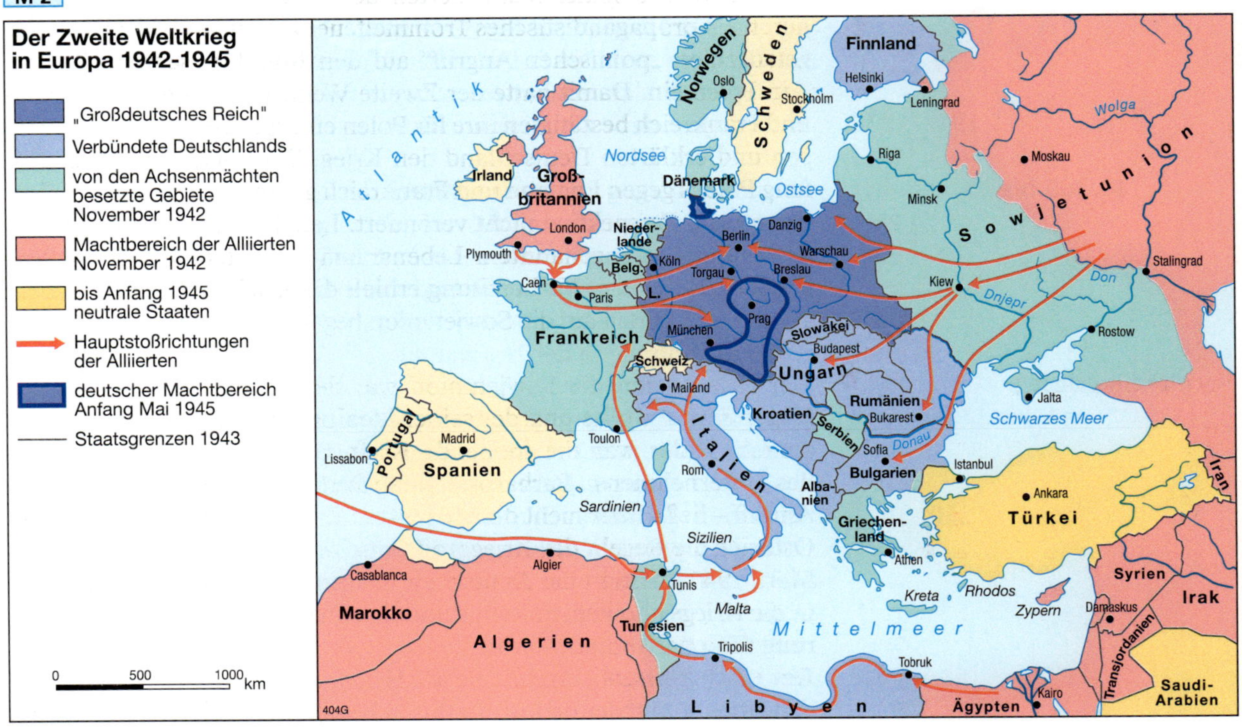

1939	
1. September bis 1. Oktober	4.45 Uhr: Beginn des deutschen Angriffs auf Polen. Auf deutscher Seite kämpfen 53 Divisionen, 2 Luftflotten und Seestreitkräfte. Ende des Polenfeldzuges nach der Kapitulation von Warschau und der Übergabe von Modlin.
1940	
9. April bis 30. April	Besetzung Dänemarks und Norwegens durch deutsche Truppen
10. Mai bis 22. Juni	Unter Verletzung der Neutralität der Niederlande, Belgiens und Luxemburgs Einmarsch deutscher Truppen in Frankreich. 14. Juni Besetzung von Paris. 22. Juni Kapitulation Frankreichs und Waffenstillstandsabkommen im Wald von Compiègne.
1941	
12. Februar bis 13. Mai 1943	Eine deutsche Division wird unter Führung von Generalleutnant Rommel zum Angriff gegen britische Stellungen nach Libyen entsandt. Vorstoß bis zur libysch-ägyptischen Grenze. Der Feldzug endet am 13. Mai 1943 nach einer britischen Großoffensive unter Leitung des Generals Montgomery durch Kapitulation der Reste der Heeresgruppe Afrika.
6. April bis 1. Juni	Feldzug gegen Jugoslawien und Griechenland
22. Juni1941	Deutscher Angriff auf die UdSSR in breiter Front zwischen Ostsee und Karpaten mit insgesamt 3 050 000 Soldaten (= 75 Prozent des Feldheeres). In den folgenden anderthalb Jahren deutscher Vormarsch bis zur Linie Leningrad – Moskau – Stalingrad – Kaukasus. Nach Stalingrad: Kriegswende. Danach werden sowjetische Truppen im Gegenangriff unter immer größeren deutschen Verlusten bis in die Mitte Deutschlands vordringen.
22. November	Sowjetische Truppen schließen die deutsche 6. Armee mit ca. 250 000 Soldaten im Raum zwischen Don und Wolga bei Stalingrad ein. Hitler verweigert den Ausbruch aus dem Kessel. Ende Januar 1943 Kapitulation; 91 000 deutsche Soldaten gehen in Kriegsgefangenschaft.
7. Dezember	Japanischer Überfall auf Pearl Harbor Die Japaner vernichten fast die gesamte amerikanische Pazifikflotte. Vier Tage später erklären auch Deutschland und Italien den USA den Krieg.
1942–1945	Luftkrieg: Ständig zunehmende Bombardierung deutscher Städte
1943	
10. Juli bis 13. Oktober	22. Juli Eroberung von Palermo durch die 7. US-Armee. Luftangriffe auf Rom. Mussolini wird zum Rücktritt gezwungen und verhaftet, aber durch deutsche Fallschirmjäger wieder befreit. Italien unterzeichnet am 3. September 1943 einen Waffenstillstand und erklärt Deutschland den Krieg.
1944	
6. Juni	Alliierte Landung in der Normandie
1945	
4. bis 12. Februar	Konferenz von Jalta: Stalin, Roosevelt und Churchill verhandeln über die Koordinierung der militärischen Operationen in der Schlussphase des Krieges und über die Teilung Deutschlands nach Kriegsende.
30. April	Selbstmord Hitlers in Berlin
8. Mai	Ende des Zweiten Weltkrieges in Deutschland; Gesamtkapitulation der Deutschen Wehrmacht im Hauptquartier General Eisenhowers in Reims und im sowjetischen Hauptquartier in Berlin (Karlshorst), 9. Mai.
6. August	Abwurf der ersten Atombombe auf Hiroshima. Vier Wochen später: Unterzeichnung der bedingungslosen Kapitulation Japans.

M 3 Außenpolitische Zielsetzung

Hitler schrieb in „Mein Kampf" (1925):

Demgegenüber müssen wir Nationalsozialisten unverrückbar an unserem außenpolitischen Ziele festhalten, nämlich dem deutschen Volk den ihm gebührenden Grund und Boden auf dieser Erde zu sichern. Und diese Aktion ist die einzige, die vor Gott und unserer deutschen Nachwelt einen Bluteinsatz gerechtfertigt erscheinen lässt. [...] Deutschland wird entweder Weltmacht oder überhaupt nicht sein. [...] Damit ziehen wir Nationalsozialisten bewusst einen Strich unter die außenpolitische Richtung unserer Vorkriegszeit. Wir setzen dort an, wo man vor sechs Jahrhunderten endete. Wir stoppen den ewigen Germanenzug nach dem Süden und Westen Europas und weisen den Blick nach dem Land im Osten. Wir schließen endlich ab die Kolonial- und Handelspolitik der Vorkriegszeit und gehen über zur Bodenpolitik der Zukunft. Wenn wir aber heute in Europa von neuem Grund und Boden reden, können wir in erster Linie nur an Russland und die ihm untertanen Randstaaten denken.

A. Hitler, Mein Kampf, a. a. O., S. 739, 742.

M 4 Gebrauch der politischen Macht

Unmittelbar nach seinem Regierungsantritt skizzierte Hitler vor Befehlshabern des Heeres und der Marine seine außenpolitischen Absichten (3. Februar 1933):

Wie soll politische Macht, wenn sie gewonnen ist, gebraucht werden? Jetzt noch nicht zu sagen. Vielleicht Erkämpfung neuer Export-Möglichkeiten, vielleicht – und wohl besser – Eroberung neuen Lebensraums im Osten und dessen rücksichtslose Germanisierung. Sicher, dass erst mit politischer Macht und Kampf jetzige wirtschaftliche Zustände geändert werden können. Alles, was jetzt geschehen kann – Siedlung – Aushilfsmittel. Wehrmacht, wichtigste und sozialistischste Einrichtung des Staates. Sie soll unpolitisch und überparteilich bleiben. Der Kampf im Innern nicht ihre Sache, sondern der Nazi-Organisationen. Anders wie in Italien keine Verquickung von Heer und SA beabsichtigt. – Gefährlichste Zeit ist die des Aufbaus der Wehrmacht. Da wird sich zeigen, ob Fr[ankreich] Staatsmänner hat; wenn ja, wird es uns Zeit nicht lassen, sondern über uns herfallen (vermutl. mit Ost-Trabanten).

Aufzeichnung des Generalleutnants Liebmann, zit. nach: R. Kühnl, Der deutsche Faschismus in Quellen und Dokumenten, Köln 1975, S. 208.

M 5 Hitler: öffentlich und intern

a) Rede Hitlers vor dem Reichstag am 7. März 1936 (am Tag der Besetzung des entmilitarisierten Rheinlands durch deutsche Truppen):

Nach drei Jahren glaube ich so mit dem heutigen Tage den Kampf um die deutsche Gleichberechtigung als abgeschlossen ansehen zu können. [...] Wir haben in Europa keine territorialen Forderungen zu stellen.

→ Ausland bekommt es mit

Zit. nach: W. Conze (Teil 2), a. a. O., S. 39.

b) Denkschrift Hitlers zum Vierjahresplan vom August 1936:

Die endgültige Lösung liegt in einer Erweiterung des Lebensraumes bzw. der Rohstoff- und Ernährungsbasis unseres Volkes. Es ist die Aufgabe der politischen Führung, diese Frage dereinst zu lösen. [...] Ich stelle damit folgende Aufgabe:

1. Die deutsche Armee muss in 4 Jahren einsatzfähig sein.
2. Die deutsche Wirtschaft muss in 4 Jahren kriegsfähig sein.

Zit. nach: R. Kühnl. Der deutsche Faschismus in Quellen und Dokumenten, a. a. O., S. 287 f.

M 6 Strategie der NS-Außenpolitik am Beispiel des Angriffs auf die Tschechoslowakei

a) Militärische Weisung „Fall Grün":

Angriff auf die Tschechoslowakei (22.4.1938) – Zusammenfassung der Besprechung Führer/General Keitel [seit 1938 Chef des Oberkommandos der Wehrmacht OKW] am 21.4.1938

a. Politisch:

1. Strategischer Überfall aus heiterem Himmel ohne jeden Anlass oder Rechtfertigungsmöglichkeit wird abgelehnt. Da Folge: feindliche Weltmeinung, die zu bedenklicher Lage führen kann.
2. Handeln nach einer Zeit diplomatischer Auseinandersetzungen, die sich allmählich zuspitzen und zum Kriege führen.
3. Blitzartiges Handeln aufgrund eines Zwischenfalls (z. B. Ermordung des deutschen Gesandten im Anschluss an eine deutschfeindliche Demonstration.)

Zit. nach: W. Hofer, Der Nationalsozialismus, Dokumente 1933–1945, Frankfurt 1957, S. 202.

b) Geheime Kommandosache: Hitlers Weisung vom 30. Mai 1938:

Es ist mein unabänderlicher Entschluss, die Tschechoslowakei in absehbarer Zeit durch eine militärische Aktion zu zerschlagen. Den politisch und militärisch geeigneten Zeitpunkt abzuwarten oder herbeizuführen ist Sache der politischen Führung. Eine unabwendbare Entwicklung der Zustände innerhalb der Tschechoslowakei oder sonstige politische Ereignisse in Europa, die eine überraschend günstige, vielleicht nie wiederkehrende Gelegenheit schaffen, können mich zu frühzeitigem Handeln veranlassen. Die richtige Wahl und entschlossene Ausnützung eines günstigen Augenblicks ist die sicherste Gewähr für den Erfolg. Dementsprechend sind die Vorbereitungen unverzüglich zu treffen. [...]

Zit. nach: W. Conze, a. a. O., Teil II, S. 51 f.

c) Aus Hitlers Sportpalastrede vom 26. Sept. 1938[1]

Ich habe ihm [Herrn Chamberlain – britischer Premierminister von 1937–1940] weiter versichert und wiederhole es hier, dass es – wenn dieses Problem gelöst ist – für Deutschland in Europa kein territoriales Problem mehr gibt! Und ich habe ihm weiter versichert, dass in dem Augenblick, in dem die Tschechen mit ihren anderen Minderheiten sich auseinandergesetzt haben, und zwar friedlich und nicht durch Unterdrückung, dass ich dann am tschechischen Staat nicht mehr interessiert bin. Und das wird ihm garantiert! Wir wollen gar keine Tschechen!

1 Die Münchner Konferenz (Teilnehmerstaaten: Deutschland, Großbritannien, Frankreich und Italien) beschloss am 30. Sept. 1938 die Abtretung des sudetendeutschen Gebietes an Deutschland.

Zit. nach: W. Hofer, a. a. O., S. 207.

d) Hitlers Geheimbefehl vom 21. Oktober 1938:

Die künftigen Aufgaben der Wehrmacht und die sich daraus ergebenden Vorbereitungen für die Kriegsführung werde ich später in einer Weisung niederlegen. Bis zum In-Kraft-Treten dieser Weisung muss die Wehrmacht jederzeit auf folgende Fälle vorbereitet sein:

1. Sicherung der Grenzen des Deutschen Reiches und Schutz gegen überraschende Luftangriffe.
2. Erledigung der Rest-Tschechei
3. Inbesitznahme des Memellandes [...]

Zit. nach: W. Hofer, a. a. O., S. 219.

M 7 Die Entfesselung des Zweiten Weltkrieges

Der Historiker Josef Becker beleuchtet die Hintergründe des 1. Septembers 1939:

„Polen hat ... heute Nacht zum ersten Mal auf unserem eigenen Territorium auch durch reguläre Soldaten geschossen. Seit 5.45 Uhr wird jetzt zurückgeschossen."

Dies waren zwei Kernsätze der Rede, mit der Hitler nach Wochen sich zuspitzender internationaler Spannungen am Vormittag des 1. September 1939 im Reichstag den Einmarsch deutscher Truppen in Polen begründete. Nur der „Führer und Reichskanzler des Großdeutschen Reiches" und einige wenige Eingeweihte wussten, dass die angeblich regulären Soldaten der polnischen Armee SS-Männer waren und die bei ihrer Aktion zurückgelassenen Toten aus deutschen Konzentrationslagern stammten: Sie waren – im Rahmen einer Aktion mit dem zynisch-makabren Stichwort „Konservendose" – unter der Oberleitung Heydrichs, eines der späteren Hauptorganisatoren der sogenannten „Endlösung der Judenfrage", in polnische Uniformen gesteckt und bei einem fingierten Überfall auf den Sender Gleiwitz und an zwei anderen Stellen in Oberschlesien ermordet worden.

Zu denjenigen, die eine Ahnung von dem eigentlichen Hintergrund dieser bestellten „Grenzzwischenfälle" haben konnten, zählten die Oberbefehlshaber der Teilstreitkräfte der Wehrmacht. Ihnen hatte Hitler knapp drei Wochen zuvor erklärt: „Ich werde propagandistischen Anlass zur Auslösung des Krieges geben, gleichgültig, ob glaubhaft. Der Sieger wird später nicht danach gefragt, ob er die Wahrheit gesagt hat oder nicht." „Propagandistischer Anlass" – das zielte einerseits auf das Ausland, vor allem aber auf die Deutschen. „Jedermann [ist] gegen den Krieg", notierte in der Reichshauptstadt ein amerikanischer Journalist noch am 31. August 1939, und am Vormittag des 1. September stellte er fest, wo 1914 begeisterte Menschenmassen dem Kaiser und den mobilisierten Truppen zujubelten, fahre jetzt Hitler auf dem Weg zum Reichstag durch nahezu menschenleere Straßen, in denen die wenigen Passanten zumeist in schweigender Apathie auf den Autokonvoi des „Führers" blickten, der dann im Reichstag für seine Rede einen „befehlsmäßigen, aber dünnen Beifall" erhielt.

H. Altrichter und J. Becker, Kriegsausbruch 1939. Beteiligte, Betroffene, Neutrale, München 1989, S. 21 f.

M 8 Hitlers Pläne für das besiegte Russland

Aus einem Schreiben der Seekriegsleitung vom September 1941:

Der Führer ist entschlossen, die Stadt Petersburg vom Erdboden verschwinden zu lassen. Es besteht nach der Niederwerfung Sowjetrusslands keinerlei Interesse an dem Fortbestand dieser Großsiedlung. Auch Finnland hat gleicherweise kein Interesse an dem Weiterbestehen der Stadt unmittelbar an seiner neuen Grenze bekundet … Es ist beabsichtigt, die Stadt eng einzuschließen und durch Beschuss mit Artillerie aller Kaliber und laufenden Lufteinsatz dem Erdboden gleichzumachen. Sich aus der Lage der Stadt ergebende Bitten um Übergabe werden abgeschlagen, da das Problem des Verbleibens und der Ernährung der Bevölkerung von uns nicht gelöst werden kann und soll. Ein Interesse an der Erhaltung auch nur eines Teiles der Bevölkerung besteht in diesem Existenzkrieg unsererseits nicht.

Aus: G. Schönbrunn, Geschichte in Quellen, Bd. V., 1914–1945, München 1961, S. 503.

M 9 Die Aktion „Donnerschlag"

Der Historiker Olaf B. Rader sieht in Dresden einen deutschen Erinnerungsort:

Der 13. und 14. Februar 1945 sind als die Tage des Untergangs des alten Dresdens ins Gedächtnis der immer weniger werdenden Beteiligten buchstäblich eingebrannt. Ob auch diejenigen, die die Details der Katastrophe nur als Geschichten kennen, ein Gedenken als regionale Erinnerungsgemeinschaft oder als einen Eintrag in das kulturelle nationale Gedächtnis ausprägten, ist zweifelhaft. Dennoch gibt es einen Erinnerungshorizont, der durch die Radikalität und die Ausmaße der Ereignisse besondere Konturen hat. Es war der Zeitpunkt der Aktion „Donnerschlag", des schwersten Bombenangriffs, der überhaupt je gegen eine deutsche Stadt im Zweiten Weltkrieg geflogen worden ist. Nie wurden mehr Bomber auf ein Ziel angesetzt, als auf jenes. Schon seit November 1944 hatte der britische Luftmarschall Sir Arthur Harris die systematische Zertrümmerung der noch unversehrten deutschen urbanen Zentren gefordert. Die „Operation Thunderclap", ein gleichzeitiger Schlag aller britischen und amerikanischen Bomber gegen eine bislang fast unzerstörte Großstadt, sollte den deutschen Widerstandswillen bedeutend schwächen, die Bevölkerung gleichsam „zur Einsicht bomben". Ja, man glaubte unter den britischen und amerikanischen Generalstäblern daran, dass das Dritte Reich durch den Schock, den der Angriff auslösen würde, zusammenbräche.

Dresden wurde Mitte Februar 1945 das Ziel dieses gemeinsamen Großangriffs britischer und amerikanischer Luftwaffenverbände, bei dem eine große Innenstadtfläche, darunter die gesamte historische Altstadt, total zerstört wurde. Lancasterbomber der Royal Air Force warfen in der Nacht des 13. Februar in zwei Angriffswellen knapp 3000 Tonnen Bomben ab. Die Brandbomben entfachten einen Feuersturm, der mit bis zu 1000 °C durch die Straßen jagte, Schienen wie Halme verbog und den Asphalt ganzer Straßenzüge zu glühender Lava aufschmolz. Am Tag darauf bombardierte die US-Luftwaffe in einem dritten Schlag die noch immer brennende Stadt. Da Dresden zum Zeitpunkt des Angriffs mit Flüchtlingen überfüllt war, ist die Zahl der Opfer nie genau ermittelt worden; Schätzungen belaufen sich auf 35 000 Tote. Das Grauen der völlig zerstörten, mehrere Tage lang weiterbrennenden Stadt übertraf alle bis dahin bekannten Schrecken des Luftkrieges. Und obwohl Dutzende deutscher Städte im Verlaufe des Krieges ebenso schwer bombardiert worden waren – allen voran Hamburg, Köln und Berlin –, gilt dennoch ein Stadtname am meisten als Symbol für eine radikale Auslöschung durch einen konzentrierten Bomberschlag: Dresden.

Erich Kästner, Schriftsteller und Journalist, selbst ein Sohn der Stadt, schrieb: „Das, was man früher unter Dresden verstand, existiert nicht mehr. Man geht hindurch, als liefe man im Traum durch Sodom und Gomorrha. […] Fünfzehn Quadratkilometer Stadt sind abgemäht und fortgeweht. […] Wie von einem Zyklon an Land geschleuderte Wracks riesenhafter Dampfer liegen zerborstene Kirchen umher. […] Die steinernen Wanten [Befestigungen] und Planken der gestrandeten Kolosse sind im Gluthauch des Orkans wie Blei geschmolzen und gefrittet. Was sonst ein geologisches Zeitalter braucht, nämlich Gestein zu verwandeln – das hat eine einzige Nacht zuwege gebracht."

Der greise Gerhard Hauptmann beobachtete vom Dresdner Stadtteil „Weißer Hirsch" aus das Gemetzel und notierte: „Wer das Weinen verlernt hat, der lernt es wieder beim Untergang Dresdens. […] Ich stehe am Ausgangstor des Lebens und beneide alle meine toten Geisteskameraden, denen dieses Erlebnis erspart geblieben ist."

Die Zerstörung Dresdens kurz vor Ende des Zweiten Weltkrieges bedeutet bis heute einen so starken Eintrag in kommunikative Gedächtnisse, dass er

M 10 **Dresden,** Foto von 1945

andere, frühere Einträge zu überformen und mitunter sogar auszulöschen scheint. So verbinden sich mit dem Namen „Dresden" seit jenen zwei Tagen eher die Stichworte von grauenhaftem, tausendfachem Tod und sinnloser Destruktion, von einem Symbol der totalen und schlagartigen Vernichtung.

O. B. Rader, Dresden, in: E. François, H. Schulze (Hrsg.), Deutsche Erinnerungsorte, Bd. 3, München 2001, S. 453 f.

M 11 Schuldhafte Verstrickung der Wehrmacht

Der Historiker Wolfgang Benz beantwortet die Frage: Hat die Wehrmacht Verbrechen begangen?

Die Wehrmacht war in die Verbrechen des NS-Staats – auch in den Judenmord – durch aktive Beteiligung und passive Duldung verstrickt. Zu diesen Tatsachen gehören auch das Mitwissen und die indirekte Mitwirkung am Massaker von Babij Jar, bei dem 33 771 Juden vom Sonderkommando 4a der Einsatzgruppe C innerhalb von zwei Tagen Ende September 1941 ermordet wurden. Die Morde selbst fallen nicht der Wehrmacht zur Last, aber in der vorausgehenden Meldung nach Berlin hatte es geheißen: „Exekution von mindestens 50 000 Juden vorgesehen. Wehrmacht begrüßt Maßnahmen und erbittet radikales Vorgehen." Und Pioniere der Wehrmacht sprengten nach den Morden die Schlucht von Babij Jar. Das Schicksal von mehr als drei Millionen Kriegsgefangenen der Roten Armee, die im Gewahrsam der Wehrmacht den Tod durch Hunger, Verwahrlosung und Mord fanden, gehört ebenso zur Geschichte der Wehrmacht wie der Partisanenkrieg in Serbien, um nur einige Beispiele zu nennen.
Eine Dokumentation der Verbrechen der Wehrmacht macht nicht alle Wehrmachtsangehörigen zu Verbrechern oder die Wehrmacht zur verbrecherischen Organisation. Zum Wesen des nationalsozialistischen Regimes gehört aber die enge Verstrickung aller staatlichen und parteilichen, der zivilisierten und der terroristischen Organisationen. Die Aufspaltung in Gut und Böse, in eine verbrecherische SS und eine ritterliche Wehrmacht, entspricht nicht der komplexen historischen Realität. Das musste mit dem Abschied von selbstrechtfertigenden Legenden anerkannt und nachvollzogen werden, insbesondere von den Angehörigen der Generation, die in der Wehrmacht gekämpft hat.
Jahrelang hat ab 1995 eine Ausstellung über Verbrechen der Wehrmacht die Gemüter erregt. In München, einer Station, besuchten 88 400 Menschen diese Wanderausstellung, Neonazis veranstalteten [ihre] größte Demonstration der Nachkriegszeit dagegen. Die Agitation namhafter CSU-Politiker gegen die Ausstellung fokussierte die Emotionen der Konservativen. Am 13. März 1997 debattierte deshalb der Deutsche Bundestag über den Umgang mit Wehrmachtsverbrechen. Die Ausstellung, die wegen handwerklicher Mängel und unnötiger Pauschalisierungen in die Kritik geriet, zurückgezogen und neu konzipiert wurde, war ein notwendiger Denkanstoß, um den Mythos der sauberen Wehrmacht im verbrecherischen Umfeld nationalsozialistischer Politik zu entzaubern. Die Dimension der Verstrickung ist nicht bekannt, Experten schätzen, dass fünf Prozent der Soldaten, Unteroffiziere und Offiziere Schuld auf sich geladen haben. Das sind wenige, aber insgesamt doch mindestens mehrere Hunderttausend. Damit ist die Wehrmacht, die Werkzeug der NS-Ideologie war, als Ganzes weder verurteilt noch freigesprochen.

W. Benz, Die 101 wichtigsten Fragen. Das Dritte Reich, München 2006, S. 120 f.

Aufgaben

1. Fassen Sie zusammen, wie Hitler seine imperialistischen Vorstellungen rechtfertigte. Welche grundsätzliche Stoßrichtung hatten diese?
   → M3, M4
2. Stellen Sie die Strategie dar, nach der Hitler auf außenpolitischem Gebiet operierte.
   → M5–M7
3. Rekonstruieren Sie in einem Schaubild die Stationen der NS-Außen- bzw. Kriegspolitik.
   → Text, M1, M2
4. Untersuchen Sie, welche Merkmale den nationalsozialistischen Krieg im Osten prägten.
   → Text, M8
5. Diskutieren Sie, warum es nach dem Zweiten Weltkrieg keine ernsthafte Kriegsschuld-Diskussion in Deutschland geben konnte.
   → Text, M1–M11

14.5 Verfolgung und Ermordung der Juden

Judenverfolgung

M 1 **Schild in Braunschweig**
Solche Schilder gab es überall in Deutschland. Während der Olympischen Spiele 1936 wurden sie vorübergehend entfernt, Foto, 1935.

1933 lebten in Deutschland eine halbe Million Juden (0,8 Prozent der Bevölkerung), die überwiegend der Mittelschicht angehörten und in die deutsche Gesellschaft weitgehend integriert waren. Die meisten von ihnen ahnten zu diesem Zeitpunkt keineswegs, welche brutalen und tödlichen Konsequenzen die nationalsozialistische Machtübernahme haben würde.

Die neuen Machthaber begannen unverzüglich mit der Ergreifung von judenfeindlichen Maßnahmen. Zwischen 1933 und 1939 schränkten etwa 250 Gesetze und Verordnungen die Existenz der Juden ein. Diese wurden aus allen öffentlichen Ämtern entfernt und schrittweise aus vielen Berufen herausgedrängt (Juristen, Ärzte, Schriftleiter, Apotheker). Ein Gesetz beschränkte den Zugang jüdischer Schüler zur Universität (1933). Ab 1936 wurde die Rassentrennung an den Schulen eingeführt. Die „Nürnberger Gesetze“ (1935) grenzten die Juden aus dem Verband der deutschen Reichsbürger aus. Die Absonderung und Entrechtung der Juden wurde auch in den nächsten Jahren systematisch weiterbetrieben. Pässe von Juden verloren ihre Gültigkeit (1938). Den Juden wurde (ab 1939) die Pflicht auferlegt, jüdische Vornamen anzunehmen: Israel für männliche und Sara für weibliche Juden. Ab 1941 mussten die Juden in der Öffentlichkeit einen Stern tragen. Die Verordnung zur Ausschaltung der Juden aus dem deutschen Wirtschaftsleben (1938) machte einen Zusammenhang augenfällig, der von Anfang an integraler Bestandteil der anti-jüdischen Politik gewesen war. Mit der Entrechtung ging der Vermögensentzug einher. Die „Arisierung der Wirtschaft“ lief praktisch auf eine Zwangsenteignung hinaus.

Reichspogromnacht

Vorläufiger Höhepunkt der nationalsozialistischen Judenpolitik war die sogenannte „Reichskristallnacht“ am 9. November 1938, als Synagogen abgebrannt, jüdische Geschäfte zerstört und Zehntausende von Juden verhaftet wurden. Die „Reichskristallnacht“ stellte eine neue Stufe der Verfolgung und Entrechtung der Juden in Deutschland dar. Das Attentat eines Juden auf einen Diplomaten der deutschen Botschaft in Paris (vom Rath) war für die NS-Führung der willkommene Anlass zu diesem Pogrom. Motiv für den jüdischen Attentäter Grynszpan war der Protest gegen kurz zuvor durchgeführte Abschiebungen von Juden nach Polen.

Ein großer Teil der deutschen Öffentlichkeit schien das Vorgehen der Nationalsozialisten am 9. November 1938 zu missbilligen. Gleichwohl kam es zu keinen größeren Protesten. Obgleich die NS-Propaganda nichts unversucht ließ, diese Aktionen als Ausdruck eines „gerechten Volkszorns“ zu deklarieren, handelte es sich um ein zentral gesteuertes Unternehmen – organisiert von Goebbels als der treibenden Kraft und ausgeführt von SA-Kommandos. Im Zusammenhang mit der „Reichskristallnacht“ wurden mindestens 267 Synagogen und 7500 Geschäfte zerstört. Ungefähr 20000 jüdische Deutsche wurden (vorübergehend) verhaftet und in Konzentrationslagern festgesetzt.

Der Volksmund sprach wegen der vielen Scheiben, die zu Bruch gegangen waren, etwas unbekümmert von der „Reichskristallnacht“.

M 2 **Von der NS-Propaganda verbreiteter Aufkleber**
November 1934

Aufgrund der in diesem Ausdruck enthaltenen Verharmlosung wird gegenwärtig bei offiziellen Anlässen von der Reichspogromnacht gesprochen.

Trotz der Schikanen und der sich fortsetzenden Diskriminierungen hatte bis 1938 nur etwa ein Drittel der jüdischen Deutschen ihre Heimat verlassen. Die Emigration war durch die Erhebung einer sogenannten Reichsfluchtsteuer mit weitgehendem Vermögensverlust verbunden (bis 90 Prozent). Mit Kriegsbeginn schränkten die Behörden die Auswanderungsmöglichkeiten weiter ein. Ab 1941 wurden die jüdischen Deutschen – unter Entzug der deutschen Staatsangehörigkeit und ihrer Vermögen – nach Osten deportiert.

Menschenvernichtung

Die ideologische Grundlage für die Menschenvernichtung im Dritten Reich ist in der Rassenlehre und in der Eugenik (Erbgesundheitslehre) zu sehen. Unter dem Vorzeichen eines irreführenden Biologismus und versehen mit dem Etikett scheinbarer naturwissenschaftlicher Korrektheit entwickelten die neuen Machthaber ein Programm der „Rassenhygiene". Die Fortpflanzung von biologisch Minderwertigen sollte verhindert werden. Die Rassenhygieniker – darunter viele Mediziner – glaubten, dass auch soziales Fehlverhalten, wie zum Beispiel Verwahrlosung, Alkoholismus und Kriminalität, genetisch bedingt seien. Die Zwangssterilisierung und Tötung von „Asozialen", Behinderten und Erbkranken lagen in der Konsequenz dieser ideologischen Prämissen.

Lange bevor die Entscheidung zur systematischen Vernichtung von Juden getroffen worden war, hatte Hitler den Befehl für das T4-Programm gegeben (1938). Hinter dem Kürzel T4 verbarg sich eine Dienststelle (Tiergartenstr. Nr. 4 in Berlin), die dem Reichsinnenministerium unterstand. Von hier aus wurde die Tötung von Behinderten und Geisteskranken geleitet. Das geschah in Gaswagen mit Kohlenmonoxyd. Nicht zuletzt aufgrund der Proteste von katholischen Geistlichen wurden diese Aktionen 1941 zunächst gestoppt, aber später heimlich weitergeführt. Die Gesamtzahl der Opfer des T4-Befehls belief sich bis Mitte 1941 auf etwa 70 000. Insgesamt fielen etwa 120 000 Menschen diesem Tötungsprogramm zum Opfer, das die NS-Ideologen zynisch als Euthanasie (wörtlich: schöner Tod) bezeichneten.

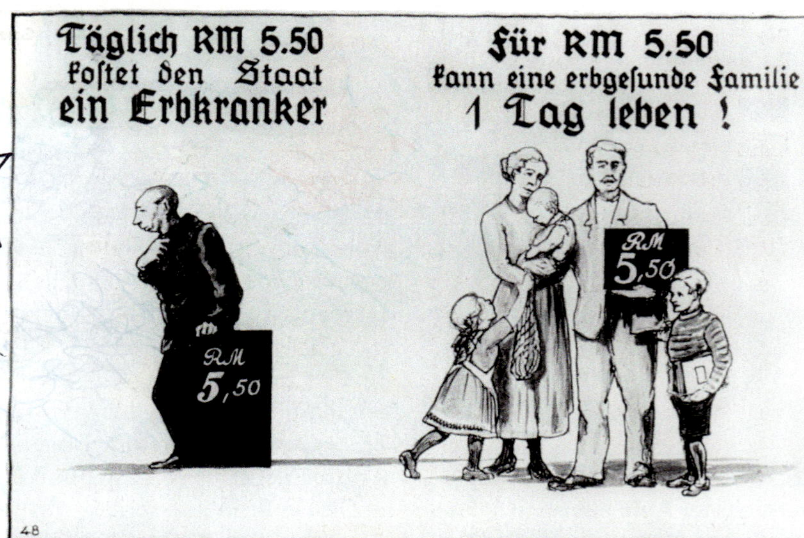

M 3 **Vorbereitung der Euthanasie** aus der Dia-Serie „Blut und Boden", die für Schulungszwecke eingesetzt wurde

Erbkranken sind eine Last, nehmen den wichtigen Leuten das Geld weg

schwarz gemalt (böse) weiß gemalt (gut)

Die sogenannte „Endlösung“

Ein schriftlicher Befehl Hitlers („Führerbefehl“) in Bezug auf die systematische Vernichtung der Juden und Roma und Sinti liegt nicht vor. Jedoch ist es aufgrund der Machtstrukturen des Dritten Reiches undenkbar, dass eine so weitreichende Entscheidung ohne Hitlers Einverständnis zustande kam. Sie wurde innerhalb der NS-Führung in der zweiten Hälfte des Jahres 1941 getroffen, wahrscheinlich nach Beginn des Feldzuges gegen die Sowjetunion und nach der zwischenzeitlichen Eroberung großer Gebiete in Osteuropa. An der Wannsee-Konferenz (20. Januar 1942) – benannt nach dem Tagungsort, einer Villa „Am Großen Wannsee“ (heute eine Gedenkstätte), – nahmen die Staatssekretäre aus verschiedenen Ministerien sowie Vertreter der Partei, SS, Reichskanzlei usw. teil. Sie waren einer Einladung von Reinhard Heydrich (Chef der Sicherheitspolizei und des Sicherheitsdienstes) gefolgt, der sich auf der Konferenz als „Beauftragter für die Endlösung der europäischen Judenfrage“ zu erkennen gab. Diese Konferenz fasste keinen Beschluss über die sogenannte „Endlösung“, denn zu diesem Zeitpunkt war die Judenvernichtung bereits im Gange.

Die „Endlösung der Judenfrage“ wurde unter dem Siegel einer „Geheimen Reichssache“ von der SS exekutiert. Ihr fielen zwischen fünf und sechs Millionen Juden zum Opfer. Obgleich die Judenvernichtung die verbrecherische Konsequenz des kompromisslosen Antisemitismus war, versuchte die NS-Führung dennoch, dieses Geschehen vor der deutschen Öffentlichkeit geheim zu halten. Begriffe wie „Evakuierung“, „Sonderbehandlung“ und „Arbeitseinsatz im Osten“ dienten dazu, das grausige Geschehen zu tarnen.

Ob dem Massenmord schon frühzeitig ein Generalplan zugrunde lag, ist unter den Historikern umstritten. Es überwiegt die Ansicht einer schrittweisen Radikalisierung. Das NS-System beraubte die Juden durch rechtliche, wirtschaftliche und politische Maßnahmen ihrer Lebensmöglichkeiten, erlaubte und förderte bis 1939 aber die Auswanderung. Der Massenvernichtung fehlte am Anfang die Systematik. Sie erfolgte durch Massenerschießungen, die in erster Linie von SS-Einsatzgruppen und teilweise auch von Wehrmachtseinheiten hinter den Fronten vorgenommen wurden. Insbesondere die Beseitigung von Ernährungs- und Versorgungsengpässen während des Krieges könnte

M 4

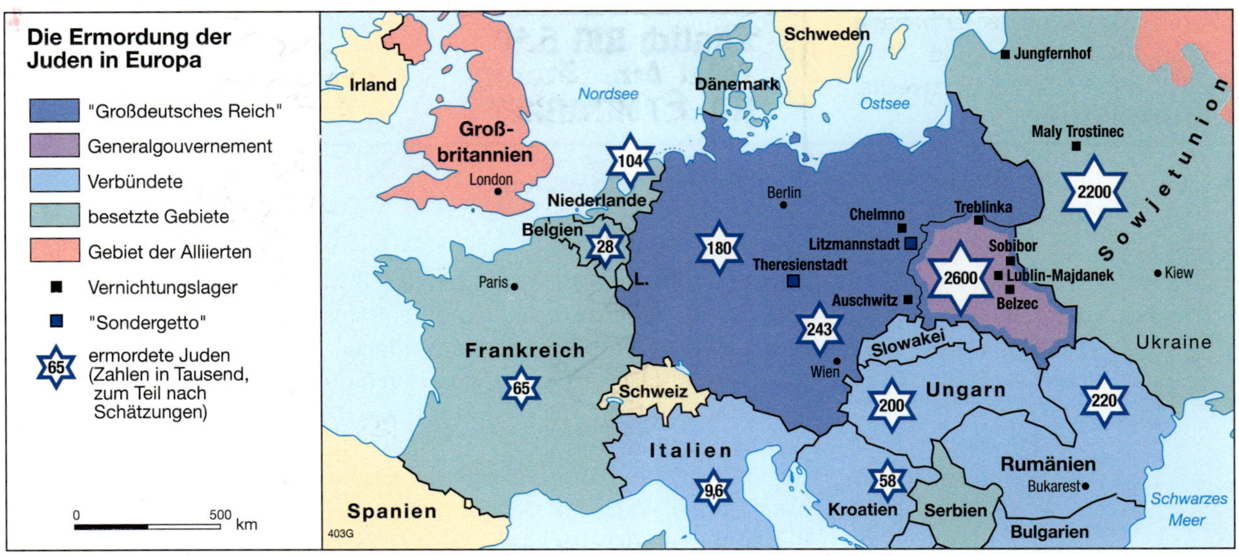

dem industriell durchgeführten Genozid (Völkermord) Vorschub geleistet haben. Für den Massenmord – insbesondere an den Juden – hat sich gegenwärtig auch als Folge eines amerikanischen Films mit gleichem Titel der Ausdruck „Holocaust“ eingebürgert. Dieses Wort ist insofern unpassend, weil mit ihm ursprünglich ein religiöses Brandopfer gemeint war. Die Juden benutzen daher „Schoah“, das hebräische Wort für „Vernichtung“.

Das Schicksal der jüdischen Deutschen

Von der halben Million jüdischer Deutscher des Jahres 1933 wanderten etwa 280 000 aus. Von ihnen wurden ungefähr 30 000 nach Einmarsch der deutschen Truppen in die verschiedenen europäischen Länder festgenommen und deportiert. 72 000 Juden starben eines natürlichen Todes. Etwa 134 000 Juden, die im Reich verblieben waren, wurden nach Osten deportiert. Von ihnen überlebten etwa 5 000. Im Reich selbst vermochten etwa 20 000 Juden ihr Leben zu retten: 15 000, weil sie einen arischen Ehepartner hatten, zwischen 5 000 und 15 000 überlebten – zumeist auf abenteuerliche Weise – verborgen in der Illegalität. Nach den Forschungsergebnissen der Geschichtswissenschaft ist davon auszugehen, dass die Gesamtzahl der von den Nationalsozialisten in Europa getöteten Juden annähernd sechs Millionen beträgt.

Widerstand

Einen organisierten Widerstand der jüdischen Deutschen im Reich selbst hat es nicht gegeben – konnte es auch nach Lage der Dinge nicht geben. Auch in den besetzten Gebieten Osteuropas war aufgrund der Überlegenheit der SS und ihrer Helfer Widerstand fast aussichtslos. Die meisten Juden verfolgten eine Strategie der Anpassung, verbunden mit der vagen Hoffnung, so die Verfolgungen zu überstehen und dem Tod zu entgehen. Um so größer ist die historische Bedeutung des Warschauer Gettoaufstands von 1943. Im Warschauer Getto hatten die nationalsozialistischen Besatzer annähernd eine halbe Million Juden auf engstem Raum zusammen gepresst und von der Außenwelt abgeschottet. 1942 erfolgten von dort die Deportationen ins Vernichtungslager Treblinka. Dagegen bildete sich ein bewaffneter Widerstand, der im Frühjahr 1943 in einem Aufstand mündete. Mit minimalen militärischen Mitteln verteidigten etwa 750 Mann das Getto in einem wochenlangen Kampf gegen die Übermacht der SS-Truppen. Dieser Kampf endete mit der – wie es in einem SS-Bericht hieß – „Liquidierung des jüdischen Wohnbezirks“.

Chronologie

1. April 1933	Boykott jüdischer Geschäfte
15. September 1935	„Nürnberger Gesetze“
9. November 1938	„Reichskristallnacht“
ab Juni 1941	Massenerschießungen von Juden durch Einsatzgruppen der SS (Baltikum, Weißruthenien, Ukraine, Krim)
1. September 1941	Juden müssen einen gelben Stern tragen.
ab Dezember 1941	Beginn der Massentötungen von Juden durch den Einsatz von Gaswagen in Chelmo
20. Januar 1942	Wannsee-Konferenz
ab Juni 1942	Beginn der Massenvergasungen in Auschwitz
19. April 1943	Aufstand im Warschauer Getto (bis zum 16. Mai niedergeworfen)
27. Januar 1945	Befreiung von Auschwitz durch die sowjetische Armee

M 5 **Boykott jüdischer Geschäfte (1. April 1933)**

Der Boykott war als prograndistische Aktion gedacht. Der englische Text auf dem Schaufenster verweist darauf, dass die Urheber offenkundig auch Ausländer beeinflussen wollten.

M 6 **„Rassenschande"**

Wegen „Rassenschande" am Pranger. Am 15. September 1935 erließ Hitler das „Gesetz zum Schutz des deutschen Blutes und der deutschen Ehre". Den Juden wurde die Ehe und der außereheliche Geschlechtsverkehr mit „Ariern" verboten, Aufnahme aus Hamburg, 1935.

M 7 **„Nürnberger Gesetze" (15.9.1935)**

1. „Gesetz zum Schutze des deutschen Blutes und der deutsche Ehre"

Durchdrungen von der Erkenntnis, dass die Reinheit des deutschen Blutes die Voraussetzung für den Fortbestand des deutschen Volkes ist, und beseelt von dem unbeugsamen Willen, die deutsche Nation für alle Zukunft zu sichern, hat der Reichstag einstimmig das folgende Gesetz beschlossen, das hiermit verkündet wird.

§1

1. Eheschließungen zwischen Juden und Staatsangehörigen deutschen und artverwandten Blutes sind verboten. Trotzdem geschlossene Ehen sind nichtig, auch wenn sie zur Umgehung dieses Gesetzes im Auslande geschlossen sind.

2. Die Nichtigkeitsklage kann nur der Staatsanwalt erheben.

§2

Außerehelicher Verkehr zwischen Juden und Staatsangehörigen deutschen oder artverwandten Blutes ist verboten.

§3

Juden dürfen weibliche Staatsangehörige deutschen oder artverwandten Blutes unter 45 Jahren nicht in ihrem Haushalt beschäftigen.

§4

1. Juden ist das Hissen der Reichs- und Nationalflagge und das Zeigen der Reichsfarben verboten. [...]

2. „Reichsbürgergesetz" [...]

§2

1. Reichsbürger ist nur der Staatsangehörige deutschen oder artverwandten Blutes, der durch sein Verhalten beweist, dass er gewillt und geeignet ist, in Treue dem deutschen Volk und Reich zu dienen. [...]

Zit. nach: I. v. Münch, Gesetze des NS-Staates, Paderborn 1982, S. 122 ff.

M 8 **Der befohlene Pogrom**

Aus dem Urteil des Obersten Parteigerichts vom 20. Januar 1939:

Der Befehl des Gruppenführers, der dem Stabsführer der Gruppe, Oberführer Römpagel in der Nacht vom 9. zum 10. November 1938 telefonisch übermittelt wurde, ist von diesem wie folgt schriftlich zusammengefasst worden:

„Sämtliche jüdischen Geschäfte sind sofort von SA-Männern in Uniform zu zerstören. Nach der Zerstörung hat eine SA-Wache aufzuziehen, die dafür zu sorgen hat, dass keinerlei Wertgegenstände ent-

wendet werden können. Die Verwaltungsführer der SA stellen sämtliche Wertgegenstände einschließlich Geld sicher.
Die Presse ist heranzuziehen.
Jüdische Synagogen sind sofort in Brand zu stecken, jüdische Symbole sind sicherzustellen. Die Feuerwehr darf nicht eingreifen. Es sind nur Wohnhäuser arischer Deutscher zu schützen von der Feuerwehr. Jüdische anliegende Wohnhäuser sind auch von der Feuerwehr zu schützen, allerdings müssen die Juden raus, da Arier in den nächsten Tagen dort einziehen werden.
Die Polizei darf nicht eingreifen. Der Führer wünscht, dass die Polizei nicht eingreift.
Die Feststellung der jüdischen Geschäfte, Läger und Lagerhäuser hat im Einvernehmen mit den zuständigen Oberbürgermeistern und Bürgermeistern zu erfolgen, gleichfalls das ambulante Gewerbe.
Sämtliche Juden sind zu entwaffnen. Bei Widerstand sofort über den Haufen schießen. An den zerstörten jüdischen Geschäften, Synagogen usw. sind Schilder anzubringen mit etwa folgendem Text:
Rache für Mord an vom Rath.
Tod dem internationalen Judentum.
Keine Verständigung mit den Völkern, die judenhörig sind.
Dies kann auch erweitert werden auf die Freimaurerei."

Zit. nach: W. Scheffler, Judenverfolgung im Dritten Reich, Berlin 1964, S. 73.

M 9 **Aufruf vom 10. November 1938 aus München**

M 10 „Da muss der Jude den Schaden bezahlen"

Die NS-Führung beschließt antijüdische „Sühnemaßnahmen". Aus dem Protokoll der Sitzung im Reichsluftfahrtministerium vom 12. November 1938:

Göring[1]: Wie viele Synagogen sind tatsächlich niedergebrannt?
Heydrich[2]: Es sind im ganzen 101 Synagogen durch Brand zerstört, 76 Synagogen demoliert, 7 500 zerstörte Geschäfte im Reich. […]
Goebbels: Da muss der Jude den Schaden bezahlen […].
Heydrich: Sachschaden, Inventar- und Warenschäden schätzen wir auf mehrere hundert Millionen […].
Göring: Mir wäre lieber gewesen, ihr hättet 200 Juden erschlagen und nicht solche Werte vernichtet.
Heydrich: 35 Tote sind es.
Göring: Ich werde den Wortlaut wählen, dass die deutschen Juden in ihrer Gesamtheit als Strafe für die ruchlosen Verbrechen usw. usw. eine Kontribution [Zwangsabgabe] von einer Milliarde auferlegt bekommen. Das wird hinhauen.

1 Herman Göring, Reichsmarschall, 1939 zum Nachfolger Hitlers bestimmt

2 Reinhard Heydrich, sehr hoher SS-Führer, u. a. Chef des Reichssicherheitshauptamtes (RSHA), war maßgeblich beteiligt an der Vernichtung der europäischen Juden.

Zit. nach: Das Parlament, Nr. 44/1978.

M 11 Zunehmende Entrechtung der Juden

Aus dem Tagebuch von Victor Klemperer[1] (Eintrag vom 2. Juni 1942):

Neue Verordnungen in judaeos [gegen die Juden]. Der Würger wird immer enger angezogen, die Zermürbung mit immer neuen Schikanen betrieben. Was ist in diesen letzten Jahren alles an Großem und Kleinem zusammengekommen! Und der kleine Nadelstich ist manchmal quälender als der Keulenschlag. Ich stelle einmal die Verordnungen zusammen: 1) Nach acht oder neun Uhr abends zu Hause sein. Kontrolle! 2) Aus dem eigenen Haus vertrieben. 3) Radioverbot, Telefonverbot. 4) Theater-, Kino-, Konzert-, Museumsverbot. 5) Verbot, Zeitschriften zu abonnieren oder zu kaufen. 6) Verbot zu fahren; (dreiphasig: a) Autobusse verboten, nur Vorderperron der Tram erlaubt, b) alles Fahren verboten, außer zu Arbeit, c) auch zur Arbeit zu Fuß, sofern man nicht 7 km entfernt wohnt oder krank ist (aber um ein Krankheitsattest wird schwer gekämpft.) Natürlich auch Verbot der Autodroschke.) 7) Verbot, ‚Mangelware' zu kaufen. 8) Verbot,

Zigarren zu kaufen oder irgendwelche Rauchstoffe, 9) Verbot, Blumen zu kaufen. 10) Entziehung der Milchkarte. 11) Verbot, zum Barbier zu gehen. 12) Jede Art Handwerker nur nach Antrag bei der Gemeinde bestellbar. 13) Zwangsablieferung von Schreibmaschinen, 14) von Pelzen und Wolldecken, 15) von Fahrrädern – zur Arbeit darf geradelt werden (Sonntagsausflug und Besuch zu Rad verboten), 16) von Liegestühlen, 17) von Hunden, Katzen, Vögeln. 18) Verbot, die Bannmeile Dresdens zu verlassen, 19) den Bahnhof zu betreten, 20) das Ministeriumsufer, die Parks zu betreten, 21) die Bürgerwiese und die Randstraßen des Großen Gartens (Park- und Lennéstraße, Karcherallee) zu benutzen. Diese letzte Verschärfung seit gestern erst. Auch das Betreten der Markthallen seit vorgestern verboten. 22) Seit dem 19. September der Judenstern. 23) Verbot, Vorräte an Esswaren im Hause zu haben. (Gestapo nimmt auch mit, was auf Marken gekauft ist.) 24) Verbot der Leihbibliotheken. 25) Durch den Stern sind uns alle Restaurants verschlossen. Und in den Restaurants bekommt man immer noch etwas zu essen, irgendeinen ‚Stamm', wenn man zu Haus gar nichts mehr hat. Eva sagt, die Restaurants seien übervoll. 26) Keine Kleiderkarte. 27) Keine Fischkarte. 28) Keine Sonderzuteilung wie Kaffee, Schokolade, Obst, Kondensmilch. 29) Die Sondersteuern. 30) Die ständig verengte Freigrenze. Meine zuerst 600, dann 320, jetzt 185 Mark. 31) Einkaufsbeschränkung auf eine Stunde (drei bis vier. Sonnabend zwölf bis eins). Ich glaube, diese 31 Punkte sind alles. Sie sind aber alle zusammen gar nichts gegen die ständige Gefahr der Haussuchung, der Misshandlung, des Gefängnisses, Konzentrationslagers und gewaltsamen Todes.

1 Victor Klemperer, Romanistikprofessor in Dresden, Jude, überlebte das 3. Reich, weil er mit einer sogenannten. Arierin verheiratet war. Man nannte das damals eine „privilegierte Mischehe". Von Victor Klemperer stammt auch eine wichtige Analyse der Sprache des Dritten Reiches.

V. Klemperer, Ich will Zeugnis ablegen bis zum letzten. Tagebücher 1933–1945, Tagebücher 1942, hrsg. von W. Nowojski, Berlin 1999, S. 107 f.

M 12

Karte der wichtigsten Konzentrations- und Vernichtungslager

M 13 Beschluss der Wannsee-Konferenz[1]

Heydrich hatte für den 20. Januar 1942 Vertreter der Partei und verschiedener Ministerien in eine Villa am Wannsee geladen:

An Stelle der Auswanderung ist nunmehr als weitere Lösungsmöglichkeit nach entsprechender vorheriger Genehmigung durch den Führer die Evakuierung [wörtlich Aussiedlung] der Juden nach dem Osten getreten. Diese Aktionen sind jedoch lediglich als Ausweichmöglichkeiten anzusprechen, doch werden hier bereits jene praktischen Erfahrungen gesammelt, die im Hinblick auf die kommende Endlösung der Judenfrage von wichtiger Bedeutung sind. [...]

Unter entsprechender Leitung sollen im Zuge der Endlösung die Juden in geeigneter Weise im Osten zum Arbeitseinsatz kommen. In großen Arbeitskolonnen, unter Trennung der Geschlechter, werden die arbeitsfähigen Juden, Straßen bauend in diese Gebiete geführt, wobei zweifellos ein Großteil durch natürliche Verminderung ausfallen wird. Der allfällig endlich verbleibende Restbestand wird, da es sich bei diesen zweifellos um den widerstandsfähigsten Teil handelt, entsprechend behandelt werden müssen, da dieser, eine natürliche Auslese darstellend, bei Freilassung als Keimzelle eines neuen jüdischen Aufbaus anzusprechen ist. (Siehe die Erfahrung der Geschichte.)

1 Einberufen von R. Heydrich, anwesend waren Vertreter der Partei sowie der verschiedenen Ministerien („Staatssekretärs-Konferenz")

Zit. nach: G. Schoenberner, Der gelbe Stern, München 1978, S. 103.

M 14 Im Vernichtungslager

Bericht des SS-Offiziers Kurt Gerstein[1], der 1942 das Lager Belzec besucht hatte:

Belzec. [...] Tatsächlich kam nach einigen Minuten der erste Zug von Lemberg aus an. 45 Waggons mit 6700 Menschen, von denen 1450 schon tot waren bei ihrer Ankunft. Hinter den vergitterten Luken schauten, entsetzlich bleich und ängstlich, Kinder durch, die Augen voller Todesangst, ferner Männer und Frauen. Der Zug fährt ein: 200 Ukrainer reißen die Türen auf und peitschen die Leute mit ihren Lederpeitschen aus den Waggons heraus. Ein großer Lautsprecher gibt die weiteren Anweisungen: Sich ganz ausziehen, auch Prothesen, Brillen usw. Die Wertsachen am Schalter abgeben, ohne Bons oder Quittung. Die Schuhe sorgfältig zusammenbinden (wegen der Spinnstoffsammlung), denn in dem Haufen von reichlich 25 Meter Höhe hätte sonst niemand die zugehörigen Schuhe wieder zusammenfinden können. Dann die Frauen und Mädchen zum Friseur, der mit zwei, drei Scherenschlägen die Haare abschneidet und sie in Kartoffelsäcken verschwinden lässt. „Das ist für irgendwelche Spezialzwecke für die U-Boote bestimmt, für Dichtungen oder dergleichen!" sagt mir der SS-Unterscharführer, der dort Dienst tut. –

Dann setzt sich der Zug in Bewegung. Voran ein bildhübsches junges Mädchen, so gehen sie die Allee entlang, alle nackt, Männer, Frauen, Kinder. [...] Ich selbst stehe mit dem Hauptmann Wirth oben auf der Rampe zwischen den Kammern. Mütter mit ihren Säuglingen an der Brust, sie kommen heraus, zögern, treten ein in die Todenskammern! – An der Ecke steht ein starker SS-Mann, der mit pastoraler Stimme zu den Armen sagt: „Es passiert euch nicht das Geringste! Ihr müsst nur in den Kammern tief Luft holen, das weitet die Lungen, diese Inhalation ist notwendig wegen der Krankheiten und Seuchen." Auf die Frage, was mit ihnen geschehen würde, antwortete er: „Ja, natürlich, die Männer müssen arbeiten, Häuser und Chausseen bauen, aber die Frauen brauchen nicht zu arbeiten. Nur wenn sie wollen, können sie im Haushalt oder in der Küche mithelfen." – Für einige von diesen Armen ein kleiner Hoffnungsschimmer, der ausreicht, dass sie ohne Widerstand die paar Schritte zu den Kammern gehen – die Mehrzahl weiß Bescheid, der Geruch kündet ihnen ihr Los! – So steigen sie die kleine Treppe hinauf, und dann sehen sie alles. Mütter mit Kindern an der Brust, kleine nackte Kinder, Erwachsene, Männer, Frauen, alle nackt – sie zögern, aber sie treten in die Todeskammern, von den anderen hinter ihnen vorgetrieben oder von den Lederpeitschen der SS getrieben. Die Mehrzahl, ohne ein Wort zu sagen. Eine Jüdin von etwa 40 Jahren mit flammenden Augen ruft das Blut, das hier vergossen wird, über die Mörder. Sie erhält fünf oder sechs Schläge mit der Reitpeitsche ins Gesicht, von Hauptmann Wirth persönlich, dann verschwindet auch sie in der Kammer. – Viele Menschen beten. Ich bete mit ihnen, ich drücke mich in eine Ecke und schreie laut zu meinem und ihrem Gott. Wie gern wäre ich mit ihnen in die Kammern gegangen, wie gern wäre ich ihren Tod mitgestorben. Sie hätten dann einen uniformierten SS-Offizier in ihren Kammern gefunden – die Sache wäre als Unglücksfall aufgefasst und behandelt worden und sang- und klanglos verschollen. Noch also darf ich nicht, ich muss noch zuvor künden, was ich hier erlebe! – Die Kammern füllen sich. Gut vollpacken – so hat es der Haupt-

mann Wirth befohlen. Die Menschen stehen einander auf den Füßen [...]. Die SS zwängt sie physisch zusammen, soweit es überhaupt geht. – Die Türen schließen sich [...]. Die Menschen warten in ihren Gaskammern. [...] Sie weinen, schluchzen. [...] Nach 28 Minuten leben nur noch wenige. Endlich, nach 32 Minuten, ist alles tot!
Von der anderen Seite öffnen Männer vom Arbeitskommando die Holztüren. Man hat ihnen – selbst Juden – die Freiheit versprochen [...] für ihren schrecklichen Dienst. Wie Basaltsäulen stehen die Toten aufrecht aneinandergepresst in den Kammern. Es wäre auch kein Platz, hinzufallen oder auch nur sich vornüberzuneigen. Selbst im Tod kennt man die Familien. Sie drücken sich, im Tode verkrampft, noch die Hände, sodass man Mühe hat, sie auseinanderzureißen, um die Kammern für die nächste Charge freizumachen. Man wirft die Leichen [...] hinaus. Kinderleichen fliegen durch die Luft. Man hat keine Zeit, die Reitpeitschen der Ukrainer sausen auf die Arbeitskommandos. Zwei Dutzend Arbeiter öffnen mit Haken den Mund und sehen nach Gold. Gold links, ohne Gold rechts. Andere brechen mit Zangen und Hämmern die Goldzähne und Kronen aus den Kiefern.
Die nackten Leichen wurden auf Holztragen nur wenige Meter weit in Gruben von 100 x 20 x 12 m geschleppt. Nach einigen Tagen gärten dann die Leichen hoch und fielen alsdann kurze Zeit später stark zusammen, sodass man eine neue Schicht auf dieselben draufwerfen konnte. Dann wurde zehn Zentimeter Sand darübergestreut, sodass nur noch vereinzelte Köpfe und Arme herausragten [...].

1 Gerstein wandte sich anschließend u. a. an den päpstlichen Nuntius in Berlin, um das Ausland auf diese Verbrechen aufmerksam zu machen.

Zit. nach: Schriftenreihe der Bundeszentrale für Heimatdienst, Dokumentation zur Massenvergasung, Bonn 1962, S. 7 ff.

M 15 **Selektion**
Das ist die berüchtigte Rampe von Auschwitz, dem größten Vernichtungslager der Nationalsozialisten. Hier fand die Auswahl statt: 25 % eines jeden Zugtransports durften – zeitweilig – überleben und wurden zum Arbeitseinsatz abkommandiert. Die restlichen 75 % wurden sofort in die Gaskammern geschickt.

M 16 **Auschwitz**
Auschwitz, Oswiecim, 60 Kilometer westlich von Krakau wurde 1939 mit Ostoberschlesien in das Deutsche Reich eingegliedert. Im April 1940 befahl Heinrich Himmler, ein Konzentrationslager für 10000 Häftlinge einzurichten (Stammlager Auschwitz I); später wurde es auf 30000 ausgelegt. Anfang 1941 begann die IG Farben ein Werk zur Erzeugung von synthetischem Treibstoff und Gummi zu bauen, für das Ende Mai 1942 ein Arbeitslager für 10000 Häftlinge in Monowitz (Auschwitz III) entstand. Seit Ende November 1941 existierte bereits in der Nähe des Dorfes Brzezinka (Birken-Au) ein Lager für 100000 Gefangene (Auschwitz II), seit Januar 1942 Vernichtungslager. Seit Frühjahr 1942 rollten die Transportzüge. An der Rampe von Birkenau wurden die Neuankömmlinge durch SS-Ärzte selektiert. Mindestens 900000 Juden, 70000 Polen, 21000 Zigeuner und 13000 sowjetische Gefangene, so können Historiker inzwischen belegen, wurden in Auschwitz ermordet. Es war das größte Vernichtungslager im Holocaust.

Aus: Die Zeit, Nr. 5/1995.

M 17

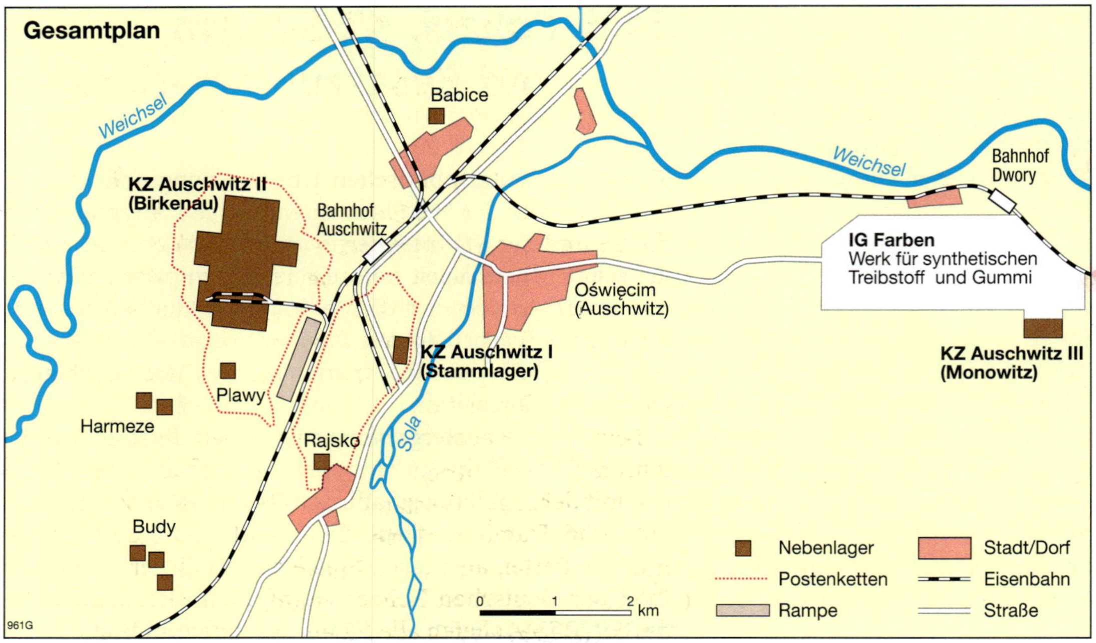

Aufgaben

1. Rekapitulieren Sie die einzelnen Schritte, die zur Entrechtung der Juden führten. Welcher Systematik bedienten sich die Nationalsozialisten bei ihrem Vorgehen?
   → Text, M1–M3, M5–M12
2. Setzen Sie sich mit den Maßnahmen auseinander, die die Lebensentfaltung der Juden immer weiter einschränkten.
   → M11
3. Halten Sie die Bestimmungen der „Nürnberger Gesetze" fest. Inwiefern spiegeln sie die NS-Ideologie wider?
   → M7
4. Der Pogrom vom 9. November 1938 wurde in den Massenmedien so dargestellt, als handele es sich um den Ausbruch der berechtigten Volkswut. Woran ist zu erkennen, dass diese Darstellung falsch ist? Welche Motive für das Handeln der NS-Führung werden sichtbar?
   → Text, M8, M10
5. Stellen Sie einen Zusammenhang her zwischen dem Programm der „Rassenhygiene" und dem Massenmord. → Text, M3, M6, M7
6. Informieren Sie sich über Zeitpunkt, Umfang und Methoden der sogenannten Endlösung der Judenfrage. → Text, M4, M11–M18
7. Erstellen Sie zu jeder bekannten Opfergruppe des Nationalsozialismus eine Collage.

M 18

14.6 Polizei, KZ-System und Besatzungsregime

Zum Zwecke der politischen Überwachung und Verfolgung Oppositioneller hatte der NS-Staat einen riesigen Apparat aufgebaut, in den die SS und der SD integriert wurden. Bei der Schutzstaffel (SS) handelte es sich zunächst um eine reine Parteiformation. Sie war 1925 gegründet worden und diente dem persönlichen Schutz Hitlers. Der Sicherheitsdienst (SD) der NSDAP besaß die Aufgabe, gegnerische Parteien zu überwachen, er richtete sich aber auch gegen die innerparteiliche Opposition.

Nach der Machtergreifung zielten die Bestrebungen des „Reichsführers SS" – Heinrich Himmler – darauf ab, diese Parteiorganisationen mit der regulären staatlichen Polizei zu verschmelzen. Dies gelang ihm 1936. Damit existierte ein einheitlicher Machtapparat des Staates und der Partei, an dessen Spitze nunmehr der „Reichsführer SS und Chef der Deutschen Polizei" stand. Beim Reichssicherheitshauptamt der SS (RSHA) liefen alle Fäden zur innenpolitischen Machterhaltung zusammen. Die Unterdrückungsmaschinerie – allein die Gestapo zählte ab 1943 etwa 45 000 Menschen – durchdrang die gesamte Gesellschaft und erstickte jede Opposition zumeist schon im Keim. Mitte 1944 waren über eine halbe Million KZ-Häftlinge registriert, im Januar 1945 sogar über 700 000. Nicht nur Juden wurden Opfer des NS-Terrors. Jede politisch abweichende Aktivität wurde kriminalisiert. Sogenannte Gemeinschaftsfremde führte man der „Vernichtung durch Arbeit" zu. In den Konzentrationslagern gab es unter anderem folgende Häftlingskategorien: politische Häftlinge (zumeist Kommunisten und Sozialdemokraten), Bibelforscher, Kriminelle, Asoziale, Homosexuelle, Emigranten und Sinti und Roma.

M 1 „Schutzhaftbefehl"
Die vorsorgliche Inhaftierung hatte schon die Schutzhaftpraxis der Anfangsjahre geprägt. Während des Krieges wurde von ihr immer freizügiger Gebrauch gemacht, wenn auch nur die Möglichkeit zukünftiger Unzuverlässigkeit vorlag, 1941.

Geheime Staatspolizei
Geheimes Staatspolizeiamt
-IV C2- H.-Nr. Sch.9788-

Berlin SW 11, den 22.Mai 1941
Prinz-Albrecht-Straße 8

Schutzhaftbefehl

Vor- und Zuname: Hans Schiftan Geburtstag und -Ort: 8.12.99 Schöneberg
Beruf: Angestellter Familienstand: verh. Staatsangehörigkeit: DR
Religion: glaubenslos Rasse (bei Nichtariern anzugeben): -.-
Wohnort und Wohnung: Berlin-Neukölln, Zietenstr.27
wird in Schutzhaft genommen.

Gründe:

Er gefährdet nach dem Ergebnis der staatspolizeilichen Feststellungen durch sein Verhalten den Bestand und die Sicherheit des Volkes und Staates, indem er auf Grund seines politischen Vorlebens zu der Befürchtung Anlaß gibt, er werde sich nach Verbüßung einer Zuchthausstrafe von 2 Jahren wegen Vorbereitung zum Hochverrat erneut im marxistischen Sinne betätigen.

gez. H e y d r i c h. Beglaubigt: R o t t a n

Die SS – Akteure des Verbrechens

Die SS wuchs in wenigen Jahren von einer kleinen Unterorganisation der SA zur Führungsschicht des NS-Staates heran. Sie unterhielt zum Beispiel eigene Schulen und besaß auch Industrieunternehmen, die auf der Grund-

M 2 **Eingang zum KZ Auschwitz**
Undatiertes Foto

lage der Zwangsarbeit von KZ-Häftlingen betrieben wurden. In den Händen der SS lag nicht nur die Verwaltung der Konzentrations- und Vernichtungslager, sondern auch die Versklavung der Völker im Osten sowie die Vernichtung der polnischen und sowjetischen Intelligenz.

Bei den brutalen Verbrechen, die im deutschen Namen verübt wurden, kam der SS eine zentrale Bedeutung zu. Wenn es auch in der historischen Forschung umstritten ist, inwieweit die Gliederungen der Waffen-SS sich schuldig gemacht haben, so gilt dennoch: Der SS unterstand unter anderem die Leitung der Konzentrationslager; sie organisierte den Völkermord. Die SS verstand sich als „Orden des guten Blutes“ und als nationalsozialistische Elite, die unter dem Motto „Meine Ehre heißt Treue“ angetreten war. Der SS-Angehörige schwor den Eid, Hitler bis in den Tod gehorsam zu sein.

Angesichts der Geschehnisse stellt sich die Frage, welcher Menschentyp zu solchen Verbrechen fähig war. Forschungen, die in der Nachkriegszeit in dieser Richtung angestellt worden waren, kamen zu dem Ergebnis, dass nicht der wütende Sadist der repräsentative Tätertyp gewesen war. Hannah Arendt gab ihrem Buch über den SS-Angehörigen Adolf Eichmann, der maßgeblich an der Judenvernichtung beteiligt gewesen war, den Untertitel: „Ein Bericht von der Banalität des Bösen.“

Besatzungspolitik

Die Besatzungspolitik der Nationalsozialisten besaß eine spezifische Ausprägung nach rassischen Kriterien. Das Besatzungsregime wurde in Osteuropa deutlich brutaler ausgeübt als im Westen, weil – entsprechend der NS-Ideologie – die slawische Bevölkerung als minderwertige Rasse eingestuft wurde. Zwar ist überliefert, dass deutsche Soldaten zu Kriegsbeginn besonders in der Ukraine als Befreier (vom stalinistischen Terror) begrüßt worden waren, doch änderte sich diese Haltung sehr schnell angesichts der hemmungslosen Repression. Vertreibung, Ausplünderung und Verschleppung als Zwangsarbeiter waren an der Tagesordnung. Im Herbst 1944 befanden sich 7,6 Millionen ausländische Arbeitskräfte im Reich: 5,7 Millionen Zivilarbeiter und knapp zwei Millionen Kriegsgefangene.

M 3 Ausschaltung der Justiz

Über den von Himmler (Reichsführer der SS und Chef der deutschen Polizei) herausgegebenen Erlass zur „vorbeugenden Verbrechensbekämpfung durch die Polizei" (12. Dez. 1937) schreibt der Historiker Wolfgang Wippermann:

„Rechtens" war nun, dass folgende Personenkreise ohne Gerichtsverfahren in Konzentrationslager eingeliefert werden konnten:

1. „Personen, die durch geringfügige, aber sich immer wiederholende Gesetzesübertretungen sich der in einem nationalsozialistischen Staat selbstverständlichen Ordnung nicht fügen wollen (z. B. Bettler, Landstreicher (Zigeuner)), Dirnen, Trunksüchtige, mit ansteckenden Krankheiten, insbesondere Geschlechtskrankheiten, behaftete Personen, die sich den Maßnahmen der Gesundheitsbehörden entziehen."
2. „Personen, ohne Rücksicht auf etwaige Vorstrafen, die sich der Pflicht zur Arbeit entziehen und die Sorge für ihren Unterhalt der Allgemeinheit überlassen (z. B. Arbeitsscheue, Arbeitsverweigerer, Trunksüchtige)."
3. „Arbeitsscheue [...], die nachweislich in zwei Fällen die ihnen angebotenen Arbeitsplätze ohne berechtigten Grund abgelehnt oder die Arbeit zwar aufgenommen, aber nach kurzer Zeit ohne stichhaltigen Grund wieder aufgegeben haben."
4. Alle Personen, die „durch gemeinschaftswidriges, wenn auch nicht verbrecherisches Verhalten" zeigten, dass sie sich „nicht in die Gemeinschaft" einfügen wollten.

Aufgrund dieser weit gefassten Kriterien wurden im Mai 1938 in der „Aktion Arbeitsscheu Reich" 11 000 Personen in „polizeiliche Vorbeugungshaft" genommen und in Konzentrationslager verschleppt. Darunter befanden sich, wie schon erwähnt, neben Sinti und Roma auch Juden, die, und sei es wegen eines Bagatelldelikts, vorbestraft waren. [...]

Zit. nach: W. Wippermann, Der konsequente Wahn, Ideologie und Politik Adolf Hitlers, Gütersloh 1989, S. 165 f.

M 4 Innere Staatssicherung

Erlass des Chefs der Sicherheitspolizei an die Leiter aller Staatspolizei(leit)stellen (3. September 1939):

Geheim!

Betr.: Grundsätze der inneren Staatssicherung während des Krieges.

Um den für die Verwirklichung der Ziele des Führers notwendigen einheitlichen Einsatz aller Kräfte des Volkes gegen jede Störung und Zersetzung zu sichern, werden für den Vollzug der Aufgabe der inneren Staatssicherung die folgenden Grundsätze aufgestellt, nach denen die Tätigkeit der Sicherheitsorgane des Reiches sich zu richten hat.

1. Jeder Versuch, die Geschlossenheit und den Kampfwillen des deutschen Volkes zu zersetzen, ist rücksichtslos zu unterdrücken. Insbesondere ist gegen jede Person sofort durch Festnahme einzuschreiten, die in ihren Äußerungen am Sieg des deutschen Volkes zweifelt oder das Recht des Krieges in Frage stellt.
2. Dagegen sind mit psychologischem Verständnis und mit erzieherisch bestärkendem Bemühen diejenigen Volksgenossen zu behandeln, die aus äußerer oder innerer Not oder in Augenblicken der Schwäche sich Entgleisungen irgendwelcher Art zuschulden kommen lassen.
3. Besonderes Augenmerk ist auf alle Versuche zu richten, in der Öffentlichkeit – Gastwirtschaften, öffentlichen Verkehrsmitteln usw. – andere Personen in volks- und reichsfeindlichem Sinne zu beeinflussen. Ebenso ist gegen jeden Versuch der Bildung von Zusammenschlüssen und Kreisen zur Verbreitung derartiger Auffassungen und Nachrichten in der schärfsten Weise einzuschreiten. Wenn die Voraussetzungen der Öffentlichkeit oder der Zirkelbildung vorliegen, sind die verdächtigen Personen in jedem Falle festzunehmen.
4. Nach der Festnahme einer verdächtigen Person sind unverzüglich alle zur möglichst vollständigen Klärung des Falles erforderlichen Ermittlungen durchzuführen. [...] Alsdann ist unverzüglich dem Chef der Sicherheitspolizei Bericht zu erstatten und um Entscheidung über die weitere Behandlung der festgenommenen Personen zu bitten, da gegebenenfalls auf höhere Weisung brutale Liquidierung solcher Elemente erfolgen wird. [...]

gez. Heydrich

Zit. nach: T. W. Mason, Arbeiterklasse und Volksgemeinschaft, Dokumente und Materialien zur deutschen Arbeiterpolitik 1936–1939, Opladen 1975, S. 1061 f.

M 5 Häftlingsarbeit

Aussage von Rudolf Höß[1], dem ersten Kommandanten des KZ Auschwitz, in einem der Nürnberger Prozesse (1946):

[...] Nach meiner Kenntnis begann die massenhafte Verwendung von KZ-Häftlingen in der deutschen Privatindustrie im Jahre 1940/1941. Diese Verwendung steigerte sich fortlaufend bis zum Ende des Krieges. Gegen Ende 1944 waren ungefähr 400 000 Konzentrationslagerhäftlinge in der privaten Rüstungsindustrie und rüstungswichtigen

Betrieben beschäftigt. Wie viele Häftlinge schon vorher und nachher eingesetzt waren, kann ich nicht sagen. Nach meiner Schätzung sind in den Betrieben mit besonders schweren Arbeitsbedingungen, z. B. Bergwerken, jeden Monat ein Fünftel gestorben oder wurden wegen Arbeitsunfähigkeit zur Vernichtung von den Betrieben an die Lager zurückgeschickt.

1 Höß selbst wurde 1947 nach einem Prozess in Warschau auf dem Gelände des ehemaligen KZ Auschwitz hingerichtet.

Zit. nach: R. Kühnl, Der deutsche Faschismus in Quellen und Dokumenten, Köln 1975, S. 377.

M 6 Menschenverwertung

Das folgende Dokument gibt einen Einblick in die Verwertung von Menschen durch das Wirtschafts-Verwaltungs-Hauptamt der SS:

Täglicher Verleihlohn: zwischen RM 6,00 und RM 8,00, durchschnittlich RM 6,00
abzüglich
a) Ernährung RM 0,60–0,70
b) Bekleidungsamortisation RM 0,10–RM 0,70
Demnach bei durchschnittlich dreivierteljähriger Lebensdauer mal 270 = RM 1431,00 Dieser Gewinn erhöhte sich durch rationelle Verwertung der Häftlingsleiche nach 9 Monaten um den Erlös aus
a) dem Zahngold,
b) den Privatkleidern,
die teils der Häftlingsbekleidung in anderen Lagern zugeführt wurden, wodurch sich Neuanschaffungskosten erübrigten, teils der Spinnstoffverwertung für SS-Uniformen,
c) den hinterlassenen Wertsachen,
d) dem hinterlassenen Geld.
Wertsachen und Geld wurden bis in die ersten Kriegsjahre hinein nur noch bei der reichsdeutschen Minderheit der Häftlinge den Angehörigen zurückgeschickt.

Diese Beträge verringerten sich je Leiche um die Verbrennungskosten von durchschnittlich RM 2,00 sodass sich ein unmittelbarer und mittelbarer Nettogewinn je Leiche von mindestens RM 200,00 ergab, der aber in vielen Fällen in die Tausende von Reichsmark ging. Der Gesamtgewinn des Häftlingsumsatzes betrug daher in durchschnittlich 9 Monaten je Kopf wenigstens RM 1630,00
Durch Knochen- und Aschenverwertung hat sich das eine oder andere KZ noch Sondereinnahmen verschafft.

Zit. nach: E. Kogon, Der SS-Staat, Das System der deutschen Konzentrationslager, München 1974, S. 357.

M 7 Das System der Klassifikation im KZ

Die Lagerwelt bildete eine eigene Gesellschaft mit krassen Unterschieden und extremer Ungleichheit zwischen den Häftlingen. Die Chancen des (befristeten) Überlebens waren höchst ungleich verteilt. Der Soziologe Wolfgang Sofsky hat diese „Ordnung des Terrors" klassifiziert.

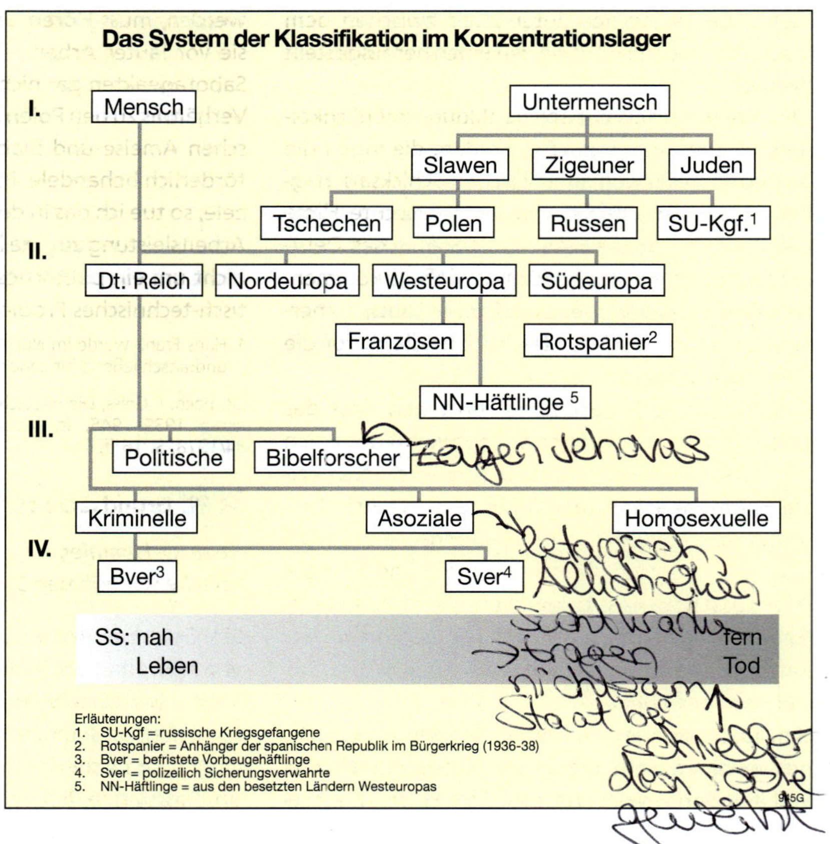

M 8 **Innerhalb des von elektrisch geladenen Zäunen umspannten Lagers** wurde dem Häftling die Persönlichkeit genommen. Der Tod wurde alltäglich. Einige Häftlinge unternahmen Fluchtversuche. Sie fanden den Tod im Elektrozaun oder wurden von SS-Wächtern erschossen, undatiertes Foto.

M 9 Grundsätze für die Besatzungspolitik in Polen

Aus dem Diensttagebuch des Generalgouverneurs in Polen, Hans Frank[1] (31. Oktober 1939 und 19. Januar 1940):

[31. Oktober 1939]

Ganz klar müsse der Unterschied zwischen dem deutschen Herrenvolk und den Polen herausgestellt werden. [...]

Den Polen dürfen nur solche Bildungsmöglichkeiten zur Verfügung gestellt werden, die ihnen die Aussichtslosigkeit ihres völkischen Schicksals zeigten. Es könnten daher höchstens schlechte Filme oder solche, die die Größe und Stärke des Deutschen Reiches vor Augen führen, in Frage kommen. Es werde notwendig sein, dass große Lautsprecheranlagen einen gewissen Nachrichtendienst für die Polen vermitteln.

Reichsminister Dr. Goebbels führt aus, dass das gesamte Nachrichtenvermittlungswesen der Polen zerschlagen werden müsse. Die Polen dürften keine Rundfunkapparate und nur reine Nachrichtenzeitungen, keinesfalls eine Meinungspresse behalten. Grundsätzlich dürfen sie auch keine Theater, Kinos und Kabaretts bekommen, damit ihnen nicht immer wieder vor Augen geführt werden würde, was ihnen verloren gegangen sei. [...]

[19. Januar 1940]

Am 15. September 1939 erhielt ich den Antrag, die Verwaltung der eroberten Ostgebiete aufzunehmen, mit dem Sonderbefehl, diesen Bereich als Kriegsgebiet und Beuteland rücksichtslos auszupowern, es in seiner wirtschaftlichen, sozialen, kulturellen, politischen Struktur sozusagen zu einem Trümmerhaufen zu machen.

[...] Entscheidend wichtig ist nunmehr auch der Neuaufbau der Produktion im Generalgouvernement. [...] Den Polen, die in die Betriebe eingestellt werden, muss Hören und Sehen vergehen, sodass sie vor lauter Arbeit – disziplinierter Arbeit! – zu Sabotageakten gar nicht mehr kommen. [...] Mein Verhältnis zu den Polen ist dabei das Verhältnis zwischen Ameise und Blattlaus. Wenn ich den Polen förderlich behandele, ihn sozusagen freundlich kitzele, so tue ich das in der Erwartung, dass mir seine Arbeitsleistung zugute kommt. Hier handelt es sich nicht um ein politisches, sondern um ein rein taktisch-technisches Problem.

1 Hans Frank wurde im Nürnberger Prozess zum Tode verurteilt und anschließend hingerichtet.

Zit. nach: I. Geiss, Die deutsche Politik im Generalgouvernement Polen 1939–1945, in: Aus Politik und Zeitgeschichte, Nr. 34/1978, S. 16 ff.

M 10 Grundsätze für den SS-Mann

Heinrich Himmler, Reichsführer der SS, in einer Ansprache vor höheren SS-Führern (4. Oktober 1943):

Ein Grundsatz muss für den SS-Mann absolut da sein: Ehrlich, anständig, treu, kameradschaftlich haben wir zu unserem eigenen Blut zu sein. Zu sonst niemand anderem. Wie es dem Russen geht, wie es dem Tschechen geht, ist mir total gleichgültig. Das, was in den Völkern an gutem Blut unserer

Art da ist, das werden wir uns holen, indem wir denen, wenn notwendig, die Kinder rauben, bei uns großziehen. Ob die anderen Völker in Wohlfahrt leben, ob sie verrecken vor Hunger, das interessiert mich nur soweit, als wir sie als Sklaven für unsere Kultur brauchen. Anders interessiert es mich nicht. Ob bei dem Bau eines Panzergrabens 10 000 russische Weiber an Entkräftung umfallen oder nicht, interessiert mich nur soweit, als der Panzergraben für Deutschland fertig wird. Wir werden niemals roh sein und herzlos, wo es nicht sein muss. Das ist klar.

Ich will auch ein ganz schweres Kapitel – will ich hier vor Ihnen in aller Offenheit nennen. Es soll zwischen uns ausgesprochen sein, und trotzdem werden wir nicht – in der Öffentlichkeit nie darüber reden. Ich meine die Juden-Evakuierung, die Ausrottung des jüdischen Volkes. Es gehört zu den Dingen, die man leicht ausspricht: „Das jüdische Volk wird ausgerottet!" – Das sagt Ihnen jeder Parteigenosse! Ganz klar! Steht in unserem Programm drin! Ausschaltung der Juden! Ausrottung! Machen wir! – Hah! – Kleinigkeit! Von Euch werden die meisten wissen, was es heißt, wenn 100 Leichen beisammen liegen, wenn 500 daliegen oder wenn 1 000 daliegen. Und stets durchgehalten zu haben und dabei – abgesehen von menschlichen Ausnahmeschwächen – anständig geblieben zu sein, hat uns hart gemacht und ist ein niemals genanntes und niemals zu nennendes Ruhmesblatt.

Zit. nach: L. Poliakov, J. Wulf (Hg.), Das Dritte Reich und die Juden, Dokumente u. Aufsätze, Berlin 1955, S. 213, 215.

M 11 **„Führer befiehl, wir folgen"**

Autobiografische Aufzeichnungen des Rudolf Höß – Kommandant in Auschwitz (1946):

Nach dem Willen des RFSS [Reichsführer der SS] wurde Auschwitz die größte Menschen-Vernichtungs-Anlage aller Zeiten. Als er mir im Sommer 1941 persönlich den Befehl erteilte, in Auschwitz einen Platz zur Massenvernichtung vorzubereiten und diese Vernichtung durchzuführen, konnte ich mir nicht die geringsten Vorstellungen über die Ausmaße und die Auswirkungen machen. Wohl war dieser Befehl etwas Ungewöhnliches, etwas Ungeheuerliches. Doch die Begründung ließ mich [mir!] diesen Vernichtungsvorgang richtig erscheinen. Ich stellte damals keine Überlegungen an – ich hatte den Befehl bekommen – und hatte ihn durchzuführen. Ob diese Massenvernichtung der Juden notwendig war oder nicht, darüber konnte ich mir kein Urteil erlauben, soweit konnte ich nicht sehen. Wenn der Führer selbst die „Endlösung der Judenfrage" befohlen hatte, gab es für einen alten Nationalsozialisten keine Überlegungen, noch weniger für einen SS-Führer. „Führer befiehl, wir folgen" – war keinesfalls eine Phrase, kein Schlagwort für uns. Es war bitter ernst gemeint.

Es wurde mir seit meiner Verhaftung wiederholt gesagt, dass ich ja diesen Befehl hätte ablehnen können [...].

So etwas war einfach ganz unmöglich.

Zit. nach: M. Broszat (Hg.), Kommandant in Auschwitz, Autobiographische Aufzeichnungen des Rudolf Höß, München 1963, S. 124 f.

Aufgaben

1. Erläutern Sie den totalitär-gewalttätigen Charakter des NS-Regimes.
   → Text, M1, M3, M4
2. Stellen Sie die Lebens- und Sterbensbedingungen in den Konzentrationslagern dar.
   → M2, M5–M8
3. Über dem Eingang des Konzentrationslagers Auschwitz stand: „Arbeit macht frei". Vergleichen Sie den Ausspruch mit der Praxis des Lagerlebens.
   → Text, M2, M5–M8
4. Die Nationalsozialisten sahen in den besetzten Gebieten ein Objekt der Erniedrigung und Ausbeutung. An welchen Maßnahmen ist dies erkennbar?
   → M9
5. Beurteilen Sie die „Moralvorstellungen", die Himmler in seiner Rede vor SS-Führern entwickelte. Überlegen Sie, welche Funktion diese Rede hatte.
   → M10
6. Von den meisten hohen SS-Führern (z. B. Himmler, Eichmann, Höß) ist bekannt, dass sie keinen Juden eigenhändig umgebracht haben. Charakterisieren Sie am Beispiel von Höß, dem Lagerkommandanten von Auschwitz, die autoritätsfixierte Persönlichkeit.
   → M11
7. Finden Sie mögliche Gründe für die Entstehung einer solchen autoritätsfixierten Persönlichkeit.
   → M11

14.7 Widerstand

Claus Schenk Graf von Stauffenberg (1907–1944)
(ganz links) in Hitlers Hauptquartier „Wolfschanze" in Ostpreußen, Foto, 15. Juli 1944

Jede Form des Widerstands gegen die nationalsozialistischen Machthaber war mit einem sehr großen Risiko für Leib und Leben verbunden. Das allein vermag schon zu erklären, warum es eine wirklich breite Widerstandsbewegung zu keinem Zeitpunkt gegeben hat. Der Widerstand hatte keine Massenbasis in der deutschen Bevölkerung. Der Widerstand, der jahrelang durch die zuerst diplomatischen, dann militärischen Erfolge Hitlers behindert wurde, erhielt erst ab 1943 durch die sich abzeichnende Niederlage einen gewissen Auftrieb . Im Großen und Ganzen ist es aber erstaunlich, wie lange die Popularität Hitlers bei der Bevölkerungsmehrheit anhielt. Charakteristisch für den Widerstand gegen das Dritte Reich war seine extreme Zersplitterung. Widerstand zeigte sich durchweg in Aktionen einzelner oder kleinerer Gruppen, die aus militärischen (zum Beispiel um General Ludwig Beck), kirchlichen (zum Beispiel Dietrich Bonhoeffer), studentischen (zum Beispiel um die Geschwister Scholl) und kommunistischen (zum Beispiel Harro Schulze-Boysen und die „Rote Kapelle") Kreisen heraus ausgeführt wurden. Den Höhepunkt des deutschen Widerstandes gegen Hitler stellte ohne Zweifel das Attentat des Claus Graf Schenk von Stauffenberg und der damit verknüpfte Putschversuch dar (20. Juli 1944). Dieser bedeutsamste Versuch, ein als verbrecherisch erkanntes Regime zu beseitigen, scheiterte letztlich daran, dass Hitler den Anschlag überlebte. Die Rache des Regimes war grausam; etwa 5 000 Menschen wurden als Folge des 20. Juli 1944 hingerichtet.

Bei diesem Putschversuch kam dem Kreisauer Kreis eine hervorragende Bedeutung zu. In ihm wirkten sowohl Bürgerlich-Konservative als auch Sozialdemokraten mit, um Pläne für die Neuordnung Deutschlands nach der NS-Herrschaft auszuarbeiten. Neben vielen anderen nahmen teil: Helmuth James Graf von Moltke, Yorck von Wartenburg und die Sozialdemokraten Adolf Reichwein, Julius Leber, Carlo Mierendorff.

Ein weiterer Widerstandskreis bildete sich um den nationalkonservativen Carl Friedrich Goerdeler, den ehemaligen Oberbürgermeister von Leipzig.

Carl Goerdeler (1884–1945)
vor dem Volksgerichtshof, 1944

Schon vor 1944 waren andere mutige Männer zu dem Ergebnis gekommen, dass der Tyrannenmord den einzigen Ausweg aus der bedrückenden Situation biete (so z. B. Fabian von Schlabrendorff, Friedrich Olbricht, Henning von Tresckow, Axel von dem Bussche). Bereits am 8. November 1939 hatte Georg Elser, ein Einzelgänger, versucht, Hitler durch eine Zeitbombe während einer Ansprache im Bürgerbräukeller in München zu töten. Hitler entging diesem Attentat wie so vielen anderen auch. Insgesamt sind über 40 Attentatsversuche bekannt. Aber Zufälle, wie zum Beispiel nicht funktionierende Zeitzünder oder kurzfristige Terminänderungen, hatten jedes Mal den Erfolg der Attentate verhindert.

So gewiss wie der antifaschistische Widerstand nie eine Massenbewegung war, so gewiss ist auch, dass der Widerstand einen Umfang und eine Qualität hatte, die es verbieten, ihn dem Vergessen preiszugeben.

Was als Widerstand zu gelten habe, ist nicht unumstritten. Gewissermaßen hat der NS-Staat selbst bestimmt – und zwar durch die Praxis der Strafverfolgung –, was dazu zu zählen habe. Wie eng der Spielraum für den Einzelnen war, zeigte das strikte Verbot, einen ausländischen Rundfunksender zu hören („Rundfunkverbrechen"). Die totalitäre Erfassung des sogenannten Volksgenossen durch die Partei und den Staat lässt es angebracht erscheinen, Widerstand in verschiedenen Formen zu erkennen.

Hans und Sophie Scholl
Foto, 22.7.1942

Widerstand kann ganz unterschiedliche Reichweiten besitzen. Er reicht von privater Verweigerung, wie zum Beispiel dem Erzählen eines politischen Witzes, bis zu einem politisch-konzeptionellen Widerstand, der staatspolitisch ausgerichtet ist. In jedem Fall waren die Risiken beträchtlich. Als das Hitler-Regime sich dem Ende zuneigte, verfolgte es selbst geringfügige Anzeichen der Missbilligung mit drakonischen Strafen. Eine Verordnung vom 24. Oktober 1941 bestrafte öffentliche Sympathiebezeugungen für Juden mit drei Monaten KZ. Und die Beteiligten vom 20. Juli planten ihr Vorgehen in dem Bewusstsein ihres wahrscheinlichen Scheiterns, was diesem „Aufstand des Gewissens" etwas Heroisches verleiht.

Neben den spektakulären Attentaten müssen auch die folgenden anderen Aktivitäten zum Widerstand gerechnet werden: Emigration (allein 1933 etwa 53000 Menschen), propagandistische Aktivitäten (zum Beispiel Flugblätter herstellen und verteilen), Streiks, Protestpredigten evangelischer Pastoren der Bekennenden Kirche und katholischer Geistlicher, Befehlsverweigerung (zum Beispiel des Kommissarbefehls, der die kriegsrechtswidrige Ermordung gefangener sowjetischer Parteifunktionäre vorsah), Eides- und Kriegsdienstverweigerung (zum Beispiel der Zeugen Jehovas) sowie die verschiedenen Hilfeleistungen für die Verfolgten. Ungefähr 5000 Juden überlebten in Deutschland in der Illegalität, zum Beispiel auf Dachböden, in Kellern oder Gartenlauben. Das war ohne Hilfe von anderen Menschen nicht möglich, denn die Versteckten bedurften der Versorgung mit Nahrungsmitteln.

Die Historiker haben etwa 10000 Hinrichtungen aufgrund ziviler Strafgerichtsurteile wegen politischer Delikte festgestellt. Außerdem wurde an 15000 Soldaten (von 22000) das Todesurteil wegen Fahnenflucht vollstreckt. Die meisten Anklagen wegen Kriegsdienstverweigerung endeten gleichfalls mit der Todesstrafe (10500 Fälle).

Chronologie

5. März 1933	Synode der Bekennenden Kirche beschließt eine Kanzelverkündigung gegen die NS-Ideologie; 700 Pfarrer werden daraufhin verhaftet.
8. Nov. 1939	Georg Elsers Attentat auf Hitler im Münchner Bürgerbräukeller
26. Mai 1942	Attentat auf Reinhard Heydrich (stellv. Reichsprotektor von Böhmen und Mähren) in Prag
22. Februar 1943	Hinrichtung der Geschwister Scholl in München
19. April 1943	Beginn des jüdischen Aufstandes im Warschauer Getto
9. August 1943	„Kreisauer Kreis" von überwiegend christlich-sozialen Nazi-Gegnern entwirft ein Programm zur Neuordnung Deutschlands.
Juni 1944	Massenverhaftungen durch die Gestapo, u. a. werden die Sozialdemokraten Julius Leber und Adolf Reichwein verhaftet.
20. Juli 1944	Attentat des Obersten v. Stauffenberg auf Hitler; der Versuch eines Staatsstreichs scheitert.

M 1

50 095

M 2 Protest

Martin Niemöller[1] in einem kritischen Rückblick:

Als die Nazis die Kommunisten holten,
habe ich geschwiegen;
ich war ja kein Kommunist.
Als sie die Sozialdemokraten einsperrten,
habe ich geschwiegen;
ich war ja kein Sozialdemokrat.
Als sie die Gewerkschaften verboten,
habe ich nicht protestiert;
ich war ja kein Gewerkschaftler.
Als sie mich holten, gab es keinen mehr,
der protestieren konnte.

1 Vertreter der oppositionellen Bekennenden Kirche, ehem. Kirchenpräsident von Hessen und Nassau, 1938–1945 in KZ-Haft

Zit. nach: Neue Gesellschaft für Bildende Kunst (Hg.) a. a. O., S. 87.

M 3 Scheitern der Widerstandsbewegung

Der Erzähler Günther Weisenborn schrieb eines der ersten Bücher über den Widerstand (1953):

Die Widerstandsbewegung wollte der Welt den Frieden retten. Sie hat dieses Ziel aus drei Gründen nicht erreicht:

1. Ihr Gegner war der gewaltigste und beste Polizeiapparat der Welt.
2. Der Krieg kam, weil so viele Deutsche der Widerstandsbewegung fernblieben.
3. Die Widerstandsbewegung war zersplittert. Ihren Aktionen fehlte die Einheitlichkeit.

Aber wenn die Widerstandsbewegung trotzdem ein so großes Ausmaß gewonnen hat, so ist das eine Ehrenrettung des viel geschmähten deutschen Volkes.

G. Weisenborn, Der lautlose Aufstand, Bericht über die Widerstandsbewegung des deutschen Volkes 1933–1945, Reinbek 1962, S. 228.

M 4 Widerstand gegen die sogenannte Euthanasie

Der Bischof von Münster, Graf von Galen, erstattete Anzeige wegen Mordes (3. August 1941):

Als ich von dem Vorhaben erfuhr, Kranke aus Mariental abzutransportieren, um sie zu töten, habe ich am 28. Juli bei der Staatsanwaltschaft, beim Landgericht in Münster [...] Anzeige erstattet durch eingeschriebenen Brief mit folgendem Wortlaut: „Nach mir zugegangenen Nachrichten soll im Laufe dieser Woche (man spricht vom 31. Juli) eine große Anzahl Pfleglinge der Provinzialheilanstalt bei Mariental in Münster als sogenannte ‚unproduktive Volksgenossen' nach der Heilanstalt Eichberg überführt werden, um dann alsbald, wie es nach solchen Transporten aus anderen Heilanstalten nach allgemeiner Überzeugung geschehen ist, vorsätzlich getötet zu werden."

Zit. nach: W. Hofer, Der Nationalsozialismus, Dokumente 1933–1945, Frankfurt 1957, S. 164.

M 5 Ein Attentat auf Hitler (1939)

Der Publizist Jörg von Uthmann erzählt die Geschichte von Georg Elser, einem Attentäter mit gutem Gewissen. Das Attentat schlug nur deshalb fehl, weil Hitler die Veranstaltung im Bürgerbräukeller früher als geplant verlassen hatte (1996):

Die Deutschen sind vermutlich das einzige Volk, das Jahr für Jahr einen misslungenen Anschlag auf das Leben seines Staatsoberhauptes feiert – wobei es nicht das Misslingen des Anschlags ist, das gefeiert wird, sondern der Mut derer, die ihn unternahmen. Nicht allen freilich ist bei diesen Feiern wohl. Hitlers Rundfunkansprache, in der er die Attentäter des 20. Juli 1944 „eine ganz kleine Clique ehrgeiziger, gewissenloser und zugleich verbrecherischer, dummer Offiziere" nannte, wirkt bis heute nach. Sogar den Kriegsgegnern fiel es schwer, die Gründe ernst zu nehmen, aus denen pflichttreue deutsche Beamte Hoch- und Landesverräter wurden. […]

Vor allem trifft es nicht zu, dass sich der Widerstand erst geregt habe, als der Krieg offenkundig verloren war. Das Attentat vom 20. Juli ist kein Einzelfall, sondern der Kulminationspunkt eines Dramas, dessen Hauptdarsteller schon seit Jahren auf der Bühne standen. Addiert man alle Versuche und Vorbereitungshandlungen, deren Ziel die Beseitigung Hitlers war, dann kommt man auf eine Zahl zwischen 40 und 50. Was ihn immer wieder rettete, war gewiss auch Stümperei und mangelnde Entschlossenheit, häufiger aber noch die von ihm so gern beschworene „Vorsehung", die ihm durch eine Reihe schier unglaublicher Zufälle zu Hilfe kam.

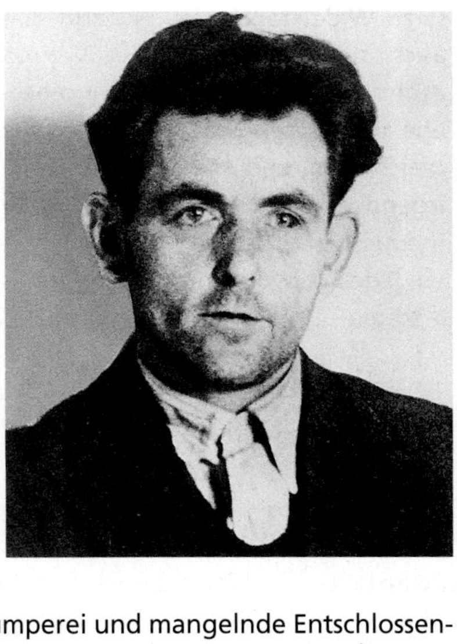

Georg Elser (1903–1945)
Schreiner aus Hermaringen (Württemberg), verübte am 8. November 1939 ein Bombenattentat auf Hitler im Bürgerbräukeller in München. Georg Elser starb 1945 im Konzentrationslager Dachau.

Ein klassisches Beispiel ist der Anschlag des Möbeltischlers Johann Georg Elser im Münchner „Bürgerbräukeller". Die Bierwirtschaft war eine der heiligen Stationen des nationalsozialistischen Leidensweges. Am 8. November 1923 war hier der Marsch zur Feldherrnhalle beschlossen worden, bei dem sechzehn Parteigenossen ihr Leben ließen. Seit 1933 spielte sich jedes Jahr das gleiche Ritual ab: Am Abend des 8. November hielt Hitler im „Bürgerbräukeller" eine anderthalbstündige Rede, bevor am nächsten Tag, dem Karfreitag der Bewegung, die „Alten Kämpfer" vor dem Haus zum Erinnerungsmarsch antraten.

Elser, ein verschlossener Einzelgänger und begabter Tüftler, hatte eine Zeitlang dem „Roten Frontkämpferbund" angehört, war aber auch hier isoliert geblieben. Im Herbst 1938, zurzeit des Münchner Abkommens, reifte in ihm der Entschluss, Hitler umzubringen. Aus seinem Heimatdorf Königsbronn (bei Heidenheim) fuhr er in die bayerische Hauptstadt, um sich nach einem geeigneten Ort umzusehen. Seine Wahl fiel auf den „Bürgerbräukeller". In seine Heimat zurückgekehrt, verdingte er sich zum allgemeinen Erstaunen als Hilfsarbeiter in einem Steinbruch. Den übrigen Arbeitern fiel nicht auf, dass ihr schweigsamer Kollege systematisch Sprengstoff entwendete. Nach einigen Monaten hatte Elser die zehn Kilo „Donarit" zusammen, die er nach seinen Berechnungen benötigte. Zu Ostern war er ein zweites Mal in München gewesen und hatte die Räumlichkeiten fotografiert. Dabei war ihm aufgefallen, dass neben der Rednertribüne ein holzgetäfelter Stützpfeiler stand. Hier, entschied er, werde er seine Höllenmaschine installieren. Im August 1939 verkaufte Elser seine bescheidene Habe und siedelte nach München um. Sein Vermieter, ein Tapezierer in der Türkenstraße, wunderte sich, dass sein Gast tagsüber schlief und nachts so gut wie niemals zu Hause war. Er arbeite an einer Erfindung, antwortete Elser geheimnisvoll, als ihn der Tapezierer befragte. In Wahrheit verbrachte er seine Nächte am Tatort. Nachdem er gegessen und gezahlt hatte, versteckte er sich in einer Rumpelkammer, wo er die Schließung des Lokals abwartete. Danach machte er sich an die Arbeit. 30 bis 35 Nächte, schätzte er später, habe es ihn gekostet, um den Sprengsatz und den Zündmechanismus in die Säule einzubauen. […] Danach bestieg er den Zug nach Konstanz, um von dort aus die sichere Schweiz zu gewinnen. […]

Elser wurde gefasst, als er versuchte, über den Grenzzaun zu klettern. Zum Verhängnis wurde ihm, dass er eine Ansichtskarte des „Bürgerbräukellers" bei sich trug. Kellnerinnen identifizierten den schwäbelnden Stammgast. Dass er allein gehandelt habe, wollte Hitler freilich nicht glau-

M 6 Der zerstörte Bürgerbräukeller in München
nach dem Attentat vom 8. November 1939

ben. Er war überzeugt davon, dass die Engländer hinter dem Anschlag standen.
Unter Himmlers persönlicher Aufsicht wurde Elser gefoltert. Später versuchte es die Gestapo mit Pervitin-Spritzen und einem Hypnotiseur, um ihn zum Sprechen zu bringen. Aber es half nichts: Hitler musste auf den geplanten Schauprozess verzichten.
Elser kam in das KZ Sachsenhausen, später nach Dachau, wo er wenige Tage vor der Befreiung des Lagers erschossen wurde.

J. v. Uthmann, Attentat, Mord mit gutem Gewissen, Berlin 1996, S. 133 ff.

M 7 „Weiße Rose"

Flugblatt einer Widerstandsgruppe von Münchener Studenten um die Geschwister Hans und Sophie Scholl (1942):

Nichts ist eines Kulturvolkes unwürdiger, als sich ohne Widerstand von einer verantwortungslosen und dunklen Trieben ergebenen Herrscherclique regieren zu lassen […]. Wenn jeder wartet, bis der andere anfängt, werden die Boten der rächenden Nemesis[1] unaufhaltsam näher und näher rücken, dann wird auch das letzte Opfer sinnlos in den Rachen des unersättlichen Dämons geworfen sein. Daher muss jeder Einzelne seiner Verantwortung als Mitglied der christlichen und abendländischen Kultur bewusst in dieser letzten Stunde sich wehren, so viel er kann, arbeiten wider die Geißel der Menschheit, wider den Faschismus und jedes ihm ähnliche System des absoluten Staates. Leistet passiven Widerstand – Widerstand –, wo immer ihr auch seid, verhindert das Weiterlaufen dieser atheistischen Kriegsmaschine, ehe es zu spät ist, ehe die letzten Städte ein Trümmerhaufen sind, gleich Köln, und ehe die letzte Jugend des Volkes irgendwo für die Hybris[2] eines Untermenschen [gemeint ist Hitler] verblutet ist. Vergesst nicht, dass ein jedes Volk diejenige Regierung verdient, die es erträgt.

1 Nemesis: griechische Göttin der strafenden Gerechtigkeit
2 Hybris: verbrecherische Überheblichkeit

Zit. nach: G. Weisenborn, a. a. O., S. 82.

Aufgaben

1. In welcher Form konnte sich Widerstand im Dritten Reich bemerkbar machen? → Text, M4–M7
2. Erläutern Sie, welche gesellschaftlichen und politischen Bedingungen Widerstand gegen den NS-Staat so außerordentlich erschwerten. → Text, M3
3. Benennen Sie die unterschiedlichen Akteure des Widerstandes und erläutern Sie deren Motive. Erstellen Sie dazu Lernplakate. → Text, M1, M2, M4–M7
4. Beurteilen Sie das Handeln von Georg Elser. → M5
5. Was erinnert heute an den Widerstand in Deutschland? Suchen Sie Beispiele aus Ihrer Umgebung.

15. Deutschland: Von der Teilung zur Wiedervereinigung

Deutschland, 8. Mai 1945: Das Dritte Reich hat kapituliert. Ein Soldat vor dem zerstörten Reichstag in Berlin: erschöpft und am Ende. Wie der Einzelne, so auch das ganze Land – im wahrsten Sinne des Wortes ruiniert. Die Städte lagen in Trümmern, und in den Köpfen sah es ähnlich aus: zerbrochene Ideale, ideologische Leere. Vom heroischen Kult des Dritten Reiches war nichts mehr übrig geblieben, nichts an das sich noch zu glauben lohnte.

Die „Stunde Null" hat es, obwohl man immer wieder von ihr spricht, nie gegeben. Denn das Leben ging in einem banalen physischen Sinne weiter, und zwar als Überlebenskampf.

Wenn man diesem Soldaten damals gesagt hätte, in nur vier Jahren würde wieder ein deutscher Staat entstehen, er hätte es schlichtweg für utopisch halten müssen. Realistisch betrachtet mussten sich die Deutschen auf eine lange Zeit der Siegerherrschaft, wenn nicht gar der Rache einstellen. Dass es anders kam, hing mit der „großen Politik" zusammen. Die Kriegskoalition zwischen den USA und Großbritannien auf der einen Seite und der Sowjetunion auf der anderen funktionierte nur so lange, bis der gemeinsame Feind – Hitler-Deutschland – besiegt war. Die Idee, die noch von US-Präsident Roosevelt verfochten wurde, nämlich die Welt nach einheitlichen demokratischen Prinzipien im Einklang mit der UdSSR zu leiten, erwies sich schon bald als Illusion. Bereits im Laufe des Jahres 1946 zeichnete sich immer deutlicher der Gegensatz zwischen den westlich-liberalen Demokratien und der sowjetischen Parteidiktatur ab. Die Grenze zwischen den Systemen zerteilte Europa und verlief mitten durch Deutschland. Doch zumindest der Westen des geschlagenen Landes sollte vom Ost-West-Konflikt auf ungeahnte Weise profitieren. Denn den Planern der amerikanischen Strategie war klar, dass nur ein wirtschaftlich erstarktes Westeuropa in der Lage sein würde, einer sowjetischen Expansion zu widerstehen. Das schloss Westdeutschland mit ein. Aufbauhilfe (Marshallplan) und die westdeutsche Staatsgründung waren Bausteine in dieser Strategie, allerdings um den Preis einer verfestigten Teilung. Denn gleichsam spiegelbildlich integrierte die Sowjetunion ihre Besatzungszone in den Ostblock. Die Situation von zwei deutschen Staaten schien über Jahre stabil, weil jede Änderung des Status quo eine Kriegsgefahr heraufbeschwören musste. Eine Änderung im sowjetischen Machtbereich war gegen den Willen der UdSSR nicht möglich. Der Schlüssel zur Wiedervereinigung lag letztlich in Moskau. Erst Michail Gorbatschows Politik der Perestroika (Umbau) ab 1985 brachte Bewegung in die internationalen Verhältnisse – auch in die Deutsche Frage. Als das Volk auf die Straße ging, blieben die Panzer der Roten Armee – im Unterschied zum 17. Juni 1953 – in den Kasernen. Diese Tatsache lähmte auch den riesigen Sicherheitsapparat der DDR-Führung. Der friedliche Protest führte dann zur Öffnung der Mauer am 9. November 1989 und letztlich zur Vereinigung der beiden deutschen Staaten am 3. Oktober 1990.

15.1 Das Scheitern einer gemeinsamen Besatzungspolitik

Die Ausweitung des Krieges durch Deutschland führte bei dessen Gegnern zu einer ständig enger werdenden Zusammenarbeit. Anlässlich mehrerer Konferenzen berieten der amerikanische Präsident Franklin D. Roosevelt, der britische Premierminister Winston Churchill und später auch der sowjetische Regierungschef Josef W. Stalin über die gegen Deutschland und seine Verbündeten zu ergreifenden Maßnahmen. Die USA und das von ihnen unterstützte Großbritannien formulierten in der Atlantik-Charta Grundsätze für die zwischenstaatlichen Beziehungen (1941). Auf dieser Grundlage sollte eine weltweite Allianz gegen Faschismus und Imperialismus entstehen und nach dem Krieg der Weltfriede in der Zukunft gesichert werden. Bis Kriegsende stimmten 45 Staaten der Charta zu, darunter die Sowjetunion, die sich dadurch, über alle ideologischen Gegensätze hinweg, materielle Hilfe der USA in der Auseinandersetzung mit Deutschland sicherte. Anlässlich der Konferenz von Casablanca (1943) erklärte Roosevelt, der Krieg werde bis zur bedingungslosen Kapitulation Deutschlands, Italiens und Japans fortgeführt. Anders als nach dem Ersten Weltkrieg sollten dieses Mal jedem Deutschen die militärische Niederlage und die sich daraus ergebenden Konsequenzen bewusst gemacht und die deutsche Kriegsmacht vollständig beseitigt werden. Militärische Erfolge ließen die Alliierten schon bald konkretere Bestimmungen über die Behandlung Deutschlands nach Beendigung des Krieges ins Auge fassen. Die Vorschläge der an der Konferenz von Teheran (1943) und Jalta (1945) beteiligten Mächte liefen auf eine territoriale, wirtschaftliche und vor allem militärische Schwächung sowie auf eine gesellschaftliche Neuordnung Deutschlands hinaus. Über den dabei einzuschlagenden Weg gab es innerhalb der amerikanischen Regierung kein einheitliches Konzept, sondern tief greifende Meinungsverschiedenheiten zwischen den Außen-, Kriegs- und Finanzministerien. Nur vorübergehend bestimmte die harte Linie von Finanzminister Morgenthau, der aus Deutschland einen Agrarstaat machen wollte, die amerikanische Politik. Die in Teheran noch vorgesehene Aufteilung Deutschlands in mehrere selbstständige Teilstaaten wurde in Jalta aufgegeben. Wegen sowjetischer Gebietsansprüche im Osten Polens sollte aber dieser Staat auf bisher deutsches Territorium nach Westen verschoben werden. Die Einheit des restlichen Deutschlands entsprach dem amerikanischen Interesse an weltweiter Freizügigkeit („one world"-Konzept), vor allem aber dem Ziel der Sowjetunion, Reparationsansprüche und Kontrollrechte in ganz Deutschland geltend zu machen. Die Sowjetunion forderte Wiedergutmachungsleistungen in Höhe von insgesamt 20 Milliarden US-Dollar, wovon sie 50 Prozent für sich beanspruchte. Darüber konnte keine Einigung erzielt werden. Zu gegensätzlich waren bereits die Interessen der Beteiligten, die aus militärischen Gründen noch zu kooperieren gezwungen waren.

M 1 **Die „großen Drei"**
Churchill, Roosevelt und Stalin auf der Konferenz von Jalta im Februar 1945. Auf der Potsdamer Konferenz (Juli/August 1945) wurden die USA von Präsident Truman an Stelle des inzwischen verstorbenen Roosevelt vertreten. Nach einem Wahlsieg der Opposition in Großbritannien musste Churchill noch während der Konferenz den Platz zugunsten seines Nachfolgers im Amt, Attlee, aufgeben. Nur Stalin blieb.

Bedingungslose Kapitulation

Angesichts des sicheren militärischen Zusammenbruchs beging Adolf Hitler am 30.4.1945 Selbstmord. Zu seinem Nachfolger hatte er Großadmiral Dönitz bestimmt, dem nun die Abwicklung der bedingungslosen Kapitulation oblag. Diese wurde am 7. Mai 1945 in Reims und auf Verlangen Stalins am 9. Mai in Berlin vom Oberkommando der Wehrmacht vollzogen. Die Amtszeit der Regierung Dönitz endete bald darauf durch Absetzung und Verhaftung. Die Siegermächte übernahmen die uneingeschränkte Regierungsgewalt im besiegten Deutschland. Zur Verwirklichung ihrer Ziele in Deutschland hatten die drei Mächte in Jalta die Besetzung und Kontrolle des Landes beschlossen. Frankreich war auf Betreiben der Briten aufgefordert worden, sich hieran zu beteiligen. Die französische Zone wurde zu Lasten der amerikanischen und britischen Zonen ausgewiesen. Die Bildung von Zonen ging auf den Wunsch Großbritanniens zurück, das ohne vertragliche Regelung die sowjetische Präsenz in ganz Deutschland fürchtete. Deutschland war somit in vier Besatzungszonen und Berlin als besonderes Gebiet in vier Sektoren aufgeteilt. Die oberste Gewalt übten die militärischen Oberbefehlshaber der vier Siegermächte aus, ein jeder in seiner eigenen Besatzungszone. In den Deutschland als Ganzes betreffenden Angelegenheiten waren gemeinsame und einstimmige Entscheidungen in dem eigens dafür gebildeten Alliierten Kontrollrat erforderlich. Für die gemeinsame Verwaltung der ehemaligen Reichshauptstadt wurde eine Kommandantur errichtet, die dem Kontrollrat unterstand. Bevor Amerikaner und Briten vereinbarungsgemäß in die ihnen zugewiesenen Sektoren Berlins einzogen, räumten sie die von ihren Truppen besetzten Gebiete Mitteldeutschlands (Thüringen, Sachsen-Anhalt, Teile Mecklenburgs und Sachsens), die in der den Sowjets zugeteilten Zone lagen.

Potsdamer Konferenz

Die Ziele der drei Mächte hinsichtlich Deutschlands erfuhren ihre endgültige Konkretisierung anlässlich der Konferenz von Potsdam (1945). Alarmiert durch die beeindruckende Ausdehnung des sowjetischen Machtbereichs über Ost- und Mitteleuropa wollte die britische Regierung die bisherigen Konferenzergebnisse zu Gunsten des Westens nachbessern. Dagegen wandten sich die USA, die zu diesem Zeitpunkt noch auf eine Kooperation mit der Sowjetunion im Rahmen der UN hofften, sodass die Vereinbarungen von Jalta bei der nun stattfindenden Konferenz von Potsdam maßgebend blieben. Die USA vertrat an Stelle des verstorbenen Roosevelt dessen Nachfolger Truman. Großbritannien war zuerst durch Churchill, nach dessen Wahlniederlage durch Attlee vertreten, und Stalin repräsentierte die UdSSR. Frankreich, obwohl als Besatzungsmacht vorgesehen, war zur Konferenz nicht eingeladen worden.

Die in Potsdam festgelegten politischen und wirtschaftlichen Grundsätze sollten den Siegermächten helfen, ihre Kriegsziele in Deutschland zu erreichen. Diese waren im Wesentlichen: Entmilitarisierung, Entnazifizierung, Demontage, Dezentralisierung und Demokratisierung. Voneinander abweichende Grundvorstellungen über die künftige Ordnung in Deutschland traten noch nicht offen zu Tage. Dagegen brachten die Frage der Westgrenze Polens und das Reparationsproblem die Konferenz an den Rand des Scheiterns.

Die Westmächte befürchteten, die sowjetischen Reparationsforderungen würden die deutsche Wirtschaft über die Maßen schwächen, dadurch amerikanische Hilfslieferungen an die Deutschen erforderlich machen und den wirtschaftlichen Aufbau Europas behindern. Auch fürchteten sie den sowjetischen Zugriff auf die Industrieanlagen und

Rohstoffe an Ruhr und Saar. Man einigte sich schließlich darauf, dass jede Macht nur der eigenen Besatzungszone Wiedergutmachungsleistungen entnehmen durfte. Die Vereinbarung, Deutschland als wirtschaftliche Einheit behandeln zu wollen, war jetzt unmöglich einzuhalten. Die zu erwartende unterschiedliche Behandlung der Zonen im Hinblick auf die zu leistende Wiedergutmachung musste zwangsläufig zu Sonderentwicklungen in den einzelnen Zonen führen. Ebenso widersprüchlich war das westliche Taktieren in der Polenfrage. Die Gebiete östlich der Oder-Neiße-Linie sollten nur vorläufig unter polnische Verwaltung gestellt werden, die endgültige Grenzregelung aber einem Friedensvertrag mit Deutschland vorbehalten bleiben. Gleichzeitig stimmten Großbritannien und die USA aber der Umsiedlung der dort sowie der in der Tschechoslowakei und in Ungarn lebenden Deutschen zu. Als Folge von Flucht und Vertreibung verließen über zwölf Millionen Deutsche ihre Heimat.

M 2 Standarten in den Staub
In einem feierlich-pathetischen Akt senkte die siegreiche Rote Armee die Fahnen und Standarten von Wehrmacht und Waffen-SS bei der Moskauer Siegesparade in den Staub. Die Szene wiederholt, bewusst oder unbewusst, jenen Akt der Huldigung bei der Parade anlässlich Hitlers 50. Geburtstag am 20. April 1939 in Berlin, als eine breite Front von Fahnenträgern auf die Tribüne des Gewaltherrschers zumarschierte, abrupt Halt machte, die Fahnen senkte und damit jene Selbstentmachtung symbolisch vollendete, welche die Wehrmacht seit 1933 in Stufen vollzogen hatte.

Aus: M. Stürmer, Die Grenzen der Macht, Berlin 1990, S. 127.

Die Potsdamer Konferenz brachte nur provisorische Lösungen hervor. Die Ausarbeitung eines Friedensvertrages mit Deutschland wurde den Außenministern der vier Mächte und Chinas übertragen, die konkrete Besatzungspolitik sollte der Kontrollrat koordinieren. Gelingen oder Misslingen hingen nun allein vom guten Einvernehmen der beteiligten Mächte ab. Die geschichtliche Bedeutung der Konferenz bestand darin, dass sie die Verantwortung der vier Mächte für ganz Deutschland und speziell für Berlin begründete. Diese endete erst mit dem Deutschlandvertrag von 1990.

Von der Kooperation zur Konfrontation

Gemeinsam hatten die USA, Großbritannien und die Sowjetunion Hitler-Deutschland besiegt, gemeinsam wollten sie es zusammen mit Frankreich verwalten und zu einem demokratischen und entmilitarisierten Land umgestalten. Mit zunehmender zeitlicher Distanz zum Krieg traten jedoch grundlegende Gegensätze zwischen den Siegermächten auf.

Der amerikanische Präsident F. D. Roosevelt war der Überzeugung, dass die Kooperation zwischen den USA und der UdSSR auch nach Kriegsende dauerhaft fortgeführt werden könnte. Die – wenn auch mit Vorbehalten vorgenommene – Zustimmung Stalins zur Atlantik-Charta nährte solche Hoffnungen. Die amerikanische Regierung hatte die Zielvorstellung, nach Kriegsende eine die ganze Welt umspannende Ordnung durchzusetzen, die von den Grundsätzen der wirtschaftlichen und politischen Liberalität geprägt sein sollte („one world"). Die Idee einer globalen Friedensordnung fand ihren organisatorischen Ausdruck in der Gründung der Vereinten Nationen im Juni 1945.

Die USA hatten ein starkes Interesse am weltweiten Zugang zu den Rohstoff-, Absatz- und Finanzmärkten („open-door-policy") als Voraussetzung für eine gut funktionierende Wirtschaft und innenpolitische Stabilität. Dies erforderte weitgehend ähnliche Wirtschafts- und Gesellschaftsordnungen nach amerikanischem Vorbild sowie die Beseitigung von Handelshemmnissen.

Spaltung

Aufgrund der Vorgehensweise der Sowjetunion in Osteuropa geriet die Idee der „one world" zusehends in Widerspruch zu der politischen Wirklichkeit. Die Einsetzung einer sowjetfreundlichen Regierung in Polen schuf auf westlicher Seite ein Misstrauen, das im weiteren Verlauf durch die Sowjetisierung der osteuropäischen Staaten massiv verstärkt wurde. Die Bildung eines Sicherheitsgürtels („cordon sanitaire") – bestehend aus Satellitenstaaten – entsprach zweifellos den sowjetischen Sicherheitsinteressen, verletzte aber genauso unzweideutig das Ideal des Selbstbestimmungsrechts der Völker. Es zeigte sich, dass die Sowjetunion unter „Demokratie" etwas anderes verstand als der Westen.

Noch nicht im Besitz der Atombombe, wirtschaftlich schwach und mit hohen Kriegsverlusten belastet, empfand die Führung der UdSSR das amerikanische Wirtschaftskonzept als Bedrohung für ihre eigene, noch nicht gefestigte Großmachtstellung. Sie wollte nicht Juniorpartner der USA werden. Darum schloss sie ihren Machtbereich ab. Nach dem Sieg über den gemeinsamen Feind waren die Systemunterschiede zwischen Ost und West immer klarer zu Tage getreten. Fortan trennte ein „Eiserner Vorhang" Ost- und Westeuropa.

Eindämmung

Zwischen 1946 und 1948 kristallisierte sich jene bipolare Weltordnung heraus, die letztlich auf der Unvereinbarkeit der Systeme beruhte. Der Idealist F. D. Roosevelt erlebte das Scheitern seiner Politik nicht mehr. Während der Amtszeit seines Nachfolgers Truman (Präsident ab 1945) schlug die zunächst sehr sowjetfreundliche Stimmung der amerikanischen Öffentlichkeit um. Unmittelbar nach dem Krieg hatte die zukünftige innere Gestaltung des polnischen Staates für Verstimmung zwischen den Kriegsalliierten gesorgt. Die Sowjetisierung Polens durch Stalins Politik war zweifellos nicht das Ziel gewesen, für das die Westmächte gekämpft hatten. Allerdings lag Polen im Einflussbereich der Sowjetunion, sodass die Interventionsmöglichkeiten begrenzt waren. Als aber Großbritannien in dem zu seiner Interessensphäre zählenden Griechenland der Bedrohung durch eine kommunistische Bürgerkriegsstreitmacht nicht mehr Herr werden konnte, erklärten die USA die

Phase der Kooperation auch offiziell für beendet (1947). Die als expansiv angesehene Sowjetunion und die Ideologie des Kommunismus sollten weltweit eingedämmt werden (Truman-Doktrin). Die Eindämmung (containment) sollte sowohl mithilfe von militärischen als auch wirtschaftlichen Mitteln (NATO, Marshallplan) erfolgen.

Die Ausdehnung des sowjetischen Machtbereichs bis in die Mitte Europas war mittelbar eine Folge des vom nationalsozialistischen Deutschland entfesselten Krieges. Die Blockbildung und der einsetzende Kalte Krieg mussten Deutschland besonders betreffen, weil nunmehr die Konfrontationslinie mitten durch Deutschland verlief. Die Spaltung Europas und die Spaltung Deutschlands sind gleichermaßen das Ergebnis der Systemunterschiede zwischen Ost und West.

Das Scheitern der gemeinsamen Besatzungspolitik

Das Vorhaben, Deutschland gemeinsam zu verwalten und umzugestalten, scheiterte auch bald an den gegensätzlichen Interessen der Besatzungsmächte.

Die Briten hatten Versorgungsengpässe im eigenen Land und finanzierten die in Deutschland anfallenden Besatzungskosten zum Teil durch Kreditaufnahmen in den USA. Durch Zurückhaltung bei den Reparationen sollte die Fähigkeit der Deutschen zur Selbstversorgung verbessert werden.

Dem gleichen Ziel diente die amerikanische Forderung nach Herstellung der Wirtschaftseinheit durch Öffnung der sowjetischen und französischen Zonen zumindest für den Handel. Die Sowjetunion dagegen beharrte auf ihrer ursprünglichen Reparationsforderung von zehn Milliarden US-Dollar und beanspruchte über die Beteiligung an einer Viermächtekontrolle des zur britischen Zone gehörenden Ruhrgebietes Mitsprache auch im Westen. Ihr Sicherheitsdenken veranlasste die Franzosen, neben einer internationalen Kontrolle des Ruhrgebiets auch die Abtretung des Rheinlandes und Westfalens zu verlangen sowie die Angliederung des Saarlandes. Frankreich blockierte auch ständig die Einrichtung zentraler deutscher Verwaltungsstellen, wie sie in Potsdam, allerdings ohne französische Beteiligung, für wichtige Bereiche vereinbart worden waren. Über diese Probleme wurde im Kontrollrat und auch anlässlich des Zusammentreffens der Außenminister ergebnislos verhandelt. Im Zeichen wachsender Ost-West-Spannungen nahm die Kooperationsbereitschaft immer mehr ab. Dies gilt für Maßnahmen innerhalb der jeweiligen Zone, wo zunehmend separate Wege beschritten wurden, wie auch im Verhältnis der Besatzungsmächte untereinander. War die Wirtschaftseinheit insgesamt nicht herstellbar, so wollten Amerikaner und Briten durch Vereinigung ihrer Zonen der wirtschaftlichen Gesundung Vorrang geben vor dem Ringen um einheitliche Lösungen, die immer unwahrscheinlicher wurden. Der Zusammenschluss der Bi-Zone erfolgte zum 1. Januar 1947. Die wirtschaftlichen Möglichkeiten und Ressourcen sollten zusammengefasst und bis 1949 die ökonomische Selbstständigkeit des Gebiets erreicht werden. Das Angebot an Sowjets und Franzosen, sich diesem Schritt anzuschließen, wurde nicht angenommen. Lagen ursprünglich auch nur wirtschaftliche und administrative Gründe für diesen Schritt vor und wurde auch noch kein westdeutscher Staat

M 3

angestrebt, so zeitigte dies doch politische Wirkungen. So konnten, im Lichte der Ost-West-Auseinandersetzungen besehen, die Ansprüche der Sowjetunion auf das Ruhrgebiet zurückgewiesen und auf jene Gebiete beschränkt werden, wo sie ohnehin die Macht hatte. Gleichzeitig konnte der westliche Einfluss, wenn auch nur auf einen Teil Deutschlands, gesichert werden. Für die USA war Europa ein wichtiger Markt. Das vereinigte Wirtschaftsgebiet konnte nun leichter wirtschaftlich aufgebaut und dadurch gegen kommunistischen Einfluss besser abgeschirmt werden. Im Jahre 1947 fand die entscheidende Weichenstellung für die weitere Entwicklung im Nachkriegsdeutschland statt, denn die Bi-Zone wurde zur Keimzelle für den späteren westdeutschen Staat.

Chronologie

14. August 1941	Atlantik-Charta (amerikanisch-britische Erklärung über die Friedensziele)
14.–26. Januar 1943	Konferenz von Casablanca (USA und Großbritannien wollen den Krieg bis zur bedingungslosen Kapitulation Deutschlands fortsetzen.)
28. Nov.–1. Dez. 1943	Konferenz von Teheran (USA, Großbritannien und Sowjetunion planen die Aufteilung Deutschlands in mehrere Staaten.)
4.–11. Februar 1945	Konferenz von Jalta/Krim (USA, Großbritannien und Sowjetunion beschließen Besatzungszonen und Kontrollsystem in Deutschland und bereiten Besatzungspolitik vor.)
7. und 9. Mai 1945	Bedingungslose Kapitulation der deutschen Wehrmacht in Reims (7. Mai) und Berlin-Karlshorst (9. Mai)
17. Juli – 2. August 1945	Potsdamer Konferenz (Festlegung der Besatzungspolitik für Nachkriegsdeutschland und Neuordnung Europas)
30. August 1945	Errichtung des Alliierten Kontrollrats für Deutschland in Berlin
14. November 1945	Beginn des Nürnberger Prozesses gegen die Hauptkriegsverbrecher (bis 1. Okt. 1946)
11. März 1947	Truman-Doktrin (Eindämmung der Sowjetunion)
18. Mai 1947	Verkündung der Verfassung von Rheinland-Pfalz

M 4 Ergebnisse der Potsdamer Konferenz

Sie wurden in Form einer amtlichen Verlautbarung am 2. August 1945 publiziert:

Politische und wirtschaftliche Grundsätze, deren man sich bei der Behandlung Deutschlands in der Anfangsperiode der Kontrolle bedienen muss:

A. Politische Grundsätze [...]

2. Soweit dieses praktisch durchführbar ist, muss die Behandlung der deutschen Bevölkerung in ganz Deutschland gleich sein.

3. Die Ziele der Besetzung Deutschlands, durch welche der Kontrollrat sich leiten lassen soll, sind:

(I) Völlige Abrüstung und Entmilitarisierung Deutschlands und die Ausschaltung der gesamten deutschen Industrie, welche für eine Kriegsproduktion benutzt werden kann. [...]

(II) Das deutsche Volk muss überzeugt werden, dass es eine totale militärische Niederlage erlitten hat und dass es sich nicht der Verantwortung entziehen kann für das, was es selbst dadurch auf sich geladen hat, dass seine eigene mitleidlose Kriegsführung und der fanatische Widerstand der Nazis die deutsche Wirtschaft zerstört und Chaos und Elend unvermeidlich gemacht haben.

(III) Die Nationalsozialistische Partei mit ihren angeschlossenen Gliederungen und Unterorganisationen ist zu vernichten [...]; jeder nazistischen und militaristischen Betätigung und Propaganda ist vorzubeugen.

(IV) Die endgültige Umgestaltung des deutschen politischen Lebens auf demokratischer Grundlage und eine eventuelle Mitarbeit Deutschlands am internationalen Leben sind vorzubereiten.

4. Alle nazistischen Gesetze, welche die Grundlage für das Hitlerregime geliefert haben oder eine Diskriminierung aufgrund der Rasse, Religion oder politischen Überzeugung errichteten, müssen abgeschafft werden. [...]

5. Kriegsverbrecher und alle diejenigen, die an der Planung und Verwirklichung nazistischer Maßnahmen, die Gräuel oder Kriegsverbrechen nach sich zogen, oder als Ergebnis hatten, teilgenommen haben, sind zu verhaften und dem Gericht zu übergeben. Nazistische Parteiführer, einflussreiche Nazianhänger [...] sind zu verhaften und zu internieren.

6. Alle Mitglieder der nazistischen Partei, welche mehr als nominell an ihrer Tätigkeit teilgenommen haben, und alle anderen Personen, die den alliierten Zielen feindlich gegenüberstehen, sind aus den öffentlichen oder halb öffentlichen Ämtern und von verantwortlichen Posten in wichtigen Privatunternehmungen zu entfernen. [...]

7. Das Erziehungswesen in Deutschland muss so überwacht werden, dass die nazistischen und militaristischen Lehrer völlig entfernt werden und eine erfolgreiche Entwicklung der demokratischen Ideen möglich gemacht wird.

8. Das Gerichtswesen wird entsprechend den Grundsätzen der Demokratie und der Gerechtigkeit auf der Grundlage der Gesetzlichkeit und der Gleichheit aller Bürger vor dem Gesetz ohne Unterschied der Rasse, der Nationalität und der Religion reorganisiert werden.

9. Die Verwaltung Deutschlands muss in Richtung auf eine Dezentralisation [...] durchgeführt werden. Zu diesem Zwecke:

(I) Die lokale Selbstverwaltung wird in ganz Deutschland nach demokratischen Grundsätzen [...] wiederhergestellt.

(II) In ganz Deutschland sind alle demokratischen politischen Parteien zu erlauben. [...]

(IV) Bis auf Weiteres wird keine zentrale deutsche Regierung errichtet werden, jedoch werden einige wichtige zentrale deutsche Verwaltungsabteilungen errichtet werden, an deren Spitze Staatssekretäre stehen, und zwar auf den Gebieten des Finanzwesens, des Außenhandels und der Industrie. [...]

Zit. nach: R. Steininger, Deutsche Geschichte 1945–1961, Bd.1, Frankfurt/M. 1983, S. 75 ff.

M 5 Über die Potsdamer Konferenz (1945)

Der US-Diplomat George F. Kennan hat früher als andere die Unvereinbarkeit der Systeme erkannt. Er hat das Konzept der Eindämmungspolitik entwickelt:

Die Idee, Deutschland gemeinsam mit den Russen regieren zu wollen, ist ein Wahn. Ein ebensolcher Wahn ist es, zu glauben, die Russen und wir könnten uns eines schönen Tages höflich zurückziehen und aus dem Vakuum werde ein gesundes und friedliches, stabiles und freundliches Deutschland steigen. Wir haben keine andere Wahl, als unseren Teil von Deutschland – den Teil, für den wir und die Briten die Verantwortung übernommen haben – zu einer Form von Unabhängigkeit zu führen, die so befriedigend, so gesichert, so überlegen ist, dass der Osten sie nicht gefährden kann. Das ist eine gewaltige Aufgabe für Amerikaner. Aber sie lässt sich nicht umgehen; und hierüber, nicht über undurchführbare Pläne für eine gemeinsame Militärregierung, sollten wir uns Gedanken machen. Zugegeben, dass das Zerstückelung bedeutet, aber die Zerstückelung ist bereits Tatsache, wegen der Oder-Neiße-Linie. Ob das Stück Sowjetzone wieder mit Deutschland verbun-

M 6

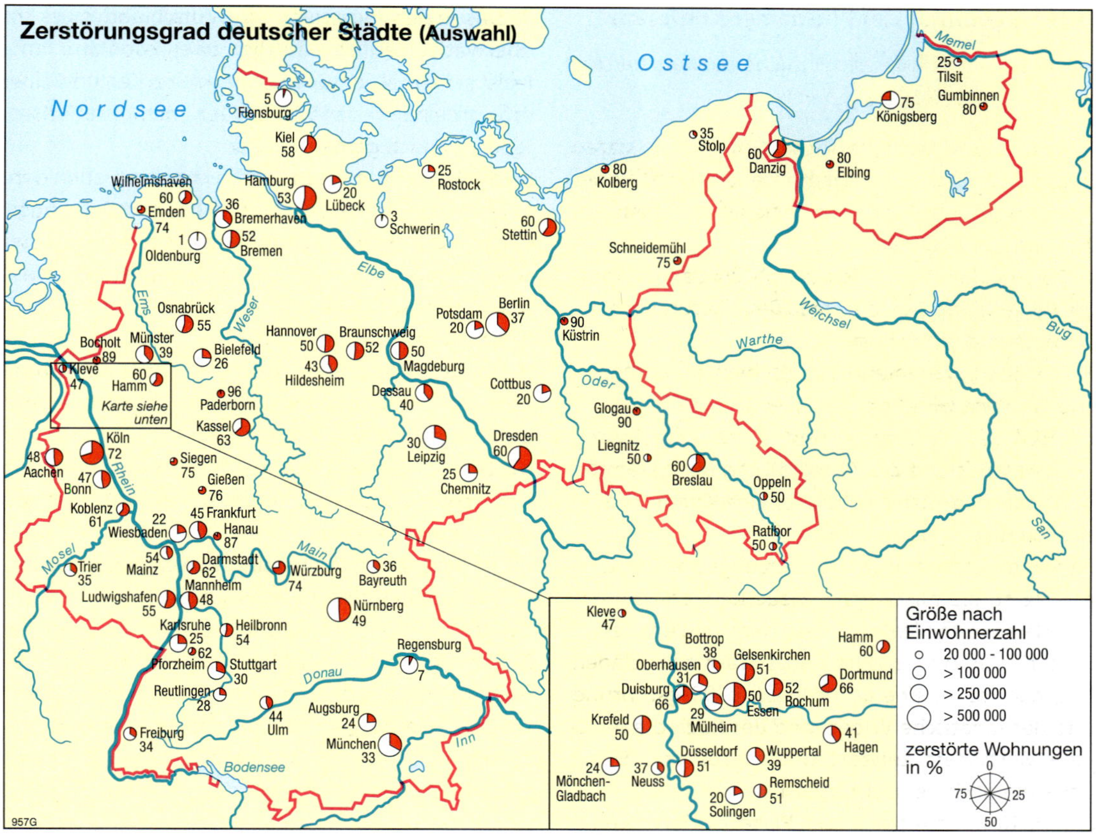

den wird oder nicht, ist jetzt nicht wichtig. Besser ein zerstückeltes Deutschland, von dem wenigstens der westliche Teil als Prellbock für die Kräfte des Totalitarismus wirkt, als ein geeintes Deutschland, das diese Kräfte wieder bis an die Nordsee vorlässt. [...]

G. F. Kennan, Memoiren eines Diplomaten, Stuttgart 1968, S. 262 f.

M 7 Die Not der Besiegten

Der Historiker Rolf Steininger schildert die Umstände der „Stunde Null“:

Dem totalen Krieg folgte die totale Niederlage. Deutschland – als Staat, als Nation, als Volk – schien im Sommer 1945 am Ende. Auch wenn es in der Geschichte des deutschen Volkes keine Stunde Null gibt, den Zeitgenossen erschien die Stunde der Kapitulation als die Stunde Null, Ende und Anfang zugleich: das Ende des Sterbens, der Bombennächte in feuchten Luftschutzkellern, der Standgerichte, für viele das Ende einer Illusion, für 700 000 Überlebende in den KZs das Ende ihrer Qualen. Und es war der Anfang des Improvisierens, des Überlebens, der Trümmerfrauen, der Schwarzmarktzeit, der Zigaretten- und Schokoladenwährung, der Kippensammler und der Hoffnung auf eine bessere Zeit.

Wohin man auch blickte, überall bot sich das gleiche Bild: Trümmerhaufen, aus denen nicht selten noch der Leichengeruch emporstieg: 4 Millionen deutsche Soldaten waren gefallen, fast ebenso viele Zivilpersonen umgekommen. Die Städte lagen in Schutt und Asche, ihre Zentren waren zu 60, 70, 80 % zerstört; einige hatten besonders schwere Angriffe erlebt.

Berlin lag in Trümmern. „Experten“ rechneten damals aus, dass allein für deren Räumung 16 Jahre lang täglich 10 Güterzüge mit je 50 Waggons erforderlich sein würden. Wo vor dem Krieg 4,3 Millionen Menschen lebten, waren es nach der Kapitulation noch 2,8 Millionen. Mehr als 1/2 Million Wohnungen waren zerstört; durch Bomben und anschließende Demontage war das Industriepotenzial um 85 % verringert worden.

Köln war zu 72 % zerstört, von ehemals 770 000 Einwohnern hausten noch 40 000 in diesen Trümmern. Düsseldorf war zu 90 % unbewohnbar, in Frankfurt waren 80 000 von 180 000 Gebäuden beschädigt, in Hannover lag die Zahl der völlig unbeschädigten Häuser unter 1 %. Nicht nur die Großstädte, auch kleinere Städte wie Hildesheim, Heilbronn, Paderborn hatten schwer gelitten. Der alliierte Bombenkrieg hatte sich in den letzten Wochen des Krieges

M 8 **In einer südwestdeutschen Stadt** hat ein amerikanischer Panzer ein Pferd totgefahren. Einwohner schlachten das Pferd aus – der Hunger treibt sie dazu an.

so weit verselbstständigt, dass er sich nicht mehr lokalisieren ließ und sich schließlich wie eine Naturkatastrophe ausgetobt hatte. Obdachlosigkeit wurde zum Massenproblem.

Im Trümmerhaufen Deutschland standen 14 Millionen Haushaltungen 1946 nur 8 Millionen Wohnungen gegenüber. Das bedeutete Überbelegung des Wohnraumes oder Lagerleben; von abends 9 bis morgens 6 Uhr bestand Ausgehverbot, in den ersten Wochen nach der Kapitulation waren Erschießungen an der Tagesordnung; 10 Millionen Zwangsarbeiter (DPs – Displaced Persons) aus allen Teilen Europas wollten zurück in ihre Heimat; viele von ihnen nahmen nach ihrer Befreiung Rache an den Deutschen, viele zogen plündernd durchs Land; ihre Rückführung in ihre Heimatländer wurde zu einem zusätzlichen Problem für die Sieger. Soziale Bindungen waren vielfach zerrissen; Millionen Soldaten befanden sich in Gefangenschaft, eine Million wurde vermisst; beim Roten Kreuz stapelten sich die Suchanträge, im Oktober 1946 waren es 10 Millionen. Und die Menschen hungerten schon bald, mit Ausnahme der Landbevölkerung, der es nach wie vor gut ging.

Der Völkerbund hatte 1936 Richtlinien festgelegt, nach denen ein Mensch, der 8 Stunden arbeitete, 3 000 Kalorien pro Tag, und bei völliger Ruhe immer noch 1 600 Kalorien zum Leben brauchte. Die Briten setzten die tägliche Minimalration auf 1 150 Kalorien fest, auch sie wurde in der Praxis weit unterschritten. Im Juli 1945, zu einem Zeitpunkt, als noch Vorräte aus dem Krieg in Deutschland lagerten, erhielt z. B. jeder Erwachsene in Essen nur 700–800 Kalorien pro Tag; wenn man Glück hatte, bekam man seine tägliche Ration: zwei Scheiben Brot, einen Löffel Milchsuppe, zwei kleine Kartoffeln. In Köln litten Ende 1945 88 % der Kinder unter Untergewicht; in der amerikanischen Zone – in der die Versorgungslage noch am besten von allen vier Zonen war – lag das durchschnittliche Gewicht eines männlichen Erwachsenen Mitte 1946 bei etwa 51 kg – und es sank weiter; es kam vor, dass tagelang überhaupt kein Brot verteilt wurde, dass – so in Hamburg im März 1946 – in 2 Wochen die gesamte Monatsration an Brot aufgegessen war.

Die Ernährungslage verschärfte sich beinahe täglich. Es kamen jene „hungrigen Mägen" hinzu, die Churchill schon während der Potsdamer Konferenz gefürchtet hatte: Flüchtlinge und Vertriebene aus den deutschen Ostgebieten. Die Gesamtzahl ging in die Millionen; allein zwei bis drei Millionen starben auf der Flucht in den Westen.

R. Steininger, Deutsche Geschichte 1945–1961, Darstellung und Dokumente in zwei Bänden, Bd. 1, Frankfurt/M. 1983, S. 87 ff.

M 9 Der 8. Mai – Ein Gedenktag

Aus Anlass des 40. Jahrestages der Beendigung des Zweiten Weltkrieges am 8. Mai 1945 hielt der damalige Bundespräsident Richard von Weizsäcker eine Rede (1985):

Viele Völker gedenken heute des Tages, an dem der Zweite Weltkrieg in Europa zu Ende ging. Seinem Schicksal gemäß hat jedes Volk dabei seine eigenen Gefühle. Sieg oder Niederlage, Befreiung von Unrecht und Fremdherrschaft oder Übergang zu neuer Abhängigkeit, Teilung, neue Bündnisse, gewaltige Machtverschiebungen – der 8. Mai 1945 ist ein Datum von entscheidender historischer Bedeutung in Europa. […]

Der 8. Mai ist für uns vor allem ein Tag der Erinnerung an das, was Menschen erleiden mussten. Er ist zugleich ein Tag des Nachdenkens über den Gang unserer Geschichte. Je ehrlicher wir ihn begehen, desto freier sind wir, uns seinen Folgen verantwortlich zu stellen.

Der 8. Mai ist für uns Deutsche kein Tag zum Feiern. Die Menschen, die ihn bewusst erlebt haben, denken an ganz persönliche und damit ganz unterschiedliche Erfahrungen zurück. Der eine kehrte heim, der andere wurde heimatlos. Dieser wurde befreit, für jenen begann die Gefangenschaft. Viele waren einfach nur dafür dankbar, dass Bombennächte und Angst vorüber und sie mit dem Leben davongekommen waren. Andere empfanden den Schmerz über die vollständige Niederlage des

eigenen Vaterlandes. Verbittert standen Deutsche vor zerrissenen Illusionen, dankbar andere Deutsche für den geschenkten neuen Anfang.
Es war schwer, sich alsbald klar zu orientieren. Ungewissheit erfüllte das Land. Die militärische Kapitulation war bedingungslos. Unser Schicksal lag in der Hand der Feinde. Die Vergangenheit war furchtbar gewesen, zumal auch für viele dieser Feinde. Würden sie uns nun nicht vielfach entgelten lassen, was wir ihnen angetan hatten?
Die meisten Deutschen hatten geglaubt, für die gute Sache des eigenen Landes zu kämpfen und zu leiden. Und nun sollte sich herausstellen: Das alles war nicht nur vergeblich und sinnlos, sondern es hatte den unmenschlichen Zielen einer verbrecherischen Führung gedient.
[...] Und dennoch wurde von Tag zu Tag klarer, was es heute für uns alle gemeinsam zu sagen gilt: Der 8. Mai war ein Tag der Befreiung. Er hat uns alle befreit von dem menschenverachtenden System der nationalsozialistischen Gewaltherrschaft.
Niemand wird um dieser Befreiung willen vergessen, welche schweren Leiden für viele Menschen mit dem 8. Mai erst begannen und danach folgten. Aber wir dürfen nicht im Ende des Krieges die Ursache für Flucht, Vertreibung und Unfreiheit sehen. Sie liegt vielmehr in seinem Anfang und im Beginn jener Gewaltherrschaft, die zum Krieg führte.
Wir dürfen den 8. Mai 1945 nicht vom 30. Januar 1933 trennen.

Zit. nach: Bulletin Nr. 52, S. 441, hrsg. vom Presse- und Informationsamt der Bundesregierung.

M 10 Richtlinien für die amerikanische Besatzungspolitik (1945)

Direktive der amerikanischen Stabschefs an den Oberbefehlshaber der US-Besatzungstruppen in Deutschland (JCS 1067):

[...] Grundlegende Ziele der Militärregierung in Deutschland
a) Es muss den Deutschen klar gemacht werden, dass Deutschlands rücksichtslose Kriegsführung und der fanatische Widerstand der Nazis die deutsche Wirtschaft zerstört und Chaos und Leiden unvermeidlich gemacht haben, und dass sie nicht der Verantwortung für das entgehen können, was sie selbst auf sich geladen haben.
b) Deutschland wird nicht besetzt zum Zwecke seiner Befreiung, sondern als ein besiegter Feindstaat. Ihr Ziel ist nicht die Unterdrückung, sondern die Besetzung Deutschlands, um gewisse wichtige alliierte Absichten zu verwirklichen. Bei der Durchführung der Besetzung und Verwaltung müssen Sie gerecht, aber fest und unnahbar sein. Die Verbrüderung mit deutschen Beamten und der Bevölkerung werden Sie streng unterbinden.
c) Das Hauptziel der Alliierten ist es, Deutschland daran zu hindern, je wieder eine Bedrohung des Weltfriedens zu werden. Wichtige Schritte zur Erreichung dieses Zieles sind die Ausschaltung des Nazismus und des Militarismus in jeder Form, die sofortige Verhaftung der Kriegsverbrecher zum Zwecke der Bestrafung, die industrielle Abrüstung und Entmilitarisierung Deutschlands mit langfristiger Kontrolle des deutschen Kriegspotenzials und die Vorbereitungen zu einem späteren Wiederaufbau des deutschen politischen Lebens auf demokratischer Grundlage. [...]

Deutscher Lebensstandard
[...] Sie [als der Oberbefehlshaber] werden alle durchführbaren wirtschaftlichen und polizeilichen Maßnahmen ergreifen, um sicherzustellen, dass die deutschen Hilfsquellen voll ausgenutzt werden und der Verbrauch auf dem Mindestmaß gehalten wird, damit die Einfuhren streng begrenzt und Überschüsse für die Besatzungsstreitkräfte, verschleppte Personen und Kriegsgefangene der Vereinten Nationen sowie für Reparationszwecke verfügbar gemacht werden können. Sie werden nichts unternehmen, was geeignet wäre, den Mindestlebensstandard in Deutschland auf einem höheren Niveau zu erhalten als in irgendeinem benachbarten Mitgliedstaat der Vereinten Nationen. [...]

Zit. nach: W. Cornides, H. Volle, Um den Frieden mit Deutschland, Oberursel 1948, S. 58 ff.

M 11 Churchill: Eiserner Vorhang

Durch die Rede, die Winston Churchill am 5. März 1946 in Fulton (USA) hielt, wurde „Eiserner Vorhang“ zu einer stehenden Redewendung:

Ein Schatten ist auf die Erde gefallen, die erst vor kurzem durch den Sieg der Alliierten hell erleuchtet worden ist. Niemand weiß, was Sowjetrussland und die kommunistische internationale Organisation in der nächsten Zukunft zu tun gedenken oder was für Grenzen ihren expansionistischen und Bekehrungstendenzen gesetzt sind, wenn ihnen überhaupt Grenzen gesetzt sind. [...]
Von Stettin an der Ostsee bis hinunter nach Triest an der Adria ist ein „Eiserner Vorhang“ über den Kontinent gezogen. Hinter jener Linie liegen alle Hauptstädte der alten Staaten Zentral- und Osteuropas: Warschau, Berlin, Prag, Wien, Budapest, Bel-

grad, Bukarest und Sofia. Alle jene berühmten Städte liegen in der Sowjetsphäre und alle sind sie in dieser oder jener Form nicht nur dem sowjetrussischen Einfluss ausgesetzt, sondern auch in ständig zunehmendem Maße der Moskauer Kontrolle unterworfen. [...] Die kommunistischen Parteien, die in allen diesen östlichen Staaten Europas bisher sehr klein waren, sind überall großgezogen worden, sie sind zu unverhältnismäßig hoher Macht gelangt und suchen jetzt überall die totalitäre Kontrolle an sich zu reißen. [...]

Zit. nach: H. Weber, Kleine Geschichte der DDR, Köln 1980, S. 39.

M 12 Die Weltlage aus sowjetischer Sicht

Aus einem Referat von Andrei Shdanow, der als Nachfolger Stalins galt (1947):

Die Beendigung des 2. Weltkrieges führte zu wesentlichen Veränderungen in der gesamten internationalen Lage. Die militärische Zerschmetterung des Blocks der faschistischen Staaten, der antifaschistische Charakter des Befreiungskrieges sowie die entscheidende Rolle der Sowjetunion bei dem Sieg über die faschistischen Aggressoren haben das Kräfteverhältnis zwischen den beiden Systemen – dem sozialistischen und dem imperialistischen – stark zugunsten des Sozialismus verändert [...].
Die internationale Bedeutung und die Autorität der UdSSR sind infolge des Krieges unermesslich gestiegen. Die UdSSR war die führende Kraft und die Seele der militärischen Zerschmetterung Deutschlands und Japans. Um die Sowjetunion schlossen sich die demokratischen, progressiven Kräfte der ganzen Welt zusammen. Der sozialistische Staat bestand die schwersten Prüfungen des Krieges und ging aus dem Kampf auf Leben und Tod gegen den ungeheuer starken Feind als Sieger hervor. Statt zu einer Schwächung der UdSSR kam es zu einer Stärkung. [...]
Konkrete Ausdrucksformen der expansionistischen Bestrebungen in den USA stellen gegenwärtig die „Truman-Doktrin" und der „Marshall-Plan" dar. Diese beiden Dokumente sind im Grunde genommen der Ausdruck der gleichen Politik, obwohl sie sich in der Form unterscheiden, in der in beiden Dokumenten ein und derselbe amerikanische Anspruch auf die Versklavung Europas serviert wird.
Die Hauptpunkte der „Truman-Doktrin" im Hinblick auf Europa sind folgende: 1. Schaffung amerikanischer Stützpunkte im Ostteil des Mittelmeerbeckens mit dem Ziel, die amerikanische Herrschaft in dieser Zone zu behaupten. 2. Demonstrative Unterstützung des reaktionären Regimes in Griechenland und in der Türkei als Bastionen des amerikanischen Imperialismus gegen die neue Demokratie auf dem Balkan (Erweisung militärischer und technischer Hilfe an Griechenland und die Türkei, Gewährung von Anleihen). 3. Ständiger Druck auf die Staaten der neuen Demokratie. [...] Die „Truman-Doktrin", die darauf berechnet ist, jedem reaktionären Regime amerikanische Hilfe zu gewähren, das den demokratischen Völkern aktiv entgegentritt, trägt einen unverhüllt aggressiven Charakter.

Zit. nach: H.-J. Lieber, K.-H. Ruffmann (Hg.), Sowjetkommunismus, Dok. Bd. 2, Köln 1964, S. 603 f.

Aufgaben

1. Stellen Sie die wichtigsten Ziele und Ergebnisse der Potsdamer Konferenz für Deutschland tabellarisch dar. → Text, M3, M4, M10
2. Beschreiben Sie die Situation in Deutschland unmittelbar nach der Kapitulation. Versetzen Sie sich dazu in die Rolle a) eines Besatzungssoldaten, b) einer ausgebomten Mutter, c) eines Opfers der NS-Diktatur und schreiben Sie entsprechende Tagebucheinträge. → M1, M3, M6–M8
3. Fassen Sie zusammen, wie G. F. Kennan die Beschlüsse der Potsdamer Konferenz beurteilt. Welches Vorgehen schlägt er vor? → M5
4. Welche Bedeutung kommt dem 8. Mai 1945 aus der Sicht des ehemaligen Bundespräsidenten Richard von Weizsäcker zu? Diskutieren Sie anschließend die Bedeutung des 8. Mai 1945 aus Ihrer Perspektive. → M9
5. Analysieren Sie die Anweisung in Bezug auf die Ziele der amerikanischen Besatzungspolitik. → M10
6. Wie begründete der britische Premierminister W. Churchill seine Aussage, Europa sei durch einen Eisernen Vorhang getrennt? → M11
7. Formulieren Sie in Thesen das Selbstverständnis der Sowjetunion nach dem Zweiten Weltkrieg. Wie schätzt Shdanow die Politik der USA ein? → M12
8. Charakterisieren Sie zusammenfassend die veränderte politische Haltung der Siegermächte zueinander und Deutschland gegenüber. Diskutieren Sie, inwiefern eine innere Zwangsläufigkeit in der Entstehung des Ost-West-Konflikts lag. → Text, M5, M11, M12

15.2 Von der Neuordnung zur Bundesrepublik Deutschland

Entnazifizierung: Bestrafung und Umerziehung

Wesentliches Ziel der Besetzung und Kontrolle Deutschlands durch die Siegermächte war die Beseitigung des Nationalsozialismus. Dies sollte durch die Verfolgung und Bestrafung der Schuldigen an den im deutschen Namen begangenen Verbrechen sowie durch die Umerziehung der Deutschen zur Demokratie geschehen. Über die verbliebene NS-Führungselite wurde in Nürnberg Gericht gehalten. Viele Verantwortliche für NS-Verbrechen hatten sich durch Untertauchen oder Flucht ins Ausland dem Richter entzogen. Andere galten als unbescholten, bis ihre Täterschaft oft nur durch Zufall bekannt wurde. Zuerst erschwerte die fehlende Zuständigkeit deutscher Gerichte, dann das verspätete Interesse der deutschen Strafjustiz die Ahndung von NS-Verbrechen. Im Sinne der Potsdamer Vereinbarungen mussten grundsätzlich alle Deutschen über 18 Jahre sich einem Entnazifizierungsverfahren unterwerfen.

Ihnen wurde ein Fragebogen vorgelegt, mit dessen Hilfe das Verhalten im Dritten Reich erfragt wurde. Betroffen waren vor allem jene, die in NS-Organisationen mitgearbeitet beziehungsweise den NS-Staat in den verschiedensten gesellschaftlichen Funktionen unterstützt hatten. Sie wurden von Spruchkammern nach der Schwere ihrer Schuld als Entlastete, Mitläufer, Minderbelastete, Belastete und Hauptschuldige eingestuft und mit entsprechenden Zwangsmaßnahmen, wie Internierung, Berufsverbot oder Haft belegt. Der Einfluss von ehemaligen Nazis auf das öffentliche Leben sollte dadurch unmöglich gemacht werden.

Das Verfahren war allerdings nicht geeignet, das angestrebte Ziel zu erreichen: Der Kreis der von Entnazifizierungsverfahren Betroffenen war zu groß gewählt. Die Bearbeitung beanspruchte zu viel Zeit. Der

M 1 „Habe ich den nicht schon mal gesehen?"
Ein Memorandum des Education Branch der britischen Militärregierung vom 13. August 1948 stellt fest:
„Wir stimmten alle überein, dass „re-education" einer der Hauptzwecke unserer Besatzung ist. Es muss jedoch daran erinnert werden, dass es kein Wort gibt, das die Deutschen, auch die am freundlichsten Gesinnten unter ihnen, so sehr verabscheuen wie dieses und dass es keines gibt, das so energische Reaktionen hervorzurufen geeignet ist", britische Karikatur, 1947.

Text aus: A. M. Birke, Nation ohne Haus, Berlin 1989, S. 84.

M 2 **Neue Straßennamen**
In Trier werden unter alliierter Bewachung Überbleibsel des „Dritten Reiches" entfernt, Mai 1945.

Umfang der begangenen Verbrechen wurde erst nach und nach bekannt. Belastete kamen wieder in Amt und Würden, nur weil sie beim Wiederaufbau gebraucht wurden. Es gab eine Tendenz, Schuldige möglichst zu rehabilitieren und lediglich als Mitläufer einzustufen. Ehemalige Nationalsozialisten brachten in großem Umfange entlastende Schreiben von unbelasteten Personen vor – sogenannte Persilscheine. Zu Anfang der Verfahren wurden für schuldhaftes Verhalten härtere Maßstäbe angelegt als später unter dem Eindruck des Kalten Krieges.

Zwar hatte die Entnazifizierung gezeigt, wie schwierig es oft im Einzelfall war, individuelle Schuld nachzuweisen, doch die Millionen Opfer von Krieg und Gewaltherrschaft belasteten das deutsche Volk als Ganzes, unabhängig von individuellem Verhalten, mit einer kollektiven Verantwortung. Um solche Verbrechen künftig auszuschließen, sollten den Deutschen demokratische Verhaltensweisen anerzogen werden (re-education). Mit diesem Ziel nahmen die Besatzungsmächte Einfluss auf das Bildungswesen und auf die Massenmedien. Die von ihnen herausgegebenen Nachrichtenblätter wurden nach und nach durch Lizenzzeitungen deutscher Herausgeber abgelöst.

Der Rundfunk wurde nach britischem Vorbild öffentlich-rechtlich organisiert, das heißt er sollte sowohl der Regierungskontrolle als auch dem Zugriff großer privater Organisationen entzogen werden.

Demokratischer Neuanfang

Ein wesentliches Ziel der Alliierten in Deutschland war eine grundlegende Umgestaltung durch Schaffung demokratischer Strukturen. Anlässlich der Potsdamer Konferenz wurden zu diesem Zweck die Meinungs-, Presse- und Versammlungsfreiheit, die Zulassung politischer Parteien, ein dezentraler Staatsaufbau mit gemeindlicher Selbstverwaltung und die Neugründung von Ländern sowie die Entflechtung der hoch konzentrierten deutschen Wirtschaft vereinbart.

Rheinland-Pfalz entsteht

Auf Initiative der französischen Besatzungsmacht wurden am 18. Mai 1947, zwei Jahre vor Verkündung des Grundgesetzes, die Verfassung von Rheinland-Pfalz angenommen und der erste Landtag gewählt. Das neue Land entstand aus dem südlichen Teil der ehemaligen preußischen Rheinprovinz, aus Rheinhessen und der Rheinpfalz, die zu Bayern gehört hatte, und umfasste damit ganz unterschiedliche historische Gebiete und Mentalitäten.

Parteien

Nach einer Übergangszeit erlaubten die Alliierten Parteien und Gewerkschaften, allerdings nur auf lokaler Ebene und nur unter ihrer Kontrolle. In den Westzonen erhielten neben regional orientierten politischen Gruppierungen wie der Christlich-Sozialen Union (CSU), der Zentrumspartei, der Deutschen Partei und der Bayernpartei insbesondere die Sozialdemokratische Partei Deutschlands (SPD), die Christlich-Demokratische Union (CDU), die Kommunistische Partei Deutschlands (KPD) sowie die Liberalen unter verschiedenen Bezeichnungen (FDP, LDP, DVP) entsprechende Zulassungen. Der Zusammenschluss auf Länder- und Zonenebene war anfänglich verboten und später durch den Mangel an Verkehrs- und Kommunikationsmitteln erschwert. Abgesehen von CDU und CSU war dies für die Parteien nur organisatorisch ein totaler Neuanfang, nicht aber personell und programmatisch. Sie konnten an frühere Traditionen, insbesondere an die Zeit der Weimarer Republik, anknüpfen.

Aufbau der Verwaltung

Weil die Militärbehörden eine totale Übernahme aller Verwaltungstätigkeiten überfordert hätte, ernannten sie unmittelbar nach ihrem Einmarsch als unbelastet geltende Deutsche zu Bürgermeistern und Landräten. Erst 1946 fanden in allen Zonen Gemeinde- und Kreistagswahlen statt. Bald wurden auch auf Länderebene Regierungen mit beschränkten Befugnissen eingesetzt. Später erfolgte die Bildung zusätzlicher beratender Ausschüsse mit der Funktion von Parlamenten.

Ernannte, später gewählte Gremien erarbeiteten Verfassungsentwürfe, die nach Genehmigung durch die jeweilige Besatzungsmacht durch Volksabstimmung angenommen wurden. Aus danach abgehaltenen Landtagswahlen gingen demokratisch legitimierte Parlamente und Länderregierungen hervor.

Parallel zum Aufbau der Länder entstand die Bi-Zonen-Wirtschaftsverwaltung. Ein von den Landtagen gewählter Wirtschaftsrat erhielt legislative Zuständigkeiten für die Bereiche Wirtschaft, Finanzen, Ernährung und Landwirtschaft, Verkehr und Post. Somit eröffnete sich für deutsche Organe ein – wenn auch begrenzter – Handlungsspielraum.

Reparationen

Mit der Forderung nach Reparationen (Kriegsentschädigungen) verfolgten Deutschlands Kriegsgegner vor allem zwei Ziele: Durch Sachlieferungen, durch Beschlagnahmungen der Auslandsguthaben und die Nutzung deutscher Arbeitskräfte sollte der von Deutschland angerichtete materielle Schaden wieder gutgemacht werden. Mit der Demontage von industriellen Anlagen wiederum beabsichtigte man gleichzeitig die Zerschlagung der deutschen Kriegsindustrie und die Schwächung der deutschen Wirtschaft in einem Maße, dass von Deutschland auf absehbare Zeit keine Kriegsgefahr mehr ausgehen würde. Nach den Vereinbarungen der Potsdamer Konferenz sollte der durchschnittliche Lebensstandard der deutschen Bevölkerung den der anderen europäischen Länder nicht übersteigen. Im Industrieplan von 1946 legten die Besatzungsmächte dementsprechend die Produktionsleistung der deutschen Industrie auf 50 bis 55 Prozent der Produktion von 1938 fest.

Marshallplan

M 3 **Plakat,** um 1948

Die deutsche Industrie war nicht so stark zerstört, wie dies unmittelbar nach dem Krieg allgemein angenommen worden war. Die deutsche Wirtschaft verfügte im Gegenteil über einen relativ modernen Produktionsapparat, da kurz vor und während des Krieges in erheblichem Umfang investiert worden war. Zwar behinderten die unmittelbar nach der Besatzung beginnenden Entnahmen der Sieger und die immer unüberwindbarer werdenden Zonengrenzen die Entfaltung der Wirtschaft, dennoch konnte bis Herbst 1946 ein kräftiger Aufschwung verzeichnet werden.

Aufgrund des harten Winters 1946/47 kam es vor allem in der Bi-Zone zu einem Rückgang beziehungsweise Stillstand der Produktionstätigkeit wegen Energiemangels. Die Verschlechterung der Ernährungslage führte zu Demonstrationen und Arbeitskämpfen. Allerdings fiel die Wirtschaftskrise zeitlich mit einem politischen Umdenken in den USA zusammen. Bei Amerikanern und Briten trat mit Fortdauer der Besatzung das Ziel, Deutschland wirtschaftlich wieder auf eigene Beine zu stellen, immer klarer hervor. Die Not der Deutschen und die Kosten der Nahrungsmittellieferungen erschienen ihnen auf Dauer zu groß. Außerdem änderte sich die politische Haltung der

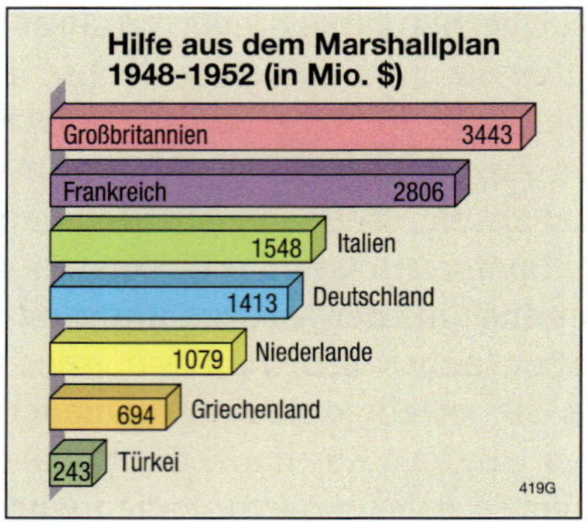

M 4

USA aufgrund der sich verschärfenden Ost-West-Spannungen. Das European Recovery Program (ERP) – so die offizielle Bezeichnung für den Marshallplan – stellte einen Wendepunkt in der amerikanischen Nachkriegspolitik dar und erfolgte im Zusammenhang mit der Truman-Doktrin.

Die USA boten allen europäischen Staaten Hilfe beim Wiederaufbau ihrer Wirtschaft an. Ein entsprechender Plan wurde besonders von dem damaligen US-Außenminister George C. Marshall verfolgt. Die Sowjetunion und auf deren Druck hin auch alle mittelost- und osteuropäischen Staaten lehnten das Angebot ab. Mögliche Motive für das amerikanische Hilfsangebot waren:

Es diente der ökonomischen Stabilisierung der europäischen Volkswirtschaften und damit auch der politischen Immunisierung gegenüber dem Kommunismus. Es trug somit zur Eindämmung des sowjetischen Einflusses in Europa bei. Außerdem ermöglichte es die Expansion des amerikanischen Handels auf den europäischen Märkten. Der ökonomische Wiederaufbau Westeuropas sollte nicht mehr durch die Ausbeutung Westdeutschlands mittels Reparationen, sondern vielmehr durch amerikanische Finanzhilfe an Deutschlands Gläubiger erreicht werden.

Bis Ende 1951 erhielten die westeuropäischen Länder etwa 12,4 Milliarden US-Dollar, teils als Geschenk, teils als Kredit, wofür Güter vorwiegend aus den USA bezogen werden konnten. Die Westzonen wurden im April 1948 in das Programm einbezogen. Westdeutschland erhielt bis Ende 1957 etwa 1,7 Milliarden US-Dollar, von denen eine Milliarde innerhalb von 30 Jahren zurückzuzahlen war.

Eigentumsordnung

In der Frage der künftigen Eigentumsordnung bestand unmittelbar nach dem Krieg ein breiter Konsens im Sinne antikapitalistischer Strömungen. In den ersten Nachkriegsjahren forderten SPD, CDU und Gewerkschaften nahezu übereinstimmend eine gerechtere Sozialordnung, die den politischen Missbrauch wirtschaftlicher Macht künftig ausschließen sollte. Ein Zusammenhang zwischen der vorher in Deutschland bestehenden Eigentumsordnung und der Naziherrschaft und dem Krieg wurde dabei unterstellt. Dies lief auf die Sozialisierung vor allem des Kohlebergbaus und der Eisen- und Stahlindustrie sowie auf mehr Mitbestimmung der Arbeitnehmer bei wirtschaftlichen Entscheidungen hinaus. Dies schien vor allem in der britischen Zone, wo die fraglichen Betriebe an Rhein und Ruhr konzentriert lagen, geboten und angesichts einer von der Labour-Partei geführten britischen Regierung auch möglich. Sozialisierungsexperimente und die Einschränkung der freien Unternehmertätigkeit gefährdeten aber nach Ansicht der USA die Effizienz der aufzubauenden deutschen Wirtschaft und belasteten wegen der notwendigen Hilfslieferungen den amerikanischen Steuerzahler. Die Amerikaner machten ihr weiteres finanzielles Engagement – sie übernahmen Ende 1947 den Großteil der finanziellen Lasten in der Bi-Zone – von einer antisozialistischen Politik abhängig. Angewiesen auf die amerikanische Unterstützung, hatten die Briten die Handlungsfreiheit in ihrer Zone verloren.

Der von den Besatzungsmächten vorgegebene Wille war für Deutschland verbindlich. Auch veränderten sich zum Teil bei den Deutschen selbst die politischen Anschauungen. So distanzierte sich mit dem Erstarken des bürgerlichen Flügels in der CDU diese Partei zunehmend von ihrem ursprünglichen Sozialisierungsprogramm. Auch nahm der wirtschaftliche Aufschwung dieser Forderung ihre ursprüngliche Bedeutung. So strebten die Gewerkschaften nachdrücklich in den Betrieben und auf Unternehmensebene die Mitbestimmung der Beschäftigten an. Hinsichtlich der entflochtenen Betriebe gelang ihnen dabei bereits 1947 ein Erfolg, der für die im Jahre 1951 erkämpfte paritätische Mitbestimmung in der Montanindustrie Modellcharakter hatte. Anfang der 50er-Jahre wurden die privatwirtschaftlichen Besitzverhältnisse wiederhergestellt, als die ursprünglich für eine Sozialisierung vorgesehenen und nunmehr entflochtenen Unternehmen von den alten Eigentümern wieder übernommen wurden.

Währungsreform

Die Kriegsfinanzierung mit der Notenpresse hatte die Reichsmarkwährung durch eine inflationäre Geldvermehrung zerrüttet. Lohn- und Preisstopp, Bewirtschaftung und Rationierung hatten den Geldüberhang bis Kriegsende verschleiert. Nur in Verbindung mit Lebensmittelkarten und Bezugsscheinen behielt das Geld offiziell seinen Wert. Längst jedoch wurden inoffiziell und verbotenerweise auf dem Schwarzmarkt um das Mehrfache überhöhte Preise für Mangelartikel bezahlt. Das Geld hatte seine Aufgabe als allgemeines Tauschmittel verloren. Zigaretten und Ähnliches traten an seine Stelle. Weil der Schwarzhandel einträglicher war als zu arbeiten, waren viele Menschen in Deutschland unterwegs, um das Nötigste, vor allem Nahrungsmittel, zu beschaffen. Der Naturaltausch verhinderte die Entfaltung der wirtschaftlichen Kräfte. Über die dringend notwendige Währungsumstellung für ganz Deutschland konnte im Kontrollrat keine Einigung erzielt werden, doch liefen bei den Alliierten schon seit geraumer Zeit die Vorbereitungen für diese Maßnahme. In den USA wurde schon seit Oktober 1947 neues Geld gedruckt. Deutsche Fachleute durften lediglich Hilfsdienste bei der Vorbereitung leisten, eine wirkliche Einflussnahme blieb ihnen verwehrt. Stichtag der Währungsreform in den drei Westzonen war der 20. Juni 1948. Die Sowjetunion zog in ihrer Zone drei Tage später nach. Damit war eine der letzten Gemeinsamkeiten, das Band der Währungseinheit, zwischen Ost- und Westdeutschland zerschnitten und die deutsche Spaltung noch sichtbarer geworden. Größter Nutznießer dieser Reform war der Staat, der sich bei einer Reichsschuld von fast 400 Milliarden Reichsmark nahezu vollständig entschuldete. Die Geldwertbesitzer wurden bei einem Umtauschsatz von höchstens 1:10 quasi enteignet und die Besitzer von Sachwerten einseitig begünstigt, da nur Geldbestände diese einschneidende Abwertung erfuhren. Der Lastenausgleich für Kriegssachgeschädigte und Vertriebene, den die Deutschen gern mit der Währungsreform verbunden hätten, wurde auf später verschoben. Ab Ende der 50er-Jahre wurden die Vermögensverluste entschädigt und bei Auslaufen des Lastenausgleichs werden voraussichtlich Zahlungen in Höhe von etwa 146 Milliarden DM geleistet worden sein.

Wachsende Spannungen

Als Folge des sich verschärfenden Ost-West-Konflikts setzte sich bei den Westmächten wie bei den Westdeutschen die Ansicht durch, die inzwischen erreichten wirtschaftlichen und politischen Fortschritte nicht einer ungewiss und riskant erscheinenden Einheit zu opfern. Vielmehr sprach man einer separaten Staatsgründung eine gewisse

Magnetwirkung zu, sodass die Einheit nach einer Zeit der Spaltung doch noch erreicht werden könnte.

Bereits Ende 1947 schien die deutsche Einheit nicht mehr in Sicht. Zudem gab es in den Westzonen im Laufe des Jahres 1948 bedeutende Weichenstellungen wie die Einbeziehung in den Marshallplan, die Währungsreform und die Einführung der Marktwirtschaft.

Zwar hat es nicht an Bemühungen gefehlt, die sich abzeichnende Spaltung abzuwenden, so zum Beispiel die Konferenz der Ministerpräsidenten der Länder in München (1947), aber diese scheiterten letztlich am Systemgegensatz zwischen Ost und West.

Briten und Amerikaner strebten einen höheren Grad des Zusammenschlusses aller Westzonen mit staatsrechtlichen Qualitäten an, um dieses Gebiet politisch, wirtschaftlich und gegebenenfalls militärisch in den Westen zu integrieren. Auf diese Weise sollte nach britischer Ansicht eine Annäherung Westdeutschlands an die Sowjetunion künftig ausgeschlossen werden, und außerdem konnten die Westeuropäer Sicherheit vor Deutschland erlangen. Diesem Zweck diente die Londoner Sechsmächtekonferenz 1948, wobei die Vorbehalte der westlichen Anrainerstaaten Deutschlands auszuräumen waren. Unter dem Eindruck der kommunistischen Machtergreifung in der Tschechoslowakei im Februar 1948 stimmten Frankreich, Belgien, die Niederlande und Luxemburg der Weststaatsgründung im Grundsatz zu. Als Gegenleistung sollten sie über das Ruhrstatut an der internationalen Kontrolle der Ruhrindustrie beteiligt werden. Dabei ging es um die Aufteilung der dortigen Kohle-, Koks- und Stahlproduktion zwischen dem deutschen Bedarf und dem Export. Durch die Nichtbeteiligung der Sowjetunion sollten deren Ansprüche endgültig ausgeschlossen werden. Zusätzlich vereinbarten die Konferenzteilnehmer einen Beistandspakt (Brüsseler Pakt), der sie vor einer erneuten deutschen Aggression schützen sollte. Das Bündnis war aber mehr noch die Antwort der Westeuropäer auf die als bedrohlich empfundene sowjetische Politik. Wegen des westlichen Vorgehens stellte die Sowjetunion am 20. März 1948 ihre Mitarbeit im Alliierten Kontrollrat ein.

Berlin-Blockade

Die Vorbereitungen zur Gründung eines westdeutschen Staates, insbesondere die Währungsreform in den Westzonen, nahm die Sowjetunion zum Anlass ihrer Berlin-Blockade.

Die alliierten Vereinbarungen über die Besetzung und gemeinsame Verwaltung Berlins enthielten keine Regelung über die Zugangswege. Eine Notwendigkeit hierzu wurde nicht gesehen, weil Deutschland als Einheit behandelt werden sollte und die Alliierten von einer Fortdauer ihrer gemeinsamen Politik auch im Frieden ausgingen. Die Zugangsfrage wurde erst zum Problem, als sich in der Berlin umgebenden Sowjetischen Besatzungszone eine vom übrigen Deutschland abweichende politische und gesellschaftliche Ordnung herausbildete. Dadurch und als Folge des aufkommenden Kalten Krieges geriet Berlin in den Schnittpunkt der Ost-West-Konfrontation. Die Sowjetunion begann, die Verkehrsverbindungen zwischen Berlin und den Westzonen als Druckmittel zur Erreichung ihrer politischen Ziele zu nutzen. Anlass dazu bot die Währungsreform in den Westzonen.

Am 24. Juni 1948 begann die Berlin-Blockade. Sie dauerte bis zum 12. Mai 1949. Die Sowjets begründeten die Blockade der Stadt mit dem Scheitern der Viermächteverwaltung. Die Schuld daran trügen die Westmächte, die dadurch ihre Besatzungsrechte in Berlin verwirkt

M 5 „Gefährliche Passage"
Amerikanische Karikatur, veröffentlicht in: „Der Spiegel", 18.9.1948

hätten. Die Westmächte gründeten ihren Rechtsstandpunkt auf die totale Niederlage und bedingungslose Kapitulation Deutschlands. Die gemeinsame Besetzung und Kontrolle seien vertraglich geregelt. Daraus und aus der tatsächlichen Besetzung Berlins leite sich auch das Recht auf freien Zugang zu Lande, auf dem Wasser und in der Luft ab.

Neben der praktizierten Luftbrücke gab es den Vorschlag, durch Verhandlungen der Alliierten die Besatzungszonen neu so festzulegen, dass ein direkter Zugang nach Berlin möglich wäre. Das Eintreten der westlichen Besatzungsmächte für die Stadt und der Durchhaltewillen der Berliner ließen die Blockade scheitern. Berlin wurde für Jahre zum Symbol für die Verteidigung der Freiheit gegen die sowjetische Expansionspolitik. Die tatsächlichen Blockadeziele der Sowjetunion kann man nur vermuten. Nachdem der Versuch, die ganze Stadt zu beherrschen, fehlgeschlagen war, setzte sie jetzt die Spaltung der Stadtverwaltung durch. Damit war nach der gemeinsamen Verwaltung Deutschlands auch die gemeinsame Verwaltung Berlins gescheitert.

Die Berlin-Blockade vertiefte die Spaltung Deutschlands und Europas. Sie gab dem Antikommunismus weiteren Auftrieb und schuf den gefühlsmäßigen Hintergrund, vor dem die westdeutsche Staatsgründung mehrheitsfähig wurde.

Gründung des westdeutschen Staates

Die Ergebnisse der Londoner Sechsmächtekonferenz legten die drei Militärgouverneure als Frankfurter Dokumente den Ministerpräsidenten der westdeutschen Länder zur Stellungnahme vor. Diese erhielten den Auftrag, eine verfassunggebende Versammlung einzuberufen, die Länder neu zu gliedern und Stellung zu nehmen zu einem Besatzungsstatut, das die Kompetenzen einer deutschen Regierung abgrenzen sollte.

Die Ministerpräsidenten hatten Bedenken und wollten den provisorischen Charakter der vorgesehenen Maßnahmen betont wissen. Danach sollte ein von den Landtagen gewählter Parlamentarischer Rat – und nicht eine direkt gewählte Nationalversammlung – nur ein vorläufiges Grundgesetz und nicht eine endgültige Verfassung ausarbeiten. Ein Ausschuss wurde ernannt, der in Herrenchiemsee Lösungen für die anstehenden Verfassungsprobleme erarbeitete.

Ein aus den Landtagen gewählter Parlamentarischer Rat trat zusammen, vertreten waren die 11 westdeutschen Länder und mit beratender Stimme Berliner Abgeordnete. Auf die Parteien entfielen die Mandate wie folgt: SPD 27, CDU 19, CSU 8, DP 2, FDP/LDP/DVP 5, Zentrum 2, KPD 2.

Die parteipolitische Zusammensetzung und die Vorstellungen der Alliierten beeinflussten maßgeblich das Ergebnis der Verfassungsberatungen. Insbesondere wegen der Stellung der Länder im Bund bezüglich der Gesetzgebung und der Finanzverfassung kam es zu politischen Auseinandersetzungen zwischen den süd- und norddeutschen Ländern sowie zwischen CDU und SPD. Mehrfach griffen die Besatzungsmächte ein, um ein ausgewogenes Verhältnis zwischen Föderalismus und Zentralismus herzustellen. Am 8. Mai 1949 stimmte der Parlamentarische Rat dem Grundgesetzentwurf mehrheitlich zu. Dagegen stimmten sechs Abgeordnete der CSU und die Parlamentarier von DP, Zentrum und KPD. Nachdem alle Landtage, außer dem bayerischen, dem Grundgesetz zugestimmt hatten, wurde es am 23. Mai 1949 verkündet, am Tag darauf trat es in Kraft. Damit waren die Voraussetzungen geschaffen zur Konstituierung der Staatsorgane.

M 6 Verkündung des Grundgesetzes am 23. Mai 1949
Vorne rechts: Theodor Heuss, der erste Bundespräsident, Mitte: Carlo Schmid. Die KPD-Abgeordneten Renner und Reimann bleiben demonstrativ sitzen und bekunden damit ihren Protest gegen die Verabschiedung der Verfassung.

Allerdings war mit der Gründung der Bundesrepublik Deutschland noch kein souveräner Staat entstanden. Im Besatzungsstatut zur Abgrenzung der Befugnisse und Verantwortlichkeiten der zukünftigen Regierung und der alliierten Kontrollbehörde hatten sich die Westmächte bestimmte Befugnisse vorbehalten in Bezug auf Entmilitarisierung, Ruhrkontrolle, Außenhandel und Außenpolitik.

Die Militärgouverneure wurden durch die Hohe Kommission, eine zivile Besatzungsbehörde, abgelöst. Als vorläufige Hauptstadt hatte der Parlamentarische Rat bereits Bonn festgelegt, das sich gegen Frankfurt/Main durchsetzen konnte.

Die Politik der neuen Bundesregierung unter Konrad Adenauer zielte darauf ab, Westdeutschland möglichst umgehend wieder zu einem souveränen Staat zu machen. Eine Gelegenheit dazu eröffnete der Koreakrieg seit 1950. Der Angriff des kommunistischen Nordkoreas auf den Süden des geteilten Landes hatte den Ost-West-Konflikt massiv verschärft. Dieser Angriff wäre ohne Billigung und Unterstützung durch Stalin nicht möglich gewesen. Die Westalliierten erkannten in der militärischen Entblößung Westeuropas die Gefahr, dass die Sowjetunion diese Situation ausnutzen konnte. Einem militärischen Vormarsch der Roten Armee hätte Westeuropa zu diesem Zeitpunkt kaum etwas entgegenzusetzen gehabt. Die USA hatten sich weitgehend zurückgezogen, und die französische Armee war in Kolonialkriege verwickelt. Aus dieser Situation resultierten die Überlegungen der Westalliierten zur Wiederbewaffnung Westdeutschlands. Die Bundesregierung ihrerseits sah in dieser Konstellation die Chance für eine vergrößerte Unabhängigkeit. Die Verhandlungen über einen deutschen Verteidigungsbeitrag verknüpfte sie mit dem Ziel der Aufhebung des Besatzungsstatuts. Diese Verhandlungen mündeten – nach dem Scheitern einer Europäischen Verteidigungsgemeinschaft (EVG) – in den Pariser Verträgen von 1954, auch Deutschlandvertrag genannt. Dieser beinhaltete die Wiederbewaffnung, den Beitritt der Bundesrepublik Deutschland zur NATO und – im Gegenzug – die Herstellung der staatlichen Souveränität. Lediglich die alliierten Vorbehaltsrechte in Bezug auf Deutschland als Ganzes und Berlin blieben erhalten. Diese alliierten Vorbehaltsrechte erklären, warum die Vereinigung der beiden deutschen Staaten 1990 kein rein innerdeutscher Vorgang sein konnte und völkerrechtlich nur im Einverständnis mit den Siegermächten des Zweiten Weltkrieges vorgenommen werden konnte.

M 7 Antrittsbesuch von Bundeskanzler Adenauer bei den Hohen Kommissaren 1949
Im Vorhinein war von den alliierten Siegermächten festgelegt worden, dass Adenauer den Teppich nicht zu betreten habe. Dieser hielt sich jedoch nicht an das demütigende Protokoll. Die Hohen Kommissare [McCloy (USA), François-Poncet (Frankreich) und Robertson (Groß-britannien)] wagten es nicht, den Bundeskanzler zu korrigieren, Foto, 21. September 1949.

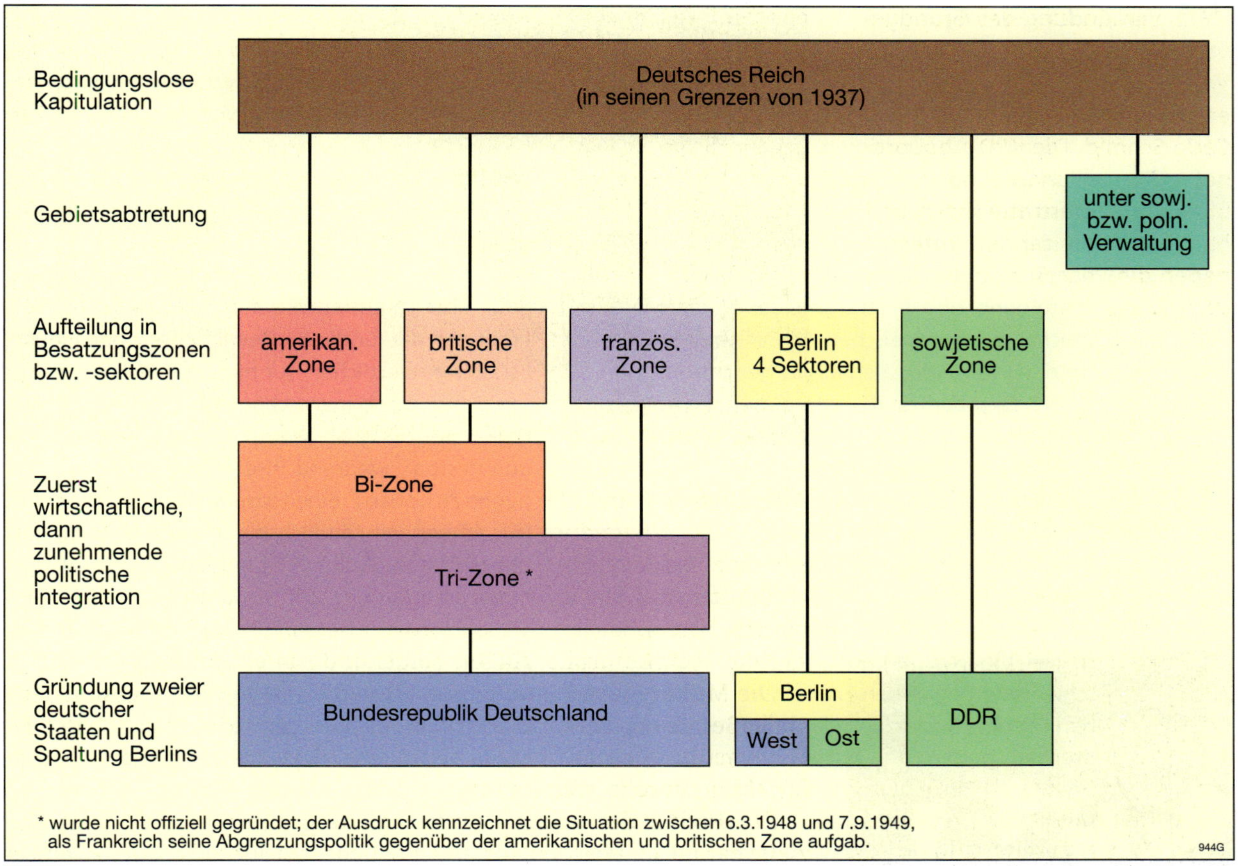

M 8

Chronologie

6. Sept. 1946	Rede des amerikanischen Außenministers Byrnes in Stuttgart (Wandel in der amerikanischen Besatzungspolitik)
1. Januar 1947	Zusammenschluss der amerikanischen und britischen Zone zur Bi-Zone
11. März 1947	Truman-Doktrin (Eindämmung der Sowjetunion)
Mai 1947	USA stoppen Reparationslieferungen aus ihrer Zone.
18. Mai 1947	Verkündung der Verfassung von Rheinland-Pfalz
5. Juni 1947	Ankündigung eines amerikanischen Hilfsprogramms für Europa durch US-Außenminister Marshall
5./6. Juni 1947	Konferenz der deutschen Ministerpräsidenten in München
23. Februar–6. März 1948	Beginn der Londoner Sechsmächtekonferenz; Teilnehmer: USA, Großbritannien, Frankreich, Belgien, Niederlande und Luxemburg (Fortsetzung 20. März bis 2. Juni 1948)
20. Juni 1948	Währungsreform in den drei Westzonen
24. Juni 1948	Berlin-Blockade (bis 12. Mai 1949)
1. Juli 1948	Übergabe der Frankfurter Dokumente an westdeutsche Ministerpräsidenten
1. September 1948	Zusammentreten des Parlamentarischen Rates zur Erarbeitung des Grundgesetzes
23. Mai 1949	Verkündung des Grundgesetzes
14. August 1949	Wahlen zum ersten Bundestag
21. September 1949	In-Kraft-Treten des Besatzungsstatuts

M 9 Verfolgung von Kriegsverbrechern

Der Historiker Rolf Steininger fasst wesentliche Aspekte der juristischen Entnazifizierung zusammen:

Als der Krieg zu Ende ging, begann die große Jagd alliierter Sonderkommandos nach den Naziverbrechern. Am 8. August 1945 unterzeichneten Vertreter der vier Siegermächte nach schwierigen Verhandlungen in London ein „Abkommen über die Verfolgung und Bestrafung der Hauptkriegsverbrecher der europäischen Achse" und ein „Statut für den Internationalen Militärgerichtshof".

Am 18. Oktober trat der Internationale Gerichtshof in jenem Saal des ehemaligen Volksgerichtshofes in Berlin zusammen, in dem dessen berüchtigter Präsident Freisler den Schauprozess gegen die Männer des 20. Juli durchgeführt hatte.

Am 20. November 1945 wurde das „Tribunal der Sieger" in Nürnberg, jener symbolträchtigen „Stadt der Reichsparteitage", fortgesetzt. Die Anklage gegen die Hauptkriegsverbrecher lautete: Verschwörung gegen den Frieden, Verbrechen gegen den Frieden, Verletzung der Kriegsrechte und Verbrechen gegen die Menschlichkeit. Sie waren sowohl als Einzelpersonen angeklagt als auch als Mitglieder von Reichskabinett, Führerkorps der NSDAP, SS, Sicherheitsdienst, Gestapo, SA, Generalstab und Oberkommando der Wehrmacht. [...]

Am 1. Oktober 1946 wurde den Angeklagten einzeln ihr Urteil verkündet: Göring, Ribbentrop, Keitel, Kaltenbrunner, Rosenberg, Frick, Frank, Streicher, Sauckel, Jodl, Seyß-Inquart, und – in Abwesenheit – Bormann wurden zum Tode durch den Strang verurteilt. Heß, Funk und Raeder erhielten lebenslänglich, Schirach und Speer zwanzig Jahre, Neurath fünfzehn und Dönitz zehn Jahre Gefängnis, Schacht, Papen und Fritzsche wurden freigesprochen. [...]

Dem Nürnberger Prozess [folgten] zahlreiche Verfahren vor den Gerichten der einzelnen Besatzungsmächte. [...]

Angeklagt wurden u. a. Direktoren des IG-Farben-Konzerns, SS-Ärzte, KZ-Aufseher, Alfred Krupp, Friedrich Flick, leitende Beamte des Auswärtigen Amtes, Generalstäbler, Leiter von Einsatzgruppen. Allein von den Militärgerichten der drei Westmächte wurden 5006 Angeklagte verurteilt, davon 794 zum Tode; 486 dieser Todesurteile wurden vollstreckt. Die übrigen Verurteilten wurden fast alle zwischen 1950 und 1956 wieder entlassen – Ausdruck des gewandelten Verhältnisses der ehemaligen Sieger gegenüber dem neuen Verbündeten. 1955 fielen die letzten Beschränkungen für die deutsche Justiz bei der Verfolgung von Kriegsverbrechern – allerdings mit einer gewichtigen Ausnahme: Verfahren, die von den Alliierten entschieden worden waren, durften von deutschen Gerichten nicht mehr aufgegriffen werden. Dahinter stand die Befürchtung, dass deutsche Richter die Urteile zugunsten der Angeklagten revidieren würden.

Tatsächlich aber führte dies in den 60er-Jahren zu jener unerträglichen Situation, dass in zahlreichen Prozessen die für die NS-Gewaltverbrechen eigentlich Verantwortlichen nur mehr als Zeugen auftraten – auch wenn inzwischen neues Beweismaterial gegen sie vorlag. Sie waren für die deutsche Justiz unantastbar, während ihre ehemaligen Untergebenen zu hohen Freiheitsstrafen verurteilt wurden.

Nur schwer verständlich bleibt auch, dass die systematische deutsche Verfolgung des organisierten Massenmordes und der NS-Gewaltverbrechen erst 15 Jahre nach Kriegsende einsetzte – 1958 eher zufällig ausgelöst durch einen Prozess in Ulm, in dem es um Verbrechen der SS-Einsatzgruppen ging. Die Erkenntnis, dass zahlreiche, insbesondere im Osten begangene NS-Verbrechen gerichtlich noch nicht geahndet waren, führte zur Einrichtung einer „Zentralen Stelle der Landesjustizverwaltungen zur Aufklärung nationalsozialistischer Verbrechen" in Ludwigsburg.

Im „Ulmer-Einsatzgruppen-Prozess" war ein ehemaliger SS-Oberführer, 1941 Polizeidirektor in Memel, der Hauptangeklagte. Dieser hatte gerichtlich auf Wiedereinstellung in den Staatsdienst geklagt; ein Leser hatte sich daran erinnert, dass dieser Mann zu Beginn des Russlandfeldzuges maßgeblich an Massenerschießungen von Juden in Litauen beteiligt gewesen war. Als er verhaftet wurde, legte er den Entnazifizierungsbescheid „nicht betroffen" vor.

Dieser Fall war symptomatisch für das Scheitern jener Politik nach 1945, für die die Amerikaner den Begriff Entnazifizierung geprägt hatten.

R. Steininger, Deutsche Geschichte 1945–1961, Bd. 1, Frankfurt/M. 1983, S. 124 ff.

M 10 Internationaler Gerichtshof gegen die Hauptkriegsverbrecher

Die Hauptkriegsverbrecher:

Hermann Göring (Reichsmarschall, bis kurz vor Kriegsende designierter Nachfolger Hitlers), Rudolf Heß (Hitlers Stellvertreter als Parteivorsitzender – er war 1941 nach England geflogen), Joachim von Ribbentrop (Reichsaußenminister seit 1938), Robert Ley (Reichsorganisationsleiter der NSDAP und Führer der Deutschen Arbeitsfront), Wilhelm Keitel (Chef des Oberkommandos der Wehrmacht), Ernst Kaltenbrunner (Chef des Reichssicherheitshauptamtes), Alfred Rosenberg (Parteiideologe und Minister für die besetzten Ostgebiete), Hans Frank (Generalgouverneur von Polen), Wilhelm Frick (Reichsinnenminister), Julius Streicher (Gauleiter von Franken und Herausgeber des Hetzblattes „Der Stürmer"), Walther Funk (Reichswirtschaftsminister), Hjalmar Schacht (Reichswirtschaftsminister bis 1937, Reichsbankpräsident bis 1939), Gustav Krupp von Bohlen und Halbach[1] (Industrieller), Karl Dönitz (Oberbefehlshaber der Kriegsmarine seit 1943, Nachfolger Hitlers als Staatsoberhaupt), Erich Raeder (Vorgänger von Dönitz als Oberbefehlshaber der Kriegsmarine), Baldur von Schirach (Reichsjugendführer, Gauleiter von Wien), Fritz Sauckel (Generalbevollmächtigter für den Arbeitseinsatz), Alfred Jodl (Chef des Wehrmachtsführungsstabes), Martin Bormann[2] (Reichsleiter, d. h. Sekretär Hitlers), Franz von Papen (Vizekanzler bis 1934, danach Botschafter in Wien und Ankara), Arthur Seyß-Inquart (Reichskommissar der Niederlande), Albert Speer (Architekt und Rüstungsminister), Konstantin von Neurath (Reichsaußenminister bis 1938, Reichsprotektor von Böhmen und Mähren) und Hans Fritzsche (Chefkommentator des Rundfunks).

Die Nazi-Täter vor Gericht in Nürnberg, 1. Oktober 1946

1 Der Prozess erfolgte zu einem späteren Zeitpunkt.

2 Wie erst später bekannt wurde, hatte sich Bormann bereits bei Kriegsende das Leben genommen.

M 11 Doppelte Eindämmung

Der Historiker Michael Stürmer präzisiert die Aufgaben US-amerikanischer Außenpolitik nach 1945:

Deutschlands Schicksal entschied sich damals nicht am Rhein, nicht an der Seine, nicht an der Themse, sondern an der Moskwa und am Potomac. Im Juli 1947 hatte der Planungschef des State Department, George F. Kennan, eine Studie unter dem Titel „Die Antriebskräfte sowjetischer Politik" veröffentlicht. Eindämmung der sowjetischen Expansion wurde die Formel, die seitdem zum Leitmotiv amerikanischer Weltpolitik aufstieg. Kennan beschrieb Eindämmung als „[...] langfristige, geduldige, aber entschiedene und wachsame Eindämmung des russischen Ausdehnungsdranges. [...]"

Was Amerika indessen damals zu leisten hatte, war „doppelte Eindämmung". Das bedeutete Schutz vor der Roten Armee, die vor den Toren stand, aber auch Schutz vor der Macht des Deutschen Reiches, das es doch nicht mehr gab. In Westeuropa erinnerte man sich der Zwischenkriegszeit und fürchtete das deutsch-russische Gespenst von Rapallo 1922 und Moskau 1939. Man fürchtete jedes Deutschland, das nicht fragmentarisiert [hier: zerstückelt] war und noch über die Ruhr verfügte. Die Westeuropäer hatten die Sprengkraft nicht vergessen, die immer in der Deutschen Frage lag [...]. So musste die Eindämmungspolitik der USA, um zu wirken, beides herstellen: Sicherheit vor den Deutschen und Sicherheit vor den Russen. Die Westeuropäer zahlten, indem sie Deutschlands Wiederaufstieg hinnahmen; die Westdeutschen zahlten mit der Hinnahme der Teilung. Es war noch einmal der Preis des verlorenen Krieges. Die Westalliierten allerdings milderten ihn auf Insistieren [Beharren] Adenauers, indem sie immer wieder bekräftigten – am deutlichsten im Artikel 7 des Deutschland-Vertrages von 1954 –, dass sie das Ziel der nationalen Einheit der Deutschen unterstützten. Zwar blieb deren genaue geografische Erstreckung unausgesprochen, insbesondere die bittere Wahrheit, dass jenseits von Oder und Neiße Deutschland verloren war. Aber es lag darin für die deutsche Innenpolitik die entscheidende moralische Voraussetzung der Westbindung, für die deutsche Außenpolitik ein Wechsel auf die Zukunft.

M. Stürmer, Die Grenzen der Macht, Berlin 1992, S. 137 ff.

M 12

Umfang der Demontagen (in den westlichen Besatzungszonen)

	Anlagen oder Teile von Anlagen	in %
Nach dem ersten Industrieplan, März 1946	1 800	100
Nach dem revidierten Industrieplan, August 1947	858	48
Nach dem Petersberg-Abkommen, November 1949	680	38

Aus: W. Abelshauser, Wirtschaftsgeschichte der Bundesrepublik Deutschland 1945–1980, Frankfurt/M.1983, S. 25.

M 13

Die Entwicklung der industriellen Produktion[1] in den Besatzungszonen

Jahr	amerikanische Zone	britische Zone	französische Zone	sowjetische Zone
1946	41	34	36	44
1947	44		45	54
1948	63		58	60
1949	86		78	68

[1] 1936 = 100 Nach: W. Abelshauser, a. a. O., S. 34.

M 14 Zerstörungsgrad der deutschen Industrie am Ende des Krieges 1945

Der Wirtschafts- und Sozialhistoriker Werner Abelshauser erklärt, warum trotz der Bombardierungen die industrielle Substanz noch beträchtlich war:

Am Ende des Krieges schien unter den Trümmern der Großstädte auch der Kapitalstock der deutschen Industrie begraben. Es lag nahe, den fast völligen Stillstand der Produktion auf die Luftangriffe der beiden letzten Kriegsjahre zurückzuführen. Tatsächlich war im Mai 1945 die Substanz des industriellen Anlagevermögens jedoch keineswegs entscheidend getroffen. Bezogen auf das Vorkriegsjahr 1936 war das Brutto-Anlagevermögen der Industrie sogar noch um rund 20 % angewachsen. Diese auf den ersten Blick überraschende Bilanz hat im Wesentlichen zwei Gründe.

Das Jahrzehnt zwischen dem Ende der Weltwirtschaftskrise und dem Beginn der strategischen Luftkriegsoffensive der alliierten Bomberverbände war eine Zeit beispielloser Investitionstätigkeit. Von Anfang 1935 bis Ende 1942 beschleunigte sich das Wachstum des Brutto-Anlagevermögens von Jahr zu Jahr stärker. Erst 1944 übertrafen die Bombenschäden den Wert der laufenden Investitionen. Bis 1945 kumulierten sich die Brutto-Anlageinvestitionen der westdeutschen Industrie auf rund 75 % des Brutto-Anlagevermögens von 1936, während im gleichen Zeitraum die volkswirtschaftlichen Abschreibungen bei 37 % des Basisvermögens lagen.

Andererseits wurde unmittelbar nach Kriegsende das Ausmaß der Bombenschäden stark überschätzt. [...] Tatsächlich aber hatte der Bombenkrieg auf die Industrie – selbst auf die Rüstungsindustrie – die geringste Wirkung hinterlassen. Der Schwerpunkt der Bombenangriffe lag, neben den Flächenbombardierungen von Wohngebieten, auf Zielen im Transportsystem. Auf die Zivilbevölkerung und auf Verkehrseinrichtungen fielen jeweils siebenmal mehr Bomben als auf die Rüstungsindustrie. Es ist daher nicht die Zerstörung von industriellem Anlagevermögen, sondern die Lähmung des Transportsystems für den seit Mitte 1944 eintretenden Rückgang der industriellen Erzeugung verantwortlich gewesen. Insbesondere die Abschnürung des Kohletransports aus dem Ruhrgebiet wurde zur wichtigsten Einzelursache des endgültigen Zusammenbruchs der deutschen Kriegswirtschaft.

Zit. nach: W. Abelshauser, Wirtschaftsgeschichte der Bundesrepublik Deutschland 1945–1980, Frankfurt/M. 1983, S. 20 ff.

M 15 Parteipolitischer Neubeginn

Der Politikwissenschaftler Wolfgang Rudzio charakterisiert die neu entstandene „Parteienlandschaft“:

Als die westlichen Militärregierungen nach der Potsdamer Konferenz zur offiziellen Lizenzierung [Zulassung] von Parteien schritten – in den Monaten August bis Dezember 1945 – hinkten sie damit hinter der realen Entwicklung hinterher. Mit diesem überraschend schnellen Wiedererstehen von Parteien war freilich ein Neubeginn von der Basis her hinfällig – denn überall lag die Initiative bei Politikern der Weimarer Republik und Honoratioren, während sich der Mitgliederunterbau erst nachfolgend entwickelte; doch dies war wohl kaum vermeidbar.

Im Ergebnis entstand so – entsprechend den Berliner Gründungen – eine Parteien-Vierergruppe im Gebiet der späteren Bundesrepublik Deutschland:

1. Die „Christlich-Demokratische Union" (CDU), in Bayern: „Christlich-Soziale Union" (CSU): Sie verstand sich – im Unterschied zum alten Zentrum – als überkonfessionelle christliche Partei („Union") und zugleich als Partei aller sozialen Schichten. Die politische Herkunft ihrer Gründer wies auf alle nichtsozialistischen Parteien der Weimarer Republik: Zentrum, DDP, DVP und DNVP; der Vorsitzende der Partei in der Britischen Zone, der ehemalige Kölner Oberbürgermeister Dr. Konrad Adenauer, entstammte dem Zentrum.

In der Partei existierten nebeneinander bürgerlich-katholische, konservative und liberale Strömungen sowie ein – von der katholischen Arbeiterbewegung herkommender – linker Flügel.

2. Die „Sozialdemokratische Partei Deutschlands" (SPD): Sie war die Wiederbegründung der Weimarer SPD unter Einschluss einiger sozialistischer Splittergruppen. Die Partei fand in Kurt Schumacher rasch ihren unbestrittenen Vorsitzenden. Ausgehend von ihrer Hausmacht, der protestantischen Industriearbeiterschaft, suchte die SPD nun bewusst auch andere Bevölkerungsschichten anzusprechen; ihre Politik zielte auf sofortige Sozialisierungen der Großindustrie und eine Rahmenplanung der Wirtschaft.

3. Die „Freie Demokratische Partei" (FDP), in Württemberg-Baden: Demokratische Volkspartei:

Die FDP vertrat als liberale Partei zunächst allein konsequent eine freie Marktwirtschaft auf der Grundlage des Privateigentums. Sie war auch geschlossen in ihrer Abwehr starken kirchlichen Einflusses im gesellschaftlichen Leben, zeigte im Übrigen jedoch starke regionale Unterschiede. Erster Bundesvorsitzender wurde der ehemalige Reichstagsabgeordnete der DDP, Prof. Theodor Heuss.

4. Die „Kommunistische Partei Deutschlands" (KPD): Die KPD führte die Weimarer Partei gleichen Namens fort. Sie überraschte zunächst durch die Mäßigung, mit der sie ihre Forderungen nach sozialer und wirtschaftlicher Neuordnung vortrug. Ihre uneingeschränkte Unterstützung der sowjetischen Politik und der Entwicklung in der Sowjetischen Zone isolierte sie allerdings zunehmend von allen anderen politischen Kräften.

W. Rudzio, Die organisierte Demokratie, Parteien und Verbände in der Bundesrepublik Deutschland, Stuttgart 1977, S. 82.

M 16 Drei führende Köpfe der Nachkriegszeit
Kurt Schumacher (1895–1952), Vorsitzender der SPD, während der NS-Diktatur KZ-Häftling, bekämpfte den ostdeutschen Zusammenschluss von SPD und KPD; Carlo Schmid (1896–1979), er bekleidete wichtige (SPD-) Partei- und Staatsämter, Konrad Adenauer (1876–1967), CDU-Vorsitzender und Bundeskanzler von 1949 bis 1963 (v. l. n. r.), Foto vom 10. September 1949.

M 17 **Erste Wahlplakate aus den Westzonen 1946/1947**

M 18 60 Jahre Rheinland-Pfalz

Anlässlich des 60. Jahrestages der Gründung von Rheinland-Pfalz im Jahre 2007 schreibt der Mainzer Historiker Michael Kißener:

„Il n'y a que le provisoire qui dure" – es gibt nichts, das so viel Dauer hat wie ein Provisorium. Bedürfte dieses Diktum des berühmten Außenministers Napoleons, Talleyrand, eines Beweises: Die Geschichte des Landes Rheinland-Pfalz würde ihn wohl liefern. Produkt der Besatzungszeit nach der katastrophalsten Niederlage, die es in der deutschen Geschichte je gegeben hat, zusammengewürfelt aus völlig unterschiedlichen Gebieten, gegründet auf schwacher ökonomischer Basis, Instrument divergentester politischer Ziele, hat dieses Land, dem kaum jemand bei seiner Gründung Dauerhaftigkeit zusprechen wollte, nunmehr 60 Jahre Bestand und – wie viele, die das Land im Alltag kennen, bekunden – bereits nicht nur eine eigene Tradition, sondern auch ein gewisses Landesbewusstsein entwickelt. Man mag freilich schon angesichts der historisch betrachtet ja erst relativ kurzen Existenz des Landes von „nur" 60 Jahren mit guten Gründen bezweifeln, ob es ein echtes „rheinland-pfälzisches Selbstverständnis" gibt. Man mag das nach wie vor deutliche Selbstbewusstsein einzelner Landesteile wie der Pfalz oder der Eifel betonen. Fest steht jedoch, dass im Vergleich zur Anfangszeit heute keine ernst zu nehmende Bewegung zur Auflösung von Rheinland-Pfalz oder zur Neuaufteilung der Landesteile in die föderale Struktur der Bundesrepublik mehr existiert. Rheinland-Pfalz ist längst ein selbstverständlicher und in seiner politischen wie ökonomischen Bedeutung stetig gewachsener Teil der 16 deutschen Bundesländer geworden, dessen Existenz zur bundesdeutschen Normalität gehört, ja selbstverständlich ist.

Michael Kißener, Kleine Geschichte des Landes Rheinland-Pfalz 1945–2005. Wege zur Integration eines „Nachkriegsbundeslandes", Leinfelden-Echterdingen 2006, S. 8.

M 19 Frankfurter Dokumente

Aufforderung der drei westlichen Militärgouverneure an die westdeutschen Ministerpräsidenten (1. Juli 1948):

In Übereinstimmung mit den Beschlüssen ihrer Regierung autorisieren die Militärgouverneure der amerikanischen, britischen und französischen Besatzungszone in Deutschland die Ministerpräsidenten der Länder ihrer Zonen, eine Verfassunggebende Versammlung einzuberufen, die spätestens am 1.9.1948 zusammentreten sollte.

[...] Die Verfassunggebende Versammlung wird eine demokratische Verfassung ausarbeiten, die für die beteiligten Länder eine Regierungsform des föderalistischen Typs schafft, die am besten geeignet ist, die gegenwärtig zerrissene deutsche Einheit schließlich wiederherzustellen, und die Rechte der beteiligten Länder schützt, eine angemessene Zentralinstanz schafft und Garantien der individuellen Rechte und Freiheiten enthält.

Wenn die Verfassung in der von der Verfassunggebenden Versammlung ausgearbeiteten Form mit diesen allgemeinen Grundsätzen nicht im Widerspruch steht, werden die Militärgouverneure ihre Vorlage zur Ratifizierung genehmigen. Die Verfassunggebende Versammlung wird daraufhin aufgelöst.

Zit. nach: Th. Stammen (Hg.), Einigkeit und Recht und Freiheit, Westdeutsche Innenpolitik 1945–1955, München 1965, S. 178.

M 20 Stellungnahme der westdeutschen Ministerpräsidenten (10. Juli 1948)

Die Ministerpräsidenten sind davon überzeugt, dass die Notstände, unter denen Deutschland heute leidet, nur bezwungen werden können, wenn das deutsche Volk in die Lage versetzt wird, seine Angelegenheiten auf der jeweils möglichen höchsten territorialen Stufe selbst zu verwalten. Sie begrüßen es daher, dass die Besatzungsmächte entschlossen sind, die ihrer Jurisdiktion unterstehenden Gebietsteile Deutschlands zu einem einheitlichen Gebiet zusammenzufassen, dem von der Bevölkerung selbst eine kraftvolle Organisation gegeben werden soll, die es ermöglicht, die Interessen des Ganzen zu wahren, ohne die Rechte der Länder zu gefährden.

Die Ministerpräsidenten glauben jedoch, dass, unbeschadet der Gewährung möglichst vollständiger Autonomie an die Bevölkerung dieses Gebietes, alles vermieden werden müsste, was dem zu schaffenden Gebilde den Charakter eines Staates verleihen würde; sie sind darum der Ansicht, dass auch durch das hierfür einzuschlagende Verfahren zum Ausdruck kommen müsste, dass es sich lediglich um ein Provisorium handelt, sowie um eine Institution, die ihre Entstehung lediglich dem augenblicklichen Stand der mit der gegenwärtigen Besetzung Deutschlands verbundenen Umstände verdankt. [...]

Für den Vorschlag der Ministerpräsidenten, von einem Volksentscheid Abstand zu nehmen, waren die gleichen Erwägungen maßgebend. Ein Volksentscheid würde dem Grundgesetz ein Gewicht verleihen, das nur einer endgültigen Verfassung zukommen sollte. Die Ministerpräsidenten möchten an dieser Stelle noch einmal betonen, dass ihrer Meinung nach eine deutsche Verfassung erst dann geschaffen werden kann, wenn das gesamte deutsche Volk die Möglichkeit besitzt, sich in freier Selbstbestimmung zu konstituieren, bis zum Eintritt dieses Zeitpunktes können nur vorläufige organisatorische Maßnahmen getroffen werden.

Zit. nach: M. Overesch, Deutschland 1945–1949, Vorgeschichte und Gründung der Bundesrepublik, Königstein 1979, S. 240 f.

M 21 Konflikte bei der Beratung des Grundgesetzes im Parlamentarischen Rat

Der Historiker Jürgen Weber beleuchtet einige Aspekte der Arbeit des Parlamentarischen Rats, der zwischen dem 1. September 1948 und dem 8. Mai 1949 das Grundgesetz ausarbeitete:

Man ist sich zwar in den Reihen der Abgeordneten weitgehend darin einig, dass der zu schaffende Weststaat nur eine provisorische Lösung sein soll. Keine Übereinstimmung besteht allerdings zwischen den beiden großen Parteien darin, ob die Verfassung daher eher den Charakter eines Organisationsstatuts für eine ungewisse Übergangszeit haben soll, wie dies die SPD auf der Grundlage der Argumente ihres Fraktionsvorsitzenden, Carlo Schmid, anstrebt, oder ob sie ein Modell für ein späteres Gesamtdeutschland sein soll, wie dies die führenden Abgeordneten von CSU und CDU wünschen. Die FDP nimmt in dieser Frage eine eher vermittelnde Position ein.

Rasche Einigung erzielt der Parlamentarische Rat in der Frage der Grundrechte. Bereits in der ersten Grundsatzdebatte im Plenum am 8. September 1948 wird deutlich, dass die Mehrheit der Abgeordneten für die Verankerung von Grundrechten eintritt und diese auf die individuellen Freiheitsrechte beschränken will, die als unmittelbar geltendes Recht (also nicht bloß als gut gemeinte Programmsätze) Verwaltung, Rechtsprechung und Gesetzgebung binden sollen. Zu harten Auseinandersetzungen kommt es allerdings zwischen SPD und CDU/CSU in der Frage des Elternrechts und der Frage der Stellung der Kirche im Staat. Um den provisorischen Charakter des Grundgesetzes zu unterstreichen, verzichtet man nämlich innerhalb der SPD-Fraktion darauf, auch soziale Grundrechte in die Verfassung zu schreiben. Die entsprechenden Wünsche der Gewerkschaften, die das Streikrecht sowie ein Grundrecht auf Arbeit in der Verfassung verankert sehen wollen, finden daher keine Unterstützung bei den Abgeordneten der SPD. Allerdings sieht sich die SPD-Fraktion bald in ihrer Hoffnung getäuscht, dass durch diesen Verzicht auch die christlich-konservativen Abgeordneten im Gegenzug auf Grundrechte der kulturellen Lebensordnung – also Elternrecht, Festlegung der religiösen Erziehung der Kinder in der Schule, Schutz von Ehe und Familie, Stellung der Kirchen –, wie sie insbesondere von der katholischen Kirche gefordert werden, verzichten würden. Zum zentralen Streitpunkt wird die Frage der Ausgestaltung der von den West-Alliierten verbindlich geforderten föderativen Ordnung des zukünftigen westdeutschen Staates. Die Meinungsverschiedenheiten gehen aber durch alle Parteien und bilden den Stoff tief greifender Kontroversen zwischen den Parteien. Die SPD fordert eine starke Bundesgewalt, die CDU und noch mehr die CSU sind bestrebt, das politische Gewicht der Länder zu sichern. Eine extrem föderative Position (Staatenbundkonzept) verficht die Deutsche Partei, weniger eindeutig äußert sich die FDP. Die Auseinandersetzungen entzünden sich an drei grundsätzlichen Fragen:

- Sollen die Länderinteressen durch einen Bundesrat als Vertretung der Länderregierungen oder durch einen Senat als unmittelbar gewählte Vertretung der Bevölkerung der Länder zur Geltung gebracht werden?
- Soll dem Bund oder den Ländern der Vorrang bei der Finanzverwaltung und Steuergesetzgebung zustehen, und nach welchen Prinzipien soll die Aufteilung des Steueraufkommens vorgenommen werden?
- Welche Rolle spielen die Länder bei der Gesetzgebung des Bundes?

J. Weber, Parlamentarischer Rat – Das Ringen um eine demokratische Verfassung, in: Schulfunk-Materialien (SDR/SR/SWF), Das Werden des neuen Staates, 30 Jahre Bundesrepublik Deutschland, o. O., o. J.

Aufgaben

1. Erklären Sie die Schwierigkeiten bei der gerichtlichen Ahndung von Kriegsverbrechen und bei der Entnazifizierung.
   → Text, M1, M9, M10
2. Erläutern Sie den Begriff „doppelte Eindämmung“. → M11
3. Beschreiben Sie, wie sich die Blockade Berlins auf die westdeutsche Bevölkerung auswirkte. Welche Ziele verband die Sowjetunion möglicherweise mit der Blockade?
   → Text
4. Analysieren Sie die Zahlen der industriellen Produktion und stellen Sie Überlegungen an hinsichtlich der unterschiedlichen Entwicklung in den Besatzungszonen.
   → M12–M14
5. Erläutern Sie die Ziele, die die USA mit der Marshallplan-Hilfe für Europa verbanden.
   → Text, M3, M4
6. Beschreiben Sie das Parteienspektrum, wie es sich während der Besatzungszeit herausgebildet hat. → Text, M15, M17
7. Beschreiben und interpretieren Sie die Wahlplakate insbesondere unter dem Gesichtspunkt ihrer programmatischen Aussagen.
   → M17
8. Rheinland-Pfalz hat „nicht nur eine eigene Tradition, sondern auch ein gewisses Landesbewusstsein entwickelt“. Suchen Sie nach Beispielen, die die These Kißeners stützen oder ihr widersprechen. Sehen Sie sich selbst als Rheinland-Pfälzerin oder Rheinland-Pfälzer? Treffen Sie eine begründete Entscheidung und diskutieren Sie darüber im Elternhaus und im Kurs.
   → M18
9. Welche Konflikte traten bei den Beratungen für ein Grundgesetz auf? Inwieweit waren dabei Vorgaben der Westmächte zu beachten?
   → Text, M6, M19–M21
10. Erläutern Sie die Haltung der westdeutschen Ministerpräsidenten zur Weststaatsgründung.
    → M19, M20
11. Fassen sie zusammen: Wodurch wurde die Gründung des westdeutschen Staates beschleunigt?
12. Nehmen Sie Stellung zur Frage, ob das föderalistische System noch zeitgemäß ist.

15.3 Von der Sowjetischen Besatzungszone zur DDR

In ihrem Gründungsaufruf vom 11.6.1945 vertrat die KPD die Auffassung, dass es falsch wäre, Deutschland das Sowjetsystem aufzuzwingen, weil dies nicht den aktuellen Entwicklungsbedingungen entspräche. Stattdessen wurde der Aufbau einer antifaschistischen, demokratischen Ordnung, einer parlamentarischen Republik mit demokratischen Rechten und Freiheiten für das Volk gefordert.

Bis zur Gründung der Deutschen Demokratischen Republik (DDR) 1949 hatten in der Sowjetischen Besatzungszone (SBZ) so tief greifende Veränderung stattgefunden, dass die offizielle DDR-Geschichtsschreibung von der Phase der „antifaschistisch-demokratischen Umwälzung" sprach. Als wahre Antifaschisten galten den Sowjets nur die deutschen Kommunisten. Ihre führenden Vertreter waren in der Sowjetunion für den Neuaufbau Deutschlands besonders geschult worden und bereit, den Anordnungen der Besatzungsmacht bedingungslos zu folgen. Dafür erfuhren sie von der Sowjetischen Militäradministration in Deutschland (SMAD) jede Art von Begünstigung. So wurden unter dem Deckmantel der Entnazifizierung die Schlüsselpositionen, zum Beispiel bei der Polizei und im Justizapparat, Kommunisten übertragen.

Veränderte Eigentumsverhältnisse

Parallel zu den politischen Veränderungen wurde von der SMAD die Umgestaltung der wirtschaftlichen und sozialen Verhältnisse betrieben. Mit der Bodenreform, bereits im Herbst 1945 in die Wege geleitet, wurden die agrarischen Besitzverhältnisse grundlegend verändert.

Der Grundbesitz von Kriegsverbrechern, Kriegsschuldigen und von aktiven Nazis wurde entschädigungslos enteignet, ebenso alle privaten Besitztümer mit über 100 Hektar Land. Die insgesamt zur Verteilung anstehende Fläche betrug über drei Millionen Hektar. Sie wurde unter mehr als 500 000 Empfängern aufgeteilt. Im Nachhinein wurde deut-

M 1 Propagandafoto zur Bodenreform 1945
Die Fotografie (Herbst 1945) zeigt die Zuteilung von Landparzellen des ehemaligen Rittergutes Helfenberg (bei Dresden) an Industriearbeiter. Ein freies Bauerntum war zu keinem Zeitpunkt Ziel der Politik in der SBZ (DDR), vielmehr diente die Bodenreform als taktische Vorstufe für die spätere Kollektivierung (ab 1952).

lich, dass dies nur eine Vorstufe zu der späteren Kollektivierung der Landwirtschaft war.

Mit der Industriereform, ebenfalls bereits 1945 begonnen, wurden die Weichen für eine neue Wirtschaftsordnung gestellt. Sie führte zur Beschlagnahmung vieler privater Industriebetriebe, die zum Teil in sowjetischen Besitz überführt und zum Teil verstaatlicht wurden. Bereits 1948 hatte sich die Wirtschaftsstruktur dahingehend geändert, dass der private Anteil an der Industrieproduktion nur noch 30 Prozent betrug.

In der SBZ waren die umfangreichen Entnazifizierungsmaßnahmen von vornherein darauf angelegt, einer neuen kommunistisch orientierten Elite den Zugang zu den Schaltstellen der Macht zu ebnen. Die neuen Machthaber entließen über eine halbe Million Menschen – vor allem aus dem öffentlichen Dienst. Der Polizei- und Justizapparat wurde personell fast komplett ausgetauscht. Auch im Schulwesen und in der Wirtschaftsverwaltung fanden weitreichende Entlassungsaktionen statt.

Gründung der SED

Die Politik der Sowjetunion zielte darauf ab, in ihrem Machtbereich den Kommunisten die Führungsrolle zu übertragen. Unmittelbar nach dem Krieg war von einer „Sowjetisierung“ – dem Umbau der Gesellschaft nach sowjetischem Vorbild – noch keine Rede. Allerdings begünstigte die SMAD von Beginn an die KPD, die ihre Vertrauensleute in den politisch wichtigen Ämtern platzieren konnte. In den offiziellen Bekundungen der KPD war zunächst nur von einer „antifaschistisch-demokratischen“ Umgestaltung die Rede. Diese Vorgehensweise besaß eine innere Logik, zumal die Bevölkerung der SBZ mehrheitlich antikommunistisch eingestellt war. Das Zusammenspiel von SMAD und KPD begünstigte zwar den raschen organisatorischen Aufbau der KPD, brachte sie aber zugleich bei der Bevölkerungsmehrheit in Verruf. Die Kommunisten waren der verlängerte Arm der Besatzungsmacht. In dieser Situation entwickelte sich nicht die KPD, sondern die SPD zur stärksten Partei in der SBZ. Ihr Führungsanspruch stieß mit den Zielen der KPD zusammen. Um diesen bedeutendsten Konkurrenten im Kampf um die Macht auszuschalten, änderte die KPD im Herbst 1945 ihre Taktik. Die von Moskauer Exilanten geführte Partei hatte zunächst der Vereinigung von KPD und SPD ablehnend gegenübergestanden. Aber nach dem schlechten Abschneiden bei Wahlen in Ungarn und Österreich änderten die Kommunisten ihre Haltung. Vermutlich weil sie befürchteten, in Deutschland schwächer zu bleiben als die SPD oder gar die bürgerlichen Parteien CDU und LDPD, arbeiteten sie auf eine Vereinigung mit den Sozialdemokraten hin.

Die Vereinigungsbestrebungen von KPD und SPD fanden vielfach Unterstützung, weil die Erinnerung an gemeinsam erlittene Verfolgungen in der Zeit des Nationalsozialismus Mitglieder beider Parteien verband. Gleichwohl gab es innerhalb der SPD Widerstand gegen den Zusammenschluss, der aber von der SMAD brutal unterdrückt wurde.

Am 21./22. April 1946 fand der Gründungsparteitag der Sozialistischen Einheitspartei Deutschlands (SED) statt. Die SPD in den westlichen Besatzungszonen und in den Berliner Westsektoren lehnte diese Vorgehensweise entschieden ab. Ihr Vorsitzender Kurt Schumacher befürchtete zu Recht, dass das Konzept der Einheitspartei nur dazu diene, der Sozialdemokratie eine kommunistische Führung aufzuzwingen.

M 2 **Den „Händedruck“** von Wilhelm Pieck (links, vorher KPD) und Otto Grotewohl (vorher SPD) auf dem Vereinigungsparteitag 1946 stilisierte die SED zum Symbol und Parteiabzeichen. Als „historische Schirmherren“ wachen Wilhelm Liebknecht und August Bebel. Die Verschmelzung der SPD und der KPD in der sowjetischen Zone Deutschlands zur SED fand am 21./22. April 1946 statt.

„Partei neuen Typs“

Bei den Gemeindewahlen 1946 erreichte die SED 52 Prozent der Stimmen, bei den Landtagswahlen im gleichen Jahr 46 Prozent. Diese Ergebnisse waren allerdings durch schwerwiegende Wahlbehinderungen der bürgerlichen Parteien zustande gekommen. In Groß-Berlin erhielt die SED sogar nur 20 Prozent gegenüber 49 Prozent der SPD, 22 Prozent der CDU und neun Prozent der LDPD. Diese Wahlen stellten einen Gradmesser für die politische Stimmung innerhalb der Bevölkerung dar. Und diese Wahlen endeten für die SED mit einer Niederlage. Alles deutet darauf hin, dass angesichts dieser Wahlergebnisse die kommunistische Führung der SED einen Strategiewechsel einleitete. Denn es zeichnete sich ab, dass eine ungeteilte kommunistische Machtübernahme unter Wahrung demokratischer Regeln nicht gelingen würde.

Dass die These vom „besonderen deutschen Weg zum Sozialismus“ vor allem taktische Gründe hatte, wurde im Laufe des Jahres 1948 deutlich. Die SED eröffnete den Kampf gegen „Sozialdemokratismus“. Daraufhin setzten umfangreiche „Säuberungen“ gegen Mitglieder mit „parteifeindlichen Einstellungen“ ein. Ehemalige Sozialdemokraten wurden aus den Führungsämtern der SED verdrängt. Die Parteiführung erhob nunmehr den Marxismus-Leninismus zur offiziellen Ideologie. Somit diente eingestandenermaßen die Kommunistische Partei der Sowjetunion (KPdSU) als Vorbild für die SED.

Die Umwandlung der SED in eine „Partei neuen Typs“ ist auf dem Hintergrund des sich deutlich abzeichnenden Ost-West-Konflikts zu sehen. Der einsetzende Kalte Krieg machte Rücksichten auf westliche Partner seitens der Sowjetunion überflüssig. Die UdSSR ging daran, ihren Machtbereich in Osteuropa abzusichern. Die Integration ihrer Besatzungszone in den Ostblock war gewissermaßen die Antwort auf die Schaffung der Bi-Zone, das heißt der Vereinigung der von den USA und Großbritannien verwalteten Westzonen. Die Teilung Deutschlands zeichnete sich ab.

Die sowjetische Besatzungsmacht und die SED waren darum bemüht, die faktische Einparteiherrschaft mit einem scheinbaren Pluralismus zu verschleiern. Zwar konnten Parteien und Organisationen nach 1945 gegründet werden, aber durch deren Zusammenfassung im sogenannten antifaschistischen Block gelang es der SED, ihre Vorherrschaft im Parteiensystem der SBZ zu sichern.

Die Entmachtung konkurrierender Parteien und die Vereinigung von Parteien und Massenorganisationen in einer „Nationalen Front“, Wahlen mit Einheitsliste und vorher festgelegter Mandatsverteilung sind bis zum Ende grundlegende Merkmale des politischen Systems der DDR geblieben.

Als Reaktion auf die Entstehung der Bundesrepublik Deutschland wurde die Deutsche Demokratische Republik am 7. Oktober 1949 gegründet.

M 3 **Plakat der Freien Deutschen Jugend (FDJ),** der Jugendorganisation der SED, 1950

Chronologie

8. Mai 1945	Bedingungslose Kapitulation Deutschlands
21./22. April 1946	Gründung der Sozialistischen Einheitspartei Deutschlands (SED)
3. Juli 1948	Umwandlung der SED in eine „Partei neuen Typs“
7. Oktober 1949	Gründung der Deutschen Demokratischen Republik

M 4 **Ein ehemaliger Kommunist berichtet**

Wolfgang Leonhard lebte zehn Jahre in der Sowjetunion, kam im April 1945 auf Anweisung der sowjetischen Führung im Rahmen der „Gruppe Ulbricht" nach Berlin, um dort den Aufbau kommunistischer Strukturen vorzubereiten. Seine bekannte Biografie trägt den wegweisenden Titel: „Die Revolution entlässt ihre Kinder.":

Frage: Während die Amerikaner Westdeutschland und Süddeutschland besetzten, eroberte die Rote Armee Berlin. Am 2. Mai 1945 kapitulierten die letzten Reste der deutschen Wehrmacht, und am selben 2. Mai begann die sowjetische Besatzungsmacht mit dem Staatsaufbau von unten. Das Manöver ist bekannt geworden unter dem Namen „Gruppe Ulbricht", zu der Sie gehört haben.

Leonhard: Es war nicht nur am selben Tag, sondern sogar zur selben Stunde. Am 2. Mai 1945 um 12 Uhr kapitulierten die letzten Reste der Wehrmacht in Berlin – und genau zur gleichen Zeit fuhr eine Gruppe von Personenwagen, von Osten kommend, in Berlin ein: die Gruppe Ulbricht, die später als die Initiativgruppe der deutschen kommunistischen Partei bezeichnet wurde, faktisch die neue KP-Führung. Es waren zehn Personen, die an diesem 2. Mai den Aufbau einer neuen Verwaltung in Deutschland in Angriff nahmen. [...]

Dann kam die Aufgabe, in jedem der zwanzig Verwaltungsbezirke Berlins eine, wie es hieß, demokratische Verwaltung aufzubauen.

Frage: Es sollten, wie gesagt, nicht nur Kommunisten sein?

Leonhard: Es sollten ein Bürgermeister für jeden Bezirk, zwei Stellvertreter und dann Dezernenten für Ernährung, Wirtschaft, Soziales, Gesundheit, Verkehr, Arbeit, Volksbildung und so weiter ausfindig gemacht werden. Und davon sollten nur der stellvertretende Bürgermeister, der gleichzeitig für Personalfragen zuständig war, der Dezernent für Volksbildung sowie der Chef der Bezirkspolizei unbedingt und überall in Händen der Kommunisten sein. Oder, wie es immer bei uns hieß, in Händen der eigenen Leute.

In die neue Verwaltung, wurde uns gesagt, müssten Sozialdemokraten herein, vor allen Dingen für Wirtschaft, Soziales und Ernährung. Ulbricht sagte: „Die Sozialdemokraten, die verstehen was von Kommunalpolitik." Und dann immer wieder die Direktive: bürgerliche Antifaschisten, besonders in den westlichen Bezirken Berlins, am liebsten Leute, die den Doktortitel hatten. Die Idee war: wenn die westlichen Alliierten die Berliner Westbezirke besetzten, sollten sie dann die von uns eingesetzten Bezirksverwaltungen übernehmen. Walter Ulbricht gebrauchte wiederholt für die Zusammensetzung der Bezirksverwaltungen den berühmten Satz: Es muss demokratisch aussehen, aber wir müssen alles in der Hand haben. [...]

Frage: Sie bekamen alsbald Zuzug aus Moskau. Als nächstes kam die Gruppe Pieck an. Änderte sich damit das Konzept?

Leonhard: Das ist eine interessante Frage, die von der Zeitgeschichte noch zu untersuchen wäre. Die Gruppe Pieck kam mit einer ganzen Reihe von prominenten Emigranten aus der Sowjetunion an. Wir hatten dann einige Tage viele Besprechungen. Anfang Juni wurde plötzlich eine Änderung der politischen Linie verkündet. Während man bis dahin eine langfristige Zusammenarbeit zwischen den Alliierten voraussetzte, kam jetzt heraus, dass da einiges nicht klappte. Während man uns vorher gesagt hatte: keine kommunistische Partei, sondern „Block der kämpferischen Demokratie", wurde uns jetzt verkündet: Nach dem Aufbau der Verwaltungen so schnell wie möglich eine kommunistische Partei gründen.

Frage: Nur eine kommunistische Partei oder ein ganzes Parteiensystem?

Leonhard: Ja, gleichzeitig kam die Anweisung, es sollten auch drei andere Parteien gegründet werden: eine sozialdemokratische Partei, ein Zentrum, also wieder eine katholische Partei, und eine demokratische oder liberale Partei. Unsere Aufgabe bestand nun darin, dies zu beschleunigen. [...]

Ich glaube, dass damals Walter Ulbricht und noch manche andere die Möglichkeit der KPD weit überschätzt haben. Sie dachten, dass in dem Spiel der Parteien die KPD – mit der zusätzlichen Unterstützung der sowjetischen Besatzungsmacht und ihren genauen Plänen – die stärkste Partei würde.

Frage: Vorgearbeitet war in diesem Sinne. Man hatte zwar die Parteien unabhängig voneinander gründen lassen, aber zugleich auch versucht, sie aneinander zu koppeln.

Leonhard: Dazu wurde zunächst einmal ein Einheitsausschuss KPD/SPD gegründet und dann am 14. Juli der Antifaschistisch-Demokratische Block (später Antifaschistisch-Demokratische Einheitsfront) aus den vier inzwischen gegründeten Parteien KPD, SPD, CDU, LDP. Der Hintergedanke war: gemeinsam die Verantwortung tragen, wobei die KP immer die weitesten Forderungen stellen und auf diese Weise die anderen mitziehen würde. Wenn sie nicht mehr mitgehen wollten, könnte man eine Scheibe nach der anderen abschneiden – was später als

Salami-Taktik bezeichnet wurde. Das, glaube ich, waren die Vorstellungen Walter Ulbrichts, aber nicht die Vorstellungen aller Kommunisten.

Frage: Sie haben damals ja ziemliche Wandlungen mitmachen müssen. Nach dieser ganzen Geschichte mit den vier separaten Parteigründungen wurde im Herbst 1945 ganz plötzlich der Hebel herumgelegt und auf die Tendenz geschaltet: lieber doch eine sozialistische Einheitspartei, also eine Verbindung von SPD und KPD.

Leonhard: Man hatte ursprünglich im Kreise von Ulbricht gedacht, die KPD würde die stärkste Partei. Aber dann geschahen zwei Dinge: Im Laufe des Sommers und Herbstes begann die Diskreditierung der KP; die Leute sahen, das ist die Russenpartei. Der Zulauf zur SPD wurde immer stärker, sodass im Spätherbst 1945 klar wurde, dass die SPD die KPD in den Schatten stellte. Zweitens: Ende November 1945 kamen die österreichischen Wahlen, aus denen die KP – wider aller Erwartung – als ganz kleine Partei mit nur vier Abgeordneten hervorging. Da wurde bei uns umgeschaltet und gesagt, wir müssen doch die Vereinigung machen. [...]

A. Wucher (Hg.), Wie kam es zur Bundesrepublik? Politische Gespräche mit Männern der ersten Stunde, Freiburg, Basel, Wien 1968, S. 38 ff.

M 5 Lenkung des öffentlichen Lebens

Der Autor des Textes, Gregory Klimow, war Offizier bei der Sowjetischen Militäradministration in Deutschland (SMAD):

Die politische Verwaltung [der Sowjetischen Militäradministration] überwacht die Tätigkeit der politischen Parteien der Sowjetzone Deutschlands: Von hier aus werden den Führern der deutschen Kommunisten, dem Dreigespann Pieck, Grotewohl und Ulbricht, das vor den Wagen der SMAD gespannt ist, die direkten Moskauer Instruktionen erteilt. Zu den Pflichten der Politverwaltung gehört ferner die Propagierung und Verbreitung der sowjetischen Ideologie. Diesem Zweck dient sowohl das „Haus der Kultur der Sowjetunion" als auch die „Tägliche Rundschau" und der „Sowjetexportfilm" und als Gegenstück die Spezialabteilung Zensur für Presse, Film und Rundfunk.

Eine Abteilung der Politverwaltung befasst sich mit Fragen der Aufklärung und der politischen Arbeit innerhalb der deutschen Jugend. Alle Lehrpläne und Lehrbücher für die deutschen Schulen werden nach den Richtlinien der Verwaltung für Aufklärung der SMAD zusammengestellt, müssen aber außerdem, bevor sie in Druck gehen, der Politverwaltung nochmals zur Überprüfung und endgültigen Billigung vorgelegt werden. Das beweist, welch große Bedeutung der Erziehung der deutschen Jugend in sowjetischem Geist beigemessen wird.

Ohne Genehmigung der Politverwaltung kann niemand im öffentlichen Leben der deutschen Sowjetzone eine Rolle spielen. Selbst dort, wo – wie z. B. bei den Wahlen der Vertreter der deutschen Parteien und Gewerkschaften – die Demokratie scheinbar aufrechterhalten wird, bestimmt die Politverwaltung den Ausgang der Wahlen im Voraus. Dabei bedient sie sich verschiedener Methoden, vorzugsweise einer Unterhaltung im Stab der SMAD, wo man mit den „demokratischen" Vertretern auch sonst nicht viel Federlesens macht und sie kurzerhand auffordert: „Legen Sie uns eine Liste ihrer Kandidaten zur Bestätigung vor."

G. Klimow, Berliner Kreml, zit. nach: I. Spittmann (Hg.), Die SED in Geschichte und Gegenwart, Köln 1987, S. 173.

M 6 SED – „Partei neuen Typs"

Nachdem eine Wiedervereinigung unter kommunistischen Vorzeichen 1948 endgültig gescheitert war, wurde die SED auch offiziell dem sowjetischen Vorbild angepasst. Entschließung der 1. Parteikonferenz der SED (28. Januar 1949):

Die Kennzeichen einer Partei neuen Typus sind:

• Die marxistisch-leninistische Partei ist die bewusste Vorhut der Arbeiterklasse. Das heißt, sie muss eine Arbeiterpartei sein, die in erster Linie die besten Elemente der Arbeiterklasse in ihren Reihen zählt, die ständig ihr Klassenbewusstsein erhöhen. Die Partei kann ihre führende Rolle als Vorhut des Proletariats nur erfüllen, wenn sie die marxistisch-leninistische Theorie beherrscht, die ihr die Einsicht in die gesellschaftlichen Entwicklungsgesetze vermittelt. [...]

Die marxistisch-leninistische Partei ist die höchste Form der Klassenorganisation des Proletariats. Die Partei, in der die besten Menschen der Klasse zusammengefasst sind, die mit der Theorie des Marxismus-Leninismus, mit der Kenntnis der Gesetze des Klassenkampfes und mit der Erfahrung der revolutionären Bewegung gewappnet sind – hat die Möglichkeit und ist berufen und verpflichtet, alle anderen Organisationen der Werktätigen [...] zu leiten. [...]

Um die führende Rolle der Partei sicherzustellen und die Partei vor Schwankungen zu bewahren, ist die Einführung einer Kandidatenzeit für die Aufnahme in die Partei erforderlich.

• Die marxistisch-leninistische Partei beruht auf dem Grundsatz des demokratischen Zentralismus.

Dies bedeutet die strengste Einhaltung des Prinzips der Wählbarkeit der Leitungen und Funktionäre und der Rechnungslegung der Gewählten vor den Mitgliedern. Auf dieser innerparteilichen Demokratie beruht die straffe Parteidisziplin, die dem sozialistischen Bewusstsein der Mitglieder entspringt. Die Parteibeschlüsse haben ausnahmslos für alle Parteimitglieder Gültigkeit. [...]
Die Duldung von Fraktionen und Gruppierungen innerhalb der Partei ist unvereinbar mit ihrem marxistisch-leninistischen Charakter.

• Die marxistisch-leninistische Partei ist vom Geist des Internationalismus durchdrungen. Dieser Internationalismus bestimmt ihren Platz in der weltweiten Auseinandersetzung zwischen den Kriegshetzern und den Friedenskräften, zwischen Reaktion und Fortschritt, zwischen Kapitalismus und Sozialismus. In diesem Kampfe steht die marxistisch-leninistische Partei eindeutig im Lager der Demokratie und des Friedens, an der Seite der Volksdemokraten und der revolutionären Arbeiterparteien der ganzen Welt. Sie erkennt die führende Rolle der Sowjetunion und der KPdSU [...] im Kampfe gegen den Imperialismus an und erklärt es zur Pflicht jedes Werktätigen, die sozialistische Sowjetunion mit allen Kräften zu unterstützen.

Entschließung der 1. Parteikonferenz der SED, 28.1.49, zit. nach: E. Deuerlein (Hg.), DDR, 1945–1970, S. 83 ff.

Aufgaben

1. In welcher Weise wurden schon sehr frühzeitig die Weichen für eine kommunistische Parteidiktatur gestellt?
   → Text, M1, M2, M4–M7
2. Analysieren Sie die Entstehung des Parteiensystems in der SBZ. Welcher politischen Strategie folgte dabei die Gründung der SED?
   → Text, M2, M4, M5, M7
3. Durch welche Maßnahmen und mit welchem Ziel beeinflusste die sowjetische Besatzungsmacht das öffentliche Leben in ihrer Zone?
   → M5
4. Arbeiten Sie die wichtigsten Merkmale der SED als „Partei neuen Typs“ heraus.
   → M6
5. Erklären Sie, warum 1948 die Umwandlung der SED in eine „Partei neuen Typs“ erfolgte.
   → Text
6. Vergleichen Sie das Wahlsystem in der SBZ (bzw. der DDR) mit demjenigen in einer parlamentarischen Demokratie.
   → M7

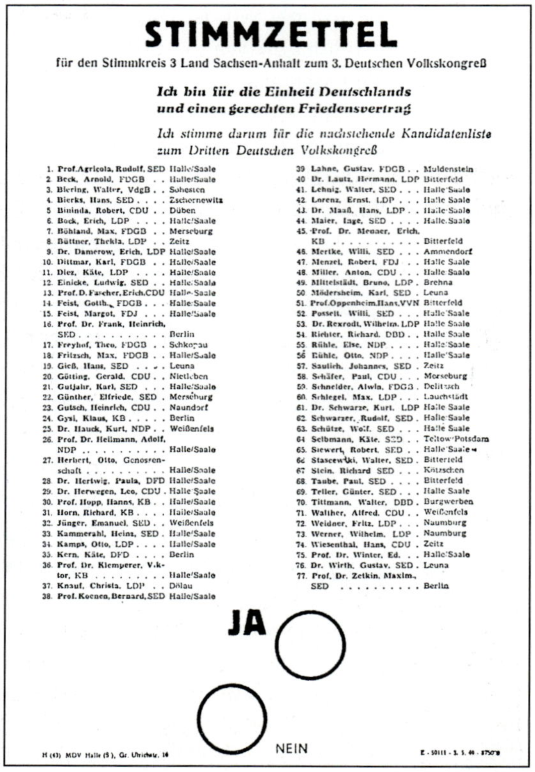

STIMMZETTEL

für den Stimmkreis 3 Land Sachsen-Anhalt zum 3. Deutschen Volkskongreß

Ich bin für die Einheit Deutschlands und einen gerechten Friedensvertrag

Ich stimme darum für die nachstehende Kandidatenliste zum Dritten Deutschen Volkskongreß

1. Prof. Agricola, Rudolf, SED . . Halle/Saale
2. Beck, Arnold, FDGB . . Halle/Saale
3. Biering, Walter, VdgB . . Sohesten
4. Bierks, Hans, SED . . . . Zschornewitz
5. Bininda, Robert, CDU . . Düben
6. Bock, Erich, LDP . . . . Halle/Saale
7. Böhland, Max, FDGB . . Merseburg
8. Büttner, Thekla, LDP . . Zeitz
9. Dr. Damerow, Erich, LDP Halle/Saale
10. Dittmar, Karl, FDGB . . Halle/Saale
11. Diez, Käte, LDP . . . . Halle/Saale
12. Einicke, Ludwig, SED . . Halle/Saale
13. Prof. D. Fascher, Erich, CDU Halle/Saale
14. Feist, Gotth., FDGB . . . Halle/Saale
15. Feist, Margot, FDJ . . . Halle/Saale
16. Prof. Dr. Frank, Heinrich, SED . . . . Berlin
17. Freyhof, Theo, FDGB . . Schkopau
18. Fritzsch, Max, FDGB . . Halle/Saale
19. Gieß, Hans, SED . . . . Leuna
20. Götting, Gerald, CDU . . Nietleben
21. Gutjahr, Karl, SED . . . Halle/Saale
22. Günther, Elfriede, SED . Merseburg
23. Gutsch, Heinrich, CDU . . Naundorf
24. Gysi, Klaus, KB . . . . . Berlin
25. Dr. Hauck, Kurt, NDP . . Weißenfels
26. Prof. Dr. Hellmann, Adolf, NDP . . . . Halle/Saale
27. Herbert, Otto, Genossenschaft . . . . Halle/Saale
28. Dr. Hertwig, Paula, DFD Halle/Saale
29. Dr. Herwegen, Leo, CDU . Halle/Saale
30. Prof. Hopp, Hanns, KB . . Halle/Saale
31. Horn, Richard, KB . . . . Halle/Saale
32. Jünger, Emanuel, SED . . Weißenfels
33. Kammerahl, Heinz, SED . Halle/Saale
34. Kamps, Otto, LDP . . . . Halle/Saale
35. Kern, Käte, DFD . . . . Berlin
36. Prof. Dr. Klemperer, Viktor, KB . . . . Halle/Saale
37. Knauf, Christa, LDP . . Dölau
38. Prof. Koenen, Bernard, SED Halle/Saale
39. Lahne, Gustav, FDGB . . Muldenstein
40. Dr. Lautz, Hermann, LDP Bitterfeld
41. Lehnig, Walter, SED . . . Halle/Saale
42. Lorenz, Ernst, LDP . . . Halle/Saale
43. Dr. Maaß, Hans, LDP . . Halle/Saale
44. Maier, Inge, SED . . . . Halle/Saale
45. Prof. Dr. Menaer, Erich, KB . . . . Bitterfeld
46. Mertke, Willi, SED . . . Ammendorf
47. Menzel, Robert, FDJ . . Halle/Saale
48. Miller, Anton, CDU . . . Halle/Saale
49. Mittelstädt, Bruno, LDP . Brehna
50. Mödersheim, Karl, SED . Leuna
51. Prof. Oppenheim, Hans, VVN Bitterfeld
52. Posselt, Willi, SED . . . Halle/Saale
53. Dr. Rexrodt, Wilhelm, LDP Halle/Saale
54. Richter, Richard, DBD . . Halle/Saale
55. Rühle, Else, NDP . . . . Halle/Saale
56. Rühle, Otto, NDP . . . . Halle/Saale
57. Saulich, Johannes, SED . Zeitz
58. Schäfer, Paul, CDU . . . Merseburg
59. Schneider, Alwin, FDGB . Delitzsch
60. Schlegel, Max, LDP . . . Lauchstädt
61. Dr. Schwarze, Kurt, LDP Halle/Saale
62. Schwarzer, Rudolf, SED . Halle/Saale
63. Schütze, Wolf, SED . . . Halle/Saale
64. Selbmann, Käte, SED . . Teltow/Potsdam
65. Siewert, Robert, SED . . Halle/Saale
66. Stascewski, Walter, SED . Bitterfeld
67. Stein, Richard, SED . . . Kötzschen
68. Taube, Paul, SED . . . . Bitterfeld
69. Teller, Günter, SED . . . Halle/Saale
70. Tittmann, Walter, DBD . Burgwerben
71. Walther, Alfred, CDU . . Weißenfels
72. Weidner, Fritz, LDP . . . Naumburg
73. Werner, Wilhelm, LDP . Naumburg
74. Wiesenthal, Hans, CDU . Zeitz
75. Prof. Dr. Winter, Ed. . . Halle/Saale
76. Dr. Wirth, Gustav, SED . Leuna
77. Prof. Dr. Zetkin, Maxim., SED . . . . Berlin

JA

NEIN

H (43) MDV Halle (S.), Gr. Ulrichstr. 16

E - 50111 - 5. 5. 49 - 87500

M 7 Einheitslisten-Wahl

Der Volksrat [...] beschloss allgemeine Wahlen zu einem 3. Volkskongress. Sie fanden am 15. und 16. Mai 1949 in der sowjetischen Besatzungszone und Ostberlin statt. „Gewählt“ wurde auf einer Einheitsliste, auf der es keine Auswahlmöglichkeiten zwischen Parteien gab. Nur mit JA oder NEIN konnte auf die Trickaussage geantwortet werden: „Ich bin für die Einheit Deutschlands und einen gerechten Friedensvertrag. Ich stimme darum für die nachstehende Kandidatenliste zum Dritten Deutschen Volkskongress.“ Die Verteilung der Mandate lag schon vorher fest und sicherte der SED über ihre Mitglieder in den Massenorganisationen die Mehrheit.

Am Abend des 15. Mai fanden erste Auszählungen statt. Als sie nicht die gewünschten Ergebnisse zeigten, wurden Manipulationen angeordnet. Leere oder durchgestrichene Stimmzettel mussten nachträglich als Ja-Stimmen gewertet werden. Am Abend des 16. Mai 1949 wurde dann bekannt gegeben, dass 66,1 Prozent der Wähler mit „ja“ gestimmt hätten, in Ostberlin nur 58,1 Prozent. Der so „legitimierte“ Volkskongress bestätigte die Verfassung am 30. Mai 1949 abermals und setzte einen neuen Volksrat [aus dem die Volkskammer wurde] ein.

Aus: Informationen zur politischen Bildung, Nr. 232, Die Teilung Deutschlands 1945–1955, Bonn 1991, S. 25.

15.4 Deutschland im Zeichen der Zweistaatlichkeit

Aufbau des Sozialismus nach sowjetischem Vorbild

Die Zulassung von Parteien und Gewerkschaften durch die sowjetische Besatzungsmacht unmittelbar nach Kriegsende erweckte zunächst den Anschein einer pluralistischen Ordnung. Verlautbarungen der KPD in der SBZ ließen eine gewisse Distanzierung vom Sowjetkommunismus erkennen. Der Ausschluss faschistischer und auch bürgerlicher Kräfte von der politischen Willensbildung und die Enteignung von Industriebetrieben und Grundbesitz konnten leicht mit der Entnazifizierung und Demokratisierung der Gesellschaft begründet werden. Doch die dann zwischen 1945 und 1949 vollzogene sogenannte antifaschistisch-demokratische Umwälzung in der SBZ brachte für die dortige Gesellschaft grundlegende Veränderungen. Ein nationaler deutscher Weg zum Sozialismus wurde ab 1948 von der nun allein bestimmenden SED verneint. Allerdings befleißigten sich die Kommunisten bis Anfang der 50er-Jahre noch diesbezüglich einer gewissen Zurückhaltung. Es war Rücksicht zu nehmen auf die eigene Bevölkerung, bis die Macht der Partei endgültig gesichert war. Auch durfte man die westdeutsche Bevölkerung nicht abschrecken, die man für eine Wiedervereinigung unter sozialistischen Vorzeichen gewinnen wollte. Die Westintegration der Bundesrepublik Deutschland machte eine solche Rücksichtnahme überflüssig. Die Angleichung an das sozialistische Lager, insbesondere an die Führungsmacht Sowjetunion, hatte nun eindeutig Priorität gegenüber der Wiedervereinigung. Die SED konnte die von ihr verdeckt seit 1945 betriebene Ostintegration nun auf allen Gebieten der Gesellschaft offen betreiben.

M 1 **SED-Plakat von 1946**
Die Propaganda vom einheitlichen Deutschland verschwieg, dass diese (natürlich) unter kommunistischen Vorzeichen angestrebt wurde.

Die II. Parteikonferenz der SED 1952 beschloss die planmäßige Errichtung des Sozialismus in der DDR nach sowjetischem Vorbild.

Es folgte nun eine Zeit der beschleunigten Umgestaltung durch Verstaatlichung von Unternehmen und der Bildung von erzwungenen Produktionsgenossenschaften in allen Bereichen der Wirtschaft. Gleichzeitig wurde die Zentralisierung des Staatsaufbaus durch Auflösung der Länder und die rigorose Gleichschaltung der Parteien und Massenorganisationen betrieben. Der Einfluss der Kirchen wurde bekämpft. Die Bevölkerung der DDR reagierte auf diese von der SED betriebene Sowjetisierung der Gesellschaft zum Teil mit Flucht in den Westen. Verschärfte Grenzkontrollen und ab Mai 1952 die Ausweisung einer fünf Kilometer breiten Sperrzone entlang der innerdeutschen Grenze sowie die Errichtung von Sperranlagen sollten dieser Fluchtbewegung entgegenwirken.

Bereits vor Gründung der DDR betrieb deren politische Führung eine Politik der Annäherung an die Sowjetunion, die als Besatzungsmacht ohnehin das Sagen hatte. Die KPD und auch die SED orientierten sich ideologisch an der KPdSU. Nur durch Anlehnung an die Besatzungsmacht ließ sich gegen den Willen breiter Bevölkerungskreise die politische Macht erringen und sichern. Diese Gesichtspunkte behielten auch über das Jahr 1949 hinaus Gültigkeit. Die Integration der DDR, wie auch der weiteren osteuropäischen Staaten in das sozialistische Lager, erfolgte auch durch wirtschaftliche und militärische Bindung an die UdSSR.

Die handelspolitisch traditionell nach dem Westen ausgerichteten osteuropäischen Staaten hatten Interesse an der amerikanischen Marshallplan-Hilfe bekundet, durften diese aber auf sowjetischen Druck hin nicht annehmen. Stattdessen bot ihnen die Sowjetunion die Zusammenarbeit im Rat für gegenseitige Wirtschaftshilfe (RGW) an, der 1949 gegründet wurde. Die DDR trat dieser übernationalen Organisation im Jahre 1950 bei.

M 2 Plakat zum „Monat der deutsch-sowjetischen Freundschaft", 1952

Über die Zusammenarbeit im RGW hinaus unterhielt die DDR seit den 60er-Jahren besonders enge zweiseitige Wirtschaftsbeziehungen zur Sowjetunion.

Die Einbeziehung der Bundesrepublik Deutschland in die NATO am 9. Mai 1955 nahm die Sowjetunion zum Anlass, am 14. Mai 1955 ein Bündnis der sozialistischen Staaten, den Warschauer Pakt, ins Leben zu rufen. Die Eingliederung der Nationalen Volksarmee der DDR in den Militärpakt erfolgte im Januar 1956. Allerdings besaß die DDR bereits vor deren Gründung mit der Kasernierten Volkspolizei streitkräfteähnliche Verbände, die 1952 offiziell die Funktion von nationalen Streitkräften übernommen hatten.

Die Vertragspartner im Warschauer Pakt verpflichteten sich zur Zusammenfassung ihrer Militärpotenziale unter einem gemeinsamen sowjetischen Oberkommando, zur Koordinierung ihrer Verteidigungspolitik und zur gemeinsamen Abwehr von Bedrohungen. Neben der Sicherung des Friedens vor Angriffen von außen hatte auch der „Schutz der sozialistischen Errungenschaften" vor Bedrohungen von innen Bedeutung erlangt, wie der Einmarsch von Paktstreitkräften in die Tschechoslowakei (1968) bewies. Die Theorie des sozialistischen Internationalismus hatte dort die praktische Begrenzung der nationalen Souveränität zur Folge.

Die Deutsche Frage

Stalin-Note

Nach der Gründung der beiden deutschen Staaten (1949) kam es zu einer Konkurrenz, welcher von ihnen die rechtmäßige Vertretung des ganzen deutschen Volkes für sich in Anspruch nehmen dürfe. Die Bundesregierung verwies zu Recht immer wieder darauf, dass sie die einzige demokratisch legitimierte deutsche Regierung sei.

Am Anspruch auf Wiedervereinigung hielten zunächst beide Seiten fest, wenngleich unter den Bedingungen des Kalten Krieges eine Realisierung immer unwahrscheinlicher wurde. Die Integration der DDR in den Ostblock und der Bundesrepublik Deutschland in die westliche Staatengemeinschaft ließ letztlich die Wiedervereinigung in weite Ferne rücken. Vereinzelte Vorstöße, wie zum Beispiel die Stalin-Note von 1952, hatten eher eine taktische politische Bedeutung. Dieser Friedensvertragsentwurf erging vor dem Hintergrund der militärischen Integration der Bundesrepublik Deutschland in die westliche Verteidigungsgemeinschaft. Das Angebot der UdSSR sah eine Wiedervereinigung nur unter der Bedingung der Blockfreiheit vor. Sowohl die westlichen Alliierten als auch die Bundesregierung weigerten sich, in Verhandlungen einzutreten. Heute sind sich die meisten Historiker sicher, dass die Bereitschaft der Sowjetunion zur Wiedervereinigung nur ein propagandistischer Schachzug gewesen war.

Deutschlandpolitik im Westen

In der Anfangsphase der Bundesrepublik Deutschland schälten sich rasch drei verschiedene deutschlandpolitische Konzepte heraus, die jeweils von einem bedeutenden Politiker verkörpert wurden.

- Jakob Kaiser (CDU) verstand Deutschland als Brücke zwischen Ost und West. Daher forderte er Neutralität als Voraussetzung für die Wiedervereinigung. Diese Vorstellung ließ sich aber nicht verwirklichen, weil sie ein Klima der Kooperation zwischen den Siegermächten vorausgesetzt hätte. Der Kalte Krieg stand letztlich im Gegensatz zu diesem Plan.
- Kurt Schumacher (SPD) sah Deutschlands Zukunft in einem sozialdemokratischen, einheitlichen Deutschland. Er lehnte die sowjetkommunistische Gesellschaftsform ab. Nach seinem Tod (1952) traten neutralistische Tendenzen innerhalb der Sozialdemokratie stärker hervor. Die Kritik an der Sowjetunion teilte Schumacher mit seinem Gegenspieler Adenauer.
- Mit Konrad Adenauer (CDU) verbindet sich die sogenannte Magnettheorie. Unter Inkaufnahme der Teilung sollte Westdeutschland an die Seite der Westmächte geführt werden. Es hieß dazu: Der Verlust der Einheit wäre zwar der Preis für die Freiheit (des Westens), aber eine wirtschaftlich erstarkte Bundesrepublik würde zu einem späteren Zeitpunkt eine so starke Anziehungskraft auf den Osten ausüben, dass es doch noch zur Wiedervereinigung käme. Adenauer war Realpolitiker. Er sah und nutzte den begrenzten außenpolitischen Spielraum, um die noch junge Bundesrepublik zu einem gleichberechtigten Mitglied der westlichen Wertegemeinschaft zu machen. Er lehnte folglich jede „Schaukelpolitik" zwischen Ost und West ab.

Rückblickend bleibt die Erkenntnis, dass es – gemäß den Gesetzen der Machtlogik – erst nach Überwindung des Systemkonflikts zwischen Ost und West zu einer Vereinigung der beiden deutschen Staaten kommen konnte.

M 3 Konrad Adenauer (1876–1967),
erster Bundeskanzler, war bereits 81 Jahre alt, als seine Partei 1957 die absolute Mehrheit bei der Bundestagswahl errang. Seine Persönlichkeit dominierte die westdeutsche Politik, Wahlkampfplakat, 1957.

Volksaufstand (17. Juni 1953)

Die DDR-Führung hatte 1951 einen Fünfjahresplan in Kraft gesetzt, der bis zum Ende seiner Geltungsdauer eine Verdoppelung der Produktion im Vergleich zur Vorkriegszeit vorsah. Die Priorität lag dabei auf dem Ausbau der Schwerindustrie zu Lasten der Konsumgüterindustrie. Dies hatte in der Praxis Versorgungsengpässe zur Folge. Zur Sicherstellung der Planerfüllung erhöhte die Regierung Ende Mai 1953 die Arbeitsnormen um zehn Prozent, was wegen des Wegfalls von Leistungsprämien zu einer gravierenden Lohnsenkung führte. Unmittelbar nach dem Tode Stalins hatte die Führung der Sowjetunion einen neuen Kurs verkündet, der von der SED nur zögernd übernommen wurde. Er sah insbesondere eine Abschwächung des Sozialisierungsprogrammes, Verbesserungen im Konsumbereich und Erleichterungen im innerdeutschen Reiseverkehr vor. Die Normenerhöhung dagegen wurde von der Partei und der Gewerkschaft ausdrücklich bestätigt. Daraufhin zogen am 16. Juni 1953 Ost-Berliner Bauarbeiter vor Regierungsgebäude und forderten eine Senkung der Arbeitsnormen. Eine entsprechende Zusage befriedigte die Arbeiter nicht, sie forderten nun den Rücktritt der Regierung und riefen zum Generalstreik für den kommenden Tag auf. Am 17. Juni 1953 kam es an mehr als 250 Orten in der DDR und in Berlin (Ost) zu Unruhen. In Betrieben fanden nicht genehmigte Versammlungen statt, Streikausschüsse wurden gebildet, die über das weitere Vorgehen berieten. Am Rande von Demonstrationen gab es Ausschreitungen wie die Erstürmung von Parteibüros, Rathäusern, Gerichten und Gefängnissen sowie Gewaltanwendung gegen Repräsentanten der Staatsmacht. Der ursprünglich ausschließlich sozial motivierte Aufstand der Arbeiter weitete sich zusehends durch politische Forderungen und durch seine Wirkung auf andere Gruppen der Gesellschaft zu einem Volksaufstand aus. Dem wirkte die Sowjetunion durch Ausrufung des Ausnahmezustandes und Verhängung von Ausgangsverbot und Kriegsrecht entgegen. Sowjetische Truppen und Einheiten der DDR-Volkspolizei bereiteten der Erhebung innerhalb von drei Tagen ein Ende. 70 Menschen wurden dabei von sowjetischen Soldaten beziehungsweise Angehörigen der Kasernierten Volkspolizei getötet. In der Folge kam es zu 13 000 Verhaftungen durch DDR-Dienststellen und 3 000 Festnahmen durch sowjetische Truppen.

M 4 Aufstand der Arbeiter in Berlin (Ost) am 17. Juni 1953
Im Unterschied zu 1989 blieben die sowjetischen Panzer nicht in den Kasernen.

Die SED reagierte auf diese eindeutige Misstrauenserklärung an ihre Adresse auf mehrfache Weise:

- Sie bezeichnete den Arbeiteraufstand als Putschversuch westdeutscher faschistischer Elemente.

- Sie verlangsamte das Tempo der sozialistischen Umgestaltung und versprach die Erhöhung des Lebensstandards.
- Sie säuberte die Partei auf allen Ebenen von „unzuverlässigen“ Mitgliedern und Amtsträgern; mehr als die Hälfte der Funktionäre wurde ausgetauscht.

In Würdigung der Geschehnisse vom 17. Juni 1953 erklärte die Bundesrepublik Deutschland diesen Tag zum nationalen Feiertag. Ab 1990 trat an dessen Stelle der 3. Oktober – das Datum der Wiedervereinigung.

Bau der Mauer in Berlin (13. August 1961)

Ab dem Jahre 1958 sollte in der DDR endgültig und umfassend die Grundlage für den Sozialismus geschaffen werden.

Angestrebt wurde insbesondere die Zurückdrängung des Privateigentums durch Kollektivierung der Landwirtschaft und durch staatliche Beteiligung an privaten Unternehmen. Diese Vorhaben stießen erneut auf Widerstand im Kreise der Betroffenen, die sich der Mitwirkung in großem Umfang durch Flucht entzogen. Als Tor zum Westen diente nach der Absperrung der innerdeutschen Grenze insbesondere Berlin (West), wohin die DDR-Bürger über Berlin (Ost) relativ gefahrlos gelangen konnten. Die Sowjetunion forderte darum Ende 1958 die Vereinigung von Berlin (West) mit dem Ostteil der Stadt und die Eingliederung in die DDR. Übergangsweise war die Sowjetunion mit der Umwandlung von Berlin (West) in eine selbstständige politische Einheit beziehungseise in eine entmilitarisierte „Freie Stadt“ innerhalb von sechs Monaten einverstanden. Die Westmächte bestanden jedoch auf ihren Rechten in Berlin auf der Grundlage des Viermächtestatus der Stadt, sodass keine Änderung eintrat.

Walter Ulbricht (1893–1973) bestimmte zwei Jahrzehnte – unter sowjetischer Vorherrschaft – die Politik der DDR, wurde 1971 von seinem Nachfolger Erich Honecker als SED-Chef entmachtet. Ulbricht, ein kühler Funktionärstyp, war unpopulär. Im Westen hieß es oft: „Der Spitzbart muss weg!“

Die Sowjetunion übertrug nun zunehmend Kontrollrechte, die ihr als Besatzungsmacht zustanden, auf DDR-Organe. 1960 schränkte die DDR die Freizügigkeit in Berlin unbefristet ein. Viele DDR-Bewohner fürchteten nun, bald überhaupt keine Fluchtmöglichkeit mehr zu haben, und kehrten der DDR den Rücken.

Ab 1960 verstärkte sich die Fluchtbewegung derart, dass die DDR diesem Aderlass an Arbeitskräften und vor allem an jungen Menschen am 13. August 1961 durch den Mauerbau ein Ende setzte. Berlin (West) wurde durch Sperranlagen völlig von Berlin (Ost) und der DDR abgeriegelt. Die Fluchtbewegung war gestoppt. Nun hatten die Deutschen in der DDR keine andere Wahl mehr, sie mussten sich mit dem System der SED arrangieren. Im Jahre 1963 stellte der VI. Parteitag der SED fest, dass die Grundlagen des Sozialismus in der DDR geschaffen seien.

Entspannung – Die Ostverträge

Die konkurrierenden Siegermächte des Weltkrieges nahmen eher ein geteiltes Deutschland in Kauf als auf jeweils „ihren Staat“ zu verzichten. Auch die jeweiligen deutschen Regierungen waren nicht bereit, die freiheitliche Gesellschaftsordnung der Bundesrepublik Deutschland beziehungsweise die „sozialistischen Errungenschaften“ der DDR aufs Spiel zu setzen. Zur Unterstreichung ihres Anspruchs, allein für das deutsche Volk zu sprechen, drohte die Bundesregierung seit Ende 1955 jedem Land mit dem Abbruch der diplomatischen Beziehungen, das die DDR völkerrechtlich als Staat anerkannte (Hallstein-Doktrin).

Der Anspruch der Bundesregierung, Deutschland allein zu vertreten, fand nur vorübergehend Beachtung. Im Verlaufe der Sechzigerjahre wurde die DDR als zweiter deutscher Staat verstärkt von neutralen Ländern und von Staaten der Dritten Welt diplomatisch anerkannt. In dem Bemühen der Bundesrepublik Deutschland um ein Offenhalten der Deutschen Frage glaubten die sozialistischen Staaten des Ostblocks revanchistische Tendenzen zu erkennen. Darum forderten sie wiederholt von der Bundesregierung die Anerkennung der nach dem Zweiten Weltkrieg in Europa entstandenen „Realitäten“. Um ihrem Anliegen Nachdruck zu verleihen, übten die Sowjetunion und die DDR Ende der 60er-Jahre Druck auf Berlin (West) aus. Sie stellten nun nicht mehr den Viermächtestatus von Berlin infrage, sondern sie kritisierten die Bindungen der Stadt an die Bundesrepublik Deutschland. Mehrfach kam es zu ernsthaften Behinderungen auf den Transitstrecken zwischen Berlin (West) und der Bundesrepublik Deutschland. Ohne Anerkennung der Oder-Neiße-Grenze als Westgrenze Polens und der innerdeutschen Grenze als Staatsgrenze würde es keine Verbesserungen in Berlin geben, ließ die Sowjetunion verlauten.

Im Rahmen der allgemeinen Ost-West-Entspannung beschritt 1969 die neu gebildete Bundesregierung unter Bundeskanzler Brandt (SPD) und Außenminister Scheel (FDP) den Weg der Vertragspolitik mit dem Osten. Unter dem Vorbehalt einer demokratisch und friedlich herzustellenden deutschen Einheit wurde die europäische Nachkriegsordnung völkerrechtlich anerkannt.

Die Ost-Verträge (1970)

Vertragspartner:
Bundesrepublik Deutschland - UdSSR
Bundesrepublik Deutschland - Polen

Ziel:
Internationale Friedenssicherung durch Normalisierung der Beziehungen

Mittel:
- territoriale Integrität
- Verzicht auf Gebietsansprüche
- Unverletzlichkeit der Grenzen
- Gewaltverzicht

Folgen:
- Anerkennung der Oder-Neiße-Linie als Westgrenze Polens
- (nicht-völkerrechtliche) Anerkennung der Demarkationslinie zur DDR als Staatsgrenze
- politische Entspannung
- Erleichterung bei der Familienzusammenführung
- Zunahme des Reiseverkehrs
- Erweiterung des Handels
- Förderung des Kulturaustausches

M 5

Die Verträge von Moskau und Warschau, die unter anderem diese Anerkennung enthielten, ebneten somit auch den Weg für eine Entspannung um Berlin. Gemäß ihren Rechten und Zuständigkeiten in Berlin regelten die vier Mächte die strittigen Probleme in einem Abkommen. Dieses wurde durch deutsch-deutsche Vereinbarungen, die Teil des Viermächteabkommens waren, ergänzt und konkretisiert (Protokoll über den Post- und Fernmeldeverkehr, Transitabkommen, Vertrag über Reise- und Besucherverkehr).

Die Verhandlungen im Zuge des Viermächteabkommens hatten die Deutschen in Ost und West ermutigt, das Verhältnis zwischen beiden Teilen Deutschlands zu entspannen. Die Bundesregierung strebte menschliche Erleichterungen an. Artikel 7 stellte aus dieser Sicht den Kern des Grundlagenvertrags dar. Der DDR war an einer Anerkennung als zweiter deutscher Staat und an wirtschaftlichen Vorteilen gelegen.

Mit dem Abschluss wurden aufgrund der vertraglichen Regelungen vor allem für die Menschen in der DDR merkliche Verbesserungen

M 6 Ein Bild, das um die Welt ging
Der Kniefall Bundeskanzler Brandts vor dem Mahnmal im ehemaligen Warschauer Getto, 7. Dezember 1970

erzielt. Allerdings versuchte die Regierung der DDR, die Freizügigkeit von Menschen und Ideen in Deutschland zu behindern. Ein Mittel dazu war die Pflicht zum Umtausch eines Mindestbetrags westlicher Währung gegen DDR-Mark bei der Einreise nach Berlin (Ost) beziehungsweise in die DDR. Auch in anderen Bereichen ließ sich die DDR das westdeutsche Streben nach Geltung der Menschenrechte finanziell und wirtschaftlich honorieren.

Der Abschluss der Ostverträge und des Grundlagenvertrages war innenpolitisch von heftigen Auseinandersetzungen begleitet. Die damalige Opposition (CDU und CSU) bekämpfte die Vertragspolitik der Regierungskoalition von SPD und FDP mit der Begründung, Leistung und Gegenleistung seien nicht ausgewogen. Später betrachteten alle im Bundestag vertretenen Parteien die abgeschlossenen Verträge als Grundlage ihrer Deutschland- und Ostpolitik.

Die faktische Anerkennung der deutschen Zweistaatlichkeit im Zuge der neuen Ostpolitik hatte die Forderung nach Beibehaltung wenigstens der nationalen Gemeinschaft in den Vordergrund treten lassen. Das Festhalten am Begriff der gesamtdeutschen Nation hatte die Aufgabe, als einigende Klammer die weitere Entfremdung der beiden deutschen Staaten und der darin lebenden Menschen aufzuhalten.

Die Regierung der Bundesrepublik Deutschland vertrat die Auffassung von der Fortexistenz der ungeteilten deutschen Nation. Danach hat das Deutsche Reich den politischen und militärischen Zusammenbruch 1945 überdauert. Die DDR-Führung hielt dagegen an der These fest, nicht kulturelle Zusammenhänge oder gemeinsame geschichtliche Erfahrung, sondern ökonomische, soziale, politische und ideologische Merkmale seien grundlegend für eine Nation. Die Regierung der DDR forderte die Aufhebung des gesamtdeutschen Staatsangehörigkeitsanspruchs des Grundgesetzes. Die Staatsangehörigkeit sei künftig an eine sozialistische Nation (DDR) und eine kapitalistische Nation (Bundesrepublik Deutschland) zu koppeln.

Chronologie

7. Oktober 1949	Gründung der DDR
29. September 1950	Aufnahme der DDR in den Rat für gegenseitige Wirtschaftshilfe (RGW)
9. bis 12. Juli 1952	2. Parteikonferenz der SED beschließt planmäßige Errichtung der Grundlagen des Sozialismus.
17. Juni 1953	Volksaufstand in Berlin (Ost) und in der DDR
14. Mai 1955	Gründung des Warschauer Paktes; DDR ist Gründungsmitglied.
18. Januar 1956	Volkskammerbeschluss zur Schaffung der Nationalen Volksarmee
13. August 1961	Bau der Berliner Mauer durch die Regierung der DDR
12. August 1970	Moskauer Vertrag zwischen der Bundesrepublik Deutschland und der Sowjetunion
7. Dezember 1970	Warschauer Vertrag zwischen der Bundesrepublik Deutschland und Polen
3. September 1971	Unterzeichnung des Viermächteabkommens über Berlin durch die Siegermächte des Zweiten Weltkrieges
21. Dezember 1972	Unterzeichnung des Grundlagenvertrags zwischen der Bundesrepublik Deutschland und der DDR
19. September 1973	Aufnahme der beiden deutschen Staaten in die UNO
11. Dezember 1973	Prager Vertrag zwischen der Bundesrepublik Deutschland und der Tschechoslowakei

M 7 Grundgesetz für die Bundesrepublik Deutschland

Präambel[1]

Im Bewusstsein seiner Verantwortung vor Gott und den Menschen, von dem Willen beseelt, seine nationale und staatliche Einheit zu wahren und als gleichberechtigtes Glied in einem vereinten Europa dem Frieden der Welt zu dienen, hat das Deutsche Volk, [...] um dem staatlichen Leben für eine Übergangszeit eine neue Ordnung zu geben, kraft seiner verfassunggebenden Gewalt dieses Grundgesetz der Bundesrepublik Deutschland beschlossen. Es hat auch für jene Deutschen gehandelt, denen mitzuwirken versagt war. Das gesamte Deutsche Volk bleibt aufgefordert, in freier Selbstbestimmung die Einheit und Freiheit Deutschlands zu vollenden.

1 in der bis zum 3.10.1990 gültigen Fassung

Zit. nach: Bundeszentrale für politische Bildung (Hg.), Grundgesetz, Bonn 1974, S. 19.

M 8 Alleinvertretungsanspruch

Erklärung der Bundesregierung vor dem Deutschen Bundestag am 21. September 1949:

In der Sowjetzone gibt es keinen freien Willen der deutschen Bevölkerung. Das, was jetzt dort geschieht, wird nicht von der Bevölkerung getragen und damit legitimiert. Die Bundesrepublik Deutschland stützt sich dagegen auf die Anerkennung durch den frei bekundeten Willen von rund 23 Millionen stimmberechtigter Deutscher. Die Bundesrepublik Deutschland ist somit bis zu Erreichung der deutschen Einheit insgesamt die alleinige legitimierte staatliche Organisation des deutschen Volkes. [...]

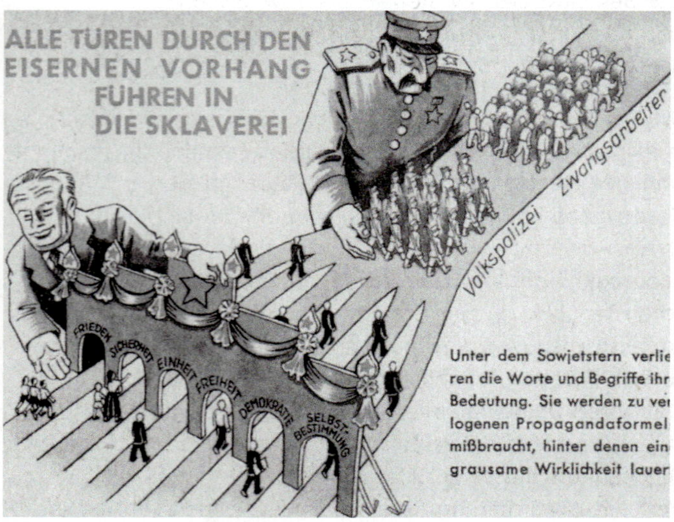

M 9 Volksbund-Plakat für die Bundesbahn, 1953

Die Bundesrepublik Deutschland fühlt sich verantwortlich für das Schicksal der 18 Millionen Deutschen, die in der Sowjetzone leben. Sie versichert sie ihrer Treue und ihrer Sorge. Die Bundesrepublik Deutschland ist allein befugt, für das deutsche Volk zu sprechen. Sie erkennt Erklärungen der Sowjetzone nicht als verbindlich für das deutsche Volk an.

Zit. nach: Dokumente und Akten zur Frage Deutsche Einheit in Freiheit und Frieden, hrsg. vom Bundesministerium für gesamtdeutsche Fragen, Bonn 1951, S. 35 f.

M 10 Wiedervereinigung durch Westintegration der Bundesrepublik Deutschland

Bundeskanzler Adenauer am 1. März 1952:

Ich möchte Ihnen sagen, dass ich der festen Überzeugung bin, auf dem eingeschlagenen Wege auch die Wiedervereinigung Deutschlands zu erreichen. Kann einer glauben, dass Sowjetrussland jemals, ohne dazu genötigt zu sein, die Ostzone wieder freigeben wird? Ich glaube es nicht. Aber ich denke mir die Entwicklung folgendermaßen: Wenn der Westen stärker ist als Sowjetrussland, dann ist der Tag der Verhandlungen mit Sowjetrussland gekommen. Dann wird man auch Sowjetrussland klarmachen müssen, dass es so nicht geht, dass es unmöglich halb Europa in Sklaverei halten kann, und dass im Wege einer Auseinandersetzung, nicht einer kriegerischen Auseinandersetzung, sondern im Wege einer friedlichen Auseinandersetzung, die Verhältnisse in Osteuropa neu geklärt werden müssen. Ich bin auch der Auffassung, dass Sowjetrussland zu solchen Verhandlungen alsdann bereit sein wird, denn, glauben Sie mir, auch Sowjetrussland hat schwere innere Probleme, sogar außerordentlich schwere innere Probleme, nämlich das Nahrungsmittelproblem.

Bundeskanzler K. Adenauer am 1.3.1952. Zit. nach K. P. Tudyka (Hg.), Das geteilte Deutschland, Stuttgart 1965, S. 70.

M 11 Die DDR als Teil des sozialistischen Weltsystems

Die offizielle Sichtweise der DDR: „Die sozialistische Etappe des Übergangs vom Kapitalismus zum Sozialismus 1949–1961/62":

[Die] Haupttendenzen des weltrevolutionären Prozesses sind auch maßgebend für Entstehung und Entwicklung der DDR, die vom ersten Tag ihres Bestehens an fest zum sozialistischen Weltlager gehört. Ihre Gründung stellt eine entscheidende Wende in der Geschichte des deutschen Volkes und seiner Nachbarvölker dar. Sie erhöht das Gewicht des sich herausbildenden sozialistischen Weltsystems, an dessen Westgrenze nun ein stabiler Friedensstaat existiert. Mit der Gründung der DDR tritt der von der Arbeiterklasse und ihrer marxistisch-leninistischen Partei, der SED, geführte Umwälzungsprozess vom Kapitalismus zum Sozialismus in seine zweite – die sozialistische – Etappe ein. Die Errichtung der Arbeiter-und-Bauern-Macht als Form der Diktatur des Proletariats schafft die grundlegende Voraussetzung, um die Entwicklung der Elemente sozialistischer Produktionsverhältnisse in Gestalt der volkseigenen Betriebe, den Beginn der Planwirtschaft und die veränderte Stellung der Arbeiterklasse in Produktionsprozess und Gesellschaft zu wirksamen Faktoren für die Weiterführung der gesellschaftlichen Umwälzung werden zu lassen. Der in der DDR vollzogene gesellschaftliche Umwälzungsprozess ist Bestandteil des Wachstums des Sozialismus im Weltmaßstab, von dem er – namentlich durch die Sowjetunion als dessen Hauptkraft – entscheidende Hilfe und Unterstützung erfährt, dem er aber in dialektischer Wechselwirkung auch neue Kräfte zuführt. Die höheren Formen der Zusammenarbeit der sozialistischen Staaten, wie sie sich in der Arbeit des „Rates für Gegenseitige Wirtschaftshilfe" und seit Mai 1955 in der Arbeit der Organe des Warschauer Vertrages ausdrücken, entwickeln sich dabei zum entscheidenden Instrument für den erfolgreichen Kampf um Frieden und Sicherheit. [...] Als fester Bestandteil des sozialistischen Weltlagers macht die DDR alle imperialistischen Liquidierungspläne zunichte. Gestützt auf die Solidarität der Sowjetunion und der anderen sozialistischen Staaten, hält sie dem Druck des Imperialismus stand und wehrt den permanenten Wirtschaftskrieg der BRD und ihrer Verbündeten gegen sich ab.

Sie durchkreuzt die massivsten Versuche einer Konterrevolution im Sommer 1953 [17. Juni] und im Herbst 1956 [Verhaftung einer parteiinternen Reformgruppe um W. Harich] durch die Standhaftigkeit der Arbeiterklasse und die solidarische Unterstützung der sozialistischen Staaten, besonders der Sowjetunion. Als sich der Imperialismus schließlich im Sommer 1961 offen anschickt, die DDR zu überfallen und aus der sozialistischen Staatengemeinschaft herauszubrechen, bereiten die bewaffneten Kräfte der DDR in Verwirklichung eines gemeinsamen Beschlusses der Staaten des Warschauer Vertrags, gedeckt von der Sowjetarmee, dem imperialistischen Klassengegner am 13. August 1961 eine entscheidende Niederlage.

Für alle Welt wird die neue geschichtliche Lage sichtbar. Das Kräfteverhältnis hat sich entscheidend zugunsten des Sozialismus verändert.

In der DDR, wie in anderen sozialistischen Staaten, hat die Arbeiterklasse ihre historische Mission erfüllt, die Herrschaft der Bourgeoisie zu stürzen und eine Gesellschaft aufzubauen, in der die Ausbeutung des Menschen durch den Menschen beseitigt ist. Im Zusammenhang mit dem sich abzeichnenden Sieg der sozialistischen Produktionsverhältnisse bildet sich mehr und mehr die politisch-moralische Einheit des Volkes heraus. Die sozialistische deutsche Nation in der DDR nimmt deutliche Konturen an.

Zit. nach: Sozialistisches Vaterland DDR, Entstehung und Entwicklung, Museum für Deutsche Geschichte, Berlin (Ost) 1979, S. 38 f.

M 12 Der 17. Juni 1953

Die Sichtweise der Staatspartei kommt in der Entschließung des Zentralkomitees der SED zum Ausdruck (26.7.1953):

Der 17. Juni hat bewiesen, dass in der DDR eine von den Amerikanern organisierte und unterstützte faschistische Untergrundbewegung vorhanden ist. An diesem Tage traten in einigen Städten (Magdeburg, Halle, Görlitz u. a.) ganze Gruppen maskierter Volksfeinde aus der Anonymität hervor und provozierten Unruhen. Es wurden illegale faschistische Organisationen mit eigenen Zentren, eigener Disziplin und ständigen Verbindungen mit den Agentenorganisationen in Westberlin aufgedeckt. [...] Der Versuch der Feinde des deutschen Volkes, die Partei und die Regierung durch die faschistische Provokation von der Durchführung des neuen Kurses abzubringen, ist gescheitert. [...]

Diese Generallinie der Partei war und bleibt richtig.

Zit. nach: H. Weber (Hg.), DDR, Dokumente zur Geschichte der Deutschen Demokratischen Republik 1945 bis 1985, München 1986, S. 188 f.

M 13 Beschluss der DDR zum Bau der Mauer

Der Beschluss des Ministerrats der DDR erfolgte, nachdem eine entsprechende Entscheidung in Moskau getroffen worden war:

Die westdeutschen Revanchisten und Militaristen missbrauchen die Friedenspolitik der Sowjetunion und der Staaten des Warschauer Paktes in der Deutschland-Frage, um durch feindliche Hetze, durch Abwerbung und Diversionstätigkeit [hier: Sabotage] nicht nur der Deutschen Demokratischen Republik, sondern auch anderen Staaten des sozialistischen Lagers Schaden zuzufügen. Aus all diesen Gründen beschließt der Ministerrat der Deutschen Demokratischen Republik in Übereinstimmung mit dem Beschluss des Politischen Beratenden Ausschusses der Staaten des Warschauer Vertrages zur Sicherung des europäischen Friedens, zum Schutze der Deutschen Demokratischen Repub-

lik und im Interesse der Sicherheit der Staaten des sozialistischen Lagers folgende Maßnahmen:
Zur Unterbindung der feindlichen Tätigkeit der revanchistischen und militaristischen Kräfte Westdeutschlands und West-Berlins wird eine solche Kontrolle an den Grenzen der Deutschen Demokratischen Republik einschließlich der Grenze zu den Westsektoren von Groß-Berlin eingeführt, wie sie an den Grenzen jedes souveränen Staates üblich ist. Es ist an den West-Berliner Grenzen eine verlässliche Bewachung und eine wirksame Kontrolle zu gewährleisten, um der Wühltätigkeit den Weg zu verlegen. Diese Grenzen dürfen von Bürgern der Deutschen Demokratischen Republik nur noch mit besonderer Genehmigung passiert werden. Solange West-Berlin nicht in eine entmilitarisierte neutrale Freie Stadt verwandelt ist, bedürfen Bürger der Hauptstadt der Deutschen Demokratischen Republik für das Überschreiten der Grenzen nach West-Berlin einer besonderen Bescheinigung.

Zit. nach: A. Hillgruber, Berlin, Dokumente 1944–1961, Darmstadt 1961, S. 198 f.

M 14 Vertrag

über die Grundlagen der Beziehungen zwischen der Bundesrepublik Deutschland und der Deutschen Demokratischen Republik (1973 in Kraft getreten):

Die Hohen Vertragschließenden Seiten eingedenk ihrer Verantwortung für die Erhaltung des Friedens, in dem Bestreben, einen Beitrag zur Entspannung und Sicherheit in Europa zu leisten […].

Artikel 1
Die Bundesrepublik Deutschland und die Deutsche Demokratische Republik entwickeln normale gutnachbarliche Beziehungen zueinander auf der Grundlage der Gleichberechtigung.

Artikel 2
Die Bundesrepublik Deutschland und die Deutsche Demokratische Republik werden sich von den Zielen und Prinzipien leiten lassen, die in der Charta der Vereinten Nationen niedergelegt sind, insbesondere der souveränen Gleichheit aller Staaten, der Achtung der Unabhängigkeit, Selbstständigkeit und territorialen Integrität, dem Selbstbestimmungsrecht, der Wahrung der Menschenrechte und der Nichtdiskriminierung.

Artikel 3
Entsprechend der Charta der Vereinten Nationen werden die Bundesrepublik Deutschland und die Deutsche Demokratische Republik ihre Streitfragen ausschließlich mit friedlichen Mitteln lösen und sich der Drohung mit Gewalt oder Anwendung von Gewalt enthalten. Sie bekräftigen die Unverletzlichkeit der zwischen ihnen bestehenden Grenze jetzt und in der Zukunft und verpflichten sich zur uneingeschränkten Achtung ihrer territorialen Integrität.

Artikel 4
Die Bundesrepublik Deutschland und die Deutsche Demokratische Republik gehen davon aus, dass keiner der beiden Staaten den anderen international vertreten oder in seinem Namen handeln kann. […]

Artikel 6
Die Bundesrepublik Deutschland und die Deutsche Demokratische Republik gehen von dem Grundsatz aus, dass die Hoheitsgewalt jedes der beiden Staaten sich auf sein Staatsgebiet beschränkt. Sie respektieren die Unabhängigkeit und Selbstständigkeit jedes der beiden Staaten in seinen inneren und äußeren Angelegenheiten.

Artikel 7
Die Bundesrepublik Deutschland und die Deutsche Demokratische Republik erklären ihre Bereitschaft, im Zuge der Normalisierung ihrer Beziehungen praktische und humanitäre Fragen zu regeln. Sie werden Abkommen schließen, um auf der Grundlage dieses Vertrages und zum beiderseitigen Vorteil die Zusammenarbeit auf dem Gebiet der Wirtschaft, der Wissenschaft und Technik, des Verkehrs, des Rechtsverkehrs, des Post- und Fernmeldewesens, des Gesundheitswesens, der Kultur, des Sports, des Umweltschutzes und auf anderen Gebieten zu entwickeln und zu fördern. Einzelheiten sind in dem Zusatzprotokoll geregelt.

Artikel 8
Die Bundesrepublik Deutschland und die Deutsche Demokratische Republik werden ständige Vertretungen austauschen. Sie werden am Sitz der jeweiligen Regierung errichtet. […]

Zit. nach: Der Grundlagenvertrag, Seminarmaterial des Gesamtdeutschen Instituts – Bundesanstalt für gesamtdeutsche Aufgaben (Hg.), Bonn 1975, S. 3 f.

M 15 Brief zur deutschen Einheit (1972)

Egon Bahr, Berater von Willy Brandt und entscheidend mitbeteiligt an der Neukonzeption der deutschen Ostpolitik, an den Staatssekretär beim Ministerrat der DDR Michael Kohl (21.12.72):

Sehr geehrter Herr Kohl!
Im Zusammenhang mit der heutigen Unterzeichnung des Vertrages über die Grundlagen der Beziehungen zwischen der Bundesrepublik Deutschland und der Deutschen Demokratischen Republik beehrt sich die Regierung der Bundesrepublik Deutschland festzustellen, dass dieser Vertrag nicht

im Widerspruch zu dem politischen Ziel der Bundesrepublik Deutschland steht, auf einen Zustand des Friedens in Europa hinzuwirken, in dem das deutsche Volk in freier Selbstbestimmung seine Einheit wiedererlangt.
Mit vorzüglicher Hochachtung
Bahr

Zit. nach: Der Grundlagenvertrag, Bundesanstalt für gesamtdeutsche Aufgaben (Hg.), a. a. O., S. 4.

M 16 Die deutsche Nation in den Verfassungen der DDR

*a) Im Jahre **1949:***

Artikel 1
Deutschland ist eine unteilbare demokratische Republik; sie baut sich auf den deutschen Ländern auf.
Die Republik entscheidet alle Angelegenheiten, die für den Bestand und die Entwicklung des deutschen Volkes in seiner Gesamtheit wesentlich sind; alle übrigen Angelegenheiten werden von den Ländern selbstständig entschieden. [...] Es gibt nur eine deutsche Staatsangehörigkeit.

*b) Im Jahre **1968:***

Artikel 1
Die Deutsche Demokratische Republik ist ein sozialistischer Staat deutscher Nation. Sie ist die politische Organisation der Werktätigen in Stadt und Land, die gemeinsam unter Führung der Arbeiterklasse und ihrer marxistisch-leninistischen Partei den Sozialismus verwirklichen.

*c) Im Jahre **1974:***

Artikel 1
Die Deutsche Demokratische Republik ist ein sozialistischer Staat der Arbeiter und Bauern. Sie ist die politische Organisation der Werktätigen in Stadt und Land unter Führung der Arbeiterklasse und ihrer marxistisch-leninistischen Partei.

Zit. nach: a) R. Thomas, Modell DDR, München 1977, S. 185;b) Staatsverlag der Deutschen Demokratischen Republik, Berlin (Ost) 1970, S. 9; c) H. Weber (Hg.), DDR, Dokumente zur Geschichte, München 1986, S. 156 f.

Aufgaben

1. Skizzieren Sie die wesentlichen Veränderungen, die beim Übergang der DDR-Gesellschaft vom Kapitalismus zum Sozialismus auftraten, und erläutern Sie die damit verbundenen Probleme.
   → Text, M2, M11
2. Unterscheiden Sie in einer Gegenüberstellung die politischen Strategien zur Lösung der Deutschen Frage, die es in Ost und West gab.
   → Text, M1, M7, M8, M10, M16
3. Halten Sie den Auftrag fest, der sich aus dem Grundgesetz für die Verfassungsorgane der Bundesrepublik ergab. Auf welche Widerstände stieß die Verwirklichung dieses Auftrages?
   → M7
4. Wie begründete die Bundesregierung ihren Anspruch, für das ganze Deutschland zu sprechen?
   → M8
5. Bewerten Sie den Arbeiteraufstand vom 17. Juni 1953 aus der Sicht der SED-Führung und aus der Sicht der Regierung der Bundesrepublik.
   → Text, M12
6. Stellen Sie die offizielle Rechtfertigung der DDR-Regierung für den Bau der Berliner Mauer mit den tatsächlichen Gründen in einem Schaubild gegenüber.
   → Text, M13
7. In welcher Form und mit welchem Ziel wurde die Politik der Entspannung von der Bundesregierung betrieben?
   → Text, M5, M6, M14
8. Nennen Sie die Inhalte des Grundlagenvertrages. Inwiefern haben sich im Text die Interessen der DDR und der Bundesrepublik Deutschland niedergeschlagen?
   → M14
9. Erklären Sie die Bedeutung, die dem Brief zur deutschen Einheit im Zusammenhang mit dem Grundlagenvertrag zukam.
   → M7, M15
10. Untersuchen Sie, wie sich die offizielle DDR-Haltung zur nationalen Frage in den Verfassungen niederschlug.
    → M16

15.5 Die Bundesrepublik 1949–1990

Die Ära Adenauer (1949–1963)

Staatlicher Neubeginn

Am Anfang des staatlichen Neubeginns stand 1948 die Aufforderung der drei westlichen Siegermächte an die Ministerpräsidenten der Länder, eine Verfassung ausarbeiten zu lassen. Hintergrund dieser alliierten Initiative zur Gründung eines westdeutschen Teilstaates war die sich verschärfende Ost-West-Konfrontation. Nach dem Scheitern der Viermächte-Kontrolle über Deutschland sahen insbesondere amerikanische Politiker die Notwendigkeit, Westdeutschland als Baustein im Rahmen der Eindämmung (containment) des Sowjetkommunismus einzusetzen.

Der daraufhin durch die Landtage gewählte Parlamentarische Rat verabschiedete 1949 eine Verfassung, die mit Absicht als Grundgesetz bezeichnet wurde, um den provisorischen Charakter zu betonen. Die Westdeutschen insgesamt befürchteten eine Vertiefung der Spaltung. Gleichwohl sprachen sich in einer Umfrage 70 Prozent für die Gründung eines westdeutschen Teilstaates aus.

M 1 Theodor Heuss,
erster Bundespräsident von 1949 bis 1959

Am 10. April 1949 trat ein Besatzungsstatut in Kraft, das die unbeschränkte Macht der Militärgouverneure beendete. Diese wurden durch zivile Hohe Kommissare der Siegermächte abgelöst. Sie entschieden bis auf Weiteres in Fragen der Außenpolitik, des Außenhandels, der Sicherheit und der Reparationen. Aus den ersten Bundestagswahlen (1949) ging eine knappe bürgerliche Mehrheit hervor, die Konrad Adenauer (CDU) mit einer Stimme Mehrheit zum Bundeskanzler wählte. Theodor Heuss (FDP) wurde erster Bundespräsident. Entgegen den allgemeinen Erwartungen sollten die bürgerlichen Parteien die ersten zwei Jahrzehnte der Bundesrepublik prägen – und nicht die Sozialdemokratie.

Grundgesetz

Der Parlamentarische Rat verabschiedete das Grundgesetz am 8. Mai 1949, dem vierten Jahrestag der Kapitulation. Am 23. Mai 1949 wurde es nach Genehmigung durch die Militärregierung offiziell verkündet.

M 2 Der SPD-Vorsitzende Kurt Schumacher (Mitte)
war erbitterter Gegenspieler Adenauers in der Anfangsphase der Bundesrepublik. Das Bild zeigt ihn gestützt auf seine Sekretärin Annemarie Renger, spätere Bundestagspräsidentin, und Erich Ollenhauer, dem Nachfolger als SPD-Vorsitzender, Foto, 1949.

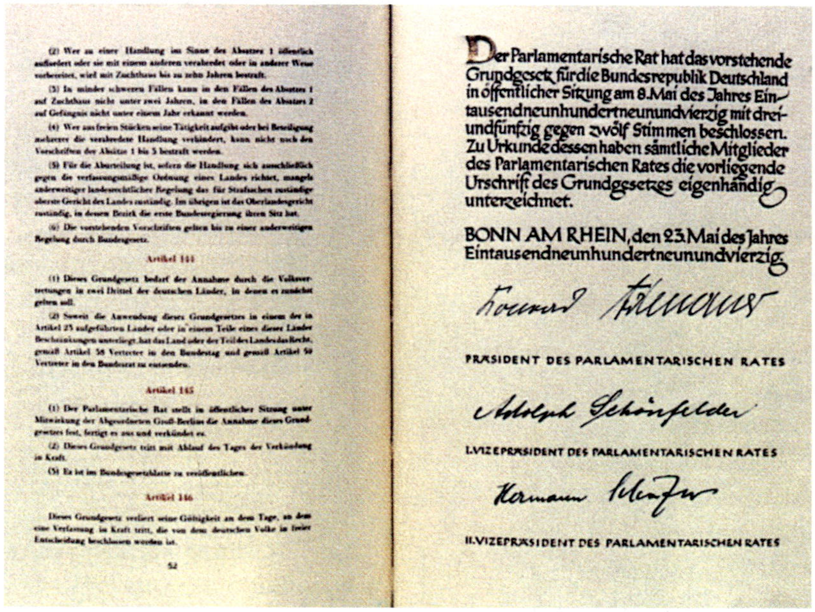
(2) Wer zu einer Handlung im Sinne des Absatzes 1 öffentlich auffordert oder sie mit einem anderen verabredet oder in anderer Weise vorbereitet, wird mit Zuchthaus bis zu zehn Jahren bestraft.

(3) In minder schweren Fällen kann in den Fällen des Absatzes 1 auf Zuchthaus nicht unter zwei Jahren, in den Fällen des Absatzes 2 auf Gefängnis nicht unter einem Jahr erkannt werden.

(4) Wer aus freien Stücken seine Tätigkeit aufgibt oder bei Beteiligung mehrerer die verabredete Handlung verhindert, kann nicht nach den Vorschriften der Absätze 1 bis 3 bestraft werden.

(5) Für die Aburteilung ist, sofern die Handlung sich ausschließlich gegen die verfassungsmäßige Ordnung eines Landes richtet, mangels anderweitiger landesrechtlicher Regelung das für Strafsachen zuständige oberste Gericht des Landes zuständig. Im übrigen ist das Oberlandesgericht zuständig, in dessen Bezirk die erste Bundesregierung ihren Sitz hat.

(6) Die vorstehenden Vorschriften gelten bis zu einer anderweitigen Regelung durch Bundesgesetz.

Artikel 144

(1) Dieses Grundgesetz bedarf der Annahme durch die Volksvertretungen in zwei Dritteln der deutschen Länder, in denen es zunächst gelten soll.

(2) Soweit die Anwendung dieses Grundgesetzes in einem der in Artikel 23 aufgeführten Länder oder in einem Teile eines dieser Länder Beschränkungen unterliegt, hat das Land oder der Teil des Landes das Recht, gemäß Artikel 38 Vertreter in den Bundestag und gemäß Artikel 50 Vertreter in den Bundesrat zu entsenden.

Artikel 145

(1) Der Parlamentarische Rat stellt in öffentlicher Sitzung unter Mitwirkung der Abgeordneten Groß-Berlins die Annahme dieses Grundgesetzes fest, fertigt es aus und verkündet es.

(2) Dieses Grundgesetz tritt mit Ablauf des Tages der Verkündung in Kraft.

(3) Es ist im Bundesgesetzblatte zu veröffentlichen.

Artikel 146

Dieses Grundgesetz verliert seine Gültigkeit an dem Tage, an dem eine Verfassung in Kraft tritt, die von dem deutschen Volke in freier Entscheidung beschlossen worden ist.

52

Der Parlamentarische Rat hat das vorstehende Grundgesetz für die Bundesrepublik Deutschland in öffentlicher Sitzung am 8. Mai des Jahres Eintausendneunhundertneunundvierzig mit dreiundfünfzig gegen zwölf Stimmen beschlossen. Zu Urkunde dessen haben sämtliche Mitglieder des Parlamentarischen Rates die vorliegende Urschrift des Grundgesetzes eigenhändig unterzeichnet.

BONN AM RHEIN, den 23. Mai des Jahres Eintausendneunhundertneunundvierzig.

Konrad Adenauer

PRÄSIDENT DES PARLAMENTARISCHEN RATES

Adolph Schönfelder

I. VIZEPRÄSIDENT DES PARLAMENTARISCHEN RATES

Hermann Schäfer

II. VIZEPRÄSIDENT DES PARLAMENTARISCHEN RATES

M 3 **Letzte Doppelseite der Urschrift des Grundgesetzes vom 23. Mai 1949**

Nur eine Minderheit der westdeutschen Bevölkerung hatte an seiner Entstehung Anteil genommen.

Den führenden Köpfen des Parlamentarischen Rates ging es darum, Lehren aus der Geschichte zu ziehen. Die Erfahrung der Selbstzerstörung der Weimarer Demokratie beeinflusste die Beratungen. Das Grundgesetz ist geprägt vom Misstrauen gegenüber einem Volk, das sich als anfällig für nationalistische und totalitäre Parolen gezeigt hat:

- Nach den Vorgaben der Besatzungsmächte wurde der neue Staat auf föderalistischer Grundlage – als Bundesstaat – errichtet.
- In bewusster Abgrenzung zur Weimarer Reichsverfassung beschnitt man die präsidiale Macht. Das Amt des Bundespräsidenten bleibt im Wesentlichen auf repräsentative Aufgaben beschränkt.
- Die Position des Bundeskanzlers wurde hingegen gestärkt. Er bedarf zu seiner Amtsführung nur noch des Vertrauens der Parlamentsmehrheit. Er kann – neben der regulären Abwahl – nur durch ein konstruktives Misstrauensvotum „gestürzt“ werden.
- Die Fünf-Prozent-Klausel bei den Wahlen verhindert eine Zersplitterung der Parteien und erhöht die Funktionsfähigkeit des Parlaments.
- Die „wehrhafte Demokratie“ ermöglicht das Verbot von verfassungswidrigen Parteien.
- Volksabstimmungen (Plebiszite) auf Bundesebene sind nach dem Grundgesetz nicht vorgesehen.
- Dem Vorbild des amerikanischen „supreme court“ folgend wurde das Bundesverfassungsgericht neu in das Organgefüge aufgenommen.

Das Grundgesetz hat sich als ein „dauerhaftes Provisorium“ erwiesen. Lediglich die Präambel (Einleitung), in der das deutsche Volk aufgefordert wird, die Einheit zu vollenden, wurde im Zuge der Wiedervereinigung 1990 gestrichen.

Wiedergewonnene Souveränität

Der Überfall des kommunistischen Nordkoreas auf den Süden des Landes (1950) beeinflusste in erheblichem Maße die sicherheitspolitischen Überlegungen in Europa und Nordamerika. Auf westlicher Seite sah man in der Remilitarisierung Westdeutschlands die einzige

Möglichkeit, die Sicherheitslücke in Europa zu schließen. In dieser Situation nutzte Adenauer seinen begrenzten politischen Handlungsspielraum und bot den Westalliierten einen Verteidigungsbeitrag an. Er verknüpfte dabei auf diplomatisch geschickte Weise die mögliche Bereitstellung deutscher Soldaten mit der Wiedererlangung der staatlichen Souveränität (1950). Nachdem das Projekt einer Europäischen Verteidigungsgemeinschaft (EVG) am Widerstand der französischen Nationalversammlung gescheitert war (1954), erfolgte im Jahr darauf – quasi als Ersatzlösung – die Aufnahme der Bundesrepublik Deutschland in die NATO. Parallel dazu trat am 5. Mai 1955 der Deutschlandvertrag in Kraft.

Mit ihm wurde das Besatzungsstatut abgelöst. Abgesehen von einigen alliierten Vorbehaltsrechten (insbesondere Deutschland als Ganzes betreffend) wurde die Bundesrepublik ein souveränes und gleichberechtigtes Mitglied der westlichen Staatengemeinschaft. Adenauer war sich sehr bewusst, dass nunmehr die Wiedervereinigung in weite Ferne gerückt war. Denn spiegelbildlich zur Westintegration erfolgte die formale Einbindung der DDR in den von der Sowjetunion dominierten Ostblock. Allerdings war Adenauer davon überzeugt, dass die kommunistische Sowjetunion eine Wiedervereinigung unter freiheitlich-demokratischen Vorzeichen nicht zulassen würde.

Wiederbewaffnung

Die Wiederbewaffnung stellte die westdeutsche Gesellschaft vor eine Zerreißprobe. Die große Mehrheit lehnte ein deutsches Militär ab. Die pazifistische Grundstimmung drückte sich in einer „Ohne-mich-Bewegung" aus. Der schreckliche Krieg und die mit ihm zusammenhängenden traumatischen Erinnerungen waren noch zu frisch. Die Sozialdemokratie unter der Führung von Kurt Schumacher bekämpfte vor allem zu Beginn der Fünfzigerjahre die Wiederbewaffnung. Sie sah ihr vorrangiges Ziel in der Wiederherstellung der deutschen Einheit.

M 4 Proteste gegen die Wiederbewaffnung
Fahrraddemonstration in München, November 1954

Europapolitik

Adenauer strebte schon frühzeitig eine europäische Einigung an. Die Europaidee stellte dabei eine Alternative zum übersteigerten Nationalismus des Dritten Reiches dar. Gleichzeitig schlug er diesen politischen Weg ein, um die Isolierung Westdeutschlands zu durchbrechen. Auch sicherheitspolitische Überlegungen angesichts der sowjetischen Militärübermacht spielten eine Rolle. Der Aufbau eines gemeinsamen Europas war nicht möglich ohne eine Aussöhnung zwischen Deutschland und Frankreich. Die Auflösung des deutsch-französischen Gegensatzes erfolgte zunächst in enger Partnerschaft mit dem französischen Außenminister Robert Schuman. Die Zusammenarbeit mündete 1957 in der Gründung der Europäischen Wirtschaftsgemeinschaft (EWG). Später stellte Adenauer eine besondere Beziehung zum französischen Staatspräsidenten Charles de Gaulle her. Die zwei „großen alten Männer“ betrieben die Versöhnung der „Erbfeinde“, um gemeinsam ein „Europa der Vaterländer“ zu schaffen. Die Annäherung der beiden Staaten schlug sich im Deutsch-Französischen Freundschaftsvertrag (1963) nieder.

Wiedergutmachung

Schon 1949 bekannte sich die westdeutsche Regierung zur Wiedergutmachungspflicht gegenüber den Juden. Die Verhandlungen mit der „Conference of Jewish Material Claims against Germany“, an der auch der Staat Israel beteiligt war, endeten 1952 mit einem Abkommen, das beträchtliche Zahlungen vorsah. Diese Übereinkunft trug erheblich dazu bei, das von den Westmächten in den neuen deutschen Staat gesetzte Vertrauen wachsen zu lassen.

Parteiendemokratie

Die Stabilität der Bundesrepublik war in erheblichem Ausmaß auch dem stabilen Parteiensystem geschuldet. Nach der ersten Bundestagswahl 1949 gab es eine noch stark zersplitterte Parteienlandschaft.

Die heute gültige Fünf-Prozent-Klausel veränderte in den folgenden Wahlen die Parteienlandschaft im Sinne einer Konzentrierung auf ein „Zweieinhalb-Parteiensystem“: zwei große Volksparteien (CDU/CSU sowie SPD) und die kleinere FDP, die wiederholt das berühmte „Zünglein an der Waage“ spielen konnte. Im Laufe der bundesrepublikanischen Geschichte fand ein gewisser Angleichungsprozess statt, der politische Kompromisse erleichterte. Grundsätzlich gab es keine unüberwindbaren Hürden zwischen den Parteien. Es entstand eine „Koalitionsdemokratie“. Die politische Kontinuität konnte auch über Regierungswechsel hinweg immer wieder gewahrt werden.

Das Funktionieren des parlamentarischen Systems hing auch damit zusammen, dass die Fehler der Weimarer Republik nicht wiederholt wurden. Die Fünf-Prozent-Klausel verhindert wirkungsvoll den Einzug von sehr kleinen Parteien ins Parlament und erleichtert die Regierungsbildung. Der Links- beziehungsweise Rechtsextremismus wurde mit politischen und juristischen Mitteln bekämpft. 1952 erfolgte – nach einem Verbotsverfahren vor dem Bundesverfassungsgericht – die Auflösung der rechtsextremistischen Sozialistischen Reichspartei (SRP). 1956 wurde die von der DDR gesteuerte Kommunistische Partei Deutschlands (KPD) als verfassungswidrig erklärt. Die parlamentarische Parteienstruktur änderte sich erst nach 1983 mit dem Einzug der „Grünen“ in den Bundestag. Nach der Wiedervereinigung kam die „Partei des Demokratischen Sozialismus“ (PDS) – die Nachfolgerin der ostdeutschen Staatspartei SED – als fünfte Partei hinzu.

M 5 **Das CDU-Plakat zur Bundestagswahl von 1953** richtete sich weniger gegen die KPD als gegen die SPD.

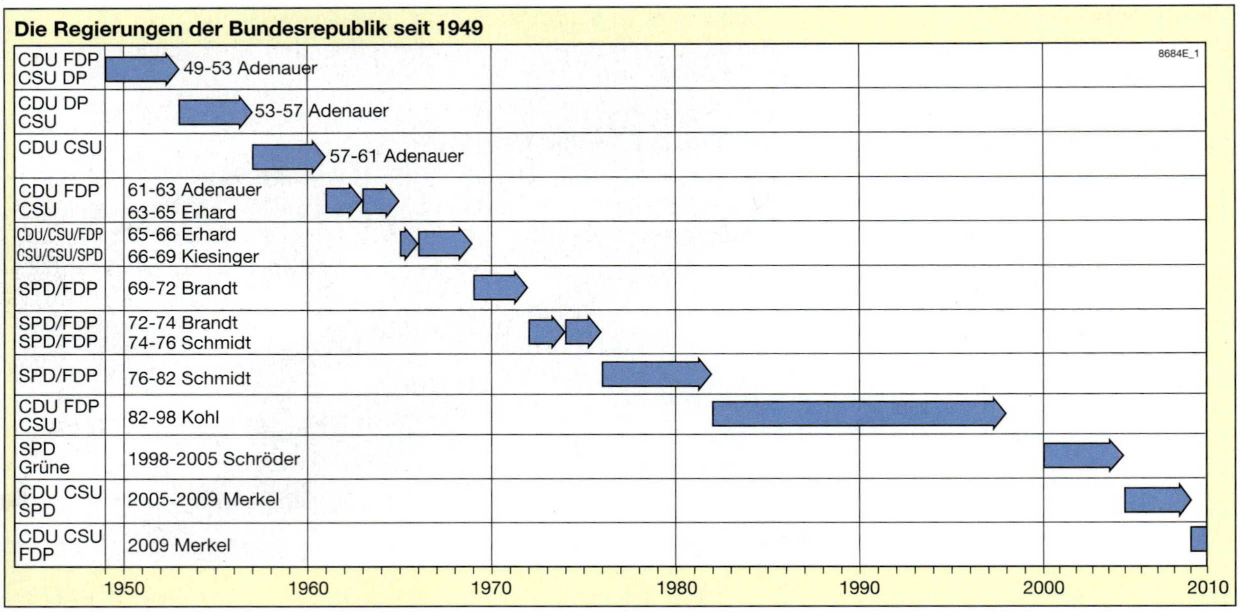

M 6

Flucht und Vertreibung

Vor allem der Vormarsch der Roten Armee und der Beschluss der Alliierten, die Gebiete östlich von Oder und Neiße an Polen zu übertragen, hatten eine der größten Bevölkerungsbewegungen der Neuzeit zur Folge. Mit dem Begriff „Vertreibung" bezeichnet man aus heutiger Perspektive einen Vorgang, der sich in unterschiedlichen Etappen abspielte.

M 7 Deutsche Bevölkerung in den deutschen Ostgebieten in Ostmittel- und Südosteuropa am Beginn des Zweiten Weltkrieges

Gebiete (Stand: 31.12.1937)	**Deutsche Bevölkerung [in Tausend]** im September 1939
Deutsche Ostgebiete (dt. Staatsangehörige)	9575
Ostpreußen	2473
Ostpommern	1884
Ostbrandenburg	642
Schlesien	4576
Deutsche Siedlungsgebiete außerhalb der Reichsgrenze (dt. Volkszugehörigkeit)	
Freie Stadt Danzig	380
Memelgebiet	118
Polen	1200
Tschechoslowakei	3544
Baltische Staaten	132
Ungarn	600
Rumänien	782
Jugoslawien	536
Insgesamt	16867

Zit. Nach: M. Behnen, Lexikon der deutschen Geschichte 1945-1990, Stuttagrt 2002, S. 626.

M 8 Kriegsflüchtlinge
Deutsche Zivilisten im Februar 1945 in Danzig und Umgebung auf der Flucht vor der herannahenden Roten Armee, 20./21. Februar 1945.

Im zeitlichen Rahmen von mehreren Jahren umfasst er Flucht als auch Ausweisung und gewaltsame Vertreibung. Von diesen Ereignissen waren gegen Ende des Zweiten Weltkrieges und in den Jahren danach etwa 16,9 Millionen Menschen betroffen. Von ihnen haben annähernd zwei Millionen nicht überlebt. Sie wurden Opfer von Verschleppung, Zwangsarbeit, Hunger, Entkräftung und Gewalttaten.

Zwar sollte nach den Bestimmungen des Potsdamer Protokolls die Aussiedlung nach 1945 in „ordnungsgemäßer“ und „humaner“ Weise erfolgen, aber die Realität sah anders aus. In der Regel mussten die Deutschen ihr Hab und Gut zurücklassen. Wertsachen wurden oft noch vor Ort konfisziert. Die meisten erreichten ausgeraubt und mittellos die Besatzungszonen. Bis 1950 wurden über acht Millionen Flüchtlinge beziehungsweise Vertriebene aus den Ostgebieten (Ostpreußen, Pommern, Schlesien), der Tschechoslowakei und Osteuropa in Westdeutschland aufgenommen. Die Sowjetische Besatzungszone erreichten 3,5 Millionen Menschen. Die Flucht von 400 000 endete in Österreich.

Die Unterbringung der Vertriebenen bereitete extreme Schwierigkeiten, denn der aufgrund der zerbombten Städte ohnehin schon knappe Wohnraum musste jetzt noch zusätzlich Menschen aufnehmen. Die materiellen Lebensbedingungen der Vertriebenen, aber auch anderer Heimkehrer und Ausgebombter blieben unmittelbar nach dem Krieg beklagenswert. Zum Verlust des Eigentums kam psychisches Elend in Form von zerrissenen Familien oder Ungewissheit über das Schicksal von Angehörigen hinzu. Die seelischen Wunden der Vertreibung bestimmten das Schicksal von vielen. Diese machten sich mitunter illusionäre Hoffnungen auf eine baldige Rückkehr in ihre angestammte Heimat.

Soziale Eingliederung

In dieser Situation bildete die Integration eine vordringliche sozialpolitische Aufgabe. Diese konnte erst gelöst werden, als nach 1948 ein wirtschaftlicher Aufschwung einsetzte. Die erstaunlich reibungslose Eingliederung von Millionen Flüchtlingen in den Westzonen war vor

M 9 Flüchtlingselend in Deutschland nach 1945
Besonders katastophal war die Situation für Hunderttausende von Flüchtlingsfrauen, die, ihrer gesamten Habe beraubt, oft nur ihre Kinder in Sicherheit bringen konnten. In Wellblechbaracken, Lagerhallen oder anderen Notunterkünften zusammengepfercht, retteten sie in vielen Fällen die Existenz ihrer Familie nahezu ohne jede männliche Unterstützung, da die Männer entweder im Krieg gefallen waren oder sich in alliierter Kriegsgefangenschaft befanden.

allem das Ergebnis des „Wirtschaftswunders“. Dieses wurde weniger mit Adenauer als mit seinem Wirtschaftsminister Ludwig Erhard (CDU) in Verbindung gebracht. Im Wahlkampf 1949 spielte der Konflikt um die zukünftige Wirtschaftsordnung eine überragende Rolle. Der von Erhard verfochtenen Sozialen Marktwirtschaft stand seitens der SPD ein planwirtschaftliches Programm mit verstaatlichten Grundstoffindustrien gegenüber. Die erfolgreiche Währungsreform (1948), flankierende Aufbauhilfen durch den amerikanischen Marshallplan sowie die Exportkonjunktur im Zuge des Koreakrieges (ab 1950) führten zu zweistelligen Wachstumszahlen in der Phase des Wiederaufbaus. Konstant sinkende Arbeitslosigkeit, wachsender Wohlstand und die stabile D-Mark festigten auch die Demokratie.

Lastenausgleich

Das einsetzende Wirtschaftswachstum eröffnete Handlungsspielräume für sozialpolitische Maßnahmen. Eine überragende Bedeutung kam in diesem Zusammenhang dem 1952 verabschiedeten Gesetz zum Lastenausgleich zu. Es regelte die Entschädigung von Verlusten durch Enteignung, Vertreibung und Kriegsschäden. Die dem Lastenausgleich zugrunde liegende Idee sah vor, die Verluste durch den Krieg gleichmäßig auf die Gesamtbevölkerung zu übertragen. Der Vermögenstransfer finanzierte sich aus dem Vermögen von Nichtgeschädigten. Den Anspruchsberechtigten wurde in den folgenden Jahrzehnten ein Teil ihrer Verluste ausgeglichen. Das geschah zum Beispiel in Form von Geldzahlungen, Darlehen und Renten. Die sozialstaatliche Regulierung der Verluste sowie die zügige Integration in den Arbeitsmarkt führten zum Abbau sozialer Spannungen und verhinderten eine Radikalisierung der Vertriebenen.

Seit 1948 organisierten sich die Vertriebenen in einer Vielzahl von Landsmannschaften, die sich 1957 zum Bund der Vertriebenen (BdV) zusammenschlossen. Vor allem in den Fünfzigerjahren spielte dieser Verband mit seinen zwei Millionen Mitgliedern eine wichtige politische Rolle. Er besaß eine starke Präsenz im Bundestag. Zudem galt die Partei „Gesamtdeutscher Block/Block der Heimatvertriebenen und Entrechteten“ (GB/BHE) als Anwalt der Interessen von Vertriebenen. Während diese Partei bei der Bundestagswahl 1953 noch 5,9 Prozent der Stimmen errang, spielte sie in den Sechzigerjahren keine nennenswerte Rolle mehr.

„Charta der Vertriebenen“

1950 hatten sich die Repräsentanten der Heimatvertriebenen in der „Charta der Vertriebenen“ für den Verzicht auf Rache bei gleichzeitigem Anspruch auf Heimatrecht ausgesprochen. Im gleichen Jahr hatte die DDR im Görlitzer Vertrag mit Polen die Oder-Neiße-Linie als Staatsgrenze zu Polen anerkannt. Zu diesem Schritt waren weder die Vertriebenenverbände noch die Bundesregierung bereit. Vielmehr betonte man die Widerrechtlichkeit der Vertreibung bei Nichtanerkennung der Nachkriegsgrenzen. Der Anspruch auf die verlorenen Gebiete gründete sich darauf, dass die Alliierten die Abtretung an Polen unter den Vorbehalt einer endgültigen Regelung in einem Friedensvertrag gestellt hatten. Auf den jährlichen Treffen der Vertriebenen wurde das „Recht auf Heimat“ beschworen. Obgleich die internationale Staatengemeinschaft allgemein von der Endgültigkeit der Oder-Neiße-Grenze ausging, nährten viele Vertriebenenfunktionäre die Illusion einer Rückkehr.

Als gegen Ende der Sechzigerjahre der Wunsch nach Aussöhnung mit den östlichen Nachbarn immer mehr Gewicht bekam, tat sich eine Kluft zwischen Teilen der Vertriebenen und Entspannungspolitikern auf. Die Parole „Verzicht ist Verrat“ kursierte in der Öffentlichkeit. Im Warschauer Vertrag zwischen der Bundesrepublik Deutschland und Polen wurde 1970 die „Unverletzlichkeit“ der Oder-Neiße-Grenze anerkannt. Gleichzeitig hielt die Bundesregierung aber die offizielle Rechtsposition der endgültigen Regelung in einem Friedensvertrag aufrecht. Gleichwohl war damit faktisch ein politischer Schritt unternommen worden, der zwanzig Jahre später im „Vertrag über die abschließende Regelung in Bezug auf Deutschland“ seine Fortsetzung fand (1990). In ihm hat das vereinigte Deutschland völkerrechtlich verbindlich die nach dem Zweiten Weltkrieg entstandenen Grenzen anerkannt.

Übergang und Wandel (1963–1969)

Rücktritt Adenauers

Nach 14 Jahren trat Konrad Adenauer 1963 als Bundeskanzler zurück und räumte – nicht ganz freiwillig – den Platz für seinen führungsschwachen Nachfolger Ludwig Erhard. Damit ging die Nachkriegszeit zu Ende.

Adenauer hatte mehr Autorität besessen als irgendein Kanzler in der Geschichte der deutschen Demokratie. In seiner Amtszeit wurde der Begriff „Kanzlerdemokratie“ geprägt. Adenauers politisches Wirken hatte eine lang andauernde Debatte zur Folge gehabt, die unter dem Titel „Restauration oder Neubeginn?“ geführt wurde. Die Einstellung von politisch belasteten Beamten wurde kritisiert – ebenso wie der Antikommunismus, den Adenauer als politische Waffe zu instrumentalisieren wusste. Gleichwohl setzte sich in der nach ihm benannten Ära eine zunehmende Bejahung der Demokratie durch.

Beschleunigt wurde das politische Ende Adenauers durch die „Spiegel-Affäre“ (1962), bei der es sich in Wirklichkeit um einen Rechtsbruch der Regierung handelte. Als Reaktion auf einen Artikel im Magazin „Der Spiegel", in dem der Bundeswehr mangelnde Einsatzbereitschaft bescheinigt wurde („Bedingt abwehrbereit"), veranlasste die Regierung Adenauer die Durchsuchung des Verlagshauses und die Festnahme von Redakteuren und Journalisten. Der Vorwurf eines „Abgrunds von Landesverrat" stand dem hohen Gut der Pressefreiheit gegenüber. Das autoritäre Staatsverständnis Adenauers geriet in Konflikt mit einer kritisch gewordenen Öffentlichkeit.

Große Koalition

Parallel zum Machtverschleiß der Regierungspartei CDU/CSU vollzog sich ein Wandel der großen Oppositionspartei – der SPD. Nach dem Tod des dominanten Parteivorsitzenden Kurt Schumacher (1952) übernahmen andere Politiker das Ruder: Erich Ollenhauer, Herbert Wehner, Fritz Erler und Willy Brandt.

M 10 Der Start zur Großen Koalition im Jahre 1966
Rechts Bundeskanzler Kiesinger (CDU), links Willy Brandt (SPD). In der Mitte Helmut Schmidt (SPD), Bundeskanzler von 1974 bis 1982.

Angeleitet durch die Erkenntnis, dass 30 Prozent Stammwähler nicht ausreichten, um die Oppositionsrolle abzulegen, öffnete sich die SPD zur politischen Mitte. Die programmatische Zäsur bildete dabei das „Godesberger Programm" (1959), in dem die Partei von ihrer sozialistischen Arbeitertradition Abstand nahm. Nunmehr wurden Soziale Marktwirtschaft, Westintegration und NATO-Zugehörigkeit akzeptiert. Allerdings dauerte es noch bis 1969 bis die Strategie Herbert Wehners aufging. Um zunächst die Regierungsfähigkeit der SPD zu beweisen, ging man 1966 eine „Große Koalition" unter der Kanzlerschaft Kurt Georg Kiesingers (CDU) ein. Willy Brandt wurde Außenminister. Drei Jahre später reichte bei den Bundestagswahlen von 1969 eine knappe Mehrheit zur Bildung einer sozialliberalen Koalition mit Willy Brandt als Bundeskanzler und Walter Scheel (FDP) als Außenminister. Erst damit ging eine zwanzigjährige CDU-Vorherrschaft zu Ende. Die CDU/CSU, die quasi zur Staatspartei geworden war, übernahm die Rolle der Opposition. Der „Machtwechsel" vollzog sich reibungslos nach den Regeln der Demokratie („Herrschaft auf Zeit"). Die bundesrepublikanische Demokratie hatte damit eine Bewährungsprobe bestanden.

Die sozialliberale Ära (1966/69–1982)

Außenparlamentarische Opposition

In der zweiten Hälfte der Sechzigerjahre wuchs das Unbehagen einer jungen Generation, die im Nachkriegsdeutschland groß geworden war. Die Kritik richtete sich zunächst gegen die Große Koalition, die als undemokratisch empfunden wurde, und gegen die von ihr verabschiedeten Notstandsgesetze. Aus der Protestbereitschaft erwuchs eine Bewegung, als es anlässlich eines Staatsbesuch des Schahs von Persien zu massiven Zusammenstößen zwischen Demonstranten und der Polizei kam. Dabei wurde der Student Benno Ohnesorg von einem Polizisten erschossen (2. Juni 1967). Dieser Vorfall gilt als Auslöser für die Formierung einer außerparlamentarischen Opposition (APO).

Die Revolte griff von Berlin ausgehend auf das gesamte Bundesgebiet über. Knapp ein Jahr später wurde Rudi Dutschke, der charismatische Führer der studentischen Opposition, das Opfer eines Attentats, bei dem er lebensgefährlich verletzt wurde (11. April 1968). Daraufhin kam es zu den Osterunruhen 1968, in deren Verlauf die Verlagshäuser des Springer-Presse-Konzerns belagert und die Auslieferung der

Zeitungen blockiert wurden. Die APO machte der Springer-Presse – insbesondere der BILD-Zeitung – den Vorwurf, durch eine maßlose Hetze den Attentäter aufgestachelt zu haben.

„68er-Bewegung“

Die Revolte, für die das Kürzel „68“ steht, speiste sich aus sehr unterschiedlichen Quellen. Ihre Gesellschaftskritik war Ausdruck eines Generationswechsels und richtete sich gegen die Eltern, gegen die Kriegsgeneration, die Deutschland wiederaufgebaut hatte. Nur ein kleiner Teil der „68-Bewegung“ verstand sich als revolutionäre Elite und strebte tatsächlich eine marxistisch inspirierte Revolution an. Die große Mehrheit handelte aus einem eher diffusen Veränderungsbedürfnis. Die Jugendrevolte gedieh auf dem Boden einer Gesellschaft, die als spießig, einengend und undemokratisch empfunden wurde. Ihr allgemeinstes Merkmal war das anti-autoritäre Aufbegehren. Es bezog sich im Wesentlichen auf fünf Bereiche:

- Die Kritik am Hochschulwesen zielte unter anderem auf die Abschaffung der Professorenmacht. Man forderte die Mitbestimmung von allen Hochschulangehörigen und eine „kritische Universität“.
- So wie die Hochschulen sollten alle Lebensbereiche (Schulen, Wirtschaft, Verwaltung) demokratisiert werden.
- Der Konflikt äußerte sich auch im Vorwurf an die Elterngeneration, sich nicht genügend entnazifiziert zu haben. Die politische Aufarbeitung des Nationalsozialismus mündete oft in einem allgegenwärtigen Faschismusverdacht, der sich gegen Väter, Lehrer und Professoren richtete. Auch die westdeutsche Demokratie wurde mitunter in die Nähe des Dritten Reiches gerückt.
- Insbesondere der Vietnamkrieg erwies sich als ein Katalysator des Protests. Dieser fand in fast allen Industriestaaten seine Entsprechung. Der massive Antiamerikanismus, die Verdammung der USA als imperialistischer Vormacht, ging einher mit einer unkritischen Verherrlichung von Befreiungsbewegungen in der Dritten Welt.
- Die Erprobung neuer Erziehungs- und Lebensformen war Ausdruck eines Wertewandels. Das Aufbegehren gegen die traditionelle Familie schlug sich in Wohngemeinschaften, Kommunen und anti-autoritären Kinderläden nieder. Die Befreiung von sexuellen Zwängen spielte eine große Rolle, ebenso die Emanzipation der Frau aus ihrer traditionellen Rolle (Feminismus).

M 11 **Die Führung der Revolte übernahm zeitweilig der vom Marxismus beeinflusste SDS.** Witzige Nutzung eines Werbeslogans der Deutschen Bundesbahn mit Marx, Engels und Lenin, Plakat, 1973.

Regierungswechsel 1969

Der Wechsel von 1969 war zunächst der politische Ausdruck einer Aufbruchstimmung, die sich gegen Ende der Sechzigerjahre in der Gesellschaft durchsetzte. In Willy Brandts Regierungserklärung fand sie ihren Niederschlag in der markanten Formulierung: „Mehr Demokratie wagen.“ Mit Brandt kam ein sozialdemokratischer Politiker an die Spitze der bundesdeutschen Politik, der schon zu Beginn der nationalsozialistischen Herrschaft nach Norwegen emigriert und deshalb nicht wenigen Anfeindungen ausgesetzt war. Seine relativ kurze Amtszeit fand bereits 1974 ihr Ende, unter anderem weil der Staatssicherheitsdienst der DDR einen Spion in seiner unmittelbaren Nähe platziert hatte.

Ostpolitik

Die neue sozialliberale Regierung setzte ihre Akzente in der Ostpolitik. Ausgangspunkt war dabei die Anerkennung der politischen Realitäten in Europa, so wie sie sich als Folge des Zweiten Weltkrieges darstellten. Dazu zählten die Existenz von zwei deutschen Staaten und der

M 12 **Ostpolitik im Widerstreit**
„Einmal müssen sie es ja erfahren, wir werden es ihnen also schonend beibringen, dass wir 1945 den Krieg verloren haben!"
Vorne: Walter Scheel (FDP) und Willy Brandt (SPD); oben: Franz Josef Strauß (CSU), Rainer Barzel (CDU) und Kurt Georg Kiesinger (CDU), Karikatur, 1970.

Verlust der Gebiete östlich von Oder und Neiße. Auf eine gewaltsame Änderung der europäischen Grenzen wurde ausdrücklich verzichtet. Die zahlreichen Kritiker der neuen Ostpolitik warfen der Regierung die Preisgabe von Rechtspositionen vor. Willy Brandt hielt ihnen entgegen: „Mit diesem Vertrag (gemeint ist der Moskauer Vertrag von 1970) geht nichts verloren, was nicht längst verspielt worden war."

Ziel der Ostpolitik war auch ein „geregeltes Nebeneinander" der beiden deutschen Staaten. An einer friedlichen Herbeiführung der deutschen Einheit wurde festgehalten.

Die Ostpolitik der Regierung von Willy Brandt (SPD) und Walter Scheel (FDP) löste die deutschlandpolitische Erstarrung der Sechzigerjahre und erweiterte den Spielraum der deutschen Politik. Die Ostpolitik ergänzte wirkungsvoll die Westintegration durch die Regierung Adenauers. Im Rückblick zeigt sich, dass die mit der Ostpolitik einhergehende Entspannung eine notwendige Voraussetzung gewesen ist, um die Spaltung Deutschlands zu überwinden.

Die Amtszeit Helmut Schmidts

Nach dem Rücktritt Willy Brandts übernahm mit Helmut Schmidt (SPD) ein erfahrener Politiker das Amt des Bundeskanzlers. Er war zuvor Innensenator in Hamburg gewesen, später Verteidigungs- und zuletzt Finanzminister. Er galt als pragmatisch, ökonomisch kompetent und wurde oft als „Macher" tituliert. Helmut Schmidt setzte die Ostpolitik seines Vorgängers fort, sah sich aber schon bald mit völlig neuen Problemen konfrontiert. Nicht der große politische Entwurf prägte die Amtszeit Helmut Schmidts, sondern dessen Qualitäten als Krisenmanager.

Er sah sich folgenden Herausforderungen ausgesetzt:

- *Ölkrise:* Im Zusammenhang mit dem Nahostkonflikt und dem Jom-Kippur-Krieg (1973) wurde seitens der arabischen Staaten das Öl als politische Waffe eingesetzt. Der Ölpreis stieg binnen kurzem um ein Vielfaches. Inflation, wirtschaftliche Stagnation und wachsende Arbeitslosigkeit waren die Folge. Die Regierung versuchte mit Ausgabenprogrammen die Konjunktur anzukurbeln. Auch dadurch wurden während der Siebzigerjahre die Staatsschulden massiv erhöht.
- *Nachrüstung:* Die Entspannungsära ging 1979 mit dem Einmarsch der Sowjetunion in Afghanistan zu Ende. Als Antwort auf die Aufstellung neuer sowjetischer Mittelstreckenraketen (SS 20) verabschiedete die Nato einen sogenannten Doppelbeschluss. Er sah die Stationierung von Pershing II-Raketen für den Fall vor, dass die UdSSR ihre neuen Raketen nicht abrüstete. Gegen diese Politik formierte sich eine sogenannte Friedensbewegung, die auf ihrem Höhepunkt 1981 über 300 000 Menschen zu einer Demonstration in Bonn mobilisierte.
- *Terrorismus:* In den Siebzigerjahren stellte der Terrorismus eine schwerwiegende Herausforderung für die politische Ordnung dar. Die zunehmende Militanz von kleinen radikalen Gruppen der APO machte sich immer mehr bemerkbar. Die Grenzen von der proklamierten „Gewalt gegen Sachen“ wurden schon bald überschritten. Die „Bewegung 2. Juni“ und die „Rote Armee Fraktion“ (RAF) riefen zum bewaffneten Kampf nach dem Vorbild der südamerikanischen Stadtguerilla auf. Eine lange Kette von Entführungen, Überfällen, Sprengstoffanschlägen und Morden drohte die innere Sicherheit zu gefährden. Neben Polizisten, Fahrern und Leibwächtern fielen dem Terror zum Opfer: der Bankier Jürgen Ponto, der Berliner Kammergerichtspräsident Günter Drenkmann, der Generalbundesanwalt Siegfried Buback und der Arbeitgeberpräsident Hanns-Martin Schleyer. Durch die Ermordung seiner Repräsentanten sollte der Staat zerstört werden. Der Terror fand seinen Höhepunkt im Herbst 1977, als Angehörige der RAF Hanns-Martin Schleyer entführten, um ihre Genossen aus der Haft freizupressen. Die staatliche Reaktion auf den Terror polarisierte die bundesrepublikanische Gesellschaft, auch weil manche befürchteten, die Anti-Terror-Gesetzgebung beeinträchtige die liberale Grundordnung. Bei den ethischen Grundsatzdebatten ging es um die Frage: Was ist höher einzustufen – das Leben eines Menschen oder die Staatsräson?

Die Bundesregierung lehnte die Forderungen der „Roten Armee Fraktion“ entschlossen ab und verfocht eine „harte Linie“. Helmut Schmidt betonte, der Staat dürfe sich nicht erpressen lassen.

Ähnliche schwere Entscheidungen wurden dem Krisenstab abverlangt, als kurz darauf eine deutsche Passagiermaschine („LH Landshut“) von arabischen Luftpiraten gekapert wurde. Auch diese Aktion diente der Freipressung der RAF-Terroristen. Der Bundeskanzler sprach in diesem Zusammenhang von seiner „schwersten Entscheidung“. Einem Kommando des Bundesgrenzschutzes (GSG 9) gelang nach einem mehrtägigen Irrflug der Maschine die Befreiung der Geiseln auf dem Flugplatz der somalischen Hauptstadt Mogadischu (17. Oktober 1977).

Die Ära Kohl (1982–1996)

1982 kam es zum Bruch der sozialliberalen Koalition. Die FDP mit Hans-Dietrich Genscher (Außenminister von 1974 bis 1992) verließ die Koalition wegen wirtschaftspolitischer Differenzen. Ein weiterer Grund bestand darin, dass Helmut Schmidt den Rückhalt in seiner eigenen Partei – der SPD – immer mehr verloren hatte.

Nach einem erfolgreichen Misstrauensvotum wurde der CDU-Politiker Helmut Kohl neuer Bundeskanzler. Entgegen den Erwartungen bedeutete der Wechsel von 1982 keinen Bruch der Kontinuität. Die „Koalitionsdemokratie" der Bundesrepublik bewährte sich aufs Neue. Sowohl die Ostpolitik als auch der NATO-Doppelbeschluss wurden beibehalten. Die Regierung Kohl bekräftigte gegen den Widerstand der parlamentarischen Opposition und der außerparlamentarischen Friedensbewegung die Stationierung von amerikanischen Mittelstreckenraketen. Im Nachhinein erwies sich diese Standfestigkeit als richtig, zumal dieser NATO-Beschluss den Weg zum ersten wirklichen Abrüstungsabkommen eröffnete. Im Dezember 1987 einigten sich die USA und die UdSSR auf die Vernichtung sämtlicher Mittelstreckenraketen (Null-Lösung).

In der Deutschlandpolitik kam es nicht zu der von vielen befürchteten „Eiszeit". Als 1983 die DDR am Rande der Zahlungsunfähigkeit stand, genehmigte die Bundesregierung einen Milliardenkredit. In der Folge intensivierte sich die politische Zusammenarbeit im Interesse der Menschen. Es ging dabei um Erleichterungen im Reiseverkehr, um den Abbau der Selbstschussanlagen an der innerdeutschen Grenze und um eine Erweiterung des Kulturaustausches.

Deutsche Einheit

Die Außenpolitik der Bundesregierung unter Helmut Kohl beruhte auf drei Grundsätzen: Festhalten an der gesamtdeutschen Nation, Vertiefung der europäischen Integration sowie die Pflege des engen Bündnisses mit den USA als dem Garanten der westdeutschen Sicherheit.

Diese politische Konzeption erwies sich als hilfreich, nachdem sich 1989 der Zusammenbruch der DDR abzeichnete. Bundeskanzler Kohl

M 13 Bekräftigung der Freundschaft
François Mitterrand und Helmut Kohl an den Gräbern von Verdun, 8. September 1984

M 14 **March of the Fourth Reich**
Befürchtungen, denen Bundeskanzler Helmut Kohl mit seiner Politik zu begegnen suchte, Karikatur von Bill Caldwell aus dem Daily Star, 20. Februar 1990.

strebte die deutsche und die europäische Einigung gleichzeitig an. Nur die feste Verankerung eines vereinigten Deutschlands in Europa und in der NATO konnte die Befürchtungen der Nachbarn vor einem vergrößerten Deutschland dämpfen. Denn es galt Misstrauen vor allem in Frankreich und Großbritannien abzubauen, wo man lange in der Zweistaatlichkeit Deutschlands die Bedingung für den europäischen Frieden gesehen hat.

Diesem Zweck diente vor allem der Maastricht-Vertrag (1993). Er sah die Gründung der Europäischen Union (EU) vor, also die vertiefte Integration, die in der europäischen Währungsunion ihren markanten Ausdruck fand. Die deutsche Zustimmung zur Währungsunion bedeutete die Aufgabe der DM. Seit dem 1. Januar 2002 ist nunmehr der EURO alleiniges gesetzliches Zahlungsmittel. Allgemein gilt dies als Gegenleistung für Frankreichs Zustimmung zur deutschen Vereinigung. Mit diesem Schritt wurde das finanzpolitische Übergewicht der Deutschen Bundesbank in Europa beseitigt. Außerdem verhindert in den Augen des westlichen Nachbarn die Verzahnung durch die gemeinsame Währung jeden deutschen Sonderweg.

Entscheidend für das Zustandebringen der deutschen Einheit war auch das Verhältnis zur Sowjetunion.

Nach anfänglichen Irritationen gelang es Helmut Kohl, gute Beziehungen zu Michail Gorbatschow herzustellen. Dieser war 1985 Generalsekretär der Kommunistischen Partei der Sowjetunion (KPdSU) gewor-

M 15 **Helmut Kohl und Michail Gorbatschow** bei einem Treffen im Kreml, Februar 1990

den und damit „erster Mann“ seines Landes. Der Zusammenbruch des Kommunismus 1989/90 eröffnete dem Kanzler die Chance als „Enkel Adenauers“ die deutsche Einheit herbeizuführen. Kohl ergriff – bildlich gesprochen – „den Mantel der Geschichte“ und gilt seitdem als „Kanzler der Einheit“. Mit dem Beitritt der DDR zum Geltungsbereich des Grundgesetzes am 3. Oktober 1990 ist die seit 1945 andauernde Teilung Deutschlands aufgehoben und die nationale Frage gelöst.

Chronologie

1. Sept. 1948	Einberufung des Parlamentarischen Rats
23. Mai 1949	Das Grundgesetz tritt in Kraft, nachdem es zuvor vom Parlamentarischen Rat angenommen und von den Militärgouverneuren genehmigt worden ist.
21. Sept. 1949	Besatzungsstatut wird rechtskräftig.
18. April 1951	Vertrag über die Europäische Gemeinschaft für Kohle und Stahl (EGKS/Montanunion)
5. Mai 1955	Der Vertrag zwischen der Bundesrepublik Deutschland und den Drei „Mächten“ (Deutschlandvertrag) tritt in Kraft. Damit erlischt das Besatzungsstatut.
9. Mai 1955	NATO-Mitgliedschaft der Bundesrepublik
25. März 1957	Gründung der Europäischen Wirtschaftsgemeinschaft (EWG)
22. Jan. 1963	Vertrag über die deutsch-französische Zusammenarbeit (Elysée-Vertrag)
12. Aug. 1970	Der Moskauer Vertrag leitet die neue Ostpolitik ein.
18. Sept. 1973	Die Bundesrepublik wird Mitglied in der UNO (wie auch die DDR).
9. Nov. 1989	Öffnung der DDR-Grenze zur Bundesrepublik und nach West-Berlin
3. Okt. 1990	Beitritt der DDR zur Bundesrepublik

Die Kanzler der Bundesrepublik:
1949–1963 Konrad Adenauer (CDU)
1963–1966 Ludwig Erhard (CDU)
1966–1969 Kurt G. Kiesinger (CDU)
1969–1974 Willy Brandt (SPD)
1974–1982 Helmut Schmidt (SPD)
1982–1998 Helmut Kohl (CDU)
1998–2005 Gerhard Schröder (SPD)
2005– Angela Merkel (CDU)

M 16 **Demokratischer Grundkonsens**

Der Politikwissenschaftler Richard Löwenthal analysiert die Existenzbedingung der freiheitlichen Demokratie:

Bekehrung des konservativen Bürgertums zur Demokratie:
Eine Grundlage unseres demokratischen Grundkonsens ist die Bekehrung des konservativen Bürgertums zur Demokratie gewesen. In der Weimarer Republik war nach weniger als zwei Jahren eine Mehrheit, später sogar die große Mehrheit des Bürgertums nicht nur konservativ, sondern in der Grundhaltung mindestens latent und später offen antidemokratisch. Antidemokratisch war auch die Grundhaltung der Reichswehr, großer Teile der Bürokratie und der Justiz. Für viele dieser Staatsdiener war die Demokratie etwas von außen Eingeführtes und aus außenpolitischen Gründen zu Duldendes [...]
Einigung der Arbeiterbewegung:
Eine zweite Grundlage des demokratischen Konsens wurde die Einigung der politischen Arbeiterbewegung in den Reihen der Sozialdemokratie. In der Weimarer Republik war eine erhebliche Minderheit der organisierten Arbeiterschaft durch die Begrenztheit der Revolution von 1918 und den raschen Wiederaufbau eines vordemokratischen Staats- und Militärapparates in den Anfangsjahren in verbitterte Opposition zum neuen Staat getrieben und in den Kämpfen dieser Jahre durch einen Graben von Blut von ihm getrennt worden. Die Kommunisten, seit 1920 zur Massenpartei geworden, erzogen ihre Anhänger zur Verachtung der „bürgerlichen" Demokratie und erschwerten unendlich die demokratische Rolle von Sozialdemokratie und Gewerkschaften; sie trugen wesentlich mit dazu bei, dass es im Reichstag und im Volk keine stabile Mehrheit von Demokraten gab. [...]
Konstruktive Nachkriegspolitik der Westmächte:
Eine dritte Grundlage für den demokratischen Konsens der Bundesrepublik wurde die konstruktive Nachkriegspolitik der Westmächte. Eine der Ursachen für die rasche Entwicklung einer demokratiefeindlichen Grundhaltung in weiten Teilen der deutschen Bevölkerung nach dem Ersten Weltkrieg war zweifellos die Enttäuschung über die damalige Politik der demokratischen Siegermächte, über den Gegensatz zwischen Präsident Wilsons berühmten 14 Punkten und dem Versailler Vertrag sowie über die damalige ökonomisch unsinnige Reparationspolitik gewesen. Eine der Ursachen für die rasche Festigung des jungen demokratischen Grundkonsens in den deutschen Westzonen nach dem Zweiten Weltkrieg war ebenso zweifellos die rasche Entwicklung einer konstruktiven Deutschlandpolitik dieser Mächte – nach anfänglichen Schwankungen – von etwa 1947 an. So bedeutsam das echte Aufklärungselement der alliierten „Umerziehung", also vor allem die Masseninformation über die wirklichen Schreckenstaten des NS-Regimes in seiner unmittelbaren Wirkung war – und das trotz solcher fragwürdigen Elemente wie der Tendenz zur globalen Verteufelung der deutschen Geschichte –, so ist doch für die Dauerwirkung die tatsächliche Erfahrung der sich entwickelnden Zusammenarbeit mit den westlichen Demokraten ungleich wichtiger gewesen.

R. Löwenthal, Unser demokratischer Grundkonsens, in: Information für die Truppe (IfdT), Nr. 12, 1982, S. 13 ff.

M 17 **Wahlplakat zur Bundestagswahl 1949**
Die Bedrohung durch den Sowjetkommunismus war angesichts des Koreakrieges und der in der Sowjetzone herrschenden Unterdrückung und Entrechtung eine sehr reale Erfahrung, die in beträchtlichem Ausmaß zur inneren Integration der Bundesrepublik Deutschland und Westeuropas beitrug. Daraus ergab sich die Neigung, die Kommunismusfurcht der Bevölkerung parteipolitisch zu nutzen, was das innenpolitische Klima zwischen Koalition und Opposition vergiftete.

Aus: H. Schulze, Kleine Deutsche Geschichte, München 1996, S. 243.

M 18 Zwischen zwei Machtblöcken

Die Lage Deutschlands nach 1945 aus der Perspektive Konrad Adenauers (1965):

Die Westmächte waren den Russen meines Erachtens politisch nicht gewachsen. Sie hatten, soweit ich das überschauen konnte, keine übereinstimmende klare eigene Konzeption. Die Bevölkerung der einzelnen Länder, besonders in den Vereinigten Staaten, sehnte sich nach Frieden und wollte die wachsende kommunistische Gefahr nicht sehen.

Unter den Westmächten bestand in wichtigen Punkten keine Einigkeit in der gegenüber Deutschland einzuschlagenden Politik. Das galt zum Beispiel hinsichtlich des Ruhrgebietes und hinsichtlich der von Frankreich gewünschten Abtrennung des linken Rheinufers. Das Denken der Politiker und der öffentlichen Meinung in den westlichen Ländern war ganz darauf konzentriert, das endlich nach erbitterten Kämpfen niedergerungene Deutschland für all das von ihm Begangene zu bestrafen und es zu entmachten. An eine fernere Zukunft dachten wenige.

Es ist ein wahres Wort, dass die Geografie, besser ausgedrückt, dass die geografische Situation einen der wesentlichen Faktoren bei der geschichtlichen Entwicklung darstellt.

Deutschland liegt im Herzen Europas. Die Westmächte waren sich nicht klar über die künftige Gestaltung dieses Landes, dessen Schicksal in jedem Fall aufgrund seiner geografischen Lage von größter Bedeutung für die Entwicklung Europas und damit für ihr eigenes Geschick sein musste.

Das Ziel der Russen war eindeutig. Russland hatte, genau wie unter den Zaren, den Drang nach Westen, den Drang, sich neue Gebiete in Europa anzueignen oder zu unterwerfen. Die Politik der westlichen Alliierten hatte der Sowjetunion die Regierungsgewalt über einen sehr großen Teil des ehemaligen Deutschen Reiches überlassen und dazu die Möglichkeit gegeben, in einem großen Teil Osteuropas moskauhörige Regierungen einzusetzen.

Wir befanden uns durch unsere geografische Lage zwischen zwei Machtblöcken, die völlig gegensätzliche Lebensideale verfochten. Wir mussten entweder zur einen oder zur anderen Seite, wenn wir nicht zerrieben werden wollten. Eine neutrale Haltung zwischen den beiden Mächtegruppen hielt ich für unser Volk für unrealistisch. Früher oder später würde die eine oder die andere Seite in jedem Fall versuchen, das deutsche Potenzial auf ihre Seite zu bekommen. Sowjetrussland zeigte eindeutig, dass es vorerst nicht gewillt war, das ihm überlassene deutsche Gebiet wieder freizugeben, und dass es darüber hinaus bestrebt war, auch den anderen Teil Deutschlands allmählich an sich zu ziehen.

Es gab für uns nur einen Weg, unsere politische Freiheit, unsere persönliche Freiheit, unsere Sicherheit, unsere in vielen Jahrhunderten entwickelte Lebensform, die die christlich-humanistische Weltanschauung zur Grundlage hat, zu retten: fester Anschluss an die Völker und Länder, die in ihrem Wesen die gleichen Ansichten über Staat, Person, Freiheit und Eigentum hatte wie wir. Wir mussten hart und entschlossen Widerstand leisten gegenüber jedem weiteren Druck vom Osten her.

Unsere Aufgabe war, das Misstrauen, das überall in den westlichen Ländern gegen uns Deutsche bestand, zu zerstreuen. Wir mussten versuchen, Schritt für Schritt das Vertrauen zu uns Deutschen wieder zu wecken. Grundvoraussetzung hierfür war meines Erachtens ein klares Bekenntnis zum Westen stetig und ohne Schwanken.

K. Adenauer, Erinnerungen 1945–1953, Stuttgart 1965, S. 92 f.

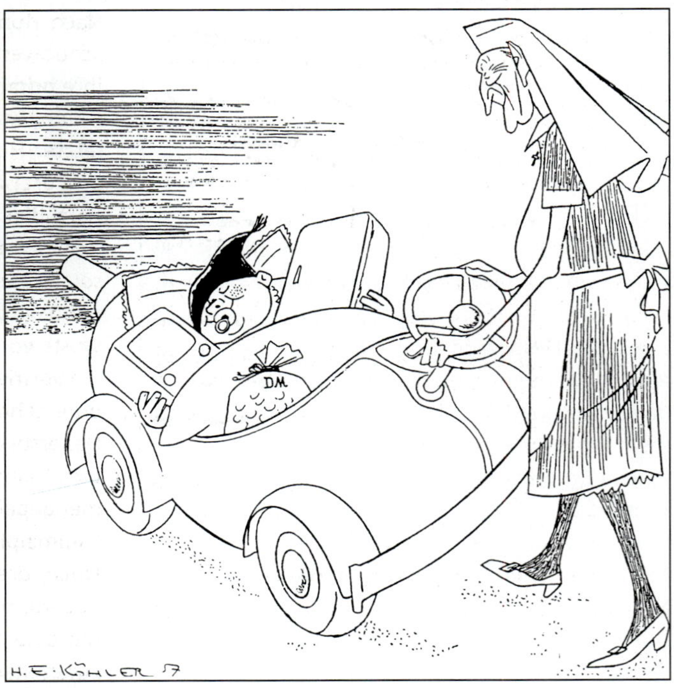

M 19 „Nicht wahr, Michelchen – keine Experimente!"
Karikatur zur Wahlparole der CDU, 1957

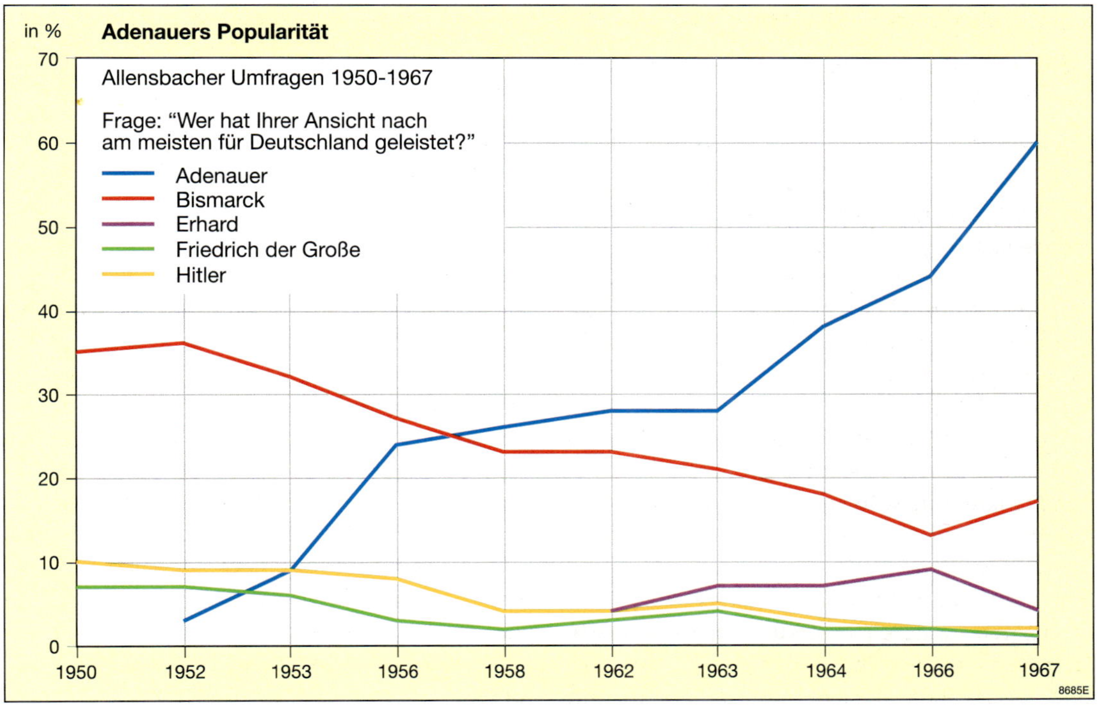

M 20

M 21

Sonderbefehl

für die deutsche Bevölkerung der Stadt Bad Salzbrunn einschliesslich Ortsteil Sandberg.

Laut Befehl der Polnischen Regierung wird befohlen:

1. Am 14. Juli 1945 ab 6 bis 9 Uhr wird eine Umsiedlung der deutschen Bevölkerung stattfinden.
2. Die deutsche Bevölkerung wird in das Gebiet westlich des Flusses Neisse umgesiedelt.
3. Jeder Deutsche darf höchstens 20 kg Reisegepäck mitnehmen.
4. Kein Transport (Wagen, Ochsen, Pferde, Kühe usw.) wird erlaubt.
5. Das ganze lebendige und tote Inventar in unbeschädigtem Zustande bleibt als Eigentum der Polnischen Regierung.
6. Die letzte Umsiedlungsfrist läuft am 14. Juli 10 Uhr ab.
7. Nichtausführung des Befehls wird mit schärfsten Strafen verfolgt, einschließlich Waffengebrauch.
8. Auch mit Waffengebrauch wird verhindert Sabotage u. Plünderung.
9. Sammelplatz an der Straße Bhf. Bad Salzbrunn-Adelsbacher Weg in einer Marschkolonne zu 4 Personen. Spitze der Kolonne 20 Meter vor der Ortschaft Adelsbach.
10. Diejenigen Deutschen, die im Besitz der Nichtevakuierungsbescheinigungen sind, dürfen die Wohnung mit ihren Angehörigen in der Zeit von 5 bis 14 Uhr nicht verlassen.
11. Alle Wohnungen in der Stadt müssen offen bleiben, die Wohnungs- und Hausschlüssel müssen nach außen gesteckt werden.

Bad Salzbrunn, 14 Juli 1945, 6 Uhr.

Abschnittskommandant
(-) Zinkowski

M 22 Vertrieben, verloren, geopfert

Der Journalist Dieter Franck schildert Flucht und Vertreibung 1945:

Im August 1945 strömen schätzungsweise 30 000 Heimatvertriebene am Tag vom Osten in das amputierte Deutschland. Die Trümmerstadt Berlin wird zur Schleuse für einen großen Teil dieses Elends. Für die Berliner, die vollauf mit dem eigenen Überleben beschäftigt sind, werden die Trecks rasch zur Alltäglichkeit. Eine endlose Prozession abgehärmter Menschen zieht durch Berlin. Viele sind barfuß. Nach Hunderten von Kilometern ist vom letzten Schuhwerk nichts mehr übrig. Viele haben sich vor ihre primitiven Karren gespannt oder schieben die Kinderwagen mit den zwei oder drei Bündeln voll letzter Habseligkeiten vor sich her. Kinder, Greise und Greisinnen bewegen sich mühsam im Zuge der Barfüßler. […] Diese Vertriebenen kennen die allgemeine Richtung, und zwar weiter nach Westen, solange die Kraft reicht. Sie müssen sich beeilen, denn wo sollen sie Nahrung finden in der Trümmerwüste von Berlin? […]

Ein Vertriebener erinnert sich: „Vormittags um neun oder zehn Uhr war es. Ja, was packt man nun ein? Das erste waren die Federbetten, etwas Geschirr, ein paar Klamotten, Schuhe usw. Wir haben das zusammengepackt und sind mit einem Handwagen zum Sammelplatz gegangen. Es kam eine große Kontrolle, dreißig oder vierzig Kilo wurden uns noch abgenommen […]". Eine Frau aus Böhmen hat nur eine halbe Stunde Frist zum Packen: „Man hat zusammengepackt, was einem gerade eingefallen ist, das Wichtigste womöglich vergessen. Einfach, was man so in den Händen tragen konnte. Alles

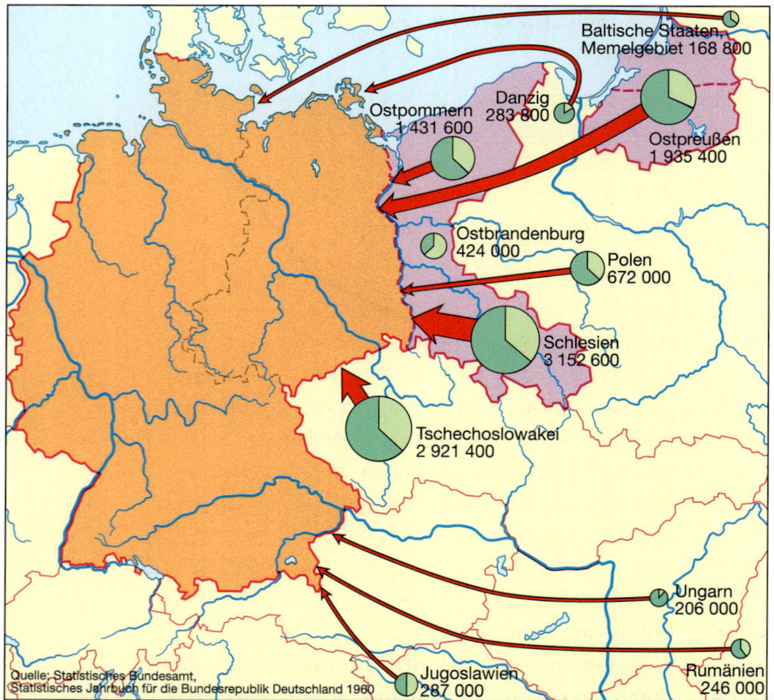

Flucht und Vertreibung (1945-1950)
aus den Ostgebieten des ehemaligen Deutschen Reiches und deutschen Siedlungsgebieten im Ausland

Vertriebene:
Zahl der deutschen Vertriebenen nach Herkunftsgebieten (Zählstand September 1950)

Vertriebene insgesamt
davon in das Bundesgebiet gelangt
(Westdeutschland ohne Saarland, einschließlich Berlin/West)

M 23

andere wäre zu schwer gewesen. Wir mussten es ja selber tragen. Die Tschechen sind dagestanden mit der Peitsche und haben gesagt: „Raus, raus! Die halbe Stunde ist um!“ – da hat man nicht mehr viel überlegen können, was man mitnimmt.“ Diejenigen, die in offenen Güterwaggons zusammengepfercht und abtransportiert werden, haben es besser als die anderen, die zu Fuß die Heimat verlassen müssen. Ein Vertriebener aus Brünn erinnert sich. „Ohne Rücksicht auf die Ermüdung der alten Leute durch eine schlaflose Nacht wurden wir auf der Landstraße weitergetrieben. Kaum eine kurze Essenspause wurde uns gewährt. Mit den Zurufen „Ihr deutschen Schweine, weiter!“ wurde hinterrücks immer geschossen, wobei wir mittags bei glühender Sonne in Raigern ankamen. Hier wurden uns abermals die Rucksäcke durchgewühlt und alles halbwegs Brauchbare weggenommen. Nachher ging es weiter gegen Pohrlitz. Viele Kinder und kranke Leute konnten nicht mehr weiter und wurden mit Fußtritten und Gewehrkolben zum Weitergehen gezwungen, bis sie entkräftet im Straßengraben zusammenbrachen. Auch da gab es keinen Pardon […] Grausamkeiten über Grausamkeiten begleiteten uns. Immer schütterer wurden unsere Reihen. Bei der Gluthitze wurde uns nicht einmal erlaubt, uns mit Wasser zu laben. Nicht einmal die Säuglinge durften von ihren Müttern gestillt werden. Eben deshalb sind auch unterwegs so viele Säuglinge gestorben […].“

D. Franck, Jahre unseres Lebens 1945–1949, München 1980, S. 48 ff.

M 24 Gesellschaftliche Desintegration

Der Historiker Jörg Friedrich schildert den Zusammenbruch der Ordnung nach 1945:

Im Jahre 1946 kamen in organisierten Aussiedlertransporten drei Millionen Ostdeutsche in die Westzonen. 2,5 Millionen waren bereits 1945 vor der russischen Armee geflüchtet und 500 000 Kriegsgefangene und Flüchtlinge seither aus der sowjetischen Zone gesickert. Bis 1950 sollten noch weitere zwei Millionen Nachzügler hinterdrein drängen, sodass nun acht Millionen Flüchtlinge und Vertriebene zu beheimaten waren. Zwei Drittel von ihnen saßen verknäuelt in den ländlichen Regionen Schleswig-Holsteins, Niedersachsens, Bayerns, Baden-Württembergs, Hessens. In diesen fünf Ländern bildeten sie ein knappes Viertel der Bevölkerung, unfreundlich bis feindselig beäugt von der einheimischen Mehrheit. Sie, die manchmal erst mit Waffengewalt zur Aufnahme der Vertriebenen bewegt werden konnte, erblickte in jenen nicht den Volksgenossen, mit dem sie die Folgen der Niederlage auszulöffeln hatte. Die Vertriebenen wurden als Fremde und Habenichtse empfangen, die eine sowieso bedrückende Armut noch vertieften. Da die Eindringlinge doppelter Arbeitslosigkeit unterlagen (34,7 %; Durchschnitt 16,2 %), belasteten sie unverhältnismäßig die Sozialhaushalte. Die aber standen durch einen Überhang weiblicher und minderjähriger Kriegshinterbliebener, alter Menschen und Kriegsversehrter schon dem Einsturz nahe. Zwei Millionen Kriegsverletzte lebten im Land, zusammen mit ihren Familien fünf bis sechs Millionen Menschen, die dauerhaft an Kriegseinwirkungen litten. Von den Displaced Persons hielten sich 1948 noch 700 000 in Deutschland auf. Eine Unzahl Jugendlicher war verwaist und verwahrlost, 500 000 davon berufs- und arbeitslos, 80 000 zogen noch im Jahr 1950 ohne Ziel auf den Landstraßen umher.

J. Friedrich, Die Kalte Amnestie, Frankfurt/M., 1984, S. 199.

M 25 „Charta der deutschen Heimatvertriebenen"

In einer feierlichen Erklärung bekennen sich die Repräsentanten der Heimatvertriebenen zum Gewaltverzicht (5.8.1950):

Im Bewusstsein ihrer Verantwortung vor Gott und den Menschen, im Bewusstsein ihrer Zugehörigkeit zum christlich-abendländischen Kulturbereich, im Bewusstsein ihres deutschen Volkstums und in der Erkenntnis der gemeinsamen Aufgabe aller europäischen Völker haben die erwählten Vertreter von Millionen Heimatvertriebener nach reiflicher Überlegung und nach Prüfung ihres Gewissens beschlossen, dem Deutschen Volk und der Weltöffentlichkeit gegenüber eine feierliche Erklärung abzugeben, die die Pflichten und Rechte festlegt, welche die deutschen Heimatvertriebenen als ihr Grundgesetz und als unumgängliche Voraussetzung für die Herbeiführung eines freien und geeinten Europas ansehen:

1. Wir Heimatvertriebenen verzichten auf Rache und Vergeltung. Dieser Entschluss ist uns ernst und heilig im Gedenken an das unendliche Leid, welches im Besonderen das letzte Jahrzehnt über die Menschheit gebracht hat.
2. Wir werden jedes Beginnen mit allen Kräften unterstützen, das auf die Schaffung eines geeinten Europas gerichtet ist, in dem die Völker ohne Furcht und Zwang leben können.
3. Wir werden durch harte, unermüdliche Arbeit teilnehmen am Wiederaufbau Deutschlands und Europas.

Wir haben unsere Heimat verloren. Heimatlose sind Flüchtlinge auf dieser Erde. Gott hat die Menschen in ihre Heimat hineingestellt. Den Menschen mit Zwang von seiner Heimat zu trennen, bedeutet ihn im Geiste töten. Wir haben dieses Schicksal erlitten und erlebt. Daher fühlen wir uns berufen zu verlangen, dass das Recht auf die Heimat als eines der von Gott geschenkten Grundrechte der Menschheit anerkannt und verwirklicht wird.

Die Völker der Welt sollen ihre Mitverantwortung am Schicksal der Heimatvertriebenen als der vom Leid dieser Zeit am schwersten Betroffenen empfinden.

Die Völker sollen handeln, wie es ihren christlichen Pflichten und ihrem Gewissen entspricht. Die Völker müssen erkennen, dass das Schicksal der deutschen Heimatvertriebenen, wie aller Flüchtlinge, ein Weltproblem ist, dessen Lösung höchste sittliche Verantwortung und Verpflichtung zu gewaltiger Leistung fordert. [...]

Zit. nach: Informationen zur politischen Bildung, Nr. 142/143, S. 52.

M 26 Selbstbestimmung und Recht auf Heimat

Rede des Staatssekretärs im Bundesministerium für Gesamtdeutsche Fragen, Franz Thedieck, vor der Schlesischen Landesversammlung (1960). Dieser Text wurde vom Presse- und Informationsamt der Bundesregierung veröffentlicht:

Zu den Vertreibungsvorgängen ist festzustellen, dass die Vertreibung der Deutschen aus ihren angestammten Siedlungsgebieten in Ost- und Ostmitteleuropa eine schwere Verletzung des Völkerrechts und der moralischen Prinzipien des Zusammenlebens der Völker darstellt. Bei der Beurteilung der Vertreibungsvorgänge, die in ihren Dimensionen und Formen ohnegleichen sind, darf man nicht vergessen, dass das nationalsozialistische Deutschland im Zweiten Weltkrieg das makabre Beispiel der Zwangsumsiedlung und Vernichtung ganzer Volks- und Glaubensgruppen gegeben hat. Aber auch hier gilt der Grundsatz, dass Unrecht nicht durch neues Unrecht beseitigt werden darf. [...]

Der Rechtsstandpunkt und die politischen Auffassungen der Bundesregierung zu Fragen der deutschen Ostgebiete sind bei vielfachen Anlässen bekanntgegeben worden. Ich fasse sie zu sieben Feststellungen zusammen:

Die Regierung der Bundesrepublik Deutschland ist die einzige deutsche Regierung, die frei und rechtmäßig gebildet wurde; sie ist daher allein berechtigt, das Volk in internationalen Angelegenheiten zu vertreten. Oberstes und grundsätzliches Ziel der Bundesregierung ist und bleibt die Wiederherstellung der staatlichen Einheit Deutschlands durch friedliche Mittel; für den völkerrechtlichen Gebietsstand Deutschlands sind Grenzen des Deutschen Reiches am 31. Dezember 1937 maßgeblich; das deutsche Volk erkennt die Oder-Neiße-Linie nicht als gegenwärtige oder künftige Grenze Deutschlands an; die endgültige Festlegung der Grenzen Deutschlands ist bis zu einer frei vereinbarten friedensvertraglichen Regelung aufgeschoben; nur eine gesamtdeutsche Regierung, eine vom ganzen Volk gewählte Volksvertretung, ist legitimiert, die Entscheidung über die künftigen deutschen Ostgrenzen zu treffen; das Recht auf Heimat und das Selbstbestimmungsrecht sind unabdingbare Voraussetzung für die Lösung der deutschen Ostfrage; die Lösung ist jedoch nur auf dem Verhandlungswege denkbar und muss ohne jede Androhung oder Anwendung von Gewalt erfolgen.

Zit. nach: H.-A. Jacobsen und O. Stenzl (Hg.), Deutschland und die Welt, München 1964, S. 349 ff.

M 27 Streit um die künftige Wirtschaftsordung der Bundesrepublik
Plakat zur Bundestagswahl, 1949

M 28 „Wohlstand für alle"
Ludwig Erhard (1897–1977), der „Vater des Wirtschaftswunders", war Bundeswirtschaftsminister von 1949 bis 1963, Karikatur, 1959.

M 29

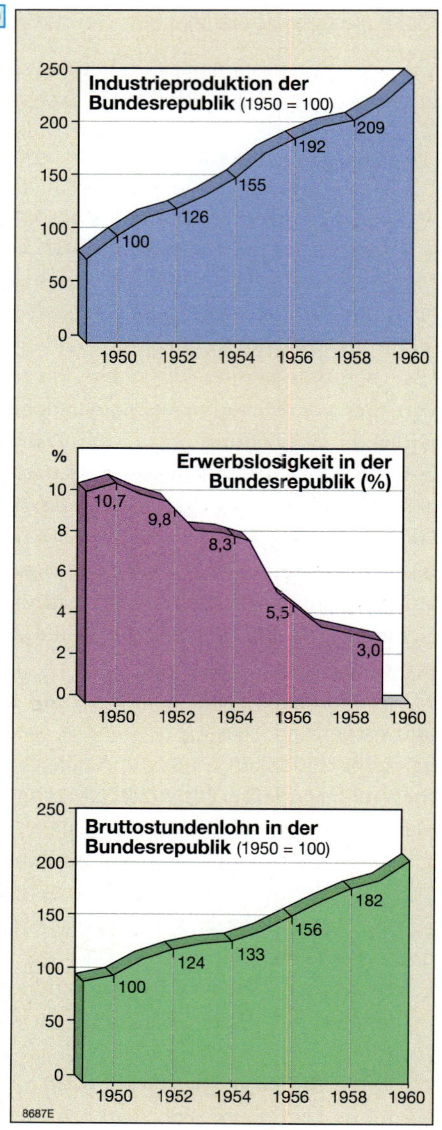

M 30 Die sozialliberale Ära

Der Historiker Hagen Schulze ordnet die sozialliberale Ära in den Zusammenhang der Nachkriegsgeschichte ein (1996):

Man kann die Ära der sozialliberalen Koalition unter den Kanzlern Willy Brandt und Helmut Schmidt, die von 1969 bis 1982 währte, als eine Art Komplementärentwurf zur Ära Adenauer begreifen. Der Adenauerschen Westintegration folgte die Brandtsche Ostpolitik, die darauf abzielte, die Beziehungen der Bundesrepublik Deutschland zu den Staaten des Ostblocks zu entschärfen und zu normalisieren, um die Bundesrepublik Deutschland unter den Bedingungen der fortdauernden Teilung Europas in ein Geflecht friedenssichernder Abkommen einzubetten. Nach innen setzte Brandt dem „Keine Experimente" Adenauers ein programmatisches Bekenntnis zu „Mehr Demokratie wagen", zu Reformen und kultureller Offenheit entgegen. So fragwürdig und ideologielastig manche Entscheidungen dieser Epoche in Schule, Bildung und Erziehung auch waren, so groß waren doch die Erfolge dieser Politik, mit der die kritischen, linken und linksliberalen Köpfe dem Bonner Staatswesen zugeführt wurden, die der „restaurativen" Republik Adenauers bisher eher ferngestanden hatten und die in dem veränderten Meinungsklima der Siebzigerjahre zu geistiger Dominanz gelangten. Adenauer und Brandt gehören in der Geschichte der Bundesrepublik Deutschland zusammen, ihr Wirken baute aufeinander auf, sie haben die beiden Seiten derselben Medaille geprägt.

H. Schulze, Kleine deutsche Geschichte, München 1996, S. 251 f.

M 31 Das Jahr 1968

Rückblick des ehemaligen „Studentenführers" Knut Nevermann nach 25 Jahren (1993):

Dieses Jahr hat wie kaum eines zuvor einer Generation ein bestimmendes Bewusstsein vermittelt.
Aber worum ging es den 68ern damals? Und was prägt sie noch heute? Was ist geworden aus dem Gefühl des Umbruchs, dem Vertrauen aufs Argument, dem Glauben an die Demokratisierung und der antiautoritären Haltung?
Der große Umbruch: Die Nachkriegszeit mit ihrem Stolz auf den Wiederaufbau und den Wohlstand, mit ihrer prüden Alltagskultur, ihren Verdrängungen und ihren autoritären Strukturen ging zu Ende – und mit ihr die Integrationskraft von Gesellschaft und Staat. [...]
Das Gefühl, dass sich etwas grundsätzlich ändern müsse, dass selbst Reformen ohne utopische Träume nicht gelingen könnten, akzeptierten die meisten derer, die sich bald als 68er bezeichnen würden. Auch dass ihre politischen Ziele ohne Provokation und Regelverletzung nicht propagiert werden könnten.
Die Lust am Argumentieren: Unser Vertrauen auf die Kraft von Rationalität und Aufklärung war groß. Selbst die Protestformen, die jene Regelverletzungen in Kauf nahmen, all die Sit-ins, Teach-ins, die Kongresse und Tribunale huldigten dieser Überzeugung. Denn die Regelverletzungen sollten einen Ort für politische Aufklärung und den öffentlichen Austausch von Argumenten erzwingen. Alle Meinungsverschiedenheiten lassen sich, so schien es, argumentativ auflösen. [...]
Schließlich das spektakulärste Stichwort: antiautoritär! Es ging darum, jede Autorität zu hinterfragen, um Herrschaft abzubauen, unsinnige Tabus über Bord zu werfen. Alle tradierten Verhaltensregeln wurden in Frage gestellt, ob es nun um die Sexualität ging, die Ehe und die Kleinfamilie, die Kindererziehung, die Rollenteilung zwischen Mann und Frau, um Kleidung, Musik, Freizeit, sogar die politischen Protestformen. Auch diese Kulturrevolution verstärkte den Sinn für Pluralität. Sie bewirkte aber zugleich, dass verbindliche Entscheidungen oder Vereinbarungen zwischen den Gruppen immer schwieriger wurden, weil sich das antiautoritäre Verhalten auch gegen sich selbst kehrte.

M 32 „68er-Bewegung"
Antiamerikanischer Protest in Westberlin: Die Bilder von Che Guevara, Lenin und Ho Chi Minh wurden auf Demonstrationen wie Ikonen präsentiert, 1968.

Umbruchsbewusstsein, Aufklärung, Demokratisierung, Antiautoritarismus – das war das Vermächtnis, das in den Hinterköpfen der 68er weiterlebt. [...] Prägend für die Generation aber war die Einsicht: Politik ist unser Schicksal. Nur wer sich engagiert, kann von sich sagen, er sei kein Trittbrettfahrer des Bestehenden, des Establishments. Und von dieser Politisierung ging zugleich die Wirkung der 68er auf die Ereignisgeschichte aus: Die politische Kultur hatte sich verändert, sogar das Wahlverhalten änderte sich. Erstmals konnte ein Sozialdemokrat Bundeskanzler werden und eine Politik der inneren Reformen mit dem Satz ankündigen: „Wir wollen mehr Demokratie wagen".

K. Nevermann, Staatstragend – doch kritisch geblieben, in: Die Zeit, Nr. 11, 1993.

M 33 Die Ära Kohl

Der Politikwissenschaftler Hans-Peter Schwarz untersucht, inwiefern man von einer „Ära" sprechen kann (2002):

Wenn es unter den Bedingungen modernen Politikmachens einem Kanzler gelingt, seinen Regierungsjahren den eigenen Namen aufzuprägen, muss offensichtlich zweierlei zusammenkommen: Die Amtszeit muss sich über einen langen Zeitraum erstrecken – 14 Jahre im Falle Adenauers, erstaunliche 16 Jahre bei Kohl. Zugleich aber müssen diese Jahre einen epochalen Zeitgeist aufweisen, der sie von früheren und späteren Phasen absetzt.

[...] Die „Ära Kohl", wenn wir sie denn einmal so nennen wollen, weist dagegen eine Zweiteilung auf: Da ist einmal die sogenannte „alte Bundesrepublik" in den Jahren 1982 bis 1990.

[...] Die Epoche von 1990 bis 1998 ist der zweite Teil der Ära Kohl. Über die Leistung des Kanzlers, in einzigartiger Konstellation und ohne außenpolitische Fehler zu machen, Deutschland wiedervereinigt und die Russen freundlichst weit in den Osten hinauskomplimentiert zu haben, ist schon viel Rühmendes gesprochen und geschrieben worden. Beim Blick auf die Gesamtgeschichte der Bundesrepublik aber ist die epochale Leistung vor allem darin zu sehen, dass dieser in der Wolle westlich gefärbte Pfälzer die völlig heterogenen Hälften des fast ein halbes Jahrhundert lang geteilten Landes konsequent und mit dem allerbesten Gewissen, für den Osten allerdings auch schmerzhaft, in den Formen und im Geist der „alten", jahrzehntelang gewachsenen Bundesrepublik zusammengeführt hat.

Wie Bismarck als „Urpreuße" und als Gründungskanzler des Deutschen Reiches geendet hatte, so hatte auch Kohl ursprünglich nur die „alte" Bundesrepublik im Sinn. Indem er gegen beträchtliche Vorbehalte im Lager der SPD und bei den Grünen die Vereinigung durch Beitritt zum Verfassungs-, Wirtschafts- und Sozialsystem der „alten" Bundesrepublik erst durchsetzte, wurde er zum Gründungskanzler des wiedervereinigten Deutschland, dessen innere und internationale Verwestlichung er mit nimmermüdem, oft auch sorgenvollem Eifer zu betreiben entschlossen war. Kohl als Kanzler der inneren Einheit – in den anfangs glücklich beigetretenen, zunehmend aber miesepetrig gestimmten neuen Ländern gelang es ihm, wenigstens die bewährten institutionellen Strukturen der „alten" Bundesrepublik einzuführen: Also das bewährte Grundgesetz, desgleichen das schon in spürbarem Wandel begriffene Parteiensystem. [...]

Im Hinblick auf die Europapolitik ist es heute am schwersten, zu einem gerechten Urteil über die Ära Kohl zu gelangen. Zweifellos hat die Vertiefung der Europäischen Gemeinschaft bis hin zu den Verträgen von Maastricht und darüber hinaus von dem Föderalisten Helmut Kohl die stärksten Impulse empfangen. Er war allerdings nicht der einzige. Doch wie nur noch Adenauer vor ihm verstand er es im Verein mit Jacques Delors [dem Präsidenten der EU-Kommission] und dem durchtriebenen François Mitterrand, die divergierenden Interessenlagen der großen, mittleren und kleineren kontinentaleuropäischen Länder der EG beziehungsweise EU europäisch zu bündeln.

Kaum ein europäischer Spitzenpolitiker jener Jahre, der nicht das psychologische Feingefühl dieses umsichtigen Riesen hervorhebt. So hat die Bundesrepublik mit ihm als dem Kanzler und schließlich als dem längstgedienten der europäischen Regierungschefs über eine Reihe von Jahren hinweg die Rolle der Zentralmacht Europas gespielt, ohne dass er dies je proklamiert hätte und ohne dass das bei den Partnern besonders ressentiert [hier: abgelehnt] worden wäre. Nur [die britische Premierministerin] Margaret Thatcher blieb die große Ausnahme. Doch er wurde eben akzeptiert, weil er im tiefsten Innern die mächtige Bundesrepublik zwar nicht ganz, aber eben doch recht weitgehend in einem partnerschaftlich integrierten Europa aufgehen lassen wollte.

Er hatte wohl durchaus den Ehrgeiz, dass man sich seiner einst nicht bloß als des Gründungskanzlers des mit viel Glück wieder vereinten Deutschlands erinnere, sondern zugleich als des Gründungsvaters eines wahrhaft vereinten Europas.

H.-P. Schwarz, in: Frankfurter Allgemeine Zeitung, 18.10.2002.

Ergebnisse der Bundestagswahlen (in Prozent)

Jahr der Wahl	1949	1953	1957	1961	1965	1969	1972	1976	1980	1983	1987	1990	1994	1998	2002	2005	2009
Wahlbeteiligung	78,5	86,0	87,7	87,7	86,8	86,7	91,1	90,7	88,6	89,1	84,3	77,8	79,0	82,2	79,1	77,7	71,0
CDU/CSU	31,0	45,2	50,2	45,4	47,6	46,1	44,9	48,6	44,5	48,8	44,3	43,8	41,4	35,2	38,5	35,2	33,8
SPD	29,2	28,8	31,8	36,2	39,3	42,7	45,8	42,6	42,9	38,2	37,0	33,5	36,4	40,9	38,5	34,2	23,0
FDP	11,9	9,5	7,7	12,8	9,5	5,8	8,4	7,9	10,6	7,0	9,1	11,0	6,9	6,2	7,4	9,8	14,6
Die Grünen	–	–	–	–	–	–	–	–	1,5	5,6	8,3	3,9	–	–	–	–	–
Deutsche Partei (DP)	4,0	3,3	3,4	–	–	–	–	–	–	–	–	–	–	–	–	–	–
Gesamtdeutscher Block/BHE	–	5,9	4,6	–	–	–	–	–	–	–	–	–	–	–	–	–	–
Gesamtdeutsche Partei (GdP)	–	–	–	2,8	–	0,1	–	–	–	–	–	–	–	–	–	–	–
Zentrum	3,1	0,8	0,3	–	–	–	–	–	–	–	–	–	0,0	0,0	–	–	–
Bayernpartei	4,2	1,7	0,5	–	–	0,2	–	–	–	–	–	–	0,1	0,1	–	0,1	–
KPD	5,7	2,2	–	–	–	–	–	–	–	–	–	–	–	–	–	–	–
Deutsche Reichspartei (DRP)	–	1,1	1,0	0,8	–	–	–	–	–	–	–	–	–	–	–	–	–
Wirtschaftl. Aufbauvereinigung (WAV)	2,9	–	–	–	–	–	–	–	–	–	–	–	–	–	–	–	–
Deutsche Friedensunion (DFU)	–	–	–	1,9	1,3	–	–	–	–	–	–	–	–	–	–	–	–
NPD	–	–	–	–	2,0	4,3	0,6	0,3	0,2	0,2	0,6	0,3	–	0,3	–	1,6	1,5
DKP	–	–	–	–	–	–	0,3	0,3	0,2	0,2	–	–	–	–	–	–	–
PDS/Die Linke	–	–	–	–	–	–	–	–	–	–	–	2,4	1,9	5,1	4,0	8,7	11,9
Bündnis 90/Grüne	–	–	–	–	–	–	–	–	–	–	–	1,2	7,3	6,7	8,6	8,1	10,7
Republikaner	–	–	–	–	–	–	–	–	–	–	–	2,1	1,9	1,8	–	0,6	0,5
Sonstige Parteien	8,2	1,5	0,5	0,1	0,3	0,8	–	0,3	–	–	0,8	1,8	1,7	2,5	3,0	1,5	6,0

Aus: Informationen zur politischen Bildung Nr. 229, S. 20 [ergänzt].

Die Bundestagswahl 1990 fand aufgrund der deutschen Vereinigung unter besonderen Voraussetzungen statt. Ausnahmsweise wurde in zwei getrennten Wahlgebieten (Ost und West) abgestimmt. Danach waren PDS sowie Bündnis 90/Grüne im Bundestag vertreten, weil sie im östlichen Wahlgebiet die Fünf-Prozent-Hürde übersprungen hatten.

M 34

Aufgaben

1. Welche politischen Weichenstellungen verbinden sich mit der Kanzlerschaft Adenauers? Stellen Sie einen Zusammenhang mit dem Weltbild Adenauers her.
   → Text, M18
2. Analysieren Sie die Popularität Adenauers und erschließen Sie daraus den Mentalitätswandel der Nachkriegsdeutschen.
   → Text, M19, M20
3. Das Grundgesetz wurde in bewusster Abkehr von der Weimarer Reichsverfassung formuliert. Begründen Sie die Beschlüsse des Parlamentarischen Rates und geben Sie Beispiele.
   → Text, M3
4. Beschreiben Sie das Schicksal der Vertriebenen nach 1945. Diskutieren Sie, ob es ein „Recht auf Heimat" gibt.
   → Text, M7, M8, M9, M21–M26
5. Inwiefern bedeutete die „68er-Bewegung" einen Einschnitt in der Geschichte der Bundesrepublik? Befragen Sie Lehrerinnen oder Lehrer, Familienangehörige oder Bekannte nach deren Erinnerungen an die APO-Zeit.
   → Text, M11, M31, M32
6. Untersuchen Sie die Beziehung, in der die Ostpolitik der sozialliberalen Ära zur Politik Adenauers steht.
   → Text, M12, M30
7. Analysieren Sie den Rückblick des Politikwissenschaftlers Hans-Peter Schwarz auf die Kanzlerschaft Helmut Kohls. Wie beurteilen Sie den Begriff „Ära Kohl"?
   → Text, M33
8. Untersuchen Sie die Ergebnisse der Bundestagswahlen. Erläutern Sie, inwiefern sie die Geschichte der Bundesrepublik widerspiegeln.
   → Text, M34

15.6 Die DDR in der Ära Honecker

Soziale Sicherheit und Bevormundung

M 1 „Rückzug ins Private"
Wochenende auf der „Datsche", undatiertes Foto

Insgesamt herrschte in der DDR-Bevölkerung in den Siebziger- und Achtzigerjahren eher der Trend zum Rückzug ins Private. Das Symbol dieser Fluchtbewegung war die Datsche, wie die Wochenendgrundstücke genannt wurden. Die SED-Führung duldete diesen Trend: Wer das gesamte Wochenende auf seiner Datsche verbrachte und den Rest der Woche mit der Jagd auf Ersatzteile und Baustoffe beschäftig war, fand kaum noch Zeit, sich politisch oppositionell zu betätigen.

Die Existenz in der Nische, wie es oft genannt wurde, war allerdings völlig illusorisch. Die Nischen waren streng kontrolliert und gut ausgeleuchtet. Seit 1971 wurde das Ministerium für Staatssicherheit personell und technisch aufgerüstet. Zwar waren die Methoden der Unterdrückung im Vergleich zu den Fünfziger- und Sechzigerjahren weniger brutal, dafür aber differenzierter und effizienter. Der allgegenwärtige Schnüffel- und Spitzelapparat der Stasi begann gerade in den Zeiten scheinbarer Entspannung seine schmutzigen Tentakel in das Privatleben der Bürger zu stecken.

Neben dem massiven Ausbau des Ministeriums für Staatssicherheit und der Abgrenzung von der Bundesrepublik sollte die künftige Stabilität der DDR vor allem auf einer Befriedigung der Konsumwünsche und der sozialen Sicherheit ruhen. Der Überwachungsstaat war zugleich ein System sozialer Bevormundung. Geborgenheit und Sicherheit waren die häufigsten Schlagworte der SED-Propaganda. Damit meinte die SED die soziale Sicherheit durch staatlich garantierte Vollbeschäftigung, aber auch die Geborgenheit hinter der Mauer, die den DDR-Bürger vor dem rauen Wind der Marktwirtschaft schützen sollte.

Wer diese Geborgenheit hinter Mauern nicht schätzte, wurde zuerst mit sanftem Druck auf den rechten Weg geführt, war im Extremfall aber mit dem Verlust aller Bildungs- und Berufschancen oder mit juristischen Sanktionen bedroht. An der Grenze wurde bis kurz vor dem Mauerfall im Jahre 1989 auf Flüchtlinge scharf geschossen. Viele bezahlten ihre Freiheitssehnsucht mit dem Leben. Die Hauptaufgabe der SED lautete: Ständige Verbesserung der materiellen und ideellen Lebensbedingungen.

M 2 Erich Honecker (1912–1994)
Generalsekretär des ZK der SED und Staatsratsvorsitzender der DDR, Foto, 1975

Kurze Zeit nach dem IX. Parteitag von 1976 warfen die kommenden wirtschaftlichen Schwierigkeiten erste Schatten auf die allgemeine Jubelstimmung. Die Berichte von Diskussionen in den Betrieben im ganzen Land signalisierten der Führung eine Erwartungshaltung, die sie nicht enttäuschen zu dürfen meinte. Es zeigte sich, dass die proklamierte Hinwendung zu einem „Konsumsozialismus" nicht ohne Pferdefuß war. Nach den vielen schönen Worten wollten die DDR-Bürger konkrete Verbesserungen ihres persönlichen Lebensstandards. Am 27. Mai 1976 veröffentlichte die DDR-Presse einen gemeinsamen Beschluss des ZK der SED, des Bundesvorstandes des FDGB und des Ministerrates der DDR. In Auswertung der „vor dem Parteitag geführten Volksaussprache und der erfolgten Vorschläge zur weiteren Ausgestaltung der Sozialpolitik" wurde ein Komplex von Entscheidungen vorgelegt, der eine Erhöhung der Mindestlöhne und Renten, Förderungsmaßnahmen für berufstätige Mütter, Arbeitszeitverkürzungen und Urlaubsverlängerungen beinhaltete. Insgesamt konnte sich das sozialpolitische Maßnahmepaket durchaus sehen lassen.

Soziale Verbesserungen

Eine Million Arbeiter, die bisher nur 350 bis 500 Mark brutto im Monat verdient hatten, erhielten ab 1. Oktober 1976 Lohnerhöhungen; der Mindestbruttolohn stieg vom gleichen Zeitpunkt an von 350 auf 400 Mark. Für ungefähr 1,8 Millionen Produktionsarbeiter wurden leistungsorientierte Grundlöhne eingeführt. In der Volksbildung Beschäftigte erhielten seit 1977 eine jährliche zusätzliche Vergütung, die in Abhängigkeit von der Zahl der Arbeitsjahre maximal 750 Mark betrug. Das gesamte Lohnsystem wurde schrittweise umgestellt, und die Bruttolöhne erhöhten sich nicht unbeträchtlich.

M 3 **„Junge Frau von 1975 – nicht mehr kleinzukriegen"**
Titelblatt der Satirezeitschrift „Eulenspiegel", Berlin (Ost), 1975

Mit Wirkung vom 1. Dezember 1976 trat eine Rentenerhöhung in Kraft. Dies bedeutete für 3,4 Millionen Rentner eine Erhöhung um 30 bis 60 Mark und wirkte sich vor allem für langjährig Tätige aus. Analoge Regelungen betrafen Hinterbliebene, Unfallrentner und Kriegsbeschädigte. Die Mindestrente wurde von 200 auf 230 Mark angehoben.

Diese Zahlen zeigen sowohl das Bemühen der SED-Führung, etwas für die Bevölkerung zu tun, als auch den absolut gesehen bescheidenen Umfang der sozialpolitischen Verbesserung. Trotz niedriger Mieten und stabiler Preise für Grundnahrungsmittel waren 230 oder 300 Mark auch in der DDR sehr wenig Geld. Man muss sich bei einem Vergleich stets vor Augen halten, dass viele Industrieprodukte, Kleidung, Schuhe, Möbel, gar Fernsehapparate oder Autos unverhältnismäßig teuer waren.

Großzügig fielen die Maßnahmen für berufstätige Mütter aus: Verlängerung des Schwangerschaftsurlaubs bei voller Zahlung des Nettodurchschnittsverdienstes von 18 auf 26 Wochen; Einführung des so genannten Babyjahrs, was bedeutete, dass ein „Elternteil" – in der Regel die Mutter – beim ersten Kind eine unbezahlte Freistellung bei Garantie des Arbeitsplatzes und beim zweiten und jedem weiteren Kind bei Zahlung eines Nettoverdienstes in Höhe des Krankengeldes (in der Regel 80 Prozent des durchschnittlichen Nettoeinkommens, mindestens jedoch 300 Mark) Urlaub beantragen konnte.

Hinzu kamen warengebundene aber zinslose Kredite für junge Ehen, deren Rückzahlungsvolumen mit jedem Kind reduziert wurde und beim dritten Kind gänzlich erlassen wurde. Die 5000 Mark reichten in der Regel für die Erstausstattung einer kleinen Wohnung. Die Schwierigkeit bestand freilich darin, die entsprechenden Waren wie Küchenmöbel, Kinderzimmereinrichtungen usw. im Handel auch zu bekommen. Das Grundproblem bei der Politik der Geldausschüttungen bestand darin, die entsprechende Warendecke zu garantieren. Die einfachen Regulative von Angebot und Nachfrage funktionierten in einem System der staatlich garantierten Festpreise nicht. Einfach ausgedrückt: Es gab immer mehr Geld und immer weniger dafür zu kaufen.

Das Wohnungsbauprogramm

Kernstück der Sozialpolitik war die Errichtung gigantischer Plattenbausiedlungen, die bis heute das Bild der ostdeutschen Städte prägen. Tatsächlich war die Wohnungsfrage im DDR-Alltag das Thema Nummer eins. Statistisch wurde noch im Jahr 1970 jede Einzimmerwohnung von durchschnittlich 1,4 Personen bewohnt; mehrere Jahre mussten junge Paare auf die Zuweisung einer Wohnung warten. Nur 40 Prozent aller Wohnungen hatten eine Innentoilette, knapp 40 Prozent verfügten über ein Bad bzw. eine Dusche. Fast 20 Prozent der

M 4 **Plattenbausiedlung**
Platz einer Wohnsiedlung in Schwedt (Brandenburg), Foto, 1974

Wohnungen hatten keinen eigenen Wasseranschluss. Die DDR zehrte vom Wohnungsbestand der Vorkriegszeit.

Tatsächlich waren die Leistungen im Wohnungsbau bis 1989 beachtlich. Die Anzahl der Wohneinheiten pro 1000 Einwohner stieg zwischen 1970 und 1989 von 355 auf 426. Die Wohnfläche pro Einwohner erhöhte sich von 20,6 auf 27,6 Quadratmeter. Statt 40 Prozent wie im Jahr 1971 verfügten 1989 zwischen 70 und 80 Prozent aller Wohnungen über Innen-WC und Bad oder Dusche und knapp 50 Prozent über eine Zentralheizung; 1971 waren es nur 10,8 Prozent. Rund 50 Prozent der Wohnungen wurden mit Kohleöfen geheizt. Dieser Wohnstandard entsprach jenem der Bundesrepublik der frühen Sechzigerjahre.

Die staatlich festgelegten Mieten waren unverändert. Je nach Ausstattung betrugen sie zwischen 0,80 und 1,25 Mark pro Quadratmeter; Fernwärme oder Zentralheizung erforderten einen Aufpreis von 0,40 Mark. Kleine Altbauwohnungen kosteten daher nur selten mehr als 40 Mark Miete, das Entgelt für eine neue 3-Raum-Wohnung lag bei 100 Mark. Die niedrigen Mieten galten der SED als eine ihrer großen sozialpolitischen Errungenschaften. Doch die eklatante Wohnungsnot hatte gerade hier eine ihrer Ursachen. Angesichts von Mieten in Höhe eines besseren Taschengeldes lohnte es sich für Familien kaum, nach Auszug der Kinder eine kleinere Wohnung zu beziehen. Zudem waren Umzüge und Renovierungen durch den Mangel an den einfachsten Baustoffen sehr aufwändig.

Im gleichen Zeitraum beschleunigte die Bündelung aller Mittel für Wohnungsneubauten den Verfall der Altbausubstanz. Private Eigentümer, in deren Besitz noch immer 40 Prozent der Wohnungen waren, sahen sich angesichts der Mieten, die nur den geringsten Teil der Kosten deckten, zur Instandhaltung oder gar zur Modernisierung der Häuser nicht in der Lage. Aber selbst wenn sie die notwendigen Mittel hätten aufbringen können, hätte es dennoch an Handwerkern und Baumaterialien gemangelt. Baustoffe inklusive Dachziegel und Dachrinnen waren ebenso Mangelware wie Türen und Fenster, Dielen und Parkett. Rohre und Armaturen, Wasch- und WC-Becken, Gas- und Kohleherde sowie Boiler waren selten erhältlich, desgleichen Tapeten. Eigeninitiative und Selbsthilfe waren unter diesen Umständen alle nur erdenklichen Hindernisse in den Weg gelegt.

Der Weg in die wirtschaftliche Katastrophe

M 5 „Verfall der Altbausubstanz"
Leipzig, Foto, 1977

Seit den Sechzigerjahren hatte sich die DDR auf steigende Lieferungen sowjetischen Rohöls verlassen können. Bis zu diesem Zeitpunkt wurden sowohl die Energie als auch die Rohstoffe für die chemische Industrie fast ausschließlich aus der heimischen Braunkohle und deren Veredelungsprodukten gewonnen. Jede Hoffnung auf Erdölvorkommen auf dem Staatsgebiet der DDR hatte sich nach aufwändigen und erfolglos gebliebenen Untersuchungen zerschlagen. Den sowjetischen Öllieferungen war es zu verdanken, dass die chemische Industrie nach und nach umgestellt werden konnte. Vor allem in Leuna, Schwedt und Zeitz wurden moderne petrochemische Anlagen errichtet.

Als die Rohölpreise Anfang der Siebzigerjahre auf dem internationalen Markt dramatisch stiegen, schien die DDR davon zunächst unbeeinflusst, denn die Preise waren stets für ein Planjahrfünft vertraglich festgelegt. Im Gegenteil: Da die DDR seit 1972 Erdölprodukte gegen Devisen in den Westen exportierte, konnte sie sogar hohe Gewinne erwirtschaften. Doch 1975 wurde auf Druck der Sowjetunion ein neues Preisbildungssystem eingeführt. Von nun an errechnete sich der Ölpreis aus dem Durchschnitt der Weltmarktpreise der vergangenen fünf Jahre und wurde jährlich angepasst. Zeitverzögert war nun auch die DDR vom Ölpreisschock betroffen. Die Exporte in den Westen waren weiterhin einträglich, zumindest solange die Preise auf dem Weltmarkt stiegen. Der inländische Verbrauch von Öl jedoch verteuerte sich enorm.

Charakteristisch für die ganze Ära Honecker war, dass mehr verbraucht als produziert wurde. In den Siebzigerjahren wurde diese Überkonsumtion vor allem mithilfe von Krediten finanziert, die eine steigende Verschuldung im Westen zur Folge hatten. In den Achtzigerjahren ging der Konsumsozialismus vornehmlich zu Lasten der Investitionstätigkeit.

Mit der Wiederherstellung der Kreditwürdigkeit der DDR auf den internationalen Finanzmärkten gelang es Honecker, Mittag und Schalck in Kooperation mit Strauß und Kohl, eine politische Krisensituation in der DDR abzuwenden, deren Auswirkungen damals wohl kaum anders gelöst worden wären als in Polen – mit der Verhängung des Kriegsrechts. Der hohe politische Preis, den die SED-Führung für die ökonomische Stabilisierung zu zahlen bereit war, zeigt, wie hart sie die Verweigerung von Krediten getroffen hätte. Sogar zu politischen Kompromissen musste sich die SED durchringen. Die Selbstschussanlagen und Minen an der innerdeutschen Grenze wurden entfernt, wozu sich die DDR-Regierung durch die Unterzeichnung einer UN-Konvention ohnehin verpflichtet hatte. Nachdem die Einreise für Westbesucher in den Siebzigerjahren erleichtert worden war, wurden den DDR-Bürgern nun auch Westreisen eher bewilligt und die Besuchsmöglichkeiten in „dringenden Familienangelegenheiten" lockerer gehandhabt.

M 6 Treffen Honecker/Strauß
Bei einer privaten Besuchsreise des bayerischen Ministerpräsidenten in die DDR wurde über einen Milliarden-Kredit verhandelt, Foto, 1983.

Im Frühjahr 1984 genehmigten die DDR-Behörden fast alle bis dahin gestellten Ausreiseanträge; knapp 35 000 Menschen gingen in die Bundesrepublik. Die Hoffnung der SED-Führung, sich damit des Problems entledigt zu haben, wurde allerdings enttäuscht. Die Massengenehmigung hatte vielmehr eine Sogwirkung und löste eine Flut von Ausreiseanträgen aus, die bis 1987 die 100 000 überschritten hatten. Die Ausreisewilligen bildeten ein Druckpotenzial, das immer stärker werden sollte.

M 7 **Großer Dreesch,**
Schwerin, 1981

M 8 Wohnungsbau: Anspruch …

Erich Honecker scheibt in seiner Autobiografie von 1980:

In den Städten und Dörfern sollen Wohngebiete geschaffen werden, die den Stolz der Werktätigen auf ihre Heimat festigen und die weitere Ausprägung der sozialistischen Lebensweise fördern. Dazu gehört auch, viele attraktive gesellschaftliche Einrichtungen zu bauen, welche dazu beitragen, das Leben der Menschen, besonders der werktätigen Frauen, zu erleichtern und die Freizeit interessant und sinnvoll zu gestalten. […]
Mit dem Wohnungsbauprogramm ging es weder um eine Nivellierung der Wohnverhältnisse noch um die Errichtung von Luxuswohnungen. Nur ein den spezifischen Wohnbedürfnissen gerecht werdender Wohnungsbau und eine an sozialen Kriterien sich orientierende Wohnungsvergabepolitik bei niedrigen Mieten entspricht dem humanistischen Anliegen, „Wohngebiete zu schaffen, die frei sind von den versteinerten Gegensätzen zwischen Arm und Reich, in denen sich alle Bewohner wohl fühlen und wo ihre Kinder in menschlicher Wärme und sozialer Geborgenheit aufwachsen.

Erich Honecker, Aus meinem Leben, Berlin 1980, S. 310.

M 9 … und Wirklichkeit

Die Historikerin Christine Hannemann schreibt über den Wohnungsbau (2005):

Im Unterschied zur insgesamt durchaus positiven Binnenwahrnehmung der DDR-Großsiedlungen durch ihre Bewohner stand die Außenwahrnehmung dieser Gebiete durch Nichtneubaugebietsbewohner: Großsiedlungen galten auch in der DDR als grau, langweilig und anonym, als Schlafstädte. Als Arbeitsstätten, insbesondere für Frauen, waren sie kaum im öffentlichen Bewusstsein verankert. Großsiedlungen hatten auch in der DDR einen schlechten Ruf, wobei zu beachten ist, dass die skizzierten Zugangsmöglichkeiten zu einer „Vollkomfortwohnung" zu bedeutenden Unterschieden in der Bewertung von Neubaugebieten durch Nichtbewohner und Bewohner führten: „Vollkomfort", günstige Spielmöglichkeiten für Kleinkinder und Verkehrsberuhigung wurden von den Bewohnern als positive Aspekte des Wohnens in Neubaugebieten hervorgehoben. Mit der mangelhaften architektonischen Gestaltung des Wohngebietes hatten sich die Bewohner abgefunden. Kritisiert wurden vor allem die Mängel der Infrastrukturausstattung des Wohngebietes.
Im Hinblick auf die Wohnungen wurden vor allem die geringe Größe der Zimmer und die Dysfunktionalität der Wohnungsgrundrisse als problematisch angesehen; darüber hinaus waren die Wohnungen für Familien mit Kindern einfach zu klein. Bereits in den Sechzigerjahren wurde kritisiert, dass Kinderzimmer und Bad (Badzelle) zu klein seien, die Küche zu eng sei und dass ein Abstellraum fehle. Diese Einsicht wurde in den meisten Untersuchungen in der Folgezeit formuliert, blieb allerdings für die Planungen folgenlos.
Defizite in der kulturell-sozialen Infrastruktur, vor allem bei den Möglichkeiten, Sport zu treiben, sind weitere, seit Jahren formulierte Hauptkritikpunkte. Gleiches galt für die Unzufriedenheit mit den Naherholungsmöglichkeiten.

Christine Hannemann, Die Platte. Industrialisierter Wohnungsbau in der DDR, Berlin 2005.

Wartburg 311/1000, Baujahr 1964, Garagenwagen, neu bereift, Kupplung und Federn überholt, braune Prägemarke, mit Radio, für 5500 M zu verkaufen.
Koch
7970 Doberlug-Kirchhain
W.-Rathenau-Straße 15

Skoda S 100, Bauj. 1970, Garagenwagen, mit Hängerk. u. Radio, diverse Teile wurden neu eingebaut, wegen Neuanschaffung für 9500 M zu verkaufen.
Zuschr. an H. Patschinsky, 7970 Doberlug-Kirchhain

Skoda S 100, Bauj. 1972, Blechteile neu, für 11 000 M zu verkaufen. Klingenberg, 7980 Finsterw., Lindenstraße 8

Wolga M 21, Baujahr 1964, für 2500 M zu verkaufen. Jehser, 7980 Finsterwalde, Gröbitzer Weg 73

MZ TS 250/1, Bj. 1979, 2500 M, Integralhelm, 240 M, Nierengurt, 60 M, zu verk. Richter, Wilhelm-Pieck-Stadt Guben, O.-Thiele-Str. 96 A

SAS 968 S, Bj. 1974, 17 000 km, Garagenwagen, für 8000 M zu verk. Wilhelm-Pieck-Stadt Guben

M 10 „Automarkt"

Annoncen in der „Lausitzer Rundschau" vom 7. Juni 1982. Die gesetzlich festgelegten Preise führten zu der seltsamen Situation, dass gebrauchte Autos teurer waren als Neuwagen. Gegen den blühenden Schwarzmarkt halfen keine Gesetze und Strafandrohungen.

M 11 Automarkt

Information der Bezirksleitung der SED Berlin an das Politbüro der SED vom 16. April 1980 über Straftaten unter Ausnutzung von Zeitungsannoncen:

Bei den unter der Rubrik „Automarkt" […] annoncierten Angeboten ist überwiegend der rechtswidrige und spekulative Charakter von Preisforderungen erkennbar.
Die in den Annoncen geforderten Preise stehen im Widerspruch zu den für die Preisbildung bei gebrauchten Kraftfahrzeugen gültigen Rechtsvorschriften. Die Praxis bestätigt, dass darüber hinaus der dann zwischen Verkäufer und Käufer ausgehandelte Preis noch darüber liegt.
Überpreisforderungen sind besonders in Annoncen über den Verkauf von PKW des Typs „Trabant" enthalten, treten jedoch auch bei Importfahrzeugen in Erscheinung. Charakteristisch ist dabei, dass, differenziert für Fahrzeuge, die bis zu 15 Jahren alt sind und Laufleistungen von über 50.000 km aufweisen, überwiegend 80–110 % der Neupreise angegeben sind.
Der beschäftigungslose Gerd G. erzielte von Oktober 1975 bis November 1978 durch den spekulativen Handel mit PKW, wertintensiven Konsumgütern sowie mit anderen Gegenständen in einem Umfang von 1,9 Mio Mark einen persönlichen Gewinn von 379 TM. Allein bei 44 PKW wurden unter Verletzung von Preisbestimmungen in einer Höhe von 260 TM bis zu 20 TM über den EVP für den jeweiligen PKW gefordert und von den Interessenten gezahlt.
Einen bestimmten Teil der An- und Verkäufe von PKW und Industriewaren wickelte er über Zeitungsannoncen ab. Allein 1976 ließ er in der Zeitung „Neue Zeit" 70 Inserate veröffentlichen.
Der stellvertretende Verkaufsstellenleiter für Heimwerkererzeugnisse in der Berliner Markthalle Martin H. zweigte unter Missbrauch seiner Funktion und unter Mithilfe seiner Ehefrau von 1977 bis 1979 41 Bohrmaschinen und 87 Zusatzgeräte, 3 Betonmischer, 4 Rasenmäher, 5 Kompressoren und anderes im Gesamtwert von 40 TM ab und entwendete außerdem in 20 weiteren Fällen derartige Erzeugnisse im Werte von 6,8 TM.
Der spekulative Verkauf der Erzeugnisse erfolgte zum großen Teil zu erheblichen Überpreisen über Annoncen.

Bundesarchiv/SAPMO IV 2/2037/26

Aufgaben

1. a) Erläutern Sie die Ziele, die der Staat mit dem Wohnungsbau verfolgte.
   b) Erarbeiten Sie positive und negative Aspekte des staatlichen Wohnungsbaus in der DDR.
   c) Informieren Sie sich über den gegenwärtigen Zustand der Neubausiedlungen aus der Zeit der DDR. Nutzen Sie hierzu geografische Informationen über Migrationsbewegungen in Deutschland aus Ihrer Schulbibliothek bzw. aus dem Internet.
   → Text, M7–M9, Bibliothek, Internet
2. a) Vergleichen Sie die Anzeigen von 1982 mit heutigen. Worin unterscheiden sie sich?
   b) Erklären Sie am Beispiel des Automarktes, warum in der DDR bestimmte Produkte über den Schwarzmarkt bezogen wurden.
   → M10, M11

15.7 Die deutsche Einheit

Einundvierzig Jahre nach Gründung der Bundesrepublik Deutschland und der Deutschen Demokratischen Republik im Jahre 1949 gab die DDR ihre Staatlichkeit auf und trat mit Wirkung vom 3. Oktober 1990 der Bundesrepublik Deutschland bei. Die Vorgeschichte dieses historischen Momentes wies ganz unterschiedliche Dimensionen auf:

Entspannung

Die internationale Situation wurde seit den Siebzigerjahren durch Entspannungsbemühungen geprägt. So konnte der Ost-West-Konflikt entschärft werden. Ihren Ausdruck fand die neue Kooperation in der ersten Konferenz über Sicherheit und Zusammenarbeit in Europa (KSZE), die 1975 in Helsinki stattfand. Die beteiligten europäischen Staaten (sowie die USA und Kanada) einigten sich auf Rechtsgrundsätze, zu denen unter anderem die Achtung der Menschenrechte, die territoriale Integrität, das Selbstbestimmungsrecht und der Verzicht auf Gewaltanwendung gehörten.

Innerdeutsche Bindungen

Im Rahmen der Entspannungspolitik vervielfachten sich die persönlichen Kontakte zwischen den Menschen in den beiden deutschen Staaten. Die Grenze wurde wieder durchlässiger, vor allem in West-Ost-Richtung. Besuchsreisen nahmen zu. Neu verlegte Telefonleitungen ermöglichten eine fernmündliche Kommunikation in vorher nicht gekanntem Ausmaße. Der Empfang des Westfernsehens wurde für die DDR-Bürger zur Norm. Die Verträge zwischen den beiden deutschen Staaten ermöglichten es, dass die menschlichen Bindungen trotz der staatlichen Teilung nie abrissen. Allerdings lehnte die DDR-Führung die Einheit der deutschen Nation als „Fiktion“ ab. In der DDR-Verfassung von 1974 fehlte jeder Hinweis auf eine deutsche Nation. Zudem reagierte der Staat mit verschärfter ideologischer Abgrenzung und mit dem Ausbau des Überwachungsapparates.

„Perestroika“

Eine wesentliche Rolle bei der Überwindung des Ost-West-Konfliktes spielte Michail Gorbatschow, ab 1985 Generalsekretär der KPdSU. Der von ihm eingeleitete politische Kurswechsel, die sogenannte „Perestroika“(Umbau), ermöglichte eine Reihe von Abrüstungsabkommen. Die jahrzehntelange Bedrohung durch einen Atomkrieg zwischen den Großmächten verschwand.

Reformbewegungen

Der langsame Zerfall der bipolaren Struktur der Nachkriegszeit gab den antikommunistischen Oppositionsbewegungen in den osteuropäischen Staaten Auftrieb. Dabei kam Polen eine Vorreiterrolle zu. Dort war bereits 1980 die unabhängige Gewerkschaft „Solidarność“ (Solidarität) gegründet worden. Im darauffolgenden Jahr verboten, wurde sie 1989 unter ihrem Vorsitzenden Lech Wałęsa wieder zugelassen. Auch mit Unterstützung der katholischen Kirche trieb sie die Demokratisierung des öffentlichen Lebens voran.

In Ungarn setzten sich die Reformkräfte innerhalb der regierenden Sozialistischen Arbeiterpartei durch. Sie demokratisierten das Land, führten ein Mehrparteiensystem ein und ließen 1989 die Sperranlagen an der Grenze zu Österreich abbauen. In der Tschechoslowakei war es vor allem die Menschenrechtsorganisation „Charta 77“, die die Umgestaltung des politischen Lebens vorantrieb. Der mehrfach inhaftierte Dramatiker und Dissident Václav Havel wurde 1989 frei gewählter Staatspräsident der Tschechischen Republik.

Opposition in der DDR

Das Klima der gesamteuropäischen und innerdeutschen Entspannung begünstigte zunächst eine Lockerung der staatlichen Überwachung. Allerdings stießen abweichende Äußerungen schnell an die Grenze dessen, was die SED-Führung zu tolerieren bereit war. Da in den offiziellen Institutionen der DDR wichtige Themen tabuisiert waren, begannen vermehrt Pastoren ihre Kirchenräume für eine sich bildende Friedensbewegung zu öffnen. Diese übte unter anderem Kritik am Einmarsch der Roten Armee in Afghanistan (1979), an Aufrüstung, Wehrpflicht sowie an der Militarisierung der Kinder- und Jugenderziehung in der DDR. Ihre prominentesten Vertreter waren der Pfarrer Rainer Eppelmann und der Systemkritiker Robert Havemann. Beflügelt durch Gorbatschows Reformpolitik weitete sich der Themenkatalog aus: Bürokratisierung, fehlende Demokratie, Verletzung der Menschenrechte und Umweltverschmutzung wurden kritisiert.

Diese Oppositionsgruppen bildeten von Anfang an ein Objekt für die Stasi-Überwachung. Ein Dossier des Ministeriums für Staatssicherheit (MfS) sprach 1989 von 2500 Dissidenten, von denen 60 als „führend" bezeichnet wurden, wie zum Beispiel Bärbel Bohley, Vera Wollenberger, Ulrike und Gerd Poppe oder Friedrich Schorlemmer. Ziel der meisten Dissidenten war zunächst ein reformierter, demokratischer Sozialismus. Im Herbst 1989 traten diese Bürgerrechtsgruppen („Neues Forum", „Demokratie Jetzt", „Demokratischer Aufbruch") an die Öffentlichkeit.

In der Wende traf der Einsatz der Bürgerrechtler für eine freiheitliche Ordnung auf den fortschreitenden Zerfall einer hochgerüsteten Staatsmacht. Nicht zuletzt daraus entwickelte sich die Dynamik einer friedlichen Revolution im Herbst 1989 als Glied in der Kette der mittelosteuropäischen Revolutionen.

Es bewahrheitete sich der prophetische Satz des einstigen Bundespräsidenten Richard von Weizsäcker: „Die Deutsche Frage ist so lange offen, wie das Brandenburger Tor geschlossen ist."

M 1 Bei einer SED-„Kampfdemonstration"
anlässlich des 69. Jahrestages der Ermordung von Rosa Luxemburg und Karl Liebknecht am 17. Januar 1988 reihten sich Bürgerrechtler ein. Sie trugen dabei Transparente mit einem Zitat von Rosa Luxemburg. 120 Personen wurden anschließend von der Staatssicherheit verhaftet, einige Dissidenten ausgebürgert und in die Bundesrepublik abgeschoben, wie zum Beispiel Freya Klier und Stephan Krawcyzk, Karikatur von Gerhard Mester, 1988.

M 2 **Gottesdienst in der Gethsemane Kirche in Ostberlin**
Oktober 1989

Friedliche Revolution

Die mangelnde Übereinstimmung zwischen ideologischem Anspruch und gesellschaftlicher Wirklichkeit haben letztlich den Zusammenbruch des SED-Regimes in der DDR bewirkt. Die geringe Leistungsfähigkeit des sozialistischen Wirtschaftssystems, die unzureichende Versorgung mit Konsumgütern, die Umweltzerstörung, die politische Bevormundung und die fehlende Reisefreiheit hatten zu einer anhaltenden Unzufriedenheit der Bevölkerung geführt. Dies konnte nur unzureichend geäußert werden, weil Kritiker leicht als Staatsfeinde verdächtigt wurden. Die SED verwirklichte ihren Führungsanspruch mithilfe der gelenkten Medien, der Massenorganisationen, des Bildungssystems und nötigenfalls durch polizeistaatliche Unterdrückungsmaßnahmen. Die starre Haltung der Partei geriet zunehmend in Widerspruch zu den Bemühungen um politische und wirtschaftliche Reformen in der Sowjetunion, in Ungarn und Polen. Der Ostblock im Sinne einer geschlossenen Kampfgemeinschaft kommunistischer Staaten zur Abwehr westlich-kapitalistischer Einflüsse zerfiel zusehends, nachdem sich die Sowjetunion als ehemalige Führungsmacht unter Michail Gorbatschow an die Spitze der Reformbewegung gesetzt hatte. Ihren früheren Lehrsatz „Von der Sowjetunion lernen, heißt siegen lernen" befolgte die Partei jedoch nicht. Die Bevölkerung der DDR musste befürchten, Opfer einer gescheiterten Form des Sozialismus zu sein. Die völlige Verkennung der

M 3 **Honecker-Zitat vom August 1989**
Karrikatur von Horst Haitzinger, 16. August 1989

anstehenden Probleme durch die SED-Führung wird an einer Äußerung des damaligen Politbüromitglieds Kurt Hager deutlich. Er beschied eine Frage nach der Notwendigkeit von Reformen in der DDR so: „Würden Sie … wenn Ihr Nachbar seine Wohnung neu tapeziert, sich verpflichtet fühlen, Ihre Wohnung ebenfalls neu zu tapezieren?" Reformbewegungen auf den unteren Ebenen der Parteihierarchie scheiterten an den undemokratischen Macht- und Entscheidungsstrukturen innerhalb der SED. Die Hoffnungen vieler DDR-Bewohner, die sich besonders mit der Person des sowjetischen Staats- und Parteichefs Michael Gorbatschow und dessen Reformpolitik verbanden, wurden so von der autoritären Staatspartei in der DDR unter Honecker enttäuscht.

Unter Berufung auf die Schlussakte der Konferenz für Sicherheit und Zusammenarbeit in Europa (KSZE) forderten auch in der DDR immer mehr Bürger die ihnen bisher vorenthaltenen Freiheitsrechte. Die außerhalb der SED und der Blockparteien entstandenen Bürgerrechts-, Friedens- und Umweltgruppen fanden Freiräume unter dem Dach der evangelischen Kirche. Diese Bewegungen haben in der ersten Phase der Revolution maßgeblich dazu beigetragen, dass sich der Bürgerprotest organisieren konnte.

Fluchtbewegung

Vor allem jüngere Menschen sahen angesichts solcher Praktiken der Mächtigen keine Aussichten auf positive Veränderungen in der DDR. Sie flüchteten unmittelbar vor den Feierlichkeiten zum 40-jährigen Bestehen der DDR ab August 1989 über Ungarn, ČSSR und Polen in die Bundesrepublik Deutschland. Viele von ihnen waren in die bundesdeutschen Botschaften in Prag und Warschau geflüchtet. Dass sie von dort nach langem diplomatischen Tauziehen ausreisen durften, legte die deutliche Isolierung der DDR-Regierung unter den sozialistischen Staaten Mittelosteuropas offen. Die Massenauswanderung verschärfte den chronischen Arbeitskräftemangel und stellte das Funktionieren wichtiger gesellschaftlicher Einrichtungen infrage. Die Berichterstattung über diese Vorgänge ermutigte viele DDR-Bürger zu einer offenen Ablehnung des SED-Staates. Sie löste eine gewaltige Welle des Protestes bei den Zurückgebliebenen aus, denen die legale Ausreise verwehrt war. Hunderttausende von ihnen hatten Ausreiseanträge gestellt und ablehnende Bescheide erhalten.

Massendemonstrationen

Die Äußerung von Partei- und Staatschef Gorbatschow anlässlich seines DDR-Besuches, „Wer zu spät kommt, den bestraft das Leben", machte deutlich, dass die DDR-Führung von dieser Seite keine militärische Unterstützung gegen das eigene Volk erwarten konnte. Sie war damit einer folgenschweren Fehleinschätzung der sowjetischen Außenpolitik erlegen. Dennoch versuchte das Regime durch Einsatz der Sicherheitskräfte, Festnahmen und Bestrafungen, dem ab Anfang August 1989 aufkommenden Massenprotest die Spitze zu nehmen. Vor einem letzten Versuch, mithilfe von Polizei, Betriebskampfgruppen und Truppen der Nationalen Volksarmee (NVA) am 9. Oktober eine Demonstration in Leipzig zu verhindern und der Demokratiebewegung den Todesstoß zu versetzen, schreckten die Machthaber dann doch zurück. Jetzt gehörte die Straße den demonstrierenden Volksmassen, die friedlich und gewaltlos in unzähligen Demonstrationszügen zu zehn- und hunderttausenden ihre immer weitergehenden Forderungen erhoben. Richtung und Tempo der politischen Entwicklung wurden in der DDR

M 4 **Karikatur aus der Frankfurter Rundschau,** 1990

über Monate von den Menschen auf der Straße bestimmt. Sie erzwangen letztlich den Rücktritt der Partei- und Staatsführung. Die Aussage „Wir sind das Volk." machte das Selbstverständnis dieser Menschen deutlich, die von nun an die führende Rolle selbst beanspruchten. Die Versuche der SED, sich nach personellen und programmatischen Korrekturen an die Spitze der Reformbewegung zu setzen, scheiterten, weil kaum noch jemand an eine wirkliche Erneuerung der Partei glaubte. Dies zeigte sich auch in der Konstituierung des „Runden Tisches". In Polen zuerst praktiziert, stellte der Runde Tisch ein nach der Verfassung nicht vorgesehenes politisches Gremium dar. Seine Gründung war eine Folge des Vertrauensverlustes der regierenden SED und der mit ihr verbündeten Blockparteien. Oppositionelle Gruppierungen hatten sich gebildet, die ihre Reformvorstellungen in den politischen Entscheidungsprozess einbringen wollten. Diesem Zweck diente vorübergehend der Runde Tisch, der mit Vertretern der Regierung und der Opposition besetzt war. Auf allen Ebenen des Staates eingerichtet, sollte er insbesondere die von der SED beherrschten Volksvertretungen kontrollieren. Weitere Ziele waren die Auflösung des Staatssicherheitsdienstes sowie die Einführung rechtsstaatlicher Regeln im gesellschaftlichen Zusammenleben. Dies bedeutete das Ende des Machtmonopols der Staatspartei.

Angesichts der jahrzehntelangen scheinbaren Stabilität des SED-Regimes ist dessen überraschend schneller Zusammenbruch bemerkenswert. Es zeigte sich, dass das Regime, abweichend von den Wahlergebnissen, nur über relativ wenige überzeugte Anhänger verfügte. Es verdankte seine Existenz der besonderen geschichtlichen Situation Nachkriegsdeutschlands und seiner Funktion als Vorposten des Sozialismus unter sowjetischer Vorherrschaft in Mittelosteuropa. Das Ende der Ost-West-Konfrontation ermöglichte somit die deutsche Einheit.

Auf dem Weg zur Einheit

Nach dem Ende der SED-Alleinherrschaft strebten vor allem Intellektuelle und Mitglieder von Bürgerrechtsgruppen für die DDR eine Reform des Sozialismus an. Sie suchten nach einem dritten Weg zwischen dem gescheiterten „realen Sozialismus" der SED und der westlichen Konsumgesellschaft. Dieses Vorhaben setzte Eigenstaatlichkeit voraus, wie sie Ministerpräsident Modrow (SED/PDS) seinem Vorschlag einer Vertragsgemeinschaft zwischen beiden deutschen Staaten zugrunde legte. Zu dieser Zeit schien dieses Vorgehen auch von der DDR-Bevölkerung mehrheitlich gewünscht zu sein. Man befürchtete den Verlust bestimmter sozialer Errungenschaften beziehungsweise den Verlust einer gewissen erst entstehenden DDR-Identität. Hinzu kamen Ängste vor Problemen, die man in der DDR bisher offiziell nicht kannte, wie Kriminalität, Arbeitslosigkeit oder Ausländerzuwanderung.

Der Wunsch nach Beibehaltung der Zweistaatlichkeit fand auch in der Bundesrepublik Deutschland begrenzte Unterstützung. Dies geschah mit der Begründung, eine sozialistische Alternative zu Westdeutschland könne sich positiv auf das gesellschaftliche Leben im Westen auswirken. Ein weiteres Argument in der Debatte war die politische, wirtschaftliche und militärische Stärke eines vereinten Deutschland, das zu einer Bedrohung für die Nachbarn werden könnte.

Einheit als Ziel

Je mehr aber das breite Volk die Politik über Massendemonstrationen mitbestimmte, desto stärker rückte das Thema der staatlichen Einheit Deutschlands in den Mittelpunkt. Bereits im November 1989 zeigte sich dies bei Demonstrationen. Aus dem Slogan: „Wir sind das Volk." wurde zunehmend „Wir sind ein Volk." Die DDR-Bürger verdeutlichten damit neben ihrem Freiheitswillen und aufgestauten materiellen Bedürfnissen auch die nationale Komponente der Revolution. Hunderttausende hatten die Öffnung der Grenze zu Besuchen in der Bundesrepublik Deutschland genutzt. Viele von ihnen sahen in Westdeutschland das positive Gegenbild zur erlebten Wirklichkeit in der DDR. Unter diesen Bedingungen wollten sie leben und zwar möglichst bald.

Früher als andere Politiker erkannte Bundeskanzler Kohl die Chancen für die Überwindung der Zweistaatlichkeit. Zielstrebig nutzte er die sich plötzlich eröffnenden politischen Spielräume. Er legte ein Zehn-Punkte-Programm vor, in dem er über eine Vertragsgemeinschaft hinaus zuerst lockere konföderative, dann engere bundesstaatliche Formen der Zusammengehörigkeit in Aussicht stellte. Die Mehrheit der Menschen in der DDR wollte nicht das Risiko weiterer sozialistischer Experimente eingehen, sondern wünschte einen möglichst kurzen Weg zu besseren Lebensbedingungen. Wachsende wirtschaftliche Schwierigkeiten und die fehlende demokratische Legitimation von Volkskammer und Regierung führten zu einer Vorverlegung des Termins für die ersten freien Volkskammerwahlen auf den 18. März 1990. Bei diesen Wahlen hatten die politischen Parteien Erfolg, die sich für eine rasche Verwirklichung der deutschen Einheit ausgesprochen hatten. Von ihnen erwarteten die Wähler auch die schnelle Einführung der Deutschen Mark, wovon sie sich eine rasche Angleichung des Wohlstandes erhofften. Die breite Mehrheit der DDR-Bevölkerung wollte die Einheit.

M 5 **Demokratie, jetzt oder nie!** Ein Meer von Plakaten begleitet die Demonstranten in Leipzig im Herbst 1989.

Wirtschafts-, Währungs- und Sozialunion

Zur zügigen Überwindung der Unterschiede in den Lebensverhältnissen wurde zwischen beiden deutschen Staaten eine Wirtschafts-, Währungs- und Sozialunion vereinbart, die am 1. Juli 1990 in Kraft trat. Der Vertrag regelte unter anderem die Einführung der DM und der Sozialen Marktwirtschaft in der DDR, außerdem die Übernahme des Wirtschafts-, Sozial- und Steuerrechts sowie der Einrichtungen der Sozialen Sicherung. Kontrovers diskutiert wurde der Umtauschsatz der beiden Währungen. Kritiker hielten auch den Zeitpunkt der Währungsumstellung angesichts der Anpassungsprobleme der DDR-Wirtschaft für verfrüht. Die Wirtschafts-, Währungs- und Sozialunion stellte eine entscheidende Weichenstellung für die Herstellung der deutschen Einheit dar.

Verfassungsrechtliche Grundlagen

Nach der Volkskammerwahl am 18. März 1990 spitzte sich die öffentliche Diskussion über den richtigen Weg der Einheit zu. Sollte die DDR nach Artikel 23 des Grundgesetzes der Bundesrepublik Deutschland beitreten und dabei das Grundgesetz übernehmen, wie die Bundesregierung es wollte? Oder war der Vorschlag der Opposition angemessener, auf der Grundlage des Grundgesetzes eine ganz neue Verfassung für den gemeinsamen Staat zu entwerfen und dem ganzen Volk zur Entscheidung vorzulegen? Auch diesen zweiten Weg sah das Grundgesetz (Artikel 146) als Möglichkeit vor. Für die erste Lösung sprach die Eile, mit der die Einheit vollzogen werden sollte. Auch hatte sich das Grundgesetz in vier Jahrzehnten Geltungsdauer zweifellos bewährt. Die

DDR-Bewohner wünschten ja den Beitritt zu genau dieser Ordnung. Die Befürworter einer neuen Verfassung wollten aus ihrer Sicht wünschenswerte Ergänzungen des Grundgesetzes vornehmen und den Eindruck eines glanzlosen Anschlusses der DDR an die Bundesrepublik Deutschland vermeiden. Der Konflikt wurde im Einigungsvertrag in der Weise beigelegt, dass der Beitritt nach Artikel 23 erfolgte. Bundestag und Bundesrat des vergrößerten Deutschland mussten innerhalb von zwei Jahren über weitergehende Verfassungsänderungen entscheiden.

Der Einigungsvertrag

Im Jahre 1952 waren die historisch gewachsenen Länder in der DDR aufgelöst und durch 14 Bezirke ersetzt worden. Diese Entscheidung wurde nun von der Volkskammer revidiert. Die Bildung von fünf Bundesländern war nicht nur eine formale Rechtsangleichung an den föderalen Aufbau der Bundesrepublik Deutschland. Die Rückbesinnung auf die früheren Länder, das Zeigen ihrer Symbole (Flaggen) im Herbst 1989 war Ausdruck des Protestes gegen den von der SED praktizierten Zentralismus. Nach dem Untergang der DDR bilden die Länder eine neue Basis für Heimatgefühl und Identitätsstiftung. Der Einigungsvertrag vom September 1990 regelt den Beitritt der neuen Bundesländer und das In-Kraft-Treten des Grundgesetzes in der ehemaligen DDR. Er fasst die Präambel des Grundgesetzes neu, entscheidet die Hauptstadtfrage und legt weitere Verfassungsänderungen aufgrund des Beitritts fest.

M 6 **Einheitsfeier vor dem Reichstag,** 3. Oktober 1990

Gesamtdeutsche Wahlen

Im Vorfeld der ersten gemeinsamen Bundestagswahl kam es zu politischem Streit wegen des Wahltermins und wegen des vereinbarten Wahlrechts. Der von den beiden Parlamenten beschlossene Wahlvertrag, der ein einheitliches Wahlgebiet mit Sperrklausel (5 Prozent) vorsah, wurde vom Bundesverfassungsgericht für verfassungswidrig erklärt, weil es die Wahl- und Chancengleichheit der kleineren Parteien nicht als gegeben ansah. Gewählt wurde letzt-

M 7 **Während einer Wahlkampfveranstaltung mit Bundeskanzler Helmut Kohl im März 1990 in Leipzig**

lich in zwei getrennten Wahlgebieten, die den bisherigen Staatsgebieten entsprachen. Somit bekamen auch solche Parteien Mandate im Bundestag, die nur in einem Wahlgebiet die Mindeststimmenzahl erreicht hatten. Im Großen und Ganzen wurde das westdeutsche Parteiensystem auf die DDR übertragen. Ergänzt wurde es durch die PDS, die aus der SED hervorgegangen ist. Hatten die West-Parteien bereits bei den Volkskammerwahlen und Kommunalwahlen ihnen nahe stehenden Parteien und Gruppierungen unterstützt, so zeigte sich ihre Einflussnahme deutlich im Vorfeld der Landtagswahlen und der ersten gesamtdeutschen Wahl. SPD, CDU und Liberale hatten inzwischen ihre Parteiorganisationen von West und Ost vereint. Die jeweiligen Parteigliederungen im Gebiet der DDR erfuhren massive personelle und materielle Unterstützung. Die Bundestagswahl am 2. Dezember 1990 bildete den vorläufigen Abschluss des deutschen Einigungsprozesses.

Die äußeren Aspekte der deutschen Einheit

Die Deutsche Frage

Die Teilung Deutschlands und die Abtretung der Gebiete östlich von Oder und Neiße waren eine Folge der nationalsozialistischen Herrschaft in Deutschland. Der von Hitler-Deutschland begonnene und verlorene Krieg mündete in der Kontrolle Deutschlands durch die vier Siegermächte. Das Zerbrechen der Anti-Hitler-Koalition im Zuge des Kalten Krieges (ab 1946/47) bedingte fast zwangsläufig die Teilung Deutschlands. Die Zweistaatlichkeit Deutschlands war also von Anfang an mit dem Ost-West-Konflikt verzahnt. Aus deutscher Perspektive beinhaltete die „Deutsche Frage" die Überwindung der Teilung beziehungsweise die Herstellung der Einheit.

Entspannung in Europa

Da die Teilung Deutschlands ein Ergebnis des Ost-West-Konflikts beziehungsweise eine Folge der europäischen Zentrallage Deutschlands war, setzte die Überwindung der Teilung folglich eine Änderung der politischen Gesamtsituation in Europa voraus. Bis Mitte der Achtzigerjahre bildete die Konkurrenz der Systeme von Ost und West die Achse der gängigen Wahrnehmung: Kapitalismus kontra Sozialismus, parlamentarische Demokratie kontra Parteidiktatur, Marktwirtschaft kontra Planwirtschaft.

Die starre Blockbildung begann sich aber – unter dem Einfluss der Reformpolitik des sowjetischen Präsidenten Gorbatschow – erst zu lockern, dann aufzulösen. Die Politik der Perestroika („Umbau") bereitete den Boden für den Abbau von Spannungen beziehungsweise für das Ende der militärischen Konfrontation. Gorbatschows Vision von einem „gemeinsamen Haus Europa" setzte den Rahmen, in dem die Überwindung der deutschen Zweistaatlichkeit überhaupt erst möglich wurde.

Die neue sowjetische Politik gab den Reformkräften in allen kommunistischen Ländern Auftrieb. Die Anwendung des Grundsatzes vom „Selbstbestimmungsrecht der Völker" erlaubte die Emanzipation der ehemaligen Satellitenstaaten von der UdSSR. Diese verzichtete auf den Einsatz ihrer militärischen Macht, zu der sie in der Nachkriegszeit bereits mehrmals gegriffen hatte. Dadurch wurde auch für die Opposition in der DDR der Weg frei, die SED-Herrschaft erst einzuschränken und dann zu beseitigen.

Widerstand im Osten und Westen

Wenn sich aus deutscher Sicht mit der „Deutschen Frage“ die Überwindung der Teilung verband, so stand für das Ausland die Friedensverträglichkeit Deutschlands im Vordergrund. Folglich mussten im Zuge des Vereinigungsprozesses vielfach Ängste hervortreten, die zuvor gerade durch die Teilung abgebaut worden waren: Ängste vor einer neuen deutschen Großmacht im Allgemeinen beziehungsweise vor einer wirtschaftlichen Übermacht Deutschlands in Europa im Besonderen. Dass die Widerstände überwunden werden konnten, hatte unter anderem folgende Ursachen:

- Die Bundesrepublik Deutschland hatte sich 40 Jahre als stabile Demokratie bewährt.
- Das vereinigte Deutschland blieb wirtschaftlich (in der EU) und militärisch (in der NATO) in den Westen integriert.
- Die verbindliche und endgültige Anerkennung der Oder-Neiße-Grenze als polnische Westgrenze setzte einen Schlussstrich unter die territoriale Neuordnung, die als Folge des Zweiten Weltkrieges geschaffen worden war.
- Insbesondere bei den osteuropäischen Reformländern verband sich mit der deutschen Einheit die Hoffnung, dass man von Deutschland kapitalkräftige Hilfe für die Modernisierung der Wirtschaft erhalten werde.

M 8 Befürchtungen im Ausland anlässlich der Wiedervereinigung
Dämonenwechsel in Europa: Der eine ist tot, ersteht jetzt der andere wieder auf?, britische Karikatur, 1990.

Der „Zwei-plus-Vier-Prozess“

Der Deutschlandvertrag von 1952/54, den die drei Westmächte mit der Bundesrepublik Deutschland abgeschlossen hatten, regelte die alliierten Vorbehaltsrechte. Danach blieben – trotz der Souveränität der Bundesrepublik Deutschland – die Alliierten zuständig für alle Fragen, die Deutschland als Ganzes betrafen. Berlin behielt seinen besonderen Viermächte-Status. Das Truppenstatut regelte den Aufenthalt alliierter Militärverbände auf westdeutschem Territorium. Aus den alliierten Vorbehaltsrechten ergab sich, dass die deutsche Einheit nicht gegen den Willen der vier Siegermächte des Zweiten Weltkrieges herzustellen war.

Die „Zwei-plus-Vier-Konferenzen“ (zwei deutsche Staaten plus die vier Siegermächte) hatten das Ziel, den Weg zur deutschen Einheit einvernehmlich zu ebnen. Am Schluss einer Serie von Treffen der sechs Außenminister stand der „Vertrag über die abschließende Regelung in Bezug auf Deutschland“. Er wurde am 12. September 1990 in Moskau unterzeichnet und stellt die historische Geburtsurkunde des vereinigten Deutschlands dar. In einem Brief an die vier Siegermächte versicherten die beiden deutschen Regierungen,

- die Enteignungen in der sowjetisch besetzten Zone während der Besatzungszeit (1945–1949) nicht rückgängig zu machen,
- die Denkmäler für die Opfer des Krieges und der nationalsozialistischen Gewaltherrschaft zu schützen,
- Parteien mit nationalsozialistischer Zielsetzung auch in Zukunft zu verbieten.

Dieser Brief wurde auf ausdrücklichen sowjetischen Wunsch hin verfasst. Er ist ein offizielles Dokument, das den Vertrag ergänzt. Daneben stellte die Anerkennung der Oder-Neiße-Grenze eine weitere Bedingung für die Inkraftsetzung des Vertrages dar. In einem separaten Vertrag zwischen Deutschland und Polen vom 14. November 1990 wurde die „uneingeschränkte Achtung“ der „territorialen Integrität“ Polens bestätigt.

Mit dem zweiten Deutschland-Vertrag erhielt das nunmehr geeinte Deutschland seine volle Souveränität. Nach allgemeiner Überzeugung ging damit die Nachkriegszeit in Europa zu Ende. Es war gelungen, den Einheitswunsch der Deutschen mit den Interessen der Siegermächte in Einklang zu bringen. Helmut Kohl als Bundeskanzler und Hans-Dietrich Genscher als Außenminister hatten daran entscheidenden Anteil gehabt. Sie hatten es geschafft, den komplizierten diplomatischen Prozess der Zwei-plus-Vier-Gespräche ungewöhnlich zügig zu Ende zu bringen. Die vertrauensvolle Zusammenarbeit mit den führenden Politikern der Siegermächte hatte dabei eine Rolle gespielt, insbesondere mit denjenigen der Sowjetunion. Der sowjetische Präsident Gorbatschow und sein Außenminister Schewardnadse hatten zweifellos die größten Zugeständnisse gemacht. Sie entließen nicht nur die DDR aus dem sowjetischen Machtbereich, sondern ließen es auch zu, dass das vereinigte Deutschland der NATO angehört.

Chronologie

6./7. Oktober 1989	Feiern zum 40. Jahrestag der DDR-Gründung; gewaltsame Auflösung von Demonstrationen in mehreren Städten der DDR
18. Oktober, 1989	Rücktritt von Erich Honecker als DDR-Staatsratsvorsitzender und SED-Parteichef; Egon Krenz Nachfolger als Generalsekretär der SED
9. November 1989	Öffnung der Mauer in Berlin
18. März 1990	Erste freie Wahl zur Volkskammer der DDR
1. Juli 1990	In-Kraft-Treten des Staatsvertrages über die Wirtschafts-, Währungs- und Sozialunion.
23. August 1990	Volkskammer beschließt den Beitritt der DDR zum Geltungsbereich des Grundgesetzes nach Art. 23.
12. September 1990	„Vertrag über die abschließende Regelung in Bezug auf Deutschland“
3. Oktober 1990	Beitritt der DDR zur Bundesrepublik Deutschland; Tag der Deutschen Einheit
14. November 1990	Unterzeichnung des Grenzvertrages zwischen Deutschland und Polen
2. Dezember 1990	Erste gesamtdeutsche Wahl zum Deutschen Bundestag

M 9 **Die Deutsche Frage im Spiegel der Karikatur**

Links „Bruder“ von Erich Köhler, 1949; rechts: Karrikatur von Walter Hanel, 1992

M 10 „Die Karre steckte tief im Dreck“

Aus einem Brief von Egon Krenz (Nachfolger Erich Honeckers im Amt des DDR-Staats- und Parteichefs) von 1991:

Lieber Erich Honecker! [...] Ich bin jetzt überzeugt, dass wir als politische Führung das wahre Ausmaß der tiefen Krise, in der unsere Gesellschaft seit Jahren lebte, nicht erkannten. Mir ist heute bewusst, dass sie alle Seiten des Lebens betraf: die Politik, die Ökonomie, die Moral, die Wissenschaft, die Kultur. Die Glaubhaftigkeit der Werte, Ideale und Ziele des Sozialismus standen seit langem – auch wenn wir dies nicht in dieser Schärfe sahen – infrage. Viele redeten anders, als sie dachten, und sie dachten anders, als sie handelten. Nicht wenige – darunter viele Parteimitglieder – lebten in Gewissenskonflikten zwischen dem, was sie erkannten, und dem, was sie tatsächlich beeinflussen konnten. Ratlosigkeit und Resignation griffen um sich, begannen die ideologische Situation zu beeinflussen. Die Verletzung des Leistungsprinzips verhinderte, dass sich gute Arbeit wirklich lohnte. Für die Sozialpolitik fehlte uns die notwendige Produktivität. Damit begann der Anfang vom Ende der DDR. [...] Die volkswirtschaftlichen Notwendigkeiten wurden Wunschvorstellungen untergeordnet. Es kam immer mehr zu fehlerhaften administrativen statt zu ökonomisch durchdachten Entscheidungen. Zwischen dem, was unser Politbüro als Festtagsstimmung am 1. Mai, beim Pfingsttreffen der FDJ, beim Pädagogischen Kongress deutete, sowie dem Alltag der Menschen gab es eine tiefe Kluft, die von uns im Politbüro leider verdrängt wurde. Wir neigten dazu, die Wirklichkeit von Tribünen und Präsidiumstischen aus einzuschätzen. So haben wir uns sehr vielen Täuschungen hingegeben. [...] Ich bin davon überzeugt, dass die Hauptschuld für die Ursachen des Untergangs der DDR – soweit sie die innere Lage betreffen – beim Politbüro lag, dem ich angehörte und das du geleitet hast. Unsere Politik schwankte in den letzten Jahren zwischen „Nichtzurkenntnisnahme der Realitäten“ und „politischer Verdrängung“. Wir setzten die führende Rolle der SED gleich mit der falschen Auffassung, dass nur die Parteiführung – und dort wieder einige dominierende Genossen – im Besitz der Wahrheit über die gesellschaftliche Entwicklung waren. Anders kann ich mir nicht erklären, dass es in den letzten Jahren kaum öffentliche Diskussionen über den Inhalt unserer Politik gab. [...] Die Massenpsychose, die DDR zu verlassen, ist zwar auch mit Ungarn erklärbar, aber die volle Wahrheit ist doch, dass dahinter eine sehr starke Perspektiv- und Hoffnungslosigkeit vieler DDR-Bürger stand. Wir haben uns von einem falschen, einem idealisierten Menschenbild leiten lassen. Wir sind unter anderem gescheitert, weil wir nicht wirklich im Volk gelebt haben, weil wir uns eine Scheinwelt aufbauten. Die Informationen, die wir erhielten, waren geschönt, die Meinungsforschung wurde von uns gering geschätzt und das Meinungsforschungs-Institut sogar aufgelöst. Bei unseren, vor allem bei deinen Reisen ins Land war jeder Schritt vorbereitet. Solide Analysen über Denken und Fühlen des Volkes haben dem Politbüro selten vorgelegen. Wir hatten die falsche Vorstellung, eine moderne Gesellschaft ließe sich nach dem Willen des Politbüros gestalten. [...]

Aus: Der Spiegel, Nr. 6/1991.

M 11 Die DDR in der deutschen Geschichte

Die ostdeutschen Historiker Armin Mitter und Stefan Wolle ziehen eine Bilanz:

Wie weit trägt der Vergleich zwischen den beiden deutschen Diktaturen, der nationalsozialistischen von 1933 bis 1945 und der realsozialistischen von 1945 bis 1989? Schon die formalen Unterschiede sind riesengroß. Zwölf Jahre stehen auf der einen Seite, vierundvierzig Jahre auf der anderen Seite. Hinzu kommt ein weiterer unübersehbarer Unterschied. Das Deutsche Reich war eine politische und militärische Großmacht, die DDR dagegen wurde auch von jenen, die ihr kritisch gegenüberstanden, häufig „das Ländchen" genannt. Hitlerdeutschland überfiel seit 1938 der Reihe nach sämtliche Nachbarn außer der Schweiz. Bei der einzigen nach außen gerichteten Militäraktion [Bezug auf die Niederschlagung des „Prager Frühlings", 1968], an der die DDR beteiligt war, beschränkte sich die NVA auf die Sicherung des Hinterlandes und logistische Aufgaben. Ulbricht und Honecker hingen im Wesentlichen an der sowjetischen Leine, Hitler war selbstständig in seinen Entscheidungen. Aus alledem ergibt sich ein extrem unterschiedliches Gewicht der Schwere der Verbrechen. Vor allem ist das NS-System im Krieg untergegangen und der SED-Staat im tiefsten Frieden in sich zusammengebrochen.

Der NS-Staat war wirtschaftlich und politisch gänzlich anders strukturiert als die DDR. Auch das Verhältnis zwischen Volk und Führung war grundlegend anders. Während sich Hitler auf die Zustimmung einer großen Mehrheit verlassen konnte, wusste die SED-Führung zu jedem Zeitpunkt, dass eine potenzielle Mehrheit des Volkes gegen sie stand. Daraus ergaben sich weitere fundamentale Unterschiede. Die Gestapo verfügte bei weitem über kein mit dem MfS [Ministerium für Staatssicherheit] vergleichbares Netz von Informanten und Zuträgern. Die NSDAP war längst nicht in dem Maße die führende Kraft im Staat, wie die SED. Die Universitäten des Nazireiches waren nicht in dem Maße politisch indoktriniert [stark beeinflusst] wie die Hochschulen der DDR. Aus alledem ergibt sich ein merkwürdig widersprüchliches Resultat. Die DDR war wesentlich „totalitärer" als Hitlerdeutschland. [...]

Die DDR war sowohl Antithese als auch Fortsetzung der Nazidiktatur. Antithese insofern, als die Kommunisten als die schärfsten Gegner des deutschen Faschismus an die Macht kamen. Viele von ihnen kamen aus der Emigration, der Illegalität oder aus den Konzentrationslagern und Gefängnissen der Hitlerdiktatur. Von Anfang an bezog die SED ihre Legitimation primär aus der Geschichte. Das deutsche Volk war in seiner Mehrheit dem Rattenfänger Adolf Hitler gefolgt. Dies zeigt in den Augen der Kommunisten den fragwürdigen Charakter der „formalen Demokratie". Nicht numerischen Mehrheiten dürfe das Schicksal in die Hände gegeben werden, sondern der Avantgarde [Vorhut] der Arbeiterbewegung. Die Arbeiterklasse ist gewissermaßen an sich fortschrittlich und die Partei ihr bewusster Vortrupp. Die kommunistische Avantgarde hat das Recht und die Pflicht, die Macht zu ergreifen. Im revolutionären Kampf auf formale demokratische Mehrheiten zu schielen, war in den Augen der Kommunisten eine typisch sozialdemokratische Verfälschung der reinen Lehre der Revolution. [...]

Fortsetzung der Nazidiktatur war die DDR durch die Perpetuierung [hier: Fortsetzung] deutschen Untertanengeistes, geistiger Unselbstständigkeit, stupider Propaganda, politischer Unfreiheit und Brutalität. Die Generation, die unter Hitler groß geworden war, rückte bald schon in wichtige Positionen ein und trat erst 1989 ab. [...]

Bei jeder Entscheidung der SED-Führung saß ein unsichtbarer Gast mit am Tisch. Die Existenz der Bundesrepublik war zu jedem Zeitpunkt politisch präsent. Je lauter die Eigenständigkeit der DDR-

Nation beschworen wurde, desto deutlicher wurde, dass ihre Existenz auf russischen Bajonetten und nicht auf dem Willen des Volkes ruhte. Die Mauer war nicht nur das Symbol der Trennung der Deutschen, sondern auch ein ständig vorhandener Beweis ihrer Einheit. Die Tatsache, dass das SED-Regime auf Mauer und Todesstreifen nicht verzichten konnte, führte ihre These von der nationalen Eigenständigkeit ad absurdum [ins Widersinnige].

A. Mitter, S. Wolle, Untergang auf Raten, München 1993, S. 544 ff.

M 12 Wege zur Einheit nach dem Grundgesetz

Artikel 23 – Geltungsbereich des Grundgesetzes[1]:
Dieses Grundgesetz gilt zunächst im Gebiet der Länder Baden, Bayern, Bremen, Groß-Berlin, Hamburg, Hessen, Niedersachsen, Nordrhein-Westfalen, Rheinland-Pfalz, Schleswig-Holstein, Württemberg-Baden und Württemberg-Hohenzollern. In anderen Teilen Deutschlands ist es nach deren Beitritt in Kraft zu setzen.

Artikel 146 – Geltungsdauer des Grundgesetzes[2]:
Dieses Grundgesetz verliert seine Gültigkeit an dem Tage, an dem eine Verfassung in Kraft tritt, die von dem deutschen Volke in freier Entscheidung beschlossen worden ist.

1 aufgehoben durch den Einigungsvertrag mit Wirkung zum 3. Oktober 1990

2 in der Fassung, wie der Artikel bis zum 3. Oktober 1990 gültig war

Zit. nach: Bundeszentrale für politische Bildung (Hg.), Grundgesetz, Bonn 1974, S. 30 und 31.

M 13 Einigungsvertrag

Vertrag zwischen der Bundesrepublik Deutschland und der Deutschen Demokratischen Republik über die Herstellung der Einheit Deutschlands:

Kapitel 1: Wirkung des Beitritts:

Artikel 1 – Länder
(1) Mit dem Wirksamwerden des Beitritts der Deutschen Demokratischen Republik zur Bundesrepublik Deutschland gemäß Artikel 23 des Grundgesetzes am 3. Oktober 1990 werden die Länder Brandenburg, Mecklenburg-Vorpommern, Sachsen, Sachsen-Anhalt und Thüringen Länder der Bundesrepublik Deutschland. Für die Bildung und die Grenzen dieser Länder untereinander sind die Bestimmungen des Verfassungsgesetzes zur Bildung von Ländern in der Deutschen Demokratischen Republik vom 22. Juli 1990 [...] maßgebend.
(2) Die 23 Bezirke von Berlin bilden das Land Berlin.

Artikel 2 – Hauptstadt, Tag der Deutschen Einheit
(1) Hauptstadt Deutschlands ist Berlin. Die Frage des Sitzes von Parlament und Regierung wird nach der Herstellung der Einheit Deutschlands entschieden.
(2) Der 3. Oktober ist als Tag der Deutschen Einheit gesetzlicher Feiertag.

Zit. nach: Presse und Informationsamt der Bundesregierung (Hg.), Die Vereinigung Deutschlands im Jahr 1990, Bonn 1991, S. 102.

M 14 Vertrag über die abschließende Regelung in Bezug auf Deutschland (12. September 1990)

Dieser Vertrag schloss den „Zwei-plus-Vier-Prozess" ab und besitzt die Qualität einer internationalen Gründungsurkunde für das wiedervereinigte Deutschland:

Artikel 1
(1) Das vereinte Deutschland wird die Gebiete der Deutschen Demokratischen Republik, der Bundesrepublik Deutschland und ganz Berlins umfassen. Seine Außengrenzen werden [...] am Tage des In-Kraft-Tretens dieses Vertrages endgültig sein. Die Bestätigung des endgültigen Charakters der Grenzen des vereinten Deutschlands ist ein wesentlicher Bestandteil der Friedensordnung in Europa.
(2) Das vereinte Deutschland und die Republik Polen bestätigen die zwischen ihnen bestehende Grenze in einem völkerrechtlich verbindlichen Vertrag.
(3) Das vereinte Deutschland hat keinerlei Gebietsansprüche gegen andere Staaten und wird solche auch nicht in Zukunft erheben. [...]

Artikel 2
Die Regierungen der Bundesrepublik Deutschland und der Deutschen Demokratischen Republik bekräftigen ihre Erklärungen, dass von deutschem Boden nur Frieden ausgehen wird. Nach der Verfassung des vereinten Deutschlands sind Handlungen, die geeignet sind und in der Absicht vorgenommen werden, das friedliche Zusammenleben der Völker zu stören, insbesondere die Führung eines Angriffskrieges vorzubereiten, verfassungswidrig und strafbar. Die Regierungen der Bundesrepublik Deutschland und der Deutschen Demokratischen Republik erklären, dass das vereinte Deutschland keine seiner Waffen jemals einsetzen wird, es sei denn in Übereinstimmung mit seiner Verfassung und der Charta der Vereinten Nationen.

Artikel 3
(1) Die Regierungen der Bundesrepublik Deutschland und der Deutschen Demokratischen Republik bekräftigen ihren Verzicht auf Herstellung und

Besitz von und auf Verfügungsgewalt über atomare, biologische und chemische Waffen. […]
(2) Die Regierung der Bundesrepublik Deutschland hat in vollem Einvernehmen mit der Regierung der Deutschen Demokratischen Republik am 30. August 1990 in Wien bei den Verhandlungen über konventionelle Streitkräfte in Europa folgende Erklärung abgegeben:
„Die Regierung der Bundesrepublik Deutschland verpflichtet sich, die Streitkräfte des vereinten Deutschlands innerhalb von drei bis vier Jahren auf eine Personalstärke von 370 000 Mann (Land-, Luft- und Seestreitkräfte) zu reduzieren. […]
Artikel 4
(1) Die Regierungen der Bundesrepublik Deutschland, der Deutschen Demokratischen Republik und der Union der Sozialistischen Sowjetrepubliken erklären, dass das vereinte Deutschland und die Union der Sozialistischen Sowjetrepubliken in vertraglicher Form die Bedingungen und die Dauer des Aufenthalts der sowjetischen Streitkräfte auf dem Gebiet der heutigen Deutschen Demokratischen Republik und Berlins sowie die Abwicklung des Abzugs dieser Streitkräfte regeln werden, der bis zum Ende des Jahres 1994 vollzogen sein wird. […]
Artikel 6
Das Recht des vereinten Deutschlands, Bündnissen mit allen sich daraus ergebenden Rechten und Pflichten anzugehören, wird von diesem Vertrag nicht berührt.
Artikel 7
(1) Die Französische Republik, die Union der Sozialistischen Sowjetrepubliken, das Vereinigte Königreich von Großbritannien und Nordirland und die Vereinigten Staaten von Amerika beenden hiermit ihre Rechte und Verantwortlichkeiten in Bezug auf Berlin und Deutschland als Ganzes. […]

Zit. nach: Presse- und Informationsamt der Bundesregierung (Hg.), Vertrag über die abschließende Regelung in Bezug auf Deutschland, Bonn 1990, S. 40 ff.

M 15 „Es ist die Wiedervereinigung …“
Der französische Präsident François Mitterand öffnet die Tür. Die britische Premierministerin Margaret Thatcher auf der Couch, im Hintergrund der amerikanische Uncle Sam, Karikatur, 1990.

Aufgaben

1. Rekapitulieren Sie in einem Zeitstrahl die einzelnen Schritte bei der Herstellung der deutschen Einheit. → Text
2. Verfassen Sie einen Lexikonartikel zu den Ursachen des Scheiterns der DDR.
   → Text, M2, M3, M4, M10
3. Fassen Sie die Merkmale der SED-Herrschaft zusammen, die Egon Krenz für den Machtverlust der Partei verantwortlich machte.
   → M10
4. Erläutern Sie die Wege, die das Grundgesetz zur Vollendung der deutschen Einheit wies. Begründen Sie das gewählte Verfahren.
   → Text, M12, M13
5. Welche Befürchtungen, aber auch Hoffnungen werden von französischer, polnischer und sowjetischer Seite in Bezug auf ein vereinigtes Deutschland geäußert?
   → Text, M8, M15 (sowie Seite 461, M14)
6. Skizzieren Sie die Bedingungen, die der „Vertrag über die abschließende Regelung in Bezug auf Deutschland“ im Einzelnen festschreibt.
   → Text, M14
7. Wie beurteilen Sie das Verhältnis von Ost- und Westdeutschen zueinander?
   → M9
8. Diskutieren Sie die Frage: Was ist Deutschland?
   → M6, M14

DER SPIEGEL

Nr. 25 / 16.6.08
Deutschland: 3,50 €

Der Krieg nach dem Krieg

Amerikaner gegen Sowjets: Das gefährlichste Kapitel in der Geschichte der Menschheit

www.spiegel.de

PRINTED IN GERMANY

Österreich € 3,80
Schweiz sfr 6,50

BeNeLux € 4,–
Dänemark dkr 39,–
Finnland € 5,95
Frankreich € 4,50

Griechenland € 5,10
Großbritannien £ 3,80
Hongkong HK$ 70,–
Italien € 4,50

Japan (inkl. tax) Yen 1.764
Malta € 5,00
Norwegen NOK 47,–
Polen (ISSN 00387452) Zl 22,–

Portugal (cont.) € 4,50
Schweden skr 49,–
Slowakei Sk 205,–
Slowenien € 4,70

Spanien € 4,50
Spanien / Kanaren € 4,70
Thailand Baht 380,–
Tschech. Republik Kc 170,–

Türkei YTL 10,–
Ungarn Ft 1.250,–

16. Konflikt und Kooperation in der Welt nach 1945

Berlin 1961: Das Bild markiert einen Höhepunkt des Kalten Kriegs. Anlässlich des Baus der Berliner Mauer stehen sich amerikanische und sowjetische Panzer am „Checkpoint Charly" gegenüber. Unsichtbar hinter ihnen befinden sich die beiden größten Militärmächte mit ihren Arsenalen an Massenvernichtungswaffen. Aber es fällt kein Schuss. Die Konfrontation bleibt symbolisch, sie schlägt nicht in einen „heißen" Krieg um. Zwar verstieß der Mauerbau faktisch gegen die Potsdamer Vereinbarungen mit der gemeinsamen Viermächte-Verantwortung für ganz Berlin, aber der Westen unternahm nichts gegen den Bau. Das Risiko einer militärischen Eskalation erschien den politisch Verantwortlichen zu hoch.

Der Begriff „Kalter Krieg" war seit Ende der Vierzigerjahre gebräuchlich. Er bezeichnet eine Form der Konfrontation im Rahmen des Ost-West-Konfliktes, nachdem die Alliierten des Zweiten Weltkriegs sich entzweit hatten. Die von US-Präsident Franklin Delano Roosevelt erhoffte vertrauensvolle Zusammenarbeit der USA mit der UdSSR war gescheitert. Die sowjetische Expansionspolitik in Osteuropa, im Mittleren Osten (Türkei, Iran) und in Südeuropa (Griechenland) hatte bereits einen Stimmungsumschwung im Westen eingeleitet. Der kommunistische Umsturz in der Tschechoslowakei sowie die Berlin-Blockade (1948) führten dann zu einer definitiven Kehrtwende der amerikanischen Außenpolitik, die mit dem Namen von US-Präsident Harry S. Truman verbunden ist.

Die sowjetische Führung versuchte seit Mitte der Fünfzigerjahre, die strategische Dominanz der USA auszugleichen. Nach Beilegung der Berlin-Krisen verlagerte sie ihren Vorstoß in die Karibik. Die Stationierung sowjetischer Raketen auf Kuba (1962) verursachte die gefährlichste Krise seit Ende des Zweiten Weltkriegs. Nach Ansicht der Experten befand sich die Welt damals am Rande eines Atomkriegs. Ein behutsames Krisenmanagement der US-Regierung unter John F. Kennedy und ein Einlenken der sowjetischen Führung unter Nikita Chruschtschow verhinderten letztlich die Katastrophe eines dritten Weltkriegs. Die USA verzichteten u. a. auf eine Invasion der Insel und errichteten stattdessen eine Seeblockade. Im Gegenzug zum Abbau der sowjetischen Raketen entfernten die USA ihrerseits Raketenstellungen in der Türkei. Die Kuba-Krise konnte auch darum entschärft werden, weil der sowjetischen Führung signalisiert wurde, dass die Kosten ihres Handelns höher sein würden als der zu erwartende Gewinn.

Die Kuba-Krise bedeutete gleichwohl einen Wendepunkt in der Geschichte der Nachkriegszeit. Das Erschrecken über einen möglichen nuklearen Weltuntergang blieb auf beiden Seiten haften. Die in den Sechzigerjahren einsetzende Entspannungspolitik war ein Kind dieser Krisenerfahrung. Verschiedene Verträge und Abmachungen, z. B. ein „heißer Draht", sollten in Zukunft verhindern, dass die vorhandene Rivalität der beiden Weltführungsmächte in eine nicht mehr beherrschbare Eskalationsspirale führt.

16.1 Bipolarität und Kalter Krieg

Der Zweite Weltkrieg

Nach Ausbruch des Zweiten Weltkrieges (1939) verhinderte zunächst eine breite neutralistische Grundströmung den Kriegseintritt der USA gegen den Faschismus. Erst der japanische Überfall auf den Flottenstützpunkt Pearl Harbor auf Hawaii (1941) bedeutete das Ende des Isolationismus und die Übernahme einer weltweiten Führungsrolle, die die USA seitdem nicht mehr abgegeben haben.

Vor dem Hintergrund britischer Zahlungsunfähigkeit waren bereits seit dem Frühjahr 1941 Hilfslieferungen an die Alliierten auf der Grundlage des „Lend-Lease-Act" (Leih-Pacht-Gesetz) abgewickelt worden. Von der Militärhilfe profitierte vor allem England, später aber auch die Sowjetunion.

Der Aufstieg der USA als auch der UdSSR zu ihrer weltbeherrschenden Stellung begann 1941 mit dem japanischen Überfall auf Pearl Harbor und dem Angriff Hitler-Deutschlands auf die UdSSR. Die Gemeinsamkeiten im Kampf gegen den Faschismus ließen zeitweilig die politisch-ideologischen Unterschiede in den Hintergrund treten.

Mit Kriegsbeginn war ein gewaltiges Rüstungsprogramm angekurbelt worden, das rasch Erfolge zeigte. Bereits 1943 übertraf die Produktionskapazität der USA diejenige der Achsenmächte (Deutschland, Italien, Japan). Deren Niederlage 1945 spiegelte die materielle und technologische Überlegenheit der USA wider.

Franklin Delano Roosevelt
Amerikanischer Präsident von 1933 bis 1945

Die Amtszeit von Franklin Delano Roosevelt (1933–45) zählt zu den großen Präsidentschaften in der Geschichte der USA. Als überzeugter Demokrat und Anhänger einer liberalen Weltwirtschaftsordnung führte er sein Land in dem globalen Konflikt mit dem deutschen Nationalsozialismus, dem italienischen Faschismus und dem japanischen Imperialismus. Auf ihn hatten sich die Hoffnungen der Demokraten in vielen Ländern der Welt konzentriert. Als er 1945 verstarb, hinterließ er eine siegreiche Nation mit dem unzweifelhaften Status einer Weltmacht. Seine Vorstellungen hinsichtlich der Nachkriegsordnung, nämlich die Welt kooperativ mit der Sowjetunion Stalins zu regieren, waren allerdings zum Scheitern verurteilt und muten aus heutiger Perspektive illusionär an.

M 1 Hiroshima nach dem Abwurf der Atombombe,
6. August 1945

Von der Kooperation zur Konfrontation

Aus dem Zweiten Weltkrieg gingen zwei Weltmächte siegreich hervor: die USA und die UdSSR. Ein bipolares Weltsystem war entstanden, denn die westeuropäischen Staaten waren faktisch zu politischen Mittelmächten geworden.

Nach dem Zweiten Weltkrieg

Angesichts der Niederlage des Faschismus zerbrach schnell jene „seltsame Allianz“ der beiden Großmächte in der Anti-Hitler-Koalition. Ideologische und machtpolitische Gegensätze ließen sich offenbar nur so lange zurückstellen, als ein gemeinsamer Feind vorhanden war.

Der Ost-West-Konflikt entzündete sich an der Verschiebung des sowjetischen Einflussbereiches nach Westen. Die Politik der UdSSR zielte auf die Errichtung eines Gürtels freundlich gesinnter Staaten. Zu diesem Zweck wurde eine Sowjetisierung Osteuropas betrieben, die den alliierten Absprachen in Bezug auf das Selbstbestimmungsrecht der Völker entschieden zuwiderlief.

Als Siegermacht des Zweiten Weltkrieges schob die UdSSR ihren Einflussbereich nach Westen vor und befestigte sich als vorherrschende Macht in Osteuropa. Dies geschah zum einen durch die Annexion jener Gebiete, die das nationalsozialistische Deutschland der UdSSR zugestanden hatte, zum anderen durch die Einsetzung von kontrollierten Regierungen. Die Politik Stalins lief darauf hinaus, einen „cordon sanitaire“ (Sicherheitsgürtel) – gebildet von politisch und wirtschaftlich abhängigen Staaten – zu schaffen. Nicht zuletzt diese Politik war es, die zum Zerbrechen der Allianz mit den Westalliierten führte. Aus der Kooperation wurde die Konfrontation.

M 2

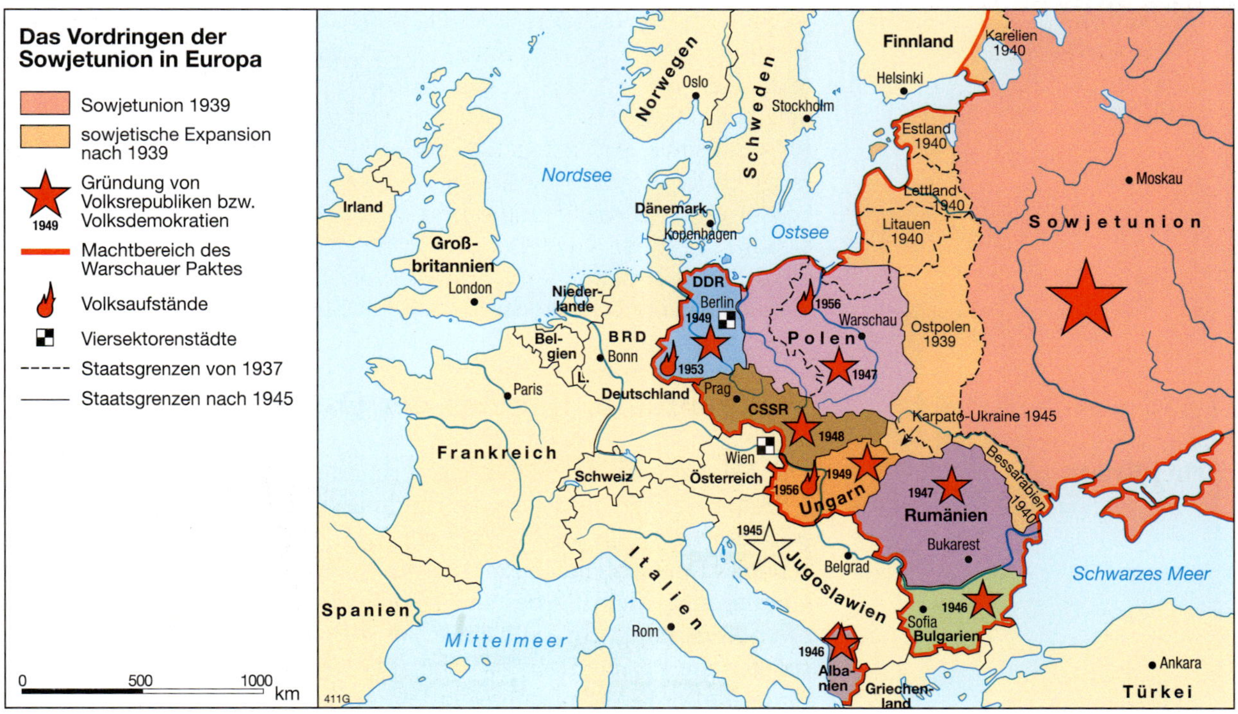

Das Vordringen der Sowjetunion in Europa

In der Amtszeit von Roosevelts Nachfolger im Präsidentenamt, Truman, verschärfte sich der Ost-West-Gegensatz zum Kalten Krieg. Als 1947 die britische Regierung erklärte, sie könne die griechische Regierung, die in einem Krieg mit kommunistischen Partisanen stand, nicht länger unterstützen, sprangen die USA aus wirtschaftlichen, strategischen und humanitären Gründen ein. Diese als Truman-Doktrin bezeichnete amerikanische Außenpolitik akzentuierte sich im Sinne einer antikommunistischen Strategie der Eindämmung (containment)

- durch militärische und wirtschaftliche Hilfsmaßnahmen an Länder, die von kommunistischen Bewegungen bedroht waren,
- durch ein internationales wirtschaftliches Hilfsprogramm (European Recovery Program, ERP), auch Marshallplan genannt,
- durch Bündnispolitik und ein globales Stützpunktsystem.

Zwischen 1947 und 1949 zerfiel die Welt in zwei feindliche Lager. Die Idee einer gemeinsamen globalen Sicherheit hielt der Wirklichkeit nicht stand, die von ideologischer Konfrontation und militärischer Rivalität geprägt war.

M 3 Präsident Harry S. Truman (1945–1953) und Außenminister George C. Marshall
Namensgeber für das – offiziell sogenannte – „European Recovery Program" (Marshallplan)

Weltpolitik im Rahmen der Ost-West-Beziehungen

Kalter Krieg

Die Kooperation der Weltkriegsverbündeten zerbrach 1947/48. Die USA reagierten darauf mit der Gründung von Militärbündnissen, Stützpunkten und mittelfristig mit der Wiederbewaffnung der Bundesrepublik Deutschland im Rahmen der NATO. Angesichts der nuklearen Überlegenheit der USA bestand die offizielle Militärdoktrin in der „massiven Vergeltung" im Falle eines sowjetischen Angriffes. Spannungen prägten die Beziehungen zwischen Ost und West, wobei die Bezeichnung „Kalter Krieg" nur für Mitteleuropa berechtigt ist. Denn hier kam es trotz verschiedener Konflikte (zum Beispiel Berlin-Blockade 1948/49, Berlin-Krise 1959, Mauerbau 1961) nie zu bewaffneten Auseinandersetzungen.

Der Ausdruck „Kalter Krieg" bezeichnete ab 1947 den Spannungszustand im Kontext des Ost-West-Verhältnisses, wobei der Konflikt primär mit propagandistischen Mitteln, diplomatischen Drohgebärden, wirtschaftlichem Druck und dem Wettrüsten ausgetragen wurde. Auf der Grundlage abgesteckter Einflussbereiche wandelte sich die Konfrontation zur Koexistenz zweier unterschiedlicher Gesellschaftsordnungen. Die Teilung Europas und Deutschlands war festgeschrieben und Ergebnis einer bipolaren Weltordnung.

In dieser bipolaren Weltordnung standen sich zwei Weltmächte gegenüber: die USA und vor allem die NATO auf der einen Seite sowie die Sowjetunion und der Warschauer Pakt auf der anderen. Die NATO (North Atlantic Treaty Organization), 1949 gegründet, umfasste zunächst zwölf Staaten und war als reines Defensivbündnis angelegt. Die Reaktion der Sowjetunion bestand zunächst in zweiseitigen Verträgen mit ihren Satellitenstaaten. 1955 erfolgte dann der Zusammenschluss zu einer übergreifenden Militärorganisation unter ihrer Führung (Warschauer Pakt).

In den nachfolgenden Jahrzehnten, die von den tief greifenden politischen Gegensätzen zwischen Ost und West geprägt waren, kam es trotz der Spannungen zu keiner unmittelbaren militärischen Konfrontation zwischen den hochgerüsteten Weltführungsmächten. Dies konnte aus wohlerwogenem Überlebensinteresse verhindert werden.

Dreimal nach 1945 drohte der „kalte" Krieg allerdings zu einem globalen „heißen" Krieg zu eskalieren: im Koreakrieg (1950–1953), im Vietnamkrieg (1964–75) und im Zusammenhang mit der Kuba-Krise, als die Sowjetunion versuchte, Mittelstreckenraketen auf der Karibikinsel zu stationieren (1962).

Koreakrieg

1950 überfiel das kommunistische Nordkorea – man vermutet nicht ohne das Einverständnis Stalins – den Süden des geteilten Landes. Nachdem Südkorea fast gänzlich erobert worden war, schafften es die USA und ihre Verbündeten, im Rahmen eines UN-Mandats die Aggression zurückzuschlagen. Trotz des Eingreifens der Volksrepublik China gelang es, den Krieg zu regionalisieren und nach drei Jahren den Status quo ante, also den Zustand vor dem Konflikt, wiederherzustellen (1953). Die Demarkationslinie zwischen Nord- und Südkorea am 38. Breitengrad besitzt bis heute ihre Gültigkeit.

Der Koreakrieg hatte weitreichende militärische, wirtschaftliche und psychologische Folgen. Allgemein wurde er aus europäischer Perspektive als Testfall von Seiten der Sowjetunion angesehen, wie sich die westlichen Demokratien im Falle eines Angriffs verhalten würden. Eine Kapitulation in Korea hätte in dieser Sichtweise die Sowjetunion Stalins ermutigen können, etwas Vergleichbares auch in Europa zu unternehmen. Der Koreakrieg bewirkte daher die militärische Aufrüstung in Europa und er beschleunigte die Wiederbewaffnung der Bundesrepublik Deutschland und ihre Integration in das westliche Verteidigungsbündnis der NATO.

Kuba-Krise

In der Kuba-Krise (1962) stand die Menschheit abermals am Abgrund eines Weltkrieges. Die UdSSR versuchte auf Kuba Mittelstreckenraketen aufzustellen. Dieser Schachzug im globalen Ost-West-Konflikt diente dazu, einen strategischen Vorteil zu erringen. Die amerikanische Führung unter Präsident Kennedy zeigte sich zutiefst entschlossen, eine solche Stationierung zu verhindern. Allerdings hätte ein Einmarsch auf Kuba die Gefahr heraufbeschworen, dass im Gegenzug

West-Berlin besetzt werden würde. Letztlich erwiesen sich die Androhung militärischer Gewalt und eine Seeblockade Kubas als erfolgreich. Die UdSSR gab – nicht ohne Prestigeverlust – nach. Als inoffizielle Gegenleistung wurden später die amerikanischen Jupiterraketen aus der Türkei entfernt.

Die USA dokumentierten in der Kuba-Krise ihre Überlegenheit; sie standen im Zenit ihrer Macht.

M 4 **Kuba-Krise (1962)**
Der sowjetische KP-Chef Chruschtschow und US-Präsident Kennedy: „Einverstanden Herr Präsident, wir wollen verhandeln." (Originaltext), britische Karikatur, 1962.

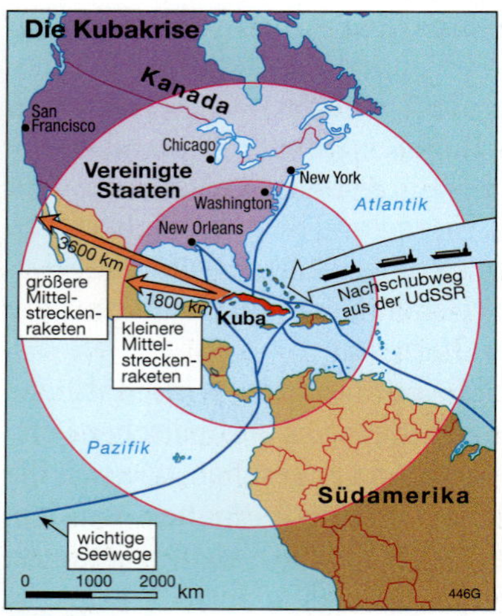

M 5

Im April 1955 trafen sich in Bandung (Indonesien) die Vertreter von 23 asiatischen und sechs afrikanischen Ländern. Ihr Ziel bestand darin, in der Zeit des Ost-West-Konfliktes eine neue „Bewegung der Blockfreien" zu gründen. Im Zentrum stand dabei zum einen die Furcht, in eine militärische Konfrontation verwickelt zu werden. Zum anderen betonten sie ihre Nichtpaktgebundenheit. Neben der Erhaltung des Weltfriedens stand der Antikolonialismus ganz oben auf der Agenda. Ihre überragenden Führungspersönlichkeiten besaßen die Blockfreien im ägyptischen Präsidenten Gamal Abdel Nasser, im indischen Ministerpräsidenten Jawaharal Nehru und in dem jugoslawischen Staats- und Parteichef Josip Broz Tito.

Dem Anspruch, die Rolle einer wirklichen dritten Kraft zu spielen, konnte die Bewegung nicht gerecht werden. Dazu waren die Interessenunterschiede zwischen den Mitgliedern viel zu groß. Bis 1979 auf 94 Staaten angewachsen, schwächten Konflikte und Kriege untereinander die Bewegung, die seit dem Zusammenbruch der Sowjetunion (1991) keine Rolle mehr spielt. In dem angesehenen „Handwörterbuch Internationale Politik" wird der Begriff „Blockfreiheit" folglich auch nicht mehr aufgeführt.

Vietnamkrieg

Vietnam war bis zum Zweiten Weltkrieg ein Teil der französischen Kolonie Indochina. Als nach Kriegsende dem Land die Unabhängigkeit verweigert wurde, brach ein Unabhängigkeitskrieg aus. Nachdem die national-kommunistischen Vietminh der französischen Kolonialmacht bei Dien-Bien-Phu (1954) eine schwere Niederlage zugefügt hatten, zog sich Frankreich aus Indochina zurück. Die anschließende Genfer Indochinakonferenz (1954) beschloss die provisorische Teilung Vietnams in einen kommunistischen Norden und einen westlich orientierten Süden. Für 1956 waren gesamt-vietnamesische Wahlen vorgesehen.

M 6

Nach dem Abzug der französischen Kolonialmacht steigerten die USA kontinuierlich ihr finanzielles und militärisches Engagement. Sie förderten das antikommunistische und autoritäre Diem-Regime in Saigon, das sich nur auf eine Minderheit aus Soldaten, sozialer Oberschicht und Katholiken stützen konnte. Die gesamtvietnamesischen Wahlen wurden von dieser Regierung boykottiert und die Oppositionellen verfolgt. Diem selbst wurde im Verlaufe eines Armeeputsches 1963 ermordet. Südvietnam nahm danach die Form einer Militärdiktatur an. Gegen dieses Regime hatte sich eine nationalrevolutionäre Widerstandsbewegung (Vietcong) formiert, die von Nordvietnam unterstützt wurde. Es entwickelte sich ein Guerillakrieg, bei dem die USA immer mehr die Hauptlast trugen. Die Zahl amerikanischer Soldaten stieg von 16 000 (1963) auf knapp 550 000 (1968). Diese Eskalation wurde Präsident Johnson, dem Nachfolger J. F. Kennedys, durch die sogenannte Tonkin-Golf-Resolution ermöglicht, in der ein gezielt falsch informierter Kongress auf das Vorrecht der Kriegserklärung verzichtete. Diese Blankovollmacht ermöglichte der US-Führung die Bombardierung Nordvietnams und eine weitgehende Amerikanisierung des Krieges.

Mit dem War Powers Act hat der Kongress (1973) die Ermächtigung wieder zurückgenommen. Nunmehr gilt, dass die Kriegsführung ohne Zustimmung des Kongresses nur noch zeitlich begrenzt (60 Tage) möglich ist.

Der seit 1969 im Amt befindliche Präsident Nixon reduzierte die amerikanische Präsenz in Vietnam. Sein Programm der „Vietnamisierung" des Kriegs verband den Rückzug amerikanischer Bodentruppen mit einer Aufrüstung der südvietnamesischen Armee und massiver amerikanischer Luftunterstützung.

Das Pariser Waffenstillstandsabkommen (1973) – ausgehandelt von Richard Nixons Sicherheitsberater und späterem Außenminister Henry Kissinger – leitete die Beendigung der amerikanischen Verwicklung in Vietnam ein.

Das Waffenstillstandsabkommen konnte den Zerfall des südvietnamesischen Regimes Thieu nur für kurze Zeit aufhalten. 1975 zogen Vietcong- und nordvietnamesische Einheiten in Saigon ein.

Der Vietnamkrieg war der längste Krieg in der Geschichte der USA und der erste Krieg, den sie verloren haben. Trotz großer materieller, militärischer und personeller Übermacht gelang den USA keine „Eindämmung". Vielmehr bewirkte der Krieg ein sinkendes Ansehen der USA in der Weltöffentlichkeit und spaltete die amerikanische Nation. Der Verfall der militärischen Moral, die Kriegsmüdigkeit und das Anwachsen einer breiten Protestbewegung zeigten, dass dieser Krieg selbst innerhalb der amerikanischen Gesellschaft stark umstritten war.

Die Niederlage im Vietnamkrieg hatte ganz wesentlich ihre Ursache in der Funktionsweise einer demokratischen Gesellschaft. In ihr kann – im Unterschied zu diktatorisch regierten Staaten – kein Krieg gegen den Willen der Bevölkerungsmehrheit fortgesetzt werden. Selbst Minderheiten besitzen in freiheitlichen Gesellschaften eine Art Vetomacht und können militärische Einsätze politisch erschweren. Die Kriegshandlungen und Kriegsgräuel, die aufgrund der freien Berichterstattung tagtäglich auf den amerikanischen Bildschirmen zu sehen waren, hatten einen großen Einfluss auf die wachsende Ablehnung des Kriegseinsatzes in der amerikanischen Öffentlichkeit.

M 7 **Demonstration gegen den Vietnamkrieg in Washington, D.C.**

Außerdem litt das militärische Engagement unter einem Legitimationsdefizit. Zwar kämpften die USA gegen einen kommunistischen Feind, der – jenseits aller Propaganda – weder für Menschenrechte noch für Demokratie eintrat, aber gleichzeitig stützten die Amerikaner eine südvietnamesische Regierung, die mit ähnlich terroristischen Methoden regierte wie die andere Seite.

Der psychologische Vorteil des Vietcong und der hinter ihm stehenden nordvietnamesischen Armee bestand darin, dass sie ihren Kampf als nationale Befreiung vom amerikanischen Kolonialismus darzustellen vermochten. In weiten Teilen der vietnamesischen Bevölkerung galten die amerikanischen Soldaten als die Eindringlinge und weniger als willkommene Helfer in der Not. Von Belang war zweifellos auch die Tatsache, dass der Vietcong die Vorteile des Territoriums besser nutzen konnte. Die Form des Dschungelkrieges begünstigte den technologisch Unterlegenen. Hingegen mussten die amerikanischen Soldaten fernab der eigenen Heimat kämpfen – in einem Umfeld, das ihnen fremd war. Als Folge davon setzte eine weitverbreitete Demoralisierung der Truppen ein.

Der Vietnamkrieg stieß die amerikanische Gesellschaft in eine kollektive Depression, auch weil mit ihm das Ansehen von der Unbesiegbarkeit verloren gegangen war. Er kostete die amerikanische Nation 55 000 Tote und die – für damalige Verhältnisse – gewaltige Summe von etwa 170 Milliarden US-Dollar.

Chronologie

1933–1945	Präsidentschaft Franklin D. Roosevelts
1937	Neutralitätsgesetzgebung
1941	Lend-Lease-Act (Leih-Pacht-Gesetz): Es ermöglichte den Kauf von Waffen und militärischen Gütern durch „befreundete Staaten".
1941	Atlantik-Charta zwischen US-Präsident Roosevelt und dem britischen Premierminister Churchill
1941	Japanischer Überfall auf Pearl Harbor und Eintritt der USA in den 2. Weltkrieg
1941	Deutscher Angriff auf die Sowjetunion
1945	Ende des Zweiten Weltkriegs; Kapitulation Deutschlands und Japans; Konferenz von Potsdam
1947	Beginn des Kalten Kriegs (Truman-Doktrin)
1948	Staatsstreich in der Tschechoslowakei bringt das Land unter kommunistische Kontrolle.
1948	Berlin-Krise
1949	Gründung der NATO
1950–1953	Korea-Krieg
1953	Stalins Tod
1953	Volksaufstand in der DDR
1955	Gründung des Warschauer Paktes
1956	Aufstände in Ungarn und Polen
1962	Kuba-Krise
1964–1975	Vietnam-Krieg

M 8 Atlantik-Charta

Am 14. August 1941 trafen sich US-Präsident Roosevelt und der britische Premierminister Churchill auf einem Kriegsschiff vor der kanadischen Insel Neufundland, um die Prinzipien einer gemeinsamen Kriegs- und Nachkriegspolitik festzulegen:

Der Präsident der Vereinigten Staaten von Amerika und der Premierminister, Mr. Churchill, als Vertreter der Regierung seiner Majestät im Vereinigten Königreich, die zusammengetroffen sind, halten es für angezeigt, eine gemeinsame Erklärung bekannt zu geben über gewisse allgemeine Grundsätze in der nationalen Politik ihrer Länder, auf die sie ihre Hoffnungen für eine bessere Zukunft der Welt gründen.

- Erstens, ihre Länder streben nach keiner territorialen oder sonstigen Vergrößerung;
- Zweitens, sie wünschen keine territorialen Veränderungen zu sehen, die nicht mit den frei geäußerten Wünschen der betroffenen Völker übereinstimmen;
- Drittens, sie achten das Recht aller Völker, die Regierungsform zu wählen, unter der sie leben wollen; und sie wünschen, dass die souveränen Rechte und die Selbstregierung derjenigen wiederhergestellt werden, denen sie gewaltsam genommen worden sind;
- Viertens, sie werden bestrebt sein, unter gebührender Berücksichtigung ihrer bestehenden Verpflichtungen den gleichberechtigten Zugang aller Staaten, ob groß oder klein, ob Sieger oder Besiegte, zu dem Handel und den für ihr wirtschaftliches Gedeihen erforderlichen Rohstoffen der Welt zu fördern;
- Fünftens, sie wünschen die vollste Zusammenarbeit aller Nationen auf wirtschaftlichem Gebiet herbeizuführen, mit dem Ziele, verbesserte Arbeitsbedingungen, wirtschaftlichen Fortschritt und soziale Sicherheit für alle zustande zu bringen;
- Sechstens, sie hoffen, nach der endgültigen Zerstörung der Nazityrannei einen Frieden geschaffen zu sehen, der allen Nationen die Mittel bieten wird, innerhalb der eigenen Grenzen in Sicherheit zu leben, und der gewährleisten wird, dass alle Menschen in allen Ländern frei von Furcht und Mangel leben können;
- Siebtens, ein solcher Frieden sollte es allen Menschen ermöglichen, die hohe See und die Ozeane ohne Hinderung zu überqueren;
- Achtens, sie glauben, dass alle Nationen der Welt sowohl aus realistischen als auch aus geistigen Gründen dazu gelangen müssen, auf jede Gewaltanwendung zu verzichten. Da künftig kein Frieden gewahrt bleiben kann, wenn Rüstungen zu Lande, zu Wasser und in der Luft weiterhin von Nationen vorgenommen werden, die mit Angriffen über ihre Grenzen drohen oder drohen können, glauben sie, dass die Abrüstung solcher Nationen unumgänglich ist, bis ein umfassenderes und dauerndes System allgemeiner Sicherheit errichtet sein wird. Sie werden gleichfalls die sonstigen praktischen Maßnahmen unterstützen und ermutigen, die den friedliebenden Völkern die erdrückenden Rüstungslasten erleichtern werden.

Zit. nach: G. Zieger, Die Atlantik-Charta, hrsg. v. d. Niedersächsischen Landeszentrale für politische Bildung, Hannover 1963, S. 93 ff.

M 9 Sowjetische Außenpolitik (1945/48)

In einem Gespräch mit dem hochrangigen jugoslawischen KP-Funktionär Milovan Djilas äußerte sich Stalin über die Ziele sowjetischer Außenpolitik:

Stalin legte dar, wie er über die besondere Art des Krieges dachte, den wir zurzeit führten: „Dieser Krieg ist nicht wie in der Vergangenheit; wer immer ein Gebiet besetzt, erlegt ihm auch sein eigenes gesellschaftliches System auf. Jeder führt sein eigenes System ein, so weit seine Armee vordringen kann. Es kann gar nicht anders sein."
Er erklärte auch, ohne sich auf lange Erklärungen einzulassen, den Sinn seiner panslawistischen Politik. „Wenn die Slawen zusammenbleiben und Solidarität wahren, wird in Zukunft niemand mehr einen Finger rühren können. Nicht einen Finger!", wiederholte er, den Gedanken unterstreichend, indem er mit dem Zeigefinger durch die Luft fuhr. Jemand gab seinem Zweifel daran Ausdruck, dass die Deutschen fähig sein würden, sich innerhalb von fünfzig Jahren wieder zu erholen. Aber Stalin war anderer Meinung. „Nein, sie werden sich wieder erholen, und zwar sehr rasch. Sie sind eine hochentwickelte Industrienation mit einer äußerst qualifizierten und zahlreichen Arbeiterklasse und einer technischen Intelligenzia. Gebt ihnen zwölf oder fünfzehn Jahre Zeit, und sie werden wieder auf den Beinen stehen. Und deshalb ist die Einheit der Slawen so wichtig. Aber ganz davon abgesehen – wenn die Einheit der Slawen Tatsache ist, wird niemand wagen, auch nur einen Finger zu rühren." Einmal stand er auf, zog die Hosen hoch, als trete er zu einem Ringkampf oder Boxkampf an, und rief, fast wie hingerissen: „Der Krieg wird bald vorbei sein. In fünfzehn oder zwanzig Jahren werden wir uns erholt haben, und dann werden wir es noch einmal versuchen." […]

M 10 **Englische Karikatur zur sowjetischen Osteuropa-Politik nach 1945**

Sowohl an diesem Abend wie bald danach bei einer Zusammenkunft mit der bulgarischen und der jugoslawischen Delegation betonte Stalin, dass Deutschland geteilt bleiben würde: „Der Westen wird sich Westdeutschland zu Eigen machen, und wir werden aus Ostdeutschland unseren eigenen Staat machen."

Dieser sein Gedanke war neu, aber verständlich; er hing mit dem ganzen Trend der sowjetischen Politik in Osteuropa und gegenüber dem Westen zusammen. Ich hatte nie begreifen können, dass Stalin und die Sowjetführer den Bulgaren und Jugoslawen gegenüber im Frühjahr 1946 gesagt hatten, ganz Deutschland müsse unser werden, das heißt sowjetisch, kommunistisch. Ich fragte einen der Anwesenden, wie die Russen denn das erreichen wollten. Er erwiderte: „Das weiß ich selber nicht!" Ich nehme an, dass nicht einmal diejenigen, die solche Ankündigungen machten, es wirklich wussten, sondern einfach mitgerissen waren von dem Schwung der militärischen Siege und von ihren Hoffnungen auf einen wirtschaftlichen und sonstigen Zerfall Westeuropas.

M. Djilas, Gespräche mit Stalin, Zürich 1962, S. 146 f. und 195 f.

M 11 Die Sowjetisierung Osteuropas

Der britische Historiker Hugh Seton-Watson skizziert die Methode, mit der in Osteuropa die sowjetische Herrschaft durchgesetzt wurde:

Das erste Stadium war eine echte Koalition. Mehrere, ihrer sozialen Basis, Ideologie und programmatischen Zielsetzung nach unterschiedliche Parteien, die darüber hinaus noch ihre eigenen Organisationen hatten, schlossen sich zur Durchführung eines Aktionsprogramms für die nächste Zukunft (wozu namentlich die „Säuberung" von Faschisten, ziemlich radikale Sozialreformen, politische Freiheit und eine der UdSSR wie den Westmächten freundlich gesonnene Außenpolitik gehörten) zu einem Kabinett zusammen. Es bestand wirkliche Rede- und Versammlungsfreiheit, und es gab so gut wie keine politische Zensur, abgesehen von einem Gegenstand, der UdSSR. Nicht nur, dass die sowjetische Politik nicht kritisiert werden durfte: Es war auch kaum möglich, etwas über Russland zu schreiben, was nicht mit der offiziellen politischen Linie übereinstimmte. Das schien aber ein kleiner Kaufpreis zu sein. Abgesehen davon konnte eine große Vielfalt von Meinungen, die verschiedenen politischen Ansichten und sozialen Schichten entsprachen, frei zum Ausdruck gebracht werden. Dennoch sicherten sich bereits in diesem ersten Stadium die Kommunisten Kontrollstellen in den meisten „Machthebeln", insbesondere in der Sicherheitspolizei, im Generalstab und im Nachrichtennetz. [...] Das zweite Stadium kann als Schwindelkoalition bezeichnet werden. Den Regierungen gehörten noch nichtkommunistische Parteien an, aber sie wurden von Männern vertreten, die nicht mehr von der Partei, sondern von den Kommunisten ausgesucht waren. Das wesentliche Charakteristikum dieses Stadiums bestand darin, dass man die bäuerlichen und einige bürgerliche Parteien, die anfänglich noch geduldet worden waren, in die Opposition drängte. In diesem Stadium wurde Opposition noch geduldet, aber immer schwieriger gemacht. Es gab noch eine oppositionelle Presse, aber ihr Vertrieb in der Hauptstadt war gefährlich und in der Provinz nahezu unmöglich. Die Zensur war nicht mehr eine Angelegenheit der Regierung allein, sondern auch der unter kommunistischer Kontrolle stehenden Buchdruckergewerkschaften, die „sich entrüstet weigern, reaktionäre Artikel gegen die ‚Volksbehörden' zu drucken". Oppositionelle Versammlungen wurden von kommunistischen „Schreikommandos" gestört, während die Polizei – „objektiv" wie sie war – weder etwas gegen die Angreifer noch gegen die Angegriffenen unternahm. In Polen gab es dieses Stadium seit der „Befreiung". [...] Es ging im Herbst 1947 zu Ende. In Bulgarien und Rumänien dauerte es vom Frühjahr 1945 bis zum Herbst 1947. [...] In Ungarn dauerte das zweite Stadium etwa ein Jahr lang (Frühjahr

1947 bis Frühjahr 1948) und wurde endgültig erst mit der Verhaftung des Kardinals Mindszenthy und der Auflösung von Baránkovics' Katholischer Partei Ende 1948 beseitigt. Die Tschechoslowakei sprang 1948 fast direkt vom ersten ins dritte Stadium, denn nach der (Polizei-)„Revolution" im Februar wurde keine Opposition mehr geduldet. Das dritte Stadium ist das „monolithische" Regime. Es gibt nunmehr eine von den Kommunisten geleitete „Front" mit einer Hierarchie, einem zentralisierten Drill und einer Organisation. Ein wichtiges Merkmal dieses Stadiums ist die erzwungene Fusion der gründlich gesäuberten sozialdemokratischen Parteien mit den kommunistischen zu einer sozialistischen Einheitspartei der Arbeiter. [...]
Im dritten Stadium wird alle offene Opposition unterdrückt, und ihre Wortführer fliehen entweder ins Ausland oder werden als „Spione der westlichen Imperialisten" verhaftet oder hingerichtet oder zu langen Kerkerhaften verurteilt. Das dritte Stadium wurde in Jugoslawien und Albanien bereits 1945 eingeführt, in den anderen Ländern wurde es nach der Gründung der Kominform[1] energisch vorangetrieben und Ende 1948 zum Abschluss gebracht.

1 Kommunistisches Informationsbüro (1947–1956): Nachfolgeorgan der Komintern

H. Seton-Watson, Die osteuropäische Revolution, München1956, S. 159 ff.

M 12 Truman-Doktrin

In einer Botschaft an den Kongress am 12. März 1947 verkündete US-Präsident Harry S. Truman einen neuen Grundsatz amerikanischer Außenpolitik:

In einer Anzahl von Ländern waren den Völkern kürzlich gegen ihren Willen totalitäre Regimes aufgezwungen worden. Die Regierung der Vereinigten Staaten hat mehrfach gegen Zwang und Einschüchterung bei der Verletzung des Jalta-Abkommens in Polen, Rumänien und Bulgarien protestiert. Und weiter muss ich feststellen, dass in einer Anzahl anderer Staaten ähnliche Entwicklungen stattgefunden haben.
Im gegenwärtigen Abschnitt der Weltgeschichte muss fast jede Nation ihre Wahl in Bezug auf ihre Lebensweise treffen. Nur allzu oft ist es keine freie Wahl. Die eine Lebensweise gründet sich auf den Willen der Mehrheit und zeichnet sich durch freie Einrichtungen, freie Wahlen, Garantie der individuellen Freiheit, Rede- und Religionsfreiheit und Freiheit von politischer Unterdrückung aus.
Die zweite Lebensweise gründet sich auf den Willen einer Minderheit, der der Mehrheit aufgezwungen wird. Terror und Unterdrückung, kontrollierte Presse und Rundfunk, fingierte Wahlen und Unterdrückung der persönlichen Freiheiten sind ihre Kennzeichen.
Ich bin der Ansicht, dass es die Politik der Vereinigten Staaten sein muss, die freien Völker zu unterstützen, die sich der Unterwerfung durch bewaffnete Minderheiten oder durch Druck von außen widersetzen.
Ich glaube, dass wir den freien Völkern helfen müssen, sich ihr eigenes Geschick nach ihrer eigenen Art zu gestalten.
Ich bin der Ansicht, dass unsere Hilfe in erster Linie in Form wirtschaftlicher und finanzieller Unterstützung gegeben werden sollte, die für eine wirtschaftliche Stabilität und geordnete politische Vorgänge wesentlich ist.
Die Welt steht nicht still, und der Status quo ist nicht heilig. Aber wir können keine Veränderungen im Status quo zulassen, die eine Verletzung der Charta der Vereinigten Nationen durch Zwangsmethoden oder durch vorsichtigere Maßnahmen wie eine politische Durchdringung bedeuten. Wenn wir freien und unabhängigen Nationen helfen, ihre Freiheit zu bewahren, so werden wir damit die Prinzipien der Charta der Vereinten Nationen verwirklichen. Man braucht nur einen Blick auf die Karte zu werfen, um zu erkennen, dass Existenz und Integrität der griechischen Nation von schwerwiegender Bedeutung im Rahmen einer viel umfassenderen Situation sind. Sollte Griechenland der Kontrolle einer bewaffneten Minderheit unterworfen werden, so würde das sofort schwerwiegende Auswirkungen auf seinen Nachbarn, die Türkei, haben. Verwirrung und Unordnung würden sich vielleicht durch den ganzen Mittleren Osten verbreiten.

Zit. nach: E.-U. Huster u. a., Determinanten der westdeutschen Restauration 1945–1949, Frankfurt 1972, S. 338 f.

M 13 Antikommunismus

Der amerikanische Außenminister John Foster-Dulles (1953–1959) erläutert sein Bild vom sowjetischen Kommunismus (1953):

Es gibt eine Reihe von politischen Fragen, die ich vorziehe, mit dem Ausschuss in einer geschlossenen Sitzung zu diskutieren, aber ich habe keine Einwände dagegen, in einer offenen Sitzung zu sagen, was ich schon früher gesagt habe: nämlich, dass wir niemals einen sicheren Frieden oder eine glückliche Welt haben werden, solange der sowjetische Kommunismus ein Drittel aller Menschen, die es gibt, beherrscht und dabei ist, mindestens den Versuch zu machen, seine Herrschaft auf viele andere auszuweiten.

Diese versklavten Menschen sind Menschen, die die Freiheit verdienen, und die, vom Standpunkt unseres Eigeninteresses, die Freiheit haben sollten, weil sie, wenn sie unterwürfige Mittel eines aggressiven Despotismus sind, irgendwann einmal zu einer Kraft zusammengeschweißt werden, die für uns selbst und die ganze freie Welt höchst gefährlich sein wird.

Deswegen müssen wir immer die Befreiung dieser unterjochten Völker im Sinn behalten. Nun bedeutet Befreiung nicht einen Befreiungskrieg. Befreiung kann auch erreicht werden durch Vorgänge unterhalb der Kriegsschwelle. Wir haben als ein Beispiel, wenn auch nicht als ideales Beispiel, aber es veranschaulicht meine Argumentation, den Abfall Jugoslawiens unter Tito von der Herrschaft des sowjetischen Kommunismus. [1948] [...]

Deswegen ist eine Politik, die nur darauf zielt, Russland auf den Bereich zu beschränken, in dem es schon ist, für sich allein genommen eine unvernünftige Politik; es ist aber auch eine Politik, die zum Scheitern verurteilt ist, weil eine nur defensive Politik niemals gegen eine aggressive Politik gewinnt. Wenn unsere Politik nur darauf zielt, zu bleiben, wo wir sind, dann werden wir zurückgedrängt. Allein dadurch, dass wir an der Hoffnung auf Befreiung festhalten, dass wir uns diese Hoffnung zu Nutze machen, wenn sich eine Gelegenheit bietet, werden wir dieser schrecklichen Gefahr ein Ende machen, die die Welt beherrscht, die uns so schreckliche Opfer und so große Zukunftsängste auferlegt. Aber all dies kann und muss getan werden in Formen, die keinen allgemeinen Krieg provozieren, und in Formen, die auch keinen Aufstand provozieren, der mit blutiger Gewalt zerschlagen würde. [...] Die Bedrohung durch den sowjetischen Kommunismus ist meiner Meinung nach nicht nur die schwerste Bedrohung, der sich die Vereinigten Staaten je ausgesetzt sahen, sondern auch die schwerste Bedrohung, dem das, was wir westliche Kultur nennen, oder überhaupt jede Kultur, die vom Glauben an Gott geprägt ist, je ausgesetzt war. Der sowjetische Kommunismus ist seinem Wesen nach atheistisch und materialistisch. Er glaubt, menschliche Wesen seien nicht mehr als etwas bessere Tiere [...]. Glaubt man jedoch an die göttliche Natur des Menschen, dann ist es eine Ideologie, die völlig unannehmbar ist und die mit diesem Glauben vollständig unvereinbar ist.

Zit. nach: E.-O. Czempiel, C.-Chr. Schweitzer, Weltpolitik der USA nach 1945, Leverkusen, 1984, S. 125 f.

M 14 NATO-Vertrag vom 4. April 1949

Präambel:

Die Parteien dieses Vertrages bekräftigen erneut ihren Glauben an die Ziele und Grundsätze der Satzung der Vereinten Nationen und ihren Wunsch, mit allen Völkern und allen Regierungen in Frieden zu leben. Sie sind entschlossen, die Freiheit, das gemeinsame Erbe und die Zivilisation ihrer Völker, das auf den Grundsätzen der Demokratie, der Freiheit der Person und der Herrschaft des Rechts beruhen, zu gewährleisten. Sie sind bestrebt, die innere Festigkeit und das Wohlergehen im nordatlantischen Gebiet zu fördern. Sie sind entschlossen, ihre Bemühungen für die gemeinsame Verteidigung und für die Erhaltung des Friedens und der Sicherheit zu vereinigen.

Artikel 1

Die Parteien verpflichten sich, in Übereinstimmung mit der Satzung der Vereinten Nationen jeden internationalen Streitfall, an dem sie beteiligt sind, auf friedlichem Wege so zu regeln, dass der internationale Friede, die Sicherheit und die Gerechtigkeit nicht gefährdet werden, und sich in ihren internationalen Beziehungen jeder Gewaltandrohung oder Gewaltanwendung zu enthalten, die mit den Zielen der Vereinten Nationen nicht vereinbar ist. [...]

Die Parteien werden einander konsultieren, wenn nach Auffassung einer von ihnen die Unversehrtheit des Gebietes, die politische Unabhängigkeit oder die Sicherheit einer der Parteien bedroht sind.

Artikel 5

Die Parteien vereinbaren, dass ein bewaffneter Angriff gegen eine oder mehrere von ihnen in Europa oder Nordamerika als ein Angriff gegen sie alle angesehen werden wird; sie vereinbaren daher, dass im Falle eines solchen bewaffneten Angriffs jede von ihnen in Ausübung des in Artikel 51 der Satzung der Vereinten Nationen anerkannten Rechts der individuellen oder kollektiven Selbstverteidigung der Partei oder den Parteien, die angegriffen werden, Beistand leistet, indem jede von ihnen unverzüglich für sich und im Zusammenwirken mit den anderen Parteien die Maßnahmen, einschließlich der Anwendung von Waffengewalt, trifft, die sie für erforderlich erachtet, um die Sicherheit des nordatlantischen Gebiets wiederherzustellen und zu erhalten.

Von jedem bewaffneten Angriff und allen daraufhin getroffenen Gegenmaßnahmen ist unverzüglich dem Sicherheitsrat [der UNO] Mitteilung zu machen. [...]

Artikel 6

Im Sinne des Artikels 5 gilt als bewaffneter Angriff auf einen oder mehrere der Parteien jeder bewaffnete Angriff.

1. auf das Gebiet eines dieser Staaten in Europa oder Nordamerika, auf das Gebiet der Türkei oder auf die der Gebietshoheit einer der Parteien unterliegenden Inseln im nordatlantischen Gebiet nördlich des Wendekreises des Krebses[1];
2. auf die Streitkräfte, Schiffe oder Flugzeuge einer der Parteien, wenn sie sich in oder über diesen Gebieten oder irgendeinem anderen europäischen Gebiet, in dem eine der Parteien bei Inkrafttreten des Vertrags eine Besatzung unterhält, oder wenn sie sich im Mittelmeer oder im nordatlantischen Gebiet nördlich des Wendekreises des Krebses befinden.

1 nördl. Wendekreis des Krebses: der um 23°27' nördlich vom Äquator entfernte Parallelkreis (verläuft südlich der Kanarischen Inseln)

Zit. nach: G. Walpuski, Verteidigung + Entspannung = Sicherheit, Bonn 1975, S. 57 ff.

M 15 Sozialistische Revolution und Weltfriede

Aus dem Programm der KPdSU (1961):

Die Kommunisten waren nie und sind auch heute nicht der Auffassung, dass der Weg zur Revolution über Kriege zwischen den Staaten führt. Die sozialistische Revolution hängt nicht unbedingt mit einem Krieg zusammen.

Obwohl beide von den Imperialisten entfesselten Weltkriege mit sozialistischen Revolutionen endeten, sind Revolutionen durchaus ohne Krieg möglich. Die großen Ziele der Arbeiterklasse können ohne einen Weltkrieg erreicht werden. Heute sind die Bedingungen dafür günstiger denn je. Die Arbeiterklasse und ihre Vorhut, die marxistisch-leninistischen Parteien, sind bestrebt, die sozialistische Revolution auf friedliche Weise zu verwirklichen. Dies entspräche den Interessen der Arbeiterklasse und des ganzen Volkes, entspräche den gesamtnationalen Interessen des Landes. [...]

Zit. nach: R. Thomas. Marxismus und Sowjetkommunismus, Teil II, Stuttgart 1978, S. 111.

M 16 Weltrevolution

Das Konzept der Weltrevolution erläutert der Sowjetexperte Wolfgang Leonhard (1978):

Zunächst eins: Begriff und Zielsetzung der Weltrevolution haben sich seit Marx und Engels beträchtlich gewandelt. Marx und Engels verstanden unter dem heute so geläufigen Begriff „Weltrevolution", den sie selbst übrigens nicht benutzt haben, den gleichzeitigen Sieg einer sozialen Revolution der Arbeiterschaft in den entwickelten Industrieländern Europas, vor allem in England, Frankreich und Deutschland sowie in Nordamerika. Im ersten Viertel unseres 20. Jahrhunderts, zu einer Zeit, als die ersten nationalen Befreiungsbewegungen in Asien sichtbar wurden, entwickelte Lenin, der den Begriff „Weltrevolution" erstmalig gebrauchte, seine Idee vom Zusammenfließen der sozialistischen Revolution der Arbeiterklasse in den Industrieländern Europas mit den kolonialen Befreiungsbewegungen in den Ländern Asiens. Nachdem die erste Welle revolutionärer Erhebungen im Gefolge des Ersten Weltkrieges zusammengebrochen und Sowjetrussland für eine geraume Zeit allein geblieben war, entwickelte Stalin in den Jahren 1924 bis 1926 die These vom „Sozialismus in einem Land". Dadurch ergab sich auch eine Veränderung der Weltrevolutionskonzeption, die von Stalin nun als ein „Kampf zwischen zwei Systemen" gesehen wurde: des sowjetkommunistischen auf der einen und des kapitalistischen Systems auf der anderen Seite. Der Kampf dieser beiden Systeme sollte, laut Stalin, Inhalt und Tendenz der Weltrevolution bestimmen. Nicht mehr die revolutionäre Entwicklung, sondern die Stärke der Sowjetunion stand nun im Mittelpunkt; die Kommunisten aller Länder wurden daher ausdrücklich von Stalin verpflichtet, die Sowjetunion kritiklos zu unterstützen, zu verteidigen und zu schützen.

Erst Mitte der Fünfzigerjahre, unter dem Eindruck der gewachsenen Macht und Stärke der UdSSR und einer Reihe erfolgreicher nationaler Befreiungsbewegungen in Asien, Afrika und Lateinamerika, wurde schließlich die neue, jetzt gültige Konzeption der Weltrevolution ausgearbeitet, die nun als „weltrevolutionärer Prozess" bezeichnet wird, der durch das Zusammenwirken von „drei revolutionären Strömen" erfolgen werde: erstens, dem sozialistischen Weltsystem, also der Sowjetunion und ihrer Bündnispartner, die in einem wirtschaftlichen Wettbewerb den Kapitalismus überholen sollen und damit das gesamte Weltgeschehen politisch entscheidend bestimmen könnten.

Als zweite revolutionäre Kraft folgt dann die Arbeiterklasse in den westlichen Industriestaaten, deren Ziel es sein soll, in ihrem Bereich das kapitalistische System zu überwinden.

Die dritte revolutionäre Kraft schließlich sind die nationalen Befreiungsbewegungen, die in den

neuen Staaten Asiens, Afrikas und Lateinamerikas innenpolitisch einen nichtkapitalistischen Entwicklungsweg gehen und sich außenpolitisch mehr und mehr an den Ostblock anlehnen sollen.
Das Zusammenfließen dieser drei Prozesse garantiere, nach sowjetischer Auffassung, den Übergang vom Kapitalismus zum Sozialismus und Kommunismus im Weltmaßstab. Die Weltrevolution bleibt somit ein langfristiges ideologisch-politisches Ziel der sowjetischen Kommunisten. Allerdings sind die Sowjetführer in der Praxis heute nicht immer bereit, die revolutionäre Bewegung in allen Ländern mit vollem Einsatz zu unterstützen, weil sie sich über das Risiko möglicher militärischer und politischer Konflikte mit dem Westen im Klaren sind und vor allem befürchten müssen, dass eventuell entstehende neue kommunistische Länder keineswegs immer der Sowjetunion folgen werden.
Die sowjetische Einsatzbereitschaft dürfte vor allem dann relativ groß sein, wenn 1. die Sowjetführung das Risiko einer Verschlechterung der Beziehung zu den Westmächten gering einschätzt und 2. es sich im betreffenden Land zur betreffenden Zeit um eine moskauhörige Partei handelt, auf die sich die sowjetische Führung voll und ganz verlassen kann. Ökonomische und politische Krisenerscheinungen im Westen können die sowjetische Einsatzbereitschaft ebenfalls stärken – aber es gibt wichtige Gegenfaktoren, vor allem die staatlich-ökonomischen Interessen der Sowjetunion und die zunehmenden Verselbstständigungstendenzen in der kommunistischen Weltbewegung. Je größer diese Autonomiebestrebungen sind, um so mehr verstärkt sich im sowjetischen Establishment das Bestreben, sich auf die eigenen sowjetischen Kräfte zu verlassen und mit eigenen Mitteln den sowjetischen Einfluss auszudehnen.

W. Leonhard, Was ist Kommunismus?, München 1978, S. 118 f.

M 17 Militärpakte

Der Politikwissenschaftler Hans Wassmund stellt dar, wie die USA dem Kommunismus begegneten:

Während nach dem Ende der Kampfhandlungen an den europäischen und asiatischen Fronten 1945 praktisch keine formellen Militärpakte mehr existierten, gehörten nur zehn Jahre später bis auf ganz wenige Ausnahmen alle wichtigen Staaten der Erde zu einem der rivalisierenden Bündnissysteme.
Auf der einen Seite standen die USA im Zentrum eines weltumspannenden Systems von Militärpakten: Mit den westeuropäischen Staaten schlossen sie 1949 die Nordatlantische Verteidigungsgemeinschaft (NATO), der sich 1955 auch die Bundesrepublik Deutschland anschloss; im pazifischen Raum gründeten sie 1951 mit Australien und Neuseeland den Anzus-Pakt und 1954 zusammen mit Australien, Frankreich, Neuseeland und den Philippinen die Südostasiatische Verteidigungsgemeinschaft (SEATO). Schließlich waren die USA seit 1947 mit weiteren 20 Staaten des amerikanischen Kontinents durch den Rio-Pakt verbunden. Auf der anderen Seite war aufgrund der Initiative der Sowjetunion ein dichtes Netz von Verträgen und Bündnisstrukturen geschaffen worden, durch das Moskau seine militärischen Potenziale steigerte [...]. Der sowjetisch-chinesische Verteidigungspakt vom Februar 1950 z. B. räumte der Sowjetunion eine Fülle von Sonderrechten in der gerade gegründeten Volksrepublik ein [...].
Die Vielzahl der bilateralen Bündnispakte, die die Sowjetunion mit allen osteuropäischen Staaten bereits geschlossen hatte, wurde 1955 durch den Warschauer Pakt ergänzt, in dem Moskau sich mit sieben Staaten Ost- und Südosteuropas zu „Freundschaft, Zusammenarbeit und gegenseitigem Beistand" verbündete.
Gemeinsame Abschreckung des Gegners vor unbedachten Militäraktionen und Eindämmung der Kommunistischen Weltbewegung ganz generell wurden zu den zentralen Zielen der im ersten Jahrzehnt nach 1945 entstandenen westlichen Militärbündnisse. Ihnen standen im östlichen Militärlager „Verteidigung der Errungenschaften des Sozialismus" und [die] „Durchsetzung des Sozialismus im Weltmaßstab" gegenüber.

H. Wassmund, Die Supermächte und die Weltpolitik, München 1989, S. 58 f.

M 18 Die „Dominotheorie"

Der US-Präsident Dwight David Eisenhower begründete das amerikanische Engagement in Südostasien (1954):

[...] Es geht da um Spezifisches und Allgemeines, wenn man sich über alle diese Dinge Gedanken macht. Zum Ersten geht es um den spezifischen Wert eines geografischen Raumes im Hinblick auf die Produktion von Rohstoffen, die die Welt braucht.
Dann besteht die Möglichkeit, dass viele Menschen unter eine Diktatur geraten, die der freien Welt feindlich gegenübersteht.
Schließlich gibt es allgemeinere Erwägungen, die sich ableiten aus einem Prinzip, das man als „Dominotheorie" bezeichnen kann.

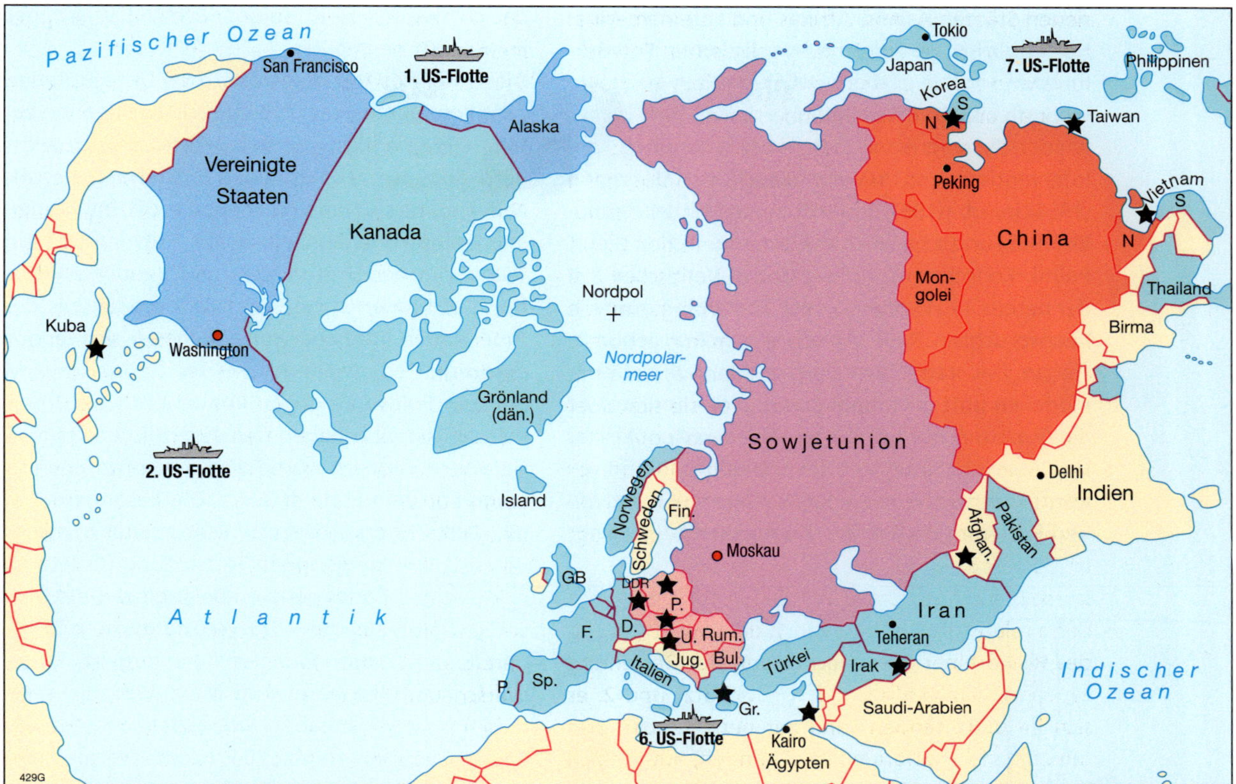

Die Welt im Ost-West-Konflikt nach 1949

USA und Verbündete | Sowjetunion und Verbündete | Kommunistische Staaten in Asien | strategische US-Flotten | ★ Konflikte im Kalten Krieg

M 19

Es steht da eine Reihe von Dominosteinen. Sie stoßen den ersten um, und was mit dem letzten geschieht, ist die Gewissheit, dass es sehr schnell gehen wird. So könnte der Anfang eines Zerfalls mit außerordentlich weitreichenden Folgen aussehen.

Nun zu dem ersten Punkt: Zwei Dinge, die die Welt aus dieser speziellen Gegend bezieht, sind Zinn und Wolfram. Diese sind sehr wichtig. Natürlich gibt es noch andere, die Gummiplantagen usw.

Dann zu der zunehmenden Anzahl von Menschen, die unter diese Herrschaft geraten: Asien hat schließlich bereits ungefähr 450 Millionen Menschen seiner Bevölkerung an die kommunistische Diktatur verloren, und wir können uns größere Verluste einfach nicht leisten.

Aber wenn wir zu dem möglichen Ablauf der Ereignisse kommen, dem Verlust von Indochina, Burma, Thailand, der Halbinsel und danach Indonesiens, hier geht es um Gebiete, die nicht nur die Nachteile vervielfachen, die durch den Verlust von Rohstoffen und Rohstoffquellen entstünden, jetzt geht es hier vielmehr in Wirklichkeit um Millionen und Millionen und Millionen von Menschen. Schließlich wird durch die damit entstandene geografische Situation vieles bewirkt: Sie verschiebt die sogenannte Inselverteidigungskette: Japan, Formosa, Philippinen weiter südwärts; mit dieser Verschiebung kommt es zur Bedrohung Australiens und Neuseelands.

In wirtschaftlicher Hinsicht verliert Japan die Gebiete, die es als Handelspartner braucht; oder aber Japan müsste seinerseits, um weiterzuleben, sich in eine ganz bestimmte Richtung hin orientieren, nämlich zu den kommunistischen Gebieten.

So sind also die möglichen Konsequenzen des Verlusts für die freie Welt gar nicht auszudenken. […]

Zit. nach: E.-O. Czempiel, C.-Chr. Schweitzer, a. a. O., S. 154.

M 20 Containment in der Dritten Welt

Die Politikwissenschaftler Peter H. Merkl und Dieter Raabe über das Konzept der Eindämmung in der Dritten Welt:

Die sowjetische und chinesische Unterstützung von Guerillabewegungen wurde aus amerikanischer Sicht mit dem Versuch der Erweiterung des kommunistischen Machtbereichs gleichgesetzt und als Herausforderung der Containment-Strategie betrachtet. Aber die herkömmliche Definition der Aggression ließ sich in solchen Fällen nicht länger anwenden. Die Voraussetzungen für eine gemeinsame Haltung des westlichen Verteidigungsbündnisses mussten somit entfallen. Das Festhalten an einem wenig flexiblen Verteidigungskonzept führte immer wieder zu amerikanischen Einzelreaktionen und Interventionen, so in Guatemala (1954), im Libanon (1958), in Kuba (1961), in der Dominikanischen Republik (1965) und schließlich in Vietnam. Kritiker dieser Politik konnten mit gutem Grund Vergleiche mit der bereits 1904 von Präsident Theodore Roosevelt beanspruchten Rolle Amerikas als Weltgendarm ziehen. Das starre Festhalten an überholten Denkmodellen unter den Bedingungen der Konkurrenz der Supermächte um die neuen Nationen Afrikas und Asiens brachte Amerika schließlich in offenen Konflikt mit seinen eigenen traditionellen Idealen und führte im Verlauf des Vietnamkrieges zu einer der schwersten und folgenreichsten Krisen der amerikanischen Politik.

Dieser Konflikt trat besonders in der Unterstützung „antikommunistischer", diktatorischer Regime zutage. Die amerikanische Demokratie, die sich selbst gern auf ihre revolutionäre Entstehung beruft, widersetzte sich immer wieder – oft im Namen der Freiheit und der Demokratie – revolutionärem Wandel in der Dritten Welt; ein deutliches Indiz für das konservative Demokratieverständnis der Amerikaner. Ironischerweise erwiesen sich jedoch derartige Regime immer wieder als die unwirksamsten Bollwerke gegen kommunistische Unterwanderung, also gegen den eigentlichen Gegner. Gerade in Vietnam wurde diese Erkenntnis bereits lange vor dem Ende erreicht. Die besondere Tragik dieses Krieges bestand nicht zuletzt in seiner langjährigen Fortsetzung für letzten Endes gänzlich belanglose Ziele. Wie aus den 1971 veröffentlichten „Pentagon-Papieren" hervorgeht, lauteten bereits im März 1965 die amerikanischen Kriegsziele in Vietnam wie folgt: „70 Prozent – Vermeidung einer demütigenden amerikanischen Niederlage (in unserem Ansehen als Garant); 20 Prozent – die Bewahrung Südvietnams (und des angrenzenden Territoriums) vor chinesischem Zugriff; 10 Prozent – der Bevölkerung Südvietnams ein besseres, freieres Leben zu ermöglichen."

P. H. Merkl, D. Raabe, Politische Soziologie der USA, Wiesbaden 1977, S. 182 f.

M 21 **Vietnam,** US-Präsident Bill Clinton angesichts der Frage, ob amerikanische Truppen auf dem Balkan eingesetzt werden sollen, Karikatur, 1993.

Aufgaben

1. Mit welcher Zielsetzung griffen die USA in den Zweiten Weltkrieg ein? Beurteilen Sie den Erfolg dieser Politik. → Text, M8
2. Beschreiben Sie die Systematik, mit der seitens der UdSSR die Sowjetisierung Osteuropas betrieben wurde. → Text, M9–M11
3. Kennzeichnen Sie die Politik der Eindämmung (Truman-Doktrin). → Text, M12
4. Man hat den Kalten Krieg als die Form der Konfrontation im Atomzeitalter bezeichnet. Erläutern Sie diese Aussage. → Text
5. Halten Sie fest, wie Dulles seine außenpolitische Konzeption begründete. → M13
6. Analysieren Sie den sowjetischen Entwurf für die Weltrevolution. → M15, M16
7. Prüfen Sie, inwiefern sich aus der „Dominotheorie" das Eingreifen der USA in Vietnam ableitete. → M18
8. Untersuchen Sie die Probleme, zu denen die amerikanische „Eindämmungspolitik" in der Dritten Welt führte. → M20, M21

16.2 Entspannung und friedliche Koexistenz

Von der Kuba-Krise gingen zwei ganz gegensätzliche Folgewirkungen aus: Die faktische Niederlage veranlasste die Führung der UdSSR zu verstärkten Rüstungsanstrengungen, sodass sich schon gegen Ende der Sechzigerjahre ein ungefähres nuklearstrategisches Gleichgewicht abzeichnete. Die beiden Weltführungsmächte verfügten nunmehr über globale Vernichtungspotenziale, die eine traditionelle Drohpolitik als widersinnig erscheinen ließen. Die militärische Parität (Gleichwertigkeit) erforderte eine den veränderten Verhältnissen angepasste Militärdoktrin.

Abschreckung als Verteidigungsstrategie

Die militärische Weltlage wurde über Jahrzehnte durch die Bezeichnung „Gleichgewicht des Schreckens" charakterisiert. Sie war das Resultat jener Konzeption von Sicherheit, die auf Abschreckung beruht. Die Fähigkeit zum vernichtenden Gegenschlag mit nuklearen Waffen sollte einen potentiellen Angreifer davon abhalten, einen kriegerischen Konflikt zu beginnen.

Die Abschreckung als Kriegsverhütungsdoktrin hat den Zweck, einen potenziellen Gegner von einem Angriff abzuhalten und diesen davon zu überzeugen, dass er bei einem Angriff mehr zu verlieren als zu gewinnen habe. Der Abschreckungsmechanismus basiert darauf, das Risiko für den Angreifer so hoch anzusetzen, dass er vor einer Aggression zurückschreckt: „Wer als Erster schießt, stirbt als Zweiter!" Vertreter der Abschreckungstheorie gehen davon aus, dass die Abschreckung dann am glaubwürdigsten ist, wenn die Bereitschaft des Angegriffenen unzweifelhaft ist, bei einem Überfall sein militärisches Potenzial auch einzusetzen.

Im Zuge des Ost-West-Konflikts hat die Abschreckungsstrategie des Westens verschiedene Stufen durchlaufen:

a) Das Konzept der massiven Vergeltung (massive retaliation) der frühen 50er-Jahre, das den massiven Einsatz der Nuklearwaffen bei einem Angriff vorsah.
b) Als die Sowjetunion im Laufe der 60er-Jahre mit ihrer atomaren Rüstung gleichzog, wandelte sich der Funktionsmechanismus der Abschreckung zur gegenseitig gesicherten Zerstörung (mutual assured destruction = MAD).
c) 1967 wurde die Strategie der massiven Vergeltung durch jene der angemessenen Erwiderung (flexible response) abgelöst.

Diese Strategie ging davon aus, dass ein Angriff abgestuft beantwortet wird. Wenn der Gegner es zuließ, soll zuerst konventionell, dann taktisch-atomar reagiert werden. Erst wenn der militärische Konflikt auch dann nicht gelöst werden konnte, war der Einsatz von strategischen Nuklearwaffen vorgesehen.

Die ständige Vorbereitung auf den schlimmsten Fall („worst-case"), die Drohung mit der Vernichtung des Gegners bei Einkalkulierung der eigenen Zerstörung und die ständige Perfektionierung der Vernichtungswaffen, waren letztlich die Konsequenz der Abschreckungsdoktrin.

Friedliche Koexistenz

Die Politik der friedlichen Koexistenz eröffnete ein neues Kapitel in den Ost-West-Beziehungen. Der „kalte" und teilweise auch „heiße"

Krieg hatte seine Höhepunkte in der Berlin-Blockade (1948/49), im Koreakrieg (1950–53), in der Berlinkrise (1958–61) sowie der Kuba-Krise (1962) gehabt. Mitte der Fünfzigerjahre setzte sich in der UdSSR die Erkenntnis durch, dass im Zeitalter der Verfügung über thermonukleare Waffen die „friedliche Koexistenz von Staaten unterschiedlicher Gesellschaftsordnung" zwangsläufig wird. In der Chruschtschow-Ära wurde damit formell Abschied genommen von einer kompromisslosen Revolutionspropaganda. Tatsächlich stammt diese Lehre bereits von Lenin und ist später aufs Engste verknüpft mit Stalins These vom „Sozialismus in einem Land". Spätestens seitdem dominierte innerhalb der Sowjetführung das Interesse, die eigene Entwicklung voranzutreiben, die außenpolitische Isolierung zu durchbrechen und den eigenen Einflussbereich abzusichern. Die Politik der „friedlichen Koexistenz" und die mit ihr verknüpfte These von der Vermeidbarkeit von Kriegen hatte ihre Basis letztlich in der gegenseitigen Respektierung der Systemgrenzen. Im Unterschied zu Teilen der Dritten Welt waren in Europa die Grenzen zwischen Ost und West klar abgesteckt. Im Atomzeitalter wäre ein Antasten dieses Status quo mit unkalkulierbaren beziehungsweise menschheitsbedrohenden Risiken verbunden gewesen.

M 1 **Prag am 21. August 1968**
Um den Reformkommunismus in der Tschechoslowakei zu beenden, marschierten die Armeen des Warschauer Paktes ein.

Wiederholt hatte die UdSSR Unabhängigkeitsbestrebungen in ihrem Herrschaftsbereich gewaltsam unterdrückt, ohne dass der Westen eingegriffen hätte, so zum Beispiel in der DDR (1953), in Ungarn (1956) und in der Tschechoslowakei (1968). Militärische Interventionen stellten in diesem Zusammenhang aber nur eine extreme Form der politischen Disziplinierung dar. Andere Instrumente, mit deren Hilfe die Souveränität der osteuropäischen Staaten eingeschränkt wurde, waren die Warschauer Pakt Organisation, Truppenstationierungen, der Rat für gegenseitige Wirtschaftshilfe sowie Rohstoff- und Kreditabhängigkeiten.

Breschnew-Doktrin

Im Zuge der militärischen Niederschlagung des tschechoslowakischen Reformkommunismus (1968) wurde von Seiten der sowjetischen Führung die Breschnew-Doktrin formuliert, so benannt nach dem damaligen Parteivorsitzenden der KPdSU. Sie beinhaltete die Aussage von der „beschränkten Souveränität sozialistischer Staaten". Ihr zufolge gab es also innerhalb des sowjetischen Machtbereiches keine eigenständige Entwicklung – losgelöst von den Vorgaben Moskaus. Die UdSSR behielt sich damit ein Interventionsrecht vor. Die Breschnew-Doktrin hatte die Funktion, die Gleichschaltung innerhalb des sowjetischen Machtbereiches zu rechtfertigen. Die UdSSR hatte im Zuge der Koexistenzpolitik oft wiederholt, dass der „Kampf der Systeme" auf ideologischer Ebene fortgesetzt beziehungsweise verschärft werden sollte.

Koexistenz und Entspannung

Bei den Weltmächten war nach der Kuba-Krise langsam die Erkenntnis gewachsen, dass die atomare Rüstung unter Kontrolle gebracht werden müsse. Das schlug sich im Kernwaffenteststopp-Abkommen von 1963 und auch im Vertrag über die Nichtweiterverbreitung von Kernwaffen (1968) nieder. Beide Abkommen leiteten zu einer neuen Phase der Ost-West-Beziehungen über, in der die Koexistenz durch Entspannung und Zusammenarbeit weitergeführt wurde.

Während der Siebzigerjahre entstand ein Beziehungsgeflecht als Antwort auf das „Gleichgewicht des Schreckens". Ost und West suchten neue Formen der Kooperation auf politischem, militärischem und wirtschaftlichem Gebiet:

- Gewaltverzicht und Anerkennung territorialer Besitzstände (z.B. Konferenz über Sicherheit und Zusammenarbeit in Europa: Helsinki 1975).
- Entschärfung von Krisenherden (z.B. Viermächteabkommen über Berlin 1971).
- Rüstungskontrollabkommen (z.B. Begrenzung strategischer Waffen: SALT I 1972 und SALT II 1979).
- Handel, Kredite und Technologietransfer an den Osten.

Auch die neue Ostpolitik der sozialliberalen Bundesregierung Brandt/Scheel war in die politische Großwetterlage vollständig eingebunden und führte zu den Verträgen von Moskau und Warschau (1970). Diese Phase ging 1979/80 zu Ende.

Aufrüstung und neues Misstrauen

Ein entscheidender Auslöser für die Verschlechterung der Beziehungen zwischen den beiden Weltmächten war der Einmarsch sowjetischer Truppen in Afghanistan (Dezember 1979).

Nahezu zeitgleich verloren die USA – allerdings ohne Einflussnahme der Sowjetunion – nach dem Sturz des Schahs von Persien eine hochgerüstete und strategisch wichtige Bastion. Die Geiselnahme von amerikanischen Diplomaten der Teheraner US-Botschaft trug viel zum Stimmungsumschwung der Amerikaner bei.

Der Nahe Osten mit seinen Erdölreserven sowie die Tankerrouten wurden wegen der lebenswichtigen Bedeutung für die westlichen Industriestaaten zu Brennpunkten des Ost-West-Konflikts. Die USA verkündeten, dass der Versuch, Kontrolle über das Gebiet des Persischen Golfes zu erlangen, von ihnen als Angriff auf ihre Lebensinteressen gewertet und militärisch zurückgeschlagen werden würde (US-Präsident Jimmy Carter 1980).

Durch die Entspannungspolitik war das amerikanische Misstrauen gegenüber der UdSSR nicht abgebaut worden. Denn der Ost-West-Konflikt als solcher war nicht beseitigt worden, er hatte sich vielmehr nur aus dem europäischen Bereich in andere Regionen, vor allem nach Afrika, verlagert (z. B. sowjetisch-kubanisches Engagement in Angola 1975 und Äthiopien 1978).

Zudem hatte die Rüstungskontrollpolitik das Wettrüsten nicht bremsen können. Die UdSSR nutzte die Siebzigerjahre zur Vergrößerung und Modernisierung ihres Militärapparates (z. B. Flottenbau, Panzer, SS-20-Mittelstreckenraketen). Die NATO ihrerseits reagierte auf diese Situation mit dem Doppelbeschluss von 1979, der die Aufstellung von Pershing-2-Raketen und Marschflugkörpern für den Fall vorsah, dass Verhandlungen erfolglos bleiben sollten.

So deutete sich der Umschwung zur vierten Phase der Ost-West-Beziehungen bereits am Ende der Amtszeit des amerikanischen Präsidenten Carter an. Die Wahl des nachfolgenden Ronald Reagan (1980) spiegelte den Stimmungsumschwung in den Vereinigten Staaten wider. Reagan knüpfte in seiner Rhetorik an den Kalten Krieg an (die UdSSR wurde als „Reich des Bösen" bezeichnet) und leitete eine umfangreiche Aufrüstung ein, um die militärisch-politischen Handlungsmöglichkeiten zu erweitern. Verhandlungen mit der UdSSR wurden zwar nicht grundsätzlich abgelehnt, aber sie sollten nur aus einer Position der Stärke heraus geführt werden.

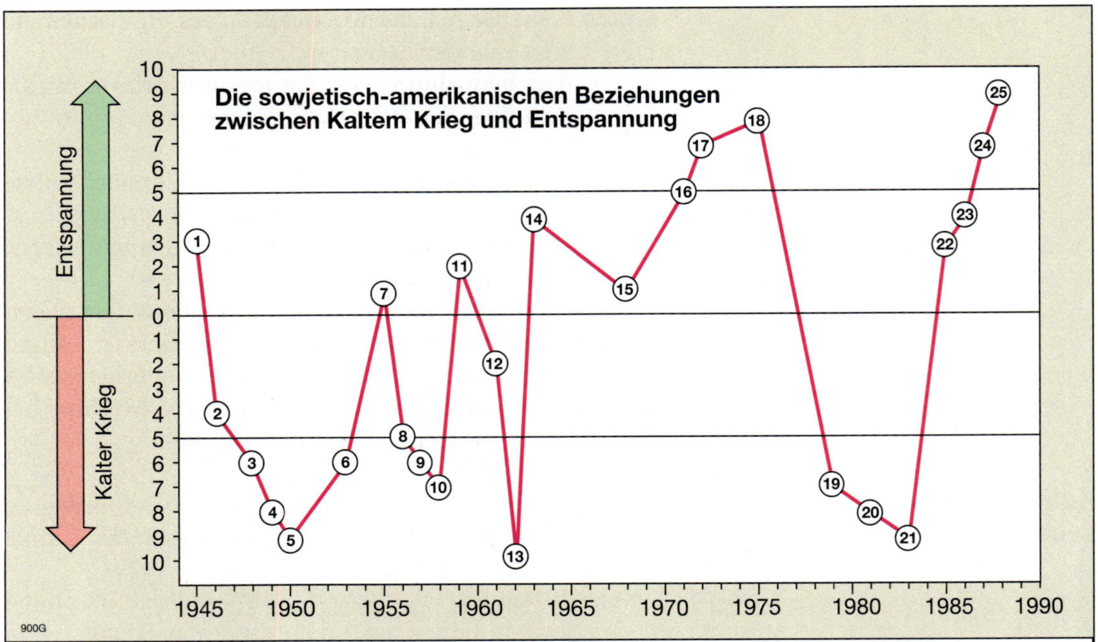

Die sowjetisch-amerikanischen Beziehungen zwischen Kaltem Krieg und Entspannung

1	Mai bzw. Aug. 1945	Ende des Krieges in Europa bzw. Asien; Gründung der UNO
2	März–Sept. 1947	Truman-Doktrin/Marshallplan; 2-Lager-Theorie
3	Feb. bzw. Juni 1948	Kommunistischer Umsturz in der ČSSR bzw. Beginn der sowjetischen Blockade Berlins
4	April bzw. Okt. 1949	Gründung der NATO; kommunistische Staatsgründung in China und der DDR
5	Juni 1950	Ausbruch des Korea-Krieges
6	März bzw. Juli 1953	Tod Stalins bzw. Waffenstillstand in Korea
7	Juli 1955	Genfer Gipfelkonferenz der vier Siegermächte
8	Okt./Nov. 1956	„Doppelkrise" von Ungarn und Suez
9	Okt. 1957	Sowjetischer Sputnik
10	Nov. 1958	Sowjetisches Berlin-Ultimatum
11	Sept. 1959	Gipfeltreffen in Camp David
12	Aug. 1961	Bau der Berliner Mauer
13	Okt./Nov. 1962	Kuba-Krise
14	Juli/Aug. 1963	Vertrag über Stopp von Atomtests und „heißen Draht"
15	Juli/Aug. 1968	Kernwaffensperrvertrag; Ende des „Prager Frühlings"
16	Sept. 1971	Berlin-Abkommen
17	Mai 1972	SALT-I-Vertrag
18	Aug. 1975	Schlussakte der KSZE in Helsinki
19	Dez. 1979	NATO-Doppelbeschluss; sowjetische Besetzung Afghanistans
20	Dez. 1981	Kriegsrecht in Polen; amerikanische Handelssanktionen gegen die UdSSR
21	Nov./Dez. 1983	Abbruch aller Rüstungskontrollverhandlungen in Genf
22	Nov. 1985	Gipfeltreffen in Genf
23	Okt. 1986	Gipfeltreffen in Reykjavik
24	Nov./Dez. 1987	Einigung in Genf über Abbau der Mittelstreckenraketen; Unterzeichnung dieses INF-Vertrages beim Gipfeltreffen in Washington (über die Vernichtung der Mittelstreckenraketen)
25	Mai–Aug. 1988	Gipfeltreffen in Moskau; Fortsetzung des sowjetischen Rückzugs aus Afghanistan; Waffenstillstandsabkommen für Iran/Irak, Angola/Namibia; gegenseitige Besuche der amerikanischen und sowjetischen Generalstabschefs, überwachter Abbau von Mittelstreckenraketen

Nach: H. Wassmund, Die Supermächte und die Weltpolitik, München 1989, S. 54 f.

M 2

M 3 **Entspannung und Kriegsvermeidung**

Grundsatzerklärung über die amerikanisch-sowjetischen Beziehungen, am 29. Mai 1972 in Moskau anlässlich des Besuches von US-Präsident Nixon in der Sowjetunion unterzeichnet:

Die Vereinigten Staaten von Amerika und die Union der Sozialistischen Sowjetrepubliken sind [...] wie folgt übereingekommen:

1. Sie werden von dem gemeinsamen Schluss ausgehen, dass es im Nuklearzeitalter keine andere Alternative gibt, als die gegenseitigen Beziehungen auf der Grundlage einer friedlichen Koexistenz zu gestalten. Unterschiede in der Ideologie und in den Gesellschaftssystemen der USA und der UdSSR sind keine Hindernisse für die bilaterale Entwicklung normaler Beziehungen, die auf den Grundsätzen der Souveränität, der Gleichberechtigung, der Nichteinmischung in innere Angelegenheiten und des beiderseitigen Vorteils beruhen.

2. Die USA und die UdSSR legen größten Wert darauf, das Entstehen von Situationen zu verhindern, die zu einer gefährlichen Verschlechterung ihrer Beziehungen führen könnten. Sie werden daher ihr Äußerstes tun, um militärische Konfrontationen zu vermeiden und den Ausbruch eines Nuklearkrieges zu verhindern. Sie werden in ihren gegenseitigen Beziehungen stets Zurückhaltung üben, und sie werden bereit sein, zu verhandeln und Meinungsverschiedenheiten mit friedlichen Mitteln beizulegen. Gespräche und Verhandlungen über offenstehende Fragen werden in einem Geiste der Gegenseitigkeit, des beiderseitigen Entgegenkommens und des beiderseitigen Vorteils geführt werden. Beide Seiten erkennen an, dass Bestrebungen, direkt oder indirekt einen einseitigen Vorteil auf Kosten des anderen zu erreichen, nicht im Einklang mit diesen Zielen stehen.

Die Voraussetzungen für die Erhaltung und Stärkung friedlicher Beziehungen zwischen den USA und der UdSSR sind die Anerkennung der Sicherheitsinteressen der Vertragspartner auf der Basis des Grundsatzes der Gleichberechtigung und der Verzicht auf Anwendung oder Androhung von Gewalt. [...]

6. Die Vertragspartner werden ihre Bemühungen fortsetzen, die Rüstungen sowohl auf bilateraler als auch auf multilateraler Basis zu begrenzen. Sie werden weiterhin besondere Anstrengungen unternehmen, um die strategischen Rüstungen zu begrenzen. Wo immer möglich, werden sie konkrete Abkommen schließen, die der Erreichung dieser Ziele dienen. [...]

7. Die USA und die UdSSR betrachten Handels- und Wirtschaftsbeziehungen als ein wichtiges und notwendiges Element der Stärkung ihrer bilateralen Beziehungen und werden daher das Wachstum solcher Beziehungen fördern. Sie werden die Zusammenarbeit zwischen den zuständigen Organisationen und Unternehmen beider Länder [...] erleichtern.

Zit. nach: E.-O. Czempiel, C.-Chr. Schweitzer, Weltpolitik der USA nach 1945, Leverkusen 1984, S. 327 ff.

M 4 **Aus der KSZE-Schlussakte (1975)**

I. Souveräne Gleichheit, Achtung der der Souveränität innewohnenden Rechte

Die Teilnehmerstaaten werden gegenseitig ihre souveräne Gleichheit und Individualität sowie alle ihrer Souveränität innewohnenden und von ihr umschlossenen Rechte achten, einschließlich insbesondere des Rechtes eines jeden Staates auf rechtliche Gleichheit, auf territoriale Integrität sowie auf Freiheit und politische Unabhängigkeit. Sie werden ebenfalls das Recht jedes anderen Teilnehmerstaates achten, sein politisches, soziales, wirtschaftliches und kulturelles System frei zu wählen und zu entwickeln sowie sein Recht, seine Gesetze und Verordnungen zu bestimmen. [...]

IV. Territoriale Integrität der Staaten

Die Teilnehmerstaaten werden die territoriale Integrität eines jeden Teilnehmerstaates achten.

Dementsprechend werden sie sich jeder mit den Zielen und Grundsätzen der Charta der Vereinten Nationen unvereinbaren Handlung gegen die territoriale Integrität, politische Unabhängigkeit oder Einheit eines jeden Teilnehmerstaates enthalten, insbesondere jeder derartigen Handlung, die eine Androhung oder Anwendung von Gewalt darstellt.

V. Friedliche Regelung von Streitfällen [...]

VI. Nichteinmischung in innere Angelegenheiten

KSZE-Schlussakte, zit. nach: Bulletin der Bundesregierung, Nr. 102 / S. 965, 15.8.1975

Aufgaben

1. Ordnen Sie – unter Zuhilfenahme des Schaubilds – die wichtigsten Ereignisse im Hinblick auf die verschiedenen Phasen der Ost-West-Beziehungen ein. → M2
2. Formulieren Sie jene Erkenntnisse, auf denen die Entspannungspolitik beruhte. → M3, M4

16.3 Der Zerfall der Sowjetunion und das Ende des Ost-West-Konflikts

Perestroika und Glasnost

M 1 Michail Gorbatschow von 1985 bis 1991 Vorsitzender der KPdSU, leitete die Politik der Perestroika ein. Lenin blieb bis zum Ende der Sowjetunion allgegenwärtig.

Die Wahl Gorbatschows zum Generalsekretär der KPdSU bedeutete einen Wendepunkt in der Geschichte der Sowjetunion. Gorbatschows Machtantritt drückte die Bereitschaft von Teilen der Parteielite aus, einen neuen Kurs zu steuern, und signalisierte den Durchbruch der Reformer. Die Reformer beabsichtigten, das sozialistische Wirtschafts- und Gesellschaftssystem zu modernisieren. Dadurch wurde aber ein dynamischer Prozess ausgelöst, der letztlich zur Auflösung der Sowjetunion führte. Aus dem angestrebten Systemwandel wurde ein Systemwechsel. Die Perestroika (Umbau) brachte ein Ergebnis hervor, das von den Reformern nicht gewollt worden war.

Die Perestroika stellt eine abgeschlossene Periode in der Geschichte der Sowjetunion dar. Sie ist zugleich deren letzte Phase (1985–1991).

Obgleich Gorbatschow seine Politik als „Revolution" bezeichnete, war sie in Wirklichkeit nicht auf einen Systemwechsel gerichtet. Ziel war vielmehr die Effizienzsteigerung des sozialistischen Systems selbst. Die neue sowjetische Politik wollte die Modernisierung des Sozialismus. Der Führung war klar, dass nur eine hoch entwickelte Volkswirtschaft auf Dauer den Rang der Sowjetunion als Weltmacht sichern konnte. Diesem Zweck diente der „Umbau" (Perestroika) des politischen und wirtschaftlichen Systems. Eine Wirtschaftsreform sollte neue Energien freisetzen, den Lebensstandard erhöhen sowie den technologischen Rückstand wettmachen, das heißt die bisher nicht vorhandene Konkurrenzfähigkeit sowjetischer Produkte auf dem Weltmarkt herstellen. Die bis ins Kleinste geregelte und damit schwerfällige Befehlswirtschaft sollte mehr Spielraum und Eigenständigkeit erhalten. Neue Methoden der Wirtschaftslenkung sollten die Reglementierungen abbauen, Privatinitiative fördern und die Vorteile von Plan- und Marktwirtschaft kombinieren.

„Glasnost", was so viel wie Offenheit und Transparenz bedeutet, stellte eine flankierende Maßnahme im Zuge des „Umbaus" dar. Glasnost diente dazu, verkrustete Strukturen aufzubrechen und die Menschen zu aktivieren. Die zensierten Massenmedien, die traditionell ein Instrument der Partei waren, durften in bisher nicht gekannter Offenheit Themen aufgreifen, die seit Jahrzehnten tabu gewesen waren. Sie berichteten zum Beispiel über Justizwillkür, Alkoholismus und Drogensucht, Katastrophen und bürokratische Auswüchse.

Mit der Formulierung: „Keiner hat das Recht auf Wahrheit gepachtet" (1987) erregte Gorbatschow Aufsehen, denn damit rückte er vom Absolutheitsanspruch der marxistisch-leninistischen Ideologie ab und brach mit einer geheiligten Parteitradition. Bei einer anderen Gelegenheit beteuerte er: „Wir brauchen die Demokratie wie die Luft zum Atmen" (1987).

Das sogenannte neue Denken – so lautete Gorbatschows Ausdruck für seine neue Außenpolitik – hat einen dramatischen Umbruch in der internationalen Politik zur Folge gehabt. Die politische Weltlage hatte

M 2 **Widerstand gegen die Perestroika**
Die Nomenklatura: „Nichts überstürzen, Genosse Gorbatschow!", Karikatur von Fritz Behrendt

sich in den Jahren der Perestroika fundamental geändert. Das Jahr 1990 markierte das Ende der Epoche des Ost-West-Konflikts. Dieser umspannte fast ein halbes Jahrhundert, beginnend mit dem Zerfall der Anti-Hitler-Koalition 1946/47.

M 3 **„Hallo Totengräber, is' was?"**, Karikatur, 1992

Die Politik der Umgestaltung war die Antwort der sowjetischen Führung auf die krisenhafte Zuspitzung der innersowjetischen Verhältnisse. Um den wirtschaftlichen Niedergang zu bremsen, mussten die Rüstungslasten gesenkt werden. Außerdem strebte man verstärkt danach, ausländische Wirtschaftshilfe zu erhalten. Beides ließ sich aber in einem Klima internationaler Spannungen nicht erreichen. Der Abbau des Ost-West-Konfliktes sollte den Weg für eine breit angelegte Kooperation der Sowjetunion mit den westlichen Staaten ebnen. Die Außenpolitik hatte also zunächst die Funktion, die innenpolitischen Reformen abzusichern.

Das „neue Denken" beinhaltete den Abschied von der These der Existenz eines westlichen Imperialismus sowie der Friedensunfähigkeit der kapitalistischen Staaten.

Durch die Beilegung des Systemkonflikts eröffnete sich zum ersten Mal seit Kriegsende die Chance einer wirkungsvollen Abkehr von der Hochrüstung. Verschiedene Abkommen über die Verringerung atomarer und konventioneller Waffen wurden bereits unterzeichnet. Drastische Verkleinerungen der Armeen wurden ins Auge gefasst. Diese und weitere Maßnahmen zielten auf die Beseitigung der Angriffsfähigkeit sowohl der UdSSR als auch der USA.

Globalpolitisch war die Annäherung zwischen Ost und West von der Entschärfung verschiedener Krisenherde begleitet, so zum Beispiel in Afghanistan (Rückzug der Roten Armee), Angola und Kambodscha. Im Rahmen des Ost-West-Gegensatzes hatte immer die Gefahr bestanden, dass Regionalkonflikte den Schauplatz für Stellvertreterkriege abgeben. Dieser Gefahr war nunmehr der Boden entzogen. Das zeigte sich deutlich während des Golfkrieges nach der Besetzung Kuwaits durch den Irak (1991). Die Sowjetunion beteiligte sich konstruktiv am Krisenmanagement und blockierte nicht die UN-Sanktionen durch ein Veto im Sicherheitsrat der Vereinten Nationen (UNO).

Charta von Paris

Das „neue Denken" im Zuge der Perestroika drückte sich in einer Entideologisierung der Außenpolitik und in der Absage an traditionelle Feindbilder aus. Es war nicht mehr die Rede vom „internationalen Klassenkampf". Stattdessen wurde die Zugehörigkeit zur europäischen Zivilisation betont.

Die Neuorientierung der sowjetischen Außenpolitik vollzog sich in mehreren Schritten zwischen 1986 und 1990. Am Ende dieses Prozesses stand die Integration der UdSSR in ein durch gemeinsame Werte geprägtes internationales System. In der Charta von Paris (1990) wurde die ideologische Konfrontation zwischen Ost und West feierlich beendet. Auch die Sowjetunion bekannte sich darin zu den Werten der Menschenrechte, der Selbstbestimmung, des Pluralismus und der Marktwirtschaft.

Somit wurde das Fundament für eine gemeinsame Friedensordnung gelegt. Die Vision des amerikanischen Präsidenten F. D. Roosevelt (1933–45) von einer Welt („one world") schien damit nach fast einem halben Jahrhundert doch noch Wirklichkeit werden zu können.

Die UdSSR sagte sich von ihrem Streben nach Hegemonie (Vorherrschaft) los. Im Unterschied zu früheren Jahren wurden die Reformbewegungen für die Demokratie und Unabhängigkeit in den ehemaligen Ostblockstaaten nicht niedergeschlagen. Die Breschnew-Doktrin von der „begrenzten Souveränität sozialistischer Staaten" wurde in aller Form widerrufen.

Die Sowjetunion zog ihre Truppen aus den ehemaligen Ostblockstaaten zurück und gab damit – sehr zum Unwillen von Teilen der Roten Armee – ihr militärisches Vorfeld (Glacis) frei. Sie respektierte somit das Recht der Staaten beziehungsweise Völker auf Selbstbestimmung. Das war die entscheidende Voraussetzung für den Erfolg der mittelosteuropäischen Revolutionen und die Befreiung der ehemaligen Ostblockländer aus dem Status von Satellitenstaaten. Dieser Prozess mündete konsequenterweise in der Auflösung des Warschauer Paktes sowie des Rats für gegenseitige Wirtschaftshilfe (1991).

Chronologie

11. März 1985	Gorbatschow wird Generalsekretär der KPdSU.
25. Februar–6. März 1986	27. Parteitag der KPdSU: Ankündigung der Perestroika
26. Mai 1988	Gesetz über das Genossenschaftswesen: Das Eigentumsmonopol des Staates wird erstmals durchbrochen.
26. März 1989	Wahlen zum „Kongress der Volksdeputierten" – Erstmals haben die Wähler echte Wahlmöglichkeiten zwischen mehreren Kandidaten.
13.–16. März 1990	Das Amt des sowjetischen Staatspräsidenten wird geschaffen: Wahl Gorbatschows
12. Juni 1990	Souveränitätserklärung der Russischen Sozialistischen Föderativen Sowjetrepublik (RSFSR)
12. Juni 1991	Jelzin wird in freier Wahl zum Präsidenten der RSFSR gewählt.
1. Juli 1991	Gesetz über die Privatisierung von Unternehmen
19.–22. August 1991	Gescheiterter Staatsstreich gegen den sowjetischen Präsidenten Gorbatschow
21. Dezember 1991	Gründung der „Gemeinschaft Unabhängiger Staaten" (GUS) – das Ende der Sowjetunion und ihr Zerfall in souveräne Staaten

M 4 Ideologischer Kampf im Spiegel der Geschichte

Karikatur von Fritz Behrendt, aus: FAZ, 22.10.1988; von links nach rechts: Marx, Lenin, Stalin, Chruschtschow, Breschnew, Gorbatschow (Agonie = Todeskampf)

M 5 Die Voraussetzungen für den Umbruch

Der Osteuropa-Experte Gerhard Simon erläutert die Hintergründe für die Krise der Sowjetunion:

Die Bolschewiki, die im Oktober 1917 in Russland die Macht ergriffen hatten, betrachteten sich als Vollstrecker historischer Gesetze auf dem Weg zur kommunistischen Gesellschaft. Sie hielten es deshalb für unnötig, sich Mandat und Legitimation durch die Zustimmung der Bevölkerung in freien Wahlen zu verschaffen. Dieses selbst erteilte Mandat der Geschichte steht nach mehr als siebzig Jahren Sowjetherrschaft heute grundsätzlich zur Disposition.

Das traditionelle sowjetische Herrschafts- und Gesellschaftssystem beruhte vor allem auf drei Säulen: der „wissenschaftlichen Weltanschauung" des Marxismus-Leninismus; der Einparteiherrschaft; der zentralen Planwirtschaft. Diese tragenden Prinzipien kommunistischer Machtausübung sind in eine tiefe Krise geraten. Der Ausschließlichkeitsanspruch der „wissenschaftlichen Weltanschauung" hat zu keiner Zeit in der Sowjetunion wirklich durchgesetzt werden können, aber niemals haben Anspruch und Wirklichkeit so weit auseinandergeklafft wie in den vergangenen zwei Jahrzehnten.

Weil der Sowjetstaat niemals ein säkularer [weltlicher] Staat hat sein wollen, für den die Sinngebung menschlicher Existenz, Religion und Kultur, Angelegenheiten des Einzelnen oder gesellschaftlicher Gruppen sind, nicht aber Aufgabe des Staates, musste der Verfall des Geltungsanspruchs des Marxismus-Leninismus schwerwiegende Auswirkungen auf die öffentliche Moral haben. Der propagierte Verzicht auf das kleine private Glück, auf Wohlstand und Selbstständigkeit zugunsten eines zukünftigen großen Glücks für alle hat jede Glaubwürdigkeit verloren. Typisch für das tatsächliche Verhalten der Menschen und das gesellschaftliche Klima sind vielmehr die entgegengesetzten Normen geworden: Rückzug ins Private, Materialismus, Überordnung des Eigeninteresses über das Gemeininteresse. Die Folgen waren sinkende Arbeitsmoral, Verantwortungsscheu, Entwendung öffentlichen Eigentums, Korruption und Vetternwirtschaft. Die Krise der öffentlichen Moral erreichte in den Achtzigerjahren früher nicht gekannte Ausmaße.

Alle diese Krisensymptome betrafen eine Gesellschaft, die sich seit der Stalin-Zeit gründlich gewandelt hatte. Die totalitäre Diktatur hatte selbstständige Regungen der Gesellschaft weitgehend unterdrückt, unabhängige Gruppen zerschlagen, Interessenartikulation verhindert, ein hierarchisches Befehlssystem aufgebaut und damit das Land in eine ständige Ausnahmesituation versetzt. Das Verhältnis zwischen Herrschaftssystem und Gesellschaft in den Achtzigerjahren war durch ein dreifaches Dilemma gekennzeichnet. Erstens: Die Strukturen der Herrschaft – administratives Kommandosystem, Nichtvorhandensein einer demokratisch-parlamentarischen Legitimation – waren seit den Dreißigerjahren die gleichen geblieben. Zweitens: Die Führung war aber nicht mehr bereit und in der Lage, zur Durchsetzung der Diktatur uneingeschränkt Gewalt und Massenterror einzusetzen. Das äußere Feindbild konnte nicht mehr aufrechterhalten werden. Drittens: Die Gesellschaft war aus dem Trauma von Terror und Krieg erwacht. Eine Fülle von alten und neuen Interessengruppen, Schichten und Organisationen entstand und forderte Selbsttätigkeit und Mitsprache. Die Gesellschaft emanzipierte sich von der Diktatur, die aber nicht bereit war, die Gesellschaft freizugeben, sondern allenfalls pragmatisch einzelne Abstriche am Monopolanspruch auf die Macht zuließ. Es kam zu einer Legitimitätskrise der Einparteiherrschaft. Allerdings erreichte diese Krise vor 1985 noch nicht den Punkt, an dem in breiten Schichten der Gesellschaft die Machtfrage – d. h. die Forderung nach Abtreten der KPdSU von der Macht – gestellt wurde.

G. Simon, Der Umbruch des politischen Systems in der Sowjetunion, in: APuZ, Nr. 19–20/1990, S. 3.

M 6 Was bedeutet Perestroika?

Michail Gorbatschow erläutert seine Vorstellungen vom Umbau der sowjetischen Gesellschaft (1987):

Perestroika bedeutet Initiative der Massen; Entwicklung der Demokratie auf breiter Basis, sozialistische Selbstverwaltung, Förderung von Initiative und schöpferischer Arbeit, Stärkung von Ordnung und Disziplin, mehr Offenheit, Kritik und Selbstkritik in allen Bereichen unserer Gesellschaft; ein Höchstmaß an Achtung des Individuums und Wahrung seiner persönlichen Würde.

Perestroika bedeutet Intensivierung der gesamten sowjetischen Wirtschaft, Wiedereinführung und Entwicklung der Prinzipien des demokratischen Zentralismus bei der Führung der Volkswirtschaft, generelle Einführung ökonomischer Methoden, Verzicht auf ein Management des Kommandierens und administrativer Methoden sowie Ermutigung zu Innovation und sozialistischem Unternehmungsgeist auf allen Ebenen.

Perestroika bedeutet entschiedene Hinwendung zu wissenschaftlichen Methoden sowie die Fähigkeit, jeder neuen Initiative eine solide wissenschaftliche Basis zu geben. Sie bedeutet ferner Kopplung der Errungenschaften der wissenschaftlich-technischen Revolution mit der Planwirtschaft.

Perestroika bedeutet vorrangige Entwicklung des sozialen Bereichs mit dem Ziel, die Bedürfnisse des sowjetischen Volkes nach guten Lebens- und Arbeitsbedingungen, nach Erholung, Bildung und medizinischer Versorgung immer besser zu befriedigen; ständiges Ringen um kulturellen und geistigen Reichtum, um die Bildung des Individuums und der ganzen Gesellschaft.

Perestroika bedeutet Befreiung der Gesellschaft von Verzerrungen der sozialistischen Ethik und konsequente Verwirklichung der Prinzipien sozialistischer Gerechtigkeit. Sie bedeutet ferner Einheit von Wort und Tat, von Rechten und Pflichten. Sie bedeutet Wertschätzung ehrlicher, in guter Qualität ausgeführter Arbeit sowie die Überwindung gleichmacherischer Tendenzen in Entlohnung und Konsum. [...]

Aber im Prinzip, soviel kann ich sagen, ist uns das Endziel der Perestroika klar: Sie ist die tief greifende Erneuerung aller Bereiche des sowjetischen Lebens, die Schaffung modernster Organisationsformen in der sozialistischen Gesellschaft, die volle Ausschöpfung des humanistischen Charakters unserer gesellschaftlichen Ordnung in all ihren entscheidenden Aspekten – den ökonomischen, sozialen, politischen und moralischen. [...]

Wir werden uns weiter auf einen besseren Sozialismus zu bewegen, und nicht von ihm weg. Wir sagen das in aller Aufrichtigkeit und nicht, um unser Volk oder die Welt zu täuschen. Jede Hoffnung, wir würden eine andere, nicht-sozialistische Gesellschaft anstreben und ins andere Lager umschwenken, ist unrealistisch und zwecklos. Die Leute im Westen, die von uns eine Abkehr vom Sozialismus erwarten, werden enttäuscht sein.

M. Gorbatschow, Perestroika, Die zweite russische Revolution, München 1987, S. 40 ff.

M 7 Die Pariser Charta für ein neues Europa

Ein Sondergipfeltreffen der KSZE (Konferenz für Sicherheit und Zusammenarbeit in Europa) beendete feierlich den Kalten Krieg (21. November 1990):

Wir, die Staats- und Regierungschefs der Teilnehmerstaaten der Konferenz über Sicherheit und Zusammenarbeit in Europa, sind in einer Zeit tief greifenden Wandels und historischer Erwartungen in Paris zusammengetreten. Das Zeitalter der Konfrontation und der Teilung Europas ist zu Ende gegangen. Wir erklären, dass sich unsere Beziehungen künftig auf Achtung und Zusammenarbeit gründen werden.

Europa befreit sich vom Erbe der Vergangenheit. Durch den Mut von Männern und Frauen, die Willensstärke der Völker und die Kraft der Ideen der Schlussakte von Helsinki bricht in Europa ein neues Zeitalter der Demokratie, des Friedens und der Einheit an. [...]

Menschenrechte, Demokratie und Rechtsstaatlichkeit:

Wir verpflichten uns, die Demokratie als die einzige Regierungsform unserer Nationen aufzubauen, zu festigen und zu stärken. In diesem Bestreben werden wir an Folgendem festhalten:

Menschenrechte und Grundfreiheiten sind allen Menschen von Geburt an eigen: Sie sind unveräußerlich und werden durch das Recht gewährleistet. Sie zu schützen und zu fördern ist vornehmste Pflicht jeder Regierung. Ihre Achtung ist wesentlicher Schutz gegen staatliche Übermacht. Ihre Einhaltung und uneingeschränkte Ausübung bilden die Grundlage für Freiheit, Gerechtigkeit und Frieden.

Demokratische Regierung gründet sich auf den Volkswillen, der seinen Ausdruck in regelmäßigen, freien und gerechten Wahlen findet. Demokratie beruht auf Achtung vor der menschlichen Person und Rechtsstaatlichkeit. Demokratie ist der beste Schutz für freie Meinungsäußerung, Toleranz gegenüber allen gesellschaftlichen Gruppen und Chancengleichheit für alle.

Die Demokratie, ihrem Wesen nach repräsentativ und pluralistisch, erfordert Verantwortlichkeit gegenüber der Wählerschaft, Bindung der staatlichen Gewalt an das Recht sowie eine unparteiische Rechtspflege. Niemand steht über dem Gesetz. [...]

[...] Die beispiellose Reduzierung der Streitkräfte durch den Vertrag über Konventionelle Streitkräfte in Europa wird – gemeinsam mit neuen Ansätzen für Sicherheit und Zusammenarbeit innerhalb des KSZE-Prozesses – unser Verständnis für Sicherheit in Europa verändern und unseren Beziehungen eine neue Dimension verleihen. In diesem Zusammenhang bekennen wir uns zum Recht der Staaten, ihre sicherheitspolitischen Dispositionen [hier: Planung] frei zu treffen. [...]

Zit. nach: Frankfurter Rundschau, 22.11.1990.

M 8 **„UdSSR"**
Karabach: Territorialer Konflikt zwischen den damaligen Sowjetrepubliken Aserbaidschan und Armenien. Der Konflikt blieb ungelöst (Stand 2009), Karikatur aus der Süddeutschen Zeitung, 1989

Aufgaben

1. Erläutern Sie die Begriffe „Glasnost" und „Perestroika".
   → Text, M6
2. Erklären und beurteilen Sie Gorbatschows Aussage: „Perestroika ist eine Revolution".
   → Text, M6
3. Untersuchen Sie, warum die KPdSU mit ihrem Herrschaftsanspruch in der Sowjetunion scheiterte. Beschreiben Sie die Krisensymptome.
   → Text, M5
4. Erläutern Sie, auf welche Schwierigkeiten die Karikaturen jeweils verweisen.
   → M2, M3, M4, M8
5. Begründen Sie, inwiefern die Charta von Paris das Ende des Ost-West-Konflikts besiegelte.
   → Text, M7
6. Interpretieren Sie die Karikatur „UdSSR" aus dem Jahre 1989.
   → M8

16.4 Der Nahostkonflikt

Der Konflikt zwischen Israel und den Arabern

Am Anfang der Gründung des Staates Israel stand eine Idee: die Schaffung einer gesicherten Heimstätte für das jüdische Volk. Die Wurzeln dieser Idee reichen bis zum ausgehenden 19. Jahrhundert zurück. 1896 veröffentlichte Theodor Herzl sein Buch „Der Judenstaat". Der Untertitel lautete: „Versuch einer modernen Lösung der Judenfrage." In diesem Buch propagierte er – dem Zeitgeist entsprechend – die Gründung eines jüdischen Nationalstaats. Die daraus hervorgegangene Bewegung nennt sich Zionismus – abgeleitet von „Zion", dem heiligen Land der Bibel.

Auslöser dieser Bewegung war der in verschiedenen Ländern Europas anwachsende Antisemitismus, der sich in unterschiedlichen Formen ausbreitete. Diese reichten von Diskriminierung im Alltag bis zu Pogromen in Osteuropa. Dieses russische Wort bezeichnet auch heute noch gewalttätige Ausschreitungen. In Westeuropa fand der Zionismus zunächst wenig Anklang. Hier gab es einen regelrechten Widerstand von Seiten der in ihre Umgebung assimilierten Juden. In Osteuropa hingegen, wo ohnehin eine große Auswanderungsbereitschaft vorhanden war, fiel das zionistische Programm auf fruchtbaren Boden.

Herzls Vision eines Judenstaates war zunächst nicht an Palästina gebunden. Für ihn als einen nicht religiösen Juden war der Judenstaat überall möglich. Allerdings setzte sich die Idee einer „Rückkehr in das Land der Väter" – wie es hieß – schnell durch. Bereits der erste Zionistenkongress, 1897 in Basel abgehalten, sah in Palästina den Ort für einen jüdischen Staat. Hintergrund dafür bildete die biblische Geschichte, die Existenz eines antiken jüdischen Staates, der bereits vor ungefähr 3000 Jahren begründet worden und der im Kampf mit dem römischen Imperium zugrunde gegangen war. Die Zerstörung des Tempels in Jerusalem durch die Römer (70 n. Chr.) und die Repression nach dem erfolglosen Bar-Kochba-Aufstand gegen die römischen Besatzer (132–135) führten zur Vertreibung der Juden. Das Judentum verlor damit seinen religiösen Mittelpunkt. Hierin liegen die Wur-

M 1 Theodor Herzl auf dem Weg nach Palästina, 1898

M 2 Das stark beschädigte Einwandererschiff Exodus 1947 im Hafen von Haifa. Die Briten ließen die Flüchtlinge nicht an Land gehen, sondern brachten sie nach Deutschland zurück.

zeln der „Diaspora“ (Zerstreuung), jener Existenzform der jüdischen Gemeinden als Minderheit verteilt über die Welt.

Die zionistische Bewegung knüpfte an die jüdische Tradition der biblischen Geschichte an und beabsichtigte das Ende der langen jüdischen Leidensgeschichte in der Bewahrung der jüdischen Identität. Der Mythos von der „Rückkehr nach Zion“ produzierte eine weitere Leidensgeschichte und verweist auf die Wurzeln eines Konflikts, der bis zum Beginn des 21. Jahrhunderts ungelöst ist. Denn Palästina, das zum damaligen Zeitpunkt zum Osmanischen Reich gehörte, war zwar ein unterentwickeltes, aber keineswegs menschenleeres Gebiet. So standen sich zum Beispiel 1919 über eine halbe Millionen Araber und etwa 65 000 Juden gegenüber.

Der Erste Weltkrieg veränderte die politischen Koordinaten im Nahen Osten. 1917 versprach die britische Regierung in einer Erklärung ihres Außenministers Arthur James Balfour die „Errichtung einer nationalen Heimat“ für das jüdische Volk. Nach der Niederlage und dem Zusammenbruch des Osmanischen Reiches übernahm Großbritannien ein Völkerbundsmandat für Palästina. Die britische Mandatsmacht geriet in den folgenden Jahren in den vorhersehbaren Konflikt widerstreitender Interessen. Auf der einen Seite stand die zionistische Bewegung, der an einer kontinuierlichen Einwanderung von Juden gelegen war. Vor allem nach der Machtergreifung des Nationalsozialismus 1933 nahm der jüdische Einwanderungsdruck beträchtlich zu. Der Anteil der jüdischen Bevölkerung in Palästina, der noch im Ersten Weltkrieg etwa zehn Prozent betragen hatte, wuchs bis 1939 auf knapp ein Drittel.

Auf arabischer Seite sah man mit wachsendem Misstrauen auf die jüdische Immigration. Seit dem Ersten Weltkrieg war auch der arabische Nationalismus erwacht, und Großbritannien musste vermehrte Anstrengungen unternehmen, um die Loyalität der Araber zu sichern. Deren wachsende Verdrängungsängste und Aggressionen schlugen sich in Streiks, Attentaten und regelrechten Aufständen (1936–1939) nieder. Die britische Mandatsmacht geriet in die missliche Lage zwischen zwei Fronten. Um die Unterstützung der Araber zu gewinnen, wurde ab 1939 die jüdische Einwanderung äußerst restriktiv gehandhabt. Daraufhin organisierte die „Jewish Agency“ in den folgenden Jahren die illegale Einwanderung. Zwischen 1940 und 1948 gelang es den jüdischen Untergrundorganisationen fast 100 000 Juden einzuschleusen. Es handelte sich dabei vor allem um Verfolgte des Nazi-Regimes beziehungsweise Überlebende des Holocaust. Der Dreieckskampf zwischen Juden, Briten und Arabern nahm immer radikalere Formen an, sodass Großbritannien 1947 das Scheitern der Mandatspolitik erkennen musste. Das Mandat des Völkerbundes wurde an dessen Nachfolger, die UNO, zurückgegeben. Alle Versuche, in Palästina einen so genannten bi-nationalen Staat zu errichten, waren fehlgeschlagen. Daher sah ein Beschluss der UNO-Vollversammlung die Teilung Palästinas vor (1947). Dieser Teilungsplan wurde von den arabischen Staaten nicht akzeptiert. Als ein Jahr später das britische Mandat erlosch, proklamierte die jüdische Seite am 14. Mai 1948 den Staat Israel. Unmittelbar darauf griffen verschiedene arabische Armeen an, um das Entstehen des neuen jüdischen Staates zu verhindern. Der Krieg von 1948/49 bildete den Beginn einer Kette von Kriegen und kriegsähnlichen Auseinandersetzungen, die bis in die Gegenwart noch kein Ende gefunden haben.

M 3

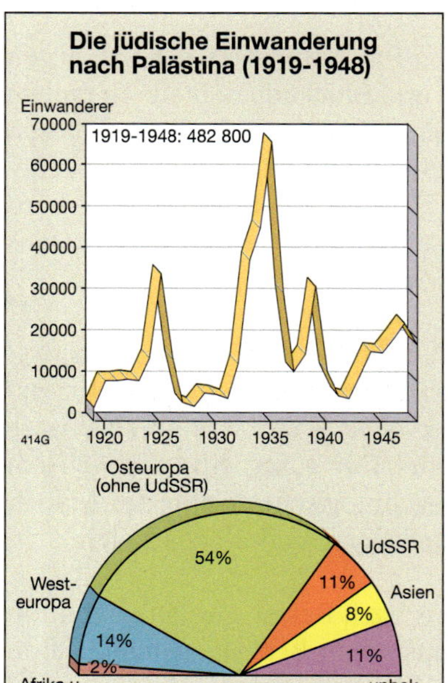

1948/49 Gründungs- bzw. Unabhängigkeitskrieg

Der Angriff der zahlenmäßig weit überlegenen Armeen Ägyptens, Transjordaniens, Syriens, Libanons und des Irak wurde von Israel zurückgeschlagen. Im Vergleich zum Teilungsbeschluss der UNO vergrößerte sich das israelische Territorium. Ungefähr 750 000 Araber flohen beziehungsweise wurden Opfer von Vertreibungen. Das Flüchtlingsproblem blieb in der Folgezeit ungelöst. Über Jahrzehnte verweigerten die umliegenden arabischen Länder eine Integration der Flüchtlinge. Diese werden teilweise bis in die Gegenwart vom „UNO-Hilfswerk für Palästinaflüchtlinge" versorgt.

M 4 Staatsgründung in Tel Aviv
Der spätere israelische Ministerpräsident David Ben Gurion verliest vor Vertretern aller Parteien am 14. Mai 1948 die Unabhängigkeitserklärung Israels, die am folgenden Tag in Kraft trat.

1956 Suezkanal-Krieg

Israel schloss sich einer Militäraktion von Großbritannien und Frankreich an, die die Besetzung der Kanalzone zum Ziel hatte. Vorausgegangen war die Verstaatlichung des Suezkanals durch den ägyptischen Staatschef Gamal Abdel Nasser. Auf Intervention der USA und der UdSSR mussten sich die drei Mächte zurückziehen.

1967 Sechs-Tage-Krieg

Es handelte sich um einen israelischen Präventivkrieg, der sich gegen die ägyptische Politik der Einkreisung und Blockade richtete. Er endete mit einer vernichtenden Niederlage der arabischen Seite. Durch diesen Krieg wurde die Landkarte entscheidend verändert. Der schnelle israelische Sieg führte zur Besetzung des Westjordanlandes und Ost-Jerusalems (Jordanien), der Sinai-Halbinsel (Ägypten), des Gaza-Streifens (Ägypten) und der Golan-Höhen (Syrien).

1973 Jom-Kippur-Krieg

Er begann mit einem Überraschungsangriff der ägyptischen und syrischen Armeen am höchsten jüdischen Feiertag. In den ersten Kriegstagen geriet Israel an den Rand einer Niederlage, was eine schwere inner-israelische Krise zur Folge hatte. Der Krieg gilt, obgleich am Ende ein israelischer Sieg stand, als psychologischer Erfolg der Araber. Er beseitigte den Mythos von der israelischen Unbesiegbarkeit.

1982 Krieg im Libanon

Der Vorstoß der israelischen Armee bis nach Beirut war eine Reaktion auf den Terror, der von der Palästinensischen Befreiungsorganisation (PLO) an der israelischen Nordgrenze ausgeübt wurde. Ein Kriegsziel bestand in der erfolgreichen Vertreibung der PLO aus dem Libanon.

Die Kriege um Israel endeten zunächst immer nur mit Waffenstillständen. Lediglich mit zwei benachbarten Staaten konnten bisher Friedensverträge abgeschlossen werden. Im so genannten Camp David-Abkommen von 1978 einigten sich unter Vermittlung der USA der ägyptische Präsident Anwar el Sadat und der israelische Ministerpräsident Menachem Begin auf einen Separatfrieden, der unter anderem die Rückgabe der Sinai-Halbinsel beinhaltete.

Seit 1994 existiert auch ein Friedensvertrag zwischen Israel und Jordanien. Gleichwohl steht eine dauerhafte und umfassende Friedenslösung für den Nahen Osten noch aus.

M 5 Camp David
Menachem Begin, Jimmy Carter und Anwar el Sadat, 1978

In Bezug auf den Nahostkonflikt lassen sich drei Konfliktebenen unterscheiden:

- Auf der ersten Ebene konkurrieren Juden und Palästinenser im Sinne eines Territorialkonfliktes um Land. Die palästinensische Führung fordert einen eigenen und von Israel unabhängigen Staat, der das Westjordanland unter Einschluss von Ost-Jerusalem und den Gaza-Streifen umfassen soll.
- Auf der zweiten Ebene findet ein regionaler Staatenkonflikt statt. Er manifestiert sich in Kriegen, aber auch in der verweigerten diplomatischen Anerkennung. Die meisten arabischen Staaten verlangen für diese eine Lösung der Palästinenserfrage. Syrien fordert zusätzlich die Rückgabe der seit 1967 von Israel besetzten Golan-Höhen.
- Auf der dritten Ebene erscheint der Konflikt als Teil der globalen Politik. Diese war bis zum Zusammenbruch der Sowjetunion 1991 durch den Ost-West-Gegensatz geprägt. Während sich die USA als Schutzmacht Israels verstanden, neigte die sowjetische Politik der arabischen Seite (insbesondere Syrien) zu. Zu Beginn des 21. Jahrhunderts stellen die USA die einzige machtvolle Vermittler- beziehungsweise Ordnungsmacht dar.

Die historische Wende von 1990/91 schien zunächst den Friedensbemühungen einen neuen Impuls zu verleihen. In zunächst geheim gehaltenen Gesprächen in der norwegischen Hauptstadt Oslo handelten die Vertreter der israelischen Regierung und der PLO einen Friedensplan aus, der sich an der klassischen Formel „Friede gegen

M 6 **Rabin und Arafat** besiegeln vor US-Präsident Clinton das Gaza-Jericho-Abkommen, 1994.

Land" orientierte. Diese Verhandlungen bedeuteten insofern einen Durchbruch, als sie mit der beiderseitigen Anerkennung verbunden waren. Die PLO konnte sich auf mehrere Resolutionen des Sicherheitsrates der UNO berufen, die die legitimen Rechte des palästinensischen Volkes betonten und den Abzug der israelischen Armee aus den besetzten Gebieten forderten. Auf der anderen Seite galt es die Sicherheitsinteressen Israels zu berücksichtigen. Das so genannte Oslo-Abkommen von 1993 – mit einem symbolischen Handschlag zwischen dem israelischen Ministerpräsidenten Jitzchak Rabin und PLO-Führer Jasir Arafat besiegelt – eröffnete die Perspektive auf einen endgültigen Frieden im Nahen Osten. Als Zwischenschritt auf diesem Weg wurde eine Autonomiebehörde als Vertreter der drei Millionen Palästinenser eingerichtet. Ihr Präsident Arafat besaß allerdings nur sehr eingeschränkte Zuständigkeiten. Der größte Teil des Westjordanlandes und des Gaza-Streifens blieb unter israelischer Kontrolle. Die Ermordung Rabins durch einen militanten Angehörigen der israelischen Siedlerbewegung (1995) bedeutete einen schweren Rückschlag für den Friedensprozess.

Das Prinzip der Teilung Palästinas (Friede gegen Land) führt zur Koexistenz von zwei Staaten. Allerdings gibt es auf dem Weg dorthin mehrere strittige Punkte zu lösen:

- Israel verlangt eine Beschränkung der palästinensischen Souveränität nach Maßgabe der eigenen Sicherheitsbedürfnisse.
- Die Zukunft Jerusalems, das 1980 zur *un*geteilten Hauptstadt Israels proklamiert wurde, ist ungeklärt. Israel lehnt eine Teilung aus nationalen und religiösen Gründen ab. Für die arabisch-muslimische Welt ist das nicht akzeptabel. Jerusalem hat auch für die moslemische Welt größte Bedeutung. Der Tempelberg, an dessen Rand sich die Klagemauer befindet, stellt mit dem Felsendom und der Al Aqsa-Moschee die drittheiligste Stätte des Islam dar. Eine israelische Souveränität über diesen Ort stößt in der gesamten islamischen Welt auf Ablehnung.
- Ungelöst ist auch das Problem der Flüchtlinge aus dem Krieg 1948/49. Ein Rückkehrrecht der (mit den Nachkommen) 2,7 Millionen Palästinenser würde das Ende des israelischen Staates in seiner bisherigen Form bedeuten.
- Ein Hindernis auf dem Weg zu einer friedlichen Koexistenz stellen vor allem die jüdischen Siedlungen im Westjordanland (mit annähernd 200 000 Menschen) dar. Die äußerst militante nationalreligiöse Siedlerbewegung fordert das gesamte Territorium („Judäa und Samaria") für sich. Dieser Besitzanspruch wird mit dem Verweis auf die Bibel legitimiert. Jede israelische Regierung, die nach dem Prinzip „Friede gegen Land" handelt, muss mit dem Widerstand der Siedlerbewegung rechnen.

Die gegenwärtige Situation der palästinensischen Bevölkerung in den besetzten Gebieten ist durch weit verbreitetes Elend gekennzeichnet. Sinkendes Pro-Kopf-Einkommen, extrem hohe Arbeitslosigkeit sowie die Demütigungen seitens der israelischen Besatzungsmacht prägen die Befindlichkeit. Bereits zwischen 1987 und 1993 hatte es eine erste palästinensische Aufstandsbewegung gegeben, als „Intifada" (arabisch: Abschütteln) bezeichnet, in der vor allem Kinder und Jugendliche gegen die israelischen Soldaten vorgingen. Mit der Zweiten Intifada (2000–2005) hat sich die Gewaltspirale weiter gedreht. Die Radikalisierung fand unter anderem in der zunehmenden Zahl von Selbstmordattentaten Ausdruck, denen auch viele israelische Zivilisten zum Opfer gefallen sind. Der israelische Staat reagiert mit Massenverhaftungen, Erschießungen, Enteignung von Landbesitz, Häuserzerstörungen und Bewegungsbeschränkungen für Palästinenser.

Die Radikalisierung des Konflikts zwischen Israelis und Palästinensern äußert sich seit einigen Jahren auch im Vormarsch religiös-fundamentalistischer Kräfte auf beiden Seiten. In Israel sind das ultraorthodoxe und nationalreligiöse Parteien, die die Gesetze der Religion als Verfassung des säkularen israelischen Staates durchsetzen wollen. Diese Gruppierungen, die etwa 20 Prozent der israelischen Bevölkerung repräsentieren, sind nicht bereit, das Westjordanland zu räumen. Sie sehen in dessen Aneignung einen göttlichen Plan.

Auch auf der palästinensischen Seite finden radikalreligiöse Gruppen immer mehr Zulauf. „Hisbollah" (Partei Gottes), „Islamischer Dschihad" und „Hamas" spiegeln eine Islamisierung des Konfliktes wider. Insbesondere Hamas, die bedeutendste dieser Organisationen, droht die PLO zu verdrängen. Sie entstand 1987 und betrachtet Palästina als „religiöses Eigentum bis zum Jüngsten Tag".

Durch das Vordringen der religiös-fundamentalistischen Kräfte wird jede Einigung im Nahostkonflikt extrem erschwert. Politische Lösungen verlangen eine diplomatische Kompromissbereitschaft aller Beteiligten. Für Fundamentalisten wird aber der politische Gegner zum Ungläubigen und Feind Gottes. Gottesgesetze, auf die sie sich berufen, sind aber nicht verhandelbar. Der religiös überhöhte Anspruch auf Land macht jede Verhandlungslösung unmöglich.

Chronologie

1896	Theodor Herzl: „Der Judenstaat"
1917	Balfour-Deklaration
1920/22	Britisches Völkerbundsmandat für Palästina
1933	Nationalsozialistische Machtergreifung
1939	Beschränkung der jüdischen Einwanderung durch die britische Mandatsmacht
1947	UNO-Teilungsplan für Palästina
1948	Proklamation des Staates Israel
1948/49	Erster arabisch-israelischer Krieg
1956	Suezkanal-Krieg
1967	Sechs-Tage-Krieg
1973	Jom-Kippur-Krieg
1978/79	Camp David-Abkommen und israelisch-ägyptischer Separatfrieden
1982	Israelische Invasion des Libanon
1987–1993	Erste Intifada: palästinensischer Aufstand in den besetzten Gebieten
1993	Washingtoner Rahmenabkommen zwischen Israel und der PLO für eine begrenzte Autonomie
1994	Friedensvertrag zwischen Israel und Jordanien
1995	Ermordung des israelischen Ministerpräsidenten Jitzchak Rabin
2000–2005	Zweite Intifada
2001	Ariel Scharon wird israelischer Ministerpräsident.
2005	Ariel Scharon lässt die jüdischen Siedlungen im Gazastreifen räumen.

M 7 Balfour-Deklaration

Brief des britischen Außenministers Balfour an einen führenden Vertreter der Zionisten:

Ministerium des Äußern,
2. November 1917.
Mein lieber Lord Rothschild,
zu meiner großen Genugtuung übermittle ich Ihnen namens S[einer] M[ajestät] Regierung die folgende Sympathie-Erklärung für die jüdisch-nationalen Bestrebungen, die vom Kabinett geprüft und gebilligt worden ist.

Seiner Majestät Regierung betrachtet die Schaffung einer nationalen Heimstätte in Palästina für das jüdische Volk mit Wohlwollen und wird die größten Anstrengungen machen, um die Erreichung dieses Zieles zu erleichtern, wobei klar verstanden wird, dass nichts getan werden soll, was die bürgerlichen und religiösen Rechte bestehender nichtjüdischer Gemeinschaften in Palästina oder die Rechte und die politische Stellung der Juden in irgendeinem anderen Lande beeinträchtigen könnte. Ich bitte Sie, diese Erklärung zur Kenntnis der zionistischen Föderation zu bringen.

(gez.) James Balfour

Zit. nach: A. Ullmann, Israels Weg zum Staat, München 1964, S. 252.

M 8 Proklamation des Staates Israel

Am 14. Mai 1948 verlas der erste Ministerpräsident Israels, David Ben Gurion, die Unabhängigkeitserklärung:

Im Lande Israel trat das jüdische Volk ins Leben; hier wurde sein geistiges, religiöses und politisches Antlitz geformt; hier führte es sein Leben in staatlicher Selbstständigkeit; hier schuf es nationale und allmenschliche Kulturgüter und schenkte der Welt das unvergängliche Buch der Bücher.

Mit Gewalt aus seinem Lande vertrieben, hielt es ihm allenthalben in der Zerstreuung die Treue und hörte niemals auf, die Rückkehr in sein Land und die Wiederherstellung seiner politischen Freiheit in ihm zu erflehen und zu erhoffen. [...]

Dieses Recht wurde in der Balfour-Deklaration vom 2. November 1917 anerkannt und im Völkerbundsmandat bestätigt, das der historischen Verbundenheit des jüdischen Volkes mit dem Lande Israel und dem Anspruch des jüdischen Volkes auf die Wiedererrichtung seines Nationalheimes internationale Geltung verschaffte.

Die Katastrophe, die in unseren Tagen über das jüdische Volk hereinbrach und der Millionen Juden in Europa zum Opfer fielen, bewies erneut und eindringlich, dass es unerlässlich ist, die Frage des heimat- und staatenlosen jüdischen Volkes durch Wiedererrichtung des jüdischen Staates im Lande Israel zu lösen, der seine Tore jedem Juden weit öffnen und dem jüdischen Volk die Stellung einer gleichberechtigten Nation unter den Völkern verleihen wird.

Die jüdischen Flüchtlinge, die sich aus dem furchtbaren Blutbad des Nationalsozialismus in Europa retten konnten, und Juden anderer Länder hörten nicht auf, trotz aller Schwierigkeiten, Hindernisse und Gefahren ins Land Israel zu kommen. Sie forderten unablässig ihr Recht, in der Heimat ihres Volkes ein Leben redlicher Arbeit in Würde und Freiheit zu führen. [...]

Am 29. November 1947 beschloss die Vollversammlung der Vereinten Nationen die Errichtung eines jüdischen Staates im Lande Israel. [...]

Das jüdische Volk hat gleich allen anderen Völkern das natürliche Recht, ein selbstständiges Leben in seinem souveränen Staat zu führen.

Daher sind wir, die Mitglieder des Volksrates, die Vertreter der jüdischen Bevölkerung Palästinas und der zionistischen Bewegung, heute, am Tage, an dem das britische Mandat über das Land Israel zu Ende geht, zusammengetreten und proklamieren hiermit kraft unseres natürlichen und historischen Rechtes und auf Grund des Beschlusses der Vollversammlung der Vereinten Nationen die Errichtung eines jüdischen Staates im Lande Israel, des Staates Israel.

Zit. nach: D. Ben Gurion, Israel, Die Geschichte eines Staates, Frankfurt/M., 1973, S. 111 f.

M 9 UN-Resolution

Nr. 242 vom 22. November 1967:

Der Sicherheitsrat gibt seiner andauernden Beunruhigung über die ernste Lage im Nahen Osten Ausdruck und unterstreicht, dass es nicht angeht, Territorium durch Krieg zu erobern, und dass es nötig ist, für einen gerechten und dauernden Frieden zu wirken, der es jedem Staat der Region erlaubt, in Sicherheit zu leben.

[...] 1. Er bekräftigt, dass die Einhaltung der Prinzipien der Charta es erfordert, dass ein gerechter und dauerhafter Frieden im Nahen Osten errichtet wird, welcher die Anwendung der beiden folgenden Prinzipien umfassen sollte:

a) Rückzug israelischer Streitkräfte aus während des jüngsten Konfliktes besetzten Gebieten,

b) Einstellung jeglicher kriegerischer Erklärung oder jeglichen kriegerischen Zustandes sowie Respektierung und Anerkennung der Souveränität, der territorialen Integrität und der politischen Unabhängigkeit jeglichen Staates der Region und dessen Recht, in Frieden innerhalb sicherer und anerkannter Grenzen frei von Drohungen oder Gewaltakten zu leben.

2. Er stellt im Weiteren die Notwendigkeit fest:

a) die freie Schifffahrt auf den internationalen Wasserstraßen der Region zu garantieren,

b) eine gerechte Regelung des Flüchtlingsproblems zu verwirklichen,

c) die territoriale Unverletzlichkeit und politische Unabhängigkeit jedes Staates der Region durch Maßnahmen zu garantieren, welche die Schaffung entmilitarisierter Zonen umfassen.

Zit. nach: Informationen zur politischen Bildung, Nr. 247, Israel, 1995, S. 12.

M 10 Programm der PLO

Die Dachorganisation der palästinensischen Befreiungsorganisationen veröffentlichte 1974 ein Zehn-Punkte-Programm. Es besitzt seit 1988 keine Gültigkeit mehr. Das Existenzrecht Israels wird seitdem grundsätzlich nicht mehr infrage gestellt:

2. Die PLO wird mit allen Mitteln, zu denen vor allem der bewaffnete Kampf zählt, für die Befreiung des palästinensischen Bodens und die Errichtung einer nationalen, unabhängigen und kämpfenden Autorität auf jedem Teil des zu befreienden palästinensischen Landes kämpfen. Dies macht mehr Veränderungen im Machtgleichgewicht zugunsten unseres Volkes und seines Kampfes notwendig.

3. Die PLO wird gegen jeden Plan für die Errichtung eines palästinensischen Staates kämpfen, dessen Preis die Anerkennung des Feindes, Versöhnung, sichere Grenzen, der Verzicht auf das nationale Recht und die Aberkennung des historischen Rechtes unseres Volkes auf seine Rückkehr und sein Recht auf die Bestimmung seines Schicksals auf seinem nationalen Boden beinhaltet. [...]

9. Die PLO wird für die Stärkung ihrer Solidarität mit den sozialistischen Ländern, insbesondere der UdSSR und der Volksrepublik China, und den Weltkräften der Befreiung und des Fortschritts kämpfen, um alle zionistischen, reaktionären und imperialistischen Pläne zu vereiteln.

Zit. nach: R. Tophoven, Der israelisch-arabische Konflikt, Bonn 1990, S. 63.

M 11 Friedenskrieger

Der israelische Publizist Uri Avnery porträtiert Jizchak Rabin und Anwar el Sadat:

Am Anfang ihrer Karriere standen die beiden Soldaten gegeneinander – in einem Nahostkonflikt, der sich seit 1948 in fünf blutigen Kriegen entlud. Hier Mohammed Anwar el Sadat, ein ägyptischer Gentleman, geschult an der renommierten Militärakademie Abbassia, dort der Israeli Jizchak Rabin, ein wortkarger, eigenbrötlerischer Soldat nach dem Muster eines Kibbuz-Kommandanten.

Der Ägypter, 1918 geboren, begann eine militärische Blitzkarriere, fiel während des Zweiten Weltkrieges wegen prodeutscher Aktivitäten auf und beteiligte sich 1952 am Putsch der „Freien Offiziere" gegen die Monarchie.

Rabin, 1922 geboren, studierte Landwirtschaft. Statt Bauer wurde er aber Krieger, genauso wie Sadat – erst im Kampf gegen die britische Mandatsmacht, dann gegen die Araber. Rabin war von 1964 bis 1967 Generalstabschef, Sadat wurde nach dem Putsch zum Oberst befördert. Paradoxerweise gab ihnen die Militärkarriere aber auch die Chance für ihre grenzüberschreitende Annäherung. Als Strategen begriffen sie, dass dauerhafte Sicherheit

M 12 **„Verschwinde"**, Karikatur, 1988

mit Waffengewalt in Nahost schwerlich zu erreichen ist.
In Camp David reichte Sadat 1978 als erster arabischer Staatsmann dem israelischen Premier Menachem Begin vom rechtsnationalen Likud-Block die Hand; das historische Abkommen mit den Israelis machte den Ägypter in der arabischen Welt zum Verräter. Doch der Boykott der Araber gegen den bevölkerungsreichsten arabischen Staat war eine Geste der Hilflosigkeit, da Ägypten darauf verweisen konnte, dass es als einziger Staat ein von Israel besetztes Gebiet, die Sinai-Halbinsel, zurückerhalten hatte. 15 Jahre später schüttelte Rabin im Beisein von US-Präsident Bill Clinton die Rechte des PLO-Chefs Arafat – für israelische Zeloten [Eiferer] besiegelte er damit die Preisgabe biblisch verheißenen Landes.
Als Präsident der eine, als Premier der andere wurden sie Idole, die für ihre mutigen Taten den Friedensnobelpreis erhielten. Dabei übersahen beide die mörderische Entschlossenheit ihrer Feinde im eigenen Land, die geschworen hatten, mit Blut und Schwert eine Verständigung zu verhindern: Sadat, in Feldmarschall-Uniform, wurde am 6. Oktober 1981 von muslimischen Fundamentalisten erschossen, Rabin fiel am 4. November 1995 durch die Kugeln eines ultraorthodoxen jüdischen Attentäters.

Aus: Der Spiegel, Nr. 7/1999.

M 13 Jüdischer Fundamentalismus

Der Journalist Friedrich Schreiber klärt die Hintergründe der Ermordung von Jizchak Rabin:

„Rabin war ein Malschin, ein Jude, der sein Volk verraten und deshalb sein Leben verwirkt hatte". So klipp und klar formulierte Jigal Amir, der Mörder des israelischen Ministerpräsidenten, am 10. November 1996 beim Lokaltermin am Tel Aviver Rathausplatz, der mittlerweile in „Jizchak-Rabin-Platz" umbenannt worden war, das Motiv seiner Tat. [...]
Die israelische Öffentlichkeit war ebenso schockiert wie perplex, dass der Rabin-Mörder, immerhin ein Student der Jurisprudenz, sein Opfer nach alttestamentarischen Rechtsnormen zum todeswürdigen „Verräter" und „Verfolger" von Juden erklärte und sich selbst zum angeblich thoratreuen Henker machte. Von Rettung des von Gott verheißenen Landes faselte Amir, von der Bewahrung des Erlösungsprozesses und der Sorge, Rabins Preisgabe von Land würde die Ankunft des Messias verzögern.

Das Wunder von 1967:

Der Sechstagekrieg vom Juni 1967 änderte die Landkarte des Nahen Ostens grundlegend und schuf damit für viele Anhänger der Kookschen[1] Erlösungslehre eine völlig neue Konstellation. Nach dem Blitzsieg standen israelische Truppen nicht nur am Suezkanal und auf den Golanhöhen, sondern auch an der Klagemauer von Jerusalem und am Jordan. Die Besetzung des Westjordanlands und des arabischen Ostjerusalem mit Altstadt und Tempelberg hatte emotional und religionsgeschichtlich eine viel tiefere Wirkung als die Okkupation des Sinai und des Golan. „Mit Gottes Hilfe hatten die Heerscharen Israels jene Gebiete erobert, in denen Gott erstmals zu Abraham, Isaak und Jakob gesprochen hatte und ihnen, den Stammvätern des von ihm auserwählten Volkes, das Land Kanaan zu ewigem Besitz versprochen hatte. Fromme Israelis sagten nach dem wunderbaren Sieg: „Gott hat unsere Waffen gesegnet."
Getragen von dieser national-religiösen Euphorie entstand die „Bewegung für das gesamte Israel", in der sich thoratreue Fundamentalisten, Vertreter der extremen Rechten, die nach 1949 im politischen Abseits verschwunden waren, aber auch falkische Sozialdemokraten zusammenfanden. Geistiger Führer der Großisrael-Bewegung war Zwi Jehuda Kook, der Sohn des 1936 verstorbenen Begründers des messianischen Zionismus. [...] Nun, nach der Eroberung des Verheißungslandes, radikalisierte er sie. Die „Bewegung zur konkreten Erlösung in unserer Zeit, einschließlich der Besiedlung und Eroberung des Landes" müsste nun, da ganz Eretz Israel in jüdischer Hand war, bewusst beschleunigt werden. Nun sei die Zeit gekommen, durch eine aktive Siedlungspolitik den Prozess der Erlösung schnell voranzutreiben, um die mystische Dreiheiligkeit von „Thora, Volk und Land" zu verwirklichen. Jetzt müsste der „göttliche Staat" den „Ruf des lebendigen Gottes" hören: „Brecht auf!" [...]

Gewaltsame Auflehnung:

Während der Regierungszeit Begins und Schamirs [ab 1977] offenbarte die fundamentalistische Siedlerbewegung nicht ihr Gewaltpotenzial, weil sie sich ungebremst entfalten konnte und die Armee sie gegen die Palästinenser, die gegen die Konfiszierung ihres Landes protestierten, beschützte. Aber nach dem Regierungsantritt Rabins im Juni 1992, insbesondere nach seinem Friedensabkommen mit der PLO im September 1993, leisteten sie und einzelne besonders radikale Mitglieder erst politischen, dann auch gewaltsamen Widerstand. Ein erstes Fanal war der Massenmord des Kirjat-Arba-Siedlers Baruch Goldstein in der Ibrahim-Moschee von Hebron, der am 25. Februar

1994 in dem islamischen Gotteshaus 29 betende Moslems erschoss, um Rabins Friedenspolitik zu blockieren. Der „Ernstfall" trat für die militante Siedlerbewegung ein, als Rabin mit Arafat die weitgehende Räumung des Westjordanlands vereinbarte. [...]

Ihre Frontstellung gegen die Friedenspolitik Rabins eskalierten die Siedlerrabbiner zu einer totalen Kriegserklärung gegen den demokratischen Rechtsstaat, indem sie den Ministerpräsidenten des Staates Israel durch ein angeblich Thora-konformes Todesurteil zum Abschuss freigaben.

1 Jitzchak Kook, erster Oberrabbiner in Palästina

F. Schreiber, Siedeln für die mystische Dreifaltigkeit, in: Das Parlament, Nr. 14/1998.

M 15 **Potenzieller palästinensischer Selbstmordattentäter**
Gaza-Stadt, 2002

M 14 Charta der Hamas

Auszüge aus dem Programm der Islamischen Widerstandsbewegung (1988):

Art. 6:
Die Islamische Widerstandsbewegung ist eine spezifische palästinensische Bewegung, welche ihre Loyalität Gott erweist, den Islam als Programm für das Leben nimmt und dafür kämpft, dass das Banner Gottes über jedem Zipfel Palästinas aufgepflanzt wird. [...]

Art. 8:
Gott ist ihr Ziel, der Gesandte ihr Vorbild, der Koran ihre Verfassung, der Dschihad ihr Weg, und der Tod auf dem Wege Gottes ist ihr erhabenstes Verlangen (Die Losung der Muslimbruderschaft). [...]

Art. 11:
Die Islamische Widerstandsbewegung glaubt, dass das Land Palästina islamisches waqf[1]-Land für die muslimischen Generationen bis zum Tag der Auferstehung ist. Dieses Land oder ein Teil davon darf weder vernachlässigt werden, noch darf auf dieses Land oder auf einen Teil davon verzichtet werden. [...]

Art. 13:
Politische Initiativen und so genannte friedliche Lösungen und internationale Konferenzen zur Lösung der Palästinafrage stehen zur Glaubensüberzeugung der Islamischen Widerstandsbewegung im Widerspruch. [...]

Art. 35:
An dem Tag, an dem die Feinde ein Territorium der Muslime erbeuten, wird der Dschihad individuelle Pflicht für jeden Muslim. Angesichts des Raubes Palästinas durch die Juden ist es unausweichlich, das Banner des Dschihad zu entfalten. Dazu ist es notwendig, das islamische Bewusstsein unter den Massen des Volkes auf regionaler, arabischer und islamischer Ebene zu verbreiten, den Geist des Dschihad in der Nation (umma) zu stärken und sich den Reihen der Glaubenskämpfer anzuschließen, um die Feinde zu bekämpfen. [...]

1 waqf-Land= Besitz einer religiösen Stiftung

Zit. nach: A. Meier, Der politische Auftrag des Islam, Wuppertal 1994, S. 389 ff.

M 16 Ein ganz besonderer Saft

Der Journalist Wolfgang Günter Lerch über die Wasserversorgung im Nahen Osten (2000):

Dass der Mangel an Wasser im Nahen Osten die Ursache für neue Kriege sein könne, gehört mittlerweile zu jenen Standardformulierungen, mit denen sich Fachleute zu den Schwierigkeiten der israelisch-arabischen Friedensverhandlungen äußern. Zuletzt war dies aus Anlass der Gespräche zwischen Syrien und Israel zu hören. Dort geht es vornehmlich um die Rückgabe der Golanhöhen an Damaskus sowie um einen Rückzug der Israelis aus dem Südlibanon. Die Golan-Frage enthält neben Aspekten der Souveränität und der Sicherheit auch das Problem der Grenzziehung, das wiederum mit der Kontrolle von Wasservorräten zusammenhängt. Die Golanhöhen speisen, zusammen mit dem von ewigem Schnee bedeckten Dschebel al Scheich, dem Hermon und dem heute meistens dünn daherfließenden Jordan den See Genezareth. Mit anderen Worten: Unter dem Gesichtspunkt der Wasserversorgung ist der

Golan sowohl für Israel als auch für Syrien wichtig. […] Die Moderne hat die Wasserfrage um ein Vielfaches verschärft. Die Hebung des Lebensstandards hat, im Verein mit dem Bevölkerungszuwachs, dafür gesorgt, dass praktisch alle Staaten der Region unter einem viel größeren Wassermangel leiden als früher. Die unterschiedlich starken Winterregen reichen nicht aus, um diesen Mangel zu beheben, sie können ihn höchstens, wenn sie reichlich ausfallen, ein wenig mildern. Der mit Abstand größte Verbraucher von Wasser ist Israel, dessen Lebensstandard amerikanischem Niveau zustrebt. Außerdem schlägt die künstliche Bewässerung stark zu Buche, auch wenn Israel sich von Beginn an darum bemüht hat, effektive und sparsamere Formen der künstlichen Bewässerung („Tröpfchenbewässerung") zu entwickeln und anzuwenden. Dazu beigetragen hat unter anderem das Wüstenforschungsinstitut im Negev. Gleichwohl ist auch in Israel der Wassermangel schon zu spüren. Seit Jahren gibt es immer wieder Klagen der Palästinenser, die Wasseraufteilung sei extrem ungleichgewichtig zwischen beiden Seiten. Die Schwierigkeiten sind so groß geworden, dass eigentlich nur noch ein friedliches Miteinander und eine systematische Koordination die Aufgabe der Wasserbeschaffung und -verteilung lösen könnte. Doch gegenwärtig sieht es nicht so aus, als ob es auf absehbare Zeit dazu kommen werde; jeder kämpft für sich allein und alle gegen alle. Schon bei früheren Nahost-Kriegen spielte auch das Wasser eine Rolle, sei es, dass arabische Nachbarstaaten versuchten, den Israelis den Wasserhahn zuzudrehen, sei es, dass Israel daranging, die direkte wie indirekte Kontrolle über Wasserquellen in der arabischen Nachbarschaft zu erwerben. So geschehen bei den verschiedenen israelischen Invasionen im Südlibanon, die zwar auch strategisch-militärische Gründe hatten, aber zudem der Wassersicherung in dieser Region (Litani-Fluss, Jordanquelle) dienten. Immer wieder war in den vielen Jahrzehnten, die der israelisch-arabische Konflikt nun dauert, der Streit um das Jordanwasser ein Kriegsgrund. Wenn es Israelis und Syrern bei den Gesprächen um den Golan gelingen sollte, die Frage der Wasserverteilung zu klären, hätten sich auch die Aussichten auf einen dauerhaften und umfassenden Frieden wesentlich verbessert.

W. G. Lerch, in: Frankfurter Allgemeine Zeitung, 2.2.2000.

M 17

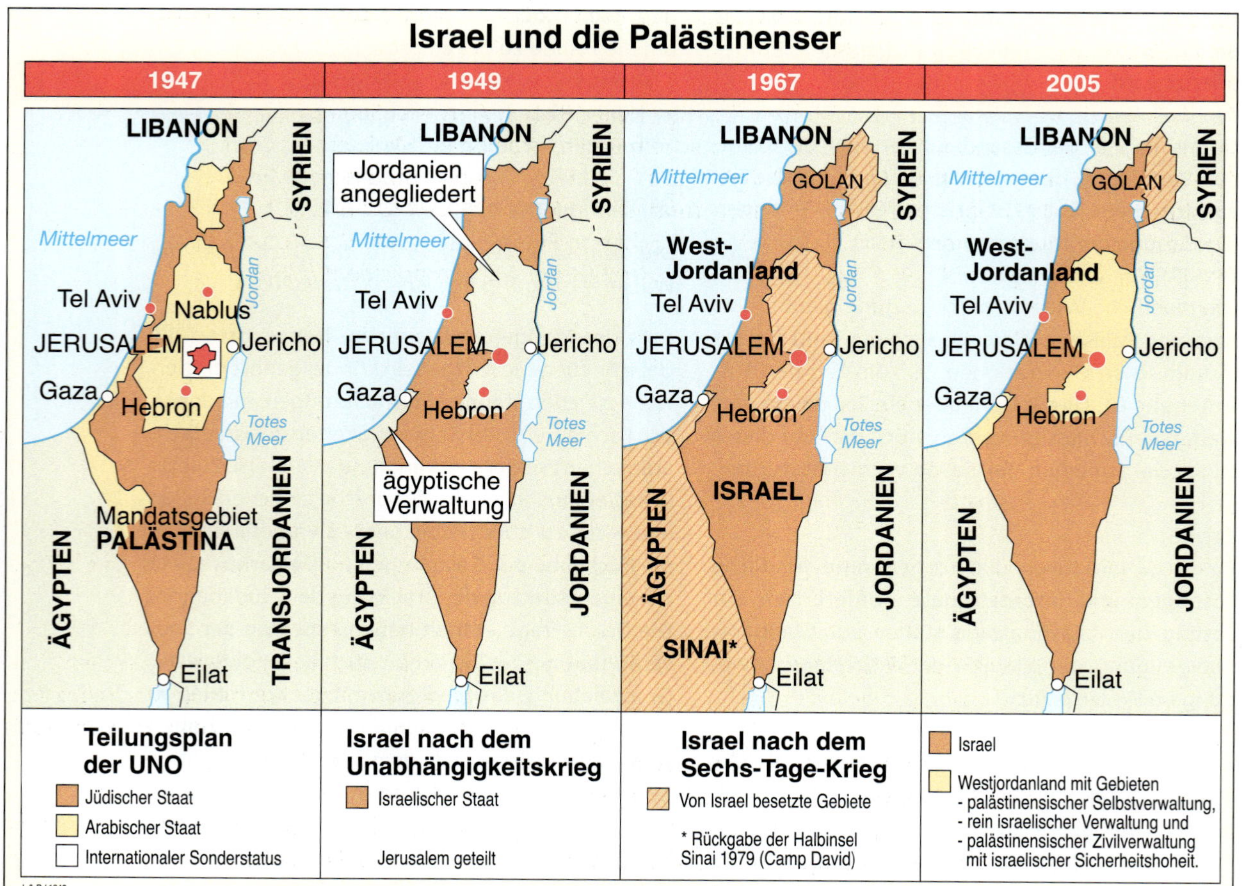

M 18 Karikatur von F. Behrendt, 1998

1. David Ben Gurion, Staatsgründer und israelischer Ministerpräsident (1948–1953) und 1955–1963). 2. Golda Meir, israelische Ministerpräsidentin (1969–1974) 3. Anwar el Sadat, ägyptischer Staatspräsident (1970–1981). 4. Menachem Begin, israelischer Ministerpräsident (1977–1983). 5. Jimmy Carter, US-Präsident (1977–1981) 6. Jitzchak Rabin, israelischer Ministerpräsident (1974–1977 und 1992–1995) 7. Jassir Arafat, seit 1969 Führer der PLO und seit 1994 Präsident der Palästinensischen Autonomiebehörde. 8. Schimon Peres, israelischer Ministerpräsident (1984–1988 und 1995–1996). 9. Benjamin Netanjahu, israelischer Ministerpräsident (1996–1999).

Aufgaben

1. Stellen Sie die Gründungsgeschichte des Staates Israel dar.
   → Text, M4, M7, M8
2. Charakterisieren Sie die Haltung der palästinensischen Seite im Verlauf des Konflikts.
   → Text, M10, M14, M15
3. Erläutern Sie den Begriff „Friedenskrieger", und stellen Sie eine Verbindung zur Karikatur her.
   → Text, M11, M12
4. Analysieren Sie den jüdischen und muslimischen Fundamentalismus, und begründen Sie, warum diese Strömungen eine Konfliktlösung erschweren.
   → Text, M13–M15
5. Analysieren Sie den israelisch-arabischen Konflikt unter politischen, nationalen, religiösen, militärischen, demografischen und ökologischen Gesichtspunkten.
   → Text, M1–M17
6. Rekonstruieren Sie den Verlauf des Nahost-Konflikts anhand der Karikatur.
   → Text, M18

17. Das vereinte Europa

Im November 1950 zerstörten Anhänger der paneuropäischen Bewegung deutsch-französische Grenzschranken und demonstrierten so für ein Vereintes Europa. Das Europa ohne Grenzen blieb allerdings noch für Jahrzehnte eine kühne Vision. Erst das Schengener Abkommen, das 1995 in Kraft trat, sieht den Abbau von Personenkontrollen vor und ermöglicht den freien Personenverkehr zwischen den meisten westeuropäischen Staaten.

Die Idee eines gemeinsamen Europa besitzt in den Verheerungen, die der Erste Weltkrieg hinterlassen hatte, eine ihrer Wurzeln. 1923 veröffentlichte Richard Graf Coudenhove-Kalergi (1894–1972), ein politischer Schriftsteller österreichisch-ungarischer Herkunft, einen Artikel mit dem Titel: „Paneuropa – ein Vorschlag". Er sah in einem europäischen Staatenbund die einzige Möglichkeit, einen neuen Krieg zu verhindern. Aufgrund seiner Initiative bildete sich die Pan-Europa-Bewegung (1923), die bei vielen Schriftstellern und Intellektuellen auf fruchtbaren Boden fiel. Auch Politiker wie der deutsche Außenminister Gustav Stresemann und sein französischer Partner Aristide Briand besaßen viel Sympathie für die Idee einer Annäherung der europäischen Staaten. Im Nachhinein wird aber deutlich, dass die Zeit für einen solchen Schritt offensichtlich noch nicht reif war. Der Nationalismus erwies sich rückblickend betrachtet als zu dominant. Erst nach der zweiten europäischen Katastrophe im 20. Jahrhundert - NS-Diktatur und Zweiter Weltkrieg - und angesichts der Expansion der Sowjetunion ebnete sich der Weg für die europäische Einigung. Diesmal fand die Idee eines europäischen Zusammenschlusses stärkere Unterstützung, wobei gleichermaßen der Wunsch nach Frieden als auch die gemeinsame Gefahrenabwehr gegenüber dem Kommunismus eine Rolle spielten. In der Zeit des Kalten Krieges ab 1947 unterstützten auch die USA nachhaltig die Initiativen von zunächst einzelnen Politikern. Zu den weitsichtigen Politikern gehörte unter anderem der britische Premierminister Winston Churchill. Er sprach sich bereits 1946 in seiner berühmten Züricher Rede für die Schaffung der Vereinigten Staaten von Europa aus. Der französische Außenminister Robert Schuman arbeitete auf eine deutsch-französische Annäherung hin, wohl wissend, dass ein gemeinsames Europa die Überwindung der „deutsch-französischen Erbfeindschaft" voraussetze. Er schlug vor, die gesamte Kohle- und Stahlproduktion zusammenzulegen und einer unabhängigen Behörde zu unterstellen. Dahinter stand auch die Überlegung, auf diese Weise die Rüstungspotenziale der beteiligten Länder zu kontrollieren.

Neben Robert Schuman traten der französische Wirtschaftspolitiker Jean Monnet, der italienische Ministerpräsident Alcide De Gasperi und der deutsche Bundeskanzler Konrad Adenauer als Europapolitiker der ersten Stunde hervor. Von deutscher Seite sah man in der europäischen Annäherung einen Weg, das durch die nationalsozialistische Politik geächtete Land wieder in die Völkergemeinschaft zurückzuführen.

17.1 Die Europäische Union: Geschichte und Gegenwart

M 1 „Hoffentlich entwickelt sich das Ding besser als die Sicherheitsnadel."
An der Nähmaschine der französische Außenminister Robert Schuman; die Sicherheitsnadeln beinhalten eine Anspielung auf die Maginot-Linie, dem zwischen 1929 und 1932 erbauten Befestigungssystem an der französischen Nordostgrenze, Karikatur von Klaus Pielert, 1950.

Im 20. Jahrhundert bekamen freiheitliche Ideen im Hinblick auf die Einigung des Kontinents deutliche Umrisse. Seit dem Ersten Weltkrieg wuchs die Besorgnis über Europas Stellung in der Welt. Die USA waren aus dem Krieg als kraftvollerer Konkurrent und als Gläubiger der Europäer hervorgegangen. Denn der Erste Weltkrieg hatte nicht nur die Mittelmächte, sondern auch die Siegerstaaten demografisch, ökonomisch und finanziell zurückgeworfen. Und stärker als zuvor ließ der Blick über den Atlantik die Vorteile eines einheitlichen Wirtschafts-und Währungsraumes erkennen. Außerdem erlitten viele Menschen als Folge des selbstmörderischen Kriegs eine tiefe Erschütterung, die Anlass gab, über eine dauerhafte europäische Friedensordnung nachzudenken. Noch unter dem Eindruck des Ersten Weltkriegs stehend, veröffentlichte der Graf Coudenhove-Kalergi (1894–1972) 1923 seine Schrift „Pan-Europa", in der er für eine Überwindung der Zersplitterung und für einen europäischen Staatenbund plädierte. Die Vorsilbe „pan" sollte deutlich machen, dass dieses Vorhaben alle europäischen Staaten betraf. Dieser Idee eines wirtschaftlichen und politischen Zusammenschlusses folgten auch der französische Außenminister Aristide Briand (1862–1932) und sein deutscher Kollege Gustav Stresemann (1878–1929). Der Vorschlag zur Gründung eines Staatenbundes scheiterte aber an der harten politischen Wirklichkeit, die zu Beginn der Dreißigerjahre durch die Wirtschaftskrise, durch Protektionismus, Nationalismus und den folgenden Krieg geprägt wurde. Gleichwohl hatten diese beiden Politiker verstanden, dass eine dauerhafte europäische Friedensordnung nicht ohne eine deutsch-französische Aussöhnung zu erreichen sei.

Nach dem Zweiten Weltkrieg erhielt das Streben nach einem Zusammenschluss Europas neue Impulse. Verschiedene Motive waren dafür ausschlaggebend:

- *Friedensbewahrung:* Die Geschichte der europäischen Nationalstaaten war eine lange Kette von bewaffneten Konflikten mit dem Zweiten Weltkrieg als dem zerstörerischen Tiefpunkt. Es galt folglich, der europäischen Selbstzerstörung Einhalt zu gebieten. Außerdem war die Europäische Gemeinschaft das Ergebnis des Kalten Krieges. Angesichts der militärischen Bedrohung aus dem Osten lag ein Zusammenschluss auch im Sinne der eigenen Sicherheit. Ein weiteres – später nicht mehr offen ausgesprochenes – Motiv lag in der politischen Einbindung Deutschlands.
- *Kultur- und Wertegemeinschaft:* Trotz nationaler und regionaler Unterschiede gibt es eine Gemeinsamkeit der europäischen Kultur. Dies drückt sich auch in der ältesten europäischen Nachkriegsinstitution - dem Europarat - aus. Dieser wurde 1949 mit dem Ziel gegründet, die Grundsätze der Rechtsstaatlichkeit und der Demokratie zu wahren.
- *Wirtschaft:* Der Wiederaufbau nach dem Zweiten Weltkrieg sowie die Steigerung der internationalen Wettbewerbsfähigkeit ließen die Schaffung eines wirtschaftlichen Großraums sinnvoll erscheinen. Mithilfe der Europäischen Gemeinschaft sollte eine Steigerung des Wohlstands erzielt werden.

- *Umweltschutz:* Diese noch relativ neue Ausprägung des Europagedankens basiert auf der Erkenntnis, dass Umweltverschmutzung an den Grenzen nicht Halt macht.

Nach 1945 wurde von einigen weitblickenden Politikern aus dem Geist der Aussöhnung heraus die deutsch-französische Annäherung betrieben. Den Deutschen fiel es vergleichsweise leicht, sich den Europa-Gedanken zu eigen zu machen. Die post-nationale Gesinnung einer Mehrheit muss als Reaktion auf die nationalsozialistischen Verbrechen verstanden werden. Das „Dritte Reich" hatte als Folge seiner Gewalttaten die nationale Identität der Deutschen zutiefst verletzt. In Frankreich lagen die Dinge anders. Dort dominierte nach der Befreiung der Nationalstaatsgedanke. Dort blieben auch die Abgrenzung von den USA und das Großmachtbestreben lebendig. Die französischen Eliten verschlossen sich einer tief greifenden Vergemeinschaftungspolitik, und an ihnen scheiterte auch 1954 das Projekt einer Europäischen Verteidigungsgemeinschaft (EVG), die die Verschmelzung der nationalen Streitkräfte vorgesehen hatte. Folgerichtig sprach sich Charles de Gaulle – Präsident Frankreichs von 1958 bis 1969 – wiederholt nur für ein „Europa der Vaterländer" aus, wobei er für Frankreich eine politische Führungsrolle beanspruchte.

Der Europarat

Der Europarat war nach dem Zweiten Weltkrieg der erste Zusammenschluss europäischer Staaten in Form einer ständigen politischen Institution. Ihm gehören gegenwärtig 47 Staaten an (Stand 2010). Der Europarat mit Sitz in Straßburg stellt kein Organ der Europäischen Union dar, und seine Arbeit steht ganz im Schatten der EU. Er wirkt weitgehend unbemerkt von der Öffentlichkeit. Das ist darauf zurückzuführen, dass der Europarat eine im Prinzip machtlose Organisation ist. Seine Beschlüsse besitzen keine Verbindlichkeit für die Mitgliedstaaten. Gleichwohl hat der Europarat dabei mitgewirkt, eine europäische Rechtsgemeinschaft zu schaffen. Die „Europäische Konvention der Menschenrechte und Grundfreiheiten" von 1950 stellt das bedeutendste Dokument des Europarats dar. Der ihm zugeordnete „Europäische Gerichtshof für Menschenrechte" – gegründet 1959 – ist juristisch für die Überwachung und Einhaltung von Menschenrechten zuständig.

Europäische Gemeinschaft

Die Initiativen für eine Zusammenführung der europäischen Staaten mündeten zunächst in der Gründung der Europäischen Gemeinschaft für Kohle und Stahl (1951). Die EGKS schuf einen gemeinsamen Markt für die sogenannte Montanindustrie. Dieses Projekt zielte auch darauf ab, die Rüstungspotenziale der beteiligten Länder zu kontrollieren. Durch die Vernetzung der Basisindustrien sollte ein Krieg für alle Zukunft ausgeschlossen sein.

Die Bundesrepublik Deutschland, Frankreich, Italien und die BeNeLux-Länder – allesamt Mitglieder der EGKS – unterzeichneten 1957 die Verträge von Rom und setzten mit der Europäischen Wirtschaftsgemeinschaft (EWG) die Integration fort. Im EWG-Vertrag hatten sich die Mitgliedsländer verpflichtet, die folgenden „Grundfreiheiten" im zwischenstaatlichen Verkehr einzuhalten:

- Die Freiheit des Warenverkehrs zielte auf den Abbau von Zöllen und Beschränkungen.
- Die Freiheit des Zahlungs- und Kapitalverkehrs baute die Beschränkung im Devisen- und Wertpapierhandel ab.

- Die Freiheit der Arbeitskraft bedeutete die berufliche Entfaltung eines EWG-Bürgers in der Gemeinschaft. Das „Marktbürgerrecht" beinhaltet das Recht auf Freizügigkeit, die Ausübung von beruflichen Tätigkeiten und die Gewährleistung sozialer Sicherheit in jedem Mitgliedsstaat.

M 2 Unterzeichnung der Römischen Verträge am 25. März 1957
Rechts neben Bundeskanzler Konrad Adenauer der spätere erste Präsident der EWG-Kommission Walter Hallstein

Nach der Fusion von EWG, EGKS und der Europäischen Atomgemeinschaft (Euratom) sprach man seit 1967 von der Europäischen Gemeinschaft (EG). Erst 1986 erfolgte eine Vertragsänderung. Die Mitgliedsstaaten der EG unterzeichneten in Erweiterung der Römischen Verträge von 1957 die Einheitliche Europäische Akte.

Einheitliche Europäische Akte

Sie verpflichtete die EG-Mitglieder, bis zum 31. Dezember 1992 einen „Raum ohne Binnengrenzen" zu verwirklichen, das heißt den freien Verkehr von Kapital, Waren, Dienstleistungen und Personen sicherzustellen.

Die Vorteile eines gemeinsamen Binnenmarktes lagen auf der Hand: Grenzformalitäten fielen weg; der Markt wurde größer. Mit einer durchgreifenden Liberalisierung wurde in den EG-Staaten ein riesiger Markt mit etwa 380 Millionen Einwohnern in Europa geschaffen. Damit wuchs zweifellos das globale Gewicht der EG. Zwar waren Zölle und Kontingente innerhalb der EG im Prinzip abgeschafft, aber tatsächlich behinderten noch technische, rechtliche und steuerliche Unterschiede zwischen den einzelnen Ländern den freien Wettbewerb.

Trotz dieser Einschränkungen war das Ausmaß der Wirtschaftsverflechtung beträchtlich. Über 60 Prozent der Ausfuhren der EG-Länder gingen in die Gemeinschaftsländer (1958 waren es erst 37 Prozent.).

Zunächst lag die Bildung eines wirtschaftlichen Großraums im Interesse der Wirtschaft. Global betrachtet muss sich Europa der amerikanischen und japanischen Konkurrenz erwehren. Der Gemeinsame Binnenmarkt – verbunden mit einer Liberalisierung – sollte die Wettbewerbsfähigkeit erhöhen und eine kostengünstigere Produktion – dank größerer Stückzahlen – ermöglichen. Die Kapitalkonzentration nahm zu, was angesichts der Größe internationaler Konzerne notwendig erschien.

Der Abbau der Binnengrenzen brachte eine Fülle von Problemen mit sich. Vor einer uneingeschränkten Öffnung der Grenzen mussten die jeweils nationalen Bestimmungen einander angeglichen werden, wenn nicht Wettbewerbsverzerrungen und neue Konflikte eintreten sollten. Die weiteren Schritte der Integration waren damit vorgezeichnet:

- eine Harmonisierung des Steuerwesens,
- die Angleichung von technischen Normen,
- die Anerkennung von Berufsabschlüssen,
- die Festsetzung eines gemeinsamen Mindeststandards in Bezug auf sozialpolitische Leistungen (z. B. Löhne, Arbeitsschutzbestimmungen),
- die Angleichung der Einreise- und Asylbestimmungen als Voraussetzung für die Beseitigung von Grenzkontrollen.

Mit dem Beschluss der europäischen Staats- und Regierungschefs, einen einheitlichen Wirtschaftsraum bis Ende 1992 zu verwirklichen, war die Europäische Gemeinschaft (EG) in eine neue Entwicklungsphase eingetreten. Als Fernziel wurde eine politische Union, als ein fester Zusammenschluss der EG-Mitglieder, angestrebt. Dies geschah durch den Vertrag von Maastricht, der am 1. November 1993 in Kraft trat.

Europäische Union

Der Vertrag von Maastricht – so benannt nach dem Tagungsort der EU-Staats- und Regierungschefs – sah einen noch festeren Zusammenschluss der EU-Staaten vor. Der Vertrag beinhaltet Folgendes:

- Einführung einer Unionsbürgerschaft: Die EU-Bürger haben das Recht, sich im Hoheitsgebiet der Union frei zu bewegen.
- Schaffung einer Wirtschafts- und Währungsunion (bis 1999): Ein Stufenplan sieht die Konvergenz (Annäherung) der Finanzpolitik und die Einführung einer gemeinsamen europäischen Währung vor. Außerdem wird eine unabhängige Europäische Zentralbank errichtet, deren übergeordnetes Ziel die Preisstabilität sein soll.
- Stärkung der Rechte des Europäischen Parlaments: Es erhält auf bestimmten Gebieten ein Veto-Recht (z. B. Binnenmarkt, Technologie, Verkehr).
- Gemeinsame Außen- und Sicherheitspolitik: Diesbezüglich war der Vertrag unverbindlich formuliert und hatte mehr den Charakter einer Absichtserklärung. Die Westeuropäische Union (WEU), in der alle EU-Staaten außer Irland und Dänemark vertreten sind, wurde für eine gemeinsame Sicherheitspolitik ins Auge gefasst.

In Europa gab es weitverbreitete Vorbehalte gegen den Vertrag von Maastricht. Die Ablehnung des Vertrags bei der ersten Volksabstimmung in Dänemark spiegelte diesen Tatbestand wider. Viele Europäer hatten Einwände gegen die bürgerferne Brüsseler Bürokratie, sie waren empört über Subventionsmissbrauch und Geldverschwendung, und sie fürchteten um ihre je eigene nationale Identität.

Währungsunion

Am 1. Januar 1999 wurde in elf Ländern der EU der Beschluss zur Europäischen Wirtschafts- und Währungsunion in die Praxis umgesetzt. Die mit diesem Datum eingeführte gemeinsame Währung bedeutete keine Währungsreform. Grundsätzlich sollte die Umstellung nicht die Kaufkraft verändern. Für eine Übergangszeit von drei Jahren konnte die neue Währung EURO nur im bargeldlosen Zahlungsverkehr genutzt werden. Seit dem 1. Januar 2002 ist sie alleiniges gesetzliches

Zahlungsmittel. Mit dem EURO wurde eine neue Qualität der Integration erreicht. Die Europäische Zentralbank (EZB) hat ihren Sitz in Frankfurt am Main.

Der parallel dazu in Kraft getretene Amsterdamer Vertrag (1997) verstärkte die außen- und sicherheitspolitische Zusammenarbeit der EU-Staaten. Mit ihm wurde auch das sogenannte Schengener Abkommen in das EU-Recht aufgenommen. Das Schengener Abkommen von 1995 – so benannt nach einem kleinen Ort in Luxemburg – regelt die Bewegungfreiheit zwischen den Vertragsstaaten. Die Abschaffung der Personen- und Warenkontrollen wird durch strengere Kontrollen an den Außengrenzen der EU ausgeglichen. Flankiert wird dieser Prozess durch eine Verbesserung der polizeilichen Zusammenarbeit. Diesem Zweck dient auch das Schengener Informationssystem (SIS), das polizeiliche Fahndungen zentral erfasst. Außerdem beinhaltet das Schengener Abkommen auch eine perspektivische Harmonisierung der Asylpolitik.

Erweiterung der EU

Nach dem Ende des Ost-West-Konflikts stellte sich die Frage, wie der bis dahin zerrissene Kontinent Europa wieder zusammengeführt werden könne. Die ethnischen Konflikte, zum Beispiel auf dem Balkan, überzeugten viele Politiker davon, dass man den Menschen eine EU-Perspektive geben müsse. Nur eine politische und wirtschaftliche Stabilisierung der ehemals kommunistischen Länder garantiere Frieden und Sicherheit im „europäischen Haus".

Die Erweiterung der EU wird als ein wirkungsvolles Mittel gesehen, den Rückfall in Krieg und Diktatur zu verhindern. Es ging der EU also um die Stärkung der demokratischen Kräfte in den Ländern, die von der Transformation betroffen waren. Historisch handelt es sich dabei um Staaten und Gesellschaften, die nur geringe Erfahrungen mit Demokratie, Mehrparteiensystem und dem Schutz von Menschenrechten haben. Von den Beitrittsländern mussten folgende Bedingungen erfüllt werden, die der Europäische Rat festgelegt hatte:

- Vorhandensein einer demokratischen und rechtsstaatlichen Ordnung,
- Wahrung der Menschenrechte und Schutz von Minderheiten,
- Funktionsfähigkeit der Marktwirtschaft,
- Verpflichtung, die EU-Bestimmungen und rechtlichen Regelungen zu übernehmen.

M 3 Mitteleuropäische Anwärter auf die Mitgliedschaft in der EG (EU), Karikatur, 1991

M 4

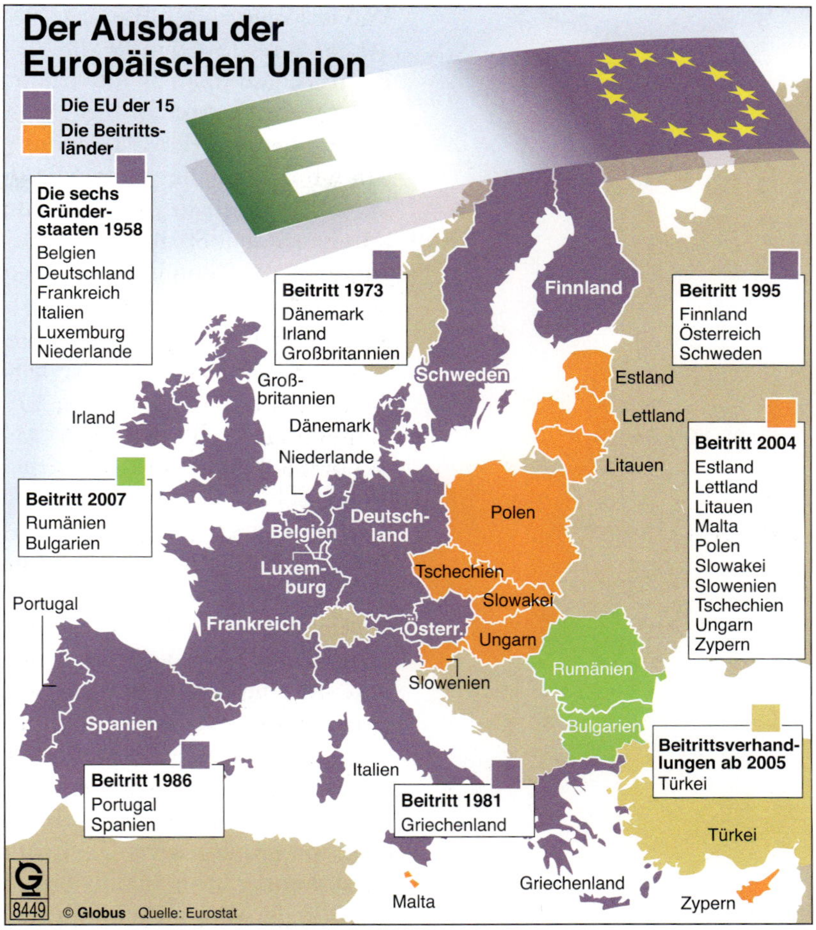

Die 2004 vollzogene Erweiterung der EU um zehn Länder stellte eine außerordentliche organisatorische Herausforderung dar. Mit der Vergrößerung wächst die Fläche der EU um 30 Prozent und die Bevölkerung um 75 Millionen. Polen ist von den Beitrittsländern mit 40 Millionen Einwohnern das größte Land, Malta mit 400 000 das kleinste.

M 5

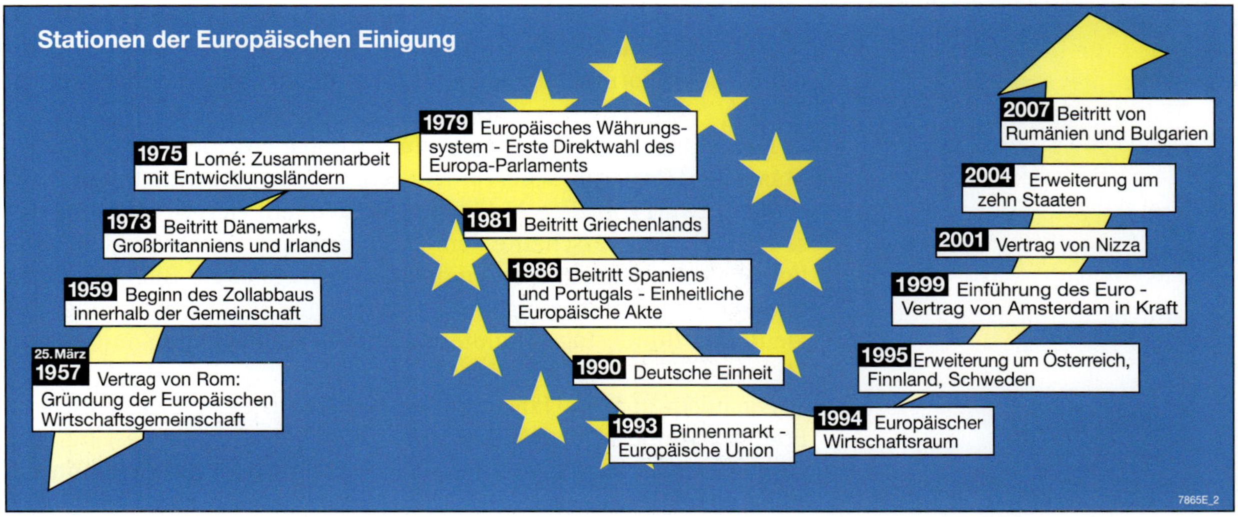

Mit der Vergrößerung verlagert sich nicht nur der Schwerpunkt der EU nach Osten. Der Beitritt von vielen Ländern mit geringer Wirtschaftskraft verstärkt auch innerhalb der EU das Wohlstandsgefälle. Im Durchschnitt erreicht das Pro-Kopf-Einkommen der Beitrittsländer nur 50 Prozent der EU. Daraus ergeben sich beträchtliche Belastungen für das Finanzsystem. Die Beitrittsländer erwarten Hilfen bei der Modernisierung ihrer Landwirtschaft, Infrastruktur und Industrie. Die Mittel aus den Struktur-, Regional- und Agrarfonds werden verstärkt in die neu aufgenommenen Länder fließen. Die Finanzierung führt zu Konflikten. So ist zum Beispiel absehbar, dass die EU-Hilfen für den Osten Deutschlands weitgehend versiegen werden, weil diese Gebiete dann aus der Förderung herausfallen.

Vertrag von Nizza

Die angestrebte Erweiterung der EU um zehn Länder (ab 2004) machte umfangreiche institutionelle Änderungen notwendig. Letztlich ungelöst blieb dabei die Frage, wie eine Vergrößerung der EU mit einer Vertiefung in Einklang zu bringen sei. Im Vertrag von Nizza (Dezember 2001) sollte die Entscheidungsfähigkeit der EU angesichts der veränderten Mitgliederstruktur sichergestellt werden. Dazu wurden die Verteilung und die Gewichtung der Stimmen im Europäischen Parlament und im Ministerrat neu geregelt. Der Vertrag, der 2003 in Kraft trat, sah eine überproportionale Vertretung der kleinen Länder vor. Das Stimmengewicht korrespondierte nicht mit der Einwohnerzahl.

In Bezug auf den Abstimmungsmodus im Ministerrat konnten sich die EU-Staats- und Regierungschefs nicht zu einer einfachen Regelung durchringen. Steuer- und polizeirechtliche Beschlüsse verlangten nach wie vor das Einstimmigkeitsprinzip. In anderen Fragen wurde die Abstimmung nach qualifizierter Mehrheit ausgeweitet. In diesem Fall erfolgte die Mehrheitsfindung nach komplizierten Regeln: Es mussten 72 Prozent der Stimmen und die Mehrheit der Staaten zusammenkommen. Diese mussten zudem 62 Prozent der EU-Bevölkerung repräsentieren. Es stellte sich nachgerade die Frage, ob die Vergrößerung der EU ihre Handlungsfähigkeit beeinträchtigte.

Europäische Verfassung

Vor diesem Hintergrund ist auch das Projekt einer europäischen Verfassung zu sehen. Diese sollte – parallel zur Erweiterung – die EU nach innen festigen und die Handlungs- bzw. Regierungsfähigkeit sicherstellen. Grundrechtsgarantien für alle EU-Bürger, vermehrte Mitentscheidungsrechte für das Europäische Parlament sowie eine Vertiefung der Beschlussformalitäten bildeten wesentliche Inhalte der neuen Verfassung.

Der entsprechende Vertrag wurde 2004 von den europäischen Staats- und Regierungschefs unterzeichnet. Um in Kraft zu treten musste der Entwurf von *allen* 25 Mitgliedsstaaten ratifiziert werden. Erst diese Ratifizierung verschaffte dem Dokument die völkerrechtliche Gültigkeit. Grundsätzlich standen dafür zwei Wege offen: Billigung durch nationale Volksvertretungen oder durch eine Volksabstimmung. Der Deutsche Bundestag stimmte dem Verfassungsvertrag mit großer Mehrheit zu.

Nachdem aber im Jahre 2005 eine Mehrheit der Bevölkerung in Frankreich und in den Niederlanden sich gegen die Verfassung ausgesprochen hatte, war das Projekt „Europäische Verfassung“ in der bisherigen Form gescheitert.

Vertrag von Lissabon

Das Scheitern des Verfassungsvertrags veranlasste die EU-Staaten, einen zweiten Anlauf zu unternehmen, die Union demokratischer, transparenter und effizienter zu machen. Der Vertrag von Lissabon (2007) verzichtet dabei absichtlich auf den Begriff „Verfassung“. Auch werden nationalstaatliche Symbole, wie zum Beispiel Fahne und Hymne, nicht mehr erwähnt, um den Gegnern des Projektes keine unnötigen Angriffsflächen zu bieten.

Ende 2009 war der Ratifizierungsprozess in allen 27 EU-Staaten abgeschlossen. Damit erhielt der Vertrag seine völkerrechtliche Gültigkeit und konnte am 1. Dezember 2009 in Kraft treten. Der EU-Reformvertrag von Lissabon beinhaltet eine Vielzahl von Änderungen. Die wichtigsten sind:

- Das neue Amt des „Präsidenten des Europäischen Rats“: Der Präsident leitet die Treffen der Staats- und Regierungschefs.
- Das neu geschaffene Amt eines „Hohen Vertreters für die Gemeinsame Außen- und Sicherheitspolitik“,
- der „Europäische Rat“ der Staats- und Regierungschefs wird nunmehr ein offizielles EU-Organ. In diesem Gremium erfolgt die allgemeine politische Zielsetzung der EU.
- Im „Rat der Europäischen Union“ (Ministerrat) werden Entscheidungen grundsätzlich mit Mehrheit gefällt – und zwar nach dem Prinzip der doppelten Mehrheit von Staaten und Bevölkerung.
- Das EU-Parlament erhält eine erhebliche Aufwertung: Die Mitentscheidung bei der Gesetzgebung wird zur Regel. Zukünftig wird der Kommissionspräsident vom Parlament gewählt.

Noch stellen die einzelnen (National-)Staaten den primären Bezugspunkt der Bürger dar. Ein europäisches Volk gibt es (noch) nicht. In allen Ländern ist ein beträchtlicher Widerstand gegen die Brüsseler Zentralisierungsbestrebungen vorhanden. Viele Menschen sehen ihr Selbstbestimmungsrecht in Gefahr, wobei sich bei den Volksabstimmungen ein ums andere Mal zeigt, dass Abstimmungen über Europa durch nationale Konflikte und Probleme überlagert werden.

M 6 Das Europäische Haus im Bau

Karikatur von Frederick Deligne, 2008

M 7 Die Vereinigten Staaten von Europa

Der britische Premierminister Winston Churchill[1] trug am 19. September 1946 in Zürich folgende Gedanken vor:

Wir müssen etwas wie die Vereinigten Staaten von Europa schaffen. Nur so können Hunderte von Millionen schwer arbeitender Menschen wieder die einfachen Freuden und Hoffnungen zurückgewinnen, die das Leben lebenswert machen. Das Verfahren ist einfach. Was wir benötigen, ist der Entschluss von Hunderten von Millionen Männern und Frauen, Recht statt Unrecht zu tun und als Lohn Segen statt Fluch zu ernten.
[...]
Ich spreche jetzt etwas aus, das Sie in Erstaunen setzen wird. Der erste Schritt bei der Neugründung der europäischen Familie muss eine Partnerschaft zwischen Frankreich und Deutschland sein. Nur auf diese Weise kann Frankreich die moralische Führung Europas wiedererlangen. Es gibt kein Wiederaufleben Europas ohne ein geistig großes Frankreich und ein geistig großes Deutschland.
Die Struktur der Vereinigten Staaten von Europa, wenn sie gut und echt errichtet wird, muss so sein, dass die materielle Stärke eines einzelnen Staates von weniger großer Bedeutung ist. Kleine Nationen zählen ebenso viel wie große und erwerben sich ihre Ehre durch ihren Beitrag zu der gemeinsamen Sache.
Die alten Staaten und Fürstentümer Deutschlands, frei vereint aus Gründen gegenseitiger Zweckmäßigkeit in einem Bundessystem, können alle ihren individuellen Platz in den Vereinigten Staaten von Europa einnehmen.
Ich versuche nicht, ein ausführliches Programm zu entwerfen für hunderte von Millionen Menschen, die glücklich und frei sein wollen, zufrieden und sicher, die die vier Freiheiten, von denen der große Präsident Roosevelt sprach, genießen [wollen] und nach den in der Atlantik-Charta[2] verankerten Grundsätzen leben wollen. Ist dies ihr Wunsch, so müssen sie es nur sagen, und gewiss finden sich Mittel und Möglichkeiten, um diesen Wunsch Wirklichkeit werden zu lassen.

1 britischer Premierminister von 1940-1945 und 1951-1955

2 Erklärung von Churchill und US-Präsident Roosevelt über die Grundsätze der Nachkriegspolitik (1941): u. a. Selbstbestimmungsrecht der Völker, System kollektiver Sicherheit

Zit. nach: C. Gasteyger, Europa zwischen Spaltung und Einigung 1945–1990, Bonn 1990, S. 39 f.

M 8 Das Monnet-Memorandum

In diesem Dokument vom 3. Mai 1950 begründet Jean Monnet, seinerzeit Leiter des französischen Amtes für Wirtschaftsplanung, seinen Vorschlag, die deutsche und französische Produktion von Kohle und Stahl einer gemeinsamen Hohen Behörde zu unterstellen:

Wohin man sich in der gegenwärtigen Weltlage auch wendet, überall trifft man auf Sackgassen, ob es sich um die wachsende Akzeptierung eines als unvermeidbar angesehenen Krieges handelt oder um das Deutschlandproblem oder um den Fortgang der Wiederaufrichtung Frankreichs oder um die Organisation Europas oder schließlich um den Platz, den Frankreich in Europa und in der Welt eigentlich einnehmen soll.
[...]
Alles Denken konzentriert sich auf einen einfachen und gefährlichen Gegenstand: den Kalten Krieg. Alle Vorschläge, alle Aktionen werden von der öffentlichen Meinung als Beitrag zum Kalten Krieg interpretiert. Der Kalte Krieg aber, dessen wesentliches Ziel darin besteht, den Gegner zum Zurückweichen zu bringen, ist die erste Phase des wirklichen Krieges.
[...]
Die Lage in Deutschland entwickelt sich rasch zu einer gefährlichen Krebskrankheit für den Frieden in naher Zukunft und für Frankreich sehr bald, wenn diese Entwicklung nicht so gelenkt wird, dass die Deutschen Hoffnung schöpfen und mit den freien Völkern zusammenarbeiten. Diese Lage kann nicht durch die Einigung Deutschlands geregelt werden, denn dafür braucht man eine Übereinkunft zwischen den USA und der Sowjetunion, die im Augenblick undenkbar ist. Sie kann auch nicht durch die Integration Westdeutschlands in den Westen geregelt werden,
– denn die Westdeutschen würden damit gegenüber dem Osten zugeben, dass sie die Spaltung akzeptiert haben, während die Einheit notwendigerweise ihr permanentes Ziel sein muss;
– denn die Integration stellt die Frage der Aufrüstung Deutschlands und wird, als Provokation gegenüber den Russen, den Krieg nach sich ziehen;
– aus unlösbaren politischen Fragen.
Dennoch werden die Amerikaner darauf bestehen, dass sich diese Integration innerhalb des Westens vollzieht,
– weil sie wollen, dass irgendetwas geschieht, und weil sie keine andere nahe liegende Idee haben;

– weil sie an der Zuverlässigkeit und am Dynamismus Frankreichs zweifeln. Manche glauben, dass man beginnen muss, einen Ersatz für Frankreich zu finden. […]

Die Wiederaufrichtung Frankreichs wird nicht mehr weitergehen, wenn die Frage der industriellen Produktion Deutschlands und seiner Konkurrenzkapazität nicht schnell eine Regelung findet. Die Grundlage für die Überlegenheit, die die französischen Industriellen traditionsgemäß Deutschland zubilligen, liegt darin, dass es Stahl zu einem Preis produziert, mit dem Frankreich nicht konkurrieren kann.

[…]

Nun wünschen die USA überhaupt nicht, dass sich die Dinge so entwickeln. Sie werden eine andere Lösung akzeptieren, wenn sie dynamisch und konstruktiv ist, besonders dann, wenn sie von Frankreich ausgeht. Mit der [von uns] vorgeschlagenen Lösung verschwindet die Frage der Herrschaft der deutschen Industrie, deren Existenz in Europa eine Furcht verursachen würde, die Grund ständiger Unruhe wäre, schließlich die Vereinigung Europas verhindert und Deutschland erneut in den Abgrund stürzt. Diese Lösung schafft im Gegensatz dazu für die Industrie sowohl in Deutschland als auch in Frankreich Bedingungen gemeinsamer Expansion in der Konkurrenz, wobei jede Form von Beherrschung fortfällt. […]

Im gegenwärtigen Zeitpunkt kann Europa nur aus Frankreich geboren werden. Nur Frankreich kann sprechen und handeln. Wenn aber Frankreich nicht jetzt spricht und handelt, was wird dann geschehen?

Um die Vereinigten Staaten wird eine Ansammlung zustande kommen, freilich mit dem Ziel, den Kalten Krieg mit größerer Kraft zu führen. Der einleuchtende Grund dafür ist darin zu suchen, dass die Länder Europas Angst haben und Hilfe suchen. England wird sich mehr und mehr den Vereinigten Staaten annähern; Deutschland wird sich rasch entwickeln, wir können seine Aufrüstung nicht verhindern. Frankreich wird in seinen Malthusianismus von eh und je zurückfallen [mit Bezug auf die Bevölkerungszahl] und diese Entwicklung wird unweigerlich in seiner Ausschaltung enden.

Zit. nach: W. Papst, Das Jahrhundert der deutsch-französischen Konfrontation, Hannover 1983, S. 109 ff.

M 9 Karikatur zum Schuman-Plan

Beseelt vom Geiste Gustav Stresemanns, des deutschen Außenministers der Weimarer Republik, baut Bundeskanzler Konrad Adenauer an der deutsch-französischen Verständigung. Rechts protestiert der sozialdemokratische Oppositionsführer Kurt Schumacher, Karikatur von Fritz Meinhard.

M 10 Europäische Gemeinschaft für Kohle und Stahl

Der französische Außenminister Robert Schuman erklärte am 9. Mai 1950 in Paris:

Europa lässt sich nicht mit einem Schlag herstellen und auch nicht durch eine einfache Zusammenfassung: Es wird durch konkrete Tatsachen entstehen, die zunächst eine Solidarität der Tat schaffen. Die Vereinigung der europäischen Nationen erfordert, dass der Jahrhunderte alte Gegensatz zwischen Frankreich und Deutschland ausgelöscht wird. Das begonnene Werk muss in erster Linie Deutschland und Frankreich umfassen. Zu diesem Zweck schlägt die französische Regierung vor, in einem begrenzten, doch entscheidenden Punkt sofort zur Tat zu schreiten. Die französische Regierung schlägt vor, die Gesamtheit der französisch-deutschen Kohle- und Stahlproduktion unter eine gemeinsame Hohe Behörde zu stellen, in einer Organisation, die den anderen europäischen Ländern zum Beitritt offen steht. Die Zusammenlegung der Kohle- und Stahlproduktion wird sofort die Schaffung gemeinsamer Grundlagen für die wirtschaftliche Entwicklung sichern – die erste Etappe der europäischen Föderation – und die Bestimmung jener Gebiete ändern, die lange Zeit der Herstellung von Waffen gewidmet waren, deren sicherste Opfer sie gewesen sind. Die Solidarität der Produktion, die so geschaffen wird, wird bekunden, dass jeder Krieg zwischen Frankreich und Deutschland nicht nur undenkbar, sondern materiell unmöglich ist.

Zit. nach: H. Teske, Europa zwischen gestern und morgen, Köln 1988, S. 32 f.

M 11 Abendländisches Europa

Charles de Gaulle – von 1958 bis 1969 französischer Staatspräsident – stellt seine europapolitischen Vorstellungen dar:

Ich glaube, dass heute wie in allen verflossenen Epochen die Einigung Europas nicht im Verschmelzen der Völker liegen, sondern nur das Ergebnis ihrer systematischen Annäherung sein kann, sein muss. Alles drängt sie dazu in unserer Zeit des Massenaustausches, der gemeinsamen Unternehmungen, der Wissenschaft und Technik, die keine Grenzen mehr kennen, in dieser Welt der schnellen Verbindungen und des vervielfachten Reisens. Meine Politik gilt daher der Einrichtung des Konzerts der europäischen Staaten, um so deren Solidarität wachsen zu lassen, indem sie untereinander die mannigfaltigsten Bande knüpfen und festigen. [...]
Praktisch bedeutet diese Überlegung: die Wirtschaftsgemeinschaft der Sechs in die Tat umzusetzen, deren regelmäßige Abstimmung im politischen Bereich herbeizuführen und dafür zu sorgen, dass gewisse andere, vor allem Großbritannien, das Abendland nicht in ein atlantisches System hineinziehen, das unvereinbar wäre mit jeder Möglichkeit eines europäischen Europa, sondern dass sich diese Zentrifugalen entschließen, durch eine Änderung ihrer Gesinnung, Gewohnheiten und Abnehmer [von Wirtschaftsgütern] mit dem Kontinent zusammenzugehen. [...] Welch tiefer Illusion und Voreingenommenheit muss man verfallen, um glauben zu können, europäische Nationen, die der Hammer ungezählter Mühen und zahlloser Leiden auf dem Amboss der Jahrhunderte schmiedete, deren jede ihre eigene Geografie, ihre Geschichte, ihre Sprache, ihre besonderen Traditionen und Institutionen hat, könnten ihr Eigenleben ablegen und nur noch ein einziges Volk bilden?

Ch. de Gaulle, Memoiren der Hoffnung, Wien 1971, S. 207 ff. Zit. nach: Deutschland und Europa, Nr. 51/2006, S. 55.

M 12 Der Weg nach Europa

Der Historiker Hagen Schulze weist auf die historischen Wurzeln des Europa-Gedankens hin:

Der europäische Widerstand gegen Hitlers Diktatur war eine Wurzel der Europabewegung nach dem Zweiten Weltkrieg; eine andere war der Kalte Krieg: Ohne die beiden großen Despoten des 20. Jahrhunderts, Hitler und Stalin, wäre eine europäische Einigungsbewegung, die das erste Mal in der Geschichte des Kontinents dauerhafte, übernationale Institutionen hervorbringen sollte, nicht möglich gewesen. Der Blick auf die Entwicklung des europäischen „Wir"-Gefühls von der Schlacht von Salamis[1] bis in die Gegenwart gibt dafür eine ebenso einfache wie bedrückende Erklärung: Europa hat sich immer nur gegen etwas, nie für etwas zusammenschließen können. Europa erlebt seine Einheit vor allem dann, wenn es um die Abwehr geht, und es verliert diese Einheit, wenn die Gefahr geschwunden ist. Wenn die Araber in Gallien einfielen und bei Tours und Poitiers geschlagen wurden, wenn die Mongolen über Ungarn und Schlesien hereinbrachen, wenn die Türken vor Wien standen, wurde die Einheit Europas ebenso beschworen wie angesichts des chinesischen Boxer-Aufstands von 1900, in dem die Angstfantasien vor der „Gelben Gefahr" ihre Evidenz[2] zu finden schienen, und zu dessen Niederschlagung sich noch vierzehn Jahre vor dem Ersten Weltkrieg, als Nationalismus und Imperialismus den Blick auf gesamteuropäische Zusammenhänge schon weitgehend versperrt hatten, ein gesamteuropäisches Expeditionskorps zusammenfinden konnte.
Die Gefahr eines neuen Weltkriegs, eines Angriffs der Truppen des Warschauer Pakts auf Westeuropa, wurde zwar durch das zwischen Ost und West herrschende nukleare Patt [hier: Gleichstand] verringert, aber sie hatte seit dem Ausbruch des Koreakriegs 1950 beträchtliche Nahrung erhalten, sodass nicht nur die Bereitschaft der Westeuropäer zum militärischen Zusammenschluss wuchs, sondern auch die Erkenntnis, dass die ökonomischen, militärischen und politischen Verflechtungen eine Abwendung von isolierter, nationalstaatlicher Politik erforderten. Als Winston Churchill in seiner Züricher Rede vom 19. Dezember 1946 die Schaffung der „Vereinigten Staaten von Europa" forderte, die, zu diesem Zeitpunkt noch eine schockierende Idee, auf der Partnerschaft zwischen Frankreich und Deutschland beruhen sollte, da nahm er Großbritannien noch aus; das war im Geist der klassischen britischen Balance-of-power-Politik gedacht, die das unruhige Europa vor den Toren Englands durch Paktsysteme ruhig zu stellen suchte, um sich selbst den überseeischen Interessen ihrer britischen Majestät zu widmen. Aber der Zusammenbruch des britischen wie des französischen Kolonialreichs machte im Laufe der 50er-Jahre deutlich, dass die Zeit europäischer Weltherrschaft für immer beendet, dass Europa ganz auf sich selbst zurückgeworfen worden war und nur dann eigenes Gewicht im Bündnis mit den Vereinigten Staaten behalten konnte, wenn es seine verbliebenen Kräfte bündelte und konzentrierte. Die Gründung des „Gemeinsamen Markts für Kohle und Stahl" 1951,

auch „Montanunion" genannt, durch die die Produktion von Kohle und Stahl in Frankreich, Deutschland, den Niederlanden, Belgien und Luxemburg einer gemeinsamen Behörde unterstellt wurde, war der erste Schritt zu einer wirtschaftlichen Verflechtung Europas, an deren vorläufigem Ende die heutige „Europäische Union" mit ihrem mächtigen Überbau von Kommissionen, Räten, Generaldirektorien und Bürokraten steht.

1 Sieg der griechischen Flotte über die Perser (480 v. Chr.)

2 dem Augenschein entsprechend

H. Schulze, Staat und Nation in der europäischen Geschichte, München 1994, S. 327 f.

M 13 Berliner Erklärung

Anlässlich des 50. Jahrestages der Unterzeichnung der Römischen Verträge entstand das folgende Dokument über die Zukunft Europas – unterzeichnet von den Repräsentanten des Europäischen Parlaments, des Europäischen Rates und der Europäischen Kommission (25. März 2007):

Europa war über Jahrhunderte eine Idee, eine Hoffnung auf Frieden und Verständigung. Diese Hoffnung hat sich erfüllt. Die europäische Einigung hat uns Frieden und Wohlstand ermöglicht. Sie hat Gemeinsamkeit gestiftet und Gegensätze überwunden. [...]

I. Wir verwirklichen in der Europäischen Union unsere gemeinsamen Ideale: Für uns steht der Mensch im Mittelpunkt. Seine Würde ist unantastbar. Seine Rechte sind unveräußerlich. Frauen und Männer sind gleichberechtigt. Wir streben nach Frieden und Freiheit, nach Demokratie und Rechtstaatlichkeit, nach gegenseitigem Respekt und Verantwortung, nach Wohlstand und Sicherheit, nach Toleranz und Teilhabe, Gerechtigkeit und Solidarität. Wir leben und wirken in der Europäischen Union auf eine einzigartige Weise zusammen. Dies drückt sich aus in dem demokratischen Miteinander von Mitgliedstaaten und europäischen Institutionen. Die Europäische Union gründet sich auf Gleichberechtigung und solidarisches Miteinander. So ermöglichen wir einen fairen Ausgleich der Interessen zwischen den Mitgliedstaaten. Wir wahren in der Europäischen Union die Eigenständigkeit und die vielfältigen Traditionen ihrer Mitglieder. Die offenen Grenzen und die lebendige Vielfalt der Sprachen, Kulturen und Regionen bereichern uns. [...]

II. Wir stehen vor großen Herausforderungen, die nicht an nationalen Grenzen haltmachen. Die Europäische Union ist unsere Antwort darauf. Nur gemeinsam können wir unser europäisches Gesellschaftsideal auch in Zukunft bewahren zum Wohl aller Bürgerinnen und Bürger der Europäischen Union. Dieses europäische Modell vereint wirtschaftlichen Erfolg und soziale Verantwortung. Der Gemeinsame Markt und der Euro machen uns stark. So können wir die zunehmende weltweite Verflechtung der Wirtschaft und immer weiter wachsenden Wettbewerb auf den internationalen Märkten nach unseren Wertvorstellungen gestalten. Europas Reichtum liegt im Wissen und Können seiner Menschen: Dies ist der Schlüssel zu Wachstum, Beschäftigung und sozialem Zusammenhalt. Wir werden den Terrorismus und die organisierte Kriminalität gemeinsam bekämpfen. Die Freiheits- und Bürgerrechte werden wir dabei auch im Kampf gegen ihre Gegner verteidigen. Rassismus und Fremdenfeindlichkeit dürfen nie wieder eine Chance haben. Wir setzen uns dafür ein, dass Konflikte in der Welt friedlich gelöst und Menschen nicht Opfer von Krieg, Terrorismus oder Gewalt werden. Die Europäische Union will Freiheit und Entwicklung in der Welt fördern. Wir wollen Armut, Hunger und Krankheiten zurückdrängen. Dabei wollen wir auch weiter eine führende Rolle einnehmen. Wir wollen in der Energiepolitik und beim Klimaschutz gemeinsam vorangehen und unseren Beitrag leisten, um die globale Bedrohung des Klimawandels abzuwenden.

Zit. nach: Europäisches Parlament (Hg.), Europa 2007 (Beilage).

Aufgaben

1. Rekapitulieren Sie in einem Schaubild die einzelnen Schritte, die zur Europäischen Union führten. → Text, M12
2. Fassen Sie die Begründungen zusammen, mit denen Churchill für die Vereinigung Europas an die Öffentlichkeit trat. → Text, M7
3. Analysieren Sie die zugrunde liegenden Ideen, die Monnet und Schuman bewegten, eine Gemeinschaft für Kohle und Stahl zu bilden. → Text, M8–M10
4. Wie beurteilen Sie die europapolitischen Vorstellungen von Charles de Gaulle? → Text, M11
5. Diskutieren Sie die Frage, ob es eine gemeinsame europäische Kultur bzw. gemeinsame europäische Ideale gibt. → M13

17.2 Institutionen und Funktionsweise der Europäischen Union

Die EU hat staatsrechtlich betrachtet einen einzigartigen Zuschnitt. Sie stellt mehr als einen Staatenbund dar, hat aber doch weniger Kompetenzen als ein Staat. Das Bundesverfassungsgericht sprach daher von einem „Staatenverbund".
Die Hauptorgane der EU sind:

- die Europäische Kommission,
- der Ministerrat und „Europäischer Rat",
- das Europäische Parlament,
- der Europäische Gerichtshof.

Die Kommission

Die Europäische Kommission ist das Exekutivorgan der EU. Sie sorgt für die Durchführung der Verträge und der Beschlüsse des Ministerrats und ist nicht an Weisungen der nationalen Regierungen gebunden. Die Kommission hat das Initiativrecht gegenüber dem Ministerrat, der in der Regel auf Vorschlag der Kommission tätig wird. Die Europäische Kommission ist der „Motor der Gemeinschaft". Sie soll ein Gegengewicht zum Ministerrat darstellen. Ihre 27 Mitglieder werden von den EU-Staaten einvernehmlich auf vier Jahre ernannt. Sitz der Kommission ist Brüssel.

Der Ministerrat

Der Ministerrat stellt zusammen mit dem Europäischen Parlament die Legislative der EU dar. Im Zusammenwirken mit der Europäischen Kommission und dem Europäischen Parlament trifft er die gesetzgeberischen Entscheidungen, die für die Mitgliedstaaten verbindlich sind. Zusammengesetzt ist der Ministerrat aus den Vertretern der 27 Mitgliedstaaten, das heißt den jeweils zuständigen Fachministern.

Das Europäische Parlament

Das Europäische Parlament teilt sich im Gegensatz zu den nationalen Parlamenten die Gesetzgebungsbefugnis mit dem Ministerrat. Seine Rechte wurden mit dem Inkrafttreten des Lissabon-Vertrages am 1. Dezember 2009 deutlich ausgeweitet. Allgemein gilt das EU-Parlament als der Gewinner im Rahmen des Umbaus der EU. Damit wurde das Demokratiedefizit der EU zwar nicht gänzlich behoben, aber signifikant verringert. Auch künftig besitzen die Regierungen der einzelnen Mitgliedstaaten ein entscheidendes Beschlussrecht. Während in der Vergangenheit nur Teile der EU-Gesetze der Zustimmung des Parlaments bedurften, gilt nunmehr dessen gleichberechtigte Mitentscheidung als Regel. Neue Befugnisse sind hinzugetreten. Eine Aufwertung des EU-Parlaments drückt sich auch dadurch aus, dass der Präsident der Kommission in Zukunft vom Parlament gewählt wird. Dies geschieht auf Vorschlag des Europäischen Rats. Allerdings besitzen die europäischen Parlamentarier kein so genanntes Initiativrecht, das heißt sie können nicht von sich aus Gesetze in den dafür erforderlichen Prozess einbringen.

Ein europäischer Bundesstaat – vergleichbar den USA – wird so lange nicht möglich sein, wie große nationale und regionale Interessenunterschiede bestehen. Noch auf absehbare Zeit wird die EU ein politisches System bleiben, in dem die Einzelstaaten ihre Vorteile suchen und in dem folglich der politische Alltag durch Kompromissfindungen geprägt sein wird. So lange diese Grundsituation vorgegeben ist, kann es auch kein Europäisches Parlament geben, das in eigener Souveränität Gesetze beschließt, die für die ganze EU gültig sind (Sitz: Straßburg und Brüssel).

Der Europäische Gerichtshof

Der Europäische Gerichtshof überwacht das rechtmäßige Handeln von europäischen Organen und spricht Recht bei Streitigkeiten und Verstößen gegen das EU-Recht. Im Zuge der europäischen Einigung hat auch die Bedeutung des Gerichtshofes zugenommen. Immer häufiger wird europäisches Recht berührt beziehungsweise nationales Recht von diesem überlagert. 27 Richter und acht Generalstaatsanwälte, die von den Regierungen der Mitgliedstaaten im Einvernehmen für sechs Jahre ernannt werden, bilden den Europäischen Gerichtshof mit Sitz in Luxemburg.

Der Europäische Rat

Der Europäische Rat besteht aus den Staats- und Regierungschefs der EU-Länder, seinem Präsidenten sowie dem Präsidenten der EU-Kommission. Die „europäischen Gipfeltreffen" finden zweimal jährlich statt. Auf dieser Ebene werden alle fundamentalen Entscheidungen getroffen. Bei bestimmten Sachfragen kommen die jeweils zuständigen Minister zusammen. Die Europa-Politik wird nach wie vor von den Exekutiven der einzelnen EU-Mitgliedstaaten beherrscht. Wichtige Beschlüsse, zum Beispiel in den Bereichen Steuer-, Außen- und Sicherheitspolitik, erfordern die Einstimmigkeit, was naturgemäß die Entscheidungsfindung erschwert. In anderen Fällen genügt die einfache beziehungsweise die qualifizierte Mehrheit. Ähnlich wie im deutschen Bundesrat gibt es eine Gewichtung der einzelnen Länderstimmen, abgestuft nach der Einwohnerzahl des Landes. Eine sogenannte qualifizierte Mehrheit erfordert 55 % der Mitglieder im Rat, die 65 % der EU-Bevölkerung repräsentieren.

M 1 (Stand: 2010)

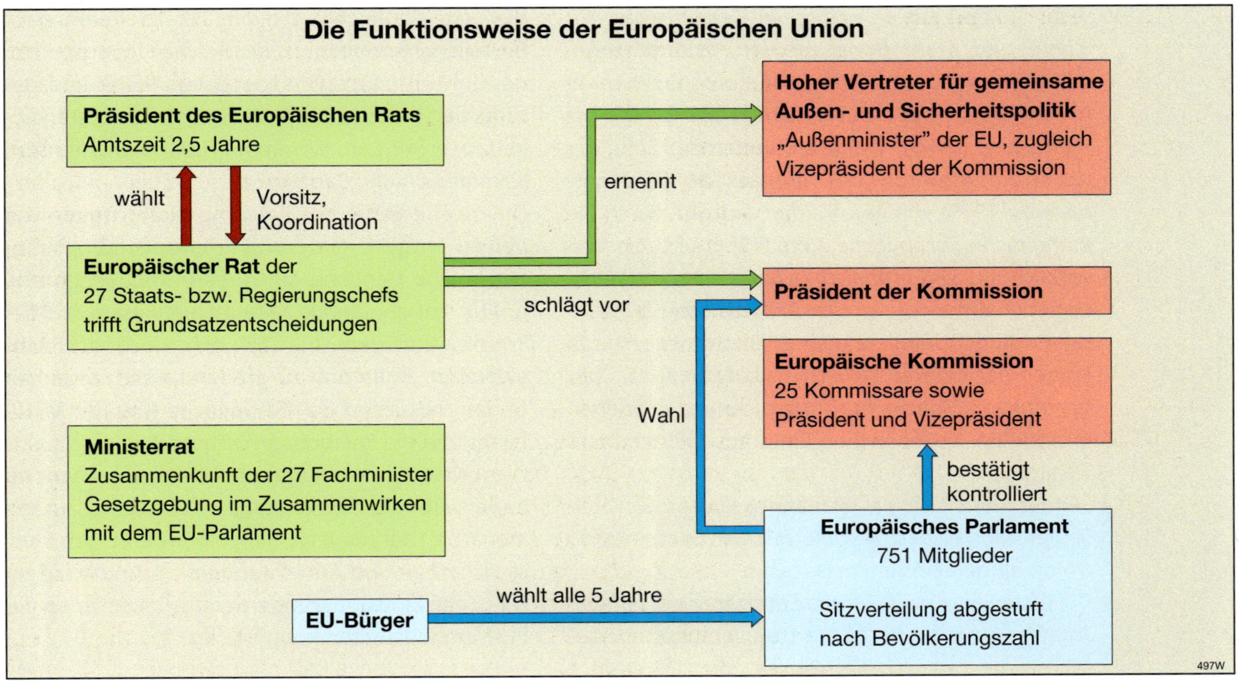

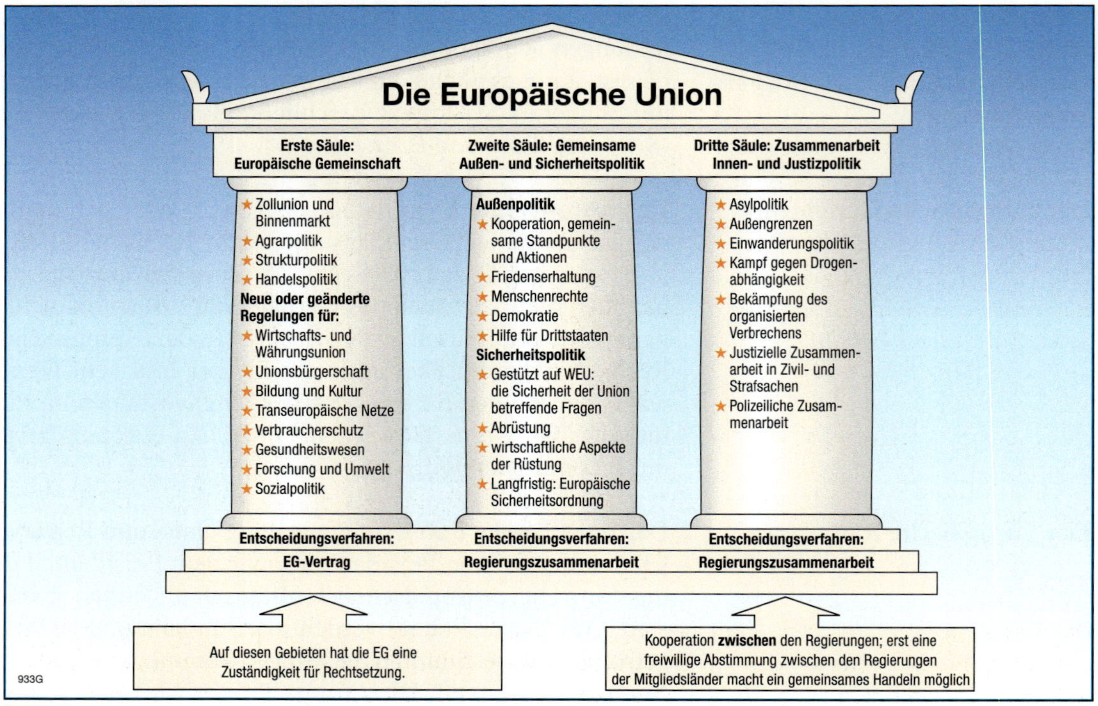

M 2

M 3 Drei Säulen der europäischen Einigung

Grundlagen und Regeln der europäischen Zusammenarbeit sollen in der künftigen EU-Verfassung ihren Platz finden. Bisher sind sie verstreut über ein vielschichtiges Vertragswerk, in dem sich die Etappen eines mehr als 50 Jahre andauernden Integrationsprozesses widerspiegeln. 1951 hatten sich sechs Staaten zur *Europäischen Gemeinschaft für Kohle und Stahl (Montanunion)* zusammengeschlossen; mit dem Vertrag von Rom (1957) vereinigten sie sich zur *Europäischen Wirtschaftsgemeinschaft (EWG)*. Weitere Etappen der Einigung waren die Einführung des *Europäischen Währungssystems* (1979), die Reform der Verträge durch die *Einheitliche Europäische Akte* (1986) und die Verwirklichung des *Europäischen Binnenmarkts* (1993). Daneben entwickelten sich Ansätze einer gemeinsamen Außenpolitik und einer Zusammenarbeit in Fragen der inneren Sicherheit und der Justiz. Der *Vertrag von Maastricht* führte diese verschiedenen Stränge der europäischen Einigung 1993 erstmals zusammen.

Seitdem lässt sich das vereinigte Europa als Drei-Säulen-Modell beschreiben, mit der *Europäischen Union* als gemeinsamem Dach.

Die erste Säule steht für die *Europäischen Gemeinschaften* und die im EG-Vertrag verankerten Verfahren der Gemeinschaftspolitik. Die EG verfügt über supranationale Zuständigkeiten u.a. im Bereich der Zoll- und Handelspolitik, der Agrarpolitik, der Wettbewerbspolitik, des Binnenmarktes und der Wirtschafts- und Währungsunion. Seit dem Vertrag von Amsterdam fallen auch Fragen der Freizügigkeit, des Asylrechts und der Einwanderung in ihren Kompetenzbereich. Verstärkt wird die erste Säule ferner durch Zuständigkeiten im Bereich der Sozialpolitik, der Beschäftigungspolitik, des Umweltschutzes und des Gesundheits- und Verbraucherschutzes. Die Ausübung dieser Zuständigkeiten erfolgt im Zusammenspiel zwischen Rat, Kommission und Parlament.

Die zweite Säule des Einigungswerks ist die von den EU-Mitgliedstaaten außerhalb des EG-Vertrags betriebene *Gemeinsame Außen- und Sicherheitspolitik*. Entscheidende Akteure auf diesem Feld der Politik, auf dem die EU erst noch zu einer aktiveren Rolle und zu größerer Geschlossenheit finden muss, sind der Europäische Rat, der Ministerrat und die Ratspräsidentschaft.

Die dritte Säule schließlich bildet die ebenfalls außerhalb des EG-Vertrags vereinbarte Zusammenarbeit der Regierungen in den Bereichen *Innere Sicherheit und Justiz*, auf deren Grundlage Polizei-, Zoll-, Einwanderungs- und Justizbehörden der EU-Mitgliedstaaten kooperieren.

Schmidt Zahlenbild 714 020

M 4 **„Wir sind da, und weiter geht's im Gleichschritt!"**

Karikatur zur Aufnahme von drei neuen Mitgliedern in die EU. Viele Europa-Karikaturisten verwenden das Bild von der „Europa auf dem Stier". Dahinter verbirgt sich der altgriechische Mythos vom Raub der phönizischen Königstochter Europa durch den als Stier verkleideten Göttervater Zeus, Karikatur von Horst Haitzinger, 1994.

M 5 **Was ist die Europäische Union?**

Den staatsrechtlichen Charakter der EU erläutert der Staatsrechtler Hans Boldt:

Manches an der Union erinnert, um einen älteren, vertrauten Begriff zu verwenden, an einen Staatenbund: dass die Union auf Verträgen ihrer Mitgliedsstaaten basiert, dass es Regierungsorgane der Mitgliedstaaten sind, die im Europäischen Rat und im Ministerrat die entscheidenden Beschlüsse fassen, dass in wesentlichen Fragen das Prinzip der Einstimmigkeit gewahrt bleibt, kein Mitglied überstimmt werden kann, dass Richtlinien in nationales Recht umgesetzt werden müssen, um Geltung gegenüber den Bürgern zu erlangen, oder dass die Union weitgehend auf intergouvernementale Zusammenarbeit [Zusammenarbeit zwischen den Regierungen] setzt. Anderes verleiht der Union eher bundesstaatliche Züge: die Existenz rechtlich selbstständiger Gemeinschaftsorgane, die Ansätze zu einer Unionsbürgerschaft und das Vorhandensein einer von den Mitgliedsstaaten unabhängigen Bürgerrepräsentation, die eigenständige Rechtsordnung mit Vorrang gegenüber dem Recht der Mitgliedsstaaten.[…]

Sicherlich hat sie sich heute weit entfernt von einem wirtschaftlichen „Zweckverband", als den man sie in den Sechzigerjahren mit einiger Plausibilität ausgegeben hatte. Indessen fehlt ihr offensichtlich noch einiges an Staatlichkeit, um sie einfach als einen Bundesstaat bezeichnen zu können: Sie hat keine Regierung, die vom Volk oder Parlament legitimiert wird, die gerade eingeführte Unionsbürgerschaft stellt keine Staatsangehörigkeit im vollen Sinne dar, es gibt weder ein Staatsvolk der Union, noch besitzt sie ein Staatsgebiet, über das sie verfügen könnte. […] Der Umstand, dass die Union keinen typischen Staatenbund darstellt, aber auch kein Bundesstaat ist, hat neuerdings zu ihrer Deklarierung als „Staatenverbund" geführt. Das Bundesverfassungsgericht will damit in seinem Maastricht-Urteil vom 12. Oktober 1993 offensichtlich die Zwischenposition der Gemeinschaft zwischen Bundesstaat und Staatenbund kennzeichnen, ohne dass diese Kennzeichnung freilich dem, was aus den Verträgen herauszulesen ist, etwas Erhellendes hinzufügt. Man kann die Union genauso gut als „Staatenbund mit bundesstaatlichen Zügen" bezeichnen oder einfach als ein Zwischending zwischen beiden, wobei die Eigenart der Europäischen Gemeinschaft und nun der Europäischen Union gerade darin besteht, dass sie ein sich veränderndes, auf einen immer engeren Zusammenschluss ihrer Mitgliedsstaaten gerichtetes Gebilde darstellt, ohne dass ihr selbstverständliches Endstadium der Bundesstaat sein muss.

H. Boldt, Die Europäische Union, Mannheim 1995, S. 88 f.

M 6 **Die Europäische Einigung und der Nationalstaat**

Der Politikerwissenschaftler Karl-Rudolf Korte begründet, warum der Nationalstaat alter Prägung viele Probleme nicht lösen kann:

„Für die Lösung der großen Probleme des Lebens ist der Nationalstaat zu klein und für die kleinen zu groß" – so fasste der Politikwissenschaftler Daniel Bell die Kernproblematik eines mittlerweile alten Themas zusammen. […] Die Frage ist nur, was denn Nation und Nationalstaat am Ende des 20. Jahrhunderts sinnvoll bedeuten können und wo ihre Grenzen liegen.

[...] Der Nationalstaat ist vor diesem Hintergrund einem doppelten Kompetenzverlust ausgesetzt. Er ist in zweifacher Hinsicht heute bereits überholt und unzeitgemäß:

– Der Nationalstaat kann die ihm gestellten Aufgaben der Gewährung von Sicherheit und Wohlfahrt nicht mehr alleine wahrnehmen. Internationale Organisationen und Staatenbündnisse sind Ausdruck der gewachsenen Verflechtungen. Das Selbstverständnis als autonomer und souveräner Staat ist fiktiv [hier: nicht realistisch]. Er ist zu klein, um die anstehenden Probleme zu lösen.

– Der Nationalstaat konkurriert aber auch mit regionalen Autonomiebestrebungen. Er ist oftmals zu groß, um spezielle Regelungsbedürfnisse der Provinzen zu befriedigen. [...]

Die Unzeitgemäßheit des traditionellen Nationalstaates soll weiter veranschaulicht werden: Der alte Staat zehrt aus. Er wird zu eng für die Lösung der Probleme, die Aufgaben wandern über seine Grenzen hinweg aus. [...] Der Grad der außenwirtschaftlichen Verflechtung lässt keinen Spielraum für Alleingänge: Über 65 Prozent der Exporte und Importe entfallen beispielsweise in Deutschland auf Länder der EU. [...]

Die Gewährleistung des wirtschaftlichen Wohlstands ist abhängig von der Integration der europäischen Volkswirtschaften. [...]

80 Prozent der marktrelevanten Gesetzgebung werden sich mit der Vollendung des Binnenmarktes auf die europäische Ebene verlagern. Kann man Umweltfragen, Währungsmodalitäten, Verkehrsprobleme im nationalstaatlichen Rahmen klären? Die Probleme sind über die nationalstaatlichen Grenzen längst hinausgewandert. Sie bedürfen der Regelung im europäischen Rahmen. Auch der Innovationswettbewerb mit den USA und Japan verlangt einen großen Wirtschaftsraum. Ebenso ist der Nationalstaat verteidigungspolitisch anachronistisch [unzeitgemäß]. Erst die sicherheitspolitische Integration in das transatlantische und europäische Bündnis lässt auch äußere Sicherheit zu. [...]

K.-R. Korte, Das Dilemma des Nationalstaates in Westeuropa: Zur Identitätsproblematik der europäischen Integration, in: APuZ, Nr. 14/1993, S. 21 ff.

M 7 Europa ohne Verfassung

Der Historiker Heinrich August Winkler sieht Europa in der Krise:

Machen wir uns nichts vor: Der europäische Verfassungsvertrag hat keine Aussichten mehr, jemals in Kraft zu treten. Dem Nein der Referenden in Frankreich und den Niederlanden werden vermutlich weitere folgen; Großbritannien hat sich durch die vorläufige Aussetzung des Ratifizierungsverfahrens von dem Projekt bis auf Weiteres verabschiedet. Selbst wenn der Vertrag noch von einer Mehrheit der Mitgliedstaaten ratifiziert werden sollte: Die Neinsager werden sich dadurch schwerlich um- und keineswegs überstimmen lassen. [...]

Das Nein zum Verfassungsvertrag läuft auf ein Ja zum Vertrag von Nizza hinaus, der dem Demokratieprinzip Hohn spricht und ein Unterpfand dafür ist, dass die Europäische Union niemals das Ziel erreichen wird, in wichtigen politischen Fragen mit einer Stimme zu sprechen. Jene Neinsager, die von sich behaupten, sie wollten eine bessere, demokratischere und handlungsfähigere EU, haben also für das Gegenteil dessen gestimmt, was sie wollen oder zu wollen vorgeben. [...]

Wenn Europa zunehmend als Domäne einer verselbstständigten Exekutivgewalt wahrgenommen wird, dann liegt das nicht nur an der Selbstherrlichkeit, mit der Brüssel schaltet und waltet. Es liegt auch daran, dass die wichtigsten Richtungsentscheidungen von den nationalen Regierungen im Europäischen Rat ohne parlamentarische Vollmacht, ja häufig ohne jede öffentliche Debatte getroffen werden. Statt eines herrschaftsfreien Diskurses eine diskursfreie Herrschaft: Es sind die europäischen Regierungen, die es zu verantworten haben, dass ihre Beschlüsse oft nur so und nicht anders wahrgenommen werden.

Nie ist die Politik der vollendeten Tatsachen so krass durchexerziert worden wie im Dezember 1999, als der Europäische Rat auf seinem Gipfel in Helsinki unter massivem amerikanischen Druck beschloss, der Türkei den Kandidatenstatus zu verleihen. In einer Nacht- und Nebelaktion trafen die Staats- und Regierungschefs eine Entscheidung, die den Charakter der Europäischen Union radikal zu verändern droht: weg vom Projekt der Politischen Union, hin zu einem lockeren Bund souveräner Nationalstaaten, der nicht mehr durch eine gemeinsame politische Kultur, sondern nur noch durch gemeinsame Wirtschafts- und Sicherheitsinteressen zusammengehalten wird.

„Das haben wir nicht gewollt!", werden die Betreiber des Beschlusses von Helsinki versichern. Doch die Wirkung einer Europäischen Union, die bis zum Euphrat und Tigris reicht, war auch schon 1999 absehbar: Eine derart überdehnte EU wäre zwar räumlich groß, aber infolge der extrem unterschiedlichen Traditionen und Interessen ihrer Mitgliedstaaten nicht mehr handlungsfähig. In einem solchen Gebilde würde sich auch kein Gefühl der

Zusammengehörigkeit und Solidarität entwickeln können. […]
Was der Europäische Konvent im Jahr 2003 vorgelegt und der Europäische Rat im Oktober 2004 in leicht veränderter Form verabschiedet hat, ist der Entwurf eines zwischenstaatlichen Vertrages, der in Kraft tritt, wenn er von allen Mitgliedstaaten ratifiziert worden ist. Die Staaten bleiben die Herren der Verträge. […]
Wahrscheinlich wären die Widerstände gegen die überfällige Reform der Entscheidungsprozesse und Institutionen geringer, wenn Rat und Konvent auf den Begriff „Verfassung" verzichtet und stattdessen, bescheidener und realistischer, von einem „Grundlagenvertrag" gesprochen hätten. Der Appell an die Furcht vor einer Staatswerdung der EU oder gar einem europäischen „Superstaat" wäre in diesem Fall wohl weniger erfolgreich gewesen.
Die schwerfälligen, undurchsichtigen, undemokratischen Prozeduren des Vertrags von Nizza jedoch bieten der EU keine Zukunftsperspektive. Die Union der 25 wäre mit diesem Vertrag allenfalls bedingt funktionsfähig, und sie wäre strukturell erweiterungsunfähig. Sie ist auf einige der institutionellen Reformen, die der Verfassungsvertrag vorsieht, geradezu existenziell angewiesen. Dazu gehören die Anpassung der Stimmverhältnisse im Europäischen Rat an die Bevölkerungsgrößen; die Zurückdrängung des Erfordernisses einstimmiger Entscheidungen zu Gunsten von Mehrheitsentscheidungen; das Prinzip der „doppelten Mehrheit", also der Mehrheit der Staaten und der Unionsbürgerschaft; die Einbindung der nationalen Parlamente in die europäische Politik; die Stärkung des Europäischen Parlaments gegenüber der Kommission; die Verkleinerung der Kommission durch Abkehr von der Regel, dass jedes Land einen Kommissar stellt; die Wahl eines Ratspräsidenten, der für zweieinhalb Jahre gewählt wird und einmal wiedergewählt werden kann. […]
Im Stil des aufgeklärten Absolutismus lässt sich Europa-Politik nicht länger erfolgreich betreiben. Wenn die Krise dieser Einsicht zum Durchbruch verhilft, hat sie etwas Gutes bewirkt. Eine Reform der europäischen Institutionen und Entscheidungsprozesse ist überfällig.

H. A. Winkler, Grundlagenvertrag statt Verfassung, aus: FAZ, 18.6.2005.

M 8 Plakat aus dem Wettbewerb des „European Recovery Program" (1950)
Amerikanische Hilfe für das europäische Segelschiff

Aufgaben

1. Stellen Sie die Aufgaben und Kompetenzen der Hauptorgane der EU dar.
   → Text, M1
2. Wie beurteilen Sie die Verwirklichung des Demokratieprinzips in der EU?
   → Text
3. Erklären Sie die „Tempelkonstruktion" der heutigen EU.
   → M2, M3
4. Welcher Abstimmungsmodus gilt im Ministerrat? Erörtern Sie das Für und Wider von Mehrheitsentscheidungen (statt der Einstimmigkeit).
   → Text, M5
5. Untersuchen Sie den staatsrechtlichen Charakter der EU.
   → Text, M5
6. Erläutern Sie das Spannungsverhältnis, in dem die europäische Einigung zum traditionellen Nationalstaat steht.
   → M6, M7

Geschundener Kontinent

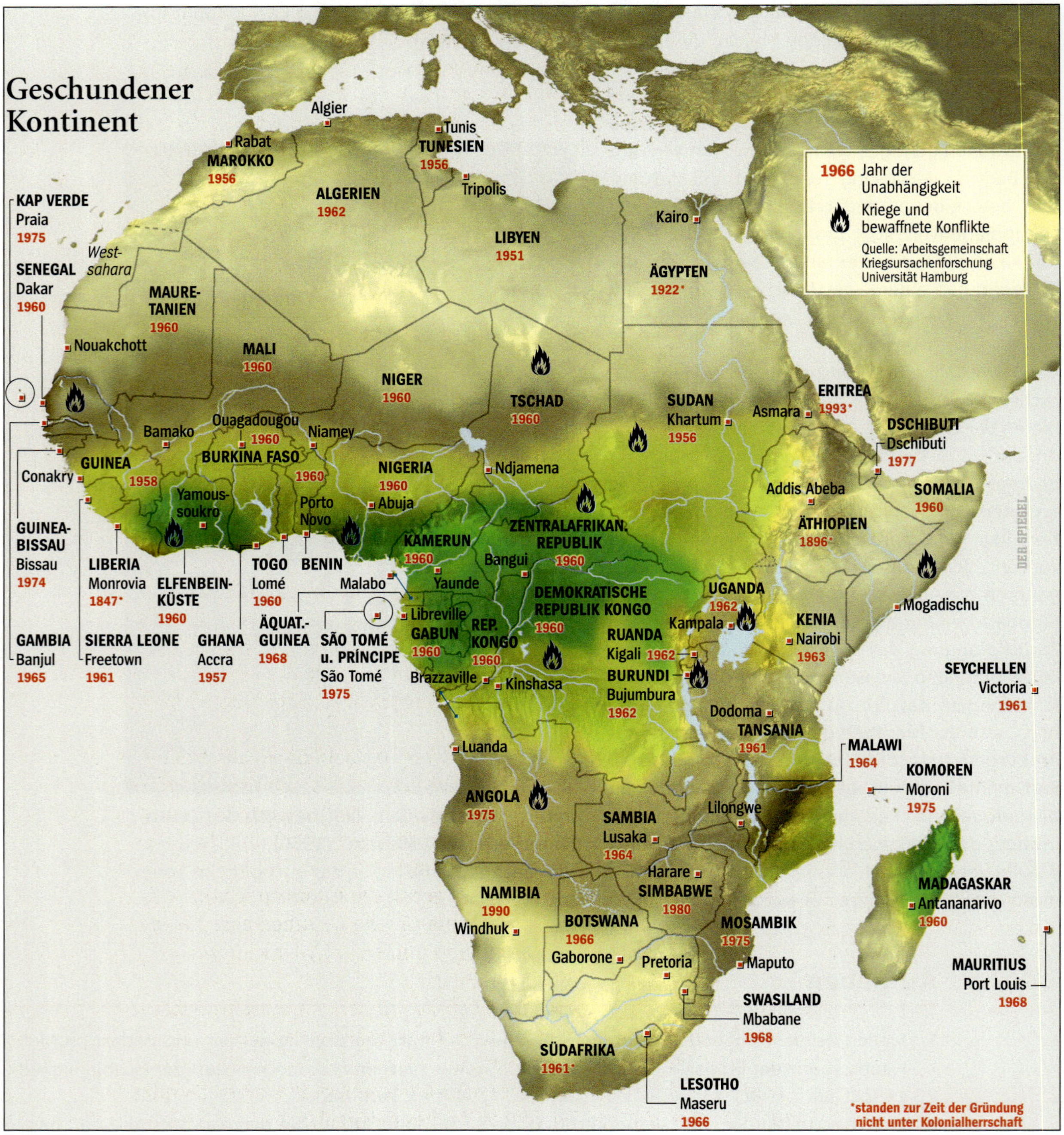

18. Struktur und Perspektiven des Nord-Süd-Konflikts

Chronik der Entkolonialisierung

1922	Großbritannien erkennt die Unabhängigkeit Ägyptens an, seit 1914 Protektorat, sichert sich aber gewisse Vorrechte.
1951	Libyen wird unabhängig von Italien.
1952	In Kenia beginnt der Mau-Mau-Aufstand gegen die britische Kolonialverwaltung, der bis 1956 dauert und brutal niedergeschlagen wird. Letztlich leitet er aber ein Umdenken und den Rückzug Großbritanniens ein.
1956/57	Sudan, Marokko, Tunesien und Ghana als erstes schwarzafrikanisches Land werden unabhängig.
April 1958	Der Führer des Panafrikanismus, der ghanaische Präsident Kwame Nkrumah, lädt Vertreter der acht unabgängigen afrikanischen Staaten zur All-African People's Conference ein. Man beschließt weitgehende Zusammenarbeit und blockfreie Außenpolitik.
Juni 1960	Der schlecht vorbereitete Rückzug Belgiens aus dem Kongo führt zum größten afrikanischen Konflikt und entwickelt sich zu einem Stellvertreterkrieg zwischen Ost und West.
1960–1968	33 afrikanische Länder werden unabhängig.
März 1962	Der Befreiungskrieg in Algerien endet nach acht Jahren mit einem Waffenstillstand; im Juli folgt die Unabhängigkeit von Frankreich.
Mai 1963	30 unabhängige Staaten gründen die Organisation Afrikanischer Einheit (OAU).
November 1965	Rhodesien erklärt einseitig seine Unabhängigkeit von Großbritannien, was die UNO verurteilt.
1974	Zaire nimmt als erste afrikanische Mannschaft an einer Fußball-WM teil.
1974–1977	Acht afrikanische Länder werden unabhängig, darunter Mosambik und Angola nach 10- bzw. 14-jährigem Kampf.
Mai 1975	Gründung der Wirtschaftsgemeinschaft westafrikanischer Staaten (Ecowas). Seit Ende der 80-er Jahre unterhält sie eine Friedenstruppe (Ecomog).
Juni 1976	In Soweto löst der Protest gegen die Einführung von Afrikaans als zweite Unterrichtssprache Unruhen aus, die auf das ganze Land übergreifen und viele Opfer kosten.
1980	Simbabwe wird unabhängig.
1986	Der Nigerianer Wole Soyinka wird als erster Schwarzafrikaner mit dem Literaturnobelpreis ausgezeichnet.
1990	Namibia wird unabhängig.
Februar 1990	Nelson Mandela wird nach 27 Jahren Haft als Vorkämpfer des „African National Congress“ freigelassen. Der ANC erklärt den Kampf gegen die weiße Regierung für beendet.
Dezember 1993	Nelson Mandela und der letzte weiße Premier Südafrikas, Frederik Willem de Klerk, werden für die Abschaffung der Apartheid mit dem Friedensnobelpreis ausgezeichnet.
Mai 1994	Nelson Mandela wird nach dem Wahlsieg des ANC zum ersten schwarzen Präsidenten Südafrikas.

18.1 Armut und Unterentwicklung: Bestandsaufnahme

Historische Belastungen

Nachdem sich Portugal als letzte Kolonialmacht 1975 aus Afrika zurückgezogen hatte, fand ein Vorgang seinen Abschluss, der nach dem 2. Weltkrieg eingesetzt hatte und als Entkolonialisierung bezeichnet wird. In diesem Prozess spiegelt sich sowohl der politische Machtverlust der europäischen Mächte als auch das gewachsene Nationalbewusstsein in den (ehemaligen) Kolonien wider.

Die Europäisierung der Welt im 16.–19. Jahrhundert hatte die meisten der heutigen Entwicklungsländer in ein von Europa beherrschtes Weltwirtschaftssystem eingegliedert. Unmittelbare Folgen der Epoche des Kolonialismus und später des Imperialismus waren unter anderem die Versklavung, die Ausbeutung von Edelmetallvorkommen und die Errichtung von Monokulturen. Die Bemühungen der entkolonialisierten Länder, ihre Unterentwicklung zu überwinden, blieben aufgrund ihrer Wirtschaftsstruktur als Rohstofflieferanten mit einer Hypothek belastet. Die politische Unabhängigkeit stand folglich im Widerspruch zur wirtschaftlichen Abhängigkeit. Viele Politiker und Wissenschaftler – nicht nur in den Entwicklungsländern – haben daher oft betont, dass nur das Kolonialsystem alter Prägung beseitigt wurde, dass sich aber in der gegenwärtigen Struktur der Weltgesellschaft und Weltwirtschaft die Übermacht der ehemaligen kolonialen Mutterländer erhalten habe. Sie sprechen in diesem Zusammenhang von einem Neo-Kolonialismus.

Die Gegner dieser Ansicht verweisen darauf, dass sich die heutige Verarmung der Dritten Welt durch die koloniale Vergangenheit allein nicht erklären lasse. Sie sehen die Auswirkungen des Kolonialismus nicht nur negativ, zumal viele Maßnahmen der infrastrukturellen Verbesserung durch die Kolonialmächte veranlasst wurden. In diesem Zusammenhang dienen zum Beispiel Länder wie Afghanistan oder Äthiopien als Beleg dafür, dass nie kolonialisierte Länder heute entwicklungsmäßig keineswegs fortgeschrittener sind als ehemalige Kolonien.

Schichtung der Dritten Welt

Der Begriff „Dritte Welt“ entstand in den Fünfzigerjahren des letzten Jahrhunderts vor dem Hintergrund des Ost-West-Konflikts. Er bezog sich zunächst auf jene jungen Staaten vor allem in Afrika und Asien, die ihre Selbstständigkeit erlangt hatten und die sich nicht in die Systemkonkurrenz zwischen der kapitalistischen (ersten) Welt und der sozialistischen (zweiten) Welt einfügen wollten.

Die Auseinanderentwicklung der Dritten Welt lässt diese Bezeichnung aus heutiger Sicht als viel zu ungenau erscheinen. Auch der Begriff „Entwicklungsländer“ verdeckt vielfältige Unterschiede und besitzt keine klaren Umrisse. Ausgehend von einem Beschluss der UNO (1971) benannte man die „am wenigsten entwickelten Länder“ (Least Developed Countries, LDC), denen besondere finanzielle Vergünstigungen zuteil wurden. Zu dieser Gruppe zählen gegenwärtig 49 Staaten – vorwiegend in Afrika südlich der Sahara. Für sie hat sich auch die Bezeichnung „Vierte Welt“ eingebürgert. Eine weitere Gruppe bilden die „More Advanced Developing Countries“ (MADC), zu denen zum Beispiel Brunei, Katar, Kuweit und Malta gezählt werden.

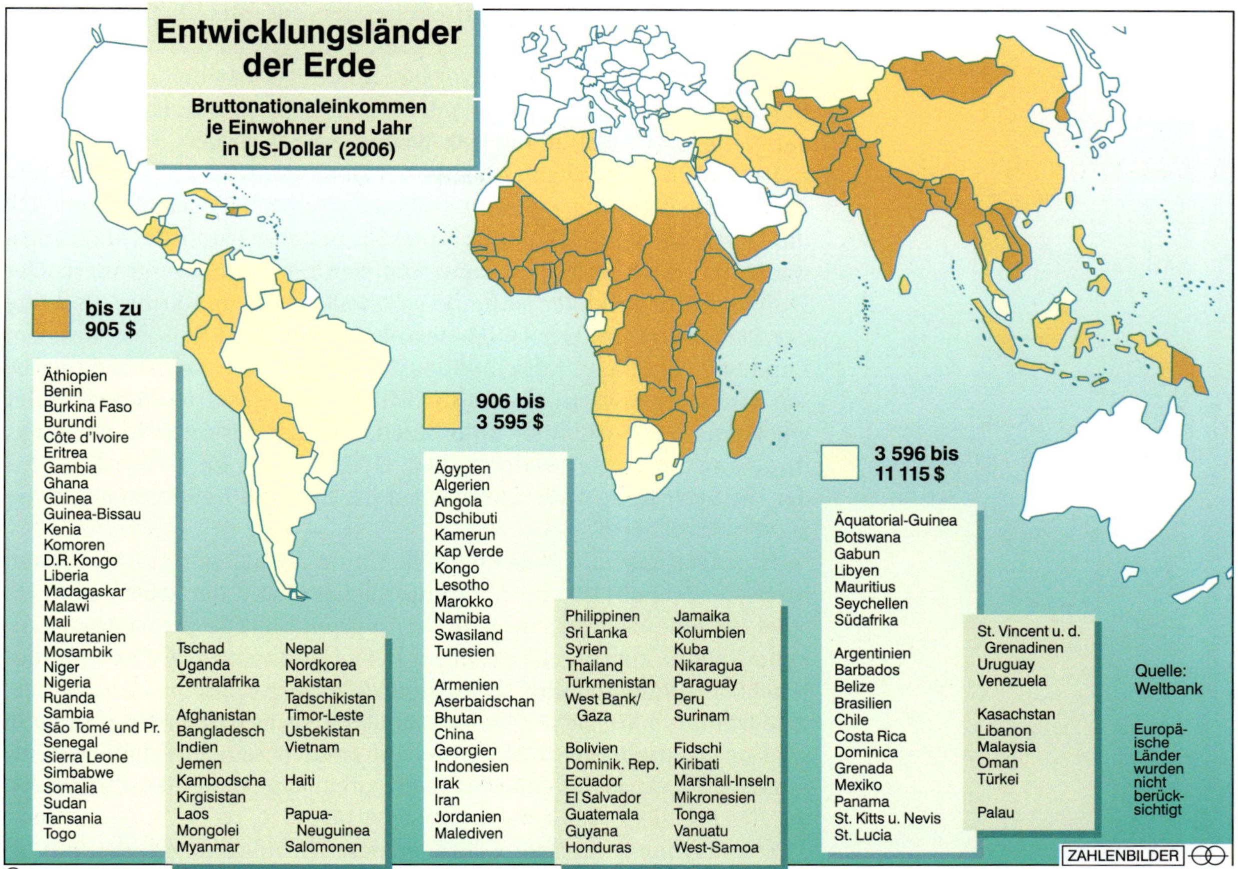

 603 650

M 1

Für Länder, die den Einstieg in die Industrialisierung bereits gefunden haben, hat sich die Bezeichnung „Newly Industrializing Countries" (NIC) durchgesetzt (deutsch: Schwellenländer). In Bezug auf diese wird bereits unterschieden zwischen solchen der ersten Generation (Taiwan, Südkorea, Hongkong, Singapur, Brasilien, Argentinien, Mexiko) und denen der zweiten Generation (zum Beispiel Malaysia, Thailand, Philippinen). Als besondere Gruppe gelten die Öl exportierenden Länder, die ein sehr hohes Pro-Kopf-Einkommen ausweisen, wie z. B. Saudi-Arabien und die Vereinigten Arabischen Emirate. Die Schichtung der Länder der Dritten Welt hat im letzten Jahrzehnt ein deutlich schärferes Gefälle erhalten. Insgesamt ergibt sich ein widersprüchliches Gesamtbild. Während einige asiatische Schwellenländer enorme Wachstumsschübe zu verzeichnen haben und sich dem Niveau der Industrieländer nähern, stagniert die Entwicklung in den meisten ganz armen Ländern. Vor allem Afrika droht zum globalen Sozialfall zu werden, weil auf diesem Kontinent eine rasch wachsende Bevölkerung und eine sinkende Produktion von Nahrungsmitteln zusammenkommen. Hungerkrisen sind somit vorprogrammiert.

Bevölkerungswachstum

Gerade das afrikanische Beispiel macht deutlich, dass die hohen Geburtenraten und der damit verknüpfte Bevölkerungsdruck die meisten – oft genug bescheidenen – Entwicklungserfolge zunichte machen.

2008 hat die Erdbevölkerung die 6,7-Milliarden-Grenze überschritten. Die Bevölkerungsexplosion ist zunächst einmal ein Problem des

Südens, wobei ein nicht zu übersehender Zusammenhang zwischen niedrigem Lebensstandard, niedrigem Bildungsgrad und hoher Geburtenrate besteht. Die Experten streiten allerdings darüber, ob das rapide Bevölkerungswachstum Folge oder Ursache der Armut ist. Afrika und der Nahe Osten weisen höchste Wachstumsraten auf.

Im Jahr 2010 wird nach Aussage der Demografen der UNO Schwarzafrikas Bevölkerung die Eine-Milliarde-Schwelle überschreiten. Da die Wirtschaftsentwicklung mit diesem ungebremsten Bevölkerungswachstum nicht mithalten kann, hat sich die Armut vergrößert. Der Durchschnittsafrikaner ist heute ca. zwanzig Prozent ärmer als Mitte der Siebzigerjahre. Der UNO-Bevölkerungsbericht hält fest, dass ein Land wie Nigeria im Jahre 2050 fast 290 Millionen Menschen umfassen wird – gegenwärtig sind es 154 Millionen. Selbst fruchtbare Länder wie Kenia oder Äthiopien sind bereits heute nicht mehr in der Lage, ihre Einwohner zu ernähren. Das UNO-Milleniumsziel, den Anteil der weltweit hungernden Menschen bis 2015 zu halbieren, ist kaum zu verwirklichen.

Hingegen gibt die Volksrepublik China – mit über 1,3 Milliarden Menschen (noch) das bevölkerungsreichste Land der Welt – ein Beispiel für eine erfolgreiche Bevölkerungspolitik. Die propagierte Ein-Kind-Familie hat bereits zu einer bemerkenswerten Abflachung der Wachstumskurve geführt. Die Erdbevölkerung umfasste um 1800 ca. eine Milliarde Menschen, im Jahr 2000 ca. sechs Milliarden und 2050 werden es knapp zehn Milliarden Menschen sein. An diesen Trend muss sich zwangsläufig die Frage knüpfen: Wie viele Menschen kann die Erde tragen?

Schon heute verursachen die allgemeine Bevölkerungszunahme und die Landflucht ein rapides Wachstum der großen Städte in der Dritten Welt. Chaotische Verhältnisse in diesen Ballungszentren sind die Folge: Slums, Arbeitslosigkeit, Kriminalität, Umweltverschmutzung.

Verschuldung und Rüstung

Die Situation in vielen Ländern der Dritten Welt hat sich zudem aufgrund der Verschuldung in den letzten Jahren verschlechtert. Die Exporteinnahmen reichen oft nicht mehr aus, um Zinsen und Kredittilgungen zu bezahlen. Etliche Länder stehen vor dem finanziellen Zusammenbruch. Darum wurden 2005 den ärmsten 18 Ländern die Schulden erlassen.

Dass die Dritte Welt krisengeplagt ist, wird auch daran ersichtlich, dass fast alle Kriege seit 1945 in ihren Regionen stattfanden. Die Aufrüstung beschränkte sich in der Vergangenheit des Kalten Krieges keineswegs auf die beiden großen Militärblöcke NATO und Warschauer Pakt; vielmehr importierten zum Teil selbst arme bzw. hoch verschuldete Staaten in großem Umfange Waffen (vor allem im Nahen Osten und in Afrika). Diese Rüstungsausgaben belasteten die nationalen Haushalte der Entwicklungsländer und entzogen den eigentlichen Entwicklungsaufgaben das nötige Kapital. Die Verfügung über moderne Waffen ist heutzutage oft genug eine Prestigeangelegenheit für die Eliten der Entwicklungsländer. Diese sind ihren innen- oder außenpolitischen Interessen (Kampf gegen innere Opponenten oder Nachbarländer) mehr verpflichtet als der Entwicklungsverantwortung für die armen Bevölkerungsschichten ihrer Länder.

M 2 **Glanz und Elend**
Vom Ölreichtum seines Landes spürt der gewöhnliche nigerianische Bürger wenig. Zwei Drittel der Bevölkerung leben unterhalb der Armutsgrenze von einem US-Dollar am Tag – oft in Slums wie hier bei Lagos.

M 3 **Lagos – Megacity**

Der nigerianische Schriftsteller Chris Abani zeichnet ein Porträt seiner Heimatstadt – der zweitgrößten Stadt des afrikanischen Kontinents:

Im Schatten der Hochhäuser, hinter den Großkonzernen auf der Broad Street, breitet sich das echte Lagos aus wie eine Matte aus rostigen Dächern. In irgendeinem dieser Slums, in einer der Holzhütten, die hier auf Pfählen im Morast erbaut werden, steht in diesem Augenblick ein kleines Kind und lurt [späht] durch ein Loch in der Wand. In der Ferne erhebt sich eine Linie von Wolkenkratzern, wie der unregelmäßige Herzschlag eines Gebets.
In der Ikoyi Bay tüpfeln Boote die See, ihre Segel wie faule Möwen, die sich von der Brise tragen lassen. Auf der anderen Seite der Bay, da, wo einst Maroko war, liegt heute das Millionärsdorf Ikoyi im schwachen Dunst. Ich glaube, der Dunst ist der Geist dieses verschwundenen Ortes, der die Reichen heimsucht, sodass sie trotz ihrer vier Meter hohen Mauern, die mit Stacheldraht oder Glasscherben gekrönt sind, trotz ihrer Suchscheinwerfer und bewaffneten Wachen nicht ihren Frieden finden, weil man immer das Wimmern einer klagenden Frau hört, einer Frau, die um ihr Kind weint, das von den Rädern eines Bulldozers zerquetscht wurde. Vielleicht ist es aber auch nur der Wind, der seufzend durch die Palmwedel weht.
Wenn Lagos ein Körper ist und die Ölpipelines, die im Zickzack hindurchlaufen, dessen Adern, dann sind die Bewohner der Stadt Vampire. Dieser Vampirismus ist neu.
Lagos schläft nie. Niemals. Es bleibt wach, lange nachdem New York mit einem gewaltigen Gähnen einschlief. Nur Kairos weiße Nächte können da mithalten. 15 Millionen Menschen – eine der größten Städte der Welt. Im Internet verspricht die Tourismusbehörde: „In Lagos gibt es für jeden etwas. Tennis, Fußball, Golf. Wenn Sie gemeinnützige Arbeit schätzen, hier gibt es sie: Alphabetisierungsprogramme, Waisenhäuser, Blindenschulen." […]
So wie der Mann auf den Resten seines ausgebrannten Mercedes sitzt, will er einem mitteilen, dass das alles nur ein kurzes Missgeschick war. Er wird wieder reich sein. Zu seinen Füßen sucht eine Ratte ihr Loch. Vor ihm, auf der Straße, verschmutzen tote Ratten, die aus den Häusern herausgeworfen wurden, die Straße wie welkes Laub im Herbst.

M 4

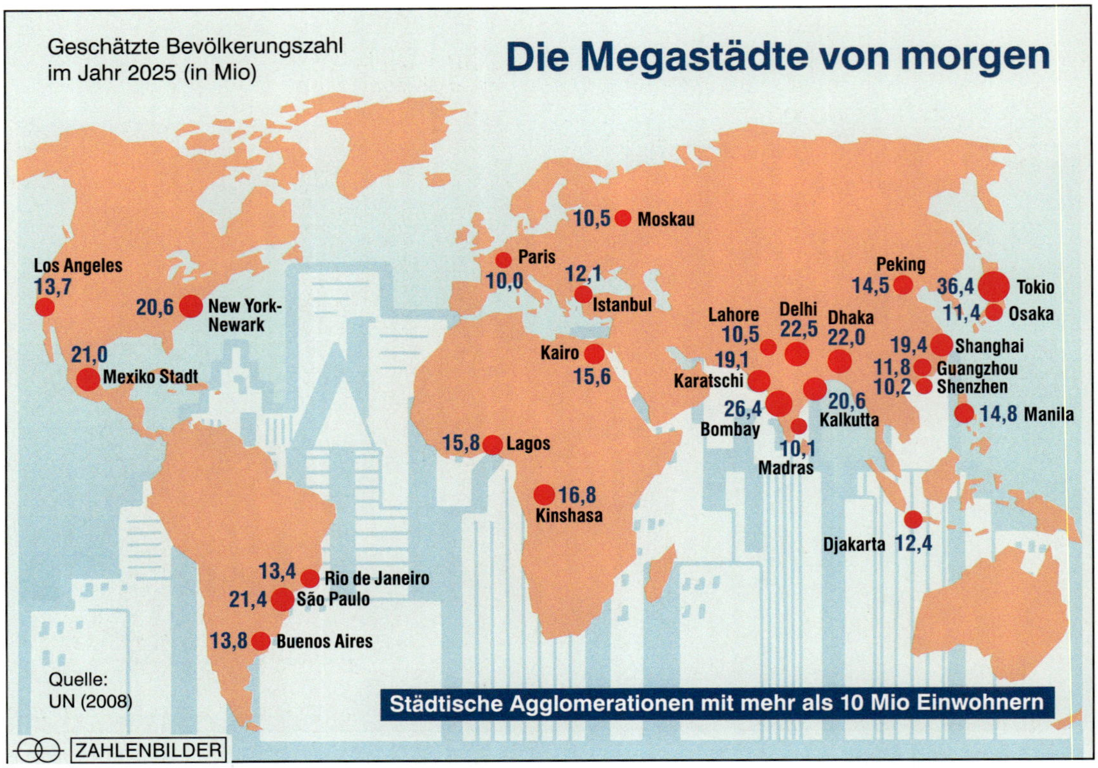

In Idumota muss der Muezzin der Zentralmoschee gegen das unaufhörliche Hupen der Autos und Busse anschreien, gegen die Rufe der fliegenden Händler, das Kreischen von Stahl auf Stahl und das Summen von Millionen Menschen, die versuchen, sich durch eine Stadt zu quetschen, die viel zu klein für sie alle ist.

Aus: A. Rühle (Hg.), Megacitys. Die Zukunft der Städte, München 2008, S. 18 ff.

M 5 Armut

Der Entwicklungsforscher Walter Eberlei stellt dar, was Armut in Afrika bedeutet:

300 Millionen Menschen im subsaharischen Afrika – fast die Hälfte der Bevölkerung – leben in extremer Armut. Als Mensch in extremer Armut gilt nach Definition der Weltbank, wer pro Tag über weniger als einen Dollar Einkommen verfügt (in umgerechneter Kaufkraftparität). Arm im weiteren Sinne ist, wer täglich weniger als zwei Dollar Einkommen hat. Dies gilt für die große Mehrheit der Afrikaner. Armut wird heute jedoch nicht mehr nur als Einkommensarmut verstanden, sondern als multidimensionales Phänomen, das wirtschaftliche, soziale und politische Aspekte umfasst. Extreme Armut bedeutet existenzielle Bedrohung, soziale Ausgrenzung und politische Ohnmacht.

Seit Anfang der 1980er-Jahre hat sich das subsaharische Afrika endgültig zum globalen Armenhaus entwickelt: Zwar sind auch in Afrika Fortschritte im Kampf gegen die Armut erkennbar (so sank z. B. die Kindersterblichkeitsrate in den meisten Ländern der Region); gemessen an verschiedenen anderen Indikatoren (z. B. Pro-Kopf-Einkommen) hat sich die Situation jedoch verschlimmert. Im Vergleich zu signifikanten Fortschritten der Armutsbekämpfung in anderen Regionen der Welt (z. B. Südasien) fällt das subsaharische Afrika in jedem Fall zurück.

Leben in Armut in Afrika bedeutet: mangelhafte Ernährung; dauerhaft gefährdete Gesundheit, nicht zuletzt durch fehlenden Zugang zu sauberem Wasser; geringe Chancen, eine ausreichende Bildung zu erhalten. Diese und andere Faktoren resultieren in der mit Abstand höchsten Kindersterblichkeitsrate der Welt (2001: 173/1 000), der niedrigsten durchschnittlichen Lebenserwartung (2001: 48 Jahre) und dem niedrigsten Wert für Menschliche Entwicklung. Dem Risiko, in extreme Armut zu geraten, unterliegen nicht alle Bevölkerungsgruppen gleichermaßen. Überdurchschnittlich gefährdet sind Frauen, Kinder, generell die ländliche Bevölkerung sowie Menschen, die in besondere Lebenslagen geraten, z. B. Flüchtlinge oder Angehörige von HIV/AIDS-Kranken.

M 6

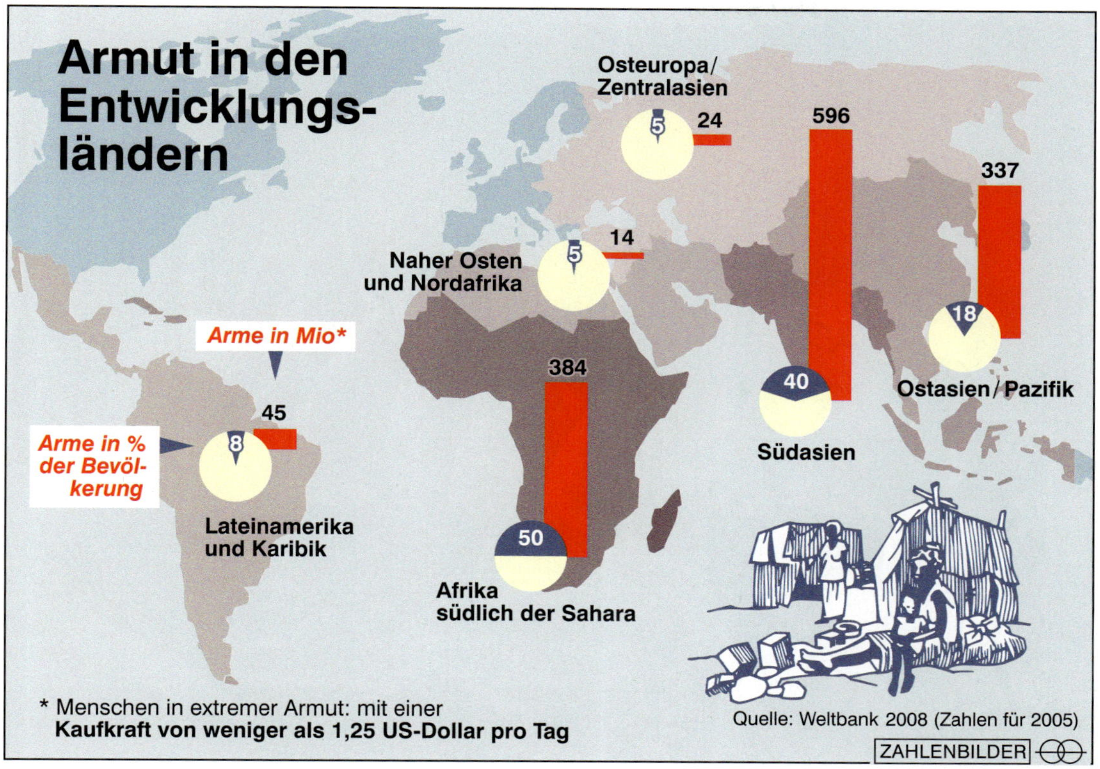

Während sich das Gesamtbild der Armut im subsaharischen Afrika in den 1990er-Jahren verdüstert hat, weist Armut jedoch sehr unterschiedliche Entwicklungen in einzelnen Ländern auf. Einige Staaten (z. B. Mosambik, Uganda, Tansania) konnten die nach wirtschaftlichen und/oder sozialen Kriterien gemessene Armut verringern, während sie in anderen Ländern (z. B. Kamerun, Kenia, Simbabwe) zum Teil in erheblichem Maße anstieg.

Aus: R. Hofmeier, A. Mehler (Hg.), Kleines Afrika-Lexikon, München 2004, S. 21 f.

M 7 Kontinent der gepackten Koffer

Der Afrika-Korrespondent der Frankfurter Allgemeinen Zeitung, Thomas Scheen, berichtet, warum viele Afrikaner dem Kontinent den Rücken kehren oder kehren wollen:

Das ständig beschworene Wirtschaftswachstum auf dem Kontinent in den vergangenen Jahren war in erster Linie von der chinesischen Nachfrage nach Rohöl getragen und ist kein nachhaltiges Wachstum. Kongo-Kinshasa wies zum Zeitpunkt seiner Entlassung in die Unabhängigkeit 1960 den gleichen Industrialisierungsgrad auf wie Brasilien. Heute hat das Land nicht einmal mehr Straßen. In Nigeria unterhielten in den Siebzigerjahren alle namhaften Automobilhersteller Montagewerke. Peugeot harrt als Einziger noch aus, nachdem die anderen vor der grandiosen Korruption kapituliert haben. Dort, wo in Nigeria noch Geld verdient wird, nämlich in der Ölindustrie im Niger-Delta, herrschen beinahe irakische Zustände. Die Ölgesellschaften veröffentlichen mittlerweile die Summen, die sie der nigerianischen Regierung als Tantiemen überweisen, um sich selbst aus der Schusslinie zu bringen.

Und das sind keineswegs Trinkgelder, wie die hauptberuflichen Weltenretter der sogenannten Hilfsorganisationen immer behaupten. Das Tantiemen-System ist so gestaltet, dass die nigerianische Regierung umso mehr Geld bekommt, je höher der Preis für ein Fass Rohöl ist. Liegt er bei 70 US-Dollar, erhält Abuja 62 Dollar davon. Nigeria kassiert Milliardensummen und hat keine funktionierende Stromversorgung. Nigeria ist der größte Rohölproduzent Afrikas, aber verfügt über keine einzige Raffinerie, die in Eigenwirtschaft betrieben wird und funktioniert. Einem Präsidenten wie Olusegun Obasanjo wird in Europa der rote Teppich ausgerollt, obwohl die Parteigänger dieses Mannes für dessen beiden „Wahlsiege" buchstäblich über Leichen gegangen sind.

In Angola erleben sie gerade das rasanteste Wirtschaftswachstum der Welt. Bei 28 Prozent wird das Wachstum vermutlich alleine in diesem Jahr liegen,

M 8 Afrika zwischen Krise und Renaissance.
Gezeichnet vom in Kenia tätigen Tansanier Godfrey Mwampembwa (Gado), aus: Welt-Sichten, Nr. 0/2007, S. 79.

dank der großen Ölvorkommen vor der Küste. Die Menschen allerdings haben nichts davon. Höchstens fünf Prozent der Bevölkerung – Politiker und ihre Entourage [hier: Umgebung] – profitieren von dem neuen Reichtum. Der angolanische Präsident Eduardo dos Santos gilt als der reichste Politiker Afrikas (noch vor dem toten Mobutu), ist einer der größten Landbesitzer in Brasilien, aber für sein eigenes Volk hat er offensichtlich nichts übrig. [...]
Die Wahrheit ist, dass die Menschen in Afrika ihre Hoffnungen längst aufgegeben haben. Der Kontinent sitzt auf gepackten Koffern, und er hat allen Grund dazu. Es ist ja nicht nur die Korruption und – viel schlimmer noch – die Inkompetenz der Eliten, die die Entwicklung hemmen. Ein weiterer Punkt ist die Sozialstruktur Afrikas, die Individualität nicht duldet. Die Gruppe – namentlich die Familie – entscheidet, nicht der Einzelne. [...]
In Europa werden die afrikanischen Großfamilien gerne als soziales Netz dargestellt. Das ist grundfalsch. Afrikanische Familien sind Erpresserbanden, die keinen ungeschoren davonkommen lassen. Wer sich dem Zugriff zu entziehen versucht, wird „verhext", was bedeuten kann, dass er vergiftet wird. Das sind keine Schauergeschichten, das ist gelebter Alltag. In Asien arbeiten die Mitglieder einer Familie für das gemeinsame Wohl. In Afrika arbeitet einer für das Wohl aller und der Rest legt sich auf die faule Haut. Laut sagen darf man das aber nicht, weil es politisch nicht korrekt ist.

Aus: Der Überblick, Nr. 4/2007, S. 27 ff.

M 9 „Bestechende Lebenskunst"

Ein Professor für Medizin an der Universität von Kikwit (Demokratische Republik Kongo) beschreibt die Korruption in seinem Land:

[...] Dazu ein Beispiel aus dem Hafen in Matadi: Kabila [Laurent-Désirée K., Präsident] hat versucht, alle hafen- und zollrelevanten Daten in einem Computersystem zu zentralisieren. So hätten alle Einnahmen zentral erfasst, kontrolliert und nach vorher festgelegtem Schlüssel auf die einzelnen Abteilungen aufgeteilt werden können, etwa zehn Prozent für die Kontrolle, zehn Prozent für Lagerung und Transport im Hafen. Aber denjenigen, die vorher dezentral unter der Hand abkassieren konnten, gefiel das gar nicht. Sie haben alle Computer zerstört, um das alte System der Schmiergelder, zum Beispiel für eine Unterschrift bei der Hygiene, Gesundheitskontrolle, Verkehrssicherheitsabnahme für Autos und dergleichen, wieder zu etablieren.

Inzwischen ist das Korruptionssystem noch schlimmer als unter Mobutu [Diktator 1965–97]. Ohne Schmiergeld läuft nichts. Zum Beispiel sind die Lehrer sehr abhängig von ihren Schülern. Sie verdienen ein zu geringes und sehr verspätetes Gehalt. Sie haben überwiegend ein Bewusstsein, dass alles korrekt ablaufen sollte, aber andererseits müssen sie auch leben. Deshalb ermöglichen sie den Schülern, durch ganz besondere Leistungen [Zahlungen] ihre Zensuren aufzubessern.

Mittlerweile gibt es für so etwas eine quasi kodifizierte Terminologie der Korruption im Kongo. Man sagt zum Beispiel, dass man für ein gutes Zeugnis „einen Intellektuellen" bezahlen muss; das war früher üblicherweise eine Ziege, heute ist es gelegentlich der Gegenwert in Bargeld. Wenn etwa eine Prüfung nicht zufriedenstellend ausfällt, kann man sich vom Lehrer nachprüfen lassen. Dafür geht man an einem Abend in der Dunkelheit zum Haus des Lehrers und sagt: „Ich habe einen Intellektuellen mitgebracht." Dieser (meckernde) Intellektuelle kann dann die Prüfung doch noch gut bestehen. Die Ziegen haben bisher immer gut bestanden.

Ein anderer Begriff in unserer Korruptionsterminologie ist „Artikel 15". Wenn im Gespräch mit einer Amtsperson das Stichwort „Artikel 15" fällt, weiß man schon, dass man etwas bezahlen muss. [...]

Staatsdiener müssen halt auch leben. Selbst das Personal unserer Botschaften in Europa bekommt – sogar offiziell – kein Gehalt. Sie haben die Anweisung bekommen: Findet eine Lösung, wie ihr zurechtkommt. Auch das gehört zu unserer Terminologie der Korruption. Was also machen die Beschäftigten unserer Botschaften? Sie verkaufen Pässe und drücken ein Auge zu, wenn der Käufer kein kongolesischer Staatsbürger ist. Angolaner beispielsweise, die sonst keinen Pass bekommen, können so kongolesische Pässe kaufen. Daneben muss man für benötigte Unterschriften von der Botschaft teuer bezahlen: pro Unterschrift 50 oder 100 Euro. Als Gegenleistung wird nicht so gründlich geprüft, was unterschrieben wird, wenn man zum Beispiel eine Echtheitsbescheinigung für ein Diplomzeugnis oder eine Geburtsurkunde braucht.

Unsere Verkehrspolizisten im Kongo arbeiten immer mit einem Kalender. Sie finden auch immer etwas, was an unseren Autos oder mit unseren Papieren nicht in Ordnung ist. Dann gibt es Strafmandate. Zum Beispiel: „Sie müssen Montag bezahlen." Montag heißt 100 Francs Congolais; dann ist alles vergessen. Manchmal steht der Vorgesetzte daneben und sagt „Nein, erst Dienstag." Dienstag heißt 200 Francs Congolais. Dienstag Mittag sind 250 Francs Congolais, Mittwoch 300 und so weiter.

D. Musway, Bestechende Lebenskunst, in: Der Überblick Nr. 2/2006, S. 5 f.

M 10 Afrika zwischen Krise und Renaissance
Karikatur von René Bouschet, aus: Welt-Sichten, Nr. 0/2007, S. 78.

Aufgaben

1. Beschreiben Sie die Schichtung der Weltstaaten.
   → Text, M1, M6
2. Bestimmen Sie die Merkmale von Armut und Unterentwicklung.
   → Text, M2, M3, M5
3. Afrika droht zum globalen Sozialfall zu werden. Zeigen Sie auf, wie sich das äußert.
   → M1–M9
4. Erklären Sie, warum Korruption ein ernstliches Entwicklungshindernis ist.
   → M9
5. Interpretieren Sie die Karikaturen und beurteilen Sie die Perspektive einer „afrikanischen Renaissance".
   → M8, M10

Arbeitstechniken und Methoden

Quellen

Weil es keinen unmittelbaren Zugang zum Vergangenen gibt, stellt sich bei jedem geschichtlichen Rückblick die Frage: Woher weiß man das eigentlich?

Die Geschichte vergegenwärtigt sich in Form von Quellen. Diese ermöglichen erst den Zugang zu ihr. Quellen stellen sozusagen den „Rohstoff“ für den Historiker dar. Als Quelle kann prinzipiell alles dienen, was das zeitlich Zurückliegende zu erhellen vermag.

Quellen lassen sich dahingehend unterscheiden, ob sie absichtlich (intentional) oder unabsichtlich der Nachwelt überliefert wurden. Ferner lassen sich Primärquellen von historischen Darstellungen unterscheiden. Letztere bezeichnet man oft auch als Sekundärquellen. Eine Differenzierung der Quellen lässt sich auch auf der Basis des Informationsträgers (Tontafel, Buch, Computer, Diskette) vornehmen:

- Schriftliche Quellen: zum Beispiel Besitzurkunden, Testamente, Parlamentsprotokolle, Tagebücher, diplomatische Korrespondenzen, Gerichtsakten, Zeitungen,
- Bildquellen: zum Beispiel Gemälde, Zeichnungen, Karikaturen, Plakate, Filme, Wochenschauen,
- Tonquellen: zum Beispiel Radioübertragungen, Interviews, Hörspiele,
- Sachquellen (Realien): zum Beispiel Gebäude, Denkmäler, Arbeitsgeräte, Waffen, Schmuck, Münzen, Kleidung.

Werkzeuge des Historikers

Zur Erforschung und Bearbeitung des Materials greift der Historiker auf die Ergebnisse der sogenannten historischen Hilfswissenschaften zurück. Dazu zählen:

- Archäologie,
- Schriftkunde (Paläografie),
- Urkundenlehre (Diplomatik),
- Archivkunde,
- Wappenkunde (Heraldik) und Siegelkunde (Sphragistik),
- Sprachwissenschaft (Philologie)
- Zeitrechnungslehre (Chronologie),
- Münzkunde (Numismatik),
- Maß- und Gewichtskunde (Metrologie),
- Personen- und Geschlechterkunde (Genealogie),
- Bevölkerungskunde (Demografie),
- Historische Bildkunde (Ikonografie),
- Historische Kartenkunde (Geografie).

Quellenerschließung

Unter Quellenerschließung versteht man eine methodische Untersuchung, durch die eine Quelle in einen Sinnzusammenhang gestellt wird. Die Erschließung von historischen Quellen wird in je unterschiedlicher Gewichtung beschreibende, erklärende und interpretierende Elemente umfassen.

Beschreibung

Bei der Beschreibung handelt es sich um eine erste – provisorische – Erfassung der Quelle. Diese wird in Augenschein genommen. Das Sichtbare, zum Beispiel in einem Bild, wird festgehalten, ein Text wird gegliedert, inhaltlich rekapituliert. Formale Auffälligkeiten (Vermerke, Stempel) werden registriert.

Erklärung

Daran anschließend sollten Begriffe geklärt und die erwähnten Personen politisch-biografisch eingeordnet werden. Der nächste Schritt besteht darin, die Quelle in einen inhaltlichen Zusammenhang von Ursache und Wirkung zu stellen. In diesem Zusammenhang sind die Fragen nach dem Autor, dem Adressaten, den Interessen und Auswirkungen zu beantworten.

Interpretation

Die abschließende Interpretation baut auf den ersten beiden Schritten auf und zielt auf ein tiefer gehendes Verständnis. Die Quelle wird in einen größeren Zusammenhang gerückt. Ihr Sinn erschließt sich meist erst dadurch, dass eine Beziehung zu anderen Quellen (beziehungsweise Ereignissen) hergestellt wird.

Diese drei Schritte weisen vielfältige Berührungspunkte auf, sodass in der Praxis die Übergänge fließend sind. Der Begriff der Interpretation bezieht sich im umfassenderen Sinne auf den gesamten Vorgang der Quellenerschließung.

Schriftliche Quellen

Unter den historischen Quellen kommt der schriftlichen Überlieferung eine überragende Bedeutung zu. Mit der Entwicklung der Schrift in den frühen Hochkulturen (ab ca. 3000 v. Chr.) hat der Grad der Schriftlichkeit – mit Unterbrechungen zum Beispiel im frühen Mittelalter – ständig zugenommen. Für das gesamte öffentliche Leben (Gesetzgebung, Verwaltung, Außenpolitik) sind schriftliche Quellen maßgebend.

M 1 **Die Neolithische Revolution** bezeichnet jenen epochalen Einschnitt, als die Menschheit vom Jagen und Sammeln zur Produktion von Nahrung überging. Die „Erfindung der Landwirtschaft“ erhöhte die Produktivität und bildete die Grundlage für die Entstehung von Hochkulturen. Erst im Rahmen dieser neuen Zivilisationsstufe wurden die ältesten Schriftformen entwickelt.

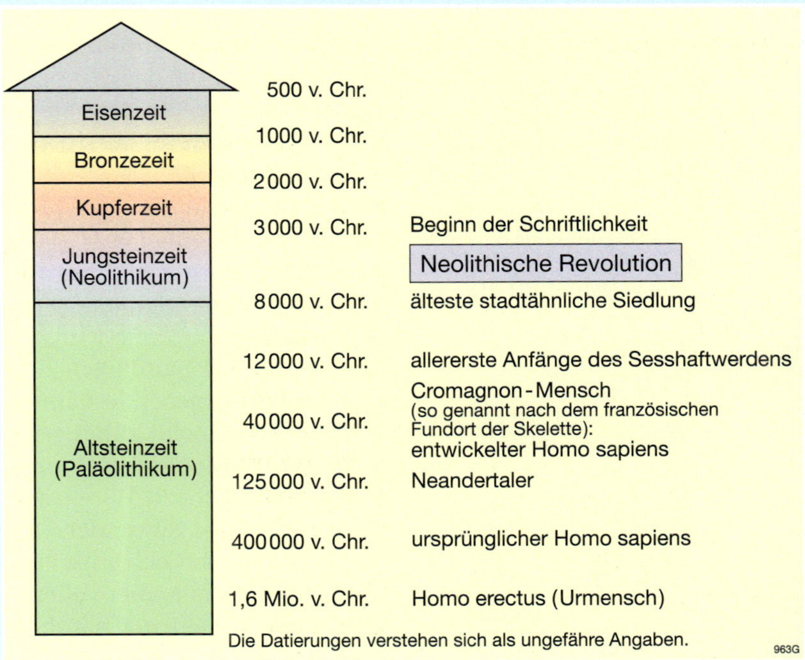

Leitfragen zu Textquellen

- Wer ist der Verfasser?
- Welchen Inhalt hat der Text?
- Aus welchem Anlass wurde der Text verfasst?
- Lässt sich die Quelle datieren?
- Gibt es einen feststellbaren Adressaten?
- Erfüllt der Text eine erkennbare Absicht?
- Welche (Aus-)wirkung hat der Text gehabt?

2. Extraausgabe Sonnabend, den 9. November 1918.

Vorwärts

Berliner Volksblatt.

Zentralorgan der sozialdemokratischen Partei Deutschlands.

Der Kaiser hat abgedankt!

Der Reichskanzler hat folgenden Erlaß herausgegeben:

Seine Majestät der Kaiser und König haben sich entschlossen, dem Throne zu entsagen.

Der Reichskanzler bleibt noch so lange im Amte, bis die mit der Abdankung Seiner Majestät, dem Thronverzichte Seiner Kaiserlichen und Königlichen Hoheit des Kronprinzen des Deutschen Reichs und von Preußen und der Einsetzung der Regentschaft verbundenen Fragen geregelt sind. Er beabsichtigt, dem Regenten die Ernennung des Abgeordneten Ebert zum Reichskanzler und die Vorlage eines Gesetzentwurfs wegen der Ausschreibung allgemeiner Wahlen für eine verfassungsgebende deutsche Nationalversammlung vorzuschlagen, der es obliegen würde, die künftige Staatsform des deutschen Volk, einschließlich der Volksteile, die ihren Eintritt in die Reichsgrenzen wünschen sollten, endgültig festzustellen.

Berlin, den 9. November 1918. Der Reichskanzler.
Prinz Max von Baden.

M 2

Erschließung der Extra-Ausgabe des „Vorwärts“

Die Quelle zeigt die Extraausgabe des „Vorwärts“ (Zentralorgan der SPD) vom 9. November 1918. Der Inhalt besteht aus der Wiedergabe eines Erlasses, den der amtierende Reichskanzler Prinz Max von Baden am gleichen Tag der Presse zugeleitet hatte. In ihm kommt der Thronverzicht Wilhelms II. (Deutscher Kaiser und König von Preußen) zum Ausdruck. Die fett gedruckte Überschrift („Der Kaiser hat abgedankt!“) stammt offenkundig von den Redakteuren der Zeitung. Der Reichskanzler informiert in seinem Erlass unter anderem über seine Absicht, den Abgeordneten Ebert als Reichskanzler und Wahlen für eine verfassunggebende Nationalversammlung vorzuschlagen. Dies soll von einem nicht näher genannten „Regenten“ – also einem Stellvertreter des Monarchen – durchgeführt werden. Zunächst fällt auf, dass Kaiser Wilhelm II. – seit 1888 Staatsoberhaupt – seine Abdankung nicht selbst verkündete. Außerdem fällt die Formulierung „Seine Majestät … haben sich entschlossen …“ auf. Ein Entschluss ist keineswegs identisch mit einer vollendeten Tat. Handelt es sich nur um eine sprachliche Ungenauigkeit ohne Bedeutung?

Im Laufe des 9. November 1918 hatte sich die Situation in Berlin zugespitzt. Geboren aus der Niederlage an der Westfront, der Kriegsmüdigkeit der Soldaten und der Meuterei der Kieler Matrosen war eine revolutionäre politische Bewegung entstanden. Die alten Machthaber des Kaiserreichs hatten ihre Autorität weitgehend eingebüßt. An ihre Stelle waren teilweise Arbeiter- und Soldatenräte getreten. Reichskanzler Max von Baden sah die Gefahren einer weiteren Radikalisierung und eines verstärkten Zulaufs für den linkssozialistischen Spartakusbund. Außerdem gab es den diplomatischen Druck seitens des amerikanischen

Präsidenten Wilson, Kaiser Wilhelm aus seinem Amt zu entfernen. In dieser unübersichtlichen Situation entschloss sich der gemäßigt konservative Reichskanzler zu eigenmächtigem Handeln. Er schickte den unautorisierten Text von der Abdankung des Kaisers an das Wolffsche Telegrafenbüro – vergleichbar einer heutigen Presseagentur. Max von Baden stellte damit den Kaiser gleichsam vor vollendete Tatsachen. Wilhelm II. konnte sich dem nicht widersetzen und flüchtete anschließend in die Niederlande. Noch am gleichen Tag vollzog Max von Baden selbst die – nicht verfassungskonforme – Amtsübergabe an Friedrich Ebert, dem Parteivorsitzenden der SPD, die die stärkste Fraktion im Reichstag bildete. Seine Absicht war es dabei, die revolutionäre Situation zu entschärfen. Max von Badens Erlass stellte also eine Art „Flucht in die Öffentlichkeit" dar, wobei der Text selbst es noch offen lässt, ob die Monarchie als solche noch zu retten sei. Am darauffolgenden Tag bildete Ebert eine Provisorische Regierung („Rat der Volksbeauftragten"), die ihre Legitimität sowohl durch die Amtsübergabe als auch durch den revolutionären Berliner Soldatenrat erhielt. Die Frage einer sogenannten Regentschaft hat sich nicht mehr gestellt. Der 9. November 1918 kennzeichnet die Novemberrevolution und das Ende der Monarchie in Deutschland. Die Weimarer Republik nahm von diesem Datum ihren Ausgang. Nach den Wahlen zur Nationalversammlung wurde Friedrich Ebert ihr erster Reichspräsident.

Bildquellen

„Wir glauben, was wir sehen." In diesem Spruch drückt sich die Macht der Bilder aus. Von ihnen geht erfahrungsgemäß eine größere Suggestivkraft aus als von Texten. Die Nachhaltigkeit des Bilderlebens führt dazu, dass Bilder länger im Gedächtnis bleiben als Texte. Es kann daher nicht verwundern, dass die politischen Mächte sich seit Jahrtausenden der Bilder bedienten, zum Beispiel in Form von Herrscherporträts auf Münzen und Siegeln.

Seit dem 19. Jahrhundert haben vor allem Fotos als Massenprodukt eine neue Bildwirklichkeit hervorgebracht. Dem Foto haftet eine (scheinbare) Objektivität an, die das künstliche Bild nie erreichen konnte.

Im 20. Jahrhundert wurde das Bild zu einem zentralen Aspekt politischer Herrschaft. Totalitäre Regime haben systematisch Bildfälschungen betrieben, um zum Beispiel „in Ungnade gefallene Personen" aus dem kollektiven Gedächtnis zu entfernen.

Im Zeitalter der Digitalisierung wird es objektiv immer schwieriger, Bildfälschungen („Bilder, die lügen") zu erkennen. Aufgrund moderner Technik entfällt die konventionelle Bearbeitung des Bildmaterials (Montage, Retusche), sodass die Spuren einer Manipulation nicht mehr sichtbar sind.

Leitfragen zur Erschließung von Bildquellen

- Wie wird die Person beziehungsweise der Gegenstand dargestellt (Größe, Ausschnitt, Perspektive, Lichtquelle, Farben, Bildaufbau)?
- Was lässt sich über die Bildentstehung in Erfahrung bringen (Auftraggeber, Fotograf)?
- Gibt es Gegenstände, Darstellungen, Personen oder Symbole, deren Bedeutung durch zusätzliche Informationen zu klären ist?
- Welchem Zweck dient das Bild (zum Beispiel Selbstdarstellung, Propaganda)?
- Gibt es eine erkennbare Inszenierung?

M 3

Erschließung der Fotografie M3

Im Vordergrund ist ein offenes Militärfahrzeug zu sehen – in ihm zwei Soldaten mit Helmen, die für die deutsche Wehrmacht charakteristisch waren. Uniformierte Polizisten bilden ein Spalier – hinter ihnen eine wütende und aufgebrachte Ansammlung von Menschen. Man erkennt wutverzerrte Gesichter sowie geballte Fäuste. Die Menschen blicken voller Empörung auf die Soldaten.

Das Foto zeigt einen Ausschnitt vom Einmarsch der deutschen Truppen in Prag am 15. März 1939. Diese Momentaufnahme dokumentiert die ohnmächtige Wut der tschechischen Bevölkerung. Hier waren die Deutschen ganz offensichtlich nicht willkommen. Dieses Bild kam mit Sicherheit nicht als Propagandamittel für die nationalsozialistischen Massenmedien in Betracht. Dem Einmarsch vorausgegangen war das Münchener Abkommen (30. September 1938), in dem sich Deutschland, Großbritannien, Frankreich und Italien auf die Abtretung des von Deutschen besiedelten Sudetenlandes verständigten. Der tschechischen Regierung war die Teilnahme an dieser Konferenz verwehrt geblieben. Das Entgegenkommen der Westmächte an das nationalsozialistische Deutschland resultierte aus der Annahme, dass damit die territorialen Ansprüche Deutschlands endgültig befriedigt seien.

Tatsächlich war Hitler aber von Beginn an entschlossen, auch die „Rest-Tschechei“ – wie er sie nannte – zu zerschlagen. Völkerrechtswidrig marschierte die Wehrmacht ein. Am folgenden Tag proklamierte Hitler das „Reichsprotektorat Böhmen und Mähren“ (16. März 1939).

Hitlers Annahme: „In 14 Tagen spricht kein Mensch mehr davon.“ sollte sich als falsch erweisen. Die politischen Führer der Westmächte gaben sich nun keinen Illusionen mehr hinsichtlich der Kriegspolitik Hitlers hin. Die sogenannte Appeasement-Politik (Beschwichtigungspolitik) der Westmächte fand ihr Ende. Zwar griffen sie nicht unmittelbar ein, aber es setzte umgehend eine forcierte Aufrüstung ein. Gleichzeitig wurde ein Beistandspakt mit dem gefährdeten Polen geschlossen. Folgerichtig erklärten Großbritannien und Frankreich den Krieg, als Hitler am 1. September 1939 den Angriff auf Polen befahl. Der 15. März 1939 kann insofern als Wendepunkt verstanden werden, weil Hitler an diesem Tag erstmals ein fremdes Volk unterwarf. Die nationalsozialistische Besetzung und die Vertreibung der Sudetendeutschen nach dem Krieg haben das Verhältnis zwischen Tschechen und Deutschen bis in die Gegenwart hinein schwer belastet.

Erschließung des Plakats M4

Die massige Figur, die schemenhaft fast die gesamte Breite des Bildes einnimmt, steht hinter den Fahnen der Sowjetunion (rechts), der USA und Großbritanniens (links). Die Nationalfahnen sind wie Vorhänge gezeichnet und geben den Blick auf einen Mann frei, der mit englischem Herrenhut, Weste und Übermantel bekleidet ist. In Bauchhöhe hängt eine Kette mit einem sechseckigen Stern.

Das Gesicht des Mannes wird durch eine breite Nase, wulstige Lippen und kräftige Augenbrauen charakterisiert. Nur ein Auge ist zu sehen, das unter dem Lid schräg nach oben schaut.

M 4

Der Text auf dem Plakat lautet: „Hinter den Feindmächten: der Jude" – wobei „der Jude" mit Pinselstrichen ansteigend und unterstrichen optisch hervorgehoben wird.

Hammer und Sichel (UdSSR), „Stars und stripes" (USA) sowie der Union Jack (GB) ermöglichen die Identifizierung der wichtigsten Kriegsgegner des nationalsozialistischen Deutschlands. Die dargestellte Person wird nicht nur im Text ausdrücklich benannt, sondern sie ist auch am Davidstern erkennbar. Die ungenaue Datierung des Plakats (um 1941) lässt es offen, ob das Bild im Kontext der intensivierten Propaganda nach dem Kriegseintritt der USA (Dezember 1941) zu sehen ist. Die Kleidung enthält Anspielungen auf einen bürgerlichen Geschäftsmann oder Bankier. „Der Jude" wird als verschlagene und geheimnisvolle Macht dargestellt, die hinter allen – so unterschiedlichen – Feindmächten stehe. Der Krieg gegen die kommunistische Sowjetunion sowie gegen die liberal-kapitalistischen Staaten des Westens wird paradoxerweise auf einen Nenner gebracht. Antikommunismus und Antikapitalismus werden auf „den Juden" projiziert.

Das Plakat ist die ikonografische Umsetzung der NS-Ideologie von der „jüdischen Weltverschwörung". Es dient der Produktion beziehungsweise Vertiefung des Feindbildes. Diese Figur soll Angst erwecken und die Bereitschaft zur Fortsetzung des Krieges erhöhen. Indem das Plakat „den Juden" als Verkörperung des Bösen darstellt, werden Tötungshemmungen abgebaut. Es erschließt sich somit als Teil der psychologischen Kriegsführung.

Karikaturen

Die Karikatur ist ein Bildmedium, das bis in die Gegenwart nichts von seinem Reiz eingebüßt hat. Karikaturen gewannen seit der Reformation im 16. Jahrhundert große Bedeutung, weil neue Drucktechniken ihre massenhafte Reproduzierbarkeit ermöglichten.

Die Karikatur stellt eine bildliche Satire dar, bei der sich der Zeichner der Mittel der Verzerrung, der Zuspitzung und des Bild-Witzes bedient. Ihre Absicht besteht zumeist in der Bloßstellung beziehungsweise Verspottung einer Person oder eines Vorkommnisses. Die Karikatur ist eine politische Waffe, die letztlich nach dem volkstümlichen Motto „Lächerlichkeit tötet." funktioniert.

Karikaturen stellen einen komplexen Kommentar dar. Meistens sind zusätzliche Kenntnisse des Kontextes vonnöten, um eine Karikatur angemessen zu entschlüsseln.

Leitfragen zu Karikaturen

- Wozu stellt die Karikatur einen bildlichen Kommentar dar?
- In welchem Kontext steht sie?
- Welcher Bildelemente bedient sich der Karikaturist?
- In welcher Beziehung steht ein beigefügter Text zum Bild?
- Welche Absicht verfolgt der Zeichner?
- Handelt es sich um eine wohlwollende, verletzende oder aggressive Karikatur?
- Welche emotionale beziehungsweise rationale Wirkung geht von der Karikatur aus?

Erschließung der Karikatur M5 Simson Germanicus

Das von Werner Hahmann gezeichnete Bild erschien am 25. Januar 1920 in der satirischen Zeitschrift „Kladderadatsch". Im Mittelpunkt steht ein altägyptisch nachempfundener Tempel mit steinernen Säulen. Unterhalb des Gesims steht das Wort „Schmachfrieden". Auf dem Dach wird offenkundig eine Orgie gefeiert. An den Hüten der Männer sind andeutungsweise Amerikaner, Briten und Franzosen erkennbar. Unten auf den Stufen vor den Säulen liegt eine nackte männliche Gestalt: sich mühsam mit den Armen stützend, mit kahl geschorenem Schädel, am linken Fuß – wie ein Sträfling – an eine Eisenkugel gekettet.

M 5 „Einst wird kommen der Tag, da auch diesem Simson die Loden wieder wachsen."

Der Zeichner selbst liefert die Deutung der Karikatur mit der Überschrift „Simson Germanicus" als auch durch den Untertitel „Einst wird kommen der Tag, an dem Simson die Locken wieder wachsen". Beides verweist auf die alttestamentarische Figur des Simson. Dessen übermenschlichen Kräfte entsprangen seinem Haupthaar. Seine Feinde ließen ihm die Haare abschneiden, aber im Gefängnis wuchsen sie ihm nach, und mit ihnen kehrte seine Kraft zurück.

Das Wort „Schmachfrieden" bezieht sich auf den Versailler Vertrag von 1919, der den offiziellen Schlusspunkt unter den Ersten Weltkrieg setzte. Dieser Vertrag war kurz vor der Publizierung des Bildes am 10. Januar 1920 in Kraft getreten.

Diese Karikatur suggeriert eine Analogie zwischen dem gefangenen Simson und dem gedemütigten deutschen Volk. Das Bild spiegelt zum einen die Gefühle vieler Deutscher wider, die den Versailler Vertrag für ungerecht hielten, zum anderen machte es Hoffnung auf eine langfristige Änderung. Die Karikatur trug zur Verfestigung des Feindbildes in Bezug auf die – angeblich unmoralischen – Westmächte bei.

Der Kampf gegen den Versailler Vertrag einte einen erheblichen Teil der deutschen Gesellschaft in der Zeit der Weimarer Republik. Das Bild bediente vor allem die politischen Kräfte, die eine Revanchepolitik betrieben. Es verweist somit mittelbar auf den Aufstieg des Nationalsozialismus und das unglückselige Ende der Weimarer Republik.

Der „Kladderadatsch" existierte von 1848 bis 1944. Gegründet als Oppositionsblatt vertrat er anlässlich der Revolution von 1848 noch bürgerlich-liberale Positionen. Seine weitere Entwicklung war durch eine Anpassung an die Staatsmacht und durch eine zunehmend nationalistische Ausrichtung geprägt.

Statistiken

Bei der Statistik handelt es sich um die zahlenmäßige Erfassung bestimmter Sachverhalte. Dies kann entweder grafisch oder tabellarisch geschehen. Aus den beigefügten Angaben sollte klar hervorgehen, was genau gemessen worden ist. Statistiken stellen eine äußerst komprimierte Information dar und ermöglichen einen relativ schnellen Überblick zum Beispiel über eine historische Entwicklung.

Ob eine Statistik stimmt, ist für Nichtfachleute in der Regel nicht erkennbar. Den berühmten – dem britischen Staatsmann Winston Churchill zugeschriebenen – Ausspruch, er glaube keiner Statistik, die er nicht selbst gefälscht habe, hat dieser zwar nicht gemacht. Aber die zum Ausdruck kommende Skepsis gegenüber Zahlen ist mitunter wohlbegründet.

Statistiken können einem legitimatorischen beziehungsweise propagandistischen Zweck dienen. So ist zum Beispiel bekannt, dass die Statistiken der ehemaligen DDR durchgängig ein falsches Bild von der Wirklichkeit widerspiegelten. Die offiziellen Daten, zum Beispiel zum Wohnungsbau, zur Produktion oder zur Finanzkraft, blieben bis zum Ende geschönt. Das hatte zur Folge, dass die wirtschaftliche Situation der DDR selbst von vielen westdeutschen Spezialisten überbewertet wurde.

Leitfragen zu Statistiken

- Welche Quellen werden für die Daten angegeben?
- Gibt es zusätzliche Informationen seitens des Autors?
- Handelt es sich um absolute oder relative Zahlen?
- Wie wird die Vergleichbarkeit der Daten hergestellt?
- Bewegen sich die angegebenen Größenordnungen (Mrd./Mio.; t./kg.) auf realistischem Niveau?
- Gibt es wesentliche Abweichungen in vergleichbarem Datenmaterial?
- Wer ist der Autor der Statistik beziehungsweise ihr Herausgeber?
- Wie steht es um die Objektivität der Publikation?

Erschließung der Statistik M6

Diese Statistik stammt im Original von P. Bairoch, einem angesehenen britischen Wirtschaftshistoriker, und wurde in der Fachzeitschrift „Journal of European Economic History“ 1982 publiziert.

M 6 Gesamtes Industriepotenzial der Mächte im Vergleich 1880–1938
(Großbritannien: 1900 = 100)

	1880	1900	1913	1928	1938
Großbritannien	73,3	[100]	127,2	135	181
Vereinigte Staaten	46,9	127,8	298,1	533	528
Deutschland	27,4	71,2	137,7	158	214
Frankreich	25,1	36,8	57,3	82	74
Russland	24,5	47,5	76,6	72	152
Österreich-Ungarn	14	25,6	40,7	–	–
Italien	8,1	13,6	22,5	37	46
Japan	7,6	13	25,1	45	88

Aus: P. Kennedy, Aufstieg und Fall der großen Mächte, Frankfurt/M. 1989, S. 311.

Es handelt sich um eine Index-Statistik, das heißt sie gibt keinen Aufschluss über absolute Zahlen, sondern nur über Relationen. Als Bezugsgröße wurde Großbritannien im Jahre 1900 gewählt: Indexziffer 100 in eckiger Klammer.

Wie das Industriepotenzial im Einzelnen gemessen wurde, das geht aus der Statistik selbst nicht hervor. Der Begriff „Industriepotenzial“ verweist auf die Wirtschaftskraft und indirekt auch auf die Finanzkraft, die militärische Stärke sowie die Position des Landes in der globalen

Konkurrenz der Mächte. Die Ziffern besitzen keine Aussagekraft in Bezug auf den Lebensstandard oder den Industrialisierungsgrad pro Kopf der Bevölkerung. Die synchrone (zeitliche) Analyse bezieht sich im vorliegenden Beispiel auf die senkrechte Datenreihe. Die Frage dazu kann zum Beispiel lauten: Wie stellte sich 1938 die industrielle Größenordnung der Mächte im Vergleich dar? Die diachrone (historische) Analyse bezieht sich hingegen auf die waagerechte Anordnung der Ziffern. Die Frage dazu kann zum Beispiel lauten: Wie entwickelt sich die Industrie in Deutschland zwischen 1880 und 1938?

Bei der Auswertung der 38 Ziffern lassen sich unterschiedliche Schwerpunkte legen.

1. Die Daten ermöglichen einen Einblick in die industrielle Wachstumsdynamik der einzelnen Länder zwischen 1880 und 1938. Großbritannien wächst nur um den Faktor 2,5, währen die Zahlen für Deutschland (Faktor 8), für die USA (Faktor 11,5) oder Japan (Faktor 11) deutlich stärker ansteigen. Der relative industrielle Abstieg Großbritanniens – des historisch ersten Industrielandes – wird somit erkennbar. Gleichzeitig dokumentieren die Zahlen den rasanten Aufstieg Japans, das aber zu den großen Mächten noch nicht aufzuschließen vermag. Das japanische Industriepotenzial erreicht weniger als die Hälfte des deutschen oder britischen.
2. Bereits gegen Ende des 19. Jahrhunderts rücken die USA zur stärksten Weltwirtschaftsmacht auf. Wachstumsdynamik kombiniert mit der Größe des Landes schlagen sich in einem Industriepotenzial nieder, das bereits 1913 größer ist als dasjenige von Großbritannien und Deutschland zusammengenommen.
3. Diese Statistik lässt sich auch im Hinblick auf die zwei Weltkriege auswerten. Da die moderne Kriegsführung des 20. Jahrhunderts auf der industriellen Basis eines Landes beruhte, musste das Industriepotenzial mittelfristig den Ausschlag über den Kriegsverlauf geben. Das Jahr 1913 – Ausgangspunkt für den Ersten Weltkrieg – verdeutlicht, dass nach dem Kriegseintritt der USA (1917) der Krieg für die Mittelmächte (Deutschland und Österreich-Ungarn) nicht mehr zu gewinnen war. Eine ähnliche Erkenntnis gilt auch für den Zweiten Weltkrieg. Allein das Industriepotenzial der USA überstieg bereits 1938 dasjenige der Achsenmächte (Deutschland, Italien und Japan) zusammengenommen bei weitem.
4. Das vorliegende Zahlenmaterial dokumentiert den allgemeinen industriellen Wachstumstrend. Aber es gibt statistische Auffälligkeiten. So machte sich zum Beispiel in den USA nach 1928 die Weltwirtschaftskrise stark bemerkbar. Das erklärt die leicht rückläufigen Ziffern zwischen 1928 und 1938.

   Auch Deutschland erlebte im Zuge der Weltwirtschaftskrise einen wirtschaftlichen Einbruch, der sich aber in der Statistik nicht widerspiegelt. Die kreditfinanzierte Aufrüstung unter nationalsozialistischen Vorzeichen führte nach 1933 zu einer industriellen Rekonstruktion. Außerdem kam 1938 das Industriepotenzial Österreichs zum Reich. Darum weist die entsprechende Ziffer für 1938 einen Anstieg auf. Russland erlitt in den Zwanzigerjahren als Folge von Revolution, Bürgerkrieg und sozialem Chaos eine Schrumpfung seines Industriepotenzials. Der Wachstumssprung nach 1928 spiegelt dann die Politik Stalins zur beschleunigten und gewaltsamen Industrialisierung des Landes wider.

Österreich-Ungarn wurde als Folge des Ersten Weltkrieges aufgelöst. Daher werden für die Jahre 1928 und 1938 keine Angaben gemacht.

Karten

Seit ältesten Zeiten stellt die Karte ein praktisches Hilfsmittel bei der Erfassung des Raumes dar. Der Mensch bewegt sich konkret und im übertragenen Sinne in einem Raum. Diese Räumlichkeit begründete die historisch-politische Geografie, die die territorialen Veränderungen erfasst (zum Beispiel Wanderungsbewegungen, Siedlungsstrukturen, Gebietsänderungen als Folge von Kriegen).

Auch die sogenannte Geopolitik des 20. Jahrhunderts bezog sich auf den Raum als politische Konstante. Die räumliche Lage eines Staates determiniert in erheblicher Weise seine Sicherheitsinteressen. Der Blick auf die Karte verdeutlicht räumliche Besonderheiten, die die Staatengeschichte sehr beeinflusst haben. Die Insellage Englands prädestinierte zum Beispiel das Land für den Aufbau einer Seemacht. Bis in die Neuzeit hinein war daher das Land nahezu unangreifbar. Sowohl Napoleon als auch Hitler scheiterten mit ihren Plänen einer Invasion der Insel. Auch die Geschichte Russlands stellt sich als durch die geografische Lage geprägt dar. Die Weiten dieses Landes wurden bekanntermaßen den Armeen Napoleons und Hitlers zum Verhängnis. Die Geschichte Deutschlands lässt sich ohne Berücksichtigung seiner geografischen Lage nicht verstehen. Seine kontinentale Mittellage definierte die Sicherheitsinteressen völlig anders als im Falle eines Insel- beziehungsweise Randstaates. Das Fehlen natürlicher Barrieren und die Möglichkeit eines Zweifronten-Krieges haben die außenpolitischen Strategien zahlloser Politiker (zum Beispiel auch Bismarcks) beeinflusst.

Die für den Historiker wichtige Karte kann Raum und Zeit miteinander kombinieren. Veränderungen werden optisch aufbereitet und eingearbeitet. Damit stellt die Karte eine wichtige Ergänzung von Texten dar.

Leitfragen zu Karten

- Wie lautet das Thema der Karte?
- Wie wurde das Problem der grafischen Anschaulichkeit gelöst?
- Ist die Legende (Zeichenerklärung) korrekt?
- Werden zusätzliche Erläuterungen gegeben?
- Welche Abweichungen beziehungsweise Veränderungen lassen sich bei Kartenvergleichen feststellen?
- Werden mit der Karte politische (territoriale) Ansprüche erhoben?

Erschließung der Karte M7 (Seite 572)

Die Karte veranschaulicht die Kriegssituation in Europa und dem Mittelmeerraum in den Jahren 1942–1945. Die beigefügte Legende lässt eine Identifizierung der von den Achsenmächten und Alliierten besetzen beziehungsweise gehaltenen Gebiete zu. Lediglich im Hinblick auf die neutralen Staaten fällt die Farbdifferenzierung zwischen hell- und dunkelbeige auf (Schweden, Irland, Spanien und Portugal blieben während des gesamten Zweiten Weltkriegs neutral).

Die Karte enthält eine statische und dynamische Aussage. Die Eckdaten 1942 und 1945 verweisen auf die maximale Ausdehnung des Dritten Reiches im Jahre 1942 und bei der Kapitulation 1945. Die dunkelviolett gerahmten Gebiete (Alpenraum, Österreich, Böhmen, Schleswig-Holstein) kennzeichnen den verbliebenen deutschen

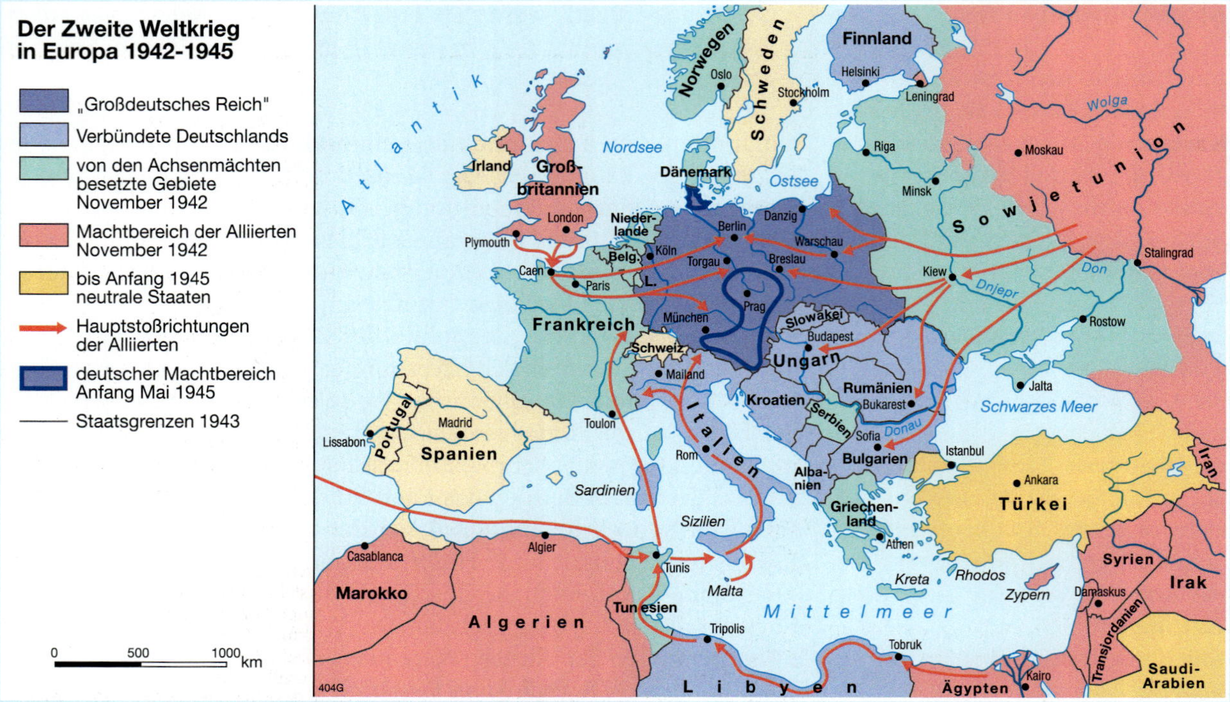

M 7

Machtbereich im Mai 1945. Dazwischen liegen drei Jahre des Kriegsgeschehens, in denen die Alliierten die vom nationalsozialistischen Deutschland beherrschten Gebiete kontinuierlich einengten. Die roten Linien mit ihren Pfeilspitzen markieren dabei die drei entscheidenden Stoßrichtungen des alliierten Vormarsches:

- Im Osten rückte die Rote Armee auf der gesamten Breite vor und erreichte im Januar 1945 Ostpreußen. Im Süden landeten die Westalliierten auf Sizilien (Juli 1943) und eroberten Italien in Süd-Nord-Richtung.
- Im Westen erfolgte die Landung der Westalliierten in der Normandie (6. Juni 1944).
- Am 25. April 1945 trafen sowjetische und amerikanische Truppen bei Torgau an der Elbe zusammen. Wenige Tage danach (am 7. Mai) erfolgte die Gesamtkapitulation der deutschen Wehrmacht. Der Zweite Weltkrieg war zu Ende.

Register

Register

Bildnachweis

akg images, Berlin: Titel Vordergrund, 16, 20, 27, 48 M2, 50, 52 M2, 65 M1, 70 M1, 73 M6 (Bildarchiv Steffens), 79 M1, 82 M6, 83 M8, 95 M4 (E. Lessing), 96 M5, 98 M7, 101 M12, 104 M3, 106 M9, 107 M1, 110 M3, 112 M1, 118, 120 M1, 122 M3, 135 M4 (Bildarchiv Monheim), 137 M1, 138 M3, 150, 154 M2 (British Library), 156 M1, 158 M2, 160 M4, 165 M1, 166 M3, 167 M4, 170, 173 M1, 175 M2, 178 M4 li., 178 M5, 179 M6, 197 M3, 200 M8, 204 M4, 208 M9, 212, 215 M3, 217 M5, 224 M3 + u., 225 u., 226 M5, 231 M10, 237 M2, 239, 242 M8, 246 M2, 254, 258 M3 + M4, 259 M7, 261 M1, 280, 292 M2, 310, 312 M1, 313 o., 329 M4, 332 M7, 336 M1, 337 M3 + M4, 340 M10, 345 M23, 349 M2, 362 M2, 366 M11 re., 370 M24, 379 M10, 386 M9, 389 M15, 397 o., 398 (ullstein bild/Wittenstein), 402, 404 M1, 406 M2, 431 M1, 440 M4, 472 M2, 474 M4, 475 M5 (Sewcz), 483 M5 (AP), 514 M1, 567 M4
Albertina, Wien: 133 M3
Anhaltische Gemäldegalerie – Graphische Sammlung, Dessau: 213 M1
Archiv der sozialen Demokratie der Friedrich-Ebert-Stiftung, Bonn: 202 M2
Artothek, Weilheim: 121 M2
Askani, B., Schwetzingen: 44 M1

Baaske Cartoons, Müllheim: Behrendt: 9 M1, 515 M2, 517 M3, 531 M18; Mester: 479 M1, 527 M12, 538 M3
Beier, R., Berlin: 197 M2
Biblioteca Casanatense, Rom: 92 M1
Biblioteca Vaticana: 103 M2
Bibliothèque nationale de France, Paris: 145 M1, 184 , 185
Bildarchiv Preußischer Kulturbesitz, Berlin: 40, 45 o. (SMB/Antikensammlung/C. Begall), 46 o. + u., 102 M1, 110 M5, 124 M5 (L. Braun), 142 M8, 149 M3, 166 M2 (L. Braun), 181 M8, 202 M1, 225 M4, 230 M9, 234, 247, 248 M3, 250 M7, 268 M2, 277 M6 u., 278 M8, 294 M3, 382 M3, 392 M2 (Luczo), 400, 401 M6, 564 M2
Bildarchiv Monheim, Krefeld: Titel Hintergrund (F. Monheim)
Bildarchiv Steffens, Mainz: 35 M4 (D. Rie-mann)
Bismarck-Museum, Friedrichsruh/C. Carstensen, Hamburg: 260 M8
Bridgeman Art Library, London: 97 M6 (Corpus Christi College, Oxford), 178 M2 re. (Giraudon), 182 M9 o.
British Museum, London: 63 o.
Bundesarchiv Koblenz: 353 M11, 366 M12, 385 M5, 417 M3, 432 M2, 437 M1, 453 M8

CCC,www.c5.net/W. Hanel: 488 M9 re., 491 M15, 508 M21
Commune di Roma: 74 M8
Creativ Team Friedel & Bertsch, Heilbronn: 222 M1

Dagli-Orti, G. Paris: 49 M4
Deligne, F.: 541 M6
Deutsches Archäologisches Institut, Rom: 32 M2 (Schwanke), 67 M2 o., 67 M2 u. (Koppermann)
Deutsches Historisches Museum, Berlin: 186, 206 M5, 252, 327 M1, 347, 438 M2, 451 M5, 457 M11, 463 M17, 494 o., 551 M8

Dokumentenkabinett, Vlotho: 488 M9 li.

Eulenspiegel Verlagsgesellschaft, Berlin: 137 M2, 141 M7 (2)
Europäische Gemeinschaft, Luxemburg: 536 M2
Express Newspapers Distr. Bulls © 1997: 461 M14

Fritz, M.: 543 M9

Germanisches Nationalmuseum, Nürnberg: 131 M1, 203 M3, 210, 219

Haitzinger, H., München: 458 M12, 480 M3, 515 M3, 549 M4
Haus der Geschichte, Bonn: 519 M8 (P. Leger), 524 M1 (K. Pielert)
Hellenic Republic Ministery of Culture, Athen: 42 M11
Hessische Landesbibliothek, Darmstadt: 240 M4
Hessisches Landesmuseum, Darmstadt: 340 M8
Hirmer Verlag, München: 25 M4
Historisches Archiv Krupp, Essen: 193 M7

Institut für Zeitungsforschung der Stadt Dortmund: 428 M17 o. li. + re. + u. li., 468 M27

Jürgens Ost- und Europa-Photo, Berlin: 480 M2

Keystone Pressedienst, Hamburg: 385 M6, 484 M6, 500 M7
Köhler, H.E.: 464 M19
Konrad-Adenauer-Stiftung e.V., Archiv für Christlich-Demokratische Politik, Sankt Augustin: 439 M3
Körner/DIE ZEIT: 444 M9

laif, Köln: 557 M2 (T. Grabka)
Landesarchiv Berlin: 279 M10, 318 M9, 319 M12, 346, 366 M11 li.
Landschaftsverband Rheinland, Amt für Bodendenkmalpflege, Bonn: 13 M1 li., 14
Luckau, W., Wien: 290 M1

Mary Evans Picture Library, London: 304 M7
mauritius images, Mittenwald: 6 (Matassa)
Museum für Hamburgische Geschichte: 196 M1

National Maritime Museum, Greenwich: 128 M12
Niedersächsisches Hauptstaatsarchiv, Hannover: 381 M2
Ny Carlsberg Glyptothek, Kopenhagen: 63 Mi. (2)

Österreichische Nationalbibliothek, Wien: 18 M8, 256 M1
Ostkreuz, Berlin: 472 M1 (H. Hauswald)

Picture Alliance, Frankfurt/M.: 94 M3 (akg-images), 139 M4 (akg-images), 443 M6 (dpa), 462 M15 (dpa/M. Athenstädt), 475 M6 (ZB/H. Link), 476 M7 (ZB/R. Kaufhold), 485 M7 (dpa/H. Hollemann), 523 M5 (Connsolidated), 524 M6 (AFP), 529 M15 (AFP), 539 M4 (dpa-Infografik)

Presse- und Informationsamt der Bundesregierung, Bundesbildstelle, Berlin: 449 M3

Rothenburg-Tourismus-Service: 115 M3

SPIEGEL Verlag, Hamburg: 492, 552
Staatliche Münzsammlung, München: 28 M2
Stadtarchiv Braunschweig: 13 M1 re.
Stadtmuseum, Nördlingen: 76
Starke, H.-J., Arnstadt: 482 M4
STERN: 469 M32 (Meffert)
Süddeutsche Zeitung Photo, München: 348 M1 (S.M.), 372 M32 (Scherl), 412 M8 (AP), 416 M (Amerika Haus), 422 M6 (AP), 422 M7, 427 M16 (AP), 448 M2 (dpa), 450 M4, 454 M9,460 M13 (SVEN SIMON), 532 (dpa)

ullstein bild, Berlin: 238 M3 (Archiv Gerstenberg), 343 M18 (Archiv Gerstenberg), 364 M5 (W. Frentz), 367 M15, 397 u., 425 (dpa), 436 M7 (Archiv Gerstenberg), 441, 456 M10 (dpa), 502 M10 (Archiv Gerstenberg), 510 M1 (Reuters), 566 M3
Universitätsbibliothek, Heidelberg: 90 M8, 91 M10
USIS, Bonn: 496 M3

Verkehrsmuseum, Nürnberg: 190 M3
© VG Bild-Kunst, Bonn 2010: 200 M8, 335 M15, 344 M21 + 370 M24 (The Heartfield Community of Heirs), 345 M23

Westermann Archiv: 33 M3, 277 M6 o., 288 M8, 294 M4
Wilhelm-Busch-Museum, Hannover: 468 M28

ZAHLENBILDER © Bergmoser + Höller Verlag, Aachen: 399 M1, 555 M1, 558 M4, 559 M6; nach ZAHLENBILDER: 249 M6 (50042), 362 M3 (50090), 539 M5 (714005),

alle übrigen Schaubilder und Karten:
Westermann Kartographie/Technisch Graphische Abteilung, Braunschweig